LA LÉGENDE
DE COMPOSTELLE

LE LIVRE DE SAINT JACQUES

BERNARD GICQUEL

LA LÉGENDE
DE COMPOSTELLE

LE LIVRE DE SAINT JACQUES

POSTFACE DE DENISE PÉRICARD-MÉA

TALLANDIER

La publication de cette *Légende de Compostelle* est due
à l'initiative de la Fondation David Parou Saint-Jacques
(Fondation européenne pour la recherche sur les pèlerinages).
Ce livre contribue à la réalisation de l'un des objectifs de cette
association : mettre les travaux de recherche à la disposition du
public et en favoriser l'exploitation.
La Fondation regroupe des chercheurs de toutes disciplines
et de tous horizons. Elle édite un site Internet spécialisé :
www.saint-jacques.info

Fondation David Parou Saint-Jacques
36, avenue Henri-Ginoux – 92120 Montrouge

© Tallandier Éditions, 2003.
18, rue Dauphine – 75006 Paris

SOMMAIRE

SECONDE PARTIE
LE *LIVRE DE SAINT JACQUES* DU PAPE CALIXTE II

Livre I

« Aujourd'hui on ne peut plus dissocier la structure de sa signification, non seulement dans l'organisme, mais dans la suite des événements qui ont conduit l'organisme à être ce qu'il est. Tout système vivant est le résultat d'un certain équilibre entre les éléments d'une organisation. La solidarité de ces éléments fait que chaque modification apportée en un point met en question l'ensemble des relations et produit tôt ou tard une organisation nouvelle. En isolant des systèmes de nature et de complexité différentes, on s'efforce d'en reconnaître les constituants et d'en justifier les relations. Mais quel que soit le niveau étudié, [...] l'histoire est posée comme perspective nécessaire et la succession comme principe d'explication. Chaque système vivant relève alors de deux plans d'analyse, de deux coupes, l'une horizontale, l'autre verticale, qui ne peuvent être dissociées que pour la commodité de l'exposé. D'un côté, il s'agit de distinguer les principes qui régissent l'intégration des organismes ; de l'autre, ceux qui ont dirigé leurs transformations et leur succession. Décrire un système vivant, c'est se référer aussi bien à la logique de son organisation qu'à celle de son évolution. »

François Jacob [1]

---

[1] JACOB (François), *La Logique du vivant (une histoire de l'hérédité)*, Paris, Gallimard, 1970, p. 321.

AVANT-PROPOS

On désigne sous le nom de *Livre de saint Jacques* l'ensemble des textes réunis dans le manuscrit appelé *Codex Calixtinus,* que conserve la cathédrale de Saint-Jacques de Compostelle. Ni l'une ni l'autre de ces désignations n'est d'origine, et même la formule latine *Liber sancti Jacobi* est une réfection du XXᵉ siècle.

Cet ouvrage, qui n'a pas de titre mais est précédé d'un poème qui l'intitule en toute simplicité *Jacobus,* réserve les termes de *liber* et de *codex* à ses composantes : le Livre I, consacré à un ensemble de sermons et de messes ; le Livre II, qui est une collection de Miracles attribués à saint Jacques ; le Livre III, qui traite de la Translation et des Célébrations de saint Jacques ; l'« Histoire de Charlemagne et de Roland » par le Pseudo-Turpin, qui n'a pas de numéro d'ordre ; enfin le livre numéroté IV, qui contient un mémoire sur le pèlerinage à Saint-Jacques-de-Compostelle.

Le titre *Jacobus* désigne donc un dossier qui rassemble des documents assez volumineux pour constituer des fascicules séparés. Ainsi, le Livre I occupe à lui seul plus de la moitié de l'ensemble. Ce groupement composite n'a encore jamais fait l'objet d'une traduction complète en français et c'est celle-ci qui figure en partie médiane du présent ouvrage.

Même dépouillés de leur revêtement latin, qui constitue pour bien des lecteurs un obstacle insurmontable, les textes relatifs à saint Jacques n'en restent pas moins d'un abord difficile. La réponse aux questions les plus élémentaires sur leur origine, leur signification initiale, les raisons que l'on a pu avoir de les rassembler, exige le recours à un savoir peu répandu de nos jours. C'est pourquoi il a semblé opportun de les faire précéder d'une étude substantielle sur leur nature propre et les circonstances de leur rédaction. Présenter toutes les composantes de la légende de saint Jacques une par une, si possible dans l'ordre chronologique de leur rédaction et dans l'état où

elles se trouvaient avant qu'elles n'entrent dans la grande compilation, a paru le meilleur moyen d'introduire historiquement et par
paliers successifs à l'intelligence de celle-ci.

Ce faisant, il est apparu non seulement que le *Livre de saint Jacques*
ne reproduisait pas toutes les composantes de la légende de l'apôtre,
mais encore que certains textes avaient été rassemblés préalablement
dans d'autres compilations. Il a donc fallu reprendre à la base les
problèmes de leur rédaction et souvent en proposer des explications
nouvelles. C'est pourquoi les résultats de cette investigation sont
présentés ici sous deux aspects différents. La première partie de cet
ouvrage, en forme d'essai, propose une vision globale des origines et
des développements de la légende de saint Jacques. Elle constitue une
introduction au *Livre* qui porte son nom, objet de la seconde partie.
Mais le lecteur pourra également trouver en appendice un certain
nombre d'informations supplémentaires relatives aux démarches et
observations de détail qui justifient les points de vue développés dans
la première partie. Estimant toutefois que les controverses de spécia-
listes n'intéressent qu'un très petit nombre de lecteurs, nous avons
renoncé à les exposer ici même. L'essentiel n'était pas de discuter des
diverses positions mais de formuler et d'étayer quelques interprétations personnelles ; il appartiendra à chaque lecteur du *Livre de saint
Jacques* d'apprécier non seulement leur plausibilité mais aussi la faci-
lité d'accès qu'elles réservent aux textes eux-mêmes.

Ceux-ci, en effet, ne sont pas prévus pour être lus page après page,
comme on lit aujourd'hui. Les sermons destinés aux messes de l'octave
de la saint Jacques – qui constituent les vingt premiers chapitres du
Livre I – devaient être replacés au bon endroit des messes qui figurent
dans les chapitres suivants. Ces messes elles-mêmes étaient destinées
à être réparties sur plusieurs jours de la semaine, et le manuscrit, qui
accompagne leurs paroles des mélodies sur lesquelles elles étaient
destinées à être chantées, signale clairement l'usage à en faire. Les
autres textes du *Livre de saint Jacques*, qui ne donnent pas lieu à des
célébrations liturgiques, fournissaient la matière de lectures en public
dans les réfectoires des monastères. Ils s'adressaient à un auditoire
qui en prenait connaissance dans des conditions fort différentes de
la lecture purement oculaire de notre temps. Faites dans une langue
étrangère et d'après des manuscrits dont la lisibilité était parfois
sujette à caution, ces lectures devant un public monastique, que l'on
peut supposer relativement fruste, ne pouvaient sans doute être beaucoup plus qu'un ânonnement ou une psalmodie. Elles laissaient tout le
temps nécessaire à l'assimilation de leurs contenus, afin que chacun

puisse ensuite nourrir sa méditation de leur souvenir. Ce n'est donc pas la meilleure façon de leur rendre justice que les soumettre à l'épreuve d'une lecture rapide.

Sans doute les explications que nous en donnons gagneront-elles à faire elles-mêmes l'objet d'une approche « ralentie », car elles relèvent d'une critique textuelle assez proche de celle qu'on applique aux textes bibliques. Faute de familiarité avec ce genre d'exégèse, on se souviendra opportunément qu'en matière de pèlerinage aux sources, comme de tout autre, il faut savoir ménager ses efforts pour arriver au but sans encombre.

CHRONOLOGIE DES PRINCIPAUX TEXTES RELATIFS À SAINT JACQUES

Cette chronologie des principaux textes relatifs à saint Jacques pourra utilement servir de guide repère, lorsque le lecteur découvrira ces textes dans les prochains chapitres. Les cinq phases chronologiques correspondent aux cinq chapitres de la première partie de cet ouvrage.

I

Iᵉʳ siècle	Saint Jacques dans les Évangiles et dans les Actes des apôtres.
IIᵉ- IIIᵉ siècle	Martyre de saint Jacques dans les *Hypotyposes* de Clément d'Alexandrie.
IIIᵉ-IVᵉ siècle	Martyre de saint Jacques dans l'*Histoire ecclésiastique* d'Eusèbe de Césarée.
VIᵉ siècle	Martyre de saint Jacques dans l'*Histoire du combat apostolique* du Pseudo-Abdias.
VIIᵉ siècle	Saint Jacques dans les catalogues apostoliques.
VIIIᵉ siècle	Hymne *Ô Verbe de Dieu*.

II

IXᵉ siècle	Lettre d'Alphonse III. Saint Jacques dans les martyrologes.
X-XIᵉ siècle	Lettres attribuées au pape Léon sur la Translation de saint Jacques.
XI-XIIᵉ siècle	Récits de l'invention du tombeau de saint Jacques.

III

1105-1108	Développement de Roncevaux et *Geste Francor* de Pierre d'Andouque.

1119   Version primitive de l'« Histoire de Charlemagne et de Roland »
            attribuée à Turpin, archevêque de Reims *(Proto-Turpin)*.
1132-1135   Les vingt-deux miracles de saint Jacques rédigés par Aimeric
            Picaud.
            Pèlerinage de Saint-Jacques (1ʳᵉ version).

IV

1139-1145   Cellule initiale du *Livre des Miracles* en deux parties (I. Transla-
            tions, II. Miracles) précédées d'une lettre-préface attribuée au
            pape Calixte II.
1145-1151   Première version du *Livre des Miracles* : I. *Pseudo-Turpin*
            (1ʳᵉ version) ; II. Lettre-préface du pape Calixte ; III. Translations ;
            IV. Miracles ; V. Navarrais.
1157   Deuxième version du *Livre des Miracles :* I. Lettre-préface du
            pape Calixte ; II. Translations ; III. Miracles ; IV. *Pseudo-Turpin*
            (2ᵉ version) ; V. Textes divers *(Reliques à révérer en pèlerinage,*
            Passion de saint Eutrope, chant de marche d'Aimeric Picaud,
            authentification du pape Innocent).
1157-1160   Crise du *Livre des Miracles* : manuscrits de Ripoll et d'Alcobaça,
            sermons sur saint Jacques et *Pèlerinage de Saint-Jacques*
            (2ᵉ version).

V

1160-1164   Compilation du *Livre de saint Jacques (Codex Calixtinus)* englo-
            bant une large part des textes précédents et pratiquant quelques
            enrichissements.
            Le Livre I reproduit les sermons connus en 1157-1160 et en ajoute
            de nouveaux, ainsi qu'une partie liturgique.
            Le Livre II reproduit à l'identique les vingt-deux miracles
            d'Aimeric Picaud de 1135.
            Le Livre III reproduit à l'identique les Translations de 1139-1145.
            En quatrième position est inséré, à l'identique, le *Pseudo-Turpin*
            (2ᵉ version) de 1157.
            Le Livre IV, en cinquième position, opère la synthèse du *Pèleri-*
            nage de Saint-Jacques, des *Reliques à révérer en pèlerinage* et de
            la *Passion de saint Eutrope*.

PREMIÈRE PARTIE

LES ORIGINES
DU *LIVRE DE SAINT JACQUES*

Chapitre premier

DE L'HISTOIRE À LA LÉGENDE

Saint Jacques dans le Nouveau Testament

Les seuls renseignements réputés authentiques sur la vie de saint Jacques figurent dans les Évangiles [1] et dans un passage des Actes des apôtres. Encore ce Jacques dit « le Majeur », fils de Zébédée, n'apparaît-il jamais seul. Il est toujours accompagné au moins de son frère Jean – l'évangéliste – et, le plus souvent, à la fois de celui-ci et de saint Pierre. La solidarité qui est la sienne avec ces deux apôtres se manifeste dès la première rencontre avec Jésus, sur les bords du lac de Tibériade puisque son élection, qui intervient en même temps que celle de Jean, est immédiatement précédée de l'élection de Pierre et André [2]. Ce passage souligne que les deux frères doivent tout quitter, leurs bateaux et leur père, pour suivre le Maître. Il énonce une donnée fondamentale du christianisme : le renoncement aux biens de ce monde et aux liens de famille pour marcher sur les pas du Christ.

C'est aussi dans un passage tributaire de l'image de Pierre que les deux frères reçoivent la désignation qui leur est propre. Après que Simon a été nommé « Pierre » par Jésus, Jacques et Jean reçoivent quant à eux le nom énigmatique de « Boanergès » qui signifie, rapporte Marc, « fils du tonnerre ». Si l'on comprend bien que la pierre sur laquelle le Christ veut bâtir son Église relève d'une métaphore architecturale, la signification symbolique de la désignation « fils du tonnerre » est moins évidente. S'agit-il d'évoquer le tempérament de feu qui animerait les deux frères appelés à devenir des foudres de l'évangélisation ? Est-ce, comme on le dira aussi, pour signifier que leur parole emplira le monde entier, comme le tonnerre

---

[1] Voir en complément Appendice 1.
[2] Il fait donc partie d'un groupe de quatre, nombre réputé parfait puisque la somme de ses composantes un, deux, trois et quatre donne le chiffre dix.

est partout ? Curieusement les deux frères semblent avoir une relation privilégiée avec le déchaînement des éléments. À un autre moment, ils proposent ainsi à Jésus de faire tomber le feu du ciel sur les Samaritains qui refusent de l'héberger. Ce n'est pas sans référence au modèle fourni par le prophète Élie qui, par ses prières, obtint le feu du ciel, la pluie et la fin de la sécheresse. Les deux apôtres paraissent donc tentés de reprendre dans l'espace du Nouveau Testament ce qui appartient à l'Ancien. Mais c'est surtout l'occasion pour Jésus de leur donner une leçon en disant, selon le texte de la seule Vulgate [3], qu'ils se trompent et qu'il n'est pas venu apporter aux hommes la mort mais la vie.

Une fois encore Jacques et Jean se font réprimander lorsqu'ils demandent eux-mêmes ou par l'intermédiaire de leur mère de siéger à la droite et à la gauche de Jésus dans sa gloire. La question, telle qu'elle est formulée dans les Évangiles, n'est peut-être pas très clairement posée, au moins pour un lecteur d'aujourd'hui. On comprend bien qu'il s'agit de partager le pouvoir avec le Christ, d'occuper les places prépondérantes à ses côtés, mais à quel moment et dans quel espace cela doit-il s'accomplir ? Quoi qu'il en soit, la réponse du Christ est là encore négative : ce n'est pas à lui mais à son Père qu'il revient de décerner ici-bas les positions de puissance dans le ciel, et, pour l'instant, il n'importe pas de cultiver des rêves d'ambition mais de se préparer au martyre. Forte parole, mais qui débouche sur des abîmes de réflexion théologique quant à la distinction entre le Fils et le Père, dont il est souvent dit ailleurs qu'ils ne font qu'un.

Les passages les plus nombreux du Nouveau Testament montrent Jacques et Jean en compagnie de Pierre dans des circonstances qui font d'eux des témoins privilégiés. Ainsi au moment de la pêche miraculeuse qui se conclut par la vocation des apôtres à se transformer en pêcheurs d'hommes. Plus tard, lors de la résurrection de la fille de Jaïre, ils entrent avec Pierre dans la maison du chef de la synagogue, juste avant que soit définie la mission des apôtres. Lorsque le Christ est transfiguré sur le mont Thabor, ils sont encore, avec Pierre, les seuls témoins. Enfin, dans le jardin de Gethsémani, ils assistent à la tristesse et à l'angoisse du Christ avant sa crucifixion.

Ces propos soulignent la situation exceptionnelle dévolue aux trois apôtres, voire la dilection particulière de Jésus à leur égard. Il sont les seuls auxquels il confère un nouveau nom. Mais ce trio est inégal. Saint Pierre se voit confier la tâche éminente de fondement de

---

[3] Version latine de la Bible due à saint Jérôme.

l'Église. Quant à saint Jean, il tient une place prépondérante par son Évangile et son Apocalypse. Par rapport à ces deux piliers de l'apostolat, saint Jacques fait donc figure de parent pauvre. Il souffre manifestement d'un déficit d'image. En dépit de la place éminente qui lui est accordée, il demeure étrangement passif. Aucune action d'éclat, aucune parole marquante ne le distingue. Lors de sa décollation à Jérusalem [4], sur ordre du roi Hérode Agrippa (vers l'an 44), qui constitue l'information historiquement la plus certaine à son sujet, il ne se distinguera des autres victimes anonymes que parce qu'il porte un nom et se trouve être le frère de Jean. Même le fait qu'il est le premier des apôtres à subir le martyre ne sera pas mentionné. La réflexion interprétera pourtant cette primauté dans le martyre comme la marque d'une élection particulière, mais l'image de saint Jacques dans l'Évangile n'en souffrira pas moins d'une discordance entre le peu qui est dit du personnage et la place qu'il occupe parmi les proches de Jésus.

Le martyre de saint Jacques

Témoin éminent du Christ, tant parce qu'il a participé à certains moments de sa vie terrestre que parce qu'il a donné sa vie pour lui, saint Jacques pouvait difficilement demeurer confiné dans le rôle passif d'un spectateur et d'une victime. Il est donc compréhensible qu'ait été ressenti très tôt le besoin d'enrichir cette image statique en le montrant accomplissant de son propre chef des actes édifiants, en accord avec sa vocation apostolique. C'est ce qu'a fait, à la fin du IIe siècle, Clément d'Alexandrie dans ses *Dispositions* ou *Hypotyposes*, dont la teneur fut reproduite au IVe siècle [5] par le père de l'histoire religieuse, Eusèbe de Césarée, dans son *Histoire ecclésiastique* [6], très largement répandue dans la chrétienté, car elle apportait de nombreux compléments au récit des Évangiles :

« Martyre de l'apôtre Jacques

« *En ce temps-là, le roi Hérode entreprit de maltraiter quelques-uns de ceux de l'Église et il fit périr Jacques, le frère de Jean, par le glaive.*

---

[4] Voir Appendice 2.
[5] EUSÈBE DE CÉSARÉE, *Histoire ecclésiastique*, Livres I-IV, trad. Gustave Bardy, 3e éd. rev. et corr., Paris, Cerf, 1986, pp. 61-64. Ce récit du martyre est amplifié dans le *Livre de saint Jacques*, Livre I, chapitre IV, sous le nom de « Petite Passion ».
[6] Voir Appendice 3.

« De ce Jacques, Clément rapporte au septième livre des *Hypotyposes* un récit digne de mémoire, tel qu'il le tenait de la tradition de ses prédécesseurs. Il dit que celui qui l'avait amené au tribunal fut ému en le voyant témoigner et confessa que lui aussi était chrétien.

« "Tous deux, dit-il, furent amenés ensemble [au supplice] et, le long du chemin, celui-ci demanda à Jacques de lui pardonner. Ayant un peu réfléchi : Que la paix soit avec toi, dit Jacques ; et il l'embrassa. Et ainsi tous deux furent en même temps décapités."

« Alors aussi, à ce que dit la divine Écriture, Hérode voyant que ce qui avait été fait lors de la mort de Jacques avait été agréable aux Juifs, s'attaqua également à Pierre et le jeta dans les fers ; il s'en fallut de peu qu'il ne le fît aussi mourir si, grâce à une manifestation divine, un ange ne s'était présenté à l'apôtre pendant la nuit et ne l'avait miraculeusement délivré de ses liens ; il fut relâché pour le ministère de la prédication. Telle fut la disposition [divine] envers Pierre. »

Ainsi, entre deux références aux Actes des apôtres qui évoquent le martyre de Jacques et la libération de Pierre, trois motifs nouveaux sont insérés : la conversion du dénonciateur au spectacle du témoignage donné par Jacques, le pardon du saint à son ennemi et leur décollation simultanée. Il s'agit là, à l'évidence, d'une mise en scène dramatique des derniers moments de l'apôtre et de ceux qui les suivirent, puisque le sort de Pierre est évoqué aussi.

Un récit grec ancien, désigné sous le nom d'*Actes de saint Jacques*[7] et contenu dans un manuscrit du XIIᵉ siècle, montre, de son côté, comment on imagine, d'après la mission impartie généralement par Jésus à ses apôtres, un préalable plausible à cette fin catastrophique. Ce texte montre, dans un registre plutôt épique, un saint Jacques prédicateur, multipliant pendant dix années les interventions de tous ordres pour la propagation de la foi :

« Le bienheureux Jacques, fils de Zébédée, s'en alla dans les villes de la Judée prêchant et annonçant le Christ pendant dix ans. Il faisait publiquement beaucoup de guérisons et de grands miracles, entrait dans les synagogues, expliquait à tous les passages de la Loi et des Prophètes qu'on lisait, convainquait les Juifs par leurs propres écritures que Jésus est le Christ, le fils du Dieu vivant. Ce bienheureux apôtre du Seigneur en instruisait beaucoup ; il enseignait, avertissait, catéchisait, baptisait Juifs et Grecs, hommes et femmes, imposait les mains aux malades, aux démo-

---

7 EBERSOLT (Jacques), *Les Actes de saint Jacques et les actes d'Aquilas, publiés d'après deux manuscrits grecs de la Bibliothèque nationale*, Paris, E. Leroux, 1902, pp. 14-15.

niaques qui venaient à lui, leur disant : *Jésus le Nazaréen vous guérit* (cf. Ac 9, 34). Et aussitôt tous étaient délivrés de leurs maux. Beaucoup de magistrats aussi crurent grâce à sa parole et à son enseignement. Le bienheureux Jacques était en effet très savant et très éloquent et il réfutait vigoureusement les sages juifs et grecs.»

Quelles que soient les incertitudes sur sa date exacte, ce texte consigne des réflexions susceptibles d'avoir été menées très tôt et dans tous les pays où l'on a lu le Nouveau Testament. Il ne fait que supposer saint Jacques accomplissant les tâches fixées par Jésus à tous ses apôtres. Même sans posséder d'informations supplémentaires sur le personnage lui-même, on pouvait en effet enrichir sa présentation en exposant à son propos tout ce qui entrait dans la définition générale dont il relevait : l'apostolat.

Ce procédé s'insère dans une pratique commune de l'allégorie qui utilise toujours une représentation concrète pour signifier une notion abstraite. Toutefois l'allégorie fonctionne ici en quelque sorte à l'envers, car l'intention n'est pas d'aller du particulier au général mais d'étoffer le particulier au moyen du général.

Cet ensemble de représentations est repris et orchestré au VIe siècle par le Pseudo-Abdias, qui, dans le quatrième chapitre de son *Histoire du combat apostolique* consacrée à la prédication des douze apôtres, traite de saint Jacques et de son activité supposée[8].

Après un début qui rappelle les informations générales rapportées sur saint Jacques, une première partie narrative traite de la conversion du magicien Hermogène et de son acolyte Philète[9]. La seconde partie évoque, à grand renfort de citations bibliques, les annonces de la venue du Christ dans l'Ancien Testament et son caractère de Messie, qui sont le contenu de la prédication de Jacques aux Juifs. Enfin, la troisième partie rapporte les circonstances – guérisons et conversions diverses –, qui précèdent immédiatement la décollation de l'apôtre et justifient ainsi par son zèle le supplice qu'il subit.

Plus développé que tous ceux qui l'ont précédés, ce récit repose sur l'amplification du peu que l'on sait sur saint Jacques par l'agglutination autour de son personnage de péripéties qui sont à l'origine vécues par d'autres que lui[10].

---

[8] Le récit du martyre fourni par le *Pseudo-Abdias* est amplifié dans le *Livre de saint Jacques,* Livre I, chapitre IX, sous le nom de «Grande Passion».
[9] Voir Appendice 4.
[10] Voir Appendice 5.

Ces premiers récits sur le martyre de saint Jacques montrent assez clairement le fonctionnement de la légende hagiographique qui, faute d'informations, doit étoffer l'histoire qu'elle propose à la piété populaire. Deux moyens principaux sont à sa disposition. Le premier consiste à tirer de la catégorie fonctionnelle du personnage des suggestions morales qui sont transposées sur le plan narratif, comme s'il s'agissait d'actes ayant réellement eu lieu. Ainsi, la légende extrait de la catégorie « apôtre » le pouvoir de conversion miraculeuse du dénonciateur pendant l'audience du tribunal, la charité parfaite du pardon aux ennemis, la disposition à subir le martyre, et illustre ces thèmes par la narration de comportements propres à les mettre en valeur. Dans ce cas, l'hagiographe procède par déduction ; il déduit de la qualité d'apôtre les actes qui lui correspondent et il les raconte. Le second procédé utilisé par l'hagiographe consiste à emprunter à d'autres personnages, qui relèvent des mêmes catégories de l'apostolat et du martyre chrétien, des motifs particuliers ou singuliers et des anecdotes révélatrices, qui sont transposés au personnage de Jacques. C'est alors un enrichissement par analogie qu'il pratique en appliquant à son sujet le principe rhétorique d'imitation, sorte de couper-coller par lequel on prélève dans d'autres récits les détails savoureux qui permettront d'embellir celui que l'on rédige. Ce n'est donc ni la possession d'une information historique valable ni une déformation imaginative qui inspirent la rédaction des textes de cette sorte, mais une réflexion de caractère logique qui, sans être toujours très exigeante, vise à combler les lacunes d'un savoir nécessairement imparfait.

Saint Jacques évangélisateur de l'Espagne

Les martyrologes [11] grecs des premiers chrétiens, appelés ménologes, ne parlent pas de saint Jacques. Ils fournissent une présentation globale de l'évangélisation répondant au fait que Jésus a envoyé ses disciples dans le monde entier. Or saint Jacques a été décapité avant que les apôtres ne se dispersent en dehors de la Palestine. Il est donc logique que son activité de prédicateur se soit limitée à ce pays. La conséquence fâcheuse de cette situation est qu'il ne peut être montré obéissant à l'ordre du Christ qui envoie ses disciples jusqu'aux extrémités de la Terre. Ainsi l'un des apôtres privilégiés n'aurait-il accompli, certes à son corps défendant, qu'une partie de la mission dont il était

---

[11] Catalogue des martyrs.

chargé. Il y a là une lacune tant soit peu scandaleuse que les catalogues apostoliques latins, successeurs des ménologes grecs, vont combler au VIIIe siècle en réintégrant saint Jacques dans le grand projet de l'évangélisation universelle.

Ces catalogues apostoliques, qui présentent pour chaque disciple et apôtre des affabulations plus ou moins légendaires auxquelles l'Église refuse toute authenticité, comportent au sujet de saint Jacques trois brèves notices, les deux dernières découlant de la première. Elles figurent respectivement dans le *Bréviaire des apôtres (Breviarium Apostolorum)*, attribué à saint Jérôme, et dans *Naissance et Mort des Pères (De ortu et obitu Patrum)*, attribué au XIIe siècle à Isidore de Séville [12], dont il existe deux versions.

La notice du *Bréviaire des apôtres* déclare :

« Jacques, ce qui signifie le supplanteur, fils de Zébédée, frère de Jean ; celui-ci a prêché en Espagne et dans les régions occidentales, il a eu la tête tranchée sous Hérode et il a été enseveli en Achaïe Marmarique ; sa fête est le 25 juillet [13]. »

La version courte [14] de *Naissance et Mort des Pères* rapporte :

« Jacques, fils de Zébédée, frère de Jean, quatrième dans l'ordre, écrivit aux douze tribus qui sont dispersées parmi les gentils ; il prêcha l'Évangile en Espagne et dans les contrées occidentales, et versa la lumière de la prédication au coucher du monde. Il fut décapité sous Hérode le Tétrarque et enseveli en Marmarique. »

La version longue [15] du même texte précise :

« Jacques, ce qui signifie supplanteur, fils de Zébédée, frère de l'apôtre Jean, après qu'il fut fait suivant du Christ, laissa ses filets et son bateau. Il suivit le Sauveur, et, quittant son père Zébédée, il obéit au Dieu tout-puissant. Laissant la mer et les poissons, il devient pêcheur céleste dans la mer, c'est-à-dire dans le monde. Il prêcha dans les Espagnes, même dans ses régions occidentales, et mourut par l'épée sous Hérode. Il fut enseveli en Achaïe Marmarique, le 25 juillet. »

---

[12] Évêque de Séville et savant prélat (v. 570-638).
[13] BHL 4056 (*Bibliotheca hagiographica latina, antiquae et mediae aetatis / ediderunt Socii Bollandiani*, 1898-1899).
[14] MPL 83, col. 51 (MIGNE, *Patrologie latine*).
[15] MPL 83, col. 1287.

Tout comme les récits plus ou moins circonstanciés du martyre de saint Jacques, ces brèves notices encyclopédiques reflètent la nécessité d'étoffer les maigres informations dont on dispose en leur ajoutant quelques détails dont la provenance n'est pas toujours garantie. Ici, par exemple, les rédacteurs ont pris appui sur l'onomastique pour interpréter le nom Jacques en fonction du Jacob de l'Ancien Testament (supplanteur de son frère Ésaü) ; l'un et l'autre sont en effet nommés *Jacobus* en latin. Ici, Jacques le Majeur est considéré comme le rédacteur de l'Épître de Jacques du Nouveau Testament. Tant au niveau de l'identification que de l'interprétation, on ne quitte pas le terrain peu fiable de l'homonymie. En outre ces catalogues apostoliques ajoutent à ce que rapporte l'Évangile trois données fondamentales pour le développement de la légende : saint Jacques a prêché de son vivant en Espagne, sa fête est célébrée le 25 juillet, sa sépulture est située en Achaïe Marmarique [16].

La prédication en Espagne

Les catalogues apostoliques ne sont pas les premiers textes à évoquer la prédication de saint Jacques en Espagne. Ils ont été précédés dans cette voie par l'un des douze poèmes qu'Aldhelm, abbé de Malmesbury, rédigea au VIIe siècle pour orner des autels en l'honneur des douze apôtres. Un des vers relatifs à saint Jacques déclare : « Il convertit le premier les Espagnols à la foi. »

Si, comme on le pense généralement, il s'agit là de la première mention d'une évangélisation de l'Espagne par saint Jacques, elle marque expressément que, au cours des six premiers siècles de l'ère chrétienne, aucune trace de cette prédication ni de la croyance en celle-ci n'est présente en Europe. Cet énoncé n'est pas pour autant fantaisiste. Il découle d'une réflexion réitérée sur les textes bibliques. Une fois encore, pour parvenir à se représenter ce qu'a pu faire Jacques de son vivant, on lui a appliqué une formule du Nouveau Testament qui s'adressait originairement à toute la communauté des apôtres. Alors même que saint Jacques a été montré prêchant, comme il se doit, à Jérusalem, en Judée et en Samarie, une réserve de sens demeure inexploitée : la prédication à l'extrémité de la Terre. Compris comme désignant l'extrême pointe du continent européen – le cap Finisterra –, ces termes pourront désigner concrètement la côte atlantique de l'Espagne [17].

---

[16] Voir Appendice 6.
[17] Voir Appendice 7.

Une deuxième composante évangélique intervient pour renforcer cette possibilité d'interprétation : la droite et la gauche du Christ triomphant. À partir du moment où la légende chrétienne affecte saint Jean à Éphèse, une certaine équité suggère de situer saint Jacques en Espagne, symétrique par rapport à Rome évidemment tenue par saint Pierre. Ainsi, dans la représentation du monde selon le système ptoléméen, les deux frères se trouvent-ils quasiment aux deux extrémités d'un même diamètre du disque plat qui figure la Terre. L'Église elle-même, fondée sur la pierre qu'est l'ancien Simon devenu Pierre, appellerait Jacques et Jean à occuper corrélativement les bornes d'un espace géographique qui est en même temps celui de l'apostolat.

L'évocation de cette tâche ne va guère sans référence à celui qui est l'apôtre universel par excellence, saint Paul. Celui-ci a pu contribuer au surgissement d'une mention explicite de l'Espagne dans le flou géographique de ces propos. Une phrase inachevée de l'Épître aux Romains exprime en effet son intention de se rendre dans ce pays [18] : *Mais à présent, comme je n'ai plus de champ d'action dans ces contrées-ci et que depuis bien des années j'ai un vif désir d'aller chez vous, quand je me rendrai en Espagne...* (Rm 15, 23-24).

Allant au-delà, saint Jérôme déclare à ce sujet : « Appelé par le Seigneur, il [Paul] se répandit sur la face de toute la Terre afin de prêcher l'Évangile de Jérusalem jusqu'en Illyrie et construire là où il n'y avait pas de fondement préalable, là où il n'avait pas été prêché auparavant (Rm 15), pour aller jusque dans les Espagnes, et de la mer Rouge, pour ainsi dire de l'océan à l'océan, imitant son Maître et le soleil de la justice dont nous lisons : *La sortie de celui-ci du plus haut du ciel et sa course jusqu'au sommet de celui-ci* (Ps. 17, 7), afin que la terre vienne plutôt à manquer sous ses pas que le zèle pour la prédication [19]. »

Il n'en estime pas moins ailleurs : « Voyant en effet les apôtres sur le rivage à côté du lac de Génézareth occupés à réparer leurs filets, Jésus les appela et les envoya sur la grande mer, afin que de pêcheurs de poissons il fasse d'eux des pêcheurs d'hommes, qui prêchèrent

---

[18] Il n'y a guère de concurrence possible entre les deux apôtres sur ce point puisque le martyre de Jacques a eu lieu en 44 et que la rédaction de l'Épître aux Romains date des années 57-58 (cf. ROBERT [André] et FEUILLET [André], *Introduction à la Bible*, Paris, Desclée, 1959, t. II, p. 451). Cependant lorsqu'on déclarera (cf. MPL 85, col. 46-47) que saint Paul est effectivement allé en Espagne et qu'il s'y est trouvé le premier, on exclura nécessairement la prédication de saint Jacques.

[19] MPL 25, col. 1043-1044.

l'Évangile de Jérusalem jusqu'en Illyrie et en Espagne, s'emparant même en un bref laps de temps de la puissance de la ville de Rome [20].» La lecture que fait saint Jérôme du passage évangélique relatif au recrutement de Jacques et Jean est donc contaminée par le souvenir de Paul, à qui est imputable la mention de l'Espagne. De même, évoquant la répartition de la Terre entre les apôtres, il précise, parlant de Jésus : « L'esprit de celui-ci les réunit, leur donna des sorts et les sépara, afin que l'un aille en Inde, un autre dans les Espagnes, un autre en Illyrie, un autre en Grèce, et que chacun repose dans la province où il prêcha l'Évangile et sa doctrine [21].»

Saint Jérôme ne déclare pas que Jacques est allé en Espagne, pour la bonne raison que, selon lui, Paul y va effectivement. Mais séparé de ce correctif, son texte contient déjà la possibilité de conclure qu'un des apôtres est allé en Espagne, et prépare ainsi les assertions selon lesquelles il s'est agi de Jacques. Bien plus, si les apôtres doivent, morts ou vifs, résider dans le pays qui leur a été attribué par la volonté divine, il fournit une première raison d'y rechercher la dernière demeure de l'un d'entre eux.

La fête du 25 juillet

Les catalogues apostoliques mentionnent avec insistance le caractère occidental du pays où prêche Jacques. Dans la mesure où celui-ci est constamment nommé en même temps que Jean, son image figure dans un complexe représentatif dominé par le parallélisme entre les deux frères, d'une part, et les deux points cardinaux, l'est et l'ouest, d'autre part. De même que Jean est affecté à l'est, de même Jacques est mis en relation avec l'ouest. Le voyage par lequel l'apôtre se rendra de Jérusalem dans ces contrées s'effectue donc selon le mouvement apparent du soleil. Cela explique que sa fête ait été fixée par l'Église au 25 juillet, qui était, en effet, à Rome, la fête païenne des Furrinalia, célébration solaire précédant la fête de la Canicule [22].

Un parallélisme supplémentaire peut venir se superposer au précédent. Il concerne cette fois les Dioscures Castor et Pollux. Ce ne sont pas seulement des adjuvants guerriers d'où l'on tirera l'image de saint Jacques Matamore apparaissant sur son cheval blanc lors de la bataille de Clavijo, comme apparurent les Dioscures aux yeux des Romains lors

---

[20] MPL 24, col. 424-425.
[21] MPL 24, col. 373.
[22] Voir Appendice 8.

de la bataille de Régille[23]. Ils sont aussi protecteurs des cavaliers, des soldats et des marins, guides des navires sur les flots, et sont appelés sans cesse «secourables», «bienfaisants» et «sauveurs». Par là, ils illustrent dans l'Antiquité païenne une fonction souvent exercée par les saints du christianisme, en particulier celle de protecteurs des chemins en général et des chemins de pèlerinage en particulier. En outre, ils symbolisent les deux crépuscules, du matin et du soir[24]. Le nom latin du soir et de l'occident, *vesper*, doit donc être associé à cette représentation de l'un des Dioscures. L'étoile du soir se nomme Hespérus, les filles de la nuit qui habitaient les extrémités occidentales de la terre se nomment les Hespérides, et l'Espagne elle-même ne s'appelle pas seulement *Hispania* et *Iberia* mais *Hesperia*, l'Hespérie[25]. C'est donc le pays qui illustre par excellence le soleil couchant.

La qualité de «fils du tonnerre» attribuée à saint Jacques et l'essence même de l'apostolat devait, en outre, suggérer quelque ressemblance entre l'apôtre et le dieu Hermès/Mercure. En effet, si le tonnerre est compris comme désignant le Zeus grec, dont la foudre est un attribut bien connu, son fils peut fort bien être assimilé à un équivalent d'Hermès, fils de Zeus. Si le fils de celui-ci – qui devient Jupiter tonnant en latin – est un apôtre, il a une seconde raison d'être identifié à Mercure. Le mot *apostolus*, qui signifie «messager» en latin chrétien, renvoie au terme latin classique qui a la même signification, soit *nuntius*. Or l'une des principales fonctions de Mercure est aussi d'être le messager des dieux. Enfin la fête caniculaire de saint Jacques, comme celle de saint Christophe et de saint Mercure, qui tombe aussi le 25 juillet, comporte une référence implicite à une fête d'Hermès, tel qu'il se présente sous son aspect helléno-égyptien:

«La grande fête égyptienne était annoncée par le retour de la Canicule, qui se levait du 19 au 26 juillet, selon le point de l'Empire d'où on l'observait. Et cette fête de joie et d'espérance correspond précisément à la fête romaine de notre saint – Christophe en l'occurrence – qui tombe, comme chacun sait, le 25 juillet [...]. Très vraisemblablement, quelques-unes des fêtes du dieu, Hérakleia ou Hermaia, tombaient le 25 juillet, au moment des ravages du Chien [...]. Dans le calendrier copte, figure à

---

[23] Cf. ALBERT (Maurice), *Le Culte de Castor et Pollux en Italie*, Paris, E. Thorin, 1883.
[24] *Ibid.*, p. 98: «Un assez grand nombre de médailles autonomes de l'Italie méridionale et de monnaies impériales de l'Orient associent les Dioscures à Apollon [...], l'Apollon-Soleil dont la tête radiée figure l'astre du jour dardant ses rayons comme des flèches. Castor et Pollux à ses côtés symbolisent son lever et son coucher.»
[25] Dans HORACE, *Carm.*, I, 36, «*ultima Hesperia*» désigne l'Espagne.

cette même date un saint Mercure, dont on ne sait rien de certain [...]. En célébrant le 25 juillet la dédicace de l'une de ses églises, les Coptes eurent sans doute en vue de détruire les restes du culte d'Hermès Anubis [...]. N'est-il pas évident que saint Mercure, comme saint Christophe à qui il a emprunté des traits frappants, a servi, lui aussi, à christianiser l'antique fête du 25 juillet en l'honneur de Sothis et d'Anubis [26] ? »

Surprenants aujourd'hui, de tels rapprochements étaient sans doute difficilement évitables durant les premiers siècles du christianisme dont la culture était autant païenne que chrétienne. Ils étaient, en outre, de nature à susciter certains amalgames propres à étoffer substantiellement l'image toujours quelque peu chétive de saint Jacques.

La sépulture en Achaïe Marmarique

Les trois notices des catalogues apostoliques situent le tombeau de saint Jacques en « Achaïe Marmarique », laissant au lecteur le soin de se représenter ce qu'il faut entendre par là.

La formule est, en effet, loin d'être univoque. Elle joint deux termes qui désignent normalement des régions séparées par quelques milliers de kilomètres d'étendue liquide. L'Achaïe est la partie nord de la Grèce située près du Bosphore. La Marmarique, quant à elle, désigne une bande de terre située entre la Libye et l'Égypte. Si le substantif vise authentiquement l'Achaïe, terme qui servait aux Romains à désigner la Grèce tout entière, Marmarique devrait alors être un adjectif susceptible de rattacher la région en question à la mer de Marmara, en Turquie. Encore qu'ait existé un saint Jacques de Turquie, le rapprochement n'est pas satisfaisant pour l'apôtre dont parle l'Évangile. À l'inverse, si l'on considère la Marmarique comme substantif, on la suppose accompagnée de l'adjectif qui signifie « grec ». Cette signification est plus acceptable, car la formule peut désigner la Marmarique grecque, donc chrétienne de rite copte, et renvoyer à saint Jacques Baradée, fondateur des jacobites et effectivement inhumé à proximité de cette région [27]. Mais là encore, le rapport avec l'apôtre de l'Espagne demeure ténu. En tout cas, quel que soit le sens que l'on pense pouvoir retenir pour l'*Achaïa Marmarica* du texte latin, son appropriation a exigé un détour érudit que très peu de lecteurs pouvaient faire, et la formule a dû demeurer dans la plupart

---

[26] SAINTYVES (Pierre), *Saint Christophe successeur d'Anubis, d'Hermès et d'Héraclès*, Paris, Nourry, 1936.

[27] CHOCHEYRAS (Jacques), *Saint Jacques à Compostelle*, Rennes, Ouest-France, 1985, pp. 79-84.

des esprits comme une énigme impénétrable, un *locus desperatus,* jusqu'au moment où elle s'est concrétisée par la découverte du tombeau galicien.

Cependant, la formule est susceptible de recevoir une explication assez simple. Sa source pourrait résider dans la confusion ancienne – et qui se répétera fréquemment – de Jacques le Majeur avec Jacques le Mineur. Certains manuscrits grecs situent la tombe de ce dernier en un lieu qui pourrait être « la pointe *(akè)* de la Marmarique ». Afin de traduire *akè* qu'il comprenait mal, le traducteur aurait utilisé, comme un calque linguistique, le mot *Achaia* qui lui était familier parce qu'il figure dans l'Épître aux Romains de saint Paul. Et *Marmarikè*, substantif grec désignant la Marmarique, serait devenu *Marmarica*, adjectif latin signifiant « de Marmarique ». Puisque le disciple à qui un lieu d'apostolat avait été assigné devait aussi y avoir son tombeau, le discours sur l'évangélisation de l'Espagne par saint Jacques suggérait donc que celui-ci devait aussi y être enterré. L'Achaïe Marmarique renvoyait donc en bonne logique à une réalité qu'il fallait chercher en terre espagnole.

Deux pistes, non exclusives l'une de l'autre, s'ouvraient ici à la réflexion. La première était suggérée par les géographes antiques :

> « Cette partie de la Gallécie où saint Jacques est enseveli se nomme, selon Pline, Livre IV, chap. 20, et Pomponius Mela, livre III du *De situ orbis*, chap. 1, la Tamarique, en raison du fleuve Tamaris qui, comme on sait, baigne entièrement cette région, ce qui lui a valu aujourd'hui le nom de Transtamare [28]. »

À partir d'un tel savoir, on aura pu conclure, en rectifiant les textes des catalogues apostoliques, éventuellement détériorés par une transmission peu fidèle, qu'il fallait y lire « Tamarique » au lieu de « Marmarique ». La Tamarique mise en rapport avec la grécité pouvait désigner une région d'Espagne qui avait connu une implantation grecque, comme c'était effectivement le cas pour la Galice.

En outre la plupart des copistes qui ont transmis le texte du *Bréviaire des apôtres* ont déformé de bien des manières l'énigmatique *Achaia Marmarica*. On trouve : *Azimarmaria, Carmarica, Marmarica, arce marmaria, inter marmaricam, arce marematica, Achaiam*

---

[28] « *Illa pars Gallaeciae ubi S. Jacobus sepultus est, nuncupatur Tamarica, a Plinio lib. IV, cap. 20, et Pomponio Mela, lib. III de Situ Orbis cap. 1 a fluvio Tamaris, celebri admodum illam regionem praterfluente, a quo hodieque vocatur Trans Tamara.* » Note de BIVAR, dans MPL 31, col. 149.

marmaricam, Achaiam maritimam, etc. Les textes du Pseudo-Isidore fournissent *Carmarica, Archis Marmaricae, Archimarmarica*[29]. La chronique interpolée d'Isidore reproduite par Lucas de Tuy comporte *in arce marmarica*[30].Comme souvent en cette matière difficile, on est donc en terrain peu sûr. Cependant la dernière formule invite à dépasser ces incertitudes.

En effet le site de Compostelle est, à de nombreuses reprises, désigné par la formule *arcis marmoricis*[31] qui n'est pas nécessairement dérivée des précédentes. Elle a en latin galicien un sens inattendu, fort éloigné de l'Achaïe comme de la Marmarique, qui renvoie à un emplacement caractérisé par la présence d'un enclos *(arcis)* et d'un déambulatoire *(marmoricis)* à parement de marbre.

Lorsque les catalogues apostoliques contenant des mentions voisines de l'*arce marmarica* qu'on trouve chez Lucas de Tuy se seront répandus au VIIIe siècle, un moment viendra sans doute où le rapprochement des deux formules suggérera que les catalogues apostoliques indiquaient la sépulture de saint Jacques au lieudit qui se trouvait dans l'évêché d'Iria. Les *arcis marmoricis* n'étaient-ils pas, si l'on faisait abstraction de la différence entre le *a* et le *o*, parfois malaisément discernable dans certains manuscrits, une forme plurielle dont *arce marmarica* était le singulier ? Compte tenu des avatars de la tradition manuscrite, l'hypothèse d'une correspondance entre les deux manières de dire était tout à fait admissible aux yeux d'une philologie approximative et intéressée. C'est sans doute à cette rencontre de deux formules tenues pour identiques qu'est due la décision de considérer ce lieu comme celui du tombeau de saint Jacques.

Le patron de l'Espagne

Les discours sur la présence anthume et posthume de saint Jacques en Espagne ne sont pas originairement espagnols. Dans la péninsule, les écrivains des premiers siècles n'en soufflent mot. Le *Bréviaire des apôtres* du Pseudo-Jérôme, cité précédemment, a vraisemblablement été rédigé en Sicile et ses imitateurs, sous le pseudonyme d'Isidore de Séville, n'ont fait que le reproduire à leur manière.

Ils attestent que ces propos ont connu un début de réception espagnole, mais s'ils en étaient restés à ce stade, ils seraient vraisemblablement demeurés sans conséquence. En effet, les catalogues apostoliques

---

[29] MPL 83, col. 151.
[30] MPL 81, col. 384.
[31] Voir Appendice 9.

ont eu beau présenter, par exemple, saint Philippe comme l'apôtre des Gaules, ce propos est demeuré sans aucun écho. Le succès des assertions sur saint Jacques ne tient donc pas à l'autorité que posséderaient ces textes. Au VIIIe siècle, en Espagne, ils ont été connus entre autres dans les Asturies, puisque Beatus, abbé de Liebana, les utilise vers 786 dans la troisième rédaction de son *Commentaire sur l'Apocalypse*[32]. Mais saint Jacques ne figure là encore que dans une liste des apôtres et ne donne lieu qu'à un très bref membre de phrase rappelant son évangélisation de l'Espagne. Cette information, qui n'apporte rien de nouveau, n'a en soi qu'un intérêt géographique, puisqu'elle émane d'un lieu – Liebana – proche de l'emplacement où sera découvert le tombeau. On ne possède aucune attestation complémentaire que Beatus ait accordé une importance quelconque au membre de phrase qu'il se contente de copier sur le *Pseudo-Isidore*. L'évangélisation de l'Espagne par saint Jacques figure chez l'éminent religieux asturien dans le répertoire des idées reçues sur l'apostolat universel, mais sans plus.

La situation change du tout au tout avec un autre texte de la même époque : l'hymne mozarabe, dite de saint Isidore et inspirée, elle aussi, du *Pseudo-Isidore*. On suppose parfois qu'elle a été rédigée du vivant du roi asturien Mauregat (783-789), car les premières lettres, moyennant quelques corrections, donnent l'invocation : *O REX REGUM REGEM PIUM MAURECATUM AEXAUDI.*

« Hymne de l'office mozarabe de saint Jacques [33]

Ô Verbe de Dieu, sorti de la bouche du Père ;
Créateur et véritable principe des choses,
Acteur perpétuel, lumière, origine de la lumière,
Sorti du sein de la glorieuse Vierge Marie,
Révèle-nous, toi qui es nôtre, le Christ Emmanuel.

---

[32] « La préface générale de l'œuvre est un véritable centon de citations et d'extraits d'Isidore de Séville. Mais on y trouve aussi des fragments de saint Jérôme, ou attribués à saint Jérôme, en particulier (2-1-5) le prologue qui précède ordinairement l'Apocalypse dans les manuscrits de la Vulgate, et qui provient peut-être de Priscillien ! » Commentaire *in* CHOCHEYRAS (Jacques), *Saint Jacques..., op. cit.*, p. 103 ; avec renvoi à STIERLIN (H.), *Le Livre de feu. L'Apocalypse et l'art mozarabe*, Genève, Sigma, 1978, pp. 55, 57, 82.

[33] LÓPEZ FERREIRO (A.), *Historia de la santa Iglesia de Santiago de Compostela*, Saint-Jacques-de-Compostelle, t. I, 1898, p. 408. Ce texte, qui n'est pas parfaitement conservé, présente dans le détail quelques difficultés d'interprétation (cf. BLUME [Clemens], *Hymnodia gothica*, vol. XXVII des *Analecta hymnica* de BLUME et DREVES, p. 97).

Roi et prêtre, pour qui brillent les pierres sacrées
Presque au nombre de douze, l'onyx, l'agate,
Le béryl brillant, le saphir, l'escarboucle,
Ou bien l'améthyste, le sarde, la topaze,
L'émeraude, le jaspe et l'éclatante chrysolite.

Et à bon droit, comme ces pierres, le soleil
Fait briller les jours de douze heures,
Suprêmes perles, et s'accroît pour le monde,
Dès qu'il a mis en fuite les ténèbres,
Et d'un chandelier suspendu au-dessus de toi
Éclaire de flambeaux les deux fois six apôtres.

Pierre éclaire Rome ; son frère l'Achaïe ;
Thomas l'Inde ; Lévi la Macédoine ;
Jacques Jérusalem ; Zélote l'Égypte ;
Bartholomée l'Arménie ; Judas Edesse ;
Matthieu la Judée et Philippe les Gaules.

Ensuite les deux grands fils du tonnerre,
Illuminent, par la prière de leur excellente mère,
Les lieux insignes de leur vie à tous deux :
Jean régnant seul à dextre sur l'Asie,
Et à sénestre son frère chargé de l'Espagne.

L'un, assis à la droite de l'illustre créateur et maître d'innocence,
Veille aux traités conclus en vue de la paix ;
L'autre, à sa gauche, a en charge le discours et
Diversement le règne ; leurs témoignages doublement élus
S'avancent vers la gloire d'un pôle comme de l'autre.

Amené, disais-je, glorieux à la récompense,
Élu à partir de là, par le martyre du Christ,
Jacques, fils de Zébédée, est appelé ;
L'apostolat remplit à bon droit sa vie,
Et victorieux il ravit les stigmates du martyre.

Siégeant assurément par le suffrage divin,
Sa force contraint les colères coupables des mages,
Il punit les menaces des démons
De haut rang, qui s'opposent à lui
Et le cœur repentant des crédules est détaché des oracles.

Possesseur de ce qui a été demandé jadis,
Il protège efficacement le malade demandant un appui
La foi remplie de grâce fraie pour l'étendard à choisir,
Celui de la paix, la voie vers l'abondance du salut,
Et mort par l'épée il se fortifie par la gloire.

Ô apôtre très saint, véritablement digne,
Chef éclatant de l'Espagne,
Notre protecteur et patron dans la fleur de l'âge,
Évitant la peste, sois notre salut du ciel,
Éloigne la maladie, les plaies et le crime.

Approche-toi favorablement du troupeau, pieux créancier,
Et généreux pasteur pour le troupeau, le clergé, le peuple,
Avec les richesses supérieures pour que nous jouissions
De la joie, associés au royaume, soyons vêtus de la gloire
Éternelle et échappions par toi aux enfers.

Distingue-toi, nous t'en prions, par ta puissance unique ;
Et, rempli de toute gloire, confirme seul ton ouvrage
Par ta force ; veille, immense, à la gloire éternelle,
Toi dont l'éloge et la clémence et l'honneur
Dure éternellement dans les siècles. Amen.»

Le rôle dévolu à saint Jacques en Espagne ne tient donc pas seulement à la place éminente qu'il occupe parmi les apôtres. En 415, saint Augustin avait organisé à Hippone le culte de saint Étienne, pour faire face à la fois à la crise donatiste [34] et à la menace des Vandales. Une situation un peu analogue paraît exister en Galice au VIIIe siècle : la région se trouve confrontée à la menace interne du priscillianisme [35] et de l'adoptianisme [36], et à la menace extérieure de l'Islam. Pour faire face à ces dangers, l'orthodoxie avait donc besoin d'un champion en la personne d'un saint au-dessus de tout soupçon, capable d'ancrer le patriotisme dans la religiosité. L'exemple de saint Martin, artisan de la conversion chrétienne en Gaule, et dont le tombeau était l'objet de pèlerinages, était également fait pour nourrir le désir d'un symbole ayant la même portée. On voit donc apparaître ici pour la première fois une mise en relation de saint Jacques avec l'Espagne sur la base du passage évangélique qui évoque les deux frères siégeant à droite et à gauche du Seigneur. Ce n'est sans doute en aucune manière une interprétation canonique de ce passage, mais elle sera reprise plus

---

[34] Mouvement rigoriste chrétien d'Afrique du Nord tirant son nom de Donat, évêque de Cellae Nigris, en Numidie. Condamné au concile d'Arles de 314, le donatisme persista encore durant un siècle avant d'être définitivement vaincu par saint Augustin au début du Ve siècle.

[35] De l'hérésiarque chrétien Priscillien, mort en 385. Doctrine fondée sur un néognosticisme ascétique, condamnée par le concile de Tolède en 400, elle subsista longtemps en Espagne du Nord, notamment dans la région de Compostelle.

[36] Hérésie christologique proche de l'arianisme.

tard dans le sermon *Exultemus* du *Livre de saint Jacques* (Livre I,
chapitre XV) qui se réfère expressément à ce poème. Même si la date
de celui-ci pose la question de savoir s'il est contemporain du roi
Mauregat ou postérieur à lui, une chose est certaine : aucune mention
n'est faite du tombeau de saint Jacques, ce qui signifie sans nul doute
que le poème est antérieur à sa découverte [37].

Ce n'est pas le tombeau galicien qui a fait de saint Jacques le
patron de l'Espagne, mais sa désignation comme tel qui a incité à y
rechercher sa sépulture.

---

[37] Voir Appendice 10.

Chapitre II

LE RETOUR DES CENDRES

Les deux sources de la Translation ou comment le corps de saint Jacques arriva en Espagne

La dépouille mortelle de saint Jacques ne peut se trouver dans le tombeau galicien qu'à condition d'y avoir été transférée après son martyre. Pour des raisons pratiques évidentes, il ne pouvait être question de rapporter une translation de Jérusalem à Compostelle par des voies terrestres qui auraient contourné la Méditerranée au nord ou au sud. En revanche, la proximité de l'océan, le passage de la route maritime de l'étain qui reliait la Grèce aux îles Scilly et les traditions des peuples marins en matière de navigations miraculeuses suggéraient que l'on se représente la chose sous la forme d'un transfert par voie de mer.

Peut-être même la date anniversaire du saint n'est-elle pas étrangère au succès de l'entreprise, puisque à aucun moment le navire qui mène la sainte relique ne sera menacé d'être englouti par les flots. Cicéron, dans son traité sur la divination, rappelle que seules les personnes nées durant la période caniculaire de l'année sont assurées de ne jamais être noyées. Le caractère solaire de saint Jacques n'est pas sans évoquer non plus Osiris, dont le corps fut, lui aussi, transporté dans une barque. Selon les témoignages antiques, les Suèves venus occuper la Galice avaient auparavant un culte que les Romains assimilaient à celui d'Isis, sœur et femme d'Osiris, et qui a pu venir se greffer sur une propension locale à des représentations de ce genre. La nécessité concrète d'une translation maritime du corps de saint Jacques entre Jérusalem et la Galice vient donc renouveler des croyances anciennes et païennes fort répandues. Mais elle paraît liée aussi à des événements historiques et légendaires plus récents et plus localisés.

La lettre d'Alphonse III à Saint-Martin de Tours

Ce n'est sans doute pas un hasard si une lettre datée de 906 est adressée au clergé et au peuple chrétien de Saint-Martin de Tours [1] qui avait exporté vers Braga une relique de son saint patron. Il existe en effet des relations anciennes entre la Galice et le sanctuaire tourangeau qui a conservé ce document. Que l'expéditeur soit le souverain asturien Alphonse III [2] est toutefois très peu plausible. D'abord parce que cette missive mentionne l'évêque du siège apostolique de Compostelle, Sisenand, en lui donnant le titre d'archevêque qu'il n'avait pas, ensuite parce que, à la fin, elle manifeste une hâte, surprenante sous la plume d'un roi, de finir pour ne pas faire attendre les courriers. C'est donc très vraisemblablement un faux. Après divers passages traitant de la destruction de Saint-Martin de Tours par les Normands et de l'acquisition d'une couronne impériale par l'intermédiaire d'un comte ou duc de Bordeaux, cette lettre déclare en ce qui concerne la translation du corps de saint Jacques :

« Vous avez voulu savoir de quel apôtre la tombe se trouve parmi nous. Sachez avec la plus grande certitude que nous possédons, aux « archis Marmoricis », dans la province de Gallécie, le sépulcre de l'apôtre Jacques, fils de Zébédée, Boanergis, qui a été décapité par Hérode. La main du Seigneur tenant le gouvernail, comme il est dit dans de nombreuses histoires véridiques, son corps a été transféré là par un radeau et enseveli. Le tombeau brille par de nombreux miracles, les démons y sont chassés, la lumière y est rendue aux aveugles, le mouvement aux paralysés, l'ouïe aux sourds, la parole aux muets, et il s'y produit de nombreuses autres choses admirables que nous avons connues, que nous avons vues et que les pontifes et les clercs du lieu nous ont racontées. En effet, comment il a été décapité à Jérusalem par Hérode et de là transporté et enseveli, à quel moment et comment, voilà qui apparaît manifestement à tous et de nombreuses lettres véridiques de nos archevêques, ainsi que les œuvres historiques des Pères et les propos de beaucoup l'attestent. Si nous voulions vous raconter tout cela par le menu, la plume [3] en serait incommodée trop longtemps, nous contreviendrions au genre de la lettre et bien plus encore à la hâte des porteurs qui n'ont pas voulu s'attarder. Mais avec l'aide de Dieu, chaque fois que des clercs de chez vous viendront chez nous, nous raconterons toutes ces choses plus amplement et en détail, sans rechigner à la peine ; ce que

---

[1] FLOREZ (Henrique), *España sagrada*, t. XIX, Madrid, 1792, p. 348-349 ; LÓPEZ FERREIRO (A.), *op. cit.*, t. II, Appendices, p. 57.

[2] Alphonse III, roi des Asturies (866-910).

[3] Affectant une diction antique, le texte dit ici « le style », c'est-à-dire le poinçon qui servait à graver dans la cire des tablettes.

nous avons reçu des saints Pères et que nous tenons dans des écrits, nous ne refuserons pas de vous le montrer, avec la permission de Dieu, et sans la moindre hésitation, afin que vous croyiez en toute certitude, parce que nous le tenons pour juste et équitable.

Puisque vous avez demandé à quelle distance ce tombeau se trouve de l'océan Atlantique, et en quel lieu il est situé, sachez que de la haute mer jusque là où, le Seigneur tenant le gouvernail, il a touché terre, il y a deux fleuves, qui de toute antiquité se nomment la Volia et le Sar. Jusqu'au lieu qui est dit Bisria, dans le vieil évêché d'Iria qui a pour patronne sainte Eulalie, il y a dix milles et de là jusqu'au glorieux tombeau il y a douze milles.»

À trois reprises, le texte renvoie à de nombreux récits historiques antérieurs. Si ces références ecclésiastiques pompeuses, vagues et topiques ne renseignent guère sur ses sources, elles n'en contiennent pas moins quelque trace de vérité possible, car la reconnaissance d'un événement aussi important que l'invention du tombeau – et de la Translation de saint Jacques qui la conditionne – n'a pu être le fait que d'un collège épiscopal.

Le rédacteur de ce texte ne connaissait sans doute pas la lettre du pape Léon, dont on verra plus loin l'importance, sinon il aurait vraisemblablement nommé celui-ci parmi ses garants et son récit en porterait la marque. Au lieu de cela, il propose l'évocation la plus dépouillée qui soit du retour des cendres et de leur déposition en Galice. Cette présentation sommaire reflète éventuellement avec quelque justesse la teneur du récit le plus ancien, aujourd'hui disparu, qui serait aussi l'une des sources de la première lettre du pape Léon.

Il comportait sans doute déjà la mention de l'arrivée au port de Bisria que l'on trouve dans la dernière phrase de la présente lettre tout comme celle du mont Ilicinus qui figure dans une charte, sans doute apocryphe elle aussi, de 883, dans laquelle le roi Alphonse III dit à l'évêque Panosind du monastère de San Juan da Coba : « Nous te concédons le monastère de Saint-Jean dans le désert qui a été fondé sur la rive du fleuve Ulia dans un creux de la montagne appelée mont Sacré et jadis nommée des Yeuses *(ylicinus)* non loin du lieu *Arcis marmoricis* où repose le corps du bienheureux apôtre Jacques[4].»

---

4 LÓPEZ FERREIRO (A.), *op. cit.*, t. II, Appendices, p. 27 : «*monasterium sancti Ioannis in eremo quod est fundatum in ripa fluuii Ulie in cauerna montis quam dicunt Montem sacrum, qui antiquitus uocabatur ylicinus non multum procul loco Arcis marmoricis ubi corpus beatissimi Iacobi apostoli requiescit*». Ce texte présente la bizarrerie d'employer dans la même phrase le substantif *mons* au féminin, comme antécédent de *quam*, et au masculin, comme antécédent de *qui*. C'est un argument linguistique en faveur d'une interpolation ultérieure relative au nom ancien de cette montagne (cf. infra).

Saint Jacques supplanteur de Priscillien

D'après ces documents, le tombeau serait donc situé près du port de Bisria et du mont Ilicinus. Chacun de ces deux toponymes pose un problème propre, mais leur rapprochement débouche sur une hypothèse qui ne paraît pas négligeable. La forme *Bisria*, qui désigne le point où le radeau portant saint Jacques a touché la terre de Galice, n'est pas attestée en tant que telle par les géographes antiques. S'agit-il d'une déformation du nom *Iria* (localité proche de Padrón qui était autrefois siège épiscopal), peut-être à partir d'une forme complète *Bis-Iria* qui ferait de ce lieu une seconde *Iria* ? La forme latine régulière est *Ilia (Flavia)* et l'*Itinéraire Antonin*[5] la nomme *Pria*. Le fait que la Galice soit occupée par une population suève, donc germanique, suggère aussi que la graphie *B* pouvait correspondre souvent à une prononciation *P*[6]. La première lettre du pape Léon expliquera quant à elle le nom de *Bisria* comme constitué à partir du latin « *bis* » (deux fois) et du gallego « *ria* » (rivière). Le pape donne ainsi à penser qu'à l'origine le port tenait son nom de sa situation au confluent des deux rivières. C'est évidemment une rationalisation pseudo-étymologique de ce nom, qui le relie étroitement à l'élément liquide. Pour l'autre toponyme complémentaire, celui de la montagne, c'est le terme de *mons Ilicinus* qui est employé pour désigner ce que l'on traduit fort correctement par « mont des Yeuses ». Mais les termes courants en la matière sont *iligneus, iliceus*. Pour quelle raison particulière a-t-on employé ici, tant pour le port que pour la montagne, des formes rares de ces toponymes ?

Pris séparément, ils ne présentent rien de particulier, mais, dès lors que l'on convertit en un *P* le *B* de *Bisria,* leur rapprochement débouche sur une constatation du plus haut intérêt. Ces deux toponymes forment une anagramme parfaite de *Priscillianus*. La reconstitution du patronyme de Priscillien à partir de *Bisria* et d'*Ilicinus* ne soulève pas la moindre difficulté puisque toutes les lettres en sont fournies, certaines

---

[5] « Pourquoi ne pas confondre [...] *Pria*, dont les variantes dans les manuscrits prouvent une mauvaise lecture, avec *Iria Flavia* [Padrón] ? » se demande Alain Tranoy (*La Galice romaine : recherches sur le nord-ouest de la péninsule Ibérique dans l'Antiquité*, Paris, De Boccard, 1981, p. 217). C'est manifestement déjà l'opinion de Forcellini : « *Iria, oppidum Hispaniae in Galleciae, quod Pria vocatur in Itiner. Anton. p. 430.* » Pour des raisons que l'on verra plus bas, il n'est pas inintéressant que l'initiale ait pu être un « p ». Celle-ci s'expliquerait assez bien par les règles de la phonétique germanique ancienne appliquées à la langue latine, si l'on admet que *Pria* découle de *Bisria*, comme *Pruze* (la Prusse) correspond à *Borussia*.

[6] Même en dehors de la première mutation consonantique des langues germaniques selon la loi de Grimm qui transforme *b, d, g* en *p, t, k*.

deux fois. Ainsi l'arrivée de saint Jacques viendrait-elle symboliquement effacer l'implantation locale du nom de Priscillien, faisant jouer pleinement à l'apôtre le rôle de « supplanteur » auquel son nom le prédestine. Dans le même ordre d'idées, la distance de douze milles indiquée comme étant celle du lieu d'accostage à celui de la sépulture a plutôt la valeur d'un symbole numérique de perfection, comme celle qui, dans la légende de saint Michel, sépare le rivage adriatique du mont Gargano. En tout état de cause, cette distance n'est pas celle d'Iria à Compostelle, mais, selon l'*Itinéraire Antonin*, celle de Pria à la cité d'*Aquae Celenae* qui hébergea les priscillianistes.

Les premières églises dédiées à saint Jacques

On possède, prétendument de la même année que la lettre du roi Alphonse III au clergé de Tours (906), un texte qui mentionne une rencontre de deux dignitaires ecclésiastiques en un lieu appelé *Sanctus Jacobus ad Archis*[7]. Ce terme désigne vraisemblablement la nouvelle église Saint-Jacques construite en ce lieu par le roi asturien et consacrée par lui en 899. La formule employée dans ce document suggère par le rapprochement du nom de saint Jacques et des *archis*, ainsi que par le changement de la préposition (*ad Archis* alors que le tombeau est situé *in arcis marmoricis* dans les textes précédents), que la nouvelle église serait située à proximité des vestiges architecturaux antiques mentionnés précédemment. La formule complète – sans préposition – est également présente dans la charte compostellane de 883 citée plus haut, et dans une charte de 899 dont nous parlerons ci-dessous, en compagnie du terme *locus* qui indique apparemment que ce nom est celui d'un lieudit. Curieusement, la désignation *arcis marmoricis* ne figure pas dans la charte d'Ordono Ier, père d'Alphonse III, qui déclare en 854 : « en honneur et respect du bienheureux apôtre Jacques, notre patron et celui de toute l'Espagne, dont le corps est enseveli en Galice dans la région d'Amaé[8] » et nomme l'emplacement lui-même *locus sanctus*. Le même terme revient dans les chartes d'Alphonse III, où il est question, en 862, du « lieu très

---

[7] « En 906 l'évêque d'Iria se rencontre avec celui de Coïmbre à *Sanctus Jacobus ad Archis.* » Portugaliae monumenta historica, Diplomata et chartae, n° XIII ; DAVID (Pierre), « Études sur le *Livre de Saint-Jacques* attribué au pape Calixte II », *Bulletin des études portugaises et de l'Institut français du Portugal*, 11/1947, p. 121, note 3.

[8] LÓPEZ FERREIRO (A.), *op. cit.*, t. II, Appendices, p. 9 : *« pro reverentia et honore bti. Iacobi Apostoli, nostri et totius Hispaniae patroni, cuius corpus tumulatum est in Gallecia in finibus Amaea ».*

saint de saint Jacques où son saint corps est enseveli[9]» et, en 866, du « lieu très saint de notre patron saint Jacques apôtre». La dénomination pieuse paraît donc avoir éclipsé le terme *arcis marmoricis* dès l'édification de la première église dédiée à saint Jacques. Puisque celle-ci était faite, nous le savons, de pierre et de torchis mais non de marbre, il est concevable que le terme ancien ait paru quelque peu décalé par rapport à la réalité. Cette désignation n'est réemployée sous la forme modifiée *archis marmoricis*, comprise comme désignant éventuellement des arches de marbre, qu'au moment où l'on construit la nouvelle église. La charte de 899, qui relate la consécration de cette nouvelle église d'Alphonse III, donne à cette occasion des détails très significatifs :

> « Au nom de Notre Seigneur Jésus-Christ, a été construit le temple du saint Sauveur et de saint Jacques apôtre dans le lieu des Arcis marmoricis dans le territoire de Galice par décision du très glorieux prince Alfonse III et de son épouse Scemena pendant l'épiscopat de Sisenand en ce même lieu.
>
> « Descendant suppliant de l'excellent et éminent roi Ordonius, moi Alphonse, roi, avons décidé avec le prélat ci-dessus de construire la maison du Seigneur et de restaurer le temple proche de la tombe sépulcrale qu'avait construit jadis le souverain de divine mémoire, Alphonse le Grand, en pierre et en torchis et de petites dimensions. Quant à nous, poussés par une inspiration divine avec nos sujets et notre famille, nous avons fait venir dans le lieu saint à partir de l'Espagne, sur les arrières des troupes mauresques, des pierres de marbre, choisies dans la ville de Eabecae, que nos aïeux firent transporter en radeaux à travers le Pont-Euxin, et avec lesquelles ils construisirent de belles maisons, qui furent détruites par les ennemis. C'est à partir de cela qu'a été faite l'entrée principale de la partie occidentale, à partir de ces pierres elles-mêmes : les arcades au-dessus du seuil, nous les avons trouvées pourvues d'une antique clef de voûte admirablement sculptée.
>
> « La porte de gauche à côté du sanctuaire de saint Jean-Baptiste martyr, nous l'avons solidement établie de la même manière, et construite en pierres pures, et nous avons posé de même six colonnes avec leurs bases là où est construit l'ambon ainsi que d'autres colonnes sculptées en dessous de la tribune. Nous avons fait venir d'une place forte portugaise des socles et des pierres à chaux transportées par radeaux, dont ont été faites dix-huit colonnes, transportées de la même manière par voie d'eau avec les autres petites colonnes de marbre[10]. »

---

[9] LÓPEZ FERREIRO (A.), *op. cit.*, t. II, Appendices, p. 10 : « *in locum sanctissimum bti. Iacobi Apostoli ubi sanctum corpus eius tumulatum est.* » ; « *Sanctissimum locum patroni nostri Sancti Iacobi apostoli.* »

[10] LÓPEZ FERREIRO (A.), *op. cit.*, t. II, Appendices, pp. 50-51 ; cf. FLOREZ (Henrique), *op. cit.*, t. XIX, pp. 344-346.

La seconde église a donc, selon ces dires, été faite à partir de matériaux nobles récupérés sur des ruines antiques. Le remploi de ceux-ci a donné tant soit peu à l'édifice quelque ressemblance avec un temple païen. Cette lettre souligne, non sans complaisance, le marbre et les arcades tout à fait propres à susciter une résurgence officielle de l'expression *arcis marmoricis* appliquée jadis au lieudit et désormais applicable au bâtiment. Un nouveau changement de préposition intervient en conséquence. Alors que le tombeau était précédemment situé « dans » *(in)* ce lieu, et l'église elle-même « à proximité » *(ad)* de celui-ci, ce sera dorénavant le terme « sous » *(sub)* que l'on emploiera, à cause des arcades ou des voûtes de cet édifice. Ces *arcis marmoricis* ainsi comprises disparaîtront du lexique compostellan lorsque l'église d'Alphonse III aura été détruite en 997.

La légende des sept évangélisateurs de l'Espagne ou comment saint Jacques récupère un légende concurrente

La légende des sept évangélisateurs de l'Espagne, qui correspondent en Occident aux sept dormants d'Éphèse, est rapportée par le martyrologe d'Adon [11] :

« 15 mai. Fête de la naissance des saints confesseurs Torquat, Ctésiphon, Second, Indalèce, Cécilius, Hésyque et Euphrase. Ils furent ordonnés évêques à Rome par les saints apôtres et envoyés chez les Espagnols, jusqu'alors en proie à l'erreur des gentils. Comme ils arrivaient à la cité d'Acci, et que, fatigués du voyage, ils se reposaient quelque peu, ils envoyèrent à la ville des disciples pour acheter des provisions. Peu après, une foule de païens, qui célébraient sans doute alors les fêtes de leurs dieux, les poursuivit jusqu'au fleuve, traversé par un pont d'une grandeur et d'une solidité admirables. Lorsque les saints y passèrent, le pont s'écroula, sur l'ordre de Dieu, entraînant tout le groupe des poursuivants. Les autres, terrifiés par ce miracle et suivant l'exemple d'une grande sénatrice Ludaria (qui, inspirée par Dieu, les accueillit aimablement et crut), abandonnèrent le culte des idoles et crurent en Jésus-Christ. Après quoi, ils évangélisèrent dans diverses villes et amenèrent des foules innombrables à la foi du Christ. Torquat demeura à Acci, Ctésiphon à Vergium, Second à Avila, Indalèce à Urci, Cécilius à Elvire, Hésyque à Gibraltar (Cartesa ou Carcera), Euphrase à Andujar (Eliturgi). Il existe jusqu'à aujourd'hui un illustre miracle pour condamner leur précieuse mort. Car lors de la même solennité dans la ville d'Acci mentionnée ci-dessus, un olivier florissant par la grâce de Dieu est chargé de fruits mûrs [12]. »

---

[11] MPL 123, col. 267-268.
[12] Voir Appendice 11.

Il était inévitable qu'à un moment quelconque on songe à concilier les deux traditions qui attribuaient l'évangélisation de l'Espagne soit à saint Jacques soit aux sept envoyés des apôtres qui pouvaient lui faire concurrence. La fête des sept dormants d'Éphèse, le 27 ou le 28 juillet, contiguë à celle de saint Jacques, suggérait le rapprochement. Il suffisait de transformer les évangélisateurs de la Bétique en instruments de la translation du corps de saint Jacques vers la Galice pour que les compétiteurs éventuels deviennent des associés. C'est ce qui se produit dans la *Vie de saint Martial* d'Adhémar de Chabannes, écrite dans le premier quart du XIᵉ siècle :

> « Ainsi le propre de l'Espagne est l'apostolat de Jacques, non que celui-ci y ait assuré lui-même la prédication, mais parce que, après avoir apporté son corps en Galice par bateau, sept de ses disciples ont été les premiers à annoncer en Espagne le nom du Christ, et ils y ensevelirent le corps de leur maître [13]. »

Cette double mention de l'apôtre qui n'a pas évangélisé lui-même l'Espagne et des sept disciples qui l'ont fait à sa place, après le retour de ses cendres, n'est pas fréquente. Seule la *Translation de Fleury* – présentée dans les pages suivantes –, vraisemblablement contemporaine d'Adhémar et puisée à la même source, la fournit aussi. Cette version diffère de celle que rapporte la lettre d'Alphonse III, puisque la légende de saint Jacques s'y trouve rapprochée de celle des sept évangélisateurs de l'Espagne. Mais ceux-ci conservent encore leur fonction originelle d'évangélisateurs aux côtés de saint Jacques. Le parallèle avec saint Paul est sensible puisque, lui aussi, fut accompagné de sept disciples lorsqu'il partit évangéliser la symétrique Asie [14].

La lettre du pape Léon dans tous ses états

La première lettre du pape Léon [15]

La plus ancienne version connue de cette lettre figure dans un manuscrit du Xᵉ siècle que posséda Saint-Martial de Limoges et qui se trouve maintenant dans le fonds de la Bibliothèque nationale de France. « Le texte en caractères wisigothiques a été introduit dans le manuscrit alors que celui-ci était entièrement constitué ; on a pour cela

---

[13] MPL 141, col. 100.
[14] Ac 20, 4. Cf. LÓPEZ FERREIRO (A.), *op. cit.*, t. I, p. 167, note 1.
[15] Texte original dans BnF Ms lat 2036, f° 47.

utilisé une page presque entièrement blanche, au début d'un quaternion. La lettre [...] est écrite dans le caractère wisigothique employé pour la copie des livres ; il n'y a encore aucune trace d'influence de la minuscule caroline. Le scribe n'était pas un professionnel, car son écriture est assez irrégulière [...]. Selon toute probabilité, la lettre du Pseudo-Léon a été transcrite dans le manuscrit de Saint-Martial vers le milieu du XIe siècle [16].» Ces indications ne permettent pas de se faire une idée de l'époque à laquelle elle a été écrite. En revanche, elles suggèrent de la rattacher au royaume des Asturies qui se concevait comme assumant l'héritage wisigothique [17]. Le seul document qui permette de dater cette lettre est une charte de 914 qui déclare :

« Par notre travail et notre dépense dans la montagne appelée jadis des Yeuses, nommée mont Sacré après l'arrivée de saint Jacques, qui fut par sept évêques, disciples de saint Jacques, aspergée du sacrement du sel et de l'eau et purgée de toute souillure diabolique et du souffle pestifère du dragon. Au sommet de ce mont nous édifions un monastère selon la sainte règle [18].»

La mention des sept évangélisateurs et de la victoire sur le dragon, dont aucune attestation plus ancienne n'existe en relation avec saint Jacques, suggère fortement que ce propos est tributaire des informations données à ce sujet par la lettre du pape Léon. Il convient donc, si la date de cette charte est authentique et si ce passage n'a pas été interpolé ultérieurement, de considérer qu'elle aura pu être rédigée entre la lettre alphonsine de 906, qui ne la connaît pas et cette charte présumée de 914.

« Au nom de Dieu, l'évêque Léon aux rois des Francs et des Vandales, des Goths et des Romains.
« Nous vous informons de la translation du bienheureux Jacques, frère de saint Jean apôtre et évangéliste, après le jour où son chef a été tranché par Hérode, roi de Jérusalem. Ensuite son corps a été transporté de là par mer, guidé par la main de Dieu. Et, de fait, le septième jour, cet esquif s'arrêta en un lieu dit Bisria, entre deux rivières, d'où son nom. Ensuite son corps fut transporté au milieu du jour [au centre du soleil] sans

---

[16] BHL 4060. DAVID (Pierre), *op. cit.*, 15/1951, p. 188.
[17] « Pour les chroniques du IXe siècle, la monarchie asturienne n'est que la continuation de celle des Wisigoths.» BARRAU-DIHIGO (Louis), *Recherches sur l'histoire politique du royaume asturien (718-910)*, Thèse pour le doctorat ès lettres présentée à la faculté des lettres de l'Université de Paris, Tours, impr. E. Arrault et Cie, 1921, p. 211.
[18] LÓPEZ FERREIRO (A.), *op. cit.*, p. 186.

toucher terre, alors que ses disciples pleuraient et imploraient la miséricorde divine. Et ils parcoururent douze milles pour déposer le saint corps
sous les arcis marmaricis [19]. De là, trois disciples eurent la faveur de
reposer avec lui dans le même lieu, qui avaient éteint le souffle du dragon
et mis en pièces ses arguments, dans la montagne appelée depuis toujours
le mont d'Yeuses [*mons Ilicinus*] et depuis lors le mont Sacré [*mons
sacer*]. Les noms de ces disciples sont Torquatus, Tysefons et Anastase.
Les quatre autres disciples retournèrent à Jérusalem. Ce sont eux aussi
qui rapportèrent au synode tout ce que nous avons consigné. Vous et toute
la chrétienté, vous irez là offrir vos prières à Dieu, car il est certain que le
corps de l'apôtre Jacques y repose en paix [20]. »

L'hymne du pape Léon et du maître Panicha

La première lettre du pape Léon présente les informations de base
sur la translation de saint Jacques sous une forme peu cohérente en
raison de son adresse initiale aux grands de ce monde, dont certains
sont païens, et de sa conclusion destinée à l'ensemble de la chrétienté.
Ces précisions ont paru sans doute rapidement superflues, dès lors
qu'on ne s'adressait plus à des princes païens, ni à la chrétienté dans
son ensemble, mais à des pèlerins qui venaient assister à l'office célébré sur le tombeau le jour anniversaire de l'apôtre. On a donc ensuite
donné aux informations contenues dans la première lettre papale la
forme versifiée et strophique d'une hymne liturgique, et l'on a découpé
celle-ci en plusieurs leçons pour fournir des textes propres à être
chantés aux divers moments de l'office :

« De la translation du bienheureux Jacques
selon le pape Léon et le maître Panicha

Première lecture

Comme le rayon du soleil de la justice,
Premier de la cohorte des douze,
A le premier le champ de la victoire,
Le premier il obtient le sort de la gloire.

La révolte du roi suscite des tourments
Contre l'Église du Christ ;
Jacques passe à la gloire
Par la sentence d'Hérode.

---

[19] *Sub arcis marmaricis.*
[20] Voir Appendice 12.

Sept s'emparent ensuite de lui ;
Portent son corps ; arrivent à Jaffa ;
Y découvrent par hasard un navire ;
S'embarquent et gardent le corps.

Deuxième lecture

Le navire portant cette charge sainte,
Dirigé par le saint gouvernement de Dieu,
Touche aux confins ultimes de l'Espagne,
Dans le port de la ville d'Iria.

Le jour favorisant la navigation,
Par des psaumes, des hymnes et une prédiction,
Au hasard d'une semaine pleine de lumière,
Ils se reposèrent dans le port de Padrón.

Chose admirable ! À cause de tant de gloire,
Le centre du soleil à travers les espaces du ciel
Lève le corps saint d'Iria et le mène
Là où est aujourd'hui son église.

Troisième lecture

Iria est dite aux deux rivières
Sur la rive du Sar et le chemin de l'Ulla
Ou Padrón, à cause de son rocher
Qui fait la gloire d'Iria.

Les sept disciples pleurant
S'éloignent à travers les lieux du sénateur
Demandant quelque endroit secret,
Pour y ensevelir le corps de l'apôtre.

Jusqu'à six ou huit milles
La mer est distante des eaux du Sar
Là où, sur l'ordre de Dieu, ils déposent
Pieusement le corps dont ils s'étaient emparés.

Quatrième lecture

Le corps enseveli sous des arches de marbre [21]
Avec de dignes obsèques, par le présent divin,
Ils souhaitent avec l'aide du ciel éliminer le dragon
Et chasser cette peste dommageable de la montagne.

---

[21] *Archis marmoreis sepulto corpore.*

Le dragon ne résiste pas au signe de la croix
Son ventre éclate et il disparaît,
L'eau bénite est répandue sur la montagne
Qui depuis lors est dite sacrée.

Cinquième lecture

Et celle-ci qui s'appelait jadis des yeuses,
Parce qu'elle induisait à la faute criminelle,
Maintenant consacrée et devenue accueillante
Elle est florissante comme un frêne.

À peine étaient-ils arrivés auprès de taureaux
Que ceux-ci ressentirent leur pouvoir,
Ils perdent toute la fureur qu'ils avaient montrée
Et s'avancent spontanément vers les jougs.

Sixième lecture

Après cela la juste permission de Dieu
Veut que trois restent en sa compagnie,
Et, en envoyant un navire, fait en sorte
Que le pape Léon en porte témoignage.

Une basilique est construite en ces lieux,
Un autel est élevé au-dessus du tombeau,
On accourt ici du monde entier,
Ici les prières de tous sont exaucées.

On trouve ici les remèdes pour les malades
Les péchés sont remis aux pécheurs
Ici se produisent les miracles du Christ
Louange et gloire éternelle soit au Christ.

Ici est répandue dans trois solennités,
Pour sa plus grande gloire, la grâce du Christ
Par lequel la victoire nous est impartie,
La paix sur les chemins, l'honneur dans la patrie [22]. »

---

[22] LÓPEZ FERREIRO (A.), *op. cit.*, t. I, p. 209, renvoie à l'édition FITA (Fidel) et
FERNANDEZ GUERRA Y ORBE (Aureliano), *Recuerdos de un viaje á Santiago de Galicia,*
Madrid, impr. de Lezcano, 1880, p. 133 ; et DREVES, *Analecta hymnica medii aevi,* Leipzig,
1894, t. XVII, pp. 212-213.

Ce texte [23] présente la bizarrerie d'être placé sous le patronage de deux auteurs, le pape Léon et le maître Panicha. Le premier nous est connu par les récits épistolaires de translation qui lui sont imputés, le second n'est pas un personnage notoire, mais son titre le met en relation avec la fonction de *magister*. Il s'agit sans doute d'un clerc chargé de l'école épiscopale de Compostelle. L'*Historia compostellana*, qui raconte l'histoire de l'évêché de Compostelle, rapporte l'institution de cette école en même temps que la création des soixante-douze chanoines en 1102. Le texte de l'hymne, tel que nous le possédons, est donc postérieur à cette date, mais sa forme comme son contenu suggèrent que la référence à deux auteurs renvoie surtout à deux époques de composition. Dans une version plus ancienne, elle ne comportait sans doute que la mise en vers d'une lettre du pape Léon et était donc attribuée à ce seul auteur.

Sa forme présente une irrégularité inattendue. Alors que les trois premières lectures se composent de trois quatrains chacune, la quatrième et la cinquième n'en ont plus que deux, mais la sixième en a quatre. Cette disproportion irrationnelle ne peut guère avoir été voulue comme telle à l'origine. Elle résulte plutôt d'un apport de matière qui a perturbé une ordonnance initiale homogène et régulière dans laquelle il n'y avait que cinq strophes, toutes composées de trois quatrains. L'ensemble de l'hymne devait alors compter quinze quatrains. Puisque, dans l'ordonnance actuelle, on en trouve dix-sept, cela signifie que deux quatrains ont été ajoutés de la plume du maître Panicha.

Deux quatrains, en effet, comportent des données manifestement postérieures aux informations que donne la première lettre du pape Léon. La sixième lecture contient avec la mention de l'autel posé *au-dessus* de la tombe de l'apôtre une référence explicite à la cathédrale achevée, telle que la décrit le *Pèlerinage de Saint-Jacques*, – première version du dernier livre du *Livre de saint Jacques* –, où figure une référence explicite au maître-autel situé *super tumbam*. D'autre part, le dernier quatrain fait référence aux trois fêtes de saint Jacques, qui n'existaient pas avant que soit constituée la cellule initiale du *Livre des Miracles,* sans doute vers 1145, ou du moins avant que la collection des miracles se termine par celui qui est daté de 1135. La réfection de l'hymne qui comporte cette précision ne peut donc être intervenue avant ces années-là.

---

[23] Attesté par plusieurs manuscrits du *Livre des Miracles* et par l'appendice du *Livre de saint Jacques.*

Composée sur la seule base de la première lettre du pape Léon, cette hymne paraît avoir servi de source au moins aux troisième et quatrième versions de la lettre papale – présentées plus loin – et aux translations qui apparaîtront en France. Fait pour être chanté à la messe ou à l'office, ce texte devait être remis aux pèlerins afin qu'ils puissent y participer, s'ils savaient lire le latin, c'est-à-dire s'ils étaient des clercs. En ramenant cette feuille volante dans leur bagage, ils ont concouru à transmettre les informations de base sur la translation aux rédacteurs ultérieurs, non sans leur laisser la possibilité de broder à leur convenance [24].

La seconde version de la lettre du pape Léon

Un manuscrit de l'Escurial reproduit une seconde version de la lettre du pape Léon [25] :

« Au nom du Christ, l'évêque Léon à vous qui croyez au Christ et à tout le peuple catholique.

« Nous vous faisons connaître la translation du bienheureux Jacques, fils de Zébédée, frère de l'apôtre et évangéliste Jean, qui a été décapité par le roi Hérode à Jérusalem comme l'enseigne le "Livre des apôtres". Les saintes reliques de ce bienheureux apôtres ont été transportées en Espagne par les dispositions de Dieu et déposées face à la mer de Bretagne. Et ainsi le corps a été emporté de Jérusalem dans une navigation sur un radeau et, la main du Seigneur tenant le gouvernail, ce radeau vint reposer, entre l'Illa et la Sare, en un lieu d'Ilia qui est dit Bisria. De là ses disciples emportèrent le corps en pleurant et en demandant à Dieu son indulgence, ils l'éloignèrent de douze milles du lieu d'Ilia, là où le corps du saint est enseveli en dessous des arches de marbre occidentales [26] où [27] il est l'objet d'un culte très répandu parmi les gens du lieu. Ensuite, ses disciples, Tessefor, Torquatus et Anastasius souhaitèrent reposer là-même auprès de lui, tandis que les autres montèrent sur un radeau et rejoignirent Jérusalem d'où ils étaient partis. Et alors qu'ils étaient encore ensemble, ils détruisirent le souffle du dragon par les mérites du bienheureux Jacques et dispersèrent ses propos, dans la montagne qui avait été appelée dès le début mont des Yeuses et que désormais nous appellerons mont Sacré. Quant à vous, frères, et vous qui avez la foi dans le Christ, offrez vos prières au Seigneur, parce que ce que nous avons dit ci-dessus est vrai. »

---

[24] Voir Appendice 13.
[25] Escurial, III, L 9, BHL 4059. Cf. FITA (Fidel) et FERNANDEZ GUERRA Y ORBE (Aureliano), *op. cit.*, p. 120 ss.
[26] *Sub arcis marmoricis occidentalis.*
[27] Le texte donne *urbe*, je propose de lire *ubi*.

Cette seconde recension de la lettre du pape Léon est très proche de la précédente, sans lui être rigoureusement identique. Elle paraît répondre à des intérêts beaucoup plus concrets et matériels que la première. Le soin apporté à préciser les distances est intéressant. En dehors d'un emprunt au martyrologe d'Adon cité plus haut, rien de substantiel n'est ajouté à la première version, les mêmes choses sont dites un peu autrement, non sans y inclure un embryon de commentaire [28].

La troisième version de la lettre du pape Léon [29]

La troisième version de la lettre du pape Léon figure dans un manuscrit du XIIe siècle de la bibliothèque Casanate de Rome. Il s'agit sans doute d'une autre réfection de la seule première version, puisque l'emprunt aux martyrologes qui caractérise la seconde version n'est pas repris :

> « L'évêque Léon, serviteur des serviteurs du Christ, à tous les chrétiens occidentaux.
>
> « Nous voulons vous faire connaître comment le corps du bienheureux apôtre Jacques a été translaté de Jérusalem en Gaule [30], par le gouvernement de la divine Providence de Dieu. Il eut en effet sept disciples religieux et doués d'une admirable sainteté, dont nous avons appris trois noms : Torquatus, Tysefons, Anastase. Nous ignorons toutefois les noms de leurs quatre compagnons. Ainsi, ces sept disciples du seigneur Jacques furent invités par l'Esprit-Saint à enlever le corps de l'apôtre à la faveur du silence nocturne et à le porter au bord de la mer. Donc, dans le profond silence de minuit, Torquatus, Tysefons et Anastase parvinrent avec quatre de leurs compagnons jusqu'au mausolée situé dans la ville de Jérusalem. Ils enlevèrent le corps avec le plus grand respect et le portèrent ensuite jusqu'au port, comme l'Esprit-Saint le leur avait dit. Ils y trouvèrent un bâtiment préparé avec tout ce qu'il lui fallait par l'ange du Seigneur, et dans lequel ils déposèrent le corps sacré de l'apôtre. Gouvernés par la main du Seigneur, ils parvinrent en moins de sept jours sur les rivages de la Galice entre Ulia Gethsar [31], et ils y restèrent quelques jours. Alors subitement une sphère descendit du ciel, telle le soleil, qui enleva du radeau le saint corps de l'apôtre et le transporta dans les airs sur douze

---

[28] Voir Appendice 14.

[29] BHL 4061 bis. Texte dans PONCELET (A.), *Catalogus codicum hagiographicum latinorum Bibliothecarum Romanarum*, Bruxelles, 1909, pp. 479-480.

[30] La confusion de la Gaule et de la Galice n'est pas le fait du rédacteur mais seulement du titreur de ce texte. Elle ne tire pas à conséquence pour le contenu.

[31] Comme le signale A. PONCELET, *op. cit.*, il s'agit certainement de Ulla et Sar. Le second « l » de Ulla a été lu comme un « i », et le « et » a été renforcé par un « g » avant et un « h » après.

milliers de pas jusqu'au mont nommé Ilicinus. Dans celui-ci résidait un dragon immense, que nul homme n'osait approcher, car il les tuait tous de son souffle et toutes les régions avoisinantes étaient souillées de son haleine. Mais lorsque le corps très saint du bienheureux apôtre fut présent, l'immonde dragon n'osa pas rester là, mais il courut à travers les précipices et alla s'immerger dans un lac fort profond, d'où il ne reparut plus désormais. C'est pourquoi, depuis ce jour, les terres incultes de ce dragon et le mont Ilicinus, dans lequel reposa le saint corps de l'apôtre Jacques, évitèrent le nom de ce démon et s'appellent maintenant mont Sacré. Sur celui-ci les Gaulois firent une église d'une taille admirable et déposèrent dans le *sanctuarium* le très saint corps de Jacques, l'apôtre du Seigneur, et au bout d'un temps très bref ses trois apôtres reposèrent en ce lieu, c'est-à-dire Torquatus, Tysefons et Anastase. Ils furent inhumés par des catholiques fidèles dans des cercueils de marbre[32] et déposés dans la même église à côté du corps très saint de l'apôtre. Les quatre autres disciples du saint apôtre, leurs compagnons, furent avertis par l'Esprit-Saint de retourner à Jérusalem. C'est pourquoi ils vinrent au bord de la mer, comme jadis ils trouvèrent un navire préparé par le Seigneur afin qu'ils reviennent à la ville dite ci-dessus de Jérusalem, et ils y reposèrent, pour la louange et la gloire de Notre Seigneur Jésus-Christ, qui vit et règne avec le Père et l'Esprit-Saint pour les siècles des siècles. Amen.»

Plus concrète que les versions précédentes, celle-ci semble marquée par un souci de frapper l'imagination, en plaçant la récupération des ossements de l'apôtre sous le signe du vol des reliques, en développant de façon merveilleuse la dernière étape de la translation entre Iria et le mont des Yeuses, en rendant sensible ce qui arrive au dragon, ancien maître des lieux quasiment acculé au suicide par la seule présence de l'apôtre qui vient le supplanter sur ses terres, en marquant l'emplacement de la sépulture de saint Jacques et des tombeaux de ses trois disciples, et en évoquant le départ des quatre apôtres pour Jérusalem[33].

Les trois premières lettres du pape Léon professent la même doctrine : «S'il y a des différences de rédaction, les trois recensions sont par ailleurs d'accord pour le fond : il n'est pas question d'un apostolat de Jacques en Espagne ; celui-ci a eu sept disciples, dont trois sont nommés, c'est-à-dire ceux qui seraient restés en Galice après le transfert et auraient été inhumés près de la tombe de l'apôtre ; les autres sont retournés à Jérusalem[34].»

---

[32] *In locellis marmoreis.*
[33] Voir Appendice 15.
[34] GAIFFIER (B. de), «Notes sur quelques documents relatifs à la translation de saint Jacques en Espagne», *Analecta Bollandiana*, 89/1971, p. 53.

La quatrième version de la lettre du pape Léon[35]

La quatrième version de la lettre du pape Léon présente la particularité d'être connue sous une forme isolée et de figurer tant dans le *Livre des Miracles de saint Jacques* que dans le *Livre de saint Jacques* (Livre III, chapitre II). Comme les autres, elle aura été rédigée d'après l'hymne compostellane issue de la première lettre du pape Léon pour en consigner la teneur sous une forme historiographique.

Les Translations françaises

La destruction de Compostelle et de son église à la fin du Xe siècle a provoqué pendant le siècle suivant une régression des activités rédactionnelles au profit de saint Jacques. Sans doute avait-on sur place à résoudre des problèmes plus urgents que de présenter dans de nouvelles mises en scène la venue de l'apôtre en sa dernière demeure. En revanche, par un phénomène qui paraît relever de la surcompensation, les abbayes françaises ont pris le relais et ont introduit une innovation sensible dans le volume des développements. Au lieu de la brièveté et de la concision des textes compostellans, c'est une amplification à plus ou moins grande échelle que pratiquent les récits français.

La Translation de Fleury

Le premier éditeur de la *Translation de Fleury* au XVIIe siècle, Jean Du Bois, indiquait vaguement qu'il l'avait empruntée à un manuscrit du XIe siècle[36]. Le manuscrit ayant disparu, il est impossible de vérifier la justesse de ce propos. Une indication permet cependant de dater d'une manière assez plausible la rédaction de cette Translation : sur la fin, le texte se réfère à une dépendance de l'abbaye de Fleury-sur-Loire (aujourd'hui Saint-Benoît-sur-Loire), sans doute le prieuré Saint-James-de-Beuvron[37] : « Ce fut vers l'année 1027 que les ducs Richard et Robert élevèrent l'église du prieuré. Ils la donnèrent à la célèbre abbaye de Fleury-sur-Loire, avec certaines dépendances qui

---

[35] BHL 4061. Voir Appendice 16.

[36] « Vetustissimi anonymi authoris, ante sexcentos annos in Floriacensibus membranis descriptus Commentarius ; De translatione S. Iacobi Apostoli, fratris S. Ioannis Euangelistae.» in DU BOIS-OLIVIER (Jean), *Floriacensis vetus bibliotheca benedictina, sancta, apostolica, pontificia, caesarea, regia, franco-gallica... cum utroque xysto... opera Joannis a Bosco,... nunc primum e latebris emersa*, Lugduni, H. Cardon, 1605, t. II, p. 181.

[37] *Ecclesia S. Iacobi in Neustria subdita Floriacensi coenobio, miraculis claret maximis.*

constituèrent ce qu'on appela plus tard "le fief de la prieuré" [38].» Le récit de la translation aura donc été composé par un abbé de Fleury pour une célébration en rapport avec le don de ce prieuré, dans le premier tiers ou la première moitié du XIe siècle.

Plusieurs informations complémentaires doivent être versées au dossier. D'abord Jean Du Bois appelle l'œuvre *Commentarius*, pour bien montrer qu'il ne s'agit pas d'un récit de translation à proprement parler, mais du commentaire d'un récit de ce genre. Et de fait, les informations relatives à la translation de saint Jacques ne concernent qu'une très petite partie du texte. Mais elles ont de quoi surprendre. Comme chez Adhémar de Chabannes, les sept évangélisateurs restent tous en Espagne, ce qui marque une indépendance certaine à l'égard des modifications apportées par la première lettre du pape Léon. Quant aux autres points, le texte de Fleury est tributaire des informations apportées par la version primitive de l'hymne compostellane. Il ignore comme elle les noms des disciples. Comme la deuxième lettre papale, il place Ctésiphon à leur tête, sans adopter la graphie qu'elle propose ni mentionner sa sépulture auprès de l'apôtre. En outre, des informations de première main auront pu faire connaître au rédacteur le fleuve *Tambre* et la ville de *Nicraria*, qui correspondent d'une part au *Tamara*, qui a donné à la région le nom de Tamarique, et d'autre part à la ville actuelle de *Negreira*.

« Translation de Fleury

« Nous avons appris que le Saint Paraclet a été annoncé jadis par la bouche du prophète David et nous avons entendu par une exhortation quotidienne que la gloire de tous les saints résidait dans le fait que Dieu était loué en eux. Nous savons en vérité que lui-même rend ceci utile à la louange de l'Église du plus grand Roi ; et en outre que la magnificence du courage montré par ses plus précieux défenseurs est extrêmement appréciée devant Lui. Enseignés par tant d'innombrables annonces des saintes Écritures, efforçons-nous donc, dans la mesure de nos faibles moyens, de louer pleinement le Seigneur glorieux dans ses saints, et réjouissons-nous d'exalter en nous avec tous nos efforts la mémoire de leurs miracles, car telle est la glorification pour ceux qui aiment le nom de Dieu. Que les justes donc exultent dans le Seigneur, car la juste louange convient à ceux qui sont droits. Exultons, nous aussi, louant en eux le Seigneur, afin que, par leurs prières, nous obtenions la louange que nos mérites ne nous

---

[38] MENARD (Victor), *Histoire religieuse, civile et militaire de Saint-James de Beuvron, depuis sa fondation jusqu'à nos jours, d'après les documents d'archives, avec le plan de la ville et du château au Moyen Âge*, Avranches, 1897, p. 7.

valent pas. Et puisque, instruits par le bienheureux archange Raphaël, nous avons appris que les desseins secrets de Dieu ne devaient pas être dévoilés, mais qu'il est honorable et très digne de révéler aux fidèles les arcanes des mystères de Dieu, nous avons décidé de faire connaître aux fidèles la succession des faits relatifs à la translation du bienheureux apôtre Jacques, du lieu où il a subi le martyre à celui où il repose maintenant par le plus juste décret de la Providence divine, dans un style assez concis et assez sobre pour la louange d'un tel apôtre et de l'Église, et afin que le Seigneur Sabaoth soit glorifié dans ses soldats.

« Donc après l'admirable et adorable ascension de Notre Seigneur Jésus-Christ dans les cieux, avant que les saints apôtres soient dispersés dans le monde selon le précepte de Notre Seigneur Jésus-Christ pour y prêcher, l'apôtre Jacques, cher à Dieu, fut, le premier de tous les apôtres, en athlète fort courageux, exécuté par Hérode, un roi très mauvais, qui mourut peu après, frappé par un ange de Dieu. Sa mémoire disparut donc avec son nom. Le juste, au contraire, est commémoré éternellement, et sa louange retentit dans l'Église et l'assemblée des Saints. Nous supprimons totalement ce qui a trait au supplice du très saint apôtre, parce que le sujet a déjà été traité plus amplement et plus brillamment par des hommes éloquents. Adorons donc maintenant la teneur de sa translation, que nous nous proposons d'écrire.

« Comme nous l'avons dit, Jacques l'aimé de Dieu, ayant bu le calice de la passion de Notre Seigneur Jésus-Christ, et une fois couronné de gloire et d'honneur par Dieu le juste rétributeur, ses bienheureux disciples cachèrent leur très saint trésor, à savoir le corps de leur maître, comme la chose et le temps l'exigèrent, dans les ténèbres de la terre ; s'affligeant du temps de l'absence du pieux docteur, se réjouissant ensuite unanimement en présence de l'excellent pasteur. Ainsi la compassion bienveillante du Dieu omnipotent, créateur et réformateur de toutes choses, afin que la plus claire lumière du ciel ne demeurât pas plus longtemps cachée dans les entrailles de la terre, voulut faire connaître à ses fidèles, par sa sagesse impénétrable, que personne n'a pu sonder depuis le commencement de ce monde, comment la clarté d'une telle lumière rayonnerait dans les ténèbres de ce siècle. Dieu, admirable dans ses saints, a révélé admirablement de la manière suivante cet admirable apôtre Jacques aux petits de cœur qui le craignent.

« Alors que le monde entier était tenu opprimé par le joug de la servitude envers les démons et aveuglé par les ténèbres de sa propre ignorance, les très saints apôtres, suivant l'ordre qui leur avait été donné par le Seigneur Sauveur, désirant arracher le monde à la misère de sa perfidie, envoyèrent dans toutes ses parties des hommes très courageux dans la foi du Christ et très savants dans la sainte loi diffuser avec l'Évangile la grâce du Verbe divin. Il advint alors qu'ils élirent un homme très sage et formé en tout ce qui concerne la milice spirituelle, le très saint Ctésiphon, qu'ils ordonnèrent évêque, non sans lui adjoindre des compagnons coépiscopaux, fort sévères en cette matière. Ces messagers du Seigneur furent envoyés dans les Espagnes, afin d'y amollir les cœurs de pierre des barbares en les touchant de l'onguent du Saint-Esprit. Ceux-ci, authentiques et très droits disciples du Christ, désirant remplir promptement la tâche d'évangélisation qui leur avait été confiée, s'efforcèrent de s'y rendre par la voie des mers. Ayant préparé un petit navire et après l'avoir chargé des choses qui leur semblaient nécessaires, ils reçurent par don divin le conseil d'aller enlever le corps du très saint Jacques, afin que, alors qu'ils vaqueraient soigneusement à leur tâche de prédicateurs, le saint apôtre resplendissant par ses miracles, les esprits des hommes de cette nation ensauvagée s'adoucissent peu à peu pour recevoir la grâce du baptême. Ce qui fut fait, afin de faire apparaître ce qui suit. En effet, le bienheureux Ctésiphon et ses compagnons s'avançant vers la tombe du glorieux apôtre, exhumèrent d'un humble lieu de la terre, avec une immense vénération et une grande crainte de dévotion cette pierre précieuse d'une valeur inestimable, et, louant Dieu avec une grande joie spirituelle dans des hymnes de pieuse jubilation, ils déposèrent leurs affaires correctement dans le navire. Et donc, sans rames, sans l'aide d'un pilote et ignorants des choses de la mer, se confiant entièrement à celui dont ils transportaient les reliques, la seule main de Dieu les conduisant, après un passage de six jours par les ouragans marins, leur navire fut porté en toute sécurité jusqu'au lieu que Dieu avait choisi pour lui avant la création du monde. Ô admirable puissance de Dieu ! Ô admirable mystère de sa secrète vertu ! Voici en effet que réapparaissent les miracles renouvelés du siècle précédent. Celui qui jadis gouverna l'arche sur les ondes du déluge afin qu'elle ne coule pas, l'admirable Dieu Très Haut, protégea de son bras élevé parmi les admirables élévations de la mer, pendant la translation de son cher Jacques, le navire portant le trésor très saint afin qu'il ne soit pas englouti par les flots marins, et le déposa admirablement là où il voulut. Mais il était vraiment admirable qu'une telle profondeur immense des mers, de tels espaces liquides aient été traversés par des ignorants dans un temps aussi bref, si ce n'est parce que celui qui a mesuré les eaux de sa poignée et qui suspend la masse de la terre avec trois doigts, l'a accompli, par les mérites de l'apôtre Jacques. Afin qu'ensuite la mémoire de celui-ci ne soit pas seulement exaltée sur la terre, il fit en sorte que même la mer lui rende témoignage, de manière à honorer le plus cher à son cœur, qu'il avait fait déjà glorieux dans le ciel, sur la terre comme sur la mer, par l'éclat des miracles.

« Et non sans intelligence du mystère, le nombre six signale dans les Saintes Écritures les tribulations et les incertitudes de ce siècle. Le septième jour est donné par la Sainte Écriture au repos. La main du Créateur suprême créant pendant six jours comme il se doit et avec beauté tout ce qui a été créé, nous donnant les présents variés de ses dons et de ses biens, consacra le septième jour à son repos. Les eaux du déluge ayant cessé, une colombe sortie par une fenêtre, portant le septième jour dans son bec un rameau d'olivier pacifique, annonça le Seigneur apaisé et la paix donnée aux terres. Pendant le sixième âge du monde, celui dans lequel nous faisons actuellement nos efforts sous la conduite de Dieu pour atteindre le repos de la béatitude parfaite dans la gloire de la résurrection de Notre Seigneur Jésus-Christ, Dieu a montré des choses admirables à ses serviteurs, lorsque fut transporté le corps de l'apôtre et martyr Jacques. Après six jours passés en mer, comme il a été dit, ses disciples reposèrent le septième jour, menés par la main droite de Dieu, dans le port qui est nommé BIRIVUS, parce que deux rivières s'y jettent dans la mer, où Dieu montra aux siècles futurs quels mérites son apôtre avait auprès de lui. En effet, enlevé subitement aux regards des spectateurs, il fut élevé jusqu'au milieu du ciel en brillant de l'éclat du feu et il parvint, par l'intervention divine, jusqu'au lieu concédé pour son inhumation, visible dans une clarté indescriptible. Et cela ne doit pas paraître incroyable à quiconque. Celui qui en effet prit le théologien Jean, uni à lui par la prérogative d'une affection singulière, même avec son corps dans les cieux de la manière admirable qu'il voulut, put aussi transférer d'un lieu en un autre les cendres très saintes de son frère par un miracle indicible. Ô admirable et merveilleux pouvoir de notre Dieu ! Merveilleux partage ! Merveilleuse opération ! Qui a fait tout ce qu'il a voulu dans le ciel, sur la mer et sur la terre. Heureux aussi Ctésiphon et ses compagnons, craignant de perdre un tel don du ciel, qui leur avait été confié, pleurant et s'affligeant, et implorant toujours la miséricorde de Dieu ; conduits par un ange puisqu'ils ne connaissaient pas les lieux, ils accèdent en hâte au lieu d'inhumation de l'apôtre de Dieu, distant de douze milles du rivage de la mer.

« Vivait en ces lieux, aux confins de la Gallécie, une noble matrone païenne qui possédait une grande famille et de vastes terres. Elle avait dans son temple de nombreuses représentations de démons, qu'elle adorait fort souvent, car elle ignorait totalement le vrai Dieu son créateur et géniteur, qu'elle n'avait pas entendu nommer jusqu'alors. Celle-ci, selon la justesse de la langue que parlait sa race très féroce, portait un nom sauvage, rapace et orgueilleux. Elle s'appelait en effet Luparia. Et ce n'était pas immérité, car de même que nous trouvons dans les Saintes Écritures saint Paul, né de la tribu de Benjamin, qui s'appelait d'abord Saul, surnommé loup dans les textes sacrés en raison de la grande cruauté qu'il exerça envers les chrétiens (quand il était circoncis, il se montra orgueilleux, mais après qu'il eut été baptisé, il devint humble) ; de même aussi cette païenne, d'abord insensée en raison de son orgueil et (conformément au nom qu'elle portait) terrifiant les serviteurs du Christ en les chargeant d'imprécations violentes d'une bouche acerbe, illuminée ensuite par l'inspiration du Saint-Esprit, se défit de la férocité agressive de son esprit menaçant et, lavée de la lustration salutaire, dans laquelle tous les humains qui dépouillent le vieil homme revêtent l'homme nouveau, fut associée au collège des agneaux du Christ.

« Ayant eu connaissance de l'ample renommée de cette très noble dame, les vénérables hommes ci-dessus, confiants dans le secours de Dieu, se rendirent auprès d'elle pour la prier de les autoriser à déposer les ossements de l'apôtre, qui devait être enseveli, dans des terres qui lui appartenaient. Celle-ci, poussée par la déraison de son esprit endurci, le leur refusa violemment, en proférant des imprécations et, pleine de l'orage d'une fureur insane, elle leur ordonna de se rendre aussitôt auprès du roi de cette contrée pour lui demander pareille chose. Sans attendre, ceux-ci s'efforcèrent, comme ils en avaient été chargés, de se rendre diligemment auprès du roi. L'ayant trouvé, ils lui font un discours sur la sainte foi, et le prient avec force prières de leur donner un lieu apte à recevoir la sépulture destinée au corps de l'apôtre. Alors le roi farouche, adonné à l'erreur des païens, après avoir entendu les paroles et les prières de ces hommes vénérables, reconnaissant qu'ils étaient des disciples du Christ (car le nom du Seigneur Jésus-Christ avait déjà été diffusé dans toute l'étendue du monde), pris d'une vive colère et désirant se venger sur eux, non seulement refusa de leur accorder ce qu'ils demandaient, mais d'un cœur dépravé, d'une bouche mauvaise et d'une action perverse, ordonna de les faire périr, ne sachant, le malheureux, qu'il attirait sur lui la vengeance immédiate du seul Dieu Roi.

« Les ministres de sainteté, mus par la fragilité de la chair, prirent la fuite, sans savoir quelle faveur le pouvoir admirable de Dieu allait leur accorder à la demande de l'apôtre. Il n'est donc pas étonnant que ces hommes de chair aient craint pour leur chair, alors que nous lisons que de nombreux pères se sont soustraits à la décapitation non qu'ils aient été habités par la crainte du martyre, mais pour mieux faire en servant au profit de la prédication et de la confortation de la foi. Toutes ces choses ont été faites afin qu'apparaisse mieux la splendeur de la dignité de l'apôtre jusque dans la témérité impie du roi très impie. Certes, le Dieu consolateur des affligés, qui réconforte les cœurs contrits et dont les yeux sont sur eux lorsqu'il les tire de la mort, sur les injustes de même, pour les faire disparaître de la terre, montre assurément que le roi confiant dans l'ampleur de son pouvoir n'est quelquefois pas sauvé. Ensuite les saints, faisant en sens inverse le chemin par lequel ils étaient venus, arrivèrent à un fleuve, dit Thamra, dans le port de Nicraria. À proximité de celui-ci était un pont très vaste, construit en arcades et entouré d'une enceinte, que traversait la voie publique. Désirant se mettre à l'abri, ils l'empruntèrent. Mais aussitôt, ayant changé d'avis, afin que le glorieux apôtre Jacques manifeste plus pleinement sa munificence envers ses serviteurs, avec prescience, ils revinrent sur leurs pas.

« Lorsque le roi de malheur apprit que les saints de Dieu s'étaient enfuis en secret sous la protection divine, il eut soif du sang des saints ; sans parvenir à atténuer la férocité de son esprit dépravé, il rassembla ses troupes et, tel un cheval effréné qui rue, il n'échappa pas au juste jugement de Dieu qui le poursuivait, jusqu'à ce qu'il tombe avec tous les siens dans la géhenne éternelle. Pensant en effet que les justes avaient disparu par ce pont, il s'y engagea avec les siens. Mais tel est le pouvoir divers de Dieu, dont l'immense courage et la sagesse n'ont point de fin, qui réprouve les projets des princes et les mène à une fin stupide, par la prière de l'excellent Jacques, toute la construction de ce passage, qui avait perduré dans une telle solidité pendant des siècles, s'effondra subitement d'une manière admirable. Et ceux qui tâchaient à opprimer les justes et les innocents, écrasés par une telle ruine, furent immergés dans la profondeur des abysses, afin que soit connu le fait que le vénérable apôtre Jacques s'associe aux mauvais traitements que subissent ses serviteurs.

« Alors libérés d'une telle épreuve par la sublime puissance du Christ, ces nouveaux fils d'Israël, ayant traversé une sorte d'autre mer Rouge, revinrent joyeux sur leurs pas, chantant à Dieu ce chant de Moïse : Qui jadis immergea dans la mer le très haut Pharaon et son armée. Mais l'esprit des saints ne saurait se laisser détourner de la certitude d'accomplir une bonne action. Avertis par l'Esprit-Saint, ils se rendirent aussitôt chez la femme mentionnée ci-dessus, lui demandant instamment de quoi ensevelir l'apôtre. Mais celle-ci, qui n'ajoutait pas encore foi à leur parole mais avait encore un cœur impénitent et, à la manière du Pharaon éliminé, endurci aussi longtemps que son esprit n'avait pas été transformé par la plus grande grâce des signes apostoliques, les regardant pleurer, leur dit : Dans la montagne proche, qui s'appelle des Yeuses, paissent nos bœufs. Elle possédait, en effet, par héritage familial, une grande abondance de bétail, qui paissait çà et là, en liberté et sans berger, à l'intérieur d'un vaste domaine comme à l'état sauvage. Allez en ce lieu et prenez ce que vous désirez, et emmenez-le là où le cœur vous en dira ; et travaillant dans ces lieux, construisez une demeure à votre convenance pour votre apôtre. Elle leur dit cela ne croyant pas qu'ils puissent le faire, car elle ignorait le pouvoir de Dieu qui soumet toutes choses créées sous les pieds de ceux qui le craignent. La montagne évoquée plus haut est contiguë au lieu saint et vénérable qui appelle par toute la terre une plénitude de dévotion, dans lequel le céleste trésor, le corps de saint Jacques, est déposé d'une manière décente et correcte dans un mausolée de marbre. Il s'appelait jadis le mont des Yeuses ; il se nomme maintenant le mont Sacré, pour honorer les signes apostoliques que le Seigneur a daigné faire connaître à ses fidèles par l'excellentissime apôtre Jacques.

« Un immonde dragon s'était emparé de la majeure partie de cette montagne et en avait pris possession. Il avait fait horreur à tous les villages avoisinants et, par l'horrible haleine de son souffle, il les avait empestés et privés de vie. Les saints s'avancèrent gravissant la montagne, jusqu'à parvenir au lieu où gisait la bête sanguinaire et farouche. Sentant leur présence, elle leva la tête et prit son élan vers eux, en poussant des cris stridents. Alors les disciples de l'apôtre, confiants dans la foi du Christ, sans hésiter et demeurant là sans terreur, invinciblement armés par le drapeau invincible de la croix du salut, protégés par la grâce apostolique de leur défenseur, après avoir invoqué la majesté de Jésus-Christ, opposent le signe de la croix aux regards de leur adversaire. Et celui-ci ne supportant pas la puissance de Dieu et de son apôtre Jacques, disparut comme fumée de la face de la terre. Et il ne faut pas s'étonner si le dragon a disparu des regards de ceux qui recherchent Dieu, car celui-ci leur a promis qu'ils marcheraient impunément à l'avenir sur les serpents et les scorpions.

« Ayant donc échappé à la fin désastreuse qui les menaçait, ils rendirent unanimement grâce au Dieu tout-puissant, leur libérateur, et adressèrent des louanges dévotes à leur protecteur, l'apôtre Jacques. C'est à partir de là que cette colline jadis funeste est devenue une colline divine, un mont saint, un mont de sanctification par l'abondance de l'huile inépuisable, c'est-à-dire de la miséricorde qui ne fait jamais défaut, le mont sur lequel il a plu à Dieu d'habiter, parce que notre Dieu, qui a transpercé la mâchoire du Léviathan, a fait le salut au milieu de sa terre en brisant la tête du dragon antique. Ainsi est accompli ce que dit l'Écriture : dans les tanières des dragons reposeront les souffles de Dieu, là n'habitera plus davantage la mauvaise bête, et ceux qui auront été libérés viendront sur la montagne de Sion louant le Seigneur.

« Ensuite, ils poursuivirent leur route pleins de bonne volonté, jusqu'à ce qu'ils trouvent les animaux qu'ils cherchaient. Mais ceux-ci ne se laissaient pas attraper ; fuyant leurs mains, ils échappaient à leurs regards, car ils étaient sauvages. La femme dont il a souvent été question plus haut avait pensé, ayant jusqu'alors un cœur enténébré parce que infidèle, qu'elle pourrait tromper les serviteurs du Christ. Cependant le Tout-Puissant qui demeure toujours glorieux dans ses saints leur montra que contre lui nul courage ne prévaut, aucune décision n'est utile. En effet la simplicité du juste est moquée (comme le prophète de la Résurrection le dénonce), la torche est méprisée dans les cogitations des princes, préparée qu'elle est pour le temps fixé d'avance. Ensuite les cœurs des saints qui ne s'écartent jamais de l'amour de Dieu, lorsqu'ils eurent compris qu'ils avaient été trompés par la femme, se tournèrent vers les appuis des saintes prières, implorant la sainte majesté de Dieu d'une pieuse supplication et en même temps demandant à leur saint patron, le célèbre apôtre Jacques, ses suffrages, afin qu'il daigne montrer aujourd'hui encore cette céleste révélation des signes admirables qu'il avait pratiquée auparavant afin qu'ils ne soient pas la risée des païens disant : où est leur Dieu ?

« Alors animés de l'espoir céleste et confortés par la foi du Christ, rassemblant la constance de leurs âmes, ils se préparent à se mettre en quête des bêtes de somme à rechercher. Aussitôt, par l'action positive du Dieu tout-puissant, qui est proche de ceux qui l'implorent fidèlement et qui accomplit généreusement leur volonté, les animaux retrouvés furent domptés sous leurs mains, et ils les conduisirent aisément là où ils voulurent. Ils revinrent joyeux vers celle qui les avait envoyés. Entre-temps, à la vue de tant de signes miraculeux, cette matrone (qu'il ne faut plus appeler Louve, car elle allait être bientôt une brebis du Christ et associée au troupeau de l'Église), auparavant forcée par sa trop forte présomption de résistance, fut affligée de cœur et de paroles. La rapide noyade de son roi la terrorisait, elle avait pris peur à la défaite subite de la bête cruelle, elle s'étonnait de la cruauté très féroce de ses bœufs si subitement adoucie. Et rapidement ses doutes se changèrent en croyance, son scandale en fidélité et son ironie en admiration. Et elle déclara que toutes ces choses avaient été faites par Dieu pour montrer à quel point son bien-aimé Jacques bénéficiait de sa grâce.

« Donc, la piété bénigne et la clémence indulgentissime du Dieu très miséricordieux, qui voulait l'attirer à lui, éclairant l'antre obscur de sa poitrine et la purgeant de tous les vices, la rendit plus blanche que neige.

Et celle-ci, confirmée par un esprit droit et supérieur, sanctifiée par l'ablution d'une fontaine intarissable, transforma la noirceur d'une peau d'Ismaélite en la blancheur de toutes les vertus. Vraiment ce changement est le propre de la main du Dieu Très Haut. L'Esprit-Saint en effet inspire qui il veut, et celui qu'il inspire, il le remplit de sa grâce. Ô mystère de la sainte miséricorde de Dieu et de l'immense piété de sa nouvelle convertie ! Ô admirable réalisation de choses admirables !

« Donc pour acquérir l'espoir du pardon et obtenir le salut éternel, on se mit, sur l'ordre de cette bienheureuse femme, à démolir les temples, à détruire les idoles, à casser les statues. Et cette demeure qui était auparavant celle de l'indignité et de l'abomination, purifiée par l'aspersion de l'hysope, devint un temple de la véritable sanctification, et elle fut solennellement consacrée en l'honneur de Dieu et du vénérable apôtre Jacques. Ô commerce fidèle ! Ô échange saint et heureux ! Puisque au lieu d'un palais terrestre et fragile cette habitation a été transformée pour demeurer éternellement dans la Jérusalem céleste.

« Par le don gratuit de la miséricorde très clémente du Dieu tout-puissant à ses fidèles, il a été donné que la très sainte solennité de sa passion et de sa translation se produise le même jour, pour que la dévotion des croyants, elle aussi, soit multipliée plus pleinement par la joie redoublée de l'honneur apostolique. En outre, cette sainte conversion apporta à ces mêmes gens un tel changement porteur de salut afin que, ayant quitté l'erreur de l'idolâtrie sous la conduite de la grâce apostolique, ils s'avancent dans la joie vers la connaissance de la vérité du Dieu unique. Dans toutes les limites de l'Ibérie fut alors diffusée et étendue l'Église, solidement établie sur les fondations de la connaissance divine, de telle sorte qu'allant de vertu en vertu vers la plénitude de la grâce céleste, elle augmente chaque jour grâce à la coopération de Dieu. Toutes ces choses une fois accomplies en bon ordre, l'homme de Dieu Ctésiphon et ses bienheureux compagnons choisirent des sièges apostoliques, pour y accomplir solennellement les mystères du culte divin. Lui-même s'installa dans la cité de Vergi, les autres dans les lieux qui leur revenaient en propre, toujours pleins de prières et de toute sainteté, jusqu'à ce que, après avoir rempli l'heureuse tâche de leur labeur, ils reçoivent la récompense bien méritée.

« Quant à toi, Gallécie illustre, réjouis-toi, toi qui as heureusement reçu ce à quoi te destinait l'étymologie de ton nom ; parce que tu as été nourrie plus abondamment de la douceur du lait céleste. Exulte, te dis-je, et réjouis-toi ; parce que tu as été digne de participer à la joie divine et à la splendeur lumineuse de l'ami de Dieu, le révérendissime apôtre Jacques. Heureuse est ta terre, enrichie d'une telle félicité, heureusement portée vers les hauteurs par ce sommet de l'apôtre, rendue inébranlable par la force de la vertu divine ! bienheureux sont tes habitants, qui ont été élevés à une telle pointe de la grâce, lorsque leur a été concédé par Dieu de posséder en propre l'apôtre comme protecteur et patron spécial. bienheureux ton peuple, vers qui s'écoulent sans relâche les baumes célestes à partir du tombeau de son protecteur et se répandent le plus suavement les effluves d'oraisons saintes en très grand nombre. Il s'en nourrit journellement pour refaire ses forces et s'en repaît sans en souffrir.

«Salut à toi, heureux et bienheureux, juste et justissime, fils sublime du tonnerre, très pieux Jacques, ami de Dieu, lumière du monde, juge du siècle, splendeur de la lumière perpétuelle, qui, de l'orient à l'occident, soleil de la terre entière, illumines les ténèbres entières grâce au présent de Dieu que constitue le partage, porteur de salut. Puisque les éléments, la mer, le ciel, la terre t'ont été asservis, lorsque, par le don de la divine clarté, tes scintillements illuminèrent le monde entier, alors que de l'orient à l'occident, tu étais transporté sur mer par l'admirable puissance de l'opération divine. Ô théologien inénarrable! Indépassable témoin de la vérité perpétuelle! Protecteur inexpugnable de la foi inviolable, très précieux Jacques! Toi qui es devant le spectacle de la divine gloire, présent sans être ébloui dans le chœur des Saints Innocents, tu resplendis d'une splendeur inaccessible là où tu te réjouis d'une exultation perpétuelle. Tu es la colonne de la religion orthodoxe, sur laquelle se trouve un reposoir d'or, la maison de Dieu, consolidée à cette fin dans son fondement, sur sa base, le Christ; afin que tu nourrisses et réchauffes les incompétences de tous les faibles qui se penchent vers toi. Et parce que, ce que nous ne croyons pas pouvoir parvenir auprès de Dieu par nos mérites, nous avons confiance de l'atteindre par ta sainte intercession, nous qui ne sommes dignes d'aucune confession, d'aucune satisfaction, d'aucune pénitence. Et pourtant, le cœur contrit et l'esprit humble, nous prions inclinés, nous implorons courbés à terre les entrailles de ton immense piété. Et puisque, par la voix du Seigneur, t'a été conféré le pouvoir de remettre les péchés, lave ce que nous avons fait de mal, essuie nos délits, efface les traces de nos crimes, accepte les soumissions de notre servitude démunie et, bien que nos offrandes ne t'enrichissent en rien, nous te les apportons tout de même, parce que nous croyons que, par ta bienveillantissime supplication, pourront parvenir à nous les remèdes du salut éternel. En outre, confiants de beaucoup de manières dans la très sainte grâce de ta sainte protection, nous te demandons avec des supplications de glorifier ceux qui te glorifient; nous doutons que, fils de Dieu, tu donnes la paix à ceux qui sont opposés; aime l'unité dans la foi de Dieu, protège et conforte ceux qui t'invoquent, défends et encourage ceux qui célèbrent ta mémoire, regarde et examine avec la plus grande bienveillance ceux qui t'implorent, afin que, parce que tu te seras souvenu de nous dans ton bien-aimé, nous reposions perpétuellement avec le Christ grâce à tes saintes prières.

«Ainsi donc, très parfait ami de Dieu, Jacques, excellentissime martyr et apôtre de Dieu: ton nom a retenti dans toute la terre et les paroles de ta prédication jusqu'aux confins de la terre. Dans tous les lieux de la terre où a été entendu le nom du Christ, tu possèdes un honneur perpétuel. Car, par les rayons de ta sainte clarté, tu as illuminé jusqu'aux régions les plus lointaines de toute la chrétienté, pour que tes fidèles accourent vers tes reliques très saintes dont on ne peut parler qu'avec crainte et révérence. En effet, il émane continuellement de ton sépulcre à honorer et vénérablissime une source d'innombrables bienfaits ; par laquelle les multiples espèces d'infirmités variées sont le plus souvent atténuées et guéries. Car non seulement corporellement mais spirituellement, ce qui est plus glorieux, il montre très clairement par des indices quotidiens qu'il accorde une pieuse attention à ceux qui l'aiment. Tandis qu'il guérit les lépreux affligés d'une variété de tous les péchés, qu'il réintègre les boiteux qui sont sortis du droit chemin de Dieu, qu'il bannit les fièvres engourdissantes par la froideur diabolique des vices, il ouvre les oreilles de ceux qui les ont fermées à la loi de dieu ; et aux aveugles, incapables de voir la clarté des envoyés de Dieu, il restitue la lumière ; et les bouches muettes pour énoncer les grandes choses divines, il les ouvre dans la louange du Christ. Ainsi par les miracles étonnants et admirables du précellentissime apôtre, l'indulgence espérée parvient aux croyants, parce que la santé des âmes est supérieure à celle des corps.

« Et cette piété divine n'opère pas seulement dans le lieu qui doit être révéré en toute dévotion, mais aussi dans tous les lieux consacrés au nom du saint. Il existe en effet, en Neustrie, une église consacrée à sa mémoire, dans laquelle sont vénérées ses reliques très précieuses, soumise à la basilique Saint-Benoît de Fleury, où nous savons que se produisent quotidiennement autant de miracles qu'il convient par l'opération d'un tel apôtre, qui suffiraient ailleurs dans de nombreuses basiliques de précieux saints. Pour tous ceux-ci nous te rendons grâce, vocable sacré de majesté, Sainte Trinité et Unité de Dieu, implorant la piété immense de ta majesté, afin que, avec le bienheureux apôtre Jacques, nous méritions de posséder la vie éternelle [39]. »

La Translation de Limoges/Gembloux

La *Translation de Limoges/Gembloux* est connue par deux manuscrits qui proviennent respectivement de l'abbaye de Gembloux [40] et de celle de Saint-Martial de Limoges [41]. De plus, elle figure dans toutes les versions du *Livre des Miracles*, et dans le *Livre de saint Jacques* (Livre III, chapitre I). Elle pourrait remonter aux premières années du XIIe siècle, si elle est en rapport avec la visite que fit l'évêque de Compostelle, Diego Gelmirez, à Saint-Martial de Limoges en 1103. Sa présence dans un manuscrit en provenance de cette abbaye suggère qu'elle a pu y être rédigée. On y connaissait, en effet, la première version de la lettre du pape Léon et la prédication de saint Jacques en

---

[39] Voir Appendice 17.

[40] Le texte du manuscrit de Gembloux a été édité à la fin du XIXe siècle par les bollandistes dans leur *Catalogue des manuscrits hagiographiques de la Bibliothèque de Bruxelles*, Bruxelles, t. I, pp. 66-69.

[41] BnF lat. 5564.

relation avec les sept évangélisateurs présentée dans la *Vie de saint Martial* par Adhémar de Chabannes. Comme la translation de Saint-Martial est elle-même divisée en huit lectures, elle comporte, à l'état isolé, huit sections distinctes.

Par là, ce texte se distingue assez nettement du caractère continu de translation de Fleury et suggère que l'usage liturgique des deux textes peut avoir été différent. La *Translation de Fleury* est un sermon d'apparat pour une circonstance solennelle, tandis que la *Translation de Limoges/Gembloux* semble guider la méditation des fidèles au cours d'étapes narratives, susceptibles d'être réparties sur divers moments de l'office ou d'un mouvement processionnel[42].

Un détail significatif montre les problèmes qui pouvaient se poser lorsque ces textes rédigés en dehors de Compostelle devenaient des composantes d'une compilation réalisée sur place : il fallait harmoniser les informations verbales qu'ils contenaient avec les données locales. Les trois disciples mentionnés encore dans le texte de Gembloux ne sont plus que deux dans le *Livre des Miracles* et dans le *Livre de saint Jacques*. Il est donc exact de dire, à ce propos, mais à ce propos seulement : « Le texte de la Translation existait avant d'être inséré dans le *Codex Calixtinus* et [...] le compilateur y a introduit des corrections afin de le mettre d'accord avec la version des événements qu'il voulait accréditer[43]. » Il a suffi d'une correction portant sur le nombre des apôtres restés auprès du tombeau, pour éviter un désaccord avec le fait patent que deux corps seulement ont été inhumés auprès de celui qui est attribué à saint Jacques.

La Translation de Marchiennes

Le texte de la *Translation de Marchiennes*, connu déjà au XVIIe siècle et reproduit partiellement dans les *Acta sanctorum*, appartient à l'abbaye Saint-Vaast d'Arras. Il figurerait, selon les dires des éditeurs dans un manuscrit du XIIe siècle.

> « Comment le corps du bienheureux apôtre Jacques, frère de Jean l'évangéliste, fut transporté de Jérusalem en Espagne
>
> « Quelques personnes ont coutume de se demander à quel moment le bienheureux Jacques, frère de saint Jean l'Évangéliste, prêcha dans les Espagnes, à quel moment, avant ou après la dispersion des apôtre, il subit

---

[42] Voir Appendice 18.

[43] GAIFFIER (B. de), « Notes sur quelques documents relatifs à la translation de saint Jacques en Espagne », *Analecta Bollandiana*, 89/1971, p. 64.

la décollation sur l'ordre d'Hérode et de quelle manière son corps saint fut ramené dans les Espagnes. Alors que cette question était débattue entre nous, et que l'on ne pouvait y trouver de réponse dans les Actes des apôtres, une notice découverte dans les archives antiques des églises voisines nous vint entre les mains, qui, rédigée dans un style concis et simple, avait ce contenu. Il y est dit que Jacques, frère de Jean l'évangéliste, a prêché en Espagne et que, revenant vers la fête de Pâques pour visiter l'Église de Jérusalem, il la trouva gravement affectée par deux magiciens, Hermogène et Philète. Par des signes et des prédications, il dévoila leur imposture et ramena au vrai Pasteur le troupeau du Seigneur attaqué par les loups.

« Il convertit en outre les deux magiciens maîtres d'erreur, ainsi que beaucoup d'autres, à la vraie foi et fit d'eux de nobles docteurs de l'Église. Cela incita les Juifs, irrités par ce zèle, à fomenter une sédition. Ils s'emparent furieux de Jacques, le mènent au prétoire d'Hérode, fils d'Aristobole, et, lorsqu'il eut été condamné par Hérode, ils l'emmènent au lieu où il devait être décapité. En cours de route, il guérit un paralytique et convertit un scribe qui le traînait au supplice avec une corde. Celui-ci, qui était la cause de son martyre, poussé par le regret, confessa la foi chrétienne. Ce pourquoi, après qu'on en eut déféré à Hérode, ils furent conduits tous les deux au supplice. Pendant qu'ils étaient en chemin, il pria Jacques de lui donner son pardon. Sur quoi celui-ci, après avoir réfléchi un bref instant, lui dit : "La paix soit avec toi" et le baisa. Ensuite il demanda qu'on lui apporte de l'eau et il le baptisa, et ainsi ils furent décapités en même temps. Le corps de Jacques fut enlevé par Hermogène et Philète et ses autres disciples, déposé dans un navire, pour qu'il soit caché en un autre lieu jusqu'à ce que, par la grâce de Dieu, il soit enseveli très dignement. Une fois embarqués sur le navire, ils s'endormirent et, le lendemain, au réveil, ils se trouvèrent en Espagne, où il avait prêché auparavant. Enlevant le corps du navire, ils le posent sur une pierre et le voient bientôt s'enfoncer dans la pierre comme si c'était l'élément liquide.

« Il y avait à l'époque dans cette région une femme très puissante, Louve par son nom et par ses actes, qui commandait à toute la province. Certains étant demeurés près du corps, les autres se rendirent chez cette souveraine pour se faire donner un lieu propice à la sépulture. Alors celle-ci s'empara de ces hommes et les envoya à un roi très cruel pour qu'il les punisse. Le roi ordonna, quant à lui, de les jeter au fond d'un cachot jusqu'à ce qu'il ait décidé de quelle mort ils étaient passibles. Après quoi, tandis que le roi était à table en train de déjeuner, un ange les fit sortir du cachot et ils quittèrent la ville sous les yeux du peuple. Après avoir levé la table, le roi envoya ses sbires à la prison et leur ordonna de faire venir les prisonniers. Les sbires ouvrirent la prison mais ne trouvèrent personne. Comme ils cherchaient partout sur ordre du roi et que certains leur dirent avoir vu des étrangers traverser la ville, ils envoyèrent rapidement des gens à leur poursuite. Mais le pont sur lequel ils passaient se rompit, ils tombèrent dans l'eau et se noyèrent. Alors le roi et les siens, terrifiés, rappelèrent les fuyards et firent amende honorable, recevant la foi du Christ et le baptême.

« Ensuite les disciples retournèrent chez Louve et lui demandèrent de leur donner un lieu propre à la sépulture. Celle-ci, affligée qu'ils aient non seulement échappé aux sévices du roi mais encore gagné lui et tous les siens au Christ, chercha à les perdre par une autre ruse. Elle avait en effet de grands taureaux sauvages, très féroces et indomptables. Elle ordonna donc qu'ils leur mettent le joug et transportent le corps de leur maître sur un chariot, pensant qu'ils seraient déchirés par les taureaux. Après avoir fait le signe de la croix, les disciples mirent les taureaux sous le joug comme si c'étaient des agneaux et déposèrent le corps de leur maître sur le chariot. Les taureaux indomptables transportèrent le corps du maître par le plus court chemin jusqu'au palais de Louve, qui résidait loin de là. Voyant cela, elle crut au Christ et fit consacrer son palais en une église dans laquelle elle ensevelit le saint apôtre ; elle lui fit même don de beaucoup de propriétés et d'ornements. Des miracles se produisirent en ce lieu et de nombreuses conversions s'opérèrent. Le même apôtre fut décapité sous Hérode Agrippa au temps de Pâques, mais son souvenir est célébré le 25 juillet, date de sa translation, et son tombeau est glorifié par des signes célestes [44]. »

La Translation parisienne de Jean Beleth

On sait que Jean Beleth a écrit au XIIe siècle mais on ne connaît aucune date précise le concernant. Son ouvrage, le *Rationale divinorum officiorum*, contient, comme son nom l'indique, une explication des fêtes liturgiques. Les autres récits de la translation avaient pour fondement un intérêt spécifique pour saint Jacques, à chaque fois différent : ici l'ambition synoptique et exhaustive du discours ne peut laisser inoccupée la case réservée à l'apôtre Jacques. Jadis il y avait effectivement un vide, mais maintenant les récits existent et pourront être intégrés dans des compilations plus ou moins vastes. La légende de saint Jacques sort ainsi de son isolement : elle devient objet de culture générale et figurera à ce titre au siècle suivant dans les recueils encyclopédiques que sont le *Miroir historial* de Vincent de Beauvais et la *Légende dorée* de Jacques de Voragine.

« De la fête de saint Jacques [45]

« C'est la fête de Jacques le Majeur, frère de l'Évangéliste Jean, et fils de Zébédée. Son corps repose à Compostelle qui est une partie de l'Espagne.

---

[44] Voir Appendice 19.
[45] LÓPEZ FERREIRO (A.), *op. cit.*, pp. 204-205. Il renvoie au *Rationale divinorum officiorum* (cap. CXL).

Il fut en effet envoyé pour annoncer aux Espagnols la parole de Dieu. Mais à cause de la malice et de la dureté des princes, il ne put en convertir aucun sauf un à la foi chrétienne. Voyant cela, le saint retourna à Jérusalem, pour s'assurer que ceux qu'il y avait laissés étaient maintenant assez confirmés dans la foi du Christ et il en trouva beaucoup qui étaient dans l'erreur et avaient même abandonné la foi à cause d'Hermogène et de Philète, qui par des artifices magiques faisaient des sortes de miracles, par lesquels ils dupaient misérablement les hommes. Toutefois, allant à la rencontre de ces magiciens, l'apôtre les convertit et amena le peuple au culte de Dieu. Ensuite, comme on le conduisait vers Hérode, il guérit en chemin un paralytique, puis convertit et baptisa celui qui le conduisait au supplice. Cependant il fut décapité par Hérode. Alors les magiciens, qui étaient déjà devenus ses disciples, montèrent dans un navire avec trois autres de ses disciples et s'abandonnèrent au caprice des flots sans homme au gouvernail, pour que la divine Providence lui attribue un lieu de sépulture. Ainsi leur navire aborda en Espagne sur les terres de la reine Louve.

« Il y avait alors en Espagne une reine de ce nom, dont la vie et les mœurs correspondaient à cette dénomination. Quelques disciples se rendirent auprès de cette reine et lui proposèrent le pacte suivant : le Seigneur vous a envoyé le corps de son disciple, afin que celui que vous avez refusé de son vivant vous le receviez après sa mort. Et ils lui racontèrent tout ce miracle, afin de la décider à conclure ce pacte. Après les avoir écoutés, Louve les envoya à un homme très cruel qui les jeta en prison. Mais pendant qu'il déjeunait, l'ange du Seigneur les en fit sortir. Ils quittèrent la ville comme s'ils étaient des voyageurs et, sous les yeux de la foule qui ne les en empêcha nullement, ils rejoignirent leurs compagnons.

« Après son repas, le tyran ordonna qu'on lui amène les captifs. Mais lorsque ses messagers parvinrent à la prison, ils la trouvèrent ouverte et vide. Ils rapportèrent la chose à leur maître qui, pris de colère, ordonna sur-le-champ à ses domestiques de poursuivre les fugitifs. Lorsque ceux-ci eurent appris que deux hommes de ce genre avaient été vus par des citoyens et qu'ils avaient passé le pont de la cité, ils se lancèrent impétueusement à leur poursuite, mais le pont s'effondra et ils furent noyés dans les eaux. Lorsque le prince eut entendu cela, craignant pour lui et pour les siens, il fut pris de remords, envoya un émissaire auprès des saints pour leur demander de revenir en toute sécurité, promettant qu'il ferait tout ce qui leur plairait. Ceux-ci revinrent et convertirent les habitants de la cité à la foi du Christ.

« La reine Louve fut fort affligée de ce fait et comme les disciples revenaient vers elle, n'osant leur nuire ouvertement, dissimulant la tromperie sous des paroles, elle leur dit : Prenez des taureaux que je possède, mettez-les sous le joug et emportez le corps de votre maître là où il vous plaira. Elle disait cela dans un esprit de malveillance. Elle savait en effet que ces taureaux étaient indomptés et qu'ils ne pouvaient ni être mis sous le joug ni traîner un char, et pensait qu'ils courraient dans tous les sens, qu'ils disperseraient ces gens et feraient tomber le corps lui-même. Mais aucune sagesse ne prévaut contre le Seigneur. Les disciples eurent à peine fait le signe de la croix que les taureaux devinrent doux comme des agneaux et ne redoutèrent plus la main des hommes. Ceux-ci posèrent le corps de l'apôtre sur une grande pierre, qui se rendit apte à le recevoir comme si elle avait été confectionnée à cette fin par le travail de l'homme : elle offrit au corps un sépulcre. Lorsqu'ils l'eurent posée avec le corps sur le char, les taureaux sans recevoir aucune directive amenèrent le char au palais de Louve et ne s'arrêtèrent pas avant d'en avoir atteint le centre. Stupéfaite de pareille chose et terrifiée par un tel miracle, la reine se convertit à la foi, fit de son palais une église dédiée au saint, consacra au culte de l'église tous les ornements qu'elle possédait jusqu'alors et mourut ensuite de la mort la plus heureuse.

«La fête du bienheureux Jacques est célébrée le 25 juillet, non parce qu'il mourut à cette date (il fut martyrisé vers Pâques, comme il apparaît clairement dans l'épître de ce jour : *Le roi Hérode envoya*, etc.) mais parce que c'est le jour où lui fut dédiée l'église de Compostelle [46].»

Ce n'est sans doute qu'un effet du hasard si les translations françaises sont au nombre de quatre comme les versions de la lettre du pape Léon. Elles ne se situent pas dans le même espace temporel : tandis que les lettres du pape Léon s'échelonnent du Xe siècle au début du XIIe siècle, les translations françaises ne commencent qu'au XIe siècle. Elles présentent une plus grande variété, due sans doute au fait qu'elles n'appartiennent pas au genre épistolaire tenu à une certaine brièveté. Elles sont tantôt un sermon, tantôt une suite de lectures, tantôt un survol de la carrière de Jacques, tantôt enfin un article d'encyclopédie. Ces récits de translation français sont les seuls à fournir des indications topographiques extra-compostellanes. Sans doute les pèlerins de Saint-Jacques qui les ont rédigés après leur retour se sont-ils aussi rendus en touristes dans les environs pour voir autre chose que le tombeau lui-même. L'hagiographie y perd un peu de son caractère hiératique pour se rapprocher de l'expérience vécue, comme le mystère sacré se rapproche de l'anecdote curieuse. On y saisit le passage d'une culture de la stupeur religieuse à l'intérêt pour un saint Jacques qui rentre en quelque sorte dans le rang de tous les saints célébrés par la liturgie romaine, chacun en son temps et à son heure.

L'invention du tombeau

La découverte du tombeau de Compostelle au IXe siècle précède naturellement la rédaction des récits de la translation de saint Jacques qui sont destinés à la justifier. Mais dans l'ordre du récit, c'est l'in-

---

[46] Voir Appendice 20.

verse qui s'est produit. On a manifestement commencé par raconter comment la dépouille mortelle de saint Jacques avait été transférée de Palestine en Galice, avant de dire comment avait été découvert le résultat de cette translation merveilleuse. Pendant deux siècles cette découverte n'a pas fait l'objet de récits qu'on a pensé devoir conserver. C'est seulement au XIᵉ siècle et au XIIᵉ siècle que l'on a rapporté les circonstances dans lesquelles le tombeau fut découvert, mais, semble-t-il, surtout parce que l'on ne pouvait pas faire autrement : le droit et l'historiographie appelaient la référence à ce fait.

L'observance des usages littéraires du genre hagiographique, en ce qui concerne l'invention des tombeaux de saints, introduit une contradiction avec les récits de la translation de saint Jacques. Ceux-ci, en effet, se terminent en mentionnant une vénération ininterrompue des reliques depuis leur arrivée en Galice. Les récits d'invention supposent, au contraire, une longue césure dans la notoriété du tombeau. Pour saint Jacques, les convenances de piété qui imposaient de traiter avec déférence les reliques d'un aussi grand apôtre ont cédé la place à l'obligation narrative habituelle de découvrir une tombe sainte insoupçonnée au milieu d'un simulacre de forêt vierge.

Les récits qui rapportent cette découverte sont au nombre de deux et n'ont pas été recueillis dans le *Livre des Miracles* ni dans le *Livre de saint Jacques,* qui demeurent d'un mutisme absolu sur ce chapitre.

La première version de l'invention du tombeau de saint Jacques est le préambule d'un contrat passé en 1077 entre l'évêché de Compostelle et le monastère d'Antealtares quant à la répartition des droits afférents aux compétences, aux emplacements et aux bénéfices, pendant la construction de la cathédrale [47]. C'est un texte juridique qui a vocation à figurer dans un portefeuille pendant quelques années, pour être consulté si des différends surgissent, mais qui n'est pas destiné à être diffusé dans le public, et qui ne le sera pas :

> « Il n'est pas douteux mais reste connu à un grand nombre, comme nous l'avons appris par le témoignage du bienheureux Léon, pape, que le très bienheureux apôtre Jacques, décapité à Jérusalem, apporté par ses disciples à Jaffa, a été transporté par un navire gouverné de la main de Dieu jusqu'à l'extrémité de l'Espagne, inhumé en Galice et y resta longtemps dissimulé. Mais parce que la lumière ne peut être longtemps cachée dans les ténèbres, ni la lampe sous le boisseau, la clémence de la

---

[47] FLOREZ (Henrique), *op. cit.*, t. XIX, p. 64-65. L'authenticité de ce texte n'est pas universellement admise.

divine Providence voulut que, sous le règne du roi sérénissime Alphonse dit le Chaste, un certain anachorète du nom de Pélage, qui avait coutume de pratiquer ses macérations non loin du lieu où le corps de l'apôtre était enseveli, fut le premier à recevoir la révélation des anges. Puis un très grand nombre de fidèles qui habitaient dans la paroisse de Saint-Félix de Lovio aperçurent des lumières qui indiquaient le lieu précis. Après en avoir délibéré, ils se rendirent auprès de l'évêque d'Iria, le seigneur Théodemir, pour l'informer de leur sainte vision. Celui-ci, poussé par le désir des fidèles, décréta un jeûne de trois jours et trouva la sépulture de saint Jacques, couverte par des pierres de marbre[48]. Ce que, rempli de joie, il ne différa pas de communiquer au roi très religieux nommé ci-dessus[49]. »

Le second texte sur l'invention du tombeau figure au début de l'*Historia compositeur*, immédiatement après le récit de la translation de saint Jacques qui en est évidemment un présupposé. La rédaction de ces passages est le fait de maître Géraud *(magister Giraldus)*, chanoine de Compostelle, vraisemblablement après 1113, date à laquelle son prédécesseur dans cette tâche semble l'avoir abandonnée[50].

« Sur la révélation du corps du bienheureux Jacques,
frère de l'apôtre et évangéliste Jean.

« À l'époque de Théodemir, l'omnipotence de la divine majesté daigna visiter et illuminer l'Église occidentale par la révélation du sépulcre d'un si grand apôtre. La page suivante rapporte comment celle-ci advint. Certaines personnes distinguées et d'une grande autorité rapportèrent à cet évêque qu'elles avaient vu des lumières dans le bois qui s'était développé sur la tombe fort ancienne du bienheureux Jacques, qu'ils avaient vu fréquemment ces feux pendant la nuit et que des anges leur étaient apparus à plusieurs reprises. Ayant entendu cela, il se rendit lui-même en ce lieu où ils affirmaient avoir vu se passer de telles choses, et il vit indubitablement de ses propres yeux ces lumières brûler dans l'endroit indiqué ci-dessus. Donc inspiré par la grâce divine, il se hâta d'entrer dans ce petit bois, et en regardant plus attentivement autour de lui, découvrit au milieu des arbres et des buissons un petit édifice contenant une tombe de marbre[51]. Après l'avoir trouvée, rendant grâces à Dieu, il se rendit auprès du roi Alphonse le Chaste qui régnait alors sur l'Espagne, et lui rendit compte véridiquement de la chose, comme il l'avait entendue et vue de ses propres yeux. Poussé par la joie que lui avait causée une

---

[48] *B. Iacobi sepulchrum marmoreis lapidibus contectum.*
[49] Voir Appendice 21.
[50] FALQUE REY (Emma), éd., *Historia compostellana*, Tournai, Brepols, 1988, p. XX.
[51] *Quamdam domunculam marmoream tumbam intra se continentem.*

telle information, le roi se rendit sur les lieux par le chemin indiqué et, refaisant l'église en l'honneur d'un tel apôtre, il transféra en ce lieu, qui est appelé Compostelle, le siège épiscopal d'Iria et lui accorda par privilège royal l'autorité sur de nombreux évêques et serviteurs de Dieu, ainsi que sur de nobles seigneurs. Nous avons entendu dire par un grand nombre que cela se passa au temps de Charlemagne.»

De prime abord, ce récit manifeste sa dépendance à l'égard du précédent. On y trouve les mêmes éléments essentiels : précision chronologique relative au temps d'Alphonse le Chaste, personnalité de l'évêque Théodemir, apparition des feux follets et des anges, intervention de pieux fidèles auprès de l'évêque, constatation officielle qu'il fait de la chose et relation fidèle au roi. Identifier la tombe comme étant bien celle de saint Jacques n'est d'aucune difficulté puisque ce sont les mêmes personnages qui bénéficient de la révélation par les anges et qui découvrent la tombe. Rédigé après l'achèvement de la cathédrale, ce texte n'avait plus à ménager les susceptibilités du monastère d'Antealtares, cosignataire du premier texte, et la mention de l'ermite Pélage, qui ne présentait plus aucun intérêt diplomatique, a été supprimée [52].

L'*Historia compostellana*, qui rapporte aussi, sous la plume du maître Géraud, chanoine français de Compostelle, la translation apostolique, est contrainte d'abandonner l'indication d'une dévotion continue envers le tombeau mentionnée par la quatrième lettre du pape Léon, qu'elle cite, pour mettre son discours en accord avec le récit de l'invention du tombeau qu'elle propose immédiatement après.

«Comme nous l'avons donc appris de la vérité évangélique, Notre Seigneur et Rédempteur le quarantième jour de sa Résurrection est monté au ciel, et a ordonné à ses disciples de prêcher l'Évangile par toute la terre et de convertir les gens à la vraie foi au nom de la sainte et indivise Trinité, disant : "Allez dans le monde entier : prêchez l'Évangile à toute créature", etc. Ainsi d'autres apôtres se rendant conformément au précepte du Seigneur dans diverses provinces et dans diverses villes pour y prêcher l'Évangile, le bienheureux Jacques, frère de l'apôtre et évangéliste saint Jean, resta à Jérusalem pour y prêcher la parole de Dieu, et là [53] fut décapité par Hérode pour avoir confessé le Christ et avoir affirmé la foi chrétienne, premier de tous les apôtres à subir le martyre. C'est pourquoi le bienheureux évangéliste Luc déclare dans les Actes des apôtres :

---

[52] Voir Appendice 22.
[53] Variante en note : «prêcha en Espagne et à Jérusalem la parole de Dieu».

"Le roi Hérode envoya des troupes, pour tuer quelques-uns de l'Église ; il tua, entre autres, Jacques frère de Jean avec l'épée." Les Juifs poussés par la malveillance et la jalousie ne voulurent pas ensevelir le vénérable corps du bienheureux apôtre, ni permettre aux chrétiens qui se trouvaient alors à Jérusalem de l'ensevelir. Mais, comme l'affirme le pape Léon dans la lettre qu'il adressa aux Espagnols sur sa passion et sur la translation de son corps en Espagne, jetant le corps entier avec sa tête hors de la cité, ils l'exposèrent aux chiens, aux oiseaux et aux bêtes féroces pour qu'il soit dévoré et mangé. Mais les disciples de celui-ci, invités par lui-même de son vivant à transférer son corps en Espagne pour l'y enterrer, prirent le corps tout entier y compris la tête, selon le témoignage du pape Léon, et gagnèrent de nuit le bord de la mer par le sentier indiqué. Comme ils recherchaient un navire pour gagner l'Espagne, ils trouvèrent sur le rivage un bateau préparé par Dieu à leur intention. Rendant unanimement grâces à Dieu, ils déposèrent le très saint corps dedans et y montèrent en exultant. Ils évitèrent, gouvernés par la main de Dieu, Charybde et Scylla ainsi que les Syrtes et parvinrent au port d'Iria après une heureuse navigation. Ensuite ils transportèrent le corps vénérable au lieu qui s'appelait alors Libre Don et qui est dit maintenant Compostelle, et ils y ensevelirent le corps selon la coutume ecclésiastique sous des arches de marbre [54].

« La religion chrétienne avait été jadis florissante en ce lieu parmi les tenants de la foi catholique, mais le temps de la persécution s'était abattu sur eux et l'orgueilleuse tyrannie des païens avait foulé aux pieds la dignité du nom chrétien et presque tout le culte de la religion chrétienne avait disparu depuis longtemps déjà. Pendant tout le règne des Sarrasins et même longtemps après le rétablissement des chrétiens, la vénérable tombe de l'apôtre, nullement fréquentée par la venue de chrétiens, resta pendant fort longtemps entièrement couverte d'une nuée d'arbres et de branches, et ne fut connue ni révélée à personne jusqu'à l'époque de Théodemir, évêque d'Iria. Mais quand il plut au Dieu tout-puissant de se manifester à son Église en peine et de transformer miséricordieusement son adversité en une tranquille prospérité, il changea aussitôt le cours du temps par sa puissance, transféra l'empire à l'Espagne et, la superstition des gentils une fois foulée aux pieds et totalement détruite, il y ressuscita le nom et la foi du Christ. »

Cette version du récit de la translation suppose, par les emprunts textuels, ainsi que par la mention expresse qu'elle en fait, la connaissance de la quatrième version de la lettre du pape Léon. Elle lui attribue les mauvais traitements infligés au corps du martyr après sa mort, alors qu'aucune recension connue de cette lettre ne signale ce fait. C'est l'application au cas de saint Jacques des indications données

---

[54] *Sub marmoreis arcubus.*

dans la Bible sur le sort réservé par les Juifs aux cadavres des crimi-
nels, «donnés en pâture aux oiseaux du ciel et aux bêtes de la terre» :
In escam volatilibus coeli et bestiis terrae[55]. Cette version se range,
au demeurant, parmi celles qui spécifient que le corps entier de
l'apôtre a été transporté en Espagne et qui relatent la navigation miraculeuse en des termes très mesurés. Elle exprime aussi pour la
première fois l'idée que saint Jacques lui-même aurait demandé à
ses disciples de ramener son corps en Espagne. Elle tient compte du
récit de l'invention, qu'elle fournit elle-même au chapitre suivant, en
évoquant, à la différence de la lettre papale, le tombeau abandonné.
Cependant, elle mêle à cette observation des considérations historiques générales qui visent à excuser cette négligence en la mettant
sur le compte de la persécution sarrasine.

Ce commentaire n'a toutefois pas seulement pour but de justifier
l'ignorance des siècles. La découverte du tombeau de saint Jacques
est ici présentée comme un signe de la faveur divine qui marque un
retournement complet de situation après les années de persécution
sarrasine. Les temps de l'adversité sont révolus en Espagne, du moins
les chrétiens l'espèrent-ils.

---

[55] Jer 14, 4 ; 19, 7 ; 31, 20 ; Éz 31, 5 ; 39, 4.

Chapitre III

LE MÉMORIAL DE RONCEVAUX

Terre sainte ou Galice ?

La conquête des lieux saints de Palestine dans le cadre de la première croisade (1095-1099) a eu pour la Galice une conséquence indésirable : le pèlerinage à Jérusalem était redevenu possible et les nobles comme les clercs galiciens y allèrent en grand nombre. Il suffisait alors de s'embarquer à La Corogne ou à Padrón pour débarquer, après un temps variable de navigation, à Jaffa. L'entreprise pouvait en outre aisément se placer sous l'invocation de saint Jacques puisqu'elle consistait à faire en sens inverse le parcours « merveilleux » de sa précieuse dépouille. Inconvénient majeur : l'absence de ces pèlerins galiciens, qui ne revenaient pas tous au bercail, affaiblissait la défense de leur région contre les musulmans qui occupaient alors le sud de la péninsule. Pour la papauté, qui voyait la croisade sous l'angle stratégique d'une confrontation avec l'Islam à l'échelle de la Méditerranée, le danger était grand de dégarnir le flanc occidental de la chrétienté. En effet, un échec retentissant à l'ouest aurait rendu vains tous les succès remportés à l'est. En outre, comme le siège épiscopal de Compostelle se trouvait vacant, personne n'avait plus l'autorité spirituelle nécessaire pour inciter les fervents de Jérusalem à ne pas quitter leur terre natale.

Pourquoi Roncevaux ?

Ancien légat pontifical en Espagne, ami de Diego Gelmirez, futur évêque de Saint-Jacques-de-Compostelle, et de Pierre d'Andouque, évêque de Pampelune, le pape Pascal II, à peine arrivé sur le trône de Saint-Pierre, fut ému par cette situation. En date du 29 décembre 1099, vigile de la fête de saint Jacques, il écrit ainsi au clergé et au peuple de Compostelle pour le presser d'élire le successeur de Diego Pelaez :

« Aucun lieu d'Espagne n'ignore désormais à combien de calamités a été exposée jusqu'à présent l'église de Saint-Jacques faute d'avoir un pasteur. C'est pourquoi la mère de tous les catholiques, l'Église romaine, ne supporte pas de tolérer plus longtemps les douleurs d'un tel membre qu'elle porte avec un si grand éclat dans son corps. C'est pourquoi nous avons décidé, selon les préceptes du siège apostolique et du collège synodal, qui a été tenu en votre province par son vicaire en vue de cette affaire, une fois les actes accomplis au plus vite à partir de la sentence plénière de nos frères dictée, croyons-nous, par le Saint-Esprit, que l'église de Saint-Jacques devait être affranchie de tant de calamités. Toute ambiguïté étant donc levée, tout espoir ou ambition que notre frère Diego avait pu nourrir de la compassion du siège apostolique après le jugement synodal concernant sa déposition étant abandonné, hâtez-vous d'élire au plus vite au siège épiscopal de l'église de Compostelle une personne convenable à la religion et au gouvernement et de nous l'adresser pour qu'elle soit consacrée. »

Plus révélatrices encore, et plus liées à la future création du mémorial de Roncevaux, sont les deux lettres, de teneur quasiment identique, que le pape adresse le 14 octobre 1100, au clergé de Compostelle et au roi Alphonse VI :

« Nous nous associons depuis déjà bien longtemps à la douleur causée par la destruction de l'église de Compostelle. Mais maintenant, alors que la captivité des chrétiens nous a été annoncée par vos lettres, une douleur plus grande encore nous affecte. C'est pourquoi nous accédons à votre demande d'épargner à l'élu de votre Église de venir actuellement auprès de nous. Nous demandons donc à notre frère, l'évêque de Maguelonne, par l'autorité de nos lettres qu'il veuille bien le consacrer (à notre place). Et s'il n'en a pas la possibilité, que l'évêque de Burgos, qui est des nôtres, y soit appelé. Nous demandons aussi à l'élu lui-même, par l'autorité des présentes lettres, d'accepter en confiance dans la miséricorde divine la charge qui lui est imposée par le consensus commun de l'Église. En outre nous interdisons comme aux chevaliers, de même aux clercs de votre pays de se permettre, à l'occasion d'une visite à Jérusalem, d'abandonner leur église et leur province, que la sauvagerie des Moabites attaque si fréquemment. »

« De même que nous nous réjouissons, comme vous le savez, de votre prospérité, de même assurément nous sommes affectés de vos vicissitudes. C'est pourquoi nous avons interdit aux chevaliers de votre royaume et à ceux qui veillent sur les frontières des royaumes les plus proches des vôtres, de se rendre à Jérusalem. Nous avons adressé des lettres interdisant cela même et accordant la rémission des péchés aux combattants dans vos royaumes et vos comtés. En outre, ce dont vous nous avez informé quant à la captivité des chrétiens nous a considérablement affecté et nous avons décidé de ne pas refuser ce que vous nous avez demandé quant à l'évêque de Compostelle. Nous avons en effet ordonné par lettres à l'évêque de Maguelonne de se rendre auprès de lui pour l'introniser et qu'à défaut l'évêque de Burgos, qui est des nôtres, soit appelé à le faire. Que le Seigneur tout-puissant donne à son Église et à vous-même la victoire sur leurs ennemis.»

Le pape revient à la charge le 25 mars 1101, confirmant à l'évêque de Maguelonne et au clergé de Compostelle la teneur de ses courriers précédents qui se sont perdus et admonestant plus vigoureusement le roi, qui ne paraît pas avoir manifesté un zèle excessif à obtempérer :

«En dédaignant d'obéir aux préceptes du siège apostolique, vous provoquez une grande perte de votre salut. Nous vous avons écrit en effet dans le passé, afin qu'à l'occasion de l'expédition à Jérusalem vous ne dégarnissiez pas vos territoires, qui sont infestés chaque jour d'incursions des Maures et Moabites ; nous redoutons fort en effet que votre abandon n'ouvre la voie à la tyrannie de ceux-ci sur la chrétienté occidentale. C'est pourquoi nous avons ordonné tant aux clercs qu'aux laïcs de vos contrées que nous avons pu voir de renoncer à se rendre à Jérusalem et de retourner dans leur patrie. Vous savez aussi que les porteurs des présentes, Munio, Diego et Nuno, ainsi que leurs suites, ont été contraints par nous de revenir sur leurs pas. Aussi prescrivons-nous à votre charité que personne ne leur reproche ce retour comme une infamie ou ose les accuser par quelques calomnies. À vous tous, en effet, nous prescrivons derechef de combattre les Moabites et Maures demeurant sur vos terres de toutes vos forces. Accomplissez là avec le secours de Dieu vos pénitences ; recevez là la rémission et la grâce des saints apôtres Pierre et Paul et de leur Église apostolique.»

Le pape n'a pu formuler que des interdits et des prescriptions. Sur le terrain, ceux-ci devront être traduits dans le registre des incitations positives, des exemples glorieux et des modèles à suivre, pour mettre un terme à l'exode des compétences religieuses et militaires. C'est à cet objectif que va répondre le développement du site de Roncevaux à partir de 1100. Par une charte [1], le comte Sanche d'Erro fait donation à l'abbaye de Conques de possessions à Roncevaux ainsi définies :

«L'église et l'hospice de Roncevaux, le four et le moulin, et tout ce que j'ai reçu en héritage à Murello ainsi qu'à Waldo avec toutes leurs limites et leurs dépendances, ainsi que ma vigne de Janeriz. Je donne là

---

[1] DESJARDINS (Gustave), *Cartulaire de l'abbaye de Conques en Rouergue*, Paris, A. Picard, 1879, n° 472.

aussi deux étables à vaches pour le service des moines et des pauvres. Et après ma mort je donne de nouveau toute la ferme de Roncevaux à Dieu et sainte Foy avec toutes ses limites et dépendances, pour la rédemption de mon âme et de tous mes parents. Je fais ceci sur l'initiative de Monseigneur Pierre, évêque de Pampelune, et de son clergé.»

La présence de Pierre d'Andouque, évêque de Pampelune, comme initiateur de cette donation en deux temps, n'est pas faite pour surprendre. En effet, non seulement le domaine de Roncevaux relevait de son diocèse, mais il avait lui-même été moine à Conques et avait fait précédemment deux donations à l'abbaye[2]. La donation de Roncevaux à Conques, par interposition du comte Sanche, n'est donc que le troisième et dernier moment d'une politique de donations généreusement pratiquées ou inspirées par l'évêque de Pampelune au profit de l'abbaye rouergate. Dans le cas présent, les bonnes relations de Pierre d'Andouque avec les évêques de Compostelle ont dû également jouer un rôle. Il avait accueilli Diego Pelaez après sa destitution et Diego Gelmirez lui avait rendu visite en 1098, ne pouvant manquer d'évoquer à cette occasion, outre la préoccupation dont témoignent peu après les lettres du pape Pascal II, le prochain achèvement de la cathédrale qui permettrait l'accueil des pèlerins en nombre plus élevé que par le passé.

À l'exemple des Augustins du monastère d'Agaune[3] qui conservaient pieusement, depuis des siècles, le souvenir de saint Maurice et de la légion thébaine dans un passage des Alpes, où leur corps expéditionnaire avait été victime de sa fidélité à la foi chrétienne, les chanoines réguliers de Pampelune pouvaient envisager de créer à Roncevaux un mémorial des troupes franques venues secourir l'Espagne contre les Sarrasins. Le lieu s'y prêtait, car, depuis une trentaine d'années, une chanson de geste célébrait les hauts faits des preux de Charlemagne, victimes d'une embuscade au retour de leur expédition espagnole. Le texte lui-même ne nous en est pas parvenu. Son existence est connue par la *Chançun de Guillelme*, écrite vers 1080, où Charlemagne et Roland se trouvent évoqués (v. 1270) parmi le répertoire d'un jongleur. Peut-être la *Note émilienne*, qui est le plus ancien document à mentionner conjointement le nom de Roland et celui de Roncevaux, et qu'on assimile souvent au résumé d'une chanson de geste, donne-t-elle une idée approximative de son contenu?

---

[2] *Ibid.*, p. CXVII: en mai 1086 les églises de Garituain (n° 72), et en 1092 les églises de Caparroso, Murillo el Cuende, Garituain et Barciagua (n° 577).
[3] Voir Appendice 23.

Charlemagne ou Louis le Pieux ?

On admet communément que l'embuscade de Roncevaux, au cours de laquelle le preux Roland perdit la vie, parce que l'arrière-garde de Charlemagne qu'il commandait y fut victime d'une attaque surprise des Sarrasins en 778, est un fait historique. Sa connaissance en aurait été providentiellement transmise, de la manière la plus obscure, jusque dans les dernières années du XIe siècle où un poète de génie composa la *Chanson de Roland*. Rien dans tout cela ne correspond cependant à ce que nous permettent de penser les plus anciens textes relatifs à ce sujet.

L'expédition guerrière de Charlemagne en Espagne est elle-même tout à fait sujette à caution. Les *Annales carolingiennes*, rédigées sous le règne de Louis le Pieux, qui rapportent divers épisodes de cette expédition (avancée vers Saragosse, rencontre avec des émirs à Paderborn ou plus longuement l'attaque des Sarrasins lors du passage des Pyrénées au retour d'Espagne) présentent, en effet, une caractéristique bien faite pour nourrir le soupçon. Elles ne racontent ces péripéties de l'histoire de Charlemagne qu'après que des événements analogues se furent produits sous le règne de son fils Louis. Ces *Annales*, qui entrent dans la catégorie d'une historiographie de cour, sont évidemment au service des politiques que l'on cherche à promouvoir au moment où elles sont rédigées : en projetant sur le père l'image d'événements survenus pendant le règne de son fils, elles peuvent chercher à souligner la continuité du pouvoir impérial, le fils marchant alors sur les traces glorieuses de son père, ou, comme dans le cas de Roncevaux, à l'excuser d'y avoir subi une défaite, puisque pareille mésaventure serait déjà arrivée à son père.

Il y a donc lieu de considérer que le seul fait historiquement avéré est l'attaque des troupes de Louis le Pieux par les Sarrasins à Roncevaux en 824, les récits qui attribuent le même fait à Charlemagne en 778 étant purement fictifs. Le personnage de Roland ne l'est pas moins[4].

Le tournant de 1108

En 1108, l'année du plus grand péril que connut la chrétienté en Espagne du Nord, les circonstances paraissent réunies pour justifier la rédaction d'un récit qui exalte la résistance indéfectible aux envahisseurs musulmans : « Ali [...] remporte la victoire d'Uclès qui lui permettra de pousser jusqu'au nord du Portugal la limite de son empire

---

[4] Voir Appendice 24.

à l'ouest, cependant qu'à l'est, du côté de Valence, il prêche la guerre sainte contre les chrétiens d'Aragon et de Catalogne, pousse une pointe audacieuse jusque près de Lérida, et jusqu'aux portes de Barcelone [...]. L'invasion des Almoravides produisit une épouvantable panique [5].» Le rédacteur aura pu trouver là un contexte auquel son récit apportait une réponse pathétique en développant le martyre du chevalier chrétien en liaison avec le site de Roncevaux. Ce récit de la mort de Roland répondait de manière tout à fait appropriée à la menace fort inquiétante des envahisseurs dans la mesure où il montrait un héros d'une fidélité sans faille à sa foi et à son honneur dans une situation défensive où le devoir était de résister jusqu'au bout. Le message est clair : ne pas plier, ne pas subir, plutôt mourir que céder. Non moins que l'expédition en Terre sainte, la croisade d'Espagne était un moyen d'obtenir la plus haute distinction que Dieu confère à ses élus, la couronne du martyre, c'est-à-dire la faveur d'accéder immédiatement aux félicités célestes, sans attendre le Jugement Dernier.

Il aura suffi à ce rédacteur, qui fut peut-être Pierre d'Andouque, premier intéressé à promouvoir Roncevaux, de greffer sur la pierre fendue que fournissait le site le thème du preux Roland trahi par Ganelon, comme dans la *Chançun de Guilelme* où Vivien, modèle du parfait chevalier chrétien, est trahi par Thibaud de Berri. Ce récit fondateur rolandien, dans lequel il est loisible de voir la *Geste Francor* évoquée à plusieurs reprises dans la *Chanson de Roland*, n'est pas connu à l'état isolé mais il subsiste comme partie finale, parfaitement conservée, de l'expédition de Charlemagne en Espagne que raconte le *Proto-Turpin*.

Le **Proto-Turpin**, ou la version primitive de l'«Histoire de Charlemagne et Roland en Espagne»

Dix ans plus tard, la situation a totalement changé. En 1118, le bastion musulman imprenable que constituait Saragosse, sur la route vers le sud de l'Espagne est tombé. La voie est donc ouverte à une progression des troupes chrétiennes. Le pape Calixte II, nouvellement élu en 1119, songe alors à une croisade d'autant plus intéressante pour son lignage qu'elle permettrait à son neveu, l'héritier du trône de Castille et de Galice, de s'imposer comme empereur de toute l'Espagne. Pour tenir compte de ces nouvelles données, le récit de la

---

5 FABRE (A.), *La Chanson de Roland dans la chanson de sainte Foy*, Paris-Rodez, 1941, pp. 57-58.

triste sortie d'Espagne par Roncevaux sera agrémenté d'une entrée d'Espagne fraîche et joyeuse montrant Charlemagne incité par saint Jacques à voler de conquête en conquête pour libérer sa terre. Cette version, à notre sentiment la plus ancienne que l'on connaisse, de l'«Histoire de Charlemagne et Roland en Espagne» par Turpin, archevêque de Reims (que l'on peut appeler, pour cette raison, le *Proto-Turpin*), a été recopiée à Compostelle, en 1494, avec d'autres textes, par le médecin allemand Hieronimus Münzer[6] qui l'a insérée dans la relation de son voyage[7] :

«[1] Après avoir accompli tant de travaux grâce à l'aide de Dieu et soumis au saint empire l'Angleterre, la France, la Germanie, l'Italie, etc., Charlemagne, lassé de ce rude labeur, décida de se donner davantage de repos. Une nuit l'apôtre Jacques lui apparut en extase disant : "Mon corps repose inconnu en Galice et je m'étonne que toi qui as conquis tant de terres tu n'aies pas encore délivré ma terre des Sarrasins. Maintenant, pars au plus vite. Je serai ton aide." Le bienheureux apôtre apparut ainsi trois fois à Charles. Après l'avoir entendu, Charles, confiant dans la promesse de l'apôtre, rassembla de nombreuses troupes, entra en Espagne et y resta quatorze ans[8] jusqu'à ce qu'il ait reconquis l'Espagne et la Galice.

«[2] Il assiégea d'abord Pampelune, cité entourée de puissantes murailles, pendant trois mois, et finit par s'en emparer lorsque, par la grâce de Dieu, les murs s'effondrèrent entièrement. Il baptisa ceux qui se soumirent et fit tuer ceux qui refusèrent la foi. Le bruit de ces choses s'étant répandu, les Sarrasins vinrent à la rencontre de Charles, qui s'avançait partout, en lui remettant des tributs, et toute la Navarre se soumit à sa loi. Ensuite, après avoir rendu visite au tombeau de saint Jacques, Charles alla jusqu'à Petronium, qu'on appelle aujourd'hui El Padrón, et planta sa lance dans la mer, rendant grâces à Dieu et à saint Jacques. Quant aux Galiciens qui, depuis la prédication du bienheureux Jacques et de ses disciples s'étaient écartés de la foi, il les régénéra par le baptême que leur administra l'archevêque Turpin, comme ceux qui n'étaient pas encore baptisés et voulaient confesser la vraie foi. Quant aux rebelles, ou il les fit périr ou il les fit prisonniers, ensuite, il soumit toute l'Espagne.

---

[6] Voir Appendice 25.

[7] Publiée par PFANDL (Ludwig), «*Itinerarium Hispanicum Hieronymi Monetarii*», *Revue hispanique*, 48, 1920, pp. 1-180. Nous en proposons ici la première traduction française. Le même éditeur a publié au préalable les parties de son voyage relatives à saint Jacques dans la *Zeitschrift für romanische Philologie*, 38, 1917, pp. 586-608.

[8] Cette mention des quatorze années passées par Charles en Espagne ne figure pas dans la première version du *Pseudo-Turpin* mais dans la lettre-préface au prétendu doyen Léoprand d'Aix-la-Chapelle qui caractérise la seconde. Elle suggère une contamination du *Proto-Turpin* par celle-ci, au cours des trois siècles et demi qui séparent sa rédaction en 1119-1120 de sa copie en 1494.

« [5] De l'or qu'il reçut des rois et des princes d'Espagne, Charlemagne, pendant les trois années qu'il demeura dans ces régions, fit construire la basilique du bienheureux Jacques, y établit un évêque et des chanoines selon la règle de saint Isidore, évêque et confesseur, et la pourvut abondamment de cloches, de vêtements sacrés, et d'autres objets du culte. De l'or qui lui resta et qu'il rapporta en Gaule, il fit l'église de la bienheureuse Vierge Marie à Aix-la-Chapelle et l'église saint Jacques de la même ville, l'église saint Jacques de Toulouse, et celle qui est en Gascogne, ainsi que d'innombrables abbayes qu'il établit par le monde.

« [6] Quand Charles fut revenu en France, un certain roi africain, Agoland, s'empara de l'Espagne avec ses armées, et extermina les garnisons chrétiennes que Charles avait laissées. Charles revint en Espagne avec le chef de son armée, du nom de Milon d'Anglers.

« [8] Ils trouvèrent Agoland en un endroit appelé Des Champs, sur le bord du fleuve Ceia. Un combat incertain dura longtemps et quarante mille chrétiens y périrent, avec leur chef Milon. Charles descendit de cheval parmi deux mille fantassins chrétiens. Il tira du fourreau son épée Joyeuse et trancha de nombreux Sarrasins par le milieu du corps. Mais comme le soir tombait, chrétiens et Sarrasins regagnèrent leurs camps. Le lendemain, quatre marquis d'Italie arrivèrent au secours de Charles avec quatre mille hommes d'armes. Agoland, apprenant la nouvelle, prit la fuite, se réfugia à León, dans la province située sur les bords du Bétis. Charles rentra en Gaules sans avoir remporté la victoire.

« [9] Alors Agoland rassembla autour de lui des Sarrasins, des Maures, des Éthiopiens, des Parthes, des Africains, des Arabes, ainsi que bon nombre de leurs rois, et reconquit toute l'Espagne. Après bien des péripéties, Charles rassembla une armée, vint sous les murs de Gérone et y assiégea Agoland pendant six mois. Enfin Agoland et les siens, passant en cachette par des recoins de la muraille, s'échappèrent. La cité se soumit à Charles et il y entra en triomphe.

« [11] Mais Charles à nouveau vaincu par Agoland revint en Gaule et donna la liberté à tous les esclaves : il prit tous ceux qui étaient condamnés et pardonna à tous les méchants, se réconcilia avec tous ses ennemis et rassembla une armée de cent trente quatre mille hommes. Et il se rendit en Espagne avec ceux dont les noms suivent : Turpin, archevêque de Reims, qui écrivit cette histoire, Roland, chef de l'armée, comte du Mans et sire de Blaye, neveu de Charles, Milon, duc d'Anglers, [++ Olivier ++],comte du Genevois, fils du comte Rainier, [++ Estout ++][9], comte de Langres, Arastagne, roi des Bretons, Engelier, duc d'Aquitaine, Gondebaud, roi de Frise, Naimes, duc de Bavière, avec dix mille hommes,

---

[9] Ces deux noms propres ne figurent pas dans le texte latin, mais ils sont attestés par les versions amplifiées.

Ogier, roi de Danemark, avec dix mille hommes, Lambert, duc de Bourges, Samson, duc de Bourgogne, avec dix mille hommes, Constantin, préfet de Rome, avec vingt mille hommes, et Charles lui-même avec une armée innombrable levée à la hâte. Ils entrèrent tous en Espagne par la Gascogne et se rassemblèrent dans un camp de douze lieues de côté.

« [12] Agoland quant à lui, voyant une telle armée, conclut une trêve et se rendit auprès de Charles. Après avoir eu une longue controverse quant à leurs religions respectives sur le point de savoir quelle était la meilleure, ils finissent par convenir de combattre : c'est la victoire qui attestera la supériorité d'une religion et le vaincu adoptera au plus vite la religion du vainqueur.

« [14] L'armée de Charlemagne était de cent trente-quatre mille hommes, et celle d'Agoland de cent mille. Un grand nombre de Sarrasins furent abattus en marchant au combat. Le reste de l'armée d'Agoland encerclée par l'armée des chrétiens fut massacré. Ernaut prince de Beaulande se jeta le premier sur eux avec ses troupes, les décima à droite et à gauche, jusqu'à ce qu'il parvînt à Agoland qui était au milieu des siens et le tuât de son propre glaive. Aucun Sarrasin n'échappa, en dehors du roi de Séville et d'Al Mansour de Cordoue qui s'enfuirent avec une poignée de Sarrasins. Voilà donc comment Charles combattit Agoland pour défendre la valeur de la foi chrétienne et le tua.

« [15] Après ce massacre quelques chrétiens convoitant les dépouilles des morts sortirent du camp dans la nuit à l'insu de Charles, et se chargèrent d'or et d'argent. Mais Al Mansour de Cordoue, caché dans les montagnes, les tua tous jusqu'au dernier. Il y en eut un millier.

« [19] Après avoir remporté de nombreux combats partiels en Espagne, Charles se rendit à Compostelle et il établit dans les villes des évêques et des prêtres. Il ordonna qu'à l'avenir tous les nobles, princes et évêques d'Espagne seraient soumis à l'évêque de Saint-Jacques. Il voulut aussi que cette église soit le siège apostolique en Occident, comme Éphèse, dédiée jadis par saint Jean, l'était en Orient. La religion chrétienne eut coutume de vénérer trois églises principales : celle d'Éphèse en Orient, celle de Compostelle en Occident et celle de Rome au milieu. La première est celle de Jean, la seconde celle de Jacques, la troisième est celle de Pierre, auxquels Dieu de préférence à tous autres révéla ses secrets.

« [20] Le roi Charles avait, comme l'écrit le même Turpin [10], les cheveux bruns, le teint coloré, le corps noble et gracieux, mais le regard fier. Sa stature était de huit pieds, à la mesure de son pied, qui était très long.

---

[10] Ce renvoi paraît résulter d'une nouvelle contamination par la seconde version du *Pseudo-Turpin*, car le portrait de Charles ne figure pas, en règle générale, dans la première. Au demeurant, ces indications viennent d'Éginhard.

Il avait les épaules massives, les hanches larges et le ventre en conséquence, des bras et des jambes forts, et des articulations très puissantes.
Très savant en matière de combat, c'était un guerrier redoutable.

« [21] Après avoir conquis toute l'Espagne, Charles se disposa à revenir
en Gaule. Il y avait alors à Saragosse deux rois Sarrasins, Marsire et son
frère Beligant, que l'émir de Babylone avait envoyés de Perse en
Espagne. Ils acceptaient la domination de Charlemagne mais leur soumission était feinte. Charles leur manda par Ganelon qu'ils devaient se faire
baptiser ou lui payer un tribut. Ils lui envoyèrent trente chevaux chargés
d'or et d'argent, quarante autres chevaux chargés du vin le plus pur et le
plus doux, à faire boire aux chevaliers, et mille belles Sarrasines pour
avoir commerce charnel avec eux. Ils offrirent en même temps beaucoup
d'or au traître Ganelon, pour qu'il leur livrât les soldats, ce qu'il accepta.
Le traître revint ensuite auprès de Charlemagne avec leurs dons et lui dit
que les rois viendraient en Gaule pour y recevoir le baptême. Les soldats
n'acceptèrent que le vin et refusèrent les femmes. Alors Charlemagne,
croyant en la parole de Ganelon, s'apprêta à passer le port de Cize pour
regagner la Gaule. Sur le conseil de Ganelon, Charles ordonna à ses
compagnons les plus chers, son neveu Roland, comte du Mans [++ et de
Blaye, et Olivier, fils de Rainier ++] [11] comte du Genevois, de demeurer
en arrière-garde à Roncevaux avec ses principaux officiers et vingt mille
soldats chrétiens, pour protéger son passage et celui de ses troupes à
travers le port de Cize. Ce qui fut fait. Mais puisque, les nuits précédentes, certains s'étaient enivrés du vin des Sarrasins et avaient forniqué
avec les femmes païennes, ils trouvèrent la mort. Que dire encore ?
Tandis que Charles passait les défilés avec Turpin et Ganelon et vingt
mille combattants chrétiens et que les meilleurs restaient en arrière-garde,
Marsire et Beligant, accompagnés de cinquante mille Sarrasins, sortirent,
au grand matin, des forêts et des montagnes où, sur le conseil de Ganelon,
ils s'étaient tenus cachés deux jours et deux nuits. Ils divisèrent leur armée
en deux troupes d'assaut, l'une de vingt mille hommes, l'autre de trente
mille. La première, qui était de vingt mille, vint frapper les nôtres par-
derrière. Ceux-ci se retournèrent aussitôt et firent face aux Sarrasins. Tous
les guerriers chrétiens furent tués, excepté Roland, Baudouin et Thierry
qui se dispersèrent et se cachèrent dans les bois [12] [++ Baudouin et
Thierry s'échappèrent tandis que les Sarrasins reculaient d'une lieue. ++]

---

[11] Le texte qui attribue à Roland la qualité de comte du Genevois est sans doute fautif,
par omission des éléments intermédiaires que nous rajoutons entre crochets.

[12] Le texte comporte ici un « *etc.* » PFANDL (Ludwig), « Eine unbekannte handschriftliche Version zum Pseudo-Turpin », *Zeitschrift für romanische Philologie*, 38, 1917,
p. 604, note 3, suppose qu'il « correspond vraisemblablement aux considérations finales
ajoutées sur la mauvaise influence de l'élément féminin dans l'armée en guerre ». Cela
nous paraît peu plausible, car contraire à l'orientation générale de cette rédaction qui ne
fournit jamais de commentaire. Il semble plutôt que la phrase suivante du récit, qui figure
dans le *Pseudo-Turpin*, ait été omise. Elle est restituée entre crochets.

« [22] Lorsque, le combat fini, Roland fut revenu, il rencontra un Sarrasin tout noir, épuisé par le combat. Sous la conduite de celui-ci, il traversa les rangs ennemis avec l'aide de cent chrétiens et vit Marsire. Se jetant dans la mêlée, il l'abattit. Les cent compagnons que Roland avait amenés y laissèrent la vie et Roland lui-même, s'il en réchappa, fut grièvement blessé de quatre coups de lance. Charles, quant à lui, avait déjà franchi les Pyrénées et ignorait ce qui s'était passé derrière lui. Roland, fatigué de tant de combats, alla jusqu'au pied du port de Cize. Là, il s'assit sous un arbre, et tira du fourreau son épée très courageuse qu'il appelait Durenda, c'est-à-dire coup puissant. Il lui dit : "Ô magnifique épée, qui va maintenant user de tes qualités ? Combien de choses n'ai-je pas faites grâce à toi !"

« [23] Il se mit ensuite à sonner bien fort l'olifant que Charlemagne par la volonté de Dieu entendit à huit lieues de là. Charles voulut revenir sur ses pas pour rejoindre Roland mais Ganelon l'en dissuada par un mauvais conseil, disant que Roland avait l'habitude de sonner tous les jours l'olifant au moindre prétexte. Ainsi après avoir fait une très belle prière à l'article de la mort, il mourut. Entre-temps Baudouin monté sur le cheval de Roland qu'il avait trouvé par hasard se hâta d'aller bientôt raconter toutes ces choses dans l'ordre à Charles. Caché dans la forêt, il était allé d'où venait le son du cor, avait rejoint Roland, et tandis qu'il cherchait de l'eau pour le rafraîchir, celui-ci était mort en son absence.

« [25] Charles revint rapidement et prit dans ses bras Roland inanimé avec force lamentations, disant : "Ô bras droit de mon corps, homme excellent, honneur des Gaulois, épée de justice, lance inflexible, haubert inviolable, etc. Pourquoi ne puis-je mourir avec toi ? etc. [13] "

« [26] Le lendemain matin, les soldats revenus sur leurs pas avec le gros de l'armée arrivèrent à Roncevaux où la bataille avait eu lieu. Ils trouvèrent des corps sans vie ou à demi morts. Alors le roi jura par le Dieu tout-puissant de poursuivre les païens jusqu'à ce qu'il les ait trouvés. Le soleil s'arrêta dans sa course et le jour se prolongea. Charles rejoignit les païens sur les bords de l'Èbre, en train de dormir ou de manger sous les murs de Saragosse. Il en tua quatre mille et revint avec sa troupe à Roncevaux. Que dire encore ? Ganelon, une fois convaincu de trahison, fut attaché à quatre chevaux et écartelé.

« [27-30] Les corps des défunts furent enduits les uns de myrrhe, les autres de baume, d'autres encore de sel, et furent transportés à Arles et à Bordeaux pour y être inhumés magnifiquement. La plupart cependant furent enterrés sur le lieu même du massacre. Charles fit ensevelir Roland [++ et Olivier ++] dans la basilique Saint-Romain [++ de Blaye et déposa

---

[13] La lamentation dont le texte propose ici des extraits est empruntée au *Pseudo-Turpin*. C'est un nouveau témoignage de contamination.

son cor à Saint-Seurin ++] [14] de Bordeaux. Le roi de Bretagne fut enseveli à Nantes. Ensuite Charles se rendit à Arles où (il rejoignit) l'armée bourguignonne qui y ensevelit ses morts embaumés. Ils allèrent ensuite à Vienne et le roi revint à Paris où il donna de nombreux privilèges à l'évêque et à l'église de saint Denis. À Paris, il la déclara libre ainsi que la région d'alentour en l'honneur de saint Denis. C'est pourquoi la Gaule de jadis s'appelle maintenant la France, c'est-à-dire franche. Ensuite Charles se rendit par Liège à Aix-la-Chapelle. Il y fit construire un beau palais et consacra l'église de la Sainte Vierge.

« [35] Après la mort de Charles, survint un Sarrasin, Al Mansour de Cordoue, qui entra en Galice et dépouilla totalement l'église de saint Jacques. La vengeance divine s'ensuivit : les uns périrent de diarrhée, d'autres perdirent la vue. Al Mansour lui-même fut atteint de cette maladie et demanda au Dieu des chrétiens qu'il lui rende la vue, auquel cas il restituerait l'église à ses détenteurs. Quinze jours plus tard, après avoir recouvré la santé, il rendit tout en double, et retourna à Cordoue. »

Lorsque saint Jacques apparaît à l'empereur, en ouverture de ce texte, il lui fait part de la présence de son corps en Galice et de l'occupation de ce pays par les Sarrasins, l'appelant ainsi à libérer cette terre contre une promesse d'assistance. On est d'emblée hors de toute vraisemblance historique. Si l'expédition de 778 avait réellement eu lieu, c'est un jeune roi Charles qui l'aurait menée et non un empereur du monde aspirant à un repos bien mérité. En outre, Charlemagne n'a pas eu la révélation d'un tombeau de saint Jacques, encore inconnu en Galice et le pays ne fut jamais occupé de façon continue par les Maures, qui n'y firent que de brèves incursions à la recherche de butin. Le texte fond seulement deux motifs légendaires. Le premier est celui de Charlemagne envoyé par Dieu, selon la *Chronique novalaise* :

« En ce temps [...], Dieu omnipotent daigna par une vision inviter Charles, le roi des Francs, à se rendre au plus vite en Italie pour la soumettre à son pouvoir. Celui-ci rassembla aussitôt les nations voisines, forma d'une troupe aguerrie de Francs une vaste armée et se prépara à venir très bientôt en Italie avec les siens [15]. »

Le second motif est celui de saint Jacques invitant en songe Ramire Ier, roi des Asturies, à combattre les Sarrasins d'Espagne :

---

[14] L'attribution à Roland d'une sépulture à Bordeaux paraît résulter de l'omission du membre de phrase restitué entre crochets.
[15] *Chronicon Novaliciense,* III, 6e éd., Hanovre, Wattenbach, 1846, p. 40.

« Et comme je dormais, saint Jacques protecteur des Espagnols a daigné se présenter sous son apparence corporelle. Alors que je lui demandais avec admiration qui il était, il avoua qu'il était saint Jacques, l'apôtre de Dieu. Et comme j'étais à ces mots frappé de stupeur plus qu'on ne saurait dire, le saint apôtre poursuivit : Ignorais-tu que mon Seigneur Jésus-Christ, lorsqu'il distribua les autres contrées à mes autres frères les apôtres, a assigné par le sort toute l'Espagne à ma tutelle et m'a commis à sa protection ? Et serrant ma main de sa propre main : Reprends courage, dit-il, et sois fort. Je serai ton secours et au matin tu domineras dans la main de Dieu d'innombrables Sarrasins par lesquels elle est assiégée [16]. »

En arrière-plan du glissement qui s'opère de la Galice à toute l'Espagne sous le patronage de saint Jacques, figure un fait historique avéré, à savoir qu'en 1068 Sanche Ramire d'Aragon s'était rendu à Rome. « Le roi y passa les fêtes de Pâques auprès d'Alexandre II et, soucieux d'apparaître comme un allié fidèle de l'Église, il décida de remettre son royaume et sa personne entre les mains de Dieu et de saint Pierre [17]. » Ainsi l'appel à l'aide contre les Maures doit-il être replacé sur fond de dissensions entre les royaumes espagnols qui dégénéreraient, si on leur laissait libre cours, en une rivalité entre saint Pierre et saint Jacques.

Le Pèlerinage de Saint-Jacques

La croisade espagnole en vue de laquelle le *Proto-Turpin* a été rédigé n'eut pas lieu, parce que le pape Calixte II qui l'avait inspirée mourut avant qu'elle ne se développe. Son successeur, qui n'avait pas les mêmes intérêts lignagers en Espagne, ne poursuivit pas le projet. Cela n'empêcha pas les souverains aragonais de continuer à étendre leur territoire au détriment des Maures. Leur royaume connaissait alors une phase d'essor démographique et de croissance agricole, qui rendait bienvenue toute acquisition territoriale au-delà de ses frontières [18]. Ils n'avaient donc besoin ni d'une incitation idéologique à la guerre sainte, ni même d'une chevalerie française. Certaines chroniques de ce temps allèrent jusqu'à prétendre que les troupes de Charlemagne, loin

---

[16] BARREIRO RIVAS (José Luis), *La función política de los caminos de peregrinación en la Europa medieval*, Madrid, Tecnos, 1997, p. 181 ; avec renvoi à LÓPEZ FERREIRO (A.), *op. cit.*, t. II, 1899, p. 134.

[17] SÉNAC (Philippe), *La Frontière et les hommes : le peuplement musulman au nord de l'Èbre et les débuts de la reconquête aragonaise*, Paris, Maisonneuve et Larose, 2000, p. 354.

[18] *Ibid.*

d'avoir été battues par les Sarrasins alors qu'elles s'en retournaient en France, avaient été repoussées d'emblée par les vaillants Espagnols qui les avaient empêchées de fouler leur propre sol.

Dans pareil contexte, le mémorial de la reconquête édifié à Roncevaux n'était plus politiquement correct et s'il voulait subsister, il lui fallait trouver une autre vocation. Le *Proto-Turpin* l'avait suggérée, en mentionnant les divers cimetières où étaient prétendument inhumés les héros fictifs de l'expédition de Charlemagne en Espagne, devenus, dans la perspective religieuse du combat pour la chrétienté, des martyrs de la foi. Non seulement ils avaient droit à un culte que les chrétiens devaient leur rendre, mais encore ils étaient des dispensateurs de faveurs à ceux qui allaient les prier dans leur dernière demeure. Par ce biais, les sépultures de ces héros imaginaires rejoignaient celles des saints, apôtres et martyrs authentiques des premiers âges du christianisme qui avaient pignon sur rue dans des lieux de culte célèbres, où les fidèles se rendaient volontiers en pèlerinage. Elles permettaient en outre d'établir une jonction entre les dévotions locales aux saints de France et la route de Saint-Jacques de Copostelle, aménagée par les soins du roi Alphonse VI dans des régions désormais libérées des envahisseurs sarrasins. Par là s'ouvrait un nouveau réservoir potentiel de fréquentation susceptible de donner un second souffle au site de Roncevaux : on inciterait les pèlerins en route vers Compostelle à passer maintenant par Roncevaux, au détriment, bien sûr, des parcours habituels. Pour arriver à cette fin, il est probable que l'on substitua à la teneur héroïque et guerrière du récit rolandien une orientation plus pacifique et religieuse [19]. Ainsi le mémorial guerrier se trouva-t-il reconverti au profit d'une piété pèlerine qu'il s'agissait de réorienter géographiquement :

> « Nous pouvons affirmer que jusqu'au temps de Sancho, père de Ferdinand Ier de Castille, mort en 1035, ou en tout cas jusqu'au temps de son grand-père Sancho Abarca, mort un siècle avant, les pèlerins passaient par *devia Alavae,* par crainte des Maures ; par conséquent point par Roncevaux, mais par la voie tout indiquée qu'était l'Alava, c'est-à-dire aussi le Guipúzcoa et par Irun.
> « Il n'est donc pas sûr que les premiers pèlerins de Saint-Jacques aient passé par Roncevaux. Et il y aurait eu un détournement de la route du pèlerinage, au profit des régions reconquises sur les Maures, au début du XIe siècle. C'est à cette œuvre de pieux tourisme qu'apportèrent leur dévouement et leur technique au cours du même siècle saint Dominique de la Calzada et saint Aleaume de Burgos [...].

---

[19] Voir Appendice 26.

« On a peut-être attendu notre époque pour créer des offices destinés à flatter, à diriger, à canaliser la manie ambulatoire des gens pieux ou curieux ; mais, sauf le nom, ce fut sans doute bien un peu la chose. Et quel appoint que le souvenir du Français Roland, neveu de Charlemagne, mort à Roncevaux, en haut du port qui mène de la Vasconie à la Navarre, et par où passa le roi Sancho Abarca pour revenir d'au-delà des monts au secours de Pampelune assiégée [...] !

« Il n'est pas possible qu'au passage de Roncevaux les souvenirs de l'époque de Charlemagne n'aient pas été ravivés chez quelque pèlerin plus instruit, ou quelque croisé plus épris du passé et que les gens sédentaires de la route, parmi lesquels il y avait des clercs, ne les aient conservés, redits, ressassés, matérialisés même : une résurrection d'un passé lointain mais peu à peu transformé, amplifié, adapté, jusqu'à ce que, transmis de proche en proche, s'y intéressât quelque poète, et qu'à une première ébauche, à une seconde, se substituât finalement l'œuvre géniale d'un Victor Hugo du XIIᵉ siècle commençant, peut-être dans le pays qui fut aussi celui de Corneille.

« C'est ainsi que la route de Saint-Jacques, la nouvelle, a pu être le point de départ, le "commencement" de la *Chanson*. Mais celle-ci ne s'en est nullement souvenue, du moins en ce qui touche le but même de la route : l'apôtre et son sanctuaire [20]. »

Les voies les plus fréquentées pour aller à Saint-Jacques semblent avoir été initialement l'ancien chemin dit « roumieu » – comme tous les chemins empruntés par les pèlerins en partance pour Rome –, qui traversait le diocèse de Labourd et continuait par la côte Cantabrique. Ce chemin passait par le col du Somport et avait été encouragé par la création d'un hôpital. Autre solution, la voie maritime avait sans doute l'avantage d'être plus rapide et éventuellement moins dangereuse. Afin d'attirer les pèlerins, la mise en valeur de Roncevaux s'opéra par la création, avec le concours, semble-t-il, du roi Alphonse le Batailleur, d'une infrastructure monastique, c'est-à-dire hôtelière et hospitalière, qu'il fallut ensuite rentabiliser. C'est vraisemblablement dans ce contexte qu'a été élaborée, avant 1135, une réflexion sur l'aménagement ecclésiastique du territoire et des voies de pèlerinage dont la trace est aujourd'hui encore décelable dans le mémoire suivant :

[20] CIROT (G.), *« Per devia Alavae »*, *Bulletin hispanique*, 36, 1934, pp. 90-92. Ces propos résument exactement ce que nous pensons, mais l'exposé de cette thèse n'a pas sa place dans la présente étude consacrée, justement, aux composantes jacquaires que la tradition littéraire et poétique tendra à occulter largement.

« LE PÈLERINAGE DE SAINT-JACQUES

« CHAPITRE I

« Quatre chemins vont à Saint-Jacques ; ils se réunissent à Puente la Reina : le premier, par Saint-Gilles, Montpellier et Toulouse, va au port d'Aspe ; le second passe par N.-D. du Puy, Sainte-Foy de Conques et Saint-Pierre de Moissac ; le troisième, par Sainte-Madeleine de Vézelay, Saint-Léonard en Limousin et Périgueux ; le quatrième, par Saint-Martin de Tours, Saint-Hilaire de Poitiers, Saint-Jean d'Angély, Saint-Eutrope de Saintes et Bordeaux. Ces trois derniers se réunissent à Ostabat pour traverser les Pyrénées au port de Cize et rejoindre à Puente la Reina le premier chemin qui traverse les montagnes au port d'Aspe. À partir de Puente la Reina, il n'y a qu'une voie.

« CHAPITRE II
« Les trois hôpitaux du Monde

« Le Seigneur a établi dans ce monde pour le soutien de ses pauvres : l'hôpital de Jérusalem, l'hôpital du Mont-Joux et l'hôpital de Sainte-Christine qui se trouve au port d'Aspe. Lieux saints, maisons de Dieu pour la réfection des saints, le repos des pèlerins, la consolation des pauvres, le salut des malades, asiles des morts comme des vivants. Ceux donc qui ont élevé ces maisons sacro-saintes posséderont sans aucun doute le royaume de Dieu.

« CHAPITRE III
« Les rivières du chemin de Saint-Jacques

« Voici les fleuves empoisonnés que l'on rencontre sur le chemin de Saint-Jacques. Au lieu dit Lorca, vers l'est, coule une rivière dite Ruisseau salé. Prends garde que ta bouche ni ton cheval n'y boivent, car la mort s'ensuit. Sur ses bords, alors que nous allions à Saint-Jacques, nous avons trouvé deux Navarrais assis, en train d'affûter leurs couteaux, pour équarrir les montures des pèlerins qui boivent de cette eau et en meurent. Nous leur avons posé la question et ces canailles nous répondirent qu'elle était potable. Sur quoi nous en donnâmes à nos chevaux, deux d'entre eux crevèrent sur-le-champ, et ils les équarrirent sans perdre un instant. Par le bourg du nom d'Arcos coule une rivière empoisonnée, et au-delà d'Arcos, près du premier hôpital, coule une eau mortifère pour qui en boit. Près du bourg nommé Turres, en terre navarraise, coule une rivière mortelle pour les hommes et les montures qui en boivent. Entre Estella et Logroño, tous les cours d'eau sont réputés mortels pour quiconque, homme ou cheval, y boit ou en consomme les poissons. Je ne me préoccupe pas des bonnes rivières.

« CHAPITRE IV
« Noms et particularités des contrées et des populations
rencontrées en chemin

« Sur la route de Saint-Jacques par Toulouse, on traverse d'abord la
Garonne avant de découvrir le pays gascon. Ensuite on passe le col du
Somport et rencontre l'Aragon, puis la Navarre jusqu'au pont sur l'Arga
et au-delà. La route des ports de Cize, quant à elle, traverse, après la
Touraine, le pays poitevin actif, excellent et plein d'agréments. Elle
parcourt ensuite le pays saintongeais, et aborde, après avoir traversé un
bras de mer et la Garonne, la terre bordelaise, où il y a un excellent vin et
beaucoup de poissons, mais où l'on parle un patois. Les Saintongeais ont
eux aussi un patois, mais celui des Bordelais est encore plus rustique.
Il faut trois jours à des marcheurs fatigués pour traverser les Landes en
dessous de Bordeaux. C'est un pays dépourvu de tout, de pain, de vin, de
viande, de poissons, d'eau, de sources. L'habitat y est clairsemé. C'est
une plaine sablonneuse, riche en miel, en millet, en panic et en porcs. En
été, il faut préserver soigneusement son visage des mouches énormes,
appelées guêpes ou taons, qui y pullulent. Et faute de prendre garde où
l'on met le pied, on aura tôt fait de s'enfoncer jusqu'au genou dans le
sable qui est partout. Après avoir traversé ce pays on trouve la Gascogne
et le Pays basque où, sur la route de Saint-Jacques, il y a un col appelé
port de Cize, remarquable soit parce qu'il est la porte de l'Espagne, soit
parce qu'il sert aux transports d'un pays à l'autre. Il faut compter huit
milles pour y accéder et autant pour en descendre. Son altitude est telle
qu'il paraît toucher aux nues et, en montant, on a l'impression d'avoir le
ciel à portée de la main. De la crête, on peut voir la mer de Bretagne, et à
l'ouest comme à l'est, les confins de trois régions, la Castille, l'Aragon et
la Gaule. Le sommet porte en un point le nom de Croix de Charles, parce
que, équipé de haches, de pics, de pioches et d'autres outils, Charlemagne,
entrant jadis en Espagne avec ses troupes, y bâtit une route en commençant par dresser cet emblème qu'est la croix du Seigneur, puis, s'étant
agenouillé en direction de la Galice, il adressa une prière à Dieu et à
saint Jacques. C'est pourquoi les pèlerins ont coutume de s'y agenouiller,
tournés vers la patrie de saint Jacques, et de prier, chacun plantant dans le
sol la croix latine qui est leur insigne, à tel point qu'on peut y trouver
jusqu'à mille croix. C'est la première station de prière de Saint-Jacques.
[++ Avant que le christianisme se fût établi totalement jusque sur les
frontières de l'Espagne, les Navarrais impies et les Basques ne se contentaient pas d'y dévaliser les pèlerins qui se rendaient à Saint-Jacques, ils
les chevauchaient comme si c'étaient des ânes pour les faire périr ensuite.
Au-delà de ce col, vers le nord, se trouve la vallée dite Val Carlos, dans
laquelle Charlemagne fit halte avec ses troupes lorsque ses soldats eurent
été tués à Roncevaux. Beaucoup de pèlerins en route vers Saint-Jacques
passent par là quand ils rechignent à faire l'ascension du col. Plus loin, en
descendant, on trouve l'hôpital et l'église construite au-dessus du rocher
que Roland, le très puissant héros, fendit par le milieu, du haut jusqu'en

bas, en trois coups de son épée. Ensuite c'est Roncevaux, le théâtre de la grande bataille dans laquelle le roi Marsire, Roland et Olivier, et autres combattants furent tués avec cent quarante mille chrétiens et Sarrasins. En dessous de cette vallée, c'est le pays navarrais, abondamment pourvu de pain et de vin, de lait et de bétail. Les Navarrais et les Basques s'habillent de la même manière, ont la même alimentation et parlent la même langue, mais les Basques sont plus pâles de visage que les Navarrais. Les Navarrais portent des tuniques noires et courtes qui s'arrêtent au genou, à la manière des Irlandais, et des chaussures qu'ils appellent "abarcas", faites de cuir non tanné encore velu; ils les attachent autour des chevilles avec des lanières, car elles couvrent seulement la plante du pied et laissent nu le dessus. Ils portent des vestes de laine sombre qui tombent jusqu'au coude, frangées à la manière d'un capuchon et qu'ils appellent "saies". Il sont vêtus honteusement, mangent et boivent honteusement. Toute la famille, tant le maître que l'esclave, tant la servante que la maîtresse, mange ensemble, toutes portions mêlées dans une seule marmite, sans se servir de cuillers mais avec les doigts et en buvant à la même coupe. À les regarder manger, on croirait voir se goinfrer des chiens ou des porcs. À les écouter parler, ce sont des aboiements de chien qu'on croirait entendre. Car il n'est pas de langue aussi barbare que la leur. Ils appellent Dieu "Vircia", la mère de Dieu "Andrea Maria", le pain "ogia", le vin "jadum", la viande "aragui", le poisson "araigu", la maison "echea", le maître de la maison "juaona", la maîtresse de maison "andrea", l'église "elicera", le prêtre "bela gozra", ce qui signifie belle terre, le blé se dit "gaxi", l'eau "uxis", le roi et la reine sont "eregia", saint Jacques est "Jaona Domine Jacue". C'est une population inculte, différente de toutes les autres races, par ses usages et par sa nature, pleine de malignité, au teint basané, hideuse à voir, dépravée, perverse, perfide, déloyale et corrompue, libidineuse, alcoolique, rompue à toute violence, féroce et sauvage, malhonnête et fausse, indocile et rude, cruelle et querelleuse, rebelle à tous bons sentiments, portée à tous les vices et à toutes les iniquités. Elle est semblable aux Gètes et aux Sarrasins par la malignité. Pour un seul denier, le Navarrais ni le Basque ne manqueront, si l'occasion s'en présente, de tuer un Français. C'est pourquoi toutes les personnes cultivées ne peuvent que réprouver les Navarrais. Cependant, on les tient pour de bons soldats sur le champ de bataille même s'ils sont inaptes à assiéger des positions fortifiées, pour réguliers dans le paiement de la dîme, accoutumés à faire des offrandes sur les autels. Chaque fois que le Navarrais va à l'église, il fait à Dieu une offrande de pain, de vin, de blé ou toute autre substance. Partout où il va, le Navarrais ou le Basque emporte comme un chasseur un cor suspendu à son cou et deux ou trois javelots appelés «auconas» qu'il tient habituellement à la main. Et quand il entre ou revient dans sa maison, il pousse le cri du milan; lorsqu'il se terre dans des cachettes ou dans des endroits sauvages pour guetter le passage du gibier et désire appeler discrètement ses compagnons, il imite le hululement du hibou ou le hurlement des loups.

« La tradition veut que ces gens descendent de l'ethnie des Irlandais auxquels ils ressemblent par leurs coutumes et leur aspect. Jules César est censé avoir envoyé en Espagne trois peuples, les Nubiens, les Irlandais et les coués de Cornouaille, pour combattre les Espagnols, qui se refusaient à lui payer un tribut ; il leur ordonna de passer tous les individus mâles au fil de l'épée, mais de laisser la vie aux représentants du sexe féminin. Venus par la mer en ce pays, ils brisèrent leurs vaisseaux et se mirent à dévaster par la flamme et le fer tout le pays de Barcelone à Saragosse et de Bayonne au mont Oca. Ils ne purent franchir ces limites, car les Castillans s'unirent et parvinrent à les repousser hors de chez eux. Réduits à fuir, ils arrivèrent aux monts Marins situés entre Najera, Pampelune et Bayonne, c'est-à-dire dans la région maritime de la Biscaye et de l'Alava. Ils s'y installèrent fondant de nombreux villages, massacrant tous les mâles et faisant violence à leurs épouses. Les enfants qu'ils leur firent furent appelés plus tard Navarrais. C'est pourquoi Navarrais est interprété comme signifiant non-vrai, c'est-à-dire non issu d'une lignée authentique ou d'une race légitime. À l'origine cependant, les Navarrais prirent leur nom d'une ville appelée Naddaver. Elle se trouve dans la contrée d'où ils partirent d'abord. Dans l'ancien temps, saint Matthieu, apôtre et évangéliste, la convertit au Seigneur par sa prédication. ++] Après le pays de ces gens, une fois passée la forêt d'Oca, vers Burgos, on retrouve une terre espagnole, à savoir la Castille et Compostelle.

« CHAPITRE V
« Les reliques du bienheureux Guillaume dans la vallée de Gellone

« En allant à Saint-Jacques par la route de Toulouse, il faut révérer la relique du saint confesseur Guillaume. Saint Guillaume, éminent sénéchal, comte de Charlemagne, était un chevalier plein de courage et d'habileté au combat. Par sa vaillance, il soumit, dit-on, les villes de Nîmes et d'Orange et bien d'autres au pouvoir des chrétiens. Il apporta dans la vallée de Gellone le bois de la croix du Seigneur, y mena une vie érémitique et y connut une fin bienheureuse. Le tombeau de ce confesseur du Christ, dont la fête tombe le 28 mai, est l'objet d'un culte.

« CHAPITRE VI
« Miracle de saint Front

« Après saint Léonard, il convient de révérer à Périgueux les reliques de saint Front, évêque et confesseur, que l'apôtre saint Pierre ordonna évêque à Rome et envoya, avec un prêtre du nom de Georges, pour y prêcher. Ils partirent ensemble, mais Georges mourut en cours de route. Après l'avoir enterré, saint Front revint auprès de l'apôtre lui annoncer la mort de son compagnon. Saint Pierre alors lui remit son bâton et lui dit : "Tu poseras mon bâton sur le corps de ton compagnon, et lui diras : Par la mission que tu as reçue de l'apôtre, lève-toi au nom du Christ et accomplis-la." Il en fut ainsi. Le bâton de l'apôtre permit à saint Front de recouvrer en cours de route son compagnon décédé et sa prédication convertit la ville de Périgueux à la foi du Christ. Il s'illustra par de nombreux miracles et mourut saintement. Il fut inhumé dans la basilique à laquelle on donna son nom et où la largesse divine dispense de nombreux bienfaits à ceux qui les demandent. Selon certains, il aurait fait partie du collège des apôtres. Son tombeau diffère de toute autre sépulture de saint. On a pris soin de lui donner la forme d'une rotonde, comme le Saint-Sépulcre, et il surpasse tous les autres tombeaux de saints par la qualité de son exécution. Sa fête est célébrée le 25 octobre.

« CHAPITRE VII
« Miracle de saint Euverte

« Plus au nord, les pèlerins de Saint-Jacques qui prennent la route de Tours, doivent, à Orléans, aller révérer dans l'église de la sainte Croix le bois de la Croix et le calice de saint Euverte, évêque et confesseur. Un jour que saint Euverte célébrait la messe, au-dessus de l'autel la main de Dieu apparut dans les airs, comme une main humaine visible des assistants ; et tout ce que le prêtre faisait à l'autel, la main le répétait. Quand le prêtre traçait au-dessus du pain et du calice le signe de la croix, la main faisait de même ; lorsqu'il élevait le pain et le calice, la main de Dieu élevait également le pain et le calice. Le sacrifice terminé, la très sainte main du Sauveur disparut. D'où nous devons comprendre que quiconque chante la messe, c'est Jésus-Christ lui-même qui la chante. C'est pourquoi le saint docteur Fulgence déclare : "Ce n'est pas l'homme qui offre le sacrifice du corps et du sang du Christ, mais celui qui a été crucifié pour nous, le Christ." Et saint Isidore dit aussi : "Ce n'est pas à cause de la sainteté d'un bon prêtre que le sacrifice est meilleur, ni en raison de la malice d'un mauvais qu'il est moins bon." L'usage est de tenir ce calice à la disposition des fidèles, indigènes ou étrangers, qui vont le demander à l'église Sainte-Croix. Il faut révérer aussi dans cette ville les reliques de saint Euverte, évêque et confesseur, et dans l'église Saint-Sanson, un couteau qui a véritablement servi à la Cène du Sauveur.

« CHAPITRE VIII
« À Blaye repose le corps du bienheureux Roland

« Ensuite à Blaye, dans l'estuaire, il convient de demander la protection de saint Romain. Dans sa basilique repose le corps du bienheureux Roland, martyr ; issu d'une noble famille, comte du roi Charlemagne, il était l'un de ses douze compagnons d'armes, et, poussé par le zèle de sa foi, il entra en Espagne pour en expulser les infidèles. Sa force était telle qu'à Roncevaux il fendit, dit-on, un rocher par le milieu du haut en bas avec son épée en trois coups ; on raconte aussi qu'en sonnant du cor, il le fendit de même dans son milieu par la puissance de son souffle. Ce cor d'ivoire désormais fendu se trouve à Bordeaux dans la basilique de saint Seurin et, sur le rocher de Roncevaux, on a construit une église. Après avoir, dans de nombreuses guerres, vaincu les rois et les peuples, Roland, épuisé par la faim, le froid et les chaleurs excessives, frappé de coups violents et flagellé sans relâche pour l'amour de Dieu, percé de flèches et de coups de lance, ce valeureux martyr du Christ mourut, dit-on, de soif dans cette vallée de Roncevaux. Son très saint corps fut enseveli avec respect par ses compagnons dans la basilique Saint-Romain à Blaye.

« CHAPITRE IX
« Dans le bourg de Belin repose Olivier et ses compagnons

« Puis, dans une petite ville des landes bordelaises appelée Belin, il convient de révérer les reliques des saints martyrs Olivier, Gondebaud, roi de Frise, Ogier, roi de Dacie, Arastagne, roi de Bretagne, Garin, duc de Lorraine et de bien d'autres combattants de l'armée de Charlemagne qui, après avoir défait les armées païennes, furent massacrés en Espagne pour la foi chrétienne. Leurs compagnons emportèrent leurs précieuses dépouilles jusqu'à Belin et les y ensevelirent avec tous les honneurs qui leur étaient dus. Ils gisent là tous ensemble dans une fosse commune, et une odeur très suave en émane qui guérit les malades.

« CHAPITRE X
« De Saint-Facond

« Il convient ensuite de rendre visite aux corps des saint martyrs Facond et Primitif, dont Charlemagne éleva la basilique. À côté de leur ville sont des prés plantés d'arbres où, dit-on, les lances des guerriers fichées en terre reverdirent. Leur fête se célèbre le 27 novembre.

« CHAPITRE XI
« Des églises de la ville

« Il y a dans la ville dix églises, dont la première est celle du très glorieux apôtre Jacques, fils de Zébédée, qui resplendit pleine de gloire en plein centre. La seconde est celle de l'apôtre Pierre, un monastère situé à proximité du chemin français. La troisième est celle de saint Michel, dite de la Citerne. La quatrième est celle de saint Martin évêque, dite de Piñario, qui est aussi un monastère. La cinquième est celle de la Sainte Trinité, qui reçoit la sépulture des pèlerins. La sixième est celle de sainte Suzanne, vierge, en bordure de la route de Padrón. La septième est celle de saint Félix martyr, la huitième celle de saint Benoît, la neuvième celle de saint Pélage martyr, noble abbatiale qui est derrière la basilique de saint Jacques, la dixième est celle de la Sainte Vierge Marie, derrière l'église de saint Jacques, avec une entrée dans celle-ci entre l'autel de saint Nicolas et celui de la sainte Croix.

« CHAPITRE XII
« Des autels de la basilique

« Les autels de cette basilique sont placés dans cet ordre : premièrement à côté de la porte de France, dans le côté gauche, l'autel Saint-Nicolas, puis l'autel Sainte-Croix ; puis, dans le chevet, l'autel de sainte Foy, vierge ; puis l'autel de saint l'apôtre saint Jean l'évangéliste, frère de saint Jacques ; puis l'autel Saint-Sauveur, placé dans la chapelle principale ; puis l'autel de l'apôtre saint Pierre ; puis l'autel de saint André ; puis l'autel de l'évêque saint Martin ; puis l'autel Saint-Jean-Baptiste. Entre l'autel Saint-Jacques et l'autel Saint-Sauveur, se trouve l'autel de sainte Marie-Madeleine, où l'on chante les messes du matin à l'usage des pèlerins. Dans les galeries hautes de l'église, il y a habituellement trois autels, dont le principal est sous le vocable de l'archange saint Michel ; il y en a un autre à droite sous celui de saint Benoît et un autre à gauche sous le double vocable de l'apôtre saint Paul et de l'évêque saint Nicolas. Il sert habituellement de chapelle à l'archevêque.

« CHAPITRE XIII
« Du corps et de l'autel de saint Jacques

« Après avoir jusqu'ici énuméré les beautés de l'église, il nous faut traiter maintenant du vénérable autel de l'apôtre. Dans cette vénérable basilique, le corps vénéré de saint Jacques repose, dit-on, comme un hommage suprême, sous le maître-autel élevé en son honneur. Son cercueil en marbre est placé dans un sépulcre voûté, d'un admirable travail et d'une grandeur convenable. Que son corps soit là, à jamais immuable, c'est ce qui ressort du témoignage de saint Théodomir, évêque de cette ville, qui, après l'avoir découvert, ne put arriver à le déplacer. Qu'ils rougissent de honte les rivaux d'outre-monts, qui prétendent posséder quelque chose de saint Jacques ou quelques-unes de ses reliques ! Le corps de l'apôtre est là, tout entier. Miraculeusement mis en lumière par des charbons paradisiaques, honoré de divines odeurs aussi permanentes que suaves, tout paré de l'éclat de célestes flambeaux, il voit les anges empressés et assidus à lui rendre hommage. Sur son sépulcre est un petit autel, que, d'après la tradition, ses disciples ont élevé, et que, par amour pour l'apôtre et pour ses disciples, nul depuis n'a voulu détruire. Au-dessus est placé un autre grand et admirable autel, de cinq palmes de haut, de douze de long et de sept de large, suivant les mesures que j'ai prises de ma propre main. Le petit autel est donc enfermé sous le grand, de trois côtés, à droite, à gauche et par-derrière ; mais par-devant, il est à découvert, puisqu'il suffit pour l'apercevoir, d'enlever le panneau d'agent qui forme le devant du grand autel.

« CHAPITRE XIV
« Rang de l'église Saint-Jacques et de ses chanoines

« Personne ne peut chanter la messe à l'autel de saint Jacques s'il n'est évêque, archevêque, pape ou cardinal de cette église. L'usage est, en effet, dans cette église d'avoir sept cardinaux qui, établis par de nombreux légats apostoliques et confirmés par le pape Calixte, sont habilités à célébrer l'office divin sur cet autel. Cette dignité que la basilique de saint Jacques possède traditionnellement, par respect de l'apôtre, nul ne doit l'en priver. On ne saurait oublier que cette illustre cité, considérée d'ordinaire comme située en pays sarrasin, a reçu du pape Calixte, de sainte mémoire, le titre d'archevêché et que ce titre a été transféré et donné à la basilique et à la ville de Saint-Jacques, par dévotion envers ce saint et pour l'honorer. Par là, Diego, homme de haute naissance, fut établi et confirmé le premier, comme archevêque, sur le siège apostolique de Compostelle. Il était auparavant évêque de Saint-Jacques.

« CHAPITRE XV
« Nombre des chanoines

« Selon la tradition, c'est à cause des soixante-douze disciples du Christ que les chanoines titulaires de cette église sont au nombre de soixante-douze. Ils suivent la règle de saint Isidore d'Espagne. Chaque semaine, ils partagent entre eux les présents offerts à l'autel de saint Jacques. Au premier chanoine les offrandes de la première semaine, au second celles de la deuxième, au troisième celles de la troisième et ainsi des autres jusqu'au dernier. Mais chaque dimanche, l'usage veut qu'on fasse trois parts des offrandes : la première pour le chanoine de semaine, et les deux autres divisées encore en trois, un tiers pour le dîner des chanoines, un tiers pour les travaux de la basilique, un tiers pour l'archevêque. Tout le produit de la semaine entre les Rameaux et Pâques revient de droit aux pauvres pèlerins de Saint-Jacques recueillis à l'hôpital. Bien plus, pour observer la loi de Dieu, la dixième partie des offrandes faites à l'autel de saint Jacques, doit en tout temps être donnée aux pauvres qui arrivent à l'hospice [21]. »

Ce texte est manifestement composite. Il est constitué de plusieurs types d'informations : une présentation initiale des routes espagnoles de Saint-Jacques, leurs équipements et leurs dangers, une suite de portraits ethnographiques des riverains du chemin occidental en France et Espagne, une évocation de quelques sanctuaires français isolés qui bordent l'une ou l'autre route, la mention de trois sanctuaires à Blaye [22], Belin et Saint-Facond qui découle du *Proto-Turpin*, enfin une description des caractéristiques propres à l'église de Saint-Jacques. Ces informations sont présentées dans un ordre plus systématique que géographique : routes, populations, sanctuaires et cathédrale de Saint-Jacques. Les informations sur la cathédrale, les plus développées, donnent l'impression d'être de première main, et de fournir par là un indice sur le lieu de rédaction de ce texte. Il en va de même des

---

[21] Voir Appendice 27.
[22] Voir Appendice 28.

considérations initiales sur les quatre routes de pèlerinage qui convergent vers le point de départ du chemin espagnol de Saint-Jacques et paraissent ainsi formulées à partir de Compostelle. Quant à lui, le discours sur les sanctuaires connus de longue date (Blaye, Belin et Saint-Facond) paraît emprunté à quelque calendrier des saints, puisque dans trois cas il mentionne soigneusement la date de leur fête, le 28 mai à Gellone, le 25 octobre à Périgueux et le 27 novembre à Saint-Facond/Sahagun.

La partie la plus curieuse de ce développement porte sur la mention des sépultures de saints militaires en Gascogne [23]. Dans sa version primitive, cette présentation de l'itinéraire de Saint-Jacques ne comportait vraisemblablement que la seule mention de Roncevaux après Blaye et sa sépulture de Roland, puis Belin et la fosse commune des autres preux de Charlemagne. Ce qui est dit à ce sujet présente un grand intérêt, car on peut y voir comment la légende de Charlemagne et de Roland continue à se développer pendant les quinze ans qui suivent la rédaction du *Proto-Turpin*. Les quelques lignes consacrées à la sépulture de Blaye, inventée jadis pour les besoins de la cause, dressent maintenant un portrait de Roland destiné à détourner les pèlerins des autres routes de saint Jacques et à les orienter vers le site où ils pourront voir la pierre fendue. Non sans rouerie, la description du col dont « l'altitude est telle qu'il paraît toucher aux nues et qu'en montant on a l'impression d'avoir le ciel à portée de la main », empruntée à la biographie de Louis le Pieux, est faite pour suggérer aux pèlerins soucieux de leur salut qu'ils sont là plus proches qu'ailleurs de la félicité éternelle. En revanche, la mention faite, à propos de la Croix de Charles, de Charlemagne venant en Espagne armé de pelles et de pioches, suggère que le propos du futur empereur a été d'œuvrer, dans un sens très matériel, au profit du chemin de Saint-Jacques. Sa puissance tutélaire s'exerce en faveur d'un itinéraire qui implique une double négation : il nie le passage en Aquitaine par l'évêché de Bayonne et en Espagne par la route en bordure de la côte Cantabrique.

Ces réflexions sur le pèlerinage de Saint-Jacques peuvent être datées approximativement. La Navarre semble être ici considérée comme un pays, mais non comme un royaume distinct de l'Aragon, situation

---

[23] Nous étudierons plus loin, à leur date, les développements peu flatteurs sur les Navarrais, marqués des signes [++ à ++], qui nous semblent avoir fait l'objet d'adjonctions ultérieures.

apparu en 1137. La description de la cathédrale ne parle pas du retable d'argent que Diego Gelmirez fit faire en 1135 [24]. La présentation des chanoines de Compostelle comme suivant la règle de saint Isidore est certainement antérieure à 1134, puisque, à cette date, ceux-ci, qui n'étaient qu'affiliés aux chanoines de saint Augustin, deviennent des Augustins à part entière. Enfin la mention de l'hôpital de Roncevaux renvoie à l'installation en 1132 des chanoines de saint Augustin dans l'hôpital Notre-Dame créé à leur intention. Une première rédaction de ce texte, dans laquelle n'avait pas encore été inséré le portrait des Navarrais, paraît donc remonter à l'année 1133. La date en soi ne présente pas un intérêt particulier, si ce n'est, comme il résultera du chapitre suivant, qu'elle permet de supposer que, dépouillé de la présentation critique des Navarrais, ce *Pèlerinage de Saint-Jacques* peut avoir été rédigé – comme on le suppose parfois pour le futur dernier livre du *Livre de saint Jacques* dont il est la première version – par le collecteur des miracles de saint Jacques, arrivé à Compostelle en 1132 et qui y consignerait ainsi ses propres souvenirs de voyage.

Les quatre chemins français de Saint-Jacques

L'une des caractéristiques intéressantes de ce développement, qui rassemble dans un certain désordre des informations diverses sur Saint-Jacques et son pèlerinage, est d'évoquer initialement quatre routes (chapitre I) disposées en entonnoir dans l'Aquitaine et qui convergent vers une seule route espagnole à partir de Puente la Reina. La présentation de sanctuaires majeurs sur ces routes recoupe quelque peu l'énumération des quatre grands sanctuaires de pèlerinage donnée dans le sermon *Vigiliae noctis sacratissimae* qui figure dans le *Livre de saint Jacques* (Livre I, ch. II). Il évoque « certains hypocrites, poussés par de mauvais démons, clercs ou laïcs mais en habit religieux, sur les chemins de Vézelay, Saint-Jacques, Saint-Gilles et Rome ». Ainsi Saint-Jacques se trouve-t-il ici comme là en compagnie de Vézelay et Saint-Gilles. En revanche, dans le *Pèlerinage de Saint-Jacques*, Rome [25] disparaît au profit du Puy. On touche là sans doute à un problème aussi central que dissimulé du pèlerinage de Saint-Jacques : son rapport avec le pèlerinage à Rome. Avant d'être chemins de

---

[24] DAVID (Pierre), *op. cit.*, 10/1945, p. 20 renvoie à LÓPEZ FERREIRO (A.), *op. cit.*, t. IV, p. 244. Sur ce retable, voir FALQUE REY (Emma), éd., *Historia compostellana, op. cit.*, III, chapitre XXXXIV.

[25] Dans le sermon *Veneranda dies* (Livre I du livre de saint Jacques, chapitre XVII), qui reprend aussi ce paragraphe, Rome est remplacé par Jérusalem.

Saint-Jacques, bon nombre de chemins de pèlerinage ont été des chemins de Saint-Pierre. Après la destruction et le sac de Rome par les Normands de Robert Guiscard en 1084, mais surtout dans les conditions du schisme pontifical des années 1030, où l'antipape détenait la ville de Rome, le pèlerinage à Rome a nécessairement subi une éclipse dont le pèlerinage à Saint-Jacques n'a pu que profiter. À certaines époques, quand de bonnes raisons pouvaient dissuader d'aller à Jérusalem ou à Rome, le pèlerinage au tombeau de saint Jacques, qui pouvait prétendre être le troisième en dignité après celui du Christ et celui de saint Pierre, était une solution de remplacement tout à fait défendable. Dans cette optique, il était normal d'enlever à Saint-Pierre tous les chemins situés à l'ouest des Alpes et de réorienter vers Saint-Jacques tous les chemins d'Aquitaine et de Provence. Le chemin espagnol de Saint-Jacques à partir de Puente la Reina, restauré par les soins d'Alphonse VI, pouvait alors fonctionner à l'égard des autres voies de pèlerinage comme un drain qui attirait les pèlerins dans la direction souhaitée. Dans cette perspective, les pèlerinages locaux à Vézelay, Saint-Gilles et le Puy se trouvaient désormais fédérés sous l'égide d'un pèlerinage majeur et, par rapport au réseau routier, sont réorientés vers le sud-ouest. Cette représentation, qui paraît assez inconsistante lorsqu'on la maintient au seul niveau religieux, prend une épaisseur tout à fait significative lorsqu'on la met en relation avec la conception impériale qui se trouve exprimée dans la *Chronique d'Alphonse VII*. Celle-ci déclare à propos de son couronnement comme empereur en 1135 :

> «Et outre toutes ces choses, tous les seigneurs de toute la Gascogne et de toutes les régions qui s'étendent jusqu'au Rhône, ainsi que Guillaume de Montpellier, vinrent ensemble trouver le roi, reçurent de lui de l'argent et de l'or, de nombreux cadeaux, divers et précieux, beaucoup de chevaux, reconnurent leur sujétion et promirent de lui obéir en toute chose. Et beaucoup de fils de comtes, de ducs et de seigneurs de France, ainsi que des Poitevins en grand nombre vinrent à lui, et reçurent des armes ainsi que d'autres présents en grande quantité. Ainsi les frontières du royaume d'Alphonse, roi de Léon, s'étendirent-elles désormais des rives de l'océan, c'est-à-dire du rocher de Saint-Jacques, jusqu'au cours du Rhône[26].»

---

[26] Le «rocher de Saint-Jacques», qui s'appelle dans le texte *«de patrono Sancti Jacobi»*, désigne sans doute El Padrón.

Et Marcel Pacaut qui cite partiellement ce passage [27] de commenter :

> « Même si l'on fait la part des exagérations concernant le nombre de seigneurs "français" qui exprimèrent leur sympathie à l'"empereur espagnol", la portée réelle de cette sympathie et l'aire géographique sur laquelle s'exerça l'autorité castillane, il n'en demeure pas moins que tout cela était étranger à la France. »

Cette vision castillane des choses reprenait le vieux rêve d'une souveraineté espagnole jusque sur la rive du Rhône, origine effective des anciens Ibères, qui avait existé, selon les premiers mots du moine de Silos, avant l'invasion wisigothique :

> « Les rois espagnols gouvernèrent du Rhône, le plus grand fleuve de Gaule, jusqu'à la mer qui sépare l'Europe de l'Afrique, l'ensemble des six provinces, la Narbonnaise, la Tarragonaise, la Bétique, la Lusitanienne, la Carthagénoise et la Galice et en outre ils soumirent à leur domination la province de Tingitane située à l'extrémité de l'Afrique. »

Le terme « étranger à la France » paraît bien faible pour désigner une entreprise qui tendait à soustraire au roi de France une zone d'influence, au moins potentielle, en Gascogne et en Provence. Cette emprise de l'empereur espagnol au nord des Pyrénées, le rédacteur du *Pèlerinage de Saint-Jacques* la transcrit dans le registre religieux tout en pratiquant une certaine surenchère, puisqu'elle va désormais jusqu'à la Loire et englobe donc l'Aquitaine qui n'est pas encore devenue française par le mariage d'Aliénor avec Louis VII (1137).

Les quatre chemins de Saint-Jacques n'existent qu'en dehors du domaine royal français, puisque la vallée du Rhône est à l'époque terre d'Empire : ils dépendent donc strictement de la politique impériale d'Alphonse VII, et Compostelle cherche à montrer que son pèlerinage reprend, mais sur un plan religieux, les relations de soumission féodale qu'encourage l'empereur. Toute la région située entre les Pyrénées, le Rhône et la Loire forme ainsi le glacis d'un pouvoir temporel castillan auquel l'archevêché de Compostelle ajoute une dimension spirituelle.

En décrivant les itinéraires du pèlerinage à Saint-Jacques, le rédacteur pense en fonction du chiffre quatre, symbole de la perfection (un plus deux plus trois plus quatre donnent dix, nombre lui-même

---

[27] FLOREZ (Henrique), *op. cit.*, t. XXI, p. 345, dans PACAUT (Marcel), *Louis VII et son royaume*, Paris, SEVPEN, 1964, p. 27.

parfait). Il traite dans ce texte quatre sujets nettement distincts qu'il articule et imbrique assez habilement même si, dans le détail, sa présentation comporte des parties imparfaitement équilibrées, délimitées ou jointoyées : les grandes routes du pèlerinage en France et en Espagne, le chemin espagnol, les sanctuaires à visiter en cours de route, la cathédrale de Compostelle.

Le chemin espagnol

La fin du XIe siècle a marqué : « l'abandon de la voie antique comme route de pérégrination [...] Une chapelle située à l'est de Tormantos – l'ermita de Nuestra Senora de la Peregrina au nom évocateur – confirme sur le terrain que la voie romaine a bien servi aux pèlerins [...] Le déplacement vers le sud intervint au cours du XIe siècle en deux étapes : la première par l'aménagement de la route romaine Belorado-Granon dans les années 1035-1050 ; la seconde par la construction de la route entre Redecilla et le rio Oja et d'un pont sur ce cours d'eau avant 1076. Le *terminus ante quem* est fourni par la visite d'Alphonse VI lorsqu'il vint prendre possession de la Rioja ; à cette date, il accorde à Dominique les terrains nécessaires pour développer une bourgade autour de l'auberge et du pont construits par l'ermite. Cette transformation du réseau routier ne donna pas lieu à une création *ex nihilo* du camino francès [...] Le tracé reprenait celui d'une route romaine attestée du moins au Bas-Empire [...] Le passage du camino francès dans cette zone fut entériné par la caution politique et religieuse apportée au saint constructeur du pont et de la route. On sait qu'Alphonse VI fut à l'origine de la création et du peuplement de la ville. En 1106 l'évêque de Calahorra venait consacrer l'église de la ville en présence de Dominique. Et l'ensevelissement du nouveau saint dans l'édifice constitua l'élément définitif du processus de fixation [28]. »

La présentation du *Pèlerinage de Saint-Jacques* vise à une promotion exclusive du seul chemin espagnol de Saint-Jacques, qui apparaît comme une continuation naturelle et une synthèse des quatre chemins français. Il est remarquable à ce propos que le texte distingue bien la désignation des chemins français – *viae ad Sanctum Jacobum tendentes* – donc chemins qui mènent à Saint-Jacques, et celle du chemin espagnol – indifféremment appelé *iter Sancti Jacobi* ou *via Sancti Jacobi* –, donc pèlerinage ou chemin de Saint-Jacques. Seule la présentation du premier chapitre dans le sommaire du dernier livre du *Livre de saint Jacques* accolera aux chemins français la dénomination de *viae Sancti Jacobi*. L'usage de la notion de chemins de Saint-

---

[28] DUPRÉ (N.), « De la "Calzada de los Romanos" au "Camino de Santiago" », *Caesarodunum*, t. XIX, 1984, pp. 143-154.

Jacques au pluriel est, dans ce contexte, discutable, d'abord pour une raison logique. Si le texte emploie la notion de pèlerinage ou de chemin de Saint-Jacques au profit du seul chemin espagnol dont il parle, il ne serait pas opportun de sa part d'évoquer une multiplicité de chemins de Saint-Jacques qui évoquerait d'abord la possibilité de traverser l'Espagne du Nord par divers itinéraires. En outre, le titre exact et complet de ce chapitre serait *De viis quae in viam Sancti Jacobi coadunantur* à savoir : « Chemins qui rejoignent le chemin de Saint-Jacques ». Sans doute le titreur/rubriqueur qui n'a pas voulu répéter *via* a abrégé en *De viis sancti Jacobi* soit « chemins de saint Jacques ». Mais c'est là une formule dictée par un souci de style et qui ne possède pas pour désigner les itinéraires français une autre autorité que celle d'un raccourci commode et problématique. Son emploi fréquent au XXe siècle ne repose donc pas sur des bases solides et risque d'avoir nivelé des nuances substantielles de la terminologie en étendant à tous les stades du parcours une dénomination qui ne leur appartient pas.

Au demeurant, cette évocation des quatre chemins français ne leur accorde pas une sorte de situation de faveur par rapport à ceux qu'elle passe sous silence. À aucun moment il n'est dit ni même laissé entendre que ces trajets sont les seuls légitimes pour se rendre à Saint-Jacques. Vus dans une sorte de panorama ou de survol, ce sont quelques grands axes qui présentent l'avantage d'aboutir sur un tronçon espagnol dont le chemin et les ponts ont été réhabilités par le roi Alphonse. Seule cette partie du trajet mérite d'être appelée chemin de Saint-Jacques parce qu'elle conduit à la cathédrale, achevée depuis peu et dont les privilèges comme l'organisation tant architecturale que financière sont décrites en quatre chapitres (de XII à XV).

Cette description des lieux, qui, au-delà des Pyrénées, est à la fois hagiographique et idéologique, est surtout réaliste et pragmatique quant à l'Espagne. Si elle relève les productions du terroir, elle ne dissimule pas les inconvénients de certaines contrées, ni les dangers confirmés plus tard par la biographie de saint Dominique : il « s'était fixé sur les rives du rio Oja, à une lieue du gué où les pèlerins essayaient de passer le cours d'eau. Si l'on en croit la vie du saint, la région était infestée de voleurs qui attaquaient les pèlerins dans les endroits escarpés ou isolés, ou encore au franchissement des gués. De Granon à Belorado, la route offrait de multiples occasions d'embuscades [...][29]. »

---

29 *Ibid.*, p. 151.

Chapitre IV

LE LIVRE DES MIRACLES DE SAINT JACQUES DU PAPE CALIXTE

La cellule initiale du Livre des Miracles

Le recueil des miracles d'Aimeric Picaud : de Jérusalem à Compostelle en passant par Cluny

L'*Historia compostellana* reproduit, en la rattachant vaguement à l'année 1131, une lettre dans laquelle le patriarche de Jérusalem, Guillaume de Messines, recommande à Pierre le Vénérable, abbé de Cluny, et à Diego Gelmirez, archevêque de Compostelle, un chanoine régulier du nom d'Aimeric, qui sera chargé de collecter des fonds au profit des établissements de la Ville sainte. Elle est ainsi introduite :

> « À peu près à la même époque, le Saint Patriarche de Jérusalem et toute la communauté du Saint-Sépulcre, P. [Pierre le Vénérable], abbé des frères de Cluny, et toute la congrégation de ce lieu saint, rendant grâce à l'archevêque de Compostelle pour les bienfaits qui leur avaient été souvent accordés dans un esprit de joie et de charité, envoyèrent des écrits d'une utilité immédiate [1]. »

Le chanoine Aimeric est donc allé de Jérusalem à Compostelle en passant par Cluny, ce qui n'est pas, tant s'en faut, le chemin le plus direct, et il a apporté à l'archevêque de Saint-Jacques des missives émanant tant du patriarche de Jérusalem que de l'abbé de Cluny, deux autorités ecclésiastiques de premier plan. La nature des documents en question ne saurait faire de doute. On possède en effet une lettre que le pape Innocent II adresse de Cluny, en date du 2 février 1132, au roi de France, Louis le Gros, pour l'informer qu'il vient de recevoir du

---

[1] FALQUE REY (Emma), éd., *Historia compostellana*, *op. cit.*, III, chapitre XXVI, p. 463.

patriarche de Jérusalem et de l'évêque de Bethléem des lettres d'obédience dont il lui adresse une copie. Cette lettre recoupe donc la
précédente en fournissant la date exacte, qui précise la mention de
l'*Historia compostellana*[2].

À la suite du schisme qui s'est ouvert en 1130 par une double élection pontificale, le pape Innocent ne peut résider dans la ville de
Rome dominée par son adversaire Anaclet et il s'est rendu à Cluny,
où l'émissaire venu de Jérusalem doit le rejoindre pour l'informer que
l'Église du royaume franc de Jérusalem a pris son parti et non celui de
son compétiteur. Pourquoi, une fois sa mission accomplie, le chanoine
Aimeric poursuit-il son chemin vers Compostelle ? C'est que, sans
doute, cette mission comportait un deuxième volet, qui était de rallier
l'archevêché galicien à cette politique. À une époque où deux papes
sont en concurrence, il ne saurait être bon que le schisme s'étende
aussi aux pèlerinages. L'antipape Anaclet, alors qu'il n'était encore
que le cardinal Pierre de Léon, avait été l'un des artisans actifs de
l'élection du pape Calixte, le grand bienfaiteur de Compostelle, et
celui-ci, dans les derniers mois de son existence, avait nettement
marqué sa préférence en sa faveur. Une lettre d'Anaclet à Diego
Gelmirez – reproduite par l'*Historia compostellana* – rappelle les
excellentes relations que l'archevêque de Compostelle aurait entrete-
nues avec le père de l'antipape, ancien financier du Vatican et peut-être
de Saint-Jacques, et une autre est empreinte d'une très grande cordia-
lité en dépit du silence – au moins gêné – de son correspondant[3].
Il n'était pas certain que l'archevêque de Compostelle embrasse la
cause du pape Innocent, d'autant que l'influent duc d'Aquitaine avait
pris le parti d'Anaclet. L'envoi d'un émissaire personnel en mission
secrète à Saint-Jacques n'avait donc rien de superflu.

S'agissait-il seulement pour Aimeric de véhiculer le message du
patriarche de Jérusalem et du pape Innocent ? La répartition géographique des miracles attribués à saint Jacques correspond fort bien
à l'itinéraire d'un voyageur qui va de Jérusalem à Compostelle en
faisant un crochet par Cluny[4]. Aucun miracle ne se produit en dehors

---

[2] Si le chanoine Aimeric est reçu en audience par le pape dans les derniers jours de
janvier 1132, les documents qu'il transmettra au pape et à l'archevêque de Compostelle
doivent être datés de fin 1131 et parvenir à ce dernier au plus tôt en mars 1132. L'*Historia
compostellana* est donc tout à fait exacte en maintenant la chronologie dans un certain flou.

[3] FALQUE REY (Emma), éd., *Historia compostellana*, *op. cit.*, III, chapitre XXIII,
p. 454 ; III, chapitre XXXVIII, 3, p. 488.

[4] Les miracles 7 à 10 sont localisables soit en Terre sainte, soit lors de la traversée
maritime pour s'y rendre ou en revenir. Les miracles 11 et 12, 14 et 15 sont expressément

de localités par lesquelles le chanoine Aimeric est vraisemblablement passé. Il a sans doute été chargé aussi de transmettre à Compostelle des miracles que le patriarche de Jérusalem avait composés[5] et de collecter en cours de route tous ceux qui pourraient venir enrichir sa compilation. L'intention de cette entreprise est claire : montrer qu'à Jérusalem, loin de considérer Compostelle comme le lieu d'un pèlerinage rival, on tient à afficher sa solidarité avec lui. Que Rome, destination de l'autre pèlerinage majeur, ne soit bénéficiaire d'aucun miracle n'est pas fait pour surprendre, car saint Jacques, champion de l'orthodoxie, ne peut s'employer à bon escient là où règne l'antipape.

Un poème[6] qui figure, on le verra, dans la seconde version du *Livre des Miracles*, fournit un sommaire des vingt-deux miracles de saint Jacques, accompagné de quelques informations sur les conversions qu'il opéra, son martyre à Jérusalem et sa sépulture en Galice. Il est précédé d'une rubrique qui l'attribue à Aimeric Picaud, prêtre de Parthenay, et permet ainsi à la réflexion d'aller plus avant. Il existait, en effet, à Parthenay une institution « Sainte-Madeleine, ou Maison-Dieu, prieuré d'Augustins, *prope et extra muros*[7] ». Si cet Aimeric Picaud était prêtre dans un prieuré d'Augustins, c'est qu'il était lui-même chanoine. comme l'émissaire du patriarche de Jérusalem. Et si la collection des miracles que ce dernier a pu rassembler en cours de route figure sous le nom du premier, il faut sans doute se rendre à l'évidence : ils ne sont qu'une seule et même personne. Le prieuré Sainte-Madeleine ayant manifestement une vocation hospitalière, Aimeric Picaud aura pu exercer son activité initiale à Jérusalem dans le cadre des Hospitaliers de Saint-Jean et s'y faire apprécier du futur patriarche qui en était le supérieur, avant d'être envoyé dans une

---

ou implicitement italiens, par l'évocation du décor typique de la cité marchande avec prison centrale. Les miracles 2, 3 et 5 sont clairement empruntés à ceux dont le voyageur pouvait avoir pris connaissance dans le sanctuaire de saint Gilles, en bas du couloir rhodanien qu'il allait remonter vers Cluny. Ce faisant, il trouvait à Forcalquier la matière du miracle 20 et, dans la région lyonnaise celle des miracles 16 et 17. Ensuite les miracles 13, 14, 18 et 21 reprennent des thèmes propres à l'hagiographie auvergnate et limousine, entre autres de saint Léonard et de saint Martial, avant qu'un bouquet plus riche ne concerne, avec les miracles 1 à 6, puis 19, 21 et 22, l'Espagne, alpha et oméga du culte de saint Jacques.

[5] Voir Appendice 29.

[6] Accompagné d'une notation musicale, dans l'appendice au *Livre de saint Jacques*, sur feuillet aujourd'hui partiellement disparu.

[7] COTTINEAU (Laurent-Henri, dom), *Répertoire topo-bibliographique des abbayes et prieurés*, Macon, Protat frères, 1939, t. II, p. 2226.

mission diplomatique délicate entre toutes. Après s'en être acquitté, le chanoine demeura vraisemblablement à Compostelle, puisqu'il se réfère à cette ville en disant « chez nous » (miracle 1). Le treizième miracle, daté de 1135, porte un millésime nettement postérieur aux autres, sans doute celui de l'achèvement du recueil. Cette année 1135 étant celle du couronnement impérial d'Alphonse VII, il est concevable que Compostelle ait constitué à cette occasion une collection des textes qui concernaient saint Jacques pour en faire hommage au nouvel empereur et se recommander à lui. Après quoi, sauf la mention de sa personne dans l'authentification du *Livre des Miracles* par le pape Innocent II, sans doute pour rappeler qu'il avait été porteur de ces miracles, toute trace d'Aimeric disparaît.

Il semblerait que la compilation de miracles rédigée par Aimeric[8] ait circulé quelque temps à titre anonyme, puisque Guibert de Gembloux l'a consultée vers 1180 à Marmoutiers et la mentionne sans l'attribuer à un auteur[9]. Mais elle gagnera en importance et en prestige lorsqu'elle aura constitué, avec les deux récits de Translation et l'exposé des trois Célébrations, la cellule initiale du *Livre des Miracles* attribué au pape Calixte II. Les textes rédigés par Aimeric Picaud subiront alors quelques modifications[10].

Les deux Translations et les trois Célébrations de saint Jacques

Le recueil des miracles de saint Jacques constitué par Aimeric Picaud n'est pas connu à l'état isolé. Il est accompagné, sous sa forme la plus simple, d'une lettre-préface du pape Calixte et d'un dossier qui rassemble les Translations et les Célébrations de l'apôtre. L'ensemble constitue le *Livre des Miracles de saint Jacques du pape Calixte (Liber Miraculorum sancti Jacobi papae Calixti)*. Cette cellule initiale du *Livre des Miracles* regroupant seulement les Miracles, les Translations et les Célébrations du saint n'a sans doute pas été très répandue[11]. Sa première caractéristique est de reproduire, à la suite des miracles

---

[8] Voir Appendice 30.

[9] *Histoire littéraire de la France*, t. X, p. 552 sq.

[10] Voir Appendice 31.

[11] Elle est attestée seulement par un manuscrit du XIIe siècle (BnF 5272), qui provient de la bibliothèque théologique des comtes de Béthune, mais paraît avoir été compilé à Limoges, car il contient aussi des textes relatifs à saint André et à saint Martial qui y avaient chacun une abbaye. Les indications fournies par Alison STONES (*The Pilgrim's Guide : a critical edition*, Londres, Harvey Miller, 1998, p. 229) sur le manuscrit d'Oxford, Balliol College Ms 292, suggèrent que celui-ci pourrait avoir un contenu identique.

d'Aimeric, deux récits de translation de saint Jacques : la *Translation de Limoges/Gembloux* et la quatrième lettre du pape Léon, documents présentés dans le chapitre II. Le rapprochement entre ces deux textes ne va pas nécessairement de soi, car ils diffèrent par leur volume, leur origine et leur teneur. La quatrième lettre du pape Léon, nettement plus brève, ne peut être que compostellane. Elle contient en effet des détails exacts sur l'emplacement des reliques et de l'autel de la basilique de Compostelle, en même temps qu'elle exprime la préoccupation pour cette institution de posséder le corps entier de l'apôtre. La *Translation de Limoges/ Gembloux*, plus ample et plus fantaisiste, a sans doute été apportée à Compostelle comme la plupart des récits de miracles. L'harmonie entre les deux textes est loin d'être évidente. Ils comportent sur des points précis des informations assez différentes [12].

Leur présentation atteste d'emblée un souci critique d'éliminer de la légende de saint Jacques les composantes fabuleuses venues s'agglutiner à elle au cours des siècles précédents, comme fera le début du sermon *Veneranda dies* (Livre I, chapitre XVII). Elle le déclare d'une manière un peu ambiguë et embarrassée en disant qu'elle n'a pas voulu exclure la *Translation de Limoges/Gembloux* « parce que » celle-ci contient des données fabuleuses qui ne sont pas en contradiction avec la lettre papale. C'est une expression à décrypter, semble-t-il, en transformant explicitement le « parce que » en « bien que ». Les affabulations véhiculées par la *Translation de Limoges/Gembloux* lui auraient normalement valu de rester en dehors de la compilation des textes véridiques, mais puisque, au prix de quelques sacrifices, elles ne sont pas rigoureusement inconciliables avec les assertions de la lettre papale, elle a cependant été jugée digne d'avoir une place dans l'anthologie.

En portant à douze le nombre total des disciples, pour intégrer les trois disciples de Jérusalem mentionnés par la passion du saint, le rédacteur peut garder les sept disciples qui ont accompagné les reliques de saint Jacques dans leur navigation merveilleuse et ajouter à ceux-ci – au lieu de les soustraire – les deux disciples restés auprès

---

[12] L'un ne mentionne pas la prédication de l'apôtre en Espagne, tandis que l'autre s'y réfère expressément ; dans un des cas, deux disciples restent auprès du tombeau de l'apôtre, tandis que dans l'autre ils sont trois. À la différence de la lettre papale, la *Translation de Limoges/Gembloux* comporte encore les trois éléments miraculeux du dragon, du pont qui s'écroule, de la soumission des taureaux indomptables, ainsi que la référence à la reine Louve.

de son tombeau (12 = 3 + 7 + 2). L'innovation de ce discours, c'est que les neuf disciples sont recrutés en Espagne et que les deux qui resteront plus tard auprès de sa dépouille commencent par y prêcher en son absence, ce qui les lave de tout soupçon d'avoir voulu se soustraire paresseusement à la tâche d'évangélisation. Cette construction factice permet de concilier les deux grands thèmes de la prédication et de la translation en Espagne, sans prétendre pour autant que l'apôtre y ait lui-même prêché, puisqu'il s'est contenté d'y recruter des disciples.

La tentative d'harmonisation entre les deux récits de translation s'achève, sans transition, par un récit de miracle qui rapporte comment saint Jacques restitue à un pèlerin la somme qu'il avait dépensée pour faire copier ses miracles. La visée concrète de ce texte est sans doute d'inviter les clercs pèlerins à se faire établir, moyennant finance, des copies du *Livre des Miracles de saint Jacques du pape Calixte* dans lequel ce texte figure. Il en existe deux versions qui ne diffèrent que par un mot : dans la première, il est seulement question des deniers que saint Jacques reverse à son pèlerin ; dans la seconde, il est bien précisé que ce sont des deniers *rouennais*, peut-être hommage discret rendu aux premiers intéressés qui firent copier à leurs frais cet ouvrage.

Après avoir reproduit les deux récits de translation, le dossier se poursuit par le texte relatif aux trois solennités de saint Jacques et au grand spectacle processionnel de la fête à Compostelle. Toute communauté qui détient le corps d'un saint doit, en effet, célébrer dignement sa fête. À Compostelle, les occasions ne manquent pas puisque l'on peut y célébrer non une fête mais trois.

Leur présentation comporte trois volets nettement distincts, qui laissent entendre que trois textes ont été ici mis bout à bout. Le premier rappelle les circonstances dans lesquelles saint Jacques a subi le martyre et comment sa dépouille mortelle a été apportée à Compostelle. Il s'agit d'un résumé succinct de la Passion d'Abdias et des récits de translation. Le deuxième volet, qui mérite seul le titre donné à l'ensemble, justifie les trois Célébrations de saint Jacques à Compostelle en les rapportant à un temps fort de la dévotion à l'apôtre. Il cherche à harmoniser deux traditions festives différentes : l'ancienne tradition compostellane de la fête du 30 décembre (élection et translation de saint Jacques) et la nouvelle fête romaine du 25 juillet (passion de saint Jacques) [13]. Enfin, la troisième partie du texte ne figure pas dans

---

[13] Voir Appendice 32.

les versions que l'on peut considérer comme les plus anciennes de la cellule initiale. Elle est d'une inspiration toute différente des deux premières et décrit, avec un luxe de détails pittoresques inhabituel, un grand spectacle festif qui semble vouloir rivaliser avec la pompe éblouissante des fêtes clunisiennes [14]. L'« excellent empereur Alphonse », dont il est question dans cette troisième partie du texte, n'est pas celui qui a instauré les Célébrations dont parle la deuxième partie. C'est, cette fois, Alphonse VII, reçu en grande pompe à Compostelle en 1137, et dont le souvenir aura laissé quelque trace dans cette procession [15].

La lettre-préface du pape Calixte

En tête de la cellule initiale du *Livre des Miracles de saint Jacques du pape Calixte* – qui regroupe les Miracles, les Translations et les Célébrations de saint Jacques –, figure une lettre-préface qui joue un rôle déterminant : elle est attribuée, en dépit de toute réalité historique, au pape Calixte II et justifie donc le titre de l'ouvrage. Elle répond au souhait de placer l'ensemble de l'ouvrage sous un auguste et incontestable patronage.

« L'évêque Calixte, serviteur des serviteurs de Dieu, adresse à la très sainte assemblée de la basilique de Cluny, siège apostolique de son élection, et aux très fameux héros, Guillaume, patriarche de Jérusalem, et Diego, archevêque de Compostelle, et à tous les chrétiens orthodoxes, son salut et sa bénédiction apostolique dans le Christ. Parce que dans tous les climats du monde on ne peut trouver de héros supérieurs à vous en dignité et en honneur, j'ai envoyé ce manuscrit de saint Jacques aux Pères que vous êtes, afin que, si vous y trouviez quelque chose à corriger, vous l'éliminiez diligemment, pour l'amour de l'apôtre. Cependant ce manuscrit m'a causé bien des soucis. Alors en effet que j'étais étudiant, aimant l'apôtre dès mon plus jeune âge, parcourant les terres et les provinces barbares pendant l'espace de quatorze ans, j'ai trouvé les choses qui étaient écrites sur lui, je les ai écrites sur un petit nombre de parchemins grossiers et rugueux, afin de pouvoir les rassembler en un volume, de sorte que ceux qui aiment saint Jacques puissent trouver en même temps toutes les choses nécessaires qu'il faut lire pour les jours de fêtes. Ô admirable sort ! Je suis tombé au milieu des brigands et, bien que tous mes bagages m'aient été volés, ce manuscrit m'est resté. Je suis tombé peu après dans les profondeurs de bien des eaux et me suis trouvé à deux doigts de la mort, et, quand j'en suis sorti, ce manuscrit m'a accompagné

---

[14] Voir en complément Appendice 33.
[15] LÓPEZ FERREIRO (A.), *op. cit.*, t. IV, p. 211.

sans avoir subi de dommages. Une maison dans laquelle je me trouvais a pris feu et, alors que tous mes biens étaient consumés, mon manuscrit en est sorti indemne. C'est pourquoi j'ai commencé à penser que ce manuscrit, que je m'étais appliqué à confectionner de mes mains, est agréable à Dieu. Alors que je pensais à ces choses très attentivement, au cours d'une extase nocturne, je vis dans une éclatante salle royale un jeune homme d'une beauté inexprimable, entouré d'une lumière magnifique, admirablement habillé d'un vêtement royal, couronné du laurier royal, et lorsqu'il entra par la porte orientale de cette même salle avec ses compagnons, l'un d'eux dit : "Voici le fils du roi." Et aussitôt celui-ci, s'asseyant sur le meilleur siège, me dit à moi qui me tenais à ses pieds : "Montre-moi les gants que tu as dans la main." Je les lui offris volontiers. Quand il les eut reçus et fut entré dans la pièce, l'un de ses compagnons, une sorte de sénéchal, me dit de lui que c'était le fils du roi suprême. Et il ajouta : "De même qu'il a reçu les gants de tes mains, de même il recevra volontiers et avec satisfaction le manuscrit relatif à l'apôtre, lorsque tu l'auras achevé." Une seconde fois, alors que je réfléchissais au sermon Veneranda dies sur la translation de ses reliques et que je tenais entre les mains un cahier où celui-ci était écrit, il m'apparut en extase avec le bienheureux saint Jacques, disant : "Ces préceptes méritoires doivent être observés par vous tous : ne diffère pas de les consigner. Écris ce que tu as commencé, condamnant les crimes des mauvais aubergistes qui bordent les chemins de mon apôtre." Et que personne ne pense que j'aie écrit quoi que ce soit de mon propre chef, en dehors de ce que j'ai vu de mes propres yeux ou entendu raconter par la relation d'hommes catholiques.

« Que donc personne ne méprise ce livre, s'il y trouve reproduit quelque chose d'une diction facile. Car j'y ai écrit nos propos dans un style aisé, afin qu'ils soient accessibles tant aux savants qu'aux gens simples. Bien des gens en effet méprisent ce qu'ils ne comprennent pas. Les Français méprisent les Allemands et les Romains les Grecs, parce qu'ils ne comprennent pas leur langue. Si j'entends tous les jours prêcher un Grec ou un Allemand et que je ne le comprenne pas, quel profit en ai-je ? C'est pourquoi les saints commentaires sur les quatre Évangiles et sur les Prophètes se sont développés jadis, car on avait bien du mal à les comprendre. Si tu me donnes à table du pain non coupé, je m'en réjouirai ; si tu me donnes du pain coupé, j'en serai encore plus heureux. La croûte ne sert pas à grand-chose, jusqu'à ce qu'apparaisse la mie ; une boisson translucide montre plus clairement ce qu'il y a en elle. Un œil clair et sincère voit plus clairement qu'un œil trouble et fermé. Une chandelle claire, qui donne de la lumière à tous les assistants, est plus utile que celle qui donne aux uns et refuse aux autres. Ainsi cet opuscule a-t-il été manifesté à tous, pour apporter de grands bienfaits aussi bien à ceux qui sont habiles en l'art des lettres qu'à ceux qui ne le comprennent point. Tout ce qui y est écrit est authentique et émane d'une haute autorité. Que les miracles de saint Jacques contenus dans ce manuscrit soient lus au réfectoire les jours de sa fête ou le jour où eut lieu jadis sa fête. »

Visant à rapporter au pape Calixte II, son auteur prétendu, le contenu du recueil en tête duquel elle figure, cette lettre-préface reprend pour l'essentiel ce qui est dit dans l'argument qui précède le recueil des miracles d'Aimeric Picaud (entre autres quant à la collecte qui a été faite de ces récits dans les régions les plus variées du monde habité, chrétien ou non). L'authenticité des miracles est y attestée par la qualité irréprochable des témoins qui les ont transmis. Mais, puisque le recueil est attribué à Calixte, et que les devoirs de la charge pontificale auraient certainement empêché à un pape de songer à collecter des récits hagiographiques, il faut parer au reproche d'invraisemblance et rapporter cette activité à la jeunesse du pape. Il ne saurait nuire, non plus, de montrer le recueil préservé d'une manière providentielle, de la méchanceté des hommes comme de la fureur des éléments.

Un usage public édifiant peut être fait des textes contenu dans cet ouvrage, notamment par la lecture dans les abbayes. Le Pseudo-Calixte, qui s'est présenté dans la première partie comme le collecteur de ces textes dans des contrées inhospitalières et leur enregistreur sur un support grossier, souligne aussi son rôle dans la mise en forme rédactionnelle de ce discours. La matière comme la manière des miracles lui appartiennent donc bien en propre. Ainsi préfacé, le texte ne s'adresse évidemment pas à des rustres qui ignorent la langue latine, mais à des clercs et à des moines.

Qui se cache derrière le Pseudo-Calixte ?

L'adresse de cette lettre-préface – qui en confirme, si besoin est, le caractère apocryphe, puisque Calixte II (pape de 1119 à 1124) n'a pu écrire à Guillaume de Messines (patriarche de Jérusalem de 1130 à 1143) – est remarquablement proche de celle qui introduit la lettre authentique de l'*Historia compostellana* mentionnant le chanoine Aimeric, et où le patriarche Guillaume figure en compagnie de la sainte communauté de Cluny et de l'archevêque de Compostelle, Diego Gelmirez. Il a donc suffi pour obtenir la suscription de la lettre-préface apocryphe d'ajouter le nom du pape Calixte à la première lettre authentique. Mais ce n'est pas qu'une question de forme, car on se trouve ici à proximité immédiate de ce qui faisait l'objet de la lettre de Guillaume de Messines à Pierre le vénérable et Diego Gelmirez : en effet, la partie médiane de la lettre-préface du pape Calixte est la transposition, dans le registre visionnaire et miraculeux, de ce que l'on doit conclure de la lettre du pape Innocent au roi Louis VI relatant la soumission des prélats de Jérusalem et de Bethléem, et qui complète la lettre reproduite dans l'*Historia compostellana*. La remise

des gants étant dans la symbolique féodale le signe même de l'allé-
geance vassalique, la scène décrite dans la lettre-préface reflète à sa
manière la remise au pape Innocent, vicaire du Christ lumière du
monde, des lettres d'obédience en provenance de Terre sainte.
Le personnage qui remet les gants est aussi le rédacteur d'un
manuscrit inachevé relatif à l'Apôtre. En tête d'un *Livre des Miracles
de saint Jacques*, cette imputation ne peut guère se rapporter qu'à
ceux-ci et confirme ce que l'on peut penser du chanoine Aimeric dont
la collection de miracles n'est effectivement pas encore complète
quand il arrive à Cluny.

Le développement de la double vision mystique prétendument
impartie au pape Calixte n'a sans doute pas eu lieu sans souvenir de
la situation initiale évoquée dans l'Apocalypse (I, 10-14) : *Je fus
ravi en esprit le jour du Seigneur, et j'entendis derrière moi une
voix forte, comme une trompette, qui disait : « Ce que tu vois, écris-le
dans un livre [...]. Quand je me fus retourné, je vis* [...] *quelqu'un
qui ressemblait à un fils d'homme : il était vêtu d'une longue robe,
portait à la hauteur des seins une ceinture d'or ; sa tête et ses cheveux
étaient blancs comme de la laine blanche, comme de la neige, et ses
yeux étaient comme une flamme de feu.* Et la critique des mauvais
aubergistes, qui paraît un détail relativement inopportun dans la lettre-
préface s'explique bien par référence à la 3e épître de saint Jean (6-8),
où il est dit des étrangers, *peregrini*, c'est-à-dire pèlerins en latin :
*Tu feras bien de pourvoir à leur voyage d'une manière digne de
Dieu ; car c'est pour son nom qu'ils sont partis, sans rien recevoir
des païens. Nous devons soutenir de tels hommes, afin de travailler
avec eux pour la vérité.*

Cet arrière-plan scripturaire ne doit pas distraire de la concordance
troublante entre ce que nous apprennent l'*Historia compostellana*,
la lettre du pape Innocent II au roi Louis VI et la lettre-préface.
Comment le rédacteur celle-ci a-t-il pu avoir connaissance de faits qui
relevaient à coup sûr de la diplomatie secrète ? Et par quel concours
de circonstances cette démarche politique devient-elle l'objet d'une
formulation cryptée au seuil de ce qui se présente comme un recueil
hagiographique dédié à l'un des plus grands apôtres ?

Une première piste s'ouvre par la prise en compte de l'adjonction à
la collection des vingt-deux miracles attribuables à Aimeric Picaud
– et quasiment datés par lui de 1135 –, d'un vingt-troisième miracle
daté de 1139 et attribué au légat pontifical Albéric d'Ostie, ancien abbé
de Vézelay. Ce miracle, qui figure à sa place normale, c'est-à-dire à la

suite des autres, dans toutes les versions du *Livre des Miracles*, a été relégué hors du *Livre de saint Jacques* et ne figure plus aujourd'hui que dans son appendice :

« Du pèlerin réduit à la pauvreté auquel le bienheureux apôtre vint en aide

« En l'an 1139 de l'incarnation du Seigneur, sous le règne de Louis, roi des Français, et sous le pontificat du pape Innocent, un homme nommé Brun, du prieuré de Vézelay consacré à sainte Marie-Madeleine, se trouva manquer de ressources au retour de Saint-Jacques. N'ayant pas une seule pièce de monnaie pour acheter du pain, et se trouvant un jour encore à jeun à la neuvième heure, honteux de mendier et très inquiet, il s'assit sous un arbre, implorant de tout son cœur l'aide du bienheureux Jacques. Là, il s'endormit un bref moment et rêva que le bienheureux Jacques, l'apôtre de Dieu, lui donnait de quoi manger. Lorsqu'il s'éveilla, il trouva près de sa tête un pain, dont il se nourrit pendant quinze jours, jusqu'à ce qu'il revînt chez lui. Chaque jour, il en mangeait deux fois suffisamment et, le lendemain, il retrouvait le pain entier dans sa besace. Ô admirable renouvellement de ce qui advint au prophète Élie. Mais parce que le Seigneur l'a fait, cela ne doit pas nous étonner. »

Ce miracle vézelien présente quelques singularités remarquables. Il se réfère expressément au roi et au pape dont nous venons de parler. Il transpose dans le registre nivernais un miracle attribué par la Bible au prophète Élie, ce qui tranche nettement sur les autres. Saint Jacques est ici assimilé à un prophète et on verra plus loin qu'Élie ne sera pas le seul d'entre eux à prêter ses traits à l'image de saint Jacques. En ce sens, le miracle a largement fait école. Attribué à Albéric d'Ostie, il incite à s'interroger sur le pourquoi de ces précisions et son rapport éventuel avec la remise, par Aimeric Picaud, des lettres d'obédience au pape Innocent.

En effet, à l'époque où Aimeric rencontrait à Cluny le pape Innocent II, Albéric, ancien sous-prieur de Cluny, venait juste d'être nommé abbé de Vézelay. En raison de la présence du souverain pontife, Albéric n'avait vraisemblablement aucune hâte à rejoindre ses nouvelles fonctions, où l'attendait d'ailleurs une rude tâche. Il aura donc sans doute assisté à la remise au pape Innocent II des lettres de soumission apportées de Terre sainte par Aimeric Picaud. Après avoir, d'une main de fer, remis de l'ordre à Vézelay, Albéric deviendra cardinal-évêque d'Ostie et légat pontifical. À ce titre, il est à la fin de l'année 1138 et jusque dans les premiers jours de 1139 en Angleterre où il consacre, le 8 janvier 1139, l'archevêque de Cantorbéry. Il se trouve alors contraint de retourner en hâte à Rome pour assister le 4 avril au début du concile destiné à la réorganisation de l'Église après la fin du schisme pontifical [16]. Une chronique anglaise déclare qu'il a fait tout le trajet jusqu'à Rome par la mer. Partant dans l'octave de l'Épiphanie, Albéric se trouve donc au large de la Corogne ou de Padrón à la fin du mois de janvier ou au début du mois de février 1139. Son navire y aura fait relâche et il aura profité de l'occasion pour se rendre à Compostelle. Il était normal qu'il s'enquière d'Aimeric Picaud et de sa collection de miracles, dont il ne connaissait sans doute que les plus anciens. Peut-être aura-t-il recommandé de ne pas laisser dormir la collection complète dans l'archive locale, mais de la diffuser sous la forme d'un *Livre des Miracles de saint Jacques*, voire suggéré de mettre ce livre sous le patronage du pape Calixte II. Quoi qu'il en soit, il était mieux placé que quiconque pour évoquer les circonstances dans lesquelles l'idée première d'une collection de miracles de saint Jacques avait pu germer, sous le patronage bienveillant de Pierre le Vénérable, abbé de Cluny, hagiographe à ses heures, et avec la bénédiction du pape Innocent. N'était-ce pas une bonne manière pour Albéric de montrer qu'il avait été témoin de l'entreprise à ses débuts que de la clore par une contribution – le vingt-troisième miracle – qui portait son nom et celui de son abbaye ?

À Compostelle en 1139, l'ombre du patriarche de Jérusalem Guillaume de Messines ne pouvait être absente des conversations. Il avait non seulement tenu un rôle important au début du schisme qui venait de s'achever, mais il jouait encore, cette année-là, une partie délicate dans la politique espagnole. En effet, les chevaliers de Saint-Jean-de-Jérusalem, du Temple et ceux du Saint-Sépulcre, qu'Alphonse le Batailleur avait nommés en mourant, en 1135, héritiers de son royaume, prétendaient faire valoir leurs droits sur cet héritage, alors qu'en Espagne on s'y opposait fermement. Il fallut trouver avec eux quelque accommodement, au cours de négociations qui ne s'achevèrent qu'en août 1141 par un traité que signèrent justement le patriarche de Jérusalem et les autres chevaliers intéressés dans cette grande affaire.

Le souvenir des circonstances historiques dans lesquelles Aimeric Picaud a pu être encouragé à poursuivre et achever sa collection

---

[16] MANSELLI (R.), « Alberico cardinale vescovo d'Ostia e la sua attivita di legato pontificio », *Archivio della Società romana di Storia patria*, vol. LXXVIII, 1955, pp. 38-39 : « *Mansi, t. XXI, col. 538 anno MCXXXIX [...] perfectis negotiis suis in Anglia saepe dictus legatus, mox post octavas Epiphaniae cum suis ad mare reversus transfretavit. Nam ad praedictum Concilium Domni Papae tempore congruo pervenire properavit.* »

de miracles de saint Jacques n'a sans doute pas suffi à susciter la rédaction de la lettre-préface attribuée au pape Calixte, ni surtout la transformation de la rencontre politique de l'émissaire et du pape exilé en une extase mystique au cours de laquelle un autre pape bénéficie prétendument d'une vision du Christ. Toutefois, cette transposition s'explique assez bien en fonction d'un précédent que l'on connaît, le récit d'une autre vision admirable survenue, elle aussi, à Cluny et que fournit Pierre de Poitiers :

« Il est certain pour nous que fut dans la communauté de Cluny une personne digne d'une telle vision, qui vit un jeune homme fort beau et semblable à un roi par son attitude et son visage, portant un bâton d'or, que suivait un ange avec un encensoir. Lui-même portait une cithare qu'il montrait tout autour de lui et par laquelle il émouvait jusqu'aux larmes tous les assistants. Ensuite il offrait de l'encens aux narines de quelques-uns et leur donnait l'accolade et le baiser. En rencontrant un seul qui dormait, il ne s'arrêta pas à lui, et n'en laissa aucun sans les approcher de plus près. Cela fait, environné d'une immense splendeur, il fit le tour de tous les ateliers en les bénissant et regagna les célestes parvis d'où il était descendu. Nul n'ignore qu'il s'agissait du roi des rois [17]. »

L'apparition du Christ en fils de roi au Pseudo-Calixte dans la lettre-préface du *Livre des Miracles* pourrait donc être marquée aussi par le récit de Pierre de Poitiers.

D'où se posent deux questions. Comment Pierre de Poitiers a-t-il pu avoir connaissance de la rencontre d'Aimeric Picaud avec le pape Innocent II ? Comment se fait-il qu'il intervienne dans la rédaction de cette lettre-préface ? Un léger détour permet de répondre à la première interrogation. Parmi les œuvres attribuées à Pierre de Poitiers et dont l'authenticité ne paraît pas douteuse, figure une épitaphe du pape Gélase qui attire l'attention par quelques inexactitudes qu'elle comporte sur le défunt. Pierre, qui ne l'a sans doute pas connu personnellement aura rédigé son épitaphe après coup. En effet, il « n'était point à Cluny au moment de la mort du pape Gélase, en 1119, et il ne composa sans doute son épitaphe que lorsqu'il fut question de restaurer le monument funéraire de ce pontife, qui sans doute avait dû être endommagé par la chute des voûtes de la grande nef de l'église de

17 Publié par CONSTABLE (G.), d'après le ms BNF 17716, dans les *Studia Anselmiana*, 40, p. 52. A. FERRARI (« El Cluniacense Pedro de Poitiers », *Boletin de la Real Academia de la Historia*, 153, 1963, note 28, pp. 191-192) rapproche ce texte de la rédaction de la *Chronique d'Alphonse VII*.

Cluny, écroulées en 1125, pendant la dévastation de l'abbaye par les adhérents de l'abbé Ponce. La nouvelle nef fut consacrée en 1131 par le pape Innocent II. Telle doit être à peu près la date de l'épitaphe [18].» Ainsi, Pierre de Poitiers a-t-il vraisemblablement été, tout comme Albéric d'Ostie, témoin de la rencontre entre Aimeric et le pape Innocent à Cluny.

Quelques années après le bref passage d'Albéric d'Ostie à Compostelle, on peut supposer qu'il s'y trouve lui aussi, puisqu'il accompagne en 1141-1142 Pierre le Vénérable dans son voyage d'Espagne. Il va séjourner plus d'une décennie dans ce pays, sans doute à Tolède, pour collaborer à la traduction du Coran. Compte tenu des liens de Cluny avec Saint-Jacques, il n'est guère pensable que Pierre de Poitiers se soit dispensé d'y aller. Le passage du légat pontifical Albéric était certainement encore dans toutes les mémoires, ainsi que le souvenir des informations confidentielles qu'il avait apportées sur le rôle d'Aimeric à Cluny. À la différence du légat pontifical, Pierre de Poitiers n'est pas pressé : il est en Espagne pour une œuvre de longue haleine et peut, de ce fait, marcher sur les traces d'Aimeric Picaud en apportant sa contribution à l'ouvrage, ce qui reviendrait à le parachever, comme le pape Innocent l'avait suggéré.

Tel est du moins le sens qu'il paraît possible de donner à la seconde vision christique accordée au Pseudo-Calixte, dans laquelle saint Jacques apparaît en plus du Christ, comme pour bien préciser que l'inspirateur et, par voie de conséquence, le rédacteur de ces pages doivent être cherchés, cette fois, en terre galicienne.

Cette seconde vision est destinée à suggérer un parallélisme entre les Miracles et le sermon *Veneranda dies*, chapitre XVII du Livre I du *Livre de saint Jacques*. Elle signifie que cette lettre-préface ne regarde pas seulement en arrière pour contempler le recueil des miracles en état d'achèvement mais aussi vers l'avant pour le compléter au moyen d'un sermon consacré au pèlerinage de Saint-Jacques. Si, en effet, le chanoine Aimeric, qui a été l'acteur de la rencontre avec le pape Innocent, devient dans la première vision le modèle du pape Calixte, de même est-ce peut-être, dans la deuxième vision, le moine Pierre de Poitiers qui se cache sous le masque du pontife. Un personnage qui d'emblée affirme un intérêt personnel très marqué pour le culte de saint Jacques et la tradition compostellane la plus

---

[18] LECOINTRE-DUPONT (G.), « Notice sur Pierre de Poitiers, grand prieur de Cluni, abbé de Saint Martial de Limoges », *Mémoires de la Société des antiquaires de l'Ouest,* 1842-1843, t. IX, pp. 369-391.

ancienne, celle de la célébration de l'élection et de la translation de l'apôtre le 30 décembre.

La critique des mauvais aubergistes qui infestent les abords du chemin de Saint-Jacques a-t-elle bien sa place dans cette lettre-préface [19] ? Son sens est assez clair. La défense de Saint-Jacques passe par une vitupération contre les indifférences et abus de toute sorte qui pervertissent le pèlerinage de l'intérieur. L'ajout du *Pseudo-Turpin* – version augmentée du *Proto-Turpin* racontant l'histoire de Charlemagne et de Roland – à la cellule initiale du *Livre des Miracles* visera à le prémunir contre ses ennemis de l'extérieur.

La première version du Pseudo-Turpin [20]

L'« Histoire de Charlemagne et de Roland » mise une nouvelle fois à contribution

À partir de 1146, la dynastie berbère des Almoravides qui règne sur le Maroc, le Maghreb occidental et une partie de l'Espagne se trouve menacée par celle des Almohades qui va rapidement la détrôner. Le dynamisme des Almohades risque alors d'étendre la présence islamique à l'Espagne du Nord. Il est temps de provoquer un sursaut de résistance à l'envahisseur. L'« Histoire de Charlemagne et de Roland » attribuée à Turpin, archevêque de Reims, va remplir une fois de plus la tâche de « réarmement moral » au service de la chrétienté menacée.

Encore convient-il non seulement de reprendre cette histoire dont la structure profonde correspondait bien aux préoccupations du moment – la lutte contre les envahisseurs sarrasins –, mais de l'intensifier pour accroître son impact sur les esprits. Plusieurs moyens seront mis en œuvre à cette fin. Le premier est rhétorique. Il consiste à amplifier le développement par répétition de ce qui existe déjà dans le *Proto-Turpin*. Le combat de Charles avec Aigoland donne naissance à un doublon, le combat de Roland et de Ferragut, et celui-ci sera à son tour dédoublé par le combat de Charles et de Fourré. Toutes ces confrontations s'inscrivent dans une même perspective apologé-

---

[19] Elle est en tout cas dans le droit fil des miracles vindicatoires ajoutés à la collection d'Aimeric Picaud dans certaines versions du *Livre des Miracles* et qui réapparaissent dans le *Livre de saint Jacques*, Livre I, chapitre II, intégrés au développement du sermon *Vigiliae noctis sacratissimae*.

[20] Voir Appendice 34.

tique, puisque la victoire dans le combat sera censée désigner la vraie foi. Deux fois Charlemagne est montré dans une situation indigne, puisqu'il est descendu de cheval pour combattre à pied. Deux fois Aigoland est assiégé. Deux fois est proposée une interprétation anagogique des combats qui ne sont pas seulement des actions militaires contre les ennemis de la chrétienté, mais la lutte eschatologique des partisans du Christ contre le mal dans le monde. Deux fois les chrétiens qui ont failli à cette tâche et ont montré de la cupidité, soit qu'ils aient dépouillé des morts, soit qu'ils aient indûment retenu l'offrande d'un mort, sont eux-mêmes punis de la peine capitale. Deux fois les lances des chevaliers chrétiens reverdissent, tant à Agen qu'à Saint-Facond. Deux fois sont insérés des centons versifiés empruntés aux *Épitaphes* de Venance Fortunat. Enfin saint Jacques apparaît une deuxième fois, pesant dans le ciel les mérites de Charles au moment de sa mort, comme il est apparu au début pour l'engager à se rendre en Galice.

Ces adjonctions narratives au *Proto-Turpin* ne portent pas seulement sur quelques situations marquantes présentées comme des scènes dramatiques. Elles sont chargées d'un pouvoir symbolique qui renvoie continûment à la transcendance divine. En outre, elles donnent lieu dans de nombreux cas à un commentaire qui explicite, en les reliant au paradigme chrétien, ce qu'elles doivent signifier pour l'auditeur.

Déjà les élaborations précédentes de l'« Histoire de Charlemagne et de Roland » avaient emprunté des motifs caractéristiques au livre de Josué. La nouvelle rédaction les suivra sur ce terrain en évoquant, à son tour, les villes conquises et rapprochera l'image de Charlemagne de Judas Maccabée[21]. Non contente de présenter l'empereur carolingien sous les traits des rois de l'Ancien Testament, elle stylise les douze preux qui forment sa cour à l'image des apôtres et utilise une terminologie biblique qui nourrit le texte d'allusions continuelles à la Vulgate. Surtout, ces commentaires ont pour fonction d'ajouter à la dimension historiographique et martiale que fournissait le *Proto-Turpin* les niveaux de signification tropologique (ou moralisatrice), allégorique (ou montrant la lutte du bien contre le mal), anagogique (c'est-à-dire propre à guider l'homme vers sa plus haute destinée, à savoir la sainteté). Les nombreuses correspondances[22] que l'on a pu

---

[21] Figure emblématique de la résistance juive à l'hellénisme au IIe siècle av. J.-C.

[22] Elles ont été établies par FISCHER (P. K.), *Die französische Übersetzung des Pseudo-Turpins nach dem Codex Gallicus 52*, Würzburg, 1932, pp. 90-97.

relever avec les textes du bréviaire révèlent indubitablement l'origine de ces discours. Aux dimensions de l'exégèse biblique, il convient sans doute d'ajouter, d'une part, la propension apologétique qui vise la défense de l'authenticité du seul message chrétien, d'autre part, le caractère paraliturgique des méditations greffées sur le récit.

En évoquant à diverses reprises les chevaliers de Charles comme illustrant le *type* de tout chrétien dans sa lutte contre le mal, le texte renvoie au mode de pensée qui est à la base de cette nouvelle rédaction : la typologie, dont c'est la grande époque dans la théologie chrétienne. Celle-ci n'a pas seulement pour fonction d'inviter à dépasser les limites d'une connaissance trop concrète des données narratives en orientant l'esprit vers les idées plus abstraites qui peuvent s'y rattacher, elle suggère aussi que les fonctions éternelles auxquelles elle renvoie ne sauraient manquer de prolongements dans l'époque contemporaine puisqu'elles sont de tous les temps. Par là, elle signifie que l'histoire de Charlemagne n'appartient pas à un passé définitivement révolu mais est susceptible de s'incarner dans des personnages contemporains, tels les rois et empereurs d'Espagne, surtout le dernier d'entre eux, l'empereur Alphonse VII. Entre Abraham, présent en filigrane derrière le saint Jacques qui apparaît à Charles[23], et le jugement dernier qui récompensera le sacrifice ultime à la fin des temps, il y a place pour une valeur allusive très contemporaine, appelant à ne point faillir ici et maintenant.

L'usage des couleurs rhétoriques, par des rédacteurs qui se concevaient parfois comme des teinturiers et employaient des tons soutenus et criards, a certainement contribué à rehausser l'aspect « bariolé » de ce texte. Mais la surimposition de données interprétatives et doctrinales n'accroît pas seulement le caractère disparate du récit, qui a certainement été une raison de son succès au Moyen Âge, elle contribue à le rendre déconcertant, à placer l'auditeur dans une situation d'inconfort où il perd ses repères et se trouve alors plus apte à assimiler le message sublime que l'on veut faire passer : celui d'une chevalerie chrétienne conçue d'après la doctrine du martyre chrétien. Les souffrances personnelles deviennent dans cette perspective des punitions méritées pour les péchés que l'on a commis ou, si l'on est sans péché, des moyens bienvenus d'accéder séance tenante aux béatitudes célestes.

---

[23] Ce qui explique peut-être que le jeune apôtre martyrisé dans la fleur de son âge devienne dans l'iconographie un vieillard pèlerin.

Même le caractère autobiographique du *Proto-Turpin*, qui tendait à présenter ce récit comme un témoignage au-dessus de tout soupçon, s'efface devant la présence continuelle de la théologie morale. Cinq fois seulement figure dans le récit un « *ego Turpinus* » : il s'agit de passages où le caractère merveilleux du récit suggère d'introduire un facteur de crédibilité renforcée [24].

Pierre de Poitiers est-il l'auteur de la première version du Pseudo-Turpin *?*

Il est toujours un peu vain d'attribuer une œuvre anonyme à un auteur, quand on n'en possède pas des raisons obvies. D'abord parce qu'il est parfois difficile d'affirmer qu'on est en présence d'une œuvre individuelle, plusieurs rédacteurs ayant pu y contribuer. Le problème se pose ici : il existe dans deux manuscrits (BnF 5943B et 12710) une version de « l'Entrée d'Espagne » du *Pseudo-Turpin* qui apporte déjà un nombre considérable d'améliorations narratives au *Proto-Turpin*, tout en étant totalement dépourvue de considérations pieuses. Étant donné que cette version a servi ultérieurement à composer l'ouvrage sur la sainteté de Charlemagne (vers 1170) pour faire admettre au pape Alexandre III la canonisation de l'empereur, il est difficile d'admettre que ces parties spécifiquement religieuses aient été supprimées à cette occasion, car elles étaient de nature à renforcer l'argumentation. Les deux manuscrits de la Bibliothèque nationale de France suggèrent peut-être qu'une version intermédiaire entre le *Proto-Turpin* et le *Pseudo-Turpin* a existé. Seules les améliorations narratives y auraient figuré, avant d'être rejointes par les considérations pieuses.

Quoi qu'il en soit, un certain nombre d'indices parlent en faveur d'une rédaction du *Pseudo-Turpin* par Pierre de Poitiers. Nous avons déjà vu auparavant que celui-ci avait un grand talent rédactionnel, attesté par Pierre le Vénérable, dont il fut le secrétaire. De plus, le rédacteur du *Pseudo-Turpin* insère dans le texte la description du *trivium* et du *quadrivium* [25], qui n'a aucun intérêt précis si ce n'est de

---

[24] Lorsque l'archevêque distribue d'avance l'absolution aux combattants, lorsqu'il tient à Compostelle le concile qui en définit les prérogatives, lorsqu'il dit sa messe pendant le combat de Roncevaux et se trouve gratifié d'une vision céleste, lorsqu'il se rend à Vienne après les obsèques des victimes et lorsque la mort de Charles lui est révélée. À d'autres moments, moins marquants, le faux Turpin évoque seulement « notre armée » (chapitre VIII) ou « notre empereur » (chapitre XVIII). Voir Appendice 33.

[25] Division des sept arts enseignés dans les universités médiévales, avec *trivium* (grammaire, réthorique, dialectique) et *quadrivium* (arithmétique, astronomie, géométrie, musique).

montrer l'intérêt que portait Charlemagne aux études. Cet élément devient pourtant intéressant lorsqu'on constate, dans les deux poèmes que Pierre de Poitiers consacre à Pierre le Vénérable, qu'il le loue en particulier de dominer le *trivium* et le *quadrivium*, en spécifiant à chaque fois les sept disciplines. Remarquons également que la manière dont le récit fait place à l'exposé des vérités de la foi chrétienne n'est pas sans rappeler le récit de Barlaam et Josaphat, couramment attribué au Moyen Âge à Jean Damascène. Or celui-ci est en vogue auprès des Clunisiens, à travers Abélard et Gilbert de la Porrée, au moment de leur opposition avec les Cisterciens. Et Pierre de Poitiers était clunisien...

Dans la perspective d'Angel Ferrari [26] qui a découvert dans les œuvres qu'il attribue à Pierre de Poitiers une composition par sept, il est à relever que le *Pseudo-Turpin*, jusqu'à la mention « Le livre est fini, gloire soit à Roland », se compose de trente-cinq chapitres. Les préliminaires à la rencontre de Charles avec Aigoland occupent les chapitres I à VII, ses démêlés avec lui sont présentés du chapitre VIII au chapitre XIV qui traite de la mort d'Aigoland. La partie rolandienne commence au chapitre XXI pour s'achever au chapitre XXVIII, tandis que la fin en sept chapitres ne concerne plus que Charlemagne et ce qui advient après lui. La rigueur mathématique du découpage en cinq fois sept chapitres n'est pas plus parfaite ici qu'elle ne l'est habituellement dans les œuvres médiévales, mais elle permet quand même de verser un nouvel indice au dossier.

Que Pierre de Poitiers soit intéressé, trop intéressé peut-être, par les fictions, c'est ce que Pierre le Vénérable reproche à son secrétaire, bibliothécaire et ami :

> « J'ai compassion de vous, très cher fils, qui êtes tout occupé de lettres et de science humaines, tout chargé du poids d'études profanes, et je gémis de vous voir consumer votre temps en ces frivolités, sans espoir de récompense pour vos travaux d'adoucissement à votre peine [...]. Que faites-vous dans vos vaines études [...] à tromper les autres avec les poètes, à vous tromper vous-même avec les philosophes [27] ? »

---

[26] FERRARI (A.), « Artificios septenarios en la *Chronica Adefonsi Imperatoris* y Poema de Almeria », *Boletin de la Real Academia de la Historia*, Madrid, 1963, t. CLIII, p. 21 ; et « El Cluniacense Pedro de Poitiers y la *Chronica Adefonsi Imperatoris* y Poema de Almeria », *ibid.*, pp. 153-204.

[27] LECOINTRE-DUPONT (G.), *op. cit.*, p. 8 ; avec renvoi à *Bibl. Cluniac.*, col. 630, 631, 632.

Le renoncement aux lettres était peut-être trop difficile pour Pierre de Poitiers, et il aura pu trouver une conciliation entre son goût de la fiction littéraire et les exigences de la vérité chrétienne en composant ce *Pseudo-Turpin* de style bâtard; par fusion de données historiques et de noms attestés à des époques différentes, il aboutit à un texte pseudo-carolingien qui ne correspond plus à rien d'historiquement connu mais crée un grand spectacle paroxystique, démesuré, ostentatoire, plus intense que ne peut l'être la réalité.

Même le lien entre Charlemagne et l'empereur Alphonse VII que suggère fortement le portrait du chapitre XX, est bien fait pour renforcer la relation supposée entre Pierre de Poitiers et le *Pseudo-Turpin*. Dans le poème d'Alméria qui forme une sorte de postface à la *Chronique de l'empereur Alphonse VII*, elle-même attribuée à Pierre de Poitiers, on peut lire ce passage : «Les chefs espagnols et français se rassemblèrent, ils portèrent la guerre sur la mer et sur les terres des Maures. Leur chef à tous fut le roi de l'empire de Tolède, c'était Alphonse qui a le titre d'empereur, et qui suivait les hauts faits de Charlemagne, à qui il voulait se rendre égal [28].» L'image de Charlemagne dont il est ici question n'est pas celle de son biographe Éginhard ni des *Annales carolingiennes*, mais de la littérature dont le *Pseudo-Turpin* est un témoin [29].

Première version du Livre des Miracles *(1145-1151)* : le Pseudo-Turpin *est ajouté à la cellule initiale*

La première version du *Livre des Miracles* s'est constituée par la simple adjonction, en tête de la cellule initiale, de la première version du *Pseudo-Turpin*. Elle est donc composée comme suit : *Pseudo-Turpin* [30] + lettre-préface du pape Calixte (brève) + Translations et Célébrations + Miracles [31]. Il semble que cette version du *Livre des Miracles* ait été diffusée surtout dans les abbayes francophones, par une voie à dominante maritime.

---

[28] *Chronicon Adefonsi imperatoris*, Tournai, Brepols, 1990, p. 255.

[29] Comme le montre, quelques pages auparavant, l'évocation laudative d'un personnage dont il est dit : «Si Alvare, du temps de Roland, avait été le troisième après Olivier, j'avoue sans faute en vérité, que les Agaréniens auraient été vaincus par les Francs et que nos chers compagnons n'auraient point été emportés par la mort. *Ibid.*, p. 232.

[30] Comprenant les chapitres sur Turpin à Vienne et l'Almansour de Cordoue, parfois accompagné du texte sur les Navarrais.

[31] Cette forme est attestée par les manuscrits latins BnF 13774, Montpellier 235, Rouen 1403, 1421, 1422.

Lors de la deuxième croisade qui commença en 1147, des Francs du Rhin inférieur, des Frisons, des Flamands et des Normands s'unirent pour une expédition maritime. En avril 1147, la flotte rhénane partit de Cologne et fut rejointe en mai par les Anglais. Peu de temps après, la tempête obligea les croisés à accoster à l'embouchure du Duero, près de Porto, donc à combattre l'islam sur le front ibérique. Après quatre mois de siège, Lisbonne fut prise le 24 octobre 1147 et l'expédition ne se remit en route pour la Syrie qu'en février 1148. La *Chronique de Cologne* pour l'année 1147-1148 relève que les croisés rhénans se rendirent durant leur séjour ibérique à Compostelle [32]. Ils n'ont sans doute pas participé seuls à l'excursion pèlerine. Des croisés normands ont dû se joindre à eux et, à cette occasion, faire copier la première version du *Livre des Miracles* que l'on retrouvera plus tard dans les abbayes bénédictines de Normandie.

Il en résulte plusieurs hypothèses quant à l'inspiration, la date de rédaction et même la réception du *Pseudo-Turpin* présent dans la première version du *Livre des Miracles*. La première version du *Pseudo-Turpin* a dû être écrite durant la période qui précède immédiatement la deuxième croisade, voire pendant celle-ci. L'une des idées qui avaient cours à l'époque était que cette croisade était la bonne et qu'elle extirperait l'islam des terres que revendiquaient les chrétiens. Ce n'était pas seulement une période d'exaltation militaire et religieuse relative aux Lieux saints : la réapparition du discours sur Charlemagne en Espagne visait naturellement à rappeler qu'il ne suffisait pas de vaincre en Méditerranée orientale. Si l'on estime que les croisés ont dû venir, au retour de la croisade, donc en 1149, prendre livraison de la copie du *Livre des Miracles* qu'ils avaient commandée, il n'est pas exclu que le temps imparti à la rédaction du *Pseudo-Turpin*, destiné à rejoindre le recueil de miracles, ne se soit trouvé un peu court et que l'ensemble ainsi constitué porte les marques d'une rédaction hâtive. Ce pourrait être une explication du fait que le *Pseudo-Turpin* est, dans la plupart des cas, présent en tête de la première version du *Livre des Miracles*, de telle sorte que la lettre-préface se trouve, chose étonnante, au milieu du recueil [33]. Dans certains manuscrits de cette version, des passages ne figurent pas dans

---

[32] Cf. HERBERS (Klaus), *Der Jacobsweg,* Tübingen, Günter Narr, 1991, p. 17. Référence en note 21 : « MG SS *rerum Germanicarum in usum scholarum* 18/1880, Nachdruck, 1978, S.84 f. »

[33] Une conséquence ultérieure de ce fait sera parfois la présence du seul *PseudoTurpin* sous le titre *Livre des Miracles,* par exemple dans les manuscrits Rouen 1423 et 1424.

le texte courant mais sont quand même présents dans les sommaires, rédigés à l'évidence après coup. Le texte lui-même, une fois parvenu en Normandie dans les bagages des croisés, n'aura aucune peine à gagner Saint-Denis, où il fera l'objet d'une adjonction relative au concile de Saint-Denis qui accorde à la basilique des privilèges relativement proches de ceux qui ont été conférés à Compostelle [34].

Les Navarrais dans la première version du Livre des Miracles

La première version du *Livre des Miracles* ne se caractérise pas seulement par l'adjonction à la cellule initiale de la première version du *Pseudo-Turpin*. Celui-ci est suivi d'un passage bref mais dense, qui esquisse une histoire des Navarrais à partir d'une tradition imputée à Jules César. Isolé dans cette version, et vraisemblablement assez tardif, car il ne figure pas dans tous les manuscrits, ce texte sera réutilisé par toutes les formes ultérieures de la compilation et y marquera la fin de la présentation des contrées qui jouxtent le chemin de Saint-Jacques.

Les Navarrais, nous dit-on, ne forment pas un peuple homogène. Ils sont issus de trois populations différentes : les Nubiens, les Irlandais – appelés ici selon l'usage Écossais *(Scoti)* –, et les coués *(caudati)* de Cornouaille. Ces populations auraient expulsé les Espagnols de régions qui leur appartenaient en propre. En quoi cette triple origine des Navarrais, dont on apprendra plus tard qu'ils sont les Basques, nous renseigne-t-elle sur ce qui est dit à leur sujet dans ce passage et sera développé ultérieurement ? La première observation est d'ordre linguistique : la langue basque est effectivement, comme celle des Nubiens, « un idiome de la famille chamitique, dont le représentant actuel le plus connu est le berbère (les Berbères étant les descendants des Numides de l'Afrique du Nord antique) [35] ». En ce sens, il n'est donc pas faux de rattacher les Basques aux Nubiens. Leur rapproche-

---

[34] Un manuscrit dionysien, le BnF Ms latin 5925, qui comprend des textes divers relatifs à l'histoire de la France, est très intéressant à ce point de vue, bien que datant du XIVe siècle, car son prologue le présente explicitement comme emprunté « aux très anciens livres historiques de l'église de saint Jacques de Galice », tandis que le passage nouveau relatif aux prérogatives de Saint-Denis est suivi d'une colonne et demie en blanc, comme pour laisser la place de mentionner des privilèges ultérieurs susceptibles de venir s'y ajouter. Quoi qu'il en soit, l'intérêt ultérieur de l'abbaye de Saint-Denis à l'égard de ce texte ne semble pas faiblir, car c'est apparemment à elle que l'on peut rattacher l'origine d'un nombre élevé de traductions françaises de ce texte, faites justement sur cette première version du *Pseudo-Turpin* ou du *Livre des Miracles*, par exemple celle de Pierre de Beauvais.

[35] ALLIÈRES (Jacques), *Manuel pratique de basque*, Paris, A. et J. Picard, 1979, p. 31.

ment avec les Irlandais paraît, quant à lui, avoir un fondement biologique tout à fait sérieux puisqu'il est reconnu que le type sanguin de ces populations n'est pas étranger à celui des Berbères comme de certains Anglo-saxons : « les traits hémotypologiques qui caractérisent si bien les Basques et leurs voisins immédiats se retrouvent ailleurs en Europe, en Afrique du Nord et dans les contrées d'Asie les plus proches ; en Irlande et en Écosse, dans la portion la plus occidentale de la Bretagne, en pays berbère, en Sardaigne et en Corse »[36]. Enfin l'évocation des coués de Cornouaille renvoie peut-être moins aux Anglais eux-mêmes[37] qu'aux personnes appelées *caeh, cahets* ou *gahets*[38] en Gascogne, et dont la désignation aura pu être latinisée de manière quelque peu hasardeuse. Les coués sont des équivalents des cagots français[39], terme désignant des lépreux blancs. Ils sont d'ailleurs attestés par les *Fors de Navarre* (1155), documents qui règlent la condition des lépreux libres en Espagne. Sans présenter tous les symptômes de la lèpre blanche, telle qu'elle est décrite, par exemple, dans le livre biblique de Job, cette population fut traitée dans son ensemble à l'instar des lépreux. Dans ce sens, ce texte est peut-être l'un des premiers témoignages que l'on possède de « l'opinion fort ancienne qui voulait voir dans les cagots les restes de quelque peuple envahisseur[40] », peuple bien entendu rejeté. Au sud des Pyrénées, les Navarrais ne se distinguaient donc pas de leurs congénères français du nord. Le fait qu'on les tienne pour issus d'une lignée non authentique vient peut-être justement de cette « cagoterie » qui faisait d'eux manifestement des êtres humains de seconde zone[41].

Qu'une telle assimilation des Navarrais aux lépreux ait sa place dans le *Livre des Miracles* à la suite de la première version du

---

[36] *Ibid.*, p. 34.

[37] Qui portent parfois le nom de « porteurs de queue ». Cf. VIELLIARD (Jeanne), *Guide du pèlerin de Saint-Jacques de Compostelle*, Paris, Vrin, 1938, p. 31, note 2 avec référence à Du Cange.

[38] *Ibid.*, p. 302.

[39] MICHEL (Francisque), *Histoire des races maudites de France et d'Espagne*, Bordeaux, 1843. ; Cf. RICAU (Osmin), *Histoire des cagots, race maudite de Gascogne, Béarn, pays basque et Navarre franco-espagnols, Asturies et province de León*, Bordeaux, 1965.

[40] *Ibid.*, p. XVIII.

[41] Leur confinement dans la Biscaye et l'Alava s'expliquerait par l'infamie attribuée à leur comportement initial envers les hommes et les femmes autochtones, tandis que le rattachement étymologique fantaisiste du nom de la Navarre à la ville de Nadaver, où saint Matthieu est censé, d'après le Livre VII de l'*Histoire du combat apostolique* du Pseudo-Abdias, avoir séjourné lorsqu'il alla évangéliser l'Éthiopie, semble indiquer que ce sont des chrétiens, sans doute les chrétiens lépreux, que l'on appelait *Crestiaas*.

Pseudo-Turpin s'explique assez bien s'il s'agit, comme il est dit plus haut, de suggérer la présence sous Charlemagne de l'empereur d'Espagne Alphonse VII. Les Navarrais étaient en effet ses adversaires. En 1136, un an après qu'Alphonse VII fut devenu empereur, le roi Garcie de Navarre se souleva, comme le roi de Portugal, contre l'empereur. En outre, *le plus noble de tous les princes de la maison du roi Garcie* qui a pris son parti contre l'empereur s'appelle Latro Nafarrus. Bonne occasion, quand on est du parti impérial, d'extrapoler en faisant à partir de ce nom un pluriel paronymique pour obtenir : *latrones Navarri*, qui signifie – *latro* voulant dire en latin « brigand, voleur, bandit, larron, vaurien, voyou » – que les Navarrais descendent d'envahisseurs sans foi ni loi. L'ethnographie que pratique le *Livre des Miracles* vient donc corroborer l'orientation politique du *Pseudo-Turpin*. Au moment où Alphonse VII guette l'occasion propice de s'approprier le royaume de Navarre, la présentation de ses habitants comme des demi-sauvages justifie implicitement une mainmise de la Castille sous les couleurs flatteuses d'une entreprise civilisatrice.

La deuxième version du Livre des Miracles

Moins d'une décennie sans doute après la première version, apparaît une deuxième version du *Livre des Miracles*, manifestement issue de la précédente, car elle reproduit à l'identique la cellule initiale composée de la lettre-préface du pape Calixte, des Translations et des Miracles et le texte isolé sur les Navarrais. Elle s'en distingue toutefois par la présence d'une version plus complète du *Pseudo-Turpin*, ainsi que par quelques appendices supplémentaires – la *Passion de saint Eutrope*, les *Reliques à révérer en pèlerinage*, le chant de marche d'Aimeric Picaud – et s'achève sur une authentification par le pape Innocent II, elle-même confirmée par quelques cardinaux. La forme en paraît plus aboutie que celle de la première version, dans la mesure où la cellule initiale figure le plus souvent en tête du volume, tandis que la nouvelle version du *Pseudo-Turpin* ne vient qu'ensuite.

La deuxième version du Pseudo-Turpin *et Aix-la-Chapelle*

La deuxième version du *Pseudo-Turpin* apporte un certain nombre de modifications au texte de la première. Ainsi la discussion théologique de Roland avec le géant Ferragut du chapitre XVII est enrichie d'un long passage sur la Sainte Trinité, qui renvoie éventuellement aux querelles théologiques du temps sur ce dogme. Les propos moralisateurs du chapitre XXI sur la fornication des soldats de Charlemagne sont développés par des considérations hostiles à la présence des femmes dans les armées, sans doute inspirées par les dissensions survenues au cours de la deuxième croisade entre Louis VII et Aliénor d'Aquitaine. La confession de Roland (chapitre XXIII) comporte un renforcement de la thématique de la contrition et, quelques lignes plus bas, un appel plus marqué à la miséricorde divine. Le concile de Charles à Saint-Denis (chapitre XXX) comporte un développement plus substantiel à propos des privilèges de l'abbaye, suggérant que la première version du *Pseudo-Turpin* a fait l'objet de modifications à Saint-Denis. Les adjonctions du chapitre XXXI sur les sept arts libéraux donnent à penser, comme on pouvait s'y attendre, que des rédacteurs passés par le *trivium* et le *quadrivium* ont apporté là des compléments qui les montrent très versés en ces matières. Une référence biblique ajoutée au chapitre XXXIII et la clôture du chapitre XXXIV par une digression étymologique sur la signification des noms de Roland et de Turpin ne modifient en rien la teneur générale du discours. Deux passages importants attestent cependant une orientation à la fois renforcée et infléchie par rapport à la version précédente : une lettre-préface de Turpin au doyen d'Aix-la-Chapelle, Léoprand, sert de prologue à cette deuxième version, tandis qu'une lettre du pape Calixte sur la croisade en Espagne, ajoutée en chapitre XXXVI, sert maintenant de postface, après que le texte a déclaré : « Le livre est fini, gloire soit à Roland. »

La brève missive de Turpin au doyen Léoprand, non moins fictif que lui, est développée à partir de l'information, donnée au chapitre XXXIV de la première version du *Pseudo-Turpin*, selon laquelle l'archevêque Turpin aurait passé dans la ville de Vienne une période de convalescence, pour se remettre des blessures reçues en Espagne. La localisation du nouveau destinataire (Léoprand) a apparemment pour but d'établir un lien privilégié entre Vienne et Aix-la-Chapelle. Prétendant que Charles est resté en tout quatorze ans en Espagne [42], la missive présente cette nouvelle version du *Pseudo-Turpin* comme la plus complète de toutes celles qui ont pu être établies jusqu'à présent. La variante de cette lettre qui figure dans le *Livre de saint Jacques* déclare que ce *Pseudo-Turpin* nouveau se distingue avantageusement, quant à l'exhaustivité, de celui qui figure

---

[42] Soit le double de la durée modèle de sept ans instaurée par l'*Énéide* de Virgile.

dans la *Chronique royale de Saint-Denis*, probable antécédent latin des *Grandes Chroniques de France*. La formule, qui comporte une pointe contre l'abbaye francilienne, suggère que la nouvelle rédaction du *Pseudo-Turpin*, présente à Aix-la-Chapelle, est normalement destinée à supplanter celle de Saint-Denis, parce qu'elle comprend des informations supplémentaires, qui pour diverses raisons n'ont pas trouvé place dans la précédente.

Il ne s'agit pas seulement de promouvoir un texte au détriment d'un autre, mais de présenter Aix-la-Chapelle, cité du couronnement des empereurs germaniques, comme dépositaire par excellence de la plus authentique tradition carolingienne. L'intention politique est claire : c'est l'empereur d'Allemagne qui se profile comme successeur moderne de Charlemagne. En soulignant le caractère simplement « royal » de la *Chronique de Saint-Denis* et en mentionnant dans le même texte Vienne et Aix-la-Chapelle, villes « impériales », on suggère que ce nouveau *Pseudo-Turpin* est naturellement supérieur au précédent. Après 1156, année du mariage de l'empereur germanique Frédéric Barberousse avec la comtesse de Bourgogne de la branche viennoise, Vienne illustre le titre de comte de Bourgogne dont l'empereur d'Allemagne se parait volontiers. Ce rapprochement des deux cités suggère donc que la nouvelle version, à la fois bourguignonne et germanique, doit avoir été rédigée après cette date.

Non moins apocryphe que tous les textes qui lui sont attribués, la lettre finale du pape Calixte sur la croisade en Espagne, qui clôt la deuxième version du *Pseudo-Turpin*, n'en comporte pas moins une assez large part de vérité historique, dans la mesure où elle a été forgée sur le modèle de deux documents authentiques émanant de ce pape : une épître envoyée à saint Oldegaire, archevêque de Tarragone, nommé député du pape à toutes les cérémonies organisées par les Espagnols pour accueillir les chevaliers croisés, et le XIe canon du concile de Latran en 1123. Cette lettre présente la particularité de se référer expressément au récit lui-même pour suggérer qu'il y a continuité, voire identité, entre ce que celui-ci rapporte et la situation présente.

Le *Pseudo-Turpin* se fait de plus en plus polyvalent. Dans sa première version, Charles, figure emblématique de la reconquête chrétienne de l'Espagne, renvoyait naturellement aux rois espagnols de l'époque où ce texte avait été rédigé : Alphonse VI, Alphonse VII et Alphonse le Batailleur, trois souverains de rang impérial latent ou patent se succédant en Espagne du Nord et se relayant pour reconquérir pied par pied le territoire sur les envahisseurs sarrasins. Mais la seconde version, qui souligne l'importance d'un axe Vienne-Aix-la-Chapellenous renvoie à Frédéric Barberousse : le récit doit être vu aussi comme une étape préliminaire à la canonisation de Charlemagne, pour le plus grand profit de l'empereur d'Allemagne. L'arrière-plan historique ne cesse donc de changer pendant environ trois décennies et, avec lui, la valeur allusive du texte qui contient de plus en plus de significations cachées. Aussi longtemps que le texte évolue, ces significations laissent planer le soupçon, tout en demeurant insondables. Ce qui n'est pas dit et ne peut être dit crûment dans le *Pseudo-Turpin*, ce sont les prétentions rivales – française, espagnole et germanique – à assumer l'héritage de Charlemagne.

Le pèlerinage de Louis VII à Saint-Jacques : un succès fâcheux pour Compostelle

En 1154, pour des raisons qui ont donné lieu à diverses interprétations, le roi de France, Louis VII, décida de partir en pèlerinage pour Compostelle. On lui a imputé l'intention de se séparer de son épouse espagnole qui ne lui avait pas donné de fils. Peut-être voulait-il seulement implorer le saint d'assurer sa lignée. A-t-il voulu montrer l'intérêt qu'il portait à l'Espagne en dépit de la coupure géographique consécutive à la perte de l'Aquitaine ? L'historien espagnol du XVIIe siècle, Juan Mariana, auteur d'un traité sur saint Jacques, rapporte la chose de la manière suivante [43].

« Ce Prince avait un grand désir de venir en Espagne, & de rendre visite à l'Empereur D. Alphonse son Beaupere ; mais il falloit chercher quelque prétexte honnête pour entreprendre un si long voyage : celui qui parut le plus raisonnable ce fut d'aller en pelerinage visiter par devotion le Tombeau du grand apôtre S. Jacques, et d'accomplir en personne le Voeu que le Roy en avait fait quelques années auparavant. L'Empereur D. Alphonse Beaupere de Louis le Jeune... alla au-devant de lui jusqu'à Burgos avec les deux Rois de Castille & de Leon ses Enfans, & D. Sanche Roy de Navarre : on accourut à Burgos de tous les endroits & des extrémités les plus reculées de l'Espagne ; Peuple, Noblesse, chrétiens, Maures, tout s'y rendit pour assister à l'entrevuë de ces deux grands Princes, & pour voir dans un même Palais tant de Rois. Les Espagnols

43 MARIANA (Juan de), *Histoire générale d'Espagne*, trad. Joseph-Nicolas CHARENTON, Paris, Lemercier, 1725, t. II, p. 555.

dans cette occasion firent paroître tout ce qu'ils avoient de plus riche &
de plus beau ; rien n'était plus magnifique que l'équipage de l'Empereur,
des deux Rois ses Enfans & de tous les Grands du Royaume ; livrées,
mulets, chevaux, chariots, habits, rien n'y fut épargné, comme si les
Espagnols eussent voulu détromper les François des préjugés qu'ils
avoient conçûs de la pauvreté de l'Espagne & faire voir que la Cour de
Castille ne cedoit en magnificence, ni en politique à celle de France, qui
se pique particulièrement de l'un et de l'autre.

« Ces Princes partirent tous ensemble de Burgos avec ce pompeux appa-
reil, & une multitude infinie de Seigneurs de l'une et l'autre Nation, &
arriverent ainsi à Compostelle. Le Roy de France ayant accompli son
Voeu au Tombeau du grand apôtre, ils prirent tous la route de Tolede, où
l'Empereur avoit assemblé les Etats-Generaux de son Royaume, & où les
principaux d'entre les chrétiens & les Maures de son Empire devoient se
rendre : car ce Prince etoit bien-aise de faire honneur au Roy son Gendre,
& de lui faire voir en même tems la richesse de ses Sujets & la grandeur
de ses Etats...

« Louis le Jeune reçut avec plaisir tous les honneurs qu'on lui rendit, &
les marques d'estime et d'amitié que lui donna l'Empereur son Beaupere.
Le Roy surpris de la multitude infinie de Noblesse & de Peuple qu'on
n'avoit point encore vûë à Tolede, & surtout de la magnificence de la
Cour, ne put s'empêcher de dire qu'il n'avoit rien vû de plus superbe
dans les Voyages qu'il avoit faits en Europe et en Asie pour l'expédition
de la Guerre sainte ; ravi encore d'avoir connu par lui-même la fausseté
des rapports & l'injustice des soupçons qu'on avait voulu lui inspirer
contre la Reine son Epouse, il marqua à D. Alphonse qu'il s'estimoit
heureux d'avoir épousé la fille d'un si grand Roy, Niece d'un Prince
tel que D. Raymond, & qu'il en rendrait à Dieu d'éternelles actions
de grâces.

« D. Alphonse n'omit rien pour procurer au Roy tous les divertissemens
possibles ; il lui fit plusieurs présens, dont Louis ne voulut rien accepter
qu'une Escarboucle de grand prix avec laquelle il s'en retourna dans
ses États fort content de son voyage. Le Prince D. Raymond d'Arragon
l'accompagna jusques à Jaca, où il lui fit une réception digne d'un si
grand Roy, selon que le rapportent les Historiens d'Arragon... Il semble
que l'entrevûë de Louis le Jeune, de l'Empereur Alphonse, des deux Rois
ses Enfans, du Roy de Navarre, & du Prince d'Arragon à Tolede, devoit
mettre fin aux Guerres civiles d'Espagne, tant ces Princes avoient paru
être tous d'une parfaite intelligence. »

Ces congratulations de façade, ce déploiement de faste dont
Compostelle semble être, au moins par ricochet, le bénéficiaire, dissi-
mulent une situation moins idyllique.

« Le Cardinal Hiacinthe, Legat du S. Siège en Espagne, tâchoit d'y regler
les affaires Ecclesiastiques, de calmer les différens qui s'étoient élevés

parmi le Clergé, & de rendre la paix aux Églises. Ce legat sollicité fortement par D. Juan archevêque de Tolede qui demandoit une sentence definitive, le Cardinal la prononça à Najare en faveur de l'Église de Tolede, & en confirma la Primatie, déclarant faux et abusifs les droits de l'Archevêque de Brague & de celui de Compostelle. Ce Cardinal fut un des plus illustres personnages de ce siècle & des plus distingués par son rare mérite. Le pape Anastase IV l'avoit envoyé en Espagne en qualité de Legat Apostolique, mais il n'arriva au lieu de sa Legation qu'après la mort d'Anastase, et l'Election d'Adrien IV son Successeur, qui confirma le Cardinal Hiacinthe dans son Employ[44].

« Pendant que Louis le Jeune Roy de France étoit à Tolede, on vint à parler devant ce Prince, soit de dessein prémédité, soit par Hazard, de S. Eugene Martyr & premier Archevêque de Tolede, dont on avait appris depuis peu que les précieuses Reliques reposoient, comme nous l'avons dit, dans l'Église de S. Denis en France : on supplia Louis le Jeune de vouloir bien permettre que l'on apportât en Espagne le Corps du saint Martyr premier Evêque de la premiere Église d'Espagne. Cette demande fit de la peine aux François, à cause de la vénération particulière qu'ils avaient pour le Saint ; enfin ils accordérent une partie des saintes Reliques. Louis le Jeune étant de retour dans ses Etats tint la promesse qu'il avait faite à l'Empereur D. Alphonse ; car il lui envoya une solemnelle Ambassade, dont le Chef fut l'abbé même de S. Denis, avec le bras droit de S. Eugene. Dès qu'on sçut que la sainte Relique approchait de Tolede, l'Empereur D. Alphonse, les deux Rois ses Enfans, les Grands de sa Cour, tout le Clergé de la Ville & le Peuple en foule, allerent solemnellement en procession au-devant pour la recevoir ; jamais on ne vit un plus grand concours, ni plus de piété. L'Empereur & ses deux Enfans portérent sur leurs épaules la Sainte Chasse dans l'Église Cathédrale, & on la posa dans la Sacristie le 12 de Février de l'année 1156[45]. »

Tant d'efforts déployés conjointement par Diego Gelmirez et le pape Calixte II pour assurer la suprématie de l'archevêché où l'on célébrait le patron de l'Espagne étaient réduits à néant et le roi de France comme son abbaye de Saint-Denis prêtaient leur concours au renforcement du concurrent de toujours, Tolède. Dans ces circonstances, la réaction à Compostelle a pu être double.

D'une part, puisque l'on se trouvait dépouillé de ce que l'on avait péniblement acquis, il convenait de consolider ce que l'on possédait

---

[44] *Ibid.*, t. II, p. 558. La primatie de Tolède sera abolie lors du concile de Latran en 1215 « parce que les Archevêques de Tarragone, de Brague, de S. Jacques ou de Compostelle & de Narbonne ne vouloient point reconnaître la Jurisdiction de l'Archevêque de Tolede » (*Ibid.*, p. 705).

[45] Le reste du corps fut transféré à Tolède sur ordre de Charles IX, quatre cent neuf ans, neuf mois et six jours plus tard.

encore : un tombeau qui faisait l'objet d'un pèlerinage. Le meilleur moyen de procéder a dû sembler de resserrer les relations avec les villes, non de France mais d'Aquitaine, par lesquelles passaient les pèlerins de saint Jacques. En suggérant d'inviter les pèlerins de saint Jacques à la vénération des saints locaux, les chanoines de Compostelle pouvaient espérer que les sanctuaires ainsi recommandés seraient incités à rendre la pareille et se montreraient solidaires du sanctuaire galicien. Cette stratégie ne pouvait que flatter les intéressés, puisque saint Jacques est hiérarchiquement l'un des tout premiers parmi les saints. Ce n'était pas une manière de mettre le pèlerinage à Saint-Jacques au service des pèlerinages locaux mais de montrer, au moment où on pouvait craindre le pire, la solidarité de vénération que Compostelle entretenait avec les stations du chemin et quel serait le contrecoup pour ces mêmes stations d'une extinction du pèlerinage. Cette fraternité de prières était donc aussi une communauté d'intérêts. Compostelle qui venait de perdre ses prérogatives sur le plan national devait sauvegarder la seule chose qui lui restait encore : un pèlerinage fédérateur de stations prestigieuses à l'étranger.

D'autre part, le mécontentement de Compostelle à l'égard de la royauté française a dû s'accompagner d'un sentiment identique à l'égard de Saint-Denis. Le renforcement de la position de Tolède n'a-t-il pas bénéficié de l'abbaye royale qui a accepté de se défaire d'une relique de saint Eugène au profit du lieu où il exerça son ministère ? La rédaction de la *Passion de saint Eutrope* apparaît alors destinée à favoriser le développement à Saintes d'un sanctuaire qui sera, pour l'Aquitaine, l'équivalent de ce que Saint-Denis est pour la France, c'est-à-dire un rival[46].

L'occasion n'est pas mauvaise de présenter ces recherches d'alliances dans le cadre d'une publication qui comporte une histoire de Charlemagne et de Roland, car l'empereur d'Espagne Alphonse VII meurt en 1157. Son empire est partagé entre ses deux fils, et Ferdinand devient roi de Castille. La politique ecclésiastique favorable à Tolède a donc perdu son plus puissant soutien, tandis que l'intérêt géopolitique naturel du nouveau roi de Castille est de favoriser Compostelle. À la même époque, la politique militaire d'Alphonse VII, qui se fiait aux Templiers pour défendre l'Espagne contre les Maures, montre ses limites avec l'abandon de la ville Calatrava (1158) que personne ne veut défendre contre les Sarrasins. Le roi de Castille songe alors à solliciter une croisade, que les rois de France et d'Angleterre, en

---

[46] Voir Appendice 35.

bonne intelligence, envisagent favorablement. Cependant le pape Alexandre III, nouvellement élu, dont l'autorité est fragile, va les mettre en garde contre un zèle intempestif. Les deux rois ne pourront finalement s'entendre sur le règlement d'une question préalable qui les concernait l'un et l'autre à propos de la ville de Toulouse[47]. Quoi qu'il en soit, tant d'un point de vue germanique qui veillait à affirmer l'empereur comme l'héritier de Charlemagne, que d'un point de vue franco-anglais et galicien, le *Pseudo-Turpin* retrouve en ces années une actualité politique suffisante pour qu'on envisage de le diffuser dans le cadre d'un *Livre des Miracles* lui-même mis au goût du jour.

Les Reliques à révérer en pèlerinage

Le texte consacré aux reliques à révérer en pèlerinage paraît d'abord étranger à cette tendance politique. Très proche du *Pèlerinage de Saint-Jacques*, déjà présenté au chapitre précédent, il en reprend à l'identique les chapitres V à X relatifs à saint Guillaume de Gellone, saint Front de Périgueux, saint Euverte d'Orléans, Roland à Blaye et Roncevaux, les preux de Charlemagne à Belin et les saints Facond et Primitif à Sahagun. Le texte est, en revanche, étoffé de manière substantielle par l'apparition de nouveaux sanctuaires : Saint-Gilles, Saint-Césaire, Saint-Genès, Arles et les Alyscamps, Saint-Thibéry, Toulouse avec saint Sernin, Conques et sainte Foy, Tours, Poitiers, Saint-Jean d'Angély, et saint Isidore de León.

La première explication de ces adjonctions relève sans doute de la technique rédactionnelle. L'évocation initiale des quatre chemins dans le *Pèlerinage de Saint-Jacques* n'allait pas sans un paradoxe, puisque les cités mentionnées comme définissant les extrémités des chemins de pèlerinage ne réapparaissaient pas dans la partie où l'on évoquait les sanctuaires à visiter. Combler cette lacune d'ordre logique permettra aussi de préciser le contenu de piété lié au moins à certains d'entre eux. Le rédacteur des *Reliques à révérer en pèlerinage* ajoute donc avec Orléans, Saint-Gilles et Le Puy trois des entrées dans les chemins aquitains, mais sans aller pour autant jusqu'au bout de sa logique, puisqu'il ne dit encore rien de Vézelay. Une seule mention est faite des utilisateurs potentiels, mais elle est sans doute significative : à propos du Puy, le texte déclare que le lieu est fréquenté par les Bourguignons et les Teutons. En tout cas, la majorité des localités

---

[47] HIRSCH (Richard), *Studien zur Geschichte König Ludwigs VII. von Frankreich (1119-1160)*, Leipzig, G. Fock, 1892, pp. 97-98.

transpyrénéennes évoquées sont ou bien limitrophes de l'Empire germanique, qui veille à son influence sur elles, ou bien devenues anglaises par le remariage d'Aliénor d'Aquitaine avec Henri Plantagenêt en 1152.

Le texte se propose de relever, comme son titre l'indique, un certain nombre de stations distinguées par la présence de reliques insignes de martyrs. Envisagé sous cet angle, il apparaît constitué de deux parties bien distinctes : la première présente les grands chemins, héritiers des voies romaines, qui se situent à l'est, à l'ouest et au sud de l'Hexagone, et passent à proximité de tombeaux des martyrs des premiers siècles chrétiens ; la deuxième évoque les cimetières où reposent les héros et martyrs fictifs dont le *Pseudo-Turpin* a raconté l'héroïque trépas et qui font de Blaye, Saint-Seurin, Belin et Saint-Facond un mémorial franco-espagnol de la croisade, avant que la ville espagnole de León, en raison de la présence des reliques de saint Isidore de Séville, ne prélude à Compostelle. Cette présentation ne fait donc que développer vers le nord et vers le sud-ouest les suggestions de piété induites par la fin du *Pseudo-Turpin*.

Parce qu'il étend la perspective à toute la France méridionale, ce développement marque bien qu'il se situe, sur le plan matériel, au-delà du *Pseudo-Turpin* dont il est issu. Mais sur le plan spirituel, la situation n'est guère différente. Lorsqu'il apparaît à Charlemagne, l'apôtre Jacques invite à préparer son pèlerinage et à libérer sa terre pour que les chrétiens puissent se rendre à son sanctuaire en demandant à Dieu le pardon de leurs fautes. C'est là sans nul doute la définition classique du pèlerinage chrétien entrepris dans un esprit de pénitence pour obtenir la rémission des peines temporelles entraînées par le péché. Le pèlerinage, somme de souffrances et d'épreuves considérables, présente un caractère expiatoire, punitif ou autopunitif. C'est un espace de privation, un passage par l'ascétisme, corroboré par le fait qu'on appelle aussi la vie monastique *peregrinatio*. Ici cependant le pèlerinage n'apparaît pas sous l'angle négatif de la componction, mais plutôt comme l'occasion positive de recueillir les grâces multiples que dispensent les reliques vénérées au cours du voyage. Le versant complémentaire du pèlerinage chrétien se trouve donc mis en valeur, et doublé d'un appel discret au sentiment esthétique sollicité par la beauté des édifices. Le pèlerinage qui aboutit à Saint-Jacques dans l'un des chefs-d'œuvre du style roman s'inscrit donc dans une dévotion beaucoup plus ouverte, qui englobe une sensibilisation tout à fait « touristique » aux beautés de l'art chrétien.

Parmi les notices, en général assez brèves, qui sont consacrées aux diverses stations où les pèlerins doivent aller révérer des reliques notoires, figure le texte sur la *Passion de saint Eutrope*. Les premières attestations que l'on possède d'un intérêt pour ce saint se trouvent chez Venance Fortunat et chez Grégoire de Tours au VIe siècle ; elles sont donc postérieures d'environ cinq siècles à la date supposée de la mission d'évangélisation et de la charge épiscopale de saint Eutrope. On ne saurait donc en tirer des conclusions très solides sur la date de son épiscopat ni sur celle de son martyre. Une chose n'en demeure pas moins : cette fiction, si fiction il y a, existe bien au VIe siècle ; elle va vraisemblablement subsister dans la dévotion locale, avant de réapparaître comme texte cinq siècles plus tard, parmi les discours qui ont trait au pèlerinage de Saint-Jacques, dans les circonstances que nous avons évoquées plus haut[48].

La *Passion de saint Eutrope* surprend par son ampleur : là où l'on attendrait seulement quelques précisions sur la cathédrale consacrée au saint local, l'évocation détaillée de son action et de son martyre, qui n'est sans doute qu'une pièce rapportée, fait figure de volumineuse digression. Présente initialement au nombre des développements adjacents du *Livre des Miracles* et intégrée plus tard, comme eux, au chapitre VIII du dernier livre du *Livre de saint Jacques,* elle n'en a pas moins des liens plus étroits qu'il n'y paraît à première vue avec la thématique jacquaire proprement dite. Ces liens n'apparaissent toutefois qu'à condition de reprendre à la base la question, qui n'est en soi pas nouvelle, des sources de cette Passion[49].

Le chant de pèlerins d'Aimeric Picaud

La deuxième version du *Livre des Miracles* comporte un poème fort prosaïque, attribué à Aimeric Picaud, prêtre de Parthenay, qui n'est guère qu'un sommaire des vingt-deux miracles collectés par ses soins.

« À l'honneur du Roi suprême, créateur de toutes choses, célébrons avec joie et vénération les grandeurs de Jacques, qui habite avec les citoyens du ciel, et dont l'église perpétue la glorieuse fête. Dès qu'il eut, sur la mer de Galilée, reconnu le Roi de l'univers, il abandonna tout pour se rendre aux ordres du maître, et il se mit à prêcher ses saintes lois. Il enseigna la foi nouvelle à Hermogène et à Filétus, il baptisa Josias, il guérit un

---

[48] Voir Appendice 36.
[49] GAIFFIER (B. de), « Les Sources de la passion de saint Eutrope de Saintes dans le *Liber sancti Jacobi* », *Analecta Bollandiana*, 69/1951, pp. 57-66. Voir aussi en complément Appendice 35.

malade. Il vit ensuite le Fils transfiguré par la puissance du Père, et mourut pour lui sous le glaive d'Hérode. Son corps est enseveli dans la terre de Galice, et ceux qui le visitent dignement commencent une vie de gloire. Depuis longtemps ses divins miracles le font briller par toute la terre. À sa voix, vingt captifs sont délivrés ; le billet où un pécheur a confessé son crime est effacé ; une mère voit revivre son fils déjà mort. Un pèlerin, qui vient d'expirer, est transporté par lui de Cize à Compostelle, et fait, en une seule nuit, douze jours de marche. Un autre, pendu injustement, ressuscite au bout d'un mois. Le Frison, tout bardé de fer, est arraché à l'abîme ; le prélat noyé se retrouve vivant sur son vaisseau. C'est le même apôtre qui donne à un chevalier la force de vaincre les Turcs. Il retient par les cheveux le pèlerin qui allait périr dans les flots ; il garantit de la mort celui qui s'était élancé du haut d'une citadelle. En touchant la croix [50] de saint Jacques, un homme d'armes est sauvé ; un Dalmate est racheté de l'esclavage et guéri ; un marchand sort sans péril d'une haute tour, qui s'abaisse d'elle-même ; un combattant est soustrait à la foule des ennemis qui le poursuivent. Le même saint a chassé les démons du corps d'un possédé, a rendu son âne à un pèlerin du Poitou, a fait revivre celui qui s'était tué lui-même, a ouvert à un comte les portes fermées de l'autel, et s'est fait voir sous l'armure d'un chevalier, à Étienne, serviteur de Dieu. Grâce à lui, le comte vainqueur n'a pu blesser son prisonnier de son épée ; le paralytique s'est levé et a marché ; un autre captif a vu briser ses chaînes treize fois. Voilà les miracles sacrés qu'a faits Jacques, pour la gloire du Christ, à travers les siècles. Que nos chants d'allégresse en remercient le Roi des rois, près de qui nous souhaitons d'obtenir l'éternelle vie. Disons solennellement, *Fiat, amen, alleluia*, et ne cessons de chanter, *Ultreia esus eia* [51].

Ce poème apparaît toujours conjointement avec l'authentification par le pape Innocent qui est le seul autre passage où figure le nom d'Aimeric Picaud. Il a sans doute pour fonction de limiter l'action de celui-ci au seul recueil de miracles, tandis que la missive attribuée au pape Innocent a pour but d'attirer l'attention sur les porteurs d'une autre composante.

L'authentification par le pape Innocent II

L'attribution fallacieuse du *Livre des Miracles* au pape Calixte n'a peut-être pas emporté une adhésion totale, et le besoin a dû naître de la renforcer par une authentification non moins apocryphe, elle-même

---

[50] Le traducteur commet ici un faux-sens sur le mot latin *crusilla* qui désigne la coquille, insigne des pèlerins de saint Jacques.

[51] LE CLERC (V.), *Aimeric Picaudi de Parthenay. Cantique et itinéraire des pèlerins de Saint-Jacques-de-Compostelle*, dans *Histoire littéraire de la France*, t. XXI, 1847, p. 277.

confirmée par un certain nombre de cardinaux qui, tout comme Aimeric Picaud ou le pape Innocent, n'étaient vraisemblablement plus en vie pour protester contre l'usage abusif de leurs noms.

« L'évêque Innocent, serviteur des serviteurs de Dieu, adresse son salut et sa bénédiction apostolique dans le Christ. Ce manuscrit, édité en premier par le pape Calixte, le Poitevin Aymeric Picaud du prieuré de sainte Marie-Madeleine de Vézelay à Parthenay (le Vieux), et les Flamands, nommés Olivier van Eyskens et son épouse Gerberge, le donnèrent pour le salut de leurs âmes à saint Jacques de Galice [52]. Très véridique dans les propos, très beau dans son discours et pur de tout soupçon d'hérésie comme de mensonge, notre autorité vous l'atteste publiquement comme figurant parmi les manuscrits ecclésiastiques authentiques et chers, excommuniant et anathémisant par l'autorité de Dieu le Père tout-puissant et du Fils et du Saint-Esprit ceux qui par hasard inquiéteront ses porteurs sur le chemin de saint Jacques ou qui l'enlèveront ou le déroberont de son église après qu'il y aura été offert. »

« Moi, Aimeric, chancelier, j'affirme en l'écrivant de ma propre main que ce livre en l'honneur de saint Jacques est authentique et véridique.

« Moi, Gérard de Sainte-Croix, cardinal, je corrobore en l'écrivant de ma plume ce livre précieux à la gloire de saint Jacques.

« Moi Guy de Pise, cardinal, j'affirme ce dont le pape Innocent témoigne.

« Moi, Yves, cardinal, je ne me refuse pas à faire l'éloge de ce qu'affirme l'autorité du pape Innocent.

« Moi, Grégoire, cardinal, neveu du pape Innocent, j'estime louable cet excellent livre en l'honneur de saint Jacques.

« Moi, Guy Lombard, cardinal, je recommande cet excellent et très beau livre en l'honneur de saint Jacques.

« Moi, Grégoire d'Ihena, j'affirme l'authenticité de ce livre en l'honneur de saint Jacques.

« Moi Albéric, légat, évêque d'Ostie, je déclare que ce livre en l'honneur de saint Jacques, dont je suis le très humble serviteur, est irréprochable, très précieux et louable en toute chose [53]. »

Cette fausse bulle d'authentification de la deuxième version du *Livre des Miracles* par le pape Innocent permet de reconstituer approximativement dans quelles circonstances le texte de la seconde version du *Pseudo-Turpin* est parvenu à Compostelle. En mentionnant

---

[52] *Hunc codicem a domno papa Calixto editum, quem Pictavensis Aymericus Picaudus de Partiniaco veteri, qui etiam Oliverus de Iscani, villa sancte Marie Magdalene de Viziliaco, dicitur, et Girberga Flandrensis sotia eius, pro animarum suarum redemptione sancto Iacobo Gallecianensi dederunt...*

[53] Voir Appendices 37 et 38.

le pape Calixte comme premier éditeur du contenu de ce manuscrit – ce que dit déjà la lettre-préface –, la fausse bulle pontificale confirme d'abord ce que l'on sait depuis toujours sur l'attribution du *Livre des Miracles* à ce pontife. Elle exclut toutefois une rédaction des Miracles par Aimeric Picaud, qui n'est plus mentionné que comme donateur du manuscrit en question, par quoi il faut sans doute entendre qu'Aimeric Picaud, dont le nom a soigneusement été tu jusqu'à présent, se voit désormais reconnu dans son rôle de porteur du recueil des Miracles, en compagnie du couple flamand van Eysken.

La mise en relation de ces trois personnes avec le contenu de la deuxième version du *Livre des Miracles* a une double conséquence. D'abord, en forme de syllogisme : Aimeric Picaud et ce couple ont apporté leur contribution à un manuscrit qui comporte à la fois les Miracles et le *Pseudo-Turpin ;* or Aimeric Picaud n'a apporté que le recueil des miracles, donc le couple flamand a apporté le *Pseudo-Turpin*. Il y a une raison très philologique d'accorder quelque crédit à un tel raisonnement : les seuls manuscrits qui comportent cette authentification par le pape Innocent II présentent aussi le *Pseudo-Turpin* dans sa deuxième version, c'est-à-dire avec la lettre-préface au doyen Léoprand qui met Aix-la-Chapelle en exergue. Pour que cette version aixoise se trouve à Compostelle, il faut sans doute qu'elle y ait été apportée par des riverains d'Aix-la-Chapelle dont le nom avait naturellement une consonance germanique. En outre, cette mention des deux époux, peu susceptibles d'avoir rédigé eux-mêmes le *Pseudo-Turpin*, contribue à confiner Aimeric Picaud dans le rôle de porteur-donateur, le seul qui lui demeure, dès lors que le pape Calixte est établi comme initiateur et principal rédacteur du volume.

Dans sa dernière partie, l'authentification d'Innocent II renvoie à la mise en place d'un système qui incite les pèlerins à faire établir une copie du *Livre des Miracles* apporté à Compostelle, par Aimeric Picaud quant aux Miracles et par les époux van Eysken quant à la seconde version du *Pseudo-Turpin*. Cette copie, ils la remporteront chez eux, s'ils sont latinistes, ce que le texte ne précise pas, ou, mieux encore, en feront don au clergé de Compostelle, qui trouvera ainsi le moyen de financer ses relations publiques avec les abbayes auxquelles il pourra à son tour faire don de ces copies. La condamnation des voleurs tentés d'agresser les pèlerins de saint Jacques qui remportent ce volume chez eux, ou de dérober les exemplaires déposés dans la cathédrale, confirme qu'il s'agit d'un objet d'une certaine valeur, comme l'étaient tous les manuscrits à l'époque, mais aussi que ce volume pouvait faire l'objet d'un don à saint Jacques, déposé anonymement dans sa cathédrale. Est-ce la faute des voleurs si la pile n'a jamais été très haute ? Cet appel à la charité des pèlerins pourrait expliquer pourquoi la tradition manuscrite de ce texte est, somme toute, relativement restreinte.

En tout cas, bien que l'attribution au pape Calixte soit authentifiée par un pape ultérieur, il a semblé nécessaire de confirmer cette authentification en faisant appel à l'autorité de plusieurs cardinaux. Leur liste – ils sont présentés parfois dans un ordre différent – est intéressante à la fois par les dates de rédaction qu'elle suggère et par la qualité des dignitaire mis à contribution, qui permet de mieux comprendre dans quel contexte ecclésiastique doit être replacé le *Livre des Miracles*. Les cosignataires de cette listes ont appartenu ensemble à la curie romaine dans les années 1140-1141. Il est probable que leur nom n'a pu être utilisé pour garantir un faux qu'un certain temps après leur décès. Il en va de même pour le pape Innocent II, mort en 1143. Comme lui, bon nombre d'entre eux sont des amis de saint Bernard et leur présence conjointe renvoie ici à une seconde rédaction du *Livre des Miracles* qui se situerait globalement sous patronage cistercien. Les Cisterciens ont en effet supplanté les Clunisiens en Espagne et jouent maintenant un grand rôle auprès de l'empereur d'Espagne Alphonse VII, comme auprès de l'empereur d'Allemagne Frédéric Ier Barberousse. Ils doivent naturellement chercher à éclipser le mouvement clunisien dans les textes comme dans la réalité religieuse et politique. Si l'on estime que la rédaction d'un miracle témoigne de l'intervention d'un auteur dans la collection de miracles – comme l'a fait Albéric d'Ostie –, il est possible de considérer le poème relégué dans l'appendice du *Codex Calixtinus*, qui rapporte l'apparition de saint Jacques au moine-verrier Odier de Clairvaux, comme un élément susceptible de confirmer la part prise par un rédacteur cistercien à l'élaboration de cette seconde version du *Livre des Miracles*.

« Tu es certes, Christ, la justice même du Père,
Qui est ta justice, rétablit les terres et les cieux,

Elle marche devant le Père, elle qui a brillé dans les nuées de la chair,
La voie qu'est la justice resplendit jusqu'à présent par ses membres.

Voici l'humble moine éprouvé dans la force de la foi,
Innocent dans ses mœurs, expert en art du vitrail,

Venu en pèlerin, il voit la ville de l'apôtre,
Et en piéton venant pour faire des vitraux.

Sa fin approchant, il rapporte les choses vues,
Qu'il apprit sur sa couche et qu'il vit en esprit :

Huit jours avaient passé sans qu'il prît de nourriture.
J'étais oint et bon pour être lavé par les moines,

La voix gémissant sans voix, des gémissements sans force.
Je demandai alors à saint Jacques un répit,

Quand je vis tout à coup, devant les yeux de l'esprit,
Une vision admirable de lumière de trois êtres.

Le premier me dit : Me voici, je suis saint Jacques que tu appelles,
Celui-ci est Jean, c'est mon frère.

Tu es sain. Voici que te visite, la troisième avec nous,
La reine qui a enfanté le Christ.

Venez bientôt, mes disciples, génération de justes.
Elle redouble avec nous, celle qui était des moines.

Il vit entre-temps le lieu de l'enfer et du paradis
Aussi clairement que les doigts de sa main.

Il y avait du soufre et du feu, l'esprit brûlant dans les tourments,
Des tressaillements, divers supplices et un fort bouillonnement malodorant.

De là, comme le soleil rayonnant et plein d'une grande lumière,
La vie du salut était, possédant les joies de la lumière.

De là, la vision semblait passer d'un côté à l'autre,
Mais laissant des deux côtés un grand désordre.

Odier exposa fidèlement celle-ci à ses frères,
En la leur racontant dans une rencontre de moines.

Ensuite il retourna à Clairvaux comme en des lieux saints,
Tel un poisson qui nage pour rejoindre sa cachette.

Frère Odier, tu es venu par amour de saint Jacques
Pour faire des vitraux représentant son mystère.

Tu recevrais un peu de pain et une modeste nourriture,
Si quelqu'un donnait le verre et le plomb pour ces vitraux.

Quelle consolation n'as-tu pas d'avoir eu une telle heureuse vision,
Par laquelle la mère de Dieu, langue du salut, s'approche.

Heureux le serviteur et bienheureuses les servantes
Que la bienveillance de la mère visite en présence de Dieu.

Mais que déjà, pour le mérite de qui écrit et veut de bonnes choses,
Louée soit la Trinité divine. Amen.»

La composition de la deuxième version du Livre des Miracles

Si l'authentification par le pape Innocent n'est présente que lorsque le recueil comporte un *Pseudo-Turpin* dans la version d'Aix-la-Chapelle, la réciproque n'est pas vraie. Il existe, en effet, un manuscrit[54] qui comporte la version aixoise du *Pseudo-Turpin* mais non l'authentification. Le fait s'explique aisément, car il a dû exister un certain décalage entre l'arrivée à Compostelle d'un manuscrit du *Pseudo-Turpin* copié sur celui d'Aix, et la rédaction de l'authentification qui mentionne le fait. Entre les deux, il aura été possible de continuer à copier le *Livre des Miracles*, dans l'ordre que l'on connaissait jusqu'alors (*Pseudo-Turpin* [version Aix] + lettre-préface du pape Calixte + Miracles). Cet ordre a même vraisemblablement perduré un certain temps après que l'on eut rédigé l'authentification, puisque deux manuscrits[55] présentent le même ordre des deux composantes majeures et font figurer l'authentification immédiatement après le *Pseudo-Turpin*, donc au milieu du volume, juste avant la présentation des Miracles (*Pseudo-Turpin* [version Aix] + authentification + lettre-préface du pape Calixte + Miracles). Il est probable cependant que cette structure, qui faisait figurer les deux bulles pontificales (l'authentification d'Innocent II puis la lettre-préface de Calixte II) au centre même du dispositif, n'a pas donné entièrement satisfaction, car elle n'est pas très heureuse, ni logiquement ni chronologiquement. Dans un manuscrit de Montpellier[56], l'authentification d'Innocent passe en dernière place, tandis que le recueil conserve l'ensemble de sa disposition préalable (*Pseudo-Turpin* [version Aix] + lettre-préface du pape Calixte + Miracles + authentification).

Cette disposition va être encore modifiée, sans doute parce que le fait d'avoir en tête de seconde partie la lettre-préface de Calixte et à la fin de cette même partie l'authentification par son successeur introduisait un déséquilibre flagrant au profit de la fin du texte. En outre, l'authentification, qui ne se comprend vraiment à l'origine qu'en

---

[54] Ms Tours 1040.
[55] Ms BnF 14703 et Reims 1414.
[56] Ms Montpellier 142.

fonction du *Pseudo-Turpin*, s'en trouvait désormais séparée. On va donc intervertir les deux complexes narratifs et faire passer les Miracles en tête. La structure ainsi constituée présente un avantage certain au point de vue de la symétrie comme de la logique : la lettre du pape Calixte y reprend sa fonction de préface, tandis que l'authentification du pape Innocent y trouve celle de postface (lettre-préface du pape Calixte + Miracles + *Pseudo-Turpin* [version Aix] + authentification).

Ce dispositif est représenté par un groupe de quatre manuscrits, à savoir Dijon 649 (manuscrit du XIIe siècle en provenance de Cîteaux), Montpellier (École de médecine) 39, Paris (BnF) 3550 et 13775.

Les trois premiers manuscrits sont de contenu relativement identique : ils comportent, en plus de cette structure fixe, les textes rassemblés autour de saint Eutrope et placés après les Miracles, ainsi que ceux – portrait des Navarrais, *Reliques à révérer en pèlerinage* – qui viennent après le *Pseudo-Turpin*. Ces textes sont suivis du poème d'Aimeric Picaud. Entre celui-ci et l'authentification par le pape Innocent apparaissent l'hymne *Salve festa dies* attribuée au pape Calixte, qui deviendra le chapitre XXV du Livre I du *Livre de saint Jacques*, des vers de Venance Fortunat et des vers d'Hildebert de Lavardin sur la Vierge Marie – qui sont peut-être une marque d'origine poitevine ou tourangelle du manuscrit, puisque leurs auteurs furent respectivement évêque de Poitiers et archevêque de Tours (lettre-préface du pape Calixte + Miracles + textes divers rassemblés autour de saint Eutrope + *Pseudo-Turpin* [version Aix] + portrait des Navarrais + *Reliques à révérer en pèlerinage* + poème d'Aimeric Picaud + hymne *Salve festa dies* + vers de Venance Fortunat + vers d'Hildebert de Lavardin + authentification).

Le manuscrit BnF 13775 contient entre les Miracles et le *Pseudo-Turpin*, outre les textes relatifs à saint Eutrope, l'hymne du pape Léon et de maître Panicha, les adjonctions au *Turpin*, mais rien entre le poème d'Aimeric et l'authentification du pape Innocent (lettre-préface du pape Calixte + Miracles + textes divers rassemblés autour de saint Eutrope + hymne du pape Léon et de maître Panicha + adjonctions au *Pseudo-Turpin* + *Pseudo-Turpin* [version Aix] + portrait des Navarrais + *Reliques à révérer en pèlerinage* + poème d'Aimeric Picaud + authentification).

Il semble bien que l'organisation générale du volume ait constitué dans ces quatre cas une structure relativement stable, tandis que les autres textes n'auront été rattachés à ces blocs compacts que d'une manière assez lâche, pour ainsi dire facultative ou optionnelle, qui expliquerait les différences entre ces manuscrits. Le manuscrit Besançon 862, qui ne comporte que le *Pseudo-Turpin*, mais avec l'authentification d'Innocent au milieu de ses annexes, paraît une variante de ce type.

Parmi les textes isolés qui figurent dans cette seconde version du *Livre des Miracles,* en plus des Miracles, des Translations et du *Pseudo-Turpin,* trois présentent la particularité de réapparaître ultérieurement, sous une forme plus ou moins modifiée, dans les chapitres VII et VIII du dernier livre du *Livre de saint Jacques.* Il s'agit de la présentation des Navarrais, qui figurait déjà dans la première version du *Livre des Miracles,* des *Reliques à révérer en pèlerinage* et de la *Passion de saint Eutrope.* Les manuscrits BnF 3550, 13775, 14703, Dijon 649, Montpellier 39, 142, 235, 281, Reims 1414, qui reproduisent la version aixoise du *Pseudo-Turpin,* possèdent les trois textes[57].

Ainsi, après avoir reçu à Compostelle le portrait de Charlemagne du chapitre XX qu'elle ne comporte pas à l'origine, la première version du *Pseudo-Turpin* est sans doute passée par Saint-Denis où l'on aura ajouté les privilèges revendiqués par le chapitre XXX pour l'abbaye royale. De là cette première version enrichie sera parvenue à Aix-la-Chapelle, où elle aura sans doute reçu quelques autres adjonctions, en particulier la lettre-préface au doyen Léoprand. Revenue d'Aix-la-Chapelle en Galice par les soins des époux van Eysken ou van Eyschen, cette deuxième version du *Pseudo-Turpin* aura été substituée à la première dans le *Livre des Miracles,* non sans être agrémentée du chapitre XXXVI sur la croisade et des *Reliques à révérer en pèlerinage,* comme de la *Passion de saint Eutrope,* ainsi que du poème d'Aimeric Picaud (qui fournit le sommaire de sa collection de miracles) et de l'authentification par le pape Innocent II. D'autres textes apparaîtront dans certains manuscrits, comme pour bien montrer qu'il ne s'agit pas là d'une forme fixe, recopiée à l'identique comme on faisait pour les textes classiques, mais d'une forme en devenir. Chaque copie ou presque paraît être liée à la possibilité de modifier quelque peu la teneur de l'ensemble par adjonction de textes spécifiques. Celle qui présente Turpin dans le chapitre XXXIV comme un auteur à propos duquel on emploie le mot *dilatare* (dilater) est très parlante. On est toujours dans l'amplification qui est le moyen d'embellissement rhétorique par excellence.

---

[57] La présence des trois textes dans ces neuf manuscrits français n'a nullement été prise en compte dans l'édition critique du *Guide du pèlerin,* par Alison STONES (*The Pilgrim's Guide : a critical edition,* Londres, Harvey Miller, 1998).

Cette deuxième version du *Pseudo-Turpin* a été surtout répandue dans les pays germaniques et il semble que la deuxième version du *Livre des Miracles* dans son ensemble ait été diffusée particulièrement dans les abbayes cisterciennes. La première version, clunisienne, du *Livre des Miracles*, établie, comme nous l'avons supposé, par Pierre de Poitiers, a pu être ainsi récupérée, en son absence, par les Cisterciens. Que Pierre de Poitiers soit absent d'Espagne est un fait certain puisqu'on sait qu'il est, après 1156, abbé de Saint-Martial de Limoges. Il y aurait là une raison tout à fait valable, de la part du rédacteur qui s'était emparé de son œuvre, de ne pas citer Saint-Martial parmi les sanctuaires où les pèlerins doivent aller révérer des reliques.

Du Livre des Miracles *au* Livre de saint Jacques *: les manuscrits de Ripoll et d'Alcobaça*

La deuxième version du *Livre des Miracles* a abouti à une formule qui paraît satisfaisante par bien des aspects, mais qui n'en comporte pas moins le germe d'une dégradation ultérieure.

Elle doit en effet accueillir une prolifération de textes courts et les organiser en une structure équilibrée. Or l'étude des manuscrits montre bien que cette organisation est mouvante, que l'équilibre en est instable et que l'évolution de l'ensemble tend à le rompre. C'est ce qui se produit dans deux manuscrits qui marquent à la fois la fin du *Livre des Miracles* et le passage de son contenu vers le *Livre de saint Jacques :* celui de Ripoll et celui d'Alcobaça. Le moteur de cette évolution paraît résider dans la situation faite à celui qui fut, nous semble-t-il, la cheville ouvrière de la première version du *Livre des Miracles*, à savoir Pierre de Poitiers. Celui-ci, en effet, ne semble pas avoir accepté d'être dépossédé de son œuvre par l'ordre cistercien. Au contraire, le texte attesté par les manuscrits de Ripoll et d'Alcobaça donne à penser que la seconde version du *Livre des Miracles* aurait poussé Pierre de Poitiers à poursuivre son travail rédactionnel, qui aurait alors pris la forme d'une riposte.

Le manuscrit de Ripoll et son archétype

Le manuscrit de Ripoll occupe une position privilégiée parmi les manuscrits qui contiennent au moins une partie de la légende de saint Jacques, car il est accompagné d'une lettre du moine Arnaud du Mont qui explique comment il a procédé pour effectuer au profit de son monastère une copie du *Livre de saint Jacques :*

« Me trouvant dans l'église de Saint-Jacques à Compostelle [...] je découvris là-bas un volume contenant les cinq livres des miracles de cet apôtre [...] et des écrits des saints pères Augustin, Ambroise, Jérôme, Grégoire, Léon, Maxime et Bède. Dans ce même volume étaient contenus des textes de certains autres saints à lire aux fêtes dudit apôtre et pour sa louange pendant toute l'année, avec beaucoup de répons, d'antiennes, de préfaces et d'oraisons qui s'y rapportent [...]. J'ai résolu de transcrire ce volume avec le désir de doter notre église d'une plus vaste collection de miracles de saint Jacques dont elle ressentait le besoin depuis longtemps.

« Mais comme j'effectuais cette copie de mon propre chef et gêné aux entournures par le manque d'argent et de temps, des cinq livres j'ai rapporté seulement la transcription de trois, à savoir le second, le troisième et le quatrième, dans lesquels sont contenus intégralement les miracles, la translation de l'apôtre de Jérusalem en Espagne et comment Charlemagne a dominé l'Espagne et l'a soumise au joug du Christ. Du premier livre, j'ai recueilli quelques-uns des sermons, mais peu, de Calixte, qui sont réunis dans ce volume. Le cinquième livre du susdit volume traite de divers usages et mœurs des gens, des routes par lesquelles on vient à Saint-Jacques et qui presque toutes s'arrêtent à Puente la Reina. »

Suivent un certain nombre de détails qui prouvent qu'Arnaud du Mont a effectivement lu le dernier livre du *Livre de saint Jacques*. Il conclut en signalant la lettre-préface du pape Calixte qui ouvre l'ensemble de la compilation, l'authentification de l'ouvrage par le pape Innocent II, et l'année 1173 (celle de la copie). Il est facile, à ce stade, de vérifier la pertinence des propos d'Arnaud du Mont puisque nous possédons à la fois la source prétendue, à savoir le *Livre de saint Jacques* du *Codex Calixtinus*, et la copie qu'il en aurait faite, le manuscrit de Ripoll, présenté comme une transcription sélective, pour des raisons de temps et d'impécuniosité.

Les choses seraient simples si l'on pouvait établir que le manuscrit de Ripoll est une copie partielle de celui de Compostelle. Malheureusement, la comparaison des deux textes ne permet pas de tenir pour exact ce que dit Arnaud du Mont du travail qu'il a effectué. Il semble avoir, en réalité, copié une nouvelle version du *Livre des Miracles*[58], qui fait transition vers le *Livre de saint Jacques*, mais avoir eu aussi connaissance de ce dernier : il aurait remanié sa copie en plaçant les

---

[58] Tout comme les copistes des manuscrits Vatican/Borghèse 202 et de Saragosse que l'on connaît par la copie du Madrid 13118.

sermons en tête et en se faisant passer pour le copiste du prestigieux manuscrit[59].

Les sermons dans le manuscrit de Ripoll

Sans doute une collection de sermons attribués eux aussi au pape Calixte a-t-elle été constituée après l'attribution à celui-ci du *Livre des Miracles*. Ils seront sept au total dans le *Livre de saint Jacques*, mais un groupe de quatre *(Vigiliae noctis sacratissimae, Celebratis sacratissimae, Spiritali igitur jocunditate, Solemnia sacra presencia)* se détache parce qu'ils figurent aussi en dehors de celui-ci. Aucun n'indique exactement à quel moment ils furent écrits. Mais l'un se réfère à la fête des Miracles, ce qui le situe après 1135, et, si leur attribution au pape Calixte – évidemment fictive – est, comme on peut le supposer, d'origine, ils doivent selon toute probabilité avoir été composés après la cellule initiale du *Livre des Miracles*, soit après 1145.

Ces sermons, qui n'ont pu être prononcés comme tels ni compris par des pèlerins qui n'étaient pas latinistes, s'adressent manifestement à des clercs. Ils rassemblent une documentation sur ce qui peut être pensé et dit sur saint Jacques, à partir du Nouveau Testament, mais aussi à partir de l'Ancien. Appliquant à saint Jacques la pensée typologique, qui consiste à trouver dans l'Ancien Testament des antécédents du Nouveau Testament, ils enrichissent la personnalité de saint Jacques, en le dotant de traits rapportés originairement à Hénoch, Élie, Abraham, Jacob ou Moïse. L'assimilation à Abraham est particulièrement significative. Le quatrième sermon de la série, *Solemnia sacra*, démarque en effet un passage de l'Ecclésiastique (44, 21) dont l'adaptation au profit de saint Jacques est sans doute à l'origine de la thématique des millions de pèlerins qui accourent ou accoururent à Compostelle.

> « Les héritiers d'Abraham sont pourvus d'un héritage de la mer jusqu'à la mer, parce que partout les fidèles du Christ se multiplient par l'action de la grâce divine. Et de même qu'Abraham est tenu pour le père d'une multitude de nations, de même estime-t-on d'un commun accord que saint Jacques est le père plein de piété des divers peuples et nations qui viennent en Galice vénérer son tombeau. Et de même que la semence (la postérité) d'Abraham est multipliée comme la poussière de la terre et élevée comme les étoiles, de même les pèlerins de saint Jacques s'accroissent-ils quotidiennement sur la terre et sont élevés avec lui dans la patrie céleste au-dessus des étoiles du ciel. »

---

[59] Voir Appendice 39.

Ainsi, à partir du mot « abram », qui signifie « père élevé[60] » la tradition juive a créé le personnage allégorique d'Abraham, dont le nom signifie « père d'une multitude ». Abraham est père d'Isaac, qui est lui-même père de Jacob à qui Jacques est assimilé, pour une simple raison d'homonymie. En vertu de cette assimilation, Jacques devient donc lui aussi héritier d'Abraham et la multitude des fils d'Abraham devient naturellement celle des pèlerins de Compostelle que l'on ne peut compter que par millions... inaccessibles à toute statistique.

Les versets de l'Évangile où apparaît une mention de saint Jacques font, quant à eux, l'objet de développements qui rapportent l'élection des douze apôtres, dans une perspective de spéculation à la fois onomastique, numérologique et symbolique. Que signifient les noms qui leur ont été donnés ? Pourquoi leur nombre ? Ces sermons, véritable initiation à la symbolique romane, énoncent verbalement ce que montrent les tympans des cathédrales. De nombreux détails donnent lieu à des interprétations aujourd'hui surprenantes. Mais elles tiennent au fait qu'à partir du personnage de saint Jacques on rejoint naturellement l'ensemble de la doctrine chrétienne, en dehors de laquelle il est dépourvu de sens. Si les sermons paraissent de temps à autre s'adonner à des digressions au cours desquelles saint Jacques est largement perdu de vue, c'est parce que le discours sur le frère de Jean devient prétexte à catéchisation.

Ces quatre sermons qui forment un tout relativement cohérent et systématique puisqu'ils traitent successivement de la vigile, du martyre de saint Jacques (deux sermons) et de l'élection et de la translation ne doivent pas être séparés de la lettre-préface qui adresse le *Livre des Miracles* non seulement à Diego Gelmirez (archevêque de Compostelle) et à Guillaume de Messines (patriarche de Jérusalem), mais à la communauté de Cluny. Cela signifie expressément qu'ils ne sont pas écrits pour un public laïc mais à l'intention de religieux et de clercs, au demeurant seuls capables de les comprendre en latin et de les utiliser dans la liturgie de la messe. Leur teneur, parfois critique, ne signifie pas qu'ils prennent à témoin le peuple chrétien des vilenies reprochées à certains ecclésiastiques, mais que leur inspiration est celle d'une réforme du clergé à qui ils s'adressent. La

---

[60] Cf. Gen 17, 4-5 : « *Dieu lui parla ainsi : Moi, voici mon alliance avec toi : tu deviendras père d'une multitude de nations. On ne te nommera plus Abram, mais ton nom sera Abraham, car je te fais père d'une multitude de nations.* » La traduction de la Bible par le chanoine Crampon (La Sainte Bible, Paris, Tournai, Rome, Desclée, 1939), p. 15, explique qu'Abram équivaut à « père élevé », Abraham à « père d'une multitude ».

condamnation des hypocrites et simoniaques qui assaillent les pèlerins de Vézelay, de Saint-Jacques, de Saint-Gilles et de Rome atteste que l'inspiration de ces textes est réformatrice. Peut-être même la critique des mauvais aubergistes sur les chemins de Saint-Jacques ne vise-t-elle pas seulement les tenanciers des hôtels mais s'étend aussi aux institutions monastiques qui accueillent les pèlerins.

Les Navarrais dans l'archétype du manuscrit de Ripoll

Le *Pèlerinage de Saint-Jacques* qui apparaît dans le manuscrit de Ripoll intensifie le discours contre les Navarrais. Alors que la première version du *Livre des Miracles* ne comporte que le dernier paragraphe du *Pèlerinage de Saint-Jacques,* qui explique de manière fort peu amène la présence de cette population, le nouveau développement fournit une description de leurs mœurs qui va exactement dans le même sens. Le plus surprenant est sans doute de constater que leur langue – sur laquelle ce passage apporte des précisions qui ont intéressé les linguistes – n'en renferme pas moins des mots chrétiens, tels que Dieu, la mère de Dieu, l'église, le prêtre et même saint Jacques. Cette dernière précision est bien faite pour rappeler l'origine imputée aux Navarrais, puisque les Nubiens dont ils sont censés descendre se convertirent au VIᵉ siècle au christianisme jacobite.

Toutefois cette présentation des Navarrais n'est pas orientée de la même manière que la précédente. Si elle garde encore la référence aux Irlandais (pour préciser certains points de leur habillement), la teneur générale est la similitude entre les Navarrais et les Gascons. Ils s'habillent comme eux, leur ressemblent par leurs mœurs de table et de couchage collectif, et par leur langue non moins animale que leur manière de se nourrir. Leur mentalité aussi est comparable et partiellement identique à celle des Gascons reconnus «débauchés, ivrognes, gourmands», mais avec une surenchère sensible dans tous les domaines, en particulier quant à l'impudeur et la lubricité. Ils ont un troisième groupe de caractéristiques communes avec les Gascons : leur aptitude militaire – limitée mais certaine –, un grand sens du devoir – entre autres religieux –, et l'habileté à la chasse par imitation des animaux prédateurs. La plupart de ces observations soulignent l'animalité, l'inculture et la délinquance de ces populations qui, par la perfidie, se rapprochent des Gètes, dont souffrait Ovide, et des Sarrasins.

La présentation des Basques dans le *Glossaire* de Du Cange fournit peut-être une clé de cette critique ethnographique. Il définit en effet les *Bascli* ou *Basculi* latins comme des «brigands, routiers, originaires de

Gascogne dont les habitants sont nommés Basques, c'est-à-dire Gascons». Ces *ruptarii*, que l'on traduira par «routiers» ou «roturiers», ne sont que des agriculteurs et des paysans. Mais l'explication de ces termes va plus loin : «C'est pourquoi notre langue les appelle roturiers, chose qui indique que ce sont des hommes de condition inférieure et subalterne, du genre des colons et des paysans, à la différence des hommes nobles et libres.» La négation de leur noblesse par le terme *ignobilis* débouche naturellement sur un jugement d'ignominie.

C'est donc une image encore noircie qui est donnée des populations de cette contrée et du danger potentiel qu'elles représentent pour les pèlerins. Les visées d'un tel développement paraissent avoir changé par rapport à leur première présentation dans le *Livre des Miracles*. Ici, il s'agit de dissuader les usagers du chemin de saint Jacques de traverser le pays de ce peuple grossier et sauvage, donc d'emprunter la route Cantabrique. Il ne faut pas oublier non plus que le roi de France est l'allié de la Navarre : de ce fait, la critique accrue des Navarrais tient naturellement sa place dans la rancœur de Compostelle à l'égard du roi de France Louis VII. De même que la présentation des sanctuaires transpyrénéens se limite à ceux qui n'appartiennent pas au domaine royal français, les régions cispyrénéennes qui ont sa faveur se trouvent discréditées.

L'archétype du manuscrit de Ripoll

Cette compilation calixtine se distingue de la seconde version du *Livre des Miracles* d'abord par sa forme : elle tente de remédier à la prolifération des textes satellites qui finissent par envahir le recueil. Son propos est manifestement de revenir à un petit nombre de blocs : les Miracles sont immédiatement suivis des Translations, viennent ensuite le *Pseudo-Turpin* dans sa version aixoise, le *Pèlerinage de Saint-Jacques* et les quatre homélies éditées par le P. Mariana. Les trois premiers textes sont appelés Livre I, II et III, ce qui fait apparaître la notion de Livre, nouvelle dans ce contexte, pour diviser la matière de la compilation et explique que le mot ait disparu du titre où il désignait l'ensemble. Les textes adventices de la seconde version du *Livre des Miracles* disparaissent. Les Miracles figurent ici dans une version augmentée, mais les Translations n'ont pas la procession solennelle et les conques, le *Pèlerinage de Saint-Jacques* reproduit un texte plus ancien et plus développé que la seule évocation des *Reliques à révérer en pèlerinage*, puisqu'il traite aussi du chemin espagnol et des curiosités touristiques de Compostelle, enfin les quatre sermons apparaissent quelque peu en surnombre, puisque, dans l'archétype reproduit par le manuscrit de Saragosse/Madrid, ils ne figurent pas dans la numérotation d'ensemble. Par rapport à la seconde version du *Livre des Miracles,* cette forme de compilation aura certainement paru un progrès. Dans la mesure où elle reprend des textes dans des version antérieures, elle atteste éventuellement une volonté réformatrice de récupérer un certain nombre de versions qui n'ont pas trouvé place dans le *Livre des Miracles* et d'aller résolument vers un développement de celui-ci par un retour aux sources. L'ordre des textes – Miracles, Translations, *Pseudo-Turpin* et *Pèlerinage de Saint-Jacques* – préfigure celui du *Codex Calixtinus.* Il ne restera plus qu'à donner la première place aux homélies qui sont ici en appendice.

Le manuscrit d'Alcobaça

Le manuscrit d'Alcobaça, vraisemblablement postérieur de peu à l'archétype des manuscrit de Ripoll, reflète une tout autre déconstruction de la seconde version du *Livre des Miracles.* Beaucoup plus conservateur, il garde, sans rien en retrancher, la totalité de ses composantes. Mais il les enrichit de telle manière que leur ordonnance, jusque-là relativement satisfaisante, s'en trouve gravement perturbée.

Il comporte donc la lettre-préface du pape Calixte, les Translations, les vingt-deux miracles plus celui de Vézelay, le *Pseudo-Turpin* précédé de l'épître à Léoprand et suivi de l'invention du corps de Turpin, la critique des Navarrais d'après César, les *Reliques à révérer en pèlerinage,* le chant d'Aimeric Picaud et l'authentification par le pape Innocent. Toutefois un certain désordre se manifeste déjà à ce niveau : le passage des *Reliques à révérer en pèlerinage* relatif aux reliques de saint Martin ne figure pas en compagnie des autres mais après le chant d'Aimeric Picaud, tandis que la partie relative aux reliques de saint Isidore est repoussée après l'authentification du pape Innocent. Il se pourrait donc que cette situation reflète un état du texte des *Reliques à révérer en pèlerinage* non définitif. La construction n'est pas aboutie, on a plus l'impression d'être dans un chantier qu'en présence d'une œuvre achevée [61].

---

[61] Voir en complément Appendice 39.

La composition du manuscrit d'Alcobaça

Comme souvent les autres manuscrits du *Livre des Miracles*, celui-ci ajoute de nouveaux textes à la seconde version. Le texte commence par amplifier un début classique pour le *Livre des Miracles,* comportant, comme les autres versions, les deux récits de translation introduits par le pape Calixte, suivis de la présentation des trois solennités et conclus par les trompes. Avant ces textes, le rédacteur ajoute le sermon de Bède et le récit de la passion selon Abdias, et après ceux-ci, deux homélies attribuées respectivement au pape Léon et à saint Jérôme et saint Jean Chrysostome. Cela aboutit à une construction tout à fait symétrique : les Translations venues du *Livre des Miracles* forment le centre, tandis que des emprunts à quatre auteurs différents viennent constituer les collatéraux. Ces quatre textes nouveaux ont été disposés avec soin autour de ce que l'on possédait déjà. Le fait qu'il soient au nombre de quatre incite à voir un parallèle avec les quatre sermons attribués au pape Calixte qui figurent dans les manuscrits de la famille de Ripoll évoqués plus haut. Le compilateur des quatre sermons étrangers pourrait donc être aussi le rédacteur des quatre sermons pseudo-calixtins.

Les sermons et homélies attribués à saint Jérôme, saint Grégoire et Bède le Vénérable sont parfaitement authentiques, sauf les formules d'introduction et de conclusion destinées à les rattacher, selon un usage universel, à la nouvelle fête pour laquelle on les emploie [62]. D'entrée, on peut observer que ces sermons, comme la passion de saint Jacques d'après le Pseudo-Abdias, n'ont pas été copiés sur le *Livre de saint Jacques.* Ce constat est confirmé par le fait que le sermon du pape Léon est ici présenté dans une version plus complète que celle du *Livre de saint Jacques* où le copiste a vraisemblablement sauté une ligne. Au nom du principe des fautes communes, qui établit en codicologie l'appartenance des manuscrits à une même famille, il faut donc conclure que le texte du manuscrit d'Alcobaça n'a pas été copié sur celui du *Livre de saint Jacques* [63]. Quant à la passion de saint Jacques selon le Pseudo-Abdias, elle comporte certes la prière finale,

---

[62] Textes de saint Jérôme, I, chapitre 10, 11, 13 et partiellement 16, tirés de son *Commentaire sur saint Matthieu*, MPL, XXVI, col. 62-65, 125-128, 148, 205, 207. Textes de saint Grégoire, pièces 14, 18 et partiellement 20, tirées de ses *Homélies*, MPL, LXXVI, col. 1092-1095, 1184-1185, 1263-1265. Textes de Bède, pièces 1 et 8, MPL, XCIII, col. 9-14 et XCIV, col. 227-233.

[63] Cf. MOISAN (André), *Le* Livre de saint Jacques *ou* Codex Calixtinus, Paris, Champion, 1992, p. 129, note 41.

mais non le prologue ni le commentaire sur la mort d'Hérode et la prise de Jérusalem, présents dans le *Livre de saint Jacques.*

La disposition symétrique des sermons de part et d'autre des textes appartenant au début du *Livre des Miracles* est perturbée par l'adjonction – vraisemblablement postérieure – de cinq sermons attribués au pape Calixte. On retrouve ici les quatre sermons de la famille de Ripoll, augmentés d'un cinquième sermon *(Adest nobis)* [64]. Cependant, ici encore, le texte du manuscrit d'Alcobaça n'est pas identique à celui du *Livre de saint Jacques* et ne saurait donc avoir été copié sur lui.

Le nombre effectif des sermons du manuscrit d'Alcobaça double donc par rapport à ce qu'il était dans la famille du manuscrit de Ripoll, et le sommaire procède à son tour à un doublement de leur nombre en mentionnant plus de sermons qu'il n'en comporte réellement. Au lieu d'être confinée dans un appendice caudal, cette matière parénétique se trouve projetée dans le début même du texte. De ce point de vue, le manuscrit d'Alcobaça illustre avant la lettre l'hypertrophie initiale qui caractérisera le *Livre de saint Jacques.*

Les Miracles du manuscrit d'Alcobaça sont séparés du *Pseudo-Turpin* par divers textes qui traitent de saint Eutrope, mais les folios 185-186 contiennent en outre un certain nombre de fragments divers, qui parfois répètent ce qui se trouve déjà dans les sermons calixtins [65], comme si le manuscrit reproduisait à la fois de la documentation primaire et l'emploi qui en est fait. Il comporte ainsi les vers léonins *Ad consultum veritatis*, la description des propriétés du lis selon Dioscoride et le *conductus* pseudo-calixtin *Salve festa dies* (sans le chant [66]), données nouvelles qui, dans le *Livre de saint Jacques*, sont intégrées à de plus vastes ensembles. La même conclusion découle de l'observation de la lettre-préface. Celle-ci comporte une insertion qui se retrouve intégralement dans la préface amplifiée du *Codex Calixtinus*. Là seulement elle est justifiée, car la division en livres et leur numérotation qu'elle évoque ne correspond pas à celle du manus-

---

[64] Parmi les quatre sermons déjà présents dans le manuscrit de Ripoll, le sermon *Vigiliae noctis sacratissimae* comporte en plus l'insertion des miracles vindicatoires et du centon de Fortunat *Siderei proceres.*

[65] Ainsi les noms des apôtres et les vers de Venance Fortunat du sermon *Vigiliae noctis sacratissimae.*

[66] Ce manuscrit d'Alcobaça a été assez abondamment décrit par le chanoine Pierre David (*op. cit.*, 10/1945, pp. 34-37), mais dans une perspective qui mêle continuellement à la simple description des faits leur interprétation en fonction de la thèse, à notre sentiment inexacte, qui fait de lui un dérivé du manuscrit de Compostelle.

crit d'Alcobaça. De plus, le chrisme évoqué comme marque ne figure pas non plus dans celui-ci. Toutefois, là encore, une différence marquante subsiste avec la lettre-préface du *Livre de saint Jacques,* car aucune allusion n'est faite aux messes et aux offices[67]. La discordance entre le discours de présentation et le contenu effectif du manuscrit d'Alcobaça est plus flagrante encore dans le sommaire qui suit immédiatement cette lettre-préface[68]. Il est en effet loin de correspondre au contenu du manuscrit d'Alcobaça. Il suffit d'ajouter en troisième position de ce sommaire les « Bénédictions du pape Calixte sur les lectures *Adsit nobis gratia Dei* » pour obtenir une correspondance parfaite avec les vingt premiers chapitres du Livre I du *Livre de saint Jacques.* Ce sommaire inséré dans le manuscrit d'Alcobaça donne donc la liste exhaustive des sermons présents dans le *Codex Calixtinus,* y compris évidemment ceux qui ne figurent pas dans le manuscrit d'Alcobaça, ainsi le célèbre sermon *Veneranda dies* (numéroté ici XVI) dont le *Livre de saint Jacques* (chapitre XVII) fournit la seule version connue. Tandis que le choix et la disposition des textes au début du manuscrit d'Alcobaça s'expliquent par des adjonctions au *Livre des Miracles,* son sommaire n'est ainsi compréhensible qu'en fonction du Livre I du *Livre de saint Jacques* auquel manqueraient encore les onze chapitres concernant les messes et les offices.

En résumé, la composition du manuscrit d'Alcobaça reflète l'intention d'ajouter en tête du *Livre des Miracles* un certain nombre de sermons – empruntés à la tradition patristique – que l'on a intégrés tant bien que mal en les disposant de part et d'autre des Translations. Dans un deuxième temps, on aura ajouté à la suite, d'une manière purement linéaire, les quatre sermons pseudo-calixtins reproduits dans l'archétype de Ripoll, augmentés d'un nouveau venu. Enfin, dans un troisième temps, on aura dressé dans le sommaire un tableau de tous les sermons que l'on estimait devoir être rattachés au thème de saint Jacques. Ces diverses étapes d'élaboration sont sans doute le fait d'un compilateur qui rassemble, développe et remanie tout ce qu'il peut trouver en matière de sermons sur saint Jacques. Ce développement prend de telles proportions qu'il devient inconciliable avec le maintien des Translations en première position, comme le montre le sommaire qui les élimine. Elles devront passer après les Miracles, à la place où elles se trouvent aussi dans le manuscrit de Ripoll.

---

[67] Voir Appendice 40.
[68] Voir Appendice 41.

Le manuscrit d'Alcobaça atteste donc – d'une autre manière que le manuscrit de Ripoll –, un état de crise du *Livre des Miracles*. Il représente, comme lui, une formule de transition vers le *Livre de saint Jacques*. Pareille situation s'explique assez bien si l'on considère que le rédacteur de la première version du *Livre des Miracles*, dépossédé de son œuvre par la seconde version qui en a été faite, tente de reprendre la main en rédigeant/compilant une version susceptible à son tour de supplanter la précédente. La première étape de cette tentative aurait consisté à ajouter aux fondamentaux (Miracles, Translations et deuxième version du *Pseudo-Turpin*), d'une part, la rédaction ancienne du *Pèlerinage de Saint-Jacques*, d'autre part, des sermons peut-être rédigés à nouveaux frais au profit de cette version. Mais emporté, si l'on peut dire, par son élan, le rédacteur des sermons ne se serait pas arrêté en si bon chemin. Il aurait collecté des sermons qui n'étaient pas les siens et poursuivi son travail de rédaction sous le masque du pape Calixte. Le manuscrit d'Alcobaça montrerait que ce travail a largement abouti, puisqu'il comprend un sermon pseudo-calixtin de plus et donne une liste de dix-neuf sermons dont sept attribués au pape Calixte. Si l'on admet, comme nous l'avons fait précédemment, que ce chiffre sept renvoie à Pierre de Poitiers, on trouve là encore un indice de son intervention dans le travail de rédaction. Cet indice n'est pas isolé. Le manuscrit d'Alcobaça comporte en effet un extrait tiré de la *Matière médicale* de Dioscoride[69] qui sera repris et développé dans le sermon *Veneranda dies* du *Livre de saint Jacques*. Or, la *Matière médicale* de Dioscoride ne fut traduite intégralement en latin que beaucoup plus tard. Si l'on trouve ici déjà ces quelques lignes de l'auteur grec, c'est qu'elles ont été connues de quelqu'un qui aurait eu accès à une traduction arabe disponible en Espagne, comme Pierre de Poitiers lorsqu'il traduisait le Coran à Tolède.

---

[69] Médecin grec du Ier siècle.

Chapitre V

LE *LIVRE DE SAINT JACQUES* ET LE *CODEX CALIXTINUS*

L'archétype du manuscrit de Ripoll et le manuscrit d'Alcobaça ont des contenus assez proches pour suggérer leur réunion en un seul recueil, qui regrouperait l'apport de l'un et de l'autre. La même intention de ramener une diversité foisonnante à une présentation plus ramassée devait conduire à remédier à la prolifération des appendices erratiques en les intégrant à des ensembles plus vastes. Ces problèmes rédactionnels ont été résolus par l'élaboration, avec le *Livre de saint Jacques*, d'une synthèse qui emprunte aux deux formes précédentes des contenus communs. L'archétype de la famille du Ripoll apporte le principe de la division en livres, la position des Translations après les Miracles ainsi que le développement sur le *Pèlerinage de Saint-Jacques* et quatre sermons pseudo-calixtins. Le manuscrit d'Alcobaça fournit, quant à lui, l'idée de placer ces sermons, ainsi que d'autres, en tête du volume pour former le premier Livre et d'enrichir la présentation du *Pèlerinage* par les Reliques à révérer pour former le dernier Livre, ainsi que quelques développements de détail. Les deux livres collatéraux, consacrés respectivement à la liturgie et au pèlerinage, apportent, tant par leur contenu que par leur forme, des innovations considérables, qui donnent au *Livre de saint Jacques* une physionomie bien particulière, en quatre livres numérotés de I à IV : I, Liturgie ; II, Miracles ; III, Translations ; IV, Pèlerinage.

Ainsi constitué, il se distingue aussi du *Livre des Miracles* par l'absence du *Pseudo-Turpin* qui constituait un des fondamentaux de celui-ci. Cependant, le plus ancien manuscrit connu du *Livre de saint Jacques*, le *Codex Calixtinus*, fait figurer le *Pseudo-Turpin* sans numéro de livre, entre le troisième et le quatrième Livre du *Livre de saint Jacques*. Il en résulte pour le discours à leur sujet une difficulté qui ne doit pas, estimons-nous, être nivelée par un usage inconsidéré des termes de *Livre de saint Jacques* et de *Codex Calixtinus* comme synonymes. Il faut sauvegarder la distinction entre le *Livre de saint Jacques*, qui est un texte constitué de quatre livres désignés et numérotés comme tels, et le *Codex Calixtinus*, manuscrit de Compostelle, qui ajoute aux quatre livres du *Livre de saint Jacques* un *Pseudo-Turpin* sans numéro d'ordre inséré entre le Livre III et le Livre IV.

En tête de cette nouvelle compilation vient une lettre-préface attribuée au pape Calixte II qui dépend des versions précédemment connues mais, plus ample qu'elles, leur ajoute dans un long paragraphe final la dimension liturgique absente des recueils antérieurs. Elle montre bien par sa teneur que l'ensemble du texte n'est pas originaire de Compostelle mais adopte à son égard une attitude à la fois critique et impérieuse, qui vise à présenter la somme documentaire que constitue le *Livre de saint Jacques* comme contenant tout ce dont on a besoin pour célébrer l'apôtre.

Le premier livre du Livre de saint Jacques

Les sermons

L'originalité du *Livre de saint Jacques* par rapport aux versions du *Livre des Miracles* tient en grande partie à son premier livre ; celui-ci présente la particularité de n'être pas à proprement parler un livre, dans le sens que l'on donne communément à ce terme pour désigner un discours suivi, destiné à être lu de manière linéaire du début à la fin ; c'est un recueil de textes liturgiques propres à être combinés les uns avec les autres en fonction des besoins de la célébration. Les sermons contenus dans les vingt premiers chapitres et placés dans l'ordre des diverses célébrations de saint Jacques, selon le calendrier liturgique, ne sont évidemment pas destinés à être lus à la suite, mais à être replacés à l'endroit voulu, celui du prône, dans les messes reproduites aux chapitres XXIV, XXVI, XXVII et XXVIII. De même, les répons groupés dans le chapitre XXIII reproduisent-ils un antiphonaire (ou recueil de chants liturgiques), placé ainsi entre le lectionnaire, qui rassemble les différents sermons, et le missel, qui vient après lui. Les distinctions de nature entre ces trois types de textes, qui constituaient des volumes liturgiques séparés où l'on puisait à chaque fois ce dont on avait besoin pour les cérémonies du jour, sont ici effacées par la présentation en chapitres de données faites pour s'imbriquer les unes dans les autres.

La succession des sermons qui occupent presque la totalité des vingt premiers chapitres du premier livre s'éclaire très largement dès lors qu'on les met en rapport avec les dates des fêtes pour lesquelles ils sont expressément prévus :

Date	Chapitre
24 juillet : vigile de la passion	I, II
Sans date	III
25 juillet : passion de saint Jacques	IV, V, VI, VII, VIII, IX
26 juillet : 2e jour de l'octave	X
27 juillet : 3e jour de l'octave	XI
28 juillet : 4e jour de l'octave	XII
29 juillet : 5e jour de l'octave	XIII
30 juillet : 6e jour de l'octave	XIV
31 juillet : 7e jour de l'octave	XV, XVI
30 décembre : élection et translation	XVII, XVIII, XIX
5 janvier : octave de la translation	XX

Cette distribution des sermons n'est certainement pas le fait du hasard. Elle repose à l'évidence sur le déroulement des célébrations de saint Jacques. Elle marque aussi un souci de symétrie et de nombre intéressant.

Il s'agit d'abord de remplir toute l'octave de la fête de saint Jacques avec un sermon rattaché à chaque jour, comme les trois chapitres XVII, XVIII et XIX proposent des offices pour chaque jour de la semaine consacrée à la célébration de l'apôtre. La vigile et l'octave (en comptant la vigile) comportent deux sermons. La fête même de la passion en comporte quatre, les chapitres V à VIII, eux-mêmes encadrés par les deux récits de la passion (chapitres IV et IX). Les sermons dans l'octave se regroupent non moins symétriquement autour du chapitre XII, sermon pseudo-calixtin, précédé de deux sermons empruntés à saint Jérôme (chapitres X et XI) et suivi de deux sermons empruntés respectivement à saint Jérôme (chapitre XIII) et au pape Grégoire le Grand (chapitre XIV). Cette disposition, qui dessine, d'une manière que l'on dira virtuelle ou subliminale, une croix ou un plan d'église dont la détection paraît réservée à une lecture initiée, ne témoigne pas seulement du soin avec lequel a été opéré le regroupement de ces sermons avant qu'ils n'entrent dans la composition du Livre I ; elle montre aussi la préoccupation du compilateur d'insérer ces discours dans une forme comparable à celle qu'a promue la renaissance carolingienne, particulièrement avec l'œuvre de Hraban Maur.

Ce souci n'est pas uniquement formel. Comme pour signer le programme spirituel que l'on met ici en application, le dernier sermon (chapitre XX), celui qui a valeur de signature, est présenté comme une œuvre composite ayant pour auteurs saint Jérôme, saint Augustin, saint Grégoire le Grand et le pape Calixte. Le chapitre XVI est, lui, attribué conjointement à saint Jérôme et à saint Jean Chrysostome, tandis que Bède le Vénérable est présenté comme l'auteur d'un sermon (chapitre I) et d'une homélie (chapitre VIII). Toutes ces références, en dehors du pape Calixte II, renvoient donc à une période antérieure au IXᵉ siècle [1]. Ces éléments sont révélateurs d'une religiosité qui se conçoit comme un mouvement de retour aux sources les plus anciennes du christianisme, un traditionalisme qui est de nature à nourrir l'image de saint Jacques des représentations hiératiques, voire archaïques, qui sont celles du monde carolingien. Une cohérence transversale existe donc entre la spiritualité des sermons sur saint Jacques et le développement du mythe de Charlemagne sous le patronage apocryphe du *Pseudo-Turpin*.

L'essentiel dans ces sermons est évidemment l'exposé de la doctrine chrétienne, qui y tient la plus grande place et qui se développe parfois au point de perdre tout rapport sensible avec saint Jacques. Il est vrai que celui-ci tire toute sa valeur de la manière dont il a vécu et représenté la doctrine du Christ, par sa vie d'apôtre et par sa mort en martyr. Son personnage, qui n'a pas d'épaisseur propre, ne vaut que par sa transparence au profit du message évangélique. Il est donc normal que la vulgate chrétienne tienne ici la première place au point de se faire envahissante par l'évocation, très verbeuse et documentée, d'infinies références au Nouveau comme à l'Ancien Testament. Ces longs développements donnent l'impression de rassembler, d'une manière que l'on dirait volontiers encyclopédique s'ils étaient plus ordonnés, un maximum d'informations à propos de saint Jacques, qui dispensent le lecteur putatif d'un vaste travail de recherche et de compilation dans les livres saints. Ils ne s'adressent pas à de simples fidèles – nécessairement plus simples qu'on ne peut l'imaginer aujourd'hui – mais à des prêtres et des moines dont il ne s'agit pas seulement d'enrichir la culture; il faut également les conforter dans la bonne voie en leur rappelant les saints préceptes et en stigmatisant les abus dont ils se rendent coupables. Le rappel de la morale ascétique, base de la perfection chrétienne et par conséquent du salut individuel, doit lui aussi s'entendre comme destiné à des hommes qui en ont fait, par leurs vœux, leur préoccupation dominante.

---

[1] Saint Augustin (354-430); Bède le Vénérable (673-735); saint Grégoire le Grand (v. 540-604); saint Jean Chrysostome (v. 349-407); saint Jérôme (v. 347-420).

Sans doute l'argumentation et les développements de ces discours mettent-ils largement à contribution les ressources qu'offre l'interprétation traditionnelle de la Bible, selon les quatre sens, historique, allégorique (ou mystique), tropologique (ou moral), anagogique (ou eschatologique) que définit Guibert de Nogent à la même époque. Ses instructions sur la manière de composer les sermons [2] soulignent à juste titre le tournoiement, sinon le tourbillon des significations que l'on impute à l'Écriture.

Le sermon Veneranda dies *dans le Livre I*

Le plus volumineux des sermons, intitulé *Veneranda dies* (chapitre XVII), occupe structurellement une position sans équivalent parmi les propos jacobéens. Il se trouve, en effet, annoncé en tête de la lettre-préface dans le passage, vraisemblablement ajouté, qui concerne la deuxième apparition du Christ – cette fois en compagnie de saint Jacques – au rédacteur de l'ouvrage. Ces propos sont fort instructifs en ce qu'ils contiennent une indication sur un point essentiel du contenu même de ce sermon : la translation des reliques de saint Jacques, qui fait que ce sermon figure au programme de l'office du 30 décembre, c'est-à-dire à l'extrême fin de la dévotion jacquaire annuelle. Il est donc en relation étroite avec les deux Translations reproduites dans le *Livre des Miracles* et le troisième livre du *Livre de saint Jacques*. Il ne reprend pas leur teneur mais les complète en rejetant les récits fabuleux qui s'y rattachent. Un second point est plus explicite encore, puisqu'il déclare sans ambages qu'il s'agit de condamner les pratiques commerciales peu scrupuleuses des mauvais aubergistes qui jalonnent les chemins de saint Jacques. Par l'intérêt porté au bien-être des pèlerins de Saint-Jacques, le sermon *Veneranda dies* se rattache donc aussi à la description du pèlerinage que propose le dernier livre du *Livre de saint Jacques*. Il semble même y faire une allusion très précise en évoquant les mauvais traitements infligés aux pèlerins par les péagers d'Ostabat. Il reprend aussi, comme le sermon *Vigiliae noctis sacratissimae* (chapitre II), l'évocation des mauvais prêtres qui agissent fort mal sur les routes des quatre grands pèlerinages. Enfin, il est la seule composante du *Livre de saint Jacques* à mentionner celui-ci, le *Jacobus*, dans des termes extrêmement proches de ceux qu'utilise la dernière partie de sa lettre-préface, et à reprendre, comme

---

[2] *Liber quo ordine sermo fieri debeat*, MPL, CLVI, col. 25-26.

celle-ci, la malédiction proférée par la fin de l'Apocalypse de Jean (22, 18-19) à l'endroit de quiconque ajoutera ou retranchera quoi que ce soit. La situation de ce sermon *Veneranda dies* est donc au premier abord assez paradoxale, dans la mesure où, projeté très tôt, en rapport avec la rédaction du *Livre des Miracles*, il entretient au moment même où son auteur l'achève, des rapports relativement étroits avec les textes les plus récents du *Livre de saint Jacques*. Le paradoxe est aisément levé si on considère que le sermon *Veneranda dies* est l'œuvre du rédacteur/compilateur de l'ensemble. De fait, sa forme stylistique – marquée entre autres par la redondance verbale, le goût des énumérations très amples, le passage de l'exaltation dithyrambique des choses que l'on apprécie à la critique véhémente de celles qui paraissent détestables – est identique à celle d'autres développements du *Livre de saint Jacques*, qu'il s'agisse de la grande procession compostellane ou des autres sermons du Livre I[3].

Les attributs du pèlerin de Saint-Jacques dans le sermon Veneranda dies

Le sermon *Veneranda dies* accompagne la présentation de la besace, du bâton et de la coquille du pèlerin de commentaires qui ont pour caractéristique commune de développer abondamment la signification allégorique de ces objets. Celle-ci vient plaquer *a posteriori* une justification doctrinale et symbolique sur des objets dont la présence s'explique par d'autres raisons. Les deux premiers, besace et bâton, sont des composantes fort anciennes de la vie érémitique et plus précisément du pèlerin. Le troisième, la coquille dite de Saint-Jacques, est plus spécifique de ce pèlerinage, encore qu'il ne l'ait pas inventée. Enfin si la présentation de la coquille évoque incidemment le manteau auquel elle sera accrochée – et qui ne porte pas sans raison le nom de pèlerine –, le sermon ne dit rien d'un attribut qui n'est pas moins nécessaire au pèlerin et caractéristique de son apparence, le chapeau.

Celui-ci apparaît abondamment dans l'iconographie représentant saint Jacques, qui – par un phénomène d'identification – a cette particularité peu commune de prendre les traits des pèlerins qui se proposent de venir jusqu'à son tombeau. La chose *a priori* ne va pas de soi. Pourtant, le sermon rappelle que tous les apôtres ont été aussi des pèlerins parce que le Seigneur les a envoyés sans argent et sans chaussures. Cependant l'imagerie médiévale du pèlerin ne sera pas uniquement déterminée par ces propos bibliques. Que deviendrait-il,

---

[3] Voir Appendice 42.

en effet, s'il devait parcourir pieds nus plus d'un millier de kilomètres, et que deviendraient les honnêtes marchands de Compostelle, si les pèlerins y arrivaient sans argent ? Il vaut mieux pour tout le monde que le pèlerin se munisse d'un certain équipement qui lui permettra d'affronter les aspérités de la route, les rigueurs du climat et les additions des aubergistes.

Les signes distinctifs qui vont appartenir en commun à l'image de saint Jacques lui-même et aux pèlerins de Compostelle ne sont pas seulement dictés par des considérations pratiques. Ils se trouvent rassemblés depuis déjà fort longtemps dans l'image du dieu Mercure, « devenu de bonne heure un dieu voyageur », raison pour laquelle « il a aussi le pétase aux larges bords préservateurs[4] ». Ce pétase est une « coiffure de voyage » que portent les hommes de toute condition qui sont exposés à affronter le soleil.

> « Ce qui distingue le pétase [...] c'est qu'il est étalé, soit que la forme descende tout d'une pièce assez bas pour ombrager le front, soit qu'un rebord prolonge ou contourne cette forme réduite aux dimensions d'une calotte arrondie ou pointue [...]. Ce bord s'abaisse ou se relève, se plie et se brise en tous sens : quelquefois il est échancré. Redressé devant ou derrière la forme, prolongé en visière en avant, il rappelle le bonnet, partout de mode au xve siècle, qu'ont popularisé les images du roi Louis XI ; relevé des deux côtés, il arrive à avoir l'aspect d'un bicorne[5]. »

Le pétase est « parfois orné de cocardes[6] » bien propres à devenir des coquilles dans la version christianisée qu'en proposera saint Jacques. En outre, le dieu porte « un manteau à longues pointes qui tombent comme des manches ou une chlamyde – celle-ci se définit comme une pièce de lin fixée au cou – qui est agrafée sur ses épaules [...]. Il est toujours chaussé de brodequins avec un ample retroussis antérieur qu'on a eu tort de prendre pour une aile stylisée[7] ».

> « Son attribut inséparable et absolument personnel est celui qu'il tient à la main et qui a été appelé *virga* et *caduceum* en latin [...]. D'abord il a été pâtre et un bâton court et élargi de quelque manière par en haut convient au souvenir de cette ancienne condition. Dans la poésie homérique, il a [...] la baguette, comme la magicienne Circé [...]. Elle endort, éveille, fait

---

[4] DAREMBERG (Charles) et SAGLIO (Edmond), *Dictionnaire des Antiquités grecques et romaines*, Paris, Hachette, t. III, 2e partie, p. 1806.

[5] *Ibid.*, t. IV, 1re partie, art. « Pétase », p. 421.

[6] *Ibid.*, *loc. cit.*

[7] *Ibid.*, t. III, 2e partie, art. « Mercure », p. 1807.

rêver les vivants, puis charme, attire et conduit les âmes des morts [...].
Le caducée ne porte pas en lui un sens spécial : il prend tous ceux dont la
personnalité d'Hermès est revêtue[8].»

Sur des monuments anciens, le bâton d'Hermès paraît être un
simple bâton, celui des hérauts comme des marcheurs, et a pu avoir
aussi quelque rapport avec sa condition de messager. C'est plus tard
seulement que ce bâton aurait pris l'aspect d'une baguette magique
qui «servait originairement à garantir la sécurité du porteur et à lui
ouvrir toutes les portes[9]». En outre, elle lui assurait chance et richesse,
ce qui est bien fait pour rappeler que, dans sa signification première,
ce caducée était avant tout un symbole du commerce. Dans la mesure
où une fonction de ce dieu était aussi de guérir les âmes en leur apportant la plante salutaire, un rapprochement a pu s'opérer ultérieurement
avec le bâton entouré d'un serpent qui est l'emblème d'Asklepios/
Esculape, le médecin divin, et donner à ce symbole une signification
médicale et pharmaceutique. Par ce biais, la liaison s'établit entre le
dieu Hermès et saint Jacques qui a donné son nom à beaucoup d'hôpi-
taux. Cet attribut, qui prend tantôt la forme légère d'un bâtonnet
tenu en l'air, tantôt celle lourde d'un bâton de main appuyé sur le sol,
n'a pas seulement une vertu prophylactique. C'est la «verge magique
qui endort les morts et les éveille[10]», «attire et conduit les âmes des
morts [...] surtout entre les mains du psychopompe[11]», qui mène
les âmes dans l'autre monde. L'un des rôles prédominants du dieu
Hermès est, en effet, d'assurer le passage de ce bas monde au monde
des morts, de l'obscurité, avec laquelle il a une affinité particulière,
à la lumière, et de la déficience à la santé. À titre d'anticipation du
chemin à parcourir pour quitter la terre, «il précédait et conduisait ses
protégés par les chemins terrestres». Le rapport avec la Galice qu'il
entretiendra ultérieurement par le biais de saint Jacques s'explique
alors fort bien puisque celle-ci passe, chez les Romains et les Celtes,
pour être la terre des morts[12].

Le caducée devenu bâton de pèlerin est naturellement lié, à divers
niveaux, à la besace, qui se dit en grec et en latin *pera*.

---

[8] *Ibid., loc. cit.*
[9] *Paulys Realencyklopädie der classischen Altertumswissenschaft,* t. XI, 1, col. 334.
[10] DAREMBERG (Charles) et SAGLIO (Edmond), *op. cit.,* t. III, 2e partie, art. «Mercure»,
p. 1804.
[11] *Ibid.,* t. III, 2e partie, art. «Mercure», p. 1807.
[12] Cf. KING (G. G.), *The Way of S. James,* t. III, p. 301 : «To the Romans and to the
Celts, the Tierra de Santiago was the Land of the Dead.»

« Gibecière, havresac, d'ordinaire en cuir, que l'on suspendait à l'épaule par une courroie. Les gens de la campagne, les bergers, les mendiants y mettaient du pain et des provisions de toutes sortes, les chasseurs leur gibier [...]. Ce fut avec le bâton l'insigne favori des philosophes cyniques ; ils voulurent montrer en l'adoptant qu'ils savaient se soumettre aux usages des classes les plus pauvres de la société [13]. »

Ainsi, l'attribut traditionnel du mendiant depuis Homère avait-il sa place dans l'iconographie du pèlerinage par son rapport avec les sages errants qui avaient fait de la rupture avec la société établie une de leurs caractéristiques. La besace pouvait aussi servir à christianiser l'image antique, puisque selon l'Évangile [14], c'était aussi le bagage du voyageur pauvre mais précautionneux. Quant à sa fonction, cette besace, qui demeure au moins partiellement le symbole de la mendicité, fait contraste avec la bourse que le pèlerin hérite du Mercure romain et non de l'Hermès grec. « Comme marque spéciale du caractère exprimé par le nom même de Mercurius – qui comporte la même racine que *mercator*, le marchand –, les artistes romains lui mirent à la main un sac à argent, une bourse [15]. » Quant à sa forme, la bourse rejoint l'escarcelle non moins liée au bâton pour la tradition monachique que la besace ne l'était pour les philosophes cyniques :

« Cassian, traitant des habits et des vêtemens des anciens moines d'Égypte, dit qu'ils se revêtoient d'un habit fait de peaux de chevre, que l'on appelloit *melotes*, et qu'ils portoient ordinairement l'escarcelle et le bâton [...]. J'estime que Cassian a entendu dire que ces moines, outre ce vétement fait de peaux, avaient en coûtume de porter un petit sachet et un bâton, dont ils se servoient durant leurs pèlerinages [...]. D'où il résulte que le bâton et l'escarcelle ont toujours esté la marque particulière des pelerins, ou, comme parle Guillaume de Malmesbury, *solertia et indicia itinérants* [...] [16]. Nos auteurs emploient ordinairement le mot d'écharpe au lieu d'escarcelle, parce qu'on attachoit ces escarcelles aux écharpes dont on ceignoit les pèlerins [...]. Ces escarcelles, ces écharpes et ces bourdons estoient benis par les prêtres [17]. »

---

[13] DAREMBERG (Charles) et SAGLIO (Edmond), *op. cit.*, t. IV, 1re partie, art. « Pera », p. 386.

[14] Mt (10, 10) ; Mc (6, 8) ; Lc (9, 3 et 10, 4).

[15] DAREMBERG (Charles) et SAGLIO (Edmond), *op. cit.*, t. III, 2e partie, art. « Mercure », p. 1818.

[16] « le moyen habile et la preuve de l'itinérance ».

[17] DU CANGE (Charles du Fresne, sieur), *Dissertations sur l'histoire de Saint Louys*, diss. XV, « De l'escarcelle et du bourdon des pelerins de la Terre-Sainte », *in Glossarium mediae et infimae latinitatis*, t. VII, p. 65 (des Dissertations).

Le *Dictionnaire de l'Académie française* précise que l'escarcelle est une «grande bourse à l'antique», ce qui suggère la confusion probable avec l'attribut de Mercure.

Moins fondamentale pour le confort du voyageur, mais non moins indispensable pour l'exécution des tâches de piété est la phiale. «Dans tous les sacrifices [...], à l'occasion de toute fête ou de tout départ, on faisait une libation aux dieux avec la phiale[18].» L'objet rituel destiné à cet usage, et qui porte aussi le nom de patère, était un vase à libation. «Ce vase était un accessoire si essentiel du sacrifice religieux que l'usage s'était établi pour tout pèlerin riche, qui venait faire ses dévotions dans un sanctuaire, de laisser en partant une phiale d'argent ou d'or en hommage[19].» Or il existait de ces vases en forme de coquille, appelée *concha*, qui «pouvaient servir de coupe ou de patère pour les libations [...]. Ceux qu'on voit représentés dans les œuvres de l'art antique affectent la forme d'une valve plus ou moins bombée, ordinairement marquée de côtes ou de stries, telles les coquilles notamment des cardiacées et des camacées[20].» La référence aux cardiacées, ainsi nommées parce que leur coquille rappelle un cœur, est bien faite pour rappeler que cette conque, liée dans l'imagerie antique à la naissance d'Aphrodite, évoque aussi l'organe de la génération et l'amour :

> «La naissance d'Aphrodite dans une conque illustrait ce lien mystique entre la déesse et son principe. C'est ce symbolisme de la naissance et de la régénération qui inspirait la fonction rituelle des coquillages. C'est grâce à leur puissance créatrice – en tant qu'emblèmes de la matrice universelle – que les coquillages ont leur place dans les rites funéraires. Un tel symbolisme de la régénération ne s'abolit pas facilement : les coquillages qui symbolisent la résurrection dans maints monuments funéraires romains passeront dans l'art chrétien[21].»

Ainsi la coquille, investie d'un sens qui évoquait concrètement le tombeau et symboliquement la résurrection, pouvait-elle être employée à la fois pour figurer en raccourci le tombeau de l'apôtre Jacques et pour symboliser la régénération que le fidèle attendait du pèlerinage.

---

[18] DAREMBERG (Charles) et SAGLIO (Edmond), *op. cit.*, t. IV, 1re partie, art. «Phiale», p. 434.

[19] *Ibid.*, *loc. cit.*

[20] *Ibid.*, t. I, 2e partie, art. «Concha», p. 1431.

[21] ELIADE (Mircea), *Images et symboles, essai sur le symbolisme magico-religieux*, Paris, Gallimard, 1952, p. 173.

Cette patère n'est pas non plus étrangère au dieu Mercure :

« Sur des monnaies de Marc-Aurèle, émises en 173-174 à la suite des victoires sur les Celtes du Danube, on voit un temple soutenu par quatre Hermès ; sur l'architrave du monument, une tortue, un coq, un caducée, une bourse (c'est-à-dire les attributs du Mercure gaulois) ; enfin, sous la colonnade, une statue de Mercure représenté debout, tenant d'une main la patère, de l'autre le caducée [22]. »

Si la patère en forme de coquille servait, entre autres, à faire des libations sur les tombes auxquelles on rendait visite, elle pouvait symboliser la visite de dévotion accomplie sur le tombeau de l'apôtre. Sous une forme miniaturisée, ces coquillages « pouvaient être figurés en ornements et étaient souvent placés comme amulettes » ; c'est pourquoi certaines coquilles trouvées dans le cimetière chrétien d'Atripalda « portaient deux petits trous forés à la partie supérieure, un autre trou à la partie inférieure, comme si on avait voulu les coudre à une étoffe [23] ». Là encore, les pèlerins de Saint-Jacques-de-Compostelle s'inscrivaient donc dans une tradition immémoriale. Les composantes de leur uniforme doivent donc être vues sous l'angle de la renaissance qui marque, au XIIe siècle, la récupération, au profit de la pratique chrétienne, de certaines pratiques païennes. Au demeurant, la plus importante d'entre elles, le pèlerinage, était déjà passée depuis longtemps dans les mœurs.

Les messes et les offices dans le Livre I

Tandis que les sermons occupent dix-neuf des vingt premiers chapitres du Livre I, les onze chapitres qui suivent contiennent les prières à dire et à chanter tous les jours de la semaine entre la vigile et l'octave de saint Jacques, ainsi qu'à la fête du 30 décembre et à son octave. C'est une contribution au faste liturgique qui pouvait et devait être déployé en la circonstance à Compostelle [24].

Cette partie du *Livre de saint Jacques*, qui traite des offices rassemblés pour la célébration solennelle de l'apôtre, porte sur un domaine

---

[22] MONCEAUX (Paul), « Le Grand Temple du Puy-de-Dôme, le Mercure gaulois et l'histoire des Arvernes », *Revue historique*, t. XXXV, septembre-décembre 1887, p. 243.

[23] CABROL (dom Fernand) et LECLERCQ (dom Henri), dir., *Dictionnaire d'archéologie chrétienne et de liturgie*, t. III, Paris, Letouzey, 1914, col. 2905.

[24] Voir Appendice 43.

qui risque de paraître hermétique, en raison de la terminologie spécialisée applicable aux diverses parties de la messe et à ses composantes. La messe comprend deux sortes de formules de prières. Les premières sont immuables et font partie de toutes les messes, ce sont les prières préparatoires, le *Kyrie eleison*, le *Gloria*, le *Credo*, les prières de l'offertoire, le canon, la préparation à la communion. Cet ensemble constitue ce qu'on appelle « l'ordinaire de la messe ». Les autres varient et sont spéciales à chaque fête, ce sont l'introït, les collectes, l'Épître, l'Évangile, la préface, les secrètes et postcommunions. Ces prières forment « le propre de la messe », partie variable selon la période liturgique et le saint que l'on célèbre. Seul évidemment le propre des messes en l'honneur de saint Jacques est consigné ici, à l'intention de célébrations chantées, comme l'atteste le manuscrit qui accompagne les textes de la notation musicale correspondante. Quelques explications pourront faciliter la lecture des textes présentés en deuxième partie de cet ouvrage.

Collecte : Assemblée des fidèles réunis pour se rendre à l'église et, par extension, oraison chantée par le célébrant. Elle est relative au saint dont on célèbre la fête.

Complies : Office de préparation à la nuit. L'heure de complies rappelle l'agonie de Jésus et sa mise au tombeau. Toutes les prières recommandent, d'un côté, la confiance dans la protection du Seigneur et, de l'autre, la vigilance pour échapper aux attaques du démon.

Épître : Lecture tirée soit de l'Ancien soit du Nouveau Testament, dans la deuxième partie de la messe.

Introït : Psaume que l'on chante à l'entrée du célébrant qui se rend processionnellement de la sacristie à l'autel dans la première partie de la messe.

Laudes : Ainsi appelées parce qu'elles comprennent des psaumes spécialement consacrés à la louange de Dieu. Cet office est celui de l'aurore, le lever du jour y est salué avec joie et espérance. Les laudes comprennent trois psaumes, un cantique qui tient lieu de quatrième psaume, enfin un dernier psaume qui est le psaume proprement dit de louange. Un capitule, c'est-à-dire une brève oraison, une hymne, le cantique *Benedictus* accompagné d'une antienne, comme tous les psaumes, et une oraison terminent les laudes.

Matines : Se chante pendant la nuit, comprend un « invitatoire », ou invitation à louer Dieu, et trois parties appelées « nocturnes ». Chaque nocturne renferme régulièrement trois psaumes, trois antiennes, un verset et trois leçons qui sont tirées, au premier nocturne de l'Écriture sainte, au second nocturne de la légende du saint dont on célèbre la fête ou d'un sermon d'un Père de l'Église, et au troisième d'une homélie sur l'Évangile du temps ou de la fête. Chaque leçon est suivie elle-même de répons.

Office divin : L'office divin est composé des heures canoniales, ainsi nommées parce que les prières elles-mêmes et l'heure où elles doivent être dites dont déterminées par les « canons », c'est-à-dire les tableaux où sont inscrites les prières les plus importantes de la messe. L'office se compose de deux catégories, l'office de nuit et l'office de jour.

Office de jour : Office qui comporte trois parties : les petites heures, les vêpres et les complies.

Office de nuit : Office qui comprend matines et laudes.

Oraison : Terme général qui désigne toute prière adressée à Dieu et qui s'applique à trois prières de la messe qui ont un caractère collectif et que le prêtre fait au nom de l'assemblée : la « collecte », au début de la messe, la « secrète », qui est une oraison sur les oblations, et la « postcommunion » ou oraison d'action de grâces.

Petites heures : Dans les petites heures, prime est une suite et comme un appendice de laudes. Le but commun est de saluer l'aube du jour, de consacrer cette nouvelle journée à Dieu et de rappeler la résurrection du Christ. Après prime, les moines avaient coutume de se rendre à la salle du chapitre, où l'on distribuait les travaux pour la journée et où l'abbé faisait ses recommandations. Tierce, sexte et none sont composées d'une hymne, de trois psaumes ou trois divisions de psaumes, suivis d'un capitule, de versets et de l'oraison du jour. Tierce (neuf heures du matin) rappelle la descente du Saint-Esprit ; sexte (à midi) le crucifiement et l'ascension de Jésus ; none (à trois heures) évoque le souvenir de Jésus expirant sur la croix.

Prône : Causerie familière, après l'Évangile, souvent appelée homélie (du grec *omilia :* conversation), qui apporte en fait un commentaire, sans plan rigoureux, sur les textes bibliques.

Prose : Chant dont les paroles ne sont pas assujetties aux règles de la métrique latine.

Psaumes : Poèmes sacrés de l'Ancien Testament, qui sont divisés en brefs paragraphes appelés « versets ». Avant et après le psaume on chante un verset tiré de l'Écriture sainte et appelé « antienne ».

Répons : Versets ainsi appelés soit parce que le chœur y répond à une ou plusieurs voix en approuvant en quelque sorte ce qui vient d'être dit, soit parce qu'ils viennent souvent après une leçon et qu'ils en forment pour ainsi dire la conclusion. Ils ont pour but d'exprimer la part que les fidèles prennent à l'office divin, comme le chœur de la tragédie antique.

Séquence : Chant situé à la suite de l'alléluia ou du trait.

Trait : Psaume chanté tout d'un trait par le même chantre et sans intervention du chœur.

Vêpres : Office du soir, composé sur le même modèle que laudes dont il est symétrique : cinq psaumes accompagnés d'antiennes, un capitule, une hymne, un verset et un répons, et le magnificat.

Les messes du Livre I du *Livre de saint Jacques* sont intéressantes au moins parce que leur partie musicale renvoie de manière assez nette à l'abbaye de Vézelay[25] :

« C'est précisément avec la notation de Nevers que la notation du *Calixtinus* présente les plus étroites relations morphologiques [...]. Il faut tout de suite accentuer cette ressemblance par une remarque de détail sur le guidon, ou *custos*, qui, à la fin de chaque portée, indique au chantre la hauteur de la première note sur la portée suivante. En effet, ce signe indicateur, usité partout en Italie et dans le sud de la France, est pratiquement inconnu dans le nord de la France. On ne le rencontre que dans les manuscrits notés sur portée de Nevers et, un peu plus au sud, dans ceux de Lyon [...]. Une seule pièce du *Calixtinus* est notée dans le système dit "à points superposés" du midi de la France : c'est le chant de pèlerinage du f. 222, *Dum pater familias* qui n'appartient pas au répertoire liturgique. Par conséquent, l'adoption d'une notation non-aquitaine pour noter les chants du *Calixtinus* prend un relief saisissant lorsqu'on a pris conscience que la seule notation qui ait été adoptée en Espagne après la suppression du chant mozarabe est précisément la notation à points superposés dite aquitaine. »

Il en résulte que les parties musicales du *Codex Calixtinus* n'ont pas été copiées en Espagne, sinon elles y auraient été transcrites dans la notation usuelle du pays, comme l'a fait Arnaud du Mont[26].

Si les chants liturgiques renvoient de manière assez claire à une origine vézelienne, il y a lieu de penser que les offices du Livre I pour lesquels ces mélodies ont été composées doivent avoir la même source. Ces adjonctions majeures du *Livre de saint Jacques* au *Livre des Miracles* posent évidemment la question de l'intérêt que pouvait porter Vézelay au culte de saint Jacques, à Compostelle et au pape Calixte. Assurant le service de la paroisse locale de Saint-Jacques d'Asquins, l'abbaye de Vézelay était naturellement intéressée par tout ce qui pouvait en rehausser les célébrations, d'autant plus que la principale d'entre elles, celle du 25 juillet, s'inscrivait à la suite immédiate de la fête de la Madeleine célébrée à Vézelay le 22 juillet.

---

[25] HUGLO (H.), « Les Pièces notées du *Codex Calixtinus* », dans WILLIAMS (John) et STONES (Alison), eds, *The Codes Calixtinus and the shrine of St James*, Tübingen, Narr, 1992 (Jacobus-Studien 3), pp. 105-111.

[26] « La mélodie des versets de répons est tantôt la mélodie standard indéfiniment applicable à tous les textes nouveaux [...] tantôt une mélodie nouvellement composée dans le style de celui des répons de sainte Madeleine, propres à Vézelay [...]. Le trope de l'*Agnus Dei, Qui pius ac mitis*, n'est connu que par une seule source, le graduel de St. Cyran en Braine [Paris, BnF, Ms lat. 10511], proche de Vézelay. »

En fêtant le lendemain de la Madeleine un double de celle-ci, puis le 24 juillet la vigile de saint Jacques, l'abbaye de Vézelay avait ainsi la possibilité de constituer un espace de spiritualité qui se prolongeait par l'octave de saint Jacques. Ces célébrations étaient donc susceptibles de drainer les foules pieuses attirées par la foire locale qui se déroulait en même temps.

Il existait, au demeurant, entre Compostelle et Vézelay un lien de filiation relativement étroit, car la dédicace de la basilique de Compostelle, le 21 avril 1105, tombait un an jour pour jour après celle de Vézelay. « Nul ne songera que cette singulière coïncidence est l'effet d'un heureux hasard : au contraire, cette identité de date de dédicace – dont l'histoire monastique fournit bien d'autres exemples – a été délibérément voulue afin de manifester pour toujours les relations étroites unissant la communauté monastique de Vézelay et celle de Compostelle[27]. » Enfin l'abbaye de Vézelay avait une dette de reconnaissance particulière à l'égard du pape Calixte II qui avait confirmé les privilèges – jugés exorbitants par certains – que lui avait conférés le pape Pascal II et qui alimenteront jusqu'au XVIIe siècle des querelles incessantes avec les instances religieuses voisines. Les raisons ne manquaient donc pas à Vézelay de reprendre à son compte et d'amplifier sur le plan liturgique un discours émanant soi-disant de Calixte II au profit de saint Jacques et de Compostelle.

La grande abbaye nivernaise se montrait sans doute assez intéressée par saint Jacques et son culte, qu'elle célébrait à Asquins, pour que d'illustres visiteurs de passage lui remettent des textes utilisables à cette fin[28].

La partie totalement neuve du premier livre du *Livre de saint Jacques*, constituée par les onze chapitres liturgiques, a donc vraisemblablement constitué à l'origine l'antiphonaire et le missel de la chapelle Saint-Jacques d'Asquins, desservie par les moines de Vézelay. L'introduction de ces textes dans l'ouvrage destiné à Saint-Jacques-de-Compostelle partait donc d'une bonne intention : proposer des textes « prêts à l'emploi » aux ecclésiastiques qui devaient célébrer des offices relatifs à saint Jacques.

---

[27] HUGLO (M.), *op. cit.*

[28] Que ce soit le cardinal Robert Pullen, ou le légat pontifical Albéric d'Ostie, qui revient à Vézelay en 1145 ; il avait peu d'années auparavant, concélébré avec le catholicos arménien, dont l'église est construite sur le rocher où fut décapité saint Jacques, un office œcuménique, auquel avait participé le patriarche de Jérusalem, Guillaume de Messines, dont les pièces liturgiques relatives à saint Jacques ne sont connues que par le *Livre de saint Jacques*.

Le dernier livre du Livre de saint Jacques

Le dernier livre du *Livre de saint Jacques*, composé de onze chapitres, est le plus connu à l'heure actuelle grâce à la traduction qu'en a donnée Jeanne Vielliard sous le titre inexact de *Guide du pèlerin de Saint-Jacques*[29]. Il résulte de la fusion de trois textes préliminaires, le *Pèlerinage de Saint-Jacques* des manuscrits de la famille du Ripoll, les *Reliques à révérer en pèlerinage* et la *Passion de saint Eutrope* de la seconde version du *Livre des Miracles*.

Comme il arrive le plus souvent en pareil cas, le remanieur ne s'est pas contenté de reproduire à l'identique le contenu de ces deux textes, mais a pratiqué des adjonctions tant à l'un qu'à l'autre, et même ajouté à nouveaux frais un certain nombre de développements substantiels, sur les trois sujets fondamentaux : le chemin espagnol (trois chapitres ajoutés, les nouveaux chapitres II, III et V, plus la moitié du chapitre VI), certains sanctuaires français et la cathédrale de Compostelle[30]. Ces adjonctions sont signalées dans le manuscrit, lorsqu'elles portent sur des passages importants du chemin espagnol et de la cathédrale de Compostelle, par des mentions complémentaires que l'on trouve sous les titres des chapitre concernés. Ces mentions sont les suivantes : chapitre II, mention « PAPE CALIXTE » (qu'il convient sans doute d'étendre au chapitre III) ; chapitre V, mention « AIMERIC » ; chapitre VI, mention « PAPE CALIXTE » ; chapitre IX, mention « PAPE CALIXTE ET CHANCELIER AIMERIC ». Ces indications corroborent donc largement l'existence de trois niveaux de rédaction à l'intérieur de ce livre, dont deux sont attestés par l'existence de versions préliminaires et le troisième signalé par la présence épisodique de noms absents des versions antérieures (Calixte et Aimeric). Le premier niveau, le plus ancien, est donc celui du *Pèlerinage de Saint-Jacques* attesté par les manuscrits de la famille du Ripoll, le second niveau est celui des *Reliques à révérer en pèlerinage* et de la *Passion de saint Eutrope* qui apparaissent dans la seconde version du *Livre des Miracles*, le troisième niveau d'élaboration est celui des adjonctions propres à la dernière réfection, marquées par les mentions « CALIXTE » et « AIMERIC ».

Ainsi, dans ce dernier livre du *Livre de saint Jacques*, les emprunts à la seconde version du *Livre des Miracles* deviennent le chapitre VIII.

---

[29] Paris, Vrin, 1938 (nombreuses rééditions).
[30] Les nouveaux paragraphes numérotés 2 à 10, 13 à 15, 17 par Jeanne Vielliard.

Le *Pèlerinage de Saint-Jacques* fournit, lui, les chapitres I, IV, une partie du chapitre VI, le chapitre VII, une partie du chapitre IX et le chapitre X, tandis que le stade ultime de rédaction ajoute les chapitres ou parties de chapitres mentionnés ci-dessus (II, III, V, partie du VI, partie du IX), le chapitre XI étant emprunté au chapitre final des Miracles dans la famille du manuscrit de Ripoll.

Un certain nombre de passages permettent de mieux cibler le rédacteur de ces lignes. Le début du chapitre VII, sur les contrées traversées par l'itinéraire de Saint-Jacques et le caractère de leurs habitants, présente en une phrase ajoutée un portrait idéal des Poitevins – « gens vigoureux et bons guerriers, habiles à manier les arcs, les flèches et les lances au combat, sûrs dans les affrontements, très rapides à la course, joliment vêtus, le visage ouvert, ils n'ont pas leur langue dans leur poche, mais le cœur sur la main et la table ouverte » –, qui donne à penser que l'auteur a pu avoir envers eux une complaisance quelque peu narcissique. Comme Albéric d'Ostie avait ajouté un miracle de Vézelay, en guise de signature à la collection de miracles, le rédacteur du dernier livre du *Livre de saint Jacques* termine son texte sur deux miracles de saint Jacques survenus à Poitiers (chapitre XI). Empruntés au chapitre final des Miracles dans le manuscrit de Ripoll, ces deux miracles, qui avaient permis de désigner Pierre de Poitiers comme auteur du manuscrit de Ripoll, ne sont pas moins utiles pour renvoyer à un autre Poitevin.

Ces données se recoupent avec le rôle éminent dévolu, dans cette dernière rédaction, à Vézelay comme tête d'itinéraire français, pour suggérer que le rédacteur du dernier livre appartenait à la célèbre abbaye. En effet, la mention de celle-ci s'accompagne d'une critique virulente de l'abbaye voisine de Corbigny, tout à fait concevable à partir de l'histoire de Vézelay. En effet, lors du célèbre soulèvement de la commune de Vézelay contre l'abbaye, Corbigny prêta assistance aux insurgés [31]. Vézelay en aura naturellement conçu quelque dépit et la rédaction de l'itinéraire fournira une occasion bienvenue de traiter d'imposteurs ces voisins peu secourables. Dès lors que l'on recherche à Vézelay un Poitevin connaissant l'histoire récente de son abbaye et susceptible de rédiger l'itinéraire, le regard ne peut que se tourner vers Hugues le Poitevin. Celui-ci est, en effet, le chroniqueur de l'abbaye

---

[31] *Monumenta Vizeliacensia,* ed. R. B. C. HUYGENS, *Corpus Christianorum, Continuatio Mediaevalis*, t. XLII, Brepols, Tunholti, 1976, pp. 453 et 501.

au XIIe siècle, et il déclare au début de son quatrième livre qu'après la fin, en 1155, des troubles induits par le soulèvement communal de Vézelay, elle connut sous l'abbé Ponce de Montboissier, frère de Pierre le Vénérable, cinq ans de calme. Cinq années où il n'y a rien à signaler et pendant lesquelles le chroniqueur a eu le temps de remanier l'itinéraire de pèlerinage, non sans que quelque moine de Vézelay, ayant accompagné le comte de Nevers dans son pèlerinage à Compostelle en 1150, se soit sans doute trouvé là pour fournir les informations concrètes, dont il émaillera son discours, et à qui il rendra peut-être hommage en le désignant sous le nom d'«Aimeric», tandis que lui-même se glissera sous la tiare du pape Calixte.

Il y a une raison supplémentaire de mettre cette rédaction du dernier livre du *Livre de saint Jacques* sur le compte du chroniqueur de Vézelay. Un fait quelque peu surprenant dans la constitution du *Livre de saint Jacques* est la disparition totale du légat apostolique Albéric d'Ostie, pourtant mentionné deux fois dans le *Livre des Miracles,* dès la première version comme auteur du vingt-troisième miracle, et dans la seconde version comme cosignataire de la confirmation dans la liste des cardinaux. Il faut dire que son passage à la tête de l'abbaye bourguignonne n'avait pas laissé à tous d'excellents souvenirs ; la manière dont Hugues le Poitevin en parle, dans sa chronique de Vézelay, ne laisse d'ailleurs aucun doute sur le peu de sympathie qu'il éprouvait pour le futur légat :

> « L'église de la Madeleine, au temps du pape Innocent II, devint le théâtre de graves scandales. Elle réclamait sa liberté originelle, mais la violence d'Innocent et du comte de Nevers fit triompher un certain Albéric, un intrus, imposé par les clunisiens. À cette occasion, presque tous les frères de la susdite église furent chargés de fers, exilés en Provence, en Italie, en Germanie, en Lorraine, en France, en Angleterre, et dispersés ignominieusement, tandis que des étrangers s'introduisaient furtivement sur notre libre sol, et se rassemblant de toutes parts, comme sous un nouveau Sennachérib, y méritaient le nom de Samaritains [32]. »

Conformément à l'usage charitable de taire ce que l'on réprouve, Hugues le Poitevin peut avoir manifesté cette antipathie en supprimant du recueil toute trace explicite du cardinal-évêque d'Ostie [33].

---

[32] *Monumenta Vizeliacensia, op. cit.*, p. 21.
[33] Ces documents figurent actuellement dans l'Appendice du *Codex Calixtinus*, et ont été copiés sur des feuillets additionnels d'une autre plume et d'une autre écriture que le corps même du manuscrit.

Dans cette hypothèse d'un remaniement fait à Vézelay de l'itinéraire de pèlerinage, le développement des propos sur Saint-Gilles, largement enrichis à partir de la légende de ce saint, de ses miracles et de la description de sa châsse en or, aujourd'hui disparue, s'explique assez bien car Saint-Gilles était alors, avec Vézelay, la seule dépendance clunisienne pourvue d'un abbé. Cette double exaltation du lieu à la fois sur le plan de la religiosité, qui place saint Gilles immédiatement après les prophètes et les apôtres, et sur le plan de l'esthétique, par la description somptueuse d'une châsse extraordinaire, était bien faite pour souligner la place que tiennent les Clunisiens dans l'hagiogéographie du pèlerinage.

Aucun manuscrit médiéval comportant exclusivement le dernier livre du *Livre de saint Jacques* ne nous est parvenu et ne permet donc de penser que ce texte a pu être utilisé séparément. Rien ne permet donc d'estimer qu'il ait jamais servi de guide à un marcheur et le titre *Guide du pèlerin* est abusif. Le texte lui-même précise d'une manière intéressante, dans la dernière phrase du troisième chapitre, que les indications qu'il donne sont destinées à être communiquées verbalement aux pèlerins. Il a donc une vocation audio-orale qui ne saurait être mise en doute. Il ne s'adresse pas à un public de pèlerins mais, comme les autres composantes de la compilation, à leurs mentors, les clercs susceptibles d'en transmettre la teneur en langue vernaculaire.

La composition du Codex Calixtinus

À la différence des *Livres des Miracles*, dont on ne connaît aucun manuscrit enluminé, le *Livre de saint Jacques* a fait l'objet d'un manuscrit de luxe, le *Codex Calixtinus,* conservé dans le trésor de la cathédrale de Compostelle.

La manière dont ce *Codex Calixtinus* a été composé apparaît assez nettement à l'observation des disparités entre ses divers livres. La principale est que, à la différence des quatre autres livres, le *Pseudo-Turpin* ne porte nulle part ni dans son *incipit* (premiers mots d'un manuscrit), ni dans son *explicit* (derniers mots d'un manuscrit), la mention de la quatrième place qu'il occupe actuellement. Tandis que figure (f° 149v°) entre les livres I et II la mention en capitales : « *FINIT CODEX PRIOR... INCIPIT LIBER II S. IACOBI* » ; entre les livres II et III (f° 155v°) : « *FINIT CODEX SECUNDUS... INCIPIT LIBER TERTIUS SCI IACOBI* » ; et à la fin du Livre III (f° 162r°) : « *FINIT LIBER TERCI(U)S* » ; le *Pseudo-Turpin* ne comporte aucun numéro d'ordre, mais seulement (f° 164r°) : « *INCIPIT LIBER* [avec un espace permettant éventuellement d'inscrire un adjectif ordinal] » et (f° 191v°) : « *FINIT CODEX* ». Aucune mention n'est donc faite ni de sa situation dans un ensemble plus vaste, ni du fait qu'il appartient à un ouvrage consacré à saint Jacques [34].

L'*incipit* de l'actuel dernier livre (en cinquième position dans le *Codex*) présentait à l'origine [35] : « *INCIPIT LIBER IIII SCI. IACOBI AP[OSTO]LI* ». L'*explicit* précise (f° 213v°) en majuscules : « *EXPLICIT CODEX QUART S. IACOBI APOSTOLI* ». Qu'il ait été prévu initialement pour être en quatrième position ne saurait donc faire de doute. Son *incipit* présente toutefois la particularité remarquable de figurer au recto en haut de son premier folio alors que l'*explicit* du troisième livre figure dans la seconde moitié du recto du folio précédent. Les trois livres précédents, qui ont donc été copiés à la suite l'un de l'autre, mentionnent conjointement, à un endroit quelconque de la page, l'*explicit* du livre achevé et l'*incipit* du livre à venir. L'actuel dernier livre a été copié séparément, mais d'emblée pour figurer en quatrième position, tandis que le *Pseudo-Turpin*, copié lui aussi séparément, était prévu initialement pour constituer un volume séparé. Il n'y a à cela rien de bien surprenant, car la présence du *Pseudo-Turpin* dans le *Livre des Miracles* comme dans le *Codex Calixtinus* introduit une discordance manifeste : à la différence des autres composantes, il ne se dit pas rédigé par le pape Calixte.

La présentation de ce *Pseudo-Turpin* est elle-même beaucoup plus luxueuse que le reste du recueil. Il est en effet le seul à comporter une illustration en pleine page alors que les autres livres ne sont ornés que de lettres enluminées ou de figurines stylisées. La parenté sensible, voire l'identité de style entre cette première page qui enrichit démesurément le « T » de Turpin et certaines lettres enluminées dans les autres recueils, permet de penser qu'un même enlumineur a travaillé sur elle et sur le groupe des quatre autres livres [36] : « Si différentes que paraissent au premier abord ces miniatures, si on les compare à l'initiale du *Pseudo-Turpin*, une observation attentive montre qu'elles sont de la même école, de la même main peut-être : les plis des visages sont dessinés selon la même méthode qu'on pourrait appeler

---

[34] Voir Appendice 44.

[35] Comme on peut s'en assurer tant sur la planche I du *Guide du pèlerin*, *op. cit.*, p. 8, que chez HERBERS (Klaus), *op. cit.*, p. 84. Une « restauration » très grossière a collé sur le parchemin un papier blanc pour dissimuler la présence originale d'un IIII et permettre le dessin d'un V.

[36] DAVID (Pierre), *op. cit.*, 10/1945, p. 11.

calligraphique.» De même, sans être nécessairement d'une même main, l'écriture du texte et des rubriques est très proche de celle des autres livres. Dans l'édition du *Codex Calixtinus* par W. Muir Whitehill, D. Jesus Garcia prend position sur l'origine de ces miniatures et « reconnaît les caractéristiques de l'enluminure française du XIIe siècle ; il précise même que le miniaturiste relève du *scriptorium* de Cluny [37].» La copie des diverses composantes du manuscrit a donc dû être effectuée dans le même *scriptorium*, dont l'*explicit* du quatrième livre fournit l'adresse, lorsqu'il déclare, en donnant au dernier mot une importance hors de proportion avec le reste, que ce livre « est écrit [38] » principalement à Cluny.

Cette copie du luxueux manuscrit dans l'abbaye bourguignonne ne signifie nullement que le texte lui-même y ait été compilé. Il suffit de penser que la mise au point rédactionnelle s'est opérée dans une abbaye clunisienne qui aurait transmis le texte à la maison mère. Compilé et complété dans les années 1155 à 1160 à Vézelay, le texte du *Livre de saint Jacques* aura été transmis à Cluny pour y être copié pendant le bref abbatiat de Hugues de Frazans, un homme qui s'intéresse aux livres, puisqu'on lui doit sans doute le catalogue des volumes qui constituent à son époque la bibliothèque de l'abbaye. Hugues mène alors une politique tout à fait favorable à l'Empire germanique et, sans prendre nettement parti pour l'antipape Victor IV (candidat du parti allemand), il refuse de recevoir le légat du pape Alexandre III, ce qui lui vaudra d'être destitué en 1161. Se réfugiant d'abord auprès de l'empereur Frédéric Barberousse, Hugues aura sans doute emporté le manuscrit en trois parties séparées : les trois premiers livres qui forment un bloc indissoluble, le quatrième livre [39], enfin le *Pseudo-Turpin* séparé. Ces trois parties seront reliées après coup, de manière à former le volume que nous connaissons, tandis que l'espace laissé libre entre la fin du troisième livre et le début du *Pseudo-Turpin* sera comblé par trois enluminures. Celles-ci ne sont

---

[37] *Ibid.*, p. 6. L'auteur relativise ce jugement en déclarant : «Je crains que cette précision ne soit excessive ; il vaudrait mieux, je crois, ne parler que des écoles bourguignonnes [...] On pourra comparer les meilleures des lettres ornées à celles des manuscrits de Cîteaux publiées par OURSEL (M.-C.), *La Miniature du XIIe siècle à l'abbaye de Cîteaux*, Dijon, L. Venot, 1926.»

[38] Présent passif latin qui doit sans doute être compris comme résultant d'une confusion avec un passé composé français.

[39] Il est possible qu'on ait copié d'abord les textes qui n'avaient pas à subir de modifications, et que le texte du *Pèlerinage* ne soit prêt que plus tard à prendre sa place dans la compilation. Ainsi s'expliquerait qu'on l'ait copié comme les autres mais sans prendre garde à le faire commencer immédiatement à la suite du Livre III.

pas d'un style très différent de la première page du *Pseudo-Turpin* mais d'une exécution moins soignée. Elles portent le toponyme *Aquisgrani,* c'est-à-dire Aix-la-Chapelle, et indiquent sans doute par là le lieu où les textes copiés à Cluny ont été reliés sous la forme qu'ils présentent actuellement, avec le *Pseudo-Turpin* dans la quatrième position qu'il n'était pas destiné originairement à occuper.

Le Pseudo-Turpin *du* Codex Calixtinus

Le fait pose évidemment deux questions. Pourquoi, alors que le *Pseudo-Turpin* figure depuis une décennie parmi les composantes indiscutées du *Livre des Miracles,* n'a-t-il pas été prévu d'emblée pour figurer dans la grande somme jacquaire ? Pourquoi y a-t-il été réintégré peu de temps sans doute après qu'elle eut été achevée ?

Les raisons peuvent avoir été fort diverses. On a déjà signalé qu'il se distinguait des autres livres parce qu'on le rapportait à un auteur autre que Calixte. En outre, cet exemple de littérature engagée ne rencontrait pas nécessairement vers 1160 un projet de croisade qui lui aurait donné un regain d'actualité. Ne valait-il pas mieux que les pieux destinataires compostellans se limitent au célébrations liturgiques encouragées par le premier Livre comme aux activités pèlerines développées par le dernier, et enterrent la hache de guerre ? Enfin, dans l'abbaye française de Vézelay, le caractère germanique de la deuxième version du *Pseudo-Turpin* n'était pas nécessairement bienvenu. Inversement, à Aix-la-Chapelle, l'identification de Frédéric Barberousse à Charlemagne, le projet de canonisation qui sera bientôt mis en œuvre et l'intérêt du souverain pour la croisade seront des raisons de le rajouter.

On a souligné judicieusement que l'enluminure du *Codex Calixtinus* représentant l'apparition de saint Jacques à Charlemagne avait été non seulement le modèle mais la source immédiate de l'ornementation du même thème qui occupe le haut de la châsse de Charlemagne : « Ainsi l'une des miniatures représente le rêve de Charlemagne, toutefois l'image est exactement inversée par rapport à celle du haut-relief. Cette reproduction inversée de l'image pourrait tenir à des raisons non seulement formelles mais techniques : l'image a été reportée sur l'envers de la plaque d'argent et repoussée à partir de là, de telle sorte qu'elle paraît inversée de l'autre côté[40]. » Certes, mais le cadre archi-

---

[40] LEPIE (H.), « Karls-Legende in Gold gefasst. Die literarischen Quellen zu den Dachreliefs des Aachener Karlsschreins », *Kirchenzeitung für das Bistum Aachen*, Aix-la-Chapelle, 31 janvier 1988, 43e année, p. 22.

tectural est différent, le dessin de la banderole aussi, celui des drape-ries dans l'enluminure ne correspond nullement à la couverture piquée de losanges qui est celle de la plaque, etc. À condition de ne pas exiger une identité trop rigoureuse, on peut constater suffisam-ment de similitude entre les deux illustrations pour être amené à penser que l'orfèvre de la première décennie du XIIIe siècle a pu trou-ver dans les archives locales d'Aix-la-Chapelle une esquisse de l'enluminure du *Codex Calixtinus*.

Le *Pseudo-Turpin* du *Codex Calixtinus* affirme dans l'épître initiale au doyen d'Aix-la-Chapelle Léoprand que le texte contient des détails absents des autres chroniques; il ajoute, non sans une pointe d'acri-monie, la précision tout à fait ciblée que ces détails ne figurent pas dans les *Chroniques de Saint-Denis*. Cette mise en cause explicite de l'abbaye royale renvoie d'abord au contexte historico-politique. De 1151 à 1162, Eudes de Deuil a été le successeur de Suger à la tête de l'abbaye. Cet abbé a laissé un récit [41] de la croisade de 1147 au cours de laquelle il a été amené à côtoyer l'empereur Frédéric Barberousse. Cette circonstance explique sans doute qu'il mène durant les années 1160 et 1161 une politique de rapprochement avec l'Empire à laquelle la rencontre manquée de Saint-Jean-de-Losne met un terme [42]. La mise en cause explicite de Saint-Denis dans la version de l'Épître à Léoprand n'est donc concevable que si les relations de l'Empire avec Saint-Denis se sont quelque peu détériorées, donc sans doute après 1162.

L'arrivée du Codex Calixtinus à Compostelle

Dans quelles circonstances ce manuscrit du *Codex Calixtinus* composé à Vézelay, copié à Cluny et relié à Aix-la-Chapelle parvient-il à Saint-Jacques-de-Compostelle? Si la copie clunisienne de la nouvelle compilation compostellane a été faite dans l'intention de promouvoir l'antipape frédéricien Victor IV, élu en 1159, la mort de celui-ci, en 1164, et la désignation de son successeur fournissent une raison de penser que le manuscrit de Cluny, alors présent en terre impériale, a retrouvé cette année-là une utilité très immédiate.

En 1164, l'empereur Frédéric Barberousse cherche à faire reconnaître l'antipape Pascal III. Pour imposer le nouveau pontife à la noblesse bourguignonne, Rainald von Dassel organise une diète à Vienne et le célèbre archevêque de Mayence, Konrad von Wittelsbach, familier de

---

[41] ODON DE DEUIL, *De Ludovici VII. itinere libri VII*. MPL 185.
[42] LAVISSE (Ernest), *Histoire de France*, III, 1, p. 40.

l'empereur, entreprend un pèlerinage à Compostelle. Parti en 1164, Konrad revient au début de l'année 1165[43]. À la lumière de cette information, deux miracles qui figurent aujourd'hui dans l'appendice du *Codex Calixtinus* prennent une signification intéressante. L'un des deux, daté de 1164, traite d'une guérison miraculeuse survenue au Puy ; or, Le Puy, comme dit le dernier livre du *Livre de saint Jacques*, est un lieu de passage habituel des pèlerins allemands. L'autre se produit en terre poitevine, près de Châtellerault. Ces deux miracles sont vraisemblablement destinés à commémorer le voyage de Konrad et le passage au Puy de son escorte, dans laquelle figurait sans doute un clerc originaire de Châtellerault, qui les aura rédigés. La mission de l'archevêque était probablement de détacher Compostelle et le roi de Castille du parti d'Alexandre III, en montrant, par le biais d'un cadeau de prestige comme le *Codex Calixtinus,* que le détenteur de l'empire hérité de Charlemagne était un fervent défenseur des intérêts compostellans. Dans pareil contexte, la réintégration du *Pseudo-Turpin* parmi les autres textes jacquaires s'imposait par son symbolisme politique. La mission se solda par un double échec : non seulement Frédéric ne réussit pas à rallier Compostelle à sa cause, mais son émissaire, Konrad von Wittelsbach, rencontra à son retour le pape Alexandre III et adopta le parti adverse.

« MIRACLE DE SAINT JACQUES QUI RESSUSCITA UN ENFANT
EN L'AN 1164 DE L'INCARNATION DU SEIGNEUR

Dieu est admirable et excellent dans ses saints,
Pouvant seul les choses étonnantes qu'il accomplit parce que tout-puissant.

Une partie cependant des saints, par la vertu du Seigneur puissant,
Peut de nombreux miracles et de nombreux signes.

C'est pourquoi Jacques, plein de forces nourrissantes,
Bienveillant porte-enseigne, rayonne dans le monde entier.

Il est le protecteur de la patrie et le soutien du royaume,
Solide est le salut qui vient par lui aux pieux désirs.

Alors près de Clermont, dans la noble ville du Puy,
Les remparts de Saint-Florin résonnent.

---

[43] BOEHMER-WILL, *Regesten zur Geschichte der Mainzer Erzbischöfe*, Innsbruck, 1886, t. II, note 38.

Un pèlerin en route vers Saint-Jacques
Rapporta que son fils avait recouvré la vie.

Celui-ci avait trois ans quand l'esprit laissa son corps
Du coucher du soleil au lendemain matin.

Les parents ne pouvaient cesser de pleurer
Et d'implorer saint Jacques par leurs prières.

Au matin suivant le corps est bientôt préparé pour l'inhumation,
Entouré des cris de toute l'assemblée,

Lorsque le bienheureux Jacques toujours plein de grâce
Appelle l'enfant à une nouvelle vie.

Qui peut compter les éloges de louanges
Que méritent les dons envoyés à d'innombrables pèlerins.

Le père de l'enfant rapporta la chose telle qu'elle s'était produite
En montrant son mouchoir tout baigné de larmes.

La chose admirable a été faite par le Seigneur,
À lui l'honneur et la gloire perpétuelle dans ses saints. Amen. »

« AUTRE MIRACLE DE SAINT JACQUES
RELATIF AU VISAGE TORDU DU FILS DE VICOMTE.
CONNU EN TERRE POITEVINE

Toute douleur et toute vengeance relève de la justice
De même que tout salut vient de la bienveillance divine.

Heureux celui qui mérita, en restant fidèle, de recevoir un digne salut,
Puisque la droite de Dieu est pleine de justice.

Un pèlerin de saint Jacques en route vers son tombeau,
Rapporta les faits suivants advenus en présence de ses compagnons.

Châtellerault est un endroit connu de plusieurs,
Situé à douze milles de Poitiers.

S'approchant de là, le pèlerin de saint Jacques
Tomba dans une embuscade.

En effet le puissant fils du vicomte s'opposa à lui par les armes,
Désirant son épouse qui prit la fuite.

La pèlerine aima mieux se jeter dans l'eau mortelle du fleuve,
Préférant la mort à l'adultère.

Celui-ci donne sa foi et des baisers trompeurs à celle-ci
Jurant qu'il ne la touchera pas, afin qu'elle ne meure pas dans les eaux.

La femme le croit. En présence de l'homme et de ses compagnons,
Violence lui est faite, mais la punition ne se fait pas attendre.

Chose admirable et devant être redoutée par quiconque :
Des signes honteux témoignent bientôt de la faute honteuse.

Le fautif voit sa langue sortir de sa bouche convulsée
Et il n'a plus que six jours à vivre.

Qu'un tel miracle soit partout la terreur des mauvais,
Exemple de la justice divine en faveur des pèlerins.

Le misérable défaille et ne prospérera plus jamais,
Tandis que le mauvais défaille, le bon prospère. »

L'appendice du Codex Calixtinus

L'appendice du *Codex Calixtinus*[44] a été constitué après le transfert
du manuscrit à Compostelle :

« Une fois déposé à Compostelle, notre manuscrit reçut des additions que
l'on distingue facilement au caractère de l'écriture et à la qualité du
parchemin ; ces additions de diverses époques remplissent les folios 193-
196. On trouve, divisé en trois leçons, un petit poème relatant les victoires
remportées sur les Maures par les rois de Portugal grâce à la protection
de saint Jacques : il s'agit de l'échec retentissant d'Abou Yakûb devant
Santarem en 1184 et de la conquête de Silves et de l'Algarve, en 1189,
par Sanche Ier auquel on attribue des projets sur Séville ; ce poème est daté
de 1190[45]. »

C'est peut-être au moment où la basilique de Compostelle inaugure
à le portail de la gloire que l'on s'est préoccupé d'exhumer ce recueil
et de le compléter ainsi :

---

[44] Voir Appendice 45.
[45] DAVID (Pierre), *op. cit.*, 10/1945, p. 26.

« MIRACLE DE SAINT JACQUES.
LIBÉRATION DES CHRÉTIENS ET FUITE DES SARRASINS DU PORTUGAL

À LIRE DANS LA FÊTE DES MIRACLES DE SAINT JACQUES
LE 3 OCTOBRE

Première lecture

Voici que reviennent les hauts faits de Dieu en faveur des Maccabées,
Et les apparitions de jadis se produisent dans les cieux (cf. 2 Mc 5).
Les Agaréniens périssent et les justes triomphent partout,
Sous le roi Alphonse, le Miramirin est tombé.
Et le roi Sanche est en compagnie de saint Jacques,
Comme, avant lui, son père était un ami fidèle.
La grande vertu royale et la fidélité vassalique,
Qui est le propre de saint Jacques, tient les deux royaumes.
Droite fidélité, le fils tient les autres sceptres du royaume,
La troupe du roi d'Espagne marche vers la palme.

Deuxième lecture

On lit dans la geste que le roi Almansour est mort
De dysenterie, frappé par le Seigneur.
Le fils du Miramirin vient aussi d'en mourir.
Le grand roi de la terre voulait entrer dans la mosquée.
Bientôt son horrible descendance entrée en cachette de l'ancêtre
Mourut frappée par la main divine.
C'est pourquoi des chants divins et de saintes louanges résonnent,
Et l'église chante la louange de dieu.
Toi aussi, Calliope, qui as coutume de rapporter de hauts faits,
Ne tais point les louanges du grand Jacques.

Troisième lecture

Lorsque les ennemis du Seigneur s'emparèrent du temple de Jérusalem,
On vit dans le ciel une armée admirable :
Une cavalcade de chevaux blancs, des armes d'or, un uniforme blanc,
Et des cavaliers, juste protection de la foi.
Ainsi la force du Seigneur et toute l'armée du ciel
Poursuivent les combats contre les ennemis de la foi.
De nombreux fidèles, ceux du moins qui le méritèrent,
Virent le grand saint Jacques servir de porte-enseigne.
C'est pourquoi lorsque reviennent les trois fêtes de saint Jacques,
L'église est délivrée de ce qui a pu la lier.
Aux trois fêtes de saint Jacques on confesse sa louange,
Le cœur exprime sa nouveauté, par l'effet de la juste foi.
Celle-ci ouvre les cieux en dénouant les liens des fautes,
Telle est la nouveauté de la vie et l'amour de la nouveauté.
C'est pourquoi il est donné à l'honnête chevalier de la justice divine,
Saint Jacques, de vivre toujours dans le Christ. Amen.

Cela a été fait par le Seigneur et c'est admirable à nos yeux (Ps 117, 23 ; Mt 21, 42).
En l'an du seigneur 1190. »

« ORAISON DE MAÎTRE G.

Adonai, Seigneur, roi des rois,

Adonai, Seigneur roi des rois,
Alpha et Oméga d'une immense lumière,
Dieu qui nous parles dans l'homme,
Nous t'acclamons en ton nom.

Afin que je sois libre, juste, honnête,
Toi, Fils de Dieu, qui nous régénères,
Tu nous as dits ainsi vraiment libres
Libérant les malheureux que nous sommes (cf. Jo 8, 36).

De là est la liberté de ta gloire
Par laquelle le service ta justice
Me justifiera aujourd'hui et demain
Avec les élus à la source du pardon.

Tu as dit à tes serviteurs : demandez.
Afin de rechercher, nous écoutons : recherchez,
Afin que nous frappions à la porte : trois fois
Ton conseil nous invite à frapper (cf. Mt 7, 7 et Lc 11, 9).

En cet âge divin
Tu nous as visités autant nous que le siècle,
Délie-moi des liens des fautes,
Marquant de ton signe la troupe du digne fruit.

Après les années passées avec les hommes
Trente-trois et trois mois,
Ta mort est la destruction de la mort perpétuelle,
Roi d'immense gloire.

Par les sept articles des heures
Par lesquelles tu as attiré à toi les peuples
En nous rachetant nous tes modestes serviteurs,
Ouvre tes yeux sur moi.

Cependant, que ta seule miséricorde
Me précède dans ma misère,
Je clame vers toi sans cesse trois jours durant,
Quarante fois racheté par toi.

À travers tant de jours après que tu sois ressuscité
Des morts, ouvrant les portes de la vie aux innocents
Après avoir brisé les enfers,
Portant ta brebis dans tes bras.

À la mesure de notre état royal,
Survient l'âge de notre engagement,
Afin que revêtus du pallium de salut,
Nous soyons sauvés avec le Fils de Dieu.

Tu m'as créé, Père, par le Fils,
Recrée-moi, salut des fidèles,
Rétablis-moi, récompense des saints,
Pour que soit par trois l'augure de l'un.

Tire-moi derrière toi, qui es un avec le Père,
Justifie-moi, qui es égal en tant que Fils,
Ressuscite-moi, Amour de tous deux,
Splendeur des trois, identité trinitaire.»

« MIRACLE ACCOMPLI PAR SAINT JACQUES
EN FAVEUR D'UN CONTREFAIT
REDRESSÉ LE JOUR DE LA FÊTE DE SA TRANSLATION

Aujourd'hui et demain, on lit que le Christ donne le salut
Passant trois jours à chasser les démons.

À bon droit il donna à saint Jacques de guérir les podagres
De relever leurs jambes et d'affermir leurs pas.

Voici qu'aux laudes matinales la translation de l'apôtre
Transporte l'insomniaque pour qu'il puisse aller à pied.

Au bout de treize ans, ce malheureux du nom de Pierre,
Toujours en état de veille, vit une colombe.

Bientôt l'enfant pâlit, demandant par la prière un don,
Touche ma main, dit-il, ainsi je me redresserai sur mes pieds.

On croit à bon droit cet âge simple et fleuri,
Vers qui va, quand il refleurit, l'esprit nourricier.

Fait à Compostelle devant l'autel de saint Jacques lors la translation de celui-ci
quand était chanté le neuvième répons qui suit le nom et commence ainsi : Ô dieu
nous te louons. Cela a été fait par le Seigneur par l'intermédiaire de saint Jacques
et c'est admirable à nos yeux (cf. Ps 117, 23 ; Mt 21, 42).»

« L'esprit du Christ rayonne toujours de toute grâce,
Et le sommet des apôtres illustre la foi.

Partout demeure la force lumineuse du bienveillant Jacques,
Dont l'étoile, honneur du monde entier, est en Hespérie.

Le corps de l'apôtre est la force et la protection du royaume,
Le corps de l'apôtre est le gardien de la patrie.

Voici que le saint père brille partout de vertus,
Après Pierre saint Jacques est le père universel.

Donné aux terres de l'Hespérie, l'apôtre
Rayonne dans le monde entier à partir des terres de l'Hespérie.

Il dispense toutes les prospérités, brillant d'un pouvoir admirable,
Sommet des apôtres il dispense toutes les prospérités.

Citoyen de la terre qu'orne saint Gilles
Qui la protège parce qu'il l'aime, il avait pour nom Pierre,

Celui qui vint sur le tombeau de saint Jacques.
Par deux témoins unanimes lui témoigne

Et Bernard son oncle atteste la chose accomplie
Avec son compagnon en pleurs.

Car lorsque nous chantons les louanges divines du Très-Haut
Et qu'en te louant, Dieu, chantent l'un et l'autre chœur,

Les cloches ont sonné et les actes de la messe sont accomplis.
Pierre dit, comme s'il était rappelé de la vie :

Le soir m'avait touché malade avec les rameaux de palmier
Et peu à peu la douleur s'empara de mon corps,

Tandis que la sainte vigile et les vêpres de la sainte Pâques
Vinrent déjà avec la mort mais la vie rapide revint,

Le nuage de la chair tombant bientôt dans le froid de la mort,
Au milieu de la nuit, la vie et le salut revint.

Et ce que nous appelons "sonneries" et vous "cloches",
Lorsque les sonneurs les agitent, elles font retentir trois fois leurs appels.

Recevant l'âme, j'ai revécu par le don de Jacques,
Clamant d'abord : Saint Jacques, viens-moi en aide.

Force et indice d'un salut insigne,
Ce mouchoir, et Dieu lui-même est le témoin.

À qui soit toujours l'honneur comme il est par tous les siècles,
Qui accomplit des miracles avec bienveillance par ses saints. »

« VISION D'UN CERTAIN FOULQUE, PÈLERIN DE SAINT JACQUES, DOUZE FOIS ET TREIZE FOIS GRÂCE

De son monastère le dit Foulque était venu dix fois
Par mer à Saint-Jacques.

Comme il dort dans des bourgades, saint Jacques nourricier,
Lui apparut cinq fois pour l'encourager.

Salut, frère, dit-il, celui que tu demandes, l'apôtre, le voici,
Pour que tu viennes treize fois sur mon saint tombeau.

Bientôt me désignant, il me donna ensuite d'un vase de pierre
Un doux breuvage, que j'avalai rapidement.

Ainsi saint Jacques signe-t-il ses traces
Ainsi rayonne-t-il pour relever ses pèlerins.

Ainsi sans aucun doute Compostelle mérita, par la faveur du ciel,
De posséder le corps de l'apôtre.

Déjà Jacques est témoin, distingue la ville et son propre tombeau
Et devant celui-ci Foulque en apporta le récit.

Cela a été fait par le Seigneur et c'est chose admirable à nos yeux (cf. Ps 117, 23 ; Mt 21, 42). »

« Saint Jacques, père rempli de la source divine,
Remplis nos cœurs, nos coupes sacrées sont prêtes.

Et puisque tu rayonnes dans la lumière céleste des cieux,
Que ta lumière montre le chemin à tes pèlerins,

Et que le Seigneur, nous révélant le vin du célibat,
Nous donne dans les larmes le breuvage et lave la boue de nos pieds,

Que la longueur des chemins mesure notre voie dans les larmes,
Et, source jaillissante, que David lave nos souillures,

Heureux breuvage qui purge l'âme et l'obscurité,
Plus heureux encore celui qui voit à rester éveillé.

Ces miracles qui sont lus sont sacrés pour nous,
Dans lesquels le miroir de la vie bienheureuse
S'ouvre vers les esprits nouveaux
Jusqu'aux vrais enfants d'Israël

Parcourant peu à peu l'étendue du désert,
Les Hébreux découvrirent un lieu riant
Appelé Élim, et ce fut pour les fuyards
La sixième demeure (cf. Ex 15, 27 et 16, 1).

Douze sources y coulent
Qui jaillissent avec un bruit léger,
Et, fruits d'espoir et de beauté,
Soixante-dix palmiers.

Une telle action se montre en figures égales
Dans l'Ancien et le Nouveau Testament,
Celui des disciples qui ont suivi
Dans la foi le Christ crucifié.

Déjà leur voix, avec l'aide du Seigneur,
Accomplit des miracles dans le monde
Faisant prévaloir la douce beauté des palmiers
Par les mérites honnêtes des vertus.

La langue des saints qui répand la pluie
Irrigue aussi la terre à cultiver des cœurs
De rosée céleste et, en tombant, imprègne
De la grâce de la rosée.

Le sixième âge commencé nous appelle,
Où Dieu vient relever gratuitement
Tous ceux qui croient ; veillons donc,
Nous qui sommes dans le temps du Christ.

Parmi les saints, Jacques resplendit,
Martyr insigne, colonne de la foi,
Dans le chœur des douze, il est le premier,
Décapité par Hérode.

Ornement de la vie et source de pardon,
Fils tonitruant du Très-Haut,
Étoile qui supplante, source de piété
Qui inonde les pèlerins.

Celui-ci est le patron donné aux Espagnols,
Le pasteur et le pain déposé pour l'itinérant,
Soyons justifiés par lui,
Pèlerins d'un espace incertain.

Cependant, avocat rapide,
En demandant le pardon au jugement du Christ,
Demande pour nous de vivre avec toi
Dans l'amour du Christ.

Louange au Père, au Fils,
Et au Souffle qui procède de tous deux,
Triple soit la gloire perpétuelle à la Trinité
Qui ne fait qu'un. Amen [46]. »

---

[46] Le sens de ces poèmes, dont le texte latin est parfois étrange, n'est pas toujours très assuré.

CONCLUSION

L'évolution des textes relatifs à saint Jacques s'est opérée en trois temps. Des premiers siècles du christianisme à la fin du XIᵉ siècle, lorsqu'on commença à construire la cathédrale de Compostelle, cette évolution consista en un développement lent, sporadique et dispersé de discours le plus souvent assez brefs. Ceux-ci mirent en circulation quelques informations, dont les fondements étaient parfois fragiles, sur le martyre de saint Jacques, sa prédication en Espagne, sa translation en Galice, la localisation et la découverte de son tombeau. Ces informations étaient rares mais bienvenues parce qu'elles permettaient de se représenter un peu mieux un personnage dont le Nouveau Testament soulignait la place éminente parmi les apôtres, mais dont les traits distinctifs demeuraient plus flous qu'on le souhaitait.

Les choses changèrent avec l'élection en 1119 du pape Calixte II, qui voulut lancer une croisade espagnole au profit de son neveu, le futur souverain Alphonse VII. Calixte fut le grand bienfaiteur de Compostelle qu'il éleva au rang d'archevêché et à qui il conféra des dignités ecclésiastiques de premier plan. Une décennie plus tôt, on avait vu se développer d'après une chanson de geste romane, un récit latin relatif à la conquête de l'Espagne par Charlemagne et à la mort de Roland à Roncevaux. La version remaniée de celui-ci a constitué, avec les Miracles et les Translations de saint Jacques rédigés entre 1130 et 1135, le noyau dur d'un recueil fluctuant, *Liber Miraculorum sancti Jacobi papae Calixti* appelé ici *Livre des Miracles*, qui prit diverses formes jusque vers 1158-1159.

Enfin, entre 1160 et 1164, au terme d'un processus de synthèse active, deux versions tardives de ce *Livre des Miracles* furent fondues et amplifiées au sein du *Jacobus*, ou *Livre de saint Jacques* attesté par le *Codex Calixtinus* de la cathédrale de Compostelle. Ce *Codex* forma une somme documentaire volumineuse qui réunissait tout un éventail de discours et mit pratiquement un terme à la production textuelle relative à saint Jacques. L'appendice du *Codex Calixtinus* comporte encore quelques brefs poèmes qui semblent indiquer une poursuite très modeste de l'activité rédactionnelle au-delà du *Livre de saint Jacques* jusqu'en 1190, mais leur intérêt n'est plus qu'anecdotique.

Le groupement des textes compostellans en ensembles de plus en plus volumineux nous a paru devoir être compris à partir du travail de rédaction, de remaniement et de compilation effectué successivement par Aimeric Picaud (pour le recueil des Miracles de saint Jacques), par Pierre de Poitiers (pour les Miracles, le *Pseudo-Turpin,* le *Livre des Miracles* et les sermons pseudo-calixtins), enfin par Hugues le Poitevin (pour les messes et les offices, et pour le dernier livre du *Livre de saint Jacques*). Si l'on ajoute à ces noms ceux d'Albéric d'Ostie, de Konrad von Wittelsbach et le Cistercien anonyme (auquel il est peut-être justifié d'attribuer la rédaction du miracle d'Odier le maître-vitrier, comme la compilation de la seconde version du *Livre des Miracles*), on voit aisément que l'avènement d'une œuvre telle que le *Livre de saint Jacques* suppose un travail de rédaction collectif qui s'est étendu sur un demi-siècle.

Fondée seulement sur des indices que l'on est en droit de refuser, l'identification de Pierre de Poitiers nous a paru tout à fait capitale en ce qu'elle permet de comprendre à la fois la genèse du *Livre des Miracles* et sa transformation progressive en *Livre de saint Jacques.* Dès sa première version, nous avons vu que la lettre-préface du *Livre des Miracles* rapporte une vision christique qui manifeste une parenté assez claire avec une autre vision du même type dont l'auteur est Pierre de Poitiers. La position de celui-ci, son amitié avec Pierre le Vénérable, sa compétence de latiniste qui lui vaut d'être associé à la première traduction du Coran, son amour des lettres, sa situation présumée de chroniqueur de l'empereur Alphonse VII, sa présence en Espagne pendant les années en question, même le rôle qui lui est dévolu vers la fin de sa vie par la curie pontificale auprès de l'abbé de Cluny, tout cela semble le désigner comme un rédacteur/compilateur possible des textes sur saint Jacques. C'est sans doute le portrait de cet homme de Dieu, qui rédige sous le pseudonyme du pape Calixte et a peut-être inventé l'attribution des recueils jacquaires à celui-ci, que trace l'abbé Moisan :

> « Le lecteur reconnaît tout de suite la plume de Calixte : même virulence dans les prologues que dans les sermons et qui est peu conforme au style

clérical habituel ; même tempérament et même ton autoritaire qui veut imposer partout ses vues et ses convictions ; ton enflammé qui tonitrue en chaire contre ceux qui ne célèbrent pas les fêtes jacobites ou le font avec tiédeur, contre ceux qui maltraitent les pèlerins en les rançonnant ou en faisant pis encore, un goût prononcé pour l'emphase et la redondance, un étalage assez complaisant de connaissances encyclopédiques qui surprend, un goût particulier pour la poésie [1]. »

Le ton enflammé est celui de la diction exaltée que ses détracteurs reprochaient à Pierre de Poitiers et qu'il imitait peut-être de Venance Fortunat. Pierre de Poitiers n'a pas été étudié au cours du XXe siècle. Il pourrait être fructueux de combler cette lacune et de chercher à vérifier si d'autres éléments parlent en faveur de l'identification que nous proposons du personnage susceptible, une vingtaine d'années durant, de s'être consacré à cette compilation. La mise au point du dernier état de celle-ci pourrait avoir été l'œuvre de Hugues le Poitevin, rédacteur putatif de la présentation du pèlerinage sur laquelle il s'achève.

Cette entreprise éditoriale tire son unité du fait qu'Aimeric Picaud est originaire d'un prieuré placé sous le vocable de sainte Madeleine de Vézelay, donc clunisien, que le légat pontifical Albéric d'Ostie fut supérieur de l'abbaye nivernaise de l'ordre de Cluny, que Pierre de Poitiers fut grand prieur de cet ordre et qu'enfin Hugues le Poitevin a rédigé la chronique de Vézelay. Ainsi l'importance des relations entre Cluny et Saint-Jacques, qui ne paraît plus pouvoir être mise en cause aujourd'hui [2], se trouve-t-elle attestée aussi sur le plan de la production textuelle. La mise en relation de cette partie de la légende jacquaire avec les clunisiens ne présente toutefois pas le caractère monolithique que l'on pourrait attendre. Au départ, il n'est pas douteux que les fondements mêmes du *Livre des Miracles* – l'initiative du patriarche Guillaume de Messines, l'encouragement du pape Innocent II que l'on peut inférer de la lettre-préface et la collecte des miracles par Aimeric Picaud – sont l'œuvre d'Augustins et que Cluny ne fera là que s'approprier la prestation d'un ordre avec lequel ses relations n'étaient pas nécessairement idylliques. D'autre part, la deuxième version du *Livre des Miracles* paraît susceptible d'être interprétée dans un sens cistercien, et il conviendrait de vérifier si

---

[1] MOISAN (André), *op. cit.*, p. 38-39, où il est question d'Aimeric Picaud. Mais ces caractères ne sont justement pas ceux des Miracles qui peuvent lui être attribués avec le plus de vraisemblance.

[2] HENRIET, « Cluny et Saint-Jacques au XIIe siècle », dans RUCQUOI (Adeline), *Saint-Jacques et la France*, Paris, Cerf, 2003, pp. 407-449.

ce ne sont pas justement des monastères cisterciens, comme celui d'Alcobaça, qui en ont conservé un certain nombre de manuscrits. Ainsi, au-delà des circonstances très particulières ou singulières auxquelles il semble possible de rattacher, comme le fait le plus souvent l'histoire littéraire, la rédaction de cette œuvre, ce sont les trois principaux ordres réformateurs du XIIe siècle qui en apparaissent comme les promoteurs.

Mais les circonstances ont également joué un rôle déterminant. Derrière les hommes et les collectivités dont ils relèvent, ce sont des phénomènes historiques de grande importance européenne qui sont apparus. Les discours sur saint Jacques se détachent sur un arrière-plan de trois schismes pontificaux provoqués par l'élection simultanée de deux papes, dont l'un est soutenu par le parti germanique de la curie romaine. En 1119, le pape Calixte II, élu à Cluny, doit faire face à un compétiteur en la personne de Maurice Bourdin, archevêque de Braga, dont l'évêché de Compostelle était suffragant. En 1130, le pape Innocent II est élu à Rome mais se réfugie à Cluny parce que le cardinal Pierleone, élu sous le nom d'Anaclet, détient la Ville éternelle. En 1159, enfin le pape Alexandre III est accueilli en France, tandis que l'empereur germanique cherche à imposer successivement les antipapes Pascal III et Victor IV. Dans ces trois cas, la rédaction de textes et de volumes consacrés à saint Jacques aura pour objectif au moins latent de rallier Compostelle à la cause de l'un des partis, en montrant l'intérêt que celui-ci porte à saint Jacques. Selon la maxime courante à l'époque « do ut des », le cadeau du pieux discours sur saint Jacques appelle une prise de position politique favorable au donateur. En l'occurrence, il s'agit d'arracher Compostelle à sa marginalité géographique et à son particularisme, en l'impliquant dans des enjeux politiques européens qui sont liés à Rome et à Cluny.

Les changements dynastiques survenus parmi les occupants de l'Espagne ont joué aussi un rôle en faisant ressentir plus intensément la menace d'abord des Almoravides, puis des Almohades. Le bouillon-nement interne du monde musulman appelait une réponse non seulement politique et militaire, mais encore idéologique, que le récit des exploits de Charlemagne et Roland en Espagne s'appliquait à fournir. Mais en tant que tel, ce texte posait aussi la question cruciale de savoir qui assumait l'héritage de Charlemagne : le roi de France, l'empereur d'Espagne ou l'empereur d'Allemagne ? Selon que le moment paraissait plus favorable à l'un ou à l'autre concurrent, et selon l'emplacement à partir duquel le rédacteur opérait, le texte allait subir des aménagements, parfois modestes, mais néanmoins nécessaires, pour être en harmonie avec les circonstances. Si l'on ajoute, comme nous avons cru pouvoir le faire, que cet arrière-plan historique, déjà passablement complexe, était encore rendu plus compliqué par les rivalités entre la Galice et l'Aragon, entre Saint-Jacques et Tolède, et par l'attachement-désaffection à l'égard de la royauté française, on parviendra à se faire, pensons-nous, une idée approximative des tensions et des conflits auxquels le *Livre de saint Jacques* doit sa naissance.

C'est pourquoi aussi, seul le *Pseudo-Turpin* qui reflète ces tensions comme une sorte de sismographe a connu une grande diffusion, puisqu'on estime à environ trois cents le nombre des manuscrits qui l'ont conservé. La prise en compte de ceux qui le font figurer, en l'absence de toute autre composante du *Livre des Miracles*, sous l'appellation *Liber Miraculorum sancti Jacobi* donne à penser qu'il a été détaché de la première version de la compilation, à une époque où il figurait encore en tête de celle-ci. Sa nouvelle existence indépendante l'a mené à Saint-Denis, puis à Aix-la-Chapelle où il a reçu les adjonctions qui caractérisent sa seconde version, elle-même largement diffusée, entre autres jusqu'à Compostelle, où elle entrera alors dans la composition de la seconde version du *Livre des Miracles*. Il n'a aucun rapport organique avec le *Livre de saint Jacques,* puisqu'il ne porte même pas le numéro d'ordre des divers livres qui le composent et que le projet même semblait l'exclure. C'est seulement par insertion et reliure dans le *Codex Calixtinus*, avant la description de l'itinéraire, qu'il se trouve aujourd'hui en quatrième position, alors que le livre qui le suit porte lui-même le numéro quatre. Le *Pseudo-Turpin* du *Codex Calixtinus* n'est donc qu'extérieurement rattaché au *Livre de saint Jacques*. C'est pourquoi on ne saurait, sans abus de pensée et de langage, confondre la partie et le tout et rapporter une observation relative au nombre de ses attestations manuscrites, valable seulement pour la partie adventice qu'il constitue, à l'ensemble du complexe formé par le *Liber sancti Jacobi* et les *Livres des Miracles*. La thématique carolingienne et rolandienne se constitue initialement avant le *Livre des Miracles* entre 1108 et 1120, elle fait corps avec celui-ci pendant une quinzaine d'années environ, de 1145 à 1160, après quoi elle tend manifestement à être exclue, pour certains, du *Livre de saint Jacques*, et poursuit sa vie propre, en toute indépendance des discours sur saint Jacques et sur Compostelle. L'observation des circonstances précises dans lesquelles s'effectue ce mouvement d'attraction temporaire, lorsqu'il y a péril en la demeure, et de répulsion définitive, lorsque la situation s'est normalisée, devrait primer sur la propension des études jacquaires à pratiquer des amalgames indus et à donner de grands airs à l'objet de leur discours. De nombreux facteurs sont certainement intervenus avec force pour accroître la notoriété du *Pseudo-Turpin* bien au-delà de celle qui échut aux autres textes jacquaires. C'est le seul texte latin en prose à rapporter de manière détaillée la campagne de Charlemagne et de Roland en Espagne, qui a fait l'objet de plusieurs chansons de geste durant tout le XIIe siècle et même au-delà. Le mythe littéraire de Charlemagne et de Roland chanté en langue romane dans les châteaux a certainement incité les abbayes à se donner l'équivalent ecclésiastique de ce discours à la mode en multipliant les copies du *Pseudo-Turpin* pour mettre les moines au courant de ce qui se racontait en dehors des monastères et les rallier à l'idéologie qu'on y rattachait.

En dehors du *Pseudo-Turpin,* la réception des textes jacquaires – qui devrait d'ailleurs être étudiée à nouveaux frais – paraît avoir été négligeable. Ils n'en demeurent pas moins fort intéressants d'un point de vue historique, car ils permettent de se faire une idée de la manière dont les troubles du temps ont été vécus à Compostelle. Dans les années 1119-1164, ces discours constituent une défense et illustration du tombeau de saint Jacques, et de la basilique qui lui sert d'écrin, à un moment où diverses menaces pesaient sur lui. Au lieu du mirage grandiose et vain d'un XIIe siècle qui serait celui d'un triomphe supposé de Compostelle, apparaît une suite quasi ininterrompue de dangers que le sanctuaire prestigieux doit surmonter. À Diego Gelmirez qui présida à ses destinées pendant les quarante premières années du XIIe siècle et dont l'*Historia compostellana* glorifie l'action, succèdent, chacun en fonction pour quelques années seulement, de nombreux archevêques qui doivent tous faire face à des difficultés intérieures. Les textes du *Livre des Miracles* puis du *Livre de saint Jacques* qui s'inscrivent chronologiquement à la suite de l'*Historia compostellana*, ne peuvent plus faire l'éloge de leur époque, ils se détournent des préoccupations contemporaines pour porter au pinacle ce qui fait la valeur intemporelle de Saint-Jacques, ce qui a été valable dans le passé et doit être sauvé dans l'avenir, en dépit des vicissitudes du temps présent. Le développement de l'écriture pro-compostellane dont témoignent ces recueils marque plus un repli sur soi en temps d'adversité qu'une exaltation en période faste.

Leur caractéristique la plus commune est sans doute de n'avoir quitté les scriptoria monastiques ou épiscopaux que pour rejoindre les bibliothèques, conventuelles dans le cas du *Livre des Miracles*, princières ou pontificale quant au *Codex Calixtinus*. Sous la forme intégrale du *Codex Calixtinus,* le *Livre de saint Jacques* n'est connu que par quelques manuscrits de luxe, copiés sur lui au XIVe siècle, y compris les illustrations. Ils ont vraisemblablement fait l'objet de cadeaux de prestige remis au pape et à des souverains et ont rapidement gagné les trésors où on les conserve encore aujourd'hui. En dehors des archivistes zélés, bien rares ont certainement été leurs lecteurs, à en juger par leur état de conservation. Il n'en va pas exactement de même pour les manuscrits non enluminés qui ont transmis les diverses versions du *Livre des Miracles*. Il semble que l'on en possède aujourd'hui encore une trentaine répartis du XIIe au XVe siècle, soit environ six à sept par siècle. Beaucoup ont certes été perdus depuis lors, mais cela ne permet pas de considérer que la diffusion des textes concernant saint Jacques ait été très substantielle. L'appel même que lance le texte à donner des exemplaires à la cathédrale de Compostelle montre bien que l'on était à court de moyens, et, bien que la lettre-préface s'adresse à la communauté de Cluny dans son ensemble, on ne possède aucune preuve que chaque prieuré clunisien ait pu être pourvu d'un exemplaire, tant s'en faut. Seuls quelques riches pèlerins, abbés ou notables, ont sans doute fait copier à leurs frais un exemplaire de ce manuscrit et l'ont remis, au retour de leur périple, à l'institution qu'ils patronnaient. Ces textes destinés à la lecture dans les réfectoires sont-ils sortis, et dans quelle mesure, de la clôture monastique ? On ne saurait le dire. Il se peut que là où ils se trouvaient, ils aient été utilisés par les moines pour l'édification des pèlerins qu'ils accueillaient. Mais rien n'atteste qu'ils aient donné lieu à un quelconque mouvement d'opinion en faveur du pèlerinage ni contribué à sa notoriété.

Le système de pensée sur lequel repose la rédaction des textes jacquaires s'est situé dans un espace géographique et hagiographique dominé par quatre sommets, Rome, Jérusalem, Compostelle et Cluny, dont le dernier est déterminant. Avec l'affaiblissement de Cluny, supplanté par Cîteaux au cours du XIIe siècle, l'élément moteur va disparaître. La production textuelle cesse alors.

SECONDE PARTIE

LE *LIVRE DE SAINT JACQUES*

AVERTISSEMENT

La traduction ci-après du *Livre de saint Jacques* est faite d'après l'édition *Liber Sancti Jacobi Codex Calixtinus* de Klaus Herbers et Manuel Santos Noia, Santiago de Compostela, Xunta de Galicia, 1998[1]. Afin de faciliter la lecture nous avons procédé à quelques aménagements de présentation.

Suivant l'exemple donné par le seul dernier livre, nous avons étendu aux autres, en particulier aux *Miracles* et au *Pseudo-Turpin*, l'usage d'indiquer non seulement le numéro d'ordre du chapitre concerné mais le titre tel qu'il figure dans le sommaire du livre.

À l'intérieur de certains sermons du premier livre et des chapitres VII et VIII du dernier livre, nous avons introduit des sous-titres qui ne figurent pas dans le texte latin.

Les énumérations de lieux et de villes des chapitres II et III du dernier livre ont été présentées sous la forme d'un itinéraire.

Dans les textes qui sont connus aussi par des versions différentes, les parties propres au *Livre de saint Jacques* sont distinguées dans le texte par les signes [**+ et +**].

---

[1] Certaines pièces qui forment l'appendice du *Codex Calixtinus* sont réparties dans l'étude qui précède selon leur appartenance logique et chronologique.

Sigles désignant les composantes de l'Ancien et du Nouveau Testament

Ac	Actes des Apôtres	Lm	Lamentations
Am	Amos	Lv	Lévitique
Ap	Apocalypse	1 Mc	1er Livre des Maccabées
Cn	Cantique des Cantiques	2 Mc	2e Livre des Maccabées
Co	Épître de S. Paul aux Colossiens	Mic	Michée
1 Cor	1re Épître de S. Paul aux Corinthiens	Ml	Malachie
2 Cor	2e Épître de S. Paul aux Corinthiens	Mr	Évangile selon S. Marc
Dn	Daniel	Mt	Évangile selon S. Matthieu
Dt	Deutéronome	Nm	Nombres
Ec	Ecclésiaste	Os	Osée
Ecli	Ecclésiastique	2 Par	2e Livre des Paralipomènes
Éph	Épître de S. Paul aux Éphésiens	Ph	Épître de S. Paul aux Philippiens
Ex	Exode	Pro	Proverbes
Éz	Ézéchiel	Ps	Psaumes
Gal	Épître de S. Paul aux Galates	1 Pt	1re Épître de S. Pierre
Gn	Genèse	2 Pt	2e Épître de S. Pierre
Heb	Épître de S. Paul aux Hébreux	1 Rg	1er Livre des Rois
Is	Isaïe	2 Rg	2e Livre des Rois
Jb	Job	3 Rg	3e Livre des Rois
Jc	Épître de S. Jacques	4 Rg	4e Livre des Rois
Jd	Livre des Juges	Rm	Épître de S. Paul aux Romains
Jl	Joël	Sap	Livre de la Sagesse
Jn	Jonas	Sph	Sophonie
Jo	Évangile selon S. Jean	Tb	Livre de Tobie
1 Jo	1re Épître de S. Jean	1 Th	1re Épître de S. Paul aux Thessaloniciens
2 Jo	2e Épître de S. Jean		
3 Jo	3e Épître de S. Jean	2 Th	2e Épître de S. Paul aux Thessaloniciens
Jr	Jérémie		
Js	Josué	1 Tm	1re Épître de S. Paul à Timothée
Ju	Judith	2 Tm	2e Épître de S. Paul à Timothée
Lc	Évangile selon S. Luc	Zc	Zacharie

LE *LIVRE DE SAINT JACQUES*
DU PAPE CALIXTE II

**Comme il convient à son sujet
ce livre est appelé *Jacques*.
gloire à celui qui l'écrivit
et à celui qui le lit**

LETTRE DU PAPE CALIXTE

L'évêque Calixte, serviteur des serviteurs de Dieu, adresse à la très sainte assemblée de la basilique de Cluny, siège apostolique de son élection, et aux très fameux héros, Guillaume, patriarche de Jérusalem, et Diego, archevêque de Compostelle, et à tous les chrétiens orthodoxes, son salut et sa bénédiction apostolique dans le Christ.

Parce que dans tous les pays du monde on ne peut trouver de héros supérieurs à vous en dignité et en honneur, j'ai envoyé ce manuscrit de saint Jacques aux Pères que vous êtes, afin que, si vous y trouviez quelque chose à corriger, vous l'éliminiez diligemment, pour l'amour de l'Apôtre. Mais ce manuscrit m'a causé bien des soucis. Alors en effet que j'étais étudiant, aimant l'Apôtre dès mon plus jeune âge, parcourant les terres et les provinces barbares pendant quatorze ans, j'ai recueilli les choses que j'ai trouvées écrites sur lui sur un petit nombre de parchemins grossiers et rugueux, afin de pouvoir les rassembler en un volume, de sorte que ceux qui aiment saint Jacques puissent trouver réunies toutes les choses indispensables à lire les jours de ses fêtes. Ô admirable fortune ! Je suis tombé au milieu des brigands et, bien que tous mes bagages aient été dérobés, ce manuscrit m'est resté. Je suis tombé peu après dans les profondeurs de bien des eaux, me trouvant à deux doigts de la mort, et, quand j'en échappai, ce manuscrit en sortit aussi intact. Une maison dans laquelle je me trouvais a pris feu et, alors que tous mes biens étaient consumés, mon manuscrit en est sorti indemne.

C'est pourquoi j'ai commencé à penser que ce manuscrit, que je m'étais appliqué à confectionner de mes mains, doit être agréable à Dieu. Alors que je pensais très attentivement à ces choses, je vis de nuit en extase une salle royale briller de mille feux et un jeune homme d'une indicible beauté, entouré d'une lumière splendide, admirablement vêtu d'atours royaux et couronné des lauriers princiers de la victoire. Lorsqu'il entra par la porte orientale de cette même salle avec ses compagnons, l'un d'eux dit : « Voici le fils du roi». Et aussitôt celui-ci, s'asseyant sur le trône, me dit à moi qui me tenais à ses pieds : « Remets-moi les gants que tu as dans la main. » Je les lui remis volontiers. Quand il les eut reçus de mes propres mains et fut entré dans la pièce voisine, l'un de ses compagnons, en quelque sorte son sénéchal, me dit de lui que c'était le fils du roi suprême. Et il ajouta : « De même qu'il a reçu les gants de tes mains, de même il recevra volontiers et avec satisfaction le manuscrit relatif à l'Apôtre, lorsque tu l'auras achevé. » Une seconde fois, alors que je réfléchissais au sermon *Veneranda dies* sur la translation de ses reliques et que je tenais entre les mains un cahier où celui-ci était écrit, le jeune homme m'apparut au cours d'une extase avec le bienheureux saint Jacques, disant : « Ne diffère pas de consigner ces préceptes méritoires qui nous agréent et doivent être observés par tous. Achève ce que tu as commencé, condamnant les crimes des mauvais aubergistes qui bordent les chemins de mon Apôtre. »

Et que personne ne pense que j'aie écrit là quoi que ce soit de mon propre chef, mais comprenne que les choses contenues dans le premier livre je les tiens, comme il est manifeste, des livres authentiques des deux saints Testaments et des saints docteurs Jérôme, Ambroise, Augustin, Grégoire, Bède, Maxime, Léon et autres auteurs catholiques. Les autres choses, qui sont dans les livres historiques suivants, je les ai vues de mes propres yeux, ou je les ai trouvées dans des livres, ou je les ai apprises de relations fiables et je les ai faites miennes. Que personne donc ne méprise ce livre, s'il y trouve reproduit quelque chose d'une diction facile. Car j'y ai écrit nos propos dans un style aisé, afin qu'ils soient accessibles tant aux savants qu'aux gens simples. Bien des gens en effet méprisent ce qu'ils ne comprennent pas. Les Français méprisent les Allemands et les Romains méprisent les Grecs, parce qu'ils ne comprennent pas leur langue. Si j'entends tous les jours prêcher un Grec ou un Allemand et que je ne le comprenne pas, quel profit en aurai-je ? C'est pourquoi les saints commentaires sur les quatre Évangiles et sur les prophètes se sont développés jadis, car on avait bien du mal à les comprendre. Si tu me donnes à table du pain non coupé, je m'en réjouirai ; si tu me donnes du pain coupé, j'en serai plus heureux encore. La croûte ne sert pas à grand-chose, jusqu'à ce qu'apparaisse la mie. Une boisson translucide montre plus clairement ce qu'il y a en elle. Un œil sain et ouvert voit plus clairement qu'un œil trouble et fermé. Une chandelle claire, qui donne de la lumière à tous les assistants, est plus utile que celle qui donne aux uns et refuse aux autres. Ainsi cet opuscule a-t-il été manifesté à tous, pour apporter de grands bienfaits aussi bien à ceux qui sont habiles en l'art des belles-lettres qu'à ceux qui ne le comprennent point.

Mais il nous faut encore indiquer ce qui, dans ce livre, doit être lu à l'église. Tout ce qui figure dans les deux premiers livres jusqu'au signe semblable au >P<, qui est celui du Christ, doit être chanté et lu dans les églises aux matines et pendant la messe, comme il a été ordonné. C'est en effet authentique et pourvu d'une grande autorité. Et tout ce qui figure après ce signe dans les parties qui suivent doit être lu dans les réfectoires pendant les repas. C'est aussi d'une grande autorité. Mais les choses qui figurent dans les deux premiers livres suffisent largement pour les lectures de matines. Et si tous les sermons et les miracles de saint Jacques qui sont contenus dans ce livre ne peuvent être lus à l'église les jours de fête, en raison de leur dimension, qu'ils soient lus au moins plus tard, quelque semaine suivante, dans le réfectoire, le jour de la semaine qui fut celui de la célébration.

Que personne n'hésite à chanter les répons et les antiennes, que nous avons empruntés à l'Évangile et que nous avons copiés dans ce livre. Certains prétendent que les répons de la Passion de saint Jacques « L'apôtre du Christ, Jacques, entrant dans les synagogues » seraient apocryphes, parce que toutes les choses qui sont écrites dans les passions des apôtres ne sont pas affectées aux yeux de tous d'une grande autorité. Les uns les chantent, les autres ne les chantent pas. Dans la ville même où elles furent créées, elles ne sont pas chantées entièrement.

D'autres chantent dans le désordre les répons créés jadis par un évêque de Léon. Les uns chantent à propos de saint Jacques le répons d'un martyr ou d'un confesseur « Saint Jacques, apôtre du Christ, entends les prières de tes humbles serviteurs » ; d'autres chantent de même le répons de saint Jean-Baptiste « Ô honneur spécial » ; d'autres chantent abusivement le répons de saint Nicolas, comme s'il n'y en avait pas qui le concerne en propre.

Un chanoine de Saint-Jacques, chantre de sa basilique, du nom de Jean Rodrigue, alors qu'il avait fait sa semaine à son tour et avait rempli sa bourse avec les offrandes de l'autel, commémora pour lui-même ce qui est chanté dans un certain répons de saint Nicolas : « Il a su donner à ses serviteurs des présents confortables. » C'est pourquoi l'usage est de chanter dans le chœur de saint Jacques le même répons, en enlevant le nom de saint Nicolas et en disant : « Le bienheureux Jacques, après avoir joui de son triomphe, sut donner à ses serviteurs des présents confortables. » Conformément à l'usage ecclésiastique, il convient de ne pas chanter quelque répons des apôtres au sujet d'un confesseur, et de même il convient de ne pas chanter le répons d'un confesseur ou d'un martyr, ou de saint Jean-Baptiste ou de quelque autre saint au sujet d'un apôtre.

D'autres chantent à la messe de saint Jacques l'introït *Réjouissons-nous tous dans le Seigneur* que l'Église a coutume de chanter en propre uniquement à propos des vierges saintes, Agathe, la Vierge Marie et Marie-Madeleine. Les uns chantent l'introït *Soyons tous heureux dans le Seigneur*, d'autres *C'est trop pour moi*, d'autres, pour ainsi dire, chantent comme bon leur semble des strophes de leur propre cru. C'est pourquoi nous ordonnons que personne ne continue de chanter au sujet de saint Jacques quelque répons à sa guise, en dehors des répons authentiques des Évangiles que ce livre contient : *Seigneur, progrès des petits*, ou le répons *Voici que je vous envoie*. De même personne ne doit continuer à chanter pour sa messe un quelconque introït, si ce n'est *Jésus appela Jacques, fils de Zébédée*, avec ses chants suivants, ou *C'est trop pour moi*. Quoi que l'on chante à propos de saint Jacques, cela doit émaner d'une haute autorité. Ses serviteurs doivent s'attacher à ce que, pour que la dévotion du clergé de Saint-Jacques concélèbre les matines, il y ait avec les répons une triple lecture et que les heures n'y manquent point. Que la gent pèlerine les entende.

Nous ordonnons au clergé de Saint-Jacques de faire ceci dans sa basilique, sauf pour Noël et le jeudi saint, la parascève et le dimanche suivant, à Pâques et à Pentecôte. Que de même la première messe du propre de saint Jacques soit chantée par les pèlerins tous les jours sauf les jours ci-dessus. Et qu'après la première prière de la messe suive soigneusement cette prière pour les pèlerins : *Ouvre, Seigneur nous t'en prions, les oreilles de ta miséricorde aux pèlerins de saint Jacques qui te supplient, et afin qu'aux demandeurs...* À rechercher dans le Livre I. Que quiconque aura, par des arguments sans fondement ou des discussions sans consistance, ridiculisé, ou dédaigné, ou osé critiquer les choses contenues dans ce livre, soit anathème avec Arrion et Sabellion.

Portez-vous bien tous dans le Seigneur. Donné au Latran le 15 janvier.

LIVRE PREMIER

SOMMAIRE DU LIVRE I

Chapitre XVII. – Sermon du pape Calixte : *Veneranda dies.*

Chapitre XVIII. – Homélie du pape Grégoire : *Audistis, fratres karissimi, quia.*

Chapitre XIX. – Exposé du pape Calixte : *Sollempnia sacra presentia.*

Chapitre XX. – Exposé des saints Jérôme, Augustin, Grégoire et Calixte : *Festivitatem electionis et translationis.*

Chapitre XXI. – Chapitres du pape Calixte sur la vigile de saint Jacques et le jour de sa passion : *Iacobus Dei et Domini nostri Ihesu Christi servus.*

Chapitre XXII. – Répons du pape Calixte avec ses antiennes et ses hymnes pour la vigile de saint Jacques : *Redemptor imposuit.*

Chapitre XXIII. – Répons tirés de l'Évangile, antiennes et hymnes du pape Calixte à chanter pour les jours de fête de la passion et de la translation de saint Jacques : *Salvator progressus pusillum.*

Chapitre XXIV. – Messe du pape Calixte à chanter dans la vigile de saint Jacques avec ses annexes : *Iacobus et Iohannes.*

Chapitre XXV. – Vers du pape Calixte à chanter pour la procession de saint Jacques dans chaque fête de celui-ci : *Salve festa dies Iacobi.*

Chapitre XXVI. – Messe du même pape Calixte à dire le jour de la passion de saint Jacques avec ses annexes : *Ihesus vocavit Iacobum.*

Chapitre XXVII. – Messe du même pape Calixte à chanter assidûment pour les pèlerins de saint Jacques.

Chapitre XXVIII. – Sept messes du même pape Calixte à chanter séparément et aux diverses fêtes de l'octave de saint Jacques.

Chapitre XXIX. – Chapitres du même pape Calixte à dire pour la translation de saint Jacques : *Iacobus placuit Deo.*

Chapitre XXX. – Messe du pape Calixte à chanter le jour de la fête de la translation de saint Jacques.

Chapitre XXXI. – Messe farcie de saint Jacques avec conduits et *Benedicamus.*

Chapitre premier

24 JUILLET. VIGILE DE SAINT JACQUES

Lecture de l'épître de saint Jacques apôtre. *Jacques, serviteur de Dieu et du Seigneur Jésus-Christ, aux douze tribus qui sont dans la dispersion, salut*, etc. (Jc 1, 1-14).

SERMON DE BÈDE LE VÉNÉRABLE, PRÊTRE

Puisque nous célébrons, très chers frères, la vigile de saint Jacques, en accomplissant les offices prescrits et les jeûnes adéquats, il convient aussi qu'en son honneur les prédications de nos langues ne taisent point les louanges du Christ. Jacques affirme dans l'exorde de son épître qu'il est *le serviteur de Dieu et de Notre Seigneur Jésus-Christ*, et il envoie son salut aux fidèles, afin de montrer que quiconque sera demeuré au service de Dieu jusqu'à la fin sera sans aucun doute sauvé pour l'éternité. L'apôtre Paul dit de ce Jacques : *Jacques, Céphas et Jean, réputés les colonnes, nous donnèrent la main droite, à moi et à Barnabé, en signe d'union : nous serions pour les gentils, eux pour les circoncis. Nous devions seulement nous souvenir des pauvres* (Gal 2, 9-10). Puisqu'il avait donc été ordonné apôtre étant lui-même circoncis, il eut en charge ceux qui étaient circoncis, aussi bien pour enseigner ses auditeurs par sa parole que pour réconforter, instruire, encourager, corriger par ses épîtres les absents, *les douze tribus qui sont dans la dispersion* (Jc 1, 1). Nous lisons, à propos de l'exécution de saint Étienne par les Juifs, qu'*il y eut ce jour-là une grande persécution contre la communauté de Jérusalem et tous sauf les apôtres furent dispersés dans les campagnes de Judée et de Samarie* (Ac 8, 1). À ceux donc qui furent dispersés et qui subirent la persécution à cause de la justice, saint Jacques adresse son épître. Non seulement à ceux-ci, mais encore à ceux qui, après avoir adopté la foi dans le Christ, ne veillaient pas encore à être parfaits dans les œuvres, comme l'atteste la suite de la présente épître. Et non seulement à ceux qui avaient commencé dans la foi et y persistaient, mais aussi à ceux qui s'efforçaient de persécuter et de perturber ceux qui croyaient en elle. Tous cependant furent dans la dispersion après avoir fui leur patrie pour diverses raisons, pressés, où qu'ils furent, par leurs ennemis d'innombrables tourments, de meurtres et de menaces, comme l'expose amplement l'*Histoire ecclésiastique*. Mais nous lisons aussi dans les Actes des apôtres qu'à l'époque de la Passion du Seigneur ils avaient déjà été dispersés depuis longtemps et dans bien des régions, puisque Luc déclare : *Or il y avait à Jérusalem des Juifs, hommes pieux de toutes les nations qui sont sous le ciel* (Ac 2, 5). Certaines de ces nations sont nommément désignées : *Parthes, Mèdes, Élamites, habitants de la Mésopotamie*, etc. C'est pourquoi saint Jacques exhorte les justes à ne pas abandonner la foi dans les tentations. Il réprimande les pécheurs et les invite à se détourner des péchés et à cultiver les vertus, afin qu'ils ne soient pas rendus stériles pour eux-mêmes, voire condamnables parce qu'ils ont reçu les sacrements de la foi. Il invite les incrédules à faire pénitence pour la mort du Sauveur et les autres crimes dans lesquels ils furent impliqués, avant que la vengeance céleste, tombant sur eux de manière visible ou invisible, ne les anéantisse.

Estimez que toute la joie réside, mes frères, dans les épreuves de toute sorte qui tombent sur vous (Jc 1, 2). Le propos commence par ceux qui sont plus parfaits pour arriver ensuite à ceux qu'il voyait imparfaits, donc à corriger et à mener au sommet de la perfection. Et il faut noter qu'il ne dit pas simplement « soyez heureux » ou « estimez-vous heureux », mais estimez que toute la joie réside dans *les épreuves qui tombent sur vous*. Et qu'il dit aussi : nous pensons que c'est digne de toute joie s'il vous arrive de subir des épreuves pour la foi du Christ. *C'est une grâce de subir injustement parce que Dieu en fait un devoir* (1 Pt 2, 19), comme dit l'apôtre. *Les souffrances du temps présent ne sont pas comparables à la gloire qui sera révélée en nous* (Rm 8, 18). Et tous les apôtres *s'en allèrent joyeux de devant le Sanhédrin, parce qu'ils avaient été jugés dignes de souffrir des opprobres pour le nom de Jésus* (Ac 5, 41). Nous ne devons donc pas être affligés si nous sommes soumis à des tentations mais si nous cédons aux tentations. *Sachant que l'épreuve de votre foi produit la patience* (Jc 1, 3 ; cf. Rm 5, 3). C'est pourquoi, dit-il, vous êtes exposés aux épreuves, pour que vous appreniez la vertu de patience et puissiez montrer et prouver par celle-ci quelle foi dans la rétribution future vous nourrissez dans le cœur. Et il ne convient pas de considérer comme contraire à ceci, mais plutôt de comprendre comme concordant, que Paul dise : *Sachant que la tribulation engendre la patience, et la patience la vertu éprouvée* (Rm 5, 3-4) ; la patience en effet engendre la vertu éprouvée, parce que celui dont la patience ne peut être vaincue prouve qu'il est parfait. Ce qui est enseigné aussi comme suit, lorsqu'il est dit : *Que la patience soit accompagnée d'œuvres parfaites* (Jc 1, 4) ; et à nouveau : *L'épreuve de votre foi produit la patience* (Jc 1, 3). Cette raison fait que les fidèles agissent par patience, afin que soit prouvé par celle-ci combien leur foi est parfaite.

Si la sagesse fait défaut à quelqu'un d'entre vous, qu'il la demande à Dieu, lequel donne à tous libéralement, sans rien retenir, et elle lui sera donnée (Jc 1, 5). Il faut demander à Dieu la sagesse salutaire parce que l'homme sage dit : *Toute sagesse vient de Dieu et elle a toujours été avec lui*

(Ecli 1, 1). Parce que nul ne peut comprendre et être sage par son libre arbitre sans aide de la grâce divine, bien que les Pélagiens le contestent fort. Mais il semble que ceci puisse être dit spécialement de la sagesse dont nous devons user dans les tentations. Si quelqu'un, dit-il, ne peut juger l'usage que vous faites des tentations qui adviennent aux fidèles pour qu'ils fassent leurs preuves, qu'il demande à Dieu de lui attribuer la capacité de discerner par quelle piété le Père châtie ses fils qu'il prend soin de rendre dignes de l'héritage éternel. Et il dit prudemment : *qui donne à tous libéralement* (Jc 1, 5). Et que personne ne désespère, par conscience de sa fragilité, de pouvoir recevoir ce qu'il demande, car le Seigneur *a exaucé le désir des pauvres* (Ps 10, 17). Et il est dit de même ailleurs : *Le Seigneur a béni tous ceux qui le craignent, les petits et les grands* (Ps 113, 13).

Mais puisque nombreux sont ceux qui demandent à Dieu ce qu'ils ne méritent cependant pas de recevoir, saint Jacques ajoute comment ils doivent demander s'ils désirent obtenir : *Qu'il demande avec foi, sans hésiter* (Jc 1, 6). Telle est, en effet, la chose : qu'il se montre, en vivant bien, tel qu'il soit digne d'être exaucé lorsqu'il demande. Celui qui en effet se souvient de n'avoir pas obéi aux préceptes du Seigneur désespère à bon droit que le Seigneur réponde à ses prières. Il est écrit, en effet : *Si quelqu'un bouche son oreille pour ne pas entendre la loi, sa prière sera exécrable* (Pro 28, 9). *Celui, en effet, qui hésite est semblable au flot de la mer, agité et ballotté par le vent* (Jc 1, 6). Celui qui, poussé par la conscience du péché, doute de rece-voir les récompenses célestes, abandonne facilement sous l'impulsion des tentations l'attitude de foi dans laquelle il semblait servir Dieu dans la paix et s'en trouve arraché, par les divers errements des vices, au gré de l'ennemi invisible, comme si c'était un souffle de vent.

L'homme à deux âmes est inconstant dans toutes ses voies (Jc 1, 8). Dans toutes ses voies, c'est-à-dire les voies hostiles et les voies favorables. L'homme a deux âmes quand il fléchit le genou pour prier le Seigneur, prononce des prières et pourtant, s'accusant intérieurement, désespère en conscience de pouvoir obtenir. L'homme a deux âmes quand il veut se réjouir ici-bas avec le siècle et régner dans l'au-delà avec Dieu. De même a deux âmes l'homme qui demande pour les bonnes choses qu'il a faites non une récompense intérieure mais une récompense extérieure. Ce pourquoi tel sage dit à bon droit : *Malheur au pécheur qui marche dans deux voies* (Ecli 2, 12). Le pécheur, en effet, marche dans deux voies, celle de Dieu, ce qu'il montre par ses œuvres, et celle du monde, à savoir les choses qu'il demande en pensée. Tous ceux-ci sont inconstants dans toutes leurs voies, parce qu'ils sont si facilement terrifiés par les embûches du siècle et séduits par les succès qu'ils s'écartent de la voie de la vérité.

Que le frère humble se glorifie de son élévation (Jc 1, 9). C'est pourquoi, dit saint Jacques, il convient que vous considériez tout comme un sujet de joie (cf. Jc 1, 2), lorsque vous serez soumis à des tentations de toute sorte, parce que tout homme qui supporte les vicissitudes humblement pour l'amour de Dieu recevra de celui-ci les récompenses sublimes du royaume des cieux. *Et que le riche mette sa gloire dans son abaissement* (Jc 1, 9-10) complète le verset qui précède. Il est clair que cela est dit par dérision, qui se dit en grec « ironie ».

Ainsi, dit-il, il se souviendra que sa gloire, par laquelle il s'enorgueillit de ses vices et méprise ou même opprime les pauvres, s'achèvera un jour, de telle sorte qu'humilié, il périsse pour l'éternité avec ce riche habillé de pourpre qui méprisa Lazare dans le besoin (cf. Lc 16, 19 ss). *Parce qu'il passera comme l'herbe fleurie* (Jc 1, 10). L'herbe fleurie est délectable à l'odorat et à la vue mais perd très rapidement la grâce de sa beauté et de sa suavité. C'est pourquoi la félicité présente des impies, qui ne dure jamais fort longtemps, lui est assimilée à très juste titre. *Le soleil s'est levé brûlant et il a desséché l'herbe et sa fleur est tombée* (Jc 1, 11). Il désigne par l'ardeur du soleil la sentence du juge rigoureux par laquelle la beauté temporelle des réprouvés est consommée à la fin des temps. Les élus fleurissent aussi, mais non comme l'herbe. *Le juste, en effet, fleurira comme le palmier* (Ps 91, 13). Les injustes fleurissent dans le temps *parce que, comme l'herbe, ils seront vite coupés et comme le vert gazon ils se flétriront* (Ps 36, 2). Les justes croissent comme des arbres, parce que leur fleur, c'est-à-dire leur espérance la plus certaine, attend le fruit éternel. La racine aussi, c'est-à-dire leur charité, demeure fixe et immuable. C'est pourquoi, en effet, le sage déclare : *J'ai fructifié comme la vigne, la suavité de l'odeur, et mes fleurs sont les fruits de l'honneur et de l'honnêteté* (Ecli 24, 23). Ensuite, Naboth, l'homme juste, aima mieux mourir que voir transformer la vigne de ses pères en jardin potager (cf. 3 Rg 21, 1). Transformer la vigne de ses pères en jardin potager, c'est faire des œuvres courageuses, des vertus que nous avons reçues, de la doctrine des pères les jouissances fragiles des vices. Les justes, en effet, aiment mieux rendre l'âme que choisir les biens terrestres au détriment des biens célestes. Et le Psalmiste dit bien à leur sujet : *Parce qu'ils furent comme un arbre planté près d'un cours d'eau qui donne son fruit en peu de temps* (Ps 1, 3), etc. Mais qu'en est-il de l'injuste ? *Et la beauté de son visage a disparu, comme le riche se flétrit dans ses entreprises* (Jc 1, 11). Il ne dit pas *tout riche* mais celui qui se fie au pouvoir chancelant des richesses. Celui qui opposa le riche à son frère humble montre qu'il parle de ce riche qui n'est pas humble. Car Abraham aussi, bien qu'il fût riche dans le monde, reçut cependant le pauvre en son sein après sa mort, laissant le riche dans les peines. Toutefois il n'abandonna pas le riche parce qu'il était riche, ce que lui-même avait été, mais parce qu'il avait méprisé le fait d'être humble et miséricordieux, ce que lui-même avait été. Et au contraire, il ne reçut pas Lazare, parce qu'il était pauvre, ce que lui-même n'avait pas été, mais parce qu'il veillait à être humble et à ne pas nuire. Un tel riche, c'est-à-dire orgueilleux et impie, qui fait passer les joies terrestres avant les joies célestes, *se flétrira sur ses chemins* (Jc 1, 11), c'est-à-dire périra dans ses actes injustes, parce qu'il a négligé de prendre la voie droite du Seigneur. Mais alors que celui-ci se flétrit comme l'herbe sous le soleil ardent, le juste, au contraire, comme l'arbre fruitier, supporte sans en être affecté l'ardeur du même soleil, à savoir la sévérité du juge, et en outre apporte les fruits des bonnes œuvres pour lesquelles il sera rémunéré dans l'éternité. Et vient s'ajouter à bon droit : *Heureux l'homme qui supporte la tentation, parce que, une fois éprouvé, il recevra la couronne de vie que Dieu a promise à ceux qui l'aiment* (Jc 1, 12). Même chose dans l'Apocalypse : *Sois fidèle jusqu'à la mort et je te donnerai la couronne de vie que Dieu a promise* (Ap 2, 10), dit-il, *à ceux qui l'aiment*. Cela montre bien qu'il convient de se réjouir dans les tentations d'autant plus qu'il est avéré que Dieu impose plus souvent le poids des tentations à ceux qu'il préfère, pour que les parfaits dans la foi soient éprouvés par la pratique des tentations. Lorsqu'ils auront été éprouvés comme étant véritablement fidèles, c'est-à-dire parfaits, sans faille et sans nul défaut, ils recevront de droit la couronne de la vie éternelle qui leur est promise.

Que nul, lorsqu'il est tenté, ne dise qu'il est tenté par Dieu (Jc 1, 13). Il a traité jusque-là des tentations que nous subissons extérieurement avec la permission divine pour notre mise à l'épreuve, il en vient maintenant à évoquer celles que nous subissons intérieurement sur le conseil de notre fragilité, à l'instigation du diable ou de notre nature. Par quoi d'abord il détruira l'erreur de ceux qui estiment, les bonnes pensées nous étant inspirées par Dieu, que les mauvaises pensées sont aussi engendrées par lui dans notre esprit. *Que nul, lorsqu'il est tenté, ne dise qu'il est tenté par Dieu.* Il s'agit de cette tentation qui tombe sur le riche et le flétrit sur ses chemins (cf. Jc 1, 11). Personne, après avoir commis un vol, une escroquerie, un faux témoignage, un stupre ou quoi que ce soit de ce genre, ne peut prétendre l'avoir fait sous le coup d'une nécessité imposée par Dieu à laquelle il n'aurait donc pu résister. *Dieu en effet est celui qui ne tente pas pour le mal,* ce n'est pas un tentateur. *Lui-même ne tente en effet personne* (Jc 1, 13), à savoir de cette tentation qui abuse les malheureux afin qu'ils pèchent. Il y a en effet deux sortes de tentations, l'une qui abuse et l'autre qui conforte. C'est selon celle qui conforte que Dieu tenta Abraham. C'est celle-ci que demande aussi le prophète : *Éprouve-moi, Seigneur, et tente-moi* (Ps 25, 2). *Mais chacun est tenté par sa propre convoitise, qui le détourne et l'entraîne* (Jc 1, 14). Qui le détourne du droit chemin et l'entraîne au mal. Que, par les mérites et l'intercession de saint Jacques, daigne nous soustraire à cette tentation et à cette convoitise Notre Seigneur Jésus-Christ qui vit et règne avec le Père et l'Esprit-Saint, Dieu pour tous les siècles des siècles. Amen.

Chapitre II

24 JUILLET. VIGILE DE SAINT JACQUES,
FILS DE ZÉBÉDÉE, APÔTRE DE GALICE,
QUI EST CÉLÉBRÉ DIGNEMENT PAR LE JEÛNE
ET UN OFFICE PROPRE

LECTURE DU SAINT ÉVANGILE SELON SAINT MARC. *Puis il gravit la montagne et il appelle à lui ceux qu'il voulait. Ils vinrent à lui, et il en institua douze pour être ses compagnons et pour les envoyer prêcher* (Mr 3, 13-19), *et la suite.*

SERMON DU PAPE CALIXTE SUR CETTE LECTURE

La vigile nocturne de la très sainte solennité du bienheureux Jacques Zébédée, apôtre de Galice, est arrivée pour nous, très chers frères : en laquelle nous devons nous éloigner du mal et persister dans le bien, et nous réjouir par l'affection intime de la charité divine. Il convient certainement que nous nous efforcions d'anticiper par le jeûne et la veille une si grande célébration, et, pour autant que nous le pouvons, d'effacer les taches de nos fautes par les gémissements, les larmes et les aumônes, d'aimer la concorde et la charité, de mépriser les divertissements éphémères du monde, d'aimer les vraies joies de la patrie céleste avec tout le désir de notre esprit ; et, de même que nous sont remises nos dettes par un juste juge, remettons à bon droit pour l'amour de celui-ci les dettes à nos débiteurs (cf. Mt 6, 12) jusqu'à ce que nous méritions d'être jugés purs dans la si grande célébration d'un si grand homme. C'est pourquoi l'Église a décidé qu'avant la solennité des grands saints, il fallait s'abstenir des choses illicites, jeûner et veiller de sorte qu'en ce jour la chair, réprimée quelque peu par la continence, soit purifiée de la souillure des péchés. Bien qu'il convienne de prier et de faire abstinence tous les jours, c'est précisément en ce jour qu'il est plus opportun encore de se vouer aux aumônes, aux prières et au jeûne. Et pour ne pas rechigner à faire ce à quoi nous vous exhortons, frères très aimés, prenez exemple sur ce que vous feriez dans le siècle. Si vous deviez accueillir le serviteur de quelque puissant de la terre, vous vous efforceriez avec une scrupuleuse sollicitude de rendre propre la maison dans laquelle vous lui donnerez l'hospitalité. Si la maison matérielle est purifiée pour l'entrée des hommes, pourquoi la maison de l'âme n'est-elle pas préparée en priorité avec la plus grande pureté d'attention pour le Dieu qui doit venir ? Mais il faut savoir que quiconque accueille dignement et purement le chevalier du roi éternel par un office solennel, accueille dans le chevalier ce même roi éternel en personne ; lui-même l'assure dans l'Évangile lorsqu'il dit : *Ce que vous avez fait au plus petit d'entre les miens, c'est à moi que vous l'avez fait* (Mt 25, 40). Ainsi donc, de même que ce qui est fait à l'un des plus petits du Christ est fait à lui, de même il est établi que les choses qui sont faites à l'un de ses saints, c'est à lui qu'elles sont faites.

C'est bien à cela que nous sommes poussés par le propos de l'apôtre quand il dit : *Il est l'heure de sortir de votre sommeil* (Rm 13, 11). Nous sommes certainement endormis quand nous sommes engourdis dans la volupté de la chair et que nous demeurons dans l'habitude du péché. En effet, de même que le corps est alourdi par le sommeil, ainsi l'âme est abattue par la volupté de la chair et l'habitude du péché. C'est pourquoi il est écrit : *Éveillez-vous à la justice et ne péchez plus* (1 Cor 15, 34). Donc, de cette manière, nous sortons du sommeil en mettant la volupté de la chair au second plan, en quittant l'habitude du péché, et nous nous rendons prompts à l'amour et au service de Dieu. Mais il est plus que jamais temps maintenant de nous tirer de ce sommeil, nous qui allons célébrer demain la vénérable fête du grand Jacques, dont nous célébrons déjà la vigile. Pour cette raison, le Seigneur nous exhorte par Isaïe en disant : *Soyez lavés et purifiés* (Is 1, 16). C'est pourquoi il faut que nous nous lavions, par la confession, la pénitence, les larmes, le sacrifice volontaire, des mauvaises choses que nous avons commises, et que nous persévérions dans cette pureté, pour ne pas être salis à nouveau par nos péchés. En effet, de même que celui qui, après avoir touché un cadavre et s'être lavé, est rendu impur par un contact renouvelé, de même celui qui réitère sa faute sera de nouveau souillé. C'est pourquoi le Psalmiste dit : *Détourne-toi du mal et fais le bien* (Ps 36, 27). Aussi est-il évident qu'il ne suffit pas à l'homme de s'abstenir du mal, s'il ne fait pas ce qui est bon. Ce qui est montré quand Isaïe déclare encore : *Arrêtez d'agir mal, décidez de faire le bien* (Is 1, 16-17). Parce que de même qu'en agissant d'une mauvaise manière nous nous séparons de Dieu, de même en faisant le bien nous le rejoignons.

Sachez-le, bien chers frères, de même qu'il est malhonnête pour un homme qui va manger à la table d'un roi terrestre de s'en approcher avec des vêtements souillés, de même il est honteux pour une âme chrétienne de venir à la célébration d'un tel apôtre avec des impuretés quelconques. Et comme il est répugnant pour un roi terrestre de voir quelqu'un de sale ou de répréhensible assis à sa table, de même il est malhonnête au regard de Dieu qu'il y ait par hasard quelque chose de repoussant ou de vicieux chez un chrétien célébrant la fête du bienheureux Jacques. Et il faut, pour cette raison, que non seulement nous prenions garde en ces jours à ne pas tomber dans le mal, mais encore que nous nous en abstenions longtemps auparavant, pour ne point parvenir à la fête d'un tel apôtre défigurés par une faute grave, mais plutôt embellis par les fleurs de nos bonnes actions. Que ne nous soit pas dit, comme est dit par Dieu avec réprobation à celui qui est entré dans les noces dénué de bonnes œuvres : *Mon ami, comment es-tu entré ici sans avoir une tenue de noces ? L'autre resta muet. Alors le roi dit à ses valets : Jetez-le pieds et poings liés dehors dans les ténèbres ; là seront les pleurs et les grincements de dents* (Mt 22, 12-13). Prenez garde, très chers frères, car de même qu'est jeté en dehors de la communauté des convives celui qui était dépourvu de vêtement de noces, ainsi je crains que ne soit exclu de l'assemblée des saints celui qui vient célébrer la fête de ces saints sans avoir accompli de bonnes œuvres. Et si est exclu de leur assemblée celui qui, exempt de bonnes œuvres, vient célébrer la fête du saint, qu'adviendra-t-il alors à celui qui y vient chargé de mauvaises actions dont il n'aura pas fait pénitence ? Je crains qu'il ne soit puni de la même peine. Mais il faut savoir que celui qui aura célébré dignement et justement les fêtes du bienheureux Jacques célébrera avec lui le jour de sa victoire, et participera sans aucun doute à la fête des anges et des saints pour l'éternité des siècles. En effet, si nous célébrons les fêtes de celui-ci en ce monde, les anges les célèbrent bien plus dans les hauteurs du ciel. Ô qu'il est digne et glorieux, frères très aimés, de célébrer avec les anges les fêtes des saints, qui nous recevront dans leur royaume en union avec eux dans les cieux. Que quiconque donc a chuté ou dans la fornication, ou dans l'homicide, ou dans l'adultère, ou dans d'autres vices, recoure au remède de la pénitence, pour être rendu apte à célébrer les fêtes d'un tel apôtre du Christ, jusqu'à ce qu'il mérite, ayant dignement célébré cette fête, d'avoir part à la gloire éternelle des saints.

En effet, si quelqu'un est tombé fortuitement dans quelque faute lors des fêtes sacrées du bienheureux Jacques, ou vient célébrer celui-ci sans avoir fait pénitence pour une faute passée, ou après avoir cessé de faire le bien en ces jours, ou s'être adonné aux choses du siècle sans faire pénitence, il aura célébré ces fêtes en vain, car il a fait des louanges vides devant le Seigneur. Pour cette raison, Dieu nous enjoint par ce prophète de nous abstenir non seulement des actes mauvais, mais aussi des mauvaises pensées, en nous disant : *Ôtez de ma vue vos actions mauvaises* (Is 1, 16). En effet, célébrer les fêtes des saints, c'est faire apparaître le repos éternel des cieux. Lorsque en ces jours nous nous reposons des actes terrestres, nous montrons, celui dont nous célébrons les fêtes étant dans le repos de l'éternité, que nous serons ensemble avec lui dans le repos du paradis éternel, par la grâce de Dieu, si nous mettons un terme aux actes mauvais et nous attachons aux bonnes œuvres. Et lorsque nous jeûnons dans les vigiles de ces saints, nous montrons que, comme nous nous abstenons des nourritures corporelles, ainsi nous devons nous abstenir des actes nuisibles. En effet, aussi longtemps qu'Adam s'est abstenu des nourritures interdites et nuisibles, aussi longtemps il est demeuré dans le paradis ; dès qu'il en eut mangé, il en fut aussitôt chassé. Par là est donné à entendre que celui qui sanctifiera les vigiles des saints par les jeûnes, les prières et les aumônes participera à leur gloire dans le monde futur. Mais quiconque n'aura pas jeûné en cette fête, ou aura cessé de faire le bien, comme nous l'avons dit plus haut, ou aura fait des choses interdites, sera assurément privé de la communauté des saints. Et celui qui, en d'autres choses, s'écarte du mal et fait le bien aura la couronne ; mais quiconque en ce jour ne jeûne pas, ne fait pas le bien et ne cesse pas le mal sera châtié. Ce qui est encore pire, c'est que le démon jaloux et initiateur des vices, qui tenta Adam dans le paradis et qui ne cesse de détourner les saints des bonnes œuvres, est lui-même à l'affût lors des solennités des saints et a coutume d'aiguillonner alors de ses tentations plus que les autres jours. Qui plus est, certains ont coutume en ces jours de fête de s'adonner encore plus à leurs vices qu'à les corriger.

Certes, ce n'est pas celui qui s'est adonné, en ces jours de fête, à la jalousie, au vol, à l'ébriété, à l'orgie effrénée, à la fornication, au soin des choses du siècle, à l'homicide, à la chasse aux oiseaux et aux animaux terrestres, aux jeux de hasard ou aux échecs, à assiéger, tirer une vengeance ou attaquer des ennemis, opprimer des frères, ou commettre quelque grave crime qui célèbre les fêtes des saints, mais celui qui aura été trouvé pratiquant la distribution aux pauvres, l'hospitalité, la chasteté, la visite des infirmes, la lecture sacrée ou la prière, l'apaisement des querelleurs ou quelque autre bonne œuvre. Ceci est montré par Moïse et le peuple israélite, quand Moïse s'attardait sur le mont Sinaï avec Dieu et que le peuple perfide sacrifiait au veau d'or (cf. Ex 32, 1-4). Que signifie le fait que Moïse se tient en contemplation divine devant Dieu et que le peuple adore le Veau d'or, sinon que les religieux, quels qu'ils soient, qui désirent célébrer rituellement les fêtes des saints et persister dans la contemplation, s'abstiennent longtemps auparavant des vices, tandis que les pervers au contraire, qui se sont longtemps abstenus auparavant, commettent maintenant le péché en s'écartant des bonnes choses ? C'est pourquoi il est dit dans l'Écriture : *Est mauvais celui qui célèbre le sabbat en étant vide de bonnes œuvres* (Mc 3, 4 ; Lc 6, 9). Et le Psalmiste dit : *Ils échangèrent leur gloire pour l'image du bœuf mangeur d'herbe* (Ps 105, 20). Ils échangent leur gloire avec l'image du veau, les pervers qui célèbrent les fêtes apostoliques comme si c'étaient celles de l'animal, en obéissant à leurs vices, ou vont célébrer les fêtes des saints sans avoir fait pénitence pour leurs crimes. Il dit bien aussi : *Ils ont oublié le Dieu qui les avait sauvés* (Ps 105, 21), parce que ceux-ci ignorent le Seigneur, qui désirent célébrer les fêtes sacrées de ses saints non au moyen de bonnes actions mais dans l'ivresse, la luxure, l'inceste et les vains propos. Le peuple hébreu ne commit pas beaucoup de péchés en Égypte, il se corrompit ensuite en adorant le veau dans le désert, par quoi il est dit avoir offensé Dieu. Que signifie cela ? Excepté quelques-uns qui, avant les fêtes de saint Jacques, l'apôtre du Seigneur, se sont abstenus des vices, d'autres en agissant mal sont maintenant pris aux pièges du démon. Cela Dieu vous exhorte à ne pas le faire.

Ainsi donc, très chers frères, ayons la force de célébrer dignement la solennité de l'apôtre. Ainsi donc ayons le devoir de fêter son immense et honorable célébration, et de nous y préparer avec la plus grande pureté. Nous devons penser à nous rendre à nouveau purs, autant que nous le pouvons, par l'abstinence, et à assister convenablement à ses offices, le jour de sa solennité, jusqu'à ce qu'il vienne, au dernier jour, dans la troupe des douze apôtres, pour juger les douze tribus d'Israël, et que, grâce à sa protection, nous méritions d'échapper au jugement de vengeance et de régner sans fin avec lui dans le royaume des cieux.

CÉLÉBRATION DE LA VIGILE. La coutume ecclésiastique de célébrer les vigiles des grands saints la nuit dans les églises, par les confessions, des flambeaux et des cierges, tire son origine des premiers pères de l'ancienne loi. Il convient donc, la veille des vigiles, de balayer la basilique, de l'orner de tapisseries, de voiles et de joncs, afin qu'en elle le clergé et le peuple puissent s'adonner plus convenablement à leurs prières. Que le peuple fidèle doive avant les vigiles recevoir la pénitence des prêtres prêchant dans l'Église, le livre de l'Exode le montre quand il dit : *Ils lavèrent leurs vêtements puis Moïse dit au peuple : Tenez-vous prêts pour après-demain, ne vous approchez pas de votre femme* (Ex 19, 14-15). Donc de même que le peuple hébreu, qui devait accepter la loi hébraïque, a lavé son vêtement et s'est abstenu de sa propre femme, ainsi le peuple chrétien qui va célébrer la fête de l'apôtre, doit-il, le jour avant les vigiles, laver non seulement ses vêtements, mais aussi, par la pénitence reçue des prêtres, laver son cœur et son corps, et s'abstenir de sa propre femme jusque huit jours après. Mais il est vrai que s'il faut s'abstenir de sa femme légitime, combien plus le faut-il des souillures interdites !

Il convient que toute la nuit le peuple prie dans l'église devant l'autel, tienne dans ses mains des cierges ardents, demeure debout et ne s'assoie pas, veille et ne dorme pas, ce qui est attesté par Dieu qui dit : *Que vos reins soient ceints et vos lampes allumées* (Lc 12, 35). Il demande de ceindre les reins, pour signifier que la luxure, qui est dans les reins, doit être réprimée. Il demande assurément de tenir la lumière dans les mains, pour signifier que de bonnes œuvres doivent être accomplies. C'est la raison pour laquelle ceux qui veillent doivent rester sur leurs pieds et ne pas s'asseoir, excepté le moment venu, ce que Paul atteste en disant : *Tenez-vous donc debout avec la vérité pour ceinture* (Éph 6, 14). Et Dieu au prophète : *Tiens, dit-il, sur tes pieds* (Dn 10, 11). Nombreux sont ceux qui, au moment du sommeil, se sont brûlé le visage avec des cierges allumés pour ne pas s'endormir. Ils aimèrent mieux brûler leur barbe et leurs cheveux que souiller leur intelligence par de mauvaises pensées devant l'autel de Dieu.

Que le cierge de chacun doive brûler du soir jusqu'à la fin de la première messe, le peuple israélite l'atteste, lui qui, marchant dans le désert, mérita d'être illuminé par une colonne de feu qui, la nuit, apparut au-dessus de lui, dans les nuées. Elle a en effet perduré du début de la nuit jusqu'à l'apparition de Vénus, l'étoile du matin. Mais ce qu'il faut savoir entre tout, c'est que le cierge tenu par le veilleur dans ses mains signifie la foi en la Trinité. Dans la cire est signifié Dieu le Père, dans la mèche son Fils unique, et dans la lumière l'Esprit Paraclet qui procède de l'un et de l'autre. Et celui qui tient la nuit une chandelle dans sa main doit tenir fermement la foi dans son cœur. Les voiles, les soieries, les tapisseries et autres ornements qui sont suspendus en ces jours dans l'église, symbolisent la foi, l'espérance et la charité et les autres vertus avec lesquelles nous devons orner la chambre de notre cœur, afin de mériter d'y recevoir l'hôte suprême, c'est-à-dire le Roi éternel Jésus-Christ. Le jonc qui avec d'autres herbes est répandu sous les pieds signifie que nous devons fouler sous nos pieds l'orgueil et les autres vices en faisant le bien.

De la même manière, le peuple en Égypte montre par les vigiles pascales que, désirant entrer en Terre promise, ils fuirent la douleur de l'Égypte et, s'éveillant la nuit, ils se sont ceint les reins et ont revêtu leurs sandales, se sont appuyés sur des bâtons et ont consacré les portes de leurs maisons par le sang de l'agneau. Donc si le peuple célèbre sa pâque de nuit, c'est-à-dire son passage de l'Égypte à la Terre promise, c'est-à-dire d'un lieu temporel à un autre lieu temporel, combien plus devons-nous célébrer en veillant le jour de la fête du bienheureux Jacques où celui-ci passa d'un lieu temporel au trône du paradis. En effet, nous croyons que par son intercession nous passerons de cet exil de chair au paradis. Si ce même peuple mangeait, dans toutes ses maisons et ses familles, l'agneau terrestre, lui-même déjà un symbole, combien plus devons-nous, après avoir, au petit matin, chassé dans toutes les églises les ténèbres de nos fautes, sacrifier et communier, le jour de la fête de notre Jacques, au véritable agneau immaculé offert pour le péché du monde. Eux, veillant de nuit, souhaitaient être libérés des ennemis par la main de Moïse, combien plus devons-nous veiller en la nuit du bienheureux Apôtre, nous qui par son gouvernement espérons être libérés des vices et des ennemis démoniaques ! Mais s'ils se sont vêtus de leurs sandales combien plus devons-nous, nous aussi, entrer dans la marche et proclamer, par les prédications et les exemples, les actes des vivants défunts et des premiers Pères ? S'ils se sont appuyés sur leurs bâtons, eux qui se hâtaient d'avancer sur le chemin, combien plus devons-nous demander aux saints qu'ils nous aident sur le chemin du royaume céleste. Si ensuite ils badigeonnaient leurs maisons du sang de l'agneau, combien plus devons-nous veiller à renforcer la maison de notre cœur, par l'étendard qu'est la croix de Dieu, contre la tentation démoniaque. Et si les peuples hébreux qui désiraient entrer en Terre promise se sont ceint les reins, il est donc bien que le peuple chrétien, qui désire entrer dans la patrie céleste que Dieu lui a promise, se ceigne les reins pendant la vigile, réfrène la luxure, afin qu'il puisse veiller saint Jacques avec plus d'éclat. En effet, selon la coutume de ceux qui veillent les défunts, nous veillons les saints tandis que, dans les églises, nous accompagnons leurs funérailles par des prières. Les uns en effet pleurent la mort d'un être cher, les autres se réjouissent de recevoir des honneurs et les dépouilles d'autrui. D'autres encore, jouant de la cithare, adressent de ferventes prières. Donc de même que le corps à veiller est placé au milieu des veilleurs, ainsi il est vrai que le bienheureux Jacques demeure parmi ceux qui le veillent en portant leurs prières près de Dieu. Beaucoup aussi témoignent que, veillant pendant la vigile de cette fête, ils l'ont vu lui-même en apôtre. Nous devons donc, pendant sa vigile, pleurer nos péchés par la componction du cœur et la confession de la bouche, mais aussi exulter parce que, si nous l'avons bien observée, nous obtiendrons les honneurs et les récompenses de la vie éternelle. Les Galiciens, qui ont reçu sa dépouille, c'est-à-dire son corps vénérable, ont à se réjouir et à s'affliger plus que quiconque. Ils doivent s'affliger quand ils en font mauvais usage, ils doivent se réjouir lorsqu'ils la distribuent comme fit saint Laurent. En effet on chante à son propos : *Il dispersa, donna aux pauvres et non aux riches* (Ps 111, 9 ; 2 Cor 9, 9). De même en effet que la coutume est que les clercs psalmodient lors des obsèques des défunts, ainsi il faut que tous ceux qui le veillent psalmodient du cœur et de la bouche lors de la vigile du bienheureux Jacques. *Approchons-nous de la face de Dieu en rendant grâce et acclamons-le par les psaumes* (Ps 94, 2), dit le Psalmiste et l'Apôtre dit : *Je prierai avec l'esprit, je prierai aussi avec l'intelligence* (1 Cor 14, 15). Nombreux étaient en effet ceux qui jadis ignoraient les Psaumes et qui donnaient un bon salaire à ceux qui savaient chanter les Psaumes en cette nuit.

Le fait qu'ils doivent observer pendant huit jours ou la solennité des plus grands saints ou celle de saint Jacques est attesté par le *Livre des Chroniques* qui, parlant du temple de Salomon, déclare : *En ces temps-là, Salomon célébra la fête pendant sept jours et tous les Israélites avec lui dans le temple* (2 Par 7, 8-9). Et le huitième jour, il fit une assemblée, à savoir dans le temple. Ainsi donc, nous devons le veiller et le prier en cette nuit pour ne pas succomber aux tentations perverses. Il est bien écrit : *Veillez et priez pour ne pas tomber en tentation* (Mt 26, 41), et à nouveau : *Veillez parce que vous ne savez pas quel jour va venir votre maître* (Mt 24, 42), et ailleurs encore : *Veille et prie dans les travaux* (2 Tm 4, 5). Et de nouveau : *Heureux qui veille à mes portes chaque jour* (Pro 8, 34). Les portes désignent symboliquement la sagesse de l'apôtre par lesquelles les fidèles entrent dans le royaume des cieux. Quiconque veille donc lors des vigiles des apôtres veille aux portes du royaume des cieux. C'est pourquoi si quelqu'un a bien veillé en cette nuit, on dit qu'il doit s'attendre à recevoir pour lui la récompense que les vierges sages ont reçue, elles qui ont tenu leur lampe dans leurs mains et ont persévéré dans les bonnes œuvres jusqu'à la venue de leur vrai Fiancé. En effet pendant le milieu de la nuit une clameur se fit à l'arrivée du Fiancé, les vierges sages entrèrent avec lui pour des noces perpétuelles dans la résidence céleste, et la porte du céleste palais fut fermée aux folles endormies dans le péché, et il donna comme réponse : *En vérité je vous le dis, je ne vous connais pas* (Mt 25, 12). En effet quiconque ignore Dieu dans le péché sera ignoré à la porte du royaume céleste.

Gédéon demanda à ses guerriers de cacher leurs flambeaux dans les cruches, de porter ces cruches dans leurs mains et de les casser quand ils se seraient approchés des ennemis (cf. Jd 7, 13 ss). Ainsi fut fait, et, une fois les cruches cassées, les ennemis frappés d'étonnement par la clarté des flambeaux prirent la fuite. Les cruches représentent symboliquement notre corps, les flambeaux sont les bons désirs cachés de notre cœur, les ennemis sont les démons et les vices. Nous cachons les flambeaux dans les cruches lorsque nous pensons dans nos cœurs aux biens célestes. Nous brisons les cruches lorsque nous affligeons nos corps par l'abstinence en ces jours. Nous montrons les flambeaux lorsque nous donnons à tous l'exemple des bonnes œuvres. À la vue des flambeaux, les ennemis prennent la fuite parce que les démons, nous voyant toujours tendus vers les bonnes œuvres, s'éloignent loin de nous, et les vices aussi. Et de même que le Seigneur, regardant lors d'une veille matinale le camp des Égyptiens, anéantit leur armée par une colonne de feu et des ténèbres, libérant ainsi son peuple (cf. Ex 14, 24 ss), de même, si nous célébrons scrupuleusement les vigiles et les fêtes du bienheureux Jacques par les flambeaux de nos cœurs et de nos corps, aux matines et dans le sacrifice de la messe, nous croyons que nous serons libérés des vices et des ennemis que sont les démons par les mérites de l'Apôtre.

Cette nuit est donc semblable sous bien des aspects à la nuit de la solennité pascale : comme celle-ci est pour beaucoup, à savoir les croyants, une porte du salut, elle débouche pour beaucoup, à savoir les non-croyants, sur la damnation, de même cette nuit est pour les uns une occasion de salut et pour les autres une occasion de damnation. Quiconque en effet a accompli des actes honteux ou frivoles, tenu des propos oiseux, a engagé des bagarres, s'est adonné au stupre, à l'adultère, au vol, à l'ivresse, aux orgies, a écrit ou vu certains spectacles d'histrions, répandu les mensonges des chansons, sera à coup sûr condamné s'il ne vient pas à résipiscence. Ceux qui en revanche auront fait pénitence pour les fautes qu'ils ont commises, et auront tenu dans leurs mains des cierges comme nous l'avons dit plus haut, et auront persévéré dans les prières et le dialogue avec Dieu jusqu'à ce jour, ainsi que nous l'avons dit, le Seigneur les récompensera dans la vie éternelle par les mérites de son Apôtre. Cette nuit, il aime les chastes, déteste les débauchés, met en fuite les iniques, aime les pieux, honnit les somnolents, récompense les vigilants, glorifie les enthousiastes, hait les défaillants, appelle les sobres, rejette les intempérants, enrichit les généreux, damne les avares, édifie les accueillants, méprise les cruels, exalte les joyeux, écarte les coléreux, condamne les malveillants, préserve les aimants, satisfait les pacifiques, écarte les belliqueux, gratifie les pauvres, encourage les infirmes, sauve les pénitents, soutient les véritables affligés. Donc cette nuit sanctifiante fait fuir le crime, efface les fautes, rend l'innocence à ceux qui sont tombés, la joie aux affligés ; elle chasse les haines, prépare la concorde et fait plier les empires. Cette nuit est celle qui arrache à l'aveuglement des pécheurs, restitue à la grâce et associe à la sainteté tous ceux qui dans le monde entier croient dans le Christ, c'est-à-dire ceux qui en cette solennité se sont écartés des vices du siècle. Cette nuit est celle dont il est permis de dire : *La nuit est ma lumière dans mes délices* (Ps 138, 11). Celle-ci ne sera pas obscurcie par les ténèbres mais, comme le jour, illuminée par la vraie lumière, à savoir dans les cœurs de ceux qui la célèbrent véritablement. Ô vraiment bienheureuse nuit, qui dépouille les Égyptiens, c'est-à-dire ceux qui font pénitence de leurs péchés, qui enrichit les Hébreux, c'est-à-dire les croyants en les faisant passer des biens de la terre à ceux du ciel ! Ô vraiment bienheureuse nuit dont le jour a mérité de connaître le moment et l'heure où, le premier, l'apôtre a été dépouillé de cette vie fragile, et où la première couronne lui est donnée pour ses mérites !

[**+ Il convient de se remémorer les choses admirables qui arrivèrent jadis par l'opération de la vengeance divine à ceux qui ne célébraient pas les fêtes de saint Jacques.

En Espagne, près de Tudelio, un paysan battit du blé dans son aire tout le jour de saint Jacques. Le lendemain soir, il se rendit dans un bain magnifique qu'avaient fait jadis les Sarrasins à proximité du camp. Comme il était dans son bain, la peau de son dos, des épaules aux reins, demeura attachée aux parois de la baignoire et, en présence de tous les spectateurs, il rendit l'âme pour avoir transgressé une si grande fête. *Cela a été fait par le Seigneur et c'est admirable à nos yeux* (Ps 117, 23 ; Mt 21, 42).

En Gascogne, à Albi, une foule, renonçant à chômer les fêtes de saint Jacques, travailla toute la journée. Le lendemain, par l'intervention de la vengeance divine, toute la ville fut consumée par le feu. L'un d'entre eux sut par quelle maison le feu avait commencé et déclara que la foudre était tombée du ciel. *Cela a été fait par le Seigneur et c'est admirable à nos yeux* (Ps 117, 23 ; Mt 21, 42).

Dans l'évêché de Béziers, Bernard de Majora conduisit toute la journée une charrette de voisins en promenade. Le soir tombé, un feu du ciel s'abattit subitement sur la charrette et réduisit en cendres la voiture et son conducteur. Six femmes qui avaient accompagné Bernard furent secourues par des passants survenus alors et furent transportées, toutes commotionnées, auprès d'une source proche, pour qu'elles évacuent la chaleur du feu. Elles y réussirent à grand-peine. *Cela a été fait par le Seigneur et c'est admirable à nos yeux* (Ps 117, 23 ; Mt 21, 42).

Harduin, un soldat de ce village, attela ce même jour son chariot et huit de ses bœufs périrent par le fer. *Cela a été fait par le Seigneur et c'est admirable à nos yeux* (Ps 117, 23 ; Mt 21, 42).

En province de Gothie, à Montpellier, sur l'ordre d'un soldat de Mercœur, un paysan habitant près du prieuré de saint Damien fit un pain le jour de la saint Jacques et le mit à cuire. On le porta sur la table et le rompit. Aux yeux de tous les assistants, il se mit à saigner. Et plus on en coupait, plus il saignait. *Cela a été fait par le Seigneur et c'est admirable à nos yeux* (Ps 117, 23 ; Mt 21, 42). +**]

Écartons-nous donc des œuvres de la chair et faisons le bien dans ces solennités sacrées. En effet, celui qui, comme nous l'avons dit auparavant, cessé les actes interdits et a persévéré dans les bonnes actions jusqu'à la fin doit espérer qu'il gravira cette vraie montagne dont Marc dit dans la lecture d'aujourd'hui : *Le Seigneur Jésus, montant à la montagne, appelle à lui ceux qu'il voulait, et ils vinrent à lui. Et il en institua douze pour les envoyer prêcher* (Mc 3, 13-14). Dans le discours sacré, la montagne désigne tantôt l'Église, tantôt le royaume des cieux, tantôt les humbles, tantôt les plus nobles préceptes, tantôt les vertus, tantôt les saints, tantôt les Juifs. Elle désigne l'Église, comme dit la Vérité : *Une ville ne peut se cacher, qui est mise au sommet d'une montagne* (Mt 5, 14). Le royaume des cieux, comme dit le Psalmiste : *Seigneur, qui logera sous ta tente, habitera sur ta sainte montagne ?* (Ps 14, 1). Et l'Esprit-Saint lui répondit en disant : *Celui qui marche en parfait, celui qui pratique la justice et dit la vérité de son cœur sans laisser courir sa langue, qui ne lèse en rien son frère* (Ps 14, 2, 3). Elle désigne les humbles dont le même Psalmiste dit : *Montagnes apportez, et vous collines, la paix aux peuples* (Ps 71, 3). Elle désigne les plus nobles préceptes, comme il est écrit dans l'Évangile : *Voyant les foules, il gravit la montagne* (Mt 5, 1). Elle désigne les vertus comme dit le Psalmiste : *Pourquoi jalouser, montagnes sourcilleuses ?* (Ps 67, 17). Elle désigne les Juifs, comme dit David : *Montagnes de Gelboé, ni rosée ni pluie sur vous* (2 Rg 1, 21). Mais au-dessus de toutes ces montagnes, une seule est la montagne de Dieu, c'est-à-dire son Fils unique qui a été élevé au-dessus de tous les anges. Cette montagne est plus haute que tous les cieux, plus profonde que tous les abysses, plus riche que toutes les terres, plus haute que toutes les hauteurs. De cette montagne Job dit à quelqu'un qui lui parlait : *Elle est plus haute que les cieux, que feras-tu ? Plus profonde que l'enfer, que sauras-tu ? Elle serait plus longue que la terre à mesurer et plus large que la mer* (Jb 11, 8). En effet, de même que la voix manque pour narrer la hauteur du ciel, la largeur de la terre, la profondeur des abysses, les jours du siècle et les gouttes de pluie, de même l'esprit humain manque pour imaginer la grandeur de la majesté faite par Dieu ; mais cependant il est développé pour croire. En effet, ce que l'homme par la raison humaine ne peut comprendre de Dieu peut être compris grâce à la foi. Dieu qui ne peut être compris par la raison humaine peut être compris par une foi sans défaut. Il faut donc croire en la sublimité et la profondeur de son immensité, comme il était au commencement maintenant et toujours. C'est lui qui est donc cette montagne dont le prophète dit : *Venez, montons à la montagne du Seigneur* (Is 2, 3 ; Mic 4, 2). Cette montagne appela à lui ceux qu'il voulait, *lui qui veut que tous les hommes soient sauvés et parviennent à la connaissance de la vérité* (1 Tm 2, 4).

L'IMPOSITION DES NOMS. *Et il fit qu'ils soient douze avec lui, qu'il envoya prêcher, et il leur donna son pouvoir de guérir les infirmes, et de faire sortir les démons* (Mr 3, 14-15). Aux apôtres que le Seigneur envoya pour prêcher, il conféra le pouvoir de faire des miracles, afin qu'ils confirment leur prédication par des signes qui l'illustrent. Il convenait, en effet, qu'accomplissent des choses nouvelles ceux qui allaient annoncer des choses nouvelles. *Et il imposa le nom de Pierre à Simon* (Mr 3, 16). Marc appelle Simon Pierre, à la différence de l'autre Simon appelé le Cananéen. Mais il faut savoir que longtemps avant, comme il est dit dans l'autre Évangile, le

Seigneur donna à Simon le nom de Céphas, à savoir au moment où, avec son frère André, il alla vers lui, le regarda et lui dit: *Tu es Simon, le fils de Jean, tu t'appelleras Céphas, ce qui veut dire Pierre* (Jn 1, 42). Ici il est appelé Céphas, là Pierre, pour que son nom soit connu parmi les Chaldéens, les Grecs ou les Latins. Céphas, en effet, signifie Pierre en syriaque, chaldéen, grec ou latin. Ce nom est dans chaque langue dérivé de celui de la pierre, au sujet de laquelle Paul dit: *Mais cette pierre était le Christ* (1 Cor, 10, 4). Il faut noter qu'à l'image de cette imposition d'un nom le prêtre impose aux enfants leur nom lorsqu'il les baptise, et qu'ensuite, lorsqu'il donne au pécheur le sacrement de réconciliation, il le confirme de manière incontestable.

Et il appela Jacques, fils de Zébédée, et Jean frère de Jacques, auxquels il donna le nom de Boanergès, c'est-à-dire fils du tonnerre (Mr 3, 17). Marc nomme Jacques fils de Zébédée, à la différence de l'autre Jacques qui est appelé fils d'Alphée. Les deux frères, c'est-à-dire Jacques et Jean, le Seigneur les appelle fils du tonnerre parce que de même qu'un bon père instruit son fils au sujet de sa propre activité, de même le Père leur apprit à tonner quand, sur le mont Thabor pendant la Transfiguration, ils l'entendirent tonner, disant: *Celui-ci est mon fils bien-aimé en qui j'ai mis tout mon amour* (Mt 17, 5). Il ne faut donc pas s'étonner que tonnent ensuite ceux que le tonnerre lui-même avait enseignés. Jean tonna admirablement aux sept Églises qui sont en Asie en disant: *Au commencement était le Verbe, et le Verbe était auprès de Dieu, et le Verbe était Dieu* (Jo 1, 1). Jacques, quant à lui, tonna, sur l'ordre du Seigneur, dans toute la Judée et la Samarie, et jusqu'à la limite ultime de la terre, c'est-à-dire en Galice, il produit par son tonnerre des sons terrifiants, il irrigue la terre de pluies et émet une lumière éclatante. Pendant que *leur voix a retenti par toute la terre, leurs paroles* s'avancèrent *jusqu'aux extrémités du monde* (Ps 18, 5; Rm 10, 18). Ils irriguèrent la terre de pluies, en répandant par leur prédication la pluie de la grâce divine dans les esprits des croyants; ils émirent une lumière éclatante en faisant rayonner les miracles qui en sont le sceau.

Et il appela André et Philippe, Barthélemy et Matthieu, Thomas et Jacques fils d'Alphée, Thaddée et Simon le Cananéen, et Judas Iscariote qui le trahit (Mr 3, 18-19). Le Seigneur nomme douze apôtres par leur propre nom, et les évangélistes écrivent que ce fut pour empêcher de faux apôtres de se glorifier en prétendant qu'ils figurent au nombre des élus. Le nombre des apôtres n'est pas dépourvu d'un grand mystère. En effet, leur douzaine, qui est le produit du trois par le quatre, s'explique parce qu'ils sont destinés à prêcher la foi en la sainte Trinité aux quatre points cardinaux. Il faut savoir que ces héros, comme déclare saint Paul, étaient prédestinés, élus et sanctifiés, pour le salut du genre humain, avant même la création du monde (cf. Rm 8, 30; Éph 1, 4). Ces êtres d'exception sont les pêcheurs de Dieu qui extraient les âmes des pécheurs de cette mer dangereuse qu'est le monde. Tel était-il, en effet, avant que Dieu n'eût fait sa promesse. Dieu dit en effet par le prophète: *Voici: je vais envoyer quantité de pêcheurs qui les pêcheront, puis j'enverrai quantité de chasseurs qui les chasseront* (Jr 16, 16). Le Seigneur déclare à leur sujet, par la bouche d'Isaïe : *Qu'est-ce que cela qui vole comme un nuage, comme des colombes vers leurs colombiers ?* (Is 60, 8). *Ces jeunes gens étaient plus éclatants que neige, plus blancs que le lait, plus vermeils que le corail* (Lm 4, 7).

On appelle nuages les apôtres, parce que de même que les nuages transportant la pluie voyagent d'un lieu à un autre en irriguant la terre, ainsi eux-mêmes, allant de cité en cité, irriguent les cœurs terrestres aveuglés au moyen de cette pluie salutaire qu'est le Verbe de Dieu ; de même que l'eau des nuages est déversée sur la terre, ainsi le Fils de Dieu est révélé au monde par ces prédicateurs. *Cieux, épanchez-vous là-haut,* dit le prophète, *et que les nuages déversent sa justice, que la terre s'ouvre et engendre le Sauveur !* (Is 45, 8). Les cieux s'épanchèrent là-haut, quand les prophètes, depuis les hauteurs, annoncèrent le Christ au monde et que, depuis les hauteurs, les anges annoncèrent de même sa venue à l'image du Père. Les nuages déversèrent la justice, quand les apôtres l'annoncèrent au monde. La terre s'ouvrit lorsque la Vierge Marie le conçut. La terre fit germer son Sauveur lorsque la Vierge mère de Dieu enfanta le Christ, pour sauver le monde du péché d'Adam. Que la bienheureuse Marie soit à l'image de la terre est attesté par le Psalmiste : *Vérité germera de la terre* (Ps 84-12). Que Dieu soit à l'image de l'eau est attesté par le même Psalmiste qui lui fait dire : *Comme l'eau je m'écoule et tous mes os se disloquent* (Ps 21, 15). L'eau écoulée fut le Fils unique de Dieu, parce que de même que l'eau lave la souillure et irrigue la terre, ainsi lui-même lave nos péchés par son sang et irrigue le cœur de l'homme par son esprit et sa foi. Les os sont, symboliquement parlant, les apôtres, parce que de même que les os sont enfermés dans le corps, ainsi les apôtres sont réunis et confirmés dans le Fils de Dieu, la foi et les œuvres. Les os sont disloqués, parce que les apôtres ont été envoyés dans le monde entier par le Seigneur.

Ils descendent comme des colombes depuis les ouvertures des cieux jusqu'à la plus basse terre quand ils descendent en prêchant soit le mystère du Christ fait homme, soit le passage de la contemplation à l'action. Ils remontent des profondeurs aux plus hautes ouvertures, quand ils évoquent le passage de l'humanité du Christ à sa divinité, ou celui de l'action à la contemplation.

La neige naturellement froide est blanche, fait sortir les légumes et irrigue la terre quand le soleil la fait fondre. Les apôtres furent plus purs que la neige, parce que ceux qu'en prêchant ils firent devenir blancs par la confession de la foi, ils les rendirent froids, c'est-à-dire vidés de la chaleur des vices. La neige fit sortir les légumes de la terre, parce que les apôtres en prêchant ont battu les tyrans du siècle, et ont détruit profondément les vices du monde. Le soleil fait fondre la neige, parce que le Christ remplit les apôtres de son Esprit-Saint. La neige irrigue la terre, parce que les apôtres en prêchant donnent aux croyants l'Esprit-Saint qu'ils ont reçu de Dieu.

Le lait est brillant par la blancheur éclatante et doux par la graisse. Les apôtres étaient donc plus brillants que le lait, parce qu'ils rayonnèrent dans le monde par leurs miracles ; ils furent plus doux que le lait et le vin, parce qu'ils nourrirent de leurs très douces exhortations un monde dans l'enfance. L'ivoire de l'éléphant, lorsque l'animal est chaste, n'a pas sailli une seule fois et ne peut plier ses genoux à terre, est blanc comme deviennent sa peau et ses os, et roux, comme son poil, quand il vieillit. Les apôtres furent donc plus rouges que le vieil ivoire, à savoir par l'effusion de leur sang, en abandonnant leurs corps à divers genres de martyres pour la foi du Christ. En effet, *ils lavèrent*, dit Jean, *leurs vêtements et leurs corps par l'effusion de sang et les purifièrent dans le vrai sang de l'agneau innocent par la pureté de leur foi* (Ap 7, 14). On dit que l'éléphant est un être chaste et qu'il ne peut pas plier le genou à terre, par cela on dit que les apôtres étaient chastes par la continence et qu'après leur conversion ils n'ont fléchi en aucune façon vers les affaires terrestres. L'éléphant porte la peau et les os blancs ; par cela les apôtres sont devenus blancs à la fin en accomplissant les bonnes œuvres.

De ceux-ci le Seigneur dit encore par le prophète : *Qu'ils sont beaux les pieds de celui qui annonce la paix, du messager de bonne nouvelle* (Is 52, 7 ; Rm 10, 15). Avant la venue du Seigneur, la guerre et la discorde régnaient entre le monde et Dieu, mais ces barons, porteurs de paix, fortifièrent entre eux une amitié éternelle. Ils sont le sel de la terre, la lumière du monde, les tours de la force de Dieu, les témoins de la vérité, les rayons du vrai soleil, les messagers du Très-Haut, les fenêtres translucides de la vraie lumière, les battants de la porte du ciel, les clés du royaume, les plus hautes montagnes, les trompettes de l'Olympe, les hérauts du Christ, prudents comme les serpents, simples comme les colombes, agneaux fraîchement nés, vrais béliers de Nabaïoth (cf. Is 60, 7), annonceurs de la gloire céleste, vrais pères, juges du siècle, bassin où se purifient les âmes, or et argent divin, trésors de la divine Écriture, dépositaires de l'Ancien et du Nouveau Testament, mains de Dieu, pieds du Christ, yeux de Dieu, mamelles de l'Église. Le Psalmiste a bien raison de dire à leur sujet : *Les cieux racontent la gloire de Dieu* (Ps 18, 2). Ceux-là sont les cieux dans lesquels le Christ habite et demeure, par les paroles de qui il fait entendre sa voix ou le tonnerre de ses menaces, par les miracles de qui il fulgure et fait ruisseler sa grâce. Ce sont les douze heures de la nuit du monde et les douze rayons du soleil. Ils sont préfigurés dans le monde, avant qu'ils ne soient, par de grands mystères et de nombreux symboles et témoins, comme il est en effet montré par les douze fils de Jacob (cf. Gn 35, 22-26), les douze princes (cf. Nm 1, 4-14) des douze tribus d'Israël, par les douze fontaines vivantes en Élim (cf. Ex 15, 27), c'est-à-dire dans le désert, par les douze pierres sculptées sur le pectoral d'Aaron (cf. Ex 28, 15 ss), par les douze pains de proposition (cf. Lv 24, 5), par les douze pierres dont l'autel est fait, par les douze pierres enlevées du Jourdain, par les douze bœufs qui soutenaient la mer d'airain (cf. 3 Rg 7, 25), et les douze étoiles qui étaient posées dans la couronne d'une épouse (cf. Ap 12, 1), par les douze signes dans les cieux, par les douze mois de l'année, par les douze sénateurs romains, par les douze sages. Et encore dans le Nouveau Testament, ils sont désignés par les douze corbeilles pleines des morceaux qui restèrent, par les douze noms que Jean dans l'Apocalypse vit écrits sur les portes de la Jérusalem céleste, par les douze pierres fondamentales de la muraille. Il faut vraiment noter qu'à côté du nombre des douze patriarches, c'est-à-dire les fils d'Israël, et à côté du nombre des douze prophètes, Dieu élut les apôtres. Et comme il dressa au-dessus des fils d'Israël trois patriarches, c'est-à-dire Abraham, Isaac et Jacob, ainsi parmi les douze apôtres, il élut trois barons et magistrats, c'est-à-dire Pierre, Jacques et Jean pour être au-dessus de tous. Il choisit ces trois héros d'une seule manière sur la mer de Galilée, il les introduisit avec lui dans le temple, tous les disciples étant absents, pour voir le miracle quand il fit se lever la fille du chef de la synagogue (cf. Mr 5, 37). À ceux-ci il découvrit ses secrets plus complètement qu'aux autres, à ceux-ci il montra sa Transfiguration sur le mont Thabor (cf. Mt 17, 1), à ceux-ci il marqua dans sa Passion sa tristesse comme un homme cher à ceux qui lui sont chers, leur montrant l'affliction de sa chair et disant : *Mon âme est triste jusqu'à la mort* (Mt 26, 37-38). C'est à l'image de ces héros que l'évêque appelle maintenant dans l'Église l'Esprit-Saint sur les prêtres.

Il faut cependant considérer que les douze apôtres, que le Seigneur envoya pour prêcher et auxquels il donna le pouvoir de soigner les infirmes et de chasser les démons, signifient les prêtres, à qui il confia lui-même le Verbe de la prédication, le pouvoir de soigner les infirmités des âmes par l'absolution et de chasser les démons par le mystère du baptême, et il faut croire que ce qu'il fit alors par la main des apôtres matériellement dans les corps, il le fait maintenant spirituellement par la main du prêtre dans les âmes, même si elles sont infirmes, par l'opération du Saint-Esprit. En effet, de même que Dieu donna aux apôtres le pouvoir de guérir les infirmités des âmes et des corps, ainsi il donna aux prêtres le pouvoir de guérir divinement les infirmités des âmes et des corps. Ce que les noms des apôtres font apparaître par l'interprétation, les prêtres doivent le réaliser en acte. Il est digne en effet qu'ils imitent par leurs actes ce que disent les noms de ceux dont ils remplissent les fonctions.

Simon signifie « obéissant », Pierre signifie « connaissant », Bar-Iona, est « fils de la colombe », Céphas « la tête », Jean fut « la grâce de Dieu obéissante », parce qu'il obéit au Seigneur jusqu'à sa mort par le mystère de la croix qu'il avait portée. Pierre est dit connaissant parce qu'il a confessé le Christ Dieu et homme en disant avant les autres : *Tu es le fils du Dieu vivant* (Mt 16, 16). Bar-Iona est dit fils de la colombe parce qu'il était rempli de l'Esprit-Saint. Pierre est nommé la belle tête parce que son Église est considérée comme la tête de toutes les Églises. Jean est lui-même appelé la grâce de Dieu, parce que par ses prédications, ses mérites et ses prières la grâce céleste est donnée aux fidèles. Ainsi les prêtres doivent-ils obéir à Dieu en tout, et aussi aller jusqu'à la mort sur la croix pour lui, si jamais elle leur a été imposée par leurs persécuteurs pour la justice. Ils doivent connaître aussi le sens caché des Écritures pour qu'ils puissent annoncer le mieux possible la volonté de Dieu aux esprits des hommes en prêchant. Ils doivent être les fils du Saint-Esprit par la foi et les œuvres. On les tient pour placés au-dessus de toutes les têtes, parce que tous les fidèles sont sauvés et sanctifiés par les sacro-saints mystères qu'ils célèbrent. Jacques est appelé le «supplanteur», parce qu'il a, par sa prédication, arraché des cœurs des Juifs et des gentils l'idolâtrie et la perfidie. Ainsi les prêtres doivent-ils supplanter les vices des hommes par les exemples de leurs bonnes œuvres et par leurs prédications des Écritures. Jean est appelé grâce de Dieu parce qu'il mérita le privilège d'être aimé du Christ en gardant sa virginité, parce qu'il donne l'exemple aux prêtres pour qu'ils vivent chastement de corps et d'esprit dans les Églises.

André est appelé «courageux» ou «beau»; courageux parce qu'il a subi le supplice de la croix, beau par la confession du cœur. En effet le peuple égéen l'a reconnu, disant : «Accorde-nous un homme juste, rends-nous un homme saint, ne tue pas l'homme cher à Dieu, juste, miséricordieux et pieux.» Ainsi les prêtres doivent-ils être courageux, en supportant l'adversité, et être honorés par la confession des bouches et des esprits pour que les péchés leur soient confessés. *Car la foi du cœur obtient la justice, et la confession des lèvres le salut* (Rm 10, 10). Philippe est appelé «la bouche de la lampe» parce que ce qu'il a perçu de Dieu avec un cœur fidèle, il l'a confessé à tous en prêchant d'une bouche ouverte. La lampe a l'huile dans son corps étroit, et dans l'huile une mèche, et dans la mèche le feu, et elle a une bouche toujours grande ouverte, par laquelle elle émet sa clarté à tous ceux qui l'entourent et fait reculer les ténèbres. On exprime par l'huile, le fil et le feu, la foi en la sainte Trinité, et par la bouche les prédicateurs de celle-ci. C'est cette foi que les prêtres doivent avoir dans le cœur et révéler en prêchant à tous par la bouche ainsi ils illuminent les esprits ténébreux de leurs auditeurs. Barthélemy est appelé «fils de celui qui suspend les eaux», parce qu'il annonce de façon manifeste le fils de Dieu, qui dresse et suspend les esprits de ses prédicateurs à la contemplation des choses célestes, pour qu'ils survolent plus volontiers les hauteurs et qu'ils enivrent plus véridiquement les cœurs des habitants de la terre par les gouttes de leurs discours. Que l'eau signifie les peuples est attesté par l'écriture qui dit : *Les eaux nombreuses, mais les peuples aussi* (Is 8, 9). De même donc que Barthélemy fut fils de Dieu par adoption, et suspendit les eaux, c'est-à-dire les peuples, au ciel par sa prédication, de même les prêtres doivent être les fils de Dieu par obéissance et doivent par leurs prédications suspendre à la voûte des cieux les peuples touchés par l'eau, c'est-à-dire les baptisés dans l'eau. Matthieu signifie le «donné» ou l'«élevé» : il sortit de la masse des perdus quand le Seigneur le fit venir à lui en l'arrachant à sa charge de percepteur. Ainsi les prêtres doivent-ils, par la continence, être étrangers à ceux qui font le mal et donnés à la grâce de Dieu en faisant le bien. Thomas est appelé «didyme» et «jumeau» ou «abysse» parce qu'il fut double dans la foi lorsqu'il ne voulut pas croire à la résurrection du Seigneur avant d'avoir vu les marques de ses clous. Mais il vit et il crut. Il est dit abysse parce que, à cause de tout cela, il connut et garda la profondeur des sacrements du Christ, et subit pour lui le martyre par le glaive en Inde. Thomas est appelé aussi

Didyme (cf. Jo 21, 2), c'est-à-dire semblable au Christ, parce qu'il fut semblable au Seigneur par sa stature royale. Les prédicateurs doivent être de la même manière abysses, c'est-à-dire connaître la hauteur des mystères de Dieu et la profondeur des Écritures divines, pour qu'ils puissent en *comprendre avec tous les saints ce qu'est la largeur, la longueur, la hauteur et la profondeur* (Éph 3, 18). Marc distingue Jacques fils d'Alphée de Jacques fils de Zébédée (cf. Mr 3, 18). Ce Jacques, comme l'autre, est appelé « celui qui supplante », parce qu'il supplante les vices des hommes par une vie digne et l'exhortation, ce qui convient bien au fait que les prédicateurs doivent supplanter leurs vices par diverses afflictions et par des admonitions répétées de ceux dont ils ont la charge. De Jacques le Mineur est écrit qu'il ne but ni vin ni boissons enivrantes, qu'il ne monta pas d'animal, qu'il ne mangea pas de chair, qu'il ne se rasa pas la barbe ni les cheveux, qu'il ne fut pas oint par l'huile, qu'il n'utilisa pas les bains. Lui seul fut autorisé à pénétrer dans le saint des saints. Les uns veulent que ce Jacques soit le frère et le parent du Seigneur, c'est pour cette raison qu'on lit dans l'Épître aux Galates et dans l'Évangile que Jacques est le frère du Seigneur (cf. Mt 13, 55 ; Mr 6, 3 ; Gal 1, 19). Les uns le disent à propos de l'autre, les autres au sujet des deux en même temps, de même certains affirment que Marie, mère du Seigneur, Marie, mère de Jacques fils d'Alphée, Marie, mère du fils de Zébédée étaient trois sœurs. En effet le neveu et le cousin sont, au temps des apôtres, appelés frères. Mais parce qu'une opinion divergente se trouve chez certains, ainsi pour définir raisonnablement que l'un quelconque d'entre eux est le frère du Seigneur par les liens de la chair, il ne faut pas oublier que, selon la volonté de Dieu qu'il a accomplie en vivant, le Seigneur lui-même dit qui est son frère : *Celui qui fera la volonté de mon père qui est aux cieux, celui-ci est mon frère* (Mt 12, 50). Il est plus grand d'être le frère du Seigneur spirituellement que charnellement. Quiconque donc appelle Jacques fils de Zébédée, ou Jacques fils d'Alphée frère du Seigneur dit vrai. Alphée, le père de Jacques, est dit « savant », parce qu'il est en accord avec les prédicateurs qui doivent être savants non seulement en ce qui concerne les deux Testaments mais encore la divinité de Dieu. Thaddée lui-même est celui que Luc dans son Évangile (cf. Lc 6, 16) et dans les Actes des Apôtres (cf. Ac 1, 13) appela Jude. Il était en effet le frère de Jacques, frère du Seigneur, comme celui-ci l'écrivit lui-même dans son Épître. C'est pourquoi lui aussi est appelé frère du Seigneur, comme l'attestent leurs concitoyens, stupéfaits de ses vertus, en disant : *Celui-là n'est-il pas le charpentier, le fils de Marie, le frère de Jacques, de Joseph, de Jude et de Simon ?* (Mr 6, 3 ; Mt 13, 55). Thaddée est appelé Léthée par quelques-uns. Thaddée signifie « le sage », pour ainsi dire « cœur cultivant », parce que, de sa parole, il cultivait par la prédication les bons désirs inspirés par Dieu dans son cœur, et qu'il les complétait de sa main par ses actes. Ces mêmes désirs, les prédicateurs doivent les cultiver de manière analogue, en exhortant par la parole, et les compléter par leurs actes. Pour le distinguer de Simon Pierre, Marc appelle ce Simon « le Cananéen » et Luc l'appelle Simon « le Zélote » (cf. Luc 6, 15 ; Ac 1, 13). Simon signifie « l'obéissant » ; le Zélote signifie « l'émule ». Simon, parce qu'il obéit à Dieu en tout jusqu'à la mort. Le Cananéen, parce qu'il vient de Cana, un village de Galilée, est surnommé le Zélote parce que, imitant Dieu en esprit, il était zélé à prêcher les peuples. L'émulation, prise dans le bon sens du terme, exprime dans l'Écriture l'Esprit-Saint, selon le propos de l'apôtre qui dit : *Je vous jalouse en effet d'une jalousie divine* (2 Cor 11, 2). De la même manière les prédicateurs doivent être soumis aux ordres du Seigneur et enflammer leurs auditeurs d'une émulation spirituelle, afin de pouvoir dire avec l'Apôtre : *Je vous jalouse en effet d'une jalousie divine.*

CONTRE LA SIMONIE. Marc, pour le distinguer de Jude frère de Jacques (Mr 3, 18), présente Judas qui trahit le Seigneur sous l'appellation Scarioth, soit en raison du village dans lequel il est né, soit à cause de la tribu d'Isacar, en présage de sa damnation. Isacar, en effet, signifie le « salaire du crime » et insinue le prix de la damnation. Scarioth, qui signifie « le souvenir de la mort », prouve qu'il n'a pas agi par une impulsion subite, mais qu'il a accompli la faute infâme de trahir le Seigneur après l'avoir longtemps médi-tée. Mais pourquoi le Seigneur choisit-il cet être malfaisant, alors qu'il savait que celui-ci le trahirait ? En effet lui-même dit à son sujet aux apôtres : *L'un d'entre vous est un diable* (Jo 6, 71). Pourquoi donc avait-il appelé un diable à la fonction de l'apostolat ? Afin d'avoir un ennemi domestique (celui qui est parfait ne craint pas un familier de mauvaise qualité), et pour nous ensei-gner à supporter les mauvais parmi nous et à ne rejeter personne de notre assemblée, et pour montrer que l'apostolat et les grades ecclésiastiques ne sont pas décernés comme des mérites mais comme des ministères, suscep-tibles d'être aussi bien accomplis par cet impie que le sont par Pierre les miracles et sacrements divins. À sa place, le bienheureux Matthias, l'un des soixante-dix disciples, fut élu par tirage au sort (cf. Ac 1, 21-26). Matthias signifie « celui qui a été donné », parce qu'il a été donné par Dieu à la cohorte apostolique à la place de Judas ; il montre les prêtres que Dieu, par tirage au sort de l'Esprit-Saint, a élus pour une destinée apostolique et qu'il donna à son Église pour diriger ses peuples fidèles. Judas, qui signifie « confesseur », lorsqu'il est pris dans le bon sens, désigne les prêtres qui doivent de leur bouche confesser à tous la foi qu'ils ont dans le cœur et remé-morer sans cesse par leur prédication la mort du Seigneur dans sa Passion. Mais lorsque Judas est pris dans une mauvaise acception, il désigne les mauvais évêques, prêtres, abbés, moines et prélats iniques de la sainte Église, qui, comme Judas, vendent le Seigneur, quand ils sont payés pour donner les ordres sacrés, ordonner des évêques, distribuer des prébendes ecclésiastiques, une bénédiction nuptiale, enterrer des défunts, dédicacer des basiliques, ou affecter des prêtres au bon ou au mauvais endroit dans les églises, célébrer les obsèques des défunts ou les baptêmes des enfants, ou pour infliger des péni-tences aux pécheurs remis à l'Église à fin d'excommunication, ou encore pour célébrer des messes et des matines. De même que le marchand et le malhonnête qui tire sur le marché 3 ou 6 ou 12 ou 30 deniers de la viande qu'il expose, ainsi les mauvais prêtres et moines qui s'adonnent à l'hérésie de Simon, vendent les offices ecclésiastiques, tirent de Dieu ou 3 ou 7 ou 13 ou 30 deniers, quand ils chantent aussi les messes, les vigiles et les obsèques, et demandent 1 ou 7 ou 15 ou 30 deniers pour des offices qui devraient être chantés gratuitement. Qu'ils sachent donc qu'ils seront damnés par la même vengeance sans fin, par laquelle Judas perdu fut damné pour l'éternité. De même que Judas, qui trahit le corps du Christ et reçut 30 deniers est damné, de même celui qui chante 30 messes ou plus ou moins et réclame pour cela une somme de 30 deniers, plus ou moins, est puni. Certains de ces marchands sont appelés Judas, les autres simoniaques, les autres giezites.

En effet de même que Judas, qui d'abord prit l'argent et en échange livra le corps, est condamné, ainsi sont damnés les évêques, les prêtres, les archi-prêtres et les doyens, et les archidiacres, qui d'abord reçoivent l'argent et ensuite donnent les dons de l'Église. Et de même que Simon le Magicien qui offrit de l'argent au saint apôtre Pierre, pour recevoir de lui l'Esprit-Saint qui lui permettrait de faire aussi des miracles et d'en tirer des revenus, mérita d'entendre : *Périsse ton argent et toi avec* (Ac 8, 20) et fut damné, de même sont damnés les évêques, les prêtres, les clercs et les moines qui offrent aux plus grands de l'argent pour recevoir d'eux des grades ecclésiastiques. Et de même qu'est damné Giezi, client du prophète Élie, qui demanda de l'argent après avoir guéri de la lèpre le Syrien Naman, et contracta, par jugement du maître, la lèpre que le prince avait perdue, de même ceux qui demandent salaire après avoir donné des grâces spirituelles et des bénédictions ecclé-siastiques seront remplis de la lèpre des péchés de tous ceux dont ils reçoivent de l'argent et seront damnés par la vengeance divine.

Fuyons donc, frères, ces agissements, afin que nous ne soyons pas damnés avec eux dans un châtiment éternel. Apprenons à donner gratuitement ce que nous recevons gratuitement de Dieu. *Vous avez reçu gratuitement, donnez gratuitement* (Mt 10, 8). Dépensez pour tous. Le Seigneur ne nous a pas demandé de prix alors qu'il donnait la grâce spirituelle ; ne demandons pas d'argent terrestre à ceux à qui nous donnons. Il faut savoir que le péché n'est pas dans le fait de recevoir, mais dans celui de demander. En effet si nous demandons de l'argent pour un service ecclésiastique que nous donnons, nous péchons. Si le donneur donne par sa volonté, sans y être contraint par une quelconque obligation ni par une demande de notre part, et que nous acceptions, nous ne péchons pas. De même sont damnés les clercs et les moines qui vendent la terre pour enterrer un mort. Celui qui conclut un marché de ce genre pour un mort est un trafiquant qui n'est pas des nôtres. C'est un commerce barbare que de vendre de la terre pour un mort. Bien juste est ce qu'un poète dit des simoniaques :

« Toute équité a disparu
La bonté n'apparaît nulle part
L'iniquité emplit tout
Et la vanité des vanités.

Par le désir de l'argent.
La célébration des messes
Et toute consécration
Est accomplie selon un tarif.

Mais toute cette aberration
Et cette souillure
Procède depuis le début
Du vice des prêtres.

Déjà bon nombre des clercs
Sont amants du siècle,
Ne sont plus disciples du Christ
Mais serviteurs de Mammon. »
(cf. Mt 6, 24 ; Lc 16, 9-13)

Ne sont pas moins damnés les mauvais prélats, qui reçoivent frauduleusement de l'argent, soit 20 ou 26 sous, ou un marc d'argent, ou plus ou moins,
que ceux qui rompent la trêve ou commettent de plus graves péchés. Si en
effet un prélat qui accuse dit à l'accusé qui se tient devant lui : « Va, toi qui as
brisé la trêve ou qui as commis tant de mal, fais ce que tu me dois, restaure la
trêve, donne-moi des garanties pour la réparation », il ne dit pas que celui qui
a péché doit satisfaction à Dieu, mais il le dit pour qu'il fasse la réparation
envers lui-même qu'il n'a pas offensé. L'accusé, après avoir fourni des
garanties, ou bien donnera au prélat de l'argent en échange, un à-côté en vue
de sa décision, ou bien le prélat le condamnera par une sentence de justice ou
d'excommunication. Hélas ! Hélas ! Quelle corruption ! Il ne veut pas imposer au pécheur de pénitence pour son péché, il n'a cure du salut des âmes,
mais il met dans sa bourse cet argent de la tromperie, plus maudit qu'il n'est
permis de le croire, et enferme son âme en enfer. Maudits soient de tels agissements, frères ! Ce prélat est de ceux dont Dieu dit en se lamentant par le
Prophète : *Du péché de mon peuple ils se nourrissent et de sa faute ils sont
avides* (Os 4, 8). Ils se nourrissent des péchés du peuple de Dieu, ceux qui,
comme nous l'avons dit, reçoivent ainsi de l'argent de leurs administrés. Ils
se nourrissent des péchés du peuple de Dieu, les mauvais juges qui, pour de
l'argent, subvertissent les jugements droits ou qui reçoivent de l'argent pour
épargner ceux qu'ils ne doivent pas justifier. Les mauvais prélats et les
mauvais juges ne désirent que les iniquités du peuple de Dieu, ils jubilent
lorsqu'ils trouvent en faute certains de leurs paroissiens et peuvent les accuser et leur extorquer de l'argent. De la même manière, quelque évêque, qui,
sous un léger prétexte, enlève une cure à quelque prêtre ou quelque honneur
à celui qui le détient et l'attribue à un autre après avoir reçu de l'argent, est
damné. De même que le dignitaire qui fait cela ne veut pas être rétrogradé,
de même il ne doit pas rétrograder autrui à la moindre occasion. Le Seigneur
le dit dans l'Évangile : *Ce que tu ne veux pas qu'on te fasse, ne le fais pas à
l'autre* (Tb 4, 6 ; Mt 7, 12 ; Lc 6, 31). Un usage détestable est apparu en

Gaule, qui n'a été instauré ni par les anciens Pères ni par les présents, et pour cette raison doit être aboli et éradiqué par tous les catholiques : on y rencontre certains hypocrites, poussés par de mauvais démons, clercs ou laïcs mais en habit religieux, sur les chemins de Vézelay, Saint Jacques, Saint-Gilles et Rome, qui imposent aux pèlerins ou à d'autres voyageurs, qu'ils trouvent non prévenus dans des lieux reculés, de fausses pénitences. Ils font d'abord avec eux un bout de chemin et leur tiennent des discours édifiants, débitent à tous une liste exhaustive de tous les vices, ensuite parlant avec chacun en particulier, ils lui posent dans des lieux secrets des questions sur sa conscience et les péchés qu'il a commis. Quand ceux-ci ont reconnu leurs fautes, ils imposent à l'un trente, à l'autre treize messes en pénitence pour chaque péché. Ils disent ensuite au pèlerin : « En souvenir des trente sesterces pour lesquels le Seigneur fut trahi, fais avec trente deniers lire trente messes par des prêtres qui n'eurent jamais de commerce avec des femmes, n'ont jamais mangé de viande, ni possédé quoi que ce soit. » Mais comme le pèlerin ne sait pas où trouver un tel prêtre, il donne trente deniers au prêtre qui promet de lui en trouver un. Une fois qu'il a reçu l'argent, celui-ci se préoccupe comme d'une guigne du salut du pécheur, il met cet argent dans sa bourse, le dépense sans compter et, se mettant en situation d'anathème, il enferme son âme en enfer [1].

De nombreux prêtres de l'Église font la même chose qui, à l'image du douzième apôtre et des 30 deniers pour lesquels le Christ fut vendu, demandent, par leur cupidité, 30 deniers ou 10 seulement pour trente messes, et les vigiles pour quelques défunts ou vivants. De même que Judas vendit le Seigneur pour 30 deniers, ainsi ils vendent eux aussi le corps du Christ pour 30 deniers ! Ô quel détestable contrat, quel lucre scandaleux ! Ce sont des démolisseurs de la vérité, ces imposeurs de fausses pénitences, qui vendent le corps du Christ alors qu'il doit être donné gratuitement pour les pécheurs, ces faux témoins qui envoient les âmes des pécheurs en enfer, qui renouvellent l'hérésie simoniaque, ces aveugles qui conduisent des aveugles. Ceux-ci ne doivent pas seulement être éliminés par les prélats de l'Église mais arrêtés par les pouvoirs publics. Est damné aussi le prêtre débauché qui invite une femme à venir faire pénitence chez lui, pour pécher avec elle après lui avoir fait des propositions galantes ou tenu des propos enjôleurs. Cette femme est semblable à celle qui va chercher de l'eau dans un puits, s'y plonge et y meurt. Elle est semblable à celui qui cherchant le bon chemin dans le désert trouva un ours qui le dévora sans que personne ne le vît. Ce prêtre est semblable à celui qui tend pendant la messe un filet pour capturer un oiseau : pendant qu'il chante une mélodie charmeuse, le plus doux oiseau vient se faire prendre dans le filet.

---

[1] Le passage allant de « Un usage détestable » à « son âme en enfer » réapparaîtra, avec de légères modifications, dans le ch. 17, sermon *Veneranda dies*.

J'ai vu sur le chemin de Saint-Jacques un pendu qui, de son vivant, avait coutume d'inviter les pèlerins à se lever avant l'aurore pour gagner l'extrémité d'une ferme. Selon la coutume des pèlerins, il clamait d'une voix forte : « Dieu aide-nous, saint Jacques ». Dès qu'un certain pèlerin était sorti pour faire le chemin avec lui, celui-ci l'accompagnait un petit moment jusqu'à ce qu'ils arrivent dans des lieux reculés où se trouvaient des complices avec lesquels il le tuait aussitôt et le dépouillait. Le prêtre qui trompe une femme venue à lui pour faire pénitence en lui tenant des propos galants est tout à fait semblable à lui. Il est le puits dans lequel se noient ceux qui viennent y boire, l'ours dévorant l'agneau, le lion avalant le mouton, le larron tuant le voyageur, l'aveugle conduisant l'aveugle. C'est pourquoi les évêques doivent veiller attentivement à n'attribuer le pouvoir de donner des pénitences qu'à des prêtres très chastes, qui imposent aux pécheurs la charge de pénitences légitimes, non par cupidité, haine ou amour, ignorance ou impureté, mais selon les canons de l'Église ou les possibilités du pénitent. Autre chose est la pénitence afférente à un même péché selon qu'elle doit être donnée à un infirme, un homme sain, un clerc, un soldat, un religieux, un voyageur, un résident, un adolescent, un homme, une femme. Écartons, frères, les agissements des mauvais, afin de ne pas périr comme eux dans le châtiment perpétuel. Que chacun veille à ne pas donner des pénitences perfides pour satisfaire sa cupidité et à ne pas demander pour des messes qui doivent être chantées gratuitement un prix qui lui vaudra la damnation. Un quelconque pécheur ne doit pas être exhorté par le prêtre à faire chanter une messe : il faut qu'il demande humblement au prêtre de la chanter. Le prêtre, de bon cœur ou non, est tenu de célébrer l'eucharistie, mais à la messe le pécheur ne doit pas donner de mauvaise grâce des offrandes de ses biens pour les péchés des vivants et des morts. Hâtons-nous donc de monter vers la communauté des saints apôtres dont nous fêtons la mémoire, en vivant correctement, en prêchant, pour que nous méritions, avec l'aide de leurs mérites et de leur intercession, de jubiler dans les cieux avec ceux dont nous remplissons la fonction sur la terre.

[**+ Comment, parmi ces apôtres, certains ressusciteront des villes dans lesquelles ils prêchèrent et furent inhumés au jour du jugement dernier, saint Fortunat, évêque de Poitiers, excellent poète [2], l'a chanté jadis dans le livre de ses Épitaphes, disant :

> « Les dignitaires du ciel accourent en nombre
> Aux noces du roi et forment un chœur
>
> Suivi dans son élan de Paul, le jurisconsulte, Pierre,
> Le prince des Apôtres, accourt de la citadelle de Rome.

---

[2] Venance Fortunat, *Poèmes*, texte établi et traduit par M. Reydellet, Paris, Belles-Lettres, t. I, 1994 ; t. II, 1998. Ici, t. II, livres V-VIII, pp. 134-137 passim.

Ils se rassemblent pour la fête, apportant leurs présents,
Ceux dont la ville qui est la tête du monde garde les cendres.

La noble Achaïe envoie son cher André, cette figure de l'apostolat
Qui rayonne d'une lumière éclatante.

La vénérable Éphèse délègue Jean qui l'emporte par ses vertus,
Et Jérusalem fournit Jacques le fils d'Alphée.

Jacques, fils de Zébédée, que vénèrent les nations,
La terre de Galice l'envoie vers les astres des cieux [3].

La douce Hiérapolis, triomphante de bonheur, envoie Philippe.
Édesse fait venir Thomas, pieuse offrande.

Puis l'Inde présente Barthélemy qui exulte,
La haute Naddaver Matthieu, homme éminent.

Puis la Perse joyeuse, ouvrant son sein, envoie
Vers les astres Simon et Jude, deux lumières jumelles.

Rassemblés de tous les points de l'univers, ils sont entraînés
En files serrées par le cortège royal.

Ils franchissent les portes qu'illumine la lumière céleste,
La cité du ciel s'ouvre pour accueillir ces dignitaires.»

Ces vers donnent à entendre que les saints apôtres, ou plutôt leurs corps, ont été transférés ailleurs, qu'ils ont quitté leurs anciens tombeaux lors du Jugement Dernier avec les citoyens des villes où ils prêchèrent, ressusciteront et seront couronnés sur leurs trônes célestes. Prions donc, frères, pour que Notre Seigneur Jésus-Christ daigne nous conduire dans leur communauté des cieux, lui qui vit et règne avec le Père et l'Esprit-Saint, Dieu dans les siècles des siècles. Amen. +**]

---

[3] Le deuxième vers du distique précédent, qui déclare à l'origine « la terre bienheureuse envoie les deux Jacques », a été modifié pour ne concerner que le fils d'Alphée, tandis que le distique concernant le fils de Zébédée et la Galice est ajouté.

Chapitre III

BÉNÉDICTIONS DU PAPE CALIXTE RELATIVES AUX LECTURES SUR SAINT JACQUES

Que soit avec nous la grâce de Dieu, dont est rempli Jacques,
fils de Zébédée.
Qu'il nous donne de mener une bonne vie, lui qui donna à Jacques
la couronne de vie. Celui que Jacques servit sur la terre, qu'il nous conduise
aux célestes demeures.
Qu'il nous donne la joie perpétuelle, celui qui confère à Jacques
le royaume éternel.
Qu'il nous protège de sa faveur, celui qui donna à Jacques les dons de la vie.
Qu'il nous fasse aimer les biens célestes, celui qui mena Jacques
à la maison du ciel.
Que la demande de la mère de Jacques soit notre force et notre réconfort.
Par les joies de ce jour, que Jacques nous conduise dans les cieux.
La droite que Jacques demanda à Dieu, que le Christ nous la donne
dans son royaume.
Que par les mérites du très cher Jacques, nous soyons purifiés
de toutes nos fautes.
Lumière de la cour céleste, Jacques, purge-nous de tous défauts.
Qu'il nous accorde sa grande faveur, celui qui a donné à Jacques
la palme de la vie.

Chapitre IV

PROLOGUE DU PAPE CALIXTE
SUR LA PASSION BRÈVE DE SAINT JACQUES,
FILS DE ZÉBÉDÉE, APÔTRE DE GALICE,
QUI EST CÉLÉBRÉE LE 25 JUILLET

J'ai écrit dans ce volume la Passion brève de saint Jacques apôtre, fils de Zébédée, apôtre de Galice et d'Espagne – et la mort misérable d'Hérode, qui lui fut infligée à bon droit par l'ange pour la mort de l'apôtre – dans les mêmes termes qu'elle est racontée par l'*Histoire ecclésiastique,* afin que ceux qui ne veulent pas, en raison de ses dimensions, lire la Grande Passion du même apôtre, lisent du moins celle-ci qui possède une grande autorité. De même, en effet, que la pure rivière découle de la source très pure, de même la Grande Passion est issue de cette Passion brève. Les deux Passions sont une pure rivière et une pure source. La source et la rivière sont purifiées d'immondices, l'une et l'autre Passion sont dépourvues de mensonges. De même donc que bien des buveurs aiment mieux boire à l'eau plus abondante de la source qu'à celle de la rivière, de même de nombreux lecteurs préféreront la lecture de celle-ci à l'autre.

FIN DU PROLOGUE. DÉBUT DE LA PASSION

Alors que Gaius n'avait pas encore passé quatre années pleines à la tête de Rome, l'empereur Claude lui succéda, sous lequel une grande famine s'étendit sur la terre entière. Nos prophètes l'avaient annoncée longtemps auparavant, puisqu'il est rapporté dans les Actes des apôtres qu'un prophète du nom d'Agabus avait annoncé cette grande famine à venir sous le règne de l'empereur Claude. Mais Luc, qui mentionne Agabus, ajoute que, par les frères Paul et Barnabé qui étaient à Antioche, chacun envoya des secours aux saints à partir de Jérusalem. Après quoi il poursuit, disant : *En ce temps-là* – désignant par là l'époque de Claude où régnait la famine – *le roi Hérode fit arrêter quelques-uns des membres de l'Église pour les maltraiter, et il fit mourir par le glaive, Jacques, le frère de Jean* (Ac 11, 28 ; 12, 2 ss).

Dans le septième livre de ses *Dispositions,* Clément d'Alexandrie rapporte au sujet de ce Jacques une histoire digne de mémoire, parvenue jusqu'à lui par la tradition des anciens. Parce que, dit-il, celui qui l'avait fait condamner au supplice, poussé par le repentir, confessa qu'il était chrétien, ils furent conduits l'un et l'autre au supplice. Et comme on les y menait, il pria Jacques en chemin de lui donner son pardon. Celui-ci réfléchit un peu et l'embrassa, lui disant : « La paix soit avec toi. » Et ils furent ainsi décapités simultanément. Mais alors, dit-il, comme il est écrit dans la Sainte Écriture, Hérode voyant qu'il était agréable aux Juifs pour avoir fait périr Jacques, alla jusqu'à faire incarcérer Pierre ; il l'aurait sans nul doute également puni, si une aide divine n'était intervenue : un ange présent pendant la nuit le délivra merveilleusement de ses liens et lui ordonna de vaquer libre au ministère de la prédication (cf. Ac 12, 3-11). Et lorsque ces choses arrivèrent à Pierre, le crime commis par le roi envers les apôtres fut vengé sans délai, car la droite vengeresse du Seigneur est toujours présente, comme l'enseigne l'histoire rapportée par les Actes des apôtres. Hérode était descendu vers Césarée et présidait en un jour solennel le tribunal, vêtu de l'éclatant ornement royal ; alors que de l'estrade, il haranguait la foule qui clamait : *C'est un dieu qui parle, et non un homme ! À l'instant un ange du Seigneur le frappa, parce qu'il n'avait pas rendu gloire à Dieu, et, devenu pâture des vers, il expira* (Ac 12, 21-23).

Il est fort digne d'étonnement qu'une telle correspondance existe entre les écritures divines et l'historiographe de ce peuple. Josèphe lui-même, remémorant ces faits au dix-neuvième livre de ses *Antiquités*, rapporte ces choses en ces termes : « La troisième année de l'empire en Judée s'était accomplie, lorsqu'il se rendit par hasard à Césarée, appelée jadis Pyrgos Stratonis. Il mit en scène des spectacles en l'honneur de César pour les citoyens, le jour, semble-t-il, de la fête de César, en présence des hommes éminents par leur dignité et leurs compétences venus de toute la province. Au second jour du spectacle, il revêtit un manteau étincelant tout tissé d'or et d'argent et se rendit au théâtre dès le lever du jour. Là, comme son vêtement argenté recevait sur lui les premiers rayons du soleil, l'éclat du métal vibrant répercuta sur les spectateurs une lumière redoublée, qui frappa vivement leur pupille de telle sorte que l'arrogance habile se fasse mensongère : se donnant pour plus qu'il n'est dans la nature humaine, il provoqua les exclamations du peuple adulateur, pour lui faire honneur, mais causa son trépas. Après quoi, les spectateurs le proclamèrent dieu par acclamations et, afin qu'il leur soit plus propice, on le pria en le suppliant, le peuple disant qu'il l'avait craint jusqu'à présent comme un homme mais que, désormais, il confessait qu'il était d'une nature surhumaine. »

Le roi, quant à lui, ne réprima pas cette acclamation inadéquate et ne prit pas en horreur l'impiété de cette adulation illicite, jusqu'à ce qu'il vît peu après un ange menaçant qui se tenait au-dessus de sa tête et ressentît sur-le-champ qu'il était porteur de sa mort, alors qu'il l'avait pris d'abord pour un pourvoyeur de biens. Et voici que soudain il l'affligea d'un gonflement incroyablement douloureux de ses entrailles, ce qui lui fit dire à ses amis : « Voici donc que moi, votre dieu, je suis à l'instant chassé et précipité hors de cette vie, parce qu'une puissance divine supérieure a dénoncé les fausses paroles qui m'avaient été inspirées. Et moi qui ai été dit par vous semblable aux immortels, je suis le premier à être ravi par la mort. Mais il faut accepter la sentence que Dieu a prononcée, car nous avons vécu sans devoir être méprisés et nous avons rempli la longévité que l'on pense bienheureuse.» Ayant dit cela, il fut pris de plus vives douleurs et on le porta dans son palais. Quand le bruit se fut répandu de sa mort prochaine, une grande multitude de personnes des deux sexes et de tout âge se rassembla et, à la manière des anciens, envahit les rues en suppliant le Dieu tout-puissant d'épargner leur roi. Toute la maison royale résonnait de plaintes et de gémissements. Le roi lui-même, couché sur la plus haute terrasse, regardait en bas et voyant tous les siens en pleurs, inclinés et prostrés, ne pouvait retenir ses larmes. Affligé cinq jours durant de douleurs d'entrailles, il perdit la vie subitement, pour avoir tué le bienheureux Jacques, dans la cinquante-quatrième année de son âge et la septième de son règne. Il avait en effet exercé quatre ans sous l'empereur Gaius, obtenant pour trois ans la tétrarchie de Philippe et s'arrogeant la quatrième, passant les trois autres années sous l'empereur Claude, du temps de Notre Seigneur Jésus-Christ qui vit et règne avec le Père et l'Esprit-Saint, Dieu pour les siècles des siècles. Ainsi soit-il.

Chapitre V

SERMON DU PAPE CALIXTE
SUR LA PASSION DE SAINT JACQUES
QUI EST CÉLÉBRÉE LE 25 JUILLET

Frères, le jour vénérable de la solennité très sacrée du bienheureux Jacques resplendit aujourd'hui pour nous, lors de laquelle il convient que nous immolions à Dieu un sacrifice de louange par des vœux, des hymnes, pour que celui qui pardonne pieusement nous accorde son pardon, lui qui a donné à son apôtre la palme de la vie éternelle. En effet, comme l'atteste l'Évangile, ce Jacques, fils de Zébédée, frère de Jean l'Évangéliste, gloire des Espagnols, avocat des Galiciens, a été saint par sa vie, magnifique par sa puissance, bouillonnant de charité, éclatant par les bonnes œuvres, lumineux par la parole. Lui que la divine providence non seulement consacra dans le sein de sa mère, mais aussi choisit d'avance, dès avant la constitution du monde, pour montrer par lui la lumière de la vérité à ce monde et donner au peuple espagnol un berger de piété. Ce Jacques est grandement vénérable qui, tenant la primatie dans la brillante cour des apôtres, mérita, le premier d'entre eux, de subir le martyre, de monter aux cieux, de posséder le premier le sceptre de la victoire, la couronne de gloire et un trône dans le ciel. Luc rapporte dans les Actes des apôtres qu'aucun d'entre eux n'est mort avant saint Jacques, et, après qu'il eut raconté son martyre, on peut lire que les autres apôtres vivaient encore. C'est pourquoi il réside dans le chœur des apôtres, parce qu'il a souffert le premier le martyre. Le Seigneur Jésus-Christ, qui veut distribuer ses bienfaits à chacun, qui donna au bienheureux Étienne, protomartyr, de tenir dans les cieux le premier rang dans le chœur des martyrs et institua sur la terre le bienheureux Pierre comme chef des apôtres en raison des mérites de sa foi, donna dans les cieux à saint Jacques, son bien-aimé, la première place entre les apôtres, pour avoir souffert le premier le triomphe du martyre. Il est d'autant plus proche de lui, et plus comblé que tout autre d'honneurs dans la gloire, qu'il a été le premier, avant les autres apôtres, à l'imiter dans sa Passion. Nous prescrivons d'une manière générale de célébrer, dans toute la terre, la solennité sacro-sainte de son martyre le 25 juillet, par la vigile, et le jeûne, et l'octave ; dans toute l'Église non seulement de Galice, mais aussi dans toute la terre, sa longueur et sa largeur, de célébrer le 30 décembre son élection et sa translation, à savoir comment il fut élu par le Seigneur sur la mer de Galilée et translaté de Jérusalem en Galice ; enfin de célébrer le 8 octobre la fête de ses miracles, parce qu'il ressuscita l'homme qui s'était suicidé et fit d'autres miracles ; et nous enjoignons à tous les évêques réunis en synode et à tous les prêtres d'annoncer ces choses de vive voix dans leurs églises.

Et, afin que tous les peuples viennent avec les clercs réunis à l'église et qu'ils se détournent des œuvres terrestres pour célébrer ces jours, en louant le Christ, nous prescrivons non moins de célébrer ces solennités sacrées en faisant sonner des clochettes, en étendant des tapis, des rideaux et des voiles dans la basilique et en multipliant les chants, comme le veut la coutume de la fête. Et si, quelque part, quelque basilique se trouvait par hasard frappée d'interdit, qu'elle soit absoute par nous en ces jours au nom de Dieu et de son apôtre, de telle sorte que soit célébré en elle solennellement et avec une grande joie l'office divin, y compris les matines et les heures propres pour ceux qui y entrent et les entendent. De cette manière, les récompenses iront à ceux qui célèbrent cette solennité et les tourments à ceux qui la récusent. Qu'ils célèbrent donc à bon droit cette solennité, ceux qui attendent des bienfaits de saint Jacques, comme ils célèbrent les fêtes bien connues des apôtres Pierre et Paul. Qu'exulte donc la cour des cieux en chantant des hymnes de louange au Seigneur, que la terre se réjouisse des joies célestes en ces solennités sacrées de Jacques, l'excellent apôtre du Christ, que soit félicitée l'Église des fidèles décorée de ses vertus ; que l'esprit humain éclairé par sa protection fasse retentir auprès de Dieu ses louanges joyeuses. Il convient certainement que nous rapportions cette louange sur la terre en toute dévotion à celui à qui les anges témoignent tant de révérence dans les cieux. Si en effet tous les membres de mon corps étaient transformés en langues et faisaient entendre une voix humaine, ils ne me suffiraient pas pour louer la grandeur de Jacques dans le Christ. Quelles louanges lui adresserais-je, en effet, à lui qui, dès qu'il entendit la voix du Seigneur au bord de la mer de Galilée, abandonna tout pour suivre le Rédempteur. Existe-t-il plus heureux que lui, qui, après avoir vaincu Hérode à cause du Christ, fut constant dans la foi et livra son corps au supplice de la passion ? Qui pourrait accomplir dignement les annonces de louange pour celui qui mérita de voir le fils de Dieu transfiguré dans la clarté du Père ? *Bienheureux, dit le Seigneur, les yeux qui voient ce que vous voyez* (Lc 10, 23). Ou quelles louanges la foule des fidèles consacre-t-elle sur la terre à celui à qui le Seigneur donna de tenir le premier rang entre les apôtres dans les cieux ? En effet, de la même manière que celui qui, entré dans un champ couvert de fleurs diverses, aperçoit les nombreuses variétés de fleurs et regarde çà et là autour de lui, ne sachant laquelle d'entre elles il va cueillir et lesquelles laisser, de même je suis entré maintenant dans le pré des pouvoirs miraculeux du grand saint Jacques et je ne sais par quoi commencer. J'ai certes le désir de cueillir toutes les fleurs de ses actes, mais parce qu'elles sont aussi nombreuses que la mer est immense, nous ne saurions les appréhender brièvement. Considérant les choses très hautes qu'il fit avec les autres disciples avant l'Ascension du Seigneur, en présence de Jésus, je suis stupéfait de la prédilection particulière que le Seigneur eut pour lui. Et lorsque je regarde les grandes choses qu'il a faites par la grâce divine après la venue du Saint-Esprit Paraclet, avant son martyre, je suis effrayé. Je suis presque atterré lorsque se remémorent à l'intérieur de mon cœur les hauts, les indicibles, les incompréhensibles miracles qu'il a faits, par l'opération de Dieu, du jour où il a souffert le martyre jusqu'à aujourd'hui, non seulement en Galice, mais aussi chez tous les peuples qui invoquent son nom. Mais parce que l'autorité des évangélistes me presse de raconter ce qui est dit de lui dans les Évangiles, j'expliquerai ces choses en les racontant.

SAINT JACQUES APÔTRE DU CHRIST. Vénérons tous dans le Seigneur Jacques, fils de Zébédée, patron de la Galice, qui mérita d'être honoré par notre Sauveur Jésus-Christ avant tous les apôtres, et de figurer en troisième place par sa vocation et son élection. En vérité, il vient en troisième place selon Matthieu par son élection, parce que, alors que notre Sauveur passait au bord de la mer de Galilée, il appela d'abord Pierre et André, puis, avançant un peu, *il vit les deux autres frères, Jacques, fils de Zébédée, et Jean, avec leur père Zébédée, en train de réparer leurs filets, et il les appela en disant : Venez, suivez-moi et je ferai de vous des pêcheurs d'hommes* (Mt 4, 19). Ô admirable clémence du Rédempteur ! Des non-savants il fait des savants, des pervertis il fait des bons, des insensés il fait des connaisseurs, des pêcheurs il fait des prédicateurs éclairés. Ô grand mystère du Sauveur, ô admirable don, par lequel les pêcheurs de poissons ont mérité d'être transformés en pêcheurs d'âmes ! Parce que, étant donné que les bienheureux Jacques et Jean furent pêchés par Jésus, ils nous pêchent en retour dans les filets de la foi par leur prédication. Ce sont les apôtres mêmes qui ont été pêchés par le Sauveur qui nous pêchent et nous tirent des eaux salées où sont des têtes de dragons. En effet, le Réparateur avant l'incarnation de son Fils promit des pêcheurs du genre humain aux peuples qui périclitaient dans la mer de ce siècle, en disant par le prophète Jérémie : *Voici que je vais vous envoyer quantité de pêcheurs* (Jr 16, 16).

Justement, le Fils appela à lui et envoya pour pêcher les âmes ceux que le Père avait prédestinés. Heureux donc les apôtres qui suivaient un chef aussi présent, heureux ceux pouvaient briller en présence du soleil, heureux ceux à qui fut dit *Suivez-moi* (Mt 4, 19) et qui, abandonnant aussitôt leur père, leurs filets et leur barque, ont suivi le Sauveur. Ils suivent le Seigneur non seulement par les pas de leurs pieds, mais encore par l'imitation des bonnes œuvres. C'est à bon droit qu'ils suivent le Seigneur, ceux qui le suivent par les pas de leurs pieds et par l'imitation des bonnes œuvres. La vraie foi ne connaît pas l'affection pour les choses temporelles, ne connaît pas la consanguinité, ignore la fonction du père et de la mère, et nie formellement toute raison de s'opposer à elle. Et finalement, il est écrit dans l'ancienne loi : *Celui qui dit à son père et à sa mère « je ne vous connais pas », et à ses frères « je vous ignore », ceux-là conserveront ma parole et serviront mon alliance,* dit le Seigneur (Dt 33, 9). Ceux-ci, frères, que nous distinguons par la faveur du Christ, disent à leur père, disent à leur mère, disent aux frères, aux sœurs, aux fils, à leurs amis et à tous ceux qu'ils aiment « nous ne vous connaissons pas ». Voulez-vous que nous vous connaissions ? Croyez en notre Père et nous commencerons à vous avoir pour frères à cause du Père. Nous ne connaissons pas notre père, nous ne connaissons pas notre mère. Il n'y a qu'un seul Père, celui qui nous a engendrés. Nous reconnaissons ce Père. Si vous voulez que nous vous connaissions aussi, connaissez vous aussi le vrai Père, pour que nous soyons tous frères.

Heureux sont donc les apôtres, heureux aussi selon le siècle. En effet, si Jacques et Jean n'avaient pas méprisé leurs parents, leur nom ne serait pas en honneur comme il l'est aujourd'hui. S'ils ne les avaient pas méprisés, tant d'églises dans le monde ne les connaîtraient pas à ce jour. S'ils n'avaient pas méprisé leur père, je ne les connaîtrais pas comme maîtres. Si Jacques et Jean n'avaient pas quitté leur père, je n'aurais pas été rendu digne de les avoir pour frères. Cependant ils quittèrent de petites choses et en trouvèrent de grandes. Ils quittèrent leur père terrestre et trouvèrent le père céleste, dont furent issus les pères de tous les croyants. Ils tinrent pour négligeable le pouvoir terrestre du père, mais acceptèrent le pouvoir de lier et de délier. Ils méprisèrent l'hérédité terrestre, mais ils devinrent héritiers du ciel. Ils quittèrent leur maison dans un village pour être les chefs des églises sur toute la terre. Ils abandonnèrent leurs amis et leurs proches, mais engendrèrent des frères et des amis dans le monde entier. Ils quittèrent tous les biens terrestres et trouvèrent tous les biens célestes. Si donc ils quittèrent tout, sans rien retenir pour eux, qu'en sera-t-il de nous, qui avons quitté de petites choses et posséderons tout ? Sans doute posséderons-nous en esprit celles que nous n'avons pas, comme celles que nous avons. Si Jacques et Jean n'avaient pas méprisé les choses charnelles, ils n'auraient pas les choses spirituelles. C'est ainsi que nous n'aurons rien des biens célestes, à moins que nous ne quittions les biens charnels. Ils laissèrent tout et trouvèrent tout ce qui est bon. Rien ne leur manqua des choses temporelles, parce qu'ils avaient avec eux le dispensateur de tous les biens. Ainsi donc rien ne manquera à ceux qui auront tout laissé, s'ils ont eu Dieu avec eux, comme lui-même l'atteste, quand il interroge ses disciples en disant : *Quand je vous ai envoyés sans bourse, ni besace, ni sandales, avez-vous manqué de quelque chose ? Et ils disaient : De rien* (Lc 22, 35). Et à un autre endroit, le même dit : *Cherchez d'abord le royaume de Dieu, et tout cela vous sera donné par surcroît* (Mt 6, 33). En effet, le Seigneur fit tout, le monde lui appartient, il créa tout. Celui qui l'a, a aussi ce qui est à lui. Celui qui possède un tel trésor ne manque de rien. *Compte sur le Seigneur,* dit le Psalmiste, *et agis bien. Habite la terre et vis tranquille et mets ta réjouissance dans le Seigneur* (Ps 36, 3). Et ailleurs : *Décharge ton fardeau sur le Seigneur, et il te soutiendra* (Ps 54, 23). Ainsi, rien n'ébranle le chrétien, il ne s'inquiète pas du lendemain. En effet, *à chaque jour suffit sa peine* (Mt 6, 34). Louons donc le Seigneur notre Sauveur qui a élu dans le monde les frères Jacques et Jean, et les mit dans la joie de son royaume.

TÉMOINS DE LA TRANSFIGURATION. Celle-ci est la vraie fraternité qui ne peut être transgressée en dépit des vicissitudes du monde, mais qui, après avoir tout laissé, suit rapidement les heureuses traces du Rédempteur. En méprisant les biens terrestres, ils parvinrent aux royaumes célestes. Frères ils furent sur la terre, et frères ils sont trouvés dans les cieux. Ils étaient frères par leur père terrestre et ils ont été trouvés frères par le Père céleste. Ceux-là sont les vrais frères que le Seigneur a élus *dans une charité non feinte* (2 Cor 6, 6) et à qui il a donné les royaumes célestes, eux par les enseignements de qui l'Église brille comme le soleil et la lune. Comme le soleil, en effet, elle resplendit dans la vie contemplative et comme la lune dans la vie active. Les deux sont ainsi les lustres de la cour céleste, les deux candélabres qui rayonnent devant Dieu et dont la lumière ne s'éteindra jamais dans les siècles des siècles. Certainement l'un fut revêtu de la pourpre du martyre, mais l'autre fut vêtu de blanc par la confession de la vérité. Parce que *ceux que le Seigneur a appelés, il les a aussi justifiés, et ceux qu'il a justifiés, il les a aussi glorifiés* (Rm 8, 30). Il les a vraiment magnifiés par les biens célestes, parce que *ô Dieu, tes amis sont devenus très honorables* (Ps 138, 17). C'est ce Jacques et son frère Jean que le Rédempteur, alors qu'il était sur la montagne imposant aux disciples un nom propre à chacun, comme Marc le raconte, *appela Boanergès, c'est-à-dire fils du tonnerre* (Mr 3, 17). Parce que de même que les voix du tonnerre résonnent sur la terre et la font trembler, ainsi le monde entier résonna et trembla en entendant leurs voix, tandis qu'ils *prêchaient en tout lieu, le Seigneur agissant avec eux et confirmant la parole par les signes qui l'accompagnaient* (Mr 16, 20). Le Seigneur portait tant d'affection à ce Jacques que, sur le mont Thabor, il lui montra son vénérable corps transfiguré dans la gloire du Père (cf. Mt 17 ; Mr 9 ; Lc 9). En effet, en présence de Pierre et de Jean qui l'accompagnaient et en furent témoins, Jacques le bien-aimé de Dieu contempla la face du Seigneur aussi resplendissante que le soleil, et son manteau brillant comme la neige, et il entendit le Père parler avec lui et dire : *Celui-ci est mon fils bien-aimé en qui j'ai mis tout mon amour, écoutez-le* (Mt 17, 5). Et il vit deux prophètes parlant avec lui, à savoir Moïse et Élie, dont l'un était mort fort longtemps auparavant et l'autre avait été enlevé dans le ciel. Ô admirable chose ! Ils apparurent vivants, eux qui déjà étaient comptés parmi les morts. La Transfiguration de Notre Seigneur manifeste symboliquement notre résurrection future et le caractère spécifique de la vie éternelle. En effet, la face de Dieu qui resplendit comme le soleil désigne l'incomparable gloire et l'ineffable joie dont les saints seront remplis au dernier jour. D'où ce que dit l'Écriture : *Alors les justes resplendiront comme le soleil dans le royaume de leur Père* (Mt 13, 43). Son vêtement qui brillait comme neige désigne l'immortalité de notre corps que nous aurons reçue dans la résurrection. À un endroit Paul dit : *Il faut que cet être corruptible revête l'incorruptibilité, que cet être mortel revête l'immortalité* (1 Cor 15, 53). Moïse désigne l'ancienne loi, Élie représente les prophètes, et les trois disciples illustrent la loi de la grâce nouvelle, qui est observée par la foi en la Trinité. Notre Rédempteur voulut donc apparaître transfiguré pour que l'ancienne loi, les prophètes et l'Évangile apportent pleinement dans le monde le témoignage de sa vraie divinité et de l'humanité qu'il a prise pour *que toute parole soit décidée sur la parole de deux ou trois témoins* (Mt 18, 16), à savoir que *le verbe s'est fait chair et a habité parmi nous* (Jo 1, 14). *C'est de lui que tous les apôtres rendent témoignage* (Ac 10, 43). Thabor, qui signifie «lumière qui vient», la colline sur laquelle le Seigneur fit monter ses disciples depuis la vallée, désigne le fils de Dieu lui-même, lui-même lumière éternelle qui viendra le jour du jugement, où il élèvera ses élus de la corruption à l'incorruptibilité, de la mortalité à l'immortalité, des profondeurs aux hauteurs des cieux et, par la lumière de son visage, fera la joie dans la résurrection future, dont le symbole est apparu à saint Jacques sur cette montagne. Ô combien sont heureux les yeux qui virent le Rédempteur de tous les siècles transfiguré dans la splendeur du Père ! Ô sublime mérite des trois à qui fut donné de voir dans le monde les choses qui n'ont pas été crues par le monde ! Ô oracle d'Isaïe, *les yeux de ceux qui voient* le Seigneur *ne seront plus englués* (Is 32, 3).

Il faut savoir en outre que, sur cette montagne, au lieu même où le Seigneur a été transfiguré, le peuple fidèle construisit en mémoire de sa Transfiguration, quand la religion chrétienne se fut développée, une admirable basilique dédiée au Saint-Sauveur et y a instauré une communauté monastique. Les habitants de cette montagne racontent encore qu'au jour de la Transfiguration une immense splendeur jaillit sur cette montagne, à tel point que la pierre, noire auparavant, y devint blanche comme l'albâtre et l'est demeurée depuis. À partir de cette pierre, les habitants du lieu confectionnent de petites croix modelées sur une armature de fer, que les pèlerins visitant ce lieu sacro-saint reçoivent d'eux et, en témoignage de la Transfiguration du Seigneur, suspendent à leur cou et remportent soigneusement chez eux, quand ils s'en vont. Et plus on détache de pierre à cet effet, plus elle revient, dit-on, de ce moment au début de l'année suivante. Et beaucoup sont guéris quand on les frotte avec le vrai vin dans lequel on a fait bouillir la croix faite de cette pierre.

LES DEUX FRÈRES TRÔNANT AUPRÈS DE JÉSUS. Bienheureux et

agréable à Dieu, et extrêmement digne de toute louange, est Jacques à qui le Père du haut des cieux voulut montrer le Sauveur du monde encore mortel transfiguré dans la puissance de son père, ce que ni prophète ni patriarche n'ont été en mesure de voir jadis. «Heureux qui a mérité de voir le Christ qui nous était promis.» C'est pourquoi il a mérité parmi tous les autres d'être honoré par le Seigneur de la grâce d'un amour spécial. En effet lorsque notre éternel Amant, notre très pieux Rédempteur et Sauveur ressuscita la fille du grand prêtre, il n'admit pas, selon saint Marc, que quiconque le suive dans la maison pour voir ce miracle, sinon Jacques accompagné des deux autres disciples. Parce que lui-même, qui sait introduire les bons dans le repos éternel avec lui et écarter de lui les ingrats, lui-même a aussi daigné montrer ce miracle à son très cher Jacques. Ô indicible grâce du Sauveur ! Ô vénérable opération de celui-ci, par laquelle le modeleur de ce monde montra au bien-heureux Jacques le vase restauré avant qu'il n'eût été brisé par la mort commune ! Ensuite, ce Jacques et son frère Jean sollicitèrent, chose admirable, du Seigneur le don qu'aucun des autres disciples ou prophètes avant ou après eux, n'osa demander : la mère des fils de Zébédée est allée à Jésus avec ses fils Jacques et Jean, l'adorant et lui demandant qu'ils puissent siéger l'un à droite et l'autre à gauche dans sa gloire (cf. Mt 20, 20 ss). Il faut savoir en effet que les fils de Zébédée reçurent la dignité de siéger auprès du Christ, non parce qu'il aurait décidé, comme leur mère avait cherché à l'obtenir, qu'ils soient assis l'un à gauche de celui-ci dans son royaume et l'autre à droite, mais nul dans le royaume des cieux n'étant assis à gauche, parce que au Jugement Dernier tous les élus seront assis à la droite du Christ (cf. Mt 25, 33). En effet il semble impossible que quiconque soit assis entre le Père et le Fils, alors que le même Fils réside à la droite du Père et le Père à la gauche du Fils. Ainsi en effet saint Luc atteste dans les Actes des Apôtres (cf. Ac 1, 11) ce que dit Marc : *Or le Seigneur Jésus après leurs avoir parlé, fut enlevé au ciel et il est assis à la droite de Dieu* (Mr 16, 19). Et saint Étienne l'atteste, disant : *Voici que je vois les cieux ouverts et Jésus debout à la droite de Dieu* (Ac 7, 56). Mais si l'on veut comprendre la gauche et la droite du Christ en un sens mystique, c'est un fait qu'ils sont assis à sa droite et à sa gauche, puisque par « le trône à la gauche du Christ » on entend la vie présente en ce monde, et par « le trône à sa droite » on entend, au sens mystique, la vie éternelle. Il est écrit en effet : *À sa droite, longueur des jours, à sa gauche richesse et honneurs* (Pro 3, 16). Siège sur le trône à la gauche du Christ quiconque est attentif à régner dignement sur le peuple fidèle dans la vie présente. Siège sur le trône à sa droite celui qui détient le lieu de la quiétude dans la vie éternelle.

Donc les fils de Zébédée, Jacques et Jean, ont siégé tous deux ensemble dans le temps à la gauche du Christ, quand ils exerçaient un gouvernement apostolique sur les peuples fidèles dans la vie présente. C'est-à-dire dans ce royaume de l'Église nourricière dont la vérité a dit : *Le règne de Dieu est entre vous* (Lc 17, 21). En effet par le règne on entend l'Église de Dieu. *Le fils de l'homme enverra ses anges qui ramasseront de son royaume tous les scandales* (Mt 13, 41). Il est attesté que Jacques et Jean sont assis à la droite de Dieu, c'est-à-dire dans la béatitude éternelle, avec le reste des apôtres, regardant le visage tant aimé du Seigneur, d'où ils viendront, comme il est dit, avec lui au dernier jour, pour juger tous les siècles.

Mais puisque nous avons dit comment ils sont assis à la gauche et à la droite du Christ, voyons ce que signifie leur mère, ce que signifient ces fils et ce que signifie Zébédée. Au sens mystique, leur mère vénérable désigne la présente Église, qui, génitrice sanctifiée et régénérée par le baptême de ses deux fils, c'est-à-dire des deux peuples, les Juifs et les gentils, est allée vers le Seigneur pour ceux-ci, priant en disant avec le Psaume : *Du bout de la*

terre, vers toi j'appelle, le cœur me manque, au rocher tu m'as exaltée
(Ps 60, 3). L'Église génitrice du peuple juif s'est levée parce que nombre
vinrent jadis de lui à la foi du Christ. Entre autres fut Paul, qui occupe le
siège de la gauche du Christ en gouvernant le peuple fidèle du passé, du
présent et du futur par les préceptes de ses épîtres. De même l'Église est la
mère du peuple des gentils ; en effet, beaucoup d'entre eux se sont convertis
jadis à la foi du Seigneur par le baptême, parmi lesquels figuraient Corneille
et bien d'autres (cf. Ac 10, 1 ss). Donc la mère nourricière qu'est l'Église
demanda au Christ le siège à la gauche du Seigneur pour ses fils, faisant
d'eux des chefs et des prêtres pour guider le peuple fidèle dans la vie
présente. Elle demanda aussi pour eux le siège à la droite du Seigneur, parce
que les fils qu'elle aura fait renaître par la grâce du baptême, elle les fait résider dans la béatitude céleste par la constance de la foi et des bonnes œuvres.
Son époux est Zébédée, ce qui signifie « offrande expiatoire du Seigneur »,
ou bien « quittant le diable fugitif ». Mais par lui se désigne l'époux de
l'Église en ce lieu, qui s'offrit lui-même en victime vivante à Dieu le Père,
sur l'autel de la croix, pour nos mauvaises actions, qui aussi quitta le diable
fugitif et orgueilleux, quand il le sépara de la troupe des bons anges et, apparaissant dans la chair, le chassa du monde en disant : *Maintenant le prince de
ce monde va être jeté en bas* (Jo 12, 31). On interprète ce Zébédée à contre-
sens, comme signifiant « diable fugitif quittant », alors que le sens satisfaisant
est, comme en ce lieu, tout différent, à savoir « quittant le diable fugitif ». Le
fils de cet époux est Jean, qui est interprété « grâce de Dieu », ce qui désigne
symboliquement ceux qui conservent la grâce du baptême qu'ils ont reçue
jusqu'à l'extrémité de leur vie en accomplissant de bonnes actions. En ceux-
ci la grâce de Dieu abonde à un tel point que non seulement ils s'élèvent
eux-mêmes vers les célestes parvis, mais encore enflamment les autres en les
exhortant et en faisant le bien. Le fils de cet époux est aussi Jacques le
Majeur, dont le nom signifie « supplanteur » et « consolateur ». En effet on dit
de Jacob qu'il est le supplanteur, tandis que « us » pourvu d'une aspiration
s'écrit, comme dans Job (cf. Jb 1, 1), Hus et signifie le consolateur. Donc
Jacobus est appelé à merveille le supplanteur et le consolateur, parce qu'un
jour, ceux en qui il supplanta les vices par sa prédication, il les confirma dans
la foi du Christ par la consolation de l'Esprit-Saint en leur imposant ses
mains. Mais maintenant, il se sert de ses prières et de son soutien face à Dieu
pour supplanter les maux de ses fervents qui l'invoquent de tout leur cœur.
Et ceux en qui il a supplanté des vices, il les fortifie dans les vertus sacrées
par la même consolation du Saint-Esprit. Et de même que le paysan ou le
jardinier éradiquent les herbes superflues de leur jardin pour en planter de
bonnes, ainsi le bienheureux Jacques, adorateur du Christ, élimina un jour du
champ de la sainte Église les épines et les buissons des vices par sa prédication, pour y insérer les roses et les lis des vertus ; désignant ainsi au sens
figuré ceux qui supplantent les fautes de la chair en faisant pénitence et en
accomplissant de bonnes œuvres. Mais il faut noter que tous ceux qui désirent le royaume de Dieu doivent avoir ces deux fils de Zébédée. Parce qu'à

moins d'avoir avec lui ces deux frères, personne ne possédera le royaume des cieux. À moins d'avoir eu la grâce de Dieu et d'avoir supplanté nos vices, nous n'aurons pas la vie éternelle. En gardant la grâce de Dieu en nous, nous avons Jean, en supplantant les vices de la chair nous avons aussi Jacques. Ces deux frères résument tous les saints qui ont existé depuis le commencement du monde jusqu'à aujourd'hui. Tous ils ont eu la grâce de Dieu, tous ils ont supplanté les vices de leur chair. Mais il faut voir que le plus expédient pour nous est d'avoir d'abord Jacques, puis ensuite Jean. Parce que, si nous n'avons pas commencé par supplanter les vices en nous, nous n'aurons pas la grâce de Dieu, puisque Salomon a dit : *L'Esprit-Saint fuit le simulacre d'obéissance* (Sap 1, 5). Nous devons donc supplanter d'abord les crimes de la chair, pour mériter de posséder la grâce de Dieu. Jacques purifie d'abord les temples que sont nos cœurs en y supplantant le mal, ensuite Jean les pourvoit de la grâce divine. C'est pourquoi, s'il te plaît, Jacques lave le temple de notre cœur, pour que la grâce de Dieu y réside. Donc que Jean soit décrit comme le bien-aimé par Dieu entre tous (cf. Jo 13, 23 et 21, 20) et qu'il ait été distingué des autres pour n'avoir pas subi la dégradation de la chair et le martyre par le glaive, cela signifie que la vie contemplative est aimée de Dieu, qu'elle est étrangère à la corruption de la chair et demeure sereine dans l'adversité. Lorsqu'on lit que le bienheureux Jacques a été supplanteur des vices et a reçu la couronne du martyre, cela signifie que la vie active doit supplanter les vices et les tenir à l'écart, et supporter les vicissitudes de la vie présente jusqu'à ce qu'elle mérite d'être couronnée lorsqu'elle aura rejoint la contemplation. En effet la vie active connaît tantôt la quiétude, tantôt l'hostilité, mais la vie contemplative conserve une sérénité supérieure. C'est ce que le Seigneur atteste quand il dit à Marthe, qui le servait, pour désigner la vie active : *Marthe, tu te soucies et tu t'agites pour beaucoup de choses* (Lc 10, 41). Et peu après, il évoque la vie contemplative en disant : *Marie, elle, a choisi la meilleure part, elle ne lui sera pas retirée* (Lc 10, 42). Méritons donc de jouir, nous aussi, de cette part choisie et désirée, jusqu'à ce que nous puissions nous réjouir dans les célestes parvis en union avec le bienheureux Jacques, dont nous célébrons la solennité votive, avec l'aide de Notre Seigneur Jésus-Christ qui vit et règne avec Dieu le Père et le Saint-Esprit dans les siècles des siècles. Amen.

Chapitre VI

SERMON DU PAPE CALIXTE
SUR LA PASSION DE SAINT JACQUES APÔTRE
QUI EST CÉLÉBRÉE LE 25 JUILLET

SAINT JACQUES APÔTRE DU CHRIST. Réjouissons-nous donc dans le Seigneur, très chers frères, d'une joie spirituelle en ce jour sacré du très excellent apôtre Jacques, fils de Zébédée, patron de la Galice, que le Christ associa à sa Passion, en lui montrant, comme fait un être cher envers celui qui lui est cher, l'abattement de sa chair et en disant : *Mon âme est triste jusqu'à la mort* (Mt 26, 38). Cependant le Seigneur ne fut pas triste dans sa mort, mais jusqu'à la mort, parce qu'il ne dit pas : mon âme est triste dans la mort, mais jusqu'à la mort. Il fut triste jusqu'à la mort, parce que lui qui assuma un corps humain dut subir tout ce qui est du corps, la faim, la soif, les tourments, la tristesse. Mais sa divinité ne fut en rien changée par ces épreuves. Dans la mort, il ne fut pas triste, car celui qui quitta spontanément le sein de son Père et prit chair pour racheter le genre humain a subi librement pour nous cette mort sur le bois de la croix. C'est pourquoi Isaïe dit : *Il s'est offert, parce qu'il le voulait ;* et : *Ce sont nos douleurs qu'il portait* (Is 53, 4 et 7). Mais il faut noter aussi que le Seigneur est dit avoir pris son dernier repas après sa Résurrection, près du lac de Tibériade, avec saint Jacques, en raison du grand amour qu'il lui portait, en la présence de Pierre et de Thomas, de Nathanaël et de Jean, et de deux autres (cf. Jo 21, 1 ss). Ô combien est vraiment heureux et aimable pour Dieu l'homme à qui le Sauveur vénérable daigna conférer l'immense grâce de se nourrir et de converser éternellement avec lui. Pourquoi donc le Seigneur célèbre-t-il son dernier repas avec sept disciples, sinon pour annoncer à ceux qui sont pleins des sept grâces du Saint-Esprit qu'ils jouiront avec lui des nourritures éternelles ? Que donc chacun de nous s'écarte du mal et fasse le bien, pour mériter d'avoir la grâce de l'Esprit-Saint, jusqu'à ce qu'il puisse se restaurer dans le banquet éternel auprès du Seigneur. Parce que *si quelqu'un n'a pas l'Esprit du Seigneur, il ne lui appartient pas* (Rm 8, 9). Ensuite, lorsque, après la venue de l'Esprit-Saint, Jacques, apôtre du Christ, prêcha le Verbe de Dieu en Judée et rendit témoignage de la Résurrection de Jésus-Christ notre Seigneur, il fit beaucoup de prodiges et de miracles, et il convertit à la foi d'innombrables multitudes de peuples. C'est pourquoi personne ne saurait dire combien de milliers de païens se sont convertis au Christ à cette époque, tandis qu'inlassablement il prêchait à tous le Verbe du salut. Il rendait la vue aux aveugles, la marche aux boiteux, l'ouïe aux sourds, la parole aux muets, la vie aux morts ; de tous les genres de maladies il guérissait les peuples pour la gloire et la louange du Christ ; il embrasait intérieurement les cœurs arides des païens par la ferveur du Verbe divin, suivant les conseils de son Maître qui avait dit : *Guérissez les infirmes, ressuscitez les morts, purifiez les lépreux, faites chasser les démons* (Mt 10, 8) ; et ailleurs : *Celui qui croit en moi*, dit-il, *fera lui aussi les œuvres que je fais et de plus grandes encore* (Jo 14, 12). En effet, l'apôtre très clément restitua totalement la santé à beaucoup d'affaiblis, de lépreux, de frénétiques, de néphrétiques, de maniaques, de galeux, de paralytiques, d'artéritiques, de sujets au vertige, de flegmatiques, de colériques, de possédés, d'insensés, d'agités, de migraineux, d'instables, de goutteux, d'asthmatiques, d'incontinents, de fiévreux, de déshydratés, d'hépatiques, de fistuleux, de phtisiques, de diarrhéiques, de victimes des serpents, d'ictériques, d'épileptiques, de gastritiques, de rhumatisants, de déments, d'enrhumés, d'atteints de vitiligo : il vint en aide à ceux qui souffrent de nombreuses maladies, non au moyen de quelques médicaments tels qu'électuaires, préparations, sirops ou divers emplâtres, potions ou solutions, vomitoires ou autres antidotes des médecins, mais seulement par la grâce de Dieu qu'il avait demandée. Il n'administrait pas à ceux-ci une composition médicinale très forte, le collyre d'Alexandrie ou sarrasin, ou le grand collyre, ou l'*hiera pigra*, ou l'*hiera rufina*, ou l'*hiera paulina*, voire l'*apostolicon*, le *géralogodion* ou l'*hadrianon*, voire encore quelque potion, mais il leur infusait la grâce divine qu'il avait reçue d'en haut. En effet, ni la mélancolie ni le choléra, la rubéole ou la peste noire, le phlegme ou le sang ne prévalaient pour nuire là où cette vertu très puissante était présente. Il rendit de meilleurs services au genre humain par l'étude de la médecine divine qu'Hippocrate ou Dioscoride, Galien ou Macer, Vindicien ou Serenus, ou Cicéron, ou les autres médecins qui appliquèrent l'art médical. En effet, Hippocrate et ceux qui l'ont suivi furent utiles seulement pour le corps humain, mais lui fut, avec l'aide de Dieu, particulièrement efficace pour le corps et l'âme. Aucune plume n'est assez forte pour décrire combien de vertus, combien de miracles et de prodiges le Christ fit voir par lui aux nations.

Il vécut peu de temps après la passion du Christ, mais il convertit beaucoup de monde. En effet, c'était un très bel homme, bien fait de sa personne, de grande taille, chaste de corps, pieux d'esprit, d'aspect avenant, plein de sagesse, très modéré, solide par sa force intérieure, constant par sa longanimité, robuste par sa patience, doux par son humilité, serviable, persévérant, ennemi de tout excès, assidu dans la prière, indulgent, franc comme l'or, habile dans ses paroles, très sage dans ses conseils, libéré de toutes les attaches du monde, généreux dans les largesses aux nécessiteux, disposé à obéir aux serviteurs de Dieu, inébranlable dans l'adversité, très protégé dans la tentation, très joyeux dans l'hospitalité, sûr au milieu de l'opprobre, bien-faisant dans la haine. L'ennemi du genre humain ne pouvait rien trouver en lui qui trompe par fraude ou dissimule par feinte. Que dire de plus ? Quelque relation que l'on ait avec lui, telle la plus belle étoile brillant parmi les astres, il répandait une lumière éclatante. Parce que le Christ, roi des rois, l'avait choisi pour être son soldat, il l'avait lancé comme un très doux agneau contre les légions immondes des bêtes sauvages. *Voici*, dit-il, *je vous envoie comme des agneaux au milieu des loups* (Mt 10, 16). Et ainsi, l'homme de Dieu, sévère dans l'Esprit-Saint, guerrier très courageux, soldat légitime, porte-enseigne éminent, protégé du bouclier de la Foi, vêtu de la cuirasse de la Justice, ceint courageusement du glaive qu'est le Verbe de Dieu, coiffé du casque du Salut, chaussé de paix dans l'annonce de l'Évangile, s'avança pour combattre publiquement l'antique ennemi, allant à la rencontre de tous ses projectiles mortels, réduisit toutes les puissances des airs, arracha à la main de la mort, par le pouvoir du Christ, les hommes créés par Dieu et, une fois l'ennemi vaincu, rapporta un riche butin dans l'Église du Christ. Il devait être autant craint par l'ennemi du genre humain que très nécessaire au genre humain, comme quelqu'un qui ne rechercha pas son propre salut mais seulement celui du grand nombre. C'est pourquoi il est digne qu'il soit loué dans le Christ par la bouche du grand nombre, celui qui fut par le Christ le rédempteur du grand nombre. Il ne suffit pas de raconter les miracles qu'il a accomplis, il faut encore reconnaître le pouvoir de faire les miracles, par lequel durant sa vie il a gagné beaucoup de monde au roi céleste.

Ô vénérable apôtre du Christ, ô homme merveilleux, débordant de piété, abondant en miséricorde, supérieur par la charité ! En effet, celui-ci est le vrai cultivateur de Dieu qui planta l'Église du Christ par son sang, qui l'orna de sa grande humilité, qui en prit soin avec une vraie charité, qui la développa par la prédication du Verbe, qui l'irrigua de la rosée céleste du salut. C'est grâce à la diffusion que pratiqua celui-ci parmi les peuples que la divine clémence répandit l'accroissement de la foi chez le plus grand nombre.

Mais celui-ci brilla non seulement à Jérusalem par les lumières de sa prédication et les œuvres de sa piété, mais encore, traversant comme l'étoile du matin les pâturages navigables de l'océan, il dissipa en héraut les ombres de la nuit par son apparition. Ainsi sa réputation illumina-t-elle les nations et les régions étrangères par la grâce des miracles qui survenaient ici comme là, pour que sa gloire agisse dans toute la terre jusqu'à aujourd'hui. Le bienheureux Fortunat, versificateur distingué, confesseur et évêque du Christ, chanta ses vertus et ses exhortations en disant :

« Le bruit de ce serviteur du Seigneur s'est répandu dans l'univers entier
Et il n'est pas de lieu où sa haute gloire se renie.Sa noblesse est issue
d'une antique race d'ancêtres,
Mais plus encore il est noble dans le Christ par sa vertu.

Sommet des honneurs, beauté nourricière, lumière féconde,
Toutes les marques de la gloire conspirent à sa louange.

Fleur de sa race, protecteur de la patrie, réformateur du peuple,
Fleuve d'éloquence, source de sagesse, onde loquace.

Conservant pour Dieu dans la chasteté son corps sans souillure,
En raison de ses vertus, sa foi l'a conduit jusqu'aux cieux.

En son cœur la patience régnait triomphante
Et dans de fortes tempêtes l'intelligence était son ancre.

Dépourvu de fiel, l'âme tranquille, nourri de douceur,
Il n'avait pas de colère pour répondre aux outrages.

Doux dans ses propos, paisible dans son saint gouvernement,
Il ne laissait pas place à la colère dans son esprit.

Il domptait l'emportement d'autrui par la patience de son cœur.
Le blessait-on par légèreté, il le supportait avec pondération.

Restaurateur des temples, il redonnait du cœur à ses fidèles par son éloquence,
Et quand sa patrie eut à souffrir, il fut pour elle un remède efficace.

Il souhaita briser les liens de sa prison corporelle,
Afin de s'unir plus pleinement au Seigneur, lui un homme.

Il donne aux terres du monde de très nombreux miracles,
Aussi est-il l'unique amour de son peuple.

Le prouvant par ses propos, ajoutant les miracles aux actes,
Afin que les œuvres suivent la promesse des paroles,

Il instruit les païens, il réprimande aussi les Juifs,
Et portant du fruit, il sème pour Dieu la foi de par le monde.

Sur les branches de l'hérésie, il a enté les pieux greffons de la foi,
Et l'ancien tronc sauvage verdoie en olivier fertile.

L'arbre grêle qui se dressait dépourvu de feuillage
Aujourd'hui est prêt à donner son fruit et s'épanouit dans sa parure nouvelle.

Le sinistre figuier désespérément condamné au feu,
Enrichi de fumier, prépare son sein pour la fructification.

Sur le cep, la grappe gonflée s'offre au pillage des oiseaux,
Et, sous une si bonne garde, pas une n'est perdue pour la cuve.

Le vigneron des biens apostoliques a aligné les rangs,
Remuant le sol avec sa houe, disciplinant les rameaux avec sa serpe.

Du domaine du Seigneur il a extirpé la lambruche stérile
Et le raisin apparaît à la place des broussailles.

Dans la plantation de Dieu il a arraché l'ivraie amère,
Et la moisson généreuse lève avec régularité.

Avec le zèle d'un pasteur, il va et vient autour de ses enclos ;
Pour que le loup n'approche pas les brebis, il garde avec amour les troupeaux.

Il prend dans ses bras et emporte lui-même vers les pâturages du Christ,
La brebis fatiguée de crainte que, dans les montagnes, l'erreur ne l'engloutisse.

Sa parole s'écoule vers ses ouailles à partir d'une source salutaire ;
Pour que leurs oreilles boivent la foi, sa bouche leur présente le sel.

À l'ennemi il a réservé ses coups, au Seigneur ses pieuses prières
Et il rapporte doublés les talents qui lui furent confiés.

Il attend, bon ouvrier, la parole évangélique
Qui lui dira : "Va, fidèle serviteur,

Puisque tu m'as été fidèle en de petites affaires,
Tu seras mis à la tête des grandes.

Voici, entre maintenant avec allégresse dans la joie de ton Seigneur ;
En échange d'une courte peine, de grands biens t'attendent." »

La Sagesse décrivant sa très grande probité déclara entre autres : *Il prend son service parmi les grands, on le remarque en présence des chefs. Il voyage dans les pays étrangers, il a fait l'expérience du bien et du mal parmi les hommes* (Ecli 39, 4). Le bienheureux Jacques a pris son service au milieu des grands puisqu'il apporta au cœur des rois et des princes la nourriture salutaire de la vie éternelle par sa prédication. Il était en présence des chefs, puisqu'il prêcha courageusement le Verbe de Dieu contre le roi Hérode. Il voyagea dans le pays des étrangers puisqu'il divulgua le nom du seigneur de Jérusalem jusqu'en Galice. Il a fait l'expérience du bien et du mal pour les hommes, parce qu'il introduisit la doctrine évangélique dans les peuples des gentils et des Juifs et retrancha le mal des hérésies ; en effet, ainsi le Seigneur parle de lui par le prophète Isaïe en disant : *Je fais de toi la lumière des nations, pour que mon salut atteigne aux extrémités de la terre* (Is 49, 6). Le bienheureux Jacques est placé par le Seigneur dans la lumière pour les nations, parce que, après avoir chassé les ténèbres des péchés, il conduisit par sa prédication les nations à la lumière de la vraie foi. Il alla pour leur salut jusqu'aux extrémités de la terre, puisqu'il fit connaître par sa parole celui qui est le salut du peuple entier jusque dans les îles marines les plus lointaines.

Ainsi le Seigneur, par le prophète Joël, fit un jour une promesse aux hommes en disant : *Fils de Sion, jubilez, réjouissez-vous en le Seigneur votre Dieu ! car il vous a donné la pluie d'automne selon la justice, il a fait tomber pour nous l'ondée, celle d'automne et celle du printemps, comme jadis* (Jl 2, 23). Les filles de Sion, c'est-à-dire de la sainte Église, qui sont les âmes des baptiseurs, exultent dans le Seigneur quand elles accomplissent les bonnes œuvres et contemplent Dieu dans le Christ. Le bienheureux Jacques, docteur de justice, fut donné aux filles de Sion, parce que sa parole divine fit découvrir aux fils de l'Église la voie de la juste foi, qui mène au royaume des cieux. Il fit descendre vers eux l'ondée gracieuse du matin, puisque l'esprit de grâce du Seigneur descendit sur eux à l'appel de sa prédication pour enflammer les auditeurs. Le prophète appelle l'Esprit-Saint l'ondée du matin parce que, de même que la pluie du matin rend humide la terre, afin qu'une chaleur trop forte du soleil ne vienne détruire les graines, de même le Verbe de l'Esprit nourricier de Dieu fortifie les esprits de ses auditeurs, afin que la tentation démoniaque et la chaleur du vice sous ses diverses formes ne dispersent pas les semences du Verbe divin. Le prophète appelle ondée du soir l'Esprit du Seigneur, parce que, de même que la rosée du soir pénètre dans la terre, qu'elle soit cultivée ou non, mais provoque la germination dans la terre cultivée, de même l'Esprit nourricier, bien qu'il souffle sur tous, persévère et fructifie seulement dans les bons. Le Seigneur lui-même dit en effet ailleurs par le prophète : *Mais, celui sur qui je porte les yeux, c'est le pauvre et l'humilié, celui qui tremble à ma parole* (Is 11, 2 et 66, 2). Le prophète appelle Dieu le Père le Principe, parce que c'est de lui que tous ont tiré leur origine et c'est en lui qu'enfin ils finiront. *Moi qui vous parle*, dit-il, *je suis le Principe* (Jo 8, 25). Le bienheureux Jacques fit donc descendre l'ondée sur les filles de Sion, dans le Principe, parce qu'il montra en prêchant aux fils de l'Église que l'Esprit-Saint était dans le Père et le Fils, accomplissant ce qu'Isaïe avait dit : *Le Seigneur a fait de ma bouche une épée tranchante* (Is 49, 2). L'apôtre, épée tranchante, s'est levé : de même en effet que l'épée à deux tranchants coupe promptement à droite et à gauche, de même il discerne les bons pour les placer lors du Jugement Dernier à droite où ils seront sauvés, les mauvais à gauche pour qu'ils soient condamnés. Isaïe dit encore : *Il a fait de moi une flèche élue* (Is 49, 2). Assurément, a été élue cette flèche qui, une fois envoyée, tue l'ennemi du grand nombre.

Et parce qu'il y a trois choses dans une flèche, le fer pénétrant, le bois tout droit et la plume qui la dirige, la flèche montre la trinité et l'unité qui est dans le Seigneur. C'est pourquoi saint Jacques fut la flèche élue, parce que de même que la flèche rapide tue l'adversaire de celui qui la tire, de même, en prêchant la trinité et l'unité du Seigneur, il tua dans les hommes l'ennemi du genre humain et détruisit les retranchements des vices. Le prophète dit encore : *Il m'a caché dans son carquois* (Is 49, 2). Le carquois est symboliquement le sein de la bienheureuse Vierge Marie sans tache, dans lequel la flèche élue, c'est-à-dire le Fils de Dieu, Dieu un en trois, reposa cachée. La flèche a été cachée dans le carquois, parce que la divinité a été hébergée dans l'humanité. Car en elle *habita corporellement toute la plénitude de la divinité* (Co 2, 9). Le Seigneur cacha donc saint Jacques dans son carquois, parce que, en lui montrant son humanité, il l'imprégna de doctrines bienfaisantes. Et il lui dit encore par le prophète : *Allonge tes cordages, renforce tes piquets, car tu te répandras à droite et à gauche, et ta postérité héritera des nations*

(Is 54, 2-3). Par les cordages, grâce auxquels les artisans attachent l'une à l'autre deux choses séparées, sont désignés les préceptes du Seigneur, Dieu et l'homme étant liés grâce à la pratique des bonnes œuvres. Entre Dieu et l'homme, la discorde survint jadis par le délit du premier homme, mais maintenant la concorde a été rétablie par la pratique des préceptes du Seigneur. L'apôtre donc fila de longs cordages, parce qu'il répandit les doctrines évangéliques de la Judée jusqu'à la mer Méditerranée, voire jusqu'à l'océan.

Il renforça ses piquets, parce qu'il enfonça les instructions de la foi catholique dans les cœurs des hommes. Il se répandit à droite et à gauche, parce qu'il annonça aux élus la rémunération céleste de leurs bonnes œuvres, et aux réprouvés la terreur du Jugement Dernier. Et sa postérité hérita des nations, parce que la semence de ses prédications rendit les peuples fidèles héritiers du royaume céleste.

De même que le soleil illumine l'obscurité du jour et la lune les ténèbres de la nuit, ainsi répandit-il la lumière dans la sainte Église par ses enseignements. De même que l'arc-en-ciel resplendit de couleurs variées entre les nuages, ainsi brilla-t-il du feu de multiples vertus, au milieu de l'hostilité des païens et des Juifs. Comme la rose qui pousse au milieu des épines et le lis qui prospère près des eaux, ainsi fleurit-il entre les nations par ses exemples divins. De même que les parfums et l'encens sont odorants quand on les brûle, ainsi l'odeur de la vie éternelle s'éleva pour tous les hommes vers le salut afin de les faire tous revenir dans le royaume de la béatitude éternelle. En effet, la vertu divine irradiait en lui, dans sa vie, dans ses mœurs, dans la prédication du Verbe, dans la douceur et la mansuétude de son esprit, dans ses miracles et ses prodiges, ainsi que dans toute la mortification de sa chair par les veilles, les jeûnes et les prières divines.

Il allait dans les villages, les bourgs et les châteaux (cf. Lc 9, 6), entrait dans les synagogues des Juifs prêchant le Verbe de Dieu, insistant à temps et à contretemps (cf. 2 Tm 4, 2) pour que l'unique lumière de la vie éternelle éclaire tous les peuples qui ignoraient Dieu, et qu'ensemble ressuscitent à la vie éternelle ceux qui devaient ensemble descendre vers la mort. Oui certes, ni les menaces des princes ni les attaques des impies ne le firent cesser, lui que conduisait le zèle de la foi, de prêcher le nom du Christ, au vu et au su de ses cruels persécuteurs, Juifs et païens, jusqu'à l'heure de son exécution. En effet, en émissaire du grand souverain, il ne craignait pas d'apporter la lumière de la vérité à d'importantes foules, pour que là où beaucoup étaient rassemblés un grand nombre soit instruit par son exemple ou son enseignement. En effet, de même que le pêcheur tend ses filets là où il sait que se trouve une multitude de poissons, de même que l'habile oiseleur ou chasseur tend ses pièges là où il sait qu'un grand nombre d'oiseaux ou d'animaux sont réunis, de manière à en prendre beaucoup pendant que tous sont assemblés là, ainsi le bienheureux Jacques, pêcheur d'hommes et chasseur de bêtes sauvages, ne cessait d'aller au-devant des multitudes d'hommes, pour que, l'occasion en ayant réuni un grand nombre, beaucoup soient pris au grand filet de sa prédication. Et de même que le Seigneur l'institua intendant fidèle de sa famille pour qu'il donne aux siens leur nourriture au moment nécessaire (cf. Lc 12, 42), ainsi il se hâtait d'alimenter les peuples barbares de nourritures spirituelles en tous genres, enseignant avec douceur, instruisant au mieux, s'efforçant par tous les moyens d'arracher les uns et les autres à l'idolâtrie. Ô vase rempli de l'Esprit-Saint, qui distribuait abondamment aux peuples le blé du Christ qui est une graisse, son huile qui répand la joie et son vin qui provoque une sobre ivresse ! Il fut en effet l'œil de l'aveugle, le pied du boiteux, le père des pauvres et des miséreux, le consolateur des orphelins et des veuves. Comme un navigateur jetant l'ancre de la foi dans la mer des agitations de ce siècle, il conduisit le navire de l'Église, plein des richesses des nations, au port du salut.

Ainsi, comme l'intendant des vignobles planta à grand-peine la vigne de l'Église, arrachant les tribules des vices, taillant les épines des actes mauvais, plantant les bonnes souches, édifiant autour de lui la clôture des dogmes évangéliques contre les bêtes sauvages, repoussant au loin les renards hérétiques dont la coutume est de détruire les vignes, il bâtit en elle le pressoir d'un nouvel autel et la tour de la foi (cf. Is 5, 2). Cultivateur moderne, il laboura avec compétence la terre auparavant inculte par le coutre de sa prédication nouvelle et la charrue de la foi, pour que ses successeurs puissent labourer plus rapidement en prêchant et que la terre purifiée des épines des vices reçoive la semence et porte une récolte plus abondante, donnant l'une cent, l'autre soixante pour un (cf. Mt 13, 23). Et de même que celui qui traverse en ligne droite un lieu boisé pour se rendre vers quelque ville trace un sentier en laissant des repères, ainsi le bienheureux apôtre, porteur de la nouvelle loi, voyageur par le plus court chemin, construisit vers le ciel le trajet de la foi, aplanissant les aspérités du chemin, écartant les pierres dures, rectifiant le sentier tortueux et plaçant les repères des préceptes divins dans les ronces qui le bordent. Pour que ses successeurs méritent d'avancer plus à découvert, il transforma le sentier exigu en une large route. En effet, voici le sentier changé en route. Il était exigu et tortueux, le sentier de l'Ancien Testament, par lequel peu marchaient vers le ciel, maintenant la voie du Nouveau Testament, sur laquelle beaucoup avancent, est large et droite. C'est pourquoi, alors que la réputation du grand Jacques s'accroissait de long en large par toute la terre, de nombreux Juifs et de nombreux païens adorateurs d'idoles vinrent à lui, furent baptisés, et les idoles qu'ils avaient fabriquées furent détruites. L'antique ennemi en souffrit et, voyant se séparer de lui les nations que le Christ acquérait par le biais de son serviteur, il rassembla toutes les ressources de son artifice pour combattre l'Église de Dieu et enflamma Hérode, roi de Jérusalem, d'une telle fureur d'indignation qu'il prit l'apôtre et le tua. Et ainsi Hérode, ennemi du Seigneur, poussé par le javelot de la jalousie, *envoya des troupes pour affliger ceux de l'Église, et il fit mourir Jacques frère de Jean par le glaive* (Ac 12, 1-2). Que de choses douloureuses ! Il décapita celui que l'ange du Seigneur avait élu dans le monde et avait consacré, et qui avait fait sa chair aussi digne que la sienne.

Mais après que le grand Jacques, apôtre du Christ et athlète martyr invaincu, eut accepté librement le glaive d'Hérode pour l'amour du Christ, son âme nourricière, dégagée des liens du corps et libérée des pressions de la terre, revint joyeuse vers son auteur, les anges applaudissant pendant qu'elle s'élevait vers les hauteurs. Il rendit le corps à la terre, l'esprit au paradis sur le trône où il régna et exulta par la dignité de ses mérites, associé aux troupes des anges. Heureuse est donc la peine de la blessure par laquelle il fit naître pour lui-même la palme de la vie éternelle, lui qui par la mort détruisit la mort, qui possède les royaumes du paradis en tenant la couronne d'or. Par l'effusion de son sang, il se fit lui-même victime pour Dieu. C'est pourquoi, lorsque Hérode décapita Jacques, la troupe des anges se réjouissait, parce qu'elle recevait un compagnon. La cohorte des fidèles était attristée sur la terre, parce qu'elle avait perdu son pasteur. La troupe des idoles se félicitait, parce qu'elle avait vu mort son détracteur.

Le bienheureux évêque poitevin, Fortunat, confesseur du Christ, chanta la gloire du bienheureux Jacques par les pentamètres suivants, disant :

> « Jacques fit passer son âme de la terre à l'Olympe :
> Heureux de qui le trépas fait mourir la mort.

> Bientôt, devant le tombeau du saint, le don de la santé est accordé
> Et un corps déchiré réchauffe beaucoup de corps.

> Où gis-tu, mort ennemie ? dis-le. Où te terres-tu, depuis ta défaite,
> Quand tu vois que des vœux sont exaucés par le cadavre d'un saint ?

> Celui dont tu croyais méchamment que sa mort mettait fin au salut
> Donne la vie à un grand nombre et lui-même conserve la sienne.

> Tu es étendue captive quand tu pensais être reine,
> Tu péris dans l'assaut et tu t'assassines dans ta folie furieuse.

> Ton châtiment t'écrase, tes liens féroces te torturent,
> Les gémissements que tu veux provoquer, c'est toi qui les gémis par ce que tu subis.

> Le martyr triomphant habite le ciel, toi, livide, affligée,
> Ennemie de toi-même, tu hantes le noir Tartare.

> Le bienheureux maintenant demeure pour toujours dans un séjour fleuri,
> Entre des chœurs parfumés des vapeurs de l'encens.

> Il a apaisé le juge et ne craint pas d'imputation,
> Mais, soldat victorieux, il va chercher les récompenses méritées.

> Pour ses mérites, Jacques a été enlevé au ciel :
> Ce n'est pas l'urne funéraire qui le tient, mais le bras de Dieu qui l'étreint.

> Si l'on demande quel droit il a à notre reconnaissance, ses miracles le montrent,
> Car par lui les malades reçoivent la guérison amie du corps. »

Mais il faut considérer que Hérode, qui a décapité le bienheureux Jacques, désigne symboliquement le diable régnant sur le monde, lui qui, persécutant le Seigneur dans ses membres, dit : *Peau après peau ! Tout ce que l'homme possède, il le donne pour sa vie !* (Jb 2, 4) ; et ailleurs : *L'ennemi s'était dit : Je poursuivrai, j'atteindrai, je partagerai le butin, mon âme s'en gorgera* (Ex 15, 9). Parce que, comme le diable, notre adversaire, souhaita éviter la passion du Christ, c'est-à-dire notre salut, grâce au songe de la femme de Pilate, qui lui dit : *Ne te mêle pas du sort de ce juste* (Mt 27, 19), ainsi Hérode, sur le conseil du diable, voulut empêcher la prédication apostolique destinée aux nations par le Seigneur en faisant mourir Jacques. Le nom d'Hérode signifie « de peau » ou « la peau de la gloire ». Et cette interprétation va bien avec le personnage, qui ne pense pas à la gloire céleste, mais à la gloire de la peau et de la chair. Tels sont ceux *qui ont pour dieu leur ventre et mettent leur gloire dans leur honte ; ils n'apprécient que les choses de la terre* (Ph 3, 19). C'est pourquoi Hérode fit mourir l'apôtre du Seigneur. Il pensait que celui-ci pouvait lui faire perdre son pouvoir et il craignait plus de perdre le royaume terrestre que le royaume éternel. Mais parce que le Seigneur voulait venger la mort de son apôtre, il permit à Hérode de subir la mort comme il est dit dans le Livre des Actes des apôtres. Hérode, voyant que la mort du bienheureux Jacques plaisait aux Juifs, s'empara de l'apôtre Pierre et le mit en prison (Ac 12, 3) ; or, conduit par un ange du Seigneur, celui-ci s'évada à la faveur de la nuit sans subir de mauvais traitements. Au petit matin, Pierre ayant disparu, Hérode dépité se rendit de Judée à Césarée et y demeura (cf. Ac 12, 3 ss). *Or il était fort irrité contre les Tyriens et les Sidoniens. Eux, d'un commun accord, se présentèrent à lui et, après avoir gagné Blastus, le chambellan du roi, ils demandaient la paix, parce que leur pays tirait sa subsistance de celui du roi. Au jour fixé, Hérode, revêtu du costume royal et assis sur l'estrade, les haranguait ; et le peuple acclamait : C'est un dieu qui parle, et non un homme ! Mais à l'instant un ange du Seigneur le frappa, parce qu'il n'avait pas rendu gloire à Dieu, et, devenu pâture des vers, il expira* (Ac 12, 20-23), ayant injustement versé le sang du bienheureux Jacques. Ainsi Hérode fit exécuter Jacques et l'ange du Seigneur le frappa. L'innocent est tué par l'impie et l'impie est tué par l'ange du Seigneur.

Nous lisons rarement qu'un des persécuteurs des apôtres soit tué par un ange du Seigneur, en dehors de cet Hérode qui a fait décapiter le bienheureux Jacques. Ce traitement préférentiel, un honneur pour Jacques, donne à entendre que, parmi les autres, il était fort aimé du Seigneur. Il est donc fort apprécié du Seigneur sur la terre comme dans le ciel. Ô Hérode, roi impie, ennemi cruel du Seigneur, pourquoi as-tu fait périr un tel homme ? Ne savais-tu pas que le Seigneur allait te tuer ? Tu as tué le guerrier, tu as été abattu par le chevalier, tu as décapité le serviteur, tu as été éliminé par le Seigneur. Ô apôtre bienfaisant de Dieu, pourquoi as-tu tant supporté ? Tu as supporté assurément tant de choses, parce que tu étais digne de souffrir les outrages pour le nom de Jésus. En effet, tu savais que *les souffrances du*

temps présent ne sont pas à comparer à la gloire qui doit se révéler en nous
(Rm 8, 18). Ô Dieu de piété, pourquoi as-tu permis que ton apôtre soit tué,
afin de tuer ensuite le roi ? Certainement parce que tu préparais la couronne
pour l'apôtre et le supplice pour le souverain inique. Tous deux reçurent la
récompense de leurs mérites. À chacun tu as donné selon son mérite, puisque
tu attribuas à l'apôtre la couronne dans ton royaume et au roi la géhenne de
feu. C'est pourquoi est accompli dans ce fait ce qu'on lit dans le Livre de la
Sagesse : *Le juste qui meurt condamnera les impies qui vivent, et la jeunesse
vite consommée la longue vieillesse de l'injuste. Ils verront la fin du sage,
sans comprendre les desseins de Dieu sur lui, ni pourquoi le Seigneur l'a
mis en sûreté ; ils verront et se moqueront mais le Seigneur se rira d'eux.
Après cela ils deviendront un cadavre méprisé, ils seront parmi les morts
dans l'opprobre pour toujours* (Sap 4, 16-19). L'apôtre du Christ exulte donc
dans cette béatitude éternelle, où la joie est sans douleur, la vie est sans mort,
le délice indicible. Il combattit légitimement sur la terre pour la foi de Dieu,
c'est pourquoi il est couronné dans la gloire, vénéré par les anges, honoré par
tous les saints, plus blanc que la neige, plus lumineux que le soleil, plus
brillant que l'étoile, plus éclatant que le lait, plus rouge que l'ivoire antique
(cf. Lm 4, 7). Ainsi contemple-t-il face à face (cf. 1 Cor 13, 12) celui dont il
eut la vision sur le mont Thabor (cf. Mt 17, 1 ss). Maintenant pour l'éternité,
jadis dans la temporalité. Maintenant avec amour, jadis avec terreur. Ainsi il
est rassasié éternellement par les repas divins avec le Seigneur, avec qui
il célébra dans le temps son dernier repas, après la Résurrection, près de la
mer de Tibériade (cf. Jo 21, 1 ss). Maintenant il obtient dans les cieux ce don
le plus extraordinaire qu'il demanda au Seigneur pendant qu'il était sur la
terre. Il possède avec les élus – et le savoir – le trône à la droite du Seigneur,
qu'il lui demanda sans savoir. Les anniversaires de son martyre ne sont pas
des fêtes funèbres, mais la célébration d'une naissance, parce qu'il
commença à vivre quand il eut quitté ce monde. Et, de même qu'il est écrit
d'un parfait : *Il fut retiré vivant d'entre les pécheurs, parce que son âme était
agréable à Dieu* (Sap 4, 14), c'est de tels hommes que dit Salomon : *Le juste
est libéré de l'angoisse* (Pro 11, 8). De ce genre d'hommes le Seigneur dit
par Malachie : *Dans l'intégrité et la droiture, il marchait avec moi, il en
faisait revenir beaucoup de l'iniquité* (Ml 2, 6). D'où le Seigneur dit par
Isaïe : *C'est moi qui l'ai appelé et je l'ai béni, et sa voie est droite* (Is 51, 2
et 48, 15). C'est pourquoi il est dit aussi dans le Livre de l'Ecclésiastique :
Pour qui craint le Seigneur, tout finira bien, au jour de sa mort il sera béni
(Ecli 1, 13). Le Livre de la Sagesse dit aussi : *Car le fruit de labeurs
honnêtes est plein de gloire, couronné dans l'éternité, il triomphe* (Sap 3, 15
et 4, 2). D'où le Psalmiste dit : *Le juste laissera une mémoire éternelle et il
ne craindra pas de funestes nouvelles* (Ps 111, 7). C'est vraiment à bon droit
qu'est gardé dans la mémoire des anges et des hommes celui que le Seigneur
a glorifié par la grâce des prédications et des miracles. *Il ne craindra pas de
funestes nouvelles*, lorsque le Seigneur dira : *Éloignez-vous de moi, maudits*
(Mt 25, 41).

PRÉFIGURATIONS DE JACQUES DANS L'ANCIEN TESTAMENT. On ne lit pas seulement de ce Jacques dans le Nouveau Testament, mais déjà l'Ancien Testament pointe vers lui : il est figuré dans Jacob et démontré dans Israël. Et parce que Jacques tient son nom du prophète Jacob et que celui-ci est interprété comme le supplanteur lui-même, c'est à bon droit qu'on le reconnaît comme issu de la même lignée et qu'on l'assimile à lui en beaucoup de points. Mais il faut noter que Jacob, fils d'Isaac, désigne le peuple des païens, Esaü désigne les Juifs, Isaac Dieu le Père et Rébecca l'Esprit-Saint. La grâce de la bénédiction appartenait jadis au peuple juif, mais parce que celui-ci tarda un peu à venir, pour ainsi dire, de la chasse à la foi, c'est le peuple des païens qui la reçut. De cette manière, les disciples dirent aux Juifs : *C'était à vous d'abord qu'il fallait annoncer la parole de Dieu. Puisque vous la repoussez et ne vous jugez pas dignes de la vie éternelle, eh bien, nous nous tournons vers les païens !* (Ac 13, 46). De même, en effet, que Jacob obéit aux conseils de sa mère Rébecca, d'où il mérita la bénédiction de son père, de même notre Jacques obéit à l'Esprit nourricier et mérita la grâce de Dieu le Père. Jacob acheta le droit d'aînesse de son frère en lui donnant des lentilles, et notre Jacques, en quittant les biens terrestres, acheta les biens célestes. Jacob aperçut la cohorte des anges sur le mont Béthel (cf. Gn 28, 12), mais notre Jacques vit, quant à lui, non des anges mais le Fils de Dieu lui-même, transfiguré dans la gloire du Père sur le mont Thabor (cf. Mt 17,1-9). Le patriarche Jacob mérita, en supplantant son frère, d'être béni par leur père ; Jacques, en supplantant les vices de la chair, mérita d'être associé au Seigneur. En effet, Jacob engendra douze fils ; Jacques, procréa de nombreux fils dans la foi. Celui-ci est au sens de la typologie l'un des douze fils d'Israël, où se recruta le peuple fidèle de l'Église. Celui-ci est au sens figuré l'une des douze fontaines d'Élim, que le peuple israélite trouva en marchant dans le désert avec soixante-dix palmiers (cf. Ex 15, 27), par lesquelles l'Église universelle est irriguée jusqu'à aujourd'hui. Celui-ci est au sens de la typologie l'un des douze princes institués par Moïse pour régner sur le peuple israélite (cf. Nm 1, 44), et par lesquels l'Église nourricière est régie jusqu'à aujourd'hui. Celui-ci est au sens figuré l'une des douze pierres précieuses qui garnissaient le pectoral d'Aaron, et parmi lesquelles l'Église était assise *à la droite de Dieu, dans un manteau doré, couverte de vêtements de diverses couleurs* (Ps 44, 10) qui sont les mérites des saints. Celui-ci est un des douze pains de proposition (cf. Lv 24, 5), toujours chauds, offerts sur la table du Seigneur, et par lesquels le monde entier reçoit sa nourriture. Celui-ci est, au sens de la typologie, l'un des douze explorateurs envoyés par Moïse en Terre promise (cf. Nm 13, 3 ss), qui en revenant portaient à deux une branche de vigne avec sa grappe de raisin pendant à une perche, ayant aussi des grenades et des figues. Il faut comprendre la vigne entre eux deux comme le Christ entre les deux Testaments, la grenade désigne les martyrs, la figue est la doctrine de l'Église, les douze explorateurs sont les apôtres qui ne cessent jusqu'à aujourd'hui de proclamer à l'Église de Dieu les délices du royaume céleste. Celui-ci est l'une des douze pierres du Jourdain (cf. Js 4, 3), qui sont portées par les hommes élus des douze tribus dans le lieu du château pour porter témoignage des miracles de Dieu, par lesquels s'effectue la construction de toute l'Église (Éph 2, 21). Celui ci est, selon la typologie, l'une des douze pierres qui furent dressées *par Josué au milieu du Jourdain au lieu où les pieds des prêtres portant l'arche d'alliance s'étaient tenus* (Js 4, 9), et qui demeurent immobiles jusqu'à aujourd'hui, montrant ainsi aux fidèles la voie du baptême dans le Christ. Méritons qu'il nous aide par ses prières à arriver auprès de Notre Seigneur Jésus-Christ, qui vit et règne avec le Père et le Saint-Esprit pour les siècles des siècles. Amen.

Chapitre VII

5 JUILLET. PASSION DE SAINT JACQUES DE GALICE

LECTURE DES ACTES DES APÔTRES. En ces jours-là, *des prophètes descendirent de Jérusalem à Antioche. L'un d'eux, nommé Agabus, s'étant levé, révéla par l'Esprit qu'il y aurait sur toute la terre une grande famine. Elle eut lieu sous Claude* (Ac 11, 27-28).

SERMON DU PAPE CALIXTE SUR CETTE LECTURE

Voici venu pour nous, frères très aimés, le jour resplendissant et festif du très glorieux et excellent Jacques, fils de Zébédée, où le saint apôtre, patron de la Galice, dégagé des liens charnels est monté aux cieux, adopté par l'assemblée des anges. Aujourd'hui l'athlète du Christ, Jacques, mérita la gloire des cieux, dans laquelle il règne déjà avec le Seigneur, rattaché aux cohortes des anges. C'est aujourd'hui le jour par lequel l'antique ennemi est vaincu, Dieu est exalté, les chrétiens glorifiés. En effet le peuple chrétien est glorifié, parce que, chaque fois qu'un martyre est subi pour la foi du Christ, l'exemple de la patience est donné au monde et le démon est confondu. Que l'Espagne se réjouisse, parce qu'elle est conduite par les mérites de Jacques vers les célestes palais. Que se réjouisse la Galice, parce qu'il l'illustre. Qu'exulte dans le monde toute l'Église, parce qu'elle est enrichie par ses miracles. Que se réjouisse la curie des cieux, parce que sa gloire est accrue par sa présence. Que se réjouissent toutes les îles des mers, parce qu'elles ont mérité d'avoir un défenseur dans leurs épreuves. Que se réjouisse le monde entier, parce que aujourd'hui son ennemi, le démon, a été vaincu par la grâce divine agissant par Jacques. Qu'exulte l'assemblée des fidèles, parce que aujourd'hui Jacques a vaincu l'ennemi du genre humain. Que se réjouisse le chœur fidèle, parce que aujourd'hui l'Apôtre, ceint des armes de la foi, a triomphé d'Hérode. Aujourd'hui le soldat du Christ, après avoir vaincu son ennemi Hérode prostré, est monté au palais du royaume éternel, afin de siéger avec les princes des cieux et de posséder le trône de gloire. Il a subi aujourd'hui avec succès l'épreuve du martyre et a mérité de recevoir éternellement la récompense glorieuse. C'est parce qu'il a triomphé légitimement du roi inique qu'il a été reçu en vainqueur dans le royaume des cieux.

Chaque fois que des martyrs souffrent pour le Christ, chaque fois leur récompense est augmentée avec Dieu et le châtiment de leurs persécuteurs n'est pas diminué. Aujourd'hui un triomphateur est monté aux cieux parce qu'il a vaincu l'impie Hérode.

C'est pourquoi est célébré aujourd'hui son martyre dans le monde, pour que, à l'instar de sa puissance, notre faiblesse ressuscite en Dieu. Celui en effet qui meurt sur la terre pour la foi du Christ nous montre par son exemple comment garder la foi et la patience dans nos mœurs et dans notre vie. Et tandis que nous célébrons par un office solennel le jour du martyre de celui qui mourut, nous montrons que lui-même vit véritablement avec Dieu, et qu'il ressuscitera dans la félicité au dernier jour, et que nous recevrons avec lui la couronne de la gloire perpétuelle. C'est pourquoi aujourd'hui la tête de l'antique serpent est écrasée, la puissance de la foi est augmentée, l'exemple de la victoire est transmis aux fidèles, les infidèles sont plongés dans la confusion, les bannières des vertus sont dressées, comme l'atteste la célébration du présent jour. Tandis en effet que l'Église célèbre les fêtes des martyrs, non seulement elle vénère leur victoire, mais la méchanceté variée des infidèles est frappée d'un délire de confusion. Jadis les hérétiques et de nombreux infidèles avaient coutume de se moquer des saints martyrs lorsqu'ils les voyaient subir divers supplices pour la foi du Christ ; maintenant, à l'inverse, ils sont frappés de délire chaque fois qu'est célébré l'anniversaire de ces martyres. Aujourd'hui est vénérée la passion de Jacques parce qu'il a été avec félicité couronné dans la gloire. Aujourd'hui l'impiété d'Hérode vaincue est frappée de délire et maudite, parce que, touché par l'ange du Seigneur, il expire consommé par les vers (cf. Ac 12, 23). Aujourd'hui le démon est vaincu dans Hérode son sectateur et le Christ triomphe dans son sectateur Jacques. Jacques poussait Hérode à se détourner des idoles et à entrer dans la voie de la foi, et Hérode lui adressait des menaces, quand il ne sacrifiait aux dieux. Mais Jacques n'en avait cure, et se réjouissait d'avoir pour aide celui dont il avait connu jadis la gloire, la majesté, la voix, la puissance invincible sur le mont Thabor (cf. Mt 17, 1 ss). Il avait sa confiance en Lui, qu'il avait vu ressuscité des morts, avoir brisé les liens de la mort et triomphé du prince de l'enfer, et qu'il savait régner avec le Père, Lui dont l'esprit le remplissait sans nul doute. Il avait son espoir en Lui, qui l'appela au bord de la mer de Galilée, pour l'amour de qui il laissa tout, dont il suivit les traces par sa passion pour le rejoindre dans les cieux. Aujourd'hui, ce jour où le saint apôtre but le calice du Seigneur et mérita de posséder un siège de gloire dans le ciel, resplendit pour le monde. Ainsi lui avait-il été promis auparavant par son maître. Il dit en effet : *Vous boirez aussi mon calice* (Mt 20, 23). Il boit aujourd'hui le calice du martyre et il est fait ami de Dieu, comme le manifeste la présente solennité. Aujourd'hui il est tué par Hérode, lui qui jouit déjà de la gloire céleste. Il a dépouillé la tunique mortelle et revêtu l'étole d'immortalité.

SIGNIFICATION DU MARTYRE DE SAINT JACQUES. Mais il nous faut considérer maintenant sous quel régime, ou en quel temps et par le fait de quelles personnes, le bienheureux apôtre a voulu boire ce calice.

Ce sont des notables, des rois, des empereurs et des prophètes que l'homme juste Jacques voulut avoir pour témoins de sa passion, à savoir Agabus le prophète, Claude, empereur de Rome, Hérode, roi de Jérusalem, pour montrer que non seulement les prophètes de l'ancienne loi, mais encore les rois et les empereurs des gentils, et tous les hommes importants du monde, devaient se soumettre les premiers à la foi du Christ. Celui-là même qui, pour la foi du Christ, accepta de subir le martyre sous ceux-ci, montra qu'ils étaient non seulement les seigneurs du monde mais encore qu'ils devaient adopter la même foi du Christ. Ainsi le déclare le bienheureux évangéliste Luc dans la lecture d'aujourd'hui : *Des prophètes descendirent de Jérusalem à Antioche. L'un d'eux, nommé Agabus, s'étant levé, révéla par l'Esprit qu'il y aurait sur la terre une grande famine. Elle eut lieu sous Claude* (Ac 11, 27-28). Et parce que saint Jacques a voulu avoir pour témoins de sa passion non seulement des prophètes et des empereurs mais même des rois, l'évangéliste déclare peu après : *Or, en ce temps-là, le roi Hérode fit arrêter quelques membres de l'Église pour les maltraiter. Il fit mourir par le glaive Jacques, le frère de Jean* (Ac 12, 1-2).

Mais il faut se demander d'abord ce que signifie cette famine qui eut lieu sous Claude, pour parvenir, par le biais de la chose terrestre, à la méditation de la réalité céleste. Le bienheureux évangéliste Luc atteste que saint Jacques but le calice du martyre lorsque la terrible famine annoncée par le prophète Agabus à Antioche survint dans le monde entier sous le règne de l'empereur Claude ; les frères qui étaient à Antioche envoyèrent aux saints qui habitaient Jérusalem, afin qu'ils ne périssent de la faim, un secours, chacun selon ses moyens, par les mains de Saul et de Barnabé (cf. Ac 11, 28-30). La faim a coutume de signifier dans l'éloquence sacrée la faim de l'âme qui désire les nourritures spirituelles des divines Écritures. De même en effet que meurt un corps s'il ne reçoit pas d'aliment corporel, de même l'âme succombe si elle ne reçoit pas la nourriture spirituelle des saintes Écritures. C'est de cette faim que parle le Seigneur par le prophète : *J'enverrai une faim sur la terre, non une faim de pain et non une soif d'eau, mais d'entendre la parole de Dieu* (Am 8, 11). Les paroles sacrées sont la nourriture de l'âme, qui administrent à ceux qui les disent et les accomplissent le pain indéfectible de la vie éternelle, ce Pain en effet qui dit de lui-même : *Je suis le pain vivant descendu du ciel* (Jo 6, 41). Le temps de la famine, celui où l'apôtre fut exécuté, est le temps qui dure depuis Adam jusqu'à la venue du Sauveur, que l'ensemble du genre humain et les prophètes, comme quelqu'un qui meurt de faim, désiraient voir. Les prophètes et les rois savaient que la satiété ni le salut ne pouvaient survenir à moins que n'advienne celui qui délie les péchés du monde, enlève le joug de la mort éternelle, dispense le remède au genre humain et ouvre par sa venue l'entrée du royaume des cieux. D'où la Vérité dit à ses disciples : *De nombreux prophètes et rois voulurent voir ce que vous voyez et ils ne l'ont pas vu, ils voulurent entendre ce que vous entendez et ils ne l'ont pas entendu* (Mt 13, 17).

C'est pourquoi Moïse, quasiment affamé et désirant être rassasié de ce pain vivant, dit à Dieu : *Je te prie, Seigneur, envoie celui que tu dois envoyer* (Ex 4, 13). Il désirait ce pain, celui qui disait : *Viens Seigneur et ne tarde pas, pardonne les crimes de ton peuple.* Isaïe dit de même : *Si seulement tu déchirais les cieux, si tu en descendais, les montagnes seraient ébranlées devant toi* (Is 64, 1). Il souffrait une grande faim, celui qui disait : *Où est le verbe du Seigneur ? Qu'il vienne* (Jr 17, 15). C'est en effet le Verbe qui *s'est fait chair et il a habité parmi nous* (Jo 1, 14). Ce Verbe désignait celui qui devait venir, à savoir le Fils de Dieu, en disant : *Le fer transperça son âme ; jusqu'à ce que vînt son verbe* (Ps 104, 18-19). Et à nouveau : *Mon cœur a proféré un discours exquis* (Ps 44, 2). Et s'il dit que le cœur de la divinité de Dieu a proféré en secret un discours exquis, c'est pour dire qu'il envoya son Fils dans le sein de la Vierge. Le Psalmiste désirait être rassasié de sa présence lorsqu'il disait : *Je serai rassasié quand sera apparue ta gloire* (Ps 16, 15). Que cette gloire soit le Fils de Dieu, Salomon l'atteste qui dit : *Le fils sage fait la gloire de son père* (Pro 10, 1). Et il est écrit dans l'Ancien Testament : *Et la gloire du Seigneur apparut sur le Sinaï* (Ex 24, 16). Que tout le genre humain désirât ce pain, c'est ce qu'atteste Jérémie, qui dit : *Tout le peuple gémissait et demandait du pain* (Lm 1, 11). Et ailleurs : *Les petits désiraient du pain et il n'y avait personne pour leur en donner* (Lm 4, 4). Par les petits qui demandent du pain, il faut entendre les plus grands prophètes de l'ancienne loi qui, comme nous l'avons dit, désirèrent le vrai pain ; mais il n'y avait personne pour leur en donner, parce que le temps n'était pas encore venu où le Fils serait envoyé par Dieu et engendré par la Vierge. Mais *quand les temps furent accomplis, Dieu envoya son Fils, né d'une femme, né sous la Loi, pour racheter ceux qui étaient sous la Loi* (Gal 4, 4-5), alors est distribué, ouvert le vrai pain qui n'est jamais entamé et il est montré aux hommes quelle est sa saveur ou quel est son pouvoir. Il n'est jamais entamé car son pouvoir est immuable, lui qui est arraché à son humanité dans la Passion. Quelle merveille ! Il nourrit non seulement les anges mais les hommes et n'est jamais entamé, il est distribué à tous et on le trouve inchangé. Mais quand cette nourriture, c'est-à-dire le Fils de Dieu qui nourrit les célestes créatures de son rassasiement sans défaut dans le ciel, est faite homme pour le salut du monde, alors l'homme a mangé le pain des anges, alors la famine disparaît et le genre humain est rassasié, à l'image du fils prodigue qui dit : *Je meurs ici de faim ; je me lèverai et j'irai chez mon père* (Lc 15, 17-18).

Agabus, qui arriva de Jérusalem à Antioche avec d'autres prophètes et prédit une grande famine dans toute la terre, représente le premier être créé de son espèce, qui, alors qu'il transgressa les ordres du Seigneur et fut séparé de lui par sa désobéissance, annonça au monde la faim future du verbe divin (cf. Ac 11, 27-28). De même, en effet qu'une terre sans fruit annonce par sa stérilité à ses cultivateurs qu'ils auront faim de pain, de même le genre humain mis en position d'accusé par sa désobéissance annonce à ses descendants la faim du verbe divin. Et comme le cultivateur, après avoir semé, abandonne la terre qui ne porte pas de fruit, comme si elle était stérile, jusqu'à ce qu'elle commence à se couvrir d'épines et de halliers au lieu de céréales, de même Dieu a permis au genre humain d'être envahi par les buissons des vices pour ne s'être pas soumis à son commandement. C'est ainsi qu'après avoir commis sa faute, il reçut du Seigneur la promesse : Lorsque tu auras travaillé la terre, elle ne donnera pas ses fruits, mais *elle fera germer pour toi des épines et des chardons* (Gn 3, 18). Par les épines auxquelles se piquent ceux qui les touchent, sont signifiés les péchés qui piquent le genre humain lorsqu'il est affecté en enfer des tortures de la géhenne. C'est pourquoi le Psalmiste déclare : *Ce peuple m'a entouré des épines de ses péchés* (Ps 117, 12). Les chardons, qui sont une nourriture dure, âpre et piquante des ânes, désignent les préceptes durs et rigoureux de l'ancienne loi, qui, à cause de son iniquité, nourrissent le genre humain depuis le début du monde jusqu'à la venue du Seigneur, en lui enseignant à prendre dent pour dent, œil pour œil, main pour main, pied pour pied (cf. Ex 21, 24 ; Lv 24, 20 ; Dt 19, 21). Et il est dit par le prophète Job : *Au lieu de froment c'est du chardon qui poussera pour moi et au lieu d'orge des épines* (Jb 31, 40). Et il dit bien que surgirent, venus de Jérusalem à Antioche, les prophètes (cf. Ac 11, 27), pour y annoncer la famine qui s'abattrait sur le monde, parce que le genre humain a été expulsé du paradis, qui est la terre de la vision de la paix éternelle ; ils annonçaient, par tous les prophètes et les patriarches, dans cet exil de la pérégrination, la faim du verbe de Dieu qui devait venir à cause de la désobéissance. Claude sous lequel eut lieu cette famine (cf. Ac 11, 28) et à qui le monde était soumis illustre la loi de l'Ancien Testament. L'*Histoire ecclésiastique* rapporte à propos de Claude et de cette famine ce qui suit : « Après que Gaius eut gouverné pendant quatre ans sans honnêteté, l'empereur Claude lui succéda. Mais ce que cette famine sévère fit dans l'ensemble du monde, nos prophètes l'avaient prédit longtemps avant. Du temps de l'empereur Claude, il y eut une famine dans le monde, parce que le genre humain avant l'Incarnation du Seigneur ne pouvait être justifié, rempli et rassasié par les préceptes de l'ancienne loi, avant que vienne celui qui donnerait à tous la grâce de la rédemption. » Ce n'est donc pas par la loi mais par la grâce que l'homme peut être sauvé, comme le montre l'Apôtre lorsqu'il dit : *Nous savons que la loi ne conduit personne à la perfection* (Heb 7, 19). Et ailleurs : *Par la grâce vous avez été sauvés pour la foi* (Éph 2, 8). Ce que montre ouvertement le prophète Élisée, qui rendit un défunt à la vie, non en envoyant un bâton ou par un messager, mais par lui-même. Élisée est en effet à l'image du Seigneur, le bâton est la dureté de la loi et le messager de Moïse, et le défunt à l'image du genre humain. Donc Élisée envoie par un serviteur un bâton sur l'enfant défunt et celui-ci ne revint pas à la vie ; il vint lui-même, s'attacha à lui, se moula sur son corps et l'enfant revécut. Ainsi notre Seigneur envoya la loi par Moïse, mais elle ne servit à rien au genre humain mort dans ses péchés ; il vint lui-même et descendit avec sa grâce, s'humilia lui-même, prit notre nature mortelle et l'homme pécheur, c'est-à-dire le genre humain, revint à la vie céleste.

Il est dit ensuite : *Les disciples décidèrent d'envoyer, chacun selon ses moyens, un secours pour les frères qui habitaient la Judée* (Ac 11, 29). Ainsi un secours fut envoyé par les disciples à leurs frères en Judée, parce que cette terre stérile était désolée par la famine. La stérilité de la terre provoque habituellement une famine funeste. Cette stérilité de la terre survient maintes fois soit lorsque la semence qu'elle a reçue est étouffée par l'ivraie, soit lorsque le semeur ne lui a pas donné de semence. La semence est dite étouffée par l'ivraie, parce qu'elle ne peut plus croître dans la terre quand vient l'ivraie ; ainsi la semence du verbe divin n'est pas apte à fructifier dans le genre humain lorsque surviennent des péchés ou des doctrines diverses et étrangères. Comme le semeur n'a pas donné de semence à la terre parce qu'il en manque, de même le prédicateur n'a bien des fois pas apporté au genre humain la semence du verbe divin parce qu'il en perd l'éloquence, soit en raison des actes iniques du peuple, soit en raison de ses propres mauvaises œuvres. En effet, la grâce de l'Esprit-Saint est retirée au prédicateur par l'iniquité du peuple. Le Seigneur le dit par le prophète : *Et j'attacherai ta langue à ton palais, tu seras muet, et tu ne seras pas pour eux un censeur ; car ils sont une maison rebelle* (Éz 3, 26). Et ailleurs le Seigneur fait dire au prophète : *Je commanderai aux nuées de ne plus laisser la pluie tomber sur vous* (Is 5, 6). Quand il commande aux nuées du ciel de ne pas pleuvoir sur le genre humain, le Seigneur enlève la pluie de sa grâce qui vient par l'intermédiaire du prédicateur parce que celui-ci est en butte à l'iniquité de ceux qui lui sont confiés ; car Il est celui qui hait toute iniquité en toute chose, comme l'atteste Salomon, qui dit : *L'Esprit-Saint fuit l'astuce parce que la sagesse n'entre pas dans une âme qui médite le mal et n'habite pas dans un corps esclave du péché* (Sap 1, 5 et 4). De plus, le prédicateur perd la grâce du verbe de Dieu à cause de ses mauvaises œuvres, comme il lui est dit au nom du Seigneur par le Psalmiste : *Au méchant Dieu dit : Qu'as-tu à discourir de mes préceptes et à avoir mon alliance à la bouche, toi qui détestes la discipline et qui jettes mes paroles derrière toi ! Si tu vois un voleur, tu te plais avec lui, et avec les adultères tu es de connivence. Tu abandonnes ta bouche au mal et ta langue ourdit la fraude. Tu t'assieds et tu parles contre ton frère, au fils de ta mère tu imputes des fautes. Voilà ce que tu as fait et je me suis tu, tu t'es imaginé que j'étais pareil à toi ; mais je vais te reprendre et tout exposer sous tes yeux* (Ps 49, 16-21).

Comprenez ces choses, ô vous pasteurs des églises, qui oubliez Dieu, de crainte que le diable ne vienne vous enlever un jour du monde et que personne ne soit là pour vous arracher à ses mains. Et il est écrit ailleurs : *Toi qui prêches de ne pas voler, tu voles* (Rm 2, 21). Et Salomon dit : *À cause du mauvais temps, le paresseux ne laboure pas* (Pro 20, 4). Et cela signifie ouvertement : le pasteur de l'Église ne veut pas cultiver la terre de ses ouailles, parce qu'il est devenu paresseux en vivant mal de la froideur de ses vices. Et parce que, de cette manière, la grâce du verbe de Dieu lui est enlevée, il ne donne pas la semence à la terre, à savoir au genre humain, qui est considéré comme une terre vide et stérile. Et de même que le cultivateur de la terre ne peut semer aucune semence dans son champ s'il n'en a pas sous la main, de même le prédicateur ne peut distribuer au monde la semence du verbe divin, si elle ne lui a pas été donnée par Dieu. Ce qui est montré ici, lorsqu'il est dit : *Les disciples décidèrent d'envoyer, chacun selon ses moyens, un secours pour les frères qui habitaient la Judée* (Ac 11, 29). Ils ne leur envoyèrent pas ce qui manquait mais ce qu'ils avaient. C'est pourquoi quiconque désire prêcher le verbe de Dieu doit veiller à ne pas perdre la grâce de l'Esprit-Saint en raison de ses péchés, mais à vivre légitimement dans le Christ, pour pouvoir distribuer plus pleinement le verbe de Dieu à tous. De la même manière, que le peuple veille à ne pas perdre par ses mauvaises œuvres la grâce du verbe divin qui doit lui être donnée par l'intermédiaire du prédicateur, mais persiste dans les bonnes actions, pour mériter d'être de façon pérenne le temple de la grâce de Dieu. Si en effet la terre et le semeur ont été bons l'un et l'autre, la terre ne restera pas davantage stérile mais deviendra fertile et portera des fruits, au centuple et au sextuple (cf. Mt 13, 23).

L'*Histoire ecclésiastique* rapporte que, par l'intermédiaire de Paul et de Barnabé, les frères qui étaient à Antioche envoyèrent, chacun en fonction de ses moyens, une aide aux saints habitant Jérusalem. Jérusalem en effet signifie vision de paix. Les disciples qui envoyèrent à Jérusalem des moyens de subsistance sont les docteurs de l'ancienne loi, à savoir les prophètes, les patriarches et les rois ; ils donnèrent des moyens de subsistance, c'est-à-dire les témoignages annonçant la nouvelle loi, aux docteurs prêchant la vision de la vraie paix qui est Jésus-Christ, et qui, par leurs témoignages, affirmèrent notre rédempteur, Fils de Dieu éternel et né de la Vierge Marie immaculée, et confirmèrent la doctrine évangélique. Il faut en effet savoir que la loi de la nouvelle grâce est connue par la loi de l'Ancien Testament ; c'est en se fondant sur les témoignages de celle-ci, que la Nativité, la Passion, la Résurrection et l'Ascension du Christ sont affirmées dans l'Évangile. Il est écrit, en effet : *Les choses anciennes sont passées, voyez, tout est devenu nouveau* (2 Cor 5, 17). Il dit joliment *les choses anciennes sont passées* parce que les préceptes de l'ancienne loi ont été transférés dans la grâce de la nouvelle loi ; et voici que, par la régénération du baptême, ces choses sont redevenues neuves. Les préceptes de l'Ancien Testament sont passés dans la grâce de la nouvelle loi et ont été rénovés par la foi. Ils ne passèrent pas parce qu'ils n'existeraient point, mais ils quittèrent l'âpreté de la vieillesse pour aller à la douceur de la nouvelle grâce. Telle est la roue que vit jadis le prophète Ézéchiel au milieu d'une autre roue (cf. Éz 10, 10). Telle est l'eau changée en vin aux noces de Cana en Galilée (cf. Jo 2, 9). *Tel est le changement de la droite du Très-Haut* (Ps 76, 11). Telle est la translation que Jérémie prédit en disant : *Juda tout entier est déporté ; la déportation est complète* (Jr 13, 19). Et de même, pour se montrer porteur de la nouvelle loi et non destructeur de l'ancienne, le Seigneur dit : *Je ne suis pas venu abolir la loi mais l'accomplir* (Mt 5, 17). La loi est accomplie par la plénitude de l'amour, comme dit

l'Apôtre : *La charité est donc le plein accomplissement de la loi* (Rm 13, 10).
Quiconque désire être prédicateur de la nouvelle loi, qu'il reçoive le
Nouveau Testament et ne rejette pas l'Ancien, mais qu'il exhibe du trésor
divin ce qu'il a de neuf et de vieux. Ainsi l'apôtre Paul dit il : *N'éteignez pas
l'Esprit, ne méprisez pas les prophéties* (1 Th 5, 19). Par l'esprit de la
nouvelle loi, c'est la grâce qui est désignée, et par la prophétie, qui est le
propre de l'Ancien Testament, c'est conséquemment l'ancienne loi tout
entière qu'il faut comprendre.

Mais voyons ce que déclare Luc dans ce verset : *Les disciples en effet,
selon ce que chacun avait, décidèrent de l'envoyer en aide aux frères qui
habitaient la Judée* (Ac 11, 29). Mais qu'avaient-ils ou que décidèrent-ils ?
Ils avaient en vérité de quoi rassasier la faim sévère et combler le genre
humain. En vérité les prophètes et les patriarches de l'ancienne loi ont, en
écrivant, annoncé la Nativité, la Passion, la Résurrection et l'Ascension du
Christ dans leurs livres et les remirent diligemment aux mains des évangélistes, des apôtres et des docteurs de la nouvelle loi. Ils avaient assurément la
naissance du Fils de Dieu, par laquelle il est né du Père, comme l'a déclaré
l'un d'entre eux, Isaïe : *Les gens de sa génération, qui se préoccupe d'eux ?*
(Is 53, 8). Ils avaient dans les profondeurs de leur cœur la Nativité par
laquelle il est né de la Vierge, comme Isaïe lui-même le dit : *C'est un homme
et qui le connaîtra* (Is 53, 1-3). Et ailleurs : *Voici qu'une vierge concevra et
engendrera un fils et elle lui donnera pour nom Emmanuel* (Is 7, 14), ce qui
signifie « Dieu avec nous ». Et en outre, il sortira une verge de la racine de
Jessé et une fleur jaillira de sa racine (cf. Is 11, 1). Jérémie aussi avait au
fond de son cœur la venue du Christ quand il déclara : *Il viendra comme un
étranger sur la terre et comme un voyageur qui tend à rester* (Jr 14, 8). Le
Seigneur vint comme un étranger sur la terre, parce qu'il réconforta le genre
humain, qui était dans l'amertume de son premier ancêtre, par la douceur de
sa nouvelle grâce. Il vint comme un voyageur sur la terre, qui montra à tous
les croyants par le sang de sa Passion le chemin à suivre pour aller dans la
demeure céleste. Le Seigneur vint comme s'il tendait à rester, qui, alors qu'il
était avec le Père, s'abaissa dans le sein de la Vierge pour sauver le genre
humain et habiter sans fin par son amour ineffable en ceux qui observent son
Testament et se souviennent des ordres qu'il a donnés. Comme il l'affirme
lui-même, disant : *Celui qui a mes commandements et qui les aime, voilà
celui qui m'aime, et celui qui m'aime sera aimé de mon Père, et moi je l'ai-
merai et je ferai ma maison en lui* (Jo 14, 21). Et ailleurs, le Seigneur dit : *Et
je marcherai parmi eux et j'habiterai chez eux* (2 Cor 6, 16). Les saints
prophètes avaient en outre aisément la Passion triomphale du Christ par
laquelle il rachèterait le monde, comme a dit l'un d'entre eux : *Ils ont percé
mes mains et mes pieds, ils ont compté tous mes os* (Ps 21, 17-18). Et l'autre
dit à l'assemblée impie des Juifs : *Tu verras ta vie pendante devant toi et tu
ne croiras pas à ta vie* (Dt 21, 16). De même un autre dit : Les impies décla-
rèrent *opprimons injustement l'homme juste* (Sap 2, 1-10). Ils avaient même
sa glorieuse Résurrection, dont l'un d'eux dit ainsi : *Il nous vivifiera après*

deux jours ; le troisième jour il nous relèvera (Os 6, 3). Ils avaient même au plus profond de leurs cœurs son Ascension admirable, que l'un tira du trésor de son cœur pour l'envoyer à ses frères de Jérusalem, disant : *Dieu monte au milieu des acclamations ; Dieu au son de la trompette* (Ps 46, 6). De même un autre dit : *Je regardais dans les visions de la nuit, et voici que sur les nuées vint comme un Fils d'homme ; il s'avança jusqu'au vieillard* (Dn 7, 13). Le Dieu antique des jours est dit Père, qui reste éternel avant tous les temps dans la Trinité. On lit que son Fils est monté jusqu'à lui. Ils avaient en effet dans les trésors de leur conscience la venue de l'Esprit-Saint Paraclet, un en la personne de Dieu, sur les disciples, comme dit l'un d'entre eux : *Je répandrai de mon esprit sur toute chair, et vos fils et vos filles prophétiseront* (Jl 3, 1). Et encore : *Quand je me sanctifierai en vous, à leurs yeux, je vous rassemblerai de tous les pays, et je ferai sur vous une aspersion d'eaux pures et vous serez purifiés de toutes vos souillures, et je vous donnerai mon esprit,* dit le Seigneur (Éz 36, 23-26). Ils avaient le jour du jugement sous les yeux, ainsi que l'un d'eux l'atteste, disant : *Il viendra notre Dieu manifestement, et il ne se taira point. Devant lui est un feu dévorant* (Ps 49, 3). Et un autre dit : *Les morts se redresseront et réapparaîtront ceux qui sont dans les tombeaux* (Is 26, 19*)*. Et un autre*: Grand jour,* dit-il*, jour de colère, jour de calamité et de misère* (Sph 1, 15), jour de grandeur et d'amertume.

Tels sont, frères très chers, les trésors de ceux-ci, telles sont leurs nourritures, telles sont les céréales dont les disciples, c'est-à-dire les prophètes de Dieu, reçurent des grains glorieux, à savoir le salaire de la vie éternelle, et qu'ils envoyèrent aux saints habitant Jérusalem. Dans ces trésors, on ne trouve pas le pain de la défection, mais il y a la nourriture de la vie éternelle. Celle-ci est le pain qui non seulement repaît les hommes mais nourrit les anges et les rend inébranlables. Lui-même est le pain qui dit de lui-même : *Qui mangera ce pain vivra pour l'éternité* (Jo 6, 58). Celui-ci est le pain sans lequel la faim du genre humain n'est pas rassasiée mais accrue. Celui-ci est le pain et le salaire qui est envoyé par les disciples aux frères habitant en Judée, pour que la faim ne subsiste pas davantage dans le monde mais la nourriture de la vie céleste. Et il dit lui-même : *Le pain que je vous donnerai est ma chair pour la vie du monde* (Jo 6, 51).

Mais que veut dire Luc, lorsqu'il expose que *les disciples décidèrent d'envoyer, chacun selon ses moyens, un secours pour les frères qui habitaient la Judée,* alors que l'*Histoire ecclésiastique* déclare qu'ils envoyèrent un secours aux saints qui habitaient Jérusalem, sinon que la prédication évangélique est inaugurée par le Seigneur lui-même à Jérusalem puis reprise dans toute la Judée par les apôtres ? De même Luc lui-même affirme que le Seigneur a dit à ses disciples : *Et vous serez mes témoins à Jérusalem et dans toute la Judée et la Samarie et jusqu'aux extrémités de la terre* (Ac 1, 8). Et parce que Jérusalem signifie « vision de paix » et la Judée « confession », c'est vraiment un secours vital qui est envoyé à ceux qui y habitent, pour montrer ouvertement que la grâce céleste est donnée par Dieu à ceux qui croient le Fils par confession de la foi et parviennent, par le cœur et des œuvres, à la vision de paix de la patrie éternelle. Et parce que le Seigneur habite en ceux qui aiment la paix, il est bien dit de lui par le prophète : *Voici celui que je regarde, celui qui est humble, qui a le cœur brisé et qui tremble à ma parole* (Is 66, 2). Et le Psalmiste dit : *Il y a une grande paix*, c'est-à-dire le Christ, *pour ceux qui aiment ta loi, et rien ne leur est une pierre d'achoppement* (Ps 118, 165). Et parce que, par la confession de la vraie foi, l'Esprit-Saint, qui est le secours de la vie éternelle, désire habiter dans les hommes, il nous invite à bon droit à célébrer sa face, disant par le Psalmiste : *Allons au-devant de lui avec des louanges* (Ps 94, 2). Ce qu'ils firent aussi, en expédiant les offrandes aux anciens par les mains de Barnabé et de Saul (cf. Ac 11, 30).

Cette lecture ne dit pas qu'un secours ait été envoyé par les frères, sinon aux frères habitant en Judée, alors même qu'une famine approche dans le monde tout entier. Que signifie donc le fait que l'Esprit-Saint qui était dans les disciples, et qui ne fait acception de personne (cf. Ac 10, 34), a envoyé un secours seulement aux frères en Judée et non partout, bien qu'on lise que la faim régnait dans le monde tout entier ? Mais cela paraît plus judicieux si c'est compris au sens spirituel. On lit que le secours de vie a été envoyé en Judée, pour montrer que, tous, ils sont devenus des frères dans le Christ et sont remplis de la grâce de Dieu, ceux qui persévèrent par les bonnes œuvres dans la confession de la Trinité nourricière et indivise. Le Seigneur dit lui-même dans l'Évangile : *Quiconque aura fait la volonté de mon Père qui est dans les cieux, celui-là est mon frère* (Mt 12, 50). Et ailleurs : *Vous êtes tous frères* (Mt 23, 8). Barnabé et Saul, qui sont chargés par les disciples d'envoyer le secours à leurs frères de Judée, sont, selon la typologie, les deux chœurs de prédicateurs, les apôtres d'une part et les docteurs d'autre part : par leurs exhortations, le Seigneur a envoyé aux peuples affamés le secours, à savoir la grâce de son verbe, obtenu par la confession de son nom, tandis que *dans toute la terre sortit le son de ceux-ci et leurs paroles s'avancèrent jusqu'aux limites du disque terrestre* (Ps 18, 5). Ainsi en effet que par Saul et Barnabé le secours corporel est envoyé aux frères de Judée, de même le Seigneur envoie au monde par ces deux chœurs de prédicateurs la nourriture de la foi. Il en fut parmi eux, avant la Passion du Christ, auxquels le Seigneur envoya le secours, c'est-à-dire le verbe de vie, quand il les dirigea deux par deux devant sa face et vers le lieu où il devait aller (cf. Lc 10, 1). Sortirent de l'autre chœur ceux à qui il remit, après sa Passion, le même secours qu'il envoya au monde par leur intermédiaire, en disant : *Allez dans toute la terre et prêchez l'Évangile à toute créature. Celui qui aura cru et aura été baptisé sera sauvé, celui qui n'aura pas cru sera condamné* (Mr 16, 15-16). Ceux qui, depuis le temps où le Seigneur les a envoyés deux par deux, ont déposé fidèlement dans les cœurs des hommes les paroles de la vie éternelle, ou ont laissé à la postérité des écrits, ont apporté le secours du réconfort, comme Barnabé et Saul l'ont fait pour leurs frères d'Antioche en Judée. Mais parce que ce secours est fort désirable, très précieux et nécessaire, beaucoup donnèrent les objets précieux qu'ils possédaient pour l'avoir.

Quelle est donc cette matière précieuse que l'homme a donnée pour l'avoir ? Rien n'est certes plus précieux pour l'homme que lui-même. C'est lui-même que le bienheureux Pierre a donné pour avoir ce salaire, quand on attacha son corps sur la croix. C'est pour ce salaire que Paul se donna lui-même, quand il porta son corps au lieu de sa décollation. André s'est donné lui-même pour ce salaire, lorsqu'il étendit ses membres sur la croix d'un cœur joyeux. C'est pour ce salaire que saint Étienne, le premier martyr, se donna lui-même quand il voulut être lapidé pour le Christ. Toutes les choses précieuses qui lui appartenaient, le bienheureux Bartholomé les livra lorsqu'il voulut être écorché pour le Christ. Des hommes saints donnèrent de tels privilèges, de tels dons afin de posséder le salaire de la vie éternelle, comme l'affirme Jérémie qui déclare : *Ils donnèrent même des choses précieuses pour la nourriture qui réconforte l'âme* (Lm 1, 11). Même des peuples donnèrent des choses précieuses pour une nourriture désirable, qui se livrèrent eux-mêmes à des tribulations variées pour la vie de leur âme. Si nombreux que soient ceux qui donnèrent leur corps au martyre, ou leur chair à des prières et à des larmes, ou à de longs jeûnes ou à des macérations variées, ou l'écartèrent des vices et des concupiscences, tout autant y en a-t-il qui donnèrent ce qu'ils avaient de précieux afin de recevoir ce salaire. Ils savaient en effet que rien de précieux ne peut équivaloir ou même être comparable à ce bien, mais que tout devait être montré vil en comparaison. Témoin de ce fait est celui qui trouva de bonnes perles : quand il en a trouvé une précieuse, il donne toutes les siennes et acquiert celle-ci (cf. Mt 13, 45-46). Que le salaire du royaume céleste soit comparé à cette perle est attesté par celui qui a comparé le royaume des cieux à celle-ci. Et nous autres, frères très chers, nous ne devons pas être étrangers à ce salaire de vie ; si nous ne pouvons donner nos corps au martyre par effusion de sang, comme nos prédécesseurs ont donné les leurs, cependant nous avons de quoi offrir en échange du salaire de vie. Si en effet nous faisons du bien à ceux qui nous ont pris en haine, si nous tolérons patiemment les injures faites par nos proches, si nous donnons à tous les nécessiteux dans la mesure où nous avons l'un et l'autre aliment salutaire, si nous aimons nos proches comme nous-mêmes, si nous soumettons nos membres au libre service de Dieu en veillant, en priant, en jeûnant, en haïssant les vices, en nous repentant des péchés que nous avons commis, en fuyant les choses illicites, en rejetant la louange du monde, alors nous recevrons sans le moindre doute le salaire de la vie éternelle. Et pour avoir ce salaire incomparable, le très illustre apôtre Jacques n'hésita pas à donner ce qu'il avait de plus cher : il remit spontanément le très précieux talent de son corps aux mains cruelles d'Hérode afin de subir les supplices du martyre pour l'amour du Christ, comme le manifeste la solennité présente, tandis que la lecture d'aujourd'hui déclare : *En ce temps-là, le roi Hérode fit arrêter quelques-uns des membres de l'Église pour les maltraiter. Il fit mourir par le glaive Jacques le frère de Jean* (Ac 12, 1-2). Pourquoi donc, mes frères, au moment où la famine était dans toute la terre, le bienheureux Jacques livra-t-il son corps au martyre pour le Christ, sinon pour montrer ouvertement que ceux qui sont opprimés par la faim du verbe de Dieu et désirent le royaume des cieux de tout leur cœur, doivent échapper aux vices de la chair et être habillés des vertus de l'âme ? Le bienheureux apôtre sut arracher son corps au péché originel et revêtir les vertus de la patience et de la charité de Dieu, en supportant patiemment les tourments de son martyre pour le Christ.

Par cet exemple, nous aussi, frères très aimés, nous devons mortifier les séductions de notre chair, si nous voulons avoir le royaume éternel. Par le bienheureux Jacques qui, au temps de la famine, est mort corporellement pour l'amour du Christ, ce sont, de manière typologique, les cœurs des saints qui sont montrés, eux qui meurent au monde, par désir du royaume des cieux et apportent la preuve qu'ils vivent pour Dieu. Ils sont morts aux vices et vivent des vertus divines, comme l'affirme le saint apôtre Paul, qui dit : *Ce n'est pas moi qui vis, mais le Christ qui vit en moi* (Gal 2, 20). Déjà celui-ci ne vivait pas par l'affection de la chair, qui avait mortifié en lui-même les vices de sa chair, mais le Christ vivait en lui, qui brillait déjà par ses vertus. L'homme en effet meurt au monde lorsqu'il abandonne, pour l'amour de Dieu, les actes mauvais qui l'accoutumaient à une vie sans valeur. Il vit pour Dieu lorsqu'il commence à améliorer sa vie par les bonnes œuvres. Il meurt aussi au monde lorsqu'il cesse d'être païen et il vit pour Dieu lorsqu'il commence à être chrétien. Il meurt au monde lorsqu'il cesse d'être Juif et vit pour Dieu lorsqu'il commence à être chrétien. Il meurt au monde lorsqu'il cesse d'être hérétique et vit pour Dieu lorsqu'il commence à être fidèle en toutes choses. Il meurt au monde lorsqu'il cesse d'être un larron, adultère, fornicateur, envieux, avare et vicieux, et vit pour Dieu lorsqu'il commence à se priver, à faire pénitence de toutes choses. Telle est la vraie mortification et la divine mortification que l'apôtre Paul nous exhorte à pratiquer en disant : *Portons toujours avec nous dans notre corps la mort de Jésus, afin que la vie de Jésus soit aussi manifestée dans notre corps* (2 Cor 4, 10). Et parce que Jacques signifie supplanteur et qu'il est frère de Jean, qui signifie grâce de Dieu, parce qu'il fut frappé par le glaive, on le sait, au temps de la famine, il désigne ceux qui, supplantant en eux les vices par les bonnes vertus, sont faits par leurs bonnes œuvres frères de la grâce de Dieu ; et ceux-ci, parce qu'ils désirent le royaume céleste, reçoivent volontiers par l'oreille du cœur *le glaive de l'esprit qu'est le verbe de Dieu* (Éph 6, 17), afin que, par ce glaive, ils puissent mourir aux vices et vivre pour les bonnes actions. De ce Jacques, Clément d'Alexandrie rapporte une histoire digne d'être retenue dans le septième livre de ses *Dispositions* : « Lorsqu'il vint à mourir, celui qui avait obtenu qu'il soit condamné au martyre, le voyant mené à la mort, confessa, poussé par la pénitence, qu'il était chrétien. Tous deux furent alors conduits au sommet de la montagne. Alors qu'on les y menait celui-ci s'age-nouilla à ses pieds en chemin, demandant à Jacques de lui pardonner. Celui-ci après avoir réfléchi un instant lui dit : « La paix soit avec toi », et il l'embrassa. Ainsi tous deux furent-ils décapités ensemble. » Celui qui obtint que le premier des apôtres soit condamné au martyre et ensuite, poussé par l'esprit de pénitence, montra qu'il était chrétien et reçut le martyre en même temps que l'Apôtre, représente pour la typologie les pervers et les infidèles, qui d'abord, ou bien en vivant mal ou bien en affligeant les saints, persécutent le Christ, et ensuite, par la confession de la pénitence, l'affliction du corps et la foi du cœur, ainsi que par la constance dans les bonnes œuvres, sont convertis à Dieu. Saint Paul est de leur nombre, qui d'abord persécute le lévite Étienne et l'Église de Dieu, puis est converti à la foi du Christ et subit le martyre pour l'amour du Christ (cf. Ac 8, 1-3, et 9, 1 ss). Mais le récit du martyre dit quel est le nom de celui qui obtint que l'apôtre du Christ soit condamné au martyre : « Alors ce scribe des pharisiens du nom de Josias, qui lui mit la corde au cou, le fit sortir se jetant à ses pieds, *etc.* » Josias est interprété joliment comme signifiant « salut du Seigneur », parce après avoir trahi l'apôtre il reçut le salut du Christ, il montra à tous les mauvais qu'après avoir perpétré des maux ils pouvaient récupérer le salut du Seigneur que leurs âmes désiraient, pour peu qu'ils cessent de s'adonner aux mauvaises choses et se consacrent aux bonnes. Tel est ce salut dont la Vérité déclare : *Je suis le salut du peuple, dit le Seigneur.* Et le prophète dit : *Quiconque invoquera le nom de Dieu sera sauvé* (Jl 3, 5). Cette parole dément les hérétiques qui disent que l'homme après la chute ne peut récupérer par la confession le pardon dans le sacrement de pénitence.

Nous devons bien voir que quiconque invoque le nom du Seigneur est sauvé. Nombreux en effet sont ceux qui invoquent le nom du Seigneur et ne sont pas sauvés, à savoir les Juifs, les gentils, les hérétiques et de nombreux infidèles qui sont assurément damnés. Et le prophète a bien fait de dire *Quiconque* au début de son assertion, pour montrer ouvertement que tout homme de ce genre est parfait, et non moins celui qui craint Dieu en l'aimant et observe ses commandements et qui peut sans aucun doute être sauvé, s'il a invoqué de tout son cœur et par une bonne œuvre le nom du Seigneur, c'est-à-dire Jésus-Christ, comme en témoigne Salomon, qui dit : *Crains Dieu et observe ses commandements, car c'est là le tout de l'homme* (Ec 12, 13). C'est le tout de l'homme intègre, et non moins de celui qui craint Dieu tout en l'aimant et observe ses commandements. Celui-là en tout observe les préceptes du Seigneur, qui persévère jusqu'à la fin dans les bonnes œuvres. Mais comment Dieu est très proche de l'invocation de l'homme, le Psalmiste le montre, quand il dit : *Le Seigneur est proche de tous ceux qui l'invoquent, de tous ceux qui l'invoquent d'un cœur sincère. Il accomplit le désir de ceux qui le craignent, il exauce leur prière et il les sauve* (Ps 144, 18-19). Le Seigneur est proche de tous ceux qui l'invoquent d'un cœur sincère. Ceux qui l'auront invoqué dans la sincérité de la foi et des bonnes œuvres seront sans nul doute sauvés. Le Seigneur est proche de tous ceux qui l'invoquent en vérité, parce qu'il a eu pitié du genre humain par son Fils qui est *la voie, la vérité et la vie* (Jo 14, 6), lorsqu'il daigna l'envoyer dans le monde par une vierge pour le sauver.

Ensuite : *Et Hérode descendit de Judée à Césarée et il y demeura* (Ac 12, 19). Ne t'étonne pas, ô sage lecteur, si dans la présente lecture, peu avant ce verset, le cachot de saint Pierre est omis : la liturgie, par un usage qui n'est nullement répréhensible, lit les choses qui conviennent à la célébration présente et passe d'autres sous silence, ou bien parce qu'elles ne sont pas à lire ou bien parce qu'elles sont plus difficiles à lire. Il en va de même, en effet, dans la lecture du bienheureux Étienne, qui commence ainsi : *Étienne plein de grâce et de courage* (Ac 6, 8*)*. La liturgie élimine bien des choses avant ce verset qui dit : *En entendant ces paroles, ils avaient le cœur exaspéré, et ils grinçaient des dents contre lui* (Ac 7, 54). Mais les choses qui sont supprimées se trouvent dans le livre des Actes des apôtres. Un usage de ce genre est observé aussi le jour de Noël dans la lecture qui est lue en de nombreux endroits pour la messe et qui commence ainsi : *Le peuple des gens qui marchaient dans les ténèbres vit une grande lumière* (Is 9, 1). Avant qu'elle ne dise : *Un petit enfant nous est né* (Is 9, 5), elle saute un grand nombre de choses qui sont écrites dans le développement du livre du prophète Isaïe. Un usage du même genre est suivi dans la lecture pour la messe d'un confesseur : « Voici un grand prêtre qui plut à Dieu pendant ses jours » (cf. Ecli 44, 7 et 16). Et l'on trouve dans plusieurs endroits cette même chose dans le livre des lectures de la messe. D'où il découle qu'aujourd'hui le passage qui traite du cachot de saint Pierre ne doit pas être lu à la messe, bien qu'il doive être récité dans sa solennité à lui.

Mais voyons ce que signifie le fait que Pierre soit retenu dans son cachot. Pierre qui, après la mort de Jacques, est jeté par Hérode dans un cachot et lié de chaînes, et qui est arraché par des anges et amené jusqu'à la porte de fer qui est celle de la ville, représente le genre humain, que le Fils de Dieu, venant dans la chair, lui qui est l'ange du grand conseil, dégagea des chaînes de ses fautes, dans lesquelles le diable l'avait attaché en le tentant par le mal, et mena par sa grâce jusqu'à la porte de la foi qui ouvre sur la ville du royaume des cieux. Celle-ci est dite à bon droit « porte de fer » en raison de sa solidité, parce qu'elle n'est pas ouverte par les impurs ou les souillés, mais par les pieux et miséricordieux. *Le royaume des cieux est forcé et ce sont les violents qui s'en emparent* (Mt 11, 12).

Et parce que nous avons entendu parler en bref de l'emprisonnement de saint Pierre, voyons maintenant la mort honteuse de l'inique roi Hérode qui a commis tant de crimes envers les apôtres du Seigneur. La fin misérable de cet Hérode doit être récitée aujourd'hui dans la lecture, pour montrer clairement qu'est tué par l'ange du Seigneur celui qui avait fait périr l'apôtre du Seigneur par le glaive. Après avoir commis tant de crimes, Hérode, dit la lecture d'aujourd'hui, *descendit de Judée à Césarée, où il séjourna. Or il était fort irrité contre les Tyriens et les Sidoniens. Eux, d'un commun accord, se présentèrent à lui et, après avoir gagné Blastus, le chambellan du roi, ils demandaient la paix, parce que leur pays tirait sa subsistance de celui du roi. Au jour fixé, Hérode, revêtu du costume royal et assis sur l'estrade, les haranguait ; et le peuple acclamait : C'est un dieu qui parle, et non un homme ! Mais à l'instant un ange du Seigneur le frappa, parce qu'il n'avait pas rendu gloire à Dieu, et, devenu pâture des vers, il expira* (Ac 12, 19-23).

À l'égal d'un miracle en effet, il convient de considérer une telle concordance des Écritures avec l'historiographe de cette population. Josèphe dit de cet Hérode, au dix-neuvième livre de ses *Antiquités*, qu'après avoir été persécuté par l'ange d'une incroyable douleur et d'un gonflement ventral, il fut agité plus violemment par la force de la douleur et fut transporté rapidement du théâtre à son palais. Lorsque le bruit se fut répandu qu'il mourrait bientôt, il se forma et se répandit dans les rues une immense foule de gens des deux sexes et de tout âge, suppliant à la manière de leurs pères le dieu omnipotent de donner la santé à leur roi. Toute la maison royale résonnait de plaintes et de gémissements. Le roi lui-même, couché sur une terrasse élevée et regardant en dessous de lui, les voyant tous courbés en avant et prostrés en prière, n'arrêtait pas de pleurer. Cependant, torturé pendant cinq jours de douleurs abdominales, il quitta la vie violemment, dans la cinquante-quatrième année de son âge et la septième de son règne. Il avait régné quatre ans sous l'empereur Gaius, tenant trois ans la tétrarchie de Philippe et la prolongeant de un an, passant enfin ses trois dernières années sous l'empire de Claude.

Mais il nous faut indiquer ce que signifie cet Hérode inique. Hérode en effet, qui exerça par sa domination inique la persécution envers les apôtres, quand il fit périr Jacques et incarcérer Pierre, incarne le démon, qui par sa domination inique soumet méchamment à lui tout le genre humain avant l'incarnation du Seigneur par suite de la transgression commise par le premier être créé. On lit à juste titre que celui-ci est bien descendu de la Judée, qui signifie « confession », à Césarée, qui signifie ici le monde, parce que le démon, pour ainsi dire, descendit de la confession de Dieu en ce monde, quand, à cause de la jalousie qu'il eut, il tomba de la contemplation de Dieu en enfer. *Il était fort irrité contre les Tyriens et les Sidoniens* (Ac 12, 20). Hérode en vérité, qui était en colère contre les Tyriens et les Sidoniens, représente le démon lui-même, qui fut pour ainsi dire en colère contre le genre humain, lorsque, par jalousie, il le tenta avec astuce dans le paradis. Le démon était en colère parce qu'il avait perdu sa place dans les cieux. Il était en colère, parce qu'il pensait que le genre humain viendrait occuper le siège qu'il avait laissé. Et il fut plus courroucé encore lorsqu'il perdit la foule des saints, libérés par le Seigneur, qu'il tenait captifs en enfer. Ainsi le démon se fâche-t-il lorsqu'il voit les hommes bons persévérer dans les bonnes œuvres, il se fâche quand il voit les pécheurs faire pénitence et perd ceux qu'il avait coutume de tenir enchaînés par leurs vices. *Eux d'un commun accord se présentèrent à lui et, après avoir gagné Blastus, le chambellan du roi, ils demandaient la paix, parce que leur pays tirait sa subsistance de celui du roi* (Ac 12, 20). Les heureuses populations de Tyr et de Sidon, qui vinrent unanimement demander la paix à Hérode, désignent les prophètes et les patriarches de l'ancienne loi qui, à cause de l'accusation du premier homme, étaient prisonniers du démon en enfer et se présentaient à lui. La raison pour laquelle ils demandaient la paix de Dieu et de l'homme, c'est qu'ils désiraient la venue du Seigneur. Que demandaient-ils, en effet, si ce n'est la vraie paix entre Dieu et l'homme, à savoir Jésus-Christ qui est la vraie paix, eux qui étaient retenus captifs par les filets de l'accusation qui pesait sur leurs premiers parents ? Et il désirait la vraie paix, celui qui disait : *Et la paix sera en notre terre lorsqu'il viendra* (Mic 5, 5). Et encore : *Il se lèvera*, dit-il, *en ses jours la justice et l'abondance de paix* (Ps 71, 7). Aux jours de la venue du Christ se lèvera la justice, parce que le Fils de Dieu est né sur la terre à cause de cela : *convaincre le monde à propos de péché, à propos de justice et à propos de jugement* (Jo 16, 8) ; et l'abondance de paix naîtra avec Lui, parce que lui-même est venu dans le monde pour confirmer la paix éternelle entre Dieu et l'homme. De là vient que le chœur des anges, lorsque le Seigneur fut né, chanta disant : *Gloire à Dieu au plus haut des cieux et paix sur la terre*, c'est-à-dire le Christ, *aux hommes de bonne volonté* (Lc 2, 14). En ces jours du Seigneur fut certes une telle paix sur la terre que nul n'osait prendre les armes de guerre contre un autre, conformément à l'affirmation du prophète qui déclare : *Ils forgeront leurs épées en socs de charrue et leurs lances en faucilles. Une nation ne lèvera plus l'épée contre l'autre et l'on n'apprendra plus la guerre* (Is 2, 4). C'est pourquoi le Psalmiste déclare : *Venez, contemplez les œuvres du Seigneur, les dévastations qu'il a opérées sur la terre ! Il a fait cesser les combats jusqu'au bout de la terre. Il a brisé l'arc, il a rompu la lance, il a consumé par le feu les boucliers. Arrêtez et reconnaissez que c'est moi qui suis Dieu* (Ps 45, 9-11).

Au jour fixé, Hérode, revêtu du costume royal et assis sur l'estrade, les haranguait (Ac 12, 21). L'excellent habit royal dont Hérode était revêtu désigne l'arrogance simulatrice par laquelle le démon a coutume de tromper les bons, parce que lui-même, bien qu'il soit l'ange des ténèbres, se travestit en ange de lumière pour les tromper plus subtilement. Ce qu'Hérode a déclaré au peuple représente les suggestions et tentations diaboliques, par lesquelles le démon ne cesse de donner à l'homme les pires vices, la cupidité, le désir, l'avarice, la haine, l'homicide, l'adultère, la fornication, le vol, la fanfaronnade, la médisance, la désobéissance, etc. Mais quand le démon a implanté ou envoyé en l'homme tout cela, lorsque l'âme quitte le corps de l'homme, il réclame ses œuvres, et toutes ces faiblesses qu'il lui a conseillé de faire, il les récapitule, pour attirer cette âme comme compagne de ses tourments. À quoi il faut résister par les bonnes œuvres, comme dit Pierre : *Soyez sobres et veillez, car votre adversaire le diable comme un lion rugissant rôde, se demandant qui il dévorera. Résistez-lui courageusement dans la foi* (1 Pt 8-9). Le peuple l'acclamait disant : *C'est un dieu qui parle, et non un homme* (Ac 12, 22), parce qu'il croyait que la paix éternelle de Dieu lui profiterait plus que celle de l'homme. Le peuple qui acclamait les paroles de Dieu et non celles de l'homme représente les prophètes et les rois de l'ancienne loi, qui désiraient voir la vraie paix, c'est-à-dire, comme nous l'avons dit plus haut, le Fils de Dieu, destiné à venir s'incarner ; parmi eux se distingue un saint du nom de Siméon, qui reçut de l'Esprit-Saint la garantie qu'*il ne se verrait pas mort avant d'avoir vu le Christ du Seigneur* (Lc 2, 26). Et de même que le peuple ne pouvait avoir la paix du vivant d'Hérode, avant qu'un ange ne vînt du ciel tuer Hérode, de même le genre humain ne pouvait avoir la paix éternelle de Dieu avant que le Fils de Dieu, qui est l'ange du grand conseil, n'advienne, pour dépouiller Hérode, c'est-à-dire le diable, de sa divinité par le sang de sa propre Passion et confirmer la paix véritable entre Dieu et l'homme. Celle-ci est la paix que le Fils de Dieu lui-même, après avoir rejeté les démons en enfer et être ressuscité des morts, donna à ses disciples en disant : *Je vous donne ma paix, je vous laisse ma paix* (Jo 14, 27).

Mais à l'instant un ange du Seigneur frappa Hérode, parce qu'il n'avait pas rendu gloire à Dieu, et, devenu pâture des vers, il expira (Ac 12, 23). L'ange du Seigneur qui frappa Hérode représente le Fils de Dieu qui est l'ange du grand conseil, comme nous l'avons dit, qui, venant dans la chair, affligea le diable, à propos duquel le prophète Job, qui en désirait la défaite et le préjudice, demanda au Seigneur : *Tireras-tu le Léviathan avec un hameçon ?* (Jb 40, 25). Le Léviathan est un serpent d'eau, qui dépasse par sa taille tous les serpents et même les tours les plus hautes du monde, qui habite dans des eaux sauvages et absorbe tous les fleuves des terres, qui représentent les peuples, comme le décrit Job lui-même, et ne peut être rassasié, avant que le Jourdain, qui désigne les chrétiens, ne coule dans sa gueule. Ce Léviathan aujourd'hui encore, ce qui est bien pis, absorbe certains chrétiens par le biais de leurs vices divers. Il avale l'un à cause de sa cupidité, l'autre à cause de son avarice, de la haine, de la luxure, de la fraude, un autre encore par divers péchés. Le Léviathan désigne le démon. L'appât montre extérieurement la chair de certains vers que l'on donne aux poissons pour qu'ils la mangent et cache intérieurement le crochet qui sert à prendre le poisson. Cet appât désigne le Fils de Dieu, dans lequel Dieu le Père montre au diable la chair humaine capable de souffrir et cache sa divinité, par laquelle il afflige le démon lui-même au moyen de la chair de ce même Fils souffrant sur la croix. Le Seigneur descendant aux enfers pour libérer les siens, le démon pensa le tenir par ses bourreaux et l'avaler comme le poisson avale la chair de l'appât, mais l'appât, c'est-à-dire le Fils de Dieu, lui fit voir le crochet de sa divinité, qu'il avait précédemment cachée dans la chair, par lequel il l'affligea puissamment et détruisit ses verrous de fer. Les vers qui dévorèrent la chair inique d'Hérode désignent les vers infernaux qui tourmentent les mauvais dans les enfers. De ceux-ci, le Seigneur proclame terriblement dans l'Évangile : *Où sont les vers qui ne meurent pas et le feu qui ne s'éteint pas* (Mr 9, 43, 45 et 47). Comprends que ces vers aigus, dévorateurs gloutons des âmes, sont des barbares plus mauvais que tous les animaux et qu'ils ne mourront jamais. De même que les âmes ne peuvent mourir, eux non plus ne le peuvent. Dans l'enfer est le feu qui ne meurt pas mais que l'on trouve toujours ardent. Ce feu ne consume pas des bois, des pierres ou des graisses, mais il brûle et détruit les âmes des pécheurs. Ses étincelles sont les esprits iniques des pécheurs. Que craignent donc ceux qui ne rendent pas honneur à Dieu, qui font le mal, parce que, à moins qu'ils ne se soient repentis en recherchant les bonnes œuvres, ils seront pris dans ces tourments. De même en effet qu'Hérode est puni par les vers, parce qu'il n'a pas rendu honneur à

Dieu, de même celui qui n'honore pas Dieu en faisant le bien sera puni par ces vers infernaux. On dit en effet qu'il fait une telle chaleur dans les enfers que, si quelqu'un en a ressenti tant soit peu, il ne peut plus continuer à vivre. Il y fait aussi un tel froid que nul ne peut vivre qui le ressent. Que les âmes des pécheurs soient torturées par cette chaleur et ce froid, le bienheureux Job l'atteste qui déclare : « Ils passeront de la chaleur torride aux eaux glaciales. » (cf. Jb 24, 19). Dans les chaleurs torrides de l'enfer brûlent et sont crucifiées les âmes qui sont mortes honteusement dans la chaleur de leurs vices. Dans les eaux glaciales de l'enfer sont crucifiées les âmes de ceux qui sont devenus froids par les œuvres mauvaises et ne sont pas réchauffés par la chaleur de l'Esprit-Saint. C'est pourquoi un sage a dit joliment en vers :

> « Prenez garde, vous qui errez vers la source de la vérité,
> À éviter le chemin qui mène à l'enfer éternel.
> C'est la voie du sort cruel sous le joug éternel de la mort
> Où sont toujours les bourreaux les plus cruels de l'univers ;
> Si on les a sentis une fois et revient ensuite à la vie,
> On aime mieux être brûlé ici par le feu qu'être crucifié avec eux.
> Évitons ce lieu où nous savons qu'est le brasier,
> Dont les peines ne diminuent pas et les flammes ne s'éteignent pas.
> Chrétien, prends garde, toi qui es porté par le navire du monde.
> Que le fidèle ne croie pas qu'il est autre bonheur que celui du ciel,
> Où sont toujours le jour et la lumière, la paix éternelle, le repos du joug,
> La splendeur, dis-je, l'absence de nuage, le jour toujours resplendissant. »

De même en effet que nul bien terrestre ne peut être comparé aux biens célestes, de même nul mal terrestre ne saurait être assimilé aux maux de la géhenne.

Veillons donc, frères, à éviter les peines de l'enfer éternel, et passons des vices aux vertus, fuyons la gloire du monde, afin de ne pas être condamnés comme le roi Hérode aux supplices perpétuels, mais afin de jouir avec le bienheureux apôtre Jacques des joies sans fin. Hérode, qui signifie « fait de fourrure » ou « gloire de la peau », représente ceux qui aiment la gloire du monde plus que celle de Dieu, *qui font leur dieu de leur ventre et mettent leur gloire dans ce qui fait leur honte, n'ayant de goût que pour les choses de la terre* (Ph 3, 19). Assurément cet Hérode est de ceux dont le Seigneur dit dans l'Évangile : *Ils recherchèrent la gloire des hommes plus que celle de Dieu* (Jo 12, 43). Il est écrit en effet d'Hérode : *Voyant que cela était agréable aux Juifs, il ordonna aussi l'arrestation de Pierre* (Ac 12, 3). Il aima mieux plaire aux Juifs en faisant mourir les apôtres qu'à Dieu en défendant son Église nourricière, et c'est pourquoi il est tué par l'ange, car ceux qui plaisent aux hommes ont été confondus, parce que Dieu les a rejetés. Hélas, hélas, roi cruel et tyran impie, ne te suffit-il pas d'avoir fait mourir Jacques et emprisonner Pierre ? Tu as accompli cela pour accroître encore ta perdition, parce que celui que tu as fait tuer jadis se réjouit maintenant dans la gloire céleste, tandis que ton âme est crucifiée dans le puits infernal. Que diras-tu, roi impie, lorsqu'au jugement dernier tu verras les apôtres que tu as tués et tenus dans ton ergastule, assis sur les trônes et jugeant non seulement toi mais les douze tribus d'Israël ? Que feras-tu ou que diras-tu en face de Dieu, lorsque tu auras pour juges ceux que tu as fait périr de ta propre épée ? Que diras-tu, misérable, devant le roi de gloire, dont tu as fait périr le protégé légitime ? Accusé, tu te tairas aussitôt, lorsque tu verras se réjouir dans la gloire l'apôtre que tu as tué et que toi tu seras crucifié dans l'enfer éternel. Jacques, le héraut du Christ, la trompette éloquente du royaume des cieux, t'exhorta à croire, tu lui apportas la mort. Celui-ci t'invita à la vie éternelle, toi, regimbant, tu lui as apporté la mort temporelle. Tu es tombé dans la catégorie de ceux dont le prophète déclare : *Le mal sera-t-il rendu pour le bien ?* (Jr 18, 20). Tu as rendu le mal pour le bien, afin que soit accomplie en toi la prophétie écrite dans le Livre de la Sagesse : « La justice du juste le libérera et les iniques seront la proie des embûches » (cf. Pro 11, 6) *Le juste est délivré de l'angoisse et le méchant y tombe à sa place* (Pro 11, 8). Et peu après il dit : *Dans les bonnes œuvres du juste, la cité sera exaltée ; quand les méchants périront, on poussera des cris de joie* (Pro 11, 10).

Alors la justice de l'homme intègre, à savoir Dieu, libéra le bienheureux Jacques non seulement des liens du corps mais encore des engagements d'origine et infernaux, puisque le Christ est mort sur la croix pour sa rédemption et que lui-même est mort par le glaive en l'honneur de celui-ci. Ainsi le bienheureux apôtre paya de retour, accomplissant la prophétie qui déclare : *As-tu pris place à une table bien servie, souviens-toi des choses qui t'ont été servies, parce qu'il convient que tu en prépares de semblables* (Ecli 31, 12 et 19). Jacques, fils de Zébédée, a pris place à la table bien garnie, lorsqu'il reçut lors de la Cène des mains du Seigneur la nourriture perpétuelle de vie céleste, c'est-à-dire le corps et le sang du Sauveur. Il se souvint de ce qui lui a été donné lorsque, après la résurrection du Seigneur, il crut en celui qui est mort sur la croix pour le salut des fidèles et subit le martyre pour l'amour de celui-ci. L'excellent Jacques a préparé des choses semblables au Seigneur, parce que, comme il est dit, il rendit à celui-ci la mort pour la mort. C'est ce que dit le Psalmiste : *Que rendrai-je au Seigneur pour tous ses bienfaits à mon égard ? Je prendrai le calice du salut* (Ps 114-115, 12-13). L'excellent apôtre prit le calice du salut, parce que, pour l'amour du Christ, il reçut le martyre salutaire comme celui-ci l'avait reçu pour lui et comme celui-ci jadis le lui avait promis, disant : *Vous boirez mon calice* (Mt 20, 23). C'est pourquoi il est certain que *la justice de l'homme intègre le délivrera, et les méchants tomberont par leurs iniquités* (Pro 11, 6), parce qu'ils seront condamnés à la mort éternelle en subissant des peines infernales ceux qui combattent les saints dans cette vie. *Le juste est délivré de l'angoisse* (Pro 11, 8), parce que le bienheureux Jacques, délivré des liens de la chair, a été reçu dans le ciel par les anges. *Et le méchant y tombe à sa place* (Pro 11, 8), parce que, à cause de la mort du bienheureux Jacques, le corps du roi inique Hérode, frappé par l'ange du Seigneur, a été remis aux vers et que son esprit a connu une fin amère. Il est ainsi écrit des iniques : Dieu notre Seigneur, *brise-les d'une double brèche* (Jr 17, 18). Le Psalmiste dit la même chose : *Ajoute l'iniquité à l'iniquité* (Ps 68, 28). L'iniquité est ajoutée à l'iniquité quand les impies sont soumis dans la vie présente au châtiment temporel et condamnés à la mort éternelle dans le futur. *Dans les bonnes œuvres du juste, la cité sera exaltée* (Pro 11, 10). Les bonnes œuvres du juste sont ses miracles, ses défenses et les vœux qu'il fait dans ses prières, et la cité est, au sens typologique, l'Église des fidèles. Donc *dans les bonnes œuvres du juste la cité est exaltée,* parce que, lorsque la renommée des miracles du bienheureux Jacques se répand dans le monde et que la connaissance de ses pouvoirs s'accroît, alors l'Église est illustrée et augmentée partout. Et *quand les méchants périssent, on pousse des cris de joie* (Pro 11, 10), parce que, après le jour du jugement dernier, les justes verront qu'ils montent dans les cieux et reçoivent la félicité éternelle, tandis que les impies qui les auront flagellés seront précipités dans les enfers. Réjouis, ils loueront le Seigneur qui les transporta dans les joies des cieux et envoya les méchants à la mort. Alors, tandis que l'impie Hérode qui l'a fait mourir sera précipité dans la géhenne de feu, l'excellent apôtre Jacques se verra réjoui dans la joie perpétuelle. Il louera Dieu et dira avec le Psalmiste : *Voilà l'homme qui ne fit pas de Dieu son auxiliaire, mais espéra dans la multiplicité de ses richesses et se faisait fort dans sa vanité. Moi, en revanche, je suis comme l'olivier prospère dans la maison de Dieu, j'ai espéré dans la miséricorde de mon Dieu pour l'éternité et pour les siècles des siècles* (Ps 51, 9-10). En Jacques est montrée la rémunération des bons et en Hérode la perdition des mauvais. De même que le propre des bons est de supporter avec patience les persécutions qui leur sont infligées par leurs proches, de même le propre de Dieu est de les rémunérer dans la gloire céleste. Et parce que les méchants infligent de mauvais traitements aux bons, Dieu les punit de la mort éternelle. *En effet, la solde du péché est la mort* (Rm 6, 23). Parce que nulle bonne chose ne demeurera sans récompense et nulle mauvaise ne restera impunie. C'est pourquoi l'apôtre déclare : *Ne vous vengez pas vous-mêmes, mais laissez agir la colère de Dieu. À moi la vengeance, c'est moi qui paie de retour, dit le Seigneur* (Rm 12, 19). Le Seigneur tirera vengeance des ennemis des saints, parce qu'à chacun sera rendu selon ses œuvres.

SAINT JACQUES EN GALICE. Mais qu'est-ce qui fait que le bienheureux Apôtre, avant qu'il ne souffrît, donc durant sa vie, ne put obtenir que tous ceux qu'il voulut soient convertis à la foi du Christ, et que maintenant, après sa mort, tant de gens affluent vers sa basilique en Galice ? La raison est que s'il n'avait pas accepté la passion pour la foi du Christ, il ne convertirait pas autant de gens au Christ. *Si le grain de blé tombé en terre ne meurt pas, il reste seul* (Jo 12, 24). Par le grain de blé, en effet, on entend ou bien le Christ, ou quelque martyr qui, à moins de tomber mort en terre en souffrant, demeurera seul sans avoir converti à la foi. Mais s'il est mort, il apporte le fruit des bonnes œuvres. De même que le grain de froment, à moins qu'il ne commence par mourir dans la terre, demeure seul, de même le bienheureux Apôtre, s'il n'était pas mort d'abord pour la foi du Christ, resterait seul sans une multitude de convertis. Et de même que le grain de froment, une fois mort, porte de nombreux fruits en terre, de même Jacques, l'homme du Christ, après le triomphe de son martyre, engendre, par la grâce du Christ, des foules de peuples qui viennent à lui en Galice sous son patronage divin ; et il porte en gloire, pour ainsi dire, un fruit bien mûr et parfumé. De même que les plants de poireaux et de légumes sont arrachés des jardins et transplantés ailleurs afin qu'ils poussent mieux, le bienheureux Jacques est enlevé de Jérusalem quant à sa présence corporelle et transplanté en Galice, afin qu'il croisse en gloire auprès de tous les peuples qui viennent à lui. En effet les peuples venus de tous les pays du monde affluent vers sa basilique en Galice, racontant les louanges du Seigneur, ses pouvoirs et les miracles qu'il a faits pour eux par son Apôtre. Celui-ci est le fruit de Dieu, le fruit de l'Église des pénitents, le fruit que les apôtres ont acquis, celui que le Seigneur a promis jadis, disant : *Et que votre fruit demeure* (Jo 15, 16). Il dit ainsi : « Que le fruit que vous avez acquis demeure dans les cieux. » Donc le fruit du bienheureux Jacques demeurera longtemps, parce qu'il subsistera pour l'éternité avec Dieu. Et aussi nombreux sont les fruits de celui-ci que les pèlerins qui viennent des régions les plus éloignées du monde, en épuisant leurs corps et au prix de grands efforts, pour embrasser le seuil de sa basilique sacrée et demander ses bienfaits. Le fruit de celui-ci restera pour l'éternité, parce que la foule bigarrée des peuples qui, après avoir entendu la renommée quotidienne de son nom, voit ou entend raconter ses miracles innombrables et, pour l'amour de lui, afflue en pèlerinage dans sa basilique de Galice après avoir fait pénitence, et se convertit par la pureté du cœur et les bonnes œuvres au Dieu rédempteur, restera sans nul doute éternellement avec lui dans les cieux comme un fruit odorant. Ainsi, en effet, le Seigneur le lui a promis jadis, en disant : *Venez avec moi, je vous ferai pêcheurs d'hommes* (Mt 4, 19 ; Mr 1, 17). Où le Seigneur devait-il aller, afin que ses disciples y aillent après lui ? D'où il vint et où il alla, le Psalmiste le montre lorsqu'il dit : *D'une extrémité du ciel il sort et sa courbe atteint l'autre extrémité* (Ps 18, 7). L'extrémité du ciel est Dieu le Père, dont l'immense majesté trône sur tous les cieux. Le Fils de Dieu est descendu d'une extrémité du ciel quand il vint du sein de son Père dans les entrailles de la Vierge. Il passa jusqu'au plus haut des cieux lorsqu'il retourna du sein de la Vierge à sa Passion, de sa Passion aux enfers, et des enfers à sa Résurrection, et de la Résurrection jusqu'à l'extrémité du ciel, c'est-à-dire à Dieu le Père, au-delà de tous les cieux. Dans cette voie, l'Apôtre du Seigneur vient après le Christ, parce qu'il a cru sincèrement le vrai Fils de Dieu et vrai homme né de la Vierge sans tache, qui a souffert sur la croix pour le salut de tous, est ressuscité le troisième jour et monté aux cieux. Et il l'imita en subissant le martyre de son propre corps jusqu'à le suivre dans les cieux. Par cette voie, il vint donc après le Christ, parce qu'il livra son corps au martyre comme le Christ et pour l'amour de lui, raison pour laquelle il l'imita dans sa gloire, comme celui-ci le déclare : *Et là où je serai, sera aussi mon serviteur* (Jo 12, 26). Et joliment il l'appelle d'abord à le suivre, ensuite il lui promet d'être pêcheur, pour montrer qu'il convient d'abord que celui-ci suive les exemples de sa Passion, puis soit pêcheur d'hommes. C'est pourquoi il est certain, en raison de la promesse du Seigneur, qu'il suivit le Christ par son martyre et qu'il est maintenant pêcheur des âmes. Il est fait pêcheur d'hommes, chaque fois en effet que, par son exhortation, ceux-ci furent convertis jadis à la foi en abandonnant les idoles des gentils et la synagogue des Juifs, ou bien, par son intercession, sont débarrassés de leurs tourments, ou, par la vision de ses miracles, sont confortés dans les bonnes œuvres, sont arrachés en vérité par lui aux abysses du monde, sont pris dans les filets de la foi et sont amenés jusqu'au port du salut. Et autant de pèlerins animés d'un juste désir tendent vers lui dans sa patrie galicienne, autant il en fait passer de la mer du monde en Galilée au sol du paradis.

À nouveau le Seigneur lui promit jadis, disant : *Et vous serez mes témoins à Jérusalem et dans toute la Judée et la Samarie, et jusqu'à l'extrémité de la terre* (Ac 1, 8). À Jérusalem, le bienheureux Jacques fut le témoin de la foi du Christ, parce que c'est là que, selon Luc, il est dit qu'il prêcha le Christ et subit, par le fait d'Hérode, roi de Jérusalem, le martyre pour la foi du Christ. Dans toute la Judée et la Samarie, il fut le témoin de la vérité, parce que, selon l'histoire de ses actes, il fit passer particulièrement la prédication évangélique de Jérusalem jusqu'en Judée et en Samarie. Jusqu'à l'extrémité de la terre, il est considéré comme ayant été le vrai témoin du Christ, parce que en Galice, où est la fin de la terre et de la mer, il est dit qu'il fut enseveli en grande pompe et que sa basilique y est construite, et qu'il est illustré non seulement en Galice et en Espagne, mais jusqu'à l'extrémité de tout le disque terrestre par de nombreux miracles et des églises qui lui sont dédiées. Et si nombreux que soient ses miracles, où qu'ils soient accomplis par lui, si nombreux que soient les peuples des régions lointaines qui font le pèlerinage à sa basilique, partout il donne dans l'Église des témoignages de la foi du Christ. Dans sa dernière demeure, il est un témoin pour le Christ, parce que celui qui est mort par le glaive pour la foi en Dieu donne un exemple à ceux qui viennent en Galice, parce que ceux-ci doivent mourir à leurs vices et vivre pour leurs vertus perpétuelles. C'est pourquoi il est écrit par Luc dans la lecture de ce jour : *La parole de Dieu se répandait et s'accroissait considérablement* (Ac 6, 7). Avant le martyre de l'apôtre et la mort d'Hérode, il n'est pas dit que le Verbe de Dieu soit augmenté, mais après on lit qu'il est amplifié. Parce que, si le bienheureux Jacques n'avait pas souffert pour la foi du Christ et si Hérode, qui était contraire au Verbe de Dieu, n'avait pas été tué par l'ange, le Verbe de Dieu, celui qui s'est fait chair, c'est-à-dire le Fils de Dieu, ne pouvait être connu ouvertement dans le monde, ni le peuple chrétien, qui devait croire en entendant ce Verbe, être augmenté. Parce que, de même qu'on lit que les fils d'Israël furent multipliés après la mort de Joseph plus qu'auparavant en Égypte, de même, il est dit que les chrétiens se multiplièrent dans le monde davantage après la Passion du Seigneur qu'auparavant. Et de même qu'on lit qu'après la Passion du Seigneur ses fidèles s'accrurent, de même, après la mort du bienheureux Jacques, il est dit que s'accrut le nombre de ceux qui viennent de toutes les régions du monde jusqu'en Galice pour louer le Seigneur. Et s'il convient de louer la conversion d'un grand nombre, qu'il provoqua avant sa mort, il est plus digne encore de louer l'immense acquisition de tous les peuples après sa mort, qu'il effectue maintenant. Il est écrit en effet : *Tu n'auras pas loué l'homme dans sa vie, mais loue-le après la consommation de celle-ci* (Ecli 11, 30). De même en effet que chacun des apôtres, aussitôt après le martyre de saint Jacques, s'est rendu dans le lieu qui lui avait été attribué par Dieu et appela les peuples qu'il devait sauver à la foi du Christ, de même l'excellent apôtre Jacques, détaché de la chair, fut, dit-on, transféré de Jérusalem en Galice ; et l'on croit que, par sa venue et ses miracles répandus, il appela partout les peuples incroyants et jadis impies de cette terre au culte de Dieu, par l'opération de la grâce du Christ. Ce qu'il n'a pas réalisé vivant, il l'a accompli mort. Si en effet vivant il convertit à la foi une grande foule par le pouvoir de sa prédication, une fois détaché de la chair, il attira un nombre beaucoup plus grand à Dieu par le pouvoir de ses miracles, grâce à l'opération de la clémence du Saint-Esprit. Celui-ci est en effet l'adjuvant dans les opportunités, à savoir dans les tribulations de ceux qui ont confiance en lui.

Il lui a été concédé par le Seigneur d'être pour les siens l'espoir dans toutes les extrémités de la terre et en haute mer. Beaucoup en effet attestent que, dans les angoisses des mers et des captivités, ils ont senti sa protection et même qu'ils l'ont vu sous un aspect magnifique les en délivrer. Il aide en effet ceux qui sont affligés de dangers, il relève les opprimés sur la terre, réconforte les naufragés dans la mer et les gorges profondes. Ô combien Dieu est admirable et louable dans ses saints (cf. Ps 67, 36), qui a choisi de tels auxiliaires, qui même morts convertissent et aident les vivants. *Heureux,* dit le Psalmiste, *celui que tu as choisi et rapproché de toi, Seigneur, il habitera en tes parvis* (Ps 64, 5). Qu'il dise aussi : « Bienheureux celui que tu as choisi, Seigneur, et enlevé au monde sur la mer de Galilée ; il habite en effet avec toi dans la maison des cieux. » *Louez le Seigneur dans ses saints,* peuples fidèles, *louez-le dans le firmament de ses vertus* (Ps 150, 1). Dieu est en effet glorieux dans ses saints, admirable dans sa majesté, opérant des prodiges, admirable et louable, et faisant des choses admirables (cf. Ps 85, 10). *Cieux louez donc le Seigneur, terre exulte, montagnes jubilez votre louange, parce que* par saint Jacques *Dieu a consolé son peuple et aura compassion de ses pauvres* (Is 49, 13). Que celui en effet qui transforme par sa grâce la faim du genre humain en un réconfort ou une satiété très salutaire et qui a couronné aujourd'hui son excellent et vénérable Apôtre, par les tourments atroces de son martyre, du laurier de l'immarcescible vie éternelle, daigne nous aider et nous conduire dans les cieux, Jésus-Christ notre Seigneur, qui vit et règne avec le Père et l'Esprit-Saint, Dieu dans les siècles des siècles. Ainsi soit-il.

Chapitre VIII

5 JUILLET. PASSION DE SAINT JACQUES, FILS DE ZÉBÉDÉE, APÔTRE DE LA GALICE

SELON SAINT MATTHIEU. *En ce temps-là, la mère des fils de Zébédée s'approcha de lui avec ses fils et se prosterna pour lui faire une demande. Il lui dit : Que veux-tu ? Elle lui dit : Ordonne que mes deux fils, que voici, siègent l'un à ta droite, l'autre à ta gauche, dans ton royaume. Jésus répondit : Vous ne savez pas ce que vous demandez* (Mt 20, 20-22), et la suite.

HOMÉLIE DE BÈDE LE VÉNÉRABLE

Le Seigneur notre créateur et rédempteur, désirant guérir les blessures de notre orgueil, et qui, *bien qu'il fût dans la condition de Dieu,* prit la condition humaine, *s'abaissa lui-même, se faisant obéissant jusqu'à la mort* (Ph 2, 6 et 8) ; nous aussi, si nous voulons atteindre le sommet de la vraie grandeur, il nous invite à prendre le chemin de l'humilité. Il nous commande, si nous désirons voir la vraie vie, de supporter patiemment les vicissitudes du siècle présent et même la mort. Il nous a promis les dons de la gloire, mais il a envoyé d'abord les assauts du combat. Il a promis : *Votre rétribution sera importante, et vous serez les Fils du Très-Haut.* Mais il a prédit, ordonnant : *Aimez vos ennemis, faites du bien et prêtez sans rien espérer en retour* (Lc 6, 35). Ainsi donc, il promet des récompenses aux élus, comme il montre aussi à l'avance les mérites dignes de récompense. Ainsi il donne la vie éternelle, comme il montre la manière d'y parvenir, par la porte étroite et le chemin ardu. Ce pourquoi il dit : *Luttez pour entrer par la porte étroite* (Lc 13, 24). Il est nécessaire, en effet, de soutenir un combat non négligeable quand on veut parvenir sur les hauteurs. Car autant nous suons lorsque nous nous dirigeons vers les sommets des monts, autant il est nécessaire de nous efforcer pour mériter d'avoir le séjour dans les cieux et de reposer sur la montagne sainte du Seigneur que chante le Psalmiste. C'est pourquoi, même dans la lecture d'aujourd'hui, lorsque les fils de Zébédée lui demandèrent de siéger dans son royaume, il leur rappelle sur-le-champ qu'il s'agit de boire son calice, c'est-à-dire d'imiter le combat de sa Passion, afin qu'ils se souviennent de ne pas rechercher les plus hautes des choses célestes si ce n'est au travers des avilissements et des rigueurs des choses terrestres. *La mère des fils de Zébédée s'approcha de lui avec ses fils et se prosterna pour lui faire une demande. Il lui dit : Que veux-tu ? Elle lui dit : Ordonne que mes deux fils, que voici, siègent l'un à ta droite, l'autre à ta gauche, dans ton royaume* (Mt 20, 20-21). Personne ne doit penser que leur mère ait fait cette demande à la place de ses fils, sans leur consentement et leur souhait, mais plutôt comprendre que leur décision a été prise d'un commun accord pour que, par leur mère, qu'ils savaient fort aimée du Seigneur, les disciples lui fassent connaître leur désir. Et l'évangéliste Marc, rapportant la scène, tait l'intervention de leur mère et ne mentionne que les disciples dont il savait les désirs du cœur. *Jacques et Jean, fils de Zébédée, s'approchent de lui et lui disent : Maître, nous voudrions que vous fassiez pour nous ce que nous allons vous demander. Que voulez-vous, leur dit-il, que je fasse pour vous ? Ils lui dirent : Accordez-nous de siéger l'un à votre droite, l'autre à votre gauche dans votre gloire* (Mr 10, 35-37). Il affirme que ceux-ci s'approchent du Seigneur, qui comprend bien que la volonté de l'interroger est plutôt la leur et qu'ils ont exhorté leur mère à présenter cette demande. Il faut croire, en effet, que les avaient surtout poussés à demander ces choses soit les sentiments féminins d'une mère, soit les esprits encore charnels des disciples, parce qu'ils se souvenaient du propos du Seigneur qui avait dit : *Lorsque le fils de l'homme siégera sur son trône de gloire, vous siégerez aussi sur douze trônes et vous jugerez les douze tribus d'Israël* (Mt 19, 28). Ils savaient aussi que, parmi les disciples, ils avaient été souvent associés avec Pierre à la connaissance des secrets que les autres ignoraient, ce que le texte du saint Évangile indique fréquemment. C'est pour cela, en effet, qu'à eux aussi, comme à Pierre, a été imposé un autre nom : de même que celui-ci, qui s'appelait d'abord Simon, mérita en raison de la solidité et de la force de sa foi indomptable le nom de Pierre, ceux-ci furent appelés Boanergès, c'est-à-dire fils du tonnerre, parce que assurément ils entendirent avec Pierre la voix du Père descendre sur le Seigneur glorifié au mont Thabor et connurent plusieurs secrets de mystères demeurés cachés aux autres disciples. Et, ce qui allait fort bien avec la chose, ils étaient attachés d'un cœur sincère au Seigneur et ils sentaient que celui-ci les entourait du plus grand amour. C'est pourquoi ils ne doutaient pas que puisse advenir qu'ils soient assis dans son royaume plus près de lui, surtout lorsqu'ils virent Jean objet d'une telle prédilection, en raison de la pureté de son esprit et de son corps, que le Seigneur reposa sur son épaule lors de la Cène. Mais entendons ce que le connaisseur des mérites et le dispensateur des places leur répondit à eux qui demandaient les places les plus dignes.

Répondant, Jésus dit : Vous ne savez pas ce que vous demandez (Mt 20, 22). Ils ne savaient en effet ce qu'ils demandaient, ceux qui pensaient devoir être assis dans le royaume de Dieu à la gauche du Christ, puisque lors de la discrimination, au moment du jugement dernier, on peut lire que tous les élus viendront à la droite du roi et juge suprême. Cette vie n'aura point de gauche, la félicité éternelle n'aura point de réprouvé, et la vie éternelle n'aura rien de périssable. Par la gauche du Christ, lorsqu'elle est entendue en un sens favorable, on entend la vie présente de la sainte Église. C'est pourquoi il a été écrit : *Dans sa droite est une longue vie, dans sa gauche, la richesse et la gloire* (Pro 3, 16). Longue vie à droite, à savoir la sagesse de notre Rédempteur, parce que dans le séjour de cette partie supérieure la lumière indéfectible est donnée aux élus, anges et hommes. *À sa gauche, la richesse et la gloire*, parce que l'exil de ce pèlerinage nous restaure par les richesses des vertus et la gloire de la foi, jusqu'à ce que nous parvenions à la gloire éternelle dont l'apôtre déclare : *Et nous nous glorifions dans l'espérance de la gloire des fils de Dieu. Bien plus, nous nous glorifions même des tribulations* (Rm 5, 2-3). Et de même pour les richesses : *Parce que,* dit-il, *vous avez été comblés de toute sorte de richesses, en toute parole et en toute connaissance* (1 Cor 1, 5).

Ils ne savaient pas ce qu'ils demandaient parce qu'ils estimaient possible au jugement humain de déterminer qui serait gratifié d'un trône dans la vie future, alors qu'ils devaient plutôt prier le Seigneur de progresser en méritant bien dans la foi et la gloire de l'espérance qu'ils avaient, jusqu'à la fin ultime, sachant que ce qu'ils feraient de bien, celui-ci le rémunérerait d'une rétribution durable. Certes est digne d'éloge la pieuse simplicité de ceux qui réclamaient, dans une confiance de leur esprit fidèle, d'être assis dans le royaume autour du Seigneur, mais plus dignement encore est louée la sage humilité de celui qui disait, conscient de sa propre fragilité : *J'aime mieux être peu honoré dans la maison de mon Dieu qu'habiter sous les tentes des pécheurs* (Ps 83, 11). Ils ne savaient pas ce qu'ils demandaient, eux qui recherchaient les plus hautes récompenses de la part du Seigneur plutôt que la perfection de leurs œuvres. Mais leur maître céleste, leur indiquant ce qu'il fallait rechercher en premier, les remet dans la voie de l'effort par laquelle ils peuvent atteindre la récompense qui les rétribuera.

Pourrez-vous, dit-il, *boire le calice que je boirai ?* (Mt 20, 22). Il appelle son calice l'amertume de la Passion, qui est réservée fréquemment aux justes par la cruauté des infidèles. Car quiconque l'a subie avec humilité, patience et joie, pour l'amour du Christ, régnera à bon droit avec lui dans le ciel. Puisque donc les fils de Zébédée voulaient être assis avec lui, il leur rappelle qu'ils doivent d'abord suivre l'exemple de sa Passion et, ensuite seulement, chercher à obtenir le sommet de majesté qu'ils désirent. Et cette manière de vivre qu'il faut suivre, c'est elle qu'enseigne l'apôtre à tous les fidèles lorsqu'il dit : *Si nous sommes devenus un avec lui par une mort semblable à la sienne, nous le serons aussi par la résurrection* (Rm 6, 5).

Ils lui disent : Nous pouvons (Mt 20, 22). La dévotion de leur esprit, telle qu'elle était dans l'instant, ils la firent connaître au Seigneur, en attestant qu'ils pouvaient boire son calice. Ceux-ci cependant montrèrent ensuite à l'évidence quelle était leur faiblesse, puisque, au moment où le Seigneur lui-même but son calice, ils le quittèrent et ils s'enfuirent avec les autres disciples. Mais après ? La crainte du calice à boire ne les inquiétait plus, de telle sorte que ceux qui quittèrent le Seigneur avant sa Passion revinrent à lui plus rapidement lorsqu'il ressuscita. Et ce qui les avait inquiétés dans le tourment de sa Passion, ils l'amendèrent par le triomphe fulgurant de sa Résurrection. Après avoir eu la grâce de l'Esprit-Saint, ils avaient au demeurant la poitrine solide pour boire le calice du Seigneur, parce qu'ils commençaient déjà à être invincibles quant à souffrir et à mourir pour lui, en accomplissant la promesse qu'il leur avait faite comme quoi ils boiraient son calice. Car il est dit ensuite : *Vous boirez en effet mon calice.* Et suit encore ceci : *Quant à siéger à ma droite ou à ma gauche, il ne m'appartient pas de l'accorder : c'est pour ceux pour qui mon Père l'a préparé* (Mt 20, 23). Est assis à la droite du Sauveur celui qui se réjouit dans la béatitude céleste de Sa présence. Est assis à sa gauche celui qui, dans la pérégrination de ce monde, préside au gouvernement sacerdotal de sa sainte Église.

Mais il faut regarder de plus près comment le maître de vérité répond aux disciples qui lui font cette demande. *Il ne m'appartient pas de l'accorder : c'est pour ceux pour qui mon Père l'a préparé,* bien qu'il ait dit ailleurs : *Toutes choses m'ont été remises par mon Père* (Mt 11, 27 ; Lc 10, 22). Ainsi, quelques dons que le Père donne ou réserve aux fidèles, le Fils les donne ou les réserve avec lui. C'est pourquoi, une seconde fois, le Seigneur dit de son Père : *Ce que fait celui-ci, le Fils aussi le fait pareillement* (Jo 5, 19). Si donc toutes choses que le Père aura faites, le Fils les fait pareillement, comment le Fils peut-il dire : *Il ne m'appartient pas de l'accorder : c'est pour ceux pour qui mon Père l'a préparé,* puisque lui-même est Fils et Dieu et homme ? C'est parce que, dans son Évangile, il parle tantôt par la voix de la divine majesté qui est égale au Père, tantôt par la voix de l'humanité qu'il a assumée, par laquelle il est devenu notre égal. Or, dans cette lecture, parce qu'il était destiné à offrir aux hommes l'image de l'humilité, il dit toutes choses surtout à partir de la nature humaine qu'il a assumée. Car, dans les débuts mêmes, lorsque leur mère vient à lui avec ses fils pour lui adresser sa demande, il lui demande ce qu'elle veut, l'interrogeant comme s'il était un homme, comme s'il ignorait les choses cachées, comme s'il ne connaissait pas l'avenir, lui qui, par l'éternité de la puissance divine, connaît toutes choses avant qu'elles n'arrivent. Et parce que celle-ci, en demandant dans ses prières un siège à sa droite et à sa gauche, fait prévaloir sur la mémoire de sa divinité celle de son humanité – qui eut effectivement dans sa constitution corporelle une droite et une gauche, mais qui ne sont pas constitutives de la majesté divine de ses membres –, il est logique que lui-même, dans la gloire impassible de la déité, mette au centre le souvenir de la Passion qu'il devait subir par son humanité et propose celle-ci à imiter aux disciples, lorsqu'il confirme leur promesse dévote par sa propre attestation, en disant : *Vous boirez mon calice.* Et il ajoute, de manière conforme : *Quant à siéger à ma droite ou à ma gauche, il ne m'appartient pas de l'accorder : c'est pour ceux pour qui mon Père l'a préparé.* Et s'il disait ouvertement : « La Passion que je subirai selon la chair, vous l'imiterez dans le martyre, mais il ne m'appartient pas, selon cette chair dans laquelle je subis la substance de la fragilité humaine, de vous donner en présents les dons célestes préparés pour ceux qui en sont dignes et qu'ils doivent recevoir du Père, moi-même les préparant et les donnant avec lui également, dans la même divinité, puisque toutes les choses qu'il a faites, je les fais aussi de même par l'unité de la puissance divine.» Puisque, en effet, les fils de Zébédée avaient un esprit prompt à boire le calice du Seigneur, il est clair qu'avec les autres apôtres ils méritaient la dignité des trônes qu'ils réclamaient, non toutefois en raison de la distinction qu'ils souhaitaient, pour que l'un siège à la droite de celui-ci et l'autre à sa gauche, mais en raison de ce que nous avons exposé plus haut, à savoir que tous deux méritaient de siéger d'abord à sa gauche dans le temps et ensuite tous deux à sa droite dans l'éternité.

Ils étaient assis à la gauche du Christ tandis qu'ils présidaient par le droit qu'en avaient les apôtres aux peuples des fidèles qui devaient être gouvernés dans cette vie, sans doute dans ce royaume dont le Christ dit : *Le royaume de Dieu est parmi vous* (Lc 17, 21) ; ils sont assis à sa droite maintenant, dans cette vie qui ne connaît pas la mort, juges du monde avec lui, le Fils lui-même leur préparant l'un et l'autre siège en union avec le Père. Et la collation des biens ne peut être séparée en eux, en qui l'unité de nature demeure toujours indestructible selon le témoignage du Fils lui-même qui dit : *Le père et moi sommes un* (Jo 10, 30).

Et l'on ne peut passer sous silence comment le Seigneur a dit indifféremment que les fils de Zébédée boiraient son calice, alors qu'un seul, à savoir Jacques, a achevé sa vie par effusion de son sang, l'autre, à savoir Jean, ayant trouvé le repos dans la paix de l'Église. En effet, Luc atteste clairement le martyre de Jacques, puisque *Hérode fit arrêter quelques-uns des membres de l'Église pour les maltraiter. Il fit mourir par le glaive Jacques, le frère de Jean* (Ac 12, 1-2). Et l'*Histoire ecclésiastique* rapporte au sujet de sa passion une chose mémorable. Parce que, en effet, dit-elle, celui qui avait obtenu que Jacques soit condamné au martyre, poussé par le regret, confessa qu'il était lui-même chrétien, tous deux, raconte-t-elle, furent conduits également au supplice. Et comme on les y conduisait, il pria Jacques de lui accorder son pardon. Et celui-ci, après avoir quelque peu réfléchi, lui dit : *La paix soit avec toi* et il l'embrassa. Ainsi tous deux furent-ils décapités en même temps.

Les histoires fidèles rapportent en outre que Jean, sentant arriver sa dernière heure, réunit ses disciples à Éphèse, attesta le Christ par de nombreux miracles, descendit dans la fosse creusée pour sa tombe et, après avoir fait oraison, rejoignit ses pères. On le trouva aussi indifférent à la douleur de mourir qu'à la corruption de la chair. Comment donc peut-il être dit qu'il but le calice du Seigneur, puisqu'il est certain qu'il ne quitta pas cette vie en subissant le martyre et que le même calice ne peut être bu de deux manières différentes ? L'un en recevant patiemment la mort infligée par son persécuteur, l'autre en ayant un esprit disposé au martyre, en menant une vie digne du martyre. En effet, Jean lui-même enseigna qu'il était prêt à boire pour le Seigneur le calice mortel, quand il a supporté avec les autres apôtres, comme nous le lisons dans leurs Actes (Ac 5, 17-18 et 40-41), la prison et les verges d'un esprit joyeux, quand il fut condamné à l'exil dans l'île de Patmos à cause du verbe de Dieu et du témoignage qu'il rendait à Jésus (Ap 1, 9), quand, comme rapporte l'*Histoire ecclésiastique*, il fut envoyé par l'empereur Domitien au supplice de l'huile bouillante, dont il ressortit cependant, avec l'aide du Seigneur, aussi sain et sauf qu'il avait été chaste par sa pensée et par sa vie ; de même en exil, avec l'aide du Seigneur, là où il paraissait le plus dépourvu de réconfort humain, il mérita d'être consolé par l'affluence des citoyens les plus nobles. Par là, on entend qu'il a bu en vérité le calice du Seigneur avec son frère Jacques qui a été décapité, parce qu'il a subi tant de tourments pour la vérité qu'il se montre par là disposé à accepter la mort si elle lui était offerte.

Mais quant à nous, frères très chers, même si nous n'endurons rien de semblable, si nous ne subissons pas les liens, la flagellation, l'emprisonnement ou de tels supplices du corps, si nous ne connaissons pas la persécution des hommes à cause de la justice, nous serons aptes à recevoir le calice du salut et à obtenir la palme du martyre si nous veillons à châtier notre corps et à le réduire en servage, si nous nous accoutumons à supplier Dieu d'une âme contrite, si nous nous efforçons de supporter avec calme les mauvais traitements du fait de notre prochain, d'aimer même ceux qui nous haïssent, qui nous traitent injustement, si nous sommes heureux de leur faire du bien, de prier pour leur vie et leur prospérité, si nous tendons à être ornés de la vertu de patience et des fruits des bonnes œuvres. Si nous sommes dans un tel état d'esprit et que nous offrions notre corps, selon la parole de l'apôtre, victime vivante et sainte, agréable à Dieu (cf. Rm 12, 1), il nous sera donné par la considération céleste de recevoir en récompense la gloire avec ceux qui ont donné leurs membres en mourant pour le Seigneur. Car notre vie, comme la leur, devient précieuse au regard du Seigneur une fois que nous sommes libérés des liens de la chair, et nous mériterons nous-mêmes d'entrer dans les parvis de la cité céleste et de rendre grâce à notre Rédempteur parmi les chœurs des bienheureux martyrs. Que Jésus-Christ Notre Seigneur daigne nous l'accorder, qui a donné à ses vénérables apôtres Jacques et Jean son calice à boire et son règne sans défaut à posséder, lui qui vit et règne avec le Père et l'Esprit-Saint, Dieu dans les siècles des siècles. Amen.

Chapitre IX

PROLOGUE DU PAPE CALIXTE
AVANT LA GRANDE PASSION DE SAINT JACQUES
QUI EST CÉLÉBRÉE LE 25 JUILLET
ET QUI PEUT ÊTRE LUE AUSSI POUR LE MARTYRE
DE SAINT JOSIAS LE 26 JUILLET

Il est évident que se trompent du tout au tout ceux qui prétendent que la Grande Passion de saint Jacques est apocryphe, ignorant que celle-ci est en accord avec la Passion brève que nous avons tirée de l'*Histoire ecclésiastique* et qui possède une grande autorité. Le fait que le sénéchal d'Hérode, du nom de Josias, à l'instigation des Juifs, amena l'apôtre enchaîné devant son tribunal, puis, touché par la pénitence après avoir vu le miracle du malade guéri, confessa qu'il était lui-même chrétien, renaquit par la grâce du baptême et fut couronné du triomphe du martyre en même temps que l'apôtre, figure dans l'une et l'autre Passion. Cette Grande Passion concorde bien avec le verset de Luc : *Le roi Hérode fit arrêter quelques-uns des membres de l'Église pour les maltraiter. Il fit mourir par le glaive Jacques, le frère de Jean* (Ac 12, 1-2). Je n'ai rien trouvé en elle de répréhensible, si ce n'est le nom du père d'Hérode, que j'ai amendé selon la vérité des Actes des apôtres, disant : « Le roi Hérode ordonna qu'il soit décapité. » La belle discussion, et l'excellente conversion d'Hermogène qu'elle contient, nul ne doit la réprouver, mais l'aimer et la lire par amour de l'Apôtre. Les témoignages prophétiques de l'Incarnation, de la Nativité, de la Résurrection et de l'Ascension du Seigneur s'y trouvent, et nous la rendent d'autant plus chère pour cette raison. La prière apostolique qui figure en fin de cette Passion, je l'ai traduite des livres grecs en latin. Quant à la mort d'Hérode, infligée par un ange en châtiment, je l'ai rédigée d'après le texte des Actes des apôtres. Que cette Passion soit donc lue entièrement en toute sécurité dans les églises et dans les réfectoires.

GRANDE PASSION DE SAINT JACQUES

Après l'Ascension du Seigneur dans les cieux, Jacques, apôtre de notre Seigneur Jésus-Christ, frère de l'apôtre et évangéliste Jean, visita toute la Judée et la Samarie, entrant dans les synagogues et montrant, d'après les saintes Écritures, que tout ce que les prophètes avaient prédit de Jésus-Christ était accompli en lui. Il arriva qu'un certain mage, du nom d'Hermogène, lui adressa son disciple, du nom de Philète. Venant à Jacques avec un certain nombre de pharisiens, il entreprit de soutenir que Jésus-Christ de Nazareth, dont il se disait l'apôtre, n'était pas le vrai fils de Dieu. Mais saint Jacques, assuré par le Saint-Esprit, confondit tous leurs arguments, montrant par le témoignage des Écritures saintes qu'il est le vrai fils de Dieu. Revenu auprès d'Hermogène, Philète lui dit que Jacques, qui se disait serviteur et apôtre de Jésus-Christ de Nazareth, ne pouvait être vaincu. « Car, disait-il, je l'ai vu chasser les démons des corps possédés, rendre la lumière aux aveugles, guérir les lépreux. Quelques-uns de mes grands amis m'ont même assuré qu'ils l'ont vu ressusciter des morts. Qu'attendons-nous de plus ? Il a en mémoire toutes les Écritures, par lesquelles il démontre clairement qu'il n'y a d'autre fils de Dieu que celui que les Juifs ont mis en croix. Partant, si m'en croyez, nous irons vers lui et lui demanderons pardon. Et si vous ne le voulez pas, je vous laisserai là, abandonnerai votre magie et retournerai vers lui, en lui demandant de m'accepter comme disciple. »

L'entendant ainsi parler, Hermogène, bouillant de colère, le lia avec des liens magiques et lui dit : « Nous verrons bien si ton Jacques pourra te délier. » Mais Philète envoya en hâte son serviteur vers l'Apôtre pour lui conter tout ce qui s'était passé entre eux. Et sur l'heure, le saint apôtre envoya son mouchoir à Philète, disant : « notre Seigneur relève ceux qui sont abattus et délie les enchaînés. » À peine celui qui avait été envoyé eut-il touché Philète du mouchoir que celui-ci échappa aux liens du magicien, et partit en courant vers l'apôtre, se moquant des arts magiques de son maître. Le magicien Hermogène, courroucé que l'on se moquât de lui, évoqua les diables par son art et les envoya à l'apôtre, disant : « Allez, amenez-moi Jacques et Philète mon disciple, afin que je me venge d'eux, de peur que mes autres disciples ne s'enhardissent à se moquer ainsi de moi. » Approchant du lieu où saint Jacques était en oraison, ces diables se mirent à hurler en l'air, criant : « Jacques, apôtre de Dieu, aie pitié de nous, car, avant même que ne soit venu le temps de notre embrasement, nous brûlons. » Saint Jacques leur dit : « Pourquoi venez-vous à moi ? » À quoi ils répondirent : « Hermogène nous a envoyés ici, afin que nous vous amenions, vous et Philète. Et dès que nous sommes sortis, un ange de Dieu nous a liés avec des chaînes de feu, dont nous sommes tourmentés. » Saint Jacques leur dit. « Au nom du Père et du Fils et du Saint-Esprit, que l'ange du ciel vous délie. Retournez donc chez Hermogène, ne lui faites aucun mal, mais amenez-le-moi ici tout lié. »

Ils partirent, lièrent les mains d'Hermogène derrière son dos avec des cordes et l'amenèrent ainsi attaché à l'apôtre, disant : « Voici celui que vous nous avez ordonné d'amener, alors que nous brûlions et nous consumions ardemment. » Quand le magicien fut amené devant lui, l'Apôtre de Dieu lui dit : « Homme d'une grande sottise, qui crois avoir raison de te lier à l'ennemi du genre humain, que n'avais-tu égard à celui vers qui tu les envoyais, quand il t'envoya ses anges pour m'attaquer ? Toutefois, je ne veux pas permettre qu'ils te fassent sentir leur fureur.» Mais ces diables criaient : «Donnez-nous puissance sur lui afin de nous venger, tant de l'injure qu'il vous a faite que de notre embrasement.» L'apôtre leur dit : «Voilà Philète devant vous, pourquoi ne le prenez-vous pas ?» Les diables lui répondirent : «Il ne nous est pas possible de toucher ne serait-ce qu'à une fourmi qui soit en cette salle.» Alors saint Jacques dit à Philète : «Afin que tu connaisses qu'ici est la maison de Jésus-Christ notre Seigneur, et que les hommes apprennent à rendre le bien pour le mal, celui-là t'a lié, délie-le, celui-là a voulu te faire amener à lui, enchaîné par les diables, laisse-le aller libre.»

Donc Philète le délia et Hermogène demeura tout éperdu et confus. Saint Jacques lui dit alors : «Va librement où bon te semblera. Car notre doctrine ne nous enseigne pas de faire convertir quiconque malgré lui.» Hermogène lui répondit : «Hélas, dit-il, je connais la fureur des diables, si vous ne me donnez quelque chose à emporter, ils me prendront et par divers tourments me feront mourir.» Le bienheureux Jacques lui dit : «Reçois le bâton qui m'accompagne sur mon chemin et avec lui va en sécurité où tu voudras.» Prenant le bâton de l'apôtre, Hermogène s'en retourna dans sa maison. Ayant amassé là tous ses livres de magie, il en apporta à l'Apôtre, sur ses épaules et celles de ses disciples, de grandes armoires pleines et commença à les brûler. Mais l'Apôtre lui dit : «De peur, dit-il, que l'odeur du feu n'inquiète ceux qui n'y pensent pas, attache des pierres et du plomb aux armoires et jette-les dans l'eau.» Hermogène le fit, et revenu vers l'apôtre, le pria, disant : «Vous qui mettez les hommes en liberté, recevez-moi repentant de mon offense, moi dont vous avez daigné endurer l'envie et la médisance.» Saint Jacques lui répondit : «Si tu présentes à Dieu un repentir sincère, il te donnera son vrai pardon.» Hermogène lui dit : «Je lui présente un si vrai repentir qu'ayant jeté tous mes livres remplis de doctrine défendue, j'ai aussi renoncé aux fraudes et tromperies de l'ennemi.» Alors l'Apôtre lui dit : «Va-t'en par les maisons de ceux que tu as séduits, afin de rendre à notre Seigneur ce que tu lui as ôté. Enseigne qu'est vrai ce que tu enseignais être faux et montre qu'est faux ce que tu montrais être vrai. Mets en pièce l'idole que tu adorais et dont tu cherchais les présages que tu interprétais comme des réponses. Fais des aumônes de tous les deniers que tu as acquis par de mauvais moyens, afin que, de même que tu as été fils du diable en imitant le diable, tu sois fait fils de Dieu en le suivant, lequel fait chaque jour de grands biens aux ingrats et donne nourriture à ceux qui le blasphèment. Car si, quand tu étais méchant envers Dieu notre Seigneur, il s'est montré bon envers toi, combien te sera-t-il plus doux si tu cesses d'être magicien et si tu commences à lui complaire par de bonnes œuvres ?» Hermogène obéit entièrement aux propos de ce genre que lui tint l'Apôtre et, dès lors, il commença d'être entier en la crainte de Dieu, à tel point que notre Seigneur fit même plusieurs miracles par lui.

Les Juifs, voyant que saint Jacques avait ainsi converti le magicien avec ses disciples et amis qui voulaient venir à la synagogue, et que, par lui, ils croyaient tous en Jésus-Christ, offrirent une forte somme d'argent à deux centeniers, Lysias et Théocrite qui avaient alors en charge la ville de Jérusalem, pour prendre saint Jacques. Or, comme ils voulaient le mener en prison, le peuple s'émut et fit une grande sédition. Alors les Pharisiens lui dirent : « Pourquoi viens-tu ici nous prêcher ce Jésus, homme dont nous savons tous qu'il a été pendu parmi des larrons ? » Saint Jacques, rempli du Saint-Esprit, leur répondit : « Écoutez-moi, mes frères, et vous tous qui désirez être enfants d'Abraham. Dieu a promis à notre père Abraham qu'en sa semence hériteraient toutes les nations, semence qui n'est pas sur Ismaël mais sur Israël. Car ayant été chassé avec Agar sa mère, il fut exclu de sa part de la lignée d'Abraham. Cela fut dit par Dieu à Abraham : *C'est d'Isaac que naîtra la postérité qui portera ton nom* (Gn 21, 12). Abraham, ami de Dieu, fut appelé notre père avant qu'il ne fût circoncis, et avant qu'il n'observât les jours du sabbat, avant aussi qu'il sût aucune loi ou ordonnance divine. Or il fut fait ami de Dieu non pas parce qu'il fut circoncis, mais parce qu'il crut en Dieu, en ce que toutes les nations devaient hériter en sa semence. Si donc Abraham a été fait ami de Dieu parce qu'il a cru, c'est chose certaine que celui qui ne croit pas en Dieu est ennemi de Dieu. »

Les Juifs, entendant ainsi parler l'Apôtre, interrompirent son propos et dirent : « Qui est celui qui ne croit pas en Dieu ? » Saint Jacques répondit : « Celui qui ne croit pas qu'en la semence d'Abraham hériteront toutes les nations et qui ne croit pas Moïse quand il dit : *Le Seigneur vous suscitera un grand prophète ; écoutez-le comme moi, en tout ce qu'il vous commandera* (Dt 18, 15 et 18). Le saint Isaïe prédit comment cette promesse se réalisera : *La Vierge concevra et elle engendrera un fils, et son nom sera Emmanuel* (Is 7, 14), ce qui signifie « Dieu avec nous ». Isaïe dit aussi : *Voici que viendra ton Rédempteur, Jérusalem, et telle sera sa marque : il ouvrira les yeux des aveugles, il rendra l'ouïe aux sourds et de sa voix il ressuscitera les morts* (Is 35, 4-5). Et Zacharie le désigne, disant : *Ton roi viendra, Sion, il viendra humble, pour refaire tes forces* (Zc 9, 9). Daniel aussi déclare : *Le fils de l'homme viendra comme un fleuve et il obtiendra les commandements et les pouvoirs* (Dn 7, 10 et 13-14). David aussi dit par la voix du Fils de Dieu qui parle : *Le Seigneur m'a dit : Tu es mon Fils, moi-même aujourd'hui je t'ai engendré* (Ps 2, 7). Et ailleurs : *Lui-même m'invoquera, Tu es mon Père* (Ps 88, 27). Et la voix du Père dit du Fils : *Et moi je ferai de lui le premier-né, le plus élevé des rois de la terre* (Ps 88, 28). Et à David lui-même, la parole de Dieu déclare : *C'est du fruit de tes entrailles que je mettrai sur ton trône* (Ps 131, 11). Et de sa Passion, Isaïe dit : *Semblable à l'agneau, il a été mené à la tuerie* (Is 53, 7). Et David lui fait dire : *Ils ont percé mes mains et mes pieds, ils ont compté tous mes os, ils m'ont observé et contemplé, ils se sont partagé mes vêtements, ils ont tiré au sort ma tunique* (Ps 21, 17-19). Et ailleurs, le même David dit : *Pour nourriture ils m'ont donné l'herbe amère, dans ma soif, ils m'ont abreuvé de vinaigre* (Ps 68, 22). De sa mort il dit aussi : *Ma chair reposera en sécurité. Parce que tu ne livreras pas mon âme à l'enfer et ne permettras pas que ton saint voie la corruption* (Ps 15, 9-10). La voix du Fils dira au Père : « Je m'éveillerai, et je serai encore avec toi » (cf. Ps 138, 18). Et encore : À *cause de l'oppression des affligés, du gémissement des pauvres, je veux maintenant me lever, dit le Seigneur* (Ps 11, 6). De son Ascension, il dit : *Il monte sur la hauteur, emmenant captive la foule des captifs* (Éph 4, 8 ; cf. Ps 67, 19). Et encore : *Il monta sur un chérubin, et il volait* (Ps 17, 11). Et encore : *Dieu monte au milieu des acclamations* (Ps 46, 6). De même Anne, mère de saint Samuel, dit : *Le Seigneur monta dans les cieux et il tonna* (cf. 1 Reg 2, 10). Et de nombreux autres témoignages sont trouvés dans la loi au sujet de son Ascension.

« Quant au fait de siéger à la droite du Père, le même David dit : *Le Seigneur dit à mon Seigneur, assieds-toi à ma droite* (Ps 109, 1). Et quant à venir juger la terre par le feu, le prophète dit : *Il vient, notre Dieu, et ne se taira point. Devant lui est un feu dévorant, autour de lui se déchaîne la tempête* (Ps 49, 3). Toutes ces choses qui se sont passées ont été accomplies en notre Seigneur Jésus-Christ, et celles qui n'ont pas encore eu lieu seront accomplies comme elles ont été prédites. Isaïe dit en effet : « Les morts se relèveront, et ceux qui sont dans les tombeaux ressortiront » (cf. Is 26, 19). Si l'on demande ce qui sera, lorsqu'ils ressusciteront, David déclare qu'il a entendu Dieu dire ce qui sera. Et pour que vous ayez la preuve qu'il en sera ainsi, écoutez ce qu'il dit : *Dieu a dit une chose, deux choses, que j'ai entendues : La puissance est à Dieu ; et à toi, Seigneur, la bonté. Parce que tu rends à chacun selon ses œuvres* (Ps 61, 12-13). Que chacun d'entre vous, hommes mes frères, fasse pénitence afin que ne reçoive pas selon ses œuvres celui qui sait appartenir à ceux qui attachèrent à la croix Celui qui libéra le monde tout entier des tortures. Car, par sa salive, il ouvrit les yeux de l'aveugle-né et, pour prouver que c'était lui qui avait formé Adam du limon de la terre, il fit une boue avec sa salive et l'imposa à l'endroit des yeux que l'infirmité n'avait pas rendus aveugles mais qui manquaient par nature. Car nous avons interrogé Notre Seigneur Jésus-Christ, disant : *Qui a péché, lui ou ses parents, pour qu'il soit né aveugle ?* Et il nous répondit, disant : *Ni lui n'a péché, ni ses parents, mais c'est afin que les œuvres de Dieu soient manifestées en lui* (Jo 9, 2-3). C'est-à-dire afin que soit manifesté l'artisan qui l'avait fait lorsque lui-même ferait ce qui avait été insuffisamment fait. Et parce qu'il devait recevoir des maux pour nous, cela a été prédit dans sa personne par David, lorsqu'il déclara : *Ils me rendent le mal pour le bien* (Ps 34, 12). Et ailleurs : *Ils me rendent le mal pour le bien et la haine pour l'affection* (Ps 108, 5). Enfin, lorsqu'il eut guéri les paralytiques, purifié les lépreux, éclairé les aveugles, délivré des démons et ressuscité les morts, tous clamèrent d'une seule voix : *Il mérite la mort* (Mt 26, 66). Et, parce que cela devait être transmis par son disciple, cela a été prédit en détail par David : « Celui qui mangeait mon pain, s'éleva insidieusement contre moi » (cf. Ps 40, 10).

« Ces choses, hommes mes frères, fils d'Abraham, les prophètes les ont prédites, tandis que l'Esprit-Saint parlait par leur bouche. Si nous ne croyons rien de cela, pourrons-nous échapper au supplice du feu éternel ? Ou ne devrons-nous pas être punis à bon droit, alors que des nations croient les paroles des prophètes et que nous ne croyons pas les paroles des patriarches et des prophètes ? Pleurons donc avec des larmes dans la voix les crimes honteux et méritant punition que nous avons commis par tant de faits et de scélératesses, pour que notre bienveillant protecteur accepte notre pénitence, de crainte que nous advienne ce qui est advenu aux indifférents, dont le Psalmiste dit : *La terre s'ouvrit et engloutit Dathan, et elle recouvrit la troupe d'Abiron. Et le feu s'alluma contre leur troupe, la flamme consuma les méchants (Ps 105, 17-18).* »

Quand il eut fini de dire ces choses et d'autres semblables, Dieu donna à son Apôtre la grâce d'entendre ses auditeurs dire d'une seule voix : « Nous avons péché, nous avons commis le mal, dites-nous, saint apôtre de Dieu, ce que nous devons faire pour y remédier. » Saint Jacques leur répondit : « Mes amis, ne vous désespérez pas. Croyez seulement et soyez baptisés et tous vos péchés seront remis. » Après quoi, ils furent baptisés au nom du Seigneur.

Or après plusieurs jours, Abiathar, grand prêtre de cette année-là, voyant que chaque jour le peuple en grand nombre prenait la loi de Jésus-Christ, fut rempli de zèle et suscita avec de l'argent une grande sédition, et ordonna de fouetter l'Apôtre du Seigneur : tant et si bien qu'un scribe des pharisiens jeta une corde au cou de l'apôtre et le mena au palais du roi Hérode. Le roi Hérode, fils d'Orchelaüs, commanda que saint Jacques fût décapité. Et comme on le menait au lieu du supplice, il avisa un paralytique couché qui lui criait : « Saint homme, je vous supplie, délivrez-moi des douleurs dont tous mes membres sont tourmentés. » S'étant tourné vers lui, l'Apôtre lui dit : « Au nom de Jésus-Christ, mon maître et Seigneur, qui a été mis en croix, pour la foi duquel je vais être décapité, lève-toi sain et sauf, et bénis ton Sauveur. » Et incontinent celui-ci se leva et se mit à courir joyeux, bénissant le nom du Seigneur Jésus-Christ.

Alors ce scribe des pharisiens, du nom de Josias, qui avait mis la corde au cou de l'Apôtre, déclara, se jetant à ses pieds : « Je vous supplie de me pardonner et de me faire participer du saint nom. » Saint Jacques, comprenant que son cœur avait été touché par le Seigneur, lui dit : « Crois-tu que notre Seigneur Jésus-Christ, que les Juifs ont crucifié, est le vrai fils de Dieu ? » Josias répondit : « Je crois, et telle est ma foi de cette heure, qu'il est le fils du Dieu vivant. » Le grand prêtre Abiathar voyant cela commanda qu'on prît le scribe, auquel il dit ainsi : « Si tu ne te retires de la compagnie de Jacques et ne maudis le nom de Jésus, tu seras décapité avec lui. » « Entends bien, quant à toi, dit Josias, que tu es maudit et que maudits sont tous les jours de ta vie. Mais le nom de Jésus-Christ qu'annonce Jacques est béni à jamais. » Alors Abiathar, pris de colère, commanda de frapper le scribe à coups de poing et, ayant envoyé vers Hérode pour lui en faire rapport, obtint que Josias aurait la tête coupée avec l'apôtre. C'est pourquoi Josias fut mené au lieu du supplice avec saint Jacques et, avant qu'ils ne fussent décapités, l'apôtre pria l'exécuteur qu'on lui donnât de l'eau. On lui apporta une bouteille pleine d'eau. Il ordonna alors à Josias de se dévêtir, prit la bouteille et lui dit : « Josias, crois-tu en Dieu le Père tout-puissant, créateur du ciel et de la terre ? » Celui-ci dit : « Je crois. » L'apôtre dit : « Crois-tu en

Jésus-Christ, son Fils unique, notre Seigneur, qui est né, a souffert, est ressuscité et siège à la droite du Père ?» Celui-ci dit : «Je crois.» L'Apôtre dit encore : «Crois-tu au Saint-Esprit, à la sainte Église catholique, à la communion des saints, à la rémission des péchés, à la résurrection de la chair, à la vie éternelle ?» Celui-ci répondit : «Je crois.» Alors trois fois, saint Jacques répandit l'eau sur lui en invoquant la sainte Trinité et lui dit : «Donne-moi un baiser de paix.» L'ayant baisé, il mit la main sur sa tête, le bénit et fit le signe de croix sur son front, et lui dit : «Prions, frère, notre Seigneur, qu'il daigne recevoir nos âmes, lui qui les a faites.» [**+ Et après avoir demandé à l'exécuteur un lieu de prière, saint Jacques pria le Seigneur, en levant les yeux et en tendant les bras vers le ciel, disant en hébreu : «Seigneur Jésus-Christ, ô toi qui règnes éternellement avec le Père éternel et l'Esprit-Saint, qui as formé admirablement de la terre du paradis Adam, que l'ennemi malin trompa et attira en enfer, que tu as racheté non à prix d'or ou d'argent, mais de ton propre sang, toi qui, bien que tu sois Dieu, fus fait homme à cause de lui, naquis de la Vierge sans tache, souffris sur la croix, descendis aux enfers et le rendis au paradis d'où il avait été chassé, et le troisième jour es ressuscité des morts. Parmi tous les hommes du monde, Seigneur, tu en as élu douze, pour qu'ils soient dans l'univers entier les témoins de tes œuvres, parmi lesquels tu as daigné me compter, non par mes propres mérites mais par l'effet de ta grâce indicible, lorsque sur la mer de Galilée, laissant tout et mon père, j'ai répondu à ton appel avec mon frère Jean (cf. Mt 4, 21 ; Mr 1, 20). Tu daignas nous montrer les arcanes de tes miracles : lorsque tu ressuscitas la fille du chef de la synagogue dans sa maison, tu ne permis à personne d'entrer sinon à moi, à Pierre et à mon frère Jean (cf. Mr 5, 37 ss) ; et pendant que tu étais sur le mont Thabor et que tu te transfiguras dans le mystère du Père, tu ne permis à personne de voir cela, sinon à moi, à Pierre et à mon frère Jean (cf. Mt 17, 1 ss). C'est à moi, avec les autres apôtres, que tu apparus après ta Résurrection, lors de nombreuses preuves que tu en as données, et en digne convivialité tu as mangé et bu avec nous jusqu'à ce que tu retournes auprès de ton Père au jour de l'Ascension et envoies tes apôtres remplis de l'Esprit-Saint dans le monde entier, afin qu'ils manifestent ton Évangile à toutes les nations et les baptisent en ton nom. Quant à moi, j'ai manifesté ton nom, non seulement en Judée mais encore dans toute la Samarie (cf. Ac 1, 8), et j'ai été le témoin de tes faits admirables jusque dans les nations occidentales, parmi lesquelles j'ai subi pour toi de nombreux opprobres, des blasphèmes, des moqueries, des rivalités. Et maintenant, de même que le serviteur revient à son maître qui l'a envoyé, de même je reviens à toi qui m'envoyas, pour que tu m'accueilles comme ton disciple et que tu me conduises dans les cieux, pour que je mérite d'attendre et de voir mes frères apôtres, qui viendront après moi. Donne, je t'en prie, à ceux qui m'entendirent et crurent par moi et croiront en toi le salut dans ton royaume, parce que tu es, Christ, mon maître, que j'ai chéri, que j'ai aimé, en qui j'ai cru et que j'ai suivi jusqu'à cette heure où je vais subir la passion pour toi qui règnes sans fin dans les siècles éternels.»

Après avoir achevé cette oraison, saint Jacques se dépouilla de ses vêtements, les donna à ses persécuteurs, se mit à genoux, éleva ses mains dressées vers le ciel et tendit le cou à l'exécuteur, disant : « Que la terre reçoive mon corps terrestre, dans l'espoir de la résurrection. Que le ciel reçoive mon esprit céleste. » Comme il disait cela, le bourreau sortit le glaive du fourreau, l'éleva en l'air et le frappa sur le cou, tranchant sa tête très sainte. Et aussitôt le précieux sang se mit à couler. Mais la tête du saint Apôtre ne tomba pas sur le sol car, plein de la force de Dieu, il la reçut dans ses bras qu'il avait élevés vers le ciel et il demeura ainsi, agenouillé et la tête dans son giron, jusqu'à ce que vînt la nuit, pendant laquelle ses disciples recueillirent son corps. Certains, entre-temps, envoyés par Hérode, tentèrent d'arracher sa tête, mais n'y parvinrent pas, leurs mains se rigidifiant dès qu'elles approchaient du corps très précieux de saint Jacques. Aussitôt après Jacques, le bourreau décapita le bienheureux Josias, martyr du Christ, son disciple.

Il se fit alors un très grand tremblement de terre, le ciel s'ouvrit, la mer fut ébranlée, un tonnerre épouvantable retentit et la terre ouverte vomit une quantité immense de méchants, une lumière intense resplendit et beaucoup entendirent la foule des anges dans les airs portant les âmes dans les célestes séjours, où elles se réjouissent sans fin. Ô qu'il est amer et affligeant pour les mauvais, qu'il est précieux et glorieux pour les justes, ce jour où les saints vont au ciel et les méchants en enfer ! « La mort des saints est, en effet, précieuse au regard du Seigneur » (cf. Ps 115, 15), et *la mort du pécheur est affreuse, et les ennemis des justes seront traités comme coupables* (Ps 33, 22). Tous les assistants, effrayés et terrifiés, se mirent à proclamer : « C'est le Vrai Dieu que celui-ci a prêché, celui que les Juifs ont crucifié. » D'autres cependant disaient : « Celui-ci était vraiment un homme de Dieu, et le Seigneur détruira à bon droit ce lieu et cette cité à cause de la mort de celui-ci, parce qu'il a été décapité injustement. »

Une fois le jour passé, ses disciples vinrent la nuit suivante et le trouvèrent, comme nous avons dit, à genoux, tenant son chef dans son giron. Ils déposèrent son corps et son chef dans une peau de cerf avec de précieux aromates et transportèrent sa dépouille de Jérusalem en Galice, un ange de Dieu accompagnant leur traversée de la mer. Et ils l'ensevelirent en ce lieu, là où il est vénéré jusqu'à aujourd'hui.

Mais comment Hérode, qui était responsable de la mort de Jacques, fut condamné à la mort la plus honteuse, le livre des Actes des apôtres le raconte ainsi : *Voyant que cela était agréable aux Juifs, il ordonna encore l'arrestation de Pierre* (Ac 12, 3). Une fois venu le jour où l'on ne trouva pas Pierre, Hérode dépité *descendit de Judée à Césarée et y séjourna. Il était fort irrité contre les Tyriens et les Sidoniens. Eux, d'un commun accord, se présentèrent à lui et, après avoir gagné Blastus, le chambellan du roi, ils demandaient la paix, parce que leur pays tirait sa subsistance de celui du roi. Au jour fixé, Hérode, revêtu du costume royal et assis sur l'estrade, les haranguait ; et le peuple acclamait : C'est un dieu qui parle, et non un homme ! Mais à l'instant, un ange du Seigneur le frappa, parce qu'il n'avait pas rendu gloire à Dieu* (Ac 12, 19-23) et qu'il avait fait couler injustement le sang de saint Jacques. *Cependant la parole de Dieu se répandait et progressait* (Ac 12, 24).

Peu de temps après, Jérusalem fut détruite par les princes Titus et Vespasien, comme l'Histoire le rapporte fidèlement, de telle sorte qu'il n'en resta pas pierre sur pierre parce qu'elle avait injustement versé le sang des précieux martyrs, le Sauveur, Étienne le premier des martyrs, Jacques le Majeur et Jacques le Mineur. Régnant sur toutes choses Notre Seigneur Jésus-Christ, dont le règne et l'empire demeurent sans fin pour les siècles des siècles. Amen. +**]

Chapitre X

26 JUILLET. SECOND JOUR
DANS L'OCTAVE DE SAINT JACQUES,
EST CÉLÉBRÉ L'OFFICE DE LA SOLENNITÉ
DE SAINT JOSIAS MARTYR ET DE SAINT JACQUES
EN MÊME TEMPS ET ON LIT CET ÉVANGILE

LECTURE DU SAINT ÉVANGILE SELON SAINT MATTHIEU. En ce temps-là : *Ayant appelé ses douze disciples, il leur donna pouvoir sur les esprits impurs, pour les expulser et pour guérir toute maladie et toute infirmité. Voici les noms des douze apôtres : premier Simon, dit Pierre, et André son frère ; Jacques, fils de Zébédée, et Jean son frère ; Philippe et Barthélemy ; Thomas et Matthieu le publicain ; Jacques fils d'Alphée et Thaddée ; Simon le Zélote et Judas l'Iscariote, celui qui le trahit* (Mt 10, 1-4), etc.

SERMON DE SAINT JÉRÔME
DOCTEUR SUR CETTE MÊME LECTURE [1]

Pour célébrer cette solennité apostolique à vénérer, nous nous efforçons, très chers frères, au moyen de ce commentaire, de rapprocher de vos cœurs cette lecture de l'Évangile. Le bon et clément Seigneur et Maître ne voit pas avec jalousie, dans ses disciples, ses puissants privilèges ; et comme il avait lui-même guéri toute langueur et toute infirmité, il communique à ses apôtres le pouvoir de guérir toute maladie et toute infirmité dans le peuple. Mais grande est la différence entre avoir et communiquer, donner et recevoir. Tout ce que fait celui-là, il le fait en vertu de son pouvoir de Maître ; si ceux-ci font quelque chose, ils confessent leur impuissance et la vertu du Maître, en disant : *Au nom de Jésus, lève-toi et marche* (Ac 3, 6). Remarquons que c'est en douzième lieu qu'est conférée aux apôtres la puissance des miracles.

---

[1] Saint Jérôme, « Commentaire sur saint Matthieu », trad. Bareille, *Œuvres complètes*, Paris, Vivès, 1881, t. IX, p. 571 ss.

Voici les noms des douze apôtres (Mt 10, 2). On donne la liste des douze apôtres, pour que soient exclus de leur rang tous les faux apôtres de l'avenir. *Le premier est Simon, qui est appelé Pierre, et André son frère ; Jacques fils de Zébédée et Jean son frère ; Philippe et Barthélemy, Thomas et Matthieu le publicain et Jacques fils d'Alphée et Thaddée* (Mt 10, 2-3). Il appartenait à celui qui connaît les secrets du cœur d'assigner le rang des apôtres et le mérite de chacun d'eux. Le premier inscrit est Simon, surnommé Pierre, nom qui le distingue de l'autre Simon appelé le Cananéen, du bourg de Cana, de Galilée, où le Seigneur changea l'eau en vin (cf. Jo 2, 8). Il appelle Jacques fils de Zébédée, parce qu'après il y a Jacques fils d'Alphée. Il les groupe par deux : Pierre et André, frères, moins encore par le sang que par l'esprit ; Jacques et Jean, qui ont abandonné leur père selon la chair pour suivre le véritable Père ; Philippe et Barthélemy, Thomas enfin et Matthieu le publicain. Les autres évangélistes placent, dans le groupage des noms, Matthieu le premier et Thomas ensuite, sans lui donner la qualification de publicain, pour ne point paraître reprocher à un évangéliste son genre de vie. Lui, au contraire, comme nous l'avons dit plus haut, se place après Thomas et se nomme publicain, afin que *là où abonda l'iniquité surabonde aussi la grâce* (Rm, 5, 20). Simon le Cananéen est appelé « zélé » par un autre évangéliste, parce que « cana », en effet, veut dire « zèle ». L'*Histoire ecclésiastique* rapporte que l'apôtre Thaddée fut envoyé à Edesse auprès d'Abgarus, roi d'Osroène ; c'est celui que l'évangéliste Luc nomme Judas frère de Jacques ; il est aussi appelé ailleurs « Lebbée », qui signifie « petit cœur ». Il est à croire qu'il eut trois noms, comme Simon fut appelé Pierre, et les fils de Zébédée Boanergès, en raison de l'énergie et de la grandeur de leur foi. Et Judas l'Iscariote qui le trahit. C'est du bourg ou de la ville qui le vit naître, ou de la tribu d'Isachar qu'il a pris son nom, comme s'il était né sous le présage fatal de sa condamnation. « Isachar », en effet, signifie « récompense » comme pour pronostiquer le salaire du traître.

N'allez pas vers les gentils et n'entrez pas dans les villes des Samaritains, mais allez plutôt vers les brebis perdues de la maison d'Israël (Mt 10, 5-6). Ce passage ne contredit nullement l'ordre qui est donné plus tard : *Allez, enseignez toutes les nations, baptisant les peuples au nom du Père, du Fils et Saint-Esprit* (Mt 28, 19). Le premier ordre est donné avant la Résurrection, le second après la Résurrection. Il convenait donc d'annoncer d'abord aux Juifs l'avènement du Christ, pour qu'ils ne pussent avoir une juste excuse à dire que, s'ils ont rejeté le Seigneur, c'est parce qu'il avait envoyé ses apôtres auprès des païens et des Samaritains. Au sens figuré, il nous est recommandé à nous, qui nous appelons du nom du Christ, de ne point marcher dans la voie des païens ni dans l'erreur des hérétiques, afin que ceux qui sont séparés de croyance le soient aussi de mœurs.

Allez donc prêcher, disant : Le royaume des cieux est proche ; guérissez les malades, ressuscitez les morts, purifiez les lépreux, chassez les démons (Mt 10, 7). De peur que personne n'eût foi en des hommes grossiers, sans grâce dans le langage, ignorants et illettrés, qui promettent le royaume des cieux, il leur confère le pouvoir de guérir les malades, de purifier les lépreux, de chasser les démons, afin que l'éclat des miracles confirme la magnificence des promesses. Et parce que les dons spirituels sont toujours déconsidérés, s'il est question de salaire, il condamne ensuite toute avarice : *Vous avez reçu gratuitement, donnez gratuitement* (Mt 10, 7-8). Moi, votre Maître et Seigneur, je vous donne cela sans argent ; à votre tour, donnez-le sans récompense, pour que la grâce de l'Évangile ne soit pas corrompue.

Ne possédez ni or, ni argent, ni monnaie dans vos ceintures ; n'ayez en chemin ni sac, ni deux tuniques, ni chaussure, ni bâton ; car l'ouvrier mérite sa nourriture (Mt 10, 9-10). Il donne comme conséquence ces préceptes à ces évangélistes de la vérité auxquels il venait de dire : *Vous avez reçu gratuitement, donnez gratuitement*, car s'ils prêchent pour ne point recevoir de salaire, tout or, argent ou monnaie leur est bien superflu. S'ils avaient, en effet, l'or et l'argent, ils paraîtraient prêcher non en vue des hommes, mais en vue du gain. *Ni monnaie dans vos bourses :* en supprimant toute richesse, il les dépouille presque de ce qui est nécessaire à la vie, afin qu'apôtres, docteurs de la religion véritable, enseignant que tout est conduit par la Providence de Dieu, ils montrent qu'ils ne songent pas au lendemain. *Ni sac dans le chemin :* par là, il charge ces philosophes, communément appelés bactropérites, qui, alors qu'ils méprisaient le siècle et ne faisaient cas de rien, traînaient avec eux un magasin de vivres. *Ni deux tuniques :* dans ces deux tuniques, il me paraît indiquer un double vêtement, non que, dans les plaines de la Scythie et les froids pays de neige et de glace, chacun doive se contenter d'une seule tunique ; voyons dans cette seconde tunique un vêtement en ce sens que, vêtus d'un habit, nous en gardions un autre en prévoyance de l'avenir. *Ni chaussure :* Platon aussi a recommandé de ne point couvrir les deux extrémités du corps et de ne point prendre garde à la sensibilité de la tête et des pieds ; quand ces membres sont vigoureux, tous les autres sont plus robustes. *Ni bâton :* quand nous avons le secours du Seigneur, pourquoi chercherions-nous l'appui d'un bâton ? Mais parce qu'il avait envoyé les apôtres prêcher, comme nus et dépourvus, et que la condition des maîtres paraissait être dure, il tempère la rigueur du précepte par la maxime qui suit : *L'ouvrier est digne de sa nourriture.* Acceptez seulement, dit-il, tout ce qui est nécessaire à votre nourriture et à votre vêtement. Voilà pourquoi l'apôtre répète : *Ayant la nourriture et le vêtement, soyons satisfaits* (1 Tm 6, 8), et dans un autre endroit : *Mais que celui qu'on catéchise par la parole communique tous ses biens à celui qui le catéchise* (Gal 6, 6), afin que les disciples fassent participer à leurs biens temporels ceux dont ils reçoivent les biens spirituels, et cela non par avarice, mais par nécessité. Après avoir parlé selon l'histoire, disons, d'après l'anagogie, qu'il n'est point permis aux maîtres de posséder l'or, l'argent ou la monnaie qui est dans leurs ceintures. L'or, avons-nous lu souvent, c'est le jugement, l'argent est la parole, la monnaie la voix ; c'est ce qu'il ne nous est pas permis de recevoir des autres, mais de les tenir et de les avoir du Seigneur ; pas plus que d'accepter les pratiques des hérétiques, des philosophes et de toute doctrine perverse, de nous embarrasser des sollicitudes du siècle, de n'être point simple de cœur, de laisser enlacer nos pieds dans des liens mortels, mais d'être dégagés en entrant dans la terre sainte ; ni d'avoir le bâton qui se change en serpent, ni de se reposer sur le secours d'un bras de chair, car un bâton de cette espèce n'est qu'un bâton de roseau qui, si peu pressé qu'il soit, se brise et transperce la main de celui qui s'en sert. *En quelque ville ou village que vous entriez, demandez qui y en est digne, et demeurez chez lui jusqu'à votre départ* (Mt 10, 11). À propos du choix de l'évêque et du diacre, Paul dit : *Il faut qu'il leur soit rendu bon témoignage par ceux qui sont dehors* (1 Tm 3, 7). Les apôtres ne pouvaient pas, en entrant dans une ville nouvelle, connaître ce que chacun était. C'est donc sur l'opinion du peuple et l'estime des voisins qu'on doit faire choix de son hôte, pour que l'honneur de la parole apostolique ne souffre point du déshonneur de celui qui la recevrait. Tandis qu'ils doivent prêcher à tous, c'est un seul hôte que l'on choisit, rendant moins service à celui qui vient rester chez lui que le recevant à lui-même ; et s'il est dit « qui y en est digne », c'est afin qu'il connaisse qu'il reçoit plus de faveur qu'il n'en donne. *En entrant donc dans une maison, saluez-la. Si, en effet, cette maison en est digne, votre paix viendra sur elle ; mais si elle n'en était pas digne, votre paix vous reviendra* (Mt 10, 12-13). Il emploie tacitement le salut de la langue hébraïque et syrienne. Ce qui se dit en grec *« kairé »* et en latin *« ave »*, s'exprime en hébreu et en syriaque *« salom lach »* ou *« salom emmach »*, c'est-à-dire « paix avec toi ». Ce qu'il commande donc, c'est ceci : en entrant dans la maison, souhaitez la paix à votre hôte et, autant qu'il est en vous, apaisez tout sujet de discorde. Si, au contraire, la contradiction s'élève, vous aurez la récompense de la paix que vous aurez offerte ; ceux-là, par contre, qui l'auront voulue, auront la guerre. *Lorsque quelqu'un ne vous aura point reçus, ni écouté vos discours, en sortant de la maison ou de la ville, secouez la poussière de vos pieds* (Mt 10, 14). On secoue la poussière de ses pieds pour témoigner de son travail, qu'on est entré dans la ville et que la prédication apostolique est arrivée jusqu'à ce peuple ; on en secoue la poussière en signe qu'on ne reçoit rien, pas même ce qui est nécessaire pour vivre, de la part de ceux qui ont fait mépris de l'Évangile. *En vérité, je vous le dis, il y aura moins à souffrir pour Sodome et pour Gomorrhe, au jour du jugement, que pour cette ville* (Mt 10, 15). S'il doit y avoir moins à souffrir pour la terre des Sodomistes et des Gomorrhéens que pour cette ville qui n'aura pas reçu l'Évangile, et moins à souffrir pour cela même qu'il n'aura pas été prêché aux Sodomistes et aux Gomorrhéens, tandis qu'il a été prêché à cette ville et qu'elle ne l'aura pas reçu, donc il y a pour les pécheurs diversité de supplices. Que le Seigneur Jésus-Christ par son ineffable clémence nous préserve de ces supplices et de toute adversité, lui qui vit et règne avec le Père et l'Esprit-Saint, Dieu pour les siècles des siècles. Amen.

Chapitre XI

27 JUILLET. TROISIÈME JOUR
DANS L'OCTAVE DE SAINT JACQUES

LECTURE DU SAINT ÉVANGILE SELON SAINT MATTHIEU. En ce temps-là : *Six jours après, Jésus prit avec lui Pierre, Jacques et Jean son frère, et il les emmena à l'écart sur une haute montagne, et il fut transfiguré devant eux* (Mt 17, 1-2), et la suite.

SERMON DU BIENHEUREUX JÉRÔME,
DOCTEUR, SUR CETTE LECTURE [1]

Pourquoi voyons-nous en certains endroits des Évangiles Pierre, Jacques et Jean séparés des autres apôtres, de quels privilèges particuliers jouissaient-ils à l'exclusion des autres, nous l'avons dit plus d'une fois et nous ne le redirons pas aujourd'hui. Une autre question se pose : comment expliquer que Jésus, d'après saint Matthieu, prît ses apôtres six jours après, pour les mener à l'écart sur une haute montagne, quand il est parlé de huit jours dans l'Évangile de saint Luc (cf. Lc 9, 28). La solution en est facile. Les six jours de saint Matthieu sont les jours intermédiaires : le premier et le dernier ne sont pas compris dans ce chiffre, tandis que saint Luc les y comprend ; aussi ne dit-il point : « Huit jours après, Jésus prit avec lui Pierre, Jacques et Jean », mais le huitième jour.

Et il les mena à l'écart sur une haute montagne. Mener ses disciples sur les hauteurs est un des privilèges de la royauté. On les mène à l'écart, séparément des autres, parce qu'*il y a beaucoup d'appelés, mais peu d'élus* (Mt 20, 16 et 22, 14). Et il fut transfiguré devant eux. Tel il doit apparaître quand il viendra pour juger le monde, tel il se montra aux apôtres. Quant à ces paroles : *Et il fut transfiguré devant eux*, il n'en faudrait pas conclure qu'il se soit dépouillé de sa forme et de son visage primitifs, ni qu'il ait quitté son corps réel pour, revêtir un corps spirituel ou aérien. Cette transformation va nous être expliquée par l'évangéliste.

---

[1] Saint Jérôme, *Œuvres complètes*, trad. Bareille, Paris, 1884, t. X, pp. 7-10.

Son visage devint brillant comme le soleil, et ses vêtements blancs comme la neige (Mt 17, 2). Du moment qu'on parle de l'éclat de son visage et de la blancheur de ses vêtements, il est clair que la substance n'a point disparu ; il n'y a de changé que la gloire qui s'y ajoute. *Son visage devint brillant comme le soleil :* une chose certaine, c'est que le Seigneur parut environné de cette gloire dont il resplendira au jour où il viendra dans son règne ; mais cette transformation, en lui donnant un éclat qu'il n'avait pas habituellement, ne lui enleva pas son visage ordinaire. Et en admettant que son corps se fût spiritualisé, le seul changement qui s'opéra dans ses vêtements, c'est qu'ils devinrent si blancs que, au témoignage d'un autre évangéliste, *le foulon n'en peut faire de pareils sur la terre* (Mr 9, 3). Ce que le foulon peut faire sur la terre est quelque chose de corporel, qui reste soumis au sens du toucher, et non quelque chose de spirituel, d'aérien, qui fasse illusion aux yeux et n'ait qu'une apparence de réalité. *En même temps, ils virent paraître Moïse et Élie qui s'entretenaient avec lui* (Mt 17, 3). Quand les scribes et les pharisiens viennent pour le tenter et lui demandent un prodige dans le ciel, il se refuse à le donner et oppose une réponse habile à leur demande insidieuse. Aujourd'hui, pour accroître la foi de ses apôtres, il opère ce prodige du ciel : Élie descend d'où il était monté. Moïse remonte des profondeurs. Ainsi Isaïe donnait autrefois à Achaz l'ordre de demander un prodige ou du fond de la terre ou des hauteurs du ciel (Is 7, 11). Saint Matthieu se contente de mentionner la présence de Moïse et d'Élie. *Ils virent paraître Moïse et Élie qui s'entretenaient avec lui*; mais un autre évangéliste ajoute qu'ils annoncèrent à Jésus tout ce qu'il devait souffrir à Jérusalem (cf. Lc 9, 31). Ainsi en leur personne apparaissent la Loi et les prophètes qui annoncèrent si fréquemment la Passion du Sauveur et sa Résurrection.

Alors Pierre prenant la parole dit à Jésus : Seigneur, nous sommes bien ici (Mt 17, 4). Lorsqu'une fois on a gravi les hauteurs, on voudrait y rester toujours et ne plus s'abaisser aux petitesses de la terre. *Si vous voulez, faisons-y trois tentes : une pour Vous, une pour Moïse et une pour Élie* (Mt 17, 4). Vous vous trompez, Pierre et, comme le déclare un autre évangéliste, vous ne savez ce que vous dites (Lc 9, 33). À quoi bon trois tentes ? Il n'y en a qu'une, celle de l'Évangile qui abrite la Loi et les prophètes. Si vous demandez trois tentes, vous ne mettez pas les serviteurs avec le Maître. Faites donc trois tentes, ou plutôt n'en faites qu'une pour le Père, le Fils et le Saint-Esprit : qu'il n'y ait pour ces trois personnes, puisque leur divinité est une, qu'une tente dans votre cœur.

Lorsqu'il parlait encore, une nuée lumineuse les couvrit, et de la nuée sortit une voix qui dit : Celui-ci est mon fils bien-aimé, dans lequel j'ai mis toute mon affection : écoutez-le (Mt 17, 5). Par suite de sa demande inconsidérée, il ne mérite pas d'obtenir une réponse directe du Sauveur. C'est le Père qui va répondre pour le Fils, afin que cette parole du Seigneur soit accomplie : *Je ne me rends pas témoignage à moi-même ; mais c'est mon Père qui m'a envoyé qui rend lui-même témoignage pour moi* (Jo 5, 37 et 8, 18). Une nuée lumineuse apparaît et les couvre : ils demandaient une tente matérielle faite de feuillages ou d'étoffes, les voici ombragés par une nuée lumineuse. Puis la voix du Père se fait entendre du ciel pour rendre témoignage à son Fils, dissiper l'erreur de Pierre, lui apprendre la vérité et, par lui, la faire connaître aux autres apôtres. *Celui-ci est mon fils bien-aimé*, c'est à lui qu'il faut dresser une tente, à lui qu'il faut obéir. Il est le Fils, eux ne sont que des serviteurs ; comme vous, Moïse et Élie doivent aussi préparer dans le plus intime de leur cœur une tente au Seigneur.

Les disciples l'ayant entendu, tombèrent le visage contre terre, et furent saisis d'une extrême frayeur (Mt 17, 6). Cette frayeur a trois causes : la connaissance de leur erreur, la nuée lumineuse qui les couvre subitement, la voix de Dieu le Père qui frappe leurs oreilles ; l'homme est en effet si faible qu'il ne peut supporter l'éclat d'une pareille gloire et que, sous l'empire du tremblement qui s'empare de lui tout entier, corps et âme, il tombe à terre. Plus hautes auront été vos aspirations, plus profondes seront vos chutes, si vous avez méconnu la mesure de vos forces.

Jésus s'approcha et les toucha (Mt 17, 7). Comme ils étaient étendus à terre et ne pouvaient se relever, Jésus s'approcha avec bonté et les toucha pour dissiper leur frayeur par son attouchement et rendre à leurs membres la vigueur qu'ils avaient perdue.

Et il leur dit : Levez-vous et ne craignez point (Mt 17, 7). Après les avoir guéris par le toucher, il les guérit par la parole. Ne craignez point. Il faut d'abord dissiper la frayeur, pour que la leçon puisse être comprise.

Alors, levant les yeux, ils ne virent plus que Jésus seul (Mt 17, 8). La raison voulait qu'après s'être relevés, ils ne vissent plus que Jésus seul ; car si Moïse et Élie étaient restés avec le Sauveur, les apôtres auraient pu concevoir des doutes sur la voix du Père qui était le principal témoignage rendu au Fils. Ils voient donc Jésus debout ; la nuée s'est dissipée, Moïse et Élie ont disparu ; et, en effet, quand aura disparu l'ombre de la loi et des prophètes qui recouvrait les apôtres, leur double lumière se retrouvera dans l'Évangile.

Lorsqu'ils descendaient de la montagne, Jésus leur fit ce commandement et leur dit : Ne parlez à personne de ce que vous venez de voir, jusqu'à ce que le Fils de l'homme soit ressuscité d'entre les morts (Mt 17, 9). Les avant-coureurs du royaume à venir et la gloire du triomphateur étaient apparus sur la montagne. Le Christ ne veut pas que cette manifestation soit révélée aux peuples, dans la crainte qu'elle ne rencontre qu'incrédulité, tant la chose est inouïe, ou que les ignominies de la croix venant après une gloire si éclatante ne soulèvent un plus grand scandale dans ces esprits grossiers. Celui donc qui a montré la gloire de sa Transfiguration à ses vénérables disciples Pierre, Jacques et Jean fait notre salut dans la gloire de la résurrection future, Jésus-Christ notre Seigneur, qui vit et règne avec le Père et l'Esprit-Saint, Dieu dans les siècles infinis des siècles. Amen.

Chapitre XII

28 JUILLET. QUATRIÈME JOUR
DANS L'OCTAVE DE L'APÔTRE SAINT JACQUES

LECTURE DU SAINT ÉVANGILE SELON SAINT LUC. *En ce temps-là,
le Seigneur Jésus tourna résolument sa face dans la direction de Jérusalem.
Et il envoya devant lui ses messagers Jacques et Jean* (Lc 9, 51-52), et la suite.

SERMON DU PAPE CALIXTE SUR CETTE LECTURE

Aujourd'hui l'excellente fête solennelle du bienheureux apôtre Jacques,
fils de Zébédée, patron de la Galice, nous convie, très chers frères, à ne pas
laisser en ces jours notre langue garder le silence sur les paroles divines et
nos mains se détourner des aumônes. En effet la face du Seigneur allant
vers Jérusalem signifie la grâce de l'Esprit-Saint, par laquelle Dieu illumine
avec clémence ses saints qui vont vers la Jérusalem céleste par la foi et les
œuvres. De même, en effet, que l'homme tourne sa face vers ce qu'il regarde,
de même Dieu attribue sa grâce à ceux qu'il regarde. C'est cette gracieuse
face du Seigneur que désirait voir jadis le prophète divin, lorsqu'il disait :
Montre-nous, Seigneur, ta face et nous serons sauvés (Ps 79, 4, 8 et 20). Le
Seigneur nous a montré sa face quand il fit connaître à tous la chair humaine
qu'il prit pour nous dans la Vierge. Et de même que le Seigneur tourna résolument sa face vers Jérusalem, quand il s'y rendit, de même nous devons
confirmer par la foi et les œuvres notre ferme intention de rejoindre la Jérusalem céleste.

Il est possible, si on le veut, de comprendre, selon la typologie, de quoi
était faite la face du Seigneur, à savoir sa bouche, son nez et ses yeux. La
bouche dans laquelle parle la langue, ce sont les prédicateurs de l'Église, par
lesquels l'Esprit-Saint parle comme il veut. Et la Vérité elle-même dit dans
l'Évangile à ses disciples : *Ce n'est pas vous qui parlerez, c'est l'Esprit-
Saint qui parlera en vous* (Mt 10, 20). Et il est dit par le Psalmiste : *Ouvre
large ta bouche et je la remplirai* (Ps 80, 11). Et ailleurs : *J'écouterai ce que
Dieu dira en moi* (Ps 84, 9). Le nez désigne la persévérance dans les bonnes
œuvres. Et il est bien de comprendre le nez comme la persévérance dans les
bonnes œuvres : de même que toute odeur très suave rentre par lui dans le

corps humain, de même par la persévérance dans les bonnes œuvres les fidèles du Christ sont reçus dans les cieux comme une odeur suave et sont associés au corps du Seigneur, parce que celui qui aura persévéré jusqu'à la fin, celui-là sera sauvé (Mt 10, 22). De ceux-ci Paul dit, comme d'une bonne odeur : *Nous sommes pour Dieu la bonne odeur du Christ en tout lieu* (2 Cor 2, 14-15). Et le prophète dit : *Dieu sentit une odeur agréable* (Gn 8, 21) et leur donna sa bénédiction. Le mucus qui sort du corps par le nez représente typologiquement les hérétiques, que Dieu s'efforce de chasser comme un mucus de la communion de son corps et de l'Église. Ce pourquoi le Seigneur dit ainsi par Jean à quelque infidèle : *Parce que tu es tiède, je vais te vomir de ma bouche* (Ap 3, 16). Et de ceux-ci, la voix de l'apôtre déclare : *Ils sont sortis du milieu de nous, mais ils n'étaient pas de nous* (1 Jo 2, 19). Les deux yeux du Sauveur désignent les deux préceptes de l'amour que nous devons pratiquer envers Dieu et envers le prochain. Et parce que l'œil contient en lui sept membranes et trois humeurs, il figure heureusement les sept dons de l'esprit et les trois personnes de la Trinité, dont Dieu remplit les cœurs de ceux qui le servent. La pupille de l'œil désigne principalement les apôtres et prédicateurs de la vérité, dont Dieu lui-même dit : *Qui vous touche, touche la prunelle de mon œil* (Zc 2, 12). Et le Psalmiste dit : *Garde-moi comme la prunelle de l'œil* (Ps 16, 8). Que les yeux du Seigneur signifient les sept dons du Saint-Esprit dont il remplit ses fidèles, voilà ce qu'atteste saint Jean dans son Apocalypse, quand il dit : *Je vis un agneau qui semblait avoir été immolé, il avait sept cornes et sept yeux, qui sont les sept esprits de Dieu envoyés par toute la terre* (Ap 5, 6). Ces sept dons spirituels sont assimilés avec justesse à des cornes, parce que de même que le jeune taureau ou le bélier repoussent les animaux sauvages qui leur sont hostiles en les perçant et les frappant de leurs propres cornes, de même ces dons incitent les cœurs des justes à la pénitence et chassent d'eux les fautes.

Telles sont les cornes que l'Église des fidèles chante fort bien dans les solennités des apôtres lorsqu'elle dit avec le Psalmiste : *Les cornes du juste seront exaltées* (Ps 74, 11). Il est dit que les cornes du juste seront exaltées parce que les apôtres du Seigneur de justice, remplis de ces sept dons, sont honorés sur terre par les miracles divins et élevés au-delà de tous dans le royaume des cieux, comme l'atteste ailleurs le Psalmiste en disant : *Ô Dieu, tes amis ont été fort honorés* (Ps 138, 17). Ces dons spirituels sont comparables aux yeux, parce que de même que les yeux éclairent le corps et le guident sur le bon chemin, de même ces dons illuminent l'âme et la conduisent jusqu'au royaume des cieux. Ce sont les yeux très vrais dont le Psalmiste déclare : *Les yeux du Seigneur sont sur les justes* (Ps 33, 16). Il est dit que les yeux du Seigneur sont sur les justes parce que ceux que le Seigneur regarde avec miséricorde, il les enrichit et il les récompense par ces sept dons. Daniel affirme qu'il a vu ces sept yeux dans une pierre, c'est-à-dire dans le Christ, lorsqu'il déclare : *J'ai vu sept yeux dans une pierre* (Zc 3, 9). C'est encore de ces sept dons que le prophète Isaïe déclare : *Sept femmes saisiront un seul homme en ce jour* (Is 4, 1). Sept femmes saisiront un seul homme, le Fils, parce que les sept dons spirituels de Dieu le Père auront rempli le Fils. Ces dons sont comparés joliment à des femmes, parce que de même que la mère nourrit avec douceur son enfant à ses propres seins, de même ces dons nourrissent avec soin le corps et l'âme du juste. Ils sont en effet les seins très doux que notre mère l'Église eut dans la poitrine de son corps unique, d'où elle fit couler pour nous le lait de la parole divine. De ces mamelles de l'Église, le sage déclare : *Tes mamelles sont meilleures que le vin, et tes parfums meilleurs que les meilleurs parfums* (Cn 4, 10). Le même sage dit encore au sujet de ces dons : *La sagesse a bâti sa maison, elle a taillé ses sept colonnes, elle a immolé ses victimes, mêlé son vin et dressé sa table. Elle a envoyé ses servantes pour qu'elles appellent au sommet et sur les remparts de la ville* (Pro 9, 1-3). *La sagesse a bâti sa maison*, et elle a dressé en elle *sept colonnes*, parce que le Fils de Dieu qui est la sagesse du Père s'est construit une Église qu'il décora à merveille de sept dons. Ces dons sont fort bien comparés aux colonnes, parce que de même que le palais du roi est soutenu par des colonnes, de même le juste est régi par ces dons célestes au milieu des vicissitudes et des prospérités de ce monde. La Sagesse *immola ses victimes* parce que le Fils de Dieu livra une victime salutaire, son corps, pour nous sur la croix. La sagesse *mêla* aussi *le vin* parce que le Fils de Dieu versa son propre sang pour nous sur la croix afin de laver nos crimes. La Sagesse *dressa la table,* parce que le Fils unique de Dieu a disposé par les églises son autel saint à partir duquel l'ensemble des fidèles s'est accoutumé à recevoir son corps et son sang en rémission des péchés. La sagesse *a envoyé ses servantes pour qu'elles appellent au sommet et sur les remparts de la ville*, parce que le Fils de Dieu envoya ses apôtres et ses docteurs dans le monde pour appeler les peuples non seulement au sommet du royaume des cieux, mais aux remparts de la ville, c'est-à-dire aux vertus célestes de l'âme que sont la foi, l'espérance et la charité, l'humilité, l'obéissance et la persévérance.

De ces dons Isaïe dit encore : *La lumière du soleil sera sept fois plus forte, comme la lumière de sept jours* (Is 30, 26). La lumière du soleil fut sept fois plus forte, comme la lumière de sept jours, parce que le Seigneur Christ, qui est la véritable lumière de Dieu le Père, a resplendi dans le monde sous cette forme septuple. Et de même que le soleil éclaire la terre de ses sept rayons, de même le Fils unique de Dieu illumine le juste de ses sept dons. Et les dons de l'Esprit-Saint sont assimilés à merveille aux jours de l'année, parce que, de même que l'année se déroule en périodes de sept jours, de même le juste rempli de ces dons célestes s'avance de vertu en vertu jusqu'aux hauteurs des cieux. C'est dans la septième année que l'ancienne loi commandait de libérer l'esclave hébreu disant : *Si tu achètes un esclave hébreu, qu'il te serve six ans et que la septième année il soit libéré gratuitement* (Dt 15, 12). Il est ordonné à l'esclave de servir six années parce que le genre humain a servi les démons en adorant des idoles depuis les débuts jusqu'au Christ, mais la septième année, c'est-à-dire dans le Christ, il a été libéré parce qu'il a cru. Et c'est à merveille que la septième année donne à entendre le Fils de Dieu, parce que de même que la septième année est rendue parfaite par le nombre de sept années, de même le Seigneur Christ est rempli du nombre sept des récompenses spirituelles. Ce sont encore ces sept dons spirituels qu'Isaïe décrit plus clairement en disant : *Sur lui*, c'est-à-dire sur le Christ, *reposera l'esprit du Seigneur, esprit de sagesse et d'intelligence, esprit de conseil et de force, esprit de science et de piété, et l'esprit de la crainte de Dieu le remplira* (Is 11, 2-3). Sept qualités de cet Esprit sont dites justement des dons et non des gains, parce qu'elles sont données aux justes non par un profit d'argent terrestre mais par la grâce divine. Ainsi le Seigneur parle de ces dons à ses disciples : *Vous avez reçu gratuitement* (Mt 10, 8), dépensez pour tous. Il est dit joliment que l'Esprit-Saint repose dans le Christ et non qu'il travaille, parce que le même Esprit-Saint qui a travaillé dans les pécheurs pour les ramener sur la voie de la vérité a reposé parfaitement dans le Christ qu'il a trouvé sans aucune trace de péché. C'est pourquoi il reposa en lui, parce qu'il n'a trouvé personne sinon lui pur de toute contagion du mal. Et parce qu'il est dit que le Saint-Esprit travaille dans les hommes mauvais, celui-ci a raison de dire par la bouche d'Isaïe : *Mon âme hait vos nouvelles lunes et vos fêtes ; elles me sont devenues importunes, j'ai travaillé à les supporter* (Is 1, 14). Et le Psalmiste dit : *Le pécheur a exaspéré le Seigneur* (Ps 10, 3). Et parce qu'il repose dans les bons, le même Esprit est attesté par le Sage, lorsqu'il dit : *J'ai cherché mon repos chez tous et je resterai dans l'héritage du Seigneur* (Ecli 24, 11). Que son Fils unique soit l'héritage du Père, le Psalmiste l'atteste qui dit : *Le Seigneur est ma part d'héritage* (Ps 15, 5). Et quand le Sage déclare de la personne de l'Esprit-Saint : *Parce que j'ai cherché mon repos en tous sans le trouver, sinon dans la part d'héritage du Seigneur*, il dit : « En Christ, j'ai fait une station tranquille. » C'est pourquoi le Seigneur lui-même déclare par son prophète : « Sur qui repose mon esprit sinon sur l'humble, le calme qui redoute mes paroles » (cf. Is 11, 2 et 66, 2). Il dit donc avec Isaïe : parce que *l'Esprit du Seigneur reposera sur lui*, montrant ouvertement la Trinité et l'unité. Lorsqu'il dit *sur lui*, il montre la personne du Christ. Lorsqu'il dit, *du Seigneur*, il montre la personne du Père. Lorsqu'il dit enfin, *parce que reposera sur lui*, c'est-à-dire sur le Fils de Dieu, *l'Esprit du Seigneur*, il montre que l'unité des personnes est complète dans le Christ. C'est en effet du Christ que Paul déclare : *En lui habita corporellement la plénitude de toute la divinité* (Co 2, 9).

La question se pose à ce propos de savoir pourquoi, alors que l'esprit du Seigneur est un, Isaïe parle de cinq formes de l'esprit. Il distingue en effet : l'esprit du Seigneur, esprit de sagesse, esprit de conseil, esprit de connaissance, esprit de crainte (cf. Is 12, 2). Le prophète ne développe pas la notion d'Esprit pour montrer qu'ils sont plusieurs mais parce que c'est un seul et même esprit qui a plusieurs fonctions. Parce que, comme le prêche l'autorité apostolique, il est un seul esprit, une seule foi et un seul baptême (cf. Éph 4, 4-5). Ce seul esprit a en lui le pouvoir de toute sagesse ; il a aussi le pouvoir de toute intelligence divine, comme il a aussi le pouvoir de tout bon conseil et la force de tout courage, de tout savoir, de toute piété et crainte.

La question se pose encore de savoir si le Fils unique de Dieu reçut ou eut préalablement cet Esprit, quand celui-ci se manifesta dans le Jourdain au-dessus de lui sous la forme d'une colombe et que la voix du Père se fit entendre (cf. Mt 3, 17). La réponse est la suivante. Le Fils de Dieu lui-même, qui est toujours un seul Dieu avec le Père et l'Esprit-Saint, n'est jamais sans l'Esprit-Saint qui est le même Esprit. Et il ne l'a pas reçu, mais l'Esprit-Saint s'est manifesté lui-même au-dessus de lui sous la forme d'une colombe afin que, l'ayant vu et entendu, les peuples croient en lui. Et le Père l'a attesté en disant : *Celui-ci est mon Fils bien-aimé en qui j'ai mis mes complaisances : écoutez-le* (Mt 17, 5). Mais le corps humain du Christ reçut alors l'Esprit-Saint, quand le Fils de Dieu, qui était ineffablement engendré par le Père avant tous les siècles, Dieu de vrai Dieu, lumière de lumière, consubstantiel au Père, prit celui-ci dans la Vierge, comme l'ange le prédit à cette même Vierge, lui disant : *L'Esprit-Saint viendra sur toi et la puissance du Très-Haut te couvrira de son ombre* (Lc 1, 35). Et dans le Jourdain, l'Esprit-Saint, qui ne se sépare jamais du Père et du Fils, descendit sur le Christ et, comme dans la Vierge, il reposa en lui.

L'esprit de sagesse reposa donc parfaitement dans le Fils de Dieu lorsque celui-ci, en unité avec le Père et l'Esprit-Saint, fonda admirablement par sa sagesse ineffable les cieux et les anges pour le servir, comme dit le Psalmiste : *Tu as fait toutes choses avec sagesse* (Ps 103, 24). L'esprit d'intelligence reposa en lui, lorsque par son intelligence suprême il fit l'homme pour rétablir le siège des anges perdus. Lui-même, en effet, comprit toutes choses futures ainsi que les choses cachées anciennes et présentes. L'esprit de conseil reposa en lui, quand celui qui est l'ange du grand conseil prit la chair humaine dans le sein de la Vierge pour rappeler l'homme perdu dans le royaume des cieux. Il est lui-même le conseiller de toutes les bonnes choses. L'esprit de courage reposa en lui, lorsque le même Fils unique de Dieu, *lion* c'est-à-dire courageux, *de la tribu de Juda, le rejeton de David* (Ap 5, 5), vainquit par la vertu de sa sainte croix le diable avec un courage inflexible et le rejeta hors du monde, disant : *C'est maintenant que le prince de ce monde va être jeté dehors* (Jo 12, 31). De son courage le Psalmiste déclare : *Le Seigneur s'est revêtu de courage et il s'est ceint* (Ps 92, 1) de vertu. Et ailleurs : *Qui est ce roi de gloire ?* (Ps 23, 8 et 10). Et l'Esprit-Saint lui répondit, disant : *Le Seigneur fort et valeureux, le Seigneur valeureux dans le combat* (Ps 23, 8). De même, l'esprit de courage reposa en lui quand il échappa à l'empire des défunts et, victorieux, ressuscita des morts. L'esprit de connaissance reposa en lui quand il monta sciemment dans les cieux d'où il était descendu pour parler lui-même au Père, disant avec le Psalmiste : *Je suis ressuscité et maintenant me voici avec toi. Ta connaissance est devenue admirable par moi et a été confirmée* (Ps 138, 6 et 18). Ce pourquoi le prophète déclare : *Que les choses anciennes disparaissent de votre bouche, car Dieu est le Seigneur des connaissances* (1 Rg 2, 3). Dieu fut le Seigneur des connaissances lorsqu'il remplit les apôtres de toute la science des écritures et de toute sorte de langues. On dit encore que l'esprit de toute connaissance repose en lui, parce qu'on le tient non seulement pour l'enseignant des sept arts libéraux mais encore de l'ancienne et de la nouvelle Loi, comme de toutes choses terrestres et célestes, comme il le révéla lorsque Isaïe ouvrit le livre dans la synagogue et commença à lire, disant : *L'esprit du Seigneur est sur moi, parce qu'il m'a oint* (Is 61, 1). Et les Juifs dans l'étonnement disaient : *Comment connaît-il les lettres, puisqu'il ne les a pas apprises ?* (Jo 7, 15). Et le Psalmiste, se mettant à sa place, déclare : *Je suis plus sage que tous mes maîtres* (Ps 118, 99). Le Sage admirant sa connaissance dit : *Ô abîme de la richesse, de la sagesse et de la science de Dieu ! Que ses jugements sont impénétrables et incompréhensibles ses voies ! Car qui a connu la pensée du Seigneur, ou qui a été son conseiller ?* (Rm 11, 33-34). L'esprit de piété reposa en lui, parce que le jour de Pentecôte il remplit les apôtres d'une ineffable douceur, charité, clémence, mansuétude, patience et sainteté. Une grande et ineffable clémence nous témoigne notre Sauveur lorsque, après la chute du péché, il nous concède de retrouver le salut par les lamentations de la pénitence. L'esprit de crainte remplira celui-ci parce que, au jour du jugement dernier, le Seigneur apparaîtra clément aux justes et terrible aux injustes, celui dont la venue fera trembler non seulement les impies mais même les anges et les archanges. Ce pourquoi le Psalmiste déclare : *Que toute la terre le craigne* (Ps 32, 8).

Que personne ne doute avoir reçu ces dons spirituels dans le baptême, puisque l'Apôtre dit : *Mais à chacun de nous la grâce a été donnée selon la mesure du don du Christ.* C'est pourquoi il dit : *Montant sur la hauteur, il conduisit la foule des captifs, et donna des dons aux hommes* (Éph 4, 7 ; Ps 67, 19). Tels sont en effet ces dons vénérables, sacro-saints, supérieurs à tous les dons, grands et ineffables dont le Seigneur gratifia les prophètes, les apôtres et tous les élus qui furent depuis le commencement du monde jusqu'à présent et si, parce que nous en avons été gratifiés, nous sommes trouvés pratiquant les bonnes œuvres, éloignés des vices, pourvus de toutes les vertus, distingués en toutes choses, séparés des démons, nous serons lauréats de la couronne d'excellence dans le royaume des cieux. Quiconque en effet croit que les cieux, les anges et les hommes furent créés par Dieu et que le Fils du Père est né, a souffert, est ressuscité et monté aux cieux pour nous, aura sans aucun doute en lui ces dons spirituels, s'il persévère dans les bonnes œuvres.

Mais il y a aussi, face à ces sept dons spirituels, sept vices qui combattent l'homme. La sagesse est, en effet, tantôt bonne et tantôt mauvaise, l'intelligence est tantôt bonne et tantôt mauvaise, le conseil est tantôt bon et tantôt mauvais, le courage aussi est tantôt bon et tantôt mauvais, le savoir aussi est tantôt bon et tantôt mauvais, la piété aussi est tantôt bonne et tantôt mauvaise, la crainte aussi est tantôt bonne et tantôt mauvaise. De la bonne sagesse, le Sage déclare : *Toute sagesse vient du Seigneur* (Ecli 1, 1). De la mauvaise, il est dit par l'Apôtre : *La sagesse de ce monde est folie devant Dieu* (1 Cor 3, 19). Et le Prophète : *Ils sont habiles à faire le mal, ils ne savent pas faire le bien* (Jr 4, 22). Le Seigneur dit encore par son prophète :

Je détruirai la sagesse des sages et j'anéantirai la science des savants (1 Cor 1, 19 ; cf. Is 29, 14). Quiconque contemple donc les secrets célestes de tout son cœur et s'applique à plaire à Dieu en toutes choses a sans aucun doute la véritable sagesse en lui. Le Psalmiste dit encore de la bonne intelligence : *Heureux celui qui prend souci du nécessiteux et du pauvre* (Ps 40, 2). Et ailleurs le même déclare de la mauvaise intelligence : *L'injuste n'a pas voulu comprendre comment bien agir ; il a médité la fausseté sur sa couche, il s'est tenu sur toute voie autre que la bonne, il n'a pas haï la malignité* (Ps 35, 4-5). Lorsque donc quelqu'un accomplit les bonnes œuvres qu'il comprend en son cœur, il a sans aucun doute la bonne intelligence en lui. Celui qui accomplit les mauvaises œuvres qu'il comprend dans son cœur, celui-là, la mauvaise intelligence le fait courir à sa perte. Le Psalmiste dit encore du bon conseil : *Dans le conseil des justes et leur assemblée sont de grandes œuvres de Dieu* (Ps 110, 1-2). Et du mauvais conseil, celui-ci déclare : *Heureux l'homme qui ne marche pas selon le conseil des impies* (Ps 1, 1). Et ailleurs : *Le Seigneur réduit à néant les conseils des nations* (Ps 32, 10). Quiconque donc s'interroge afin de vaquer aux bonnes œuvres et invite ses proches à se repentir des mauvaises actions et à s'appliquer aux bonnes, celui-là a sans doute l'esprit de bon conseil en lui. Et quiconque incite son prochain ou lui-même à commettre de mauvaises actions marche dans l'esprit de la malignité. Le Sage dit encore du bon courage : *L'amour est fort comme la mort* (Cn 8, 6). Parce que, de même que la mort sépare l'âme du corps, de même l'amour de Dieu éloigne l'homme des vices du monde et le rapproche de Dieu. Le prophète Job déclare encore du mauvais courage : *Sa force est dans ses reins et sa vigueur dans les muscles de ses flancs* (Jb 40, 16). Qui donc est considéré comme courageux à l'égard des vices de la chair et patient dans toute sorte d'adversité, celui-là est à coup sûr rempli de l'esprit du bon courage. Et qui est considéré comme courageux en matière de mauvaises paroles, ou de rapine, ou d'escroquerie, ou d'ébriété, ou de calomnie, ou d'homicide, ou d'autres mauvaises œuvres, celui-là est rempli du mauvais esprit de courage. Il est dit encore de la bonne connaissance par l'Apôtre : il convient de servir Dieu *par la science, par la longanimité, par la douceur, par l'Esprit-Saint* (2 Cor 6, 6). Et furent remplis de la mauvaise connaissance ceux qui dirent au Seigneur Dieu, comme il est écrit dans le livre de Job : *Écarte-toi de nous, nous ne voulons pas connaître tes voies* (Jb 21, 14). Quiconque en effet connaît les commandements du Seigneur et les accomplit par ses œuvres, celui-là a sans nul doute en lui l'esprit de la bonne connaissance. Celui qui les connaît et cependant renonce à les accomplir, celui-là a rempli son cœur d'une mauvaise connaissance, comme dit l'Écriture : *Si quelqu'un connaît la loi et ne la pratique pas, il pèche* (Jc 4, 17). Et l'esclave qui connaît la volonté de son maître et ne la respecte pas sera battu. Et il vaut mieux ne pas connaître la voix de la vérité que s'en détourner lorsqu'on l'a connue. Saint Paul avait l'esprit de la bonne connaissance, lorsqu'il disait avec indulgence par amour du prochain : *Qui est faible, que je ne sois faible aussi ?* (2 Cor 11, 29). Élie fut jadis en proie à l'esprit de fausse piété, lui qui ne voulut pas livrer ses fils à la verge de la justice. Ce pourquoi il s'attira, ainsi qu'à ses fils, une condamnation cruelle de la part du juge rigoureux. Les fils d'Élie, Ofni et Finées, dérobèrent la viande crue du sacrifice, la mangèrent et couchèrent avec des femmes qu'ils entretenaient à l'entrée du tabernacle. C'est à cause de ce péché qu'ils furent tués au combat par les Philistins et que l'arche du Seigneur fut prise. Apprenant cela, Élie tomba à la renverse de la chaise sur laquelle il était assis, se brisa les vertèbres et expira (cf. 1 Rg 2, 12 ss, 22 ss ; 4, 11 ss). Quiconque donc aide les siens dans toutes leurs difficultés, celui-là est rempli de l'esprit de bonne piété. Et le prélat de l'Église ou le juge qui, pour de l'argent ou pour l'amour d'eux-mêmes, refusent de livrer à la verge de la justice les coupables qui leur sont soumis, sont poussés à coup sûr par l'esprit de fausse piété. Le Sage dit de même de la bonne crainte : *Celui qui craint le Seigneur fera le bien* (Ecli 15, 1). Et l'Apôtre déclare de la mauvaise crainte : *Ne craignez point leurs menaces mais sanctifiez le Seigneur dans vos cœurs* (1 Pt 3, 14-15). Et le Seigneur dans l'Évangile : *Ne craignez pas ceux qui tuent le corps mais ne peuvent tuer l'âme* (Mt 10, 28). Quiconque donc craint Dieu de telle sorte qu'il persévère dans les bonnes œuvres, celui-là est rempli de l'esprit de la bonne crainte et sera sauvé dans l'avenir, comme il est dit par le Sage : *Celui qui craint le Seigneur s'en trouvera bien à la fin, et il trouvera grâce au jour de sa mort* (Ecli 1, 13). Et celui qui craint les impies, de telle sorte qu'il se détourne de la foi ou des bonnes œuvres, celui-là est dominé sans profit par l'esprit d'une vaine crainte.

En plus du nombre de ces sept faveurs, les justes ont coutume de chanter, à fin de pénitence, sept psaumes spéciaux contre sept péchés capitaux. Ces sept dons de l'esprit sont assimilés aux sept demandes de l'oraison dominicale. Le Seigneur dit en effet dans l'Évangile de Matthieu : *Notre Père qui es aux cieux, que ton nom soit sanctifié* (Mt 6, 9). L'esprit de sagesse est assimilé parfaitement à cette première demande. Quiconque en effet reconnaît qu'il a pour Père Dieu dans le ciel et qu'il a reçu le nom de celui-ci lors du baptême, et prie pour qu'il soit sanctifié en lui par les bonnes œuvres, celui-là est d'une manière admirable rempli de la sagesse de Dieu. *Que ton règne vienne* (Mt 6, 10). À cette deuxième demande est heureusement assimilé l'esprit d'intelligence : qui, en effet, croit et espère qu'il régnera après la résurrection des morts dans le royaume éternel de Dieu, celui-là est rempli de l'esprit de l'intelligence divine. *Que ta volonté soit faite sur la terre comme au ciel* (Mt 6, 10). L'esprit de conseil est fort bien comparé à cette troisième demande, aucune distance n'existant entre la volonté de Dieu et son conseil. Et quiconque demande que, de même que la volonté du Seigneur est faite au ciel parmi les bons anges, de même elle soit faite sur terre entre les hommes, celui-là est rempli d'une manière admirable de l'esprit de conseil divin. *Donne-nous aujourd'hui notre pain quotidien* (Mt 6, 11 ; cf. Lc 11, 3). À cette quatrième demande est fort bien assimilé l'esprit de courage divin, parce que, de même que le pain matériel donne des forces au corps, de même le pain de l'Esprit-Saint confirme l'homme qui agit bien dans les bonnes œuvres par sa force puissante et indéfectible, et il lui donne de la force contre les vices de la chair. *Et quiconque est courageux contre les vices de la chair, celui-là sera rassasié par le pain céleste de la vie éternelle. Et remets-nous nos dettes, comme nous les remettons aussi à nos débiteurs* (Mt 6, 12). À cette cinquième demande, à savoir la rémission des péchés, est assimilé, on ne peut plus justement, l'esprit de science, parce que nous croyons que c'est par la même science, au nom de laquelle nous pardonnons à ceux qui ont péché envers nous, que nous croyons être pardonnés par Dieu. Celui-là agit avec science, qui pardonne à ceux qui ont péché envers lui, afin qu'il lui soit pardonné par Dieu. *Et ne nous induis pas à la tentation* (Mt 6, 13). L'esprit de piété est comparé, à très juste titre, à cette sixième demande : celui en effet que le Seigneur garde des tentations de la chair et du démon, il le regarde miséricordieusement avec les yeux de sa piété. C'est pourquoi nous devons prier Dieu instamment qu'il nous libère par sa clémence ineffable de toute tentation, jusqu'à ce que nous le servions toujours joyeux et délivrés de tous maux. *Mais délivre-nous du mal* (Mt 6, 13). L'esprit de crainte est fort bien assimilé à cette septième demande, parce que la crainte du Seigneur et la liberté de la pénitence sont considérées comme deux compagnes de même nature, qui conduisent l'homme par la voie la plus droite dans les royaumes célestes. L'esprit de crainte conduit en effet la liberté de l'homme à la pénitence, et la même liberté le fait entrer dans le royaume des cieux. C'est pourquoi l'homme qui, poussé par la crainte du Seigneur, réprime ses vices demande à être lui-même libéré de tous les maux. Et c'est pour cette raison qu'il faut prier Dieu de nous remplir des sept dons évoqués ci-dessus et de nous délivrer par eux de tout mal.

La suite déclare pertinemment : *Et le Seigneur envoya devant lui ses messagers Jacques et Jean* (Lc 9, 52). Ces deux messagers que le Seigneur envoie représentent le double amour, celui de Dieu et celui du prochain, que nous devons pratiquer, et symbolisent les deux chœurs de prédicateurs, les apôtres et les prophètes, que le Seigneur a envoyés aux Juifs. De ceux-ci, saint Paul déclare : *C'est le Seigneur qui a fait les uns apôtres, d'autres prophètes* (Éph 4, 11). Mais les Juifs n'ont pas été convertis par eux, ainsi que l'affirme tant la loi antique que l'apôtre disant : *C'est par des hommes d'une autre langue et par des lèvres étrangères que je parlerai à ce peuple, et même ainsi ils ne m'écouteront pas, dit le Seigneur* (1 Cor 14, 21). Ainsi parle le Seigneur par la bouche d'Isaïe, disant : *C'est dans une langue étrangère qu'il parlera à ce peuple* (Is 28, 11) et peu après : *Ils n'ont pas voulu entendre. Et la parole du Seigneur sera donc pour eux ordre sur ordre, ordre sur ordre, règle sur règle, règle sur règle, attente sur attente, attente sur attente, tantôt ceci, tantôt cela, afin qu'ils aillent et tombent à la renverse, soient foulés aux pieds, pris dans le filet et captivés* (Is 28, 13). Ce que dit *ordre* répété quatre fois, *règle* de même, et *ceci* et *cela,* indique quatre catégories de messagers, à savoir Moïse le porteur de la loi, les prophètes, le Fils de Dieu lui-même, et les apôtres que le Seigneur envoya aux Juifs pour qu'ils reviennent de leurs erreurs et acceptent la foi, à deux époques, à savoir sous l'ancienne et la nouvelle loi, ce que marque le redoublement *ceci et cela*, ce qui ne les incita en rien à se convertir. C'est pourquoi il dit *afin qu'ils aillent et tombent à le renverse, soient foulés aux pieds, pris dans le filet et captivés*, leur annonçant ainsi les malheurs à venir. Étant donné qu'ils sont demeurés dans l'âpreté de leur infidélité, non seulement ils seront pris dans les filets de leurs impiétés mais prisonniers des feux de la géhenne. Quand il dit encore *ceci et cela*, désignant deux époques, la jeunesse et la vieillesse, il convient de comprendre, au sens moral, que, si l'homme misérable ne veut pas renoncer à ses crimes, il demeurera à brève échéance dans cette existence malheureuse, mais à l'avenir sera pris dans les filets des tourments sans fin de l'enfer et y demeurera emprisonné.

Et ils entrèrent dans un bourg de Samaritains, pour lui préparer un gîte. Mais ils refusèrent de le recevoir, parce qu'il se dirigeait vers Jérusalem (Lc 9, 52-53). Les Samaritains, à savoir les gardiens, qui refusèrent de recevoir les apôtres, désignent les Juifs, auxquels le Seigneur donna la loi à garder, mais qui ne voulurent ni garder la loi ni recevoir la grâce du baptême. C'est pourquoi les Apôtres eux-mêmes leur dirent : *C'est à vous qu'il fallait que la parole de Dieu fût annoncée d'abord. Puisque vous l'avez repoussée et vous êtes considérés vous-mêmes comme indignes de la vie éternelle, nous nous tournons vers les gentils* (Ac 13, 46). Et c'est ce qui est dit dans le dernier verset : *Et ils firent route vers un autre bourg* (Lc 9, 56). L'autre bourg, dans lequel les disciples sont accueillis, renvoie au peuple des gentils, qui accepta la parole de Dieu repoussée par les Juifs. Les gentils donc reçurent la grâce que les Juifs avaient repoussée, parce qu'il en avait été décidé jadis ainsi par le Seigneur. Le peuple hébreu ne sera pas sauvé avant que les gentils ne soient sauvés, comme il ressort du discours du prophète et de l'apôtre : *Lorsque les gentils seront entrés au complet, tout Israël sera sauvé* (Rm 11, 25-26). Il est cependant prescrit de prêcher l'Évangile aux Juifs afin qu'ils n'aient aucune excuse s'ils n'y adhèrent pas.

Voyant cela, ses disciples Jacques et Jean dirent : Seigneur, voulez-vous que nous commandions que le feu descende du ciel et les consume (Lc 9, 54) comme fit Élie ? Ces mots « comme fit Élie » ne sont pas dans de nombreux manuscrits, mais le texte est meilleur dans ceux où ils sont que dans ceux où ils manquent, parce que saint Luc les donne dans son Évangile et, après lui, l'évêque Théophile d'Antioche qui fut le premier à réunir les quatre Évangiles en un volume. Il est donc écrit dans le Livre des Rois que, du temps d'Élie, *Ochozias, roi d'Israël, tomba par la fenêtre en treillis de sa chambre haute à Samarie et se blessa. Il envoya aux Samaritains des messagers leur disant : Allez consulter Béel-Zébub, dieu d'Accaron, pour savoir si je survivrai à cet accident. Aussitôt Élie, envoyé par Dieu, alla à leur rencontre et leur dit : Rentrez chez vous, car le roi mourra. Élie gravit la montagne. Lorsque le roi eut appris qu'Élie était dans la montagne, il envoya vers lui un chef de cinquante avec ses cinquante hommes* (4 Rg 1, 1-9). Et ceux-ci dirent à Élie avec arrogance : *Homme de Dieu, le roi a dit : Descends !* Mais celui-ci répondit : *Si je suis un homme de Dieu, que le feu descende du ciel et vous consume* (4 Rg 1, 9-10). Et aussitôt ils furent consumés par le feu. Une seconde fois, cinquante autres soudards furent envoyés de même vers lui, et ils furent consumés. Une troisième fois, cinquante autres furent envoyés et, fléchissant les genoux devant lui, ils le prièrent de les suivre et de les accompagner auprès du roi. Élie dit au roi : *Ainsi parle le Seigneur : Parce que tu as envoyé des messagers consulter Béel-Zébub, dieu d'Accaron, comme s'il n'y avait pas en Israël de Dieu ou de prophète dont tu puisses consulter la parole, tu ne te relèveras pas du lit dans lequel tu t'es couché mais tu mourras à coup sûr. Et le roi mourut selon la parole du Seigneur et d'Élie* (4 Rg 1, 16-17). C'est à cela que pensaient les disciples en disant au Seigneur que les Samaritains devaient être consumés par le feu comme Élie avait consumé les messagers du roi ci-dessus par un bûcher funèbre. Si l'on veut comprendre cette chose selon le sens allégorique, le roi qui périt par le verbe de Dieu et les mérites d'Élie, en dépit des cinquante hommes venus s'emparer de celui-ci, doit être compris comme l'Antéchrist destiné à disparaître avec ses sectateurs, lors de l'arrivée du Seigneur et d'Élie, à la fin de ce temps, grâce au souffle du Seigneur, comme il est dit par le prophète : *Et par le souffle de ses lèvres, il fera mourir l'impie* (Is 11, 4). Et l'apôtre le confirme en disant : *Le Seigneur l'anéantira par l'éclat de son avènement* (2 Th 2, 8). Les Apôtres suggérant au Seigneur de faire descendre le feu du ciel pour consumer les Samaritains qui refusaient de le recevoir désignent ces prédicateurs dénués de sagesse qui excommunient et maudissent à tort ceux qui refusent de les recevoir. La terre en effet ne peut être fertile si la rosée n'est tombée sur elle, qui atténue son aridité, sa dureté et son amertume. C'est pourquoi il faut prier l'excellent dispensateur de la grâce pour que ceux qui rejettent le verbe de Dieu ne soient point consumés par le feu de sa colère, mais pour que, d'en haut, Il déverse en eux la grâce du repentir. Comme il est montré dans ce qui suit, lorsqu'il est dit : *Et Jésus s'étant retourné les réprimanda disant : Vous ne savez pas de quel esprit vous êtes. Car le Fils de l'homme n'est pas venu pour perdre les âmes mais pour les sauver* (Lc 9, 56). Le Fils unique de Dieu est dit le fils de l'homme, non qu'il ait été procréé par une semence virile, mais parce qu'il a pris la chair humaine dans la Vierge et que la Vierge est issue d'une semence humaine. Il *ne vient pas perdre les âmes mais les sauver,* celui qui veut, comme dit l'apôtre, *que tous les hommes soient sauvés et parviennent à la connaissance de la vérité* (1 Tm 2, 4), il ne veut faire périr personne, celui qui dit même préférer la vie du pécheur à sa mort.

Et les disciples s'en allèrent vers un autre bourg (Lc 9, 56). Le fait que les disciples non reçus par les Samaritains s'en allèrent vers un autre bourg suggère que les prédicateurs de l'Église, si par hasard ils n'ont pas été reçus dans le lieu où ils désiraient prêcher, doivent aller ailleurs.

Ainsi Jacques, l'apôtre du Seigneur, dont nous célébrons les solennités en ces jours, est-il digne d'implorer sans cesse la majesté du Seigneur pour notre salut et celui de tous, afin que notre Seigneur Jésus-Christ, qui a tourné sa face très belle et vénérable vers Jérusalem et a réprimandé fort justement la sévérité de ses disciples Jacques et Jean, qui leur a inculqué ses commandements divins, et qui leur déclara qu'il n'était pas venu perdre les âmes mais les sauver, nous confirme dans les bonnes œuvres, éloigne de nous la rigueur de nos péchés, nous remplisse des célestes doctrines, sauve nos âmes, jusqu'à ce que nous méritions sainement, sous la conduite de saint Jacques, de voir sa gracieuse face dans la Jérusalem céleste, lui qui vit et règne avec le Père et l'Esprit-Saint, Dieu dans les siècles des siècles. Amen.

Chapitre XIII

29 JUILLET. CINQUIÈME JOUR
DANS L'OCTAVE DE SAINT JACQUES

LECTURE DU SAINT ÉVANGILE SELON SAINT MATTHIEU. En ce temps-là : *Ayant pris avec lui Pierre et les deux fils de Zébédée, il commença à être saisi de tristesse et d'affliction* (Mt 26, 37-46), etc.

SERMON DU BIENHEUREUX JÉRÔME,
DOCTEUR, SUR CETTE LECTURE [1]

Il est montré dans ce chapitre que, pour nous convaincre qu'il a vraiment pris la nature humaine, le Seigneur a été vraiment saisi de tristesse ; mais, pour que sa Passion ne fût pas supérieure à son courage, il a, par propassion, commencé à être triste. Car, autre chose est d'être triste, autre chose de commencer à être triste. Or il était triste, non par crainte de la souffrance, lui qui n'était venu que pour souffrir et qui reprochait à Pierre sa timidité, mais à cause de l'infortuné Judas, du scandale de tous ses apôtres, du rejet du peuple juif et de la ruine de la malheureuse Jérusalem. Ainsi Jonas s'attrista jadis de voir se dessécher la citrouille ou le lierre qui lui formait un abri (cf. Jn 4, 8). Mais si les hérétiques attribuent la tristesse de son âme à sa passion, et non à l'amour qu'il ressent pour ceux qui vont périr, qu'ils disent comment ils expliquent cette parole que Dieu dit par la bouche d'Ézéchiel : *Et en toutes ces choses, vous m'avez rempli de tristesse* (Éz 16, 43).

Alors il leur dit : Mon âme est triste jusqu'à la mort ; demeurez ici et veillez avec moi (Mt 26, 38). Ce qui est triste, c'est son âme ; et elle est triste, non pas à cause de la mort, mais jusqu'à la mort, jusqu'à ce qu'il ait par sa Passion délivré ses apôtres. S'il leur dit : *demeurez ici et veillez avec moi*, ce n'est pas qu'il leur interdise de dormir – le moment n'en serait guère opportun quand le combat est imminent ; il veut leur défendre le sommeil de l'infidélité et l'engourdissement de l'esprit. Que ceux donc, qui soutiennent que l'âme de Jésus n'était pas une âme raisonnable, nous expliquent

---

[1] Saint Jérôme, *Œuvres complètes*, trad. Bareille, Vivès, Paris, 1884, t. X, p. 89 ss.

comment il a pu être triste et connaître la durée de sa tristesse. Car, bien que les animaux privés de raison puissent être tristes, ils ne connaissent ni les causes de leur tristesse ni le temps pendant lequel elle doit se prolonger.

Et s'étant avancé un peu plus loin, il se prosterna le visage contre terre, priant et disant : Mon Père, s'il est possible, que ce calice s'éloigne de moi, mais néanmoins qu'il en soit, non comme je le veux, mais comme vous le voulez (Mt 26, 39). Après avoir dit aux apôtres de demeurer et de prier avec lui, le Seigneur, s'éloignant un peu, se prosterne le visage contre terre ; par cette posture de son corps, il montre l'humilité de son âme ; et il dit dans un langage caressant : *Mon Père ;* et il demande que, si cela est possible, le calice de sa passion, dont nous avons parlé tout à l'heure, passe loin de lui. Ce n'est point par crainte de la souffrance qu'il le demande, mais par miséricorde pour le peuple autrefois privilégié : il voudrait que le calice qu'il doit boire lui soit présenté par un autre que par lui. Aussi est-ce avec intention qu'il dit, non pas que « le » calice, mais *que ce calice s'éloigne de moi*, c'est-à-dire le calice du peuple juif qui ne peut avoir, en me faisant mourir, l'excuse de l'ignorance, puisqu'il possède la Loi et les Prophètes qui, chaque jour, lui parlent de moi. Toutefois, rentrant en lui-même, comme Dieu et Fils de Dieu, il accepte ce qu'il venait, comme homme, de repousser avec effroi : *Mais néanmoins qu'il en soit, non comme je le veux, mais comme vous le voulez.* Que se fasse, dit-il, non ce que désire et demande ma nature humaine, mais ce pour quoi je suis par votre volonté descendu sur la terre.

Il vint ensuite vers ses disciples ; il les trouva endormis, et il dit à Pierre : Ainsi vous n'avez pu veiller une heure avec moi (Mt 26, 40). L'apôtre qui disait plus haut : *Quand tous les autres se scandaliseraient à votre sujet, pour moi je ne me scandaliserai jamais* (Mt 26, 33), est endormi ; chez lui, le sommeil a été plus fort que le chagrin.

Veillez et priez, afin que vous ne tombiez point dans la tentation (Mt 26, 41). Il est impossible que l'âme humaine ne soit pas tentée. Aussi disons-nous dans l'Oraison dominicale : *Ne nous induisez pas dans la tentation que nous ne pourrions supporter* (Mt 6, 13 ; Lc 11, 4). Ainsi nous ne refusons pas absolument la tentation, mais nous demandons la force de la supporter. Il ne dit donc point présentement : « Veillez et priez afin de ne pas être tentés », mais *afin que vous ne tombiez point dans la tentation*, c'est-à-dire, afin que la tentation ne soit pas plus forte que vous et ne vous enserre pas dans ses liens. Par exemple, le martyr qui verse son sang pour rendre témoignage au Seigneur est, il est vrai, tenté, mais il n'est point pris dans les filets de la tentation ; tandis que celui qui renie sa foi tombe dans les pièges de la tentation.

L'esprit est prompt mais la chair est faible (Mt 26, 41). Cela est à l'adresse des âmes téméraires qui s'imaginent pouvoir faire tout ce qu'elles croient. Ainsi, plus nous sentons de confiance dans la vivacité de notre esprit, plus nous avons à redouter la fragilité de notre chair. Et cependant, selon l'apôtre, c'est par l'esprit que nous faisons mourir les œuvres de la chair (cf. Rm 8, 13).

Il s'en alla une seconde fois et pria en disant : Mon père, si ce calice ne peut passer sans que je le boive, que votre volonté soit faite (Mt 26, 42).

Il prie pour la seconde fois et il demande que, si Ninive ne peut être sauvée sans que la citrouille se dessèche, la volonté de son père soit faite, laquelle n'est pas opposée à la volonté du Fils, puisque c'est le Fils qui dit par la bouche du prophète : *Pour faire votre volonté, ô mon Dieu, c'est ce que j'ai voulu* (Ps 39, 9).

Il revint de nouveau et les trouva endormis, car leurs yeux étaient appesantis. Et les quittant, il s'en alla encore prier pour la troisième fois, disant les mêmes paroles (Mt 26, 43-44). Il prie seul pour tous, comme il souffre seul pour tous. C'était le renoncement tout proche qui alanguissait et appesantissait ainsi les yeux des apôtres.

Alors il vint trouver ses disciples et leur dit : Dormez maintenant et reposez-vous ; voici l'heure qui approche (Mt 26, 45). Après avoir prié une troisième fois, afin que toute parole soit confirmée par l'autorité de deux ou trois témoins, et obtenu que la crainte qui allait saisir ses apôtre, fût suivie d'une pénitence expiatoire, tranquille du côté de sa passion, il s'avance vers ses persécuteurs et s'offre volontairement à la mort. Il dit à ses apôtres : *Levez-vous, allons, celui qui doit me livrer est bien près d'ici* (Mt 26, 46). Si nous ne voulons pas être surpris comme des gens qui ont peur et reculent, marchons de nous-mêmes à la mort, afin de donner à ceux qui doivent souffrir après nous le spectacle de la confiance et de la joie.

Celui dont nous parlons est donc digne de nous conduire en confiance à la joie perpétuelle du royaume céleste, Jésus-Christ Notre Seigneur, qui souffrit dans sa passion avec son apôtre bien-aimé Jacques et Jean son frère, comme cher à ceux qui lui étaient chers, leur montrant sa tristesse et disant : *Mon âme est triste jusqu'à la mort* (Mt 26, 38), qui vit et règne avec le Père et l'Esprit-Saint, Dieu pour les siècles des siècles. Amen.

Chapitre XIV

30 JUILLET. SIXIÈME JOUR
DANS L'OCTAVE DE SAINT JACQUES

LECTURE DU SAINT ÉVANGILE SELON SAINT MARC. *En ce temps-là : Jacques et Jean, les fils de Zébédée, s'approchèrent du Seigneur Jésus et lui dirent : Maître nous voudrions que vous fassiez pour nous ce que nous allons vous demander. Que voulez-vous, leur dit-il, que je fasse pour vous ? Ils lui dirent : Accordez-nous de siéger, l'un à votre droite, l'autre à votre gauche, dans votre gloire.* (Mr 10, 35-37) et la suite.

HOMÉLIE DU PAPE GRÉGOIRE SUR CETTE LECTURE

Puisque nous célébrons aujourd'hui la naissance du bienheureux apôtre et martyr Jacques, chers frères, nous ne devons nullement nous estimer étrangers à sa vertu de patience. Si, en effet, avec l'aide de Dieu, nous tendons à observer la vertu de patience, nous vivons dans la paix de l'Église et cependant nous tenons la palme du martyre. Il y a deux sortes de martyres, l'un dans l'esprit, l'autre à la fois dans l'esprit et dans l'action. C'est pourquoi nous pouvons être des martyrs même si nous ne sommes pas tués par le fer de ceux qui nous frappent. Subir le martyre, c'est mourir publiquement du fait d'un persécuteur. Mais supporter des outrages, aimer celui qui vous hait est un martyre dans le secret de nos pensées. Car l'existence de deux martyres, l'un qui est subi en secret et l'autre publiquement, la Vérité l'atteste, qui demande aux fils de Zébédée : *Pouvez-vous boire le calice que je boirai ?* Et lorsqu'ils lui eurent aussitôt répondu : *Nous le pouvons ;* le Seigneur leur répondit sur-le-champ : *Vous boirez en effet mon calice* (Mt 20, 22-23). Comment devons-nous comprendre ce calice sinon comme la douleur de la Passion, dont il dit ailleurs : *Mon Père, s'il est possible, que ce calice s'éloigne de moi !* (Mt 26, 39). Et les fils de Zébédée, à savoir Jacques et Jean, ne moururent pas l'un et l'autre martyrs, et cependant chacun but le calice. Jean ne termina pas sa vie en martyr, mais fut cependant martyr, parce que la passion qu'il ne subit point dans son corps, il la connut dans son esprit. Et cet exemple montre que, nous aussi, pouvons être martyrs sans être victimes du fer, si nous gardons véritablement la patience dans notre esprit.

Je ne m'écarte pas du sujet, très chers frères, en proposant pour votre édification un modèle de patience à observer. De nos jours, un certain Étienne, père du monastère établi à côté des remparts de la ville de Réatine, fut un homme fort saint, exceptionnel par la vertu de patience. Et beaucoup vivent encore qui l'ont connu et racontent sa vie ou sa mort. C'était un homme au parler rustique mais à la vie très docte. N'aimant que la céleste patrie, il méprisait toutes choses, rechignait à posséder quoi que ce soit en ce monde, fuyait le tumulte des hommes, s'adonnait à des prières fréquentes et abondantes. La vertu de patience s'était tellement développée en lui qu'il considérait comme un ami celui qui lui causait quelque désagrément. Il rendait grâce aux offenses. Si quelque préjudice lui était porté dans son indigence, il l'estimait comme le plus grand avantage. Il tenait tous ses adversaires pour des soutiens. Et lorsque vint le jour de sa mort, beaucoup se réunirent pour recommander leurs âmes à une âme d'une telle sainteté qui quittait ce monde. Et lorsque tous ceux qui s'étaient rassemblés entouraient son lit, certains virent de leurs yeux corporels des anges entrer, mais sans pouvoir dire quoi que ce soit. Certains ne virent rien, mais tous les assistants furent frappés d'une terreur immense, de telle sorte que nul ne put demeurer immobile lorsque cette sainte âme quitta son corps. Et ceux qui avaient vu comme ceux qui n'avaient rien vu furent frappés d'une même terreur et prirent la fuite. Ainsi nul ne put rester sur place au moment de sa mort.

Pensez donc, frères, quelle terreur répand le Dieu tout-puissant quand il doit venir en juge sévère, s'il a terrifié ainsi les assistants quand il est venu rémunérer avec reconnaissance. Ou combien on peut craindre le voir, s'il a frappé ainsi les esprits des assistants alors qu'il n'a pu être vu. Voici donc, frères très chers, cette patience étant observée dans la paix de l'Église, le sommet de rétribution auquel elle a transporté celui-ci ! Qu'a donné intérieurement son créateur à celui-ci, dont il nous a fait connaître tant de gloire au jour de son décès ? À qui croirons-nous celui-ci associé, si ce n'est aux saints martyrs, lui que les assistants – comme il est certain – ont vu de leurs yeux corporels emporté par des esprits bienheureux ? Il n'est pas tombé frappé par le glaive et pourtant reçut à son départ la couronne de la patience qu'il observa en esprit. Nous faisons tous les jours l'expérience qu'est vrai ce qui a été dit avant nous, parce que la sainte Église, pleine des fleurs des élus, a des lis dans la paix et des roses dans la guerre.

Il faut savoir en outre que la vertu de patience doit être exercée de trois façons. L'une est celle que nous recevons de Dieu, l'autre celle que nous recevons de l'antique ennemi, l'autre encore celle que nous recevons du prochain. Nous recevons en effet du prochain les persécutions, les dommages et les offenses, de l'antique ennemi nous recevons les tentations, de Dieu enfin nous subissons les épreuves. Mais, dans tous ces trois modes, l'esprit ne doit pas se départir de sa vigilance vis-à-vis de lui-même, de crainte qu'il ne soit poussé quand les maux viennent du prochain à riposter au mal ; de crainte qu'il ne soit conduit par les tentations de l'adversaire à se délecter de la faute ou à y consentir ; de crainte qu'il n'aille jusqu'à protester avec excès contre les étrivières de son créateur. L'adversaire est vaincu parfaitement lorsque, parmi ses tentations, notre esprit se garde de la délectation et du consentement ; lorsque, parmi les outrages du prochain, il se garde de la haine et, parmi les épreuves envoyées par Dieu, il contient ses murmures. Si nous ne faisons pas cela, ne demandons pas que nous soient rétribuées les bonnes choses présentes. Car les bonnes choses de la vie à venir sont à espérer en raison de nos efforts de patience, de même que la récompense de notre travail commence lorsque la tâche est effectuée. C'est pourquoi il est dit par le Psalmiste : *Car le pauvre ne sera pas oublié en fin du compte, la patience des affligés ne périra pas en fin du compte* (Ps 9, 19). On croit voir périr en effet la patience des pauvres, lorsque rien dans cette vie ne vient en récompenser les humbles. Mais la patience des pauvres ne périt pas en fin du compte, parce qu'on voit alors apparaître sa gloire, lorsqu'en même temps toutes les choses laborieuses s'achèvent.

Observez, frères, la patience en esprit et pratiquez-la en acte, lorsque la chose l'exige. Que les offenses ne poussent nul d'entre vous à haïr le prochain, que nuls dommages des choses périssables ne vous troublent. Si, en effet, vous redoutez fermement les dommages des choses durables, vous n'estimerez pas graves les dommages des choses passagères. Si vous désirez la gloire de la récompense éternelle, vous ne souffrirez pas de l'injustice temporelle. Tolérez donc vos adversaires, mais aimez comme des frères ceux que vous tolérez. Recherchez les récompenses éternelles pour les dommages temporels. Et que personne d'entre vous n'imagine posséder pleinement cette patience par ses propres forces : obtenez par vos prières que celui qui commande vous la confère. Et nous savons qu'il exaucera volontiers ceux qui lui demandent, quand on lui demande de donner ce qu'il ordonne. Lorsqu'il est poussé continuellement par la prière, il porte secours rapidement dans la tentation. Par Jésus-Christ Notre Seigneur, qui vit avec lui en dominateur et règne, Dieu dans l'unité du Saint-Esprit dans tous les siècles des siècles. Amen.

Chapitre XV

31 JUILLET. SEPTIÈME JOUR
DANS L'OCTAVE DE SAINT JACQUES

SERMON DU PAPE LÉON (OU DE SAINT MAXIME, ÉVÊQUE)
SUR SAINT JACQUES

Exultons dans le Seigneur, très chers, et célébrons la fête de saint Jacques avec les honneurs qui conviennent. C'est à nous en effet que, par un don de la grâce divine, le saint patron a été donné qui est vénéré conjointement par le monde entier. Existe-t-il en effet dans le monde entier un esprit dédaigneux, si entêté qu'il ne désire pas avidement se protéger par le patronage de saint Jacques ? C'est vers celui-ci que du monde entier, traversant les roches abruptes des montagnes, les embuscades des brigands, les importunités des voleurs, les innombrables fraudes des hôteliers, les pèlerins accourent innombrables en Galice. Et il est certes digne que tous vénèrent sur terre celui qu'étincelant de tant de vertus Dieu a élevé dans les cieux. Celui-ci est le chancelier du Christ qui, après avoir goûté sur la montagne la douceur de la résurrection future, est à la manière du bon porte-étendard porté le premier au combat. L'aveuglement des Juifs ne le détourna pas de sa foi obstinée, et la cruauté notoire d'Hérode ne le retarda pas d'accomplir une bonne œuvre. Des trois colonnes de la sainte Église, que rappelle l'apôtre Paul aux Galates, celui-ci n'est pas la moindre (cf. Gal 2, 9). Comme en effet, à l'imitation du nombre des fils du bienheureux Jacob, le Seigneur élut douze disciples, qu'il appela ses apôtres, de même, à l'imitation du nombre des saints patriarches, à savoir Abraham, Isaac et Jacob, il en établit, par une préférence d'affection et de vertu, trois sur les douze, à savoir saint Pierre, le bienheureux Jacques et son frère Jean, pour être les chefs et les colonnes des autres.

Il était établi, en effet, de la bouche du très sage Salomon, qu'une triple corde ne se rompt pas facilement (cf. Ec 4, 12). Il institua donc ceux-ci à l'instar d'une corde assemblée par la glu de la charité, par laquelle les autres seraient ligotés et protégés alentour, en maîtres et tuteurs, révéla à ceux-ci ses secrets plus pleinement qu'aux autres, leur montra, avant la Résurrection, dans la Transfiguration, la gloire de la résurrection future (cf. Mt 17, 1-8), introduisit eux seuls avec Lui pour ressusciter la fille du chef de la synagogue (cf. Mt 9, 23-26 ; Mr 5, 35-42 ; Lc 8, 49-56). À l'approche de sa Passion, voulant montrer l'humanité de la chair qu'il avait prise, qu'il avait prise pour nous, afin que ne désespèrent pas les hommes qui ressentent l'infirmité de leur chair, lorsqu'il alla recommander son combat à son Père, il prit ceux-ci pour qu'ils prient avec Lui (cf. Mt 26, 36-46). S'il avait révélé ses secrets à tous, ou bien sa Passion aurait été empêchée, ou bien les élus auraient été scandalisés par le spectacle de la Passion. C'est pourquoi il ordonna aux apôtres de se taire au sujet du Christ et, aux guéris, il interdit de se glorifier de leur guérison, et il fut prescrit aux démons de garder le silence sur le Fils de Dieu. *Nous prêchons,* en effet, dit l'apôtre, *une sagesse de Dieu mystérieuse et cachée, que nul des princes de ce siècle n'a connue. Car s'ils l'avaient connue, ils n'auraient pas crucifié le Seigneur de gloire* (1 Cor 2, 7-8). C'est-à-dire qu'ils auraient fait que je ne sois jamais racheté par la mort du Seigneur.

Il a révélé à bon droit ses secrets à ceux qu'il a su solides et constants dans son amour, qu'il a pressenti ne pas être paresseux, le temps venu, à enseigner leur prochain. Ce qui peut être bien apprécié aussi dans leur vocation. Furent appelés en effet sur la mer de Galilée Pierre avec son frère, Jacques avec son frère (cf. Mt 4, 18-22 ; Lc 5, 1-11 ; Jo 1, 41-51). Seuls doivent être en effet estimés dignes d'accomplir l'office de la prédication ceux qui sont liés au prochain d'un amour fraternel, qui se hâtent de rapprocher des autres les verbes de vie non pour un avantage terrestre mais pour le seul amour. Pierre, pour répondre à l'appel du Seigneur, laissa son bateau et ses filets, c'est-à-dire tout ce qu'il avait. Le bienheureux Jacques laissa non seulement son bateau et ses filets, ce que Pierre avait fait, mais encore il ne prit pas garde à son père, que la loi ordonne d'aimer et d'honorer, pour suivre la voix du Seigneur. Que dirai-je de sa mère ? Certes la mère, aussi bien grâce au long bénéfice de l'éducation, que parce qu'il est plus des femmes que des hommes d'attirer leurs fils par des flatteries, est habituellement plus chère aux fils que le père. Mais le bienheureux Jacques quitta même celle-ci sans la saluer. Heureux le prévaricateur de la loi, qui ne fit pas passer la loi avant l'auteur de la loi, selon la manière juive, et ne prit pas en considération l'affection naturelle, parce que le fondateur de la nature était en question. Il savait en effet que le père devait être honoré et la mère aimée, mais il n'ignorait pas qu'il fallait faire passer Dieu avant eux. Il avait l'affection d'un fils respectueux, mais l'obéissance au Créateur était prépondérante. Le père doit être honoré, les parents doivent être honorés, le bon prochain doit être honoré, mais plus que tous doit être honoré et révéré le Dieu créateur. Il faut donc louer saint Pierre, parce qu'il a abandonné son bien pour suivre l'appel de Dieu. Il faut élever au-dessus le bienheureux Jacques qui, non seulement n'a pas observé la loi, mais encore a oublié pour Dieu l'amour de son père et de sa mère. Il convient en effet de faire passer les choses humaines après les choses divines. Car si les devoirs de piété doivent être accomplis envers les parents, combien plus envers l'Auteur des parents, à qui l'on doit en outre être reconnaissant de ses parents ?

PLACE DE SAINT JACQUES PARMI LES APÔTRES. Ici nous incommode quelque subtilité passablement délicate. Pourquoi en effet le très équitable rémunérateur qu'est Dieu a-t-il établi Pierre en tant que prince des apôtres, laissant presque sans attribution saint Jacques et Jean son frère, alors qu'ils étaient selon la chair des parents du Sauveur et laissèrent beaucoup plus que Pierre en faveur du Seigneur ? Certains s'efforcent de résoudre la difficulté de la manière suivante : ils pensent que Pierre aurait aimé le Seigneur plus que les autres. S'ils prouvaient la chose par un témoignage de l'Évangile, nous estimerions qu'il faut y consentir sans hésitation. Quoi d'étonnant, en effet, que Dieu ait placé au-dessus des autres celui qui l'aura aimé de préférence affective plus que tous les autres ? Mais si cela n'est pas confirmé par une assertion de l'Évangile, nous estimons téméraire ce jugement sur l'amour des apôtres. Lorsque en effet le Seigneur interrogea Pierre, disant : *Simon fils de Jean, m'aimes-tu plus qu'eux ?* Pierre, déjà instruit à ne pas usurper, répondit : *Seigneur, tu sais que je t'aime* (Jo 21, 15-17), comme s'il avait dit : « Je sais que je t'aime d'un cœur droit, comme tu le sais mieux encore, mais j'ignore combien les autres t'aiment. » Si en effet Pierre l'ignore, qui donc est plus sage que le prince des apôtres pour tenter de prouver que, parmi les apôtres, Pierre a aimé davantage le Seigneur ? Sans tergiversations disons, avec saint Jérôme, que Dieu l'a mis à leur tête en raison de son âge. Le bienheureux Jacques était en effet un jeune homme et Jean son frère encore un enfant ; Pierre, en revanche, était plus vieux et avancé en âge. Bon est donc le maître qui devait enlever à ses disciples une occasion de contester et leur avait dit : *Je vous donne ma paix, je vous laisse ma paix* (Jo 14, 27) ; il offrirait une occasion de jalousie, s'il avait placé des adolescents avant un homme plus âgé. Le Seigneur très prudent a donc voulu nous donner un exemple, afin que personne ne présume de ses forces pour s'élever au magistère de la sainte Église s'il n'est pas d'âge avancé. Les jeunes gens ont coutume en effet de simuler la religion pour bénéficier avant l'heure d'un honneur indu. Maintes fois, quelque bons qu'ils aient été, ils se détériorent, faute d'avoir été encore bien mis à l'épreuve, à cause de l'honneur qui leur est fait. Combien de calamités sont survenues dans la sainte Église pour une négligence de ce genre, il n'est pas en notre pouvoir de le rapporter. C'est pour cela que Joseph ne reçut pas le principat avant d'avoir passé trente années en Égypte et que Jean Baptiste, *qui ne connut plus grand que lui parmi les enfants des femmes* (Mt 11, 11 ; cf. Lc 7, 28), ne commença point une tâche de prédication avant trente ans. Ézéchiel non plus ne mérita pas d'être prophète avant d'avoir atteint le même âge, et le Seigneur lui-même institua par sa personne les usages de son Église, en attendant d'avoir trente ans pour commencer sa prédication porteuse du salut. Nous pouvons dire aussi que Dieu prudent n'a pas voulu donner à ses parents, bien qu'ils fussent bons, une supériorité sur les autres, afin qu'il ne parût point l'avoir fait non à cause de leur sainteté mais en raison de leur consanguinité. Il voulait en effet parer déjà à la dépravation de ceux qui attribuent les honneurs ecclésiastiques, et même les dons destinés aux pauvres en esprit, en fonction non de la religion mais de la consanguinité. En outre, le bienheureux Jacques et Jean son frère, sachant déjà les choses de la terre et souhaitant avoir la primauté sur les autres, poussèrent leur mère, qu'ils savaient en faveur auprès du Seigneur, soit pour des raisons de famille soit par le lien de la sainteté, à demander une primauté. Le Seigneur, ne les admit pas à cette place éminente comprenant combien, autant par eux-mêmes que grâce aux puissants de ce siècle, s'arrogeraient sans droit des honneurs ecclésiastiques et voulant suggérer à son Église de n'accueillir aucune ingérence. Cependant enseignés après l'Ascension, ils ne délibérèrent pas de la suprématie, mais unanimement placèrent à leur tête Jacques le Juste, à cause de l'éminence de la sainteté par laquelle il rayonnait auprès du peuple dont il était l'évêque, manifestant que serait profitable à la sainte Église un tel gouvernement qui acquiert la faveur populaire par sa sainteté. De là Clément d'Alexandrie, l'excellent docteur, déclare au sixième livre de son *Exposition* : « Pierre, Jacques et Jean, après l'Ascension du Sauveur, bien qu'ils fussent largement ses préférés, ne revendiquent cependant pas la gloire du commandement, mais établissent Jacques, qui était dit Juste, comme évêque des apôtres. » Celui-ci en effet fut saint comme à sa naissance ; il ne but point de vin ni de boisson enivrante (cf. Dt 29, 15 ; Jd 13, 14 ; Lc 1, 15), il ne se coupa point les cheveux (cf. Jd 16, 17), ne fut pas enduit d'huile et n'usa pas des bains. Nous pensons qu'il est clair que le Seigneur plaça Pierre devant le bienheureux Jacques et Jean son frère pour ces raisons.

Que ces trois aient été désignés pour être les colonnes des autres est un très grand mystère. (cf. Gal 2, 9). C'est que ceux-ci figurent les vertus principales, la foi, l'espérance, la charité. Par Pierre il faut comprendre la foi par laquelle nous commençons, par Jacques l'espoir par lequel nous nous levons, par Jean la charité par laquelle nous nous consumons. Pierre détient donc le commandement à bon droit, parce que sans la foi il est impossible de plaire à Dieu (cf. Heb 11, 6). Mais, parce que la foi est inutile si la lascivité de la chair n'est pas contrainte et le démon chassé de la maison du cœur, c'est à bon droit que suit Jacques, qui est interprété le supplanteur. Et lorsque nous aurons fait cela, nous ne devons pas l'attribuer à nos propres forces, mais à la grâce divine, raison pour laquelle Jean suit, qui est dit grâce de Dieu. Et il ne faut pas passer sous silence qu'à ces trois seuls Dieu a imposé un nom. Simon, en effet, pour la sincérité de sa foi, qu'il a confessée lorsque le Seigneur l'interrogeait, a été nommé Pierre (cf. Mt 16, 13-20 ; Mr 8, 27-29 ; Lc 9, 18-27). Le bienheureux Jacques et Jean son frère, parce qu'ils étaient liés par une véritable parenté de la chair et de l'esprit, n'ont pas reçu séparément de nom, mais ensemble, en raison de la solidité et de la grandeur de leur foi, ils furent appelés Boanergès, c'est-à-dire fils du tonnerre (cf. Mr 3, 17). Qu'est-ce que ce tonnerre dont le bienheureux Jacques et Jean sont dits les fils ? C'est assurément celui qui, de la nue a tonné au-dessus du Christ : *Celui-ci est mon Fils bien-aimé en qui j'ai mis mes complaisances* (Mt 3, 17). Ô stupéfiante et admirable bénignité du Sauveur, qui a donné par sa grâce au bienheureux Jacques et à Jean ce qu'il avait en propre par sa nature. Car, parce qu'ils avaient quitté pour lui-même leur père selon la chair, il leur donna d'avoir avec eux le Père céleste. Heureuse compensation, mais nullement étrangère au Seigneur dont la rémunération est toujours débordante.

FILS DU TONNERRE. Maintenant, frères, regardons l'efficacité du tonnerre pour connaître ce que c'est que d'être son fils. Ce n'est pas une petite chose ni une chose légère, ce qui a été donné au-delà des autres aux fils qui laissèrent leur père par le large rémunérateur qu'est le Seigneur. Le tonnerre enflamme les nuées, émet des éclairs, fait trembler la terre et l'irrigue de pluies. C'est donc cela qu'il a conféré « tropologiquement » au bienheureux Jacques et à Jean avant les autres. Et parce que le bienheureux Jacques était plus âgé, le bon ordre exigeait qu'il fût le premier à commencer à tonner. Donc, après l'Ascension du Seigneur, le bienheureux Jacques, plein de l'Esprit-Saint, enflamma les nuées juives de sa prédication. Il démontrait leur malice, enflammait leur dureté, confondait leur jalousie. La malice, dont ils auraient dû rougir comme de leurs péchés, non seulement ils négligeaient de la corriger, mais ils poursuivaient de haine incorrigible ceux qui cherchaient à les en corriger. Leur dureté aussi, parce que, par une sottise quasi innée, ils ne prenaient pas les promesses du Seigneur et les témoignages ouverts des prophètes, mais ajoutaient par leurs récits fabuleux à leur sottise. L'envie parce que, s'ils voyaient des personnes sollicitées par la grâce divine, non seulement ils ne voulaient pas les entendre, mais en outre ils les affligeaient de condamnations et de haine et de la plupart des tortures, comme si c'étaient des malfaiteurs. Au-delà de toute chose, il leur présentait Jésus-Christ, leur démontrait que c'était celui qui leur avait été promis par la Loi et les prophètes, leur rappelait les bienfaits qu'il leur avait apportés, et leur annonçait les tourments éternels que leur vaudrait leur ingratitude envers tant de bienfaits s'ils ne faisaient pas pénitence. Ainsi le bienheureux Jacques retentissait-il de menaces en analysant la concentration des péchés. Il fulgurait de miracles, illuminant les cœurs des gens simples, dispensait la pluie salutaire, en rassérénant et en réconfortant les esprits des petites gens. Il découvrait les oracles des prophètes, élucidait les mystères des écritures, affirmait par toutes choses le Christ. Scribes et Pharisiens étaient confondus, qui par leurs commentaires sots et ridicules plutôt détruisaient qu'ils n'exposaient la loi. Les Sadducéens étaient confondus, qui niaient la Résurrection par des récits mensongers. Plus que tous étaient confondus ceux qui avaient crucifié le Christ. Ils ne savaient que faire, où se tourner. Ils étaient vaincus en effet par des raisons, ils rougissaient d'être confrontés à l'autorité des textes, ils étaient désarçonnés par les pouvoirs des miracles.

Il y avait à l'époque un certain magicien du nom d'Hermogène, qui, séduit lui-même par les artifices de l'ennemi, ne cessait de séduire les autres. Ce mage avait en effet avec l'ennemi du genre humain une telle familiarité qu'il paraissait plus le commander qu'être à ses ordres. Les Juifs donc demandent l'aide de ce magicien contre le bienheureux Jacques. S'ils ne pouvaient lui résister par la raison, du moins les artifices du magicien les préserveraient-ils d'être vaincus. Et parce que le magicien était habile en science de ce siècle et soutenu par de prétendus miracles, les Juifs se préparaient à refouler par la sagesse humaine le tonnerre du bienheureux Jacques et espéraient effacer les miracles du bienheureux Jacques par ceux du magicien. Le bienheureux Jacques non seulement détruisit les assertions du magicien, mais il annula les miracles qu'il avait faits par son art démoniaque et convertit au Seigneur le magicien lui-même son disciple. Ô Juifs au cœur stupide, qui par une entreprise insane avez travaillé contre le fils du tonnerre! Par quelle barrière vous prépariez-vous à fermer la bouche de celui qui croît à proportion de l'obstacle qu'on lui oppose? Elle n'est pas apaisée par les menaces, elle n'est pas séduite par les tromperies. Si vous voulez faire taire le bruit qu'elle fait, réduisez la concentration de vos péchés! Certainement il ne se fera pas un son terrible dans les airs, à moins que n'advienne le choc d'épaisses nuées: chassez les nuées de vos cœurs et la peur du tonnerre perdra ses forces. Les Juifs donc, le magicien une fois vaincu et converti, désespérant et ne supportant pas le tonnerre du bienheureux Jacques, poussent le roi Hérode, qui y était déjà assez enclin, aux plus grands crimes, le rallient à leur cause par de l'argent et l'incitent à faire mourir le bienheureux Jacques.

En ce qui concerne ce même Hérode, le discours des gens habiles fluctue en raison de l'ignorance historique, quant à ce qu'il fut et de quels parents il semble être issu. Plusieurs en effet estiment qu'il s'agit d'Hérode le Tétrarque, fils d'Hérode le Grand qui fit décapiter saint Jean Baptiste. Ceuxlà sont dans une grande erreur par suite de leur ignorance historique. Le Tétrarque Hérode, comme le rapporte l'*Histoire ecclésiastique* en fournissant le témoignage de Josèphe, après avoir été torturé de diverses manières fut condamné par Gaius César au bannissement à perpétuité. Hérode qui fit exécuter saint Jacques, comme nous l'avons dit en son lieu, acheva sa vie sur le trône. D'aucuns prétendent à tort qu'il aurait été le fils d'Archelaüs, opinion qu'il est aisé de réfuter, par le fait qu'aucune histoire ne rapporte qu'Archelaüs ait eu un fils, auquel il aurait laissé après lui son héritage. Ces opinions étant écartées, nous suivons le récit véridique des histoires. Cellesci rapportent en effet que Hérode le Grand, qui fit mourir les saints innocents à la place du Christ, eut deux enfants de Marianne, qui était de race royale, Aristobole et Alexandre, qu'il fit tuer à l'âge adulte, les suspectant de vouloir attenter à sa vie. Mais Aristobole laissa après lui un fils du nom d'Agrippa, qui lui survécut, à qui Gaius César confia le principat sur la Judée. L'évangéliste Luc nomme celui-ci Hérode, soit en raison de la dignité de son royaume, soit plutôt en raison de sa cruauté semblable à celle d'Hérode (cf. Ac 12, 1). Pour se montrer digne héritier non seulement du pouvoir mais de l'iniquité d'Hérode, de même que celui-là avait voulu faire disparaître le Christ parmi les enfants, celui-ci, poussé par l'argent des Juifs et sa propre iniquité, s'efforça d'opprimer le Christ dans ses apôtres. Il fit donc périr le bienheureux Jacques par le glaive (Ac 12, 2), qui prêchait le Christ plus activement et plus obstinément que les autres, et réfutait les Juifs par les témoignages de la loi et des prophètes. Le bienheureux Jacques fut donc le premier des apôtres à recevoir la couronne du martyre, à la veille de la solennité pascale, la onzième année environ après la Passion de notre Seigneur, la troisième année du règne de l'empereur Claude, comme le rapporte Bède à propos des Actes des apôtres. Mais voyant que, par la mort de Jacques, il plaisait fort aux Juifs, Hérode fit aussi appréhender Pierre (cf. Ac 12, 3), parce que celui-ci paraissait harceler les Juifs. Mais le Seigneur, sachant en lui-même la grande désolation de son Église si deux de ses colonnes principales disparaissaient en même temps, libéra Pierre par sa bénignité de la main d'Hérode et de l'attente des Juifs (cf. Ac 12, 7-17). Il ne laissa pas le bienheureux Jacques invengé, mais le vengea terriblement et continûment. Car, comme le rapporte le bienheureux Luc dans les Actes des apôtres (cf. Ac 12, 19-23), Hérode descendit aussitôt vers Césarée et, le jour solennel où revêtu d'un habit étincelant il présidait le tribunal et parlait au peuple du haut d'une estrade, et comme le peuple l'acclamait disant : « Voix de Dieu et non de l'homme », l'ange du Seigneur le frappa aussitôt, parce qu'il n'avait pas rendu grâce à Dieu, et, rongé par les vers, il expira, dans la cinquante-quatrième année de son âge et la septième année de son règne.

Par cela vous voyez, frères, combien est vraie la sentence du très sage Salomon qui déclare : *L'impie, quand il est venu au profond des pécheurs, méprise* (Pro 18, 3). Hérode, parce qu'il n'éteignit pas l'ardeur de la mauvaise cupidité, ne craignit pas de recevoir de l'argent des Juifs pour faire périr un juste. Cependant il fut élevé à une telle arrogance qu'il usurpa à son profit les honneurs divins qui lui étaient offerts par ses adulateurs. C'est à bon droit qu'il périt frappé par l'ange, lui que ni le souci de son salut, ni le respect de saint Jacques, ni la hauteur de Dieu ne détachèrent de l'iniquité.

ACTIONS D'ÉCLAT DE SAINT JACQUES. Maintenant, frères très aimés, nous voyons dans le bienheureux Jacques les grandes choses faites par Dieu. C'est selon un ordre de beauté et de convenance que celui qui était le premier en dignité devienne aussi le premier dans le supplice. Et que celui qui était en tête pour exhorter devienne un maître dans le martyre. Il fut impétueux dans la demande du royaume (cf. Mr 10, 35), mais il devint plus impétueux dans son acquisition. Il fut arraché le premier par le Seigneur, parce que, si quelqu'un s'empare du royaume sans effort, il est plus digne d'être loué que celui qui l'a acquis à force de vertus. Il convenait en effet au fils du tonnerre de fouler les choses terrestres, de pénétrer dans les cieux, de donner un exemple aux autres. Par le fait qu'il a mieux connu les secrets du Seigneur, il a dû d'autant plus ardemment que les autres l'imiter. Pour autant les prières de sa mère, par lesquelles elle revendiquait pour ses fils un siège dans le royaume, n'ont pas été infirmées : comme un homme savant en louanges hymniques le montre, lors de la répartition des provinces, l'Asie qui est à droite incomba à Jean, et l'Espagne, qui est à gauche, échut à Jacques. Et saint Jacques, comme l'on croit, fut à sa demande transféré en Espagne par ses disciples après sa passion, et il reçut une digne sépulture dans le territoire de Galice, qui est maintenant occupé par Compostelle, non seulement pour régner sur les Espagnols qui avaient été attribués par le sort à son patronage, mais encore pour les réconforter par la présence du trésor qu'est son corps. Réjouis-toi donc Espagne illustrée par un tel éclat, danse, toi qui as été sortie de l'erreur de la superstition. Réjouis-toi parce que, par l'arrivée d'un tel hôte, tu as déposé la férocité brutale et tu as courbé ta nuque d'abord indomptée sous le joug du Christ. L'humilité de saint Jacques t'a apporté plus que la barbarie de tous tes rois. Celle-là t'a élevée jusqu'aux cieux, ceux-ci t'ont abaissée dans l'abîme. Ceux-ci t'ont souillée en sacrifiant aux idoles, celui-ci t'a purifiée en te transmettant le culte du vrai Dieu. Tu es heureuse Espagne de posséder une abondance de choses, mais tu es plus heureuse encore de la présence de saint Jacques. Tu es heureuse parce que ton climat est semblable à celui du paradis, mais tu es plus heureuse encore d'avoir été confiée au garçon d'honneur du ciel. Tu avais été jadis glorieuse dans la rumeur d'une vaine opinion par les colonnes d'Hercule, mais tu es maintenant plus heureuse encore dans la soumission à l'inébranlable colonne qu'est saint Jacques. Celles-là te gagnèrent au diable par une superstition pernicieuse, celle-ci t'attacha à ton Créateur par une pieuse intercession. Celles-là qui étaient de pierre accroissaient ton infidélité, celle-ci qui est spirituelle t'a acquis la grâce du salut.

Donc, frères très aimés, rendons grâce au dispensateur de tous les biens, par la miséricorde de qui nous avons été enrichis d'un tel trésor. Célébrons d'un esprit dévot la solennité de saint Jacques et demandons avec insistance par l'encens de nos pieuses prières que son patronage nous assiste.

> «Mais qui veut vénérer sa solennité doit chasser les désirs charnels.
> Que nulle fange de désir ne le souille, que nul faste d'arrogance ne l'enfle.
> Que ne l'enflamme pas la torche de la colère, ne le torture pas la blessure de l'envie.
> Parce qu'est saint celui qui est loué, pur doit être celui qui vénère.
> Sont malpropres les louanges de celui qui ourdit des fraudes en son cœur.
> Purifions donc nos cœurs, pour que soient acceptables nos éloges.
> Faisons effort pour être semblables à lui, si nous voulons qu'il accepte nos louanges.»

C'est pourquoi Jean Chrysostome, l'excellent docteur, dit : «Quiconque dit d'une louange fréquente les gloires des justes, qu'il imite leurs saintes mœurs et leur justice.» En effet, il doit imiter s'il loue, et il ne doit pas louer s'il se refuse à imiter. Car si nous aimons les saints et les fidèles, parce que nous accueillons en eux la justice et la foi, nous pouvons aussi être ce qu'ils sont si nous agissons comme ils ont agi.

Imitons donc saint Jacques et, par cette imitation et avec son aide, devenons fils du tonnerre. Déchirons par notre prédication les nuées des péchés, ne les encourageons pas par la caresse de l'adulation. Que les choses terrestres ne s'emparent pas de nous mais qu'elles tremblent ébranlées par notre vertu. Irriguons les cœurs des simples par la pluie salutaire de la prédication et faisons prospérer les germes des vertus par son souvenir. Assurément, si nous agissons ainsi, nous serons les fils du tonnerre.

Certes, ni les sévices des Juifs ne le terrifièrent, ni l'arrogance des Pharisiens ne le dompta, ni l'infinie rage d'Hérode ne le dissuada de prêcher la parole divine. Nous non plus, frères, ne nous laissons point mouvoir par l'arrogance des richesses, ni charmer par les profits des choses charnelles, ni terrifier par les tourments des mauvais princes, ni détourner des tâches de la sainte prédication. Imitons donc la piété de saint Jacques, qui guérit l'infirmité du paralytique. Imitons sa charité pour témoigner de la bienveillance même à nos ennemis. Assurément Josias lui avait mis la corde au cou et l'avait traîné devant son juge très cruel, mais après avoir vu le paralytique guéri par saint Jacques, il se repentit bientôt de ses crimes et, tombant aux pieds de saint Jacques, il obtint par ses prières le pardon qu'il demanda. Tel est vraiment le disciple du Christ qui fut ainsi disposé à l'indulgence. Il n'infligea pas de peines à Josias pour avoir d'abord posé sur lui ses mains sacrilèges. Et d'une manière admirable il mérita de l'avoir pour compagnon de sa Passion, celui qu'il avait d'abord pensé être son persécuteur. Tel est le véritable changement qui s'opère à la droite du Très-Haut. Ayons donc, frères, la charité les uns pour les autres, ne commettons pas l'injustice, mais subissons avec patience celle qui nous est infligée. Ainsi assurément nous deviendrons des imitateurs de saint Jacques, ainsi nous mériterons de l'avoir pour patron. Ainsi il transportera nos prières à la source de miséricorde et il les rendra efficaces par ses prières. Avec l'aide de Notre Seigneur Jésus-Christ, à qui est tout honneur et toute gloire dans les siècles des siècles. Amen.

Chapitre XVI

31 JUILLET. SEPTIÈME JOUR
DANS L'OCTAVE DE SAINT JACQUES APÔTRE

LECTURE DU SAINT ÉVANGILE SELON SAINT MATTHIEU. En ce temps-là, *la mère des fils de Zébédée s'approcha de lui avec ses fils et se prosterna pour lui faire une demande. Il lui dit : Que voulez-vous ? Elle lui dit : Ordonnez que mes deux fils, que voici, siègent l'un à votre droite, l'autre à votre gauche, dans votre royaume* (Mt 20, 20-21) et la suite.

SERMON DE SAINT JÉRÔME [1] DOCTEUR
ET DE L'ÉVÊQUE JEAN (OU MAXIME)
POUR L'ANNIVERSAIRE DE L'APÔTRE SAINT JACQUES
FRÈRE DE L'ÉVANGÉLISTE JEAN
QUI REPOSE EN TERRE DE GALICE

Frères très aimés, célébrant aujourd'hui avec la plus grande dévotion la solennité de notre très glorieux et très pieux patron, l'apôtre saint Jacques, vénérable dans le monde entier, passons au commentaire de la lecture du saint Évangile, jusqu'à ce que vous compreniez comment vous devez demander le royaume de Dieu. La mère des fils de Zébédée dit en effet au Seigneur : *Ordonnez que mes deux fils, que voici, siègent l'un à votre droite, l'autre à votre gauche, dans votre royaume* (Mt 20, 20-21). Où la mère des fils de Zébédée puise-t-elle une pareille idée de ce royaume, pour demander en faveur de ses enfants la gloire du triomphe, quand le Seigneur déclare hautement que *le Fils de l'homme sera livré aux princes des prêtres et aux scribes, qui le condamneront à mort et le livreront aux gentils pour être traité avec dérision, fouetté et crucifié* (Mt 20, 18-19), quand il révèle à ses disciples épouvantés les ignominies de sa passion ? C'est, je pense, parce que le Seigneur ajoute : *Et il ressuscitera le troisième jour*. Cette femme s'imagine alors qu'il commencera à régner aussitôt après sa résurrection, que les prédictions concernant le second avènement vont s'accomplir dans le

---

[1] Saint Jérôme, *Œuvres complètes*, trad. Bareille, Vivès, Paris, 1884, t. X, p. 30 ss.

premier et, avec cette impatience qui est le propre de la femme, oubliant l'avenir, elle veut s'assurer du présent. *Il lui dit : Que veux-tu ?* (Mt 20, 21). Il n'interroge pas comme s'il ne savait pas, pour entendre ce qu'elle veut, mais pour qu'elle manifeste aux yeux de tous leur demande déraisonnable. Pourquoi posaient-ils, en effet, la question, comme s'ils étaient des sectateurs épris de la grâce céleste, non comme s'ils avaient la connaissance des demandes utiles et des demandes nuisibles ? Car fréquemment le Seigneur supporte que ses disciples disent, fassent ou pensent quelque chose qui ne convient pas, pour trouver dans leur faute des occasions d'enseigner et d'exposer une règle de piété, sachant que, en présence du maître, l'erreur ne leur nuit pas et que, par sa doctrine, il édifie tous non seulement dans le présent mais aussi dans l'avenir.

Elle lui dit : Ordonnez que mes deux fils, que voici, siègent l'un à votre droite, l'autre à votre gauche, dans votre royaume. La demande de la mère des fils de Zébédée est une erreur de femme, due à son amour maternel. Elle ne savait pas ce qu'elle demandait. Rien d'étonnant si elle est taxée d'ignorance, puisqu'il est dit de Pierre, lorsqu'il veut dresser trois tentes, qu'il ne savait pas ce qu'il disait. Matthieu écrit que cette mère des fils de Zébédée a demandé au Seigneur pour eux, mais Marc voulant faire connaître à ses lecteurs leur désir et conseil ne dit rien de l'intervention de leur mère, et dit plutôt qu'eux-mêmes avaient demandé ce qu'il savait avoir été demandé par leur mère à leur instigation (cf. Mr 10, 35-37). Ensuite le Seigneur répondit, selon les deux évangélistes, non à leur mère, mais à eux : *Vous ne savez pas ce que vous demandez* (Mt 20, 22). Le désir certes est bon, mais la demande est inconsidérée. C'est pourquoi, si leur demande n'avait pas lieu d'être formulée avec autant de simplicité, elle ne méritait cependant pas d'être couverte de honte, parce qu'elle était inspirée par l'amour du Seigneur. C'est pourquoi il ne blâma pas leur volonté ni leur propos, mais réprimanda leur seule ignorance, disant : *Vous ne savez pas ce que vous demandez* (Mt 20, 22). Ils ne savent pas ce qu'ils demandent ceux qui requièrent du Seigneur un siège de gloire qu'ils n'ont pas encore mérité. En effet, ils se délectaient du sommet des honneurs, mais le chemin qui y mène exigeait d'abord des efforts. Ils désiraient régner tout en haut avec le Christ, mais il fallait commencer par souffrir humblement pour le Christ. C'est pourquoi nous devons, nous aussi, ne pas demander à Dieu ce que nous jugeons bon, mais nous remettre au pouvoir de Dieu en le priant de nous accorder ce qu'il sait bon pour nous.

Vient ensuite : *Pourrez-vous boire le calice que je boirai ?* (Mt 20, 22). Il désigne par le calice le martyre de sa Passion, par laquelle il convenait que lui-même et eux soient consumés ; et l'assimilant à cette Passion, il pria, disant : *Père, s'il est possible, que ce calice passe loin de moi* (Mt 26, 39). Le Seigneur ne savait encore s'ils pourraient imiter sa Passion. Mais il le dit afin que nous entendions tous, par l'interrogation du Seigneur et leur réponse, que nul ne peut régner avec le Christ, s'il n'a pas imité la Passion du Christ.

Ils lui disent : Nous le pouvons (Mt 20, 22). Ils répondirent non tant par confiance de leurs cœurs que par ignorance de la tentation. Pour qui ignore ce que c'est, la guerre est désirable. De même que la guerre est désirable pour l'ignorant, de même la tentation de la Passion et de la mort paraît légère à l'inexpérimenté. Si, en effet, le Seigneur a dit lorsqu'il vint en tentation lors de sa passion : *Père, s'il est possible, que ce calice passe loin de moi* (Mt 26, 39 ; cf. Lc 22, 42), combien plus ceux-ci ne devaient-ils pas dire qu'ils pouvaient, s'ils avaient su quelle est la tentation de la mort. La Passion s'accompagne d'une grande crainte, mais la mort d'une crainte plus grande encore.

Il leur dit : Certes, vous boirez mon calice (Mt 20, 23). On se demande comment les enfants de Zébédée, Jacques et Jean, ont bu le calice du martyre. L'apôtre saint Jacques seul ayant eu, d'après l'Écriture, la tête tranchée par Hérode, alors que saint Jean est mort de mort naturelle. Mais si nous ouvrons l'*Histoire ecclésiastique*, nous trouverons que saint Jean rendit lui aussi témoignage au Christ, qu'il fut pour cela plongé dans une chaudière d'huile bouillante, que ce vaillant athlète du Christ en sortit pour recevoir la couronne et fut, aussitôt après, exilé dans l'île de Patmos ; et nous en conclurons que ni le courage ni la volonté ne lui manquèrent pour le martyre, et qu'il a bu lui aussi le calice de la souffrance que les trois jeunes gens burent dans la fournaise ardente, bien que le bourreau n'ait pas répandu leur sang.

Quant à être assis à ma droite ou à ma gauche, ce n'est pas à moi de vous le donner ; cela est réservé à ceux pour qui mon Père l'a préparé (Mt 20, 23). Il faut entendre ces paroles ainsi : le royaume des cieux n'est pas à la disposition de celui qui le donne, mais de celui qui le reçoit ; car Dieu ne fait acception de personne : quiconque se sera rendu digne du royaume des cieux le recevra ; car il est préparé moins pour la personne que pour ses vertus. « Si donc vous méritez par vos œuvres d'obtenir ce royaume des cieux que mon Père a préparé pour les victorieux et les triomphants, vous aussi vous le recevrez. » De même, « ce n'est pas à moi de vous l'accorder, mais c'est destiné à ceux pour lesquels c'est réservé » (cf. Mt 20, 23). Il dit par là : ce n'est pas à moi de le donner aux orgueilleux. Ce qu'ils étaient, en effet, jusqu'alors. Mais si vous voulez le recevoir, ne soyez pas ce que vous êtes. C'est préparé pour d'autres, et si vous devenez autres, ce sera préparé pour vous. Que signifie « devenir autres » ? D'abord de s'abaisser, vous qui voulez être élevés.

Les dix autres ayant entendu ceci, furent indignés contre les deux frères (Mt 20, 24). Les dix autres apôtres ne témoignent aucune irritation contre la mère des enfants de Zébédée ; ils ne s'en prennent pas à elle de la hardiesse de sa demande, mais à ses enfants, et s'indignent des désirs ambitieux et de la soif des grandeurs qu'ils ont laissé percer. C'était aussi à eux que le Sauveur disait : *Vous ne savez pas ce que vous demandez* (Mt 20, 22). Puisqu'ils demandèrent quelque chose dans la perspective de la chair, ils furent affligés dans la perspective de la chair. Car de même qu'ils n'auraient pas demandé à être au-dessus de tous les autres s'ils avaient possédé une sagesse spirituelle, de même ils n'auraient pas été attristés que d'autres soient devant eux. Car il est blâmable de vouloir être au-dessus de tous, mais fort glorieux de supporter quelqu'un d'autre au-dessus de soi. *Mais Jésus les appela à lui et leur dit : Vous savez que les princes des nations dominent sur elles, et que ceux qui sont les plus puissants parmi eux les traitent avec empire* (Mt 20, 25). Ce maître, modèle de douceur et d'humilité, ne reproche pas aux deux solliciteurs leurs désirs immodérés, ne réprimande pas les dix autres de l'indignation et de l'envie qu'ils laissent paraître ; il se contente de leur apprendre par un exemple que celui-là sera le plus grand qui se sera fait le plus petit ; que celui-là sera le maître qui se sera fait le serviteur de tous. C'est donc inutilement que les uns ont brigué les honneurs, inutilement aussi que les autres se sont révoltés contre leur ambition, puisqu'on ne parvient pas aux plus hauts sommets des vertus par la puissance, mais par l'humilité. Ces paroles du Seigneur nous font comprendre que c'est par l'humilité que l'on parvient au commandement, et par la simplicité que l'on entre dans le ciel. Que quiconque souhaite posséder le faîte de la divinité s'applique aux rigueurs de l'humilité. Enfin, il se donne lui-même en exemple : si ses paroles ne suffisent pas à les convaincre, que sa conduite les fasse rougir. Il dit : *C'est ainsi que le Fils de l'homme n'est pas venu pour être servi mais pour servir* (Mt 20, 28). Note-le, nous l'avons dit souvent, celui qui sert est appelé le Fils de l'homme. *Et donner sa vie en rançon pour un grand nombre* (Mt 20, 28). Il dit vie à la place de corps, celui qui appela son corps sa vie (son âme) lors de sa passion, disant : *Mon âme est triste jusqu'à la mort* (Mt 26, 38). Et ailleurs : *J'ai le pouvoir de donner ma vie et j'ai le pouvoir de la recouvrer* (Jo 10, 18). Le Seigneur a donné son corps dans la Passion et l'a recouvré dans la Résurrection. Il donna sa vie quand il prit la situation d'un esclave, afin de verser son sang pour le monde. Il a donné sa vie en rançon pour un grand nombre, quand il a apporté la rédemption à son peuple et l'a déposée dans son Testament, celui qui donna sa vie pour ses brebis et qui daigna mourir pour son troupeau. Et il n'a pas dit « donner sa vie en rançon pour tous les hommes », mais « pour un grand nombre », c'est-à-dire pour tous ceux qui voudront croire.

Que donc celui qui n'a pas donné pour les miséreux que nous sommes quelque autre valeur que lui-même nous apporte la joie sans fin dans son royaume, Jésus-Christ Notre Seigneur, dont le règne et l'empire demeurent sans fin dans les siècles des siècles. Amen.

Chapitre XVII

SERMON DU PAPE CALIXTE POUR LA SOLENNITÉ DE L'ÉLECTION ET DE LA TRANSLATION DE SAINT JACQUES APÔTRE QUI EST CÉLÉBRÉE LE 30 DÉCEMBRE

Frères, le jour vénérable et solennel de saint Jacques s'est levé aujourd'hui pour le monde : exultons et réjouissons-nous. Ce jour est plus célèbre, plus clair, plus noble, plus digne, plus saint que bien d'autres, car le grand apôtre Jacques, patron de la Galice, a orné les cieux de son entrée spirituelle, illustré le peuple espagnol et galicien de son arrivée corporelle ; il a enrichi l'un et l'autre de ses miracles partout répandus, et il a enrichi les cieux à jamais par ce jour qui a fait loyalement la fortune de ces terres. Et la cohorte des anges se réjouit dans le ciel, et notre mère l'Église se réjouit sur cette terre. Une double solennité est célébrée aujourd'hui par les fidèles : l'élection de saint Jacques comme apôtre par le Seigneur sur le rivage de la mer de Galilée, en même temps que Jean, Pierre et André, et sa translation, par laquelle son corps très précieux a été transporté de Jérusalem en la ville de Compostelle. Telles sont en effet les solennités apostoliques vénérables, sacro-saintes, que tous les hommes doivent fêter, que tous les peuples doivent célébrer, au cours desquelles les récompenses célestes sont dispensées aux justes par Dieu tandis qu'aux pécheurs repentis est promis le salut éternel. Comment, ce jour-là, le vénérable apôtre Jacques fut élu, c'est ce que disent les livres des évangélistes, dont Matthieu qui déclare entre autres : *S'avançant plus loin, il vit deux autres frères, Jacques, fils de Zébédée, et Jean, son frère, dans une barque, avec leur père Zébédée, réparant leurs filets, et il les appela. Eux, laissant à l'heure même leur barque et leur père, le suivirent* (Mt 4, 21-22). Paul mentionne à son tour cette élection, disant : *Ce que le monde tient pour insensé, c'est ce que Dieu a choisi pour confondre les sages ; et ce que le monde tient pour rien, c'est ce que Dieu a choisi pour confondre les forts ; et Dieu a choisi ce qui dans le monde est sans considération et sans puissance, ce qui n'est rien, pour réduire au néant ce qui est, afin que nulle chair ne se glorifie devant Dieu* (1 Cor 1, 27-29). Sedulius, quant à lui, l'excellent versificateur, considérant cette élection vénérable du bienheureux Jacques, l'a chantée d'une plume fidèle à la louange du Christ, disant :

« Aussitôt donc il ordonne d'être ses disciples
Capables de pêcher les âmes humaines
À des hommes choisis parmi les pêcheurs,

Qui poursuivent les joies du monde,
Glissantes comme un bâton de cire flottant dans les eaux,
Et traversent à la nage les abysses douteux et aveugles.
Il les consacre à la vie supérieure,
Eux que n'animent pas la gloire éphémère de la parole
Ni le sang orgueilleux d'une vaine noblesse,
Mais la renommée muette, et que l'éclat resplendissant
D'un esprit humble rend proches du ciel malgré leur origine.
Car le Dieu puissant choisit les sots et les plus petits du monde
Pour confondre les fiers et les perdre par sa sagesse [1].»

Comment s'effectua la translation de cet apôtre. De nombreux témoignages de fidèles assurent qu'après avoir été mis à mort par Hérode, le corps vénérable entier de Jacques fut transporté par une petite embarcation, gouvernée par ses disciples et accompagnée par un ange du Seigneur, de Jérusalem en Galice, au moyen de divers miracles. Par sa translation, du fait de la prédication assurée par ses disciples, la Galice et l'Espagne, régénérées par la grâce du baptême, ont acquis le royaume des cieux. Il convient de dire de cette translation ce qui a été écrit jadis par le sage : *Étant agréable à Dieu, il était aimé de lui, et comme il vivait parmi les pécheurs, il a été transféré* (Sap 4, 10). En revanche, en ce jour, l'Église joyeuse des fidèles a coutume de chanter des psaumes en l'honneur de l'Apôtre, disant : Jacques a plu à Dieu et il a été transféré dans le paradis, pour donner aux peuples l'absolution.

ÉLECTION DE SAINT JACQUES. Mais nous devons nous demander comment cette élection et cette translation peuvent être comprises. En effet, son élection suggère, au point de vue moral, la rémission des péchés et la persévérance dans les bonnes œuvres, et sa translation démontre le repos éternel. De même en effet que le bienheureux Apôtre, le jour où il a été élu, a abandonné pour l'amour divin non seulement son filet, son père et sa mère et tout ce qu'il avait en propre, mais encore la somme vicieuse de son ancienne culture, et depuis lors persévéra dans les bonnes œuvres, de même nous devons nous défaire de l'amas de nos péchés et persévérer dans les bonnes œuvres. C'est pourquoi le Seigneur lui ordonna de laisser tout, parce qu'il ne veut pas que ses compagnons soient préoccupés des biens de la terre, mais qu'ils tendent vers les choses célestes. *Nul qui sert Dieu comme soldat,* comme dit l'apôtre*, ne s'engage en des affaires de la vie ordinaire, pour donner satisfaction à celui qui l'a enrôlé* (2 Tm 2, 4). Par le bateau que le bienheureux Jacques a abandonné sur les flots de la mer, lorsque le Seigneur l'a appelé, il convient de comprendre, au sens de la typologie, la synagogue des Juifs : celle-ci voguait parmi des préceptes dangereux comme un navire sur les ondes marines, que le genre humain, après avoir entendu la parole de l'Évangile, quitta, comme Jacques son petit esquif, pour rejoindre l'Église

---

[1] Cf. Caelius Sedulius, *Carmen Paschale*, II, 220 sq. ; éd. J. Huemer, CSEL 10 (1885), p. 59.

catholique. Par les filets, il faut entendre la loi antique de la circoncision et les sacrifices, par lesquels le peuple juif était pris et maintenu captif comme une multitude de poissons dans un filet, que l'Église des fidèles, une fois reçue la grâce du nouveau baptême, quitta, comme Jacques ses filets. Avec le père du bienheureux Jacques, Zébédée, qui est interprété le diable, parce que « le fugitif l'a abandonné », c'est le démon lui-même qui se trouve désigné ; laissant Dieu, il s'est réfugié dans les enfers ; le genre humain en suivant les préceptes du Christ a renoncé à lui, comme Jacques à son père, et remonte à la place d'où il était lui-même descendu. C'est le repos éternel que représente la translation de saint Jacques : de même que le vénérable corps de l'apôtre a été transporté du lieu de son martyre à celui de sa sépulture et que son âme a été transportée par les anges dans le repos éternel, ainsi nous sommes appelés à bon droit à monter, par la persévérance dans les bonnes œuvres, des tribulations de notre bonne vie au repos éternel du paradis. Le fait que personne ne peut tendre à la vie éternelle si ce n'est par le labeur d'une dure vie présente, Dieu le manifeste lorsqu'il dit : *Venez à moi, vous tous qui êtes fatigués et ployez sous le fardeau, et vous trouverez du repos pour vos âmes* (Mt 11, 28-29). Et il est dit dans le livre de la Sagesse : « Dieu rendra aux saints le salaire de leurs travaux » (cf. Sap 10, 17). Et l'Apôtre : *C'est par beaucoup de tribulations qu'il nous faut entrer dans le royaume de Dieu* (Ac 14, 22). C'est pourquoi le bienheureux Apôtre a été élu en ce jour, pour que, par sa prédication, il arrache le monde aux griffes du démon. Il a été translaté pour prémunir grâce à son patronage non seulement les Galiciens mais ceux qui visitent son véritable sépulcre sacré, pour les enrichir de ses bienfaits, les illustrer de miracles sans nombre et préparer dans la céleste patrie une place avec lui à ceux qui l'aiment de tout leur cœur. C'est à l'époque de l'année où il y a de la glace comme du cristal, où la neige est parsemée sur le monde comme de la farine et où tout homme est exposé à la morsure du froid qu'est célébrée la Translation du bienheureux Jacques. Et au moment où le fruit de la terre est recueilli et où les céréales sont remplies de grains nourriciers, c'est sa Passion que l'on fête [2]. Le sens est le suivant : le temps adéquat, où la Passion de saint Jacques est fêtée et où les fruits de la terre sont récoltés, signifie le siècle présent apte à faire le bien, et le temps où son élection vénérable et sa translation sont célébrées, et où tous les mortels sont pressés par le froid, illustre le siècle à venir dans lequel rien ne peut être fait. Quiconque donc n'aura rien fait de bien dans ce siècle mendiera dans le siècle futur pour avoir un pécule.

TRANSLATION DE SAINT JACQUES. On ne saurait toutefois passer sous silence les apocryphes : il faut raconter et corriger ce que bien des insensés, qui sont tombés honteusement dans l'hérésie, avaient coutume de prétendre au sujet de ce Jacques et de sa translation, voire, pis encore, ont

---

[2] Il n'est donc pas question de la troisième fête de saint Jacques, celle des miracles qui est célébrée le 3 octobre.

osé mettre par écrit. Certains, en effet, croient – ce qui est aberrant – qu'il a été le fils de la mère de Dieu, parce qu'ils ont entendu lire dans l'Évangile et dans l'épître aux Galates que Jacques est désigné comme frère du Seigneur.

D'autres déclarent qu'il serait venu de Jérusalem assis sur un rocher, traversant les vagues de la mer sans radeau pour accomplir la mission que lui avait impartie le Seigneur, et qu'une partie de ce rocher serait restée près de Jaffa. D'autres encore disent que ce rocher serait arrivé dans le bateau lui-même avec la dépouille mortelle. Mais j'ai constaté moi-même que ces deux fables sont mensongères. Lorsque je vis ce rocher, j'ai reconnu qu'il venait de Galice. Cependant il convient de révérer convenablement le rocher de saint Jacques pour deux raisons : la première est qu'après l'arrivée du corps de l'apôtre dans le port d'Iria les disciples, comme il est raconté, le déposèrent sur ce rocher, la seconde – et c'est encore plus important – parce que l'eucharistie y fut célébrée.

D'autres, quant à eux, déclarent qu'il aurait maudit la terre de Galice, de telle sorte qu'elle ne porte plus de vigne. Cela serait advenu, parce que, dit-on, une certaine femme du nom de Compostelle se serait endormie pour avoir bu trop de vin, tandis que l'apôtre reposait sur ses genoux, et n'aurait pas annoncé le Seigneur venu visiter la basilique alors que l'Apôtre le lui aurait ordonné. D'autres encore disent que le Seigneur lui serait apparu, aurait enlevé l'écorce d'une verge qu'il tenait à la main et lui aurait promis que, de même que cette verge fut dépouillée de son écorce, de même les croyants qui viendraient au tombeau de l'apôtre seraient lavés de leurs péchés. C'est une erreur qu'il convient de réfuter comme suit : si le pécheur est purifié comme la verge, il ne devient donc pas vraiment pur ; la verge ne peut être purifiée qu'extérieurement, non intérieurement, alors que le pécheur a besoin d'une lustration tant intérieure qu'extérieure, de son corps et de son âme.

D'autres disent que les anges auraient parlé ouvertement dans la basilique apostolique et même une fois chanté. D'autres encore s'imaginent que les anges auraient porté le cadavre de saint Jacques à travers les airs de Jérusalem en Galice, sans intervention humaine. D'autres disent aussi que sa dépouille mortelle aurait été transférée par des matelots dans un bateau de verre par-dessus les vagues de la mer, de Jérusalem en Galice. Nous rangeons toutes les fables et rêveries de ce genre parmi les apocryphes, nous les rejetons en bloc et interdisons dans notre colère, sous peine d'anathème, que quiconque ose écrire encore quoi que ce soit à ce sujet, qui ne figure pas parmi les informations véridiques que contient le livre intitulé *Jacobus*. Celui-ci consigne en effet tout ce qui est nécessaire pour les lectures et le chant lors des fêtes de saint Jacques et cela est, tel qu'il s'y présente, rassemblé à partir des livres authentiques. Toutefois nous permettons, pour l'édification des fidèles, d'écrire les miracles que le saint fera à l'avenir et qui auront été attestés par deux ou trois témoins. Nous autres, qui rejetons les errements ci-dessus et revendiquons en toute orthodoxie les témoignages véridiques qui le concernent et examinons ses sublimes actions d'éclat, nous devons nous réjouir sur la terre au sujet de celui qui fait la joie des anges dans la céleste patrie.

Les cœurs des autres retentissent de louanges humaines, mais il m'importe de garder le souvenir des justes. Car l'esprit invite à accomplir une tâche de piété en rédigeant des livres sur le vainqueur. Et il y a deux raisons à cela : l'une est qu'il est habile de dire de grandes choses au sujet des grandes choses, car celui qui les dissimule se fait l'auteur d'un crime ; la seconde raison est que celui qui est touché d'amour désire des choses encore meilleures quand il lit les hauts faits des justes : *Louez le Seigneur*, dit le Psalmiste, *dans ses saints* (Ps 150, 1). S'il nous est ordonné de louer le Seigneur dans ses saints, à plus forte raison devons-nous le louer et le commémorer par une digne vénération en saint Jacques, qui a vu au mont Thabor (cf. Mt 17, 1-8) le Fils de Dieu sous forme humaine transfiguré dans la puissance du Père, lui que Moïse sur le mont Sinaï (cf. Ex 19, 1 ss) et Abraham auprès du chêne de Mambré (cf. Gn 18, 1-2) et Jacob au mont Béthel (cf. Gn 28, 12-20) et les autres saints ne furent pas en mesure de voir jadis totalement. Celui-ci en effet est juste qui entre dans la mémoire éternelle des anges et des hommes, comme l'atteste le Psalmiste disant : *Le juste sera dans une mémoire éternelle* (Ps 111, 6). La mémoire éternelle désigne la béatitude du royaume céleste, dans laquelle le juste qui agit bien est loué sans bornes par les anges. C'est donc à bon droit que le bienheureux Jacques est gardé en mémoire par les anges et par les hommes, parce qu'il est passé à la joie des cieux, parce que, durant le voyage sur terre du corps seul, il se tourne par la pensée et le désir vers cette patrie éternelle. Dégagé des liens de la chair, il rapporta au roi suprême, après l'avoir doublé, le talent qui lui avait été confié par le Seigneur (cf. Mt 25, 14 ss). C'est à lui que sera fort bien dit par le Seigneur au jour de la rétribution : *Bien, serviteur bon et fidèle ; en peu tu as été fidèle, je te préposerai à beaucoup ; entre dans la joie de ton maître* (Mt 25, 23).

SAINT JACQUES LIS ET PALMIER. Il faut prendre comme une louange du bienheureux Jacques ce qui a été dit par un sage : *Le juste croîtra comme le lis* (Os 14, 6) et sera florissant pour l'éternité (cf. Ps 91, 13) devant le Seigneur. Le lis meurt par ses feuilles en hiver et il engendre de superbes fleurs blanches au fruit odorant en été. Le lis qui meurt en hiver et produit en été des fleurs blanches au fruit odoriférant représente saint Jacques, qui est oppressé en ce monde par les afflictions de sa Passion comme par les rigueurs de l'hiver et, dans la joie estivale, c'est-à-dire dans les délices du paradis, connaît une floraison juvénile éternelle devant Dieu par les mérites de ses bonnes œuvres. Le lis produit un fruit odoriférant, parce que le bienheureux Jacques, comme dit saint Paul, *bonne odeur du Christ pour Dieu* (2 Cor 2, 15), a été en tous lieux, en prêchant, en priant, en accomplissant de bonnes œuvres, en donnant sans interruption à tous le bon exemple. Le lis meurt par ses feuilles, mais est vivifié par ses racines, parce que le bienheureux Jacques a mortifié son être extérieur mais a vivifié son être intérieur en augmentant en lui ses forces. La didascalie médicale de Dioscoride décrit les forces du lis en disant : « Les médecins connaissent le lis dont les forces peuvent amollir la dureté des nerfs. Ses feuilles cuites et appliquées guérissent les brûlures et les piqûres de serpent. Son suc, mêlé de miel et bouilli dans un vase neuf, soigne les vieilles blessures. Sa racine séchée et broyée avec de l'huile convient pour les brûlures, amollit la matrice et augmente le flux menstruel. Son jus mêlé à la boisson provoque la menstruation et l'accouchement, et sert contre la morsure du serpent. Les fleurs du lis sont utiles dans toutes les indurations de la matrice. » Les principes actifs du lis sont dits amollir les tumeurs des nerfs du corps, parce qu'on reconnaît que le bienheureux Jacques, plein de la force de l'Esprit-Saint, par la voie de l'absolution, détend les solides péchés des âmes et les durs liens des vices. Les feuilles du lis cuites sont utiles aux brûlures, parce que les bonnes œuvres du bienheureux Jacques et sa parole divine, éprouvée au feu de l'Esprit-Saint, sont utiles au genre humain consumé jusqu'à présent dans les flammes du vice. Les feuilles du lis curent les morsures du serpent dans les corps, parce que le bienheureux Jacques a curé par ses prédications et ses absolutions les suggestions des démons dans les âmes des pécheurs. De même, en effet, que le serpent pique la chair de l'homme avec le venin de son dard, de même le démon lèse l'esprit de celui-ci par ses mauvaises suggestions. Le suc du lis guérit les blessures anciennes, parce que le même bienheureux Jacques guérit par sa prédication melliflue et son absolution divine les errements de l'ancienne loi et les blessures putrides des péchés. La racine du lis séchée et broyée avec l'huile convient aux brûlures et accroît le flux menstruel, parce que la foi apostolique mêlée au feu du Saint-Esprit et à l'huile de piété et de miséricorde, transmise à l'esprit humain par la prédication divine, apporte remède au genre humain consumé par les flammes du vice et, par la purification du baptême, lui apporte la purgation de ses délits. Que la semence du lis ajoutée à la boisson provoque la menstruation et guérisse la morsure du serpent, c'est ce que suggère sa racine et même sa fleur. Le fait qu'il provoque l'accouchement, c'est ce que montre la chasteté virginale de la bienheureuse Marie toujours Vierge, à laquelle doivent croire les fidèles. Et quelqu'un de savant a chanté parfaitement la louange de cette même Vierge, disant : « Le lis de chasteté a fleuri, parce que le Fils de Dieu est apparu. » Le bienheureux Jacques fut le lis et l'ornement du monde, parce que, en vivant bien, en prêchant, en faisant des miracles divins, en supportant avec patience diverses formes de martyres, il a germé dans le monde entier et, couronné du cadeau divin, il fleurit pour l'éternité devant le Seigneur.

Il faut encore comprendre à son sujet ce que le divin prophète chanta jadis, disant : *Le juste croîtra comme le palmier, comme le cèdre du Liban il s'élèvera* (Ps 91, 13). Le palmier est un arbre excellent, il a une racine rugueuse dans la terre, il croît fort en hauteur, il porte en son sommet un fruit comestible, rond et suave comme du fromage ; de lui proviennent les palmes et les grappes, que les pèlerins revenant de Jérusalem, pour montrer qu'ils sont victorieux des vices des gentils et des démons, brandissent dans leurs mains. Le tronc du palmier qui a des racines rugueuses dans la terre désigne le bienheureux Jacques qui a mené une vie semée d'embûches aussi longtemps qu'il fut sur la terre. Ce qui monte en croissant considérablement dans le ciel le montre lui-même, qui est monté de vertu en vertu, de la foi à l'espérance certaine, de l'espérance à la double charité, de la charité à la persévérance dans les bonnes œuvres, de la persévérance à la hauteur du paradis. Ce qui au sommet porte une nourriture suave, dont naissent les palmes, suggère l'espérance des biens célestes à venir : pour elle le bienheureux Jacques, livrant son corps vénérable aux divers supplices du martyre, une fois vaincus les ennemis de la foi, non seulement traversa avec la palme de la victoire les hauteurs des airs, mais pénétra dans les hauteurs des cieux, soutenu par les palmes et les grappes des vertus célestes. L'armée revenant du champ d'honneur, après avoir vaincu ses ennemis, a coutume de porter une palme à la main, louant à travers la ville le créateur qui lui a donné la victoire, parce que la troupe des saints, soit par effusion de sang soit par l'exhibition des bonnes œuvres, une fois vaincus les vices et les ennemis de la foi, a coutume de rejoindre la cour céleste avec la palme de la victoire. Parmi ceux-ci se distingue le bienheureux Jacques, qui, Hérode vaincu, entra dans les cieux avec la palme de la victoire. Les enfants des Hébreux à Jérusalem vinrent au devant du Seigneur avec des palmes, parce que les saints par leur bonne vie passèrent des vices aux vertus célestes, et, après la présente vie, rencontrèrent le Seigneur dans la vie céleste (cf. Mt 21, 7-11 ; Mr 11, 7-10 ; Lc 19, 35-40 ; Jo 12, 12-13).

PÈLERINAGE DE GALICE. Jacques se réjouit donc heureusement dans une gloire perpétuelle, l'Espagne resplendit de son immense lumière et la Galice aussi, comme la lune, reflète le soleil. Il se réjouit dans le ciel, celui dont les églises fleurissent sur la terre. Celui-ci prêcha non seulement en Judée et en Samarie, mais il orna même l'Espagne et la Galice, et fit, par la vertu du Christ, de ce peuple jadis impie une Église. La sainte vertu de l'Apôtre, qui fut transmise de la région de Jérusalem, rayonne en Galice par des miracles divins. Près de la basilique de l'Apôtre, Dieu accomplit continûment des miracles divins par son intermédiaire. Les malades viennent et sont guéris, les aveugles recouvrent la vue, les contrefaits sont redressés, les muets trouvent l'usage de la parole, les possédés du démon sont délivrés, les tristes sont réconfortés et, ce qui est plus important encore, les prières des croyants sont exaucées, les fardeaux et les liens du péché sont dénoués. Ô avec quelle sainteté et grâce le bienheureux Jacques resplendit dans les cieux, lui qui accomplit tant de miracles sur terre par la puissance de Dieu. De même que nul ne peut explorer ni mesurer l'altitude des cieux ni la profondeur des mers, de même la grandeur de ses miracles et de ses pouvoirs ne peut être comptée par personne. Là, en vérité, les chœurs des anges descendent humblement, reçoivent les demandes des hommes et les transmettent dans les régions célestes aux oreilles du roi suprême. Là viennent des peuples barbares et civilisés de toutes les régions du globe, à savoir les Francs, les Normands, les Écossais, les Irlandais, les Gaulois, les

Teutons, les Ibères, les Gascons, les Bavarois, les Navarrais impies, les
Basques, les Provençaux, les Garasques, les Lorrains, les Goths, les Angles,
les Bretons, les Cornouaillais, les Flamands, les Frisons, les Allobroges, les
Italiens, les Pouilleux, les Poitevins, les Aquitains, les Grecs, les Arméniens,
les Daces, les Norvégiens, les Russes, les Jorants, les Nubiens, les Parthes,
les Romains, les Galates, les Éphésiens, les Mèdes, les Toscans, les
Calabrais, les Saxons, les Siciliens, les Asiates, les Pontiques, les Bithyniens,
les Indiens, les Crétois, les Jérusalemois, les Antiochiens, les Galiléens,
les Sardes, les Chypriotes, les Hongrois, les Bulgares, les Esclavons, les
Africains, les Perses, les Alexandrins, les Égyptiens, les Syriens, les Arabes,
les Colossiens, les Maures, les Éthiopiens, les Philippiens, les Cappado-
ciens, les Corinthiens, les Élamites, les Mésopotamiens, les Libanais, les
Cyréniens, les Pamphyliens, les Ciliciens, les Juifs et d'autres peuples innombrables. Toutes les langues, ethnies et nations tendent vers lui, en troupes
désordonnées ou en bon ordre, adressant au Seigneur leurs demandes comme
leurs actions de grâces, lui apportant les hommages de leur louanges. Avec
une immense joie, on admire la grande troupe des pèlerins qui passent la nuit
à veiller autour de l'autel vénérable de saint Jacques : les Allemands veillent
d'un côté, les Français d'un autre, les Italiens d'un troisième, ils ont des
cierges dans les mains de telle sorte que toute l'église est illuminée comme
par le soleil d'une claire journée. Chacun ne passe la veillée nocturne
qu'avec ses compatriotes. Certains jouent de la cithare, de la lyre, du tympanon, de la flûte ou de la flûte à bec, de la trompette, de la harpe, du violon, de
la vielle bretonne ou galloise, du psaltérion, d'autres veillent en chantant
toutes sortes d'airs, certains pleurent sur leurs péchés, lisent des psaumes ou
donnent des aumônes aux aveugles. On y entend toutes sortes de langues, de
dialectes barbares, des conversations et des chants d'Allemands, d'Anglais,
de Grecs et des autres races et peuples de l'univers entier. Il n'y a ni mots
ni langues dans lesquels leur voix ne résonne. La vigile de la fête de saint
Jacques y est fêtée intensément : certains vont, certains viennent et offrent
divers dons. Quiconque arrive triste repart joyeux. Les cérémonies sont
suivies avec beaucoup de zèle, la fête est préparée, les rites célèbres
sont accomplis nuit et jour ; louange, jubilation, joie et exultation sont chantées ensemble. Jour et nuit, c'est une fête ininterrompue en l'honneur du
Seigneur et de son apôtre. Les portes de cette basilique demeurent ouvertes
nuit et jour, et l'obscurité n'y pénètre jamais, car elle est illuminée de la
clarté des cierges et des torches comme à l'heure de midi [3].

Là se rendent pauvres, riches, brigands, cavaliers, piétons, princes,
aveugles, paralytiques, aisés, nobles, seigneurs, notables, évêques, abbés,
certains pieds nus, certains sans ressources, d'autres encore chargés de fer
parce qu'ils sont en pénitence. Certains, comme les Grecs, portent une croix

---

[3] Cette description correspond à celle qui figure dans le sermon *Vigiliae noctis sacratissimae*.

dans les mains, d'autres donnent leur bien aux pauvres, d'autres encore apportent du fer ou du plomb pour la construction de la cathédrale de l'apôtre, d'autres portent sur les épaules des chaînes ou des menottes dont ils ont été délivrés par l'apôtre qui les a arrachés à la prison des tyrans. Ils font ainsi une grande pénitence et se lamentent de leurs méfaits. Telle est la race élue, la race sainte, le peuple de Dieu, tels sont les nations choisies, les fruits acquis par les apôtres, le fruit de la nouvelle grâce, le fruit de l'Église nourrice des pénitents, le fruit offert par l'apôtre à Dieu en son siège céleste. Que ce fruit de l'apôtre demeure dans les célestes parvis de Dieu, le Seigneur l'atteste qui jadis n'a pas hésité à lui dire : *Et votre fruit demeurera* (Jo 15, 16). Et l'Apôtre dit : « Que le fruit acquis par vous demeure dans les cieux.» On croit en effet que celui qui s'avance avec dignité et pour une pure oraison vers le vénérable autel de saint Jacques en Galice et fait sincèrement pénitence obtiendra de l'Apôtre l'absolution de ses péchés et le pardon de ceux-ci par le Seigneur, parce que ce don et cette puissance que lui a attribués le Seigneur avant sa passion, il ne les lui a pas enlevés après celle-ci. Le Seigneur lui a concédé en effet que tous les manquements seraient remis à qui il les aurait remis. Le Seigneur dit en effet à celui-ci comme à tous les autres : *Ceux à qui vous remettrez les péchés, ils leur seront remis* (Jo 20, 23). Il est donc évident que les péchés seront remis par Dieu à ceux à qui l'excellent apôtre Jacques les aura remis.

Quel n'est pas le bonheur de ceux qui ont auprès de Dieu un tel intercesseur et dispensateur de grâce ! Pourquoi tardes-tu, ami de saint Jacques, à te rendre en ce lieu, où non seulement se rencontrent tous les peuples et toutes les langues, mais aussi les chœurs des anges et où les péchés des hommes sont pardonnés ? Personne ne peut compter le nombre des bienfaits que l'Apôtre a accordés à ceux qui le prient d'un cœur sincère. Par la grâce de Dieu, nombreux sont ceux qui y allèrent pauvres, qui furent ensuite aisés, de nombreux malades en revinrent guéris, de nombreux fâchés y devinrent réconciliés, de nombreux séculiers y devinrent moines, de nombreux avares y devinrent généreux, de nombreux usuriers y devinrent donateurs, de nombreux orgueilleux y devinrent humbles, de nombreux menteurs y devinrent véridiques, de nombreux spoliateurs y donnèrent leurs vêtements aux pauvres, de nombreux irréguliers y rentrèrent dans la légalité, de nombreux juges corrompus y apprirent à défendre la vérité, de nombreuses femmes stériles y devinrent fécondes, de nombreux méchants y devinrent justes. Voici donc que cette ville de Compostelle a été consacrée par les faveurs du bienheureux Jacques, le salut des fidèles, la protection de ceux qui y viennent. Ô avec quelle révérence ce lieu saint doit-il être pratiqué et redouté, dans lequel on dit que des miracles ont eu lieu par milliers, et où ont été déposés les ossements très sacrés de l'Apôtre, qui touchèrent Dieu présent dans la chair ! Le bienheureux Jacques brille en Galice de miracles divins, il brille aussi en d'autres lieux si la foi des fidèles l'exige. Dans toute la terre, il fait des signes remarquables et ineffables de manière non seulement occulte mais aussi patente. Aux malades il accorde leur ancienne santé, aux enchaînés la liberté, aux stériles la fécondité, aux parturientes la libération, aux marins en danger le salut du port, aux pèlerins le retour dans leur patrie, aux nécessiteux de quoi se nourrir, aux agonisants souvent la vie, à tous les démunis le soulagement ; il rompt rapidement les chaînes, ouvre promptement les prisons, il réduit la surabondance des pluies, apporte la sérénités des nues, réduit le souffle des vents, modère selon les prières des hommes le déchaînement des incendies maléfiques, réfrène les larrons, les voleurs et les escrocs, afin qu'ils ne nuisent pas autant qu'ils le désirent aux populations de fidèles, il apaise les colères et les intrigues, il fournit la tranquillité. À tout demandeur il apporte l'aide qu'il demande par la volonté de Dieu, même à l'infidèle si celui-ci l'a invoqué fidèlement. C'est à bon droit que ce Jacques est appelé grand, qui a pour coutume de faire de grands présents partout et à tous.

D'où la question : pourquoi fait-il aussi bien des miracles en des lieux où il ne repose pas qu'en Galice où se trouve sa dépouille ? Nous y verrons plus clair en introduisant des distinctions. Il est omniprésent et assiste immédiatement tous ceux qui, en péril de mort et dans la détresse, l'invoquent, que ce soit sur terre ou en mer. C'est ainsi qu'on peut lire sur la présence des saints martyrs : « Là où reposent leurs ossements, ils peuvent accomplir de nombreux signes, et ils les réalisent car ils font d'authentiques miracles pour tous ceux qui les prient sincèrement. » Puisque des esprits incrédules risquent de douter qu'ils nous exaucent là où leurs ossements se trouvent sans conteste, il est nécessaire de faire apparaître de plus grands signes là où des incrédules peuvent mettre en doute leur présence. Mais la foi de ceux dont l'esprit est orienté vers Dieu pèse davantage, car ils savent que le saint nous exauce, même si son corps n'est pas là où on le prie. C'est pourquoi la Vérité elle-même dit, pour accroître la foi des disciples : *Car si je ne pars pas, l'Intercesseur ne viendra pas vers vous* (Jo 16, 7). Étant donné qu'il est certain que l'Esprit-Saint Intercesseur procède toujours du Père et du Fils, pourquoi le Fils déclare-t-il qu'il partira, pour que vienne celui qui ne se sépare jamais du Fils ? Mais parce que les disciples voyant le Seigneur avaient soif de toujours le voir celui-ci de leurs yeux de chair, c'est à bon droit que leur est dit : *Si je ne pars pas l'Intercesseur ne viendra pas.* Comme s'il était dit : « Si je ne me dépouille pas de mon corps, je ne montrerai pas ce qu'est l'amour de l'Esprit. Et si vous ne cessez pas de me voir physiquement, vous n'apprendrez jamais à aimer en esprit. » Donc le bienheureux Jacques repose d'une présence corporelle parmi les peuples occidentaux et n'en réjouit pas moins les peuples orientaux de divins miracles.

« Qui tel un phare élevé envoie sa lumière jusqu'aux Indes,
Qu'aiment l'Espagnol, le Maure, le Perse et le Breton,

D'ici, l'orient a son occident, d'ici le sud aussi a son nord,
Que célèbre le monde, que cultive toute pluie.

Et qui traverse les ondes du bord de l'océan,
Et la vertu poursuit, là où personne ne vaut à pied [4]. »

C'est pourquoi saint Jacques doit être vénéré partout. Sans hésiter, il aide en tous lieux ceux qui l'invoquent. Mais parce que nous avons parlé plus haut des divers peuples qui se rendent auprès de lui et de la récompense que leur accorde le Seigneur, nous devons maintenant traiter du chemin de ces pèlerins.

ATTRIBUTS DU PÈLERIN. La voie du pèlerin est excellente mais étroite, car le chemin qui mène l'homme à la vie est étroit, en revanche large et spacieux est celui qui mène à la mort (cf. Mt 7, 13-14). Le chemin de pèlerinage est pour les justes le renoncement aux vices, la mortification des corps, l'encouragement des vertus, la rémission des péchés, la pénitence des pénitents, la voie droite, l'amour des saints, la confiance dans la résurrection et la rémunération des saints, l'éloignement des enfers, le rapprochement des cieux. Il exténue les aliments gras, il contracte les entrailles, domine les passions, réfrène les désirs charnels qui militent contre l'âme, purifie l'esprit, incite l'homme à la contemplation, humilie les sublimes, béatifie les humbles, aime la pauvreté, hait les biens qu'accumule l'avarice mais aime celui qui donne aux nécessiteux, rémunère les abstinents et les auteurs de bonnes œuvres, ne libère pas les pécheurs et les avares d'eux-mêmes.

Ce n'est pas sans raison que ceux qui se mettent en route pour les tombeaux des saints reçoivent dans l'église le bâton et la besace bénie. Si en effet nous envoyons ceux-ci vers les lieux saints, pour qu'ils fassent pénitence, nous leur donnons une besace bénie et disons, selon l'usage ecclésiastique : « Au nom de notre Seigneur Jésus-Christ, prends cette besace en signe de ton pèlerinage, afin que tu parviennes purifié et libéré au tombeau de saint Jacques, où tu veux aller, et reviennes avec joie parmi nous, après avoir parcouru ton chemin sain et sauf avec l'aide de Dieu, qui vit et règne dans les siècles des siècles. Amen. »

Nous disons de même, lorsque nous lui donnons le bâton : « Reçois ce bâton pour soutenir ton voyage et tes efforts sur ton chemin de pèlerinage, afin que tu puisses vaincre toutes les troupes ennemies, parviennes en sécurité au tombeau de saint Jacques et reviennes avec joie parmi nous après avoir accompli ton voyage. Que Dieu lui-même te l'accorde, qui vit et règne dans les siècles des siècles. »

La besace, que les Italiens appellent *scarsella*, les Provençaux *sporta*, les Gaulois *isquirpa,* symbolise la générosité dans les aumônes et la mortification de la chair. C'est un sachet étroit fait de la peau d'un animal mort, ouvert en haut, qui n'est pas tenu par des lacets. L'étroitesse de la besace signifie que le pèlerin confiant dans le Seigneur ne doit avoir sur lui qu'une

---

[4] Venance Fortunat, MGH Auct. ant. IV, 1, p. 239 (X 7, 7-9, 11, 6).

petite et modeste provision. Elle est faite d'une peau d'animal mort, parce que le pèlerin lui-même doit mortifier sa propre chair affligée de vices et de désirs, par la faim et la soif, le jeûne, le froid et la nudité, les efforts et l'opprobre. Elle n'est pas fermée par des lacets, mais toujours ouverte en haut, symbole du pèlerin, qui d'abord partage son avoir avec les pauvres et ensuite est prêt à prendre et donner.

Le bâton, le pèlerin le prend pour ainsi dire comme une troisième jambe, pour se soutenir : il symbolise la foi en la sainte Trinité, à laquelle il doit se tenir. Le bâton aide l'homme à se défendre contre les loups et les chiens. Le chien a l'habitude d'aboyer après l'homme, et le loup de dévorer les agneaux. Le chien et le loup symbolisent le diable en tant que séducteur du genre humain. D'une part, le démon aboie après l'homme lorsque, par l'aboiement de ses suggestions, il l'incite à pécher, d'autre part, lorsqu'il l'a entraîné à pécher, comme le loup il mord, et par habitude du péché avale son âme dans son gosier vorace. C'est pourquoi nous devons inviter le pèlerin, lorsque nous lui remettons le bâton, à effacer sa faute en la confessant, à renforcer encore son cœur et ses membres par l'étendard de la Trinité contre les mirages et les tromperies du démon.

C'est pourquoi les pèlerins qui reviennent de Jérusalem rapportent des palmes et ceux qui reviennent de Compostelle rapportent des coquilles. La palme signifie le triomphe, la coquille signifie les bonnes œuvres. Ainsi en effet que les vainqueurs revenaient du champ de bataille et portaient dans les mains des palmes en signe de triomphe, de même les pèlerins revenant de Jérusalem apportent des palmes et montrent ainsi qu'ils ont vaincu tous les vices. Donc les alcooliques ou les fornicateurs, les avares, les cupides, les querelleurs, les usuriers, les luxurieux, les adultères ou autres vicieux, qui sont jusqu'à présent dans le camp des vices, ne doivent pas porter la palme, mais seulement ceux qui ont vaincu leurs vices en toutes choses et ont accédé aux vertus. Il y a dans la mer de Saint-Jacques des animaux appelés communément *vieiras,* qui ont sur deux côtés des protections en forme de coquilles, entre lesquelles se cache un poisson analogue à l'huître. Les carapaces de la coquille sont formées comme les doigts d'une main. Les Provençaux les nomment *nidulas* et les Français *crousilles*. Les pèlerins les fixent au retour du tombeau de saint Jacques à leurs capes en l'honneur de l'apôtre, comme en son souvenir, et les rapportent avec grande joie chez eux en signe de leur long périple. Les deux carapaces du coquillage représentent les deux préceptes de l'amour du prochain par lesquels celui qui les porte doit conforter sa vie, à savoir aimer Dieu plus que tout et le prochain comme soi-même. Aime Dieu celui qui observe ses commandements, aime son prochain comme soi-même, celui qui ne fait pas à autrui ce qu'il ne veut pas qu'on lui fasse, et qui fait à autrui ce qu'il veut comme juste pour lui-même. Les carapaces, qui sont disposées à la façon des doigts, désignent les bonnes œuvres dans lesquelles celui qui les porte doit persévérer. Et les bonnes œuvres sont joliment désignées par les doigts, parce que c'est par eux que nous opérons lorsque nous faisons quoi que ce soit. Ainsi, de même que le pèlerin porte la coquille tant qu'il est sur le chemin de l'apôtre, de même il doit dans le cours de la présente vie porter le joug du Seigneur, c'est-à-dire se soumettre à ses commandements. Et il est vraiment digne et juste qu'il persévère dans les bonnes œuvres celui qui a recherché dans des contrées si éloignées un tel apôtre et un tel homme dans le labeur et les fatigues, jusqu'à ce qu'il reçoive avec lui la couronne dans la céleste patrie. S'il a été voleur ou filou, qu'il devienne dispensateur d'aumônes, s'il a été prodigue qu'il devienne modéré, s'il a été avare qu'il devienne généreux, s'il a été fornicateur ou adultère qu'il devienne chaste, s'il a été alcoolique, qu'il devienne sobre, et de même qu'il se retienne à l'avenir de tout ce qui lui a valu précédemment d'être accusé. Ô pèlerin de saint Jacques, ne mens pas de cette bouche qui a embrassé son autel. Des jambes par lesquelles tu as tant souffert pour lui ne va pas aux œuvres mauvaises. Avec les mains dont tu as touché son autel vénérable, ne fais pas le mal. Si tu lui as recommandé tout ton corps pour qu'il le garde, garde aussi pour lui toutes tes compétences. Ce que tu lui as donné, tu ne le donneras pas au loup. Ne sers pas le diable, car tu dois à bon droit servir Dieu et son apôtre. Si tu veux avoir un patron, un protecteur et un auxiliaire puissant, tu n'as qu'à aimer saint Jacques. Beaucoup en effet attestent qu'ils ont ressenti son aide dans de nombreux cas.

MODÈLES DU PÈLERINAGE. Nous voulons montrer que le pèlerinage remonte aux pères anciens et comment il doit être pratiqué. Il commença avec Adam, fut continué par Abraham, Jacob et les fils d'Israël jusqu'au Christ, et fut développé par le Christ et ses apôtres jusqu'à aujourd'hui. Adam est considéré comme le premier pèlerin parce qu'il transgressa la loi divine et fut envoyé dans l'exil de ce monde, pour être racheté par le sang et la grâce du Christ. De même le pèlerin qui quitte son domicile est envoyé pour ainsi dire à cause de ses fautes en pèlerinage et pour ainsi dire en exil par un prêtre. Il est sauvé par la grâce du Christ, s'il reconnaît sincèrement ses fautes et terminera sa vie réconcilié par la pénitence.

Le patriarche Abraham était un pèlerin parce qu'il quitta sa patrie pour aller dans un autre pays, comme le Seigneur lui avait dit : *Va-t'en de ton pays, de ta famille et de la maison de ton père, dans le pays que je te montrerai. Je ferai de toi une grande nation* (Gn 12, 1). Et il en fut ainsi. Il quitta son pays et dans l'autre s'accrut la race sainte. De la même manière, si le pèlerin s'éloigne de son pays, c'est-à-dire de ses affaires terrestres, de ses mauvaises habitudes et de ses proches, c'est-à-dire de ce qui connaît ses péchés, et s'il persévère dans les bonnes œuvres, sans nul doute le Seigneur le fera croître parmi l'immense race angélique, la gloire des élus.

De même le patriarche Jacob est un pèlerin, parce qu'il a quitté sa patrie, se rendit en Égypte et y demeura. De même que Jacob est resté en Égypte, qui signifie tristesse et ténèbres, de même le pèlerin sorti de sa patrie doit demeurer dans la tristesse de l'esprit et de l'œil, et dans les ténèbres de la pénitence, demandant l'appui des saints pour obtenir le rachat de ses fautes. Les fils d'Israël furent eux aussi des pèlerins, lorsqu'ils passèrent d'Égypte à la Terre promise, éprouvés par diverses peines et de pénibles guerres. Et de même qu'après de nombreuses privations ils parvinrent dans la Terre promise, de même les pèlerins, pour pouvoir entrer dans la patrie céleste promise aux croyants, rejoignent-ils la communauté des saints après avoir subi les innombrables escroqueries des aubergistes, avoir gravi des montagnes et être descendu dans les vallées, avoir été attaqués par des bandits et avoir connu en cours de route bien des dangers et des peines.

Notre Seigneur Jésus-Christ, après sa résurrection d'entre les morts, a été, lors de son retour à Jérusalem, le premier pèlerin, de telle sorte que les disciples venant à sa rencontre lui dirent : *Tu es le seul de passage à Jérusalem* (Lc 24, 18). De ces disciples, il est écrit ensuite qu'ils reconnurent le Seigneur à la fraction du pain. Le Seigneur n'est pas connu en chemin mais il est reconnu pendant le repas. Ainsi pendant que l'heureux pèlerin nourrit les pauvres, il est connu par le Seigneur. Quiconque nourrit les pauvres, le Seigneur le connaît, et il lui permet de le connaître, et il rend bienheureux comme dit le Psalmiste : *Heureux celui qui prend souci du pauvre ! Au jour du malheur, le Seigneur le délivrera* (Ps 40, 2). Il sera délivré le jour du malheur, parce que au moment du jugement il sera libéré des liens démoniaques et sera guéri.

Les apôtres eux aussi étaient des pèlerins, parce que le Seigneur les envoya sans argent et sans chaussures. C'est pourquoi il n'est pas permis aux pèlerins d'emporter de l'argent sous quelque forme, s'ils ne distribuent pas cet argent aux pauvres. Si ceux-ci sont envoyés sans argent, qu'arrivera-t-il à ceux qui partent aujourd'hui encore avec de l'or et de l'argent, mangent et boivent luxueusement et ne donnent rien aux pauvres ? Ce ne sont pas en vérité de vrais pèlerins mais des voleurs et des bandits de Dieu. Ils sont exclus de la troupe apostolique, car ils semblent prendre un autre chemin, parce qu'ils prennent de l'argent et ne partagent pas avec les pèlerins nécessiteux. Ils devraient entendre ce que le Seigneur lui-même dit au pèlerin au moment du départ : *Ne vous procurez ni or, ni argent, ni petite monnaie pour vos ceintures, ni besace pour la route, ni bâton* [5] (Mt 10, 9-10). Le fait d'envoyer ainsi les apôtres montre que le pèlerin ne doit rien emporter qui lui appartienne, s'il n'a pas l'intention de le donner aux pauvres. Qu'il ne prenne pas d'argent, ou s'il en prend qu'il le distribue aux pauvres. S'il agit autrement, qu'il entende ce que le Seigneur dit lui-même à un quidam qui l'interroge : *Si tu veux être parfait, va, vends ce que tu possèdes, donne-le aux pauvres et suis-moi* (Mt 19, 21). C'est pourquoi ne suivent pas le Seigneur ceux qui vendent leurs biens et en dépensent le produit en pèlerinage, mais ceux qui vendent leurs biens et donnent le produit aux pauvres. Tout comme la foule des croyants était jadis un cœur et une âme et n'avait rien en propre, mais possédait tout en commun, de même tout doit appartenir

---

[1] En bonne logique, cette assertion n'est pas compatible avec la bénédiction de la besace et du bâton évoquée ci-dessus.

en commun aux pèlerins, un cœur et une âme. Il est extrêmement détestable et honteux, c'est même un péché grave, qu'un pèlerin ait faim pendant que l'autre est ivre. Tout ce qui est partagé rayonne plus clairement. Que le pèlerin qui emporte avec lui plus de nourriture qu'il n'en faut et ne la partage pas avec les nécessiteux mais la rapporte chez lui soit damné avec Ananias et Saphira, qui gardèrent le prix du champ vendu et moururent immédiatement après avoir été damnés par saint Pierre (Ac 5, 1-10).

Si le Seigneur est entré à Jérusalem non sur un cheval ou un mulet mais sur une ânesse, que doit-il arriver à ceux qui y vont avec de forts et gras chevaux ou mulets, et avec beaucoup de commodités ? Si saint Pierre est allé à Rome sans argent et sans souliers, et rejoignit le Seigneur après la crucifixion, pourquoi de nombreux pèlerins chevauchent-ils vers lui avec beaucoup d'argent et des habits en double, consommant des mets délicieux, buvant beaucoup de vin et ne donnant rien aux nécessiteux ? Si saint Jacques a traversé le monde en pèlerin, sans argent ni sandales, et alla au paradis après sa décollation, pourquoi des pèlerins vont-ils à lui avec les trésors les plus divers sans en donner aux nécessiteux ? Pierre et Jacques parcoururent le monde sans argent et ne cessèrent de prier ; qu'arrivera-t-il à ceux qui vont sur leurs tombes avec de l'argent, volé, acquis frauduleusement ou comme intérêt d'un capital, et s'adonnent à la luxure, au mensonge, au bavardage, aux plaisanteries, à l'ivresse et aux chants inconvenants ? Si saint Gilles, ou saint Guillaume ou l'admirable Léonard, confesseurs du Christ, méprisèrent le bonheur terrestre et recherchèrent sans ressources des lieux écartés et déserts, loin de leurs proches et de leurs amis, et menèrent une vie de privations, se nourrissant d'herbes crues et d'eau, pratiquant des veilles et des jeûnes fréquents, qu'en sera-t-il de ceux qui, avec une grande escorte, s'inquiétant fort peu des pauvres, mangeant et buvant à leur suffisance, se rendent sur leurs tombeaux ? Ils semblent être sur un autre chemin, que ceux-ci ne prirent pas. Ceux qui distribuent aux nécessiteux sont rendus heureux, ceux qui ne donnent nullement de ce qu'ils ont seront dépourvus à coup sûr des dons célestes. Les premiers seront dans l'abondance pour l'éternité, les seconds demanderont l'aumône sans fin. Et qu'en sera-t-il de ceux qui conservent leur contribution, non seulement la leur sans doute, mais celle d'autrui, et mendient et meurent honteusement en cours de route avec cet argent ? Le pèlerin qui meurt avec son argent sur une route de pèlerinage est exclu à coup sûr du royaume des vrais pèlerins. Celui-ci de toute manière porte bien sa contribution lors d'un pèlerinage, qui donne de quoi manger à tous ceux qui le lui demandent et devient pauvre, si ce qu'il a emporté vient à lui manquer pour l'amour de Dieu. Et celui-ci est damné qui ne rend pas les aumônes ou les prêts qu'un pèlerin quelconque mort en chemin lui aura confiés, mais les garde pour lui et les dépense.

DEVOIRS DES PÈLERINS. À quoi bon, chers frères, partir en pèlerinage si ce n'est dans les formes ? Pour se rendre légitimement au sanctuaire de saint Jacques, il faut commencer par pardonner à ceux qui ont été injustes envers vous, éliminer toutes les préoccupations dont autrui ou votre propre conscience vous accusent, recevoir l'autorisation de ses prêtres ou de ses employés ou de son conjoint, rendre si on le peut ce que l'on détient injustement, transformer autant qu'on le peut les dissensions en harmonies, recevoir l'absolution de tous, mettre de l'ordre dans sa maison, prévoir ce qui doit être donné sur le conseil des proches et des prêtres et les aumônes à distribuer en cas de décès, attribuer, une fois parti, aux pèlerins nécessiteux les choses nécessaires au corps et à l'âme, ou donner autant qu'on le peut à ses frères, sans dire de mots inutiles, mais en parlant des modèles des saints, éviter l'ivresse, le conflit et le désir, entendre sinon journellement du moins les dimanches et jours de fêtes la sainte messe, prier sans relâche, supporter avec patience tous les désagréments et, après son retour, s'abstenir de choses indues et demeurer jusqu'à la fin dans de bonnes œuvres afin de pouvoir chanter avec le Psalmiste : *Tes prescriptions sont le sujet de mes chants, dans le lieu de mon pèlerinage* (Ps 118, 54). Et quiconque manque les messes et l'Angélus à cause du pèlerinage néglige le meilleur des deux biens. Que le vraiment pauvre supporte avec patience le mauvais et le beau, demandant le nécessaire aux possédants, priant pour ses bienfaiteurs et pour le salut de tous.

En cours de route, les pèlerins doivent veiller à ce que n'adviennent pas entre eux de discorde ou de rixes. Dans la vénérable basilique de Saint-Gilles, je vis jadis pendant la veillée quelques-uns se disputer le siège du saint. Les Français étaient assis en effet à l'endroit du tombeau et les Basques, qui voulaient aussi s'y asseoir, se disputaient avec eux. Le conflit dégénéra en coups de poing, coups de bâton et jets de pierres, prenant une tournure si violente que l'un d'eux s'effondra gravement blessé et mourut. Un autre, blessé à la tête, s'enfuit jusqu'à Châteauneuf par la route de Périgueux et y mourut. C'est pourquoi les pèlerins doivent absolument éviter les querelles et l'ivresse. Ce sont là deux vices que condamnent tous les saints et tous les écrits. Un sage a écrit sur la querelle : « Une querelle à mots couverts ne demande qu'à dégénérer. » Et encore : « Échappez à la querelle, ne rapportez pas les choses dites en mal. » Saint Paul dit de celle-ci : *Puisqu'il y a entre vous de la jalousie et des disputes, n'êtes-vous pas charnels* (1 Cor 3, 3), n'êtes-vous pas des hommes ? C'est ce que dit le Psalmiste : *Tremblez et ne péchez plus* (Ps 4, 5 ; cf. Éph 4, 26). L'homme sage doit savoir dominer avec patience sa colère. C'est pourquoi Paul dit encore : *Que le soleil ne se couche point sur votre irritation. Ne donnez pas non plus accès au diable* (Éph 4, 26-27). Quiconque pèche par colère donne sans aucun doute prise au diable. La querelle grandit jadis à un tel point qu'elle s'empara non seulement des enfants d'Israël mais des disciples du Seigneur : *Il y eut* entre Paul et Barnabé *un tel dissentiment qu'ils se séparèrent l'un de l'autre* (Ac 15, 39). Il y eut aussi un dissentiment entre les disciples de Jésus sur la question de savoir qui était le plus grand d'entre eux. À quoi le Seigneur opposa la forme d'humilité qu'ils devaient suivre en toute modestie, disant : « Que celui qui veut parmi vous être le premier, soit le serviteur de tous » (cf. Mr 9, 34-35). Et de crainte que l'esprit de celui qui occupe la première place ne soit absorbé par le plaisir d'élargir son pouvoir, il est dit à bon droit par le sage : « Ils t'ont fait chef, ne t'élève pas ; sois au milieu d'eux comme l'un d'eux » (cf. Ecli 32, 1). Il faut cependant prendre garde que la discipline ou la sévérité instaurée par un quelconque supérieur ne soient rigides ou que la tolérance disparaisse. Donc de même que l'acharnement est modéré par l'humilité, que le vice de l'ébriété soit réfréné par une modeste consommation d'eau claire, comme un sage dit fort bien : « L'ébriété est un brandon, la consommation d'eau pure est une paix. » L'homme ivre provoque son compagnon à la lutte, aime le conflit, hait la paix, sème la discorde, brise les têtes de ses compagnons, frappe son père et sa mère, offense Dieu, perd le sens, est esclave de son désir, perd sa force, prononce des paroles honteuses. Que dire de plus ? L'homme ivre se change en taureau. C'est pourquoi les sages ont eu coutume jadis de boire du vin coupé d'eau. Le vin coupé d'eau, bu en petite quantité, rend l'homme sain, joyeux, éloquent, sobre, courageux et loquace. Le vin bu immodérément rend l'homme, comme nous l'avons dit, ivre, oublieux, furibond, stupide, fat, insane, libidineux et somnolent. Il a été dit de l'ébriété : « Où règne le vin, nul secret n'est gardé. » Noé a commencé par planter de la vigne et, sous le coup de l'ivresse, a découvert ce qu'il devait craindre de montrer (cf. Gn 9, 20-22). C'est pourquoi Isaïe déclare : *Malheur à ceux qui sont des héros pour boire le vin, et des vaillants pour mêler les liqueurs fortes* (Is 5, 22), et encore : *Malheur à ceux qui courent dès le matin après les boissons enivrantes, et qui, le soir, prolongent leur orgie, échauffés par le vin ! La harpe et le luth, le tambourin, la flûte et le vin, voilà leurs festins ; mais ils ne prennent pas garde à l'œuvre du Seigneur, et ils ne voient point l'ouvrage de ses mains. C'est pourquoi mon peuple ira en exil sans s'en douter ; sa noblesse deviendra une troupe affamée, et sa multitude séchera de soif* (Is 5, 11-13). Le prophète Joël dit de l'ébriété : *Réveillez-vous, ivrognes, et pleurez, vous tous, buveurs de vin, lamentez-vous à cause du vin nouveau ; car il vous est retiré de la bouche* (Jl 1, 5). Et parce que le vin nourrit l'ardeur sexuelle dans le ventre du buveur, le sage déclare à bon droit : *Le vin et les femmes égarent les hommes intelligents* (Ecli 19, 2). C'est pourquoi l'apôtre Paul déclare : *Ne vous enivrez pas de vin : c'est la source de la débauche* (Éph 5, 18). La luxure ne vient pas du vin, mais le désir est engendré par celui qui boit le vin. Ce n'est donc pas la faute du vin mais de celui qui le boit. Le vin est une chose excellente et bonne, créée par Dieu, mais parce qu'il rend voluptueux les hommes ivres qui le boivent sans discernement, il n'est permis à personne de s'enivrer avec lui. En outre, le sage dit à bon droit que nul n'a le droit de s'enivrer avec lui : *Ne regarde pas le vin : comme il est vermeil, comme il donne son éclat dans la coupe, comme il coule aisément ! Il finit par mordre comme un serpent et par piquer comme un basilic* (Pro 23, 31). Le serpent a coutume de mordre l'homme qui dort et le basilic non seulement mord mais répand dans la blessure un poison mortel. Le serpent qui mord l'homme qui dort représente, selon la typologie, le diable : il enflamme et frappe du feu de la volupté celui qu'il trouve assommé dans le vice de l'ébriété. Le basilic, qui répand des poisons dans la blessure de l'homme, désigne semblablement l'ennemi du genre humain lui-même : il répand dans les cœurs des hommes ivres de nombreux vices, l'irascibilité, l'esprit de compétition, la colère, l'altercation, les dissensions, l'envie, la haine, la tromperie, l'ardeur vénérienne, l'esprit d'apostasie, tous vices que saint Paul exhorte les serviteurs du Seigneur à prohiber comme engendrés par l'ébriété (cf. Éph 5, 3 ; 5, 18 ; Co 3, 5 ; 1 Cor 6, 9-10).

Et Basile dit ainsi en pentamètres dans le manuscrit des douze sages :

« Tu ne tiendras à l'amour ni de Vénus ni du vin,
Car le vin et Vénus nuisent de la même manière.

Comme Vénus affaiblit les forces, de même l'abondance de vin,
Elle corrompt les pas, affaiblit les jambes.

L'amour aveugle incite beaucoup à livrer des secrets,
L'ébriété insane découvre les arcanes.

Souvent l'amour sauvage appelle la guerre,
Souvent Bacchus appelle de même les mains aux armes.

Vénus déshonnête a perdu Troie par une guerre horrible,
Mais, Bacchus, tu perds assez de Lapithes dans une pénible guerre.

Ensuite comme l'un et l'autre ont excité les esprits des hommes,
Toute pudeur, toute honnêteté et toute crainte disparaît.

Entrave Vénus de chaînes et enserre Lyé de liens,
Afin que ni l'une ni l'autre ne te nuisent de leurs présents.

Les vins apaisent la soif, la mère Vénus aide à la procréation,
Il nuit de transgresser ces frontières. »

MAUVAIS AUBERGISTES. Mais que dire des mauvais aubergistes qui trompent les pèlerins de multiples escroqueries ? Comme Judas a reçu la punition de sa faute (cf. Mt 27, 3-5) et comme le larron a reçu le prix de sa reconnaissance de Jésus-Christ pendant sa passion, de même les mauvais aubergistes récolteront la punition de leurs méfaits en enfer, les vrais pèlerins en revanche récolteront le salaire de leurs efforts dans le ciel. Maudits soient tous les mauvais aubergistes du chemin de Saint-Jacques qui détroussent les pèlerins par leurs innombrables tromperies. Certains vont à leur rencontre dans les faubourgs de la ville et les embrassent, comme s'il s'agissait de parents venus de loin. Que font-ils ensuite ? Ils les emmènent dans leurs maisons, leur promettent ce qu'il y a de mieux et les traitent mal. À qui ressemblent-ils, sinon à Judas, qui a trahi le Seigneur par un baiser ! Ils leur proposent d'abord le meilleur vin à goûter et leur vendent ensuite, s'ils le peuvent, le mauvais. D'autres vendent du cidre pour du vin, d'autres encore du vin frelaté pour du vin de qualité. D'autres encore vendent des poissons vieux de deux ou trois jours ou de la viande faisandée, qui incommodent les pèlerins. D'autres encore montrent une grande mesure et mesurent, s'ils le peuvent, avec une petite. L'un a des mesures trafiquées pour le vin et l'avoine : très grandes à l'extérieur, à l'intérieur toutefois petites, étroites et insuffisamment creusées ; on les appelle en langue populaire *marsicias*. Isaïe se plaint de l'aubergiste malhonnête quand il dit : *Les armes du fourbe sont déloyales ; il ourdit des intrigues pour perdre les humbles par des mensonges* (Is 32, 7). Un autre verse, s'il peut, de l'eau dans le verre, tandis qu'il prélève du vin dans le tonneau. D'autres promettent aux pèlerins les meilleurs lits et leur en donnent de mauvais. Certains font payer les anciens clients quand arrivent de nouveaux et les mettent à la porte. Le mauvais aubergiste ne fait pas de bon lit à ses clients en pèlerinage, si ceux-ci ne lui donnent pas le prix du repas ou un denier. Quand la pièce de monnaie dont dispose le pèlerin en vaut deux dans la ville où il voudrait consommer, le mauvais aubergiste ne la compte que pour une ou comme une simple obole. Le mauvais aubergiste donne à ses clients le meilleur vin pour les endormir et leur voler leur portefeuille, leur sac ou autre chose pendant leur sommeil. Le mauvais hôtelier leur donne à boire des boissons empoisonnées pour s'emparer de leurs biens. De même seront punis ceux qui diviseront un tonneau et le rempliront de deux vins différents, dont ils font goûter le meilleur au pèlerin, pour lui servir ensuite le plus mauvais. D'autres ont des mesures d'orge ou d'avoine, qui s'appellent en espagnol *cafhit* ou *aroa*, qui ont un contenu pour une valeur habituelle de six monnaies, et cependant ils les vendent aux pèlerins sinon pour douze, du moins pour dix monnaies. Pour un prix de douze pièces, ils en prennent vingt au pèlerin, si ce n'est deux schillings. De même le vin à un sou, s'il est acheté dans le lieu normalement pour douze piécettes, leur est proposé pour vingt deniers, si ce n'est deux sous.

Que dire pourtant de cette servante qui, sur l'ordre de sa maîtresse, verse de l'eau dans la maison pour que les pèlerins assoiffés ne trouvent pas d'eau pendant la nuit et soient obligés d'acheter le vin de l'aubergiste ? Qu'en est-il de ceux qui, la nuit, volent de l'orge ou de l'avoine dans le râtelier avec l'assentiment de l'aubergiste ? Maudits soient-ils ! Que soient maudites aussi les filles d'auberge qui, par dévergondage et esprit de lucre, s'approchent la nuit du lit des pèlerins sur l'ordre du démon. Les prostituées qui, pour cette raison, vont fréquemment à la rencontre des pèlerins, entre le pont du Minho et Palas del Rey, dans les régions boisées, ne doivent pas seulement être excommuniées, mais repoussées par tous et couvertes de railleries. Elles ont pour habitude de s'offrir seules aux isolés. Chers frères ! Je ne saurais décrire par quels moyens le diable lance ses filets maléfiques et ouvre aux pèlerins de saint Jacques l'enfer de leur perte.

Que dirai-je encore des mauvais hôtes qui gardent cupidement l'argent des pèlerins qui meurent dans leur maison, au lieu de le remettre, comme ils devraient, en aumône aux clercs et aux pauvres. Qu'ils soient vraiment damnés en vérité. Les mauvais aubergistes de la ville de Saint-Jacques donnent à leurs clients le premier repas gratis et ne leur vendent que des cierges ou de la cire. Quelle charité mensongère, quelle fausse piété et quelle générosité totalement trompeuse ! Quand, à une date donnée, douze pèlerins sont là, l'aubergiste désagréable sert d'abord un plat de viande ou de poisson, qui coûte au marché huit monnaies, pour leur vendre ensuite douze cierges qu'il a achetés au marché municipal pour quatre sous au total – chacun coûtant quatre deniers – au prix de six sous revendant chacun au prix abusif de six deniers. Il donne de même la cire, qui vaut quatre deniers, pour six deniers. Ainsi leur a-t-il en catimini vendu son repas. Qu'y a-t-il encore ? La viande et le poisson d'une valeur de huit pièces, qu'il leur a donnés à manger, il les leur vend en réalité au prix fort de deux schillings. Quel commerce éhonté, quel lucre méprisable ! D'autres, pour fabriquer des bougies, font même bouillir de la graisse de bélier ou de chèvre, ou des fèves épluchées ou cuites, avec de la cire. D'autres, pour répondre aux questions des pèlerins, racontent sur saint Jacques des histoires fabuleuses au lieu de ses hauts faits vénérables et authentiques. Un autre tenancier malin envoie son assistant de Saint-Jacques-de-Compostelle jusqu'au pont de Minho, à la rencontre des pèlerins, pour leur dire : « Mes frères et amis, je suis citoyen de la ville de saint Jacques, je ne suis pas venu pour votre hébergement, mais je garde un mulet malade qui appartient à mon maître dans cette ville. Allez le voir et dites-lui que son mulet sera bientôt guéri. Installez-vous chez lui car, par amour pour moi, il vous traitera au mieux pour lui avoir apporté cette nouvelle. » Cependant lorsqu'ils arrivent ils ne trouvent que du mauvais. Un autre va à leur rencontre vers Barbadelo ou Triacastela et, quand il trouve des pèlerins, il les salue et parle d'abord habilement de choses et d'autres pour leur dire en fin de compte : « Mes frères qui êtes en route vers Saint-Jacques, je suis un heureux citoyen de cette ville. Je ne suis pas venu pour trouver des clients mais pour parler avec un de mes frères qui habite cette ville. Si vous cherchez une bonne auberge à Saint-Jacques, descendez chez moi. Dites à ma femme et à ma famille de bien s'occuper de vous pour l'amour de moi. Je vais vous confier un signe de reconnaissance que vous n'aurez qu'à leur montrer. » Ce disant, il donne comme signe aux uns son couteau, à d'autres sa ceinture, à d'autres sa clé, à d'autres encore sa courroie, son anneau, son chapeau ou son gant et les envoie chez lui. Après que ceux-ci sont arrivés dans sa maison et que la femme de l'aubergiste leur a servi le premier plat, elle leur vend pour huit ou dix deniers de la cire d'une valeur de quatre deniers. C'est ainsi que les pèlerins de Saint-Jacques sont trompés par les aubergistes. Et lorsqu'un pèlerin possède un marc d'argent, qui vaut trente schillings, le mauvais aubergiste l'emmène chez un changeur de ses amis, son complice, et lui conseille perfidement de donner le marc au banquier pour vingt schillings, de telle sorte que l'aubergiste malhonnête y touche de l'acheteur une commission de plus ou moins douze *passut*. Ils nomment ces monnaies de manière trompeuse *passut* et cette commission désigne le salaire de la malhonnêteté. Lorsque le pèlerin dispose de quelque objet d'une grande valeur pour le vendre, il le persuade de le laisser à vil prix, afin de recevoir lui-même une grosse *reva*, que ce soit de l'acheteur ou de l'un et de l'autre. Et s'il a des deniers à changer, le même hôte lui suggère, à cause de la commission qu'il désire recevoir, de lui donner vingt de ses deniers pour douze du pays par lequel il passe, alors qu'il aurait pu en avoir peut-être seize en échange. Ainsi les mauvais aubergistes trompent-ils les pèlerins et sont damnés.

Les gardiens qui veillent sur les autels des sanctuaires de pèlerinage, à Saint-Jacques, à Saint-Gilles, à Saint-Léonard, à Saint-Martin de Tours, à Sainte-Marie du Puy et à Saint-Pierre de Rome, sont complices des escroqueries des mauvais aubergistes. Par cupidité, ils guident les pèlerins vers les autels et leur conseillent de déposer leurs dons, afin que l'aubergiste touche sa commission et que le gardien touche aussi sa quote-part de l'escroquerie. Mais que dirai-je des gardiens ? Après avoir détourné les offrandes sur l'autel, ils veulent avoir encore leur part de ce qui revient aux maîtres de l'autel et de l'église.

Les pèlerins doivent se méfier de certains bandits qui s'appellent en langue populaire *cinnatores* et les importunent en cours de route. Certains changent de la fausse monnaie, d'autres les volent à l'occasion du change, d'autres prétendent vendre à un prix intéressant des courroies, des ceintures, des rubans, des gants, de la cire ou quoi que ce soit. Pendant que l'un montre ces objets au pèlerin et que celui-ci lui tend les pièces de monnaie, un autre voleur cache les vraies pièces de monnaie du pèlerin dans sa manche et lui rend les fausses. Un autre jette quelque once de cuivre jaune sur le chemin des pèlerins qui passent et font semblant de le trouver, ils se penchent et les ramassent au sol, sous les yeux de ceux-ci. Et comme les pèlerins sont quasiment les découvreurs de cette once en même temps qu'eux, ils veulent en avoir une partie comme eux. Mais le voleur lui-même, se montrant pauvre à eux, leur vend chèrement sa part, soit quatre ou cinq sous en or excellent, alors qu'elle ne vaut quasiment rien. À qui sont-ils semblables, sinon à Datan et Abiron que la terre engloutit ? (cf. Nm 16, 31-33).

Les pèlerins doivent de même se garder des mauvais aubergistes qui cachent leur anneau ou leur gobelet d'argent, la nuit, dans les besaces et les baluchons de leurs hôtes endormis pour faire croire à un vol. Lorsque, le lendemain, les pèlerins quittent l'auberge et se trouvent à une lieue de l'endroit, ils sont rejoints et dévalisés par les aubergistes sous le prétexte de cette accusation mensongère. Sont damnés particulièrement les Italiens qui cachent parmi eux les voleurs qui laissent mourir les pèlerins dans des lieux retirés. Quand, par hasard, les voleurs se font prendre, ils n'ont qu'à donner de l'argent pour qu'on les laisse repartir sans encombre. Ils sont donc damnés avec les receleurs qui sont punis en enfer de la même peine que les voleurs.

AUTRES MALVERSATIONS. Que dirai-je des faux confesseurs ? On rencontre certains hypocrites, poussés par de mauvais démons, clercs ou laïcs mais en habit religieux, en apparence doux comme des agneaux mais intérieurement féroces comme des loups, sur les chemins de Vézelay, Saint-Jacques, Saint-Gilles et Jérusalem. Ils imposent aux pèlerins ou à d'autres, qu'ils trouvent non prévenus dans des lieux reculés, de fausses pénitences. D'abord ils font avec eux un bout de chemin et leur tiennent des discours édifiants, font une liste de tous les vices, ensuite ils parlent avec chacun en particulier et lui posent en secret des questions sur sa conscience et les péchés qu'il a commis. Quand ceux-ci ont reconnu leurs fautes, ils imposent à l'un trente, à l'autre treize messes en pénitence pour chaque péché. Ils disent ensuite au pèlerin : « En souvenir des trente sesterces pour lesquels le Seigneur fut trahi, fais lire trente messes, avec les trente meilleures pièces que tu possèdes, par un prêtre toutefois qui n'eut jamais de commerce avec des femmes, n'a jamais mangé de viande ni possédé quoi que ce soit. » Mais comme le pèlerin ne sait pas où trouver un tel prêtre, il donne trente pièces au prêtre qui promet de lui en trouver un. Une fois qu'il a reçu l'argent, il se préoccupe comme d'une guigne du salut du pécheur, il met cet argent dans sa bourse, le dépense sans compter et, se mettant en situation d'anathème, il va en enfer. Il faut se méfier de tels gens comme de loups affamés.

Que raconterai-je de ceux qui affichent une maladie prétendue et s'assoient au bord du chemin de Saint-Jacques ou d'autres saints pour se montrer aux passants ? Certains prennent l'air affligé et montrent leurs bras et leurs jambes qu'ils ont ou bien recouverts du sang d'un lièvre ou bien écorchés avec de la cendre de tremble, pour extorquer, avides qu'ils sont, une aumône aux passants. D'autres teignent leurs lèvres en noir, d'autres ont des manteaux et des capes de Jérusalem, teintent leur visage et leurs mains avec des champignons que les Français appellent *lotuessas*, pour se donner un air malade. D'autres font semblant d'être sourd ou muet ; d'autres colorent le moignon d'une jambe ou d'un bras, qu'ils ont perdu jadis au cours d'un cambriolage, du sang d'un animal, comme s'ils étaient atteints d'une maladie, et les montrent aux passants. D'autres qui ont perdu la vue en commettant quelque vol se montrent assis au bord du chemin comme s'ils souffraient d'une infirmité de naissance, d'autres exhibent une main ou un pied difforme, desséché ou raide, bien qu'ils ne le soient pas. D'autres se montrent aux passants le ventre gonflé comme une outre ou comme un bœuf pour avoir quelque monnaie. D'autres parmi ceux qui ont les pieds bots, bien qu'ils puissent marcher avec des béquilles, les jettent et avancent à genoux : ils se tiennent au ras du sol, avec un escabeau dans les mains, comme s'ils étaient contrefaits, et apparaissent aux pèlerins dans les endroits solitaires des chemins pour leur demander l'aumône. Ils ont tant d'arrogance qu'ils refusent du pain ou une aumône modique, mais acceptent des deniers, des vêtements ou de la cire. Quiconque cependant leur aura donné une aumône pour l'amour de Dieu et de son apôtre aura sans aucun doute son salaire. Ces gens en effet ne doivent pas être exclus ou rejetés des aumônes, mais détournés de leur mauvaise cupidité par la nourriture du verbe divin. « Ne choisis pas celui à qui tu fais la charité », dit le bienheureux Isidore. Donne à tout homme qui te demande. Tu ignores par quoi tu plairas plus à Dieu. Tandis que tu iras à

Saint-Jacques ou sur le tombeau d'un autre saint, et que tu leur feras l'aumône, ne leur fais pas de reproches, mais, quand tu reviendras, réprimande-les soigneusement. Parce que, comme dit saint Jacques, *celui qui ramène un pécheur de la voie où il s'égare sauvera une âme de la mort et couvrira une multitude de péchés* (Jc 5, 20).

Que dirai-je des femmes qui font des bougies pour les vendre et y mettent tant de mèche qu'elles ne brûlent ni pendant les messes ni pendant les lectures ? Et que dirai-je de ceux qui vendent le pain, le vin, les fruits, le fromage, la viande et la volaille plus cher quand viennent les pèlerins ? Sur les chemins des sanctuaires, la malhonnêteté et l'escroquerie ne chôment pas.

Que dirai-je des banquiers que le peuple nomme « changeurs » ? Si le pèlerin a douze pièces qui en valent seize du banquier et que le pèlerin veuille les avoir, celui-ci lui donne sur le conseil du mauvais aubergiste au plus treize ou quatorze pièces. Si elles valent vingt, il en donne seize ou si possible encore moins. Si douze deniers du changeur valent seize deniers du pèlerin, le premier ne les lui donnera pas pour moins de vingt. S'ils en valent treize, il en demandera seize au pèlerin. Si un marc d'argent pur vaut trente sous, le changeur ne lui en donnera pas plus de vingt. Le changeur malhonnête a divers poids et mesures, des grands et des petits. Il achète l'argent en le mesurant avec un gros poids et il le vend en le mesurant avec un poids plus léger ou plus petit. Il fait l'éloge de son or, de son argent et de ses trésors, et déprécie ceux d'autrui. Il vend cher et achète à vil prix. S'il peut tromper autrui, il est lui-même sur ses gardes. Il place les deniers un par un dans une balance nommée « trébuchet », et il vend plus cher celui qui est plus lourd que les autres, ou il le fait fondre avec d'autre argent dans le feu de son four. Les grands deniers sont coupés honteusement et martelés. Malheur à celui qui fait tant de fraudes. Que fait en outre ce mécréant ? Un anneau, ou un calice, ou un candélabre, ou un quelconque ouvrage en airain, s'il a été argenté en surface, il le vend pour de l'argent pur à un ignorant. De même, si un objet a été doré, il le vendra sans vergogne pour de l'or massif. Son marc argenté et son talent doré, il les vend cher, s'il le peut, pour de l'or et de l'argent certifié, bien qu'ils ne l'aient pas été ; et, s'il les achète, c'est à vil prix, comme si cela n'avait pas été expertisé, même si ce l'est. Si le marc ou le talent du pèlerin pèsent quatre deniers au-dessous du poids normal, il les achète douze au-dessous. Si en revanche il y a de l'or ou de l'argent dans un anneau, ou une coupe, ou un candélabre, ou un mors, ou en quelque objet appartenant au même banquier, il les vend comme massifs bien qu'ils ne le soient pas, et il les vend d'autant plus cher. Et si le pèlerin veut lui vendre quelque chose dans la même matière, il ne l'achètera qu'au prix d'un or et d'un argent non expertisé. De même les pierres semi-précieuses, qui s'appellent des « imitations », il les vendra pour pierres précieuses à des ignorants. Il fait ces choses et bien d'autres, de telle sorte que le filet infernal, qu'il ignore, se rapproche de lui, que le piège qu'il cache se referme sur lui et qu'il tombe dans son propre filet. Écoutez donc, changeurs malhonnêtes, ce que le Psalmiste dit de vous : *Les fils des hommes sont trompeurs. Ils s'élèvent sur la balance, mais tous sont plus légers qu'un souffle* (Ps 61, 10). Vous serez trompés dans vos œuvres. Vos œuvres vous mènent en enfer. Vous serez mesurés à l'aune que vous avez employée. Poids pour poids, marc pour marc, livre pour livre sont sur votre table. Entendez donc ce que vous dit un sage : *Poids et poids, mesure et mesure sont l'un et l'autre horribles à Dieu* (Pro 20, 10). Le Seigneur a renversé jadis vos tables, comme il est écrit dans l'Évangile : *Le Seigneur renversa les tables des changeurs et les sièges de ceux qui vendaient des colombes* (Mt 21, 12).

Mais que dirai-je des marchands d'épices roués ? Certains gardent les plantes jusqu'à ce qu'elles pourrissent et ne les vendent pas moins pour fraîches, d'autres offrent des espèces de moindre qualité au lieu de bonnes, d'autres encore humidifient le poivre avec de l'eau pour qu'il pèse davantage, d'autres lui mélangent des graines de gingembre grillées ou du sable noir qui lui ressemble. D'autres y ajoutent de la baraglisce, qui ressemble à de l'alun et lui enlève sa couleur claire ; d'autres encore mêlent à l'encens de la résine de sapin ou d'épicéa. D'autres ajoutent aux couleurs de la terre qui leur ressemble : certains vendent aux ignorants de la terre verdâtre pour de la couleur verte, d'autres vendent du vermillon pour du cinabre, d'autres mélangent du cinabre au vermillon, d'autres humidifient le bleu avec de l'eau pour qu'il pèse davantage. De même, ils transforment les autres couleurs et épices en y mêlant des substances étrangères qui leur ressemblent.

Les médecins font de même. Ils ne craignent pas de mêler honteusement aux électuaires, aux préparations, aux sirops et autres antidotes des substances étrangères. Ils ajoutent de mauvaises choses aux bonnes et vendent des contrefaçons au prix des espèces précieuses.

Et que dirai-je des négociants malhonnêtes ? Les uns achètent des étoffes d'une grande largeur et les revendent en petite largeur, d'autres conservent des étoffes qui se putréfient et ils les vendent ensuite comme si elles étaient bonnes. D'autres vendent du cuir, ou des peaux d'animaux sauvages, ou des lanières, ou des gants, ou quoi que ce soit plus cher au pèlerin qu'à leur voisin. D'autres ne redoutent nullement de faire de faux serments, ce qui leur vaut la damnation. D'autres étirent des étoffes neuves qu'ils ont à vendre pour qu'elles s'allongent et s'élargissent. D'autres vendent frauduleusement à des ignorants du cuir de mouton, de porc ou de cheval pour du cuir de cerf, et des lanières, des bourses, des ceintures, ou des étuis de porc et de mouton pour du cerf. Oh, combien rusée leur cupidité ! Certains veillent à transmettre leur fourberie à leurs enfants et les envoient au Puy, à Saint-Gilles, à Tours, à Piacenza, à Lucques, à Rome, à Bari ou à Barletta. Ces villes possèdent en effet des écoles où l'on enseigne toutes ces supercheries. Oh mauvais aubergistes, changeurs malhonnêtes et commerçants sans scrupule, convertissez-vous à votre Seigneur et Dieu, mettez un terme à vos mauvaises œuvres, dites adieu à la cupidité et défaites-vous de vos escroqueries. Que direz-vous au jour du jugement, quand vous rencontrerez tous ceux que vous avez trompés et qui vous accuseront devant Dieu ? Sachez qu'avec votre injustice innombrable, vous avez méprisé Dieu. Si vous ne vous détournez pas de vos nombreuses escroqueries envers les saints Jacques, Pierre, Gilles, Léonard, la sainte mère de Dieu elle-même du Puy, Madeleine, Martin de Tours, Jean-Baptiste d'Angély, Michel de la Mer, Barthélemy de Bénévent et Nicolas de Bari, dont vous avez grugé les pèlerins, ceux-ci vous accuseront devant Dieu. Ils diront en se plaignant vivement de vous quand vous viendrez au jugement de Dieu : « Voici Seigneur ceux qui ont trompé nos pèlerins de tant de fraudes, qui leur ont fait subir tant d'iniquités. Rétribue-les selon les œuvres de leurs mains, donne-leur la récompense qu'ils méritent, parce qu'ils n'ont pas compris les œuvres du Seigneur.» Dans les œuvres de leurs mains tu les détruiras et tu ne les construiras point. *Que la mort les surprenne, qu'ils descendent vivants au schéol ! Car la méchanceté est dans leur demeure, au milieu d'eux* (Ps 54, 16). Qu'adviendra-t-il de vous, où pourrez-vous fuir, de qui demanderez-vous l'aide, lorsque vous aurez, au jour du jugement, les plus grands saints comme accusateurs, où devrez-vous trouver des aides ? Vous aurez comme accusateurs ceux que le monde entier veut avoir comme auxiliateurs, que l'univers entier vénère, et dont tout le peuple recherche les basiliques, dont tous embrassent avec ferveur les tombeaux, dont les cendres sont soigneusement conservées dans des urnes comme de l'or choisi et de la pierre précieuse, par le pouvoir, les mérites et les prières desquels les péchés sont remis, les malades sont guéris, les aveugles recouvrent la vue, les contrefaits se redressent, les affligés sont consolés, les enchaînés sont libérés.

« Ceux dont les désirs de gens pieux vénèrent les reliques,
Les voici devant Dieu qui prient nuit et jour,

Pour que les pécheurs soient dignes de pardon.
Nul ne connaît de meilleurs intercesseurs qu'eux,

À ces élus transportés auprès de lui, Dieu donna
Qu'advienne ce qu'ils désirent, tout ce qu'ils désirent.

Et Dieu donne les choses que demande le peuple par eux,
Par la faveur sans fin de Dieu, toutes sont données qui furent demandées. »

Ceux-ci vous accuseront qui aideront d'autres. Et si vous ne vous repentez pas en ce siècle, non seulement ses iniquités mais les vôtres éloigneront de vous le règne de Dieu dans l'avenir. Ceux que vous avez trompés se réjouiront dans les cieux, vous irez dans le Tartare subir les feux de la géhenne. Ceux-ci se réjouiront avec Dieu dans le ciel, vous pleurerez avec Satan dans l'enfer. Ceux-là seront couronnés dans les cieux, vous serez consumés dans le bûcher de l'enfer, puisque le Seigneur dit : *Car j'ai appelé et vous n'avez pas répondu ; j'ai parlé et vous n'avez pas écouté ; mais vous avez fait ce qui est mal à mes yeux et vous avez choisi ce que je ne veux pas. C'est pourquoi ainsi parle le Seigneur : Voici que mes serviteurs mangeront et, vous, vous aurez faim ; voici que mes serviteurs boiront et, vous, vous aurez soif ; voici que mes serviteurs seront dans l'allégresse et, vous, vous serez dans la confusion ; voici que mes serviteurs chanteront dans la joie de leur cœur, et vous, vous crierez, dans le déchirement de votre cœur, et vous hurlerez dans le déchirement de votre esprit, et vous laisserez votre nom* (Is 65, 12-15).

C'est pourquoi vous perdrez à l'avenir non seulement les trésors que vous avez amassés dans l'iniquité par des fraudes innombrables, mais aussi votre âme et votre nom, et vous vous réjouirez comme celui qui est pris, blessé, volé, incarcéré, torturé, affamé, exposé au froid et au dégoût par ses ennemis. Vous ne continuerez pas à dire « je suis celui qui avait coutume d'être un joyeux convive », mais « je suis malheureux dans la peine ». Celui qui se perd lui-même fait une mauvaise affaire et perd tout. Faites attention à ce que dit de vous la Sagesse : *Celui qui verse le sang et celui qui prive le mercenaire de son salaire sont frères* (Ecli 34, 22). Sachez que les malversations par lesquelles vous avez rempli vos bourses en violant des pèlerins ne sont pas de bonnes mais de mauvaises affaires. L'affaire qui consiste à détourner son maître du royaume de Dieu et à l'envoyer en enfer n'est pas une affaire mais un dommage. Vos ruses et votre malignité, par lesquelles vous trompez les pèlerins, vous écartent totalement du royaume de Dieu et vous mènent tout droit à l'enfer. À quoi vous sert d'accumuler des richesses par vos fraudes perfides et de perdre vos âmes dans les enfers ? À quoi sert à l'homme, *de gagner le monde entier, mais de se ruiner lui-même ou de se perdre* (Lc 9, 25). À cause de votre cupidité, vous avez commis des actes illicites et malfaisants, et vous commettez des actes vicieux et nuisibles sans nombre. C'est pourquoi Paul déclare : *La racine de tous les maux, c'est l'amour de l'argent, et certains, dans cette convoitise, se sont égarés loin de la foi et se sont transpercés eux-mêmes de beaucoup de tourments* (1 Tm 6, 10). De même que toutes les bonnes choses naissent de la charité, de même tous les vices proviennent de la cupidité. La cupidité fait mentir l'homme qui s'est détourné de la bonne foi, il devient avare, il se fait simoniaque, le Christ est vendu, Dieu est offensé, l'amour du prochain disparaît, le pauvre est oublié, toute charité est abandonnée, le royaume des cieux est oublié, les tribunaux humains ne sont plus que la cour des puissants, la fornication et l'adultère sont consommés, le vol, le sacrilège et le faux serment sont pratiqués, tous les maux et les vices sont parfaitement courants, l'état religieux, ce qui est pire, s'avilit, les richesses sont accumulées et la véritable pauvreté, que le Christ a prescrit aux religieux d'aimer, est violée, et tous les vices ne font que prospérer. Si tu ne te montres pas cupide, tu ne rassembleras pas la moindre richesse. Si tu n'avais pas de trésors, tu ne pratiquerais pas de vices. Si tu voulais un jour vivre en débauché, faire des repas somptueux, te vêtir luxueusement, construire des palais, être honoré de tous, les richesses te manquent, dont ces choses sont le complément. C'est pourquoi Isaïe déclare : *Malheur à vous qui ajoutez maison à maison, qui joignez champ à champ. Malheur à vous qui tirez l'iniquité avec des cordes de mensonge. Malheur à vous qui appelez le mal bien et le bien mal, qui faites des ténèbres la lumière et de la lumière les ténèbres, qui faites ce qui est doux amer et ce qui est amer doux. Malheur à vous qui êtes sages à vos propres yeux, qui justifiez l'impie pour un présent et qui privez le juste de ses droits* (Is 5, 8 et 18 ; et 20-23).

Votre cupidité insatiable léserait spontanément tout le monde si elle le pouvait. Lorsque vous ne pouvez léser quelqu'un, vous souffrez beaucoup. Vous le voulez toujours, mais souvent vous ne pouvez, et êtes donc prêt à en souffrir. Lorsque vous ne le faites pas, c'est que vous ne pouvez pas. Si les démons furent damnés pour avoir voulu ce que Dieu ne voulait pas leur donner, vous serez aussi damnés par la justice divine pour avoir voulu ce que Dieu ne veut pas que vous ayez. On dit que votre avarice est insatiable comme l'hydropique. En effet plus celui-ci boit, plus il désire boire. Vous aussi, plus vous avez acquis de trésors par vos fraudes, plus vous désirez en avoir. Votre avarice est comparable à un misérable gouffre, au puits profond et à la mer. De même que votre cupidité est sans mesure, de même votre châtiment dans le feu de la géhenne sera sans bornes. Écoutez ce que déclare Isaïe : *C'est pourquoi le schéol dilate son âme et ouvre sa bouche sans mesure, et y descendent les forts et le peuple, les sublimes et les glorieux* (Is 5, 14). Ô immense douleur ! Les grands et les puissants de la terre descendent aux enfers. Restant dans vos vices, vous désirerez quelque jour le royaume de Dieu, mais votre pensée en sera privée. Ainsi en effet Isaïe vous parle disant : *Comme celui qui a faim rêve qu'il mange, comme un homme qui a soif rêve qu'il boit et, à son réveil, il est altéré, ainsi il en sera de la multitude* (Is 29, 8) des mauvais. C'est pourquoi il est dit ouvertement : « Qui agit mal et espère le bien, travaille en vain. » Tandis que les autres hommes s'abstiennent des œuvres de chair aux jours de fêtes, bon nombre d'entre vous ne craignent pas de léser leurs frères dans leur négoce sur les marchés et les places publiques. C'est pourquoi vos transgressions dépassent les crimes des autres. Le Seigneur hait les solennités de ce genre, lui qui a dit par son prophète : *Mon âme hait vos nouvelles lunes et vos fêtes ; elles me sont à charge, je suis las de les supporter. Quand vous étendez vos mains, je voile mes yeux devant vous ; quand vous multipliez les prières, je n'écoute pas : vos mains en effet sont pleines de sang* (Is 1, 14-15). Et ailleurs le Seigneur dit : *Pourquoi crier à cause de ta blessure ? Ton mal est incurable* (Jr 30, 15).

Quiconque ne commet pas à l'égard des pèlerins ni sur le marché, ni dans le commerce, ni dans le change, ni dans l'hébergement ces escroqueries mais se comporte correctement à leur égard sera certainement récompensé plus tard par le Seigneur. Quiconque, en revanche, les trompe ou les dépouille de quelque chose par vol, agression ou quelque escroquerie rejoindra sans aucun doute Datan, Abiron et Satan.

Et que dirai-je de ceux qui exigent des pèlerins un droit de péage ? Soient maudits les péagers d'Ostabat, de Saint-Jean ou Saint-Michel-Pied-de-Port qui exigent un tribut injuste ! Les mots font défaut pour raconter toutes les injustices qu'ils commettent envers les pèlerins. Presque personne ne passe là sans être dépouillé par eux. À cause des saints évêques, prêtres et moines spoliés par eux, qu'ils soient cent fois excommuniés, et exilés, et exclus du paradis, par la force du Père tout-puissant, du Fils, du Saint-Esprit et de tous les saints de Dieu. Mieux vaut n'en rien dire qu'en parler. C'est pourquoi les malfaiteurs susmentionnés, à savoir les aubergistes, les changeurs, les marchands et les péagers doivent être invités à résipiscence par tous ceux qui savent. Si quelqu'un me reproche de parler et d'écrire sur les vices ci-dessus des méchants, qu'il écoute le docteur suprême et maître à penser de tous les hommes qui m'a prescrit ceci : *Crie à pleine voix et dénonce à mon peuple leurs péchés* (Is 58, 1). Si en effet je ne fais pas connaître à l'inique son iniquité, le Seigneur me réclamera le sang de mort, parce que je me suis fait l'homicide de ma propre âme et de son âme à lui en ne le réprimandant point.

JOIE DES PÈLERINS DE SAINT JACQUES. Que se réjouissent donc dans ces fêtes sacrées de l'excellent apôtre Jacques ceux qui, venant en pèlerinage sur son chemin, ont mené leurs affaires sans encombre. Que se réjouissent les pèlerins qui vont sur son tombeau et qui, selon sa promesse, sont destinés à recevoir la couronne de gloire pour les peines qu'ils ont endurées. Célébrons donc avec joie, frères bien-aimés, ses fêtes vénérables, célébrons sur la terre, jusqu'à ce que nous soyons dignes de jouir sans bornes dans le ciel, cette solennité apostolique. Que se réjouisse particulièrement le peuple galicien, qui a été digne de recevoir un tel chef et pasteur, que se réjouissent les peuples occidentaux et toutes les îles des mers, illustrées par un tel patron, que se réjouisse la Samarie pénétrée de ses témoignages, que se réjouisse Jérusalem empourprée de son sang, et que tous célébrant sa fête rendent grâce au Seigneur du cœur, de la bouche et par leurs actes.

Ô heureux peuple de Galice, toi qui es honoré de la puissance d'un tel prince, ô heureuse Espagne, non seulement exaltée par la louange de ta bonté, mais relevée par les mérites du glorieux apôtre. C'est lui qui t'a décorée, qui t'a ornée, qui t'a sanctifiée, qui t'a honorée. Ta nuit qui n'avait pas de jour a été transformée en lumière de la vraie foi, dont nul discours ne saurait rendre la splendeur. À toi qui étais jadis disgraciée, une grande gloire a été donnée. Jadis ignorant ton créateur, du moins tu reconnais par son Apôtre celui qui t'a faite. Tu étais jadis égaré dans l'erreur, maintenant tu as été appelée à la foi apostolique. Tu t'étais adonnée jadis à de vaines lois, instaurées selon des rudiments de liberté : tu as renié ce que tu étais et tu as commencé à être ce que tu n'étais pas. Toi qui avais favorisé les dieux impurs, tu es devenue la servante du vrai Dieu. Toi qui gisais dans les immondices de l'infidélité, tu resplendis maintenant dans la foi apostolique. Jadis tu étais quasiment veuve, maintenant tu es l'épouse de l'homme céleste. Jadis stérile, voici que tu engendres des enfants. Jadis désolée, te voici réconciliée avec le créateur. Jadis telle une brebis égarée sans pasteur, te voici rattachée au céleste souverain. Jadis tu étais sotte, faute d'être enseignée, te voici associée au maître fidèle. De même que le soleil répandant sa lumière chasse les ténèbres, de même le rayon du soleil de toute vérité conduit à la vraie lumière. Et bien que certaines régions du monde perdent pour un temps les rayons du soleil, le rayon de la vraie lumière ne cesse jamais de luire pour toi avec les splendeurs de ses forces. Alors qu'Hélios ne luit pas toujours au monde, pour toi le rayon apostolique du vrai soleil est présent grâce aux miracles divins et par l'aide qu'il apporte. Quand le soleil commence par illuminer les montagnes, puis les vallées, de même toi, qui fus autrefois une vallée obscure, tu rayonnes d'un rayon apostolique. Les montagnes sont d'abord éclairées, puis les vallées : d'abord sont illuminés les apôtres, ensuite les peuples. Et de même que le feu part de l'orient, étincelant jusqu'en occident, de même le rayonnement de l'apôtre ne brille pas seulement dans ta province par les miracles mais dans le monde entier où sont construites ses églises. Une lumière admirable s'est levée dans les ténèbres et tes ténèbres brillent comme midi ; parce que sur les habitants de la région de l'ombre de la mort la lumière se lève. Jadis tu gisais dans les ténèbres de l'infidélité parce que tu n'avais pas la lumière de la doctrine. Sans avoir vu le rayon du soleil, tu ne pouvais connaître le soleil. Cependant, parce que tu as vu son rayon, tu as connu le soleil de justice, ce soleil qui *illumine tout homme venant en ce monde* (Jo 1, 9), ce soleil dont le Psalmiste dit : *J'ai posé au soleil mon tabernacle* (Ps 18, 5) et dont le prophète déclare : « Pour vous qui craignez Dieu, se lèvera le soleil de justice » (cf. Ml 3, 20). Et ailleurs : « Le soleil s'est levé et la lune était à sa place. » Alors le soleil s'est couché lorsque le Christ est mort sur la croix. Le soleil s'est levé quand il est ressuscité des morts. Maintenant le soleil a émis ses rayons quand le Christ a envoyé ses apôtres remplis de son Esprit-Saint dans le monde entier.

Vis donc conformément à la loi, peuple d'Espagne, parce que tu as reçu un de ces rayons. Observe par les bonnes mœurs le rayon du vrai soleil, pour qu'il daigne toujours luire pour toi par ses vertus. Garde le trésor, sers la pierre vive, choisie par le Seigneur sur la mer de Galilée, honorée parmi les pierres apostoliques, qui servit à édifier le sanctuaire du Seigneur. Heureuse terre de Galice, qui a mérité de détenir un tel trésor, une perle qui resplendit de miracles divins, un trésor qui ne manque pas des bienfaits divins. Le trésor désirable repose dans ta terre. Qui a ce trésor ne manque de rien. Que pourrait donc manquer à celui qui possède la force d'un tel trésor ? Mais d'où vient, peuple inculte de Galice, que tu possèdes un tel trésor ? Il semble s'être accompli en toi le proverbe qui dit : « La fortune rit au sot. » Indique-moi donc qui te l'attribua ? Peut-être, me diras-tu, que *nous visita une lumière d'en haut* (Lc 1, 78). Tu dis vrai, car elle t'a visité, venant d'en haut, étant donné qu'elle a daigné te faire bénéficier de la puissance de l'apôtre. Alors que tu étais repoussé aux extrémités du monde et pour ainsi dire situé dans les confins des siècles, le rayon du vrai soleil s'est levé pour toi, *pour éclairer ceux qui sont assis dans les ténèbres et l'ombre de la mort, pour diriger les pas* (Lc 1, 79) du grand nombre de ceux qui recherchent l'apôtre de Dieu dans ta patrie. Arrivent en effet en foule des étrangers de tous les pays du monde, apportant avec joie à l'apôtre les offrandes de louange du Seigneur. Il faut donc comprendre de toi ce qu'a dit jadis le Seigneur par la bouche d'Isaïe : *Vois, je t'ai gravée sur la paume de mes mains ; tes murs*

sont toujours devant mes yeux. Je suis vivant, oracle du Seigneur, tu te revê-
tiras d'eux tous comme d'une parure, tu t'en ceindras comme d'une ceinture
de fiancée. Car tes ruines, tes déserts, ton pays dévasté, tout cela maintenant
sera trop étroit pour tes habitants ; et ceux qui te dévoraient se sont
éloignés ! Alors ils diront à tes oreilles, tes fils dont tu étais privée : L'espace
est trop étroit pour moi ; fais-moi de la place pour que je puisse habiter. Et
tu diras en ton cœur : Qui m'a enfanté ceux-ci ? J'étais privée d'enfants,
stérile, bannie et répudiée ; et ceux-ci, qui les a élevés ? Voici que j'étais
restée seule ; ceux-ci, où étaient-ils ? Ainsi parle le Seigneur : Voici que je
lèverai ma main vers les nations, que je dresserai mon étendard vers les
peuples ; et ils ramèneront tes fils entre leurs bras, et ils rapporteront tes
filles sur leurs épaules. Des rois seront tes nourriciers, et leurs princesses
tes nourrices ; ils se prosterneront devant toi la face contre terre, et ils
lécheront la poussière de tes pieds ; et tu sauras que je suis le Seigneur et
que ceux qui espèrent en moi ne seront pas confondus. Tes adversaires, moi,
je les combattrai ; tes fils, moi, je les sauverai. Je ferai manger à tes oppres-
seurs leur propre chair, ils s'enivreront de leur sang comme d'un vin
nouveau ; et toute chair saura que moi, le Seigneur, je suis ton Sauveur
(Is 49, 16, 18-23, 25-26). À quoi t'assimilerai-je sinon à l'homme qui trouve
un trésor caché dans un champ et, après avoir vendu tous ses biens, achète le
champ ? De même je te comparerai au négociant qui recherche de bonnes
perles et qui, lorsqu'il en a trouvé une, se sépare de tous ses biens et achète
celle-ci. (cf. Mt 13, 44-46). Qu'as-tu donc donné et qu'as-tu reçu ? C'est toi-
même, Galice, qu'assurément tu as donnée en croyant, et tu as reçu une perle
qui resplendissait déjà dans le ciel. C'est toi-même que tu as donnée en rejetant les idoles, en construisant l'église, et tu as reçu la force de l'Apôtre en
lui rendant un culte. Tu as fait une meilleure acquisition qu'en achetant de
l'argent et de l'or le plus pur et le plus fin. Le fruit de ton acquisition est plus
précieux que toutes les richesses, et rien des choses que l'on désire ne mérite
de lui être comparé. Ses chemins sont de beaux chemins et ils ne sèment que
la paix. Tu as été invitée à te réjouir de sa venue par le bienheureux Fortunat,
excellent versificateur, confesseur du Christ et évêque, qui dit jadis dans le
livre de ses louanges divines :

«Chantez peuples de Galice de nouveaux cantiques au Christ,
Pour l'arrivée de Jacques rendez grâces à Dieu.

Voici l'espoir du troupeau, le père du peuple, l'amant de la ville.
Les brebis se réjouiront des cadeaux du pasteur.

Sous sa conduite les troupeaux vont dans les saints pâturages
Et ils moissonnent les dons venus du paradis,

Qui veille sur les brebis immaculées du pieux Christ,
Afin qu'elles ne soient pas exposées aux morsures des loups.

Le soin du veilleur protège l'étable sans défaillance
Et aucune rapine ne lèse le troupeau rassemblé.

Il protège les agneaux enfermés à la précieuse laine ;
Et veillant lui-même il défend les dormeurs.

Que la vigne florissante engraisse du culte divin
Et que la maturité soit superbe pour sa grappe.

Pour qu'il remplisse de fruits éternels les greniers du ciel
et que les âmes boivent de la source vive qui coule

Que la soif ne le torture pas, que le riche voulut
Étancher d'un doigt humide, lorsqu'il recherchait à nouveau la richesse.

Mais que le pasteur conduise plutôt ses brebis à aller
dans le sein printanier d'Abraham vers les refuges des astres

Pour que redoublant du talent donné,
il entre dans les vraies joies de son Dieu

Et que couronné du digne prix de ses travaux,
le soldat du roi obtienne sa place dans les cieux. »

Prie donc avec nous, peuple de Galice, l'apôtre du Seigneur, pour qu'il intercède en suppliant assidûment pour nos crimes assidus auprès de son maître vénérable, le Christ roi qui siège dans le ciel, pour que nous sachions refuser les choses de la terre et aimer les choses célestes, pour que nous ayons au dernier jour un adjuvant que nous croyons devoir être assis sur le douzième siège et juger les douze tribus d'Israël, pour que, par le don de Dieu, nous soyons dignes d'être avec lui.

Ô grand saint Jacques, aimé du Christ, né de la femme de Zébédée, frère de Jean l'évangéliste, toi qui règnes dans la félicité avec Dieu sur la voûte du ciel, toi dont l'immense demeure existe en Galice, qui donne le salut à ceux qui te le demandent, fais que tous ceux qui te demandent le salut, soit d'ici soit d'ailleurs, reçoivent tout ce qui leur est salutaire, afin qu'ils te sentent toujours leur intercesseur auprès du Seigneur dans les cieux, toi qu'ils sollicitent ou à qui ils se fient dans toutes leurs difficultés. Sois le gardien de nos âmes au jour de notre fin, ô avocat des pèlerins.

Saint Jacques, toi qui aimes tous, qui n'as pas seulement laissé ce que tu avais mais ce que tu pouvais avoir pour le Seigneur qui t'appelait sur la rive de la mer de Galilée, fais-nous, par tes mérites nourriciers, abandonner, nous t'en prions, toutes choses qui déplaisent à Dieu et accomplir de toutes nos forces celles qui lui plaisent, afin que nous soyons jugés dignes d'être tes compagnons dans la vie éternelle. Toi qui fais tant de miracles sous l'œil de Dieu, rendant la lumière aux aveugles, orientant ceux qui errent, ressuscitant les morts, illumine par tes mérites l'obscurité qui est dans nos cœurs, brise les chaînes de notre dépravation. C'est à toi en effet que le Seigneur a témoigné une telle faveur en t'introduisant dans la maison du chef de synagogue lorsqu'il ressuscita sa fille, ne permettant pas à d'autres d'entrer afin de te manifester, à toi, son miracle vénérable (cf. Mr 5, 22-43). C'est pourquoi nous nous réfugions sous l'aile libératrice de ta sainteté, pour que, par tes très glorieuses interventions, tu nous ressuscites de la mort de l'âme et demandes pour nous à Dieu le bon esprit pour résister aux vices et aux concupiscences, afin que le dispensateur du pardon nous donne ainsi de pleurer les fautes que nous avons commises, et que nous ne les répétions pas davantage. Tu as été digne de monter avec le Seigneur sur le mont Thabor, de voir sa Transfiguration et d'entendre la voix admirable de son Père, de voir l'immense clarté de sa divinité, chose qu'il ne fut donné à personne de voir depuis (cf. Mt 17, 1-8). C'est pourquoi, excellent Apôtre, nous implorons ta sainteté de nous faire monter de la vallée des vices à la montagne des vertus, pour que nous soyons dignes de jouir de la clarté éternelle, ensemble avec toi dans la Résurrection que tu as vue typologiquement au mont Thabor. Toi qui es parvenu par le glaive d'Hérode à la chambre étoilée, compagnon des saints anges, demande pour nous le réconfort dans les tribulations, le courage dans les tentations en tout temps, pour que nous soyons dignes de vaincre l'adversaire. Toi qui es l'honneur des Espagnols, toi le refuge des pauvres, le courage des faibles, le consolateur des affligés, le salut des pèlerins, le pêcheur des âmes, l'œil des aveugles, le pied des boiteux, la main des manchots, le protecteur des marins qui t'invoquent, l'intercesseur des peuples, le père de tous, le destructeur des vices, l'édificateur des vertus, nous te demandons, le cœur humble, d'éteindre par ta pieuse intercession le feu de nos vices, et d'exalter en nous l'amour de la chasteté et la dilection des autres vertus. Nous croyons que tu aides tout le monde par tes prières quelle que soit la nécessité dans laquelle nous crions vers toi, nous savons en effet qu'il est très facile de demander ce que Dieu a demandé. Dieu t'accorde tant de dons que tous les peuples étrangers dans tous les pays du monde accourent avec des présents, chantant la louange du Seigneur. Oui, assurément, le chemin qui vient de Danemark et d'Éthiopie jusqu'en Galice est changé dignement par toi en une voie de pénitence pour le salut des pécheurs.

Ainsi le Prophète écrivait-il jadis de manière divinatoire : *Les nations viendront à toi des contrées lointaines, apportant des présents ; car elles invoqueront le grand Nom au milieu de toi.* Et un peu plus loin : *Et toi tu te réjouiras dans tes enfants, parce qu'ils seront tous bénis et se rassembleront auprès de toi. Heureux tous ceux qui t'aiment et qui se réjouissent de ta paix* (Tb 13, 11 et 13-14). Et ainsi le Seigneur a dit par Isaïe : *Les gains de l'Égypte, et les profits de l'Éthiopie, et les Sabéens à la haute stature viendront à toi et seront à toi, ils marcheront à ta suite, ils passeront enchaînés et se prosterneront devant toi ; ils te diront en suppliant : Il n'y a de Dieu que chez toi* (Is 45, 14). Jacques, précieux frère de Jean le virginal, toi qui as pieusement rappelé Hermogène au cœur féroce des vices de ce monde à l'honneur de l'omnipotent, prie pour nous tous d'une oraison continue.

Jacques, espoir des esclaves et remède des tiens, accepte avec commisération les pieuses demandes de tes esclaves. Rends aux tiens la vie désirée pendant de longues durées, pour que nous soyons dignes d'être réunis dans les astres loin des guerres. Souviens-toi donc père magnifique de tes fils dans les siècles, et ne cesse pas d'accomplir ta tâche qui est de prier pour ceux qui te demandent d'échapper aux embûches, afin que nous soyons dignes de posséder avec toi le royaume éternel des cieux. Que Jésus-Christ Notre Seigneur daigne l'accorder, qui vit et règne avec le Père et le Saint-Esprit, Dieu pour les siècles des siècles. Amen.

Chapitre XVIII

LE 30 JANVIER SONT CÉLÉBRÉES
LA TRANSLATION DE JÉRUSALEM EN GALICE
DE SAINT JACQUES FILS DE ZÉBÉDÉE
ET SON ÉLECTION À L'APOSTOLAT
SUR LA MER DE GALILÉE PAR LE SEIGNEUR

LECTURE DU SAINT ÉVANGILE SELON SAINT MATTHIEU. En ce temps-là : *Comme il marchait le long de la mer de Galilée, il vit deux frères, Simon dit Pierre, et André son frère, qui jetaient le filet dans la mer ; car ils étaient pêcheurs. Et il leur dit : Suivez-moi, et je vous ferai pêcheurs d'hommes. Eux aussitôt, laissant leurs filets, le suivirent. S'avançant plus loin, il vit deux autres frères, Jacques, fils de Zébédée, et Jean son frère, dans une barque, avec leur père Zébédée, réparant leurs filets, et il les appela. Eux, laissant à l'heure même leur barque et leur père, le suivirent* (Mt 4, 18-22).

HOMÉLIE DU PAPE GRÉGOIRE SUR CETTE LECTURE

Vous avez entendu, chers frères, qu'à l'appel d'un seul ordre, Pierre et André, laissant leurs filets, suivirent le Rédempteur. Ils n'avaient jusqu'alors jamais vu celui-ci faire des miracles, ils ne l'avaient rien entendu dire de la récompense d'une rétribution éternelle ; et cependant, entendant ce seul ordre du Seigneur, ils oublièrent ce qu'ils semblaient posséder. Combien n'avons-nous pas vu de miracles de lui, de combien de verges ne sommes-nous pas fouettés, de combien de rigueurs menaçantes ne sommes-nous pas terrifiés, et nous négligeons cependant de suivre celui qui nous appelle ? Il est au ciel, celui qui nous invite à nous convertir ; il a déjà soumis au joug de la foi les nuques des infidèles, il a déjà terrassé la gloire du monde, déjà il annonce sur les ruines croissantes de celui-ci le jour qui approche de son jugement rigoureux ; et cependant notre esprit orgueilleux ne veut pas quitter spontanément ce qu'il perd quotidiennement malgré lui. Que dirons-nous, très chers, que dirons-nous devant son tribunal, nous qui n'avons pas été détournés de l'amour des choses du monde par ses préceptes, ni rachetés par les fouets ?

Peut-être quelqu'un se dira-t-il dans ses pensées secrètes : répondant à l'appel du Seigneur, ces deux pêcheurs ne quittaient quasiment rien, puisqu'ils n'avaient presque rien ? Mais c'est là, chers frères, que nous devons plutôt penser à l'affection qu'à l'argent. Celui qui n'a rien gardé pour soi a beaucoup donné, il a beaucoup donné, celui qui a tout quitté, même si c'était peu. Assurément nous aussi nous possédons avec amour notre fortune, et les choses que nous n'avons nullement, nous les recherchons par désir. Donc Pierre et André laissèrent beaucoup quand ils abandonnèrent l'un et l'autre le désir de posséder. Il a laissé beaucoup celui qui avec la chose possédée a abandonné les désirs. Ceux qui l'on suivi ont laissé autant de choses que ceux qui ne le suivirent pas pouvaient en désirer. Que personne donc, même lorsqu'il a vu certains avoir abandonné beaucoup de choses, ne dise en lui-même : je veux imiter ces contempteurs du monde, mais je n'ai rien à abandonner. Vous avez renoncé à beaucoup de choses, si vous avez renoncé aux désirs terrestres. Les choses extérieures qui sont nôtres suffisent au Seigneur, si modestes soient-elles. Il pèse avec soin le cœur et non la substance, et il ne pèse pas la quantité dans le sacrifice qui lui est fait, mais avec quel amour celui-ci est fait. Car si nous pesions la chose extérieure quant à la substance, nos saints commerçants auraient acheté la vie perpétuelle des anges par les filets et le bateau qu'ils ont donnés. Elle n'a pas de prix, mais le royaume de Dieu vaut seulement autant que tu possèdes. Il valut en effet pour Zachée la moitié du capital, parce qu'il réserva l'autre moitié pour restituer au quadruple ce qu'il avait injustement détourné (cf. Lc 19, 8). Il valut pour Pierre et André autant que leurs filets et leur bateau, il valut pour la veuve les deux petites pièces (Lc, 21, 2), il valut pour l'autre un verre d'eau fraîche (cf. Mt 10, 42). Le règne de Dieu vaut donc, comme nous l'avons dit, autant que l'on possède.

Pesez donc, frères, ce qui est à plus vil prix quand vous l'achetez et ce qui est de plus grande valeur quand vous le possédez. Mais peut-être même lorsque le verre d'eau fraîche n'est pas là pour être offert à l'indigent, la parole de Dieu n'en promet pas moins sécurité. Une fois né le Rédempteur, les citoyens du ciel furent montrés qui clamèrent : *Gloire à Dieu au plus haut des cieux, et paix sur la terre aux hommes de bonne volonté* (Lc 2, 14). Sous les yeux de Dieu en effet la main n'est jamais vide de cadeau, si le tréfonds du cœur a été rempli de bonne volonté. C'est pourquoi le Psalmiste déclare : *En moi, Dieu, les vœux que j'ai formulés, sont des louanges envers toi* (Ps 55, 13). Ce qui signifie en clair : « Même si je n'ai pas extérieurement de présents à offrir, je trouverai cependant en moi-même de quoi mettre sur l'autel de ta louange, parce que toi qui ne te nourriras pas de notre don, tu seras mieux fléchi par l'offrande du cœur. » Rien n'est offert à Dieu de plus riche que la bonne volonté. Avoir de la bonne volonté, c'est redouter les tracas d'autrui à l'instar des nôtres, se féliciter de la prospérité d'un proche autant que de notre avancement, croire que les dommages d'autrui sont nôtres, que les avantages d'autrui sont nôtres, aimer un ami non à cause du monde mais de Dieu, supporter patiemment un ennemi en allant jusqu'à l'aimer, ne rien faire que l'on ne veuille pas subir, ne dénier à personne ce que l'on souhaite à bon droit advenir pour soi, ne pas concourir aux besoins du prochain selon ses forces, mais vouloir lui être utile au-delà de ses forces. Qu'y a-t-il donc de plus riche que cet holocauste quand, par ce qu'elle immole à Dieu sur l'autel du cœur, l'âme se mortifie elle-même ?

Mais ce sacrifice de bonne volonté n'est jamais accompli pleinement si la cupidité de ce monde n'est pas totalement éradiquée. Car quoi que nous désirions en lui, par cela sans aucun doute nous en concevons de la jalousie envers le prochain. Et parce que l'envie ne s'accorde jamais avec la bonne volonté, souvent lorsque celle-là s'est emparée de l'esprit, celle-ci disparaît. C'est pourquoi les saints prédicateurs, afin de pouvoir aimer le prochain à la perfection, s'efforcèrent de ne rien aimer en ce siècle, de ne jamais rien désirer, de ne rien posséder avec désir. Pénétrant bien ces choses, Isaïe déclare : *Qui sont ceux-ci qui volent comme des nuées et comme des colombes vers leurs fenêtres ?* (Is 60, 8). Il les vit assurément mépriser les choses humaines, s'approcher en esprit des choses célestes, répandre la pluie en paroles, briller par des miracles. Et ceux que la sainte prédication et la vie sublime avaient détachés des contacts terrestres, il les appelle également volants et nuées. Nos yeux en effet sont des fenêtres, parce que par eux l'âme regarde ce qu'elle désire à l'extérieur. La colombe en vérité est un animal simple et étranger à la malice du fiel. Donc sont comme les colombes à leurs fenêtres ceux qui ne désirent rien en ce monde, qui regardent toutes choses simplement et qui ne sont pas poussés à la rapacité par ce qu'ils voient. Au contraire est un milan, et non une colombe à ses fenêtres, quiconque respire du désir de rapine à l'égard des choses qu'il voit de ses yeux. Parce que, très chers frères, nous célébrons l'anniversaire de saint Jacques apôtre, nous devons imiter ce à quoi nous rendons un culte. Que la fête de son esprit montre l'obéissance de notre dévotion inchangée : méprisons ce que sont les choses terrestres et, après avoir laissé les choses du siècle, acquérons les choses éternelles. Si cependant nous ne pouvons laisser ce qui nous appartient, du moins ne désirons pas ce qui ne nous appartient pas. Si notre esprit n'est pas enflammé par le feu de la charité, si la crainte réfrène son ambition, comme si elle était animée par les pas de son progrès, alors qu'il est rassasié du désir de ce qui est à autrui, qu'il soit conduit à mépriser ce qui lui appartient en propre. Que daigne nous l'accorder Celui dont le règne et l'empire demeurent sans fin dans les siècles des siècles. Amen.

Chapitre XIX

LE 30 JANVIER EST CÉLÉBRÉE
LA FÊTE DE L'ÉLECTION ET DE LA TRANSLATION
DE SAINT JACQUES FILS DE ZÉBÉDÉE

LECTURE DU LIVRE DE LA SAGESSE. Jacques *fut agréable à Dieu et il a été transporté au paradis, exemple de pénitence pour les générations* (Ecli 44, 16 ss).

SERMON DU PAPE CALIXTE SUR CETTE LECTURE

SAINT JACQUES ET HÉNOCH. En la présente commémoration sacrée de l'élection et de la translation du bienheureux Jacques, fils de Zébédée, apôtre de Galice, frère de saint Jean l'évangéliste, nous devons, très chers frères, nous remémorant aujourd'hui, dégager les belles paroles de cette très belle lecture grâce à la fleur digne et parfumée d'un sermon en l'honneur de notre Seigneur Jésus-Christ. Il est dit en effet, dans la lecture divine, que Jacques *fut agréable à Dieu et transporté au paradis* (Ecli 44, 16). De cette manière, il fut transporté dans la terre des vivants, parce qu'il fut agréable à Dieu sur la terre des mortels. Si, là où la première partie de ce verset mentionne Jacques, figure dans le texte du Livre de la Sagesse, le nom d'Hénoch, c'est parce que ce qui est écrit d'Hénoch, bien que compris typologiquement du Christ ou de quelque juste, ne s'en rapporte pas moins au sens qu'il convient de donner à ce qui concerne saint Jacques. Mais la question se pose d'abord de savoir pourquoi Hénoch fut transporté au paradis. Hénoch fut en son propre corps « transporté vivant au paradis », parce que, avec le prophète Élie, que le Seigneur avait de même un jour emporté par un tourbillon dans le ciel (cf. 4 Rg, 2, 11), il reviendra à la fin des temps pour vaincre l'Antéchrist. Mais de quoi vivent Élie et Hénoch, de quoi sont-ils vêtus, eux qui ont été arrachés à ce monde et n'ont pas moins une existence charnelle ? Celui qui donna en pâture aux fils d'Israël la manne dans le désert, le Seigneur très prévenant les nourrit lui-même selon son bon plaisir. Et pourquoi le Seigneur enverra-t-il des hommes pour vaincre l'Antéchrist et non des anges ou des archanges ? Parce que de même que Dieu envoya un jour, non un ange, mais un homme, son Fils, pour vaincre le diable et libérer les hommes, ainsi il institua d'envoyer des hommes et non des anges pour défaire l'Antéchrist. Mais pourquoi enverra-t-il des hommes de l'ancienne loi et non des apôtres, qui sont plus qu'eux proches du Christ et serviteurs de Dieu ? Parce que s'il envoyait des apôtres ou quelques saints de la nouvelle loi, il n'aurait point de témoins de l'ancienne loi. Il existe, en effet, trois moments du temps, l'un avant la loi, l'autre sous la loi, l'autre sous la grâce du baptême, et de chacun d'eux le Fils de Dieu voulut avoir des témoins de la vérité contre l'Antéchrist : Hénoch représente les hommes avant la loi, Élie les hommes sous la loi, les apôtres les hommes sous la grâce. Il eut jadis les apôtres pour témoins de sa venue et il aura Élie et Hénoch pour témoins de son retour. Et pourquoi préserva-t-il à cette fin des hommes en chair et en os alors qu'ils auraient dû mourir d'ici-là ? N'aurait-il pas pu, à la fin des temps, faire apparaître quelques disciples, apôtres ou hommes plus saints qu'eux ? Certes, s'il l'avait voulu, il l'aurait pu. Mais s'il avait alors rappelé à la vie les hommes déjà morts, ils n'auraient pas combattu bien calmement, sachant qu'ils allaient mourir, parce qu'ils auraient redouté de mourir à nouveau. En effet l'ombre de la mort est pleine de tant d'amertume que lorsqu'on y a goûté une fois on redoute d'y goûter une seconde fois. Hénoch donc, dont le nom signifie « consécration », désigne le Christ, qui consacra son Église par son sang. Plaisant à Dieu par les paroles, les exemples et les bonnes œuvres, Hénoch est à l'image du Fils unique, lui qui plut en toutes choses à Dieu le Père, comme le Père lui-même l'atteste, en présence du bienheureux Jacques sur le mont Thabor (cf. Mt 17, 1-8) et sur le Jourdain, quand il dit à son sujet : *Celui-ci est mon Fils bien-aimé en qui j'ai mis tout mon amour, écoutez-le* (Mt 3, 17 ; 17, 5). Le corps d'Hénoch transporté vivant au paradis est à l'image du Fils de Dieu lui-même, ressuscitant des morts dans son propre corps, que Dieu le Père, après avoir triomphé du prince de l'enfer, éleva non seulement dans le paradis, mais aussi au-dessus de toutes les armées des anges et de tous les sommets des cieux. Hénoch, destiné à revenir à la fin des temps et à donner la pénitence aux nations, à triompher de l'Antéchrist, est à l'image du Christ, qui en triomphateur chassa du monde le prince de ce monde, à savoir le diable, comme il le dit lui-même : *C'est maintenant que le prince de ce monde va être jeté dehors* (Jo 12, 31). Il donna lui-même la pénitence à tous ceux qui venaient à lui, comme dit l'Évangile : *Repentez-vous, car le royaume des cieux est proche* (Mt 3, 2). Et de même qu'*Hénoch plut à Dieu et fut transporté au paradis*, ainsi le bienheureux Jacques, par sa foi et son œuvre agréable à Dieu, dont la complaisance va à ceux qui le craignent et à ceux qui espèrent en sa miséricorde, fut transporté sur le siège qui lui était réservé au paradis. Comme il est écrit dans l'épître de Jacques, il prêcha à tous la pénitence en disant : *Repentez-vous donc et convertissez-vous, afin que vos péchés soient effacés* (Ac 3, 19).

SAINT JACQUES ET NOÉ. *Il fut trouvé parfait et juste et, au temps de la colère, il fut la réconciliation. Les héritages du siècle ont été posés auprès de lui, afin que toute chair ne pût être détruite* (Ecli 44, 17-18). Ces deux versets se rapportent à Noé. Noé, qui est appelé le repos, lui qui fut trouvé parfait et juste, est à l'image du Fils de Dieu, qui est plus juste que tous les justes et plus parfait que tous les parfaits : en lui est le repos éternel, la paix continue, la tranquillité constante, en lui reposent les âmes des saints, comme lui-même dit aux disciples : *Et vous trouverez le soulagement de vos âmes* (Mt 11, 29). Noé au temps de la colère, c'est-à-dire du déluge, réconciliant le monde avec la vie par l'arche de bois qu'il fit et par l'eau sur laquelle il flotta, désigne le Christ qui, par sa croix et l'eau de son baptême, réconcilia le monde perdu avec Dieu le Père, comme dit le bienheureux Paul : *Le Christ réconcilia le monde avec Dieu par le sang de sa passion* (2 Cor 5, 19), et un autre passage déclare : « L'agneau racheta les brebis, le Christ innocent réconcilia les pécheurs avec son Père. » Et de même que Noé, au temps du déluge, fut un témoin pour le monde, afin que toute chair ne pût être détruite, ainsi le Fils de Dieu est donné en témoignage au monde devant Dieu le Père afin que toute chair ne pût être détruite au temps de la perdition. En effet le Père dit ainsi de son Fils par le prophète : *Voici que j'ai fait de lui un témoin pour les peuples, un chef et un législateur des nations* (Is 55, 4). Et le bienheureux Job dit : *Là-haut se tient mon défenseur, interprète de mes pensées auprès de Dieu* (Jb 16, 19-20). Comme nous l'avons dit, Noé représente le Christ, l'arche est l'Église, l'eau est le baptême du Christ, disparues dans l'eau sont nos fautes effacées par l'eau, les êtres sauvés dans l'arche sont les fidèles sauvés dans l'Église. Ceux en effet qui sont en dehors de l'Église, c'est-à-dire les hérétiques, les Juifs, les païens, les maudits, courent à leur perte dans le déluge. Et de même que Noé fit une fenêtre sur le côté de l'arche, ainsi notre Rédempteur très doux et très humble, compatissant avec notre immense misère, présenta au soldat son côté pour l'ouvrir alors qu'il était pendu à la croix, pour que sortent de lui des fleuves abondants, c'est-à-dire le sang de la rédemption et l'eau du baptême, par lesquels nos fautes sont effacées. Noé construisant l'arche pour sauver les restes du monde est à l'image de saint Jacques qui, par sa prédication et l'effusion de son propre sang, construisit l'Église pour faire revenir le monde à la foi salvatrice. En effet, heureuse de ses mérites et de ses enseignements, l'Église loue le Christ à son sujet comme à celui des autres apôtres, en disant par son chant : « Vivant dans la chair, ceux-là ont planté l'Église par leur sang. »

SAINT JACQUES ET ABRAHAM. *Illustre père d'une multitude de nations, nul ne lui fut égal en gloire, il observa la loi du Très-Haut* (Ecli 44, 19-20). Ce verset et les quatre suivants sont relatifs à Abraham. Par Abraham, qui est dit père très haut et père de la multitude des nations, on entend le Fils de Dieu, considéré comme le père bienveillant de tous les hommes croyant en lui, et reconnu non seulement plus haut que toutes les nations, mais encore plus haut que tous les cieux et que tous les anges. Le Psalmiste l'atteste en disant : *Plus haut que tous les peuples est le Seigneur, et sa gloire est plus haute que tous les cieux* (Ps 112, 4). Il est, en effet, au-dessus de toutes choses, en dessous de toutes choses, et en lui est tout ce qui est. De lui le bienheureux Job dit à quelqu'un qui lui parlait : *Il est plus haut que les cieux, que feras-tu ? Plus profond que l'enfer, que sauras-tu de lui ? Sa mesure est plus longue que la terre et plus large que la mer* (Jb 11, 8-9). Celui-ci qui est un tel artisan de tous les êtres, qui tient le monde dans sa main, prit chair dans le sein de la bienheureuse Vierge Marie pour le salut du monde. Il observa en tout et partout la loi et les commandements du Père des cieux, ce pourquoi on ne trouve nul pareil à lui dans la gloire des hommes et des anges, comme dit le Psalmiste : *Nul ne t'égale parmi les dieux, Seigneur, et rien n'égale tes œuvres* (Ps 85, 8) et ailleurs : *Dieu, qui sera semblable à toi ?* (Ps 82, 2). Comme Abraham fut élevé au rang de père de nombreuses nations, ainsi Jacques, qui durant sa vie observa scrupuleusement et en toutes choses la loi du Dieu Très-Haut, est-il le père et auxiliaire très bienveillant de la multitude des pèlerins qui viennent à lui en Galice. Mais on n'a pas trouvé parmi les apôtres pareil que lui dans la gloire, qui mérita par le glaive d'Hérode de suivre le premier le Christ dans le ciel, avant les autres apôtres ; et mérita d'être assis dans le ciel plus près du Christ que tous les apôtres, sur le trône le plus élevé. *Et le Seigneur fit alliance avec lui* (Ecli 44, 20). De même que le Seigneur fut avec Abraham dans l'alliance de la circoncision et de la race élue, de même et à plus forte raison Dieu le Père et l'Esprit-Saint furent-ils avec le Christ dans la grâce du baptême et la nouvelle race des chrétiens, et assistèrent le bienheureux Jacques par la grâce de la prédication divine.

Il a institué cette alliance dans sa chair, et, dans l'épreuve, il s'est montré fidèle (Ecli 44, 20). De même que le Seigneur institua dans la chair d'Abraham l'alliance de la circoncision, de même il fit persister dans le Christ, Jacques et les autres apôtres l'alliance de la nouvelle grâce du baptême. Abraham fut témoin et inventeur de la circoncision, et les apôtres sont les témoins de la grâce nouvelle du baptême. Et de même que le Seigneur, lorsqu'il eut tenté Abraham et lui eut dit : *Prends ton fils préféré, Isaac, et offre-le en holocauste* (Gn 22, 2), le trouva fidèle, de même notre Seigneur Jésus-Christ a-t-il été trouvé d'une fidélité sans défaut lorsque le diable lui dit pour le tenter : *Tout cela je te le donnerai si, te prosternant, tu me rends hommage* (Mt 4, 9). De la même manière, le bienheureux Jacques demeura fidèle dans les tentations du diable, dans la prospérité et dans l'adversité, aussi longtemps qu'il vécut, de la même manière, nous aussi devons demeurer fidèles et patients, lorsque nous aurons été tentés ou par le Seigneur ou par le diable. De la tentation par le Seigneur, l'apôtre a écrit : *Le Seigneur vous tente pour savoir si vous l'aimez* (cf. Dt 13, 3). De la tentation par le diable, l'oraison dominicale fait dire au Seigneur : *Et ne nous soumets pas à la tentation, mais délivre-nous du mal* (Mt 6, 13). Que donc l'Espagnol, ou tout autre chrétien, s'il a été par hasard fait prisonnier par les Maures, veille à demeurer fidèle en toutes choses, quitte à subir la mort, afin de recevoir la rémunération que Dieu a promise lorsqu'il a dit à ses fidèles : *Qui persévérera jusqu'à la fin, celui-là sera sauvé* (Mt 10, 22).

C'est pourquoi Dieu lui promit par serment de bénir toutes les nations en sa descendance, et de la multiplier comme la poussière de la terre, et d'exalter sa prospérité comme les étoiles (Ecli 44, 21). La race, que le Seigneur promit par serment à la descendance d'Abraham, est au sens propre la chair de notre Seigneur, qui est de la postérité d'Abraham, qui est assimilée parfaitement à sa descendance parce que, de même que d'un grain de semence naissent de nombreux grains, de même des milliers de milliers de peuples et de nations sont régénérés grâce au sang de sa chair par la grâce du baptême. Cette race s'accrut vraiment comme la poussière de la terre, parce que le Seigneur, accumulateur de tous les biens, accumula les prophètes et les patriarches, les apôtres, les martyrs, les confesseurs et tous les élus au-delà des sommets de l'Olympe. La race d'Abraham fut exaltée comme les étoiles, parce que la chair du rédempteur est élevée au-dessus des chœurs des anges. *Et il leur donne en héritage depuis la mer jusqu'à l'autre mer, depuis le fleuve jusqu'aux extrémités de la terre* (Ecli 44, 21 ; cf. Ps 71, 8). L'héritage d'Abraham est hérité de la mer jusqu'à la mer, parce que les fidèles du Christ sont multipliés partout par le décret de la grâce divine. Et de même que l'on considère Abraham comme le père de la multitude des nations (cf. Gn 17, 4-5), ainsi on s'accorde à reconnaître saint Jacques comme le père bienveillant des divers peuples et nations qui viennent vénérer sa tombe en Galice. Et de même que la race d'Abraham est augmentée comme la poussière de la terre et exaltée comme les étoiles du ciel, ainsi le peuple pèlerin du bienheureux Jacques est augmenté chaque jour sur la terre et exalté au-dessus des étoiles du ciel en unité avec lui dans la patrie céleste.

SAINT JACQUES ET JACOB. *Il le confirma dans ses bénédictions et lui donna le pays en héritage, il le divisa en lots et le partagea entre les douze tribus* (Ecli 44, 22). Ce verset, comme le suivant, a rapport avec Jacob. Parce que Jacob aimait vraiment les bénédictions, le Seigneur le confirma et l'aima, comme lui-même le dit par le Prophète : *J'ai aimé Jacob, mais j'ai haï Esaü* (Ml 1, 2-3). Jacob couvrit ses mains et la partie lisse de son cou par des peaux de chevreau, nia qu'il était lui-même, changea son nom et sa voix, prit l'aspect de son frère, fit passer le mensonge pour la vérité, supplanta son frère, trompa son père, pour mériter d'être béni par lui (Gn 27, 15-29). Il combattit toute la nuit sur le mont Béthel avec un ange qui le rendit boiteux pour qu'il mérite de recevoir la bénédiction du Seigneur (cf. Gn 32, 24 ss). C'est pourquoi il vit le Seigneur au sommet de l'échelle et le Seigneur le confirma (Gn 28, 12). Pour cette raison nous aussi devons, par la pénitence de l'esprit et les mortifications de la chair, ouvrir nos âmes que la malignité de notre ennemi a, par les déchéances des vices, dépouillées des saintes vertus et des félicités du paradis, pour mériter d'être bénis par Dieu notre Père. Nous devons encore lutter avec l'ange, qui est l'ange du grand conseil (Is 9, 5), c'est-à-dire le Seigneur Jésus-Christ, non par les armes d'un vaine puissance, mais par des prières assidues, des jeûnes répétés, des aumônes, la prédication des choses divines, jusqu'à ce que nous méritions d'être bénis par le Seigneur, non pas sur le mont Béthel, mais dans le ciel. L'hérédité que le Seigneur a attribuée à Jacob est, selon la typologie, le peuple chrétien que Dieu le Père a confié à son Fils unique. Ce qu'atteste la Vérité en disant : « Louable est le peuple qu'a béni le Dieu des armées en disant : Tu es l'ouvrage de mes mains, Israël mon héritage » (cf. Is 19, 25). De cet héritage, le Psalmiste dit : *Mon héritage est magnifique* (Ps 15, 6). L'héritier de cet héritage est le Fils de Dieu que, le Seigneur, comme le dit l'Apôtre, *a établi héritier de toute chose, par qui aussi il a fait les siècles* (Heb 1, 2). On dit de cet héritage que c'est la part chrétienne, que le Seigneur sépara pour lui des hérétiques, des Juifs et des nations infidèles et divisa pour son fils en douze tribus, auxquelles il envoya ses douze apôtres pour prêcher. Lorsqu'en effet quelqu'un divise quelque chose, il en prend une part et il en laisse une part : ainsi le Seigneur au jour du jugement dernier rejettera la mauvaise part des méchants et accueillera les bons. Cela est écrit dans l'Ancien Livre : *Je vous ai mis à part de tous ces peuples pour que vous soyez à moi* (Lv 20, 26). Et ailleurs : *Si de ce qui est vil tu sépares ce qui est noble, tu seras comme ma bouche* (Jr 15, 19).

Et il lui conserva des hommes de piété, trouvant grâce aux yeux de toute chair (Ecli 44, 23). Jacob, à qui le Seigneur conserva des hommes de piété, c'est-à-dire ses douze fils, ou bien les douze patriarches du monde, représente le Fils unique de Dieu, à qui Dieu le Père conserva fidèlement, ici et pour l'avenir, des hommes de piété, c'est-à-dire les douze apôtres, comme le Fils du Père le demanda au Père pour eux en disant : *Père saint, garde-les dans ton nom que tu m'as donné* (Jo 17, 11). Et ailleurs il leur dit : *Mais pas un cheveu de votre tête ne se perdra* (Lc 21, 18). Et de même que les douze patriarches ont trouvé grâce aux yeux de toute chair, ainsi les douze apôtres ont bien plus trouvé la grâce inépuisable dans les yeux de la vraie divinité, le Christ, fils de Dieu. Jacob, qui vit le Seigneur sur le mont Béthel, est à l'image du bienheureux Jacques qui vit sur le mont Thabor le Seigneur transfiguré dans le mystère de son Père. Jacob signifie « le supplanteur » ; notre Jacques aussi est dit le supplanteur, parce que le premier, qui supplanta son frère en recevant frauduleusement la bénédiction du père, représente notre Jacques qui supplanta sans interruption les vices humains, en lui par la mortification de la chair et chez les autres par la prédication du Verbe divin.

SAINT JACQUES ET MOÏSE. *Bien-aimé de Dieu et des hommes, lui dont la mémoire est en bénédiction* (Ecli 45, 1). Ces versets décrivent la personne de Moïse. Moïse qui est dit « sauvé des eaux », parce qu'il fut trouvé dans l'eau (cf. Ex 2, 10), lui qui est aimé de Dieu et de tous symbolise le Christ, Fils de Dieu, qui fut des eaux, lorsqu'il donna à ses fidèles le royaume céleste par l'eau du baptême et le sang de sa passion, et qui est trouvé dans l'eau, lorsqu'il distribue sa grâce aux pénitents par les doux fleuves des larmes. Ainsi en effet, par le prophète, lui-même dit : *Cherchez Dieu pendant qu'il se laisse trouver* (Is 55, 6). En lui se trouve l'amour de Dieu le Père et des hommes.

Si le Christ est aimé de Dieu et des hommes, ainsi en lui l'homme est uni à Dieu par l'amour, et les choses humaines sont rattachées aux choses célestes. Ô qu'il est précieux, frères, et glorieux d'aimer notre Rédempteur, qu'aime Dieu le Père. De même que l'époux est uni par l'amour à l'épouse dans la chambre, ainsi notre amour du fils est attaché à l'amour du Père dans le Christ. Lorsque, en effet, nous aimons le Christ d'un amour digne, nous sommes liés à Dieu. Nous avons été éloignés de Dieu par le péché du premier homme, mais nous sommes unis à lui par l'amour dans le Christ. Aussi longtemps que notre amour est dans le Christ, aussi longtemps Dieu le Père est avec nous, et nous avec lui. Nous devons donc, selon l'Apôtre, *ne songer qu'au bien non seulement devant Dieu, mais aussi devant les hommes* (Rm 12, 17), pour que nous méritions par l'amour de Dieu et du prochain d'être aimés de Dieu et des hommes. Jacques fut aimé par Dieu comme nourricier, parce qu'il est celui que le Seigneur choisit aujourd'hui, devant la mer de Galilée, et qu'il couronna dignement pour ses mérites sur les trônes des cieux. Lui-même est aimé aussi par tous sur cette terre, parce que, aux quatre coins du monde, tous les fidèles l'aiment, l'invoquent, le prient, l'honorent, et par-dessus tout le visitent en Galice. Que donc ce Jacques, le plus bienveillant apôtre du Christ, dont nous célébrons l'élection et la translation, daigne nous aider dans toutes nos épreuves et nous conduire au royaume céleste, avec l'aide de Notre Seigneur Jésus-Christ, qui vit et règne, avec le Père et l'Esprit-Saint, Dieu pour les siècles des siècles, Amen.

Chapitre XX

5 JANVIER. CÉLÉBRATION DE L'OCTAVE DE LA TRANSLATION DE SAINT JACQUES

LECTURE DU SAINT ÉVANGILE SELON SAINT MATTHIEU. En ce temps-là : *S'avançant le long de la mer de Galilée, Jésus vit deux frères, Jacques, fils de Zébédée, et Jean son frère, dans une barque, avec leur père Zébédée, réparant leurs filets et il les appela. Eux, laissant à l'heure même leur barque et leur père, le suivirent* (Mt 4, 21 ss ; cf. Mr 1, 16-20).

SERMON DES SAINTS JÉRÔME, AUGUSTIN, GRÉGOIRE ET CALIXTE SUR CETTE LECTURE

Célébrant la fête de l'élection et de la translation du bienheureux apôtre Jacques, exposons, frères, la lecture du saint Évangile, pour que votre amour apprenne comment Jacques, notre patron nourricier, pasteur et chef de l'Espagne et de la Galice, appelé par le Seigneur quitta les choses de cette terre et mérita d'être associé à notre Seigneur, pour que, en l'invoquant, votre vie prenne pour elle cet exemple du salut. L'évangéliste raconte que Notre Seigneur s'avançant le long de la mer de Galilée vit deux frères, Jacques, fils de Zébédée et Jean son frère, et les appela. Il appela Jacques, «fils de Zébédée» pour le distinguer de l'autre Jacques qui est fils d'Alphée.

Ces deux frères, fils de Zébédée, à savoir Jacques et Jean, portent des noms anciens qui montrent leurs mérites. Jacques signifie en effet «supplanteur» et Jean signifie «en qui est la grâce» ou «la grâce du Seigneur». Jacques en effet fut joyeux de supplanter le soin de la chair en invoquant Dieu et de mépriser la chair elle-même lorsque Hérode le fit exécuter. Jean, par la grâce d'un amour particulier, qu'il avait méritée par sa gloire virginale, reposa lors de la Cène sur la poitrine de son Rédempteur. Ces deux frères, laissant leur père selon la chair, suivirent aujourd'hui leur vrai père, notre Sauveur. C'est pourquoi, selon l'Évangile de Marc, le Seigneur les appela Boanergès, c'est-à-dire fils du tonnerre (cf. Mr 3, 17), parce que «de même que la voix du tonnerre retentit dans l'ensemble du monde, de même le son de leur voix sortit dans toute la terre et leurs paroles s'avancèrent jusqu'aux confins de la terre» (cf. Ps 76, 19 et 18, 5 ; Rm 10, 18). Et ils sont surnommés à bon droit fils du tonnerre, parce que l'un d'entre eux, parlant des choses célestes, émit cette proposition théologique que personne avant lui n'avait su faire connaître : *Au commencement était le Verbe et le Verbe était près de Dieu et le Verbe était Dieu* (Jo 1, 1). C'est une parole chargée du poids de tant de force que, s'il avait voulu un jour dire davantage, le monde lui-même n'aurait pu la recevoir. Mais l'un et l'autre furent dignes en particulier d'être conduits par le Seigneur sur le mont Thabor et d'y entendre un jour la voix terrible sortant de la nuée disant : *Celui-ci est mon Fils bien-aimé, écoutez-le* (Mt 17, 5).

Mais on peut se demander comment le Seigneur appela deux par deux ces pêcheurs à quitter leurs embarcations, d'abord Pierre et André, ensuite, après s'être un peu avancé, les deux autres frères, fils de Zébédée, comme le racontent Matthieu et Marc. Luc raconte que leurs deux petites barques furent remplies d'une grande quantité de poissons qu'ils avaient pris et se souvient que les compagnons de Pierre, Jacques et Jean, fils de Zébédée, furent appelés à l'aide parce qu'ils ne pouvaient pas retirer leurs filets. En même temps, ils s'étonnèrent de la quantité de poissons qui avait été prise et, lorsque Jésus eut dit à Pierre : *Ne crains point, ce sont désormais des hommes que tu prendras* (Lc 5, 10), ils le suivirent après avoir ramené les barques à terre. D'où il faut comprendre que se produisit d'abord ce que Luc suggère, non que ceux-ci furent alors appelés par le Seigneur, mais seulement que fut prédit à Pierre qu'il prendrait désormais des hommes. Il n'a pas été dit par là qu'il ne prendrait maintenant plus de poissons. Car, même après la résurrection du Seigneur, nous lisons qu'ils ont pêché. Il a donc été dit qu'il prendrait désormais des hommes, non qu'il ne prendrait plus de poissons. Le passage doit donc être compris comme signifiant qu'ils continueraient à pêcher des poissons comme par le passé, pour qu'advienne ensuite ce que Matthieu et Marc racontent, quand le Seigneur appela les deux groupes de deux et leur ordonna de le suivre. D'abord les deux frères Pierre et André, puis les deux fils de Zébédée, Jacques et Jean. Alors, en effet, les barques ne furent pas ramenées à terre par quelque souci de retour, mais ils le suivirent comme il les appela et leur ordonna de le suivre. La suite déclare : *Eux, laissant à l'heure même leur barque et leur père, le suivirent* (Mt 4, 22).

Saint Jacques et saint Jean après avoir entendu la bénigne voix du Seigneur sur la mer de Galilée, laissèrent sur-le-champ leurs filets et leur père, et suivirent, disponibles, le Rédempteur, nous laissant l'exemple du salut. Parce que de même que ceux-ci laissant les choses terrestres sur l'ordre que leur avait donné sa voix imitèrent notre Seigneur, de même, appelés par les exhortations et les exemples du Seigneur, nous devons laisser les choses terrestres et nous attacher au Seigneur par nos bonnes œuvres. Si en effet ils suivirent le Sauveur, à peine avaient-ils entendu la voix du Seigneur, que dirons-nous, nous qui avons tant de docteurs, qui lisons tant de miracles et d'exemples dans les écrits des Pères qui nous ont précédés et qui renonçons à marcher derrière le Seigneur.

Le Seigneur nous appelle, en effet, par lui-même, il nous appelle, par les apôtres, il nous appelle par les anges, il nous appelle par les prophètes, il nous appelle parfois par les miracles des saints, parfois par les épreuves. Tantôt il nous appelle par les prospérités de ce monde, tantôt par ses rigueurs. Et cependant notre esprit orgueilleux ne veut pas abandonner spontanément ce qu'il perd chaque jour contre son gré. Nous ne sommes pas fléchis par les préceptes, ni corrigés par les critiques. Mais peut-être quelqu'un se dit-il en ses pensées secrètes : en suivant l'appel du Seigneur, les pêcheurs qu'étaient Jacques et Jean, qu'abandonnèrent-ils, combien abandonnèrent-ils, puisqu'ils n'avaient quasiment rien ? Mais en cette matière, frères très chers, nous devons plutôt penser à l'attachement qu'à la valeur. Ils laissèrent beaucoup, ceux qui ne retinrent rien pour eux ; ils abandonnèrent beaucoup, ceux qui, bien que ce ne soit pas grand-chose, se séparèrent de tout. Nous possédons certes, nous aussi, les choses accoutumées avec amour, et celles que nous ne possédons nullement, nous les recherchons par le désir. Jacques et Jean abandonnèrent beaucoup, quand ils renoncèrent l'un et l'autre au désir de posséder. Autant de choses ont été abandonnées par ceux qui les recherchaient que purent en être désirées par ceux qui ne les recherchaient pas. Personne donc, lorsqu'il voit certains abandonner beaucoup, ne doit dire en lui-même : « Je veux imiter ceux qui méprisent ce monde, mais je n'ai rien à laisser. » Vous laissez beaucoup, chers frères, si vous renoncez à tous les désirs charnels. Nombreux toutefois sont ceux qui laissent bien des choses mais conservent les désirs charnels, à l'image d'Ananias et de Saphira, qui gardèrent l'argent de leur champ qu'ils avaient vendu et que saint Pierre apôtre punit de mort (cf. Ac 5, 1 ss).

Voici que nos saints négociateurs, Jacques et Jean, après avoir donné leurs filets et leur embarcation, achetèrent la vie sans fin des anges. Tu n'as pas, homme, une estimation du prix, mais le royaume de Dieu vaut autant que tu as. Il représenta pour Zachée la moitié de ses biens (cf. Lc 19, 1-10), il représenta pour la veuve deux petites pièces (cf. Lc 21, 2), il représenta pour un autre un verre d'eau fraîche (cf. Mt 10, 42), il représenta pour Jacques et Jean l'abandon de leurs filets et de leur père. Ainsi représentera-t-il aussi pour toi, lorsque tu auras donné quelque chose dans l'espoir du royaume céleste.

La question se pose de savoir pourquoi Pierre et André, Jacques et Jean, qui furent des pêcheurs avant leur conversion, revinrent à la pêche après leur conversion, puisque la Vérité déclare : *Celui qui, ayant mis la main à la charrue, regarde en arrière n'est pas propre au royaume de Dieu* (Lc 9, 62). Nous lisons, en effet, comme il a été dit, qu'ils ont pêché après leur conversion. Pourquoi donc désirèrent-ils ce qu'ils avaient laissé ? Mais si l'on discerne bien, il apparaît bientôt que, si le métier qu'ils exerçaient avant leur conversion était sans péché, ce ne fut pas une faute de le reprendre après leur conversion. Car nous savons parfaitement que Pierre fut pêcheur, mais Matthieu percepteur (cf. Mt 9, 9) et qu'après leur conversion Pierre revint à la pêche mais Matthieu ne revint pas au fisc. Parce qu'une chose est de rechercher un aliment par la pêche, une autre chose d'accroître sa fortune par le lucre. Il est en effet certaines occupations qui peuvent être exercées sans péché et d'autres qui ne le peuvent guère ou pas du tout. Concernant celles qui impliquent un retour au péché, il est nécessaire que notre esprit n'y revienne pas après sa conversion.

Nous avons donc entendu, frères, comment ces pêcheurs terrestres sont appelés par le Seigneur et convertis à lui, il nous reste à voir comment ils furent faits pêcheurs d'âmes. Après en effet que Pierre et André, Jacques et Jean eurent entendu le Seigneur leur dire : *Suivez-moi et je vous ferai pêcheurs d'hommes* (Mt 4, 19), ils confectionnèrent à partir du Nouveau et de l'Ancien Testament un filet de dogmes évangéliques, et lancèrent celui-ci dans la mer de ce siècle. Il reste tendu aujourd'hui au milieu des eaux, prenant ce qui, provenant des gouffres salés et amers, tombe en lui, bons et mauvais poissons, c'est-à-dire hommes bons et hommes mauvais, parce que *Dieu ne fait acception de personne* (Ac 10, 34). Ô combien admirable est l'appel du Christ et digne l'inspiration par laquelle les saints apôtres méritèrent d'abandonner les choses terrestres et de se joindre au Seigneur. Et ceux qui étaient pêcheurs de poissons terrestres méritèrent de devenir des pêcheurs d'âmes. Aujourd'hui fut accomplie la prophétie de Jérémie disant : *Voici que je vous enverrai en foule des pêcheurs* (Jr 16, 16).

Pêcheurs du Seigneur, ils tirèrent sur la terre ferme les poissons pris dans les filets de la foi, parce qu'ils montrèrent aux fidèles, par le discours de la sainte prédication, la solidité de la patrie éternelle. Ils firent cela de vive voix, par écrit, et en action par les signes quotidiens des miracles. Car très fréquemment des miracles ont lieu sur leurs tombes. Les malades y viennent et sont guéris, les aveugles y trouvent la lumière, les contrefaits se redressent, les possédés sont libérés, les affligés y trouvent le réconfort et, qui mieux est, les prières des fidèles sont exaucées, les liens des péchés sont dénoués. Chaque fois que nous sommes convertis par leurs prédications ou leurs miracles à l'amour du repos éternel, chaque fois que nous sommes écartés du tumulte des choses terrestres, qu'est-ce d'autre qu'être pris dans les filets de la foi et traînés comme des poissons vers le rivage ?

Il est dit ensuite : *Et Jésus parcourait toute la Galilée, enseignant dans leurs synagogues, prêchant la bonne nouvelle du royaume, et guérissant toute maladie et toute infirmité parmi le peuple* (Mt 4, 23). Compatissant et miséricordieux est le Seigneur *qui fait lever son soleil sur les bons et sur les méchants, et descendre sa pluie sur les justes et sur les injustes* (Mt 5, 45), qui est venu prendre la nature d'un esclave pour faire son chemin et qui est venu faire la volonté du Père, voulant montrer aux bons et aux mauvais la nature même de son corps, afin qu'aux yeux des malades et des affaiblis qui ne pouvaient venir en sa présence, lui-même, qui n'est nulle part absent par sa divinité invisible, apparaisse par la bonté de son humanité ; de telle sorte que tous ceux qui auraient vu ses œuvres ou entendu sa prédication, croient en lui par son autorité confirmée et soient guéris de corps et d'esprit. Quant à ceux qui cependant ne voudraient pas croire, qu'ils apparaissent doublement accusés devant le tribunal du Dieu tout-puissant.

Sa renommée se répandit par toute la Syrie et on lui amenait tous les malades atteints d'infirmités et de souffrances diverses, des démoniaques, des lunatiques, des paralytiques, et il les guérissait (Mt 4, 24). Non qu'ils fussent vraiment lunatiques, mais ils passaient pour tels à cause de la tromperie des démons qui se réglaient sur les phases de la lune pour décrier la création et faire retomber les blasphèmes sur le Créateur. Matthieu raconte, après l'appel des disciples en train de pêcher auxquels le Seigneur ordonna de le suivre, qu'il parcourut toute la Galilée, en enseignant dans les synagogues, en prêchant l'Évangile, en guérissant toute maladie (cf. Mt 4, 23) et qu'après avoir rassemblé des foules venues à lui, il monta sur la montagne et leur adressa un long discours (cf. Mt 5, 1ss). Il engage donc à comprendre qu'alors se produisirent les choses que rapporte Marc après l'élection des mêmes disciples, à savoir qu'il parcourut toute la Galilée et enseigna dans leurs synagogues. Alors il se remémora ensuite la belle-mère de Pierre, ce qu'il avait passé sous silence, bien qu'il ne rappelât point dans son récit toutes les choses qu'il avait passées sous silence (cf. Mr 1, 29 ss).

Et des foules nombreuses le suivirent de la Galilée, de la Décapole, de Jérusalem, de la Judée et d'au-delà du Jourdain (Mt 4, 25). Nous apprenons dans l'Évangile que la foule qui suivait le Seigneur se composait de quatre catégories. Une partie était celle de ceux qui, par foi et amour céleste, suivaient le maître, comme les apôtres et les autres fidèles qui étaient appelés disciples. Une autre était celle des invalides et des infirmes, qui suivaient le Seigneur pour obtenir la guérison de leurs infirmités, à laquelle celui-ci subvint intérieurement comme extérieurement. La troisième partie était celle de ceux que la seule renommée et opinion attirait vers le Seigneur, ceux qui désiraient assister à ce que faisait le Seigneur, pour savoir, après avoir vu et entendu, ce qu'ils devaient croire. La quatrième partie était celle de ceux qui, poussés par l'envie, voulaient discréditer l'œuvre du Seigneur, le surprendre dans son discours, l'accuser auprès des princes pour le faire mourir, comme ils firent aussi quand il le permit et non quand ils le voulurent.

Puisque nous célébrons aujourd'hui, frères, le double anniversaire de l'élection et de la translation de saint Jacques, nous devons imiter ce que nous célébrons. Si le bienheureux Jacques a quitté son père, sa mère, ses filets et toutes choses terrestres, et a suivi le Seigneur jusqu'au trône qu'il occupe dans le royaume des cieux par le triomphe du martyre, nous aussi nous devons abandonner les choses de ce temps, afin de pouvoir, persévérant dans les bonnes œuvres par la volonté de Jacques, suivre le Seigneur jusqu'au trône sidéral sur lequel il est assis. Que Notre Seigneur Jésus-Christ lui-même daigne nous l'accorder, lui dont le règne et l'empire demeurent sans fin dans les siècles des siècles. Amen.

Chapitre XXI

OFFICE SOLENNEL DE SAINT JACQUES INSTITUÉ PAR LE PAPE CALIXTE POUR LE 24 JUILLET. VIGILE DE SAINT JACQUES

CAPITULE POUR MATINES.

Jacques, serviteur de Dieu et du Seigneur Jésus-Christ aux douze tribus qui sont dans la dispersion, salut (Jc 1, 1).

CAPITULE POUR TIERCE.

Jacques durant ses jours ne redouta aucun prince, *personne ne le vainquit par sa puissance et aucune parole ne le domina* (Ecli 48, 12).

CAPITULE POUR SEXTE.

Pendant sa vie, il fit des prodiges, et dans sa mort il opéra des merveilles (Ecli 48, 14). *Il annonça les choses futures et cachées avant leur accomplissement* (Ecli 48, 25).

CAPITULE POUR NONE.

Dans toute bouche son souvenir est doux comme le miel, et comme une musique dans un festin (Ecli 49, 1).

25 JUILLET.

CAPITULE POUR LES VÊPRES DE SAINT JACQUES.

Hérode, dit-il, *fit arrêter quelques-uns des membres de l'Église pour les maltraiter et il fit mourir par le glaive Jacques, frère de Jean* (Ac 12, 1-2).

CAPITULE POUR MATINES.

Celui qui avait obtenu que Jacques fut condamné au supplice, poussé par la pénitence confessa qu'il était chrétien.

CAPITULE POUR TIERCE.

Comme ils étaient menés au supplice, Josias demanda à Jacques de lui pardonner.

CAPITULE POUR SEXTE.

Jacques après avoir réfléchi lui dit : « La paix soit avec toi », il l'embrassa et tous deux furent décapités en même temps.

CAPITULE POUR NONE.

Jacques *vainquit ces troubles non par la force corporelle ni par la puissance des armes, mais il soumit par sa parole celui qui le maltraitait* (Sap. 18, 22).

CAPITULE POUR LES VÊPRES.

Jésus appela Jacques et Jean, fils de Zébédée, auxquels il imposa le nom de Boanergès, c'est-à-dire fils du tonnerre (Mr 3, 17).

AUTRE MÊME.

Jacques fut grand selon son nom, *le plus grand dans la délivrance des élus de Dieu, en châtiant les ennemis soulevés, afin de récupérer l'héritage d'Israël* (Ecli 46, 2).

AUTRE CAPITULE

Au même moment, Hérode fit arrêter quelques-uns des membres de l'Église pour les maltraiter et il fit mourir par le glaive Jacques, frère de Jean (Ac 12, 1-2).

CAPITULE .

À *l'instant un ange du Seigneur frappa Hérode, parce qu'il n'avait pas rendu gloire à Dieu et, devenu la pâture des vers, il expira* (Ac 12, 23).

Chapitre XXII

24 JUILLET. VIGILE DE SAINT JACQUES. RÉPONS DE SAINT JACQUES COMPOSÉS PAR LE PAPE CALIXTE D'APRÈS LES ÉVANGILES

INVITE. Venez, adorons le Seigneur, le roi des rois, en cette vigile sacrée de saint Jacques.

PSAUME. *Venez, exultons...* (Ps 94).

HYMNE DE SAINT JACQUES COMPOSÉE PAR FULBERT ÉVÊQUE DE CHARTRES

« Le chœur des élus chante des psaumes,
La foule des fidèles se réjouit,
Qu'ils fassent retentir perpétuellement
La gloire des apôtres.

Dans le chœur de ceux-ci,
L'apôtre Jacques resplendit le premier,
Car, par le glaive d'Hérode,
Il reçut le premier un trône dans le ciel.

Celui-ci est le fils de Zébédée,
Dit le Majeur et loyal,
Qui accomplit en Galice
Des miracles par milliers.

À son temple splendide
Accourent tous les peuples
De tous les pays du monde,
Narrant les louanges du Seigneur.

Arméniens, Grecs, Apuliens,
Anglais, Gaulois, Daces, Frisons,
Peuples, langues et ethnies de toutes sortes
S'y rendent avec des offrandes.

Que le zèle du Père et du Fils
Et de l'Esprit Paraclet
Envahisse nos entrailles
Par l'intercession de Jacques. Amen. »

CHANT DANS LE PREMIER TON

ANTIENNE. Ô vénérable Jacques, apôtre du Christ, propagateur des pieux préceptes de Dieu, reçois les prières de ton peuple et daigne intercéder pour nous auprès du Seigneur. Pour les siècles des siècles.

PSAUME. *Célébrez Dieu et invoquez...* (Ps 104).
PSAUME. *Célébrez II* (Ps 105).
PSAUME. *Célébrez III* (Ps 106).

VERSET. Saint Jacques, priez pour nous.
RÉPONS. Afin que nous soyons rendus dignes...

PAROLE DE MARC. CHANT DANS LE PREMIER TON

RÉPONS. *Le Rédempteur imposa à Simon le nom de Pierre et à Jacques et Jean celui de Boanergès* (Mr 3, 16-17).
VERSET. *Jésus montant sur la montagne appela à lui Jacques et Jean et leur donna le nom de Boanergès* (Mr 3, 13 ss).

PAROLE DE MARC. CHANT DANS LE PREMIER TON

RÉPONS. *Jésus appela Jacques et Jean Boanergès, c'est-à-dire fils du tonnerre* (Mr 3, 17).
VERSET. De même, en effet, que le bruit du tonnerre fait trembler la terre, de même le monde entier tremble à entendre leur voix. Ce qui...

ORAISON DU PAPE CALIXTE. CHANT DANS LE SEPTIÈME TON

RÉPONS. Dieu très clément qui nous as fait venir aux fêtes solennelles de saint Jacques, fais, nous t'en prions, que nous les célébrions d'un cœur et d'un corps purs.
VERSET. Arrache-nous aux souillures et orne-nous des vertus éternelles, afin que nous méritions de jouir avec lui des splendeurs du paradis. Fais que nous... Gloire au Père et au Fils et au Saint-Esprit. Fais que...

VERSET. *Jésus imposa à Jacques et Jean le nom de Boanergès* (Mr 3, 17). Alléluia, alléluia.

À LAUDES

PAROLE DE MARC. CHANT DANS LE PREMIER TON

ANTIENNE. *Jésus imposa à Simon le nom de Pierre et à Jacques et Jean le nom de Boanergès* (Mr 3, 17). Alléluia, alléluia. Pour les siècles des siècles. PSAUME *Aie pitié de moi, ô Dieu* (Ps 50).

PAROLE DE MARC. CHANT DANS LE DEUXIÈME TON

ANTIENNE. *Jésus appela Jacques et Jean Boanergès, c'est-à-dire fils du tonnerre* (Mr 3, 17). Alléluia, alléluia. Pour les siècles des siècles. PSAUME *Seigneur, tu as été pour nous un refuge* (Ps 89).

PAROLE DU PAPE CALIXTE. CHANT DANS LE TROISIÈME TON

ANTIENNE. De même, en effet, que le bruit du tonnerre fait trembler la terre, de même le monde entier a tremblé en entendant leur voix. Pour les siècles des siècles. PSAUME *Ô Dieu, tu es mon Dieu, je te cherche* (Ps 62).

PAROLE DE JÉRÔME. CHANT DANS LE QUATRIÈME TON

ANTIENNE. Ils sont nommés à bon droit fils du tonnerre, ceux dont l'un parlant des choses célestes déclara : *Au commencement était le Verbe...* Pour les siècles des siècles. PSAUME *Cieux prêtez l'oreille* (Dt 32, 1-12).

PAROLE DE JÉRÔME. CHANT DANS LE CINQUIÈME TON

ANTIENNE. Jacques et Jean entendirent du sein de la nuée une voix toni-truante et terrifiante dire : *Celui-ci est mon Fils bien-aimé en qui j'ai mis mes complaisances : écoutez-le* (Mt 17, 5). Pour les siècles des siècles. PSAUME *Louez Dieu du haut des cieux* (Ps 148).

CAPITULE. *Jacques serviteur de notre Dieu et Seigneur* [comme plus haut [1]].

---

[1] Ces renvois se réfèrent au chapitre précédent.

HYMNE DE SAINT JACQUES COMPOSÉE PAR FULBERT ÉVÊQUE DE CHARTRES

« Ô très saint Jacques,
Toi qui par la naissance es frère
De Jean l'évangéliste,
Prie pour nous assidûment.

Toi qui es dit supplanteur,
Supplante en nous les souillures,
Pour que, par tes sacrées prières,
Nous soyons joints aux citoyens du ciel.

Zèle du Père. »

VERSET. *Jacques fut grand.* RÉPONS. *Selon son nom* (cf. Ecli 46, 1-2)
Alléluia.

PAROLE DE MARC. CHANT DANS LE HUITIÈME TON

ANTIENNE. *Jésus montant sur la montagne appela à lui Jacques et Jean et leur donna le nom de Boanergès* (Mr 3, 13 ss). Pour les siècles des siècles.
PSAUME *Béni soit le Seigneur...* (Lc 1, 68-79).

ORAISON. Des vigiles sacrées... [comme ci-dessus].

À PRIME

ANTIENNE. *Jésus imposa...*

À TIERCE

ANTIENNE. *Jésus appela...*

CAPITULE. Jacques durant ses jours...

RÉPONS. Priez pour nous, saint Jacques. Alléluia, alléluia.
VERSET. Afin que nous devenions dignes des promesses du Christ. Alléluia, alléluia. Gloire au Père... Priez pour nous.

VERSET. *Jésus imposa...* [comme ci-dessus].

À SEXTE

ANTIENNE. De même que, en effet...

CAPITULE. *Pendant sa vie, il fit des prodiges...* [comme ci-dessus].

RÉPONS. *Jésus imposa à Jacques et à Jean...* Alléluia, alléluia.
VERSET. *Le nom de Boanergès,* Alléluia, alléluia (cf. Mr 3, 17). Gloire au Père.

RÉPONS. *Jésus imposa...*
VERSET. *Hérode fit périr Jacques.* RÉPONS. *Frère de Jean par le glaive.*
(Ac 12, 2) Alléluia.

À NONE

ANTIENNE. À bon droit les fils...

CAPITULE. *Dans toute bouche comme le miel...* [comme ci-dessus].

RÉPONS. *Hérode fit périr Jacques.* Alléluia, alléluia.
VERSET. *Frère de Jean par le glaive.*

RÉPONS. *Hérode fit périr Jacques* (cf. Ac 12, 22).
VERSET. Jacques fut grand. RÉPONS. Selon... (cf. Ecli 46, 1).

FÊTES DU MARTYRE DE SAINT JACQUES, LE 25 JUILLET, ET DE SA TRANSLATION ET DE SON ÉLECTION, LE 30 DÉCEMBRE

RÉPONS ÉVANGÉLIQUES COMPOSÉS PAR LE PAPE CALIXTE, AVEC LEURS ANTIENNES ET HYMNES, POUR ÊTRE CHANTÉS LORS DES FÊTES DU MARTYRE ET DE LA TRANSLATION DE SAINT JACQUES APÔTRE

À VÊPRES

TEXTE DE CALIXTE. CHANT DANS LE PREMIER TON

ANTIENNE. Les malades viennent au tombeau de saint Jacques et sont guéris, les aveugles voient la lumière, les contrefaits se redressent, les possédés sont libérés, les affligés sont consolés et, qui plus est, les prières des fidèles sont exaucées, les nations barbares de tous les coins du monde y accourent en foule apportant au Seigneur les offrandes de leur louange. Pour les siècles des siècles.
PSAUME. *Louez, enfants, le Seigneur...* (Ps 112).

TEXTE DE CALIXTE. CHANT DANS LE DEUXIÈME TON

ANTIENNE. Ô de quelle sainteté et de quelle grâce saint Jacques resplendit dans les cieux, lui qui par la force de Dieu fait tant de miracles sur la terre. Personne ne peut dire combien de bienfaits il attribue à ceux qui le prient de tout leur cœur. Pour les siècles des siècles.
PSAUME. *Nations, louez toutes le Seigneur...* (Ps 116).

TEXTE DE CALIXTE. CHANT DANS LE TROISIÈME TON

ANTIENNE. Que se réjouisse le peuple des Galiciens qui a mérité de recevoir en la personne du bienfaisant Jacques un tel souverain et pasteur ; qu'exultent les nations occidentales et toutes les îles illustrées par un tel patron ; que se réjouisse la Samarie imprégnée de ses enseignements ; que se réjouisse Jérusalem empourprée de son sang ; que tous ceux qui célèbrent ses fêtes disent : Gloire à toi Seigneur. Pour les siècles des siècles.
PSAUME. *Loue, mon âme, le Seigneur...* (Ps 145).

TEXTE DE CALIXTE. CHANT DANS LE QUATRIÈME TON

ANTIENNE. Très saint apôtre Jacques, toi qui secours ceux qui t'invoquent dans les dangers en mer comme sur la terre, prie assidûment le Christ pour le salut de tout ton peuple, et viens à notre secours aujourd'hui et quand nous serons en péril de mort. Pour les siècles des siècles.
PSAUME. *Louez le Seigneur car il est bon...* (Ps 146).

TEXTE DE CALIXTE. CHANT DANS LE CINQUIÈME TON

ANTIENNE. Jacques, espoir des esclaves et remède des tiens, rends aux tiens la vie qu'ils désirent à travers les siècles afin que nous méritions d'être associés dans les astres aux demeures des grands. Pour les siècles des siècles.
PSAUME. *Loue Jérusalem le Seigneur...* (Ps 147).

CAPITULE. *Hérode, dit-il, envoya...* [comme ci-dessus].

RÉPONS. Tandis que le Seigneur était... VERSET. De même, en effet, que...

HYMNE DE SAINT JACQUES
COMPOSÉE PAR GUILLAUME, PATRIARCHE DE JÉRUSALEM,
POUR ÊTRE CHANTÉE AUX VÊPRES ET À LAUDES

« Que l'heureux peuple de Dieu, dans toutes les églises,
Apporte dévotement les offrandes de ses louanges au Christ
Qui a confondu les ruses du démon
Et nous a restitué les amitiés
Propres à nous conduire aux grâces célestes.

Devenu par amour ardent son officier
Au bord de la mer de Galilée, Jacques
Laissa pour lui son père, son bateau, ses filets,
Plus encore, l'ayant suivi, il laissa tout,
Pour répandre partout les semences de la vie.

Le Christ l'appela Boanergès,
Il mérita de voir transfiguré
Jésus dans la splendeur de sa majesté,
Et il voulut être assis à sa droite.
Il enseigna les Juifs et les gentils.

Jacques le Majeur, faible rameau du verbe de Dieu,
Foula aux pieds l'obstacle des idoles,
Confortant les nations dans la règle de foi,
Donnant aux malades diverses coupes de salut,
Ressuscitant pieusement des morts au cours des siècles.

Alors qu'il prêchait à tous le roi de tous les êtres,
Accomplissant le ministère des apôtres,
Il subit la mort sous le glaive d'Hérode.
Premier des apôtres il reçut le martyre,
Par lequel il détient la couronne céleste.

Un ange cependant vient attaquer Hérode,
Sa chair est donnée en pâture aux vers,
Son esprit endure des souffrances dignes de ses actes.
Jacques est distingué par de dignes louanges,
Et son corps est visité à Compostelle.

Que la victoire d'un tel soldat,
Dont l'Église entonne les cantiques
Glorifie le Père, le Fils et l'Esprit,
Et nous donne la persévérance dans le bien,
Grâce à laquelle nous jouirons sans fin de la patrie céleste. »

VERSET. Saint Jacques, priez pour nous.

ANTIENNE. Célébrons aujourd'hui avec une humble dévotion la solennité qui mérite d'être honorée en ce jour anniversaire de notre excellent patron, saint Jacques, l'apôtre du Seigneur, afin que nous méritions d'être libérés de toutes fautes grâce à ses prières bienveillantes.
PSAUME. *Mon âme glorifie le Seigneur...* (Lc 1, 46-55). Pour les siècles des siècles.

ORAISON. Dieu qui... [comme plus bas].

À COMPLIES

PAROLES DE GRÉGOIRE. CHANT DANS LE CINQUIÈME TON

ANTIENNE. Alléluia, Jacques très saint. Alléluia, intercède pour nous. Alléluia, alléluia.

PSAUME. *Quand je t'invoque...* (Ps 4). Pour les siècles des siècles.

HYMNE. *Le chœur chante des psaumes.* [comme plus haut].

CAPITULE. *Pourtant tu habites au milieu de nous, Seigneur* (Jr 14, 9).

VERSET. Garde-nous, Seigneur.

CHANT DANS LE SIXIÈME TON

ANTIENNE. Lampe nourricière de la lumière perpétuelle, apôtre Jacques, illumine le tréfonds de l'âme de tes disciples, afin qu'ils soient capables de se comporter dans le siècle de manière à rechercher les joies de la vie éternelle. PSAUME. *Maintenant tu congédies ton serviteur* (Lc 2, 29-32). Pour les siècles des siècles.

ORAISON. Dieu, qui cette nuit... [comme plus haut].

POUR L'ENTRÉE

Venez tous, chrétiens, adorer le Christ, le roi éternel, qui distingua admirablement son apôtre Jacques. PSAUME. *Venez, chantons avec allégresse* (Ps 94).

HYMNE DE SAINT JACQUES
COMPOSÉE PAR GUILLAUME, PATRIARCHE DE JÉRUSALEM, POUR CHANTER APRÈS VENEZ, CHANTONS AVEC ALLÉGRESSE

« Que se réjouisse, soit joyeuse et s'accroisse l'assemblée des fidèles. Qu'elle célèbre, chante et joue de la musique dans la joie de l'esprit.

En ce jour où de pieuses mélodies rendent les louanges qui sont dues, que soit célébrée, chantée, exaltée la festivité de saint Jacques.

Que le ciel résonne de psaumes, que la foule du ciel, que le monde entier joyeux, que notre assemblée applaudisse. Mais que soit pure la dévotion du chanteur, de l'auditeur et du participant aux réjouissances.

Produisez des chants, faites vibrer les cieux, touchez les cordes aux sonorités puissantes. Que la terre résonne, qu'elle répande des actions de grâces, que le ciel tonne et retentisse de louanges.

Que n'advienne parmi toutes choses rien de triste, mais que tout soit honnête dans cette fête. Que soit exaltée, sanctifiée et louée la victoire de Jacques.

Que le monde entier se réjouisse et soit heureux, cette célébration y invite. Que l'humanité admire les miracles d'un homme insigne et si digne.

Ô heureuse festivité, qui doit inspirer l'étonnement, l'amour et les chants. Ô stupéfiante solennité, qui doit être célébrée, qui doit être lue. À la Trinité, à l'Unité, à la Déité soit honneur et gloire. À celui qui triomphe, qui commande et qui règne dans la patrie céleste. Amen.»

PAROLE DE MATTHIEU. CHANT DANS LE PREMIER TON

ANTIENNE. Le Seigneur Jésus *vit deux frères, Jacques fils de Zébédée et Jean dans la barque avec Zébédée leur père, arrangeant leurs filets et il les appela* (Mt 4, 21).
PSAUME. *Les cieux racontent...* (Ps 18). Pour les siècles des siècles.

PAROLE DE MATTHIEU. CHANT DANS LE DEUXIÈME TON

ANTIENNE. *Suivez-moi,* dit Jésus à Jacques et Jean, *et je vous ferai pêcheurs d'hommes* (Mt 4, 19).
PSAUME. *Bénissons le Seigneur...* (Ps 33). Pour les siècles des siècles.

PAROLE DE MATTHIEU. CHANT DANS LE TROISIÈME TON

ANTIENNE. Jacques et Jean *laissant leurs filets et leur père suivirent* (Mt 4, 22) le Rédempteur. Alléluia.
PSAUME. *Mon cœur est agité...* (Ps 44). Pour les siècles des siècles.

PAROLE DE MARC. CHANT DANS LE QUATRIÈME TON

ANTIENNE. *Jésus appela Jacques, fils de Zébédée, et son frère Jean et leur imposa le nom de Boanergès* (Mr 3, 17).
PSAUME. *Toutes les nations...* (Ps 46). Pour les siècles des siècles.

PAROLE DE MATTHIEU. CHANT DANS LE CINQUIÈME TON

ANTIENNE. «Jésus emmena saint Jacques sur une haute montagne et se transfigura devant lui» (cf. Mt 17, 1-2).
PSAUME. *Exauce, Dieu, ma prière...* (Ps 60). Pour les siècles des siècles.

PAROLE DE MARC. CHANT DANS LE SIXIÈME TON

ANTIENNE. Jacques et Jean dirent à Jésus : *Donne-nous d'être assis à ta droite et à ta gauche dans ta gloire* (Mr 10, 37).

PSAUME. *Exauce, Dieu, ma prière...* (Ps 54 ou 63). Pour les siècles des siècles.

PAROLE DE MATTHIEU. CHANT DANS LE SEPTIÈME TON

ANTIENNE. Jésus dit alors à Jacques et à Jean : *Pourrez-vous boire le calice que moi je boirai ? Et ils lui dirent : Nous le pouvons* (Mt 20, 22). PSAUME. *Nous confesserons...* (Ps 74). Pour les siècles des siècles.

PAROLE DE GRÉGOIRE. CHANT DANS LE HUITIÈME TON

ANTIENNE. Déjà vous ravit la place sur les hauteurs, mais il faut d'abord passer par la voie du labeur. PSAUME. *Le Seigneur a régné, soyez joyeux...* (Ps 96). Pour les siècles des siècles.

PAROLE DE L'*HISTOIRE ECCLÉSIASTIQUE*. CHANT DANS LE PREMIER TON

ANTIENNE. *Le roi Hérode fit arrêter quelques-uns des membres de l'Église, et Jacques frère de Jean périt par le glaive* (Ac 12, 1-2). PSAUME. *Le Seigneur a régné, les peuples tremblent...* (Ps 98). Pour les siècles des siècles.

PAROLE DE L'*HISTOIRE ECCLÉSIASTIQUE*. CHANT DANS LE DEUXIÈME TON

ANTIENNE. *Voyant* que la mort de Jacques *était agréable aux Juifs, Hérode ordonna encore l'arrestation de Pierre* (Ac 12, 3-4). Pour les siècles des siècles.

PAROLE DE L'*HISTOIRE ECCLÉSIASTIQUE*. CHANT DANS LE TROISIÈME TON

ANTIENNE. Le crime perpétré par le roi à l'égard de l'apôtre ne connaît pas de différé dans la rétribution et la droite vengeresse de Dieu le poursuit sans cesse. Pour les siècles des siècles.

PAROLE DE L'*HISTOIRE ECCLÉSIASTIQUE*. CHANT DANS LE QUATRIÈME TON

ANTIENNE. *À l'instant un ange du Seigneur le frappa, parce qu'il n'avait pas rendu gloire à Dieu, et, devenu pâture des vers, il expira* (Ac 12, 23). Alléluia. Pour les siècles des siècles.

PAROLE DU PAPE CALIXTE. CHANT DANS LE CINQUIÈME TON

ANTIENNE. (sur le cantique). Grand saint Jacques, supplanteur par ton nom, supplante en nous les vices par tes mérites nourriciers. Pour les siècles des siècles.

ORAISON DE SAINT GRÉGOIRE. Verset : Saint Jacques priez pour nous. Répons : Afin que nous devenions digne de la grâce de Dieu.

DE L'ÉVANGILE DE MARC. Verset : *Jésus imposa à Jacques et à Jean.* Répons : *Le nom de Boanergès* (Mr 3, 17).

DES ACTES DES APÔTRES. Verset : *Hérode fit mourir Jacques.* Répons : *frère de Jean, par le glaive* (Ac 12, 2). Alléluia, alléluia.

DU LIVRE DE LA SAGESSE. Verset : *Jacques fut grand.* Répons : *Selon son nom* (Ecli 46, 1). Alléluia, alléluia.

DU LIVRE DE LA SAGESSE. Verset : *Il tourna son cœur vers le Seigneur.* Répons : *Dans les jours des impies* (Ecli 49, 3). Alléluia, alléluia.

DU LIVRE DE LA SAGESSE. Verset : *Pendant sa vie, il fit des prodiges.* Répons : *Et dans sa mort, il opéra des merveilles* (Ecli 48, 14).

PAROLE DE MARC. CHANT DU PREMIER TON

RÉPONS. Le Seigneur, *ayant un peu avancé le long de la mer de Galilée, vit Jacques, fils de Zébédée, et Jean son frère, dans une barque, en train d'arranger les filets, et il les appela.*
VERSET. *Ceux-ci laissant leur père Zébédée dans la barque avec les journaliers le suivirent* (Mr 1, 19-20).

PAROLE DE MARC, DE JÉRÔME ET DU PSALMISTE. CHANT DU DEUXIÈME TON

RÉPONS. Lorsque le Seigneur était sur la montage, il imposa à ses disciples des noms appropriés, *appelant Jacques et Jean Boanergès, c'est-à-dire fils du tonnerre* (Mr 3, 17).

VERSET. De même que le tonnerre retentit par toute la terre, de même la prédication de saint Jacques se répandit dans le monde entier.

PAROLE DE MARC. CHANT DU TROISIÈME TON

RÉPONS. S'approchant du Sauveur, Jacques et Jean dirent : *Maître donne-nous de trôner l'un à ta droite et l'autre à ta gauche dans ta gloire.*

VERSET. Jésus leur dit : *Vous ne savez ce que vous demandez ; pourrez-vous boire le calice que moi je dois* boire *et être baptisés du baptême par lequel je serai baptisé ?* (Mr 10, 37-38). *Donne-nous...* Gloire au Père, au Fils et au Saint-Esprit. *Donne-nous...*

PAROLE DE LUC. CHANT DU QUATRIÈME TON

RÉPONS. Voyant que les Samaritains ne les recevaient pas, *Jacques et Jean dirent à Jésus : Seigneur, voulez-vous que nous commandions que le feu descende du ciel et les consume, comme fit Élie ?*

VERSET. *Mais s'étant retourné, Jésus les réprimanda disant : Vous ne savez pas de quel esprit vous êtes. Le fils de l'homme n'est pas venu pour perdre les hommes, mais pour les sauver* (Lc 9, 54-55). Comme Élie...

PAROLE DE GRÉGOIRE. CHANT DU CINQUIÈME TON.

RÉPONS. Jacques et Jean cherchaient une position élevée ; la Vérité leur rappelle la voie par laquelle ils iraient à cette hauteur.

VERSET. La position élevée nous délecte, mais d'abord que la voie du labeur nous sollicite. Vers la voie...

PAROLE DE LUC. CHANT DU SIXIÈME TON

RÉPONS. *Aussitôt l'ange du Seigneur frappa Hérode et, parce qu'il n'avait pas rendu gloire à Dieu, devenu pâture des vers, il expira* (Ac 12, 23) et avait fait périr Jacques.

VERSET. *Au jour fixé, Hérode, revêtu du costume royal et assis sur l'estrade haranguait le peuple* (Ac 12, 21). *Et devenu pâture...* Gloire au Père, au Fils et au Saint-Esprit. *Et devenu pâture...*

PAROLES TIRÉES DES ÉVANGÉLISTES. CHANT DU SEPTIÈME TON

RÉPONS. Voici Jacques, disciple aimé du Christ, qui mérita d'être honoré par le Seigneur avant tous les apôtres par son élection et la troisième place qu'il tient, lui qui fut le premier à être couronné du martyre.
VERSET. Ô combien vénérable est saint Jacques, qui mérita de voir sur le mont Thabor notre Sauveur jusqu'alors mortel transfiguré dans sa divinité, ce que nul prophète ni patriarche ne put voir jadis. Parmi les apôtres...

PAROLE DE LUC. CHANT DU HUITIÈME TON

RÉPONS. *Le roi Hérode fit arrêter quelques-uns des membres de l'Église pour les maltraiter. Il fit mourir par le glaive Jacques, frère de Jean* (Ac 12, 1-2).
VERSET. Ce Jacques est très vénérable, qui a la primauté parmi les apôtres, premier qu'il fut à subir le martyre, premier, montant au ciel, à posséder le sceptre de la victoire, la couronne et le trône du ciel. *Il fit mourir...*

PAROLE TIRÉE DE MATTHIEU ET DE MARC. CHANT DU PREMIER TON

RÉPONS. Le Seigneur montra à Jacques au moment de sa passion, comme un être cher se confie à un être cher, la tristesse de sa chair, disant :
VERSET. *Mon âme est triste jusqu'à la mort* (Mt 26, 38). Montrant...
Gloire au Père, au Fils et au Saint-Esprit. Montrant...

PAROLE TIRÉE DES DEUX PASSIONS. CHANT DU HUITIÈME TON

RÉPONS. Comme saint Jacques s'approchait du lieu de son martyre, mis dans les liens par Josias, il vit un malade couché et, apitoyé, lui rendit bientôt la santé.
VERSET. Voyant ce miracle, Josias, prompt à croire, fut baptisé par l'Apôtre et tous deux, après avoir incliné la tête, furent décapités en même temps sur l'ordre d'Hérode pour le nom du Christ. Il vit un malade... Gloire au Père, au Fils et au Saint-Esprit. Il vit un malade...

PAROLE TIRÉE DE LA GRANDE PASSION PAR GUILLAUME, PATRIARCHE DE JÉRUSALEM. CHANT DU HUITIÈME TON

RÉPONS. Jacques, précieux frère de saint Jean virginal, toi qui pieusement fis passer le cruel Hermogène des vices du monde au culte du Tout-Puissant.

VERSET. Ne cesse pas de prier pour nous tous. Toi qui es bienveillant. Gloire au Père, à son Fils nourricier, au Souffle saint.

PROSE. Fête digne... [cf. fin de ce livre].

HYMNE. En l'honneur de...

UN ÉVÊQUE REVENANT DE JÉRUSALEM
ET SAUVÉ DE LA NOYADE PAR SAINT JACQUES
COMPOSA CE TEXTE DANS LE PREMIER TON.

RÉPONS. Ô auxiliaire de tous les siècles, ô honneur des apôtres, ô lumière éclatante des Galiciens, ô avocat des pèlerins, Jacques supplanteur des vices, délie les chaînes de nos fautes et conduis-nous au port du salut.
V. Toi qui aides les personnes en danger qui en appellent à toi, tant sur mer que sur terre, viens à notre secours, maintenant et à l'heure de notre mort. Et conduis-nous. Gloire à Dieu le Père l'excellent nourricier, et à son Fils le bienveillant Très-Haut, et à l'Esprit-Saint de l'un et de l'autre. Et conduis...
V. Jacques fut grand.

À LAUDES

PAROLE DE L'*HISTOIRE ECCLÉSIASTIQUE*. CHANT DU PREMIER TON

ANTIENNE. *Le roi Hérode fit arrêter quelques-uns des membres de l'Église pour les maltraiter. Il fit mourir par le glaive Jacques, frère de Jean* (Ac 12, 1-2). Alléluia
PSAUME. *Dieu régna...* (Ps 92). Pour les siècles des siècles.

PAROLE DE L'*HISTOIRE ECCLÉSIASTIQUE*. CHANT DU DEUXIÈME TON

ANTIENNE. Celui qui avait fait condamner Jacques au martyre, poussé par le repentir, confessa qu'il était chrétien. Alléluia.
PSAUME. *Acclamez Dieu...* (Ps 99). Pour les siècles des siècles.

PAROLE DE L'*HISTOIRE ECCLÉSIASTIQUE*. CHANT DU TROISIÈME TON

ANTIENNE. Tous deux furent conduits au supplice mortel. Alléluia.
PSAUME. *Dieu, mon Dieu...* (Ps 62). Pour les siècles des siècles.

PAROLE DE L'*HISTOIRE ECCLÉSIASTIQUE*. CHANT DU QUATRIÈME TON

ANTIENNE. Comme on les conduisait au supplice, Josias pria Jacques de lui donner son pardon. Alléluia.
PSAUME. *Bénissez...* (Dn 3, 57, 88 et 56). Pour les siècles des siècles.

PAROLE DE L'*HISTOIRE ECCLÉSIASTIQUE*. CHANT DU CINQUIÈME TON

ANTIENNE. Et Jacques, réfléchissant un instant, lui dit « la paix soit avec toi » et il l'embrassa et ils furent décapités tous les deux en même temps. Alléluia.
PSAUME. *Louez le Seigneur du haut des cieux...* (Ps 148). Pour les siècles des siècles.

CAPITULE. Celui qui avait obtenu...
RÉPONS. Priez pour nous, saint Jacques.
VERSET. Afin que nous soyons dignes des promesses du Christ. Gloire au Père, au Fils et au Saint-Esprit.

HYMNE. Heureux parmi tous...
VERSET. *Il tourna fidèlement son cœur vers le Seigneur...* (Ecli 49, 3).

CHANT DU PREMIER TON

ANTIENNE. Jacques, apôtre du Christ, chevalier invincible du roi éternel, qui resplendis en gloire dans la très brillante assemblée des apôtres comme le soleil éclatant parmi les astres, notre cohorte suppliante t'implore afin que, par ta prière, tu effaces toutes ses fautes et que nous soyons dignes de monter jusqu'au royaume des cieux sous ta conduite.
PSAUME. *Béni...* (Lc 1, 68-79). Pour les siècles des siècles.

ORAISON. Très glorieuse solennité... [comme ci-après].

À PRIME

ANTIENNE. *Hérode fit arrêter...*

À TIERCE

ANTIENNE. Celui qui leur avait obtenu...

CAPITULE. Comme ils étaient conduits au supplice... [comme ci-dessus].

RÉPONS. Priez pour nous, saint Jacques. Alléluia, alléluia.

VERSET. Afin que nous soyons dignes des promesses du Christ. Alléluia, alléluia. Gloire au Père...

RÉPONS. Priez pour nous
VERSET. *Il leur imposa le nom de Boanergès...*

AUTRES RÉPONS

RÉPONS. Jacques, espoir et médecine de tes serviteurs. Alléluia, alléluia.
VERSET. Accueille avec miséricorde les pieux désirs de tes serviteurs. Alléluia. Gloire au Père, au Fils et au Saint-Esprit.
RÉPONS. Jacques...
VERSET. *Jésus leur imposa le nom de Boanergès...*

À SEXTE

ANTIENNE. Ils furent conduits, dit-il...

CAPITULE. Mais Jacques réfléchissant quelque peu...

RÉPONS. *Jésus imposa à Jacques et Jean.* Alléluia, alléluia.
VERSET. *Le nom de Boanergès.* Alléluia, alléluia (Mr 3, 17).

RÉPONS. *Il imposa...*
VERSET. *Hérode fit mourir par le glaive...*

AUTRES RÉPONS

RÉPONS. Jacques excellent pasteur, reçois nos prières. Alléluia, alléluia.
VERSET. Tends la mains à nous qui sommes tombés, afin que nous puissions nous relever. Alléluia, Alléluia. Gloire au Père, au Fils et au Saint-Esprit.
RÉPONS. Jacques...
VERSET. *Il fit mourir Jacques...*

À NONE

ANTIENNE. Comme ils étaient conduits au supplice...

CAPITULE. Jacques a vaincu les foules... [comme ci-dessus].
RÉPONS. *Hérode fit mourir Jacques.* Alléluia, alléluia.

VERSET. *Frère de Jean, par le glaive.* Alléluia, alléluia (cf. Ac 12, 2). Gloire au Père, au Fils et au Saint-Esprit... *Il fit mourir...* VERSET. *Jésus leur imposa...*

À VÊPRES

ANTIENNE. *Hérode fit...* PSAUME. *Le Seigneur dit...* (Ps 109).

ANTIENNE. Celui qui avait obtenu... PSAUME. *Enfants, louez...* (Ps 112).

ANTIENNE. Ils furent conduits. PSAUME. *J'ai cru...* (Ps 115).

ANTIENNE. Comme ils étaient conduits. PSAUME. *En ramenant...* (Ps 125).

ANTIENNE. Mais Jacques réfléchissant. PSAUME. *Seigneur, tu m'as éprouvé* (Ps 138).

CAPITULE. *Jésus appela Jacques...* RÉPONS. Ô auxiliaire de tous...

HYMNE. Heureux parmi tous. Le peuple de Dieu... VERSET. Lui-même alla...

CHANT DU TROISIÈME TON

ANTIENNE. Ô lumière et honneur de l'Espagne, très saint Jacques, qui as la primauté parmi les apôtres, toi qui fus le premier à recevoir les lauriers du martyre. Ô secours exceptionnel, toi qui as mérité de voir notre Rédempteur encore mortel transfiguré en sa divinité, exauce les prières de tes serviteurs et intercède pour notre salut et celui de tous les peuples. *Exalte...* (Lc 1, 46-55). Pour les siècles des siècles.

ORAISON. Dieu, qui... ce jour de fête [comme ci-dessous].

À COMPLIES

ANTIENNE. Alléluia, très saint Jacques... PSAUME. *Quand je t'invoque...* (Ps 4).

HYMNE. Que le chœur chante... [comme ci-dessus].

CAPITULE. *Tu habites au milieu de nous...* (Jr 14, 9). VERSET. Garde-nous...

ANTIENNE. Nourricière d'une lumière perpétuelle... PSAUME. *Maintenant tu congédies* (Lc 2, 29-32).

ORAISON. Dieu qui... cette nuit...

ARGUMENT DU PAPE CALIXTE
SUR LES MATINES DE SAINT JACQUES

Que tous les neuf psaumes du jour précédant la fête de saint Jacques, ou au moins trois, soient dits pour les matines, ainsi que trois lectures attentives des homélies contenues plus haut, tous les jours jusqu'à l'octave. Et que toutes les heures soient chantées comme au jour de la fête. Et que les mêmes psaumes « Le Seigneur dit » soient dits de même aux vêpres. Mais le second jour après la fête de saint Jacques, que soient dites les matines à neuf leçons à cause de la fête du bienheureux martyr Josias, qui doit être célébrée ce jour-là. Et qu'aient lieu des lectures de la Grande Passion dans laquelle le martyre de saint Josias est rapporté. Et que soit dit le répons « Voici que je vous envoie ». Puisqu'il reçut lui-même la couronne du martyre avec l'Apôtre, il est juste qu'un office, solennel comme celui des apôtres, doive être célébré pour lui. Mais que neuf répons « Comme il approchait » et une antienne de laudes « Il fit arrêter, dit-il » soient chantés comme le jour de la saint Jacques et à la même heure. L'octave de la saint Jacques, le 31 juillet, doit être célébrée avec neuf lectures comme le jour de la fête, à cause de la fête de saint Pierre aux liens, qui tombe le même jour que l'octave de la saint Jacques.

PAPE CALIXTE SUR LES MESSES
ET LES MATINES DE SAINT JACQUES

Si la vigile de saint Jacques tombe un dimanche ou un samedi, qu'elle soit célébrée à l'avance avec jeûne, une messe propre et des matines propres, ou bien le dimanche même sans jeûne. Si toutefois on veut la célébrer le même jour, que soient seulement chantés six répons et psaumes des deux nocturnes de prime du dimanche et trois psaumes de la cantate nocturne de tierce, et que soient dits trois répons de la vigile et neuf lectures du sermon *Vigilia noctis sacratissimae* (Livre I, ch. II), et que soient dites la grande messe, les laudes et les heures, ainsi que toutes les autres parties de la vigile.

Si elles tombent un dimanche, seront chantées la messe propre de saint Jacques et les matines de l'apôtre. Les matines et les messes dominicales peuvent fort bien être célébrées avant et après. Et si un dimanche tombe à l'intérieur de l'octave ou le septième jour, que la messe propre de saint Jacques et les matines de neuf leçons soient chantées de même. L'octave de saint Jacques est célébrée le 31 juillet avec les matines propres de neuf lectures et la messe propre, parce qu'elles ne peuvent être célébrées le huitième jour en raison de la fête de saint Pierre aux liens que l'on célèbre alors.

Pour chaque jour de la vigile jusqu'à l'octave de la fête de saint Jacques, j'ai composé une messe propre en l'honneur de l'apôtre, sous l'inspiration du Saint-Esprit. En tête des lectures qui ont été composées pour les messes de saint Jacques, à savoir pendant l'octave, pour la vigile et pour la translation – ces lectures sont tirées du Livre de la Sagesse – j'ai placé le nom de saint Jacques, à savoir Jacques, d'une part parce qu'il y est à sa place, d'autre part parce que l'usage ecclésiastique institué par saint Jérôme et saint Grégoire dans leur *Lectionnaire* s'est établi ainsi : « Voici le grand prêtre » (cf. Ec 1, 16), *Dieu conduisit le juste par des voies droites* (Ps 106, 7), et *Le juste, lors même qu'il meurt avant l'âge* (Sap 4, 7). Ce n'est pas de la même manière que les débuts de ces lectures se trouvent dans le *Lectionnaire* et dans le Livre de la Sagesse d'où elles sont tirées. En effet, le Livre de la Sagesse ne dit pas : « Voici le prêtre », mais utilise d'autres termes. De même, là où est écrit « le juste », c'est autre chose qui figure dans le Livre de la Sagesse. Et la même chose se reproduit à de nombreux passages du *Lectionnaire*. C'est pourquoi aucun ignorant soucieux de vérité ne doit oser enlever le nom de saint Jacques, que nous avons placé à bon droit en tête de ces lectures, ni même interdire de le lire.

De la même manière, personne ne doit répugner à lire dans l'église la lecture composée pour le sixième jour dans l'octave, dans laquelle on blâme les mauvais aubergistes du pèlerinage de saint Jacques. Bien que cette lecture traite d'Israël sortant d'Égypte, il n'en faut pas moins comprendre certaines de ses composantes comme portant sur les mauvais aubergistes du pèlerinage de saint Jacques. Et quoi qu'il soit écrit dans les lectures mentionnées ci-dessus, au début desquelles figure le nom de saint Jacques, bien que cela soit dit d'autres saints, cela n'en doit pas moins être intégralement compris comme se rapportant à lui. Que personne non plus ne répugne à lire la lecture de l'*Histoire ecclésiastique* « Il fit arrêter, dit-il... », que nous avons composée pour la messe du jour de la fête de saint Jacques, car elle possède une grande autorité. Le livre de l'*Histoire ecclésiastique* et celui des Actes des apôtres ont une autorité égale, parce qu'ils traitent l'un et l'autre des événements survenus au temps des apôtres, non selon l'anagogie, comme les auteurs de sermons, mais au sens propre.

Lors de la vigile de saint Jacques, l'archevêque de Compostelle comme les clercs de toute église doivent aller bénir les fontaines en chantant en procession des litanies, portant la croix, l'encensoir et le cierge pascal béni, et baptiser les enfants, s'il y en a. Avec la même autorité que les fontaines peuvent être bénies avant la Pentecôte, avant la saint Michel ou en tout autre temps, elles peuvent être bénies ce jour-là. Si en effet non seulement la veille de Pâques et de la Pentecôte, mais encore tous les jours de l'année, la coutume autorise à bénir les fontaines et à baptiser les enfants, à bien plus forte raison elles doivent être bénies lors des vigiles des saints apôtres que le Seigneur a institués administrateurs de ce même baptême en disant : *Allez, enseignez toutes les nations et baptisez-les* (Mt 28, 19). Et si, lors de toutes les vigiles des apôtres, les fontaines ne peuvent être bénies, soit en raison de quelque empêchement matériel, soit parce qu'il n'y a pas d'enfants à baptiser, qu'elles soient bénies au moins lors de la vigile de saint Jean-Baptiste, des saints apôtres Pierre et Paul et de saint Jacques, fils de Zébédée. S'il n'y a pas de fontaine dans une église ou si des moines ou quelques religieux sont présents, qu'ils chantent avant la messe, dans la vigile de saint Jacques, la litanie complète « *Kyrie eleison*, Christ exauce-nous, Dieu, Père des cieux, aie pitié de nous ». Que les clercs, en allant aux fontaines nomment à tour de rôle trois ou quatre saints. Et qu'à la fin de la litanie, après avoir dit trois fois *Agnus dei,* selon l'usage, les fontaines soient bénies. Qu'ensuite soit baptisé un enfant s'il y en a. Après le baptême, que les clercs reviennent vers le chœur en répétant la litanie «*Kyrie eleison*, Christ exauce nous, sainte Trinité en un seul Dieu aie pitié de nous, sainte Vierge des vierges», et que trois ou quatre autres saints soient invoqués à tour de rôle. Et avant que l'*Agnus Dei* et le dernier *Kyrie eleison* aient été dits trois fois à la fin de litanie, le chantre doit dire trois fois « Allumez », d'abord dans le premier ton, puis dans le second, enfin dans le troisième. Et alors les cierges doivent être allumés autour de l'autel, ce que signifie « Allumez ».

Chapitre XXIV

24 JUILLET. MESSE COMPOSÉE PAR LE PAPE CALIXTE
À CHANTER VERS NONE DANS LA VIGILE
DE SAINT JACQUES, FILS DE ZÉBÉDÉE, ET QUE SUIVE,
COMME À LA VIGILE DE PENTECÔTE, « KYRIE ELEISON,
CHRIST ÉCOUTE-NOUS », PÈRE DES CIEUX.
LES FONTAINES DOIVENT ÊTRE BÉNIES CE JOUR

INTROÏT. *Jacques et Jean dirent à Jésus : Donne-nous de siéger l'un à ta droite et l'autre à ta gauche dans ta gloire* (Mr 10, 35-37).

PSAUME (Grégoire). La position élevée vous délecte, mais d'abord que la voie du labeur vous sollicite. Gloire au Père... des siècles. Amen.

ORAISON. Accomplissant le jour de la vigile sacrée de ton disciple bien-aimé Jacques par des jeûnes et de dignes offices, nous te prions, Seigneur, de nous faire progresser plus dévotement dans la digne célébration de ce mystère plus nous avancerons dans la vénérable solennité de celui-ci, afin que nous méritions d'être en sa compagnie dans le ciel, par le Seigneur...

LECTURE DU LIVRE DE LA SAGESSE. *Jacques durant ses jours ne fut ébranlé par aucun prince, personne ne le domina et aucune parole ne surpassa la sienne, et son corps mort prophétisa. Pendant sa vie, il fit des prodiges et, dans sa mort, il opéra des merveilles. Il annonça les choses futures et les choses cachées avant qu'elles n'adviennent. Sa mémoire est un parfum composé de suaves odeurs, préparé par l'art du parfumeur ; dans toute bouche son souvenir est doux comme le miel, et comme une musique dans un festin. Il réussit à amener la nation au repentir. Il a relevé nos murs en ruines, il a rétabli nos portes avec leurs barres et reconstruit nos maisons. Prince de ses frères, renfort de la nation, recteur de ses frères, soutien du peuple. Et ses ossements ont été visités et ils ont prophétisé après sa mort* (Ecli 48, 13-15, 24 ; 49, 1-3, 13, 15).

TRAIT. MARC. RÉPONS. *Jésus appela à lui Jacques, fils de Zébédée, et Jean, frère de Jacques.*

VERSET. *Et il leur imposa le nom de Boanergès, c'est-à-dire fils du tonnerre* (Mr 3, 17).

Le Seigneur soit avec vous. ORAISON. Dieu tout-puissant nous t'en prions : de même que tu nous prescris, en ce jeûne consacré de la vigile de ton bienheureux apôtre Jacques, de nous abstenir de nourriture, de même donne-nous par sa pieuse intervention de nous abstenir de tous vices, afin que nous soyons aptes à célébrer sa fête dignement, d'un cœur purifié. Par le Seigneur...

LECTURE DE L'ÉPÎTRE DE SAINT JACQUES APÔTRE. *Jacques, serviteur de Dieu et du Seigneur Jésus-Christ, aux douze tribus qui sont dans la dispersion, salut. Ne voyez qu'un sujet de joie, mes frères, dans les épreuves de toute sorte qui tombent sur vous ; sachant que l'épreuve de votre foi produit la patience. Mais que la patience soit accompagnée d'œuvres parfaites, afin que vous soyez parfaits et accomplis, ne laissant à désirer en rien. Si la sagesse fait défaut à quelqu'un d'entre vous, qu'il la demande à Dieu, lequel donne tout simplement, sans rien reprocher ; et elle lui sera donnée. Mais qu'il demande avec foi, sans hésiter ; car celui qui hésite est semblable au flot de la mer, agité et ballotté par le vent. Que cet homme-là ne pense donc pas qu'il recevra quelque chose du Seigneur : homme à deux âmes, inconstant dans toutes ses voies. Que le frère pauvre se glorifie de son élévation. Et que le riche mette sa gloire dans son abaissement ; car il passera comme l'herbe fleurie : le soleil s'est levé brûlant, et il a desséché l'herbe, et sa fleur est tombée, et toute sa beauté a disparu ; de même aussi le riche se flétrira avec ses entreprises. Heureux l'homme qui supportera l'épreuve ! Devenu un homme éprouvé, il recevra la couronne de vie que Dieu a promise à ceux qui l'aiment* (Jc 1, 1-12).

RÉPONS. *Pour moi, ô Dieu, tes amis sont devenus extrêmement honorables ; leur empire s'est extrêmement fortifié.*
VERSET. *Je les compterai et ils surpasseront le nombre des grains de sable* (Ps 138, 17-18).

TRAIT. *Jacques pendant sa vie accomplit des prodiges et, dans sa mort, il opéra des merveilles* (Ecli 48, 14)
VERSET. *Il amena la nation au repentir et ses ossements ont été visités* (Ecli 49, 2 et 15).

SUITE DU SAINT ÉVANGILE SELON SAINT MARC. En ce temps-là : *Étant monté dans la montagne, il appela ceux que lui-même voulut ; et ils vinrent à lui. Il en établit douze pour les avoir avec lui et pour les envoyer prêcher, avec pouvoir de guérir les malades et de chasser les démons. Il imposa à Simon le nom de Pierre. Et il appela Jacques, fils de Zébédée, et Jean, frère de Jacques, et il leur imposa le nom de Boanergès, c'est-à-dire fils du tonnerre. Et il appela André, Philippe, Barthélemy, Matthieu, Thomas,*

Jacques fils d'Alphée, Thaddée, Simon le Cananéen et Judas Iscariote, celui qui le trahit (Mr 3, 13-19).

GRÉGOIRE. OFFERTOIRE. Certes, lorsque les fils de Zébédée, par l'intermédiaire de leur mère, demandèrent qu'ils siègent l'un à la droite l'autre à la gauche de Dieu, ils s'entendirent rétorquer : *Pourrez-vous boire le calice que je boirai ?* (Mt 20, 22). Alléluia. V. Jacques et Jean demandaient une situation élevée, et la Vérité leur rappelle la voie par laquelle ils parviendraient sur la hauteur, et dit : *Pourrez-vous boire ?*

SECRÈTE. Seigneur, nous t'en prions, daigne sanctifier par ta clémente bénédiction ces offrandes en la vigile sacrée de ton bienheureux apôtre Jacques et fais que dans les cieux nous soyons rapprochés de lui, dont nous célébrons les fêtes sur la terre. Par...

PRÉFACE. Il est vraiment digne... Dieu éternel de prier en suppliant ta majesté pour que nous, qui célébrons la fête de ton bienheureux apôtre Jacques par des jeûnes solennels et de pieux offices, bénéficions par ses mérites de son aide auprès de toi et soyons instruits par ses exemples, par le Christ notre Seigneur, par qui...

COMMUNION. *C'est moi qui vous ai choisis, pour que vous alliez, et que vous portiez du fruit, et que votre fruit demeure* (Jo 15, 16).

POSTCOMMUNION. Nous recevons, Seigneur, tes sacrements consacrés en célébrant, par les offices souhaités et les jeûnes adéquats, cette vigile de ton apôtre nourricier Jacques. Fais, nous t'en prions, que par eux nous soyons purifiés de nos péchés, rends-nous aptes à célébrer ses fêtes à venir et à devenir habitants du royaume céleste, par...

ORAISON AUX HEURES. Dieu très clément, qui nous as fait parvenir à cette fête du bienheureux Jacques, fais, nous t'en prions, que nous la célébrions d'un corps et d'un cœur purs afin de mériter de jouir des fêtes du paradis, par...

ORAISON À VÊPRES. Dieu, qui illustres la très sainte nuit présente par les triomphes de ton bienheureux apôtre Jacques, fais, nous t'en prions, que ceux qui se rassemblent dans les églises pour célébrer sa fête, soient rémunérés avec lui dans les cieux par les joies spirituelles, par...

ORAISON À COMPLIES. Dieu qui fais rayonner cette nuit solennelle par les mérites de ton bienheureux apôtre Jacques, éloigne de nous les ténèbres des vices et éclaire nos cœurs des lumières des vertus, par...

NOCTURNE À MATINES. Dieu, qui as voulu illustrer cette nuit sereine par la célébration de ton apôtre bien-aimé Jacques, fais briller, nous t'en prions, de l'abondance des vertus nos esprits purifiés des ténèbres du péché, par...

Chapitre XXV

VERS DU PAPE CALIXTE À CHANTER LORS DE LA PROCESSION DE SAINT JACQUES DANS LA SOLENNITÉ DE SA PASSION ET DE SA TRANSLATION

« Salut, jour festif, à vénérer en raison de la victoire de Jacques,
Par laquelle il monta aux cieux, tout proche de Dieu. Salut, jour festif...

Au premier appel du Seigneur, Jacques, fils de Zébédée,
Laissa son père, ses filets, son bateau pour la foi. Salut...

Quittant tout, il se fit serviteur de l'amour divin,
Pour lequel il ne craignit point l'infamie, les supplice, la mort. Salut...

Il enseigne ici les gentils, il impressionne les Juifs aussi,
Et faisant fructifier pour Dieu, il sème la foi par le monde. Salut...

Il tâche de soumettre le genre humain au seul Christ,
S'indignant du culte rendu aux vaines idoles. Salut...

Il ne manque d'aucun argument pour combattre les fausses doctrines,
Il châtie les mauvais et soutient les bons. Salut...

Tandis qu'il fructifie ainsi, il est décapité sous Hérode,
Après la vie, il jouit de la vie éternelle. Salut...

Le premier des apôtres est dépouillé ici de la vie fragile,
Et la première couronne lui est donnée pour ses mérites. Salut...

L'ange fait mourir Hérode pour avoir fait exécuter Jacques,
Et lui donne la sanction méritée par un tel crime. Salut...

L'esprit malheureux subit une fin amère,
Sa chair fut avant l'heure la nourriture des vers. Salut...

Dieu vengeant les souffrances de son ami innocent,
Hérode est affligé d'une double peine. Salut...

Mais Jacques se réjouit, libre du cachot qu'est la chair,
Lui que célèbre le monde, à qui tout Ibère rend un culte. Salut...

À celui qui vit apparaître sur le mont Thabor l'éclat de la lumière divine,
Elle se manifeste maintenant sans réserve. Salut...

La gauche fut demandée par Jacques et la droite par Jean,
Maintenant le Christ donne à l'un et à l'autre son côté droit. Salut...

Celui-ci est l'honneur de la terre, qu'entoure l'ultime océan ;
Celle-ci est la terre de Galice, la plus proche des détroits. Salut...

Elle se réjouit de voir accourir tous les peuples,
Et d'être recherchée à bon droit en raison des mérites du saint homme. Salut...

Celui qui apporte aux maladies et aux fautes des hommes le soulagement,
Qu'il nous soutienne. Mets-toi sous la cendre, chantre. Amen. Salut... »

Chapitre XXVI

5 JUILLET. MESSE DE SAINT JACQUES
COMPOSÉE PAR LE PAPE CALIXTE

INTROÏT. *Jésus appela Jacques, fils de Zébédée, et Jean, frère de Jacques, et leur imposa le nom de Boanergès, c'est-à-dire fils du tonnerre* (Mr 3, 17).

PSAUME. *Les cieux racontent...* (Ps 18). Pour les siècles des siècles.

ORAISON. Célébrant la très glorieuse solennité de la passion sacrée du bienheureux Jacques, fils de Zébédée, patron de la Galice, nous te prions et te supplions, afin que de même que ton bel apôtre mérita, avec ton aide, de triompher, en les subissant, des sévices du funeste Hérode, de même nous méritions de dominer les séductions de notre chair et les machinations de l'antique ennemi, pour que nous puissions parvenir sous sa conduite dans le royaume des cieux. Par...

LECTURE DU LIVRE DE L'*HISTOIRE ECCLÉSIASTIQUE. En ce temps-là* – désignant par là l'époque de Claude où régnait la famine – *le roi Hérode fit arrêter quelques-uns des membres de l'Église pour les maltraiter, et il fit mourir par le glaive Jacques, le frère de Jean* (Ac 11, 28 ; 12, 1 ss).

Dans le septième livre de ses *Dispositions,* Clément d'Alexandrie rapporte au sujet de ce Jacques une histoire digne de mémoire, parvenue jusqu'à lui par la tradition des anciens. Parce que, dit-il, celui qui l'avait fait condamner au supplice, poussé par le repentir, confessa qu'il était chrétien, ils furent conduits l'un et l'autre au supplice. Et comme on les y menait, il pria Jacques en chemin de lui donner son pardon. Celui-ci réfléchit un peu et l'embrassa, lui disant : « La paix soit avec toi. » Et ils furent ainsi décapités simultanément. Mais alors, dit-il, comme il est écrit dans la Sainte Écriture, Hérode, voyant qu'il était agréable aux Juifs pour avoir fait périr Jacques, alla jusqu'à faire incarcérer Pierre, voulant sans nul doute le punir aussi. Mais une aide divine intervint, grâce à laquelle un ange présent pendant la nuit merveilleusement délivra Pierre de ses liens et lui ordonna de vaquer libre au ministère de la prédication (cf. Ac 12, 3-11). Et lorsque ces choses arrivèrent, le crime commis par le roi envers les apôtres fut vengé sans délai, car la droite vengeresse du Seigneur est toujours présente comme l'enseigne l'histoire rapportée par les Actes des apôtres. *Alors qu'Hérode descendait vers Césarée et présidait en un jour solennel le tribunal, vêtu de l'éclatant ornement royal, et de l'estrade haranguait la foule qui l'acclamait disant : C'est un Dieu qui parle, et non un homme ! à l'instant un ange du Seigneur le frappa, parce qu'il n'avait pas rendu gloire à Dieu. Et, devenu pâture des vers, il expira* (Ac 12, 21-23).

LUC. RÉPONS : *Hérode fit arrêter quelques-uns des membres de l'Église pour les maltraiter.* VERSET. *Il fit mourir par le glaive Jacques, le frère de Jean* (Ac 12, 1-2).

CALIXTE. Alléluia, très saint apôtre Jacques, prie assidûment le Christ pour le salut de tout le peuple.

CALIXTE. Alléluia. Ce Jacques doit être fort vénéré, le premier des apôtres à recevoir la couronne du martyre.

MARC. *Jésus appela Jacques, fils de Zébédée, et Jean, frère de Jacques, et leur imposa le nom de Boanergès, c'est-à-dire fils du tonnerre* (Mr 3, 17).

PROSE DE SAINT JACQUES EN MOTS LATINS, GRECS ET HÉBREUX, ABRÉGÉE PAR LE PAPE CALIXTE

« Alléluia

Rendons grâce et réjouissons-nous
Avec une très grande joie.
Pleine d'allégresse et *cemeha (de bonheur)*
Que se réjouisse l'Espagne.
Dans la *nizaha (victoire)* éclatante
Du glorieux et nourricier
Saint Jacques,
Qui *hole (monte)* aux cieux *haiom (aujourd'hui)*
Nichtar (Il est couronné)
Dans la gloire céleste.

Ce fils de Zébédée,
Ahiu meuorah (frère du béni) Jean,
Sur *iamah (la mer)* de Galilée,
Nicra (est appelé) par le Sauveur.
Sur l'ordre de celui-ci
Il prêche en *bihuza (Judée)*
La foi dans la Trinité nourricière
Comme un *mezaper emuna (prédicateur de vérité)*.

Jacques, *ysquirros (courageux)* par la grâce,
Rend témoignage à la loi,
Proclame le Christ à travers les siècles
Allant dans *cosmi climata (les parties du monde)*.

L'incarnation du Messie
Et sa passion sous Pilate
Est *deuar quezossa (le discours sacré)* de l'apôtre.
Et la résurrection du Christ,
Son admirable ascension
Est sa prédication *rama (sublime)*.

Omer (Il dit) les grandes choses de Dieu,
Il apporte en témoignage
Les louanges des prophètes.
Et les prophéties de David
Sont en plein accord avec lui,
Magiz (Il annonce) ouvertement toutes choses.

Alors il faisait
Guezoloz (de grands)
Miracles,
Des prodiges illustres ;
Sezim rahim rozef (Il chassait les mauvais démons)
L'athlète du Christ
Zarhaque (Resplendissant) de la grâce divine.

Il *nazan (se donna)*
Au martyre
Sous le mauvais règne d'Hérode
Pour le Fils du Roi des Rois
Athanato (Immortel)
Mais maintenant il est heureux dans la gloire.

Sa dépouille mortelle
A été translatée
De Jérusalem
Sa patrie
Dans l'excellente Galice,
Où il accomplit maintenant
Des miracles divins.

Les malades recherchent
Son saint tombeau
Et trouvent la santé ;
Toutes les nations, langues et populations
Y vunt (vont) clamant :
Suseia ultreia (Lève-toi et marche).

Et sacrifient diverses
Offrandes,
Confessant
Dignement leurs fautes.

Toi qui es dénommé
Boanergès,
Qui es appelé
Fils du tonnerre,
Qui as pour nom
Le supplanteur,
Supplante en nous
Les vices.

Toi qui as vu
Sur le mont Thabor,
Le Fils transfiguré
Dans le Père,
Fais-nous voir
Jésus dans la gloire
Leholam (éternelle) du ciel.

Ô Jacques,
Défenseur du Christ,
Sois protecteur *amaha (de ton peuple)*,
Afin qu'unis avec toi
Nous soyons heureux
Pour les siècles
Avec le Christ.
Amen.»

SUITE DU SAINT ÉVANGILE SELON SAINT MARC.

En ce temps-là : *Jacques et Jean, les fils de Zébédée, s'approchèrent de lui et lui dirent : Maître, nous voudrions que vous fassiez pour nous ce que nous allons vous demander. Que voulez-vous, leur dit-il, que je fasse pour vous ? Ils lui dirent : Accordez-nous de siéger, l'un à votre droite, l'autre à votre gauche, dans votre gloire. Jésus leur dit : Vous ne savez pas ce que vous demandez. Pouvez-vous boire le calice que, moi, je vais boire, ou être baptisés du baptême dont, moi, je vais être baptisé ? Ils lui dirent : Nous le pouvons. Et Jésus leur dit : Le calice que je vais boire, vous le boirez et vous serez baptisés du baptême dont je vais être baptisé ; mais quant à siéger à ma droite ou à ma gauche, il ne m'appartient pas de l'accorder ; c'est pour ceux pour qui cela a été préparé. Ayant entendu cela, les dix autres se mirent à s'indigner contre Jacques et Jean. Jésus les appela et leur dit : Vous savez que ceux qui passent pour chefs des nations leur commandent en maîtres, et que les grands exercent leur empire sur elles. Il n'en doit pas être ainsi parmi vous ; au contraire, celui qui, parmi vous, voudra devenir grand se fera votre servi-*

teur ; et celui qui, parmi vous, voudra être premier se fera esclave de tous. Car le Fils de l'homme est venu non pour être servi, mais pour servir et donner sa vie en rançon pour beaucoup (Mr 10, 35-45).

CREDO. Je crois en un seul Dieu...

MARC. OFFERTOIRE. *Jésus montant sur la montagne appela Jacques, fils de Zébédée, et Jean, frère de Jacques, et leur imposa le nom de Boanergès, c'est-à-dire fils du tonnerre* (Mr 3, 13-17). Alléluia. VERSET. Car tes flèches passent, Seigneur, le tonnerre de ta voix retentit dans le monde. *Cela est.*

SECRÈTE. Aie pitié de nous qui te supplions, Père très beau, Dieu très juste, et daigne recevoir et consacrer, nous t'en prions, ces offrandes en l'honneur de saint Jacques pour qu'elles nourrissent sans cesse dans nos esprits l'amour de ton Fils, par lequel ton vénérable apôtre vainquit puissamment la folie de l'inique Hérode, par le même Seigneur...

PRÉFACE. Il est vraiment digne... Dieu éternel, d'immoler ces hosties de louange en les confiant à toi dans cette brillante célébration de ton saint apôtre Jacques. Celui-ci, quand il entendit la voix de ton Fils l'appelant sur le rivage de la mer de Galilée, suivit bientôt le Rédempteur en abandonnant tout. Tu lui as donné de voir sur le mont Thabor la Transfiguration de ton Fils, d'entendre ta voix admirable et de contempler la splendeur de ta divinité, que tu n'as donnée jadis à voir à aucun peuple. Ensuite, lorsqu'il eut été décapité par Hérode, tu l'as accepté telle une hostie vivante qui te plaît dans ton céleste palais et tu l'as fait compagnon des anges. Ô heureuse peine que cette blessure ! Ô précieuse cicatrice par laquelle il a engendré sa couronne, contri la mort par la mort et est monté dans les cieux ! Après quoi tu lui as donné cette faveur de voir tous les peuples de toutes les régions du monde venir en Galice pour demander son aide, et consolés de toutes leurs douleurs, t'apporter avec joie, à toi Seigneur suprême, des offrandes de louange. Et c'est pourquoi avec les anges et...

MATTHIEU. COMMUNION. Jésus dit à Jacques et à Jean : *Pourrez-vous boire le calice que, moi, je dois boire ? Ils lui dirent : Nous le pouvons* (Mt 20, 22).

GRÉGOIRE. VERSET. Si votre esprit désire ce qui flatte, buvez d'abord ce qui fait mal. *Pourrez-vous boire...*

POSTCOMMUNION. Dieu, dont le Fils a invité les bienheureux fils de Zébédée Jacques et Jean à boire son calice, fais, nous t'en prions, que, par les mérites de ces deux-là, que tu as voulus participants du calice de celui-ci, nous ayons une place à ta droite dans ton royaume, par le même...

ORAISON À TIERCE. Dieu tout-puissant et éternel, qui nous as donné de célébrer ce jour délectable en la fête de ton apôtre saint Jacques, fais, nous t'en prions, que, nous qui commémorons sa précieuse passion sur terre, nous soyons associés à son âme bienheureuse dans le ciel, par...

ORAISON À SEXTE. Dieu tout-puissant, nous t'en prions, de même que ton bienheureux apôtre Jacques, ornement de la Galice, a mérité l'héritage du royaume des cieux par le glaive de l'impie Hérode, donne-nous d'être digne de goûter sa compagnie en accomplissant de bonnes œuvres, par...

ORAISON À NONE. Fais, nous t'en prions, Dieu tout-puissant, que, nous qui célébrons la fête de ton apôtre saint Jacques, nous obtenions ton indulgence par ses prières, par...

ORAISON À VÊPRES. Dieu qui nous as donné de célébrer dans tes louanges le jour de fête de notre patron nourricier, ton apôtre saint Jacques, nous implorons suppliants ta clémence, pour que nous soyons par l'accroissement des bonnes œuvres réunis dans les cieux avec celui que nous avons révéré sur la terre, par...

ORAISON À COMPLIES. Dieu, qui nous as fait passer d'un cœur joyeux la fête de ton apôtre saint Jacques, fais, nous t'en prions, que par sa bienveillante intercession nous passions cette nuit déchargés de tout souci...

Chapitre XXVII

MESSE POUR LES PÈLERINS DE SAINT JACQUES À DIRE SOIGNEUSEMENT À TOUTES LES MESSES COMPOSÉE PAR LE PAPE CALIXTE

ORAISON. Que les oreilles de ta miséricorde soient ouvertes, Seigneur nous t'en prions, aux prières des pèlerins de saint Jacques qui te supplient. Et comme tu accordes leurs désirs aux demandeurs, accomplis ce qu'ils te demandent, par...

AUTRE ORAISON. Dieu tout-puissant et éternel qui a daigné conduire à l'autel sacré du bienheureux Jacques, ton apôtre, des nations barbares de toutes les contrées du monde, fais, nous t'en prions, que de même qu'ils demandent quelque bien par son intercession, nous aussi nous obtenions avec eux les joies du paradis, par...

SECRÈTE. Apaisé par les prières de ton saint apôtre Jacques et nos offrandes de réconciliation, nous te prions, Père très beau et bienveillant, de recevoir les prières et d'accomplir les demandes de ceux qui viennent dans sa basilique sacrée, de purifier tous les fidèles de tous les vices, de les illustrer durablement par les vertus sacrées et de les libérer de toutes entraves, par...

POSTCOMMUNION. Dieu qui donnes aux populations locales et étrangères de fréquenter le vénérable autel de ton bienheureux apôtre saint Jacques, fais, nous t'en prions, qu'avec l'aide des sacrements que nous avons reçus nous puissions revenir sains et saufs dans nos pays et que, par la persévérance dans les bonnes œuvres, nous méritions de régner sans fin avec saint Jacques dans le royaume des cieux, par...

26 JUILLET
DEUXIÈME JOUR DANS L'OCTAVE DE SAINT JACQUES
MESSE DE SAINT JOSIAS MARTYR ET DE SAINT JACQUES

INTROÏT. Trop pour moi... PSAUME. *Seigneur, tu m'as mis à l'épreuve* (Ps 138, 17).

ORAISON. Dieu éternel et tout-puissant, qui as associé le bienheureux Josias martyr au martyre de ton saint apôtre Jacques, fais, nous t'en prions, que le patronage de ceux dont nous célébrons la fête nous préserve de toutes embûches, par...

LECTURE DU LIVRE DE L'*HISTOIRE ECCLÉSIASTIQUE*. En ces jours-là : *Hérode fit arrêter...* [comme ci-dessus].

RÉPONS. *Tu feras d'eux...* VERSET. *Pour tes pères...* (Ps 44, 17).

ALLÉLUIA. *Jésus appela...* [comme ci-dessus].

PROSE DE SAINT JACQUES À CHANTER TRÈS SOUVENT, COMPOSÉE PAR GUILLAUME, PATRIARCHE DE JÉRUSALEM

« Clément envers les plaintes
De tes modestes serviteurs,
Jacques aide-nous.

Fleur des apôtres,
Honneur des élus ;
Jacques aide-nous.

Patron des Galiciens
Et des Espagnols,
Jacques aide-nous.

Les voix de tous les siècles
T'implorent,
Jacques aide-nous.

Toi qui es le soulagement
Des accusés sans espoir,
Jacques aide-nous.

Guérison des malades,
Secours des infirmes,
Jacques aide-nous.

Toi qui ouvres les portes
Des malheureux captifs,
Jacques aide-nous.

Toi, si tu veux, le Sauveur
De tes pèlerins,
Jacques aide-nous.

Donne-nous le royaume des cieux,
Espoir des déchus,
Jacques aide-nous.

Que notre louange à tous
Soit pour Dieu,
Jacques aide-nous. »

SUITE DU SAINT ÉVANGILE SELON SAINT MATTHIEU. En ce temps-là : *Ayant appelé ses douze disciples, Jésus leur donna pouvoir sur les esprits impurs, afin de les chasser et de guérir toute maladie et toute infirmité. Voici les noms des douze apôtres : premier, Simon, dit Pierre, et André, son frère, Jacques fils de Zébédée et Jean son frère ; Philippe et Barthélemy ; Thomas et Matthieu le publicain ; Jacques fils d'Alphée et Thaddée ; Simon le Zélote et Judas l'Iscariote, celui qui le trahit. Ce sont ces douze que Jésus envoya, après leur avoir donné ces instructions : N'allez point vers les gentils et n'entrez dans aucune ville des Samaritains ; allez plutôt aux brebis perdues de la maison d'Israël. Sur votre chemin, annoncez ceci : « Le royaume des cieux est proche. » Guérissez les malades, ressuscitez les morts, purifiez les lépreux, chassez les démons : vous avez reçu gratuitement, donnez gratuitement. Ne vous procurez ni or ni argent, ni petite monnaie pour vos ceintures, ni besace pour la route, ni deux tuniques, ni sandales, ni bâton ; car l'ouvrier mérite sa nourriture. En quelque ville ou bourg que vous entriez, informez-vous qui y est honorable et demeurez là jusqu'à votre départ. En entrant dans la maison, saluez-la ; et si la maison en est digne, que votre paix vienne sur elle ; mais si elle n'est pas digne, que votre paix vous revienne. Si l'on refuse de vous recevoir et d'écouter vos paroles, sortez de cette maison ou de cette ville en secouant la poussière de vos pieds. Je vous le dis en vérité : il y aura moins de rigueur, au jour du jugement, pour le pays de Sodome et de Gomorrhe que pour cette ville* (Mt 10, 1-15).

OFFERTOIRE. *Tu les établiras...* (Ps 44, 17).

SECRÈTE. Nous te prions, Dieu tout-puissant, qui as rendu possible ce jour solennel consacré à tes saints, le bienheureux apôtre Jacques et le martyr Josias, que cette offrande, inspirée par le désir de ta bénédiction, oriente notre intention vers les réalités supérieures, par...

COMMUNION. *Jésus dit...* (cf. Mt 20, 22) [comme ci-dessus].

POSTCOMMUNION. Dieu tout-puissant et très clément, qui as reçu ton apôtre Jacques avec le bienheureux martyr Josias par leur passion triomphale, donne-nous, nous t'en prions, de mériter, par les saintes espèces que nous avons reçues, de goûter dans le ciel la compagnie de ceux dont nous célébrons d'un esprit dévot la fête salutaire sur la terre, par...

ORAISON. Dieu, dont l'ange a tué Hérode à cause de la mort de Jacques, fais, nous t'en prions, que nous soyons pourvus de son aide, comme nous nous réjouissons de ses triomphes, par...

ORAISON. Dieu, qui nous donnes de célébrer la fête de ton bienheureux apôtre le grand Jacques, fais, nous t'en prions, que nous participions avec lui à la joie perpétuelle, par...

Chapitre XXVIII

SEPT MESSES COMPOSÉES PAR LE PAPE CALIXTE À CHANTER SÉPARÉMENT ET AUX DIVERSES FÊTES DE L'OCTAVE DE SAINT JACQUES

27 JUILLET.
MESSE DE SAINT JACQUES. TROISIÈME JOUR DANS L'OCTAVE

INTROÏT. *Jésus appela...* (Mr 3, 13).

PSAUME. *Les cieux racontent...* (Ps 18).

COLLECTE. Dieu qui as transporté ton bienheureux apôtre le grand saint Jacques avocat de la Galice par le triomphe de son martyre sur son trône au paradis, et qui as fait tomber son adversaire Hérode de son trône royal, écarte de nous l'orgueil et donne-nous la vertu d'humilité, par...

LECTURE DU LIVRE DE LA SAGESSE. Jacques vérifia son nom, *se montra le plus grand dans la délivrance des élus du Seigneur, en châtiant les ennemis soulevés afin de mettre Israël en possession du pays. De quelle gloire il se couvrit lorsqu'il leva ses mains et étendit son épée contre les villes! Qui jamais avant lui soutint tant de combats, quand le Seigneur lui-même amenait les ennemis? Le soleil, au geste de sa main, n'a-t-il pas rétrogradé et un seul jour ne fut-il pas pareil à deux jours? Il invoqua le très haut Souverain pendant qu'il pressait les ennemis de tous côtés; et le Seigneur tout-puissant l'entendit, avec des pierres de grêle d'une grande force. Le Seigneur fondit sur la nation hostile et fit périr les adversaires dans le défilé, afin que les nations connussent toutes sa puissance et apprissent qu'il n'est pas facile de combattre contre Dieu. Et il suivit le Tout-Puissant* (Ecli 46, 1-8).

RÉPONS. *Hérode fit arrêter quelques-uns des membres de l'Église pour les maltraiter.*
VERSET. *Il fit mourir par le glaive Jacques, le frère de Jean.* (Ac 12, 1-2).
[comme plus haut].

ALLÉLUIA. Très saint apôtre...

PROSE. Toi qui es dénommé Boanergès... [rechercher en arrière].

SUITE DU SAINT ÉVANGILE SELON MATTHIEU. En ce temps-là : *Six jours après, Jésus prend avec lui Pierre, Jacques et Jean son frère, et il les emmène à l'écart sur une haute montagne. Et il se transfigura devant eux : son visage resplendit comme le soleil et ses vêtements devinrent blancs comme la lumière. Et voilà que Moïse et Élie leur apparurent, conversant avec lui. Prenant la parole, Pierre dit à Jésus : Seigneur, il nous est bon d'être ici ; si vous le voulez, je ferai ici trois tentes, une pour vous, une pour Moïse et une pour Élie. Il parlait encore, lorsqu'une nuée lumineuse les couvrit, et voilà que du sein de la nuée une voix dit : Celui-ci est mon Fils bien-aimé, en qui j'ai mis mes complaisances : écoutez-le. En entendant, les disciples tombèrent la face contre terre et furent saisis d'une grande frayeur. Et Jésus, s'approchant, les toucha et dit : Levez-vous, ne craignez point. Levant les yeux, ils ne virent plus que Jésus seul. Comme ils descendaient de la montagne, Jésus leur fit ce commandement : Ne parlez à personne de cette vision, jusqu'à ce que le Fils de l'homme soit ressuscité des morts.* (Mt 17, 1-9).

SECRÈTE. Dieu, qui par ta distribution admirable a changé les choses terrestres en choses célestes, fais, nous t'en prions, que ces offrandes deviennent le véritable corps du Christ ton Fils, pour que celui-ci, qui nous a rachetés par le sang de sa passion sur la croix, daigne nous libérer de nos péchés par les prières de saint Jacques, lui qui vit et règne...

POSTCOMMUNION. Nous avons pris, Seigneur, en vénérant le jour de naissance de saint Jacques, ton apôtre, le sacrement salutaire du corps et du sang de ton Fils. Donne, nous t'en prions, que nous méritions de lui être adjoints dans le ciel, par les dons de qui tu nous as sauvés sur terre, par le même...

ORAISON. Dieu, qui nous as donné de célébrer les fêtes de ton très pieux apôtre Jacques, fais, nous t'en prions, que nous voyions toujours intercéder auprès de toi, pour nos crimes, celui que nous croyons héritier de ta gloire angélique, par le Seigneur...

ORAISON. Accorde Seigneur, nous t'en prions, que nous, qui avons mérité de connaître combien est solide la doctrine de foi de ton apôtre saint Jacques, nous soyons en mesure de vaincre par ses mérites les astuces de l'antique ennemi, par...

28 JUILLET.
MESSE DE SAINT JACQUES. QUATRIÈME JOUR DANS L'OCTAVE

INTROÏT. *Jésus appela...* (Mr 3, 13).

PSAUME. *Les cieux racontent...* (Ps 18).

ORAISON. Dieu tout-puissant, fais, nous t'en prions, que nous qui célébrons d'un cœur apaisé le très heureux triomphe de ton grand apôtre Jacques sur la terre, nous méritions à sa demande d'être conduit dans les cieux en sa désirable compagnie, par...

LECTURE DU LIVRE DE LA SAGESSE. Jacques *vainquit les troubles non par la force corporelle, ni par la puissance des armes, mais il dompta par la parole celui qui le châtiait, en rappelant les serments faits aux pères et les alliances. Lorsque déjà les morts étaient tombés en tas les uns sur les autres, s'interposant, il arrêta l'attaque et ferma le chemin des survivants. Car sur la robe qui tombait jusqu'à terre était tout l'univers. Et les hauts faits des ancêtres étaient gravés sur quatre rangées de pierres précieuses. Et les splendeurs de Dieu étaient inscrites sur le diadème de sa tête. À la vue de ces choses, l'exterminateur fut effrayé et se retira. Car la seule expérience de la colère était suffisante. Et une colère sans miséricorde poursuivit l'impie jusqu'à la fin* (Sap 18, 22-19, 1).

RÉPONS. *Hérode fit arrêter quelques-uns des membres de l'Église pour les maltraiter.*
VERSET. *Il fit mourir par le glaive Jacques, le frère de Jean* (Ac 12, 1-2).

PROSE. Clément envers les plaintes...

SUITE DU SAINT ÉVANGILE SELON SAINT LUC. En ce temps-là : *Le Seigneur Jésus prit résolument la direction de Jérusalem, et il envoya ses messagers Jacques et Jean devant lui. Ils se mirent en route et entrèrent dans un bourg des Samaritains pour lui préparer le gîte. Mais ils refusèrent de le recevoir, parce qu'il se dirigeait vers Jérusalem. Ce que voyant, les disciples Jacques et Jean dirent : Seigneur, voulez-vous que nous commandions que le feu descende du ciel et les consume comme fit Élie. Mais, s'étant retourné, il les réprimanda, disant : Vous ne savez pas de quel esprit vous êtes. Car le Fils de l'homme n'est pas venu pour perdre les hommes mais pour les sauver. Et ils firent route vers un autre bourg* (Lc 9, 51-56).

OFFERTOIRE. *Jésus montant dans la montagne appela ceux que lui-même voulut ; et ils vinrent à lui... Jacques, fils de Zébédée, et Jean, frère de Jacques, auxquels il imposa le nom de Boanergès, c'est-à-dire fils du tonnerre* (Mr 3, 13 et 17).

SECRÈTE. Que cette offrande que nous t'apportons, Seigneur, nous t'en prions, soit sanctifiée par la bénédiction de ta grâce, afin qu'elle devienne le corps et le sang de ton Fils et que, par l'intercession de saint Jacques, elle écarte de nous tous les maux et nous remplisse de bienfaits, par...

COMMUNION. *Jésus répondit : Vous ne savez pas ce que vous demandez. Pouvez-vous boire le calice que, moi, je dois boire ? Ils lui dirent : Nous le pouvons* (Mt 20, 22).

POSTCOMMUNION. Dieu, à qui il est facile de créer de rien le pain et le vin, il t'est plus facile encore de transformer ceux-ci en la chair et en le sang de ton Fils unique. Accorde-nous, nous t'en prions, à nous qui les confessons et les goûtons, la rémission de nos fautes, la sanctification des vertus et la compagnie de saint Jacques dans le ciel, par...

ORAISON. Dieu, trinité indivise, qui as fait ces jours anniversaires par amour de ton grand apôtre bien-aimé Jacques, nous te prions de nous rendre par ses mérites indemnes de tous les maux présents et des peines de la vie future, par...

AUTRE ORAISON. Dieu, pour l'amour de qui saint Jacques a subi le martyre de son corps, purge nos esprits, nous t'en prions, de tous les attraits des vices et donne-nous la persévérance dans les bonnes œuvres, par le Seigneur...

29 JUILLET.
MESSE DE SAINT JACQUES. CINQUIÈME JOUR DANS L'OCTAVE

INTROÏT. *Jésus appela...* (Mr 3, 13).

PSAUME. *Les cieux racontent...* (Ps 18).

COLLECTE. Fais, Seigneur très bienveillant, nous t'en prions, que nous exultions avec bonheur d'une joie sans fin dans les cieux, avec saint Jacques dont nous célébrons solennellement avec dévotion les fêtes annuelles de la passion sur la terre, par...

LECTURE DU LIVRE DE LA SAGESSE. Jacques *guerrier impitoyable s'élança au milieu d'une terre vouée à l'extermination, glaive tranchant portant, Seigneur, votre empire accusateur et, debout, il remplit tout de mort, se tenant sur la terre et touchant au ciel. Aussitôt des visions et des songes effrayants les troublèrent, et des terreurs inattendues tombèrent sur eux. Chacun fut projeté à terre demi-mort, et montra pourquoi il mourait : les songes qui les troublaient leur avaient révélé ces choses, afin qu'ils ne* *meurent pas sans savoir pourquoi ces maux les frappaient. L'épreuve de la mort atteignit aussi les justes et une multitude fut détruite dans le désert. Mais votre colère, Seigneur, ne dura guère* (Sap 18, 15-20).

RÉPONS. *Hérode fit arrêter quelques-uns des membres de l'Église pour les maltraiter.* VERSET. *Il fit mourir par le glaive Jacques, le frère de Jean* (Ac 12, 1-2).

PROSE. Boanergès...

SUITE DU SAINT ÉVANGILE SELON SAINT MARC. *En ce temps-là, le Seigneur Jésus prit avec lui Pierre, Jacques et Jean, et il commença à sentir de la frayeur et de l'angoisse. Et il leur dit : Mon âme est triste jusqu'à la mort ; restez ici et veillez. S'étant un peu avancé, il tomba sur la terre ; et il priait que cette heure, s'il était possible, s'éloignât de lui, et il disait : Abba, Père, tout vous est possible, détournez de moi ce calice, cependant non ce que je veux, mais ce que vous voulez ! Et il vient, et il les trouve endormis. Et il dit à Pierre : Simon, tu dors ! Tu n'as pas eu la force de veiller une heure ! Veillez et priez afin que vous n'entriez point en tentation. L'esprit est ardent mais la chair est faible. Il s'en alla de nouveau et pria, disant la même parole. Puis, étant revenu, il les trouva endormis, car leurs yeux étaient appesantis et ils ne savaient que lui répondre. Il revint une troisième fois et leur dit : Dormez désormais et reposez-vous. C'est assez ! L'heure est venue ; voici que le Fils de l'homme est livré aux mains des pécheurs* (Mr 14, 33-41).

OFFERTOIRE. *Jésus montant...* (Mr 3, 13 et 17).

SECRÈTE. Fais tomber, Seigneur, la pluie très gracieuse de ta bénédiction sur ces hosties, afin que, par l'intercession de saint Jacques, elles nous purifient de nos fautes et nous conduisent aux joies inaltérables des cieux, par...

COMMUNION. *Jésus dit...* (Mt 20, 22).

POSTCOMMUNION. Dieu qui as voulu retenir dans ce sacrement reçu du très saint corps de ton Fils, la couleur et la saveur du pain et du vin afin qu'il soit pris avec plus de désir et pour que la fragilité ne soit pas saisie d'horreur en voyant la couleur et en sentant le goût du pain et du vin, fais, nous t'en prions, que nous, qui croyons en les goûtant que ce sont vraiment le vrai corps et le sang du Christ ton Fils, soyons préservés de l'attaque des vices et gardés dans la sanctification des vertus, et méritions d'être conduits dans le royaume céleste avec l'aide de saint Jacques, par le même...

AUTRE ORAISON À TIERCE. Donne-nous, Seigneur, nous t'en prions, de percevoir, lors de ces fêtes sacrées de saint Jacques apôtre, après avoir mortifié les vices, l'accroissement des vertus, par...

ORAISON. Dieu, dont le Fils unique a fait sortir saint Jacques de la vallée des collines vers le mont Thabor et lui a révélé son extraordinaire transfiguration, fais-nous monter, nous t'en prions, de la vallée des vices au mont des vertus, afin que nous méritions de connaître avec lui la splendeur perpétuelle des cieux, par le même...

30 JUILLET.
MESSE DE SAINT JACQUES. SIXIÈME JOUR DANS L'OCTAVE

INTROÏT. *Jésus appela...* (Mr 3, 13).

PSAUME. *Les cieux racontent...* (Ps 18).

COLLECTE. Célébrant très dévotement les fêtes de la naissance de ton grand apôtre Jacques, nous te prions, Seigneur, et te supplions, que ceux qui demandent son aide dans leurs tribulations soient libérés de toutes vicissitudes, par...

LECTURE DU LIVRE DE LA SAGESSE. Les mauvais hôtes *souffrirent justement pour leurs crimes, car ils s'étaient montrés très inhospitaliers. Les uns n'avaient pas voulu recevoir des gens qu'ils ne connaissaient pas, les autres avaient réduit en esclavage des étrangers corrects. Et non seulement cela, mais encore, comme si ceux-ci devaient être considérés d'une autre manière, ils les recevaient, parce que à contrecœur, comme des étrangers. Après avoir reçu avec joie ceux qui jouissaient des mêmes droits, ils les accablèrent de cruelles souffrances. Aussi furent-ils frappés de cécité, comme ceux qui assiégeaient la porte du juste, lorsque, enveloppés de ténèbres soudaines, ils cherchaient chacun l'entrée de la porte* (Sap. 19, 12-16).

RÉPONS. *Hérode fit arrêter quelques-uns des membres de l'Église pour les maltraiter.*
VERSET. *Il fit mourir par le glaive Jacques, le frère de Jean* (Ac 12, 1-2).

ALLÉLUIA. Très saint...

PROSE. Clément envers les plaintes...

SUITE DU SAINT ÉVANGILE SELON SAINT MARC. En ce temps-là : *Les fils de Zébédée se rendirent auprès de Jésus...* (Mr 10, 35 ss).

OFFERTOIRE. *Jésus montant...* (Mr 3, 13 et 17).

SECRÈTE. Répands bénignement ta large bénédiction sur ces hosties qui te sont offertes, nous t'en prions Seigneur, afin qu'elles nous purifient intérieurement et extérieurement, et nous conduisent dans les cieux en la compagnie de saint Jacques, par...

COMMUNION. *Jésus dit...* (Mt 20, 22).

POSTCOMMUNION. Fais, nous t'en prions, Dieu tout-puissant, que ces saints sacrements que nous avons reçus sollicitent, par l'intercession de saint Jacques, que nous soyons écartés des erreurs humaines, par...

ORAISON. Dieu, qui nous as donné de participer à ces fêtes de saint Jacques, fais, nous t'en prions, que, par ses mérites, nous soyons préservés de toute adversité en ce siècle et qu'après notre mort nous soyons accueillis au sein de la cour céleste par les bienheureux, par...

ORAISON. Rendant un culte très dévot à la célébrité de ton grand apôtre nourricier Jacques, fils de Zébédée, nous prions, Seigneur, ta clémence, pour que, nous qui sommes écrasés du poids de nos accusations, nous en soyons déchargés par ta grâce et son intercession, par...

31 JUILLET.
MESSE DE SAINT JACQUES. SEPTIÈME JOUR DANS L'OCTAVE

INTROÏT. *Jésus appela...* (Mr 3, 13).

PSAUME. *Les cieux racontent...* (Ps 18).

COLLECTE. Remémorant les célèbres fêtes de ton apôtre saint Jacques, nous implorons, Seigneur très beau, ta clémence pour que nous qui commémorons sa passion victorieuse nous ressentions son patronage dans toutes nos vicissitudes, par...

LECTURE DES ACTES DES APÔTRES. *En ces jours-là, des prophètes descendirent de Jérusalem à Antioche. L'un d'eux, nommé Agabus, s'étant levé, révéla par l'Esprit qu'il y aurait sur toute la terre une grande famine. Elle eut lieu sous Claude. Les disciples décidèrent d'envoyer, chacun selon ses moyens, un secours pour les frères qui habitaient la Judée ; ce qu'ils firent aussi en expédiant aux Anciens par les mains de Barnabé et de Saul. À la même époque, le roi Hérode fit arrêter quelques-uns des membres de l'Église pour les maltraiter. Il fit mourir par le glaive Jacques, le frère de Jean. Puis il se rendit de Judée à Césarée, et y demeura. Il était irrité contre les Tyriens et les Sidoniens. Eux, d'un commun accord, se présentèrent à lui ; et, après avoir gagné Blastus, le chambellan du roi, ils demandaient la paix, parce que leur pays tirait sa subsistance de celui du roi. Au jour fixé, Hérode, revêtu du costume royal et assis sur l'estrade, les haranguait ; et le peuple acclamait : C'est un Dieu qui parle et non un homme !* Mais à l'instant un ange du Seigneur le frappa, parce qu'il n'avait pas rendu gloire à Dieu, et, devenu pâture des vers, il expira. Cependant la parole de Dieu se répandait et progressait (Ac 11, 27-30 ; 12, 1-2 et 19-24).

RÉPONS. *Hérode fit arrêter quelques-uns des membres de l'Église pour les maltraiter.*
VERSET. *Il fit mourir par le glaive Jacques, le frère de Jean* (Ac 12, 1-2).

ALLÉLUIA. *Jésus appela...* (Mr 3, 13 et 17).

PROSE. Rendons grâces et réjouissons-nous... [cf. plus haut].

SUITE DU SAINT ÉVANGILE SELON SAINT MATTHIEU. En ce temps-là : *La mère des fils de Zébédée s'approcha du Seigneur Jésus avec ses fils et se prosterna pour lui faire une demande. Il lui dit : Que voulez-vous ? Elle lui dit : Ordonnez que mes deux fils, que voici, siègent l'un à votre droite, l'autre à votre gauche, dans votre royaume. Jésus répondit : Vous ne savez pas ce que vous demandez. Pouvez-vous boire le calice que, moi, je dois boire ? Nous le pouvons, lui dirent-ils. Il leur dit : Vous boirez en effet mon calice ; quant à siéger à ma droite ou à ma gauche, il ne m'appartient pas de l'accorder ; c'est pour ceux pour qui mon Père l'a préparé. Ayant entendu cela, les dix autres s'indignèrent contre les deux frères. Mais Jésus les appela et dit : Vous savez que les chefs des nations leur commandent en maîtres et que les grands exercent leur empire sur elles. Il n'en sera pas ainsi parmi vous ; au contraire, celui qui voudra devenir grand, parmi vous, se fera votre serviteur ; et celui qui voudra parmi vous être premier se fera votre esclave. C'est ainsi que le Fils de l'homme est venu non pour être servi, mais pour servir et donner sa vie en rançon pour beaucoup* (Mt 20, 20-28).

OFFERTOIRE. *Jésus montant...* (Mr 3, 13 et 17)

SECRÈTE. Que les présents sacrifices offerts à ta majesté en ces fêtes de saint Jacques apôtre nous sanctifient, Seigneur, nous t'en prions, et fais que, nous qui sommes écrasés par le poids de nos iniquités, nous soyons délivrés de toutes nos fautes et soyons réconciliés avec toi en toute liberté d'esprit, par...

COMMUNION. *Jésus dit...* (Mt 20, 22).

POSTCOMMUNION. Accomplis, Seigneur, nous t'en prions, les justes désirs de ton Église qui exulte et donne-lui de servir toujours ta majesté, toi qui l'as réconfortée par tes dignes sacrements dans la célébrité de saint Jacques apôtre, par...

ORAISON POUR TIERCE. Dieu, qui as daigné montrer au bienheureux apôtre Jacques ton Fils transformé dans ta divinité, accorde, nous t'en prions, qu'il implore toujours pour nous ta majesté, jusqu'à ce que nous méritions d'être conduits dans la résurrection future à cette clarté qu'il mérita de voir sur le mont Thabor, par notre Seigneur Jésus-Christ ton Fils, qui vit et règne avec toi pour les siècles des siècles.

ORAISON POUR SEXTE. Exauce avec clémence, nous t'en prions Seigneur, nos instantes demandes, afin que nous qui célébrons les fêtes de ton grand apôtre Jacques nous ayons la force, par ses mérites, d'éviter tous les dangers, par...

ORAISON POUR NONE. Fais, nous t'en prions, Rédempteur du monde, que par les prières de ton grand apôtre Jacques nous soyons dignes d'être libérés de tous les maux, et d'être sauvés par ses mérites, nous qui ne pouvons être justifiés par nos œuvres, par...

ORAISON POUR LES VÊPRES. Dieu, qui nous a donné de célébrer la solennité répétée du bienheureux apôtre Jacques, donne, nous t'en prions, que nous soyons dignes par son intercession de parvenir aux joies éternelles des cieux, par...

1er AOÛT.
MESSE DE L'OCTAVE DE SAINT JACQUES À CHANTER
LE MATIN APRÈS PRIME, PARCE QUE AUJOURD'HUI
DOIT ÊTRE CÉLÉBRÉE À BON DROIT APRÈS TIERCE LA MESSE
DE SAINT PIERRE AUX LIENS QUI PRIME SUR ELLE

INTROÏT. *Jésus appela...* (Mr 3, 13).

PSAUME. *Les cieux racontent...* (Ps 18).

ORAISON. Prions. Célébrant, Seigneur, l'octave de la fête vénérable du grand Jacques, ton bienheureux apôtre, nous demandons ton indulgence pour être relevés par ses prières, chaque fois que nous retombons dans nos fautes, par...

LECTURE DU LIVRE DE L'*HISTOIRE ECCLÉSIASTIQUE*. Hérode envoya, dit-il...

RÉPONS. *Hérode fit arrêter quelques-uns des membres de l'Église pour les maltraiter.*
VERSET. *Il fit mourir par le glaive Jacques, le frère de Jean* (Ac 12, 1-2).

ALLÉLUIA. Ce Jacques...

PROSE. Clément envers les plaintes...

SUITE DU SAINT ÉVANGILE SELON SAINT MARC. En ce temps-là : *Les fils de Zébédée s'approchèrent du Seigneur Jésus...* (Mr 10, 35 ss).

OFFERTOIRE. *Jésus montant* (Mr 3, 13-17) [comme ci-dessus].

SECRÈTE. Donne, Seigneur, ta très généreuse bénédiction sur ces hosties pour que, avec l'aide du Saint-Esprit et la prière de saint Jacques, elles deviennent le vrai corps et le vrai sang du Christ ton Fils et nous apportent le salut éternel, à nous qui avec toi...

COMMUNION. *Jésus dit...* (Mt 20, 22).

POSTCOMMUNION. Donne, nous t'en prions Seigneur omnipotent, que, nous qui célébrons l'octave de ton grand apôtre saint Jacques, nous soyons jugés dignes, en raison de ces biens sacrés que nous avons reçus, de parvenir jusqu'aux fêtes célestes qui sont sans bornes, par...

ORAISON POUR VÊPRES. Dieu, qui nous as donné la joie d'accomplir ces fêtes solennelles de saint Jacques apôtre, donne, nous t'en prions, que nous puissions grâce à ses prières parvenir l'âme exultante dans ces fêtes qui ne sont point annuelles mais continues, par...

PAPE CALIXTE. FÊTE DES MIRACLES DE SAINT JACQUES CÉLÉBRÉE LE 3 OCTOBRE

Saint Anselme, archevêque de Cantorbéry, a ordonné jadis que soit célébrée le 3 octobre la fête des miracles de saint Jacques, par lesquels il ressuscita avec l'aide de Marie, Mère de Dieu, un homme qui s'était tué sur les conseils du démon, libéra par la force puissante de Dieu vingt hommes prisonniers des Moabites, transporta un mort du port de Cize jusqu'à la ville de Compostelle en une nuit sur deux fois six étapes pour l'ensevelir, etc. Et nous le confirmons de la même manière.

3 OCTOBRE. MESSE DES MIRACLES DE SAINT JACQUES

INTROÏT. *Jésus appela...* (Mr 3, 13).

PSAUME. *Les cieux racontent...* (Ps 18) [comme ci-dessus].

ORAISON. Dieu, qui as fait briller ton apôtre saint Jacques par d'innombrables miracles à la louange de ton nom, accorde par son intercession à nous qui célébrons la fête de ses miracles de briller par l'éclat des vertus et de parvenir aux joies du paradis, par...

LECTURE DU LIVRE DE LA SAGESSE. *Jacques ne craignit dans sa vie...* (Ecli 48, 13 ss). [comme ci-dessus].

RÉPONS. *Hérode fit arrêter quelques-uns des membres de l'Église pour les maltraiter.*

VERSET. *Il fit mourir par le glaive Jacques, le frère de Jean* (Ac 12, 1-2).

ALLÉLUIA. *Jésus appela...* (Mr 3, 13 et 17)

PROSE. Clément envers les plaintes...

ÉVANGILE SELON SAINT MATTHIEU. En ce temps-là : *Jésus ayant appelé ses douze disciples...* (Mt 10, 1 ss).

OFFERTOIRE. *Jésus montant...* (Mr 3, 13 et 17).

SECRÈTE. Répands avec bienveillance, Seigneur nous t'en prions, ta bénédiction de grâce sur ces hosties qui te sont offertes, et fais, par l'intercession de saint Jacques ton apôtre, qu'elles nous délivrent de toute adversité et nous conduisent au royaume des cieux, par...

COMMUNION. *Jésus dit...* (Mt 20, 22).

POSTCOMMUNION. Dieu, qui nous as réconfortés par tes dignes sacrements dans cette célébration de ton saint apôtre Jacques, accorde-nous, nous t'en prions, de parvenir par ses mérites au réconfort de la vie éternelle dans le paradis, par...

ORAISON. Dieu, qui nous as accordé de célébrer la fête des miracles de ton saint apôtre Jacques, fais, nous t'en prions, que nous puissions par ses mérites exulter avec lui parmi les agréments du paradis, par...

RÉPONS. On chante : *Le Sauveur s'étant avancé...* (Mr 1, 19-20). Et on fait des lectures empruntées aux miracles de saint Jacques.

Chapitre XXIX

LE PAPE CALIXTE SUR LA TRANSLATION
DE SAINT JACQUES

Nous ordonnons que la Translation de saint Jacques, par laquelle sa dépouille a été transférée en Galice, et son Élection, par laquelle le Seigneur, au bord de la mer de Galilée, lui a conféré le statut d'apôtre, soient célébrées en même temps : que le 30 décembre soient chantés le Répons tiré des Évangiles *Le Sauveur s'avança*, avec ses antiennes et ses hymnes : *Il se réjouira* et *Heureux par tous.*

CAPITULE TIRÉ DU LIVRE DE LA SAGESSE POUR LES VÊPRES. Jacques *plut à Dieu et fut transporté dans le paradis pour donner la pénitence aux nations : il a été trouvé parfait et juste ; au temps de la colère, il fut la réconciliation* (Ecli 44, 16-17).

CAPITULE TIRÉ DU LIVRE DE LA SAGESSE POUR LES MATINES. *Illustre père d'une multitude nations, et il ne s'est trouvé personne qui l'égalât en gloire, lui qui a gardé la loi du Très-Haut* (Ecli 44, 19-20).

CAPITULE TIRÉ DU LIVRE DE LA SAGESSE POUR TIERCE. *Le Seigneur est entré en alliance avec lui, il a institué cette alliance dans sa chair et, dans l'épreuve, il s'est montré fidèle* (Ecli 44, 20-21).

CAPITULE TIRÉ DU LIVRE DE LA SAGESSE POUR SEXTE. *Le Seigneur eut égard à lui dans ses bénédictions et il lui donna son héritage, il en fit diverses portions et les partagea entre les douze tribus* (Ecli 44, 22).

CAPITULE TIRÉ DU LIVRE DE LA SAGESSE POUR NONE. Le bienheureux Jacques *fut aimé de Dieu et des hommes, et sa mémoire est en bénédiction* (Ecli 45, 1).

CAPITULE POUR VÊPRES. *Jacques plut à Dieu...* [voir ci-dessus].

AUTRE CAPITULE TIRÉ DU LIVRE DE LA SAGESSE. *Étant agréable à Dieu, il était aimé de lui, et, comme il vivait parmi les pécheurs, il a été transféré* (Sap 4, 10).

Chapitre XXX

30 DÉCEMBRE. TRANSLATION ET ÉLECTION DE SAINT JACQUES. MESSE COMPOSÉE PAR LE PAPE CALIXTE

INTROÏT. *Jésus appela ceux que lui-même voulut ; et ils vinrent à lui* (Mr 3, 13).

PSAUME. *Les cieux racontent la gloire de Dieu et le firmament annonce l'œuvre de ses mains* (Ps 18).

ORAISON. Dieu, dont le Fils unique a élu saint Jacques à l'apostolat sur le rivage de la mer de Galilée et l'a donné pour avocat aux populations de Galice, donne-nous, nous t'en prions, qu'après avoir laissé toutes les choses de la terre avec son secours nous méritions, ce qui est plus encore, de rejoindre notre Seigneur dans les cieux.

LECTURE DU LIVRE DE LA SAGESSE. Jacques *fut agréable au Seigneur et il a été transporté dans le paradis, exemple de pénitence pour les nations. Il a été trouvé parfait et juste ; au temps de la colère, il fut la rançon de l'humanité. Une alliance éternelle a été faite avec lui, afin que toute chair ne puisse être détruite. Il est l'illustre père d'une multitude nations et il ne s'est trouvé personne qui l'égalât en gloire. Il a gardé la loi du Très-Haut et il est entré en alliance avec lui. Il a institué cette alliance dans sa chair et, dans l'épreuve, il s'est montré fidèle. Il lui promit par serment que sa postérité croîtrait comme un monceau de poussière et serait élevée comme les étoiles, et qu'il lui donnerait en héritage depuis la mer jusqu'à l'autre mer, depuis le fleuve jusqu'aux extrémités de la terre. Il eut égard à lui dans ses bénédictions ; il lui donna le pays en héritage ; il en fit diverses portions et les partagea entre les douze tribus. Et il lui conserva des hommes de piété, trouvant grâce aux yeux de toute chair. Aimé de Dieu et des hommes, sa mémoire est bénie* (Ecli 44, 16-17, 18-23, 24-27 et 45, 1).

RÉPONS. *Le roi Hérode fit arrêter quelques membres de l'Église pour les maltraiter.*

VERSET. *Il fit mourir par le glaive Jacques, frère de Jean* (Ac 12, 1-2).

ALLÉLUIA. *Jésus appela ceux que lui-même voulut. Jacques, fils de Zébédée, puis Jean, auxquels il imposa le nom de Boanergès, c'est-à-dire fils du tonnerre* (Mr 3, 13 et 17).

PROSE. Rendons grâces et réjouissons-nous.

SÉQUENCE DU SAINT ÉVANGILE SELON SAINT MARC. En ce temps-là : *Comme il passait le long de la mer de Galilée, il vit Simon et André, frère de Simon, qui jetaient leurs filets dans la mer, car ils étaient pêcheurs. Et Jésus leur dit : Venez à ma suite, et je vous ferai devenir pêcheurs d'hommes. Aussitôt, laissant tout, ils le suivirent. Et ayant un peu avancé, il vit Jacques, fils de Zébédée, et Jean son frère, eux aussi dans une barque, en train d'arranger les filets. Il les appela aussitôt ; et, laissant leur père Zébédée dans la barque avec les journaliers, ils partirent à sa suite* (Mr 1, 16-20).

OFFERTOIRE. *Étant monté sur la montagne, il appela ceux que lui-même voulut ; et ils vinrent à lui. Jacques, fils de Zébédée, et Jean, frère de Jacques, auxquels il imposa le nom de Boanergès, c'est-à-dire fils du tonnerre* (Mr 3, 13 et 17).

SECRÈTE. Célébrant la solennité de ton apôtre Jacques, nous apportons des offrandes sur ton autel, Seigneur, et nous te prions que, par ta généreuse bénédiction, elles servent à la mortification de nos vices et à la vivification des vertus en nous, par le Seigneur.

PRÉFACE. Dieu éternel, et dans cette brillante fête de saint Jacques...

COMMUNION. *Jésus dit à Jacques : Vous ne savez pas ce que vous demandez. Pourrez-vous boire le calice que moi je dois boire ?* (Mt 20, 22).

POSTCOMMUNION. Fais-nous sentir, nous t'en prions, Dieu très clément, le patronage de ton apôtre bien-aimé Jacques, toi qui nous as donné de célébrer ses glorieux mystères dans ses fêtes, par le Seigneur...

ORAISON. Dieu, qui as fait bénéficier saint Jacques, ton apôtre, de signes et de prodiges sur la terre, fais, nous t'en prions, que nous devenions ses compagnons dans les cieux, par le Seigneur...

PAPE CALIXTE. OFFICE DE L'OCTAVE
DE LA TRANSLATION DE SAINT JACQUES

L'octave de la Translation et de l'Élection de saint Jacques est célébrée le septième jour, à savoir le 5 janvier, parce que le huitième jour elle ne peut être célébrée en raison de la fête de l'Épiphanie. À matines, elle doit être chantée avec neuf leçons comme le jour même, et toute la messe est identique, à ceci près que cet Évangile doit être lu :

SUITE DU SAINT ÉVANGILE SELON SAINT MATTHIEU. En ce temps-là : *Comme il marchait le long de la mer de Galilée, il vit deux frères, Jacques, fils de Zébédée, et Jean son frère, dans une barque avec leur père Zébédée, réparant leurs filets, et il les appela. Eux, laissant à l'heure même leur barque et leur père, le suivirent. Et Jésus parcourait toute la Galilée, enseignant dans leurs synagogues, prêchant la bonne nouvelle du royaume, et guérissant toute maladie et toute infirmité parmi le peuple. Sa renommée se répandit par toute la Syrie, et on lui amenait tous les malades atteints d'infirmités et de souffrances diverses, des lunatiques, des paralytiques, et il les guérissait. Et des foules nombreuses le suivirent de la Galilée, de la Décapole, de Jérusalem, de la Judée et d'au-delà du Jourdain* (Mt 4, 21-25).

BÉNÉDICTION DE SAINT JACQUES PAR MAÎTRE ANSELME

« La cour du ciel exulte. Le jour resplendit.
Notre mère l'Église applaudit. Le jour resplendit.
À la victoire de Jacques. Ce jour resplendit.

Qui par le glaive d'Hérode. Le jour resplendit.
S'élève au trône céleste. Le jour resplendit.
Possédant la joie des cieux. Ce jour resplendit.

Que le Christ roi orna. Le jour resplendit.
De miracles dans les siècles. Le jour resplendit.
Le magnifiant parmi les peuples. Ce jour resplendit.

Comme le soleil illumine dans sa gloire. Le jour resplendit.
Il accomplit en Galice. Le jour resplendit.
Et ailleurs des prodiges. Ce jour resplendit.

Il éloigne de nous le feu. Le jour resplendit.
Des maux et des désagréments. Le jour resplendit.
Et nous rend les trésors de la vie. Ce jour resplendit.

Dans l'ultime péril. Le jour resplendit.
Il nous défend du démon. Le jour resplendit.
Et nous conduit à la demeure céleste. Ce jour resplendit.

Pour que sur le trône céleste. Le jour resplendit.
Dans une immense joie sans fin. Le jour resplendit.
Nous bénissions le Seigneur. Ce jour resplendit.

Haïssant les malices. Le jour resplendit.
Aimant la charité. Le jour resplendit.
Rendons grâces à Dieu. Ce jour resplendit. »

CONDUIT DE SAINT JACQUES
PAR UN ANCIEN ÉVÊQUE DE BÉNÉVENT

« Saint Jacques, ceux qui célèbrent le retour de ta fête,
Rends-les illustres au ciel.

Il invite le peuple à célébrer ses éclatants triomphes,
Rends-les illustres au ciel. »

L'enfant répète cela,
debout entre deux chantres.

« Nous chantons des psaumes, rapportant à Dieu les grâces méritées,
Rends-les illustres au ciel.

Qui t'a accordé de monter dans le ciel radieux,
Rends-les illustres au ciel.

Méprisant les blessures courageuses de la chair mortelle,
Rends-les illustres au ciel.

Pour avoir désormais le fruit de la vie perpétuelle,
Rends-les illustres au ciel.

Souviens-toi de ceux qui célèbrent ta fête,
Rends-les illustres au ciel.

Pour conserver, artisan, tes ouvriers et, pasteur, tes brebis,
Rends-les illustres au ciel.

C'est pourquoi : bénissons le Seigneur, roi des rois (rends-les illustres au ciel.)

Lecteur, lis,
Et du Roi,
Qui régit toute chose,
Dis : Seigneur, ordonne. »

CONDUIT DE SAINT JACQUES PAR FULBERT, ÉVÊQUE DE CHARTRES

« En ce jour
Donnons au très grand
Fils du créateur
De joyeuses louanges »

*L'enfant répète ce refrain
en s'avançant entre deux chantres.*

« Jacques, apôtre,
Très saint,
Délivre-nous des maux,
Très bénignement.

Aujourd'hui est un jour
Plus digne que les autres,
Il resplendit dans le monde
Plus célèbre que beaucoup.

Jacques, apôtre,
Très saint,
Délivre-nous des maux,
Très bénignement.

Le jour où Jacques
Monta vers les anges,
Le chant du Christ célèbre
Les splendeurs du ciel.

Jacques, apôtre,
Très saint,
Délivre-nous des maux,
Très bénignement.

Le fils de Zébédée
Très cher dès sa naissance
A répandu des signes
Éclatants dans le monde

Jacques, apôtre,
Très saint,
Délivre nous des maux,
Très bénignement.

Aux aveugles, aux boiteux
Il apporta le soulagement,
Et donna à tous
Son assistance.

Jacques, apôtre,
Très saint,
Délivre-nous des maux,
Très bénignement.

Lors du jugement
Dernier,
Conduis-nous
Au trône du ciel.
Jacques, apôtre,

Très saint,
Délivre-nous des maux,
Très bénignement.

Lecteur, lis,
Et du Roi
Qui régit tout,
Déclare : Seigneur ordonne. »

CONDUIT DE SAINT JACQUES COMPOSÉ PAR LE MAÎTRE ROBERT, CARDINAL ROMAIN

L'enfant dit le deuxième et le quatrième versets.

« Que notre troupe adresse ses chants
Au Seigneur d'un cœur joyeux.
Qu'elle célèbre les fêtes dévotes de Jacques
D'un corps pur.

Celui-ci accomplit des signes, de dignes miracles,
Doux comme un agneau.
Il fut la lumière des aveugles et le bâton des boiteux,
Le grand Jacques.

Il resplendit dans le ciel et le monde par ses signes,
Maintenant sans bornes.
Il rayonne par ses miracles pour les Galiciens,
L'heureux athlète du Christ.

Celui-ci est le protecteur, le défenseur de l'Espagne,
Immense et illustre.
Qu'il nous protège, afin que l'enfer amer
Ne nous dévore.

Lecteur, lis,
Et du Roi
Qui régit tout,
Déclare : Seigneur ordonne. »

CONDUIT DE SAINT JACQUES COMPOSÉ PAR SAINT FORTUNAT, ÉVÊQUE DE POITIERS

L'enfant répète le refrain.

« Salut, jour de fête, sois vénéré par toutes choses.
Réjouissons-nous.
Jour où Jacques alla au ciel, comme il mérita.
Réjouissons-nous.
Il est l'ornement de la terre, qui va jusqu'à l'ultime Thulé.
Réjouissons-nous.
Il règne vigoureusement en Galice.
Réjouissons-nous.
Il donne de nombreux miracles aux terres du monde.
Réjouissons-nous.
Et un même amour anime beaucoup de peuples.
Réjouissons-nous.
Comme un phare élevé, il envoie sa lumière jusqu'aux Indes.
Réjouissons-nous.
Il est aimé de l'Espagnol, du Maure, du Persan et du Britannique.
Réjouissons-nous.
L'Orient comme l'Occident, l'Afrique comme l'Arctique le possèdent.
Réjouissons-nous.
Toute beauté concourt à ses louanges.
Réjouissons-nous.
Il traverse les eaux des rives de l'océan.
Réjouissons-nous.
Et son pouvoir s'avance là où nul ne peut mettre le pied.
Réjouissons-nous. »

Chapitre XXXI

MESSE FARCIE DE L'OFFICE DE SAINT JACQUES CRÉÉE PAR LE CÉLÈBRE MAÎTRE FULBERT, ÉVÊQUE DE CHARTRES, À CHANTER À L'UNE ET L'AUTRE FÊTE DE L'APÔTRE, PAR QUI IL PLAIRA

Que les choristes parmi lesquels se trouve l'évêque ou le prêtre vêtu de blanc disent ceci :

« Voici que vient Jacques,
Que nous devons exalter par nos louanges,
Dont nous célébrons la fête
Et que nous élevons, de nos esprits
Et de nos offices dévots,
Que vénère tout le peuple. »

Que d'autres choristes répondent :

« Qui est ce Jacques ?
Racontez-le à nous tous,
Celui que vous tenez dans les liens
Et honorez de vos chants,
Afin que nous le vénérions davantage,
Que nous l'aimions en esprit,
Le louions plus attentivement
Et l'implorions de nos prières. »

Que d'autres répondent :

« Ici est en fait Jacques,
Que le Seigneur aima fort,
Le soldat émérite du Christ
Et l'excellent porte-enseigne,
Très probe dans son service,
L'apôtre de la Galice,
Bien connu des pèlerins

Et très digne d'hommage,
Magnifique par ses miracles,
Splendide dans la gloire,
À qui s'adresse tout le peuple,
Qu'il soit civilisé ou barbare. »

Que d'autres disent :

« Alléluia, dans sa gloire
Que soit loué Dieu par toutes choses,
Que l'Église se félicite
Fleurie d'un tel patron ;
Que se réjouisse la cour du ciel,
Le ciel, la terre et les mers,
Que se réjouissent nos montagnes,
Qu'ils disent à Dieu des chants de louanges. Eya. »

INTROÏT. *Jésus appela Jacques...* (Mr 3, 13). Dit par tous.

Les rois de la terre et tous les peuples, princes et tous les juges de la terre, jeunes gens et vierges, vieillards et plus jeunes louent le nom du Seigneur, parce que son Fils...

Jésus appela... jusqu'à : *Jacques.*

Parce qu'il est bon et heureux que des frères habitent en un Dieu.

Et il leur imposa... (Mr 3, 17) jusque : *Boanergès.*

Parce qu'ils entendirent le tonnerre terrifiant dans la nuée sur le mont Thabor disant : *Celui-ci est mon Fils bien-aimé.*

Ce qui est du fils du tonnerre.

PSAUME. *Les cieux racontent...* (Ps 18).
Ils louent Dieu les cieux et la terre, la mer et tous les poissons en elle, parce que le Seigneur...

Jésus appela... jusqu'à : *Jacques.*

Pour les envoyer prêcher le royaume de Dieu...

Et il leur imposa... jusque : *Boanergès.*

Dont l'un déclara des choses célestes : *Au commencement était le verbe* (Jo 1, 1).

Ce qui est du fils du tonnerre.

Gloire au Père...
Tous applaudissent en leurs esprits, jubilent vers Dieu par des voix exultantes, parce que le Seigneur est le Très-Haut, terrible et grand.

Jésus appela... Tous.

FULBERT, ÉVÊQUE DE CHARTRES, SUR SAINT JACQUES

« Roi immense, Père bienveillant,
Eleison,
Kyrie eleison
Sauveur, Dieu immortel,
Eleison,
Kyrie eleison
Toi qui conclus toute chose par la palme,
Christ Fils du Père Très-Haut,
Qui es descendu du ciel
Tu as racheté ta créature,
Consolateur, doux amour,
Qui as illustré Jacques,
Épargne-nous par ses prières.

Roi de tous les siècles,
Tenant tout d'une palme nourricière,
Épargne ceux qui sont nés, donnés à la mort,
Grand Christ, tendre agneau,
Fils de Dieu, sauvegarde de l'accusé,
Ô bienveillant fils de Marie,
Ô sublime Paraclet,
Consolateur et amant,
Qui fais briller l'honnête Jacques. »

GLORIA. Gloire à Dieu au plus haut des cieux et paix sur la terre aux hommes de bonne volonté. Nous te louons. Nous te bénissons. Nous t'adorons. Nous te glorifions. Nous te rendons grâces à cause de ta grande gloire. Seigneur Dieu, roi du ciel, Dieu le Père tout-puissant, Seigneur Jésus-Christ son fils unique, Seigneur Dieu, Agneau de Dieu, Fils du Père. Toi qui enlèves les péchés du monde, aie pitié de nous. Toi qui enlèves les péchés du monde, entends notre prière. Toi qui es assis à la droite du Père, aie pitié de nous. Car toi seul es saint, toi seul es le Très-Haut, Jésus-Christ...

VERS DE FULBERT, ÉVÊQUE DE CHARTRES, SUR SAINT JACQUES

Deux chantres
disent :

> « Toi qui as appelé Jacques
> Sur la mer de Galilée »

Chœur E.

> « Et qui l'as élu
> Pour qu'il soit ton apôtre »

Chœur E.

> « Toi qui lui as montré
> Ton visage de lumière sur la montagne »

Chœur E.

> « Toi qui l'as appelé Boanergès
> Avec son frère »

Chœur E.

> « Toi qui as fait mourir Hérode
> Pour venger sa mort »

Chœur E.

> « Toi qui as enrichi de son corps
> Le peuple de Galice »

Chœur E.

> « Toi qui règnes éternellement avec le Père,
> À toi soit la louange, roi pieux. »

Chœur E.

> « Avec l'Esprit-Saint
> Dans la gloire de Dieu le Père. Amen. »

LECTURE DE LA MESSE FARCIE DE SAINT JACQUES DE MAÎTRE FULBERT, ÉVÊQUE DE CHARTRES

Le lecteur et le chantre
exultent ensemble :

> « Chantons au Seigneur
> Des cantiques de gloire
> Célébrant aujourd'hui
> Cette fête de saint Jacques
> En vue des récompenses
> De la grâce céleste.
> Comme l'a enseigné la lecture
> Divine d'aujourd'hui,
> Il voulut subir le glaive d'Hérode,
> Ce pourquoi Jacques
> A mérité d'entrer dans le ciel. »

Lecteur : « Lecture du livre de l'*Histoire ecclésiastique.* »

Chantre :

> « Dans laquelle
> Sont racontés radieusement
> Les combats lumineux de Jacques,
> Avec l'orgueilleux Hérode,
> Dont il triompha,
> Abolissant joliment les menaces
> Terribles de celui-ci. »

Lecteur : « *Le roi Hérode fit arrêter quelques-uns des membres de l'Église pour les maltraiter. Il fit mourir par le glaive Jacques, le frère de Jean* (Ac 12, 1-3). »

Chantre :

> « Pour mettre le comble à sa damnation,
> Il fit décapiter l'apôtre,
> Jacques, le serviteur de Dieu
> Qui enseignait au peuple la vérité. »

Lecteur : « Clément d'Alexandrie écrit de saint Jacques une histoire mémorable dans le septième livre de ses *Dispositions.* »

Chantre : « Pour qu'il soit juste dans une mémoire éternelle. »

Lecteur : « Transmise jusqu'à lui par la tradition des ancêtres. »

Chantre : « Pour que la connaisse la génération suivante. »

Lecteur : « Parce que, dit-il... Et celui qui avait obtenu que saint Jacques soit condamné au martyre, poussé par le repentir. »

Chantre :

> « Ayant vu le miracle du malade,
> Josias enleva la corde
> Du cou de l'apôtre. »

Lecteur : « Et il confessa qu'il était lui-même chrétien. »

Chantre : « Et il confessa et ne nia pas le Seigneur Jésus. »

Lecteur : « Ils furent conduits tous deux également au supplice. »

Chantre : « Pour qu'ils méritent de recevoir la couronne de gloire, Alléluia. »

Lecteur : « Et comme on les conduisait, en chemin, il demanda que Jacques lui donne son pardon. »

Chantre : « Communion des saints, rémission des pécheurs. »

Lecteur : « Celui-ci délibérant quelque peu. »

Chantre : « Jacques le baptisa dans la clémence du Père, du Fils et du Saint-Esprit. »

Lecteur : « La paix soit avec toi, lui dit-il. »

Chantre : « Le pieux consolateur te donne la paix. »

Lecteur : « Et il l'embrassa. »

Chantre : « Ô admirable baiser de l'amour divin. »

Lecteur : « Et ainsi tous deux furent décapités ensemble. »

Chantre : « Ainsi ils méritèrent les couronnes triomphales. »

Lecteur : « Mais alors, dit-il, comme déclare l'Écriture sainte, Hérode voyant que les Juifs lui étaient reconnaissants d'avoir fait périr Jacques. »

Chantre : « Ceux qui auront fait le mal exultent dans les pires choses. »

Lecteur : « Continua dans le même sens et fit emprisonner Pierre. »

Chantre : « Et il le fit garder par quatre escouades de quatre hommes. »

Lecteur : « Sans nul doute dans l'intention de le punir, si l'aide divine n'était intervenue sous la forme d'un ange qui l'assista dans la nuit. »

Chantre : « Et la lumière resplendit dans la cellule de la prison. »

Lecteur : « Il le délivra merveilleusement de ses liens. »

Chantre : « Et les chaînes tombèrent de ses mains. »

Lecteur : « Et il lui ordonna d'aller librement accomplir le ministère de la prédication. Et lorsque ces choses eurent été faites pour Pierre, le crime que le roi avait perpétré envers les apôtres fut vengé sans délai, et la vengeance advint par la droite divine. »

Chantre : « Parce que le Seigneur ne laissa pas son crime non vengé. »

Lecteur : « Ainsi nous l'apprend l'histoire consignée dans les Actes des Apôtres. Et lorsque Hérode descendit à Césarée et vêtu de l'habit royal en un jour solennel était assis devant le tribunal et haranguait le peuple du haut de l'estrade. »

Chantre : « Ô l'aveuglement du riche ! Le jour de sa perdition est proche et les temps se hâtent d'arriver ! »

Lecteur : « Lorsque le peuple l'eut acclamé : Ce sont les paroles d'un Dieu, dit-il, et non d'un homme, l'ange du Seigneur le frappa, parce qu'il n'avait pas rendu gloire à Dieu. »

Chantre : « De la plante des pieds au sommet du crâne, il fut privé de santé. »

Lecteur : « Et il expira dans un fourmillement de vers. »

Chantre : « Celui qui est consommé comme une pourriture et comme un vêtement qui est rongé par les vers. »

Lecteur : « Louange et gloire au Seigneur. » *Chantre :* « A ».

Lecteur : « Paix, honneur et victoire. » *Chantre :* « A ».

Lecteur : « Qui envoya Hérode en enfer. » *Chantre :* « A ».

Lecteur : « À cause de sa méchanceté. » *Chantre :* « A ».

Lecteur : « Et transféra la demeure de Jacques. » *Chantre :* « A ».

Lecteur : « Dans les célestes parvis. » *Chantre :* « A ».

Lecteur : « Avec qui nous aussi. » *Chantre :* « A ».

Lecteur : « Puissions-nous jouir de la joie parmi les astres. » *Chantre :* « A ».

Chantre et lecteur ensemble : « Amen. »

SANCTUS

Chœur : « Seigneur saint Dieu Sabaoth. Le ciel et la terre sont remplis de ta gloire. Hosanna au plus haut des cieux. Béni soit celui qui vient au nom du Seigneur. »

Chantres : « Hosanna, ta créature est source de salut, toi qui dans ta puissance as créé toute chose. »

Chœur : « A ».

Chantres : « Toi qui du sein du Père es descendu des hauteurs. »

Chœur : « Ô ».

Chantres : « Pour racheter par ton propre sang l'homme perdu. »

Chœur : « Ô ».

Chantres : « Qu'avait trompé le porteur de mort par l'infâme tromperie du serpent retors et la dent de son épouse. »

Chœur : « E ».

Chantres : « Qu'il avait chassé rapidement, une fois ce crime commis, de la lumière et des sols du paradis. »

Chœur : « E ».

Chantres : « Daigne maintenant le sauver. »

Chœur : « E ».

Chantres : « Jésus-Christ céleste. »

Chœur : « E ».

Chantres : « Au plus haut des cieux... »

AGNUS DEI DE FULBERT, ÉVÊQUE DE CHARTRES

Chantres :	« Agneau de Dieu »
Chœur :	« Qui enlèves les péchés du monde »
Chantres :	« Qui es bienveillant et doux, clément et suave, »
Chœur :	« Aie pitié de nous. »
Chantres :	« Agneau de Dieu, »
Chœur :	« Qui enlèves les péchés du monde, »
Chantres :	« Pain des anges, vie éternelle des saints, »
Chœur :	« Aie pitié de nous. »
Chantres :	« Agneau de Dieu »
Chœur :	« Qui enlèves les péchés du monde, »
Chantres :	« Remets nos fautes, accorde-nous les vertus, »
Chœur :	« Donne-nous la paix. »

BENEDICAMUS DE SAINT JACQUES CRÉÉ PAR UN DOCTEUR GALICIEN

« Que soit un cantique de joie
Au Roi de gloire éternelle
Qui a donné aujourd'hui
À Jacques la victoire triomphale.

L'apôtre illustra
La province d'Espagne
Et fit de cette gent impie
L'Église du Christ.

Enfin pour le Fils de Dieu
Sous le règne d'Hérode
Il s'offrit au martyre.
Bénissons le Seigneur.

Car la sottise d'Hérode,
Furieuse contre les remparts du Christ,
Sous l'impulsion de l'orgueil,
Le fit haïr ses disciples.

Pour comble de sa damnation
Il fit exécuter
Jacques le serviteur de Dieu
Qui enseignait la vérité au peuple.

Ainsi il domina les mains
Impies et furieuses du roi,
Parce qu'il s'était élevé
Jusqu'au ciel. Grâces à Dieu. »

ICI S'ACHÈVE LE LIVRE PREMIER.
GLOIRE À CELUI QUI L'ÉCRIVIT
ET GLOIRE À CELUI QUI LE LIT.
AMEN.

LIVRE II DE SAINT JACQUES FILS DE ZÉBÉDÉE PATRON DE LA GALICE TRAITANT DE SES VINGT-DEUX MIRACLES

ARGUMENT DU PAPE CALIXTE

Il vaut bien la peine, pour la gloire de notre Seigneur Jésus-Christ, de transmettre par écrit, avec le plus grand soin, les miracles du bienheureux Jacques et de les confier éternellement à la mémoire. En effet, lorsque les exemples des saints sont racontés par des narrateurs habiles, les cœurs des auditeurs s'enflamment de tendresse et d'amour pour la patrie céleste. Prenant garde à cela et parcourant des contrées barbares, j'ai trouvé quelques-uns de ces miracles en Galice, quelques-uns en Gaule, quelques-uns en pays d'Empire, quelques-uns en Italie, quelques-uns en Hongrie, quelques-uns en Dacie et même quelques-uns au-delà des trois mers [1]. J'en ai trouvé plusieurs écrits dans plusieurs endroits, j'en ai appris d'autres dans des contrées étrangères, pour lesquelles le bienheureux apôtre avait daigné les faire, de la bouche même de ceux qui en avaient été témoins ou en avaient entendu parler. J'en ai vu quelques-uns de mes propres yeux, et je les ai scrupuleusement consignés pour la gloire de Dieu et de son apôtre. Plus ils sont beaux, plus ils sont chers à nos cœurs. Que personne toutefois ne pense que j'aie écrit la totalité des miracles et des exemples que j'ai entendu raconter à son sujet, mais seulement ceux que j'ai estimés vrais sur la base des assertions les plus véridiques des personnes les plus dignes de foi. Si, en effet, j'avais écrit tous les miracles que j'ai entendu raconter à son sujet dans de très nombreux endroits et par de nombreuses personnes, c'est la main, le zèle et le parchemin qui m'auraient fait défaut, plutôt que la matière des récits elle-même. C'est pourquoi nous prescrivons que ce recueil soit réputé véridique et authentique, et qu'il soit lu diligemment dans les églises et les réfectoires aux jours de fête de cet apôtre et, si bon le semble, à d'autres moments encore.

---

[1] En Palestine.

SOMMAIRE DES CHAPITRES
DU LIVRE II DE SAINT JACQUES
TRAITANT DE SES VINGT-DEUX MIRACLES

Chapitre XIV. – Du marchand que l'Apôtre libéra de sa prison.

Chapitre XV. – Du chevalier que saint Jacques délivra lors d'une bataille, alors que ses compagnons furent tués ou faits prisonniers.

Chapitre XVI. – Du chevalier agonisant que le saint Apôtre délivra des tourments démoniaques grâce au bourdon d'un mendiant et à la besace d'une femme.

Chapitre XVII. – Du pèlerin qui, par amour pour l'Apôtre et trompé par le diable, se donna la mort. Comment saint Jacques, avec l'aide de la bienheureuse mère de Dieu, le ressuscita.

Chapitre XVIII. – Du comte de Saint-Gilles, à qui l'Apôtre ouvrit les portes en fer de sa chapelle.

Chapitre XIX. – De l'évêque grec Stéphane à qui saint Jacques apparut et révéla une information encore ignorée.

Chapitre XX. – Du chevalier Guillaume, captif, qu'un comte frappa de son épée sur le cou nu sans pouvoir le blesser.

Chapitre XXI. – Du contrefait à qui le saint Apôtre apparut dans sa basilique et rendit pleinement la santé.

Chapitre XXII. – De l'habitant de Barcelone vendu dans les foires que le bienheureux Apôtre délivra de ses chaînes et de ses liens.

Chapitre premier

DE VINGT PRISONNIERS FAITS PAR LES MOABITES ET LIBÉRÉS PAR L'APÔTRE. PAPE CALIXTE

Le bienheureux apôtre Jacques, premier des apôtres à avoir subi le martyre, ne ménagea pas la sueur de son front pour éradiquer, au moyen des signes innombrables de ses miracles, la rudesse des gentils qu'il irrigua par la prédication de la sainte doctrine.

Et détenteur, par la faveur divine, d'un tel pouvoir quand il était dans l'exil d'ici-bas, maintenant que dans la félicité éternelle il essuie la sueur de son travail avec le linge de la rétribution, il répand de manière plus que suffisante la manifestation de son pouvoir sur ceux qui ne cessent de le requérir en cherchant à le toucher par une demande opiniâtre. C'est pourquoi, quelque miracle que nous ayons appris et vérifié nous-même, nous l'exposons assez clairement pour l'information des générations à venir dans la série de récits qui composent ce volume.

Alors que, du temps du roi Alphonse, la fureur des Sarrasins grandissait de plus en plus en Espagne, un comte, du nom d'Ermengaud, voyant la religion des chrétiens abaissée par l'assaut des Moabites, s'entoura d'une puissante armée et s'attaqua à eux dans le but de défaire leur violence par un combat victorieux. Mais sa défense fut prise en défaut malgré les efforts déployés et son entreprise se solda par un échec. C'est pourquoi la sauvagerie de l'ennemi exalté d'orgueil emmena en signe de victoire vingt hommes baptisés, dont l'un faisait office de prêtre, en captivité dans la ville de Saragosse. Là, confinés dans les insupportables ténèbres de la prison, semblables à l'obscurité perpétuelle de l'enfer, et ligotés avec des chaînes de toutes sortes, ils se mirent, sous le coup d'une inspiration divine et sur les conseils du prêtre, à invoquer saint Jacques : « Jacques, valeureux apôtre de Dieu, toi qui remédies aux difficultés de ceux qui souffrent pour leur piété, hâte-toi, en tendant la main de ta consolation, de nous arracher aux gémissements d'une captivité aussi inouïe et aux liens qui nous oppressent fort, pour nous rendre par ta bienveillance à la liberté. »

À peine le bienheureux Jacques avait-il entendu leur appel désespéré, qu'il leur apparut radieux dans les ténèbres de leur prison et leur dit : « Me voici donc, puisque vous m'avez appelé. » Revigorés par la bienveillance d'une telle déclaration, relevant leurs visages qu'ils tenaient collés contre leurs genoux à cause de leur grande souffrance, ils se jetèrent à ses pieds. S'apitoyant sur eux jusqu'aux entrailles, le bienheureux Jacques brisa leurs chaînes par son pouvoir. Ensuite tenant les mains des captifs de sa droite puissante, il les fit sortir miraculeusement du cachot où ils étaient en tel danger et il les accompagna jusqu'aux portes de la cité. Ces portes elles-mêmes, au signe de la croix et par respect pour l'Apôtre, s'ouvrirent spontanément pour les laisser sortir et se refermèrent comme avant, quand ils furent sortis. Longtemps après le chant du coq, aux premières lueurs de l'aube, le bienheureux Jacques, marchant devant eux, les conduisit à un château qui était tenu par les chrétiens. Là, voyant qu'ils invoquaient son assistance, il s'éleva dans les cieux aux yeux de tous. Comme ils l'invoquaient à grand bruit, les portes s'ouvrirent et ils furent reçus à l'intérieur. Le lendemain, ils sortirent et s'apprêtèrent à repartir chez eux. Peu de temps après, l'un d'entre eux, se rendant au tombeau de saint Jacques pour la célébration de sa translation, qui a lieu chez nous le 30 décembre, annonça à tous que toutes ces choses s'étaient produites comme nous les avons écrites. Cela a été fait par le Seigneur et c'est admirable à nos yeux. Que l'honneur et la gloire soient pour le Roi des rois dans les siècles des siècles. Amen.

Chapitre II

DE L'HOMME QUI VIT L'AVEU DE SA FAUTE EFFACÉ SUR L'AUTEL DE SAINT JACQUES. BÈDE LE VÉNÉRABLE

Au temps du bienheureux Théodemir, évêque de Compostelle, il y eut un certain Italien, qui avait commis autrefois un grand crime et qui osait à peine le confesser à son prêtre et évêque. Après en avoir entendu la confession, son évêque, effrayé par l'horreur d'une telle faute, n'osa pas lui donner l'absolution. Cependant, mû par la pitié, il envoya le pécheur, en pénitence, sur le tombeau de saint Jacques, avec une cédule sur laquelle était écrit son péché. Il lui ordonna d'implorer de tout cœur l'aide du bienheureux Jacques et de se soumettre au jugement du responsable de la basilique apostolique. Le pénitent se rendit sans tarder à Saint-Jacques de Galice et, se repentant d'avoir commis un si grand péché, il demanda, pleurant et sanglotant, à Dieu et à l'apôtre de lui pardonner, à la première heure du 25 juillet, jour de la fête de saint Jacques, et déposa sur le vénérable autel de celui-ci le récit de sa faute. Lorsque le bienheureux Théodemir, à la tête du siège de Compostelle, se rendit à l'autel vêtu des ornements épiscopaux pour chanter la messe ce jour-là, à la troisième heure, il trouva la cédule elle-même sous la nappe de l'autel, et se demanda pourquoi et par qui elle avait été déposée là. Quand le pénitent se fut avancé vers lui sur-le-champ et eut confessé non sans larmes son propre crime ainsi que l'ordre qui lui avait été intimé par son évêque, auquel il s'était présenté à genoux, en présence de tout l'auditoire, le saint prélat ouvrit la cédule et n'y trouva rien de marqué, comme si rien n'y avait jamais été inscrit. La chose admirable, la grande joie, la grande louange et la grande gloire furent chantées à Dieu et à son Apôtre, tandis qu'on disait : « Cela a été fait par le Seigneur et c'est admirable à nos yeux. » Le saint évêque, croyant que le pardon de Dieu avait été obtenu par les mérites de l'Apôtre, ne voulut imposer à l'homme d'autre pénitence, pour le crime qu'il avait commis, que d'observer dorénavant le jeûne tous les vendredis, et, après lui avoir donné l'absolution pour ses fautes passées, il le renvoya dans son pays. Il est donné ici à comprendre que quiconque se repent véritablement et se rend de loin en Galice, pour demander le pardon de Dieu et l'aide du bienheureux Jacques, verra sans doute la liste de ses fautes effacée pour toujours.

Chapitre III

DE L'ENFANT QUE L'APÔTRE RESSUSCITA DANS LE BOIS D'OCA.
PAPE CALIXTE

En l'an 1108 de l'incarnation de notre Seigneur, en terre de France, un homme prit femme légitime selon la coutume, dans l'espoir d'une descendance. Bien qu'il eût vécu longtemps avec elle, il fut déçu dans cet espoir en raison de ses péchés. Fort affligé de manquer ainsi de progéniture, il décida de se rendre auprès du tombeau de saint Jacques et de lui demander un fils de vive voix. Que dire de plus ? Sans délai, il se rendit au tombeau ; là, il se mit à genoux devant lui, pleurant, gémissant et le priant de tout son cœur. Cela lui valut d'obtenir ce qu'il avait demandé à l'apôtre de Dieu. Selon la coutume, une fois terminée son oraison et en ayant demandé la permission à saint Jacques, il retourna sain et sauf dans son pays. Là, après s'être reposé trois jours et avoir fait sa prière, il connut sa femme et elle devint enceinte. Le temps accompli, elle donna naissance à un fils, auquel il donna dans sa joie le nom de l'Apôtre.

Lorsque cet enfant eut grandi et atteignit l'âge d'environ quinze ans, il se mit en route vers Saint-Jacques avec son père, sa mère et quelques proches. Parvenu heureusement jusqu'aux monts d'Oca, il y fut atteint d'une grave maladie et rendit l'âme. Comme frappés de folie, ses parents, se livrant à des transports furieux, remplirent les forêts et les bourgs de leurs lamentations et de leurs clameurs au sujet de sa mort. La mère, cependant, laissant éclater une plus grande douleur comme si elle avait perdu la raison, s'adressa à saint Jacques en ces termes : « Saint Jacques, à qui Dieu a conféré le pouvoir de me donner un fils, rends-le-moi maintenant. Rends-le, te dis-je, parce que tu le peux. Si tu ne le fais pas, je vais me tuer tout de suite, ou je me ferai ensevelir vivante avec lui. » Pendant ce temps, en présence de tous les assistants venus à ses funérailles pour l'accompagner jusqu'à sa tombe, l'enfant, par l'effet de la miséricorde divine et la prière de saint Jacques à Dieu, s'éveilla comme d'un lourd sommeil.

Tous les assistants, en proie à une joie très vive, glorifièrent Dieu d'avoir fait un tel miracle. L'enfant, revenu à la vie, se mit à raconter à l'assistance comment, de la troisième heure du dimanche jusqu'à la neuvième heure du samedi, saint Jacques avait recueilli son âme sortie du corps dans son giron, c'est-à-dire dans le repos éternel, et, sur l'ordre du Seigneur, l'avait rendue à son corps : il l'avait pris par le bras droit et fait sortir du tombeau, pour qu'il retourne rapidement avec ses parents sur le chemin de Saint-Jacques, et le lui ordonna. L'adolescent raconta combien son sort était alors meilleur dans cette patrie céleste que dans ce bas monde. Ensuite, il poursuivit son chemin avec ses parents jusqu'au tombeau de saint Jacques. Que dire de plus ? Il fut procréé grâce à la prière de l'apôtre et il fut offert devant le vénérable autel de celui-ci. Cela a été fait par le Seigneur, et c'est merveilleux à nos yeux.

Qu'un mort ressuscite un mort, la chose est nouvelle et inouïe jusqu'à présent. Saint Martin, de son vivant, ressuscita trois morts, et Jésus-Christ notre Seigneur en fit autant. Mais saint Jacques mort a ramené un mort à la vie. Si, comme on lit, Notre Seigneur et saint Martin n'ont ressuscité personne après leur mort, mais seulement trois morts avant leur propre mort, on pourrait en conclure que des morts ne peuvent ressusciter des morts, mais seulement des vivants. Mais cette proposition doit être comprise ainsi. Si un mort ne peut ressusciter un mort, mais seulement un vivant, c'est donc que saint Jacques vit véritablement avec Dieu, puisque mort il a ressuscité un mort. Ainsi, tant avant sa mort qu'après sa mort, n'importe quel saint peut, avec l'aide divine, ressusciter un mort. *Celui qui croit en moi*, dit le Seigneur, *ce que je fais, il le fera aussi, et il fera plus encore.* Et ailleurs : *Tout est possible à celui qui croit.*

Chapitre IV

DES TRENTE LORRAINS ET DU MORT
QUE L'APÔTRE TRANSPORTA EN UNE NUIT
DU PORT DE CIZE À SON ÉGLISE.
HUBERT DE BESANÇON

Il est prouvé par le miracle suivant de saint Jacques, fils de Zébédée, apôtre de la Galice, qu'est vrai ce qu'atteste l'Écriture : il vaut mieux ne pas faire de vœu que revenir sur un vœu que l'on a fait. On rapporte en effet que, en l'an du Seigneur 1080, trente héros de Lorraine avaient promis, par un vœu pieux, de se rendre sur le tombeau de saint Jacques de Galice. Mais, parce que l'esprit humain varie parfois, ils se jurèrent entre eux fidélité et assistance. Cependant l'un d'entre eux ne voulut pas se lier par un tel serment. Enfin, tous ceux qui s'étaient mis en route comme convenu parvinrent sains et saufs jusqu'à la ville de Gascogne appelée Portam Clausam. Là, toutefois, l'un d'entre eux, empêché par la maladie, ne put continuer. Alors ses compagnons, sur la base du pacte conclu, le portèrent à grand-peine, à cheval et de leurs propres mains, jusqu'au port de Cize en quinze jours, alors que cette distance est parcourue en cinq jours par des gens sans bagages.

Alors surchargés et dégoûtés, ils abandonnèrent le malade, oubliant leur serment de fidélité. Le seul cependant qui n'avait pas prêté le serment d'accomplir l'œuvre de fidélité et de piété ne l'abandonna pas, prodigua ses soins au malade et, la nuit suivante, il le veilla dans le village de Saint-Michel, au pied du port de Cize. Le jour venu, le malade dit à son compagnon qu'il tenterait de gravir la montagne, si lui, qui était en bonne santé, voulait bien lui apporter de l'aide selon ses forces. Celui-ci lui répondit qu'il ne l'abandonnerait pas, aussi longtemps qu'il serait lui-même vivant. Ils grimpèrent donc ensemble à grand-peine jusqu'au sommet de la montagne, et, à la tombée de la nuit, l'âme bienheureuse du malade quitta ce siècle effroyable et fut, sous la conduite de saint Jacques, transportée comme il convient en raison de ses mérites, dans le lieu de repos qu'est le paradis. Voyant cela, le vivant fut terrifié, tant par la solitude de l'endroit que par le froid de la nuit ou l'horreur en présence de la mort ; et l'existence, tout autour des ports, de la nation barbare et impie des Basques le terrifia on ne peut plus.

Et parce qu'il ne voyait aucune aide possible venir de lui-même ni de quiconque, tournant ses pensées vers Dieu, il demanda d'un cœur suppliant l'aide de saint Jacques. Le Seigneur, source de piété, qui n'abandonne pas ceux qui espèrent en lui, daigna visiter cet homme désolé par l'intermédiaire de son apôtre. En effet, saint Jacques, chevauchant un cheval tel un soldat, se présenta à l'homme embarrassé et lui dit : « Que fais-tu ici, mon frère ? » « Seigneur, lui répondit celui-ci, je désire fort ensevelir ici mon compagnon, mais je n'ai pas de quoi l'enterrer dans cette solitude. » Alors le saint lui dit : « Étends ici ce mort. Toi, monte derrière moi sur le cheval, jusqu'à ce que nous parvenions à un endroit convenable pour l'enterrer. » C'est ce qui se fit. Le saint prit le défunt soigneusement dans ses bras et fit asseoir le vivant derrière lui sur le cheval. Admirable puissance de Dieu, admirable clémence, admirable secours de saint Jacques ! Ils parcoururent pendant cette nuit la distance que l'on fait en douze jours et, avant le lever du soleil, il déposa ses deux compagnons à un mille de l'église de saint Jacques, à Montjoie, ordonnant au vivant d'inviter les chanoines de la basilique à ensevelir ce bienheureux pèlerin de Saint-Jacques.

Il ajouta ensuite : « Quand tu auras vu les obsèques de ce pèlerin digne-ment célébrées et qu'après avoir passé la nuit en prière, selon l'usage, tu reviendras sur tes pas, tu iras à la rencontre de tes compagnons auprès de la ville appelée León, et tu leur diras : « Parce que vous avez été infidèles en abandonnant votre compagnon, l'apôtre vous fait dire par moi que vos prières et votre pèlerinage lui déplairont jusqu'à ce que vous ayez fait la pénitence qui convient. »» Comprenant, à entendre cela, qu'il était en présence de l'Apôtre du Christ, il voulut se jeter à ses pieds. Mais le soldat de Dieu disparut à ses yeux. Ces choses ainsi faites, il trouva, sur le chemin du retour, ses compagnons dans la ville susdite. Il leur raconta dans l'ordre les choses qui s'étaient passées depuis leur départ et ce dont l'Apôtre les avait menacés pour n'avoir pas respecté intégralement la promesse faite à leur compagnon. À cette nouvelle, ils s'étonnèrent plus qu'on ne saurait dire et, après avoir reçu une pénitence de l'évêque de León, ils poursuivirent leur pèlerinage. Et cela a été fait par Notre Seigneur et c'est admirable à nos yeux. Telles sont en effet les choses que fait le Seigneur : exultons et réjouissons-nous en elles. Ainsi il est prouvé dans ce miracle que toute chose promise au Seigneur doit être exécutée de gaieté de cœur, parce que quiconque accomplit ses promesses obtiendra le pardon de Dieu.

Chapitre V

DU PÈLERIN PENDU
AUQUEL SAINT JACQUES PORTA SECOURS
PENDANT TRENTE-SIX JOURS SUR SON GIBET.
PAPE CALIXTE

Il est bon de transmettre à la postérité le souvenir de certains Allemands qui, en l'an 1090 de l'incarnation de notre Seigneur, se rendant en pèlerins sur le tombeau de saint Jacques, arrivèrent dans la ville de Tolosa avec beaucoup de moyens et se logèrent chez un riche aubergiste. Ce méchant, qui simulait sous un extérieur avenant la douceur d'un agneau, les accueillit avec sollicitude et, sous couvert d'hospitalité, les incita traîtreusement à s'enivrer en leur servant diverses boissons. Ô, avarice aveugle, ô, mauvais esprit enclin au mal ! Tandis que les pèlerins dormaient d'un sommeil encore alourdi par l'ivresse, l'hôte malhonnête, poussé par l'esprit de cupidité, cacha en secret dans l'un des sacs des dormeurs une coupe d'argent, afin de les convaincre de vol et de s'approprier ensuite leur pécule. Le lendemain, lorsqu'ils furent partis après le chant du coq, cet hôte inique les poursuivit avec une troupe armée, vociférant : « Rendez-moi, rendez-moi l'argent que vous m'avez dérobé ! » Ceux-ci lui répondirent : « Si tu trouves quelque chose sur l'un d'entre nous, tu n'auras qu'à le faire condamner. »

On les fouilla, trouva la coupe dans le sac de l'un et, confisquant injustement les biens du père et du fils, on les traduisit tous les deux en justice. Le juge cependant, avec une certaine indulgence, ordonna de libérer l'un et de conduire l'autre au supplice. Ô entrailles de miséricorde ! Le père, voulant libérer son fils, se rendit au supplice, tandis que le fils, au contraire, estimait injuste que son père perdît la vie pour son fils et que c'était au fils de subir la peine à la place de son père. Ô vénérable joute de bonté ! Finalement le fils est pendu à sa propre demande pour que son père soit libéré. Quant au père, il poursuit son chemin jusqu'à Saint-Jacques dans les pleurs et l'affliction. Après avoir été sur le vénérable tombeau de l'apôtre, le père prit le chemin du retour et, alors que trente-six jours s'étaient écoulés, fit un détour pour voir le corps de son fils encore pendu. Pleurant, gémissant et se plaignant à fendre le cœur, il disait : « Malheureux que je suis de t'avoir engendré ! Comment puis-je continuer à vivre en te voyant pendu ! » Comme tes œuvres sont magnifiques, Seigneur ! Le fils pendu console le père, lui disant : « Ne t'afflige pas, père très aimant, de mon châtiment, car ce n'en est pas un. Mais réjouis-toi plutôt, car ma vie est plus suave maintenant qu'elle ne l'a été dans toute mon existence passée. En effet, saint Jacques, me soutenant de ses mains, me réconforte avec plein de douceurs. » Entendant cela, le père se rendit en hâte à la ville et rassembla le peuple pour qu'il soit témoin d'un tel miracle de Dieu. Venant et voyant que le pendu vivait encore après un tel laps de temps, les assistants comprirent que l'insatiable cupidité de l'aubergiste était à l'origine de cette accusation et que sa victime devait son salut à la miséricorde divine. Cela a été fait totalement par le Seigneur et c'est admirable à nos yeux. Ils descendirent alors le pendu de son gibet en grand honneur. Quant à l'aubergiste, comme il avait démérité, un jugement unanime le condamna à mort et il fut pendu sur-le-champ. C'est pourquoi quiconque porte le nom de chrétien doit veiller très attentivement à ne pas tromper ses clients ni ses proches, de cette manière ni en quelque façon. Qu'il s'attache au contraire à témoigner aux pèlerins une bienveillance charitable et obligeante, afin de mériter la récompense de la gloire éternelle que Dieu leur donnera.

Chapitre VI

DU POITEVIN À QUI L'APÔTRE DONNA L'AIDE D'UN ANGE SOUS LA FORME D'UN ÂNE.

PAPE CALIXTE

L'an 1100 de l'incarnation de Notre Seigneur, Guillaume étant comte de Poitiers et Louis roi de France, une peste mortelle affreuse s'abattit sur les Poitevins, à tel point que plus d'un père fut emporté avec toute sa famille. C'est alors qu'un homme courageux, terrifié par cette calamité et désirant éviter ce fléau, décida de se rendre en Espagne sur le tombeau de saint Jacques. Il parvint avec sa femme et deux enfants en bas âge, montés sur son mulet, jusqu'à la ville de Pampelune. Là sa femme mourut, et l'hôtelier inique retint délictueusement tout ce que l'homme et sa femme avaient emporté de chez eux. Ainsi privé de sa femme, dépouillé de tout son argent et du mulet qui portait ses enfants, l'homme atterré poursuivit sa route en les tenant par la main. Dans cet extrême embarras et cette pénurie de moyen de transport, il rencontra un homme d'apparence honnête, accompagné d'un âne très robuste. Lui ayant fait raconter ce qui lui était arrivé, celui-ci lui dit, ému de compassion : « À voir tes énormes difficultés, je te prête mon excellent âne que voici pour porter tes enfants jusqu'à la ville de Compostelle où j'habite, à condition que tu me l'y rendes. »

Le pèlerin prit l'âne, y mit ses enfants et arriva au tombeau de saint Jacques. Tandis qu'enfin il passait la nuit à veiller dans un recoin de la vénérable basilique, le très glorieux apôtre, vêtu d'un habit resplendissant, lui apparut et lui dit simplement :

« Eh bien, mon frère, me reconnais-tu ?

– Nullement, répondit l'autre.

– Je suis l'Apôtre du Seigneur, celui qui t'a donné son âne à Pampelune quand tu étais dans la détresse. Maintenant je te le prête encore jusqu'à ce que tu reviennes chez toi. Et je t'informe que ton hôtelier criminel de Pampelune, parce qu'il a retenu injustement tes biens, va tomber lourdement du toit de sa maison et en mourra. Je t'apprends aussi que tous les mauvais aubergistes du chemin, qui retiennent indûment l'argent de leurs hôtes vivants ou morts, seront damnés pour l'éternité. »

Aussitôt le pèlerin voulut s'incliner pour baiser les pieds de son interlocuteur, mais le révérendissime Apôtre disparut à ses yeux humains.

Ensuite le pèlerin, réjoui de cette vision de l'apôtre et d'un tel réconfort, repartit de Compostelle aux premiers feux de l'aurore. Quand il arriva à Pampelune, il trouva, comme l'Apôtre le lui avait dit, que son aubergiste était tombé du toit de sa maison, s'était rompu le cou et en était bien mort. Quand il fut rentré dans son pays, il fit descendre ses enfants de l'âne et, devant la porte de sa maison, celui-ci disparut à ses yeux. Entendant cela, la foule qui l'écoutait raconter fut saisie d'admiration plus qu'on ne saurait dire et déclarait : « Ou c'était vraiment un ange, ou l'ange, que le Seigneur envoie souvent sur le chemin de ceux qui le craignent pour leur venir en aide, avait pris l'aspect d'un âne. Cela a été fait par le Seigneur et c'est chose admirable à nos yeux. Il est donc montré clairement dans ce miracle que tous les hôteliers malhonnêtes qui gardent les biens de leurs clients, morts ou vivants, sont condamnés à la mort éternelle, et qu'il faut donner aux églises et aux pauvres du Christ des aumônes pour le repos des défunts. Notre Seigneur Jésus-Christ, cependant, daignera par les mérites de saint Jacques effacer toute fraude et toute condamnation à ceux qui croiront vraiment en lui.

Chapitre VII

DU NOCHER FRISON PORTANT SON CASQUE ET SON BOUCLIER QUE L'APÔTRE TIRA DU FOND DE LA MER. PAPE CALIXTE

En l'an 1101 de l'incarnation de notre Seigneur, alors qu'un certain nautonier, Frison de naissance, pilotait un navire rempli de pèlerins et désirait se rendre à Jérusalem pour prier au Saint-Sépulcre, un certain Sarrasin du nom d'Avitus vint l'attaquer dans l'intention d'emmener tous ces pèlerins en captivité dans la terre des Moabites. Comme les deux navires, celui des Sarrasins et celui des chrétiens, se trouvaient bord à bord et que le combat faisait rage, le Frison tomba entre les deux, revêtu de sa cotte de mailles, de son casque et tenant son bouclier. Puisant des forces dans la clémence de Dieu, il se mit à invoquer saint Jacques dans son cœur, disant ces mots : « Grand et glorieux Jacques, et très pieux apôtre, plus qu'il n'est possible de le dire, dont je suis allé embrasser l'autel de ma bouche indigne, daigne me libérer avec tous ces chrétiens qui t'ont été confiés. »

Aussitôt le bienheureux Apôtre lui apparut au fond de la mer et, le prenant par la main, il le déposa sain et sauf sur le navire. Sans ambages, l'Apôtre dit lors en présence de tous au Sarrasin : « Si tu ne laisses pas partir ce navire de chrétiens, je te remettrai toi et ton navire en leur pouvoir. » À quoi cet Avitus répondit : « J'aimerais savoir, valeureux héros, pourquoi tu t'efforces de nous enlever notre butin ? Es-tu le dieu de la mer, toi qui résistes en mer à nos gens ? » L'apôtre lui dit : « Je ne suis pas le dieu de la mer, mais le serviteur du dieu de la mer, venant en aide à ceux qui sont en perdition et qui m'invoquent tant en mer que sur terre, comme Dieu le veut. » Aussitôt, par la puissance de Dieu et l'aide de saint Jacques, le navire des Sarrasins se trouva en perdition dans une forte tempête, et la poupe du navire chrétien, sous la conduite divine de saint Jacques, toucha à son but. Quant au Frison, après avoir visité le sépulcre du Seigneur, il se rendit la même année en Galice sur le tombeau de saint Jacques.

Chapitre VIII

DE L'ÉVÊQUE QUE SAINT JACQUES EN RÉPONSE PRÉSERVA DE LA NOYADE.

PAPE CALIXTE

En l'an 1102 de l'Incarnation, un évêque revenant de Jérusalem se trouvait sur le bord du navire, psalmodiant le Psautier. Une lame l'emporta et le précipita avec quelques autres dans la mer. Comme ils se trouvaient déjà à quelque soixante coudées du navire et appelaient saint Jacques à grands cris, l'apôtre leur apparut aussitôt. Restant à côté d'eux au-dessus des vagues sans se mouiller les pieds, il dit à ceux qui étaient en péril et qui l'invoquaient : « Ne craignez rien, mes fils. » Aussitôt il commanda à la mer de remettre sur le navire ceux qu'elle lui avait enlevés traîtreusement et appela de loin les marins, leur demandant d'immobiliser le navire. Ce qui fut fait. Les marins retinrent le navire et la vague remit sains et saufs sur le navire tous ceux qu'elle avait emportés traîtreusement. Même le livre que lisait l'évêque se retrouva ouvert à la même page, à peine abîmé. Sur quoi l'Apôtre disparut. Cela a été fait par le Seigneur et c'est admirable à nos yeux.

Par la suite, ce vénérable évêque du Seigneur, sauvé de la noyade par l'intervention de saint Jacques, se rendit au tombeau du très glorieux apôtre en Galice et composa un répons qu'il agrémenta dans le premier ton musical et dont le texte disait : « Ô toi qui es à l'écoute des siècles, qui es l'ornement des apôtres, la lumière resplendissante des Galiciens, l'avocat des pèlerins, ô Jacques, vainqueur des vices, défais les chaînes de nos fautes et amène-nous au port du salut. » Et un verset disait : « Toi qui viens en aide à ceux qui t'invoquent dans la détresse, tant en mer que sur terre, viens à notre secours, maintenant et à l'heure de notre mort. » Et le refrain disait : « Et conduis-nous au port du salut. »

Chapitre IX

DU CHEVALIER DE TABARIE À QUI L'APÔTRE DONNA LA FORCE DE VAINCRE LES TURCS, QU'IL GUÉRIT ET PRÉSERVA DE LA NOYADE.

PAPE CALIXTE

L'an 1103 de l'Incarnation, un très noble chevalier français de haut lignage se trouvait à Tabarie, près de Jérusalem, et promit à saint Jacques de se rendre sur son tombeau s'il lui donnait la force de vaincre et défaire les Turcs au combat. Par la faveur divine, l'Apôtre lui donna une telle force qu'il vainquit tous les Sarrasins qui combattirent avec lui. Mais, puisqu'il est dit que tout homme est menteur, ce chevalier oublia la promesse qu'il avait faite à l'apôtre. C'est pourquoi il fut atteint à juste titre d'une maladie mortelle qui l'empêchait de parler. Saint Jacques apparut à son écuyer en extase, lui disant que si son maître menait à bien ce qu'il avait promis à l'Apôtre, il serait aussitôt guéri. Ayant appris cela par le récit de son écuyer, le chevalier demanda aux prêtres de lui donner le bourdon et la besace bénie. Après les avoir reçus, il fut délivré de sa maladie et se mit immédiatement en route vers Saint-Jacques, avec les provisions nécessaires.

Quand il fut sur le navire, une violente tempête se leva, à tel point que tous les occupants risquèrent d'être emportés par les flots. Alors les pèlerins, d'une seule voix, s'exclamèrent : « Saint Jacques aide-nous ! » ; les uns promirent de se rendre sur son tombeau, d'autres firent le vœu de verser certaines sommes pour la construction de sa basilique. Le chevalier collecta immédiatement cet argent. Aussitôt le saint apparut sous forme humaine à ces gens terrorisés leur disant : « Ne craignez pas, mes fils, car me voici, moi que vous avez appelé. Soyez confiants dans le Christ et votre salut viendra ici et dans l'éternité. » Aussitôt il amena les voiles, jeta l'ancre, stabilisa le navire et apaisa la tempête. Un grand calme se fit aussitôt et il disparut. Il avait un visage si réservé et si distingué que personne d'entre eux n'en vit jamais de pareil. Ensuite le navire arriva joyeusement avec ses pèlerins, après une traversée tranquille, au port en Apulie, et le chevalier apporta au tombeau de saint Jacques la somme qu'il avait collectée pour la construction de son église.

Chapitre X

DU PÈLERIN TOMBÉ DANS LA MER QUE L'APÔTRE MENA À BON PORT EN LE TENANT PAR LES CHEVEUX PENDANT TROIS JOURS ET TROIS NUITS.

PAPE CALIXTE

En l'an 1104 de l'Incarnation, comme un pèlerin revenant de Jérusalem était assis sur le rebord du navire pour relâcher son ventre, il tomba dans l'eau. Il se mit à implorer saint Jacques à grands cris et un de ses compagnons lui lança du bateau son bouclier, disant : « Le très glorieux apôtre Jacques, dont tu invoques l'aide, te portera assistance. » Il prit le bouclier, et, conduit merveilleusement par saint Jacques, il suivit en nageant les traces du navire et arriva sain et sauf avec les autres au port qu'il désirait. Il raconta ensuite à la foule comment, à l'heure où il avait invoqué saint Jacques, celui-ci avait marché devant lui et avait tenu de la main le sommet de sa tête.

Chapitre XI

DE BERNARD QUE L'APÔTRE FIT SORTIR
ADMIRABLEMENT DE LA PRISON.
PAPE CALIXTE

En l'an 1105 de l'Incarnation, un homme du nom de Bernard fut capturé près du château de Corano, en Italie, dans l'évêché de Modène. Il fut mis aux fers et jeté par ses ennemis dans les oubliettes d'une tour. Comme il passait le jour et la nuit à implorer l'aide de saint Jacques, le très glorieux Apôtre du Christ lui apparut, disant : « Viens et suis-moi jusqu'en Galice ! » Ayant brisé ses chaînes, il disparut. Sur quoi ce pèlerin, après avoir suspendu ses chaînes à son cou, monta jusqu'en haut de la tour sans aucune aide humaine, soutenu par saint Jacques. Que dire de plus ? Du sommet de la tour, il sauta sur le sol sans se faire aucune blessure. La tour avait une hauteur de soixante coudées. Et plus admirable encore fut qu'en tombant d'une telle hauteur il échappa à la mort et se retrouva sain et sauf.

Chapitre XII

DU CHEVALIER QUE L'APÔTRE GUÉRIT PAR IMPOSITION DE SA CROUSILLE. PAPE CALIXTE

En l'an du Seigneur 1106, un certain chevalier d'Apulie eut la gorge enflée comme une outre pleine de vent. Comme il ne trouvait de remède chez aucun médecin, il dit, se fiant à saint Jacques : « Si seulement je pouvais trouver une crousille comme celle que portent d'habitude les pèlerins à leur retour et toucher de celle-ci ma propre gorge, je serais aussitôt guéri. » En ayant trouvé une auprès d'un voisin qui avait fait le pèlerinage, il la mit sur sa gorge et fut guéri. Il partit alors pour le tombeau de saint Jacques en Galice.

Chapitre XIII

DU CHEVALIER DALMACE À QUI L'APÔTRE REND
JUSTICE AU NOM DE SON PÈLERIN RAIMBERT.
PAPE CALIXTE

L'an 1135 de l'incarnation du Seigneur, un certain chevalier, Dalmace de Chavannes, ayant eu une altercation avec son fermier, du nom de Raimbert, ancien pèlerin de Saint-Jacques, lui asséna un coup de poing dans l'œil. Tandis que le chevalier le frappait, Raimbert disait : « Dieu et saint Jacques, aidez-moi ! » Et à l'instant même, par l'effet de la vengeance divine, le chevalier tomba à terre, le bras démis et même cassé, comme s'il avait rendu l'âme. Se voyant terrassé, il demanda à un prêtre l'absolution. « Raimbert, dit-il, pèlerin de saint Jacques, prie l'apôtre, en qui tu as foi, pour mon salut. » Et saint Jacques, sur la prière de Raimbert, lui rendit la santé par l'effet de la clémence divine.

Chapitre XIV

DU MARCHAND QUE L'APÔTRE
LIBÉRA DE SA PRISON.
PAPE CALIXTE

L'an 1107 de l'incarnation du Seigneur, un marchand, voulant se rendre aux foires avec ses marchandises, se présenta au seigneur des terres, qui se trouvait par hasard dans le même village que lui. Il lui demanda instamment un sauf-conduit pour aller à ces foires et revenir ensuite chez lui. Le seigneur fit bon accueil à sa demande, le lui accorda et lui donna sa promesse. Ajoutant foi à la parole d'un homme de ce rang, le marchand se rendit à l'endroit de ces foires avec ses marchandises. Après quoi, sous l'empire d'une inspiration diabolique, celui qui avait donné sa parole de le protéger s'empara de ses marchandises et le mit en prison, sous bonne garde.

Le marchand, se souvenant des innombrables miracles de saint Jacques, que bien des gens lui avaient racontés, appela l'apôtre à son aide, disant : « Saint Jacques, libère-moi de cette prison, et je promets de te consacrer ma personne et mes biens. » Saint Jacques exauça ses gémissements et, un jour, quand les sentinelles montaient la garde, il lui apparut dans son cachot, lui ordonna de se lever et l'accompagna jusqu'au sommet de la tour. Celle-ci s'inclina à tel point que son sommet rejoignit le sol et que le marchand, délivré de ses chaînes, n'eut même pas à sauter pour en descendre sans se faire de mal. Les gardes se mirent à sa poursuite mais, à peine l'avaient-ils rejoint, qu'ils perdirent la vue et revinrent sur leurs pas. Il apporta les chaînes qui l'avaient attaché à la basilique du saint apôtre en Galice, et elles pendent aujourd'hui encore en témoignage d'un si grand fait devant l'autel du très glorieux Jacques.

Chapitre XV

DU CHEVALIER QUE SAINT JACQUES DÉLIVRA LORS D'UNE BATAILLE ALORS QUE SES COMPAGNONS FURENT TUÉS OU FAITS PRISONNIERS. PAPE CALIXTE

L'an 1110 de l'incarnation de notre Seigneur, il y avait en Italie deux villes entre lesquelles régnait la discorde ; leurs chevaliers décidèrent de s'affronter au combat. L'une des parties fut vaincue par l'autre et, faisant volte-face, prit la fuite en désordre. Il y avait dans celle-ci un chevalier habitué à se rendre à Saint-Jacques qui, tout en fuyant, vit que déjà une partie de ses amis, qui fuyaient dans une autre direction, avaient été faits captifs, tandis que les autres étaient tués. Ne comptant plus avoir la vie sauve, il s'adressa à saint Jacques pour lui demander de l'aide, mais en pleurant et en gémissant, car il n'avait plus de voix. Lorsque celle-ci fut revenue, il dit : « Saint Jacques, si tu daignes me libérer de ce danger imminent, je m'empresserai d'aller sur ton tombeau me présenter à toi avec mon cheval, car je n'ai rien de plus cher ni de plus précieux. »

Après qu'il eut fait cette prière et cette promesse, saint Jacques, qui ne se refuse pas à ceux qui l'invoquent avec droiture, mais au contraire les assiste sur-le-champ, s'interposa entre le fugitif et ses ennemis qui, après avoir tué ou fait captifs tous ses compagnons, brûlaient de s'emparer de lui. Pendant six lieues, il le protégea de son bouclier contre ses poursuivants et lui permit d'échapper. De crainte que ce miracle ne soit attribué à la qualité de son cheval plutôt qu'à la gloire de saint Jacques – comme les envieux des hommes justes et les adversaires de l'Église ont coutume de le faire – et pour récuser toute interrogation des jaloux, on précisera que son cheval ne valait pas la moitié de vingt sous. Lui, de son côté, pour ne pas être en reste, se rendit sur le tombeau de saint Jacques et, pour accomplir pleinement ce qu'il avait promis, se présenta, en dépit des objections des gardiens, avec son cheval devant les grilles de l'autel. Heureux de ce miracle, les clercs et les laïcs qui allaient selon leur habitude à l'église rendirent grâce à Dieu en chantant des hymnes et des psaumes.

Chapitre XVI

DU CHEVALIER AGONISANT QUE LE SAINT APÔTRE DÉLIVRA DES TOURMENTS DÉMONIAQUES GRÂCE AU BOURDON D'UN MENDIANT ET À LA BESACE D'UNE FEMME.
SAINT ANSELME, ARCHEVÊQUE DE CANTORBÉRY

Trois chevaliers de la paroisse de Donzy, dans le diocèse de Lyon, convinrent d'aller prier sur le tombeau de saint Jacques en Galice et se mirent en route. Quand ils eurent rejoint le chemin de pèlerinage, ils trouvèrent une pauvre femme qui portait tout son nécessaire dans une besace. Voyant ces chevaliers, elle leur demanda de prendre sur leurs chevaux son misérable baluchon, ce qui la soulagerait d'autant des fatigues du voyage. L'un d'entre eux accéda à sa demande et prit avec lui sa besace. Le soir, la femme, qui les suivait, tirait de sa besace ce dont elle avait besoin et, au premier chant du coq, lorsque les pèlerins à pied ont coutume de se mettre en route, elle remettait au cavalier sa besace ; ainsi soulagée, elle marchait plus allègrement. De cette manière, le chevalier qui servait cette pauvre femme pour l'amour de l'apôtre se hâtait vers le but de son pèlerinage.

À douze jours de marche de Saint-Jacques, il trouva en route un pauvre infirme qui lui demanda de l'asseoir sur son cheval pour lui permettre d'arriver à Saint-Jacques. Sinon il mourrait en cours de route, car il ne pouvait continuer de marcher. Le chevalier y consentit, descendit de son cheval et y assit le mendiant, prenant son bâton dans la main et portant autour de son cou la besace de la pauvre femme. Mais, tandis qu'il marchait ainsi, les ardeurs du soleil et les fatigues de la route altérèrent sa santé. Se sentant atteint, et considérant qu'il avait souvent en bien des choses offensé Dieu, il supporta ses malaises avec constance pour l'amour de l'apôtre, allant à pied jusqu'à son tombeau. Là, après lui avoir fait ses prières, il se logea. Le mal qu'il avait contracté en cours de route l'obligea à s'aliter et, s'aggravant en quelques jours, lui interdit de se relever. Voyant cela, les autres chevaliers qui avaient été ses compagnons l'invitèrent à confesser ses péchés et à prendre ses dispositions pour quitter ce monde en chrétien.

Entendant cela, il détourna son visage et ne put leur répondre. Il demeura trois jours sans prononcer une parole. Ses compagnons en furent très affligés, tant parce qu'ils n'avaient plus d'espoir de le voir guérir que parce qu'il n'était plus en état de pourvoir au salut de son âme. Un jour, alors qu'assis autour de lui et attendant l'issue fatale ils le croyaient en train de rendre l'âme, il poussa un grand soupir et dit : « Rendez grâces à Dieu et à saint Jacques, mon Seigneur, parce que j'ai été délivré. » Comme les assistants demandaient ce que cela signifiait et pourquoi il s'était tu, il leur répondit : « Du moment où je me suis senti malade, j'ai commencé à penser en silence que je voudrais confesser mes fautes, recevoir l'extrême-onction et la communion. Mais tandis que je réfléchissais à cela en silence, une multitude d'esprits fourbes m'assaillit qui m'empêcha, à partir de ce moment, d'indiquer par un mot ou par un geste ce que réclamait mon salut. Je comprenais bien tout ce que vous disiez, mais je ne pouvais nullement y répondre, parce que certains des démons qui m'avaient envahi, me liaient la langue, d'autres me fermaient les yeux, d'autres encore tournaient ma tête et mon corps à leur guise d'un côté et d'un autre, contre ma volonté.

« Mais peu avant que je commence à vous parler, saint Jacques est entré, tenant de la main gauche la besace de la femme que j'ai portée en cours de route, et de la main droite le bourdon du mendiant que j'ai porté, tandis que lui-même était assis sur mon cheval, le jour même où cette maladie m'a pris. Il tenait le bourdon comme une lance et la besace comme un bouclier. Et aussitôt il est venu vers moi comme poussé par l'indignation et la fureur, et levant le bourdon il fit mine de frapper les démons qui m'enchaînaient. Ceux-ci s'enfuirent à l'instant terrorisés. Lui-même les poursuivant par un ange les contraignit à partir d'ici. Délivré par la grâce de Dieu et de saint Jacques de mes tortionnaires, me voici donc à nouveau capable de parler. Envoyez rapidement chercher un prêtre qui me donne le viatique de la sainte communion, car il ne m'est pas permis de rester plus longtemps en cette vie. »

Tandis que le prêtre tardait à venir, il admonesta publiquement l'un de ses compagnons, lui disant : « Ami, ne sers plus dorénavant ton maître Guérin le Chauve, à qui tu étais attaché jusqu'ici. En vérité il est damné et il mourra prochainement de malemort. » Et il en arriva comme il avait prédit. Après que le pèlerin eut connu une bonne mort et eut été mis en terre, ses compagnons rentrèrent chez eux et racontèrent tout ce qui s'était passé. Le Guérin ci-dessus, surnommé le Chauve, homme riche, prit leur histoire pour un rêve et ne se corrigea nullement de sa dépravation. D'où il advint peu de temps après qu'en tuant de ses armes un chevalier il fut lui-même transpercé par la lance de son adversaire.

DU PÈLERIN QUI, PAR AMOUR POUR L'APÔTRE ET TROMPÉ PAR LE DIABLE, SE DONNA LA MORT. COMMENT SAINT JACQUES, AVEC L'AIDE DE LA BIENHEUREUSE MÈRE DE DIEU, LE RESSUSCITA. SAINT ANSELME, ARCHEVÊQUE DE CANTORBÉRY

Il y a, près de la ville de Lyon, un village où demeurait un jeune homme du nom de Gérard, pelletier de son état, vivant de l'honnête travail de ses mains et qui, orphelin de père, subvenait aux besoins de sa mère. Il aimait fort saint Jacques, se rendait chaque année sur son tombeau et lui offrait son obole. Il n'était pas marié mais vivait chastement avec sa vieille mère. Une fois cependant, après s'être longtemps contenu, il s'abandonna aux désirs de la chair et forniqua avec une jeune fille. Le lendemain matin, ayant prévu de partir en pèlerinage, il se mit en route pour Saint-Jacques de Galice, en emmenant un âne et en compagnie de deux voisins. Une fois en chemin, ils rencontrèrent un mendiant en route pour Compostelle. Pour lui tenir compagnie et plus encore pour l'amour de saint Jacques, ils le prirent avec eux, lui donnant ce dont il avait besoin pour vivre.

Ils marchèrent donc plusieurs jours dans la joie. Mais le démon, jaloux de cette compagnie pacifique et charitable, prit une forme humaine assez convenable, s'approcha en secret du jeune homme qui avait forniqué et lui dit : « Sais-tu qui je suis ? » L'autre répondit : « Nullement. » Le démon reprit : « Je suis l'apôtre saint Jacques, que tu as pris l'habitude de visiter chaque année depuis bien longtemps et d'honorer de tes offrandes. Sache que j'étais fort heureux à ton sujet, car j'espérais recevoir de toi quelque grand bien dans l'avenir. Mais voici qu'avant ton départ de chez toi tu as forniqué avec une femme et que tu n'as toujours pas fait pénitence : tu n'as pas voulu te confesser et tu es parti ainsi en pèlerinage, comme si celui-ci pouvait être agréable à Dieu comme à moi. Mais ce n'est pas le cas, car quiconque veut partir en pèlerinage pour l'amour de moi doit d'abord confesser humblement ses péchés et ensuite faire en chemin pénitence pour eux. Quand on agit autrement, le pèlerinage n'est pas agréable à Dieu. »

Sur ce, il disparut à ses yeux. Après ce discours, l'homme s'attrista, se proposant en son cœur de revenir sur ses pas, de retourner chez lui et de se confesser à son curé. Tandis qu'il délibérait ainsi en lui-même, le démon réapparut, sous la même forme que la première fois, et lui dit : «Qu'est-ce qui te pousse dans ton cœur à vouloir revenir chez toi ? T'imagines-tu qu'un tel crime puisse être racheté par des jeûnes ou des larmes ? Tu te trompes fort, mais suis mes conseils et tu seras sauvé, sinon point de salut. Bien que tu aies péché, je ne t'en aime pas moins ; c'est pourquoi je suis venu vers toi pour te donner un conseil qui t'apportera le salut si tu m'en crois.» Le pèlerin lui répondit : «Je pensais comme tu l'as dit, mais puisque tu me dis que cela ne servira pas à mon salut, dis-moi ce qui te plaira et me vaudra le salut et je le ferai volontiers.» Celui-ci lui dit : «Si tu veux être pleinement libéré de ton délit, tu n'as qu'à amputer au plus vite le membre viril par lequel tu as péché.» Alors celui-ci terrifié lui dit : «Si je fais ce que tu me conseilles, je ne pourrai vivre, c'est un suicide et j'ai souvent entendu dire que c'était condamnable aux yeux de Dieu.»

Alors le démon se mit à rire et dit : «Ignorant, combien peu tu comprends les choses utiles à ton salut. Si tu meurs dans ces circonstances, tu viendras sans aucun doute à moi, car, en punissant ton crime, tu seras un martyr. Oh si tu étais assez sage pour ne pas hésiter à te tuer toi-même ! Tu peux être certain que moi et une foule de mes compagnons nous viendrions aussitôt vers toi et que nous emporterions ton âme avec joie dans notre maison. Je suis, dit-il, l'apôtre Jacques, qui veille sur toi. Fais comme je te l'ai dit, si tu veux venir en ma compagnie et trouver le remède à ta faute.» Cela dit, le pèlerin, en homme simple, ainsi poussé au crime, profitant de la nuit où ses compagnons dormaient, sortit un couteau et trancha ses parties viriles. Ensuite, retournant la main et redressant le couteau, il s'en enfonça la pointe dans le ventre.

Comme le sang se mit à couler abondamment et qu'il était agité de spasmes, ses compagnons s'éveillèrent et l'appelèrent voulant savoir ce qu'il avait. Au lieu de leur donner réponse, il rendait dans l'angoisse les derniers soupirs. Consternés, ils se levèrent en grande hâte, cherchèrent des bougies et trouvèrent leur compagnon à moitié mort, incapable de leur répondre. Ils en furent stupéfaits et frappés en même temps de peur à l'idée qu'on les accuserait de sa mort, si on les trouvait là au matin. Ils prirent donc la fuite, le laissèrent gisant dans son sang et abandonnèrent l'âne et le mendiant qui les accompagnaient. Au matin, dans la maison, la famille se leva et trouva l'homme occis. Ne sachant à qui imputer ce meurtre, elle appela les voisins et ensemble ils portèrent l'homme à l'église pour l'enterrer. À cause du sang qui coulait, ils le déposèrent devant les portes pendant qu'on préparait sa tombe. Peu de temps après, le mort revint à la vie et s'assit sur l'estrade funèbre. À cette vue, les assistants terrifiés s'enfuirent à grands cris.

Ce tumulte attira la foule qui s'enquit de l'événement et apprit qu'un mort avait été rendu à la vie. Quand on se fut approché de lui et qu'on lui eut adressé la parole, il se mit à raconter d'une voix claire tout ce qui s'était passé. «Moi, que vous voyez ressuscité de la mort, j'ai aimé saint Jacques depuis mon enfance et j'ai eu l'habitude de le servir autant que j'ai pu. Pourtant, une fois parti en pèlerinage jusqu'à lui et arrivé dans ce village, le démon m'a abusé, disant qu'il était saint Jacques et m'instruisant clairement de tout », comme il a été dit plus haut. Il ajouta : « Quand il eut vu que je m'étais ôté la vie et que mon âme était contrainte de quitter mon corps, ce même esprit malin qui m'avait trompé vint à moi, accompagné d'une grande foule de démons. Sur-le-champ et sans pitié, ils s'emparèrent de moi et m'emmenèrent au supplice, pleurant et gémissant.

« Nous allâmes donc vers Rome. Mais comme nous arrivions à la forêt située entre cette ville et Labicano, saint Jacques, qui était à notre poursuite, fondit sur nous par-derrière et, se saisissant des démons, leur dit : « D'où venez-vous et où allez-vous ? » Ils répondirent : « Ô Jacques, cela ne te regarde nullement, car il nous a fait confiance au point de se tuer. Nous l'avons persuadé, nous l'avons trompé, nous devons l'avoir. » L'Apôtre leur rétorqua : « Vous ne répondez rien à la question que je vous pose, mais vous vous réjouissez et vous vantez d'avoir trompé un chrétien. Cependant vous n'en tirerez aucun avantage. Il est à moi ce pèlerin que vous vous flattez d'avoir. Et vous ne l'emporterez pas impunément. » Saint Jacques m'apparut sous l'aspect d'un beau jeune homme svelte au teint hâlé, comme on dit.

« Sous la contrainte de l'apôtre, nous allâmes à Rome, où il y avait, près de la basilique de saint Pierre, un lieu verdoyant et spacieux, sorte de plateau dans les airs, où la foule innombrable des saints tenait conseil. À sa tête était la vénérable mère de Dieu, Marie toujours Vierge, entourée à sa droite et à sa gauche de nombreux et illustres personnages. Je me mis à la considérer avec beaucoup d'émotion, je n'avais encore jamais de ma vie vu jusqu'alors de créature aussi belle. Sa taille n'était pas grande mais moyenne, son visage était superbe et toute sa personne me ravissait. Arrivé devant elle, le saint Apôtre, mon avocat très dévoué, s'arrêta en face de tous et rapporta comment la tromperie satanique m'avait vaincu. Se tournant vers les démons, Marie leur dit alors : « Misérables, que cherchez-vous auprès de ce pèlerin du Seigneur et de mon Fils, et de son fidèle Jacques ? Votre châtiment ne vous suffit-il pas, que vous cherchiez à l'augmenter par votre malice ? »

« Après avoir ainsi parlé, la Très Sainte Vierge dirigea avec bienveillance son regard vers moi. Les démons, fort effrayés, furent chargés de chaînes, tandis que tous les assistants leur disaient qu'ils avaient agi injustement envers l'apôtre en me trompant. Notre-Dame ordonna alors que je sois ramené à mon corps. Saint Jacques me soutint donc et me déposa aussitôt en ce lieu. Ainsi suis-je mort et ressuscité. » Les habitants de l'endroit, entendant cela, se réjouirent fort et le ramenèrent chez eux sans plus tarder, répandant la nouvelle et montrant celui pour qui Dieu par saint Jacques avait accompli une chose aussi extraordinaire et admirable. Ses blessures furent guéries sans retard, des cicatrices seules restant à l'endroit des blessures. À l'endroit des parties génitales, de la chair poussa, semblable à une verrue, par laquelle il urinait.

Une fois passés les trois jours pendant lesquels les habitants du lieu l'avaient gardé parmi eux pour fêter l'événement, il prépara son âne et se mit en route, avec le compagnon pauvre qui s'était joint à lui chemin faisant. Mais comme ils approchaient du tombeau de saint Jacques, ils rencontrèrent ces compagnons qui les avaient abandonnés et étaient sur le chemin du retour. Voyant de loin ces deux hommes qui menaient leur âne, ils se dirent les uns aux autres : Ces deux hommes ressemblent aux compagnons que nous avons abandonnés, l'un mort, l'autre vivant. Même l'animal qu'ils poussent ne diffère pas, autant qu'on puisse en juger, de celui que nous leur avons laissé. » S'étant approchés et mutuellement reconnus, ils apprirent ce qui s'était passé et, rentrés chez eux, ils proclamèrent la vérité de la chose.

Quant à celui qui était ressuscité, une fois revenu de Saint-Jacques, il confirma les dires de ses compagnons par la preuve à conviction. Il ne se contenta pas de raconter partout comment la chose s'était passée. Il montra ses cicatrices et fit même voir à beaucoup de gens qui le désiraient ce qu'il était advenu de ses parties intimes. Le révérendissime Hugues, abbé de Cluny, vit comme beaucoup d'autres cet homme, les traces de ses actes et les marques de sa mort ; il était si admiratif de ce qui vient d'être raconté qu'il affirma être accoutumé à le voir souvent. Quant à nous, par amour pour l'apôtre et pour que le souvenir ne s'en efface pas, nous l'avons mis par écrit, ordonnant à tout le monde de célébrer, le troisième jour d'octobre, par de dignes services dans les églises, la fête d'un si grand miracle et de tous les autres miracles.

Chapitre XVIII

DU COMTE DE SAINT-GILLES,
À QUI L'APÔTRE OUVRIT LES PORTES EN FER
DE SA CHAPELLE.
PAPE CALIXTE

Un comte de Saint-Gilles, nommé Ponce, vint naguère à Saint-Jacques avec son frère pour y prier. Quand ils furent entrés dans l'église, ils ne purent entrer à leur gré dans la chapelle où gît le corps de l'apôtre et demandèrent au sacristain de leur ouvrir l'oratoire afin qu'ils puissent y veiller devant le corps de l'Apôtre. Voyant que leurs prières restaient sans effet (la coutume voulait en effet que les portes de cet oratoire demeurent closes du coucher du soleil jusqu'au lendemain matin), ils rentrèrent tristement dans leur auberge. Une fois arrivés, ils rassemblèrent tous les pèlerins venus avec eux. En leur présence, le comte déclara qu'il voulait aller auprès de saint Jacques, autorisant ceux qui étaient du même avis à l'accompagner, si jamais l'Apôtre daignait leur ouvrir la porte.

Ceux-ci acquiescèrent volontiers et préparèrent des cierges, pour les tenir à la main dans cet oratoire. Le soir venu, ils se trouvèrent environ deux cents à entrer dans l'église avec des cierges allumés. Arrivant devant la chapelle de saint Jacques, ils prièrent d'un voix forte : « Très saint Jacques, dirent-ils, apôtre de Dieu, s'il t'est agréable que nous venions à toi, ouvre-nous ta chapelle, afin que nous puissions veiller devant toi. » Chose admirable ! À peine avaient-ils fini de parler que les portes de la chapelle firent un grand vacarme : tous les assistants s'imaginèrent qu'elles avaient été cassées en mille morceaux.

Toutefois ils virent que seules les serrures et les chaînes qui servaient à verrouiller avaient été cassées et détachées. Les portes ouvertes par un pouvoir invisible, sans la main de l'homme, cédèrent le passage aux pèlerins. Tout joyeux ceux-ci entrèrent, d'autant plus ravis de ce miracle qu'ils avaient fait la preuve que le saint Apôtre, soldat de l'invincible empereur, était bien vivant, lui qui avait satisfait leur demande avec une telle célérité. Cette histoire montre combien celui qui répondit avec une telle bienveillance à la demande de ses fidèles est accessible à une pieuse invocation. Que donc ta clémence, très bienveillant Jacques, apôtre de Dieu, nous vienne en aide, pour que nous soyons préservés en cette vie des pièges du démon et qu'ainsi nous restions attachés à la patrie céleste par nos bons efforts, afin que, grâce au Christ Notre Seigneur et avec ton aide, nous soyons dignes d'y parvenir.

Chapitre XIX

DE L'ÉVÊQUE GREC STÉPHANE
À QUI SAINT JACQUES APPARUT
ET RÉVÉLA UNE INFORMATION ENCORE IGNORÉE.
PAPE CALIXTE

Il est connu de tous les habitants de Compostelle, tant clercs que laïcs, qu'un homme du nom de Stéphane, doué de forces surnaturelles, s'était démis, pour l'amour de saint Jacques, de sa charge épiscopale et pontificale d'évêque : il désirait venir de Grèce sur le tombeau de l'apôtre. Il avait renoncé aux honneurs de ce monde pour suivre les préceptes divins. Ne voulant plus rentrer chez lui, il s'adressa aux vigiles de l'édifice où repose le talent le plus précieux et la gloire de l'Espagne, à savoir le corps de saint Jacques, et se jetant à leurs pieds leur demanda par l'amour du très précieux apôtre, pour qui il avait abandonné les délices de ce siècle et les joies de ce monde, de lui concéder à l'intérieur de l'église un lieu retiré où il pourrait assidûment s'adonner à la prière. Bien qu'il portât un habit misérable, au point de ressembler non à un évêque mais à un pèlerin démuni, les vigiles, sans le mépriser mais consentant à sa juste demande, lui préparèrent en guise de cellule une sorte de hutte au toit de jonc construite à l'intérieur de la basilique du saint apôtre, d'où il pouvait voir l'autel en face. Il y mena une vie solitaire et bienheureuse, consacrée jour et nuit aux jeûnes, aux veilles et aux prières.

Un jour qu'il vaquait à ses oraisons habituelles, une foule de paysans qui venaient pour la fête particulière de saint Jacques et s'étaient placés en face de l'autel, juste à côté de la cellule du très saint homme, se mirent à prier l'apôtre de Dieu en ces termes : « Saint Jacques, bon chevalier, délivre-nous des malheurs présents et futurs. » Le très saint homme de Dieu, supportant fort mal que des paysans traitent saint Jacques de chevalier, les invectiva, disant : « Paysans stupides, foule insensée, il ne convient pas que vous appeliez saint Jacques chevalier, mais pêcheur. Rappelez-vous qu'à l'appel du Seigneur il quitta son métier de pêcheur pour le suivre et qu'il devint ensuite pêcheur d'hommes. » La nuit suivante, alors que le très saint homme méditait sur saint Jacques, celui-ci lui apparut tout vêtu de blanc et revêtu d'une armure qui brillait plus que les rayons du soleil, comme un chevalier parfait, et tenant à la main deux clés. L'Apôtre l'appela trois fois et lui dit : « Stéphane, serviteur de Dieu, puisque tu as donné l'ordre de m'appeler pêcheur au lieu de chevalier, je t'apparais maintenant sous cette forme afin que tu ne doutes pas davantage que je combats au service de Dieu et que je suis son champion, que je marche en tête des armées chrétiennes contre les Sarrasins et que je leur assure la victoire.

« J'ai demandé en effet au Seigneur d'être le protecteur de tous ceux qui m'aiment et m'invoquent avec un cœur droit et de les secourir dans tous les dangers. Et pour que tu le croies plus assurément, j'ouvrirai demain, à la troisième heure, avec ces clés, les portes de la ville de Coimbra que le roi Fernand assiège depuis sept ans : les chrétiens y entreront et la ville tombera en leur pouvoir. » Cela dit, il disparut. Le lendemain matin, après avoir prié matines, appelant les plus sages des clercs et des laïcs, Stéphane leur raconta par le menu ce qu'il avait vu de ses yeux et entendu de ses oreilles. Plus tard, la chose fut avérée par de nombreux témoignages : en effet, lorsque la ville eut été prise, le jour et l'heure annoncés par saint Jacques furent confirmés par des messagers royaux. Une fois la vérité connue, Stéphane, le serviteur de Dieu, assura que saint Jacques vient en aide à tous ceux qui l'invoquent en matière militaire et qu'en vérité il devait être invoqué par tous ceux qui allaient au combat. Lui-même, pour mériter d'avoir sa protection, accrut ses pénitences et, s'appliquant davantage à ses prières, consuma là tout le temps de sa vie au service de Dieu. Finalement il eut une sépulture dans la basilique de l'apôtre saint Jacques.

Chapitre XX

DU CHEVALIER GUILLAUME, CAPTIF, QU'UN COMTE FRAPPA DE SON ÉPÉE SUR LE COU NU SANS POUVOIR LE BLESSER.

PAPE CALIXTE

Beaucoup de temps s'était écoulé jusqu'à nos jours, tandis que le très saint Jacques brillait dans la terre entière, en long comme en large, par le nombre de ses miracles, quand un conflit éclata entre le comte de Forcalquier et l'un de ses chevaliers, appelé Guillaume. Au cours d'une attaque à cheval contre le comte, Guillaume manqua d'hommes dans sa troupe pour soutenir un combat. Il prit la fuite mais fut rattrapé et conduit devant le comte. Celui-ci ayant ordonné qu'on lui tranche la tête, le chevalier s'exclama d'une voix forte : « Jacques, apôtre de Dieu, qu'Hérode ordonna à Jérusalem de décapiter, viens à mon secours et délivre-moi de l'épée du bourreau ! » Il fut frappé trois fois sur le cou, tandis qu'il tendait ses mains vers le ciel, et aucune blessure n'y apparut.

Voyant qu'il ne pouvait l'atteindre du tranchant de sa lame, le bourreau en dirigea la pointe contre le ventre du condamné, pour le perforer. Mais saint Jacques émoussa l'épée de telle sorte que Guillaume n'en sentit pas le coup. Le comte, qui comme tous les assistants s'en étonnait, ordonna alors de ligoter le chevalier et de l'amener dans son camp. Le lendemain matin, tandis que Guillaume invoquait saint Jacques en gémissant, l'Apôtre lui apparut et lui dit : « Me voici, puisque tu m'as appelé. » Alors la pièce s'emplit d'une telle odeur et d'une lumière si douce que tous les chevaliers et les assistants s'imaginèrent transportés dans les délices du paradis. Dans cette lumière, saint Jacques passa devant lui, lui prit la main et l'emmena jusqu'à la dernière porte du camp, sous les yeux de gardes comme frappés de cécité. Une fois les portes ouvertes, tous deux firent ensemble un mille au-delà des murs. Par amour pour saint Jacques, ce chevalier se rendit à son tombeau et à son église le jour où l'on fête sa translation, et raconta toutes ces choses comme nous venons de les dire.

Chapitre XXI

DU CONTREFAIT À QUI LE SAINT APÔTRE
APPARUT DANS SA BASILIQUE
ET RENDIT PLEINEMENT LA SANTÉ.
PAPE CALIXTE

De nos jours, un certain noble bourguignon, nommé Guibert, qui avait souffert pendant quatorze ans d'une paralysie de ses membres telle qu'il ne pouvait faire un pas, fut placé sur une litière portée par deux chevaux et se mit en route vers Saint-Jacques, avec sa femme et ses serviteurs. Comme il s'apprêtait à descendre dans l'hôpital de Saint-Jacques, près de l'église, un songe l'invita à demeurer en prière dans l'édifice jusqu'à ce que saint Jacques délie ses membres atrophiés. Il veilla deux nuits dans la basilique de l'apôtre, et, la troisième nuit, comme il était en prière, saint Jacques vint, le prit par la main et le mit debout. Comme Guibert lui demandait qui il était, celui-ci répondit : «Je suis Jacques, l'apôtre de Dieu.» Alors l'homme ainsi rendu à la santé demeura treize jours à veiller dans la basilique et raconta cela à tout le monde de sa propre bouche.

Chapitre XXII

DE L'HABITANT DE BARCELONE VENDU
DANS LES FOIRES QUE LE BIENHEUREUX APÔTRE
DÉLIVRA DE SES CHAÎNES ET DE SES LIENS.
PAPE CALIXTE

On raconte que, en l'an 1100 de l'Incarnation, un habitant de Barcelone se rendit en pèlerinage à la basilique de saint Jacques en Galice. Il demanda seulement à l'apôtre de le délivrer de ses ennemis, s'il venait à tomber entre leurs mains. Une fois rentré chez lui, il fit un voyage d'affaires en Sicile et fut pris en mer par les Sarrasins. Que dire encore ? Il fut vendu et acheté treize fois dans les marchés et dans les foires. Ceux qui l'achetaient ne pouvaient le garder, parce que le bienheureux apôtre Jacques brisait ses chaînes et ses liens. Il fut d'abord vendu en Croatie, la deuxième fois près de la ville de Jazaran en Slovénie, la troisième fois en Bulgarie, la quatrième fois en Turquie, la cinquième fois en Perse, la sixième fois en Inde, la septième fois en Éthiopie, la huitième fois à Alexandrie, la neuvième fois en Afrique, la dixième fois en Berbérie, la onzième fois dans le désert, la douzième fois à Bougie et la treizième fois à Almeria. Là, il fut attaché solidement par un Sarrasin avec des chaînes doubles autour des jambes. Comme il implorait saint Jacques d'une voix forte, l'apôtre lui apparut, disant : « Puisque, lorsque tu étais dans ma basilique, tu as demandé seulement la libération de ton corps et non le salut de ton âme, tu es tombé dans ces périls. Mais puisque le Seigneur a eu pitié de toi, il m'a envoyé pour te délivrer de cette prison. »

Aussitôt ses chaînes se brisèrent en leur milieu et le bienheureux Apôtre disparut à ses yeux. Ainsi délivré de ses fers, l'homme traversa les villes et les places fortes des Sarrasins, portant dans ses mains une partie de ses chaînes en témoignage d'un si grand miracle, et sans se cacher revint en terres chrétiennes sous les yeux des Sarrasins. Chaque fois que quelque païen voulait lui barrer le chemin et faisait mine de porter la main sur lui, il lui montrait son morceau de chaîne et celui-ci prenait la fuite aussitôt. De nombreuses troupes de lions, d'ours, de léopards et de dragons menacèrent de le dévorer quand il traversa le désert, mais, voyant la chaîne que l'apôtre avait touchée, ils prenaient le large. Cet homme revint une seconde fois auprès du tombeau du bienheureux Jacques, portant sa chaîne dans ses mains, et je l'ai effectivement rencontré entre Stella et Guigno, et il m'a raconté tout cela.

Selon ce récit exemplaire, il convient de blâmer ceux qui demandent au Seigneur et à ses saints une épouse, ou un bonheur terrestre, ou des honneurs, ou de l'argent, ou la mort de leurs ennemis, ou toute autre chose semblable, qui ne vise qu'au profit du corps et non au salut de l'âme. S'il convient de demander les choses nécessaires au corps, il convient plus encore de demander les qualités de l'âme, à savoir les vertus, la foi, l'espérance, la charité, la patience, la tempérance, l'hospitalité, la libéralité, l'humilité, l'obéissance, la paix et toutes choses semblables qui assurent à l'âme, quand elle en est ornée, sa place dans les célestes demeures.

LIVRE III DE SAINT JACQUES

PROLOGUE DU PAPE CALIXTE
SUR LA TRANSLATION DE SAINT JACQUES LE MAJEUR

Je n'ai pas voulu exclure cette translation de saint Jacques de notre manuscrit, tant de prodiges et de trophées en l'honneur de notre Seigneur Jésus-Christ et de son apôtre y étant écrits, qui sont fort peu en désaccord avec la lettre qui porte le nom de saint Léon. Il faut savoir que saint Jacques eut de nombreux apôtres mais qu'il en eut particulièrement douze. On lit qu'il en choisit trois dans la région de Jérusalem : Hermogène, qui fut fait le chef, et Philète, archidiacre après la passion d'Hermogène à Antioche (ou plus tard), furent distingués par de nombreux miracles et reposèrent en Dieu par leur vie sacrée, tandis que le bienheureux Josias, sénéchal d'Hérode, mourut, avec la couronne du martyre, en même temps que l'Apôtre. On dit que l'Apôtre en choisit neuf en Galice, pendant qu'il y vivait, dont sept – les deux autres restant en Galice pour prêcher – l'accompagnèrent à Jérusalem et rapportèrent par mer son corps en Galice après son martyre. De ceux-ci, saint Jérôme parla ainsi dans son martyrologe, et il l'écrivit à saint Chromace : une fois le corps de saint Jacques enseveli en Galice, ils ont été revêtus à Rome par les apôtres Pierre et Paul des insignes épiscopaux et ont été dirigés vers les Espagnes, encore sous l'emprise de l'erreur païenne, pour y prêcher la parole de Dieu. Après avoir converti d'innombrables païens par leur prédication, ils reposèrent le 15 mai, Torquat à Acci, Ctésiphon à Vergi, Second à Abulae, Indalèce à Urci, Cecilius à Eliberi, Esichius à Caicese, Euphrase à Eliturgi. Les deux autres disciples, à savoir Athanase et Théodore, comme il est écrit dans la lettre du saint pape Léon, sont ensevelis à côté du corps de l'Apôtre, un à sa droite, l'autre à sa gauche.

Mais ce qui est arrivé de nos jours à un pèlerin de saint Jacques quant au récit de cette translation, il faut que nous vous le disions. Un clerc de notre connaissance, pèlerin et ami de saint Jacques, voulant ramener avec lui dans sa patrie cette Translation avec quelques autres récits de miracles de l'apôtre, les fit copier par un copiste dans la ville de l'apôtre et lui remit vingt deniers (rouennais) en rémunération. Lorsqu'il eut payé le prix et reçu le texte, il alla seul déposer celui-ci dans quelque coin caché de la basilique et reçut dans son sein autant d'argent qu'il en avait donné au copiste, chose qu'il crut n'être imputable à aucun mortel mais, par la volonté divine, à l'Apôtre seul. C'est pourquoi l'on croit que le bienheureux Apôtre, qui a récompensé si vite son serviteur en dons terrestres, est le rémunérateur le plus généreux en dons célestes.

Chapitre premier

TRANSLATION DE SAINT JACQUES APÔTRE, FRÈRE DE SAINT JEAN APÔTRE ET ÉVANGÉLISTE, QUI EST CÉLÉBRÉE LE 30 DÉCEMBRE : COMMENT SA DÉPOUILLE FUT TRANSFÉRÉE DE JÉRUSALEM EN GALICE

Après la Passion de notre Sauveur, le trophée très glorieux de sa Résurrection et sa merveilleuse Ascension, par laquelle il s'éleva jusqu'au siège de son père, et, en outre, l'effusion du souffle du Saint-Esprit sur les apôtres, les disciples du Christ, touchés par les rayons de la sagesse et illuminés de la grâce céleste, firent connaître par leur prédication son nom aux peuples et aux nations qu'il leur avait choisis lui-même. Du nombre considérable d'entre eux se dégagea un homme saint, d'une vertu admirable, Jacques, bienheureux par sa vie, admirable par son courage, célèbre par son esprit, excellent par son discours, que l'on considère comme le frère de l'évangéliste et apôtre Jean. Il bénéficia d'une telle grâce divine que le Dieu d'inestimable gloire lui-même ne dédaigna pas d'être transfiguré d'une clarté incomparable sous ses yeux, sur le mont Thabor, en présence de Pierre et de Jean, témoins véridiques. Tandis que les autres se rendirent dans diverses régions du monde, celui-ci donc, poussé par le commandement divin aux origines de l'Hespérie, prêcha sans peur la parole divine aux hommes nécessiteux qui y habitaient. Le modeste champ qui veut être cultivé eût été trouvé fertile parmi les épines ; on dit que lui, sans attendre le moins du monde, choisit sept petits clients pleins de foi dans le Christ, afin de constituer un groupe qui puisse extirper l'ivraie jusqu'à la racine et de communiquer de manière plus substantielle à la terre jusqu'alors restée stérile la semence du Verbe.

Lorsque fut imminent le jour suprême, il se rendit en hâte à Jérusalem ; aucun des jeunes autochtones mentionnés ci-dessus ne manqua de lui apporter le réconfort que donne un compagnon. À la foule malhonnête des Saducéens et des Pharisiens qui, séduite par l'artifice de l'antique serpent, l'entoure, il expose les questions innombrables posées au sujet du Christ. Car la grâce du Saint-Esprit l'enivre et nul ne le surpasse en éloquence : la colère frémissante qu'il a provoquée en eux se communique violemment à lui ; poussé par le zèle stimulateur de cette jalousie, il s'enflamme et s'excite de telle sorte qu'il est pris de l'élan des violents, qui est un grave désavantage, et que, pour recevoir la mort, il est traduit en présence d'Hérode. Objet d'une sentence acharnée et capitale, inondé de l'eau vermeille et de son sang, couronné par le martyre triomphal, il s'envole vers le ciel, le chef ceint de lauriers impérissables.

Ses disciples s'emparent en secret du corps inanimé. À grand-peine et tout en se pressant avec colère, ils le transportent vers le rivage. Ils trouvent un navire préparé à leur intention, dans lequel ils montent et qu'ils dirigent vers la haute mer. Le septième jour, ils parviennent à Iria et, à la rame, gagnent la terre ferme désirée. Sans tarder, ils acquittent des actions de grâces à l'auteur de toute chose et des éloges publics dignes de lui, aussi bien pour le don que Dieu leur a concédé que parce qu'il leur a évité les embûches des pirates, pour les collisions avec les rochers qu'ils doivent éviter maintenant comme pour avoir passé sans détriment aucun les abîmes béants. Appuyés sur un tel patron, ils cherchent réponse à leurs besoins et tentent de découvrir le lieu que Dieu a destiné au repos de son martyr. C'est pourquoi, étant partis vers l'est, ils portent le corps sacré dans la petite propriété d'une femme du nom de Louvière (Luparia), à près de cinq milles de la ville, et l'y déposent. Comme ils s'inquiètent de savoir qui est le propriétaire du lieu, ils l'apprennent grâce à quelques gens de la même province qu'ils sont impatients de faire participer à leur recherche. Retournant auprès de la femme, ils lui racontent dans l'ordre comment la chose s'est passée et demandent qu'on leur indique quelque sanctuaire où une idole est proposée à l'adoration et, en ce lieu, un temple fréquenté par l'erreur insensée de la population. Née de parents très illustres et même veuve d'un homme d'une très grande autorité, cette femme s'adonnait à une superstition sacrilège, bien qu'elle eût gardé le sentiment de sa noblesse et rejeté les justes offres d'hommes nobles qui la désiraient en mariage, afin de ne pas souiller en courtisane sa première couche nuptiale. Retournant dans son esprit leur requête et leurs paroles, elle se demande comment les livrer pour qu'ils soient victimes des bêtes sauvages, cependant qu'elle fait aller et venir la conversation, se déchaînant avec ruse : « Allez, dit-elle, trouver le roi qui demeure à Duyo et demandez-lui un emplacement pour ensevelir votre défunt. »

Ils suivent son conseil. Une partie des disciples, se conformant au rite des obsèques, veille sur le corps de l'apôtre déposé en un lieu. Les autres parviennent au palais du roi par l'étroit sentier mentionné. Une fois conduits en sa présence, ils le saluent comme il convient pour un roi. Ils ouvrent la conversation en disant qui ils sont, d'où ils arrivent et pourquoi ils viennent. Au début le roi fait semblant de les écouter attentivement et avec bienveillance, mais ensuite, comme égaré par un saisissement incroyable, se demandant ce qu'il avait à faire et poussé par une joie démoniaque, comme s'il était devenu sauvage, il ordonna en secret de tendre des embûches aux chrétiens et de les tuer. Mais informés de sa volonté, les disciples s'éloignent en cachette et prennent la fuite en hâte. Quand le roi l'apprit, il fut pris d'une très vive colère, à l'égal du lion furieux : avec ceux qui étaient dans sa cour, il se mit à la poursuite des disciples de Dieu. Alors que venait le moment où ceux-ci allaient tomber aux mains des cruels, ils traversèrent tous en même temps un pont sur une rivière, les uns s'agitant les autres restant confiants. Alors par le décret subit de Dieu tout-puissant, le pont où ils venaient de marcher se décomposa en pierres et se divisa, fut démoli et s'effondra. Ainsi décida la censure du Roi et Juge éternel qu'aucun des poursuivants ne survécut pour annoncer à la cour du roi ce qui s'était passé. Les saints tournèrent la tête au bruit des armes et des pierres qui s'écroulaient, car les grandes choses faites par Dieu, pour être proclamées, retentissent : les corps, les chevaux et les armes furent misérablement roulés sous les eaux de la rivière, tout comme jadis l'armée de Pharaon fut submergée dans la mer Rouge aux environs de Canope.

Donc aidés et élevés par la droite auxiliatrice de Dieu, animés et poussés à le faire, ils marchent sur un chemin salutaire jusqu'à la maison de Luparia et lui apprennent comment, par sa sentence, le roi irrité de colère avait voulu les perdre en leur donnant la mort, et ce qu'avait fait Dieu contre lui pour se venger. Ils l'implorent de leur accorder, afin qu'elle soit consacrée à Dieu, la maison précédemment dédiée aux démons, ces idoles faites de mains d'hommes, qui ne peuvent ni être utiles à elles-mêmes, ni nuire à autrui, dont les yeux ne peuvent voir ni les oreilles entendre, ni les narines sentir, et qui ne peuvent se servir d'aucun membre pour quelque office ; ils l'exhortent à les renier. Affectée d'avoir perdu des parents ou des proches dans la noyade de la troupe royale et pour cela, comme il arrive souvent dans les choses humaines, fermée au sain conseil, elle méditait par une vaine ruse des choses déloyales et futiles, bien éloignées de son discours. Tandis qu'ils la pressaient plus fortement de leurs prières pour qu'elle donne un peu de terre pour y ensevelir les restes de l'homme très sacré, elle songea à de nouveaux tourments. Pensant les faire périr par quelque ruse, elle prononça les paroles suivantes : « Puisque je vois que vous gardez si fermement votre intention et que vous ne voulez en aucune façon vous en écarter, voici : je possède des bœufs indomptés dans une montagne ; employez-les pour avancer et pour faire tout ce qui vous semblera d'une certaine utilité, construisez tout ce qui sera nécessaire en les utilisant pour les transports. Si quelques victuailles vous manquent, je m'occuperai de vous les fournir. »

Les compagnons de l'Apôtre entendant cela, qui ne s'attendaient pas à une tromperie féminine, s'en vont la remerciant. Ils parviennent jusqu'à la montagne et voient ce qu'ils ne craignaient point : alors qu'ils gravissaient les pentes, un immense dragon, qui avait fait déserter les habitations proches par ses fréquentes incursions, surgit à l'improviste sortant de son antre et vomissant des flammes sur les saints de Dieu, il prit son essor comme s'il voulait les attaquer, les menaçant de mort. Se remémorant les dogmes de la foi, et regardant sans crainte la protection de la croix, ils lui résistent et le repoussent ; incapable de supporter le signe de la flétrissure du Seigneur, le dragon éclate par le milieu du ventre. Après avoir livré ce combat, tournant leurs yeux vers le ciel, ils rendent grâce au roi suprême du fond du cœur. Ensuite donc, pour chasser totalement la multitude des démons de ce lieu, ils bénissent de l'eau, qu'ils aspergent partout sur toute la montagne. Cette montagne s'appelait auparavant « des yeuses », comme si elle était dite « séduisante », parce que, avant cette époque, un grand nombre de mortels injustement séduits y suivaient les cérémonies démoniaques. Depuis ce combat elle a été appelée la montagne sacrée, c'est-à-dire consacrée.

Cependant, ils regardent les bœufs qui s'en viennent de loin, indomptés et mugissants, agitant l'air des cornes placées au sommet de leur front et faisant trembler la terre de leurs sabots. Alors qu'ils semblaient prêts à les poursuivre avec fureur pour les tuer cruellement, une telle douceur de mansuétude s'empare d'eux, qui auparavant s'avançaient en courant pour infliger une défaite d'une féroce atrocité, que, baissant la nuque, ils posent leurs cornes dans les mains des saints. Les porteurs du saint corps, caressant les animaux féroces devenus dociles, leur imposent des jougs sans tarder, et s'avançant tout droit entrent dans le palais de la femme avec leurs bœufs domptés. Stupéfaite, celle-ci reconnut les miracles admirables qui avaient été accomplis et, poussée par ces trois signes incontestables, accéda à leur demande. Devenue soumise après avoir été impudente, elle leur remit sa petite maison ; régénérée par la foi en la sainte Trinité, elle devint avec sa famille une croyante dans le nom du Christ. Ainsi remplie du dogme de la foi sous l'inspiration de Dieu, elle, qui, sous l'empire d'une erreur fantastique, avait manifesté son pouvoir, s'humilia ; elle brisa et foula aux pieds les idoles, et détruisit les temples qui avaient été fondés sous son autorité.

Une fois les idoles renversées et réduites sur-le-champ en poussière, elle fit édifier sur la hauteur, creusé dans le sol, un sépulcre en pierre admirable, où le corps de l'apôtre fut déposé dans toutes les règles de l'art. Elle fit bâtir en ce même lieu une église de grande dimension qui, ornée d'un autel divin, annonça l'heureuse arrivée au peuple dévot. Au bout d'un certain temps, lorsque des foules innombrables eurent été enseignées dans la connaissance de la foi par les disciples de cet apôtre, lorsque les champs d'abord desséchés eurent été arrosés par une brève rosée céleste, la moisson féconde et multipliée par Dieu s'accrut. Deux maîtres, en effet, qui avaient suivi l'Apôtre par révérence à son égard, alors qu'ils passaient des journées à veiller sans discontinuer avec beaucoup d'émotion auprès du sépulcre récemment construit, atteignirent le terme de leur vie en ce bas monde, exhalèrent leur esprit dans une expiration heureuse et portèrent joyeusement leurs âmes dans les cieux. Leur excellent précepteur, ne les laissant pas seuls, obtint qu'ils soient, par la faveur divine, associés au ciel avec lui comme ils l'avaient été sur la terre. Vêtu du manteau de pourpre dans la cour céleste avec ses fidèles, le front ceint d'une couronne de feuillage, il resplendit, donnant son patronage d'une faveur invaincue aux malheureux qui l'implorent, avec l'aide de notre Seigneur et Sauveur Jésus-Christ, dont le règne et la gloire perdurent, avec le Père et le Saint Esprit maintenant et toujours dans les siècles des siècles. Amen. Tels sont les noms des sept disciples : Torquat, Eufrase, Disefons, Sicilius, Isicius, Second, Indalèce. Il fut apporté par eux dans les régions occidentales et il fut enseveli à l'extrémité de toute l'Espagne, face à la mer de Bretagne [1].

---

[1] Ces deux dernières phrases, qui renvoient à la légende des sept évangélisateurs comme au martyrologe messin, sont manifestement le résultat d'une interpolation, comme l'ont reconnu les Bollandistes et Mgr Duchesne.

Chapitre II

ÉPÎTRE DU PAPE LÉON SUR LA TRANSLATION DE SAINT JACQUES APÔTRE QUI EST CÉLÉBRÉE LE 30 DÉCEMBRE

« Que vos fraternités apprennent, très chers pasteurs de toute la chrétienté, de quelle façon le corps entier du bienheureux apôtre Jacques a été transféré en Espagne. Après l'ascension de notre Seigneur Jésus-Christ, notre Sauveur, dans les cieux et l'arrivée de l'Esprit-Saint sur les disciples, onze années après la passion du Christ, au moment des Azymes, le bienheureux apôtre Jacques, au cours d'une visite des synagogues juives de Jérusalem, fut pris par le grand prêtre Abiathar, avec Josias son disciple, et décapité sur l'ordre d'Hérode. Mais le corps du très saint apôtre Jacques fut enlevé par ses disciples de nuit, par peur des Juifs.

« Accompagnés d'un ange du Seigneur, ils parvinrent sur le rivage de la mer à Jaffa. Là, comme ils délibéraient sur ce qu'ils devaient faire, voici que, sur un ordre divin, apparut un navire prêt à appareiller. Tout joyeux, ils montent à bord en emportant le disciple de notre Rédempteur et, ayant mis la voile, grâce aux vents favorables et à une navigation très tranquille sur les ondes de la mer, louant la clémence de notre Sauveur, ils parvinrent au port d'Iria, où, de joie, ils chantèrent ce verset de David : *Sur la mer sont tes chemins, tes sentiers sont sur de nombreuses eaux.* Étant descendus du navire, ils s'en furent déposer le corps très saint dans une petite bourgade appelée Libre Don, distante de la ville susdite de huit milles, où il est aujourd'hui vénéré. Dans ce lieu, ils trouvèrent une très grande idole construite par les païens, puis, en regardant partout, découvrirent une crypte, dans laquelle se trouvaient des outils de fer avec lesquels les tailleurs de pierre construisaient les maisons. Tout joyeux donc, les compagnons détruisirent l'idole en question et la réduisirent en poussière. Puis, creusant profond, ils posèrent de très solides fondations sur lesquelles ils édifièrent une petite chambre voûtée et, à l'intérieur de celle-ci, ils construisirent un tombeau de pierre où est enfermé dans les règles de l'art le corps de l'apôtre. Au-dessus est édifiée une église de petite dimension qui, ornée d'un autel divin, ouvre au peuple dévot un heureux accès. Après l'inhumation du corps très saint, ils célébrèrent les louanges au Roi souverain avec ces versets des Psaumes de David : *Le juste se réjouira dans le Seigneur, il espérera en lui, et tous ceux qui ont le cœur droit le loueront.* Ainsi que : *Dans une éternelle mémoire sera le juste, il ne redoutera pas qu'on parle mal de lui.*

« Quelque temps après, une fois les populations instruites des lumières de la foi grâce à la prédication des disciples de l'apôtre, grandit rapidement une moisson féconde et multipliée par Dieu. Deux compagnons prirent alors la sage décision de rester là pour garder ce précieux trésor, c'est-à-dire pour vénérer le corps du bienheureux Jacques, l'un appelé Théodore et l'autre Athanase. Les autres disciples pénétrèrent donc dans les Espagnes pour y prêcher avec l'aide de Dieu, comme nous l'avons dit. Mais ces deux-là, par déférence pour leur maître, devenus ses serviteurs, restèrent à garder sans discontinuer, avec grande affection, son tombeau, et demandèrent qu'après leur mort ils soient enterrés par les chrétiens l'un à la droite, l'autre à la gauche de leur maître, tout près de lui. Et une fois atteint le temps de leur vie, acquittant leur tribut à la nature, ils exhalèrent dans la joie leur dernier soupir et rendirent, heureux, leur âme au ciel. Ne les abandonnant pas, leur excellent maître obtint de Dieu qu'ils soient en sa compagnie dans le ciel comme sur la terre et, recouvert d'une étole de pourpre dans la cour éternelle, il se réjouit avec les mêmes disciples, portant une couronne et désireux de défendre par une intercession invincible les malheureux qui l'implorent, avec l'aide de notre Maître et Sauveur Jésus-Christ, qui règne avec le Père et l'Esprit-Saint pour les siècles des siècles. Amen. »

Chapitre III

LE PAPE CALIXTE SUR LES TROIS SOLENNITÉS
DE SAINT JACQUES ET LA PROCESSION
DU ROI ALPHONSE

Le bienheureux évangéliste Luc montre dans les Actes des Apôtres, là où il dit : *C'étaient les jours des pains Azymes,* etc., que le bienheureux apôtre Pierre fut tiré de prison par Hérode les jours des Azymes. Le bienheureux Jacques, quant à lui, a été tué avant Pâques par le même Hérode au temps de la famine qui avait été annoncée par le prophète Agabus et eut lieu sous Claude, empereur de Rome. Il dit en effet : « En ce même temps le grand roi Hérode envoya affliger des membres de l'Église ; il fit périr Jacques, frère de Jean, par le glaive. » Il montre le moment de la passion du bienheureux Jacques et même les personnes de ce temps mais il tait le jour lui-même. Ce jour, quant à lui, bien qu'il demeurât ignoré de tous pendant longtemps, fut découvert par une vision spirituelle à un fidèle que je connais. Il fut révélé en effet à celui-ci – durant la nuit qui est celle de la vigile de l'Annonciation à la bienheureuse Vierge Marie – que le bienheureux Jacques fut alors amené devant le conseil d'Hérode dans quelque salle pour y être jugé. Il se produisit un grand mouvement dans le peuple des Juifs et des gentils, les uns disant que le pieux apôtre ne devait pas être tué, les autres estimant le contraire. Dès qu'il eut été condamné par le tribunal injuste d'Hérode, il fut amené par la main des bourreaux d'Hérode et lié de chaînes au cou en dehors de la ville et il y fut décapité. Aussitôt un excellent homme qui était une sorte de prélat, le plaignant avec de la douceur et des pleurs, parla ainsi de Dieu à la foule réunie dans la cour royale, disant : « Il a été jugé vers la troisième heure et vers la neuvième heure, comme le Christ, il a trépassé. » Le maître et le disciple ont subi la passion le même jour et à la même heure. D'autres allaient vaquer à leurs affaires ou à leur travail, lui-même allait à sa digne tâche qui est de mériter la couronne du martyre. D'autres allaient manger et boire, lui allait recevoir la bienheureuse nourriture et le breuvage de la passion afin d'être digne de recevoir le breuvage de la vie éternelle, celui qui ne fait jamais défaut et, qui lui avait été promis par le Seigneur en ces termes : *Vous boirez mon calice.*

Mais le bienheureux Jérôme écrivit le premier, dans son martyrologe qu'il envoya aux saints évêques Chromace et Héliodore, de célébrer la passion de Jacques le 25 juillet. Ensuite le bienheureux pape Alexandre retint le même jour, lorsqu'il ordonna de célébrer les liens de saint Pierre le 1er août. Ce jour-là, comme il est dit dans les *Histoires de Rome*, ledit pape déposa les chaînes de saint Pierre, apportées longtemps auparavant par l'impératrice Eudoxie de Jérusalem à Rome, dans le sanctuaire de saint Pierre, après les avoir ointes d'eau bénite et d'huile sainte ; et il ordonna de célébrer en l'honneur de saint Pierre les solennités célébrées auparavant en usage chez les gentils aux calendes du sixième mois, c'est-à-dire le 1er août, pour commémorer la victoire de César sur Cléopâtre, nourrie par le serpent. De l'avis du pape Alexandre, ce même jour, la fille d'un certain Quirinus, le dignitaire romain qui avait mis le bienheureux Pierre en prison, embrassa les fers de l'apôtre et fut libérée de son mal. Sur quoi le même Quirinus fit ce qu'il devait et rendit la liberté à saint Pierre. Ensuite le bienheureux Bède, brillant docteur de la sainte Église, confirma que le 25 juillet devait être célébrée la passion du bienheureux Jacques, écrivant et disant dans son martyrologe que le mois de juillet est heureux d'avoir, selon la coutume, à célébrer, à deux fois quatre jours des calendes, Jacques, frère de Jean. Il souffrit sa passion le 25 mars, le 25 juillet il fut transporté d'Iria jusqu'à Compostelle et, le 30 décembre, il fut déposé dans son tombeau. Il fallut en effet le temps de juillet à décembre pour construire son tombeau. C'est à bon droit que l'Église a pris coutume de célébrer en ces jours les solennités de la Passion du bienheureux Jacques et les liens de saint Pierre, car, si elle célébrait ces mêmes solennités vers Pâques ou la quadragésime, elle devrait renoncer indignement à célébrer leur office quand il tombe le même jour que les autres solennités. Maintes fois, en effet, l'Annonciation à la bienheureuse Vierge Marie, qui doit être célébrée le 24 mars, tombe entre les Rameaux et Pâques ou pendant la semaine de la Résurrection et ne peut être célébrée pleinement. La fête des miracles de saint Jacques qui est célébrée le 3 octobre, date à laquelle le bienheureux apôtre ressuscita l'homme qui s'était tué sur le conseil du démon, fut décrétée par le bienheureux Anselme. Quant à nous, nous affirmons cette même chose. On rapporte que la célébration de la Translation et de la Déposition du bienheureux Jacques en Galice fut fixée au 30 décembre par l'illustre empercur d'Espagne Alphonse, digne de bonne mémoire, avant qu'elle ne soit confirmée par notre autorité. Il croyait que la solennité de sa Translation n'était pas moins importante que celle de sa Passion, parce que dans la translation le peuple de Galice reçut avec joie le réconfort de la présence physique du disciple du Seigneur.

Au cours de cette célébration, le roi vénérable, par vénération envers les douze apôtres, avait coutume de déposer douze marcs d'argent et autant de talents d'or sur le vénérable autel apostolique, selon l'usage pour la messe, et d'offrir en outre des gratifications, dons et cadeaux gracieux à ses soldats, et de les revêtir de vêtements en soie et de manteaux d'apparat, de donner aux écuyers la tenue militaire, d'apprêter les nouveaux soldats et de pourvoir tous les visiteurs, tant connus qu'inconnus, de divers aliments, ne fermant à aucun pauvre les portes de sa cour, mais invitant les hérauts à appeler tout le monde au repas à son de trompe. Quant à lui, revêtu des insignes royaux, et entouré de toute part de rangées de soldats et des diverses catégories de notables et de comtes, il s'avançait ce jour-là en procession solennelle, comme il convient à un roi, vers la basilique du bienheureux Jacques.

L'admirable sceptre d'argent de l'empire d'Espagne, que le vénérable roi tenait entre ses mains, resplendissait de ses fleurs d'or, de ses divers ornements et de toutes les pierres précieuses qui y étaient serties. Le diadème d'or dont le roi très puissant était couronné en l'honneur de l'apôtre était décoré de fleurs d'émeraude et de sculptures noires, de toute sorte de pierres précieuses et de représentations éclatantes d'animaux terrestres et d'oiseaux. L'épée à double tranchant qui était portée nue devant le roi était ornée de fleurs d'or, d'un arbre d'or portant des lettres d'une extrême blancheur et d'une croix d'argent. Devant lui, l'évêque de Saint-Jacques, revêtu des ornements épiscopaux, le chef couvert d'une mitre blanche, chaussé de sandales dorées, portant un anneau d'or et des gants blancs, et orné de la crosse d'ivoire épiscopale, menait le cortège comme il convenait, entouré de ses coadjuteurs. Le clergé qui s'avançait devant lui était revêtu d'ornements vénérables. Les manteaux en forme de capes dont les soixante-douze chanoines de Saint-Jacques étaient revêtus étaient, chose admirable, couverts de pierres précieuses et de nœuds d'argent, de fleurs d'or, de superbes franges, devant et en bas tout autour. Les uns étaient vêtus de dalmatiques en soie qui tombaient des épaules jusqu'en bas en lanières pourvues de franges d'or. D'autres portaient des colliers d'or ornés de pierres précieuses en tout genre, et des épaulettes d'or, des mitres magnifiques, des sandales élégantes, des ceintures d'or, des étoles aux franges d'or, des manipules ornés de gemmes. Que dire de plus ? Les clercs du chœur étaient ornés de toute sorte de pierres précieuses et de tout un luxe d'or et d'argent d'un prix inestimable. Les uns agitaient avec grâce des candélabres, les autres des croix dorées, d'autres encore des tissus d'or garnis de pierres précieuses en tout genre, d'autres des capsules pleines de reliques de la plupart des saints, d'autres des banderoles, d'autres des bâtons d'or ou d'ivoire comme en ont les chantres, dont le sommet était décoré d'onyx, ou de béryl, ou de saphir, ou d'escarboucle, ou d'émeraude, ou d'autres pierres précieuses. D'autres encore portaient deux tables argentées au dessus doré et posées sur des chariots d'argent, que surmontaient des cierges brûlants offerts par le peuple dévot. Les suivaient des gens pieux, héros, gouverneurs, aristocrates, nobles, comtes, domestiques et barbares, en tenue de fête. Les chœurs des dames vénérables qui les suivaient avec une dévotion extrême et une très sobre retenue étaient ornés en l'honneur d'une telle solennité de pierres très précieuses et vêtus de pèlerines d'une admirable diversité et de divers vêtements. [**+ Les chœurs des dames vénérables les suivaient, en souliers dorés, en fourrures de martre, de zibeline, d'hermine, de renard, en chemises pastel, en fourrures mouchetées de petit-gris, en capotes écarlates à l'extérieur et mordorées à l'intérieur, portant des croissants d'or, des anneaux pour séparer les cheveux, des pendentifs aux oreilles, des colliers, des ceintures d'or, des diadèmes en soie, des mantelets, des rubans, des mousselines, des cheveux tressés de fils d'or et autres habits de cérémonie. +**]

Chapitre IV

LES CONQUES DE SAINT JACQUES

On rapporte que, partout où le son d'une conque marine de saint Jacques, que les pèlerins ont coutume d'emporter avec eux, résonne aux oreilles des populations, la dévotion de la foi se trouve augmentée en elles et que toutes les embûches de l'ennemi sont écartées : le fracas de la grêle, les bourrasques de l'ouragan, la fureur des tempêtes sont apaisés, le tonnerre et la foudre, les coups de vent se font plus retenus et moins dangereux, les puissances des airs sont dominées.

HISTOIRE
DE CHARLEMAGNE ET DE ROLAND
PAR L'ARCHEVÊQUE TURPIN

TURPIN ARCHEVÊQUE DE REIMS.
HISTOIRE DE CHARLEMAGNE ET DE ROLAND

[** Turpin, par la grâce de Dieu archevêque de Reims et compagnon assidu de l'empereur Charlemagne en Espagne, à Léoprand, doyen d'Aix-la-Chapelle, salut en Notre Seigneur.

Puisque vous m'avez demandé naguère, quand j'étais à Vienne, encore un peu souffrant des cicatrices de mes blessures, de vous écrire comment Charlemagne, notre très illustre empereur, a délivré de l'oppression des Sarrasins le pays d'Espagne et de Galice, je n'hésite pas à affirmer comme étant hors de doute les détails de ses hauts faits admirables et ses triomphes dignes d'éloges sur les Sarrasins d'Espagne, que j'ai vus de mes propres yeux pendant les quatorze ans au cours desquels j'ai parcouru l'Espagne et la Galice avec lui et ses armées, et à les adresser au frère que vous êtes. Les grandes choses que fit le roi en Espagne ne sont trouvées divulguées de manière suffisante dans aucune chronique, et, comme vous me l'avez écrit, le frère que vous êtes n'a pu les trouver intégralement. (*Autre version :* En effet, comme vous me l'avez écrit, vous n'avez pu retrouver publiées intégralement dans la *Chronique royale de Saint-Denis* les merveilles accomplies par l'empereur en Espagne. Ou bien leur grand nombre aurait mené l'auteur trop loin ou bien, n'ayant pas été en Espagne, il ne les a pas connues. Comprenez qu'elles n'y sont aucunement consignées intégralement et que pourtant le présent volume ne les contredit jamais.)

Vivez bien portant et agréable au Seigneur. Amen. +**]

SOMMAIRE DES CHAPITRES
DE L'HISTOIRE DE CHARLEMAGNE ET DE ROLAND

Chapitre premier

COMMENT L'APÔTRE APPARUT À CHARLES

Jacques, le très glorieux apôtre de Jésus-Christ, fut le premier, dit-on, à prêcher l'Évangile en Galice quand les autres apôtres et disciples du Seigneur se dispersèrent dans tous les pays du monde. Plus tard, lorsque l'Apôtre eut été mis à mort par le roi Hérode et que son corps eut été transporté par la mer jusqu'en Galice, ses disciples évangélisèrent celle-ci. Mais ensuite, les Galiciens, tyrannisés par leurs péchés, abandonnèrent la foi chrétienne et retombèrent sous la loi païenne, jusqu'au temps de Charlemagne, empereur des Romains, des Français, des Germains et d'autres peuples. Ce même Charlemagne, après avoir accompli tant de travaux dans tant de pays de l'univers, après avoir conquis grâce à l'aide de Dieu et par l'invincible puissance de son bras tant de royaumes, l'Angleterre, la France, la Germanie, la Bavière, la Lorraine, la Bourgogne, l'Italie, la Bretagne et d'autres pays, ainsi que des villes innombrables de l'une à l'autre mer, les avoir arrachés aux mains des Sarrasins et soumis à la foi chrétienne, lassé de ce rude labeur et de ces efforts, décida de ne plus commencer de guerre et de se donner du repos. Aussitôt il vit dans le ciel une sorte de chemin formé d'étoiles qui commençait à la mer de Frise et, se dirigeant entre la Germanie et l'Italie, entre la Gaule et l'Aquitaine, passait tout droit à travers la Gascogne, le Pays basque, la Navarre et l'Espagne jusqu'en Galice, où reposait alors *incognito* le corps du bienheureux saint Jacques. Après avoir vu plusieurs fois de suite ce phénomène, Charles ne cessa de se demander ce qu'il signifiait. Alors qu'il avait l'esprit plongé dans ces pensées, un héros lui apparut en songe pendant la nuit, d'une beauté si merveilleuse qu'on ne saurait l'exprimer, qui lui dit :

« Que fais-tu, mon fils ?

– Qui êtes-vous, Sire ? demanda celui-ci.

– Je suis, dit-il, l'apôtre Jacques, le disciple du Christ, le fils de Zébédée et le frère de Jean l'évangéliste, celui que, sur le lac de Galilée, le Christ a daigné choisir, par une grâce ineffable, pour prêcher sa foi aux peuples, celui que le roi Hérode fit périr par le glaive et dont le corps repose inconnu dans la Galice à présent opprimée par les Sarrasins. Et je m'étonne fort que toi, qui as conquis tant d'États et de villes, tu n'aies pas encore délivré ma terre des Sarrasins. C'est pourquoi je t'annonce que Notre Seigneur, qui t'a fait plus puissant que tous les rois du monde, t'a choisi entre eux tous pour préparer mon chemin et délivrer ma terre des mains des Moabites, afin que te soit réservée la couronne de la récompense éternelle. Le chemin d'étoiles que tu as vu dans le ciel signifie que tu iras d'ici jusqu'en Galice avec de grandes armées combattre cette race perfide de païens, libérer mon chemin et ma terre, et visiter mon église et ma sépulture. Et après toi, tous les peuples y viendront en pèlerinage de l'une à l'autre mer, implorant du Seigneur le pardon de leurs péchés, proclamant les louanges de Dieu, sa force et les miracles qu'il fit. Ils y viendront depuis le temps de ta vie jusqu'à la fin de ce siècle. Mais maintenant, pars au plus vite, car je serai ton secours en toutes choses. À cause de tes travaux, je demanderai pour toi au Seigneur une couronne céleste et ton nom sera honoré jusqu'à la fin des temps. »

C'est ainsi que le bienheureux Apôtre apparut trois fois à Charles. Après l'avoir entendu, Charles, confiant dans la promesse de l'Apôtre, rassembla de nombreuses troupes et entra en Espagne pour y combattre la race perfide.

Chapitre II

LES MURS DE PAMPELUNE
TOMBENT D'EUX-MÊMES

La première ville qu'il assiégea fut Pampelune. Elle se maintint pendant trois mois malgré le siège, et il ne pouvait s'en emparer car elle était entourée de murailles imprenables. Alors il adressa une prière au Seigneur, disant : « Seigneur Jésus-Christ, dont je suis venu en ce pays défendre la foi contre une race perfide, accorde-moi de prendre cette ville pour la gloire de ton nom ! Ô bienheureux saint Jacques, s'il est vrai que tu m'es apparu, accorde-moi de la prendre. » Alors, à la prière de saint Jacques et par la grâce de Dieu, les murs s'effondrèrent entièrement. Il laissa la vie sauve aux Sarrasins qui voulurent recevoir le baptême mais fit périr par l'épée ceux qui le refusèrent. Le bruit de ces choses admirables s'étant répandu, les Sarrasins se prosternèrent devant Charles, où qu'il allât, envoyèrent des tributs à sa rencontre, se rendirent à lui, eux et leurs villes, et toute cette terre se soumit à sa loi. La gent sarrasine était émerveillée de voir la troupe française aussi valeureuse, aussi bien vêtue et d'aspect aussi élégant. C'est pourquoi elle déposait les armes et l'accueillait respectueusement et pacifiquement. Ensuite, après avoir rendu visite au tombeau du bienheureux Jacques, Charles alla sans rencontrer de résistance jusqu'à El Padrón et planta sa lance dans la mer, rendant grâces à Dieu et à saint Jacques, qui l'avaient amené jusque-là, alors qu'il n'avait pu y venir auparavant. Quant aux Galiciens qui, depuis la prédication du bienheureux Jacques et de ses disciples, étaient retournés à l'infidélité païenne, il les régénéra par la grâce du baptême administré par les mains de l'archevêque Turpin, ainsi que ceux qui n'étaient pas encore baptisés et voulaient confesser la vraie foi. Quant à ceux qui refusèrent d'adhérer à la foi, ou il les fit périr par le glaive, ou il les fit prisonniers et les plaça sous la domination de chrétiens. Ensuite, il traversa toute l'Espagne, de l'une à l'autre mer.

Chapitre III

NOMS DES VILLES ESPAGNOLES

Les villes et localités de quelque importance qu'il conquit alors en Galice s'appellent comme suit en langue vernaculaire : Viseu, Lamego, Dume, Coïmbra, Lugo, Orense, Iria Flavia, Tuy, Mondonedo, Braga, Guimaraes, La Coruna, Compostela, qui était alors petite. En Espagne : Alcala de Henares, Guadalajara, Talamanca, Uceda, Olmos de la Picaza, Canales de Molina, Madrid, Maqueda, Santa Olalla, Talavera de la Reina, qui est une contrée fertile, Medinaceli, ville de premier plan, Berlanga de Duero, Osma, Siguenza, Segovia, qui est une grande ville, Avila, Salamanca, Sepulveda, Toledo, Calatrava, Badajoz, Trujillo, Talavera la Real, Godiana, Merida, Zamora, Palencia, Lusierna en Valverde, Caztro de Ventosa, Ventas de Caparra, Astorga, Oviedo, Leon, Carrion de los Condes, Burgos, Najera, Calahgorra, Arcos, Estella, Calayatud, Milagro, Tudela, Saragoza qui est dite Caesaraugusta, Pamplona, Bayonne, Jaca, Huesca, la ville aux soixante tours, Tarazona de Aragon, Barbastro, Rosas, Urgel, Elne, Gerona, Barcelona, Tarragona, Lérida, Tortosa, la ville forte de Berbegal, la ville forte de Carmona, la ville forte d'Oreja, la ville forte d'Alagon, la ville Alhama de Aragon, Sevilla, Escalona, Malaga, Burriana, Cutanda, Ubeda, Baeza, El Pedroso où l'on fait le plus bel argent, Valencia, Denia, Jativa, Granada, Sevilla, Cordoba, Abla, Guadix el Viejo, où repose le bienheureux Torquatus, confesseur du Christ, disciple du bienheureux Jacques, dont la tombe est ornée d'un olivier qui fleurit par la volonté de Dieu de fruits naturels le 15 mai de chaque année, jour de sa fête. La ville de Bizerte avec de courageux guerriers que le peuple nomme Arabits, l'île de Majorque, la ville de Bougie, qui a traditionnellement un roi, l'île de Djerba, la ville d'Oran en Arabie, Melita, Ibiza, Formentera, Alcoraz, Almeria, Almunecar, Gibraltar, Carteya, Ceuta située dans une région de l'Espagne où la mer forme un détroit, enfin Algésiras et Tarifa. Vient ensuite tout le pays des Espagnols, à savoir les régions d'Andalousie, du Portugal, la Sierra Morena, la région d'El Pardo, la Castille, le pays des Maures, la Navarre, le pays des Alavares et de la Biscaye, le Pays basque et celui des Palarques. Toutes ces villes, Charles s'en empara soit sans combat, soit après de grands combats et au prix de grands efforts, sauf la ville de Luserna déjà citée, bastion fortifié dans une verte vallée et dont il ne réussit pas à s'emparer. Il y revint plus tard, l'investit, puis l'assiégea pendant quatre mois environ. Il fit alors une prière à Dieu et à saint Jacques : les murs de celle-ci tombèrent et elle demeura inhabitable jusqu'à nos jours. En effet un flot d'eau noire surgit au milieu d'elle dans laquelle nageaient de grands poissons noirs. D'autres rois de France et empereurs d'Allemagne avaient conquis avant Charlemagne quelques-unes des villes susnommées, qui étaient retournées au paganisme jusqu'à sa venue ; après sa mort aussi de nombreux rois et princes ont combattu les Sarrasins en Espagne. Ainsi Clovis, le premier roi chrétien des Francs, Lothaire, Dagobert, Pépin, Charles Martel, Charles le Chauve, Louis et Carloman conquirent en partie l'Espagne, la perdirent en partie, mais notre Charlemagne a dominé en son temps toute l'Espagne. Les villes suivantes qu'il eut d'abord beaucoup de peine à conquérir et qu'il maudit demeurèrent sans habitants jusqu'à aujourd'hui : Luserna, Castro de Ventosa, Caparra et Alhama.

Chapitre IV

L'IDOLE DE MAHOMET

Charles détruisit entièrement les idoles et les simulacres qu'il trouva alors en Espagne, sauf l'idole qui se trouve en Andalousie dans un lieu qui s'appelle Salam Cadix. Cadix est le lieu où elle se trouve. Salam en arabe veut dire « Dieu ». Les Sarrasins rapportent que Mahomet, quand il vivait, a fabriqué lui-même cette idole qu'ils adorent, à laquelle il a donné son nom et dans laquelle il a emprisonné par la magie une légion de démons qui donnent à cette idole une telle force que jamais personne ne pourra la briser. Si quelque chrétien en approche, il est aussitôt en péril de mort. Mais si c'est un Sarrasin qui vient à Mahomet pour l'adorer ou le prier, il se retire sain et sauf. Si par hasard un oiseau vient à se poser sur l'idole, il meurt sur-le-champ. Il y a ainsi, au bord de la mer, une pierre ancienne très bien travaillée, œuvre des Sarrasins. Elle se dresse au-dessus de la terre, large et carrée dans sa partie inférieure, étroite dans sa partie supérieure et monte jusqu'à la hauteur où le corbeau peut s'élever. À son sommet se dresse une statue du laiton le plus fin représentant une forme humaine en pied, la face tournée vers le midi et tenant à la main une immense massue. Cette massue, disent-ils, tombera de sa main l'année où naîtra en France le roi qui doit soumettre un jour toute la terre d'Espagne à la foi chrétienne. Dès qu'ils auront vu la clé tomber, ils enterreront tous leurs trésors et prendront tous la fuite.

Chapitre V

LES ÉGLISES QU'ÉLEVA CHARLEMAGNE

De l'or qu'il reçut des rois et des princes d'Espagne, Charlemagne, pendant les trois années qu'il demeura dans ces régions, agrandit la basilique du bienheureux Jacques, y établit un évêque et des chanoines selon la règle du bienheureux Isidore, évêque et confesseur, et la pourvut abondamment de cloches, de vêtements sacrés, de livres et d'autres objets du culte. De l'immense quantité d'or et d'argent qui lui resta et qu'il rapporta d'Espagne, il fit construire de nombreuses églises à son retour, par exemple l'église de la bienheureuse Vierge Marie à Aix-la-Chapelle et la basilique Saint-Jacques de la même ville, l'église Saint-Jacques de Béziers, la basilique Saint-Jacques de Toulouse, et celle qui est en Gascogne, entre la ville que le peuple nomme Dax et Saint-Jean de Sorde, le long du chemin de Saint-Jacques, ainsi que l'église Saint-Jacques qui est à Paris entre la Seine et Montmartre, sans compter d'innombrables abbayes qu'il établit par le monde.

Chapitre VI

AIGOLAND

Quand Charles fut revenu en France, un certain roi païen de l'Afrique, nommé Aigoland, s'empara de l'Espagne avec ses armées, chassa et extermina dans les châteaux et les villes les garnisons chrétiennes que Charles avait laissées pour garder le pays. À la nouvelle de ces événements, Charles revint en Espagne avec des armées nombreuses, placées sous le commandement de Milon d'Anglers.

Chapitre VII

EXEMPLUM DE L'AUMÔNE FAITE PAR UN MORT

Il nous faut raconter ici l'histoire exemplaire, que le Seigneur daigna faire voir à tous, de ceux qui retiennent injustement les aumônes laissées par les morts. Comme l'armée de Charles était logée à Bayonne, ville du Pays basque, un soldat nommé Romarius tomba gravement malade. Se voyant près de mourir, il se confessa à un prêtre, communia et chargea un sien cousin de vendre son cheval et d'en donner le prix aux clercs et aux pauvres. Après sa mort, son cousin, en proie à la convoitise, vendit le cheval cent sols qu'il dépensa bien vite à boire, à manger et à se vêtir. Mais puisque la vengeance du divin juge suit habituellement le crime de bien près, au bout de trente jours le mort apparut en songe au coupable, pendant la nuit, et lui dit : « Parce que je t'avais chargé de faire l'aumône avec les biens que je t'avais confiés, sache que Dieu m'a remis tous mes péchés. Mais parce que tu as injustement retenu mon aumône, apprends que j'ai passé trente jours dans les peines de l'enfer. Mais toi tu seras demain dans l'enfer d'où je suis sorti, tandis que j'entrerai au paradis. » Ayant ainsi parlé, le mort disparut et le vivant s'éveilla plein d'épouvante. Le matin, comme il faisait à tous le récit de ce qu'il avait entendu et que toute l'armée s'entretenait de ce prodige hors du commun, un vacarme extraordinaire se fit entendre dans les airs au-dessus du coupable, semblable à des rugissements de lions, des hurlements de loups, des beuglements de veaux. Et, tout à coup, au milieu de ce vacarme, il fut enlevé par les démons, vivant et plein de santé, aux yeux des assistants. Pendant quatre jours, on le chercha, à pied et à cheval, par monts et par vaux, sans le trouver nulle part. Au bout de douze jours, alors que notre armée traversait les solitudes des Navarrais et des Alavares, on trouva son corps sans vie et fracassé sur la pointe d'un rocher, à trois lieues de la mer et à quatre journées de marche de la ville mentionnée ci-dessus. Les démons avaient rejeté son corps et emmené son âme dans les enfers. Sachent ceux qui retiennent injustement les aumônes confiées par un mort qu'ils seront damnés éternellement.

Chapitre VIII

LA BATAILLE DE SAINT-FACOND
OÙ LES LANCES REVERDIRENT

Après quoi Charles et Milon se mirent avec leurs armées à chercher Aigoland en Espagne. L'ayant recherché avec circonspection, ils le trouvèrent en un endroit appelé « Des Champs », sur le bord du fleuve Ceia, dans des prairies qui formaient un emplacement remarquable et plat. C'est là que plus tard, sur l'ordre de Charles et grâce à ses dons, fut élevée aux bienheureux martyrs Facond et Primitif une grande et belle basilique où reposent leurs corps. Une abbaye de moines y fut fondée ainsi qu'une grande et belle ville. À l'approche de Charles, Aigoland lui proposa la bataille selon sa volonté, ou vingt contre vingt, ou quarante contre quarante, ou cent contre cent, ou mille contre mille, ou deux contre deux, ou un contre un. Sur quoi Charles envoya cent des siens contre cent de ceux d'Aigoland, et les Sarrasins périrent. Alors Aigoland en envoya deux cents contre deux cents, et aussitôt périrent tous les Maures. Ensuite Aigoland en envoya deux mille contre deux mille, une partie périt encore et l'autre lâcha pied. Le troisième jour, Aigoland consulta en secret le sort et apprit que Charles serait vaincu. Il lui proposa une grande bataille pour le lendemain, si Charles voulait bien, et les deux parties en convinrent. Le soir avant le jour de la bataille, quelques chrétiens préparèrent soigneusement leurs armes et fichèrent leurs lances en terre devant le camp, dans la prairie au bord du fleuve. Le matin, ils trouvèrent couvertes d'écorce et de feuillage les lances de ceux qui devaient recevoir dans cette bataille la palme du martyre pour la foi en Dieu. Remplis d'admiration plus qu'on ne saurait dire, ils attribuèrent un si grand miracle à la grâce divine, coupèrent leurs lances presque à ras de terre, et les racines, restant dans le sol comme des surgeons, poussèrent depuis et devinrent de grands arbres qu'on peut voir encore en cet endroit. Beaucoup de ces lances étaient en bois de frêne. Il y eut là un grand événement et une grande joie, un grand profit pour les âmes et un grand dommage pour les corps ! Que dire de plus ? La bataille a lieu entre les deux armées, quarante mille chrétiens y périssent. Le duc Milon, père de Roland, y conquit la palme du martyre avec ceux dont les lances avaient reverdi et le cheval de Charles fut tué. Ainsi démonté, Charles se trouva avec deux mille fantassins chrétiens encerclé par les Sarrasins. Il tira du fourreau son épée Joyeuse et trancha de nombreux Sarrasins par le milieu du corps. Mais, comme le soir tombait, chrétiens et Sarrasins regagnèrent leurs camps. Le lendemain, quatre marquis d'Italie arrivèrent au secours de Charles avec quatre mille hommes d'armes. À peine Aigoland en apprit-il la nouvelle qu'il prit la fuite, se réfugia près de León, et Charles rentra en France avec ses armées. Dans cette bataille, il convient de reconnaître le salut assuré des combattants du Christ. Comme, avant la bataille, les soldats de Charles préparèrent leurs armes pour le combat, ainsi devons-nous préparer nos armes, c'est-à-dire les vertus, pour combattre les vices. Quiconque oppose la foi à l'hérésie dépravée, ou la charité à la haine, ou la générosité à l'avarice, ou l'humilité à l'orgueil, ou la chasteté à la luxure, ou la prière instante à la tentation démoniaque, ou l'esprit de pauvreté à la prospérité, ou la persévérance à l'inconstance, ou le silence aux querelles, ou l'obéissance aux intérêts charnels, verra ses lances fleuries et victorieuses le jour du jugement de Dieu. Qu'elle sera heureuse et fleurie, dans le royaume céleste, l'âme du vainqueur qui aura loyalement combattu sur terre contre les vices. Nul ne sera couronné en dehors de ceux qui auront loyalement combattu. Et comme les chevaliers de Charles succombèrent en combattant pour la foi de Jésus-Christ, ainsi devons-nous mourir aux vices et vivre en ce monde pour les saintes vertus, jusqu'à ce que nous soyons dignes de recevoir dans le royaume des cieux la palme fleurie de la victoire.

Chapitre IX

LA VILLE D'AGEN

Alors Aigoland rassembla autour de lui des peuples innombrables, Sarrasins, Maures, Moabites, Éthiopiens, Sarrans, Parthes, Africains, Perses, le roi d'Arabie Téxéfine, le roi Burrabel d'Alexandrie, le roi Avitus de Bougie, le roi Hospine de Djerba, le roi Fatime de Berbérie, le roi Ailios de Maroc, le roi Aphinorgée de Majorque, le roi Maimon de La Mecque, le roi Ibrahim de Séville, le roi Almansour de Cordoue et il parvint jusqu'à la ville gasconne d'Agen et s'empara d'elle. De là il manda à Charles de venir à lui pacifiquement avec une petite poignée de soldats, promettant de lui donner soixante chevaux chargés d'or, d'argent et de trésors divers, s'il voulait reconnaître sa souveraineté. Il lui disait cela pour faire sa connaissance et pouvoir ensuite le tuer pendant la bataille. Mais Charles le devina et s'avança avec deux mille de ses plus vaillants hommes jusqu'à quatre milles d'Agen. Il les laissa là cachés et vint avec soixante hommes d'armes seulement jusqu'à la montagne d'où l'on peut voir la ville à proximité. Là encore, il quitta ses soixante hommes, changea ses riches habits et s'avança, avec un seul compagnon vers la ville, sans sa lance, le bouclier en bandoulière sur le dos à la façon des messagers en temps de guerre. Quelques Sarrasins sortirent d'Agen et leur demandèrent ce qu'ils voulaient. « Nous sommes des messagers, dirent-ils, envoyés par le roi Charlemagne à Aigoland votre roi. » On les fit entrer dans la ville, les mena devant Aigoland et ils lui dirent : « Charles nous envoie à toi, car il vient lui-même, comme tu l'as ordonné, avec soixante soldats. Il veut combattre sous tes ordres et être ton vassal, si tu veux bien lui donner ce qui a été promis. Viens donc lui parler pacifiquement avec un pareil nombre de soixante hommes. » Aigoland prit ses armes et leur dit de retourner auprès de Charles et de lui dire de l'attendre. Il ne se doutait pas que c'était avec lui qu'il parlait. Mais Charles fit ainsi sa connaissance et découvrit par où la ville était plus facile à prendre. Il vit aussi les rois qui s'y trouvaient. Il revint ensuite jusqu'aux soixante guerriers qu'il avait laissés en arrière et, en leur compagnie, rejoignit les deux mille autres. Aigoland les suivait en toute hâte avec sept mille hommes d'armes pour tuer Charles. Mais les Français s'en aperçurent et prirent la fuite. Ensuite Charles revint en France, rassembla de grandes armées, revint sous les murs d'Agen et assiégea la ville pendant six mois. Le septième mois, il fit diriger contre les murs ses pierriers et ses mangonneaux, ses catapultes et ses béliers, ses châteaux de bois et ses autres machines de siège. Une nuit, Aigoland, les rois sarrasins et les principaux chefs, passant en cachette par les latrines et les ouvertures de la muraille, traversèrent la Garonne qui coule près de la ville et échappèrent aux mains de Charles. Le lendemain, Charles entra en grand triomphe dans la ville. Des Sarrasins qui se trouvaient là, certains furent tués, d'autres s'échappèrent en faisant une sortie impétueuse et en traversant la Garonne. Dix mille Sarrasins furent passés par l'épée.

Chapitre X

LA VILLE DE SAINTES
OÙ LES LANCES REVERDIRENT

Aigoland vint ensuite à Saintes qui était alors sous la domination des Sarrasins, et y demeura avec les siens. Charles le poursuivit et lui manda de rendre la ville. Le païen refusa mais sortit pour lui livrer une bataille après laquelle la ville serait au vainqueur. Mais le soir avant le jour de la bataille, alors que les tours de siège, les lignes de bataille et les bataillons étaient en place dans une prairie située entre le château de Taillebourg et la ville, tout contre la Charente qui coule là, quelques chrétiens fichèrent leurs lances en terre devant le camp. Le lendemain, ils trouvèrent leurs lances couvertes d'écorce et de feuillage, mais ceux-là seulement qui devaient recevoir dans la bataille la palme du martyre pour la foi du Christ. Comblés de joie par un si grand miracle, ils arrachèrent leurs lances de terre, se lancèrent les premiers dans la bataille et tuèrent quantité de Sarrasins, mais cependant obtinrent la couronne du martyre. Leur armée comptait quatre mille hommes. Le cheval de Charles fut tué. Charles lui-même, pressé par la multitude des païens, rassembla vigoureusement ses troupes, combattit à pied et en tua beaucoup. Fatigués du carnage et incapables de lui résister, les Sarrasins cherchèrent un refuge dans la ville. Charles quant à lui les poursuivit, assiégea la ville et en cerna les murs de toute part, sauf du côté du fleuve. Enfin Aigoland, la nuit suivante, prit la fuite avec ses troupes en traversant la rivière. Charles s'en aperçut, les poursuivit, tua le roi de Djerba et celui de Bougie, et encore un grand nombre de païens, environ quatre mille.

Chapitre XI

LES SOLDATS DES ARMÉES DE CHARLES

Aigoland passa le port de Cize, arriva à Pampelune et manda à Charles qu'il l'attendait là pour lui livrer bataille. À cette nouvelle, Charles rentra en France et convoqua au plus vite ses comtes et ses armées, les plus proches comme les plus lointains. Il fit publier dans toute la France que tous les serfs qui étaient attachés à de mauvais maîtres étaient affranchis de leur dépendance personnelle et dispensés de leurs redevances, eux comme leur descendance présente et future, et qu'ils seraient libres pour toujours. Il ordonna en outre que les francs, c'est-à-dire ceux qui iraient avec lui en Espagne pour combattre les païens, ne servent jamais plus sous quelque race barbare. Que dire encore ? Il rendit la liberté à tous ceux qui étaient prisonniers, il donna de l'argent aux pauvres, il habilla ceux qui étaient nus, il réconcilia les adversaires, il restitua leurs biens aux déshérités, il fournit des équipements de guerre à tous ceux qui savaient manier les armes et porter un bouclier, et, poussé par l'amour divin, il réhabilita ceux qu'il avait à bon droit privés de sa faveur, amis et ennemis, gens d'ici et d'ailleurs, et il gagna tout le monde à son expédition d'Espagne. Et tous ceux qu'il associa à son entreprise pour chasser les païens, nous Turpin, selon la volonté divine, nous leur avons remis leurs péchés par notre bénédiction et notre absolution. Après avoir ainsi rassemblé cent trente-quatre mille hommes d'armes, il se rendit en Espagne pour combattre Aigoland. Voici les noms des principaux guerriers qui l'accompagnaient. Moi, Turpin, archevêque de Reims, qui fortifiai par les enseignements de Jésus-Christ les courages du peuple fidèle, l'absolus de ses péchés et combattis souvent de mes propres armes contre les Sarrasins. Roland, chef des armées, comte du Mans et sire de Blaye, neveu de Charles, car il est fils de sa sœur Berthe et du duc Milon d'Anglers, avec quatre mille hommes. [**+ Il y eut bien un autre Roland, mais ce n'est pas le lieu de l'évoquer ici. +**] Olivier, chef d'armée, combattant infatigable, expérimenté, comte de Genève, fils du comte Rainier, avec trois mille hommes d'armes. Estout, comte de Langres, fils du comte Othon, ayant avec lui trois mille hommes d'armes. Arastagne, roi des Bretons, avec sept mille hommes d'armes. [**+ Il y avait alors en Bretagne un autre roi, mais dont on ne s'occupera pas ici.+**] Engelier, duc d'Aquitaine, avec quatre mille hommes d'armes, experts au maniement de toutes les armes, surtout de l'arbalète et de la flèche. [**+ À l'époque de ce comte Engelier, il y avait encore un comte en

Aquitaine, dans la ville de Poitiers, mais il n'en sera pas question ici.+**]
Notre Engelier était Gascon de naissance, duc de la ville d'Aquitaine. Celle-ci
était située au-dessous de Limoges et de Bourges, de Poitiers et de Saintes.
César Auguste la fonda dans cette région, la nomma Aquitaine et lui soumit
Bourges, Limoges, Poitiers, Saintes et Angoulême avec leurs provinces. C'est
pourquoi tout ce pays s'appelle l'Aquitaine. Dépouillée de son duc après la
mort d'Engelier, la ville redevint un désert, parce que tous ses habitants étaient
tombés à Roncevaux. Personne d'autre ne voulut ensuite la reconstruire.
Gaifier, roi de Bordeaux, accompagna Charles en Espagne avec trois mille
hommes d'armes. Gerin, Gelin, Salomon, le compagnon d'Estout, Baudouin,
le frère de Roland, Gondebaud, roi de Frise avec sept mille héros. Hoël, comte
de la ville que le peuple appelle Nantes, avec deux mille héros. Samson, duc
de Bourgogne, avec dix mille hommes. Arnaud de Beaulande, avec deux mille
héros. Naime, duc de Bavière, avec dix mille héros. Ogier, roi de Danemark,
avec dix mille héros (on le chante aujourd'hui encore dans un chant héroïque,
car il accomplit des prodiges sans nombre). Lambert, souverain de Bourges,
avec deux mille héros. Constantin, préfet de Rome, avec vingt mille hommes.
Renaud d'Aubespin, Gautier de Termes, Guielin, Garin, duc de Lorraine,
avec quatre mille hommes, Begon, Albert de Bourgogne, Béraud de Nobles,
Guinard, Estourmi, Thierry, Ivorie, Berenger, Athon, Ganelon, qui trahit plus
tard. L'armée en provenance des pays de Charles lui-même se composait de
dix mille cavaliers et d'un nombre immense de fantassins. Tous ces hommes
qui ont été nommés sont célèbres, ce sont des héros guerriers, les plus puissants des puissants, les plus braves des braves, les plus nobles partisans du
Christ qui ont propagé la foi chrétienne dans le monde. Comme notre Seigneur
Jésus-Christ a fait la conquête du monde avec ses douze apôtres et ses
disciples, ainsi Charles, roi des Français et empereur des Romains, a fait avec
ces combattants la conquête de l'Espagne pour l'honneur du nom de Dieu.
Ensuite toute l'armée se rassembla dans les Landes près de Bordeaux. Elle
couvrit tout ce pays sur une longueur et une largeur de deux journées de
marche à chaque fois. Même à une distance de douze mille, on entendait
encore ses cris et ses bruits. Ainsi Arnaud de Beaulande passa le premier le
col de Cize et parvint à Pampelune. Estout et son armée le suivaient immédiatement. Venaient ensuite le roi Arastagne et le duc Engelier avec leurs troupes.
Puis il y avait Gondebaud et son armée. Après quoi venaient le roi Ogier et
Constantin avec leurs troupes. Charles venait en dernier avec toutes les autres
troupes et elles couvrirent tout le pays du fleuve Runa jusqu'à une montagne
qui se trouve à trois lieues de Pampelune sur le chemin de Saint-Jacques.
Il leur fallut au total huit jours pour passer les cols. Entre-temps, Charles
manda à Aigoland, qui se trouvait dans la ville reconstruite et à nouveau
fortifiée, de se rendre à lui ou de sortir de la ville pour lui livrer bataille.
Reconnaissant qu'il ne pouvait défendre la ville contre lui, Aigoland aima
mieux en sortir pour se battre que finir honteusement dans la ville. Il demanda
à Charles une trêve, pour faire sortir son armée, se préparer à la bataille et lui
parler face à face. Aigoland avait en effet le désir de voir Charles.

Chapitre XII

CONTROVERSE ENTRE CHARLES ET AIGOLAND

Ils convinrent d'une trêve. Aigoland sortit de la ville avec ses troupes, les laissa à proximité de celle-ci et vint, avec soixante de ses plus nobles guerriers, en présence de Charles, qui se trouvait avec ses troupes à un mille de Pampelune. Les deux armées s'étaient déployées dans une belle prairie proche de la ville, qui a bien six milles de long et de large. Le chemin de Saint-Jacques les séparait. Charles dit alors à Aigoland : « C'est donc toi Aigoland, qui m'as dérobé malhonnêtement mon domaine ? J'ai conquis grâce au bras invincible de la puissance divine la terre d'Espagne et de Gascogne, je l'ai soumise aux lois chrétiennes et j'ai chassé tous ses rois de mon empire. Mais alors que j'étais revenu en France, tu as fait périr les chrétiens, tu as détruit mes villes et mes places fortes, tu as dévasté tout le pays par le fer et par le feu, et je m'en plains amèrement. » Aigoland s'étonna d'entendre Charles lui parler dans sa langue arabe et il s'en réjouit. Charles avait en effet appris la langue sarrasine dans la ville de Tolède où il avait passé quelque temps dans son enfance. Sur ce, Aigoland lui dit : « Dis-moi, je t'en prie, pourquoi tu as enlevé à notre race cette terre qui ne t'es pas échue par droit d'héritage, ni à ton père, ni à ton grand-père, ni à ton aïeul, ni à ton bisaïeul. »

– Je l'ai fait, répondit Charles, parce que notre Seigneur Jésus-Christ, créateur du ciel et de la terre, a choisi notre peuple, c'est-à-dire le peuple chrétien, et qu'il l'a appelé à régner sur toutes les nations du monde. Voilà pourquoi j'ai converti, autant que je l'ai pu, ta nation sarrasine à notre loi.

– Il est indigne, repartit Aigoland, que notre race soit soumise à la tienne, alors que notre loi vaut mieux que la tienne. Nous avons Mahomet, le prophète de Dieu, qui nous fut envoyé par Dieu et dont nous gardons les commandements. Nous avons des dieux tout-puissants qui, sur l'ordre de Mahomet, nous révèlent l'avenir. Nous leur rendons un culte et c'est d'eux que nous tenons vie et puissance.

– Aigoland, dit Charles, tu te trompes, car nous gardons les commandements de Dieu, mais vous vous tenez aux vains préceptes d'un homme vain. Nous croyons à Dieu le Père, au Fils et au Saint-Esprit et nous l'adorons, mais vous, caché sous des simulacres, c'est le démon auquel vous croyez et que vous adorez. Grâce à la foi que nous avons, nos âmes vont après la mort au paradis et y jouissent de la vie éternelle ; les vôtres vont en enfer. C'est la preuve manifeste que notre loi est supérieure à la vôtre. Venez donc recevoir le baptême, toi et les tiens, ou bien venez vous battre contre moi et mourir de malemort.

– Loin de moi l'idée, dit Aigoland, de recevoir le baptême et de renier Mahomet, mon Dieu tout-puissant ! Nous combattrons, moi et les miens, contre toi et tes gens. Convenons que c'est nous qui vaincrons si notre loi est plus agréable à Dieu que la vôtre, et que vous vaincrez si votre loi vaut mieux que la nôtre. Et que les vaincus demeurent dans l'opprobre jusqu'au dernier jour, mais qu'aux vainqueurs soient louange et gloire à jamais. Plus encore, si ma nation est vaincue et que je vive encore, je recevrai le baptême. »

On en tomba d'accord de part et d'autre et choisit aussitôt sur le champ de bataille vingt combattants chrétiens pour les opposer à vingt combattants sarrasins, et le combat commença selon la clause fixée. Que dire de plus ? Tous les Sarrasins furent tués sur-le- champ. Puis on envoya quarante contre quarante, et les Sarrasins périrent. Ensuite on envoya cent contre cent, et tous les Maures furent tués. Une seconde fois, on envoya cent contre cent, et, cette fois, les chrétiens, redoutant la mort, prirent la fuite et furent tués. Ceux-ci sont à l'image des fidèles combattants de Jésus-Christ. Car ceux qui veulent combattre pour la foi de Dieu, s'ils retournent en arrière, meurent honteusement dans leurs péchés. Mais ceux qui ont bravement combattu contre les péchés triomphent facilement de leurs ennemis, les démons qui soutiennent les péchés. Nul ne sera couronné, dit l'apôtre, s'il n'a loyalement combattu. Ensuite on envoya deux cents contre deux cents, et tous les Sarrasins furent tués. Enfin on envoya mille contre mille et tous les Sarrasins furent tués sur-le-champ. Alors on fixa de part et d'autre une trêve et Aigoland vint parler à Charles pour reconnaître que la loi chrétienne est meilleure que celle des Sarrasins. Et il promit à Charles qu'ils recevraient le baptême le lendemain, lui et toute sa nation. De retour au milieu des siens, il déclara aux rois et aux chefs qu'il voulait recevoir le baptême. Et il ordonna à toutes ses troupes de se faire baptiser. Les uns consentirent, les autres refusèrent.

Chapitre XIII

LES PAUVRES

Le lendemain, vers la troisième heure, profitant de la liberté d'aller et venir que donnait la trêve, Aigoland vint à Charles pour être baptisé. Il vit Charles assis à une table et prenant son repas. De nombreuses tables étaient mises autour de lui et beaucoup de convives y étaient attablés, vêtus les uns de l'habit militaire, les autres de l'habit noir des moines, d'autres de l'habit blanc des chanoines, d'autres encore de quelque vêtement ecclésiastique, tandis que certains portaient des vêtements divers. Il demanda à Charles quels étaient ces gens. Charles répondit : « Ceux que tu vois revêtus d'une robe unie sont les évêques et les prêtres de notre religion. Ils nous exposent les préceptes de la loi, nous absolvent de nos péchés et nous donnent la bénédiction du Seigneur. Ceux que tu vois vêtus de noir sont les moines et les abbés, qui sont encore plus vénérables que les premiers : ils ne cessent d'implorer pour nous la majesté divine, et chantent les messes, les matines et les heures. Ceux que tu vois vêtus de blanc sont les chanoines dits réguliers, qui ont la meilleure part parmi les saints, et implorent de même pour nous, chantant les messes, les matines et les heures du Seigneur. » Cependant Aigoland, voyant d'autre part douze pauvres misérablement vêtus, assis à terre, mangeant sans table et sans nappe, et n'ayant que peu à manger et à boire, demanda à Charles quels étaient ces gens-là. Celui-ci lui dit : « Ce sont les gens de Dieu, les messagers de notre Seigneur Jésus-Christ, que nous faisons ainsi manger chaque jour en souvenir des douze apôtres du Seigneur. » Aigoland répondit : « Ceux qui sont autour de toi sont tiens et heureux, ils mangent et boivent abondamment, et sont bien vêtus. Mais pourquoi ceux que tu appelles les gens de ton Dieu et ses messagers meurent-ils presque de faim, sont-ils mal vêtus, maintenus à distance et honteusement traités ? Il sert mal son Seigneur celui qui reçoit ainsi ses messagers ; il fait à son Dieu un grand affront celui qui traite ainsi ses serviteurs. Et ta loi, que tu disais bonne, tu fais voir maintenant qu'elle est fausse. » Il prit congé, retourna vers les siens, renonça au baptême et déclara la guerre le lendemain. Charles comprit alors qu'Aigoland refusait d'être baptisé parce qu'il avait vu mal traiter les pauvres. Il fit aussitôt pourvoir diligemment, habiller au mieux, nourrir et désaltérer correctement tous les pauvres qu'il trouva dans l'armée. On doit voir par là quelle grande faute c'est pour un chrétien de ne

pas servir avec zèle les pauvres de Jésus-Christ. Si Charles, pour avoir mal
traité les pauvres, manqua de faire baptiser le roi et son peuple, qu'arrivera-
t-il au jour du jugement à ceux qui, sur cette terre, auront été durs envers les
pauvres ? Comment pourront-ils supporter la voix terrible qui leur dira :
« Éloignez-vous de moi, maudits, allez dans le feu éternel. Parce que j'ai eu
faim et vous ne m'avez pas donné à manger, etc. » Il faut considérer que la
loi du Seigneur et la foi en lui sont de peu de profit au chrétien, si elles ne
s'accomplissent pas dans les œuvres, comme affirme l'apôtre qui dit : « Ainsi
que le corps mort est privé d'âme, ainsi la foi sans les bonnes œuvres est une
foi morte. » Comme le roi païen refusa le baptême parce qu'il ne trouvait pas
en Charlemagne les œuvres justes du baptême, ainsi je crains qu'au jour du
jugement Dieu, lui aussi, ne répudie la foi baptismale parce qu'il ne trouve
pas les œuvres du baptême.

Chapitre XIV

MORT DU ROI AIGOLAND

Le lendemain, les guerriers des deux camps se rencontrèrent sur le champ de bataille pour en découdre, comme il avait été convenu, au sujet de la valeur des deux lois. L'armée de Charlemagne était de cent trente-quatre mille hommes, celle d'Aigoland de cent mille. Les chrétiens formèrent quatre lignes de bataille et les Sarrasins cinq, dont la première à marcher au combat fut aussitôt vaincue. La deuxième s'avança ensuite et fut immédiatement défaite. Quand ils virent leurs pertes, les Sarrasins se regroupèrent avec Aigoland au milieu d'eux. Mais voyant cela, les chrétiens les entourèrent de toutes parts. Arnaud de Beaulande se jeta le premier sur eux avec ses troupes, les décima et les rejeta à droite et à gauche, jusqu'à ce qu'il parvînt à Aigoland qui était au milieu des siens et le tue puissamment de son propre glaive. Une clameur immense s'éleva aussitôt et, de tous côtés, les chrétiens se jetèrent sur les Sarrasins et les exterminèrent. Il se fit un tel massacre de païens qu'aucun d'entre eux n'échappa, en dehors du roi de Séville et d'Almansour de Cordoue. Ceux-ci s'enfuirent avec une poignée de Sarrasins. Il y eut ce jour-là une telle effusion de sang que les vainqueurs en avaient les pieds baignés. Les Sarrasins qui furent trouvés dans la ville furent passés par les armes. Voilà donc comment Charles combattit Aigoland pour défendre la valeur de la foi chrétienne et le tua. D'où il est manifeste que la loi chrétienne surpasse en excellence tous les rites et toutes les lois du monde entier. Elle dépasse toutes choses et s'élève même au-dessus des anges. Ô chrétien ! si tu as bien observé la foi dans ton cœur et si tu l'as accomplie dans tes œuvres autant que tu auras pu, tu seras véritablement élevé au-dessus des anges avec le Christ, tête de ce corps dont tu es un membre. Si tu veux cette ascension, crois fermement, car toutes choses sont possibles au croyant, dit le Seigneur. Alors Charles, après avoir rassemblé ses armées et s'être réjoui d'un tel triomphe, s'avança jusqu'au pont sur l'Arga, où il prit ses quartiers.

Chapitre XV

DES CHRÉTIENS QUI REVINRENT CHERCHER UN BUTIN ILLICITE

Quelques chrétiens, convoitant les richesses des morts restés sur le champ de bataille, y revinrent la nuit même, à l'insu de Charles. Une fois chargés d'or, d'argent et de toutes sortes de richesses, ils se mirent en route pour le rejoindre. Mais Almansour de Cordoue, caché dans les montagnes avec les autres Sarrasins qui s'étaient enfuis du champ de bataille, les tua tous jusqu'au dernier. Ils furent un millier environ à être tués. Ces hommes sont l'image des combattants du Christ. Car tout comme ils revinrent auprès des morts après la victoire sur leur ennemi et furent tués par leurs ennemis, de même tout fidèle, qui a une fois vaincu ses vices et a fait pénitence, n'a plus le droit de retourner auprès des morts, c'est-à-dire de ses vices, de peur d'être massacré par les ennemis, c'est-à-dire les démons, et de connaître une mauvaise mort. Et de même que ceux qui sont revenus chercher le butin illicite ont perdu la vie terrestre et trouvé une mort ignominieuse, de même advient-il aux religieux qui ont renoncé au monde mais se retournent vers les affaires d'ici-bas. Ils perdent la vie céleste et embrassent une mort éternelle.

Chapitre XVI

BATAILLE CONTRE FOURRÉ

Le lendemain on annonça à Charles que, près de Montjardin, un certain prince navarrais du nom de Fourré voulait combattre contre lui. Lorsque Charles s'y fut rendu, le prince se disposa à lui livrer bataille le jour suivant. C'est pourquoi, le soir avant la bataille, Charles demanda au Seigneur de lui montrer par un signe ceux des siens qui périraient dans ce combat. Le lendemain, quand les troupes de Charles furent armées, un signe rouge en forme de croix apparut sur les épaules de ceux qui devaient mourir, c'est-à-dire sur leurs cottes de mailles. Voyant cela, Charlemagne les cacha tous dans son oratoire pour les soustraire à la mort. Mais que les jugements de Dieu sont incompréhensibles et ses voies impénétrables ! Que dire encore ? Après la bataille, au cours de laquelle Fourré périt avec trois mille Navarrais, Charles trouva morts ceux qu'il avait cru garder de tout péril. Ils étaient environ cent cinquante. Ensuite Charles s'empara du château de Montjardin et de tout le pays de Navarre.

Chapitre XVII

LE GRAND COMBAT DE ROLAND
CONTRE LE GÉANT FERRAGUT
ET LEUR EXCELLENTE CONTROVERSE

Peu après on manda à Charles qu'un géant du nom de Ferragut, de la race de Goliath, était venu de Syrie à Najera, envoyé par l'émir de Babylone avec vingt mille Turcs pour lui faire la guerre. Il ne craignait ni lance ni flèche et avait la force de quarante guerriers. Charles partit donc aussitôt pour Najera. Dès que Ferragut apprit l'arrivée de Charles, il sortit de la ville et demanda un combat singulier, d'homme à homme. Charles envoya d'abord Ogier le Danois. Dès que le géant vit celui-ci seul au milieu du champ, il alla doucement vers lui, le prit tout armé sous son bras droit et l'emporta sans peine aux yeux de tous dans son camp retranché, comme si c'était une innocente brebis. Sa taille était d'environ douze coudées, sa face d'une coudée, son nez mesurait un palme, ses bras et ses jambes mesuraient quatre coudées, et ses doigts trois palmes. Charles envoya ensuite Renaud d'Aubespin le combattre et le géant l'emporta d'un seul bras dans la prison de son camp. Charles envoya ensuite Constantin, préfet de Rome, et le comte Hoël : le géant les prit en même temps sous ses deux bras, l'un à droite, l'autre à gauche, et les porta dans sa prison. Vingt chevaliers furent envoyés contre lui, il les prit ainsi deux à deux et les enferma pareillement dans sa prison. À ce spectacle, Charles, émerveillé comme les siens, n'osa plus envoyer personne le combattre. Roland cependant demanda au roi la permission et s'avança pour attaquer le géant. Mais celui-ci le saisit aussitôt de sa seule main droite et le plaça devant lui sur son cheval. Tandis qu'il le portait vers sa place forte, Roland, rassemblant ses forces et se confiant au Seigneur, le saisit au menton, le fit basculer en arrière de son cheval et tomba avec lui sur le sol. Ils se relevèrent immédiatement et sautèrent sur leurs chevaux. Roland tira son épée pour abattre le géant, mais il toucha son cheval et le trancha par le milieu du corps. Ferragut, désormais sans monture, brandit son épée nue et en menaça Roland. Mais celui-ci frappa le géant au bras droit et, sans le blesser, lui fit tomber l'épée de la main. Après avoir perdu son épée, Ferragut voulut écraser Roland d'un coup de poing, mais n'atteignit que son cheval au front et le tua. Finalement, ils combattirent sans épées et à pied, à coups de poing et à coups de pierres jusqu'à la neuvième heure. Le soir venu, Ferragut demanda à Roland une trêve jusqu'au lendemain matin. Après être convenus qu'ils se rencontreraient le lendemain sans chevaux et sans lances, chacun retourna au milieu des siens. Le lendemain, au point du jour, les deux combattants arrivèrent à pied sur le lieu du combat, comme il avait été convenu. Ferragut, cependant, avait pris une épée, mais cela ne lui servit à rien, car Roland avait apporté un grand bâton noueux, dont il frappa le géant tout le jour, sans toutefois le blesser. Il lui jeta aussi jusqu'à midi de grosses pierres rondes, dont le lieu du combat était abondamment pourvu, mais son adversaire n'en fut pas entamé. Ensuite Ferragut, tombant de sommeil, demanda à Roland une trêve et s'endormit aussitôt. Roland, en jeune homme attentif, lui plaça une pierre sous la tête pour qu'il dorme plus à l'aise. Ni Roland ni aucun des chrétiens n'aurait osé le tuer alors, car il était convenu que, si un chrétien accordait une trêve à un Sarrasin, ou un Sarrasin à un chrétien, il ne devait lui faire aucun mal. Si l'un d'eux rompait la trêve avant d'avoir annoncé la reprise des combats, il était mis à mort sur-le-champ. Quand il eut assez dormi, Ferragut s'éveilla. Roland s'assit à côté de lui et lui demanda comment il pouvait avoir assez de force et de résistance pour ne craindre ni l'épée, ni les pierres, ni le bâton. « Toutes les parties de mon corps sont invulnérables, hormis le nombril », répondit le géant en espagnol, langue que Roland comprenait assez bien. Ensuite le géant considéra Roland et lui demanda :

« Mais toi, comment t'appelles-tu ?

– Je m'appelle Roland, dit-il.

– De quelle race es-tu donc, toi qui luttes si courageusement contre moi ?

– Je descends des Francs », dit Roland.

Mais Ferragut dit : « Quelle loi observent les Francs ? » Et Roland : « Celle du Fils de Dieu ; il est né d'une vierge, a souffert sur la croix, a été enseveli, est ressuscité le troisième jour, est monté aux cieux où il est assis à la droite du Père.

– Pour nous, dit Ferragut, nous croyons qu'il y a un seul Dieu, créateur du ciel et de la terre, qui n'a eu ni père ni fils. Et comme il n'a été engendré par personne, de même il n'a engendré personne, c'est donc un seul Dieu, non une trinité.

– Tu as raison de dire que c'est un seul Dieu, dit Roland, mais ta foi est boiteuse quand tu dis qu'il n'est pas triple. Si tu crois au Père, crois aussi en son Fils et au Saint-Esprit. Car Dieu est Père, Fils et Saint-Esprit, et il reste un seul Dieu en trois personnes.

– Si tu dis, répliqua Ferragut, qu'il y a un Dieu Père, un Dieu Fils et un Dieu Saint- Esprit, il y a donc trois dieux, ce qui est absurde, et non un seul Dieu.

– Nullement, dit Roland, je t'annonce le Dieu triple et un : il est un et il est triple. Les trois personnes sont coéternelles et coégales entre elles. Tel le Père, tel le Fils, tel le Saint- Esprit. »

[**+ « Nous adorons dans les personnes la propriété, dans l'essence l'unité, dans la majesté l'égalité. Les anges du ciel adorent le Dieu triple et un. Abraham vit les trois personnes et adora le Dieu unique.

– Montre-moi, dit le géant, comment trois ne font qu'un.

– Je vais te le montrer, dit Roland, dans les ouvrages de l'homme. Il y a dans la cithare, quand elle résonne, trois choses, l'art, les cordes et la main, et il n'y a qu'une cithare : ainsi sont-ils trois en Dieu, le Père, le Fils et le Saint-Esprit, et il n'y a qu'un seul Dieu. Dans une amande, il y a trois choses, la coquille, l'épisperme et la graine, et il n'y a cependant qu'une amande : il y a de même trois personnes en Dieu et il n'y a qu'un seul Dieu. Il y a dans le soleil trois choses : la clarté, l'éclat et la chaleur, et cependant il n'y a qu'un seul soleil. Dans la roue d'un chariot il y a trois choses : le moyeu, les rayons et la jante, et cependant il n'y a qu'une seule roue. En toi-même il y a trois choses, le corps, les membres et l'âme, et cependant tu n'es qu'un seul homme. Ainsi en est-il pour Dieu, l'unité et la trinité subsistent ensemble.

– Je comprends maintenant, dit Ferragut, que Dieu est triple et un, mais je ne vois pas comment le Père a engendré le Fils.

– Crois-tu, demande Roland, que Dieu a créé Adam ?

– Je le crois, dit le géant.

– De même qu'Adam n'a été engendré par aucun homme, dit Roland, et pourtant engendra lui-même des fils, ainsi Dieu le Père, qui n'a été engendré de personne, engendra cependant de lui-même son Fils, avant tous les temps, et suivant sa volonté, d'une manière ineffable.

– Ce que tu dis me plaît, dit le géant, mais je ne vois pas du tout comment celui qui était Dieu s'est fait homme.

– Celui qui a créé de rien le ciel, la terre et toutes choses a fait prendre à son Fils la nature humaine dans le sein d'une vierge, sans le concours d'un homme mais par son souffle sacré.

– Voilà, dit le géant, ce que j'ai peine à comprendre, comment, sans le concours d'un homme, ainsi que tu l'affirmes, il a pu naître du sein d'une vierge.

– Dieu, lui répondit Roland, Dieu, qui a formé Adam en dehors de toute génération humaine, a fait, sans le concours d'un homme, naître son Fils d'une vierge. Et comme Adam est né de Dieu le Père sans avoir de mère, ainsi Jésus est-il né d'une mère sans avoir un homme pour père. C'est la naissance qui convient à un Dieu.

– Je me demande bien, dit le géant, comment une vierge a engendré sans connaître d'homme.

– Celui qui fait naître le charançon dans le grain et le ver dans l'arbre ou dans la terre, qui multiplie les poissons, et les vautours, et les abeilles, et les serpents sans semence de mâle, a pu facilement faire naître son Fils, homme et Dieu, d'une vierge intacte et sans semence virile. Celui qui a formé, comme je te l'ai dit, le premier homme sans la semence d'un autre a pu facilement faire naître son Fils d'une vierge sans qu'elle ait eu de rapports avec un homme.

– Il peut bien, en effet, dit Ferragut, être né d'une vierge, mais s'il était le Fils de Dieu, il ne pouvait pas, comme tu le prétends, mourir sur la croix. Il a pu naître comme tu dis, mais il n'a pas pu mourir.

– Tu as bien dit, répondit Roland, qu'il a pu naître d'une vierge. Tu crois donc qu'il est né en tant qu'homme. Mais s'il est né en homme, il est aussi mort en homme. Car quiconque naît meurt aussi. S'il faut croire à la Nativité, il faut croire en même temps à la Passion et à la Résurrection.

– Comment peut-on croire, demanda Ferragut, à la Résurrection ?

– Parce que celui qui naît meurt, et celui qui meurt est ressuscité le troisième jour. »

Ce discours remplit d'étonnement le géant qui dit : « Roland, pourquoi me tiens-tu des propos aussi insensés ? Un mort ne peut pas revenir à la vie. »

Roland dit :

« Non seulement le Fils de Dieu est ressuscité d'entre les morts, mais tous les hommes depuis le commencement jusqu'à la fin des temps ressusciteront pour paraître devant son tribunal et recevoir la récompense de leurs vertus ou le châtiment de leurs crimes. Dieu, qui fait croître si haut un petit arbre et fait revivre, croître et fructifier le grain de froment mort et pourri en terre, fera au dernier jour ressusciter tous les hommes de mort à vie dans leur propre chair et leur propre esprit. Vois la puissance mystérieuse du lion : si, le troisième jour, il rend par son souffle la vie à ses lionceaux morts, dois-tu t'étonner que Dieu le Père ressuscite son Fils des morts au troisième jour ? Ce ne peut pas être pour toi une nouveauté que le retour du Fils de Dieu à la vie, puisque tant de morts avant lui ont été ressuscités. Si Élie et Élisée ont sans effort ressuscité les morts, alors Dieu pouvait le faire d'autant plus facilement. Et lui-même qui, avant sa passion, a ressuscité bien des morts, pouvait facilement ressusciter des morts, car à sa vue la mort elle-même s'enfuit et, à sa voix, la troupe des morts revient à la vie. » Ferragut dit alors :

« Je vois fort bien ce que tu dis, mais je ne comprends toujours pas comment il est monté aux cieux, comme tu le prétends.

– Celui qui est aisément descendu des cieux a pu facilement y remonter. Celui qui est facilement ressuscité par sa propre puissance est facilement monté aux cieux. Vois l'exemple de tant de choses. Prends la roue du moulin : autant sa partie supérieure descend vers le bas, autant elle remonte ensuite du bas vers le haut. L'oiseau dans l'air s'élève autant qu'il s'abaisse. Toi-même, si tu es descendu de la montagne, tu peux bien revenir là d'où tu es descendu. Le soleil s'est levé hier à l'orient et s'est couché à l'occident, et aujourd'hui il s'est encore levé du même côté. Le Fils de Dieu est donc retourné là d'où il était venu. +**]

– Je vais donc, dit alors Ferragut, combattre avec toi à la condition suivante : si, comme tu le prétends, ta foi est vraie, que je sois vaincu ; si elle est mensongère, que ce soit toi qui succombes. Que la nation vaincue soit couverte à jamais de honte et d'opprobre, la nation victorieuse de louange et de gloire.

– Qu'il en soit ainsi, dit Roland. »

Le combat reprit alors des deux parts plus violemment qu'avant, et Roland attaqua aussitôt le païen. Ferragut s'élança pour donner un coup d'épée à Roland, qui se jeta à gauche et reçut le coup d'épée sur son bâton ; celui-ci se brisa en deux. Alors le géant se précipita sur Roland, s'empara de lui et le terrassa sous lui sans effort. Roland, voyant qu'il ne pouvait lui échapper, appela à son aide le Fils de la Bienheureuse Vierge Marie. Avec l'aide de Dieu, il se souleva quelque peu, fit tourner au-derssus de lui le géant, se saisit de son épée, en frappa légèrement Ferragut au nombril et échappa à son étreinte. Le géant se mit à invoquer son Dieu d'une voix puissante : « Mahomet, Mahomet, mon Dieu, aide-moi, je meurs ! » À ces cris, les Sarrasins accoururent, le soulevèrent et l'emportèrent vers la ville. Roland était déjà revenu sain et sauf vers les siens. Aussitôt les chrétiens se précipitèrent à la suite des Sarrasins qui portaient Ferragut et entrèrent de force dans la partie fortifiée qui dominait la ville. C'est ainsi que tomba le géant, que la ville et la forteresse furent prises et que les prisonniers furent délivrés.

Chapitre XVIII

LA BATAILLE DES MASQUES

Peu de temps après, on manda à notre empereur qu'Ibrahim, roi de Séville, et Almansour de Cordoue, qui s'étaient échappés jadis lors de la bataille de Pampelune, l'attendaient pour se battre près de Cordoue. Ils avaient reçu le renfort de troupes venues de sept villes, à savoir Séville, Grenade, Jativa, Denia, Abla, Ubeda et Baeza. Charles décida alors d'aller les combattre. Comme il s'approchait de Cordoue avec ses armées, les deux rois sortirent en armes avec leurs troupes et s'avancèrent jusqu'à trois milles de la cité. Les Sarrasins avaient environ dix mille hommes, les nôtres étaient un peu moins de six mille. Charles disposa ses troupes en trois lignes de bataille, la première composée de cavaliers éprouvés, la deuxième de fantassins, la troisième du reste. Les Sarrasins firent de même. Lorsque, sur l'ordre de Charles, notre première ligne de bataille s'avança contre la première ligne des païens, des hommes à pied vinrent se placer en face de nos chevaux, un homme devant chaque cheval. Ils portaient des masques barbares et pourvus de cornes qui les faisaient ressembler à des démons et tenaient tous des tambours qu'ils frappaient avec force. À peine nos chevaux eurent-ils entendu ce bruit et les cris de ces hommes et vu leur horrible aspect qu'ils furent saisis d'épouvante et partirent d'une fuite éperdue. Lorsque nos deux autres lignes de bataille virent fuir la première, elles prirent la fuite, elles aussi. Les Sarrasins, ravis, nous poursuivaient lentement, jusqu'à ce que nous soyons parvenus à une montagne distante de la ville d'à peu près deux milles. Là nos hommes firent halte, se rallièrent et se disposèrent à combattre. Voyant cela, les Sarrasins firent un mouvement en arrière. Nous en profitâmes pour dresser nos tentes et demeurer là jusqu'au lendemain. Le matin venu, Charles tint conseil avec tous ses soldats et ordonna que tous les cavaliers de notre armée couvriraient de drap ou de toile la tête de leurs chevaux pour qu'ils ne puissent voir les masques des infidèles et boucheraient leurs oreilles pour qu'ils n'entendent pas le bruit des tambours. Quelle grande et admirable ruse ! Sur leurs chevaux ainsi rendus aveugles et sourds, ils retournent avec confiance au combat, sans se soucier du bruit perfide des infidèles. Nos soldats combattirent vigoureusement depuis le matin jusqu'à l'heure de midi et firent périr un grand nombre de païens, mais sans parvenir à les vaincre totalement. Tous les Sarrasins s'étaient rassemblés, au milieu d'eux se trouvait un char traîné par huit bœufs, sur lequel flottait un étendard rouge. Et leur loi interdisait à quiconque de fuir le champ de bataille tant qu'il pouvait voir l'étendard dressé. Charles, qui savait cela, s'avança, couvert par sa cotte de mailles, son casque et son invincible épée, protégé par la force divine, jusque dans les rangs ennemis, les écarta à droite et à gauche, et arriva jusqu'au chariot. D'un coup de son épée, il trancha la hampe qui soutenait l'étendard et les Sarrasins se dispersèrent dans toutes les directions. Il se produisit aussitôt dans les deux armées une grande clameur et un grand assaut. Huit mille Sarrasins périrent, le roi de Séville fut tué, et Almansour de Cordoue se réfugia dans la ville et s'y mortifia. Le lendemain, il reconnut sa défaite, rendit la ville à notre empereur et convint avec lui qu'il recevrait le baptême, qu'il se soumettait à son pouvoir et tenait désormais la ville de lui. Cela fait, Charles distribua les territoires et les provinces d'Espagne à ses soldats et aux siens qui voulaient y demeurer. Il donna la Navarre et le Pays basque aux Bretons, la Castille aux Francs, la région de Najera et Saragosse aux Grecs et Apuliens qui étaient dans notre armée, la terre d'Aragon aux Poitevins, l'Andalousie qui borde la mer aux Allemands, le Portugal aux Danois et aux Flamands. Les Francs ne voulurent pas habiter le pays de Galice qui leur sembla trop rude. Après cela personne n'osa plus combattre Charles en Espagne.

Chapitre XIX

LE CONCILE DE CHARLES

Charles congédia alors la majeure partie de ses armées et se rendit dans le pays de saint Jacques, confirmant dans leur foi les chrétiens qui y habitaient. Mais ceux qui étaient revenus au paganisme furent exécutés par le glaive ou exilés en France. Ensuite il établit des évêques et des prêtres dans les villes, convoqua à Compostelle un concile d'évêques et de barons, et institua, par amour du bienheureux Jacques, la suprématie du siège épiscopal de Compostelle sur tous les évêques, princes et rois chrétiens d'Espagne aussi bien que de Galice, présents et à venir. Il n'établit pas d'évêque à Iria, ne la considérant pas comme une ville, mais la plaça sous l'autorité du siège de Compostelle. Ensuite, lors du même concile, moi, Turpin, archevêque de Reims, j'ai, à la demande de Charles, consacré avec quarante évêques la basilique et l'autel du bienheureux Jacques le 1er juin. Le roi soumit à cette église toute l'Espagne et la Galice et, pour son entretien, ordonna que tout chef de maison en Espagne et en Galice lui payât annuellement quatre deniers, voulant que chacun, après avoir rempli cette obligation royale, soit quitte de toute imposition. Il établit en ce même jour que cette église aura désormais le titre de « siège apostolique », parce que l'apôtre Jacques y repose, et que s'y tiendront habituellement les assemblées des évêques de toute l'Espagne, que les crosses épiscopales et les couronnes royales y seront données en l'honneur de l'apôtre du Seigneur par la main de l'évêque de Compostelle. Et si les péchés des hommes font que, dans d'autres villes, la foi vienne à défaillir ou que les commandements divins ne soient plus respectés, il appartiendra à cet évêque de les rétablir. C'est à bon droit qu'il revient à cette église vénérable de restaurer et de maintenir la foi car, de même qu'en Orient le centre de la foi et le siège apostolique ont été fondés par le bienheureux Jean, frère de Jacques, ainsi, en Occident, la même foi et un siège apostolique furent institués dans la Galice par le bienheureux Jacques. Les sièges apostoliques sont sans aucun doute les suivants : Éphèse, qui est à la droite dans le royaume terrestre du Christ, et Compostelle qui est à sa gauche. Ces sièges échurent aux deux frères, fils de Zébédée, dans le partage des contrées de la terre. Eux-mêmes avaient demandé au Seigneur d'être assis dans son royaume, l'un à sa droite et l'autre à sa gauche. La chrétienté vénère à bon droit trois principaux sièges apostoliques au-dessus de tous les autres : celui de Rome, celui de Compostelle et celui d'Éphèse. En effet, comme, selon les Évangiles, le Seigneur révéla ses secrets de la manière la plus complète à trois apôtres, Pierre, Jacques et Jean, de même il a établi pour eux ces trois sièges vénérables au-dessus de tous les sièges de l'univers. Et c'est à bon droit que ces sièges sont dits principaux, car, de même que ces trois apôtres dépassaient les autres apôtres en dignité, de même les lieux sacrés où ils ont prêché et où ils furent ensevelis surpassent les autres en dignité. C'est à bon droit que le premier siège apostolique fut établi à Rome, puisque le Prince des apôtres l'a consacré par sa prédication, par son sang et par son tombeau. C'est à bon droit aussi que Compostelle est le deuxième siège apostolique, car le bienheureux Jacques qui, entre tous les apôtres, vint immédiatement après saint Pierre pour la dignité, l'honneur et la considération, mais occupe la première place dans le ciel, parce qu'il a reçu le premier la couronne du martyre, fortifia jadis Compostelle dans la foi par sa prédication, la consacra par son saint tombeau, ne cesse de l'illustrer par ses miracles et de la combler par ses intarissables bienfaits. C'est à bon droit que le siège d'Éphèse est considéré comme le troisième, puisque le bienheureux saint Jean l'évangéliste y a proclamé son Évangile : *Au commencement était le Verbe*, devant un concile des évêques qu'il avait établis dans les villes et qu'il nomme ses *anges* dans son Apocalypse. Il sanctifia la ville d'Éphèse par sa prédication, par ses miracles et par la basilique qu'il y éleva, enfin par son propre tombeau. Si donc certains jugements en matière théologique ou séculière ne peuvent être prononcés en d'autres sièges du monde par suite de leur gravité, ils doivent, selon toute justice et équité, être traités et tranchés dans ces trois sièges. C'est ainsi que la Galice, libérée jadis des Sarrasins par la vertu de Dieu et du bienheureux Jacques, et avec l'aide de Charles, demeure fidèle jusqu'à aujourd'hui à l'orthodoxie dans la foi.

Chapitre XX

CARACTÈRE ET VIGUEUR DE CHARLES

Le roi Charles avait les cheveux bruns, le teint coloré, le corps noble et gracieux, mais le regard fier. Sa stature était de huit pieds, à la mesure de son pied, qui était très long. Il avait les épaules massives, les hanches larges et le ventre en conséquence, des bras et des jambes forts, et des articulations très puissantes, en somme le physique d'un guerrier redoutable. Son visage avait un palme et demi de long, sa barbe un palme et son nez environ un demi-palme. Son front mesurait un pied. Ses yeux de lion étincelaient comme des escarboucles. Ses sourcils mesuraient un demi-palme. Tout homme qu'il regardait courroucé, les yeux dilatés par la colère, était glacé d'effroi. Le ceinturon dont il ceignait son corps avait huit palmes de long, sans compter les extrémités qui pendaient. Aux repas, il mangeait peu de pain, mais un quartier de mouton, ou deux poules, ou une oie, ou un jambon de porc, ou un paon, ou une grue, ou un lièvre entier. Il buvait peu de vin et encore sobrement coupé d'eau. Il était d'une si grande vigueur que, d'un seul coup de son épée, il tranchait de la tête à la fourche un ennemi en armes monté sur son cheval. De ses mains, il redressait sans peine quatre fers à cheval ensemble. Debout, il élevait rapidement de terre jusqu'au niveau de sa tête, sur la paume de sa main, un guerrier tout armé. Il était très généreux de ses dons, juste dans son jugement et fort éloquent. En Espagne, il tenait fête plénière principalement à quatre solennités, savoir : à Noël, à Pâques, à la Pentecôte et le jour de la saint Jacques. Il avait alors sa couronne royale et son sceptre, et on portait devant son trône son épée nue, suivant la coutume impériale. Chaque nuit cent vingt hommes courageux et croyants se tenaient autour de son lit pour le garder. Quarante pendant la première vigile de la nuit : dix à sa tête, dix à ses pieds, dix à sa droite et dix à sa gauche, qui tenaient leur épée nue dans la main droite et dans la main gauche un cierge allumé ; quarante autres faisaient de même durant la seconde vigile ; et quarante encore pendant la troisième vigile, alors que les autres dormaient jusqu'au lever du jour.

Si quelqu'un voulait savoir plus de ses actions d'éclat, ce serait pour nous une lourde et difficile tâche de les rapporter. Je ne puis raconter dans le détail comment, par exemple, Galafre, émir de Tolède, équipa jadis en armes le jeune Charles exilé dans son palais et comment Charles, pour l'amour de Galafre, abattit le grand et orgueilleux roi sarrasin Braimante, comment il conquit par son courage divers pays et villes qu'il soumit à la foi chrétienne, et comment il fonda partout dans le monde des abbayes ainsi que de nombreuses églises, comment il fit relever et déposer dans des châsses d'or et d'argent les dépouilles mortelles et les reliques de nombreux saints, et comment il devint empereur à Rome, et comment il se rendit au tombeau du Seigneur, et comment il rapporta du bois de la croix qu'il remit en don à de nombreuses églises. Ce sont ici plutôt la main et la plume qui font défaut que la matière historique. Mais comment il revint d'Espagne en Gaule après avoir libéré la Galice, voilà ce que nous devons encore raconter succinctement. **]

Chapitre XXI

BATAILLE DE RONCEVAUX.
MARTYRE DE ROLAND ET D'AUTRES COMBATTANTS

Après que le très illustre empereur Charlemagne eut conquis en ces jours-là toute l'Espagne, pour la gloire de Dieu et de son apôtre saint Jacques, il reprit le chemin de la France et vint avec son armée loger à Pampelune. Il y avait alors à Saragosse deux rois sarrasins, Marsire et son frère Beligant, que l'émir de Babylone avait envoyés de Perse en Espagne. Ils acceptaient la domination de Charlemagne et le servaient volontiers en toutes choses, mais leur dévouement n'était qu'une feinte. Charles leur ayant mandé par Ganelon qu'ils eussent à recevoir le baptême ou à lui payer un tribut, ils lui envoyèrent trente chevaux chargés d'or, d'argent et de trésors espagnols, quarante autres chevaux chargés du vin le plus pur et le plus doux, à faire boire aux chevaliers, et mille belles Sarrasines pour avoir commerce charnel avec eux. Les perfides offrirent en même temps à Ganelon, pour qu'il leur livrât les chevaliers de Charlemagne en vue de les tuer, vingt chevaux chargés d'or, d'argent et d'étoffes. Ganelon consentit et accepta ces richesses. Ce pacte infâme de trahison ainsi conclu, Ganelon revint auprès de Charlemagne, lui remit les présents offerts par les rois sarrasins et lui dit que Marsire voulait devenir chrétien, qu'il se préparait à venir trouver Charles en France pour y recevoir le baptême et tenir désormais de l'empereur tout le pays d'Espagne. Les officiers de l'armée n'acceptèrent que le vin et refusèrent les femmes, qui furent prises par les soldats. Alors Charlemagne, plein de confiance dans la parole de Ganelon, s'apprêta à passer le port de Cize pour regagner la France. Sur le conseil de Ganelon, Charles ordonna à ses compagnons les plus chers, son neveu Roland, comte du Mans et de Blaye, et Olivier, comte de Genève, de demeurer en arrière-garde à Roncevaux, avec ses principaux officiers et vingt mille soldats chrétiens, pour protéger son passage et celui de ses troupes par le port de Cize. Ce qui fut fait. Mais puisque, les nuits précédentes, certains s'étaient enivrés du vin des Sarrasins et avaient forniqué avec les païennes, voire avec des chrétiennes, car beaucoup avaient amené avec eux des femmes de France, ils allaient trouver la mort.

Que dire de plus ? Tandis que Charles passait les défilés avec Turpin, Ganelon et vingt mille combattants chrétiens, et que ceux que j'ai nommés ci-dessus restaient en arrière-garde, Marsire et Beligant, accompagnés de cinquante mille Sarrasins, sortirent, au grand matin, des forêts et des montagnes où, sur le conseil de Ganelon, ils s'étaient tenus cachés deux jours et deux nuits. Ils divisèrent leur armée en deux troupes d'assaut, l'une de vingt mille hommes, l'autre de trente mille. La première, qui était de vingt mille, vint soudain assaillir et frapper les nôtres par derrière. Les nôtres se retournèrent aussitôt et firent face aux Sarrasins. Le combat dura depuis le matin jusqu'à la troisième heure. Tous les Sarrasins furent tués et pas un seul des vingt mille n'échappa à la mort. Mais immédiatement les trente mille autres Sarrasins attaquèrent les nôtres déjà fatigués, harassés par un si long combat, et les tuèrent depuis le chef jusqu'au moindre guerrier. Pas un seul des vingt mille chrétiens n'échappa à la mort. Les uns furent traversés par des lances, d'autres décollés par l'épée, d'autres encore mutilés à coup de hache, percés de flèches et de javelots, écorchés vivants avec des couteaux, dévorés par le feu ou encore pendus aux branches des arbres. Tous les guerriers chrétiens furent tués, excepté Roland, Baudouin, Turpin, Thierry et Ganelon. Baudouin et Thierry se cachèrent dans les bois et réussirent à s'échapper. Alors les Sarrasins se retirèrent d'une lieue en arrière.

On peut se demander ici pourquoi Dieu permit que ceux qui n'avaient point péché avec les femmes subissent la mort avec ceux qui s'étaient enivrés et avaient forniqué. Il est tout à fait certain que Dieu a permis la mort de ceux qui étaient restés à l'écart de l'ébriété et de la fornication pour éviter qu'une fois revenus chez eux ils n'y commissent d'autres péchés. En outre il voulait, pour prix de leurs peines, leur faire obtenir par le martyre la couronne du royaume des cieux. Quant à ceux qui avaient forniqué, il leur fit subir la mort parce qu'il voulait effacer leur péché par l'épée. [**+ Car il ne faut pas croire que Dieu si clément n'ait pas récompensé les peines subies par ceux qui sont morts en invoquant son nom et en confessant leurs péchés. Encore qu'ils aient forniqué, ils n'en sont pas moins morts en définitive pour la gloire du Christ. Aussi ne convient-il pas que ceux qui vont en guerre emmènent avec eux leurs épouses ou d'autres femmes. Certains princes de la terre, Darius par exemple et Antoine, furent jadis à la guerre avec un cortège de femmes, et tous deux y trouvèrent leur perte : Darius fut défait par Alexandre et Marc Antoine par Auguste. Il n'est donc permis à personne d'emmener une femme dans une armée, car elle est une charge pour le corps et l'âme. +**] Ceux qui sont tombés dans l'ivresse et la fornication représentent les prêtres et les religieux qui combattent les vices : il leur est défendu de s'enivrer et de s'adonner aux femmes ; s'ils le font, ils succomberont lamentablement devant leurs ennemis, c'est-à-dire les démons, peut-être aussi pour d'autres vices encore, et ils iront en enfer.

Chapitre XXII

MORT DE ROLAND ET DE MARSIRE.
FUITE DE BELIGANT

Lorsque, le combat fini, Roland fut revenu seul, en reconnaissance, dans la direction des païens et ne se trouvait plus guère éloigné d'eux, il rencontra un Sarrasin tout noir, épuisé par le combat et qui se cachait dans le bois. Il le fit prisonnier et l'attacha vivant par quatre cordes à un arbre. Ensuite, il gravit une éminence et chercha à voir les Sarrasins. Il constata qu'ils étaient en grand nombre. Il redescendit sur le chemin de Roncevaux par où passaient ceux qui voulaient franchir les défilés. Alors il fit retentir son cor d'ivoire et, l'ayant entendu, une centaine de chrétiens le rejoignirent. Il alla avec eux vers le Sarrasin attaché à un arbre, le débarrassa de ses liens, puis, élevant son épée nue au-dessus de sa tête, il lui dit : « Si tu viens avec moi et me montres qui est Marsire, je te donnerai la liberté et la vie, sinon tu périras. » Roland, en effet, ne connaissait pas encore Marsire. Le païen l'accompagna aussitôt et lui montra dans le lointain, au milieu des bataillons sarrasins, Marsire monté sur un cheval roux et portant un écu rond. Roland libéra le païen. Animé d'une nouvelle ardeur guerrière et rempli de la force de Dieu, il se jeta avec ses compagnons sur les Sarrasins. Il avisa l'un d'entre eux dont la taille dépassait la moyenne et d'un coup de son épée il trancha l'homme et son cheval, du sommet jusqu'en bas, tant et si bien qu'une moitié du païen et du cheval tomba à droite et l'autre à gauche. Voyant cela, les autres Sarrasins se mirent à fuir dans tous les sens, laissant Marsire seul avec un petit nombre d'hommes sur le champ de bataille. Confiant dans la force du Seigneur, Roland s'élança dans les rangs sarrasins, les écartant à droite et à gauche. Il rejoignit Marsire qui avait pris la fuite et, avec l'aide de Dieu, il l'abattit au milieu des autres. Les cent compagnons que Roland avait amenés y laissèrent la vie et Roland lui-même, s'il en réchappa, fut blessé de quatre coups de lance et gravement atteint par les pierres et les javelots. Aussitôt qu'il apprit la mort de Marsire, Beligant se retira avec les autres Sarrasins. Comme on l'a dit, Thierry et Baudouin, ainsi que d'autres chrétiens dispersés çà et là dans les bois, s'y cachaient pleins d'effroi, tandis que d'autres passaient les défilés. Charles, quant à lui, avait déjà franchi avec ses troupes le sommet du col et ignorait ce qui s'était passé derrière lui. Roland, fatigué de tant de combats, pleurant la mort de tant d'héroïques chrétiens et souffrant des blessures et des coups que lui avaient infligés les Sarrasins, s'en alla seul, à travers les bois jusqu'au pied du port de Cize. Là, dans une charmante prairie au-dessus de Roncevaux, il descendit de cheval et s'arrêta sous un arbre, auprès d'une pierre de marbre. Il avait encore son épée sur lui. C'était l'épée Durenda, d'un si beau travail, d'un tranchant incomparable, d'une force inflexible et d'un éclat merveilleux. Durenda signifie «portant des coups puissants» ou encore «écrase avec elle le Sarrasin», car rien ne saurait la briser. Le bras viendra à manquer avant l'épée. Il la tira de son fourreau, la tint dans sa main et d'une voix étouffée par les larmes; il lui dit: «Ô magnifique épée, jamais lasse et toujours resplendissante, si bien proportionnée en longueur et en largeur, si constante dans ton courage, éclatante de blancheur en ta garde d'ivoire, en ta croix dorée, ornée d'un pommeau pourvu de béryl, tu portes gravés l'alpha et l'oméga qui sont le nom du Seigneur, ta pointe est bonne et la vertu de Dieu t'entoure. Qui va maintenant user de tes qualités? Qui te tiendra? Qui te possédera? Celui qui t'aura en son pouvoir sera inébranlable, inaccessible à la peur des ennemis, insensible au pouvoir des spectres, toujours confiant dans la vertu de Dieu et environné de son aide. Par toi les Sarrasins seront détruits, le peuple incroyant sera anéanti, la foi chrétienne sera exaltée, la louange, et la gloire, et la connaissance de Dieu grandiront parmi tous les peuples. [**+ Combien de fois ai-je par toi vengé le sang de notre Seigneur Jésus-Christ! Combien de fois ai-je détruit les ennemis du Christ! Combien par toi ai-je tué de Sarrasins! Combien de Juifs et autres incroyants ai-je fait périr pour exalter la foi chrétienne! Par toi s'accomplissent les arrêts de la justice divine, c'est toi qui tranches les mains et les pieds du voleur! Combien de Juifs perfides et de Sarrasins ai-je tués grâce à toi, vengeant ainsi le sang du Christ! +**] Ô ma bienheureuse épée, à la pointe si agile, à laquelle aucune autre n'a jamais ressemblé et aucune autre ne ressemblera jamais. Qui t'a forgée n'a jamais pu avant ni depuis en forger une autre pareille. Qui de toi fut navré n'a jamais pu survivre longtemps. Quelle douleur pour moi si un guerrier indolent ou lâche venait à te posséder. Quelle douleur, si un Sarrasin ou quelque infidèle te touchait.» À ces mots, craignant qu'elle ne tombe aux mains des Sarrasins, il frappe trois coups sur la pierre de marbre pour détruire son épée. Que dire de plus? Du sommet à la base, la pierre fut coupée en deux morceaux et l'épée à deux tranchants n'en fut point ébréchée.

Chapitre XXIII

ROLAND SONNE L'OLIFANT.
SA CONFESSION ET SA MORT

Il se mit ensuite à sonner bien fort l'olifant pour que, s'il y avait encore des chrétiens qui se cachaient dans les bois par crainte des Sarrasins, ils viennent le rejoindre ou pour que ceux qui avaient déjà passé les défilés reviennent sur leurs pas, assistent en proches à ses funérailles, prennent son épée et son cheval, et se lancent à la poursuite des Sarrasins. Il sonna alors avec tant de force dans son cor d'ivoire que son souffle fendit le cor dans le milieu et l'on dit que les veines et les nerfs de son cou se rompirent. Mais le son de l'olifant, porté par des anges à travers un espace de quatre lieues en direction de la Gascogne, parvint aux oreilles de Charlemagne dont l'armée avait dressé ses tentes dans le lieu appelé aujourd'hui Val de Charles. Aussitôt Charles voulut se précipiter à son secours, mais Ganelon, conscient de la détresse de Roland, lui dit : « Seigneur mon roi, ne retournez point en arrière, car Roland a l'habitude de sonner tous les jours l'olifant pour la moindre chose. Soyez assuré qu'en ce moment même, il n'a nul besoin de votre secours, mais qu'il est à la chasse, poursuivant quelque bête sauvage, et qu'il court par les bois, sonnant du cor. » Ô perfides propos ! Ô conseils déloyaux, comparables à la trahison de Judas ! Roland était étendu sur l'herbe de la prairie, soupirant après l'eau qui apaiserait sa soif. Il vit venir Baudouin et, par signes, lui demanda de l'eau. Celui-ci chercha de l'eau sans en trouver et, voyant que Roland était à l'article de la mort, il le bénit. Craignant lui-même de tomber aux mains des Sarrasins, il enfourcha le cheval de Roland et, abandonnant celui-ci, rejoignit l'armée de Charles qui avait pris les devants.

Après qu'il fut parti, arriva Thierry qui se lamenta fort sur Roland et l'invita à réconforter son âme par la grâce de la confession. Mais déjà, ce jour même, Roland avait reçu l'eucharistie et, avant qu'il n'aille au combat, un prêtre l'avait absous de ses péchés. C'était en effet la coutume que tous les guerriers, avant d'aller au combat, fortifient leurs âmes par la communion et par la confession faite aux prêtres, aux évêques et aux religieux qui étaient présents. Alors Roland, martyr du Christ, leva les yeux au ciel et dit : « Seigneur Jésus-Christ, pour la foi de qui j'ai quitté ma patrie et suis venu dans ces pays barbares afin d'exalter la foi chrétienne, j'ai livré avec ton secours bien des combats victorieux contre les infidèles, j'ai supporté des coups sans nombre, des désagréments, bien des blessures, des injures, des moqueries, des fatigues, la chaleur comme le froid, la faim comme la soif, et les inquiétudes. En cette heure, je te confie mon âme.

Comme tu as daigné pour moi naître d'une vierge, souffrir sur la croix, mourir, être enseveli, ressusciter des morts le troisième jour et monter au ciel, où ta divinité n'avait jamais cessé d'être présente, daigne ainsi délivrer mon âme de la mort éternelle. [**+ Je m'avoue coupable et pécheur au-delà de ce qu'on peut dire. Mais toi dont la clémence et l'indulgence infinie pardonnent à tous les pécheurs, toi qui as pitié de tous et ne hais aucune de tes créatures, toi qui effaces les péchés des hommes quand ils font pénitence, toi qui voues à l'oubli éternel les crimes du pécheur, à quelque moment qu'il revienne à toi en gémissant, toi qui as ménagé les citoyens de Ninive et pardonné à la femme surprise en adultère, toi qui as remis à Madeleine ses péchés et que les larmes de Pierre ont attendri, toi qui as ouvert la porte du paradis au larron qui avait foi en ta parole, ne me refuse pas le pardon de mes fautes. +**] Accorde-moi la rémission de mes péchés et daigne réchauffer mon âme dans le repos éternel. Car tu es celui pour qui nos corps ne disparaissent pas en mourant, mais sont transformés en une substance meilleure, celui qui sépare l'âme du corps et la fait accéder à une vie plus haute, toi qui as dit que tu aimais mieux la vie du pécheur que sa mort. Seigneur, je crois, et, du fond du cœur comme de mes lèvres, je confesse à voix haute que tu veux faire sortir mon âme de la vie de ce monde pour la faire vivre après la mort d'une vie meilleure. Elle y aura une intelligence bien supérieure à celle d'ici-bas. Autant l'homme diffère de son ombre, autant l'âme possédera de plus grands biens dans le royaume des cieux. » Puis il prit de ses deux mains la peau et la chair de sa poitrine et dit avec des larmes et des gémissements : « Seigneur Jésus-Christ, fils du Dieu vivant et de la bienheureuse Vierge Marie, du fond de mes entrailles je confesse et je crois que tu es mon rédempteur vivant, et qu'au dernier jour mon corps ressuscitera de la terre où il aura été enseveli, et que ma chair aussi verra le Dieu mon Sauveur. » Et mettant sa main sur ses yeux, il répéta trois fois de même : « Ces yeux le verront. » Puis il rouvrit les yeux, regarda le ciel, fit sur tous ses membres et sa poitrine le signe de la sainte croix et dit : « Toutes les choses de la terre n'ont plus de prix pour moi. Je vais contempler avec la grâce du Christ ce qu'un œil humain n'a jamais vu, ce qu'une oreille n'a jamais entendu, ce qu'un cœur humain n'a jamais pu concevoir, la félicité que Dieu a réservée à ceux qui l'aiment. » Il tendit ensuite ses mains vers le ciel et pria pour ses compagnons morts dans la bataille, [**+ disant : « Que les entrailles de ta miséricorde, ô mon Dieu, soient émues du sort de tes serviteurs qui sont morts aujourd'hui en combattant. Ils étaient venus de lointains pays dans ces contrées barbares pour combattre cette race perfide, exalter ton saint nom, venger ton précieux sang et proclamer la foi chrétienne. Ils ont péri pour toi, tués par la main des Sarrasins. +**] Que ta clémence, Seigneur, efface les taches qui sont en eux, et daigne arracher leurs âmes aux tourments de l'enfer. Envoie-leur tes archanges, qui arrachent leurs âmes aux ténèbres et les conduisent dans le royaume des cieux, afin que, unis à tes saints martyrs, ils y règnent éternellement avec toi, qui vis et règnes avec Dieu le Père et le Saint-Esprit dans les siècles des siècles. Ainsi soit-il.» Quand Roland eut achevé sa profession de foi et sa prière, Thierry le quitta. Aussitôt l'âme du bienheureux martyr Roland quitta son corps et fut transportée par les anges au lieu du repos éternel où elle règne sans fin, associée par ses mérites aux chœurs des saints martyrs.

Chapitre XXIV

NOBLESSE, MŒURS ET LARGESSE DE ROLAND

Il ne convient pas de verser de vaines larmes
Sur celui que la cour céleste entoure maintenant dans la joie.
Noble par sa naissance, car il descendait d'un lignage ancien,
Il est plus noble encore par ses hauts faits et réside au-delà des astres.
Il était éminent et ne le cédait à personne en noblesse,
Supérieur par ses mœurs, il surpassait tous les autres.
Assidu dans la piété, il réjouissait le peuple de ses chants,
Lorsque le pays souffrait, il savait panser ses blessures.
Espoir des clercs, protecteur des veuves, pain des indigents,
Il était bienfaiteur des pauvres et accueillant aux étrangers.
Ses offrandes aux églises vénérables, ses dons aux nécessiteux
Sont les richesses qui l'ont précédé au ciel.
Il gardait en son cœur les dogmes de la foi, plein comme l'arche
De la sagesse des livres, et venait boire qui voulait à cette source vive.
Esprit sage, cœur pieux, il était par sa tendresse frère de chacun.
Sommet de l'honneur, gloire sublime, lumière féconde,
Toute louange demeure en deçà de ses mérites
Emporté vers le ciel en raison de ses hauts faits,
Il n'est pas enfermé dans l'urne du tombeau,
C'est la cour de Dieu qui le possède.

Chapitre XXV

VISION DE TURPIN ET LAMENTATION DE CHARLES
SUR LA MORT DE ROLAND

Que dire encore ? Lorsque l'âme du bienheureux martyr Roland eut quitté son corps, et comme en ce même jour, le 16 juin, je célébrais, moi, Turpin, en présence du roi, la messe des morts au Val de Charles dont j'ai déjà parlé, je fus ravi en extase et j'entendis dans les cieux des chœurs de voix qui chantaient, sans savoir ce que c'était. Comme ces chœurs s'élevaient dans le ciel, je me retournai et vis passer devant moi une phalange de noirs chevaliers qui semblaient revenir du pillage, rapportant leur rapine et leur proie. Je leur demandai aussitôt ce qu'ils portaient. « Nous emportons, dirent-ils, Marsire en enfer, tandis que saint Michel emporte au ciel votre sonneur de cor ainsi que bien d'autres. » Après la messe, je dis en grande hâte au roi : « Sire, apprenez que l'archange saint Michel porte au ciel l'âme de Roland et celles d'autres chrétiens, mais j'ignore tout à fait de quoi il est mort. En revanche, des démons emportent l'âme de Marsire et celles de bien des mécréants au feu de la géhenne. » Comme j'achevais ces mots parut Baudouin, le frère de Roland, qui nous raconta tout ce qui s'était passé et comment il avait quitté Roland qui agonisait dans la montagne adossé à une pierre de marbre. Des cris s'élevèrent de toute l'armée qui revint sur ses pas. C'est Charles qui trouva le premier Roland sans vie, étendu, les bras croisés sur la poitrine. Le roi se précipita sur lui, versant des larmes, poussant des soupirs et des gémissements incomparables, des sanglots indescriptibles. Il se tordit les mains, se déchira le visage avec ses ongles, s'arracha la barbe et les cheveux, sans pouvoir dire une parole. Enfin il s'écria dans sa douleur : « Ô bras droit de mon corps, homme excellent, honneur de la France, épée de justice, glaive invincible, haubert inviolable, heaume de salut, héros pareil à Judas Maccabée, nouveau Samson, semblable en ta mort à Saül et Jonathan, chevalier infatigable, le plus savant des guerriers, des braves le plus brave, baron de la race des rois, destructeur des Sarrasins, défenseur des chrétiens, rempart des clercs, appui des orphelins et des veuves, secours des pauvres aussi bien que des riches, restaurateur des églises, langue sans mensonge dans les procès, chef militaire de tous les Français, général des armées fidèles, pourquoi t'ai-je amené dans ce pays ? Pourquoi te vois-je mort ?

Pourquoi ne puis-je mourir avec toi ? Pourquoi me laisses-tu triste et inutile en cette vie ? Malheureux que je suis ! Que ferai-je désormais ? Mais toi, vis avec les anges, exulte avec les chœurs des martyrs, réjouis-toi avec tous les saints. Ma douleur de t'avoir perdu n'aura pas de fin, comme la douleur et le deuil de David après la mort de Saül, de Jonathan et d'Absalon.

« Tu as regagné ta patrie et nous laisses en ce triste monde,
Tu es dans une cour brillante, nous sommes dans le temps des pleurs
Tu as vécu six lustres et huit années,
Avant de quitter la terre pour rejoindre, en juste, le royaume des cieux.
Tu prends part maintenant aux célestes festins,
Le monde en est affligé, tandis que le ciel est dans l'allégresse. »

C'est avec ces paroles et d'autres semblables que Charles pleura Roland aussi longtemps qu'il vécut. Mais, cette nuit-là, il dressa ses tentes avec son armée à l'endroit même où Roland gisait mort. Il ordonna d'embaumer ce corps inanimé avec des aromates, de la myrrhe et de l'aloès et lui fit faire des funérailles solennelles, accompagnées de chants, de pleurs et de prières. On entoura le corps de luminaires et de grands feux allumés dans les bois. Et ces honneurs rendus à Roland durèrent toute la nuit.

Chapitre XXVI

LE SOLEIL ARRÊTÉ PENDANT TROIS JOURS
ET LES QUATRE MILLE MORTS SARRASINS

Le lendemain, au point du jour, ils arrivèrent à Roncevaux où la bataille avait eu lieu et où gisaient les cadavres des combattants. Plus d'un y retrouva ses amis ou tout à fait sans vie ou vivant encore mais blessés mortellement. On retrouva aussi Olivier, passé de la lumière de ce monde à celle du paradis. Il était gisant sur le sol, la face contre terre, ligoté par quatre cordes à quatre pieux fichés en terre. Depuis le cou jusqu'aux ongles des pieds et des mains, il avait été écorché avec des couteaux tranchants, transpercé de javelots, de flèches, de dards et d'épées, et frappé à grands coups de bâton. De tous côtés s'éleva une immense clameur de plaintes et de cris sans nombre, car chacun pleurait son ami. La vallée et le bois se remplirent de lamentations. Alors le roi jura par le tout-puissant Roi des rois qu'il ne cesserait de poursuivre les païens jusqu'à ce qu'il les ait trouvés. Et aussitôt, il s'élança après eux avec son immense armée. Le soleil s'arrêta dans sa course et ce jour-là dura l'espace de trois jours. Charles rejoignit les païens sur les bords de l'Èbre, sous les murs de Saragosse, en train de dormir ou de manger. Il en tua quatre mille et revint avec sa troupe à Roncevaux.

Que dire encore ? Après avoir fait transporter les morts, les infirmes et les blessés là où se trouvait Roland, Charles s'inquiéta de savoir s'il était vrai ou non que Ganelon ait trahi les chevaliers, comme beaucoup l'affirmaient. Il ordonna aussitôt que deux chevaliers armés, Pinabel pour Ganelon et Thierry pour lui-même, combattent en duel sur-le-champ aux yeux de tous pour rendre manifestes le vrai et le faux en cette affaire. Thierry vainquit Pinabel sans attendre. La trahison de Ganelon étant ainsi prouvée, Charles ordonna de l'attacher aux quatre chevaux les plus fougueux de toute l'armée et de l'écarteler. Des écuyers montèrent sur les chevaux et les éperonnèrent, les poussant chacun vers un des points cardinaux. Ainsi déchiqueté, Ganelon mourut.

Chapitre XXVII

LES CORPS DES DÉFUNTS SONT EMBAUMÉS
AVEC DES AROMATES ET DU SEL

Alors les amis des défunts embaumèrent leurs cadavres avec divers aromates. Les uns furent enduits soigneusement de myrrhe et de baume, les autres de sel. À voir le nombre de ceux qui fendirent les corps, jetèrent les entrailles et, faute d'autres aromates, les garnirent de sel, on n'eût pas manqué d'être ému aux larmes. Les uns apportèrent des civières de bois pour les déplacer, d'autres les mirent sur leurs chevaux, d'autres encore les portèrent sur leurs épaules ou entre leurs bras, d'autres enfin placèrent les blessés et les malades sur des échelles qu'ils mirent sur leurs épaules. Les uns ensevelirent leurs morts sur place, d'autres les emportèrent jusqu'en France ou jusqu'en un lieu approprié, d'autres enfin les transportèrent jusqu'à ce qu'ils tombent en décomposition, et les enterrèrent alors.

Chapitre XXVIII

LES CIMETIÈRES SACRO-SAINTS,
L'UN PRÈS D'ARLES ET L'AUTRE À BLAYE

Il y avait alors deux cimetières sacro-saints et vénérables, l'un près d'Arles aux Alyscamps, l'autre près de Bordeaux. Le Seigneur les avait consacrés par sept de ses saints évêques : Maximin, évêque d'Aix ; Trophime, évêque d'Arles ; Paul, évêque de Narbonne ; Saturnin, évêque de Toulouse ; Frontin, évêque de Périgueux ; Martial, évêque de Limoges ; Eutrope, évêque de Saintes. La plupart des morts y furent ensevelis. Et ceux qui étaient morts sans avoir été touchés par l'épée dans la bataille de Montjardin y furent également ensevelis, embaumés avec des aromates.

Chapitre XXIX

SÉPULTURE DE ROLAND
ET DE CEUX QUI FURENT ENSEVELIS À BLAYE
ET EN D'AUTRES LIEUX

Roland, quant à lui, fut transporté à Blaye, sur deux mules, dans un cercueil tapissé d'or et recouvert d'une étoffe somptueuse. Charles le fit ensevelir solennellement dans l'église de Saint-Romain que Roland avait fait jadis édifier lui-même et où il avait placé des chanoines réguliers. Il fit déposer son épée près de sa tête et son olifant à ses pieds, pour la gloire de Jésus-Christ et de sa fidèle chevalerie. L'olifant a depuis lors été transféré en grande pompe dans l'église de Saint-Seurin à Bordeaux. Heureuse et riche est la ville de Blaye, qui est illustrée par un tel hôte, que réjouit le réconfort de posséder une telle dépouille et qui reçoit d'elle une protection si glorieuse ! Près de Belin sont ensevelis Olivier, Gondebaud, roi de Frise, Ogier, roi de Danemark, Arastagne, roi de Bretagne, Garin, duc de Lorraine, et bien d'autres encore. Heureux petit village de Belin où reposent tant de héros. Au cimetière Saint-Seurin de Bordeaux furent ensevelis : Gaifier, roi de Bordeaux, Engelier, duc d'Aquitaine, Lambert, roi de Bourges, Gerin et Gerier, Renaud d'Aubespin, Gautier de Termes, Guielin, Bègue, et quinze mille autres. Le comte Hoël fut enseveli dans la ville de Nantes avec beaucoup d'autres Bretons.

Après avoir fait inhumer tous ces hommes, Charles, à l'exemple de Judas Maccabée, distribua, pour le salut de leurs âmes, douze mille onces d'argent, autant de besants d'or, ainsi que des vêtements et des vivres aux nécessiteux. Ensuite, pour l'amour de Roland, il donna en franc-alleu à l'église de Saint-Romain tout le pays qui s'étend jusqu'à six milles autour, ainsi que toute la citadelle de Blaye avec ses dépendances et la mer elle-même qui la baigne. Il décida que les chanoines de l'église n'auraient jamais plus à s'acquitter d'obligations ni de redevances envers qui que ce soit. Ils devaient seulement, pour le salut des âmes de Roland et de ses compagnons, distribuer tous les ans vivres et vêtements à trente pauvres, le jour anniversaire de leur martyre. En outre les chanoines, présents et futurs, devaient, pour mériter à leur tour la couronne céleste, célébrer avec zèle et joie trente offices chantés, autant de messes et de vigiles, ainsi que tous les offices des morts, chaque année, le jour de leur commémoration, et ce non seulement pour les héros que nous avons nommés mais pour tous ceux qui sont morts martyrs en Espagne pour l'amour de Dieu. Ils jurèrent de s'en acquitter fidèlement.

Après quoi, Charles et moi, et une partie de notre armée, nous quittâmes Blaye et, traversant la Gascogne et Toulouse, nous gagnâmes Arles. Là nous rencontrâmes l'armée des Bourguignons qui s'étaient séparés de nous à Ostabat et y étaient arrivés en passant par Morlaàs et Toulouse, avec leurs morts et leurs blessés, qu'ils avaient portés sur des chevaux, des litières et des charrettes, pour les ensevelir dans le cimetière des Alyscamps. Y furent enterrés par nos mains : Estout, comte de Langres ; Salomon et Samson, duc de Bourgogne, Arnaud de Beaulande, Albéric le Bourguignon, Guinard et Estourni, Athon et Thierry, Ivorie et Beraud de Nobles, Berenger et Naime, duc de Bavière, avec dix mille autres. Le corps du préfet Constantin fut transporté par mer jusqu'à Rome et enterré là-bas avec un grand nombre d'autres Romains et Apuliens. Pour les âmes de ces chevaliers, Charles donna aux pauvres d'Arles douze mille onces d'argent et autant de besants d'or.

Chapitre XXX

LE CONCILE DE CHARLES À SAINT-DENIS

Après cela, nous nous rendîmes ensemble à Vienne où je demeurai, tourmenté par les écorchures et les contusions, les coups et les nombreuses blessures que j'avais reçus en Espagne, tandis que le roi quelque peu affaibli rentrait à Paris avec ses troupes. [**+ Il y convoqua une assemblée d'évêques et de princes dans la basilique de Saint-Denis, rendant grâces à Dieu et à ce saint qui lui avait donné la force de réduire la gent païenne, et offrant à son Église toute la France, comme jadis le bienheureux apôtre Paul et le pape Clément avaient donné cette terre au bienheureux Denis pour qu'il la convertisse. Et il ordonna que tous les rois et évêques de France, présents et futurs, obéissent dans le Christ à son évêque, que les rois ne soient pas couronnés ni les évêques sacrés sans son avis, et qu'ils soient absous ou condamnés par lui. Après avoir fait à cette église de nombreuses donations, il ordonna que tout propriétaire de quelque maison en France donne chaque année quatre deniers pour la construction de cette église. Et il affranchit tous les serfs qui s'acquitteraient de ce don. Ensuite, debout auprès des reliques de saint Denis, il demanda à celui-ci le salut pour tous ceux qui donneraient généreusement cette somme, ainsi que pour les chrétiens qui avaient quitté leurs biens pour l'amour de Dieu et avaient reçu la couronne du martyre en Espagne dans les guerres contre les Sarrasins. La nuit suivante, le bienheureux Denis lui apparut dans son sommeil et l'éveilla, lui disant : « Pour ceux qui, animés par tes exhortations et l'exemple de ton courage, sont morts et mourront en Espagne, j'ai demandé à Dieu la rémission de tous leurs péchés, et pour ceux qui donnent et donneront les sommes destinées à la construction de mon église, je lui ai demandé la guérison de leurs graves blessures. » Quand le roi eut rapporté ces paroles, les gens, confiants dans cette précieuse promesse, apportèrent leurs offrandes avec dévotion ; et quiconque donnait plus généreusement fut appelé partout « Franc de saint Denis », parce que, conformément à l'ordre du roi, il était libre de toute servitude. De là vint l'habitude d'appeler désormais France le pays appelé jusqu'alors la Gaule, c'est-à-dire libre de toute servitude envers les autres pays. Elle est donc dite libre, parce que toute gloire et toute domination lui sont dues sur tous les pays. +**] Charles regagna alors par Liège la ville d'Aix, où il fit construire avec soin des bains publics d'eau chaude et d'eau tiède. Il y enrichit dignement d'or et d'argent, ainsi que de tous les ornements ecclésiastiques, la basilique qu'il y avait fait construire pour la Bienheureuse Vierge Marie. Il ordonna d'y représenter en peinture les faits historiques de l'Ancien et du Nouveau Testament, et il fit orner de même le palais, qu'il avait fait construire à proximité, de peintures dans des genres divers. Les guerres qu'il mena en Espagne et les sept arts libéraux, entre autres, y sont représentés d'une manière admirable.

Chapitre XXXI

LES SEPT ARTS LIBÉRAUX QUE CHARLES FIT REPRÉSENTER DANS SON PALAIS

Il y avait la Grammaire, mère de tous les arts, par laquelle sont connus tous les écrits, qu'ils portent sur des choses célestes ou terrestres. Elle enseigne combien de lettres et lesquelles doivent être utilisées, comment les écrire, et avec quelles lettres les mots et les syllabes doivent être écrits, à quels endroits il faut mettre des diphtongues [**+ comme le montrent deux manuels d'orthographe particulièrement estimés. L'orthographe est la science d'écrire correctement, car « *ortho* » signifie en grec « convenablement » et « graphie » « l'écriture ». +**] C'est grâce à cette science qu'à l'église les lecteurs comprennent ce qu'ils lisent. Quiconque l'ignore, lit certes le texte, mais ne peut aucunement le comprendre totalement, comme quelqu'un qui ne possède pas la clé d'un trésor et ne sait ce qui y est caché.

La Musique y est représentée, qui est la science de chanter bien et juste, grâce à laquelle les offices divins de l'église sont célébrés et ornés, ce qui accroît son prix. [**+ C'est par cette science que chantent les chantres dans les églises et y jouent de l'orgue. Celui qui l'ignore aura beau avoir la force de hurler comme un bœuf, il ne pourra cependant rien connaître à la mélodie ni à l'échelle des tons. Il fera retentir sa voix comme celui qui ne trace pas de lignes droites sur un parchemin. +**] Et il faut savoir qu'il n'existe pas de chant conforme à la musique en dehors de celui qui est écrit sur une portée à quatre lignes. [**+ C'est avec cet art que David et ses compagnons ont chanté jadis les psaumes en les accompagnant sur le psaltérion à dix cordes et sur la cithare, les trompettes en métal et les cymbales, le tambourin, les chœurs et l'orgue. Tous les instruments de musique ont été faits par elle. +**] Car cet art est issu divinement des voix et des chants angéliques dans le ciel. Qui douterait que les voix de ceux qui chantent, le cœur attendri, dans l'église, devant l'autel du Christ, ne se mêlent aux voix angéliques dans les cieux ? Le sacramentaire déclare en effet : « Nous te prions de laisser parvenir à toi nos voix avec celles des anges. » [**+ La voix de ceux qui chantent correctement est donc portée de la terre jusqu'aux oreilles du Roi des rois. +**] Il y a dans cet art de grands symboles et de grands mystères. Car les quatre lignes sur lesquelles elle est écrite et les huit tons qu'elle contient représentent les quatre vertus cardinales, la sagesse, le courage, la tempérance et la justice, et les huit béatitudes dont notre âme est pourvue et ornée.

La Dialectique est représentée dans la cour du roi, qui enseigne à discerner le vrai du faux [**+ à participer aux discussions, à interpréter le sens des mots. Elle ferme la bouche aux sots et rend les avisés éloquents. Quiconque a bien pris pied dans cette science ne peut ensuite l'en retirer. +**]

[**+ La Rhétorique enseigne à parler savamment et adéquatement, calmement, joliment et convenablement. *«Rectos»* signifie en grec «éloquent». Cet art confère en effet à celui qui le connaît l'abondance et l'éloquence des paroles. +**]

La Géométrie y est peinte, qui signifie «mesure de la terre» ; *«ge»* signifie en grec «terre» et *«metron»* «mesure». Cette science enseigne à mesurer les étendues des montagnes, des vallées et des mers, ainsi que les milles et les lieues. [**+ Quand on la connaît parfaitement, on sait, à voir les dimensions d'un espace quelconque, d'un lieu, d'un champ, d'une province ou d'une ville, combien d'aunes, de pieds ou de milles on peut y compter en largeur et en longueur. +**] C'est grâce à cette science que les sénateurs construisirent Rome et d'autres villes antiques, mesurèrent les distances en milles et les routes de villes en villes, et que les enfants d'Israël mesurèrent jadis la Terre promise à la toise selon la longueur et la largeur. C'est grâce à cette science que les paysans, si ignorants soient-ils, mesurent leurs champs, leurs vignobles, leurs pâturages, leurs forêts et leurs prés.

L'Arithmétique aussi y est représentée, qui traite des nombres de toutes les choses. Et quand on la connaît pleinement, on sait, à voir une tour ou un haut mur, combien de pierres ils comptent, ou combien de gouttes d'eau sont dans un gobelet ou combien de pièces de monnaie dans un tas, ou encore on saisit combien de milliers d'hommes il y a dans une armée. Grâce à cet art, les maçons peuvent, même s'ils l'ignorent, élever de hautes tours et des murs.

L'Astronomie est, elle aussi, représentée dans le palais royal. [**+ Elle enseigne l'étude des astres. +**] C'est grâce à elle que sont connus les événements bons ou mauvais, passés, présents ou à venir qui ont lieu ailleurs. [**+ Quiconque la connaît pleinement sait à l'avance ce qui l'attend, quand il prévoit un voyage ou veut entreprendre une autre affaire importante. Il sait aussi d'avance, quand il voit deux hommes s'apprêter au combat, qui sera le vainqueur. +**] C'est grâce à cette science que les sénateurs de Rome apprenaient la mort des soldats et les guerres menées dans les pays lointains, les faiblesses, la situation et les ressources des rois et des royaumes. [**+ C'est l'apparition d'une étoile qui apprit aux Rois mages et à Hérode la naissance du Christ. +**]

Chacune de ces disciplines a une fille qui lui est subordonnée. La Nécromancie, d'où découlent la pyromancie et l'hydromancie, ainsi que le «livre sacré» – ou plutôt maudit – n'est pas représentée dans la cour royale, car elle n'est pas considérée comme un art libéral. [**+ On peut certes l'apprendre,

mais elle ne se pratique qu'avec la familiarité des démons. +**] C'est pourquoi elle est dite trompeuse, ce qui ressort de son propre nom. *« Mancie »*
signifie en grec « prédiction » et *« nigro »* signifie noir. [**+ Et la nécromancie s'appelle donc la « prophétie noire », parce qu'elle mène ceux qui s'y
adonnent dans les noirs cachots des démons. +**] *« Pyros »* signifie en
grec « feu » ou « bûcher », *« hydros »* signifie « eau ». [**+ C'est pourquoi la
pyromancie est la divination par le feu et l'hydromancie la divination par
l'eau, parce qu'elles mènent ceux qui les pratiquent dans le feu et les eaux
de l'enfer. C'est pourquoi le prophète Job déclare : « D'une chaleur intense
ils passeront dans les eaux glaciales. » Toi donc, fidèle, qui lis ce livre
de Turpin, veille à l'éviter. +**] Le nom même de la nigromancie dit : « Ici
commence la mort de l'âme ».

Chapitre XXXII

MORT DU ROI CHARLES

Peu de temps après, la mort du roi Charles me fut révélée de la manière suivante. Certain jour que j'étais à Vienne, dans l'église, devant l'autel, plongé dans mes prières, et que je chantais le psaume *Dieu, mon secours...*, j'eus une vision. Je vis passer devant moi des cohortes innombrables de noirs guerriers qui se dirigeaient vers la Lorraine. Quand ils furent tous passés, j'en remarquai un, semblable à un Éthiopien, qui allait derrière les autres à pas lents. Je lui demandai : « Où vas-tu ? » « À Aix, me répondit-il, pour assister à la mort de Charles et emporter son âme en enfer. » Je lui dis aussitôt : « Je t'adjure, au nom de notre Seigneur Jésus-Christ, de bien vouloir revenir auprès de moi au retour de cette expédition. » À peine avais-je achevé le psaume que les mêmes cohortes repassèrent devant moi dans le même ordre, et je demandai au dernier, celui auquel j'avais parlé précédemment : « Qu'as-tu fait ? » Le démon de me dire : « Un Galicien sans tête a mis dans la balance tant de pierres et tant de bois qui ont servi aux basiliques élevées par lui que ses bonnes œuvres ont pesé plus que ses péchés. Il nous enleva son âme et l'a remise aux mains du roi suprême. » Je compris par là que, ce jour-là, Charles venait de quitter ce monde et que, par le secours du bienheureux Jacques, à qui il avait construit de nombreuses églises, il avait été à bon droit emporté dans le royaume des cieux. Le jour où nous nous étions séparés à Vienne, je lui avais demandé, si la chose était possible, qu'il me fasse annoncer sa mort, au cas où il disparaîtrait avant moi. Je lui avais promis de même, si je mourais le premier, de lui en faire porter la nouvelle. Aussi, quand il se vit bien malade, il se souvint de sa promesse et demanda, avant de mourir, à un soldat qu'il avait élevé, aussitôt qu'il serait mort, de venir me l'annoncer. Que dire encore ? Quinze jours après la mort du roi, j'appris par ce messager que, depuis son retour d'Espagne jusqu'à sa dernière heure, il n'avait cessé d'être fort malade et que, pour le salut des victimes mentionnées plus haut, il avait, chaque année de sa vie, donné aux pauvres, le jour anniversaire de leur martyre pour l'amour de Dieu, douze mille onces d'argent, autant de besants d'or, des vêtements et des vivres, et qu'il avait fait chanter des psaumes, des messes et des vigiles. J'appris en outre qu'il était mort le jour même et à l'heure où j'avais eu la vision, c'est-à-dire le 28 janvier de l'an 814 de l'incarnation de notre Seigneur, et qu'il avait été inhumé pompeusement à Aix (diocèse de Liège), dans la basilique circulaire de la Bienheureuse Vierge Marie qu'il avait lui-même fait construire. J'ai entendu dire que, durant les trois années qui précédèrent sa mort, celle-ci fut annoncée par plusieurs signes. Ainsi le soleil et la lune prirent une teinte noire pendant sept jours avant sa mort. Son nom, inscrit sur le mur de la basilique, Karolus Princeps, s'effaça de lui-même. La galerie qui était entre la basilique et le palais s'effondra d'elle-même le jour de l'ascension de notre Seigneur. Un pont de bois qu'il avait jeté sur le Rhin à Mayence et qui avait coûté sept années de grand travail s'embrasa tout seul, dit-on, et fut entièrement détruit. Charles lui-même, se rendant d'un lieu à un autre, vit tout à coup la lumière du jour s'obscurcir et une grande flamme passa rapidement devant ses yeux, allant de droite à gauche, si bien qu'épouvanté et terrifié il tomba d'un côté de son cheval tandis que le javelot qu'il tenait à la main, tomba de l'autre. Ses compagnons accoururent aussitôt et le relevèrent. Mais maintenant nous croyons qu'il possède la gloire des martyrs dont il a partagé les épreuves. Il ressort de cet exemple que celui qui construit une église acquiert le royaume de Dieu, qu'il est, comme Charles, arraché aux démons et qu'il monte au ciel avec l'aide des saints dont il a construit les églises.

Chapitre XXXIII

LE MIRACLE QUE DIEU DAIGNA FAIRE PAR ROLAND DEVANT LA VILLE DE GRENOBLE

Il est tout à fait indiqué de rappeler, entre autres choses, l'excellent exemple à la gloire de notre Seigneur Jésus-Christ que fournit un événement qu'on dit survenu au bienheureux Roland pendant sa vie, avant même qu'il ne se rende en Espagne. Après que le vénérable comte Roland eut assiégé la ville de Grenoble de tous les côtés pendant sept ans, un messager rapide arriva tout à coup auprès de lui et lui annonça que Charles, son oncle, était encerclé dans une forteresse, près de Worms, assiégée par trois rois, celui des Vandales, celui des Saxons et celui des Frisons, avec toutes leurs armées. Il priait instamment Roland de lui venir en aide rapidement avec son armée et de le délivrer des païens. Tourmenté d'inquiétude au sujet de son oncle bien-aimé, Roland se demandait ce qu'il avait de mieux à faire : ou bien abandonner le siège de la ville qui lui avait déjà donné tant de peine et délivrer son oncle, ou bien abandonner son oncle et conquérir la ville pour la soumettre à notre Seigneur Jésus-Christ. Quel homme louable en toutes choses et rempli de piété, tourmenté par la réflexion sur cette cruelle alternative ! Mais écoutons attentivement ce que fit cet homme vénérable. Trois jours et trois nuits durant, il ne mangea et ne but rien, mais passa avec ses troupes la nuit à prier pieusement, invoquant l'aide de Dieu et disant : « Seigneur Jésus-Christ, fils du père le Très-Haut, toi qui as divisé la mer Rouge en deux moitiés, as fait passer Israël entre elles, précipité le pharaon dans la mer, [**+ as conduit ton peuple à travers le désert, as détruit bien des peuples qui lui étaient hostiles et as battu des rois forts, Sihon, roi des Amoritains, et Og, roi de Basan, et tous les royaumes de Canaan, toi qui as donné leur pays en héritage à ton peuple Israël +**], toi qui as détruit les murs de Jéricho, qui protégeaient l'armée ennemie, sans combat et sans intervention humaine après une grande procession, au seul son des trompettes, détruis la puissance de cette ville et écrase tout son armement de ta main puissante et de ton bras invincible, afin que le peuple païen, qui dans sa sauvagerie ne croit pas en toi, reconnaisse que tu es le Dieu vivant, le plus brave de tous les rois, adjuvant tout-puissant et protecteur des chrétiens, toi qui vis et règnes avec le Père et le Saint-Esprit, Dieu pour les siècles des siècles. Amen.» Que dire encore ? Après cette prière, les murs de la ville s'effondrèrent partout le troisième jour, sans intervention humaine ; les païens furent chassés et dispersés aux quatre vents ; le comte Roland se hâta joyeusement de rejoindre Charles avec ses armées en territoire allemand et, avec l'aide puissante de Dieu, il le libéra de l'encerclement par ses ennemis. Cela a été fait par le Seigneur, et c'est un miracle à nos yeux.

Toi qui lis ce texte, implore la sollicitude divine en faveur de Turpin, afin qu'elle lui vienne en aide. Amen.

Chapitre XXXIV

LE PAPE CALIXTE RAPPORTE L'INVENTION DU CORPS DU BIENHEUREUX TURPIN, ÉVÊQUE ET MARTYR

Après que le bienheureux roi Charles eut quitté ce monde, le bienheureux Turpin, archevêque de Reims, martyr du Christ, vécut encore quelque temps à Vienne, tourmenté par les douleurs de ses blessures et les peines qu'il avait connues. Il mourut d'une digne mort et fut enseveli à côté de la ville, de l'autre côté du Rhône, donc vers l'est, dans une église. À notre époque, quelques ecclésiastiques de chez nous trouvèrent son corps très saint dans un magnifique cercueil, vêtu des ornements épiscopaux, la peau et les ossements encore intacts. L'enlevant de cette église qui avait été saccagée, ils le transportèrent en face du Rhône, à l'intérieur de la ville, où il est encore vénéré aujourd'hui. Il détient maintenant dans le ciel la couronne de victoire qu'il a acquise sur terre par ses nombreux travaux. Il faut croire que ceux qui ont subi le martyre en Espagne pour la foi du Christ sont couronnés à bon droit dans le royaume des cieux. Et bien que Charles et Turpin n'aient pas trouvé la mort à Roncevaux en même temps que Roland, Olivier et les autres martyrs, la couronne céleste ne leur a pas été refusée, à eux qui endurèrent tout le reste de leur vie les souffrances consécutives aux blessures, aux coups d'épée et aux grands maux qu'ils avaient subis avec ceux-ci dans le combat. Si nous avons participé aux souffrances, déclare l'apôtre, nous participerons aussi à la consolation. [**+ Roland signifie «rouleau de science», car il dépasse tous les rois et les princes dans toutes les sciences. Olivier signifie «héros de la miséricorde», parce qu'il est au-dessus de tous, patient et miséricordieux ; patient dans ses discours, patient dans ses œuvres, patient dans l'acceptation de tous les martyres. Charles signifie «lumière de la chair», parce qu'il a surpassé par la lumière de toutes les vertus et toutes les saintetés tous les rois charnels postérieurs à la naissance du Christ. Turpin signifie «le très beau» ou bien «celui qui n'est pas laid», parce que, en aucune manière, il n'a développé des actes ou des paroles répréhensibles mais seulement d'honorables. Le 16 juin, jour même où ils ont quitté le monde pour rejoindre le Seigneur, un office des morts, la vigile et la messe de Requiem, avec le propre des obsèques et des heures, doivent être célébrés partout, non seulement en faveur des soldats défunts de Charles, mais encore pour tous ceux, qui depuis le temps de Charlemagne jusqu'à aujourd'hui, ont subi le martyre en Espagne ou près de Jérusalem pour la foi du Christ. On lira plus haut le nombre et l'importance des dons que Charles avait coutume de faire aux pauvres pour le salut de leur âme le jour commémoratif de leurs souffrances. +**]

Chapitre XXXV

L'ALMANSOUR DE CORDOUE

Il faut encore rapporter ce qui advint en Galice après la mort de Charles. Alors que le pays de Galice avait connu une longue période de paix après la mort de Charlemagne, un certain Sarrasin, l'Almansour de Cordoue, se leva, aiguillonné par le démon, et déclara qu'il voulait s'approprier la terre de Galice, dont Charles avait jadis dépouillé ses ancêtres, et la soumettre à la foi sarrasine. Il rassembla donc de puissantes armées, dévasta en tous sens le pays, parvint jusqu'à la ville du bienheureux Jacques et s'empara par la violence de tout ce qu'il y trouva. Il détruisit outrageusement toute la basilique de l'apôtre, s'emparant des manuscrits, des tables d'argent et des cloches. Les Sarrasins se mirent à camper dedans avec leurs chevaux, et la race impie alla jusqu'à satisfaire ses besoins naturels sur l'autel de l'apôtre. C'est pourquoi quelques-uns d'entre eux, touchés par la vengeance divine, subirent une forte diarrhée et laissèrent échapper par-derrière tout ce qu'ils avaient dans le corps. D'autres perdirent la vue et se mirent à errer comme des aveugles à travers l'église et la ville. Que dire encore ? Almansour lui-même fut atteint de cette maladie et devint complètement aveugle. Sur le conseil d'un de ses prisonniers, un prêtre de la basilique, il implora alors l'aide du dieu des chrétiens, disant : « Ô Dieu des chrétiens, Dieu de Jacques, Dieu de Marie, Dieu de Pierre, Dieu de Martin, Dieu de tous les chrétiens, si tu me rends ma santé de jadis, je renoncerai à Mahomet mon Dieu, et je ne viendrai plus piller le pays du grand saint Jacques. Ô Jacques, grand homme, si tu rends la santé à mes entrailles et à mes yeux, je te restituerai tout ce que j'ai pris dans ta maison. » Quinze jours après, quand il eut tout rendu en double, il récupéra sa santé de jadis et quitta le pays du bienheureux saint Jacques. Il promit de ne plus jamais revenir dans ce pays à des fins de pillage et proclama très fort que le Dieu des chrétiens était grand et que Jacques était un grand homme. Puis, dévastant l'Espagne, il parvint à la ville d'Orniz, où était une excellente et très belle basilique du bienheureux Romain, pourvue de remarquables soieries et de manuscrits, de croix d'argent et de bibles dorées. L'inique Almansour entra dans la ville, s'empara de tout ce qu'il y trouva et la dévasta. Lui et sa troupe y prirent leurs quartiers. Un de ses généraux, qui était entré dans la basilique, y vit de magnifiques colonnes de pierre sur lesquelles reposait le toit de l'église et qui étaient à leur sommet argentées et dorées. Poussé par la cupidité, il fit placer un coin de fer entre une colonne et son pied. Lorsqu'il se mit à frapper à grands coups sur le coin avec un marteau de fer, menaçant de faire effondrer toute la basilique, cet homme fut transformé en pierre par décision divine. On voit encore aujourd'hui cette pierre de forme humaine dans l'église et elle a encore la couleur qu'avait la tunique du Sarrasin. Les pèlerins qui viennent prier dans la basilique rapportent que la pierre dégage une mauvaise odeur. Lorsque l'Almansour vit cela, il dit à ses familiers : « Grand est véritablement le Dieu des chrétiens et il faut le louer d'avoir de tels disciples qui, même morts, sont encore en mesure de demander des comptes à des vivants, si coriaces soient-ils, en privant l'un de la vue et en pétrifiant l'autre. Jacques m'a enlevé la vue, Romain a fait d'un homme une pierre. Jacques a eu pitié de moi et m'a rendu la vue, mais Romain ne veut pas me rendre mon homme. Quittons donc ce pays ! » Le païen partit alors plein de trouble avec son armée. Après quoi, il n'y eut plus personne pendant longtemps qui osât porter la guerre dans le pays du bienheureux Jacques. Que ceux qui inquiéteraient encore son pays sachent qu'ils seront damnés pour l'éternité. Mais ceux qui le protègent contre la puissance des païens recevront la récompense céleste.

LE LIVRE EST FINI,
GLOIRE SOIT À ROLAND.

Chapitre XXXVI

LETTRE DU PAPE CALIXTE
SUR LA CROISADE EN ESPAGNE,
À FAIRE CONNAÎTRE À TOUS ET PARTOUT

L'évêque Calixte, serviteur des serviteurs de Dieu, à ses bien-aimés frères dans le Christ, aux évêques et aux autres personnes de la sainte Église, et à tous les chrétiens, tant présents que futurs, adresse universellement son salut et sa bénédiction apostolique. Vous avez entendu souvent dire, très aimés, quels maux, quelles calamités et quelles terreurs les Sarrasins ont osé apporter sur nos frères. Combien d'églises, de bourgs fortifiés et de contrées ils ont dévastés, combien de chrétiens, qu'ils soient moines, clercs ou laïques, ils ont fait périr par l'épée, ou ont vendus dans les contrées étrangères et lointaines sous le joug de la captivité, ou ont maintenus enchaînés dans divers liens, ou ont torturés de multiples manières, personne ne le peut raconter par le menu. De combien de saints évêques martyrs, ou d'abbés et de prêtres, et d'autres chrétiens, les corps ne reposent-ils pas près de la ville d'Oca, et dans le Campo Laudabile et dans le Campo Laetorie, et nul discours ne peut dire combien n'ont pas de sépulture dans les autres régions limitrophes des chrétiens et des Sarrasins. Ils sont des milliers et des milliers. C'est pourquoi je prie que votre amour, mes chers enfants, comprenne quelle est l'urgence d'aller en Espagne combattre les Sarrasins et de quel salaire seront rémunérés ceux qui s'y rendront volontiers. On rapporte en effet que Charlemagne, le très fameux roi des Gaulois, beaucoup plus fameux que d'autres rois, parcourut les chemins espagnols en chassant les peuplades perfides par des travaux innombrables et que le bienheureux Turpin, archevêque de Reims, son compagnon, après avoir réuni près de Reims, ville de Gaule, un concile de tous les évêques de toute la Gaule et de la Lotharingie, s'appuyant sur l'autorité divine, libéra de leurs péchés tous ceux qui se sont rendus et iront en Espagne pour chasser la gent perfide et accroître la chrétienté, pour libérer les prisonniers chrétiens et y recevoir le martyre pour l'amour de Dieu. Cela est écrit dans leur geste. Cette même absolution a été confirmée par tous les représentants des apôtres, témoin le bienheureux pape Urbain, homme célèbre, qui lors du concile de Clermont, en Gaule, devant un auditoire d'environ cent évêques, affirma cette même chose, lorsqu'il décida de

la croisade à Jérusalem, comme le rapporte le livre de l'*Histoire de Jérusalem*.
Nous corroborons et affirmons ceci : tous ceux qui sont allés soit en Espagne,
soit à Jérusalem pour chasser la gent perfide, en portant sur leurs épaules le
signe de la croix du Seigneur, de la part de Dieu et des saints apôtres Pierre
et Paul, et de tous les saints, sont par notre bénédiction apostolique absous de
tous les péchés qu'ils auront confessés à leurs prêtres et dont ils se seront
repentis, et que dans les célestes parvis ils seront jugés dignes d'être couronnés comme les saints martyrs qui, depuis les débuts du christianisme jusqu'à
la fin des siècles, y ont reçu la palme du martyre. Jamais autant qu'aujourd'hui
une telle nécessité n'a été ressentie d'aller là-bas. C'est pourquoi, en vous
priant, nous ordonnons que tous les évêques et prélats, dans leurs synodes et
conciles, comme dans les dédicaces des églises, ne cessent d'annoncer spécialement ceci plus encore que tous les autres mandements apostoliques,
exhortant même leurs prêtres à le transmettre dans leurs églises aux laïcs
parmi leurs ouailles. S'ils le font de bonne grâce, ils seront rémunérés dans
les cieux d'un même salaire que ceux qui y seront allés. Et que quiconque
transporte une copie de cette lettre d'un endroit à l'autre ou d'une église à
une autre, et en prêche publiquement la substance à tous, soit rémunéré
d'une gloire pérenne. Donc que soient, à ceux qui annoncent ces choses ici
et à ceux qui se rendent là-bas, une paix continuelle, l'honneur et la joie,
la victoire sur ceux qu'ils chassent, le courage et la longue vie, le salut et la
gloire. Que daigne garantir cela, Jésus-Christ lui-même, notre Seigneur, dont
le règne et l'empire demeurent sans fin, dans les siècles des siècles. Amen.

Que cela advienne, advienne, advienne. Donné au Latran, en présence
de cent évêques rassemblés en concile. De Pâques à la fête de saint
Jean-Baptiste, cette lettre doit être lue et commentée tous les dimanches
dans toutes les églises devant des auditoires laïcs, après l'Évangile. Que
Jésus-Christ Notre Seigneur, qui vit et règne avec le Père et l'Esprit-Saint,
Dieu dans tous les siècles des siècles, étende avec clémence la main de sa
grande miséricorde sur le rédacteur et le lecteur de ce texte. Amen. +**]

LIVRE IV
DE SAINT JACQUES APÔTRE[1]

---

[1] Ce livre IV est le dernier du *Codex Calixtinus* qui inclut en quatrième position l'*Histoire de Charlemagne et de Roland* par l'archevêque Turpin.

ARGUMENT DU PAPE CALIXTE

Le lecteur avisé qui recherche la vérité dans nos volumes la trouvera assurément, dépouillée de toute incertitude, dans le contenu de ce livre. En effet, les choses qui y sont écrites, bien des personnes encore vivantes attestent qu'elles sont vraies.

Chapitre premier [1]

LES CHEMINS DE SAINT-JACQUES [2]

Quatre chemins vont à Saint-Jacques ; ils se réunissent à Puente la Reina :
– le premier, par Saint-Gilles, Montpellier et Toulouse, va au port d'Aspe ;
– le deuxième passe par Notre-Dame du Puy, Sainte-Foy de Conques et Saint-Pierre de Moissac ;
– le troisième, par Sainte-Madeleine de Vézelay, Saint-Léonard en Limousin et Périgueux ;
– le quatrième, par Saint-Martin de Tours, Saint-Hilaire de Poitiers, Saint-Jean d'Angély, Saint-Eutrope de Saintes et Bordeaux.

Ces trois derniers se réunissent à Ostabat pour traverser les Pyrénées au port de Cize et rejoindre à Puente la Reina (au sud de Pampelune) le premier chemin qui traverse les montagnes au port d'Aspe. À partir de Puente la Reina, il n'y a qu'une voie.

---

[1] A. Lavergne, *Les Chemins de Saint-Jacques en Gascogne*, Bordeaux, 1887, p. 6.
[2] Ce titre ne figure à cette place dans aucun manuscrit.

Chapitre II

LES ÉTAPES DU PÈLERINAGE DE SAINT-JACQUES.
PAPE CALIXTE

Il y a trois brèves étapes du col du Somport jusqu'à Puente la Reina :
- du village de Borce, au pied du Somport, (versant gascon), jusqu'à Jacca ;
- de Jacca à Monreal ;
- de Monreal jusqu'à Puente la Reina.

Il y a treize étapes du port de Cize à Saint-Jacques :
- du bourg Saint-Michel, au pied du port de Cize (versant gascon), à Viscarret, assez brève ;
- de Viscarret à Pampelune (courte) ;
- de Pampelune à Estella ;
- d'Estella à Najera (équestre) ;
- de Najera à Burgos (équestre) ;
- de Burgos à Fromista ;
- de Fromista à Sahagun ;
- de Sahagun à León ;
- de León à Rabanal ;
- de Rabanal à Villafranca, par les ports du Monte Irago jusqu'à l'embouchure du Valcarce ;
- de Villafranca à Triacastela, par les ports du mont Cebrero ;
- de Triacastela à Palaz de Rey ;
- de Palaz de Rey à Saint-Jacques (courte).

Chapitre III

NOMS DES BOURGS
DU PÈLERINAGE DE SAINT-JACQUES

Du Somport jusqu'à Puente la Reina : Borce ; l'hôpital Sainte-Christine, Canfranc, Jacca, Osturit, Termas (sources thermales chaudes), Monreal, Puente la Reina.

Du port de Cize à Saint-Jacques : Saint-Michel (versant gascon), l'hôpital de Roland, Roncevaux (bourg), Viscarret, Larrasoana, Pampelune, Puente la Reina, Estella (bon pain, excellent vin, nombreuses viandes et poissons, multiples agréments), Los Arcos, Logroño, Villaroya, Najera, Santo Domingo de la Calzada, Redecilla del Camino, Belorado, Francavilla, forêt d'Oca, Atapuerca, Burgos, Tardajos, Hornillos del Camino, Castrogeriz, Itera del Castillo (pont), Fromista, Carrion (bourgade active et prospère, pain, vin, viande, légumes et céréales), Sahagun (agréable, miracle des lances qui reverdirent), Mansilla, León (résidence royale, diverses distractions), Orbigo, Astorga, Rabanal dit « le captif », Puerto Irago, Molina Secca, Ponferrada, Cacabelos, Villafranca (confluent du Valcarce), Camp Sarrasin, Villaus, le mont Cebrero (col, hôpital au sommet), Linarès, Triacastela en Galice (pierre à chaux à porter jusqu'à Castañola pour la construction de la basilique), San Miguel, Barbadelo, pont sur Miño, Sala Regina, Palaz de Rey, Leboreiro, Santiago de Boente, Castañola, Villanova, Ferreiros, enfin Compostelle (tombeau de saint Jacques, la plus heureuse et la plus éminente cité d'Espagne).

L'évocation succincte de ces étapes et de ces localités est destinée à permettre aux pèlerins de Saint-Jacques qui auront entendu ces informations de se prémunir du nécessaire pour couvrir les dépenses de leur pèlerinage. +**]

LES TROIS GRANDS HÔPITAUX DU MONDE

Le Seigneur a établi dans ce monde pour le soutien de ses pauvres : l'hôpital de Jérusalem, l'hôpital du Mont-Joux et l'hôpital de Sainte-Christine qui se trouve au port d'Aspe. Lieux saints, maisons de Dieu pour la réfection des saints, le repos des pèlerins, la consolation des pauvres, le salut des malades, asiles des morts comme des vivants. Ceux donc qui ont élevé ces maisons sacro-saintes posséderont sans aucun doute le royaume de Dieu.

---

[1] A. Lavergne, *ibid.*, p. 18.

Chapitre V

NOMS DE QUELQUES RÉFECTEURS
DU CHEMIN DE SAINT-JACQUES.
AIMERIC

Avant 1120, Alphonse Ier étant roi d'Aragon et Louis le Gros, roi de France, Alphonse, roi de Galice, étant empereur d'Espagne, certains voyers ont, du temps de Diego, archevêque de Saint-Jacques, et du pape Calixte, refait le chemin de Saint-Jacques de Rabanal jusqu'au pont sur le Miño, pour l'amour de Dieu et de son apôtre. Ce sont : André, Roger, Avit, Fortus, Arnault, Étienne et Pierre qui reconstruisit le pont sur le Miño détruit par la reine Urraca. Que l'âme de ces hommes et de leurs ouvriers repose éternellementen paix. +**]

Chapitre VI

BONNES ET MAUVAISES RIVIÈRES RENCONTRÉES LORS DU PÈLERINAGE DE SAINT-JACQUES. PAPE CALIXTE

[**+ Des ports de Cize et du Somport jusqu'à Saint-Jacques, on rencontre les rivières suivantes. Du Somport descend un cours d'eau salubre, nommé Aragon, qui irrigue l'Espagne. Du port de Cize descend une rivière salubre, que beaucoup appellent la Rune, et qui traverse Pampelune. À Puente la Reina coulent à la fois la Rune et l'Arga. +**] Au lieu dit Lorca, vers l'est, coule une rivière dite « ruisseau salé ». Prends garde que ta bouche ni ton cheval n'y boivent, car la mort s'ensuit. Sur ses bords, alors que nous allions à Saint-Jacques, nous avons trouvé deux Navarrais assis, en train d'affûter leurs couteaux pour équarrir les montures des pèlerins qui boivent de cette eau et en meurent. Nous leur avons posé la question et ces canailles nous répondirent qu'elle était potable. Sur quoi nous en donnâmes à nos chevaux, deux d'entre eux crevèrent sur-le-champ et ils les équarrirent sans perdre un instant.

[**+ À Estella, coule le rio Ega, son eau est douce, salubre et excellente.+**] La rivière qui traverse Arcos est polluée ; au-delà d'Arcos, près du premier hôpital, coule une eau qui charrie un poison mortel. La rivière qui passe près de Turres, en terre navarraise, est, tout comme celle de Covas, fatale pour les montures et les hommes qui en boivent. [**+ À Logroño, l'eau de l'Èbre est saine et poissonneuse. +**] Entre Estella et Logroño, tous les cours d'eau sont réputés mortels pour quiconque, homme ou cheval, y boit ou en consomme les poissons. [**+ Le poisson appelé communément barbeau, que les Poitevins nomment *alose* et les Italiens *clipia*, l'anguille et la tanche, sont inconsommables partout en Espagne et en Galice, car ils provoquent un empoisonnement sinon la mort. Si tel ou tel en mange et reste indemne, c'est ou bien qu'il a plus de santé que quiconque ou bien qu'il séjourne depuis longtemps dans le pays. Toute la poissonnerie, la boucherie bovine et la charcuterie de l'Espagne et de la Galice entières sont malsaines pour les étrangers.

Voici les noms habituels des cours d'eau potable : le Pisuerga (pont d'Itera del Castillo), le Carrion (dans la cité de ce nom), le Cea (Sahagun), l'Esla (Mansilla), le Porna (grand pont entre Mansilla et León), le Torio (à León au-dessous du camp des Juifs), le Bernesgua (de l'autre côté de León, vers Astorga), le Sil (Ponferrada et sa verdoyante vallée), le Cua (Cacabelos), le Burbia (pont de Villafranca), le Carcera (le Valcarce), le Miño (Puerto-Marin) et, à deux milles de Saint-Jacques, une rivière bordée d'un bois, du nom de Lavamentula, parce que les pèlerins français de Saint-Jacques ont coutume, par amour de l'apôtre, d'y laver non seulement leurs parties pileuses mais de s'y mettre nus et de s'y baigner. Le Sar, entre le mont de la Joie et la ville de Saint-Jacques, et la Sarela, qui coule de l'autre côté de la cité vers l'ouest, ne sont pas réputés insalubres. J'ai décrit ces rivières ainsi pour que les pèlerins de Saint-Jacques s'abstiennent rigoureusement de boire les eaux polluées et soient en mesure de préférer celles qui sont bonnes pour leur santé et celle de leurs montures. +**]

Chapitre VII

NOMS ET PARTICULARITÉS DES CONTRÉES ET DES POPULATIONS RENCONTRÉES LORS DU PÈLERINAGE DE SAINT-JACQUES

Sur la route de Saint-Jacques par Toulouse, on traverse d'abord la Garonne avant de découvrir le pays gascon. Ensuite on passe le col du Somport et rencontre l'Aragon, puis la Navarre jusqu'au pont sur l'Arga et au-delà. La route du port de Cize, quant à elle, traverse, après la Touraine, le pays poitevin actif, excellent et plein d'agréments. [**+ Les Poitevins sont des gens vigoureux et de bons guerriers, habiles à manier les arcs, les flèches et les lances au combat, sûrs dans les affrontements, très rapides à la course, joliment vêtus, le visage ouvert, ils n'ont pas leur langue dans la poche, mais le cœur sur la main et la table ouverte. +**] Elle parcourt ensuite le pays saintongeais et aborde, après avoir traversé un bras de mer et la Garonne, la terre bordelaise, où il y a un excellent vin et beaucoup de poissons, mais où l'on parle un patois. Les Saintongeais ont eux aussi un patois, mais celui des Bordelais est encore plus rustique. Il faut trois jours à des marcheurs fatigués pour traverser les Landes en dessous de Bordeaux. C'est un pays dépourvu de tout, de pain, de vin, de viande, de poissons, d'eau, de sources. L'habitat y est clairsemé. C'est une plaine sablonneuse, riche en miel, en millet, en panic et en porcs. En été, il faut préserver soigneusement son visage des mouches énormes, appelées guêpes ou taons, qui y pullulent. Et faute de prendre garde où l'on met le pied, on aura tôt fait de s'enfoncer jusqu'au genou dans le sable qui est partout.

GASCOGNE. Après avoir traversé les Landes [1], on arrive en Gascogne. [**+ Le pain blanc y abonde et le vin rouge y est excellent. Les prés y rivalisent avec les forêts et les eaux des sources comme des rivières y ont la même pureté. Les Gascons sont légers dans leurs discours, loquaces, moqueurs, licencieux, gros mangeurs et fort buveurs, dépenaillés et impécunieux, bagarreurs mais hospitaliers envers les pauvres. Assis autour du feu, ils n'ont pas de table pour manger et boivent tous à la même coupe. Ils ont un

---

[1] *Ibid.* p. 46 ss.

appétit féroce, arrosent largement leur repas et sont vêtus à la diable. Ils ne répugnent pas à répandre de minces litières de paille pourrie pour y coucher tous ensemble sans distinction, les serviteurs avec le maître et la maîtresse.

AU PIED DES PYRÉNÉES. Au sortir du pays gascon, le chemin de Saint-Jacques rencontre deux torrents qui coulent près du village de Saint-Jean-de-Sorde, l'un à droite, l'autre à gauche. L'un s'appelle le gave, l'autre simplement le torrent. Il n'y a pas d'autre moyen de les traverser que de monter dans des barques, dont les bateliers sont de vrais gibiers de potence. En effet, bien que la largeur de ces torrents soit minime, ils prennent un denier pour le passage d'une personne, riche ou pauvre, et pour un cheval ils ont le culot d'en demander quatre, allant jusqu'à user de voies de fait pour se faire payer. Leur petite barque, taillée dans un seul tronc d'arbre, n'est guère à même de porter des chevaux. Une fois dedans, il faut veiller à son équilibre pour ne pas tomber à l'eau. Mieux vaut laisser son cheval traverser dans l'eau en dehors du bateau et le tenir par la bride derrière soi. Étant donné que l'esquif risque de chavirer dès qu'il est chargé, il ne faut s'y aventurer que lorsqu'il y a peu de passagers. Plus d'une fois, les passeurs, après avoir touché le prix du passage, font monter des pèlerins en si grand nombre que le bateau se renverse et que les passagers se noient. Les passeurs dépouillent alors les cadavres, et en font ensuite des gorges chaudes.

On arrive ensuite vers le port de Cize, en pays basque, avec au nord la ville de Bayonne en bordure de la mer. Ce pays de langue barbare est boisé, accidenté, dépourvu de pain, de vin et de toutes denrées, excepté les pommes, le cidre et le lait.

À proximité des ports de Cize, dans les bourgs appelés Ostabat, Saint-Jean et Saint-Michel-Pied-de-Port, les péagers exécrables sont de vrais suppôts de l'enfer. Ils s'arment de deux ou trois bâtons, pour aller à la rencontre des pèlerins et leur imposer, par la force, un tarif prohibitif. Si jamais l'un des voyageurs refuse de se laisser faire, les voilà qui se mettent à le frapper et à lui extorquer ce qu'ils réclament, en l'injuriant et en le fouillant jusque dans ses braies. Ce sont des sauvages et leur terre n'est pas moins sauvage, boisée et inculte. Il suffit de les voir pour être épouvanté par la férocité de leur faciès et de leur apparence, jointe à leur idiome barbare. Alors que les seuls marchands sont passibles du péage, ils l'exigent injustement des pèlerins et de tous les voyageurs. Quand l'usage serait qu'ils touchent quatre ou six deniers sur quoi que ce soit, ils en prélèvent huit ou douze, soit le double.

C'est pourquoi nous demandons instamment que soient excommuniés en bonne et due forme, non seulement ces péagers eux-mêmes, mais le roi d'Aragon, les autres riches à qui ils remettent le produit de ces exactions et tous ceux qui les laissent faire, à savoir : Raymond de Soule, Vivien d'Aigremont, le vicomte de Saint-Michel, Arnaud de la Guigne et toute leur postérité future, les autres seigneurs de ces cours d'eau, qui perçoivent injustement une taxe de péage par leur intermédiaire, et même les prêtres qui, le sachant, leur donnent l'absolution et l'eucharistie, célèbrent la messe pour eux ou les accueillent dans l'église, aussi longtemps qu'ils n'auront pas expié leurs fautes par une longue pénitence publique et modéré le montant de leurs redevances. Cette excommunication doit être proclamée non seulement dans les sièges épiscopaux de leurs pays respectifs, mais aussi dans la basilique de Saint-Jacques, devant des auditoires de pèlerins. Et s'il arrivait que des prélats, par sympathie pour eux ou par goût du lucre, veuillent leur pardonner, que le glaive de l'anathème les frappe aussi. Il faut savoir que ces péagers n'ont rien à demander aux pèlerins et que les passeurs ne doivent taxer que les personnes riches, en ne leur réclamant par traversée qu'une obole et une pièce de monnaie pour leur cheval, sans rien demander aux pauvres. Ils doivent avoir en outre des barques assez vastes pour qu'hommes et chevaux y soient au large. +**]

PORT DE CIZE. Il y a en pays basque, sur la route de Saint-Jacques, un col appelé port de Cize, remarquable soit parce qu'il est la porte de l'Espagne, soit parce qu'il sert aux transports d'un pays à l'autre. Il faut compter huit milles pour y accéder et autant pour en descendre. Son altitude est telle qu'il paraît toucher aux nues ; en montant, on a l'impression d'avoir le ciel à portée de la main. De la crête, on peut voir la mer de Bretagne et, à l'ouest comme à l'est, les confins de trois régions, la Castille, l'Aragon et la Gaule. Le sommet porte en un point le nom de Croix de Charles, parce que, équipé de haches, de pics, de pioches et d'autres outils, Charlemagne, entrant jadis en Espagne avec ses troupes, y bâtit une route en commençant par dresser cet emblème qu'est la croix du Seigneur, puis, s'étant agenouillé en direction de la Galice, il adressa une prière à Dieu et à saint Jacques. C'est pourquoi les pèlerins ont coutume de s'y agenouiller, tournés vers la patrie de saint Jacques, et de prier, chacun plantant dans le sol la croix latine qui est leur insigne, à tel point qu'on peut y trouver jusqu'à mille croix. C'est la première station de prière de Saint-Jacques. Avant que le christianisme se fût établi totalement jusque sur les frontières de l'Espagne, les Navarrais impies et les Basques ne se contentaient pas d'y dévaliser les pèlerins qui se rendaient à Saint-Jacques, ils les chevauchaient comme si c'étaient des ânes pour les faire périr ensuite. Au-delà de ce col, vers le nord, se trouve la vallée dite Val Carlos, dans laquelle Charlemagne fit halte avec ses troupes lorsque ses soldats eurent été tués à Roncevaux. Beaucoup de pèlerins en route vers Saint-Jacques passent par là quand ils rechignent à faire l'ascension du col. Plus loin, en descendant, on trouve l'hôpital et l'église construite au-dessus du rocher que Roland, le très puissant héros, fendit par le milieu, du haut jusqu'en bas, en trois coups de son épée. Ensuite c'est Roncevaux, le théâtre de la grande bataille dans laquelle le roi Marsire, Roland et Olivier, et autres combattants furent tués avec cent quarante mille chrétiens et Sarrasins [2].

---

[2] Le texte d'A. Lavergne ne va pas au-delà.

NAVARRE ET NAVARRAIS. Au-dessous de cette vallée, c'est le pays navarrais, abondamment pourvu de pain et de vin, de lait et de bétail. Les Navarrais et les Basques s'habillent de la même manière, ont la même alimentation et parlent la même langue, mais les Basques sont plus pâles de visage que les Navarrais. Les Navarrais portent des tuniques noires et courtes qui s'arrêtent au genou, à la manière des Irlandais, et des chaussures qu'ils appellent *abarcas*, faites de cuir non tanné, encore velu ; ils les attachent autour des chevilles avec des lanières, car elles couvrent seulement la plante du pied et laissent nu le dessus. Ils portent des vestes de laine sombre qui tombent jusqu'au coude, frangées à la manière d'un capuchon et qu'ils appellent saies. Ils sont vêtus honteusement, mangent et boivent honteusement. Toute la famille, tant le maître que l'esclave, tant la servante que la maîtresse, mange ensemble, toutes portions mêlées dans une seule marmite, sans se servir de cuillers, mais avec les doigts et en buvant à la même coupe. À les regarder manger, on croirait voir se goinfrer des chiens ou des porcs. À les écouter parler, ce sont des aboiements de chien qu'on croirait entendre. Car il n'est pas de langue aussi barbare que la leur. Ils appellent Dieu *« Vircia »*, la mère de Dieu *« Andrea Maria »*, le pain *« ogia »*, le vin *« jadum »*, la viande *« aragui »*, le poisson *« araigu »*, la maison *« echea »*, le maître de la maison *« juaona »*, la maîtresse de maison *« andrea »*, l'église *« elicera »*, le prêtre *« bela Gozra »*, ce qui signifie « belle terre », le blé se dit *« gaxi »*, l'eau *« uxis »*, le roi et la reine sont *« eregia »*, saint Jacques est *« Jaona Domine Jacue »*.

C'est une population inculte, différente de toutes les autres races par ses usages et par sa nature, pleine de malignité, au teint basané, hideuse à voir, dépravée, perverse, perfide, déloyale et corrompue, libidineuse, alcoolique, rompue à toute violence, féroce et sauvage, malhonnête et fausse, indocile et rude, cruelle et querelleuse, rebelle à tous bons sentiments, portée à tous les vices et à toutes les iniquités. Elle est semblable aux Gètes et aux Sarrasins par la malignité [**+ et en toutes choses antifrançaise +**]. Pour un seul denier, le Navarrais ou le Basque ne manqueront pas, si l'occasion s'en présente, de tuer un Français. [**+ Dans certaines de leurs régions, en Biscaye et en Alava, les Navarrais, quand ils se chauffent, exposent, hommes et femmes, leurs parties génitales. Ils ne reculent pas non plus devant le commerce honteux avec leurs bêtes. On dit que le Navarrais suspend un cadenas au derrière de sa mule et de sa jument pour empêcher tout autre que lui-même d'en jouir. Il va même jusqu'à poser des baisers voluptueux sur le sexe de sa femme comme sur celui de sa mule. +**]

C'est pourquoi toutes les personnes cultivées ne peuvent que réprouver les Navarrais. Cependant, on les tient pour de bons soldats sur le champ de bataille même s'ils sont inaptes à assiéger des positions fortifiées, pour réguliers dans le paiement de la dîme, accoutumés à faire des offrandes sur les autels. Chaque fois que le Navarrais va à l'église, il fait à Dieu une offrande de pain, de vin, de blé ou toute autre substance. Partout où il va, le Navarrais, ou le Basque, emporte comme un chasseur un cor suspendu à son cou et deux ou trois javelots appelés *auconas* qu'il tient habituellement à la main.

Et quand il entre ou revient dans sa maison, il pousse le cri du milan ; lorsqu'il se terre dans des cachettes ou dans des endroits sauvages pour guetter le passage du gibier et désire appeler discrètement ses compagnons, il imite le hululement du hibou ou le hurlement des loups.

La tradition veut que ces gens descendent de l'ethnie des Irlandais auxquels ils ressemblent par leurs coutumes et leur aspect. Jules César est censé avoir envoyé en Espagne trois peuples, les Nubiens, les Irlandais et les *coués* de Cornouaille, pour combattre les Espagnols, qui se refusaient à lui payer un tribut ; il leur ordonna de passer tous les individus mâles au fil de l'épée, mais de laisser la vie aux représentants du sexe féminin. Venus par la mer en ce pays, ils brisèrent leurs vaisseaux et se mirent à dévaster par la flamme et le fer tout le pays de Barcelone à Saragosse et de Bayonne au mont Oca. Ils ne purent franchir ces limites, car les Castillans s'unirent et parvinrent à les repousser hors de chez eux. Réduits à fuir, ils arrivèrent aux monts Marins situés entre Najera, Pampelune et Bayonne, c'est-à-dire dans la région maritime de la Biscaye et de l'Alava. Ils s'y installèrent fondant de nombreux villages, massacrant tous les mâles et faisant violence à leurs épouses. Les enfants qu'ils leur firent furent appelés plus tard Navarrais. C'est pourquoi Navarrais est interprété comme signifiant « non-vrai », c'est-à-dire non issu d'une lignée authentique ou d'une race légitime. À l'origine cependant, les Navarrais prirent leur nom d'une ville appelée Naddaver. Elle se trouve dans la contrée d'où ils partirent d'abord. Dans l'ancien temps, saint Matthieu, apôtre et évangéliste, la convertit au Seigneur par sa prédication.

DE NAVARRE EN GALICE. Après le pays de ces gens, une fois passée la forêt d'Oca, vers Burgos, on retrouve une terre espagnole, à savoir la Castille [**+ et sa campagne. Le pays regorge de richesses, d'or et d'argent, il possède du fourrage et des chevaux vigoureux ; le pain, le vin, la viande, les poissons, le lait et le miel y abondent. Mais le bois y fait défaut et ses habitants sont pleins de malignité et dépravés.

Après avoir traversé le pays de León, les cols du mont Irago et du mont Cebrero, on trouve ensuite la Galice. C'est une région boisée qui a des cours d'eau, des prés et des vergers de grande qualité, des sources limpides et de bons fruits, mais peu de villes, de bourgs et de terres labourables. Le pain de froment et le vin y sont rares, mais le pain de seigle et le cidre y abondent. On y trouve du bétail et des animaux de selle, du lait et du miel, des poissons de mer de toutes les tailles, de l'or et de l'argent, des tissus et des fourrures, ainsi que de l'orfèvrerie sarrasine. La population galicienne est plus proche par ses coutumes de nous autres Français que les autres populations incultes de l'Espagne, mais elle est, dit-on, irascible et fort querelleuse. +**]

Chapitre VIII

RELIQUES DES SAINTS À RÉVÉRER
EN COURS DE ROUTE
LORS DU PÈLERINAGE DE SAINT-JACQUES

SAINT TROPHIME À ARLES, SAINT GENÈS ET LES ALYSCAMPS.
La première chose à faire quand on se rend à Saint-Jacques par la route de
Saint-Gilles, c'est d'aller en Arles révérer le corps de saint Trophime. C'est
son souvenir qu'évoque saint Paul, dans son épître à Timothée. Ordonné
évêque par cet apôtre, il fut envoyé en Arles pour y prêcher l'Évangile du
Christ. De la source très pure qu'il fut, écrit le pape Zosime, la foi se diffusa
par toute la Gaule. Sa fête annuelle se célèbre le 23 décembre. Il faut révérer
aussi en Arles les reliques de saint Césaire, évêque et martyr, qui y établit la
règle des moniales et dont la fête est célébrée le 1er novembre, ainsi que,
dans le cimetière municipal, celles de l'évêque saint Honorat qui a sa fête
annuelle le 16 janvier ; elles reposent, avec celles de saint Genès, dans sa
vénérable et très belle basilique.

Il est aussi un faubourg d'Arles, du nom de Trinquetaille, entre deux bras
du Rhône, où une très belle et très haute colonne de marbre se dresse à même
le sol derrière son église. C'est là que, dit-on, les perfides païens attachèrent
saint Genès pour le décapiter ; elle est aujourd'hui encore rougie de son sang
vermeil. Une fois décapité, il prit sa tête dans ses propres mains et se jeta
dans le Rhône, puis laissa porter son corps par le fleuve jusqu'à la basilique
de saint Honorat où on honore ses reliques. Quant à sa tête, elle descendit le
Rhône et traversa la mer, pour atteindre, conduite par un ange, la ville de
Carthagène en Espagne, où elle repose désormais glorieusement et accomplit
de nombreux miracles. Sa fête annuelle est célébrée le 25 août.

De là, il faut se rendre, à côté d'Arles, dans le cimetière dit des Alyscamps,
et, selon l'usage, y intercéder pour les défunts par des prières, des psaumes et
des aumônes. Il est long et large d'un mille. Aucun autre cimetière ne
compte autant de telles sépultures de marbre déposées à même le sol. Elles
sont de styles divers et pourvues d'inscriptions antiques en caractères latins
mais dans une langue inintelligible. Plus on regarde au loin, plus on voit de
tombeaux. Il y a sept églises dans ce cimetière et si, dans une quelconque
d'entre elles, un prêtre célèbre l'eucharistie pour les défunts, ou si un laïc la

fait célébrer pieusement pour quelque prêtre, ou si un clerc y lit le psautier, les pieux gisants intercéderont auprès de Dieu pour son salut lors du jugement dernier. Nombreuses sont, en effet, ici les reliques des saints martyrs et confesseurs dont les âmes jouissent de la félicité éternelle. On les commémore traditionnellement le lundi après l'octave de Pâques.

SAINT-GILLES ET SON TOMBEAU [1].

[**+ Il faut aussi aller révérer, l'œil attentif, les insignes reliques de saint Gilles, très pieux confesseur et abbé. En effet saint Gilles, qui est universellement connu, doit être révéré par quiconque, célébré dignement par les uns comme par les autres, aimé, invoqué et sollicité par tous. Après les prophètes et les apôtres, aucun des autres saints ne le surpasse en dignité, en sainteté, en prestige, en promptitude à venir en aide. Plus vite que les autres saints, il secourt les démunis, les affligés et les apeurés qui l'invoquent. Ô combien il est noble et beau de rendre visite à sa sépulture ! Le jour où on l'aura prié de tout cœur, il ne manquera pas d'intervenir favorablement. J'en ai fait moi-même jadis l'expérience : juste avant que la très vieille maison d'un cordonnier du nom de Peyrot ne s'effondre, le saint en fit sortir quelqu'un qui l'avait invoqué le jour même. C'est donc à qui demeurera le plus longtemps auprès de lui, à qui adorera Dieu dans sa basilique très sainte, à qui embrassera le plus son tombeau, à qui baisera son autel vénérable ou racontera sa très pieuse vie ; un malade revêt la tunique du saint et se trouve guéri ; un homme piqué par un serpent est guéri par sa compétence sans défaut ; un possédé est libéré du démon ; une tempête en mer est apaisée ; la fille de Théocrite, dont il demandait la guérison depuis longtemps, recouvre la santé ; un homme souffrant de partout retrouve le bien-être ; une biche jadis sauvage devient, à sa demande, un animal domestique et se met à son service ; la règle monastique se développe sous son impulsion ; un exalté est délivré du démon ; le roi Charles obtient le pardon d'un péché qu'un ange lui avait révélé ; un mort est rendu à la vie ; un contrefait retrouve une stature normale ; deux portes en bois de cyprès, sculptées aux images des saints apôtres, parviennent de Rome jusqu'au port du Rhône, flottant sans être guidées sur les eaux de la mer, par le seul pouvoir de sa volonté. Je mourrai, hélas, en regrettant de ne pouvoir raconter tous ses hauts faits vénérables, tant ils sont nombreux et grands. Cette très brillante étoile de Grèce, après avoir illuminé les Provençaux de ses rayons, s'endormit parmi eux de son dernier sommeil, sans diminuer mais en grandissant, sans perdre de sa luminosité mais en la redoublant, sans descendre vers les enfers mais en s'élevant jusqu'aux sommets de l'Olympe. Sa lumière, lorsqu'il mourut, ne s'assombrit pas mais rayonna aux quatre coins du monde, plus forte que celle de tous les autres astres que sont les saints. Ce fut un dimanche de 1er septembre, au milieu de la nuit, que cet

---

[1] Trad. dans C. Nicolas, « Peintures murales et châsse de Saint-Gilles au XIIe siècle », dans *Bulletin du comité de l'art chrétien*, Nîmes, 1908, p. 108-114.

astre lui-même expira. Le chœur des anges le transporta sur un trône céleste, le peuple de Septimanie et ses moines lui donnèrent une brillante sépulture dans un terrain libre qu'ils possédaient entre Nîmes et le Rhône.

Derrière son autel, au-dessus de sa vénérable dépouille, la grande châsse d'or comporte, sur sa face gauche, au premier niveau, les statues de six apôtres après la Vierge Marie ; au deuxième niveau, plus haut, se trouvent les douze signes du zodiaque dans cet ordre : le Bélier, le Taureau, les Gémeaux, le Cancer, le Lion, la Vierge, la Balance, le Scorpion, le Sagittaire, le Capricorne, le Verseau et les Poissons ; parmi eux, des fleurs d'or s'accrochent comme des rinceaux de vigne ; au troisième et dernier niveau, se trouvent les statues de douze des vingt-quatre vieillards portant au-dessus de leurs têtes ces vers gravés :

« Voici le chœur magnifique des deux fois douze vieillards,
Chantant de doux cantiques sur leurs cithares sonores. »

Du côté droit de la châsse, au niveau inférieur, il y a de même sept autres statues : six concernent des apôtres, la septième est celle d'un quelconque disciple du Christ ; au-dessus des têtes des apôtres, sont sculptées, de chaque côté de la châsse, des figures féminines allégoriques représentant les vertus qui étaient en eux : la bonté, la douceur, la foi, l'espérance, la charité, etc. ; au deuxième niveau de la face droite, des fleurs sont sculptées en rinceaux ; au troisième niveau, le plus haut, sont les statues de douze des vingt-quatre vieillards portant au-dessus de leurs têtes ces vers gravés :

« Ce réceptacle insigne, orné de pierres et d'or,
Renferme les reliques de saint Gilles.
Quiconque le brisera sera maudit éternellement par le Seigneur,
Par saint Gilles lui-même et la communauté des saints. »

La couverture de la châsse est formée, des deux côtés, de tuiles disposées en écailles de poissons. Et tout en haut sont fixés, sans mentir, treize cristaux de roche, disposés les uns en échiquier, les autres de manière à dessiner des pommes ou des grenades. Un gros cristal est taillé en forme de grand poisson, comme une truite qui dresse sa queue vers le haut. Le premier des cristaux est formé à la manière d'une grande urne et une précieuse croix d'or resplendissante est posée dessus. Au milieu de la face antérieure de la châsse, le Seigneur trône dans un cercle d'or, donnant sa bénédiction de la main droite et tenant dans sa main gauche un livre sur lequel est écrit : « Aimez la Paix et la Vérité ». Le tabouret où sont posés ses pieds porte une étoile d'or, et deux lettres sont inscrites à droite et à gauche sur ses avant-bras : Alpha et Oméga. Au-dessus du trône rutilent deux pierres précieuses d'une valeur inestimable. Les quatre évangélistes, pourvus d'ailes, entourent son trône à l'extérieur : chacun tient par les pieds une banderole sur laquelle est inscrit, comme il convient, le début de son Évangile. Matthieu, en haut à droite, a l'aspect d'un homme, Luc, au-dessous, est représenté sous l'apparence d'un bœuf, Jean, en haut à gauche, est figuré par un aigle et Marc est symbolisé au-dessous par un lion. Deux anges, admirablement sculptés, se tiennent auprès du trône : un chérubin à droite qui pose ses pieds sur Luc et un séraphin à gauche qui pose de même ses pieds sur Marc. Deux rangées de pierres précieuses en tous genres entourent l'une le trône sur lequel est assis le Seigneur l'autre la châsse elle-même, tandis que trois pierres y composent admirablement une image de la Trinité divine. Au pied de la châsse, du côté de l'autel, l'amour du saint confesseur a incité un noble personnage à faire apposer une plaque d'or représentant sa propre effigie, fixée par des clous d'or. C'est un hommage à Dieu visible encore aujourd'hui. Sur l'autre face, la face arrière de la châsse, c'est l'ascension du Seigneur qui est représentée : au premier rang, il y a six statues d'apôtres, les regards levés vers le ciel, qui regardent le Seigneur s'élevant dans les nuées ; au-dessus de leurs têtes sont écrits ces mots : « Galiléens, ce Jésus, qui d'auprès de vous a été enlevé au ciel, reviendra comme vous l'avez vu partir » ; au deuxième rang, les six autres apôtres sont sculptés debout dans la même position ; des colonnes dorées se trouvent entre eux à chaque niveau ; au troisième rang, le Seigneur est debout sur un trône d'or et deux anges debout, l'un à la droite et l'autre à la gauche du trône, le montrent aux apôtres, une main vers le haut et l'autre vers le bas ; séparée du trône, une colombe paraît voler au-dessus de la tête du Seigneur ; au quatrième niveau, le plus haut, une sculpture représente le Seigneur sur un autre trône d'or, entouré des quatre évangélistes : Luc, en bas vers le sud, sous l'apparence d'un bœuf, et Matthieu, au-dessus, sous forme humaine ; de l'autre côté, en bas vers le nord, Marc, symbolisé par un lion et Jean, en haut, figuré par un aigle. Le Dieu de majesté n'est pas assis sur le trône, mais debout, le dos vers le sud ; la tête levée, il semble regarder le ciel, levant la main droite et tenant une petite croix dans la main gauche ; et ainsi il monte vers son Père qui l'accueille au sommet de la châsse.

Tel est donc le mausolée dans lequel repose dignement la dépouille vénérable de saint Gilles confesseur. Que rougissent les Hongrois qui prétendent posséder son corps, que s'affligent les moines de Chamalières qui croient avoir son corps tout entier, que se désespèrent ceux de Saint-Seine qui se vantent d'avoir son chef, que craignent les Normands de Coutances qui prétendent avoir son corps tout entier, alors que, selon de nombreux témoignages, ses ossements sacrés n'ont pu être en aucune façon enlevés de ces lieux qui lui appartiennent. Il en est, certes, qui ont jadis tenté frauduleusement d'emporter un bras du bienheureux confesseur hors de Saint-Gilles, sa patrie, dans de lointaines contrées, mais il leur a été rigoureusement impossible de s'éloigner avec lui. +**]

Personne n'a réussi, dit-on, à séparer quatre corps de saints de leurs sépultures, comme l'attestent de nombreux témoignages : ceux de saint Jacques, fils de Zébédée, de saint Martin de Tours, de saint Léonard du Limousin et de saint Gilles, confesseur du Christ. On rapporte que Philippe, roi de France, tenta jadis d'emporter ces corps en France, mais qu'il ne put réussir à les extraire de leur tombeau.

SAINT GUILLAUME À GELLONE ET SAINT-THIBÉRY. En allant à Saint-Jacques par la route de Toulouse, il faut révérer la relique du saint confesseur Guillaume. Saint Guillaume, éminent sénéchal, comte de Charlemagne, était un chevalier plein de courage et d'habileté au combat. Par sa vaillance, il soumit, dit-on, les villes de Nîmes et d'Orange, et bien d'autres, au pouvoir des chrétiens. Il apporta dans la vallée de Gellone le bois de la croix du Seigneur, y mena une vie érémitique et y connut une fin bienheureuse. Le tombeau de ce confesseur du Christ, dont la fête tombe le 28 mai, est l'objet d'un culte.

[**+ Sur la même route, il convient d'aller révérer les reliques des bienheureux martyrs Tibère, Modeste et Florence qui furent suppliciés sous Dioclétien pour la foi chrétienne et moururent en martyrs. Ils reposent sur les rives de l'Hérault dans un remarquable tombeau et leur fête a lieu le 10 novembre.

SAINT SERNIN À TOULOUSE. Il convient aussi, sur cette route, de révérer le très digne corps de saint Sernin, évêque et martyr. Retenu par les païens dans le Capitole de la ville de Toulouse, il fut attaché à des taureaux furieux et indomptés et traîné sur les marches de pierre, depuis le haut de la citadelle jusqu'à une borne milliaire. Sa cervelle jaillit de son crâne écrasé, tout son corps fut déchiqueté et il rendit sa noble âme au Christ. Il fut enseveli en un lieu très beau près de la ville de Toulouse. Une immense basilique y fut construite en son honneur par les fidèles. La règle de saint Augustin y est observée et le Seigneur y accorde beaucoup de grâces à ceux qui les sollicitent. Sa fête est célébrée le 29 novembre.

SAINTE FOY À CONQUES. Les Bourguignons et les Germains qui se rendent à Saint-Jacques par la route du Puy doivent de même révérer les reliques de sainte Foy, vierge et martyre. Après sa décollation par les bourreaux sur les hauteurs d'Agen, les chœurs des anges emportèrent au ciel son âme très sainte sous la forme d'une colombe et la couronnèrent des lauriers de l'immortalité. Voyant cela, saint Caprais, évêque d'Agen, qui se cachait dans une grotte pour fuir la persécution, se sentit poussé à subir lui aussi le martyre. Il rejoignit le lieu où la vierge sainte avait été suppliciée et, allant jusqu'à reprocher aux bourreaux leur lenteur, gagna dans un courageux combat la palme du martyre. Le corps très précieux de sainte Foy, vierge et martyre, reçut une digne sépulture dans la vallée dite communément de Conques. Les chrétiens y bâtirent une belle basilique, où, pour la gloire de Dieu, on observe parfaitement aujourd'hui encore la règle de saint Benoît. Malades et bien portants y reçoivent de nombreuses grâces. À ses portes coule une source on ne peut plus miraculeuse. Sa fête est célébrée le 6 octobre.

SAINTE MARIE-MADELEINE À VÉZELAY ET SAINT LÉONARD À NOBLAT. Ensuite, sur la route vers Saint-Jacques par Saint-Léonard, la première chose à faire par les pèlerins est de révérer les très dignes reliques de sainte Marie-Madeleine. C'est elle, en effet, la glorieuse Marie qui, dans la maison de Simon le Lépreux, arrosa les pieds du Sauveur de ses larmes, les essuya de ses cheveux et les oignit d'un onguent précieux en les baisant. Aussi ses nombreux péchés lui furent-ils remis, pour avoir beaucoup aimé Jésus-Christ, son Rédempteur, qui aime tous les hommes. Après l'ascension du Seigneur, elle quitta la région de Jérusalem avec saint Maximin, ainsi que d'autres disciples, et arriva par voie de mer à Marseille. De là, elle gagna la Provence et en fit sa nouvelle patrie, y mena plusieurs années une vie érémitique, avant d'être inhumée dans la ville d'Aix, par les soins de Maximin devenu entre-temps évêque de ce diocèse. Assez longtemps après, un certain Badilon, sanctifié par la vie monastique, transporta ses très précieux restes d'Aix à Vézelay, où ils reposent aujourd'hui dans un tombeau révéré. Il y a là, en effet, une très grande et très belle basilique ainsi qu'une abbaye de moines. Pour l'amour de la sainte, le Seigneur y remet les péchés, rend la vue aux aveugles, la parole aux muets, l'usage de leurs membres aux infirmes, le calme aux agités, tandis qu'un grand nombre reçoit d'indicibles bienfaits. Sa fête se célèbre le 22 juillet.

Il convient aussi de révérer la relique de saint Léonard, confesseur. Il naquit d'une très noble famille franque et fut éduqué à la cour royale. L'amour du Dieu suprême le fit renoncer aux souillures du monde et il mena longtemps, dans le Limousin, au lieu appelé communément Noblat, une vie érémitique marquée par les veilles et les jeûnes fréquents, un dépouillement total dans le froid et des macérations inouïes. Après sa sainte mort, on l'inhuma dans ses terres et sa dépouille sacrée ne peut être arrachée à ce lieu. Que rougissent donc les moines de Corbigny qui prétendent posséder le corps de saint Léonard, alors que, nous l'avons dit, ni le plus petit de ses os ni la moindre partie de ses cendres ne peuvent être enlevés. Les moines de Corbigny certes bénéficient, comme beaucoup d'autres, de ses bienfaits et de ses miracles, mais ils n'ont pas ses ossements. En leur lieu et place, ils possèdent les reliques d'un certain Léotard, qui leur auraient été apportées d'Anjou dans une châsse d'argent et auxquelles ils rendent un culte comme si c'était saint Léonard du Limousin. Ils changèrent son nom, comme s'ils le baptisaient une seconde fois après sa mort, et lui imposèrent celui de saint Léonard, afin que la renommée d'un saint aussi connu attire chez eux les pèlerins et les enrichisse de leurs offrandes. Ils célèbrent sa fête le 15 octobre. Ayant commencé par faire de saint Léonard du Limousin le patron de leur basilique, ils lui ont substitué un nouveau patron, à la façon des serfs jaloux qui extorquent l'héritage de leur maître et le donnent indignement à un étranger. Ils sont semblables aussi au mauvais père qui enlève sa fille à un époux légitime pour la donner à un autre. *Ils échangèrent*, dit le Psalmiste, *leur gloire contre l'image d'un veau.* Un sage a réprouvé ceux qui ont de tels agissements, disant : *Tu ne livreras pas à d'autres ton honneur.* Étrangers ou autochtones, les dévots qui viennent ici s'imaginent trouver la relique qu'ils aiment de saint Léonard de Limoges, alors qu'il y a eu substitution à leur insu. Quelque miracle qui s'accomplisse à Corbigny, c'est toujours Léonard de Limoges qui libère les captifs et qui les amène ici, bien qu'on y révère une autre relique. C'est pourquoi les moines de Corbigny sont doublement coupables : ils ne reconnaissent pas celui qui les favorise généreusement de ses miracles, et ils ne célèbrent pas ses fêtes, mais rendent un culte à un autre qui n'a rien fait pour eux.

La clémence de Dieu a déjà diffusé dans les quatre coins du monde la renommée de saint Léonard, confesseur, dont le pouvoir irrésistible a fait sortir de leurs prisons d'innombrables captifs qui ont accroché par milliers leurs cruelles chaînes de fer sur tout le pourtour de sa basilique, dedans comme dehors, pour témoigner de ses innombrables miracles. À voir les arbres d'alentour chargés à ce point de ferrailles cruelles, l'étonnement vous coupe la parole. Y sont accrochés des menottes de fer, des carcans, des chaînes, des entraves, des pièges, des cadenas, des jougs, des casques, des faux et des engins variés dont le confesseur du Christ a libéré les captifs par la puissance de son pouvoir. Chose étonnante, il apparaît le plus souvent sous forme humaine aux yeux de ceux qui sont, même au-delà des mers, enchaînés dans les ergastules, comme en témoignent ceux qu'il a libérés par la puissance de Dieu. En lui s'accomplit fort bien ce que le prophète divin annonça jadis lorsqu'il dit : *Il a souvent libéré ceux qui étaient dans les ténèbres et l'ombre de la mort, enchaînés par la misère et les fers. Ils l'invoquèrent tandis qu'ils étaient dans les épreuves et il les libéra de leurs contraintes. Il les arracha de la voie d'iniquité, car il écrasa les portes d'airain et brisa les barreaux de fer ; il libéra ceux qui portaient des entraves aux pieds et beaucoup de gens de valeur à qui l'on avait mis des menottes de fer.* Il est arrivé souvent, en effet, que des chrétiens aient été remis, enchaînés, aux mains des gentils, comme Bohémond, et soient devenus esclaves de ceux qui les haïssent, aient été exposés aux tourments de leurs ennemis et aux humiliations de ceux qui les tenaient en leur pouvoir. Mais souvent Léonard les libéra, les fit sortir des ténèbres et de l'ombre de la mort, et rompit leurs chaînes, disant à ceux qui étaient enfermés : « sortez » et à ceux qui étaient dans les ténèbres : « regagnez la lumière ». Sa fête se célèbre le 6 novembre. +**]

DE PÉRIGUEUX À SAINTES. Après saint Léonard, il convient de révérer à Périgueux les reliques de saint Front, évêque et confesseur, que l'apôtre saint Pierre ordonna évêque à Rome et envoya, avec un prêtre du nom de Georges, pour y prêcher. Ils partirent ensemble, mais Georges mourut en cours de route. Après l'avoir enterré, saint Front revint auprès de l'apôtre lui annoncer la mort de son compagnon. Saint Pierre alors lui remit son bâton et lui dit : « Tu poseras mon bâton sur le corps de ton compagnon, et lui diras : « Par la mission que tu as reçue de l'apôtre, lève-toi au nom du Christ et accomplis-la. »» Il en fut ainsi. Le bâton de l'apôtre permit à saint Front de recouvrer en cours de route son compagnon décédé et sa prédication convertit la ville de Périgueux à la foi du Christ. Il s'illustra par de nombreux miracles et mourut saintement. Il fut inhumé dans la basilique à laquelle on donna son nom et où la largesse divine dispense de nombreux bienfaits à ceux qui les demandent. Selon certains il aurait fait partie du collège des apôtres. Son tombeau diffère de toute autre sépulture de saint : on a pris soin de lui donner la forme d'une rotonde, comme le Saint-Sépulcre, et il surpasse tous les autres tombeaux de saints par la qualité de son exécution. Sa fête est célébrée le 25 octobre.

SAINT EUVERTE À ORLÉANS ET SAINT MARTIN À TOURS [2].

Plus au nord, les pèlerins de Saint-Jacques qui prennent la route de Tours doivent, à Orléans, aller révérer dans l'église de la Sainte-Croix le bois de la Croix et le calice de saint Euverte, évêque et confesseur. Un jour que saint Euverte célébrait la messe, la main de Dieu apparut dans les airs, au-dessus de l'autel, comme une main humaine visible des assistants ; et tout ce que le prêtre faisait à l'autel, la main le répétait. Quand le prêtre traçait au-dessus du pain et du calice le signe de la croix, la main faisait de même ; lorsqu'il élevait le pain et le calice, la main de Dieu élevait également le pain et le calice. Le sacrifice terminé, la très sainte main du Sauveur disparut. D'où nous devons comprendre que, quiconque chante la messe, c'est Jésus-Christ lui-même qui la chante. C'est pourquoi le saint docteur Fulgence déclare : « Ce n'est pas l'homme qui offre le sacrifice du corps et du sang du Christ, mais celui qui a été crucifié pour nous, le Christ. » Et saint Isidore dit aussi : « Ce n'est pas à cause de la sainteté d'un bon prêtre que le sacrifice est meilleur, ni en raison de la malice d'un mauvais qu'il est moins bon. » L'usage est de tenir ce calice à la disposition des fidèles, indigènes ou étrangers, qui vont le demander à l'église Sainte-Croix. Il faut révérer aussi dans cette ville les reliques de saint Euverte, évêque et confesseur, et, dans l'église Saint-Sanson, un couteau qui a véritablement servi à la Cène du Sauveur.

[**+ De même, en suivant cette route, il faut révérer, sur le bord de la Loire, les précieuses reliques de saint Martin, évêque et confesseur. Il eut la gloire de ressusciter trois morts et, selon la tradition, il rendit la santé aux lépreux, aux énergumènes, aux forcenés, aux lunatiques, aux démoniaques et aux autres malades. Le tombeau qui renferme ses précieux restes est situé à côté de la ville de Tours. Tout resplendissant d'or, d'argent et de pierres précieuses, il est encore illustré par de fréquents miracles. Là, comme à Saint-Jacques, on a élevé au-dessus du tombeau et en son honneur une grande et remarquable basilique. Les malades y retrouvent la santé, les démoniaques sont délivrés, les aveugles voient, les boiteux se redressent, toute maladie est guérie, et tous ceux qui prient comme il convient reçoivent un complet soulagement. Aussi de justes éloges répandent partout, à l'honneur du Christ, la glorieuse réputation de ce saint. Sa fête se célèbre le 11 novembre.

SAINT HILAIRE À POITIERS.

De là il faut aller révérer, dans la ville de Poitiers, les précieuses reliques de saint Hilaire, évêque et confesseur.

---

[2] Trad. dans G. Manier, *Pèlerinage d'un paysan picard à Saint-Jacques-de-Compostelle*, Montdidier, éd. Bonnault d'Houët, Montdidier, 1890, pp. 189-214.

C'est lui qui, entre autres miracles, tout rempli de la force de Dieu, sut, en triomphant de l'hérésie arienne, conserver l'unité de la foi. Incapable de résister aux arguments de ce saint docteur, l'hérétique Léon sort du concile et, dans les latrines où ses entrailles se déchirent, il trouve de son propre fait une mort honteuse. De plus, au cours du concile, quand saint Hilaire veut s'asseoir, la terre se soulève pour lui offrir un siège. La seule force de sa voix suffit à briser les serrures des portes. Exilé pour la foi catholique durant quatre années dans une île voisine de la Phrygie, où les serpents abondaient, il a le pouvoir de les mettre en fuite. Dans la ville de Poitiers, il rend à une mère en larmes un fils frappé d'une double mort. Aussi le tombeau qui renferme les ossements de ce grand saint est-il orné à profusion d'or, d'argent et de pierres précieuses, et sa grande et magnifique basilique est-elle vénérée pour ses nombreux miracles. Sa fête se célèbre le 13 janvier.

SAINT JEAN À ANGÉLY. Il faut révérer également le chef de saint Jean-Baptiste, rapporté par de pieuses mains des rivages de la Palestine en un lieu appelé Angély, en Poitou. Là s'élève, sous son vocable, une grande et remarquable basilique où, pour honorer son précieux chef, cent moines célèbrent l'office jour et nuit, tandis que d'innombrables miracles le glorifient. Durant sa translation, ce chef fit éclater sur terre et sur mer d'innombrables prodiges : sur mer, il échappa à de nombreuses tempêtes ; sur terre, suivant le récit de sa translation, il rendit la vie à plusieurs morts. Aussi croit-on avec raison que c'est bien là le chef du vénérable Précurseur. Son invention eut lieu le 24 février, sous le règne de l'empereur Marcien, lorsque le Précurseur lui-même révéla à deux moines le lieu où sa tête était cachée.

SAINTES. Sur le chemin de Saint-Jacques, les pèlerins doivent révérer dans la ville de Saintes le corps de saint Eutrope, évêque et martyr. Saint Denis, évêque de Paris, et son compagnon écrivirent en grec le récit de son martyre et l'adressèrent à ceux de leurs parents qui étaient chrétiens, par l'entremise du saint pape Clément. C'est précisément ce récit que j'ai retrouvé autrefois à Constantinople, dans une école grecque, parmi plusieurs autres récits de martyres, et que j'ai traduit de mon mieux en latin, pour la gloire de notre Seigneur Jésus-Christ et de l'illustre martyr Eutrope. Il commençait ainsi :

« Denis évêque des Francs, Grec d'origine, au très révérend pape Clément, salut dans le Christ. Nous vous informons qu'Eutrope, envoyé dans ces régions avec nous pour prêcher le nom du Christ, a reçu la couronne du martyre par le fait des gentils, près de la ville de Saintes, pour la foi du Seigneur. C'est pourquoi je prie humblement votre bienveillance paternelle d'envoyer sans tarder ce récit de son martyre à mes proches, mes connaissances et amis fidèles en Grèce, surtout à Athènes, afin qu'eux-mêmes et tous ceux qui ont reçu jadis, avec moi, de l'apôtre Paul, le baptême régénérateur se réjouissent, en apprenant la mort cruelle de ce glorieux martyr du Christ, de subir des tribulations et des tourments pour Son Nom. Et si la fureur des gentils venait à leur infliger un supplice, qu'ils apprennent à le subir patiemment sans le craindre. Tous ceux en effet qui veulent vivre pieusement dans le Christ, ne peuvent qu'être exposés, sous prétexte qu'ils seraient des sots et des insensés, aux opprobres et aux mépris des impies et des différents. Car il convient de subir force tribulations pour entrer dans le royaume de Dieu.

> « Loin par le corps,
> Mais proche par l'âme et les aspirations,
> Je te dis maintenant : "Porte-toi bien,
> Et qu'il en soit ainsi toujours." »

PASSION DE SAINT EUTROPE, ÉVÊQUE DE SAINTES ET MARTYR

« Eutrope, le très glorieux martyr du Christ, le bel évêque de Saintes, était issu d'une famille païenne de Perse et descendait de la plus noble lignée du monde. Il était fils, selon la chair, de l'émir de Babylone nommé Xersès et de la reine Guiva. Il n'a pu y avoir de plus brillante origine que la sienne, ni de plus grande humilité dans la foi et dans les œuvres après sa conversion. Adolescent, il étudia le chaldéen et le grec, se rendant l'égal des plus grands esprits du royaume par sa sagesse et son appétit de science. Désireux de savoir s'il y avait à la cour du roi Hérode quelque connaissance qui lui fût encore étrangère ou quelque savant plus compétent que lui, il se rendit en Galilée. Au bout de peu de temps passé à la cour, il entendit parler des miracles accomplis par le Sauveur, et le chercha de ville en ville. À ce moment, celui-ci s'était rendu au-delà de la mer de Galilée, c'est-à-dire du lac de Tibériade, entraînant à sa suite une foule innombrable, témoin de ses miracles. Eutrope la rejoignit.

« La Providence voulut qu'il arrivât le jour où le Sauveur, dans son ineffable largesse, rassasia de cinq pains et deux poissons les cinq mille personnes rassemblées autour de lui. Après avoir assisté à ce miracle et entendu raconter les autres, le jeune Eutrope crut déjà un peu en Jésus et désira lui parler mais n'osa pas le faire, craignant les réprimandes de son précepteur Nicanor, que l'émir son père avait commis à sa garde. Rassasié cependant du pain de la grâce divine, il se rendit à Jérusalem et, après avoir adoré le créateur dans le Temple, selon la coutume locale, il retourna dans la maison de son père. Et il lui rapporta tout ce qu'il avait attentivement observé dans le pays d'où il venait : « J'ai vu, dit-il, un homme qui est appelé le Christ et qui n'a pas son pareil dans le monde. Il ressuscite les morts, guérit les lépreux, fait voir les aveugles, fait entendre les sourds, rend aux infirmes leur vigueur et donne la santé aux malades de toutes sortes. Que dire de plus ? Il a rassasié sous mes yeux cinq mille hommes avec cinq pains et deux poissons et ses disciples remplirent douze corbeilles avec les restes. Là où il est, la famine, les intempéries, la mort disparaissent. Si jamais le créateur du ciel et de la terre daignait l'envoyer dans notre pays, puisse ta bienveillance lui témoigner beaucoup d'égards.» Entendant le jeune homme lui dire ces choses et d'autres semblables, le roi se demandait à part lui comment il pourrait rencontrer Jésus. Peu de temps après, le jeune homme, qui désirait revoir le Seigneur, sollicita de son père l'autorisation de se rendre à Jérusalem pour prier dans le temple. Le chef des armées, Warradac, et le sénéchal Nicanor, son précepteur, l'accompagnaient, ainsi que bon nombre d'autres dignitaires commis à sa garde. Il sortait du temple le jour même où, après avoir ressuscité Lazare, le Seigneur revenait de Béthanie. Aux portes de Jérusalem, une foule innombrable se rassemblait de partout. Les enfants juifs et une foule bigarrée allaient à sa rencontre, répandant des fleurs, des rameaux de palmiers, d'oliviers et d'autres arbres encore sur son chemin, en clamant : «Hosanna au fils de David!» À ce spectacle, Eutrope se réjouit plus qu'on ne saurait dire et s'empressa de jeter lui aussi des fleurs sous ses pas. Alors certains lui apprirent que Jésus avait ressuscité Lazare mort depuis quatre jours, et il s'en réjouit fort. Mais il fut très contrarié que la foule l'empêche de bien voir le Seigneur. Il était en effet au nombre de ceux dont saint Jean porte témoignage dans son Évangile, lorsqu'il dit : *Or il y avait des gentils parmi ceux qui étaient venus l'adorer en ce jour de fête. Ils s'adressèrent à Philippe qui était de la ville de Béthsaïde et lui dirent : «Seigneur, nous voulons voir Jésus.» Alors Philippe, s'étant joint à André, en informa le Seigneur.* Et aussitôt saint Eutrope, ainsi que ses compagnons, le vit face à face et, plein de joie, commença à croire secrètement en lui. Puis il s'attacha entièrement à sa personne, non sans craindre l'opposition de ceux à qui son père avait enjoint sans réserve de faire bonne garde et de ne pas le laisser échapper. La rumeur courut alors que les Juifs allaient faire périr prochainement le Sauveur. Ne voulant pas voir la mort d'un tel homme, il quitta Jérusalem le lendemain.

«Revenu auprès de son père, il raconta chez lui par le menu tout ce que le Sauveur avait fait sous ses yeux. Désirant s'attacher entièrement à lui et croyant qu'il vivait encore, Eutrope ne resta que quarante-cinq jours à Babylone, avant de retourner à Jérusalem à l'insu de son père, accompagné seulement d'un serviteur. Il y apprit bientôt que le Seigneur, objet de son amour secret, avait été crucifié et mis à mort par les Juifs. Il en fut très attristé. Mais on lui dit aussi qu'il était ressuscité d'entre les morts, était apparu à ses disciples et monté aux cieux triomphalement, ce qui le remplit de joie. Enfin, le jour de la Pentecôte, il rejoignit les disciples du Christ. Ceux-ci lui rapportèrent que l'Esprit était descendu sur eux, sous la forme de langues de feu, qu'il avait comblé leurs cœurs et qu'il leur avait enseigné les langues les plus diverses. Rempli de l'Esprit-Saint, il revint à Babylone et, brûlant d'amour pour le Christ, il fit périr par l'épée les Juifs qu'il rencontra dans son pays, à cause de ceux qui avaient déshonoré Jérusalem en tuant le Christ. Après un court laps de temps, tandis que les disciples du Seigneur se dispersaient aux quatre coins du monde, la divine Providence envoya en Perse deux flambeaux resplendissants de foi, Simon et Thaddée, apôtres du Seigneur. Après être entrés à Babylone et en avoir chassé les mages Zaroen et Arfaxat, dont les vains discours et les prodiges détournaient la population de la foi, ces apôtres, distribuant à tous les semences de la vie éternelle, commencèrent à s'illustrer par toutes sortes de miracles. Alors, en dépit de son jeune âge, saint Eutrope, que leur venue avait rempli de joie, conjura son père d'abandonner l'erreur des gentils et le culte de leurs idoles pour se plier à la foi chrétienne, qui lui vaudrait le royaume des cieux. Que dire de plus? Après avoir entendu les deux apôtres prêcher, le père et son fils, ainsi qu'un grand nombre d'habitants de Babylone, reçurent le baptême de leurs mains et furent régénérés par la grâce. Les apôtres convertirent ensuite la ville entière à la foi du Seigneur et y fondèrent une Église avec toute sa hiérarchie. Ils avaient amené de Jérusalem avec eux le très fidèle Abdias, fort savant dans la doctrine de l'Évangile, et l'instituèrent évêque du petit peuple chrétien; ils nommèrent Eutrope archidiacre et partirent vers d'autres cités, en prêchant la parole de Dieu. Peu de jours après, leur vie terrestre toucha à son terme par le triomphe du martyre, et saint Eutrope célébra leur passion en chaldéen et en grec. Comme il avait entendu rapporter les miracles et les vertus de saint Pierre, le prince des apôtres, qui exerçait alors à Rome la fonction de pontife suprême, il renonça à toute dignité séculière et s'y rendit, à l'insu de son père mais avec l'assentiment de l'évêque. Saint Pierre l'accueillit avec bienveillance et l'instruisit dans les préceptes du Seigneur. Après être resté quelque temps auprès de lui, il alla, sous sa directive et sur son ordre, prêcher en Gaule avec d'autres frères.

« Quand il entra dans la ville appelée Saintes, il la vit de toutes parts enclose de murailles antiques, ornée de hautes tours, bien située et bien proportionnée, pourvue de toutes les denrées et de tous les agréments. Elle a de beaux pâturages et de claires fontaines, une large rivière la traverse, des jardins, vergers et vignobles l'entourent, on y respire un air sain, les places et les rues y sont plaisantes. Tout cela lui confère beaucoup de charme à bien des égards. L'apôtre zélé eut l'idée que Dieu daignerait détourner cette ville superbe et insigne du paganisme idolâtre et la convertir au christianisme. C'est pourquoi, parcourant les places et les rues, il prêchait ardemment la parole de Dieu. Bientôt les habitants s'étonnèrent d'entendre cet étranger prononcer les mots jusque-là ignorés de sainte Trinité et de baptême. Ils en furent irrités et le chassèrent de la ville à coups de bâton et en lui jetant des tisons. Celui-ci supporta patiemment ces sévices. Il se construisit une cabane en bois sur une hauteur près de la ville et y élit domicile. Il passait la journée à prêcher dans la ville et la nuit à veiller en prière et en larmes dans son abri. N'ayant pu convertir, au bout d'un certain temps, que bien peu de gens, il se remémora le précepte du Seigneur: *Si l'on refuse de vous recevoir et d'écouter votre parole, sortez de cette maison ou de cette ville en secouant la poussière de vos pieds.* Il retourna alors à Rome. Saint Pierre avait subi le martyre de la croix. Saint Clément, alors pape, invita Eutrope à revenir dans sa ville, à y prêcher les préceptes du Seigneur et à y attendre la couronne du martyre. Le pape lui conféra la dignité épiscopale et il se mit en route avec saint Denis, venu de Grèce à Rome, et d'autres frères que Clément envoya prêcher en Gaule. Arrivés à Auxerre, ils s'étreignirent dans l'amour divin et se séparèrent dans les larmes. Denis et ses compagnons se dirigèrent vers Paris et saint Eutrope revint à Saintes. Résolu à subir vaillamment le martyre et plein de zèle pour le Christ, il s'encourageait lui-même disant : *Le Seigneur est pour moi le grand secours, je ne craindrai pas les sévices des hommes. Si les persécuteurs tuent le corps, ils ne peuvent tuer l'âme. Peau pour peau ! L'homme donne tout ce qu'il possède pour le salut de son âme.* Il entra dans la ville avec assurance, et, comme s'il avait perdu l'esprit, se mit à prêcher la foi du Seigneur, à temps et à contretemps, enseignant à tous l'incarnation du Christ, sa passion, sa résurrection, son ascension et tout ce qu'il daigna souffrir pour le salut du genre humain. Il proclamait que nul ne peut entrer dans le royaume de Dieu s'il n'a été régénéré par l'eau et l'Esprit-Saint. Les nuits, il les passait dans sa cabane comme auparavant. À la suite de sa prédication, la grâce divine descendit bientôt du ciel et beaucoup de païens se firent baptiser par lui dans la ville. Parmi ceux-ci, une fille du roi de cette ville, appelée Eustelle, fut régénérée par l'eau baptismale. Quand son père l'apprit, il la maudit et la chassa. Mais elle, se voyant exclue à cause de son amour du Christ, alla s'installer près de la cabane du saint homme. Son père, qui n'avait cependant pas cessé de l'aimer, lui envoya plusieurs fois des émissaires pour l'inciter à revenir chez elle. Mais elle leur répondit qu'elle aimait mieux demeurer hors de la ville à cause de sa foi dans le Christ qu'y revenir pour être souillée par le culte des idoles. Son père, fort irrité, convoqua les bouchers de toute la ville, au nombre de cent cinquante, et leur enjoignit de tuer saint Eutrope et de ramener la jeune fille dans sa demeure. Le 30 avril, ceux-ci prirent avec eux une foule de païens, s'approchèrent de la cabane et se mirent à lapider le très saint homme de Dieu, ensuite ils le dévêtirent et le frappèrent de bâtons et de lanières plombées, enfin ils l'achevèrent en le décapitant à la hache et à la cognée.

« Aidée de quelques chrétiens, la jeune fille l'ensevelit dans son abri à la faveur de l'obscurité et, aussi longtemps qu'elle vécut, elle ne cessa de le veiller à la lumière des cierges et en récitant l'office divin. Et quand, après une sainte mort, elle quitta cette vie, elle demanda à être ensevelie auprès du tombeau de son maître, dans le terrain qui lui appartenait. Par la suite une très grande et très belle basilique fut élevée au-dessus du corps de saint Eutrope, en son honneur et sous le patronage de la sainte Trinité. Ceux qui y viennent affligés de tous genres de maladies sont rapidement guéris : les boiteux se redressent, les aveugles retrouvent la vue, les sourds recouvrent l'ouïe, les possédés sont délivrés et, à tous ceux qui la demandent d'un cœur sincère, une aide salutaire est accordée. Des chaînes de fer, des menottes et divers autres instruments de torture dont saint Eutrope a délivré les prisonniers y sont là suspendus. Puisse-t-il par ses dignes mérites et ses prières obtenir de Dieu pour nous le pardon, effacer nos péchés, ranimer en nous les vertus, conduire notre vie, nous arracher en péril de mort aux abîmes de l'enfer et, lors du jugement dernier, apaiser la colère du Juge éternel envers nous et nous mener au plus haut des cieux, avec l'aide de Notre Seigneur

Jésus-Christ, Dieu qui vit et règne avec le Père et l'Esprit-Saint dans les siècles des siècles. Amen. +**]

DE BLAYE À SAINT-JACQUES-DE-COMPOSTELLE.

Ensuite à Blaye, dans l'estuaire, il convient de demander la protection de saint Romain. Dans sa basilique repose le corps du bienheureux Roland, martyr ; issu d'une noble famille, comte du roi Charlemagne, il était l'un de ses douze compagnons d'armes ; poussé par le zèle de sa foi, il entra en Espagne pour en expulser les infidèles. Sa force était telle qu'à Roncevaux il fendit, dit-on, un rocher par le milieu du haut en bas avec son épée en trois coups ; on raconte aussi que, sonnant du cor, il le fendit de même dans son milieu par la puissance de son souffle. Ce cor d'ivoire désormais fendu se trouve à Bordeaux dans la basilique de Saint-Seurin ; sur le rocher de Roncevaux, on a construit une église. Après avoir, dans de nombreuses guerres, vaincu les rois et les peuples, Roland, épuisé par la faim, le froid et les chaleurs excessives, frappé de coups violents et flagellé sans relâche pour l'amour de Dieu, percé de flèches et de coups de lances, ce valeureux martyr du Christ mourut, dit-on, de soif dans cette vallée de Roncevaux. Son très saint corps fut enseveli avec respect par ses compagnons dans la basilique Saint-Romain à Blaye. [**+ Ensuite, dans la ville de Bordeaux, il faut aller révérer les reliques de saint Seurin, dont on célèbre la fête le 23 octobre. +**] Puis, dans une petite ville des landes bordelaises appelée Belin, il convient de révérer les reliques des saints martyrs, Olivier, Gondebaud, roi de Frise, Ogier, roi de Danemark, Arastagne, roi de Bretagne, Garin, duc de Lorraine et de bien d'autres combattants de l'armée de Charlemagne qui, après avoir défait les armées païennes, furent massacrés en Espagne pour la foi chrétienne. Leurs compagnons emportèrent leurs précieuses dépouilles jusqu'à Belin et les y ensevelirent avec tous les honneurs qui leur étaient dus. Ils gisent là tous ensemble dans une fosse commune, et une odeur très suave en émane qui guérit les malades. [**+ En Espagne, il faut révérer les reliques du saint confesseur Dominique qui construisit la chaussée entre Najera et Redecilla, où il repose. +**]

Il convient ensuite de rendre visite aux corps des saint martyrs Facond et Primitif, dont Charlemagne éleva la basilique. À côté de leur ville sont des prés plantés d'arbres où, dit-on, les lances des guerriers fichées en terre reverdirent. Leur fête se célèbre le 27 novembre.

[**+ Après quoi, il faut révérer à León les reliques vénérables de saint Isidore, évêque, confesseur et docteur, qui institua, pour les clercs rattachés à une église, une très pieuse règle, imprégna de ses enseignements le peuple espagnol et illustra l'Église tout entière par ses brillants ouvrages.

Enfin, c'est surtout le corps très saint de l'apôtre Jacques qu'il convient de révérer avec le plus de dévotion dans la ville de Compostelle.

Que tous ces saints, avec tous les autres saints de Dieu, nous aident par leurs mérites et leurs prières auprès de notre Seigneur Jésus-Christ qui, Dieu lui-même, vit et règne avec le Père et le Saint-Esprit pour les siècles des siècles. +**]

Chapitre IX

CARACTÈRES DE LA VILLE ET DE LA BASILIQUE DE SAINT JACQUES, APÔTRE DE LA GALICE. PAPE CALIXTE ET AIMERIC CHANCELIER

[**+ La ville de Compostelle est située entre deux cours d'eau dont l'un s'appelle le Sar et l'autre la Sarela. Le Sar est à l'est, entre le mont de la Joie et la ville, la Sarela est à l'ouest. Il y a sept entrées et portes de la ville. La première s'appelle porte des Français; la deuxième, porte de la Peña; la troisième, porte Sous-les-frères; la quatrième, porte de Saint-Pèlerin; la cinquième, porte des Fougeraies qui mène à Padrón; la sixième, porte des Susannes; la septième, porte des Briquetiers, par laquelle la précieuse liqueur de Bacchus entre dans la ville. +**]

LES ÉGLISES DE LA VILLE. Il y a dans la ville dix églises, dont la première est celle du très glorieux apôtre Jacques, fils de Zébédée, qui resplendit de gloire en plein centre. La deuxième est celle de l'apôtre Pierre, un monastère situé à proximité du chemin français. La troisième est celle de saint Michel, dite « de la Citerne ». La quatrième est celle de saint Martin évêque, dite de « Piñario », qui est aussi un monastère. La cinquième est celle de la sainte Trinité, qui reçoit la sépulture des pèlerins. La sixième est celle de sainte Suzanne, vierge, en bordure de la route de Padrón. La septième est celle de saint Félix martyr, la huitième celle de saint Benoît, la neuvième celle de saint Pélage martyr (noble abbatiale) [1], qui est derrière la basilique de saint Jacques. La dixième est celle de la Sainte Vierge Marie, derrière l'église de saint Jacques, avec une entrée dans celle-ci entre l'autel de saint Nicolas et celui de la sainte Croix.

[**+ DES DIMENSIONS DE L'ÉGLISE [2]. Intérieurement, la basilique de Saint-Jacques a en longueur cinquante-trois fois la taille d'un homme, de la porte occidentale à l'autel du saint Sauveur; en largeur trente-neuf fois,

---

[1] Cette mention qui figure dans le manuscrit de Ripoll n'a pas été reprise dans le *Codex Calixtinus*.
[2] Trad. Bonnault d'Houët.

de la porte de France à la porte méridionale, et en hauteur quatorze fois. Nul ne peut savoir quelles sont extérieurement sa longueur et sa hauteur. Cette église possède neuf nefs basses, six galeries hautes, une chapelle principale dans laquelle est situé l'autel du saint Sauveur, un déambulatoire, un corps et deux bras de transept, enfin huit petites chapelles renfermant chacune un autel. Sur les neuf nefs, six sont petites et trois grandes. La première grande nef va du portail occidental aux piliers du milieu, c'est-à-dire aux quatre piliers (du carré du transept) qui dominent tout l'édifice. Il y a une petite nef à droite et une autre à gauche. Les deux autres grandes nefs forment les bras (du transept) : la première de la porte de France aux quatre piliers de la croisée de l'église, la seconde de ces mêmes piliers à la porte méridionale. Ces deux nefs ont également deux petites nefs latérales.

Les trois grandes nefs s'élèvent jusqu'au faîte de l'édifice et les six petites seulement jusqu'aux moyens cintres. Toutes les nefs principales ont de large onze fois et demie la taille d'un homme, évaluée à huit palmes. La grande nef compte vingt-neuf piliers : quatorze à droite, autant à gauche, plus un pilier qui, placé à l'intérieur entre les deux baies, du côté du levant, sépare les deux tympans. Dans les bras de la croix, c'est-à-dire de la porte de France à la porte méridionale, il y a vingt-six piliers, douze à droite, autant à gauche, plus deux piliers à l'intérieur devant les portes pour séparer les baies et les tympans. Dans le chevet de l'église on compte huit colonnes isolées autour de l'autel de saint Jacques.

Les six petites nefs, qui forment les galeries hautes de l'église, ont la même longueur et la même largeur que les petites nefs correspondantes. Elles s'appuient d'un côté sur les murs de l'édifice, de l'autre sur les piliers, qui du bas des grandes nefs s'élèvent jusqu'au faîte. Deux de ces piliers forment ce que les maîtres tailleurs de pierre appellent moyens cintres. Autant on compte de colonnes dans la partie basse, autant il y en a dans la partie haute ; de même autant d'arcs dans le bas, autant dans le haut. Mais, dans les galeries, il y a toujours, dans chaque travée, deux colonnes jumelles appelées par les maîtres tailleurs de pierre colonnes de cintre. On ne trouve dans cette église ni lézarde ni désordre d'aucun genre. Elle est, au contraire, d'une remarquable exécution, grande, spacieuse, éclairée, répondant à son objet par sa grandeur, bien proportionnée en longueur, largeur et hauteur, aussi admirable qu'indescriptible, et possédant enfin un double étage, comme un palais royal. Quiconque se promène à travers les galeries hautes, y fût-il monté avec tristesse, devient heureux et gai en voyant la parfaite beauté de cette église.

DES FENÊTRES [3]. Il y a dans cette basilique soixante-trois fenêtres garnies de vitres : trois au-dessus de chacun des autels placés dans le chevet, cinq au faîte de l'église, autour de l'autel de saint Jacques, qu'elles mettent en pleine lumière, et quarante-trois dans les galeries hautes.

---

[3] *Ibidem.*

DES PORTES [4]. Il y a dans cette église trois portails principaux et sept petites portes : un portail à l'ouest (et c'est le principal), un au sud et un autre au nord. Dans chaque portail principal il y a deux entrées et dans chaque entrée deux portes. Les sept portes secondaires portent les noms : la première de Notre-Dame, la seconde de la Voie-Sacrée, la troisième de Saint-Pélage, la quatrième de la Chanoinesse, la cinquième et la sixième de la Petraria, la septième de l'école des Grammairiens. Cette dernière donne également accès au palais archiépiscopal.

DE LA FONTAINE SAINT-JACQUES [5]. Quand nous autres Français voulons entrer dans la basilique, nous passons par le côté nord. Devant ce portail, sur le bord du chemin, est situé l'hospice des pauvres pèlerins de Saint-Jacques. Là se trouve au bout du chemin un certain *paradis* (= « parvis »), où l'on descend par neuf degrés. Au bas des degrés, il y a une admirable fontaine, telle qu'on n'en trouverait pas de pareille dans le monde entier. Elle a pour piédestal trois marches de pierre qui supportent une très belle conque de pierre, ronde et creuse, sorte d'écuelle ou de bassin, assez vaste pour qu'à mon avis quinze personnes puissent s'y baigner à l'aise. Au milieu est placée une colonne d'airain, large à la base, taillée à sept pans et d'une hauteur bien proportionnée. Au sommet se dressent quatre lions, dont les gueules versent l'eau nécessaire aux pèlerins de Saint-Jacques et aux habitants. Ces jets d'eau jaillissent de la gueule des lions, tombent dans la vasque inférieure et, par une ouverture pratiquée dans ce bassin, vont se perdre dans le sol. Si donc nul ne voit d'où l'eau vient, nul ne peut voir où elle va. De plus cette eau est douce, digestive, saine, claire, excellente, chaude en hiver, fraîche en été. Autour de la colonne dont je viens de parler, l'inscription suivante est disposée de cette façon, sur deux lignes, aux pieds des lions :

« Moi, Bernard, trésorier de Saint-Jacques, ai amené ici cette eau et ai élevé ce monument, pour le salut de mon âme et de celles de mes parents.

L'an MCLX le 3 des ides d'avril 1160 *(11 avril 1122).*

DU PARADIS DE SAINT-JACQUES-DE-COMPOSTELLE [6]. Après la fontaine, voici le paradis. Il est pavé en pierre et l'on y vend, entre autres souvenirs de Saint-Jacques, des coquilles de poisson, aussi bien que des outres de vin, des espadrilles, des sacs de peau, des bourses, des courroies, des ceintures, toutes sortes d'herbes médicinales, des onguents de tous genres et bien d'autres choses. Les changeurs, hôteliers et autres marchands se tiennent sur la route de France. Quant à ce paradis, il a, en largeur comme en longueur, la taille d'un jet de pierre.

---

[4] *Ibidem.*
[5] *Ibidem.*
[6] *Ibidem.*

DU PORTAIL SEPTENTRIONAL [7]. Au-delà de ce paradis, se trouve le portail nord de la basilique, appelé portail de France. Sa double baie est ornée de belles sculptures. Chaque entrée compte extérieurement six colonnes, les unes de marbre, les autres de pierre, trois à droite, trois à gauche, soit six colonnes pour une entrée et six pour l'autre, en tout douze colonnes. Au-dessus de la colonne placée à l'extérieur, entre les deux portes, sur le mur, notre Seigneur est assis sur un trône de majesté, la main droite bénissant, la gauche tenant un livre. Rangés en cercle autour du trône, les quatre évangélistes semblent le soutenir. Les sculptures du côté droit représentent le paradis, où le Seigneur reproche à Adam et à Ève leur péché ; celles de gauche le paradis, d'où Dieu chasse les coupables.

À l'entour sont de nombreuses figures de saints, d'animaux, d'hommes, d'anges, de femmes, de fleurs et d'autres créatures, dont on ne peut, à cause de leur grand nombre, décrire la nature et l'espèce. Cependant au-dessus de la porte qui est à gauche en entrant dans l'église, c'est-à-dire sur le tympan de cette porte, est représentée l'Annonciation à la bienheureuse Vierge Marie. L'ange Gabriel est là, qui lui parle. Également à gauche, au-dessus des portes, sur les côtés de la baie, sont figurés les mois, les années et d'autres beaux ouvrages de sculpture. Deux grands lions, d'aspect farouche, saillissent hors du mur et, le regard fixé l'un à droite l'autre à gauche, semblent garder les portes. Enfin sur le seuil, quatre apôtres sont debout, un livre dans la main gauche et la main droite levée pour bénir les fidèles qui entrent dans la basilique. Dans la baie de gauche, Pierre est à droite et Paul à gauche ; dans la baie de droite, l'apôtre Jean est à droite et saint Jacques à gauche. Au-dessus des têtes des apôtres saillissent autant de têtes de bœufs.

DU PORTAIL MÉRIDIONAL [8]. Le portail méridional de la basilique de l'apôtre a, comme nous l'avons dit, deux baies et quatre vantaux. Dans la baie de droite, à l'extérieur, au-dessus des vantaux, c'est-à-dire au premier corps, la Passion de notre Seigneur est représentée en d'admirables sculptures. Ici notre Seigneur est attaché à la colonne par les Juifs ; là il est flagellé ; là Pilate siège à son tribunal, comme pour le juger. Au-dessus, à un autre corps, sont représentés Notre-Dame, la mère de notre Seigneur, avec son fils, à Bethléem ; les trois rois qui viennent les visiter et offrir à l'enfant leur triple présent ; puis l'étoile ; enfin l'ange qui les avertit de ne pas retourner auprès d'Hérode. Sur le seuil de cette porte, dont ils semblent les gardiens, sont placés deux apôtres, l'un à droite l'autre à gauche.

Il en est de même pour la baie de gauche, c'est-à-dire que, sur le seuil, il y a également deux autres apôtres. Là, au premier corps, c'est-à-dire au-dessus des vantaux, est sculptée la Tentation de notre Seigneur. Les anges de ténèbres, semblables à des spectres, le transportent sur le faîte du Temple ;

---

[7] *Ibidem.*
[8] *Ibidem.*

les uns lui offrent des pierres et lui demandent de les changer en pain ; d'autres, lui montrant les royaumes de ce monde, feignent de devoir les lui donner, si tombant à leurs pieds il les adore, ce qu'il refuse. Mais derrière le Seigneur et au-dessous de lui, apparaissent des anges vêtus de blanc : ce sont les bons, qui, leur encensoir à la main, s'empressent à le servir. Dans ce portail il y a quatre lions, un à droite de l'une des baies, un à gauche de l'autre, et entre ces deux baies, au-dessus du trumeau, deux autres lions, également farouches, adossés l'un à l'autre. Dans ce portail on compte onze colonnes : cinq à droite de la baie de droite, autant à gauche de la baie de gauche ; la onzième, entre les deux baies, sépare les tympans. Parmi ces colonnes, les unes sont en marbre, les autres en pierre, ornées d'admirables sujets : fleurs, hommes, oiseaux et animaux. Le marbre de ces colonnes est blanc. Il ne faut pas oublier de mentionner, à côté de la Tentation du Seigneur, certaine femme debout, tenant dans ses deux mains la tête repoussante de son séducteur. Le mari, qui a coupé cette tête, force sa femme à l'embrasser deux fois par jour. Grand et admirable châtiment de la femme adultère, qu'il convient de raconter à tous.

Dans le corps supérieur de l'édifice, au-dessus des quatre vantaux, contre les galeries de la basilique, resplendit une magnifique décoration en marbre blanc. Notre Seigneur est là debout, à gauche saint Pierre les clefs à la main, à droite saint Jacques entre deux cyprès et, près de lui, saint Jean son frère, enfin à droite et à gauche les autres apôtres. Au-dessus et au-dessous, à droite comme à gauche, le mur est couvert d'excellentes sculptures représentant des fleurs, de saints personnages, des animaux, des oiseaux, des poissons et bien d'autres objets qui ne peuvent trouver place dans notre récit. Enfin, au-dessus des tympans, quatre anges, la trompette à la main, annoncent le jour du jugement.

DU PORTAIL OCCIDENTAL [9]. Le portail occidental, avec sa double baie, l'emporte encore sur les autres par la beauté, la grandeur et l'exécution. Plus grand et plus beau que les autres, il témoigne encore d'un travail plus admirable. Un perron extérieur élevé et des colonnes de différents marbres, diverses de forme et de travail, concourent à sa décoration. Les sculptures représentent plusieurs sujets, des hommes, des femmes, des animaux, des oiseaux, des saints, des anges, des fleurs et des ornements de tous genres. La décoration est si riche qu'elle ne saurait tenir dans notre description. Mentionnons cependant l'existence au sommet d'une admirable sculpture représentant la Transfiguration de notre Seigneur, telle qu'elle eut lieu sur le mont Thabor. Notre Seigneur est là dans une blanche nuée, le visage brillant comme le soleil, les vêtements resplendissants comme la neige ; au-dessus son Père lui parle ; à ses côtés, tels qu'ils apparurent avec lui, Moïse et Élie lui annoncent la mission mortelle qu'il devait accomplir à Jérusalem. Là

---

[9] *Ibidem.*

enfin est saint Jacques avec Pierre et Jean, auxquels, avant tous les autres, notre Seigneur révéla sa transfiguration.

DES TOURS DE LA BASILIQUE [10]. Les tours sont au nombre de neuf : savoir deux sur le portail de la fontaine, deux sur le portail méridional, deux sur le portail occidental, deux au-dessus de chaque escalier à vis et une plus grande sur le milieu de la croisée de la basilique. Ces ouvrages et d'autres extrêmement beaux donnent à la magnifique basilique de Saint-Jacques un glorieux éclat. Tout est construit en pierres vives, brunes et aussi dures que le marbre. À l'intérieur, elle est peinte de diverses couleurs et, à l'extérieur, parfaitement recouverte de tuiles et de plomb. Mais de tout ce que nous venons de dire, une partie est complètement terminée, une autre est encore à achever. +**]

DES AUTELS DE LA BASILIQUE [11]. Les autels de cette basilique sont placés dans cet ordre : premièrement, à côté de la porte de France, dans le côté gauche, l'autel Saint-Nicolas, puis l'autel Sainte-Croix ; puis, dans le chevet, l'autel de sainte Foy, vierge ; puis l'autel de l'apôtre saint Jean l'évangéliste, frère de saint Jacques ; puis l'autel Saint-Sauveur, placé dans la chapelle principale ; puis l'autel de l'apôtre saint Pierre ; puis l'autel de saint André ; puis l'autel de l'évêque saint Martin ; puis l'autel Saint-Jean-Baptiste. Entre l'autel Saint-Jacques et l'autel Saint-Sauveur, se trouve l'autel de sainte Marie-Madeleine, où l'on chante les messes du matin à l'usage des pèlerins. Dans les galeries hautes de l'église, il y a habituellement trois autels, dont le principal est sous le vocable de l'archange saint Michel ; il y en a un autre à droite sous celui de saint Benoît et un autre à gauche sous le double vocable de l'apôtre saint Paul et de l'évêque saint Nicolas. Il sert habituellement de chapelle à l'archevêque.

DU CORPS ET DE L'AUTEL DE SAINT JACQUES [12]. Après avoir jusqu'ici énuméré les beautés de l'église, il nous faut traiter maintenant du vénérable autel de l'apôtre. Dans cette vénérable basilique, le corps vénéré de saint Jacques repose, dit-on, comme un hommage suprême, sous le maître-autel élevé en son honneur. Son cercueil en marbre est placé dans un sépulcre voûté, d'un admirable travail et d'une grandeur convenable. Que son corps soit là, à jamais immuable, c'est ce qui ressort du témoignage de saint Théodomir, évêque de cette ville, qui, après l'avoir découvert, ne put arriver à le déplacer. Qu'ils rougissent de honte les rivaux d'outre-monts, qui prétendent posséder quelque chose de saint Jacques ou quelques-unes de ses reliques ! Le corps de l'apôtre est là, tout entier. Miraculeusement mis en lumière par des charbons paradisiaques, honoré de divines odeurs aussi

---

[10] *Ibidem.*
[11] *Ibidem.*
[12] *Ibidem.*

permanentes que suaves, tout paré de l'éclat de célestes flambeaux, il voit les anges empressés et assidus à lui rendre hommage. Sur son sépulcre est un petit autel, que, d'après la tradition, ses disciples ont élevé, et que, par amour pour l'apôtre et pour ses disciples, nul depuis n'a voulu détruire. Au-dessus est placé un autre grand et admirable autel, de cinq palmes de haut, de douze de long et de sept de large, suivant les mesures que j'ai prises de ma propre main. Le petit autel est donc enfermé sous le grand, de trois côtés, à droite, à gauche et par-derrière ; mais par-devant, il est à découvert, puisqu'il suffit, pour l'apercevoir, d'enlever le panneau d'agent qui forme le devant du grand autel.

[**+ Si quelqu'un, par dévotion envers saint Jacques, voulait envoyer quelque housse ou draperie pour couvrir l'autel de l'apôtre, il devrait lui donner neuf palmes de large et vingt et un de long. Mais si, par amour de Dieu et de l'apôtre, il envoyait un parement pour recouvrir le devant de l'autel, qu'il ait soin de lui donner sept palmes de large sur treize de long.

DU DEVANT D'AUTEL EN ARGENT [13]. Ce devant d'autel est un magnifique travail en or et en argent. Cette sculpture représente au centre notre Seigneur sur son trône et à l'entour les vingt-quatre vieillards, tels que saint Jean, frère de saint Jacques, les vit dans son Apocalypse, c'est-à-dire douze à droite et autant à gauche, tenant dans leurs mains des harpes d'or et des fioles de même métal remplies de parfums. Notre Seigneur est assis au milieu, comme sur un trône de majesté, le livre de vie dans la main gauche et la main droite bénissant. Les quatre évangélistes sont rangés autour de son trône, comme pour le soutenir. Les douze apôtres sont placés à droite et à gauche, trois au premier rang de droite et trois au-dessus. Enfin les fleurs magnifiques sont disposées à l'entour et de très belles colonnes séparent les apôtres. Ce devant d'autel, d'un travail accompli et parfait, porte ces vers comme inscription :

« Ce devant d'autel a été fait par Diego, second évêque de Saint-Jacques,
la cinquième année de son épiscopat.
Il a coûté au trésor de Saint-Jacques
quatre-vingts marcs d'argent moins cinq. »

Et plus bas cette inscription :

« Sous le règne d'Alphonse,
du vivant de son gendre le duc Raymond,
sous l'épiscopat de l'évêque susdit,
a été achevé ce travail. »

DU BALDAQUIN DE L'AUTEL DE L'APÔTRE [14]. Le baldaquin qui recouvre ce vénérable autel est un admirable travail de peinture et de

---

[13] *Ibidem.*
[14] *Ibidem.*

sculpture en bois, formant une ornementation variée, tant à l'intérieur qu'à l'extérieur. De forme carrée et reposant sur quatre colonnes, il a une élévation et une grandeur convenables.

À l'intérieur, le premier corps est orné de huit figures de femmes représentant les vertus recommandées par saint Paul. Elles sont placées, deux par deux, dans chaque angle. Au-dessus de leurs têtes, des anges debout élèvent les mains pour soutenir un trône placé au sommet du baldaquin. Au milieu de ce trône est placé l'Agneau de Dieu tenant la croix avec son pied. Il y a autant d'anges que de vertus.

À l'extérieur, quatre anges placés à la base du baldaquin sonnent de la trompette pour annoncer le jour du jugement. Il y en a deux par-devant et deux par-derrière. Au même corps, figurent quatre prophètes : Moïse et Abraham sur le côté gauche, Isaac et Jacob sur le côté droit, tenant chacun à la main le rouleau de leurs prophéties. Au corps supérieur, les douze apôtres sont assis autour du baldaquin. Sur le premier côté, c'est-à-dire sur le devant, saint Jacques est assis au milieu, un livre dans la main gauche et la droite bénissant. Sur le même rang un apôtre est à sa droite, un autre à sa gauche. Il y a de même trois autres apôtres sur le côté droit, trois sur le côté gauche, et trois sur la face postérieure. Plus haut, quatre anges assis sur le dais semblent garder l'autel ; et aux quatre angles, à la naissance du dais, les quatre évangélistes sont représentés en sculpture, avec leurs traits distinctifs.

L'intérieur est peint, mais l'extérieur est à la fois sculpté et peint. Le sommet extérieur est formé par trois arcs dont les sculptures représentent la Trinité divine. Sur le premier arc, vers l'occident, se dresse la personne du Père ; sur le second, vers le sud-est, la personne du Fils ; sur le troisième, vers le nord, la personne du Saint-Esprit. Enfin, au sommet, une pomme d'argent, éblouissante de lumière, supporte une croix précieuse.

DES TROIS LAMPES [15]. Devant l'autel de saint Jacques sont suspendues trois grandes lampes d'argent, en l'honneur du Christ et de l'apôtre. Celle du milieu est très considérable et d'une forme telle que son grand bassin, d'un admirable travail, comprend sept réceptacles, où sept lumières figurent les sept dons du Saint-Esprit. On n'y emploie que de l'huile de baume, de myrrhe, de ben ou d'olive. Au milieu, il y a un réceptacle plus grand que les autres ; sur chacun de ceux qui l'entourent sont sculptés deux apôtres. Selon la tradition, Alphonse, roi d'Aragon, fit ce présent à saint Jacques : que son âme repose en paix éternellement. +**]

RANG DE L'ÉGLISE SAINT-JACQUES ET DE SES CHANOINES.
Personne ne peut chanter la messe à l'autel de saint Jacques s'il n'est évêque, archevêque, pape ou cardinal de cette église. L'usage est, en effet, dans cette église, d'avoir sept cardinaux qui, établis par de nombreux légats aposto-

---

[15] *Ibidem.*

liques et confirmés par le pape Calixte, sont habilités à célébrer l'office divin sur cet autel. Cette dignité que la basilique de saint Jacques possède traditionnellement, par respect de l'apôtre, nul ne doit l'en priver.

[**+ LES TAILLEURS DE PIERRE ET LA CONSTRUCTION DE L'ÉDIFICE. Les maîtres tailleurs de pierre qui furent les premiers à travailler dans la basilique de saint Jacques se nommaient : maître Bernard le vieux, un maître admirable, et Robert, aidés d'environ cinquante autres tailleurs de pierre qui travaillaient efficacement sous la direction du maître Wicart, du chanoine Segredo et de l'abbé Gundesindo, pendant le règne d'Alphonse, roi des Espagnes, et pendant l'épiscopat de Diego Pelaez, noble chevalier et homme de cœur. L'église fut commencée en l'an 1116 *(1078 de l'ère chrétienne)*. Du début des travaux à la mort du très puissant et fameux roi Alphonse d'Aragon, cinquante-neuf ans s'écoulèrent, jusqu'au meurtre d'Henri Ier, roi d'Angleterre, ce furent soixante-deux ans et soixante-trois jusqu'à la mort de Louis le Gros, roi de France. Entre l'année où fut posée la première pierre et le moment où l'on posa la dernière, quarante-quatre ans s'écoulèrent. Cette église brille depuis ses débuts jusqu'à aujourd'hui par l'éclat des miracles qu'y accomplit saint Jacques. Les malades y recouvrent la santé, les aveugles y retrouvent la vue, les muets la parole, les sourds l'ouïe, les boiteux une marche normale, les possédés sont délivrés. Bien plus, les prières des fidèles sont exaucées, leurs vœux sont accomplis, les chaînes des péchés se dénouent, le ciel s'ouvre à qui veut y entrer, les tristesses sont consolées, et tous les peuples étrangers viennent ici en foule, de toutes les régions du monde, apportant au Seigneur les présents de leurs louanges. +**]

DU RANG DE L'ÉGLISE DE SAINT-JACQUES [16]. On ne saurait oublier que cette illustre cité, considérée d'ordinaire comme située en pays sarrasin, a reçu du pape Calixte, de sainte mémoire, le titre d'archevêché, et que ce titre a été transféré et donné à la basilique et à la ville de Saint-Jacques, par dévotion envers ce saint et pour l'honorer. Par là, Diego, homme de haute naissance, fut établi et confirmé le premier, comme archevêque, sur le siège apostolique de Compostelle. Il était auparavant évêque de Saint-Jacques.

---

[16] *Ibidem.*

Chapitre X [1]

NOMBRE DES CHANOINES DE SAINT-JACQUES

Selon la tradition, c'est à cause des soixante-douze disciples du Christ que les chanoines titulaires de cette église sont au nombre de soixante-douze. Ils suivent la règle de saint Isidore d'Espagne. Chaque semaine, ils partagent entre eux les présents offerts à l'autel de saint Jacques. Au premier chanoine les offrandes de la première semaine, au deuxième celles de la deuxième, au troisième celles de la troisième et ainsi des autres jusqu'au dernier. Mais chaque dimanche, l'usage veut qu'on fasse trois parts des offrandes : la première pour le chanoine de semaine, les deux autres divisées encore en trois, un tiers pour le dîner des chanoines, un tiers pour les travaux de la basilique, un tiers pour l'archevêque. Tout le produit de la semaine entre les Rameaux et Pâques revient de droit aux pauvres pèlerins de Saint-Jacques recueillis à l'hôpital. Bien plus, pour observer la loi de Dieu, la dixième partie des offrandes faites à l'autel de saint Jacques doit en tout temps être donnée aux pauvres qui arrivent à l'hospice. [**+ Car, pour l'amour de Dieu et de l'apôtre, tous les pauvres pèlerins doivent recevoir l'hospitalité complète la première nuit qui suit le jour de leur arrivée au pied de l'autel de saint Jacques. La charité doit pourvoir aux besoins des malades jusqu'à leur mort ou jusqu'à leur complète guérison, ainsi que cela se pratique à Saint-Léonard. Tout pauvre pèlerin qui se présente reçoit sa pitance. De plus l'usage réserve aux lépreux de cette ville les offrandes de chaque dimanche, depuis la première heure du jour jusqu'à la troisième. Si quelque dignitaire de cette basilique venait à commettre quelque fraude sur ce point ou à modifier la répartition des offrandes, telle que nous venons de l'expliquer, il commettrait un péché envers Dieu. +**]

---

[1] *Ibidem.*

[**+ Chapitre XI [1]

ACCUEIL À RÉSERVER
AUX PÈLERINS DE SAINT-JACQUES

Riche ou pauvre, le pèlerin qui va à Saint-Jacques doit trouver dans toutes les nations l'hospitalité et le respect. Car celui qui le reçoit et s'empresse de lui donner l'hospitalité n'a pas seulement pour hôte saint Jacques, mais notre-Seigneur lui-même. N'a-t-il pas dit dans son Évangile : *Qui vous reçoit, me reçoit.* Ils sont nombreux ceux qui jadis encoururent la colère de Dieu pour n'avoir pas voulu recevoir les pèlerins de saint Jacques et les pauvres. À Nantua, localité située entre Genève et Lyon, certain tisserand refuse du pain à un pèlerin de saint Jacques qui lui en demandait et aussitôt sa toile tombe à terre, fendue par le milieu. À Villeneuve, un pauvre pèlerin de saint Jacques s'adressant à une femme dont le pain était encore sous la cendre chaude, lui demande l'aumône pour l'amour de Dieu et de saint Jacques, elle lui répond qu'elle n'a pas de pain ? Et le pèlerin de lui dire : «Puisse le pain que vous avez devenir une pierre.» Sortant de cette maison, ce pèlerin était déjà loin lorsque cette méchante femme s'approche des cendres, pensant y prendre son pain, mais au lieu de pain, elle n'y trouve qu'une pierre ronde. Le cœur contrit, elle suit aussitôt la trace du pèlerin, mais ne peut le rejoindre. Un jour aux environs de Poitiers, deux héroïques Français revenaient de Saint-Jacques sans argent. Depuis la maison de Jean Gautier jusqu'à Saint-Porchaire, ils avaient demandé l'hospitalité pour l'amour de Dieu et de saint Jacques et ne l'avaient pas trouvée. Ils venaient d'arriver dans une maison de ce bourg, la dernière construite, précisément à côté de la basilique de saint Porchaire, où un pauvre les avait accueillis, quand sous le souffle de la vengeance céleste un incendie embrasa tout le village avec une rapidité extrême et le ravagea en une nuit, depuis la première maison où ils avaient demandé l'hospitalité jusqu'à celle qui les avait accueillis. Ces maisons étaient au nombre d'un mille environ. Grâce à Dieu, celle où ses serviteurs étaient hébergés resta intacte. D'où il faut conclure que l'on doit donner le gîte et le couvert aux pèlerins de saint Jacques, qu'ils soient riches ou pauvres. +**]

---

[1] *Ibidem.*

ICI S'ACHÈVE LE QUART LIVRE DU SAINT APÔTRE JACQUES.
GLOIRE À CELUI QUI L'ÉCRIVIT ET À CELUI QUI LE LIRA.

L'Église romaine a été la première à concevoir le projet de ce livre. Il fut rédigé en divers lieux, à Rome, à Jérusalem, en Gaule, en Italie, en pays germain, en Frise et tout particulièrement dans l'ordre de C L U N Y.

POSTFACE

Grâce à cet ouvrage, les chercheurs ont maintenant à leur disposition la traduction française du *Codex Calixtinus* et des textes qui ont présidé à sa genèse. Cet ensemble est accompagné d'une étude de la légende de Compostelle.

La vie de cette légende a continué au-delà du *Codex Calixtinus* qui a été fort peu utilisé et dont les copies sont rares. Néanmoins, au cours des siècles, l'historien retrouve fréquemment des éléments de cette légende, à défaut de mentions explicites du *Codex Calixtinus*. À part quelques auteurs, tel Jean de Mailly qui cite ses sources, en 1225, dans son *Abrégé des gestes et miracles des saints* [1] : «j'ai travaillé, dit-il, d'après le pape Calixte, le pape Léon», comment savoir quel manuscrit a été utilisé par tel ou tel lorsqu'il cite Calixte ou Compostelle ? Légende certes, mais dont les éléments sont constitutifs d'une histoire bien réelle. Si le *Codex* a été peu utilisé au cours des siècles médiévaux et modernes, il est progressivement devenu une référence incontournable depuis la seconde invention des reliques en 1884, en partie parce que le dernier de ses livres a été édité puis traduit et largement diffusé sous un titre à succès, à une époque propice : *Guide du pèlerin* (ainsi baptisé par son auteur Jeanne Vielliard en 1938). De proche en proche, tout le monde pense actuellement que «tout a commencé avec ce guide», et donc avec le *Codex*. C'est faux. Pour être exact, chaque fois qu'apparaît une mention de saint Jacques dans un document historique, il convient de se référer non pas au seul *Codex Calixtinus* mais à la «Légende de Compostelle».

---

[1] Jean de Mailly, *Abrégé des gestes et miracles des saints*, trad. A. Dondaine, Paris, Cerf, 1947.

L'utilisation de la « Légende de Compostelle » en Espagne (XIIIe-XXe siècles)

En Espagne, la « Légende de Compostelle » est restée bien vivante du Moyen Âge jusqu'à l'époque contemporaine. Au XIIIe siècle, elle soutint les prétentions de l'archevêque à obtenir sur Tolède la primatie de l'Église espagnole ; au XIVe siècle, l'archevêque Béranger de Landore l'utilisa pour asseoir sa position conquise par les armes ; au XVIe siècle, elle aida à lutter contre Rome qui voulait faire disparaître le pèlerinage alors en plein essor ; au XIXe siècle, elle fut l'outil qui permit d'authentifier les reliques de saint Jacques. À chaque époque, on a puisé dans cette « Légende » tel ou tel élément pour l'utiliser à des fins politiques, déclenchant en réaction des prise de position contestataires, notamment sur deux thèmes : saint Jacques puis Charlemagne sont-ils réellement venus en Galice ?

Sur le thème de la prédication de saint Jacques en Espagne

Ce thème constitue le principal sujet d'études et de controverses, en vertu du fait que saint Jacques fut considéré dès le VIIIe siècle comme le saint patron de l'Espagne.

XIIIe siècle

La plus ancienne contestation connue de la « Légende de Compostelle » date du 13 novembre 1215, peu avant l'ouverture du concile de Latran IV. Elle fut le fait de l'archevêque de Tolède, Rodrigue Jimenéz de Rada. Ce dernier répondit vigoureusement aux prétentions de l'archevêque de Compostelle à le supplanter à cause de l'ancienneté de sa fondation qu'il attribuait à saint Jacques lui-même, ce qu'affirmait la « Légende » en racontant la prédication espagnole de l'apôtre. L'archevêque de Tolède n'accorda à ces affirmations, dit-il, « d'autre crédit que celui qu'on peut accorder à des contes de nourrices » et rappelle que la grandeur de Compostelle ne date que de 1124, par la grâce du pape Calixte qui a élevé au rang d'archevêché un très modeste oratoire qui n'avait jamais attiré auparavant qu'un nombre très limité de pèlerins. Un texte [2] produit peu de temps après rapporte l'altercation entre les deux prélats :

---

[2] JIMENÉZ DE RADA (Rodrigo), *Opera...*, Valence, Anubar, 1968, pp. 83-88 ; Madrid, Bibl. nat., *Codex toledanus*, Vitr., 15-5, f° 22 et suivants. L'authenticité du texte, longtemps

« Mais il arriva [...] que l'évêque [de Compostelle], s'attribuant bien plus que ce qui lui avait été octroyé, s'éleva contre l'archevêque de Tolède et soutint au grand concile de Latran où il y avait 480 évêques qu'il ne dépendait aucunement du même archevêque et que l'église de Compostelle était sur toutes les autres d'Espagne à cause de la présence du corps de saint Jacques et de ce qu'il y avait prêché l'Évangile. Au contraire, Rodrigue Jimenéz, archevêque de Tolède, primat des Espagnes, maintint, en présence du pape Innocent III, que ledit saint apôtre n'avait jamais prêché en Espagne [...]. En ce même concile, le seigneur Rodrigue déposa en séance plénière devant le pape, les cardinaux et de nombreux archevêques, évêques, abbés, chanoines et autres clercs, une plainte contre les archevêques de Braga, de Compostelle, de Tarragone et de Narbonne qui refusaient de le reconnaître pour leur primat [...].

« L'archevêque de Compostelle se lève et déclare ne pas comprendre comment l'archevêque de Tolède ose demander pour son église la suprématie sur celle de Compostelle, cette église d'une antiquité si reculée où repose le corps de saint Jacques, le cousin du Christ, l'apôtre qui le premier a converti l'Espagne et amené à la foi chrétienne une infinité de païens. L'archevêque de Tolède répliqua : "L'antiquité de l'église de Compostelle, n'en parlons pas ! Elle date à peine de 109 ans. C'est en 1124 seulement que l'archevêché de l'antique cité d'Emerita, reprise sur les Sarrasins, a été transféré à Compostelle, qui n'était alors qu'un oratoire insignifiant [que] Calixte accrut et rendit fameux [...]. Et d'ailleurs, est-il exact de dire que saint Jacques ait été l'apôtre de l'Espagne ? Je confesse avoir, jeune encore et enfant, entendu dire à quelques religieuses et vieilles femmes qu'il y passa, mais voyant le peu de fruits que sa peine en rapportait, qu'il y séjourna fort peu. Il a prêché en Judée et il a été décapité sous Hérode, à Jérusalem. Il n'est jamais venu [en Espagne]. Comment voulez-vous qu'il y ait prêché si jamais il y fut, si jamais il n'y entra ?" »

XIVe siècle, Béranger de Landore

En 1318, le pape Jean XXII, lassé de voir Compostelle incapable d'élire un nouvel archevêque, usa de son autorité et plaça sur le siège un étranger, le dominicain français Béranger de Landore qu'il nomma en même temps légat pontifical. Les Compostellans refusèrent et fermèrent les portes de la ville. Dix mois plus tard, lorsque Béranger put enfin entrer dans sa cathédrale, ce fut pour s'y faire séquestrer et se voir privé de nourriture pendant douze jours. Des deux côtés, on prit les armes et le conflit se prolongea jusqu'en 1322. Une fois la

---

discutée, fut définitivement établie par FOREVILLE (Raymonde), *Histoire des conciles œcuméniques... 6, Latran I, II, III et Latran IV*, Paris, Éditions de l'Orante, 1965, pp. 263-265 et 323 (n. 91). Le texte date des années immédiatement postérieures à 1215.

victoire acquise, Béranger se consacra à la promotion de sa cathédrale jusqu'à sa mort, en 1330. Homme d'armes redoutable, mais également grand lettré, il a lu les manuscrits figurant dans les archives de sa cathédrale et fit exécuter au moins trois copies complètes du *Codex Calixtinus*. Il s'inspira alors des miracles de saint Jacques pour en faire raconter deux autres dans l'histoire de sa vie, *Hechos de don Berenguel de Landoria, arzobispo de Santiago*[3], afin de montrer qu'il avait vaincu grâce à l'intervention de l'apôtre. Le premier miracle eut lieu pendant qu'il était prisonnier. Une nuit, par trois fois, il « vit le très saint apôtre sur un cheval blanc suspendu en l'air au-dessus du sommet de la tour du château de La Rocha. Saint Jacques tenait un bouclier à son bras gauche et, de sa main droite, brandissait une lance vengeresse contre Compostelle tout en protégeant un personnage agenouillé, en habit de dominicain, coiffé d'une mitre épiscopale, qui tenait d'une main une croix et de l'autre une blanche colombe ». Le deuxième miracle se produisit lors de l'exécution des coupables : ils furent tués par saint Jacques en personne qui, courant à leur poursuite à travers les courtines du château de La Rocha, les frappa avec son épée qu'il essuya ensuite à son manteau avant de la remettre au fourreau (saint Jacques ou plutôt Béranger qu'on aurait vu dans une telle action, si l'on en croit certaines mauvaises langues ?).

XVIᵉ-XVIIIᵉ siècles

Au XVIᵉ siècle, Rome, en conflit avec le roi Philippe II d'Espagne à propos de ses possessions italiennes (Naples, Sicile et Milan), chercha à déstabiliser le souverain en mettant en doute la véracité historique de la venue de saint Jacques en Espagne[4]. Il s'agissait alors d'utiliser les travaux entrepris sur l'injonction du concile de Trente (1545-1563) qui visaient à répondre aux protestants qui contestaient certaines croyances et pratiques de l'Église. La direction de ces travaux fut confiée à César Baronius (1538-1607), confesseur du pape Clément VIII et futur cardinal. Celui-ci fonda sa critique scientifique sur l'étude de la « Légende de Compostelle » (le Vatican possédait l'une des trois copies du *Codex* faites par Béranger de Landore), ainsi que sur des auteurs anciens qui avaient ignoré les traditions galiciennes,

---

[3] *Hechos de don Berenguel de Landoria, arzobispo de Santiago*, éd. et trad. M. DIAZ Y DIAZ, Universidad de Santiago de Compostela, 1983.

[4] BARONIUS (César), *Martyrologium romanum*, Rome, 2ᵉ éd., 1589, p. 325. BARONIUS (César), *Annales ecclesiastici*, Rome, 1588, trad. française, 1616, 2 vol., t. I, p. 508, t. II, pp. 189-190.

en particulier sur une lettre de 1074 du pape Innocent I assurant que Pierre et Paul avaient envoyé non pas Jacques mais sept évêques pour évangéliser l'Espagne. Il se référait également au document de 1215, dont il est question ci-dessus, qui lui avait été communiqué par un chanoine de la cathédrale de Tolède, Garcia de Loaysa, futur archevêque [5]. En Espagne, les conséquences furent immédiates : les villages des évêchés d'Osma, Calahorra, Siguenza, Palencia et Burgos, obligés chaque année de payer le « Vœu de saint Jacques » au nom de son rôle de protecteur de toutes les Espagnes, refusèrent cet impôt justifié par des faits non historiques et intentèrent un procès. En 1588, Ambrosio de Morales, historiographe du roi Philippe II et proche parent de l'archevêque de Compostelle, fut prié de donner des arguments aux avocats défenseurs de la cathédrale. Il publia une *Information de droit par vérification de l'Histoire* dans laquelle il utilisait les éléments d'une grande enquête qu'il avait effectuée en 1572 (dans le cadre de la Contre-Réforme), afin de « reconnaître » à travers l'Espagne les reliques des saints en consultant les archives ecclésiastiques et en visitant les tombeaux [6].

En 1602, devant l'ampleur des réactions, Rome dut modérer sa position dans un nouveau *Bréviaire de la vie des saints* en écrivant que saint Jacques était « peut-être » venu en Espagne ; ce qui n'était toujours pas du goût des Espagnols qui poursuivirent leurs recherches, fondées bien évidemment sur la lecture de la « Légende de Compostelle ». Ainsi, par ordre du roi, le connétable de Castille, don Jean Ferdinand de Velasco, publia, en riposte, *Défense de la venue et de la prédication de l'apôtre saint Jacques en Espagne* [7]. En 1609, le jésuite Jean Mariana (1536-1624) renchérissait en écrivant *De la venue de l'apôtre saint Jacques en Espagne* [8]. En 1610, dom Mauro Castella Ferrer [9] produisit

---

[5] BENNASSAR (Bartolomé), *Saint-Jacques-de-Compostelle*, Paris, Julliard, 1970, p. 89.

[6] MORALES (Ambrosio de), *Informacion de derecho por averiguacion de Historia. En el punto de si hizo el Voto y dio el Privilegio a la santa iglesia de Santiago el rey Don Ramiro el I, o el II...*, Cordoue, 1588. REY CASTELAO (O.), *Ambrosio de Morales y Oliva, Santiago de Compostela, 1 000 ans de pèlerinage européen*, Catalogue de l'exposition Europalia 85 España, Gand, 1985, pp. 462-463. MORALES (Ambrosio de), *Viage...*, 1572, éd. fr., Henrique FLOREZ, Madrid, 1765.

[7] Qu'il n'a pas signée !

[8] VELASCO (Juan F.), *Dos discursos en que se defiende la venida y predicacion del apostol Santiago en España. Sacados de la liberia de Juan de Velasco, condestable de Castilla... impressos por orden del rey no en junta de Cortes...*, 1602. MARIANA (Juan), *Tractatus septem*, Cologne, 1609, Livre I : *De adventu B. Jacobi apostoli in Hispaniam.*

[9] CASTELLA FERRER (Mauro), *Historia del apostol de Jesus Cristos Santiago Zebedeo*, Madrid, A. M. de Balboa, 1610 ; rééd., Xunta de Galicia, 2000.

enfin une volumineuse *Histoire de l'apôtre de J.-C. saint Jacques Zébédée, patron et capitaine général de l'Espagne*, avec «approbation du roi, de l'ordre de Saint-Dominique et de la cathédrale de Santiago». Le livre s'ouvrait sur une image de saint Jacques Matamore entouré de cette inscription :

«Lumière et gloire de l'Espagne, son patron, son guide et son protecteur. Défenseur de la foi catholique»

Mais les affirmations tirées de la «Légende» ne suffisaient plus. Il fallait d'autres preuves... Qu'à cela ne tienne, on utilisa les méthodes médiévales et on les fabriqua. L'influence de Compostelle auprès de la royauté n'était pourtant plus aussi grande. Dès leur publication, ces textes inconnus suscitèrent une vive polémique et n'entraînèrent pas l'adhésion escomptée. La supercherie était pourtant montée de façon ingénieuse : un jésuite, Jérôme-Roman de La Higuera (1538-1611), aurait eu, lors d'un voyage en Allemagne, connaissance d'un manuscrit ancien découvert par l'un de ses amis [10]. Il se serait agi de chroniques, écrites par plusieurs auteurs ayant vécu entre le Ve et le XIe siècle [11], mentionnant toutes la venue de saint Jacques en Espagne. Rentré en Espagne avec une copie de ces documents, le jésuite l'aurait alors confiée à l'éditeur Fr. Bivar, qui les publia peu après 1611. Un vrai scandale éclata, de nombreux érudits ayant douté de l'authenticité de ces chroniques.

Autre scandale en 1626 : les Cortès de Castille, pour marquer leur opposition à Philippe IV, roi depuis 1621, décidèrent de dessaisir saint Jacques de son titre de patron de l'Espagne pour l'attribuer à sainte Thérèse d'Avila. Encore une fois, Compostelle dut se défendre en faisant appel à la «Légende». Deux ans plus tard, un chevalier de l'ordre de Santiago, Francisco de Quevedo Villegas [12], répliquait en publiant à Saragosse un *Mémoire pour le patronage de saint Jacques et pour tous les saints naturels de l'Espagne*, prouvant que ce patronage était de droit divin et ne pouvait pas lui être retiré par des hommes.

---

[10] MICHAUD (Louis-Gabriel), *Biographie universelle ancienne et moderne...*, art. «Dexter» et «Higuera».

[11] Flavius Dexter (mort en 444, analyste espagnol du IVe siècle, fils de saint Patien et ami de saint Jérôme ; il fut préfet du prétoire jusqu'en 395, puis gouverneur de Tolède) ; l'évêque Maxime (mort en 619) ; Helecan évêque de Saragosse (mort en 903) ; Julian Pierre ou Pérez de Tolède, archiprêtre de Tolède vers 1067.

[12] QUEVEDO VILLEGAS (Francisco de), *Memorial por el patronato de Santiago y por todos los santos naturales*, Saragosse, 1623.

Au XVIIIe siècle, des érudits parmi lesquels Ferreras et Florez [13], s'attachaient encore à prouver la nullité des arguments soutenus par Baronius, ce qui prouve leur persistance ; ils alléguaient que Rodrigue Jimenéz de Rada n'était pas au concile de 1215, qu'il n'avait pas pu s'attaquer à saint Jacques devant le pape car cette affaire ne figurait pas à l'ordre du jour. Plus efficace que la légende, la construction de la nouvelle façade de la cathédrale de Compostelle, entre 1738 et 1750, balaya tous les doutes.

XIXe siècle

À la fin du XIXe siècle, Compostelle fit un ultime effort pour relancer le pèlerinage séculaire, cette fois en offrant aux fidèles ce qui, jusque-là, leur avait toujours été refusé : l'accès au tombeau de l'apôtre, dans la crypte de la cathédrale. Fallait-il encore retrouver un corps que personne n'avait jamais vu, car le tombeau était vide... L'archevêque se plongea à nouveau dans les archives et fit « examiner le lieu où avaient été déposées les reliques de saint Jacques ». Il trouva, dans les textes, les noms des deux disciples Athanase et Théodore, qu'il fit également rechercher. Une fois de plus, il fallut authentifier la « Légende de Compostelle », ce à quoi s'employa en 1873 Vicente de La Fuente [14], en soutenant à nouveau que Rodrigue Jimenéz de Rada n'était pas au concile du Latran en 1215, et que, par conséquent, son texte était un faux. En 1879, on retrouva donc le corps de saint Jacques, opportunément mélangé aux corps de ses deux disciples ; découverte authentifiée le 1er novembre 1884 par la bulle de Léon XIII, *Deus omnipotens*, qui officialisait « La reconnaissance [...] de la totalité de la présence du corps de saint Jacques à Compostelle [...] faite dans une série d'enquêtes conduites d'abord par l'archevêque de Compostelle puis par la Sacrée Congrégation des rites ».

La lettre apostolique ne fait qu'évoquer les sources auxquelles se sont référées les autorités avant l'authentification officielle : la Bible, la « Légende de Compostelle », l'*Historia compostellana*, ainsi que d'autres éléments postérieurs, plus ou moins historiques. Le pape résume longuement toutes les légendes lues. Il se trompe un peu en affirmant que « la ville proche de la crypte, qui jusque-là s'était

---

[13] FERRERAS (don Juan de), *Synopsis historica chronologica de España*, Madrid, 1700-1727, 16 vol. ; FLOREZ (Henrique), *op. cit.*, t. III, p. 127.

[14] FUENTE (Vicente de La), *Elogio del arzobispo D. Rodrigo Jimenez de Rada*, Madrid, 1862, pp. 28-29, 70-71.

appelée *Iria Flavia,* reçut le nom de Compostelle», ce qui n'a pas dû être du goût des habitants de cette ville. Très soigneusement, il s'entoure de toutes les précautions nécessaires pour affirmer l'authenticité de ces reliques, allant jusqu'à dire que ses enquêteurs n'ont pas souscrit d'emblée à la requête de l'archevêque de Compostelle, mais qu'ils ont demandé que «quelques points de haute importance soient examinés avec plus de soin». En fait, pour qui lit très attentivement cette lettre apostolique, le pape ne dit absolument pas dans sa conclusion que les reliques de saint Jacques sont bien là. Il confirme seulement la sentence de l'archevêque, laquelle, elle-même, ne parle que des reliques «qu'on dit être de saint Jacques le Majeur». «Qu'on dit», et non pas «qui sont», ce qui est en contradiction avec l'affirmation précédente mais témoigne d'une prudence toute diplomatique, que d'aucuns diront ecclésiastique...

XXe siècle

Pendant la guerre civile espagnole, Franco le Galicien fut soutenu, dit-on, par saint Jacques qui, sur son cheval blanc, lui apparut dans le ciel et l'aida à vaincre les troupes républicaines. Sur l'en-tête d'un papier à lettres daté du 18 juillet 1936, sa photo est même placée entre une image de la Vierge del Pilar et saint Jacques Matamore. Au-dessus des trois images, on peut lire: «Cruzada espanol à por sur gloriosa tradicion [15]». Une fois la victoire acquise, le dictateur ouvrit les archives compostellanes à certains intellectuels catholiques français avec lesquels il entretenait de bonne relations. C'est ainsi qu'en 1938, Jeanne Vielliard put traduire et publier le dernier livre du *Codex Calixtinus.* D'autres chercheurs, Allemands et Suisses (par exemple Hämel et Mandach), purent également entreprendre des recherches sur le même sujet. En 1942, l'Instituto de España lançait un concours sur le thème de saint Jacques et, en 1945, le prix Franco couronnait les travaux de L. Vasquez de Parga, J. M. Lacarra et J. Uria, co-auteurs des trois volumes intitulés *La peregrinaciones Jacobeas.* Dorénavant, pour tout le monde, le *Codex Calixtinus* passait pour être la source des autres compilations de textes relatifs à saint Jacques.

Sur le thème de la venue de Charlemagne en Espagne

Le thème de la venue de Charlemagne ne fut guère utilisé en Espagne que pour le contester. Dès les années 1240, Alphonse X,

---

[15] Anonyme, *La Religion dans l'Espagne de Franco*, Paris, 1937.

excédé par les affirmations du *Pseudo-Turpin* touchant l'ingérence de Charlemagne dans les affaires intérieures de la Castille, charge l'archevêque de Tolède, Rodrigue Jimenéz de Rada, de corriger cette histoire. Ce dernier incorpore alors dans l'histoire officielle, *De Rebus Hispaniae*[16], une histoire de Charlemagne, astucieusement arrangée à partir des informations suivantes trouvées dans le *Turpin* :

> « Je ne puis raconter dans le détail comment, par exemple, Galafre, émir de Tolède, équipa jadis en armes le jeune Charles exilé dans son palais et comment Charles, pour l'amour de Galienne, abattit le grand et orgueilleux roi sarrasin Braimante. »

L'archevêque se permet alors de raconter dans le détail comment le jeune Charles, en révolte contre son père Pépin, vient se réfugier à la cour du roi de Tolède, Galafre, et comment il tombe amoureux de la fille de Galafre, Galienne, déjà fiancée à un prince musulman. Un combat s'engage entre les deux prétendants, dont Charles sort vainqueur grâce aux deux talismans que lui a donnés la belle musulmane, l'épée *Joyeuse* et le cheval *Blanchet*. Charles confisque alors l'épée de son ennemi, *Durandal*, celle-là même qu'il donnera à son neveu Roland. Très habilement encore, Jimenéz de Rada reprend les noms des invincibles épées (« d'un si beau travail, d'un tranchant incomparable, d'une force inflexible et d'un éclat merveilleux ») mentionnées dans le *Turpin*, *Joyeuse* et *Durandal*, ce qui montre que leur origine est espagnole et non franque ! Et l'auteur de continuer à broder... Quelque temps après, Charles retourne en France, fait venir Galienne, la fait baptiser et l'épouse. Puis, son père mort, il ceint la couronne de France. Plus tard, Alphonse II lui aurait proposé sa succession en échange de son aide militaire contre les musulmans. Mais les Grands du royaume asturo-léonais n'auraient pas accepté et auraient tendu le piège de Roncevaux. Par cette belle démonstration, France et Castille ont donc des droits égaux sur l'héritage de Charlemagne. Quelques années après, au moment du mariage d'un fils d'Alphonse X avec l'une des filles du roi Saint Louis, cette histoire est reprise en langue vulgaire dans la *Prima Chronica General*[17] qui ajoute que la tradition

---

[16] JIMENÉZ DE RADA (Rodrigo), *Opera...*, *op. cit.*; fac-similé Valence, 1968, pp. 83-88. RUCQUOI (Adeline), « La France dans l'historiographie médiévale castillane », *Annales ESC*, mai-juin 1989, pp. 679, 686. LINEHAN (Peter), *History and the historians of medieval Spain...*, Oxford, Clarendon Press, 1993, pp. 316-317.

[17] *Prima Chronica General*, éd. Ramón MENENDEZ PIDAL, Madrid, 1906, pp. 340-343, 356.

veut que Charles ait installé Galienne à Bordeaux, dans un palais qu'il lui fit construire. Pour les Castillans du XIIIe siècle, le *Pseudo-Turpin* est le symbole des prétentions françaises qui se targuent d'avoir été seules capables de repousser l'envahisseur musulman grâce à Charlemagne. Il ne peut donc en aucune façon avoir été rédigé à Compostelle. Au XVIe ou au XVIIe siècle [18], le *Pseudo-Turpin* fut détaché du *Codex* et reliée à part, peut-être pour ne pas donner prise davantage aux réticences de Rome, ou tout simplement pour se débarrasser d'un texte qui, depuis longtemps, choquait le sentiment national espagnol.

L'utilisation de la «Légende de Compostelle» en France (XIIIe-XVIIIe siècles)

En France, la «Légende de Compostelle» a inspiré nombre d'auteurs de vies de saints et d'imagiers qui ont repris volontiers les récits de miracles et ceux de la Translation. Le *Pseudo-Turpin*, considéré comme document historique, fut intégré à l'histoire officielle du royaume. Il fut copié et recopié, à tel point qu'on en conserve encore quelque trois cents manuscrits souvent considérés, bien à tort, comme autant de copies du *Codex Calixtinus* ! Il fit autorité jusqu'au XVIIIe siècle, époque où l'on prouva qu'il s'agissait d'un faux. À partir du XVIIe siècle, les différentes formes des légendes de saint Jacques furent répertoriées et classées par les bollandistes qui travaillaient aux recueils des vies de saints, les *Acta sanctorum*.

Les miracles et la Translation. La Légende dorée

En France où le *Codex Calixtinus* fut inconnu, ce sont les manuscrits du *Livre des Miracles*, présents dans les bibliothèques, qui ont servi de sources aux auteurs tels que Pierre de Beauvais en 1212. Ils ont été particulièrement utilisés par les dominicains qui se préoccupaient de mettre de l'ordre dans les anciens florilèges de *Vies* de saints. Un peu plus tard, vers 1260, Vincent de Beauvais et Jacques de Voragine utilisent les mêmes sources, l'un dans son *Miroir histo-*

---

[18] Bernard Gicquel a montré que le *Pseudo-Turpin* n'a pas été intégré en permanence dans le *Codex Calixtinus*, ainsi qu'en attestent sa numérotation manquante et sa décoration faisant de lui un manuscrit isolé. Il aurait été uni à l'ensemble au XIIe siècle, séparé lors de la reliure au XVIe ou au XVIIe siècle, puis réintégré lors de la restauration de 1966 faite au Laboratoire photographique de la Biblioteca Nacional à Madrid.

rial, l'autre dans *La Légende dorée*[19]. Déjà, Jacques de Voragine se montre prudent vis-à-vis de la Translation de saint Jacques et commence le chapitre sur le Majeur en exposant son doute : « Faut-il raconter cette histoire ? Nous en laissons la décision au lecteur[20] ». En effet, le titre de son œuvre ne doit pas abuser le lecteur moderne ; il ne s'agit pas de conter des légendes, mais de proposer au clergé des textes à lire aux fidèles pendant les offices. Cette *Légende dorée* fut une source très appréciée de tous les imagiers, en particulier pour les vitraux. L'un des miracles de saint Jacques le plus souvent représenté est celui du pendu-dépendu que l'on trouve six fois au moins dans des églises des bords de Loire, à des dates échelonnées entre le XIIIe siècle et le XVIe siècle. On retrouve cette même légende vitrifiée à Lisieux, à Châtillon-sur-Seine, à Saint-Étienne-du-Mont à Paris, à Notre-Dame-en-Vaux à Chalons-en-Champagne, et en de nombreux autres lieux.

Des éléments de la « Légende de Compostelle » se retrouvent là où saint Jacques apparaît comme le protecteur des eaux, en particulier à Grenoble où il est invoqué pour protéger des crues du Drac (le dragon). Peut-on voir dans ce pouvoir une analogie avec les épisodes de la Translation où les disciples de saint Jacques triomphent de ce dragon ? De fait, saint Jacques est souvent invoqué le long de la Loire (où les marchands navigants le choisissent comme patron) et le long de la Garonne. Des fontaines aussi sont placées sous son patronage. Le sont-elles en souvenir de la légende qui raconte comment, à Padrón, il a su faire jaillir une source pour étancher sa soif ? En 1466, les compagnons de Léon de Rosmital relatent leur visite à cette fontaine Saint-Jacques sur les hauteurs du mont Santiguiano :

> « Une fois saint Jacques, sous les jets de trois tireurs s'est retiré sur une colline, s'est assis et s'est mis à pleurer de façon pitoyable. Il était affligé de n'avoir pu convertir plus de deux hommes. Là il eut grand soif et enfonça son bâton dans la terre, d'où se mit à jaillir une jolie source qui se trouve encore en cet endroit. Et l'on dit que saint Jacques se rendait de temps en temps à la dite fontaine, quand il voulait boire. »

Dès le début du XVIIe siècle, des textes adaptés à une littérature pèlerine populaire se répandent en France, par l'intermédiaire d'images et

---

[19] JACQUES DE VORAGINE, *La Légende dorée*, éd. trad. J. G. Th. GRÄSSE, Dresde, 1890 ; J.-B.-M. ROSE, Paris, Garnier-Flammarion, 1967, 2 vol.

[20] BOUREAU (Alain), *La Légende dorée. Le Système narratif de Jacques de Voragine*, Paris, Cerf, 1984. L'auteur souligne qu'il s'agit là d'une des rares hésitations du dominicain notée seulement sur les premiers manuscrits et supprimée ensuite.

de livrets de colportage qui se prétendent souvent « imprimés à Compostelle ». Des chansons de pèlerins racontant la légende du pendu-dépendu sont éditées à Troyes, à Toulouse ou ailleurs, et se chantent ou se racontent jusqu'au XXᵉ siècle, parfois même en patois (par exemple dans plusieurs villages de la Loire et de la Haute-Loire). Ces livrets racontent également la vie et les miracles de saint Jacques, et donnent souvent des itinéraires pour Compostelle.

Le Pseudo-Turpin. *Les* Grandes Chroniques de France

L'idée d'un « chemin de Saint-Jacques » est née dans le *Pseudo-Turpin* qui accompagne les récits de miracles dans les manuscrits français de la « Légende ». Cet itinéraire y est défini comme « le chemin d'étoiles qui commençait à la mer de Frise et, se dirigeant entre la Germanie et l'Italie, entre la Gaule et l'Aquitaine, passait tout droit à travers la Gascogne, le Pays basque, la Navarre et l'Espagne jusqu'en Galice ». Dès le XIVᵉ siècle, des chants de pèlerins psalmodient les noms des étapes et se transmettent toujours les mêmes peurs : les passages de fleuves, les montagnes, les tromperies, les arrestations injustes...

Le *Pseudo-Turpin* figure également dans les *Grandes Chroniques de France*, autrement dit dans l'histoire officielle du royaume. C'est dire que, pour l'Église de France et pour le roi, ce récit ne fait pas partie de l'hagiographie, mais du fonds d'archives historiques authentiques. C'est sans aucun souci de l'Espagne que l'abbaye de Saint-Denis, bras droit des descendants directs de Charlemagne, s'emploie ainsi à montrer que la dynastie des rois de France est protégée par saint Jacques, en vertu de la promesse faite à Charlemagne : « Je serai ton secours en toute chose ». Au XIIᵉ siècle, l'abbé Suger mentionne le « bras de saint Jacques [21] » qu'il a mis à la place d'honneur dans son église abbatiale de Saint-Denis, devant le tombeau de Charles le Chauve [22] ; et il est vraisemblable que c'est à lui que l'on doit « l'épée de Turpin » qui figurait encore dans le Trésor de l'abbaye au XVIIᵉ siècle [23]. C'est également lui qui commande un

---

[21] SUGER, *Œuvres complètes*, éd. LECOY DE LA MARCHE, Paris, 1867, *De administratione*, XXXIII, pp. 196, 201, et *Chartes*, X, p. 354 (présence de reliques de saint Jacques à Saint-Denis).

[22] RAMACHERS (J.), « Das Grab Karls des Grossen und die Frage nach dem Ursprung des Aachener Oktogons », *Historisches Jarhrbuch*, 75, 1956, pp. 124-126.

[23] DOUBLET (J.), *Histoire de l'abbaye de S. Denys en France*, Paris, 1625, p. 207.

vitrail représentant de nombreuses scènes du *Turpin* (ce vitrail a disparu, mais on pense que le fameux vitrail de Chartres consacré à la vie de Charlemagne en serait une copie du XIIIe siècle). Concrètement, les pèlerins de Saint-Denis pouvait ainsi constater que les rois de France étaient protégés par le bras de saint Jacques et défendus par l'épée de Turpin, ce qui, pour reprendre l'expression de Bernard Guenée, «donnait à l'histoire de France une dimension épique». Tout comme en Espagne et en France, l'empereur Frédéric Barberousse qui, lui aussi, se pensait l'héritier de Charlemagne, se réclamait de cette promesse faite par saint Jacques. Vers 1170, il y fut invité par Baudouin de Hainaut qui lui envoya un manuscrit du *Livre des Miracles* accompagné d'une lettre par laquelle il l'invitait à honorer saint Jacques afin qu'il le protège dans toutes ses entreprises[24].

En 1365 encore, le roi de France Charles V réaffirme son appartenance à la dynastie carolingienne en se plaçant sous la double protection de Charlemagne et de saint Jacques : son nouveau sceptre[25] porte à son extrémité une statuette du grand empereur et l'ornementation du nœud est constituée de trois scènes empruntées au *Turpin*. La première représente saint Jacques pèlerin apparaissant à Charlemagne pour lui ordonner de partir délivrer son tombeau en Galice ; la seconde le montre apparaissant encore à Charlemagne pour lui promettre son soutien tandis qu'à droite un clerc examine les lances des chevaliers qui vont mourir au combat ; la troisième, enfin, rappelle la mort de l'empereur dont l'âme fut arrachée au démon par saint Jacques. Sur les bords sont gravés les mots «*Sanctus Karolus magnus Italia, Roma, Germanica*». Lorsque, la même année, la France intervient dans les affaires d'Espagne, comment ne pas voir en du Guesclin un nouveau Roland, et dans tous ces chevaliers que nomme soigneusement le chroniqueur Froissart, les compagnons valeureux qui retournent une fois encore venger Roncevaux[26] ? Charles V marque encore sa dévotion à saint Jacques et son alliance avec l'Espagne en faisant des dons à la cathédrale de Compostelle. Entre autres, il embellit la chapelle du Saint-Sauveur, juste derrière le grand autel, fondée par l'un de ses prédécesseurs, Philippe V. Il subvient aux besoins de trois

---

[24] SMYSER (H. M.), *The Pseudo-Turpin*, Cambridge, Massachusetts, 1937, p. 110.

[25] Paris, musée du Louvre, Département des objets d'art, Inv., MS 83, *Trésor (Le) de Saint-Denis...*, 1991, p. 264, notice 57, Sceptre de Charles V dit «de Charlemagne».

[26] FROISSART (Jean), *Chroniques...*, t. VI, pp. LXXIX-LXXX. CUVELIER (Bertrand), *La Chanson de Bertrand du Guesclin...*, éd. 1991.

chapelains qui devront y dire une messe quotidienne. Dorénavant, la chapelle devient « chapelle des rois de France ». En 1377, lorsque le même Charles V reçoit l'empereur d'Allemagne Charles IV, devant lequel il tient à marquer son indépendance, il lui offre des cadeaux marqués des mêmes scènes du Turpin, une façon diplomatique d'affirmer sa filiation directe avec Charlemagne. Le geste est alors considéré comme suffisamment important pour être consigné dans les *Grandes Chroniques de France* :

> « Le duc de Berry [...] presenta II grans flacons d'or, tres honorablement ouvrez, ou estoient figurez en ymages enlevez comment saint Jaques monstroit à saint Charlemaine le chemin en Espaigne, par révélacion [27]. »

À Paris, le 9 février 1492, lors de l'entrée d'Anne de Bretagne, couronnée la veille à Saint-Denis, les confrères de Saint-Jacques-aux-Pèlerins présentent un tableau vivant devant la porte de leur hôpital [28]. Ce tableau, directement inspiré du *Pseudo-Turpin*, met en scène Charlemagne « ayant Jacquets devant et derrière, conduisant luy et son cheval », protégé non par saint Jacques mais par ses pèlerins qui le représentent.

Toujours d'après le *Pseudo-Turpin*, les églises de France qui y sont citées comme ayant été fondées par Charlemagne ne manquent pas d'inscrire ce fait dans leur histoire. Dès 1120, dans une charte de Guillaume VI d'Aquitaine [29], l'abbaye de Sordes se réclamait déjà de cette fondation impériale faite « entre Dax et Saint-Jean-de-Sordes ». En 1581, elle conservait encore une « pancarte de la fondation de l'abbaye relatant que Charlemagne y fit ensépulturer Turpin et plusieurs autres [30] ». Une illustration des *Grandes Chroniques*, au XVe siècle, montrant les fondations d'églises de Charlemagne, cite celles du *Pseudo-Turpin* :

---

[27] Paris, BnF, *Grandes chroniques de France*, XVe siècle, Ms. fr. 2813, fol. 478v°. *Grandes chroniques de France*, op. cit., *Chronique des règnes de Jean II et de Charles V*, t. II, p. 269.

[28] NICOLAI (Jean), « Couronnement et entrée de la royne de France en la ville de Paris, fait ou mois de fevrier an de grasce mil quatre cens quatre vingtz et onze » (BnF Ms fr. 24 052), éd. anonyme, *Bulletin de la Société de l'histoire de France*, t. X, 1845-1846, pp. 117-118 (document aimablement communiqué par Didier Le Fur).

[29] *Cartulaire de Saint-Jean-de-Sordes*, éd. Paul RAYNAUD, 1873, p. 65. TREUILLE (Henri), « Les églises fondées par Charlemagne en l'honneur de saint Jacques d'après le *Pseudo-Turpin*», *Mélanges offerts à René Louis*, pp. 1151-1161.

[30] LA HAYE, (J. de), *Mémoires et recherches de France et de la Gaule aquitaine*, 1581. DELFOUR (Henry), *L'Abbaye Saint-Jean-de-Sordes*, Dax, impr. de P. Pradeu, 1957, p. 14, n. 26.

« Le roy fonda l'esglise de Nostre-Dame à Aix, Sainct-Jaques au dit Aix, Sainct-Jaques en Galice, et Jaques à Thoulouse, Sainct-Jaques à Borges et l'hospital Sainct-Jaques à Paris et plusieurs autres esglises et abbayes [31]. »

Les villes de Paris, Toulouse, Bourges (ou Béziers, selon les transcriptions des scribes) se réclament régulièrement de ces fondations. En 1460, à Toulouse, lorsque l'archevêque Bernard du Rosier [32] cherche à retrouver l'histoire de la fondation de l'église Saint-Jacques jouxtant sa cathédrale, il affirme, pour l'avoir lu dans « *Vincent hystorial*, que Charlemagne construict et bastit ou fist bastir la susdicte esglise de sainct Jacques en Tholoze [33] ». Or, que dit Vincent de Beauvais, inspiré directement du Turpin ?

« Trois ans fut Charlemaigne en Espaigne. Et de l'or que lui donnerent les roys et les princes, il augmenta l'église de monseigneur saint Jaques [...]. Et du résidu de l'or et de l'argent qu'il avoit aporté de Espaigne, il fit faire les églises qui ensuyvent. C'est assavoir l'église Nostre-Dame de Acquisgran (Aix-la-Chapelle) et de sainct Jacques en icelle mesme ville. L'église aussi de saint Jaques en la cité Biterence (Béziers), de saint Jacques en Thoulouze, de sainct Jaques en Gascongne entre la cité Daxe et Saint Jehan de Sordre au chemin de Saint Jacques. Celle aussi de saint Jaques de Paris, entre Seine et le Mont des martirs (Saint-Jacques de la Boucherie), et oultre cestes eglises abbayes innumérables par tout le monde [34]. ».

Dans la mouvance du *Pseudo-Turpin, saint Jacques dans les chansons de geste, les romans, l'hagiographie et la généalogie*

Dans la droite ligne du *Turpin*, certains auteurs ont souhaité mettre en scène Charlemagne et ses compagnons sur les chemins de Compostelle, ainsi que des pèlerins de Saint-Jacques, personnages pittoresques apportant des parfums d'aventures lointaines. S'ils ne sont pas très nombreux au départ, ces textes vont s'enrichir au fil des siècles, les premiers étant très souvent recopiés par la suite, aucun bien sûr n'atteignant jamais les chiffres record du *Turpin*.

---

[31] Paris, BnF Ms. fr. 4991 fol. 8v°.

[32] ARABEYRE (P.), « Un prélat languedocien au milieu du XVe siècle : Bernard du Rosier, archevêque de Toulouse (1400-1475) », *Journal des savants*, juil-déc. 1990, pp. 291-326.

[33] Arch. dép. Haute-Garonne, E. 834, fol. 20.

[34] BEAUVAIS (Vincent de), *Miroir historial*, éd. dite « de Douai 1624 », *Bibliotheca Mundi Vincentii Burgundi... Speculum quadruplex*, 4 vol., réimpr. Akademische Druck und Verlagsanstalt, Graz, 1965, 25e livre, t. IV, chap. VII, fol. LXXIIv°.

La *Chanson de Roland* fut sans doute composée dans les années qui suivirent la rédaction du *Proto-Turpin* qu'elle utilisa puisqu'elle se réfère expressément au témoignage d'un participant à la bataille qui ne peut être que l'archevêque de Reims, Turpin. En dépit de quelques attestations datées du Moyen Âge, elle demeura pratiquement ignorée jusqu'à sa redécouverte en 1830.

Charlemagne est également mis en scène dans *Gui de Bourgogne*, où on le voit assiéger des villes espagnoles durant vingt-sept ans. Le succès de cette entreprise n'est alors assuré que par les fils des vieux chevaliers, venus enfin à leur secours, sous la conduite du nouveau roi, Gui.

En 1365, lorsque commencent les grandes expéditions militaires en Espagne contre les Anglais et que des chevaliers vont réellement à Compostelle, le poème intitulé l'« Entrée d'Espagne [35] » leur conseille d'aller « conqere Aragons et Castelle e dou baron saint Jaqes eslargir la sentelle ». *Anseïs de Carthage* ou la *Chanson des quatre fils Aymon* [36], dite aussi *Renaut de Montauban*, utilisent ces mêmes thèmes.

La *Chronica general* espagnole, elle-même inspirée du *Turpin*, se retrouve dans quelques vers de l'*Histoire de la croisade contre les hérétiques albigeois* [37] et dans *Mainet*, qui raconte le séjour à Tolède de Charlemagne révolté contre son père.

Enfin, l'idée du « chemin de Saint-Jacques » pousse à mettre en scène des pèlerins sur le chemin de Compostelle, parfois de façon tout à fait anecdotique. On les trouve dans *Aiol* [38], *Floire et Blancheflor* [39], la *Fille du comte de Pontieu* [40], le *Roi Flore et la belle Jehanne* [41], *L'Escoufle* [42], *Le Roman de la violette ou de Gérart de Nevers* [43], *Le Conte de Poitiers* [44], *Le Livre de Ponthus, filz du roy de Galice et*

[35] *Entrée d'Espagne (L')*, éd. A. THOMAS, Paris, Firmin Didot, 1913, 2 vol.

[36] *Renaus de Montauban oder die Haimonskinder*, éd. Heinrich MICHELANT, Stuttgart, 1862 ; éd. Ph. VERELST, Gand, 1988 ; éd. J. THOMAS, Genève, 1989 (TLF 371).

[37] *Histoire de la croisade contre les hérétiques albigeois*, p. 148, § XCIII, v. 2069-2072.

[38] *Aiol*, éd. J. NORMAND et G. RAYNAUD, Paris, 1877 (Société des anciens textes français).

[39] *Conte de Floire et Blanchefleur*, éd. J.-L. LECLANCHÉ, Paris, 1986, p. 11, v. 93-104. BOSSUAT (R.), « Floire et Blanchefor et le chemin de Compostelle », *Mélanges E. Li Gotti*, Palerme, 1962, 3 vol. (Centro di studi filologici e linguistici siciliani, Bollettino 6-8, n° 6, pp. 263-273).

[40] *La Fille du comte de Pontieu*, éd. Clovis BRUNEL, Paris, 1926, pp. 3-10.

[41] *Roi Flore et la belle Jehanne*, éd. L. MOLAND, *Nouvelles françoises en prose du XIIIᵉ siècle*, Paris, 1856, p. 97 ; éd. F. WOLFZETTEL, Französische Schicksalsnovellen des 13. Jahrhunderts, Munich, 1986.

[42] JEAN RENART, *L'Escoufle*, éd. Franklin SWEETSER, Genève, 1974.

[43] *Le Roman de la violette*, éd. Douglas-Labaree BUFFUM, Paris, 1928.

[44] *Le Conte de Poitiers*, éd. V.-Frédéric KOENIG, Paris, 1937.

de la belle Sydoine fille du roy de Bretaigne[45], *Le Dit des annelés*[46], *Le Dit des trois pommes*[47], *Gerbert de Metz*[48], *Orson de Beauvais*[49].

Le *Turpin* fut, de surcroît, une appréciable source d'inspiration pour des généalogistes en quête de documents pour écrire l'histoire de lignages nobles, grâce à la longue liste des compagnons de Charlemagne qui y figure. Parmi eux, le duc de Bourgogne, ou Amédée VI de Savoie, qualifié en 1369 de membre de la « noble lignée de Raynier et d'Olivier, jadis comtes de Genève et princes du Saint-Empire romain[50] ». Autre descendante en ligne directe d'Olivier, Bernoline de Duin, mère de saint Bernard de Menthon, le fondateur du monastère du Grand-Saint-Bernard au XIe siècle[51].

Par des raccourcis logiques, le duc de Savoie Amédée VIII, désireux de magnifier la noblesse un peu trop récente de son chambellan Nicod de Menthon[52], rappelle en 1429 que la famille de ce dernier était apparentée à la sienne et à celle des Duin, autrefois comtes de Genève, ce qui revient à lui reconnaître une double filiation avec Olivier.

Et si le nom d'un ancêtre ne figure pas sur la liste, un pèlerinage d'un quelconque aïeul à Compostelle dans les siècles suivants peut avantageusement le remplacer, surtout s'il est assorti d'une fondation pieuse au retour : c'est le procédé qu'utilise vers 1200 le chroniqueur Lambert d'Ardres[53] pour les comtes de Guines (Pas-de-Calais). Il consacre un chapitre entier de sa chronique au

---

[45] *Le Livre de Ponthus*, éd. fac-similé Claude DALBANNE, *Livres à gravures imprimés à Lyon au XVe siècle*, notice E. Droz, Paris, 1926.

[46] SAINT-QUENTIN (Jehan de), *Le Dit des annelés*, éd. A. JUBINAL, Paris, 1839.

[47] SAINT-QUENTIN (Jehan de), *Le Dit des trois pommes*, éd. B. MUNK OLSEN, *Dits en quatrains d'alexandrins monorimes de Jehan de Saint-Quentin*, SATF, 1978.

[48] *Gerbert de Mez*, éd. Pauline TAYLOR, Namur, 1952 (alias *Yon de Metz* alias *Anseïs de Metz*, partie de la *Geste des Lorrains*).

[49] *Orson de Beauvais*, éd. G. PARIS, Paris, 1899.

[50] Charte signée de l'empereur germanique Charles IV en 1369 (Turin, arch. de l'État, section I, duché de Genevois, 8/8), éd. E. DEMOLE dans *Mémoires et documents de la société d'histoire et d'archéologie de Genève*, 2e série, t. II, 1886, doc. XII, pp. 71-73.

[51] CHAMOSSI (Guillaume), *Compilation pour une vie de Bernard de Menthon*, Archives du Grand-Saint-Bernard, Ms. 36, fol. 1, ll. 13-15, éd. AASS Junii II, p. 1074, Vita § 1, col. 2 (faussement attribué à Richard de Val d'Isère, évêque de Novarre en 1123).

[52] Manuscrit de Besson (XVIIIe siècle), t. II, n° 698, p. 678. Arch. dép. Haute-Savoie, copie microfilm 1 Mi 380.

[53] ARDRES (Lambert d'), *Chroniques de Guines et d'Ardres*, v. 1200, éd. d'une trad. du XVe siècle, Denis-Charles de GODEFROY DE MÉNILGLAISE, Paris, 1855, chap. XXIX, pp. 70-72.

pèlerinage à Compostelle de Baudouin Ier, vers 1085, et à sa fondation pieuse dans l'abbaye de Charroux.

Au XIIIe siècle, le poète Pierre de Vangadice[54], chantre des comtes de Champagne qui, eux non plus, ne figurent pas sur la liste (la Champagne de cette époque est ennemie du roi de France), contourne la difficulté en introduisant de la même manière un saint pèlerin de Compostelle dans la lignée. Thibaud, filleul de l'évêque de Vienne (un prédécesseur de Calixte), preux chevalier, quitte tout pour vivre une vie d'ermite, en compagnie de son fidèle ami Gautier. Un jour, Thibaud dit à son compagnon « Frere, nous ne resterons pas ici, mais nous nous allons à seint Jaque de Galice. Faisons notre pelerinage, faisons notre voyage ». Nu-pieds, ils s'en vont droit à Saint-Jacques. « A grand devotion, ils visiterent le saint lieu ; ils firent leurs devotions bel et bien, et leurs offrandes comme bon pelerin ». À peu près dans le même temps, un poète anonyme, dans la *Légende de saint Julien*[55] met en scène un saint Julien composite qui, pour fuir une malédiction (« tu tueras ton père et ta mère ») se fait pèlerin de Compostelle, subit la malédiction sur le chemin de Compostelle, y expie son péché et meurt sur ce même chemin.

Le temps des contestations (XVIIe siècle)

Au XVIIe siècle, temps des luttes opposant la France à l'Espagne, laquelle soutient en particulier les Ligueurs, deux historiens, Claude Ménard[56], à Angers, et Nicolas Chorier[57], à Grenoble, utilisent simultanément les travaux récents de Baronius et nient toute valeur historique à la « Légende de Compostelle ». Ménard affirme ainsi que le « livre qu'ils font courir sous le nom de Calixte[58] » est rempli de « contes et de fables ». Chorier, lui, renchérit en certifiant que c'est à l'époque de « Guy, futur Calixte II [...] que l'on commença à débiter

---

[54] Paris, BnF Ms. lat. 5290, fol. 133v°-138, éd. R. THOMPSON, *Two old french poems of saint Thibaut*, Londres, 1936, pp. 51-63.

[55] éd. A. TOBLER, *Archiv für Sudium der neueren Sprachen und Litteraturen...*, t. CII, 1899, pp. 109-178.

[56] TRESVAUX (abbé), *Histoire de l'église et du diocèse d'Angers*, Paris, Angers, 1858, t. I, p. 376 et suivantes ; t. II, p. 1 et suivantes. PORT (Célestin), *Dictionnaire historique, géographique et biographique du Maine-et-Loire*, Paris, 1874-1878, art. « Ménard ».

[57] CHORIER (Nicolas), *Histoire générale de Dauphiné*, Lyon, 1661-1672, p. 15. ROCHAS (Adolphe), *Biographie du Dauphiné*, Paris, 1856, t. I., art. « Chorier ».

[58] MÉNARD (Claude), *Recherche et advis sur le corps de S. Jaques le Maieur à l'occasion d'un oratoire très antien du mesme sainct qui est en l'esglie de St. Maurille d'Angers*, Angers, Antoine Hernaut, 1610, pp. 63, 69-70.

tant de choses si peu vraisemblables [...]. Les soins qu'il employa à persuader toute la Chrétienté [de] ce qu'il croyait ont été le plus solide fondement de cette opinion ». Comme Ménard, il conclut en niant cette histoire fondée sur des bases fausses : « C'est ainsi que l'on établit l'histoire et la dévotion de saint Jacques dans la province de Galice ». Il semblerait, mais cela reste à confirmer, que peu de temps après sa parution, le livre de Ménard fut brûlé solennellement par le bourreau de Compostelle, à la demande de l'archevêque sans aucun doute averti par quelque Angevin indigné [59].

À l'inverse, citons l'exemple de l'église de Locquirec qui, à la même époque, change de patron en troquant saint Kirec contre saint Jacques auquel elle emprunte, sans vergogne, des éléments de la légende compostellane. Tout y est, la barque de la Translation, les lumières de l'Invention et l'habit de pèlerin :

> « Un jour, à ce que j'ai ouï dire, ou plutôt une nuit, des marins de cette côte virent sur la mer une barque étrange, en forme de huche à pétrir, qu'enveloppait une nuée lumineuse. Elle venait vers le rivage, contre vents et marées, sans voiles, sans équipage, sans gouvernail. Quand elle eut abordé, les gens s'approchèrent et virent, étendu dans le fond, le corps d'un moine vêtu d'un habit de pèlerin. Des pêcheurs qui avaient voyagé reconnurent saint Jacques et dirent : "C'est saint Jacques, d'Espagne ou de Turquie. Il vient pour faire des miracles dans notre contrée. Recevons-le avec respect, d'autant plus que saint Kirec est bien vieux." Ainsi fut fait et, depuis lors, saint Jacques habite parmi nous et il est honoré comme patron de la paroisse. »

On peut alors agrandir l'église sous ce nouveau vocable sans risquer de mécontenter les fidèles tout en respectant les préceptes du concile de Trente demandant de réexaminer le calendrier des saints.

L'influence de la « Légende de Compostelle » en France et en Europe (XIXᵉ-XXᵉ siècles)

L'authentification en 1884 des reliques de saint Jacques par le pape Léon XIII relance l'intérêt pour Compostelle. Le sujet tente tout d'abord des ecclésiastiques dont certains sont d'éminents chercheurs.

---

[59] Angers, bibl. mun., ms. 687, fol. 139-141 ; RANGEARD (P.), « Discours historique et critique sur les écrivains de l'histoire de l'Anjou », *Revue de l'Anjou*, t. I, 1852, pp. VIII-IX.

En 1882, le père Fita avait déjà publié le *Codex de Saint-Jacques-de-Compostelle*, une étude qui attirait l'attention sur ce manuscrit. L'abbé Daux, en 1898, publie *Le Pèlerinage à Compostelle et la confrérie des pèlerins de Mgr Saint-Jacques à Moissac* (réédité en 1909) dans lequel il cite plusieurs fois le «manuscrit de Compostelle», qu'il est peut-être allé consulter sur place. Peu à peu, des chercheurs littéraires [60], chartistes, historiens d'art [61] vont se passionner pour le sujet.

Entre les deux guerres, la légende inspire encore Henri Ghéon (1875-1944), médecin reconverti dans la littérature, un des fondateurs de la *Nouvelle Revue Française*, animateur du théâtre du Vieux-Colombier, et fondateur d'une troupe, «les compagnons de Notre-Dame», destinée à promouvoir le théâtre populaire chrétien. En 1920, il compose pour cette dernière *La Farce du pendu-dépendu* et, dans les mêmes années, *Le Bon Voyage ou la mort à cheval*, deux adaptations des miracles de Saint-Jacques.

Les historiens face à la «Légende»

Les historiens se sont longtemps tenus à l'écart de la «Légende de Compostelle», sans doute rendus prudents par les attaques dont fut victime l'un des plus éminents chercheurs de son époque, Mgr. Duchesne [62]. Celui-ci avait appliqué les méthodes de son métier qui le conduisirent à la prudente conclusion :

> «De tout ce que l'on raconte sur la prédication de saint Jacques en Espagne, la translation de ses restes et la découverte de son tombeau, un seul fait subsiste, celui du culte galicien. Il remonte jusqu'au premier tiers du IXe siècle et s'adresse à un tombeau des temps romains, que l'on crut alors être celui de saint Jacques. Pourquoi le crut-on ? Nous n'en savons rien. L'autorité ecclésiastique intervint ; on peut croire qu'elle ne se détermina que sur des indices graves, à son estimation. Ces indices ne nous ayant pas été transmis, nous n'avons pas à les apprécier ; Les connaîtrions-nous qu'ils échapperaient peut-être à notre compétence.»

[60] BÉDIER (Joseph), *Les Légendes épiques. Recherches sur la formation des chansons de geste*, 3e éd., Paris, Libr. ancienne Édouard Champion, 1929 ; reprint, 1966, t. III : *Les Chansons de geste et Compostelle*.

[61] MÂLE (Émile), *L'Art religieux du XIIe siècle en France. Étude sur les origines de l'iconographie du Moyen Âge*, Paris, 1922.

[62] DUCHESNE (Louis), «Saint Jacques en Galice», *Campus Stellae*, n°1, *Les Chemins de Saint-Jacques et la culture européenne*, Paris, Klincksieck, 1991.

En France, au début du XXe siècle, en même temps que l'Église se séparait de l'État (et dans le cadre de la querelle des Modernistes), se creusait un fossé entre la foi et la raison. Mgr. Duchesne, membre de l'École française de Rome, professeur à l'Institut catholique de Paris, fut contesté pour ses études critiques portant sur l'origine des églises de Gaule (*Les Anciens Recueils de légendes apostoliques*, 1895). Son *Histoire ancienne de l'Église* fut ainsi mise à l'index en 1912, bien qu'elle ait reçu l'*imprimatur* deux années auparavant...

Dans les années 1950, plusieurs chercheurs français se groupèrent pour fonder la Société des amis de Saint-Jacques. Soucieux de témoigner de leur foi et de participer au rapprochement des peuples par le biais du renouveau du pèlerinage à Compostelle, enthousiasmés par la richesse des sources qu'ils mettaient à jour, ils aboutirent à des conclusions erronées. Un exemple : le film de l'abbé Branthomme, *Les Chemins de Compostelle*, tourné en 1952, s'ouvre sur la première page du *Codex Calixtinus*, en même temps que se fait entendre le commentaire du réalisateur, Denis de La Patellière, « tout commence avec ce livre ». La médiatisation croissante de cette histoire qui n'était pas encore écrite a contribué à la réduire, chacun se contentant de recopier inlassablement ce qui avait été écrit avant lui. Faut-il s'en affliger ? Certes non, l'histoire n'étant faite que d'interprétations de textes, mais il faut raison garder...

La popularité du Guide du pèlerin

Il n'est pas possible de retirer sa popularité récente au dernier Livre du *Codex Calixtinus*, popularité acquise grâce au choix, par son auteur, d'un titre qui, pour être à la mode de son temps, n'en a pas moins induit en erreur des générations de chercheurs ou de commentateurs : le *Guide du pèlerin*. C'est lui qui a conduit le Conseil de l'Europe à déclarer, le 23 octobre 1987, le chemin de Saint-Jacques « premier itinéraire culturel européen ». Idée séduisante en soi, qui avait pour but de construire l'Europe, au-delà de l'économie et des finances, en trouvant une identité historique qui puisse réunir différents pays. Le Conseil de l'Europe pariait que les différences, religieuses en particulier (postérieures au Moyen Âge), seraient gommées en faisant surgir de la mémoire collective le souvenir ancien des rassemblements autour de lieux sacrés et des grandes migrations des peuples du Nord vers les pays du Soleil. Il avait raison, un grand mouvement était lancé.

Selon la recommandation officielle, l'identification de ces chemins et du patrimoine architectural commençait concrètement, suivie de leur balisage. Le Conseil de l'Europe se laissa emporter, lui qui constatait dès 1989 : « Notre action s'est élargie à de nouveaux horizons géographiques pour arriver à tous les points de l'Europe, des pays scandinaves jusqu'à l'Italie et la Grèce, des pays slaves et saxons jusqu'aux îles Britanniques et à l'Islande, des pays de l'Est jusqu'à retrouver dans toute son envergure la *Via Sancti Jacobi* qui menait les pèlerins jusqu'à Compostelle [63]. » D'où une carte encore plus vaste et un programme de balisage à la même échelle, exigé par un public de marcheurs, mais devenu aujourd'hui bien lourd à porter.

Est-ce sur la foi du *Guide du pèlerin* que, dès 1962, le *Camino frances* espagnol a été déclaré, par décret royal, « ensemble historique et artistique » ? Il a été classé Patrimoine mondial de l'UNESCO en 1993, et la France en a immédiatement rêvé elle aussi. Le ministère de la Culture a déposé dans ce sens des dossiers de demande en 1997, qui ont abouti au classement de plusieurs dizaines de monuments sensés baliser les chemins de Compostelle. Par un curieux renversement d'idée, il est admis aujourd'hui que ce sont les chemins qui relient ces monuments qui sont classés.

Ainsi va l'Histoire, elle est souvent fondée sur des documents faux et des enquêtes qui n'en furent pas. Mais les exagérations ne sont jamais bonnes et les imaginations enflammées finissent par faire du tort à ce pèlerinage. Ainsi, ceux qui confondent les légendes avec les traditions et ces dernières avec la tradition de l'Église sont-ils accusés de sectarisme. Des publications et conférences tendent maintenant à prouver la véracité de ce qui était admis comme légendaire il y a encore vingt ans. Mais, à l'autre extrémité, gommer le terme de pèlerin au profit de « cheminant » est également préjudiciable. D'autre part, une fréquentation de masse comporte des risques et c'est ainsi que Compostelle s'afflige des conséquences de coutumes dont le symbolisme se perd. Le pilier du portail de la Gloire a été davantage usé par les millions de mains qui s'y sont frottées depuis vingt ans que par toutes celles des siècles précédents !

---

[63] *Les Traces du pèlerinage à Saint-Jacques-de-Compostelle dans la culture européenne*, colloque de Viterbe, 1989, éd. Conseil de l'Europe, 1992, Patrimoine culturel, n° 20, allocution d'ouverture au nom du secrétaire général du Conseil de l'Europe, pp. 1-2.

Ce livre offre une nouvelle vie à la *Légende de Compostelle* en la plaçant dans son contexte et son histoire. Il est une invitation à l'exercice d'une critique rationnelle et vigilante. Sa lecture permettra la découverte de textes méconnus, en particulier ceux du Livre I du *Codex Calixtinus*. Les sermons qui y sont contenus représentent l'expression réelle d'une pensée médiévale imprégnée de références bibliques. Chaque lecteur, chercheur, pèlerin ou simple curieux y trouvera matière à alimenter sa réflexion et son imagination. À chacun de s'en faire maintenant un compagnon de pèlerinage, selon son bon plaisir.

Denise PÉRICARD-MÉA

APPENDICES

1. Saint Jacques dans le Nouveau Testament [1]

L'élection des apôtres. Et Jésus leur dit : « *Venez à ma suite, et je vous ferai devenir pêcheurs d'hommes.* » *Aussitôt, laissant les filets, ils le suivirent. Et ayant un peu avancé, il vit Jacques, fils de Zébédée, et Jean, son frère, eux aussi dans une barque, en train d'arranger les filets. Il les appela aussitôt ; et, laissant leur père Zébédée dans la barque avec les journaliers, ils partirent à sa suite* (Mr 1, 17-20).

L'imposition du nom. Étant monté dans la montagne, il appela ceux que lui-même voulut ; et ils vinrent à lui. Il [en] établit douze pour les avoir avec lui et pour les envoyer prêcher, avec pouvoir de chasser les démons. Il établit les Douze, et à Simon il imposa le nom de Pierre ; puis Jacques, fils de Zébédée, et Jean, frère de Jacques, auxquels il imposa le nom de Boanergès, c'est-à-dire, fils du tonnerre (Mr 3, 13-17 ; cf. Mt 10, 1-4 ; Lc 6, 12-16).

Le recours au feu du ciel. Or, comme allaient arriver les jours où il devait être enlevé (de ce monde), il prit résolument la direction de Jérusalem, et il envoya devant lui des messagers, qui se mirent en route et entrèrent dans un bourg des Samaritains pour lui préparer [le gîte] ; mais ils refusèrent de le recevoir, parce qu'il se dirigeait vers Jérusalem. Ce que voyant, les disciples Jacques et Jean dirent : « Seigneur, voulez-vous que nous commandions que le feu descende du ciel et les consume ? » Mais s'étant retourné, il les réprimanda. Et ils firent route vers un autre bourg (Lc 9, 51-56).

La demande inconsidérée. Alors la mère des fils de Zébédée s'approcha de lui avec ses fils et se prosterna pour lui faire une demande. Il lui dit : « Que voulez-vous ? » Elle lui dit : « Ordonnez que mes deux fils, que voici, siègent l'un à votre droite, l'autre à votre gauche dans votre royaume. » Jésus répondit : « Vous ne savez pas ce que vous demandez. Pouvez-vous boire le calice que, moi, je dois boire ? » « Nous le pouvons », lui dirent-ils. Il leur dit : « Vous boirez en effet mon calice ; quant à siéger à ma droite ou à ma gauche, il ne m'appartient pas de l'accorder ; c'est pour ceux pour qui mon Père l'a préparé » (Mt 20, 20-23 ; Mr 10, 35-40).

La pêche miraculeuse. La stupeur l'avait envahi [Simon], lui et tous ceux qui étaient avec lui, à cause de la pêche des poissons qu'ils avaient faite ; et de même Jacques et Jean, fils de Zébédée, qui étaient associés à Simon. Et Jésus dit à Simon : « Ne crains point, désormais ce sont des hommes que tu prendras. » Ils ramenèrent les barques à terre et, laissant tout, ils le suivirent (Lc 5, 9-11).

---

[1] *La Sainte Bible*, éd. CRAMPON, *op. cit.*

La résurrection de la fille de Jaïre. *Arrivé à la maison, il* [Jésus] *ne laissa personne entrer avec lui, si ce n'est Pierre, Jean et Jacques, et le père de l'enfant et la mère* (Lc 8, 51 ; Mr 5, 37).

La Transfiguration. *Six jours après, Jésus prend avec lui Pierre, Jacques et Jean son frère, et il les emmène avec lui sur une haute montagne. Et il se transfigura devant eux* (Mt 17, 1-8 ; Mr 9, 1-7 ; Lc 9, 28-36).

Au jardin de Gethsémani. *Ayant pris avec lui Pierre et les deux fils de Zébédée, il commença à éprouver de la tristesse et de l'angoisse* (Mt 26, 37 ; Mr 14, 33).

La décollation de Jacques. *En ce temps-là, le roi Hérode fit arrêter quelques-uns des membres de l'Église pour les maltraiter. Il fit mourir par le glaive Jacques, le frère de Jean* (Ac 12, 1).

2. L'exécution de saint Jacques

Ce que l'on sait des usages de l'époque grâce à quelques auteurs anciens permet d'apporter des précisions sur les circonstances dans lesquelles saint Jacques fut condamné et exécuté :

> « Il ne semble pas que l'affaire fut présentée comme religieuse ; on ne relève nul indice de comparution devant le Sanhédrin ; la sentence a pu être prononcée en vertu du pouvoir discrétionnaire du roi, comme cela avait eu lieu pour Jean-Baptiste. En effet, Jacques fut décapité et non lapidé. La décollation, inusitée chez les Juifs, passait chez eux pour le comble de l'ignominie ; elle était précédée de la flagellation du condamné, dépouillé de ses vêtements, la tête voilée, les mains attachées derrière le dos. Nous n'avons aucune raison de croire que ces préparatifs furent épargnés à l'apôtre Jacques. Le texte spécifie qu'on fit usage du glaive [...] c'était, en effet, l'usage qui avait prévalu sous les empereurs [2]. »

3. Le martyre de saint Jacques selon Eusèbe

Le *Livre de saint Jacques* (Livre I, chapitre IV) reproduit

> « une traduction latine des chapitres 8-10 du Livre II de l'*Histoire ecclésiastique* d'Eusèbe [...]. Cette traduction n'est pas celle de Rufin sauf les premières lignes ; le texte adopté par le *Codex Calixtinus* coïncide littéralement avec celui que donne Fréculphe de Lisieux dans la deuxième partie, Livre I, chapitre 14 de sa *Chronique* ; on y retrouve la même traduction du titre des *Hypotyposes* de Clément d'Alexandrie : *in septimo Dispositionum suarum* [MPL, CVI, col. 1129-1130]. Il vaut la peine de noter l'utilisation par notre compilateur d'une source connue principalement, sinon exclusivement, dans les milieux français [3]. »

La Petite Passion du *Livre de saint Jacques* (Livre I, chapitre IV) ajoute un développement inspiré des *Antiquités judaïques* de Flavius Josèphe qui rapporte également la mort d'Hérode.

---

[2] CABROL (dom Fernand) et LECLERCQ (dom Henri), dir., *Dictionnaire d'archéologie chrétienne et de liturgie*, Paris, impr.-édit. Letouzey et Ané, t. VII, 2, col. 2091-2092.

[3] DAVID (Pierre), *op. cit.*, 13/1949, pp. 79-80.

4. L'histoire du magicien Hermogène

Elle démarque la rencontre de Philippe avec Simon le Magicien [4], en pratiquant un dédoublement entre le magicien lui-même et son aide, dont les noms sont empruntés à la deuxième épître de saint Paul à Timothée [5]. Saint Pierre, lui aussi, est censé rencontrer en allant à Lydda un paralytique du nom d'Enée qu'il guérit [6]. Enfin, la Passion de saint Paul rapporte également que deux archers de la garde impériale sont envoyés pour le conduire au supplice et qu'il les convertit. Le Pseudo-Abdias ne va pas chercher très loin ses sources puisque toutes ces données sont empruntées au Nouveau Testament.

5. Le martyre de saint Jacques selon le Pseudo-Abdias

Cette évocation circonstanciée de la carrière apostolique de saint Jacques n'a pas trouvé grâce devant la critique moderne :

« La médiocrité de cette *Passio latina Jacobi* apparaît à la simple lecture. Elle est composée suivant les règles fondamentales de la décadence hagiographique. Le martyr déjoue les tours d'un magicien, l'amène à reconnaître son erreur et fait parler le démon. Il entame un discours qui n'est à peu près qu'une centonisation des Écritures, convertit les païens, soulève la haine de quelque prêtre qui provoque une sédition. Tandis qu'il marche à la mort, le martyr sème sur son chemin miracles et conversions. Rien, dans ces incidents, qui s'écarte du thème légendaire classique si longtemps en faveur, rien, par conséquent, qui mette sur la voie d'une donnée chronologique précise : par contre, on doit relever le fait d'une controverse avec les Juifs touchant la divinité et le caractère messianique de Jésus, préoccupation qu'on ne peut guère supposer postérieure au VIe siècle, et, témoignage plus caractéristique, l'emploi que fait Jacques dans les citations bibliques de son discours d'une version des Livres saints antérieure à la Vulgate [7]. »

La Grande Passion de saint Jacques qui figure dans le *Livre de saint Jacques* (Livre I, chapitre IX) ajoute au *Pseudo-Abdias*, comme l'indique le prologue attribué au pape Calixte, une prière apostolique tirée, dit-il, des auteurs grecs et latins, et le châtiment d'Hérode, tiré des Actes des apôtres, à l'imitation de la Petite Passion. Ce prologue ne précise pas que la fin même de l'apôtre, qui le range parmi les céphalophores, c'est-à-dire les saints qui portent leur propre tête après leur décollation, est imitée de l'hagiographie de saint Denis, tandis que sa translation posthume en Galice se réfère globalement aux nombreux récits qui en ont été faits aux XIe et XIIe siècles, mais ajoute le détail noble « dans une peau de cerf », qui ne figure que là [8]. La destruction totale de Jérusalem par Titus et Vespasien qui clôt ce récit du martyre est une référence à l'histoire universelle, dite ici « histoire fidèle », qui connaît la

---

[4] Ac 8, 9-14.

[5] Hermogène (2 Tim 1, 15) et Philète (2 Tim 2, 17)

[6] Ac 9, 32-34.

[7] CABROL (dom Fernand) et LECLERCQ (dom Henri), *op. cit.*, t. VII, 2, col. 2107.

[8] Cette mention du cerf, animal royal, dont la peau servait à envelopper le corps d'un grand dignitaire défunt, remonte à une prescription donnée par Baudouin de Jérusalem en 1118. (MARIGNAN [Albert], *La Tapisserie de Bayeux*, Paris, E. Leroux, 1902, pp. 160-163.)

destruction de Jérusalem en 70 apr. J.-C. par l'empereur Titus en réponse au soulèvement des Juifs contre les Romains.

6. Les trois catalogues apostoliques

« Le premier texte et le troisième attribuent à saint Jacques la fonction de
supplanteur, qui appartient originairement à son homonyme dans l'Ancien
Testament, le patriarche Jacob. *Le temps où elle* (Rebecca) *devait enfanter
arriva, et voici, il y avait deux jumeaux dans son sein. Celui qui sortit le
premier était roux, tout entier comme un manteau de poil, et ils l'appelèrent
Ésaü; ensuite sortit son frère, tenant dans sa main le talon d'Ésaü, et on le
nomma Jacob* (Gn 25, 24-25). Selon une étymologie populaire, le nom de
Jakob rapproché de l'hébreu *akeb* (talon), désignerait "celui qui tient le
talon", qui cherche à faire tomber son rival, *qui supplante*[9]. »

L'origine onomastique de cette assimilation entre le Jacques du Nouveau Testament et le Jacob de l'Ancien Testament quant à la qualité de supplanteur est attestée
par le fait qu'elle ne s'applique pas moins au fils de Zébédée qu'au fils d'Alphée.
Dans l'interprétation chrétienne, elle porte toujours, non sur l'élimination d'un rival,
mais sur la substitution du message chrétien à des données païennes antérieures.

La version courte de *Naissance et Mort des Pères* possède en propre trois
remarques. D'abord la mention selon laquelle l'apôtre Jacques serait le quatrième
dans l'ordre, vraisemblablement induite du fait que la Passion de saint Jacques forme
le quatrième chapitre du *Pseudo-Abdias*. Ce n'est pas, en effet, la place habituelle de
Jacques dans l'ordre des apôtres : « Dans la liste des apôtres de Mr 3, 16-19, Jacques
occupe la seconde place, immédiatement après saint Pierre ; au contraire dans les
listes de Matthieu, de Luc et des Actes, il occupe le troisième rang [10]. » Ensuite saint
Jacques martyr serait l'auteur de l'Épître de Jacques rapportée dans le Nouveau
Testament, ce qui repose éventuellement sur l'amalgame entre deux porteurs du
même nom. On mesure ici toute la différence entre une approche identitaire fondée
sur l'onomastique et les contraintes de la chronologie. Selon certains, l'Épître de saint
Jacques aurait été écrite en 57, selon d'autres entre 70 et 132, donc au moins quinze
ans après la décollation du fils de Zébédée qui ne saurait en être l'auteur. Enfin, car
les assimilations ne sauraient s'arrêter en si bon chemin, le martyre de saint Jacques
est rapporté à Hérode le Tétrarque, celui qui fit périr les Saints Innocents, alors qu'il
est imputable historiquement au roi Hérode Agrippa. Ces confusions entre homonymes sont monnaie courante en la matière et viennent des sources grecques.

Quant à la version longue, elle se contente de mêler au texte du *Bréviaire des
Apôtres* celui de Marc 1, 17-20 : *Et Jésus leur dit : « Venez à ma suite, et je vous ferai
devenir pêcheurs d'hommes. » Aussitôt, laissant les filets, ils le suivirent. Et ayant un
peu avancé, il vit Jacques, fils de Zébédée, et Jean son frère, eux aussi dans une
barque, en train d'arranger les filets. Il les appela aussitôt ; et, laissant leur père
Zébédée dans la barque avec les journaliers, ils partirent à sa suite.*

---

[9] *La Sainte Bible*, éd. CRAMPON, *op. cit.*, p. 25.
[10] ERMONI (V.) dans VIGOUROUX (F.), *Dictionnaire de la Bible...*, t. III, 2ᵉ partie, Paris,
1925, p. 1082.

7. La prédication de saint Jacques en Espagne

« Il est difficile, ce semble, de constater un silence plus absolu et moins explicable dans la supposition où il y aurait eu pourtant quelque chose à dire. Mais il y a plus que le silence ; il y a la négation, aussi énergiquement exprimée qu'elle peut l'être quand elle ne répond pas à une affirmation contraire. Le pape Innocent, dans une lettre de l'année 416, défend contre des importations étrangères les usages liturgiques de l'Église romaine ; à cette occasion il proteste que l'Occident ne devrait pas en connaître d'autres que ceux du siège apostolique, puisque, dit-il, "il est manifeste que, dans toute l'Italie, les Gaules, l'*Espagne*, l'Afrique, la Sicile et les îles interjacentes, personne n'a institué des églises, si ce n'est ceux que le vénérable apôtre Pierre ou ses successeurs ont constitués évêques. Que l'on cite si dans ces provinces un autre apôtre a enseigné. Si on ne peut citer aucun texte, parce qu'il est impossible d'en trouver, il faut suivre l'usage de l'Église romaine", etc. Ici, ce n'est pas seulement la formation d'églises organisées qui est formellement contestée ; c'est aussi l'évangélisation, la prédication d'un autre apôtre que saint Pierre. Et il faut bien remarquer que le pape Innocent parle en un sujet particulièrement grave et délicat, dans lequel il n'aurait pas aisément allégué des preuves douteuses ; de plus, qu'il écrivait cette lettre en 416, alors que lui et ses prédécesseurs Damase et Sirice avaient eu plusieurs fois à intervenir dans les affaires ecclésiastiques d'Espagne, notamment dans celles de la Galice [11]. »

8. La fête du 25 juillet et l'Hespérie

« Après avoir offert des chiens en sacrifice, le 26 avril, au lever de la Canicule, pour combattre son influence redoutable sur les moissons futures, on offrait encore un semblable sacrifice le 25 juillet, le jour des Furrinalia, afin de conjurer l'action de cette étoile malfaisante, alors à son exaltation. Festus appelait la fête de Furrina, non point *furrinalia*, mais *furnalia* et peut-être pourrait-on voir dans Furina ou Forina une forme de *furna* à rapprocher de *furnus* ou de *fornax*, fournaise. Furrina signifierait simplement "la brûlante" et désignerait la Canicule. On comprend alors que Cicéron ait pu être induit par les usages mêmes de la fête à rapprocher cette déesse des Furies, ces dévorantes [12]. »

Pline l'Ancien mentionne, parmi les villes de la côte Cantabrique, celle de Vesperies, qui suggère à son traducteur l'observation suivante : « *Vesperies* n'est autre que *Fuent-Arabie* ; car selon S. Jérôme, *Arabes* signifie *Vespertini*. L'interprétation, & la position donnée, tout s'accorde. Ceci prouve en faveur de ce que j'ai dit dans mes origines uriennes, que les Arabes asiatiques étaient originaires du couchant, et notamment de l'Espagne [13]. » À propos des Tamarices, nommés par Pline dans le même

[11] Duchesne (Louis), *op. cit.*, pp. 16-17.

[12] Saintyves (Pierre), *En marge de la Légende dorée,* Paris, Robert Laffont, 1987, pp. 756-757.

[13] Pline l'Ancien, *Histoire naturelle*, trad. Poinsinet de Sivry, t. II, Paris, 1771, pp. 401-402, note 8.

chapitre, le même commentateur observe : « Ceux qui sont renfermés dans le cours et hors du cours de la *Tamar* ou *Tambre, d'où* une partie de cette contrée est encore aujourd'hui nommée *Transtamara.* En général le pays des Tamarices comprend *Santiago* [...] [14] » Et encore : « Silius Italicus, Livre 3, parle de ces Grecs Gallaeciens [...] établis [...] sur la côte occidentale de Galice [15].»

Avec saint Paul, c'est encore vers une autre confirmation de la fête du 25 juillet que l'on est orienté. Après avoir guéri miraculeusement un boiteux à Lystres, l'apôtre est, en effet, placé par le texte même des Actes des Apôtres sous un patronage quelque peu surprenant : *À la vue de ce que Paul venait de faire, la foule éleva la voix, disant en lycaonien : « Les dieux sous une forme humaine sont descendus vers nous. » Et ils appelaient Barnabé Zeus, et Paul Hermès, parce que c'était lui qui portait la parole* [16]. Pareil propos soulève dès l'aube du christianisme la question des saints successeurs des dieux, qui réapparaîtra avec force dans la pensée protestante du XVIᵉ siècle. Le fait ne laisse pas d'être quelque peu gênant pour certains, comme le prouve la légende qui a censuré purement et simplement cette formule. Ainsi, le Pseudo-Abdias écrit-il : « Le peuple qui avait vu le miracle de saint Paul, se prit à crier : « C'est une chose sûre que voilà un vrai serviteur de Dieu qui fait des choses si grandes en Israël.»» La pensée chrétienne est plus soucieuse de se situer sous le signe d'une innovation radicale apportée par le Christ que dans la suite des divinités païennes qu'elle combat. Cela n'empêche pas une continuité, quelque peu inattendue parfois, et qui, dans ce cas précis, nous ramène vers l'Espagne. En effet, le dieu Hermès/Mercure a eu manifestement, aux yeux de certains, une situation privilégiée dans ce pays :

« Les mythologues reconnaissent... plusieurs Mercures [...]. Tous ces Mercures peuvent se réduire à deux : l'ancien Mercure, ou le Toth, ou Thaut des Égyptiens, contemporain d'Osiris ; et celui qu'Hésiode dit fils de Jupiter et de Maïa [...]. Après la mort de son père, celui-ci eut pour partage l'Italie, les Gaules et l'Espagne, où il fut maître absolu après la mort de son oncle Pluton [...]. Quelques-uns croient qu'il finit sa vie en Espagne, où l'on montrait son tombeau [17]. »

9. Les arcis marmoricis

Le sens exact de la formule apparaît aisément lorsqu'on demande au dictionnaire ce que signifiaient les mots dont ils sont issus : *arcae,* qui est la forme de base de *arcis,* et *marmoricus,* qui n'est pas nécessairement un simple équivalent de *marmoreus.* L'article *Arcae* [18] du *Glossaire* de Du Cange nous apprend qu'il était courant en

---

[14] *Ibid.* p. 403, note 33.

[15] *Ibid.* pp. 404-405, notes 43-45.

[16] Ac 14, 11-12.

[17] MIGNE (Jacques-Paul), *Dictionnaire universel de mythologie antique et moderne,* Paris, 1855 (3ᵉ Encyclopédie théologique, t. X), col. 778-779. Cet article ne fournit aucune référence et je ne suis pas parvenu à en détecter la source. Quant à l'existence même d'une tombe de Mercure en Espagne, elle est attestée par le *«tumulus Mercurii»* de Tite-Live (26, 44, 6) qui désigne ainsi un lieudit situé près de Carthagène en Tarraconaise.

[18] DU CANGE (Charles du Fresne, sieur), *Glossarium mediae et infimae latinitatis,* t. I, p. 363.

Galice de désigner par ce nom commun les limites des propriétés. C'est un terme technique de bornage utilisé par les géomètres. Les références fournies à ce sujet sont des plus probantes, car elles émanent, entre autres, d'une charte du roi de Galice Théodemir datant de l'an 610. Chez Isidore de Séville, il est précisé que ces limites des champs servaient à empêcher l'accès : elles devaient donc prendre la forme d'un mur [19]. Des murs d'enceinte, peut-être formés de claustres, pouvaient par conséquent être appelés *arcae*. Le terme est sans doute d'usage très courant, avant même le VIIe siècle, et figure, à ce titre, dans quelques toponymes galiciens et portugais [20]. L'autre mot à rechercher est *marmoricis*. À la lecture la plus naturelle, qui consiste à voir en lui un adjectif équivalent de *marmoreus*, pour signifier « en marbre », il est sans doute opportun de préférer une *lectio difficilior* : pour Du Cange, en effet, *marmoricum* est un substantif synonyme de *britaneum,* mot désignant un déambulatoire en marbre [21]. Comme dans le cas précédent, on peut constater qu'il s'agit d'un emploi latin connu dans la péninsule ibérique et peut-être seulement là. L'emploi des deux mots avec la préposition *in* suggère naturellement qu'il s'agit là de deux noms communs employés à l'ablatif qui est ici le cas normal. Mais on trouve toujours *arcis marmoricis*, même après la préposition *ad* qui appelle l'accusatif, comme dans les toponymes qui demeurent naturellement invariables.

Le sens originel des lieudits a naturellement tendance à se perdre, à plus forte raison quand il est obscur. Dans le cas des *arcis marmoricis,* il faut vraisemblablement ajouter une copule et considérer que le terme servait à définir un lieu qui comportait à la fois une enceinte *et* un déambulatoire orné de marbre. « Dans les temples gaulois à déambulatoire on honorait Mercure et les autres dieux [...]. À l'intérieur du *temenos* se trouvait une statue de Jupiter [22]. » « À Dalheim, a été trouvée une statue en bronze de Jupiter du IIe siècle qui devait reposer sur une colonne, laquelle ressemble tout à fait à *l'autel primitif* retrouvé dans les décombres de l'édicule galicien [23]. » Compte tenu de ce qui a déjà été dit sur l'Apôtre, un tel temple de Mercure se prêtait particulièrement à devenir une église Saint-Jacques. On sait, en effet, par de nombreux témoignages, que le principal dieu des Germains, Wotan, a été reconnu par les auteurs de langue latine semblable à Mercure [24]. Les Suèves ne

---

[19] MPL 82, col. 555. *Étymologies*, Livre XV, chap. XIV.

[20] DAVID (Pierre), *op. cit.*, 11/1947, p. 121, note 3 : « Les Noms de lieux formés avec *arca* ou *arcae* ne sont pas rares en Galice et au Portugal. »

[21] Brittaneum, *Deambulatorium marmoreum.* Isid. habet in *Glossis*: Britanicum, Marmoricum. La référence n'est peut-être pas tout à fait exacte : *BRITANIUM,* marmoricum. Note : Forte, *Prytaneum marmoricum* addito *deambulatorium* ex Papia (Isid. MPL 83, App. XXIV, *Liber Glossarum*, col. 1340).

[22] CÜPPERS (Heinz) *et alii, La Civilisation romaine de la Moselle à la Sarre,* Mayence, Philipp von Zabern, 1983, p. 163.

[23] CHOCHEYRAS (Jacques), *Saint Jacques...*, *op. cit.*, pp. 143-144.

[24] Ce que César dit des Gaulois : « Ils révèrent le plus le dieu Mercure, et il en existe de nombreuses représentations » (*De bello gallico*, par. 17). Tacite le répète au sujet des Germains : « Entre tous les dieux, ils honorent particulièrement Mercure » (*Germ.* 9. *ann.* 13, 57. *hist.* 4, 64). Et Paul Diacre d'ajouter : « Wodan, qu'ils appellent Gwodan en ajoutant une lettre à son nom, est certes celui même qui est appelé Mercure chez les Romains et qui est adoré comme dieu par tous les peuples de Germanie » (1, 9). Plus précisément à propos des Suèves, Jonas de Bobbio rapporte dans *La Vie de saint Colomban*, qui date de la première moitié du VIIe siècle : « Ceux-ci disent qu'ils veulent offrir des sacrifices agréables

faisaient pas exception à cette règle, et ils avaient de plus la réputation d'être particulièrement fidèles à leurs traditions religieuses. Ils auront donc vraisemblablement donné à leur dieu principal la place que tenait Jupiter chez les Romains, qui les avaient précédés en Galice. Puisque les découvertes archéologiques suggèrent que l'édifice religieux qui a donné au lieu son nom d'*arcis marmoricis* est postérieur à l'époque romaine de la Galice, c'est donc sans doute au culte de Mercure qu'il aura été consacré. Cela n'empêchait nullement qu'une statue de Jupiter foudroyant, qui prédisposait le lieu à accueillir plus tard le fils du tonnerre, ait été dressée sur une colonne à l'intérieur de l'enceinte sacrée.

10. Le patron de l'Espagne

La strophe introductrice du poème réaffirme la doctrine orthodoxe sur le Christ, présence de Dieu dans le monde, né de la bouche du Père et du sein de la Vierge Marie. C'est une entrée en matière par ce qui est le fondement même de la pensée chrétienne. Mais ce n'est pas pour autant, comme on l'a prétendu, une défense contre les thèses de l'adoptianisme qui prétendait que Jésus n'était que le fils adoptif de Dieu, car une hymne liturgique n'est pas l'emplacement adéquat pour développer des définitions théologiques controversées et la teneur conceptuelle des représentations exaltantes qu'elle évoque peut demeurer assez floue.

La deuxième strophe imite assez librement l'Apocalypse (21, 19-20) qui mentionne les douze pierres précieuses ornant les fondations de la Jérusalem céleste. Groupées en trois fois quatre (même si le texte sans doute corrompu n'en mentionne que onze), elles sont interprétées ici comme une figuration des douze apôtres répartis en deux groupes de six. Ces considérations numérologiques préludent à la répartition entre les apôtres des contrées de l'univers à évangéliser, sur laquelle s'achève la première partie – en quatre strophes – du développement.

La deuxième partie qui comporte cinq strophes est centrée d'abord sur Jacques et Jean, puis sur Jacques seul. Son début est d'une importance considérable pour l'apparition de la légende compostellane, car c'est, à notre connaissance, le premier texte à fournir l'interprétation géographique explicite qui rattache respectivement Jean et Jacques à l'Asie et à l'Espagne. Après le martyre de Jacques, qui remplissait la condition posée par Jésus, rien n'empêchait plus de satisfaire la demande de leur mère. Dans la présentation qui est faite du saint, ce sont les deux termes de *sententia* et de *regnum* qui servent à caractériser sa fonction propre. Cette mise en rapport avec le discours et le règne n'est pas tout à fait évidente, même si on l'oppose à la spécialité de saint Jean qui est de veiller aux traités de paix. La capacité discursive renverrait-elle à l'héritage d'Hermès, patron des discoureurs, tandis que le règne préluderait au rôle politique qu'on souhaiterait lui voir jouer, comme représentant local du Très-Haut à qui appartiennent, comme on sait, le règne, la puissance et la gloire [25] ? Son martyre est, en tout cas, le signe d'une vocation d'apôtre totalement accomplie, non sans que soient rappelés ici allusivement, les miracles qui sont rapportés dans la

---

à leur dieu Vodan, que d'autres appellent Mercure ». GRIMM (Jacob Ludwig Carl), *Deutsche Mythologie*, 2. Ausgabe, Göttingen, Dieterich, 1844, I, 46, cf. MABILLON, *Ann. Bened.*, 2, 26.

[25] Le mot « gloire » est le dernier de la neuvième strophe. Rapproché de l'adjectif « éternelle », il figure aussi dans les deux dernières strophes.

Passion du *Pseudo-Abdias*. Dans la position qui lui a été accordée, comme sa mère l'avait souhaité jadis, il a le pouvoir de guérir les malades et, par un renversement tout à fait paulinien, sa mort ignominieuse par l'épée le rend apte à conduire vers le triomphe glorieux.

Aussi est-il normal que la troisième et dernière partie s'adresse à lui sous forme d'invocation. À titre propitiatoire, il reçoit ici, pour la première fois semble-t-il, la qualité de saint patron et protecteur de l'Espagne. Cette désignation le propose comme un rassembleur, propre à fonder une unité qui serait à la fois religieuse et patriotique, et dont la puissance tutélaire apparaît liée à une situation politique dans laquelle le salut ne peut venir que du ciel. La prière qu'est cette hymne a donc pour but de flatter le saint, d'une manière dithyrambique conforme aux lois du genre, pour le rappeler discrètement à ses devoirs en sollicitant son intervention.

11. La légende des sept évangélisateurs

L'aventure des sept évangélisateurs résulte assez clairement de la contamination de deux légendes préexistantes qui se rattachent à leurs noms par leur nombre et par le lieu de leur activité : en tant qu'ils sont sept, ils évoquent la légende des sept dormants d'Éphèse et leur évangélisation de l'Espagne recoupe la thématique de la légende hispanique de saint Paul. Le repos ou le sommeil initial des sept évangélisateurs rappelle le thème final qui a valu aux sept dormants leur nom ; le moment de leur arrivée est aussi celui d'une fête païenne ; la persécution populaire à leur endroit devient une poursuite (c'est le même mot), déjouée par un fait miraculeux qui arrête les poursuivants et les incite à un revirement complet. Le miracle rapporté ici est plus sensationnel que dans la légende grecque car les poursuivants/persécuteurs ne sont pas seulement immobilisés à l'entrée d'une caverne, mais engloutis par un pont qui s'écroule, comme les Égyptiens furent noyés lorsque les Hébreux passèrent la mer Rouge sous la conduite de Moïse.

À la différence du peuple qui réagit de manière hostile, une noble dame au grand cœur, épouse d'un sénateur, va se convertir immédiatement, donnant ainsi le meilleur exemple, comme la femme de préfet rencontrée par saint Paul :

> « Sainte Xantippe, sous Néron empereur des Romains, était femme de Probus, préfet d'Espagne, et elle avait pour sœur une vierge du nom de Polyxène. Alors que l'apôtre saint Paul vint en Espagne et y prêcha le Christ, Xantippe se rendit auprès de lui et, enseignée par lui dans la foi, elle fut d'abord baptisée. Ensuite elle persuada son mari de devenir chrétien. De même, sa sœur Polyxène fut enseignée par le même apôtre. Mais après son départ, comme elle avait entendu dire qu'André, le grand apôtre, prêchait la foi de vérité à Patras en Achaïe, elle le rejoignit, et, après avoir mieux appris auprès de lui ce qu'il en est du Christ, elle reçut le baptême. Bientôt elle regagna sa patrie. Elle y trouva sa sœur Xantippe brillant de toutes les vertus et fut accueillie par elle avec joie. Quand elles eurent l'une et l'autre enseigné la foi du Christ à un grand nombre, elles moururent [26]. »

---

[26] FLOREZ (Henrique), *op. cit.*, t. III, pp. 405-406.

Cette personne est appelée dans la légende des sept évangélisateurs de l'Espagne Ludaria, peut-être par contamination avec la déesse *Hludana*[27] dont l'aspiration initiale aura naturellement disparu, tandis qu'une lecture fautive de manuscrit aura transformé le « n » en « ri ». Par la suite, il suffira de baisser la queue du « d » pour en faire un « p », et transformer son patronyme en celui de *Luparia*. Ce nom de *Hludana* ne désigne pas une déesse celtique ou romaine mais germanique[28]. C'est, en vieux norrois, la protectrice du foyer et du feu, comme la *Fornax* ou *dea fornacalis* des Romains, déjà rencontrée plus haut. Plus généralement, elle semble avoir dans ses attributions les ressources locales, ce qui expliquerait assez bien qu'elle soit ici présentée comme une souveraine autochtone, riche propriétaire terrienne, disposant de terres et de troupeaux[29]. La graphie *Ludari* rapproche, en outre, ce terme du francique *loder*, en moyen-haut-allemand *luoder*, qui signifie appât et qui a donné naissance au français *leurre*, comme à l'allemand moderne *Luder*, pour désigner une personne peu recommandable. À la différence de Xantippe, qui, avec son nom grec – celui de l'épouse acariâtre de Socrate – renvoie à l'époque byzantine de l'Espagne, la reine Ludaria, au nom issu d'une déesse germanique, porte la marque de l'époque suévo-wisigothique. Sa qualité de « sénatrice », femme de sénateur – chaque municipe ayant son propre sénat – suppose qu'on est ici en pays de droit romain et donc propriétaire d'une terre pour pouvoir y enterrer légitimement[30]. Cela implique naturellement la recherche d'une sépulture autorisée pour la dépouille mortelle de l'apôtre. Une fois opérée la transformation du nom de la dame en *Luparia*, c'est-à-dire Louvière ou Loupière, la paronymie avec le loup suggérera de lui conférer aussi un aspect de cruauté mentale qui fait étrangement contraste avec la douceur évangélique de son âme préchrétienne, mais lui permet de rejoindre la mégère Xantippe. Elle refusera la sépulture du saint et enverra les disciples présenter leur demande à un roi très cruel. Ce roi, qui joue le rôle hostile tenu jusqu'à présent par la foule et sera puni comme elle, provient de la légende des sept dormants : il fait emprisonner les saints qui, à son insu mais au vu de tout le peuple, sortent de la prison.

> « Quant à Dèce, de retour à la ville, il apprit qu'ils s'étaient évadés, et leur cas s'aggrava à ses yeux. Prenant sa monture, il partit à leur recherche et beaucoup de gens aussi avec lui [...] Tous montrèrent tant de zèle que finalement ils arrivèrent au sentier des fugitifs [...]. Ils s'avancèrent vers la caverne. Lorsqu'ils se trouvèrent près de l'entrée... le Dieu Très Haut suscita dans le cœur du roi et de ceux qui l'accompagnaient une sorte de crainte révéren-

---

[27] « *Hludana, Nomen Deae cujusdam peculiaris alicujus loci* », Forcellini-De Vit, *Onomasticon*, p. 416.

[28] Grimm (Jacob Ludwig Carl), *op. cit.*, t. I, pp. 212-213.

[29] Une fois appelée *Luparia*, elle renverra plus nettement encore à une figure mythologique archaïque. « La Louve était sans doute à l'origine un avatar de la Grande Déesse, mère de tous les êtres. » Et, comme on le verra plus tard, « elle est en relation avec le taureau ». Przyluski (Jean), *La Grande Déesse, introduction à l'étude comparative des religions*, Paris, Payot, 1950, pp. 105-107.

[30] Cf. Allard (Paul), *Histoire des persécutions pendant les deux premiers siècles, d'après les documents archéologiques. Histoire des persécutions pendant la première moitié du IIIe siècle (Septime Sévère, Maximin, Dèce), d'après les documents archéologiques*, Paris, V. Lecoffre, 1885-1886, 2 vol., Appendice B.

cielle. Brusquement, ils prirent peur de ce qu'ils voyaient et ils faillirent tomber de leurs chevaux à la renverse. Ils firent demi-tour [...] [31]. »

Enfin, avant de céder à ses bonnes dispositions naturelles, la sénatrice inventera une dernière épreuve, tirée de la légende de saint Michel, la soumission des taureaux indomptables.

Une répartition administrative des évangélisateurs dans sept cités d'Andalousie dont ils deviennent les évêques et l'arbre merveilleux qui, de manière inattendue, porte des fruits mûrs sur la tombe du principal saint au moment de sa célébration (comme s'il y avait ici un miracle inspiré du reproche fait par Jésus au figuier qui ne portait pas de fruits au moment où il n'avait pas à le faire) viennent clore cette légende qui possède, durant les premiers siècles, une existence indépendante. Elle est consignée dans des actes apocryphes. « Ces actes sont l'œuvre d'un hagiographe mozarabe, originaire sans doute de la Bétique, qui écrivait au VIIIe siècle. Ils sont déjà résumés dans le premier des martyrologes lyonnais [...] écrit sans doute dans la première décennie du IXe siècle [32]. » Elle est donc plus ancienne que la translation légendaire de saint Jacques.

12. La première lettre du pape Léon

Le rédacteur de la lettre papale tient un discours semblable à celui de la lettre royale d'abord quant au lieu d'arrivée en Galice. Mais il ajoute un commentaire pseudo-étymologique du nom de *Bisria* pour souligner que saint Jacques touche la terre espagnole à un endroit caractérisé par le confluent de deux rivières. Par le biais de cette notation apparemment anodine, le texte renvoie peut-être à une signification cryptique qui le concerne lui-même et inviterait à considérer que la légende de saint Jacques qu'il rapporte se situe au point de rencontre de deux flux discursifs (*flumen eloquentiae*, dit Quintilien), en l'occurrence le discours sur Priscillien et celui sur les sept évangélisateurs de l'Espagne.

Le terme de la translation est la sépulture de l'apôtre « sous les *arcis marmaricis* ». Comme il a été dit précédemment, l'emploi de cette formule suggère que l'église d'Alphonse III est ici en cause, non sans qu'une contamination de *marmoricis* par le *marmarica* des catalogues apostoliques [33] puisse expliquer la forme elle-même. La légère modification de la dénomination locale aurait pour effet de mieux la conformer à la tradition textuelle du Pseudo-Isidore, en gommant discrètement une différence qui n'existait peut-être que dans la graphie.

Au radeau miraculeusement guidé par la main de Dieu, le rédacteur ajoute une spécification emblématique : la traversée en sept jours ; cette durée n'a rien de réaliste, mais renvoie à un nombre qui marque la perfection, celle du travail bien fait, comme l'œuvre divine du Créateur. Il précise aussi les circonstances d'une levée du

---

[31] JOURDAN (François), *La Tradition des sept dormants*, Paris, Maisonneuve et Larose, 2001, p. 24 ss.

[32] DAVID (Pierre), *op. cit.*, 13/1949, p. 70. La note 2 renvoie au BnF Ms. lat. 3879.

[33] Cette explication n'est pas la seule possible. Les Romains appelaient volontiers la mer *marmar*. Il ne serait donc pas rigoureusement inconcevable que la proximité de la mer ait suscité ce terme. Le rapprochement avec les *arcis*, entendues ici comme les voûtes, se rapporterait à leur situation face à la mer.

corps qui ne sont pas dépourvues d'ambiguïté. On peut comprendre : « Puis son corps fut transporté en l'air au centre du soleil [34] », comme s'il s'agissait d'une surenchère sur ce que la tradition admet généralement pour le prophète Élie, emporté dans les airs par un tourbillon de feu qui avait la forme d'un char ; à tout le moins, on verrait ici la poursuite sur terre de la translation merveilleuse qui venait d'avoir lieu sur les flots, la mention de l'air et du feu (solaire) complétant une évocation qui ne serait pas sans référence aux quatre éléments traditionnels. D'une manière beaucoup plus plate et dénuée de tout aspect miraculeux, il est aussi possible de traduire par « le corps fut transporté au milieu du jour sans toucher terre ». En effet, *sol* (le soleil) est souvent un synonyme de *dies* (le jour). Les disciples porteraient alors le corps de l'apôtre sur leurs épaules pendant le milieu du jour jusqu'à sa dernière demeure, ce qui n'aurait plus rien de merveilleux. Il est déjà précisé dans la légende grecque des sept dormants d'Éphèse, avec laquelle ce serait un point de convergence : « Ils gravirent la montagne. C'était au plein milieu du jour et la chaleur leur devenait pesante [35]. » Certains textes ultérieurs ou bien supprimeront ce détail, peut-être considéré comme gênant, ou bien l'exalteront dans un sens miraculeux indubitable, ces interprétations n'engageant qu'elles-mêmes.

La version originelle reproduite par la lettre du roi Alphonse ne comportait qu'une traversée de la Méditerranée en solitaire. Le Pseudo-Léon donne à l'apôtre les sept compagnons qui viennent de la légende des sept évangélisateurs. Il introduit dans la translation de saint Jacques les noms de Torquat et Ctésiphon, qui figurent parmi eux, et ajoute une partition en deux groupes : trois disciples nommément désignés restent auprès du tombeau, quatre autres, anonymes cette fois, retournent à Jérusalem pour apporter la nouvelle au pape qui y tient un synode. Les sept disciples n'ont donc plus pour mission, comme dans leur propre légende, d'évangéliser l'Espagne, puisque cette tâche incombe désormais à l'apôtre Jacques. Leur fonction commune est d'escorter l'apôtre jusqu'à sa dernière demeure. Mais là, leurs voies divergent. Les uns doivent rester auprès du tombeau pour être ensevelis dans son entourage immédiat, particulièrement bénéfique dans la perspective du jugement dernier. Les autres répondent à une exigence de logique – et de crédibilité – de la lettre papale, en transmettant au souverain pontife une information de première main émanant des acteurs mêmes.

Le nombre et les noms des disciples restés auprès de saint Jacques posent quelques questions auxquelles on ne peut apporter que des réponses conjecturales. En effet, le tombeau de Compostelle comportant trois sarcophages, on attendrait normalement – comme le dira la quatrième recension de la lettre papale – deux sépultures de disciple. Et si l'on admet que les noms de ceux-ci sont Théodore et Athanase, il faudra d'abord considérer que les noms de Tysefons et Anastasius viennent, pour le premier d'une contamination avec le Ctésiphon de la légende des sept évangélisateurs et pour le second d'une mauvaise lecture, sans doute intentionnelle, pour introduire le nom d'un personnage célèbre. Anastase le Bibliothécaire est, en effet, connu pour avoir rédigé une notice biographique, justement sur le pape Léon le Grand, et avoir été secrétaire de plusieurs synodes, analogues à celui qu'évoque la fin de la lettre. Dans cette hypothèse, les noms de Torquatus et Tysefons, d'une part, et d'Anastasius, d'autre part, renverraient aux deux niveaux fictifs de cette rédaction : d'un côté

---

[34] CHOCHEYRAS (Jacques), *Saint Jacques...*, *op. cit.*, p. 116 ; DUCHESNE (Louis), *op. cit.*, p. 37.

[35] JOURDAN (François), *op. cit.*, p. 24.

l'ouverture sur la légende des sept évangélisateurs, de l'autre, l'attribution au pape Léon. En effet, il paraîtrait logique que cet Anastasius figure dans le groupe des compagnons de saint Jacques retournés à Jérusalem, pour rendre compte de leur mission. Il suffirait, pour parvenir, à ce résultat de corriger légèrement le texte que nous possédons. Au lieu de lire : « Les noms de ces disciples sont Torquatus, Tysefons et Anastase. Les quatre autres disciples retournèrent à Jérusalem », on préférerait : « Les noms de ces disciples sont Torquatus et Tysefons. Anastase et les quatre autres disciples retournèrent à Jérusalem. » Cette correction minime aurait l'avantage supplémentaire de restaurer une certaine vraisemblance. Elle est toutefois purement conjecturale, car les textes qui s'inspirent de cette rédaction ne connaissent jamais que deux groupes composés respectivement de trois et quatre disciples.

L'innovation essentielle de ce récit réside dans l'adjonction de deux personnages antagonistes et pourtant étrangement liés l'un à l'autre : d'une part le pape Léon, qui ne figure avec son titre que dans la suscription, d'autre part le dragon de cette contrée, appelée jadis mont des Yeuses et qui, par la vertu de saint Jacques, sera baptisée mont Sacré. De quel pape Léon peut-il s'agir ? La réponse la plus naturelle, semble-t-il, est de considérer qu'il s'agit du premier de ce nom, le pape Léon le Grand (440-461). Celui-ci a été en rapport direct avec les affaires galiciennes par une longue lettre authentique qu'il écrivit au sujet de l'hérésie priscillienne. « La lettre de Léon comportait seize chapitres qui reprenaient les condamnations contre les anciennes hérésies et surtout contre la nouvelle, le priscillianisme, en s'efforçant d'assimiler cette dernière aux autres [36]. » Mais Isidore de Séville reproduit des *Lettres décrétales du pape Léon* [37] qui ont pu servir de modèle au rédacteur en lui fournissant ce nom ; il intitule d'ailleurs une étude historique *Des rois des Goths, des Vandales et des Suèves*, apportant ainsi deux des souverains auxquels est adressée la missive, qui leur ajoute, sans grande dépense d'imagination, les Romains et les Francs. Un pape Léon fictif apparaît dans certaines versions du Pseudo-Jérôme comme témoin de l'inhumation étrange de Jean l'évangéliste, frère de Jacques, censé être entré en marchant dans son propre tombeau. Puisqu'il s'agit ici aussi des circonstances inattendues liées à la manière non moins miraculeuse dont saint Jacques gagne sa dernière demeure, ce pouvait être une raison de la rapporter au témoignage d'un pape du même nom. Cependant, d'autres raisons encore ont pu inciter à employer ce nom de pape. Au siècle même de l'invention du tombeau, il existe deux papes Léon, respectivement III et IV, dont le premier couronna Charlemagne. La fondation de l'évêché de Bayonne est, elle aussi, rapportée à un pape Léon dont le numéro d'ordre n'est pas plus précisé qu'ici.

Le thème de la lutte avec le dragon, si fréquent dans l'hagiographie [38], a pu être emprunté à la légende de saint Matthieu telle que la rapporte le Pseudo-Abdias. L'apôtre y est censé avoir vaincu deux dragons qui accompagnaient des magiciens. Ici, les disciples éteignent le souffle du dragon et réduisent à néant ses discours. On est évidemment dans le double registre du concret et du figuré. Le dragon ne déroge pas à son image de marque en crachant du feu. Mais, pour la pensée figurative chrétienne, il est aussi le symbole soit du paganisme, soit de l'hérésie, deux adversaires

---

[36] HYDACE, *Chronique*, éd. Alain TRANOY, Paris, Cerf, 1974, t. II, p. 23.

[37] MPL 84, col. 691-786

[38] Avant la légende de saint Jacques, il apparaît dans celle de saint Michel, et, à partir du XIIIᵉ siècle et de la *Légende dorée,* il figurera dans celle de saint Georges.

dont le saint vient triompher. Compte tenu de l'implantation du priscillianisme en Galice, ce dragon devrait être plutôt celui de l'hérésie.

La translation légendaire de saint Jacques emprunte encore d'autres aspects à la translation historique de Priscillien : « Après la mort de Priscillien, l'hérésie se répandit en Galice ; ce fut peut-être dans cette région que furent ramenés les corps des suppliciés [Sulpice Sévère, *Chronique*, II, 51, 78] [39]. » Selon cet auteur, les corps des martyrs furent accueillis par des funérailles. Le motif assez surprenant des disciples de saint Jacques pleurant et sollicitant l'indulgence divine, comme s'ils assistaient à l'office des morts célébré pour tout autre qu'un apôtre, pourrait découler de cette information. Puisque le site archéologique de l'ancienne *Celenae* comporte, on le sait [40], un lieudit appelé *Martores* (les martyrs), comme on nommait les priscillianistes, il serait concevable que les dépouilles mortelles des suppliciés y aient été déposées. L'évêché de *Celenis* [41], dont le nom forme à la fois une anagramme et un paronyme d'*Ilicinus,* resta le dernier aux mains des priscillianistes, sans doute parce qu'ils le défendaient avec l'énergie du désespoir [42]. Enfin, comme dans le cas de Priscillien, l'évangélisation véritable de l'Espagne par saint Jacques ne commencera, selon les récits de translation qui taisent sa prédication en ce pays, qu'après le retour des cendres [43].

Le changement de toponyme qui intervient après la mort du dragon, le mont s'appelant désormais Sacré, est donc dans un premier temps une conséquence de l'arrivée du cortège funèbre. Une fois christianisé, le lieu perd naturellement sa désignation païenne, tout comme le néophyte reçoit dans le baptême un nouveau nom chrétien. Le nouveau nom du mont fait intervenir curieusement la catégorie du sacré et non celle de la sainteté, déjà présente dans le *locus sanctus* des chartes asturiennes citées plus haut. Serait-ce une résurgence d'une conception antique ? La victoire sur le dragon est, en effet, une caractéristique bien connue du dieu Mercure. Et *sacer* est l'adjectif qui s'applique au monstre Argus dont Hermès coupe les mille têtes [44]. Le souvenir païen pourrait donc se trouver plus conservé ou exalté qu'occulté par le nouveau toponyme. En outre, bon nombre de lieux, situés ailleurs, portent ce nom de *mons sacer.* Il en est un en Galice dont Justin rapporte la désignation au fait que la foudre y trace souvent des sillons qui mettent à nu des gisements aurifères considérés à

---

[39] HYDACE, *op. cit.*, t. II, p. 23.

[40] Cf. CHOCHEYRAS (Jacques), *Saint Jacques...*, *op. cit.*, p. 115.

[41] «*Celenis* peut être confondue avec *Aquae Celenae, mansio* de la *via* XIX, identifiée avec Caldas de Reyes ou Cuntis.» TRANOY (Alain), *La Galice romaine...*, *op. cit.*, p. 427, n. 142. Cela semble d'autant plus indiqué que l'*Itinéraire Antonin* (éd. G. PARTHEY et M. PINDER, Berlin, 1858, pp. 202-203) présente cette ville sous le nom *Aquis Celenis* (var : *selinis, scelenis, celinis*).

[42] « Par la suite, pour éviter toute résurgence de l'hérésie appuyée sur les reliques de ses martyrs, on a purement et simplement enlevé à ce lieu son siège épiscopal. » TRANOY (Alain), *La Galice romaine...*, *op. cit.*, pp. 426-427.

[43] « L'expansion réelle du priscillianisme dans le Nord-Ouest ne commença qu'après la mort de Priscillien, en 386 ou 387. À partir de cette date, Priscillien est considéré comme un martyr et son corps, ramené en Galice, fait l'objet d'un véritable culte. » TRANOY (Alain), *La Galice romaine...*, *op. cit.*, p. 426 ; VIVES (José), éd., *Concilios visigóticos e hispano-romanos,* Madrid, Barcelone, 1963, p. 30, n. 35 ; HYDACE, *op. cit.*, 16 : «*Exim in Gallaeciam Priscillianistarum haeresis invasit.* »

[44] «*Lumina mille, quae sacer alterna tantum statione tenebat Argus.* » Ovide 1, 710-720.

l'égal d'un présent divin. Il pourrait y avoir là une raison très économique de nommer ultérieurement ce lieu « Libre don », peut-être en raison de la prospérité matérielle que la découverte a entraînée pour la contrée, car le tombeau de Compostelle a été une véritable mine d'or.

Qu'il s'agisse de connotations païennes ou économiques, la notion de sacré est donc loin d'être univoque, et elle s'enrichit encore d'une composante supplémentaire si l'on remarque que cet adjectif est porté aussi par l'une des collines de Rome et peut donc avoir été employé ici par analogie avec le tombeau de l'apôtre Pierre et la Ville éternelle.

S'il n'est guère douteux que le mont en question soit celui que l'on appelle aujourd'hui encore le Pico Sagro, « à deux lieues à l'est de Santiago[45] », le cortège a fait un détour pour arriver à son but en venant de l'ouest. La raison en est que c'était le lieu de passage de la voie romaine entre Iria et Lugo, donc le seul chemin possible. Mais alors que le récit semble dire que c'est l'éminence même sur laquelle l'apôtre va être enterré qui porte ce nom et non une colline voisine, il y a lieu de comprendre que le site du tombeau est une sorte de contrefort du Pico Sagro et dominé par celui-ci. En ce sens, le texte légendaire, qui présente d'abord l'inhumation du saint et ensuite seulement le triomphe sur l'horrible bête qui désolait la contrée, ne manque pas d'une certaine logique, à la fois géographique et religieuse. La disparition du dragon n'est pas un préalable à la déposition du corps saint mais le premier témoignage du pouvoir qui émane de lui. C'est bien pourquoi la chrétienté tout entière, désormais assurée que le corps de saint Jacques repose en Galice, n'a plus qu'à se rendre sur son tombeau pour y prier. La translation a donc un prolongement naturel dans l'invitation au pèlerinage.

Cette narration se rattache fort bien à la vocation même de « supplanteur » que saint Jacques tient de son nom. Supplanter Priscillien, c'était ici se substituer à lui en s'appropriant ce qui lui avait préalablement appartenu. Ainsi le récit de translation devenait-il le témoignage d'un triple transfert : en même temps que de la translation merveilleuse de Jérusalem à Compostelle, il s'agissait de la transposition à saint Jacques de ce qui était originairement le propre et des sept évangélisateurs de l'Espagne et de Priscillien.

13. L'hymne du pape Léon et du maître Panicha

La suppression des deux quatrains ajoutés fait apparaître une forme antérieure et régulière de cette hymne dans laquelle il n'y a plus que cinq lectures[46] et qui présente des aspects intéressants. C'est sans doute le texte le plus ancien à comporter la mention expresse de Jaffa, qui reviendra dans la quatrième version de la lettre papale, et à analyser les diverses étapes de l'embarquement qui seront reproduites elles aussi par cette version. Il développe dans un sens fantastique, que la troisième version lui aura peut-être emprunté, la notation relative au « centre du soleil » en relation avec la dernière étape terrestre de la translation. Au développement explicatif du *Bisria* de la première lettre papale, il substitue un *Bis rivata* qui a au moins l'avantage de ne plus mélanger deux langues et ajoute la mention de Padrón. Il souligne la recherche

---

[45] DUCHESNE (Louis), *op. cit.*

[46] Le premier quatrain de l'actuelle cinquième lecture devient alors le dernier de la quatrième lecture, tandis que le second quatrain de la version modernisée est le premier de l'ancienne cinquième lecture, qui comprend en outre les quatrains un et trois de l'actuelle sixième lecture.

d'une sépulture et corrige sa source principale, en situant le lieu du tombeau non plus à douze milles mais à six ou huit milles de l'embouchure du Sar (sans doute selon l'itinéraire choisi). L'emplacement même du tombeau est désigné par la formule *Archis marmoreis*, « arches de marbre », variante des anciennes *arcis marmoricis*. Il ajoute, comme la charte de 914, à laquelle il emprunte sans doute ce détail à moins que ce ne soit l'inverse, une aspersion d'eau bénite sur la montagne souillée par le dragon, et interprète à sa manière le nom d'Ilicinus, écrit *illicinus*, ce qui accroît la ressemblance avec le substantif *illicium*, signifiant « séduction » par un faux mais suggestif rapprochement étymologique.

Cette hymne emprunte à la légende de saint Michel, vers laquelle la victoire sur le dragon fait normalement transition, le motif de la soumission merveilleuse des taureaux indomptables en les adaptant à la thématique propre de la translation. Ils servent ici à traîner le catafalque, mettant en scène un cérémonial spectaculaire de souveraineté, puisque c'étaient aussi des taureaux qui tiraient le char royal des Francs [47]. Le thème des miracles correspond aux déclarations de la lettre d'Alphonse III, mais deux catégories sont distinguées : les miracles corporels de la guérison des malades et les miracles spirituels du pardon des pécheurs. Ainsi cette reprise liturgique et versifiée de la lettre papale n'est-elle, pas plus que les recensions ultérieures en prose, une reproduction pure et simple.

Cette hymne du pape Léon et de maître Panicha est complétée, sans doute plus tard, par celle des vêpres destinée, comme l'indique la première strophe, à la vigile de la fête de saint Jacques [48].

« **Aux vêpres**

Il arrive le jour d'allégresse
Où le bienheureux Jacques
Est donné aux terres d'Espagne,
Excellent chef et patron

Qui a subi le premier, avant tous les autres
apôtres, le martyre pour le Christ,
Et montra par là
Le chemin du ciel.

Ses disciples levèrent son corps
Au milieu de la nuit
Par crainte du peuple profane
Et l'escortant gagnèrent Jaffa.

Un navire préparé leur est envoyé
Par le Dieu des mers ;
Son corps y est déposé
Pour tout le temps de la traversée.

---

[47] GRIMM (Jacob Ludwig Carl), *op. cit.*, p. 554.

[48] Éditée par LÓPEZ FERREIRO (A.), *op. cit.*, t. I, pp. 209-210, sans référence précise, mais comme provenant de l'antique bréviaire de Compostelle. Il signale qu'on la trouve aussi, avec des variantes, dans les hymnaires des diverses églises espagnoles. Il ne semble pas en exister de manuscrit français. Elle ne figure pas dans le *Livre de saint Jacques*.

Au bout de sept jours,
Entrant avec joie dans le port d'Iria,
Ils chantent les louanges
De la cour céleste en dansant.

De nombreux miracles
Y sont accomplis divinement ;
Son corps, ardent comme une torche,
Resplendit d'un vif éclat dans le ciel.

Gloire à toi, Seigneur,
Qui es né de la Vierge,
Avec le Père et l'Esprit-Saint
Pour les siècles des siècles. Amen.

Matines

Réjouis-toi, heureuse Espagne,
Exultant dans les esprits joyeux,
Chantant la solennité de ton chef,
Par de dignes divertissements.

Voici le magnifique
Soldat puissant au combat,
Le premier glorifié par la palme
Dans la cohorte des apôtres.

Après la sentence de mort
Conduit en bateau à Iria
Il t'a fait connaître
La grande cour du ciel.

Afin qu'il rejette les idoles
Avec leurs sacrifices expiatoires,
Après avoir rendu la foi digne de foi
Par les nombreux miracles qui se firent.

Car le grand dragon a éclaté
Frappé par les disciples ;
La foule horrible des taureaux
A suivi le signe de la croix.

Le pont s'est rompu,
Les foules s'enfoncent dans le fleuve,
La sauvage matrone est vaincue
Et demande le baptême.

Le corps aussitôt
Est embaumé de divers aromates,
Et on l'amène à Compostelle
Au milieu des psaumes et des hymnes célestes.

Enseveli dans un tombeau
Il y resplendit de nombreux prodiges,
Nourriture de vie par son pouvoir,
Notre chef et notre escorte.

Gloire à toi, Seigneur,
Qui es né de la Vierge,
Avec le Père et le Fils,
Dans les siècles des siècles. Amen.

Antienne des trois nocturnes de matines

Ce jour d'aujourd'hui
Resplendit de nombreux miracles ;
Aux peuples est donnée
Une joie d'en haut.

À ceux qui sont assis dans les ténèbres
Envahis par les ombres de la mort,
Un patron fort est donné
Resplendissant de lumière parmi les étoiles.

Réjouis-toi donc, Espagne,
Abandonne ton chagrin,
Chantant de dignes éloges
Et dansant en son honneur.

Il est conduit à travers les ondes de la mer
Après sa mort sacrée,
Un navire préparé est envoyé
Selon le décret divin.

Les disciples y montent
Portant le corps de l'apôtre
Et chantant de joie
Les psaumes de David.

Au bout de sept jours
Arrivant au port d'Iria,
Ils débarquent avec grande joie
Le citoyen de la cour céleste.

On demande au roi un lieu
Pour l'inhumer ;
Le pont s'écroule
Et la foule est punie.

Le dragon immense est brisé,
Les taureaux audacieux sont domptés,
La matrone sauvage est vaincue,
Et les lieux sont consacrés.

À la vue de tant de miracles,
La matrone se fait baptiser
Et les idoles une fois rejetées,
Une sépulture est préparée. »

14. La deuxième lettre du pape Léon

Elle ne s'adresse plus à des souverains en partie païens, mais à un public chrétien dans son ensemble. Elle emprunte à la première lettre sa première phrase, en ajoutant la filiation de Zébédée pour parer à la confusion courante avec Jacques le Mineur, en modifiant le terme employé pour désigner la décollation, en supprimant l'indication relative aux sept jours de navigation et en précisant que ces informations viennent des Actes des apôtres. La seconde phrase « intercale dans le texte primitif toute la notice d'Adon [49] », non sans ajouter que la chose a été ordonnée par le Seigneur. La volonté divine est un excellent argument pour déjouer les critiques à l'égard de pareille localisation. La troisième phrase ajoute les précisions géographiques que reproduit aussi la lettre d'Alphonse III, en répétant Jérusalem et en spécifiant avec exactitude des données locales. « Le second rédacteur connaît les noms des deux rivières [...], il les appelle Illa et Sare, noms correspondant à ceux de l'Ulla et de son affluent le Sar. C'est dans l'angle de ces deux cours d'eau que se trouve l'emplacement de l'antique Iria [El Padrón]. De plus, il introduit le nom d'Iria sous une forme altérée, mais usuelle alors : in locum Iliae [50]. » Le rédacteur reproduit la phrase suivante en supprimant la mention qu'il n'a peut-être pas bien comprise ou qui l'a choqué, centro solis in aera, mais précise que les douze milles doivent être comptés à partir d'Iria comme il avait spécifié plus haut le départ de Jérusalem. Après avoir évoqué, comme la première rédaction, les arcis marmoricis, avec la préposition sub mais la voyelle exacte et en ajoutant l'adjectif « occidental », comme pour distinguer d'un paronyme oriental, il reproduit un texte corrompu – urbe figurant sans doute à la place de ubi – qui évoque, en termes identiques à ceux des martyrologes de Florus-Adon, le culte rendu aux reliques en ce lieu. Il se conforme à la succession des faits proposée par la première lettre, en plaçant l'évocation de la sépulture des trois disciples autour de Jacques avant la rencontre du dragon, mais accroît la distorsion chronologique en mentionnant aussi le retour des quatre autres à Jérusalem. La phrase suivante peut ensuite raconter la défaite du monstre, en soulignant, ce qui est de l'ordre du commentaire, qu'elle revient aux mérites de saint Jacques, et en remplaçant les argumenta de la première version par des instrumenta, C'est assez logique puisque le dictionnaire définit un argumentum comme instrumentum argumenter, mais renvoie plutôt à un rédacteur hispanophone utilisant le mot latin dans le sens ecclésiastique de l'espagnol « instrumento » pour désigner un texte officiel de l'Église. La mention du mont des Yeuses devenu mont Sacré s'accompagne d'une présentation qui semble modifier quelque peu les temps du premier verbe et la personne du second. Le jeu sur la temporalité est plus sensible : « il avait été appelé » et « nous l'appellerons » pour éviter la répétition assez maladroite dans la première version, et peut-être pour marquer que le nom mons sacer relève plus d'un appel ou d'une invitation que d'une

---

[49] DUCHESNE (Louis), op. cit.
[50] DUCHESNE (Louis), op. cit. À vrai dire Ilia n'est pas une forme altérée mais la dénomination latine exacte de Ilia Flavia, Ilia étant un autre nom de Rhéa, mère de Romulus.

constatation positive. La formule finale est modifiée, supprimant l'évocation de tous ceux qui iront, ce qui est logique puisqu'il a déjà été dit d'après le martyrologe que les foules locales s'y pressaient, pour suggérer de les imiter.

15. La troisième lettre du pape Léon

Au lieu du pompeux étalage des relations que le pape est censé entretenir avec les têtes couronnées de l'Europe, le début du texte joue dans le registre exactement inverse, celui de l'humilité, qui amène le souverain pontife à se définir, selon une formule courante, comme « le serviteur des serviteurs de Dieu ». Le ton de cette missive est donc beaucoup plus pastoral que pontifical. L'exorde poursuit en indiquant la thématique spirituelle du récit de la translation dans son ensemble, c'est-à-dire la Providence divine. La modération du registre dans lequel on se situe apparaît très clairement lorsque, évoquant les sept disciples de l'apôtre, le rédacteur oublie sans doute que la lettre est censée émaner d'un pape et reconnaît qu'il n'en sait pas plus que ce qu'il a pu trouver dans la première version de la lettre papale : leur nombre global de sept et le nom des trois premiers, qu'il reproduit exactement et dans l'ordre. Il ressent une certaine insuffisance de son information et l'avoue sans vergogne, avec une simplicité empreinte de bonhomie qui contraste avec le ton guindé de son modèle. Cependant il se caractérise par là comme ignorant aussi bien le petit martyrologe romain que celui d'Adon.

Mais il a le sens des convenances narratives et, alors que son modèle ne disait nullement comment le corps du supplicié avait rejoint le bateau qui devait l'emmener en Espagne, on apprend ici que le vol de cette relique a été inspiré par l'Esprit-Saint et que les disciples s'en emparent à la faveur de la nuit. On est évidemment étonné d'apprendre que le corps reposait déjà dans un *mausoleum*, mais le terme ne désigne ici sans doute pas un monument : conformément à l'usage classique, il a pu être pris dans un sens atténué, synonyme de *feretrum,* cercueil. Trois phrases sont ajoutées au modèle pour dire où était le corps, comment il est transporté avec des sentiments de piété et de respect, et où il parvient. Ces détails ajoutés semblent provenir, ainsi que l'inspiration divine de cette entreprise, du passage d'Abdias qui expose, dans la biographie de saint André, les moyens que celui-ci mit en œuvre pour délivrer saint Matthieu de sa prison :

> « Un ange envoyé par le Seigneur à saint André l'invita à se rendre dans la cité de Myrmidon et à tirer son frère Matthieu des tourments de la prison. Celui-ci lui dit : Seigneur, je ne connais pas le chemin ni où j'irai. L'ange lui répondit : va au bord de la mer et tu y trouveras un navire. Embarque-toi aussitôt. C'est moi qui guiderai ton chemin. André lui obéit et, montant dans le navire qu'il avait trouvé, il eut grâce au souffle des vents favorables une navigation heureuse jusque dans cette ville. »

Le rédacteur se plaît à répéter les noms des disciples et à détailler leurs actes, comme s'il s'intéressait plus à la relation du service envers les défunts qu'aux prodiges qui se manifestent pour attester la transcendance d'une sainteté exceptionnelle. Seul de tous les narrateurs de la translation, il rapporte qu'une fois arrivé à Iria le convoi marque une pause de quelques jours. Son modèle disait seulement que le radeau s'était arrêté, donnant par là à comprendre qu'il n'était pas allé plus loin et pas nécessairement qu'il s'y était immobilisé pour un certain laps de temps. Le texte n'entre pas non plus dans des considérations plus ou moins exactes sur le nom d'Iria, devenu Bisria, mais fournit, en les déformant, les noms des deux rivières qui n'étaient pas dans la première lettre. Il fait en cela comme le rédacteur de la seconde version. Le pouvoir de l'apôtre va remporter la victoire sur le dragon du mont Ilicinus et ce lieu change de nom, après l'écrasante défaite de son occupant. La fin de son règne est présentée d'une manière qui montre bien que le sens allégorique, encore sensible dans la première version, a totalement disparu. Comme dans un dessin animé ou une bande dessinée, le dragon se voyant vaincu vole par-dessus les précipices – car un dragon est un serpent ailé – et va se jeter dans les profondeurs d'un lac, où il disparaît à jamais, sorte de retour à la case départ, puisque les dragons sont naturellement d'origine aquatique. La mention de la victoire sur le dragon avant les précisions sur l'inhumation du saint est un remaniement des données qui présente cette fois la victoire sur l'adversaire comme conditionnant la prise de possession des lieux qu'il détenait.

Sans que l'on apprenne ce qu'il advient dans l'immédiat du corps de l'apôtre, c'est la construction d'une grande église qui est évoquée, en particulier d'une partie de celle-ci, appelée *sanctuarium*, dans laquelle la relique est déposée. La mention de cette grande église ne peut se rapporter qu'à celle d'Alphonse III. Elle ne s'était pas substituée à la petite église d'Alphonse le Chaste mais l'avait intégrée sous la forme d'une chapelle située désormais derrière le maître-autel et formant donc autour du mausolée un espace spécifique[51] qui pouvait être appelé *sanctuarium*.

Comme la première lettre, celle-ci mentionne ensuite l'inhumation des trois disciples autour de leur maître. Mais l'insistance sur les noms de ceux-ci, qui sont ici répétés trois fois et l'attachement de leurs ouailles qui leur vaut cet honneur paraissent correspondre à un certain changement d'attitude religieuse. On l'a vu, le caractère prodigieux et miraculeux est souligné en ce qui concerne l'apôtre ; quant à ses disciples, ils ne restent plus auprès de lui dans une attitude quelque peu monastique d'adoration contemplative inspirée par le souci de leur propre salut : l'évocation des fidèles qui veillent à les enterrer auprès de leur maître met l'accent sur une communauté pastorale et paroissiale qui n'apparaissait pas jusqu'à présent. C'est à propos de ces trois disciples que le texte reprend à sa manière les données de sa source sur les *arcis marmoricis*. Il comprend ce terme – ce qui est nouveau – comme venant de *arca*, pris dans le sens de cercueil, qu'il rend au moyen du terme *locellus*. C'est pourquoi il change aussi la préposition.

À l'imitation de la première version, on trouve ici encore les quatre autres disciples retournant à Jérusalem, poussés par le Saint-Esprit, comme ils avaient été incités à en partir. La fin du texte accuse une nette symétrie – expressément soulignée par un *sicut prius* – avec le début, puisqu'ils rejoignent le bord de la mer et y trouvent à nouveau un navire providentiel qui leur permet de faire le trajet en sens inverse.

16. La quatrième lettre du pape Léon

Avant de proposer sa version du récit de la translation, cette recension ajoute un rappel de la passion de saint Jacques qui ne figurait pas jusqu'alors dans les lettres papales. Son auteur «a eu sous les yeux la *Passio s. Iacobi* du faux Abdias. C'est là qu'il a trouvé le grand prêtre Abiathar et le disciple Josias[52].» En ce qui concerne la

---

[51] FORCELLINI-DE VIT, *op. cit.*, p. 325.
[52] DUCHESNE (Louis), *op. cit.*

translation elle-même, elle suit assez fidèlement les données de la troisième lettre papale, dans sa relation du début, mais supprime délibérément le nombre et le nom des disciples de l'apôtre. Les disciples anonymes n'ont plus pour fonction que de s'emparer du cadavre et de l'accompagner dans sa pérégrination. Une nuance dans l'interprétation du phénomène fait que ce qui était placé précédemment sous l'inspiration du Saint-Esprit s'accomplit maintenant en compagnie d'un ange. Sans doute le rédacteur aura-t-il estimé qu'il n'était pas très judicieux d'attribuer le vol des reliques – si augustes soient-elles – à la troisième personne de la Sainte Trinité et que l'aide divine devait plutôt intervenir seulement pour couvrir avec bienveillance l'accomplissement de la tâche.

Les détails relatifs aussi bien à l'arrivée du navire providentiel qu'à l'heureuse traversée correspondent exactement à ceux de la précédente version épistolaire. Mais l'opposition est très nette à l'égard de la première recension. Tout vise à réduire au strict nécessaire le caractère miraculeux des faits rapportés et à leur donner une teneur plus concrète. Parti de Jérusalem, le convoi arrive au bord de la mer à Jaffa, comme le déclarait déjà l'hymne compostellane. Les disciples délibèrent de ce qu'il convient de faire – marque d'une hésitation très humaine et très sage – lorsque apparaît un navire sur l'ordre de Dieu. La navigation ne s'effectue nullement dans des conditions invraisemblables. Il n'y a ni un navire seulement conduit par la main divine, ni un temps record pour aller de Jérusalem à Iria, ni un transfert prodigieux du corps arrivé à terre. Seules des circonstances favorables jouent le même rôle que dans la troisième recension. En opposition flagrante avec la première version de la lettre qui soulignait le caractère funèbre de l'arrivée à bon port, c'est ici la joie qui domine, soulignée par une référence aux Psaumes, pour confirmer que les disciples de l'apôtre ont fort bien agi.

Pour la première et seule fois, le site où l'apôtre sera inhumé est appelé « Libre Don ». Comme il a déjà été indiqué plus haut, ce nom évoque l'idée même de la grâce divine dont le tombeau de l'apôtre est à la fois une marque et une source inépuisable. L'ultime translation aérienne des reliques et la fuite éperdue de l'horrible dragon, par lesquelles le merveilleux rejoignait le fantastique, disparaissent. À la différence des précédents récits qui situaient le lieu d'inhumation à douze milles d'Iria, les disciples parcourent ici seulement huit milles pour atteindre, non plus le lieu désert empesté par le monstre, mais la bourgade au nom généreux. Grâce à des outils abandonnés là fort à propos pour seconder les desseins de la Providence, ils détruisent l'idole trouvée sur place, avant de se reconvertir en terrassiers maçons et de creuser la crypte, puis de confectionner le tombeau. Ces précisions concrètes, qui viennent remplacer le récit fabuleux, témoignent d'une évolution des mentalités. En outre, la substitution d'une construction paléochrétienne au temple païen passe au premier plan de l'intérêt. L'évocation de la « petite chambre voûtée » présente une sorte de vue intérieure de l'édicule. La situation de la cathédrale *au-dessus* du tombeau se trouve projetée dans le passé, au profit du sanctuaire initial. Deux citations des Psaumes donnent brièvement un caractère doctrinal à cette fin de partie.

Les disciples évangélisent les Espagnes, ce qui montre bien que la prédication posthume de saint Jacques, qui n'a été évoquée par aucune des autres versions de la lettre papale, s'effectue maintenant par personnes interposées. Après quoi, deux disciples seulement restent auprès du saint pour être inhumés à ses côtés. Mais leurs noms ont changé. Ctésiphon disparaît, Torquat est remplacé par Théodore – dont le nom signifie étymologiquement « don de Dieu » et n'est peut-être pas sans rapport avec la nouvelle dénomination « Libre Don » – et Anastase fait place à Athanase.

Avec une précision qui correspond sans doute à une donnée alors observable est indiqué que deux sépultures secondaires se trouvent l'une à droite, l'autre à gauche de la sépulture principale. Ce n'est sans doute pas étranger au fait que ce récit de translation évoque aussi une crypte. On ne se contente plus de répéter, sur la foi des textes, qu'il y a trois tombeaux : en posant les fondements de la nouvelle cathédrale, on a découvert qu'il y avait un grand tombeau et deux plus petits[53]. Les détails concrets apportés sur la construction même de la sépulture remplacent toute l'affabulation légendaire. La reine Louve disparaît ainsi que le dragon et les taureaux sauvages. La légende subit donc une décantation. « Le rédacteur paraît aussi avoir été préoccupé d'une concurrence à propos des ossements sacrés ; il a soin de marquer que c'est le corps tout entier, *integrum corpus*, de saint Jacques qui a été transporté en Espagne[54]. » Effectivement, la légende jacquaire devait aussi se défendre sur un autre front, puisque les Saintes Maries de la Mer étaient censées avoir abordé sur les côtes de Provence apportant avec elles le chef de saint Jacques. Divers sanctuaires, en outre, se targuaient déjà de posséder telle ou telle relique partielle, en particulier la tête, puisqu'elle avait été séparée du corps lors de la décollation.

17. La *Translation de Fleury*
Ce discours, le premier de ceux qui aient été publiés sur ssaint Jacques et le seul qu'ait connu le XVIIe siècle, n'a pas emporté dès l'abord l'adhésion la plus générale :

« Le P. du Bosc Celestin a tiré de la bibliothèque de Fleuri, un écrit, fait, à ce qu'il croit, vers l'an mille par un moine de la mesme abbaye, qui y raporte comment le corps de S. Jacque fut apporté de Jérusalem en Galice. L'auteur ne veut pas que ç'ait esté aussitost aprés la mort de S. Jacque, qui avoit d'abord esté enterré à Jerusalem ; mais lors que le nom de JESUS CHRIST estoit déja répandu par tout le monde : & il prétend que celui qui l'apporta en Galice, fut saint Ctesiphon ordonné Evesque par les Apostres, avec quelques autres, pour aller répandre la semence de l'Évangile. Mais cet auteur déja trop nouveau pour faire aucune autorité, mesle dans sa narration des circonstances si étranges et si fabuleuses, qu'elles décrieroient les histoires qui seroient d'ailleurs les plus authentiques. Ainsi le P. du Bosc a pu le conter parmi ce grand nombre d'autres, qui ont écrit, comme il dit, bien des choses de S. Jacque toutes diverses, & presque toutes incertaines ou douteuses[55]. »

---

[53] « Entre le IVe siècle, lorsque les corps de trois apôtres furent déposés par Constance dans l'église des apôtres à Constantinople, et le milieu du VIe, lorsque les ouvriers de Justinien les découvrent, après des recherches expresses sous le dallage de l'église, on a pu arriver à perdre tout souvenir de l'emplacement de reliques aussi importantes que les tombeaux de trois apôtres, et cela dans le sanctuaire même qui leur été consacré et dans la capitale de l'Empire. » GRABAR (André), *Martyrium, recherches sur le culte des reliques et l'art chrétien antique*, Paris, Limoges, 1946, p. 438.

[54] DUCHESNE (Louis), *op. cit.*

[55] LE NAIN DE TILLEMONT (Sébastien), *Mémoires pour servir à l'histoire ecclésiastique des six premiers siècles*, t. I, Paris, C. Robustel, 1693, pp. 629-630.

On le voit, la critique porte plus sur le contenu légendaire lui-même, avec lequel le XVIIe siècle prenait ce premier contact, que sur la manière de le présenter. Une fois resitué dans la tradition que l'on peut percevoir aujourd'hui, ce texte ne développe toutefois pas plus que d'autres les circonstances étranges et fabuleuses qui accompagnent la légende de latranslation. Il se conforme d'abord à ce qui a été raconté avant lui, reprenant presque textuellement ce qui figure dans la lettre du Pseudo-Alphonse, comme en témoignent les termes dans lesquels est décrite l'arrivée du bateau qui porte saint Jacques, puis une allusion claire au paragraphe sur les miracles. Cependant il ajoute la mention de l'ascension de saint Jean dans les cieux qu'il a empruntée au Pseudo-Abdias, pour mieux justifier celle que connaît saint Jacques, par modification de la formule ambiguë, *centro solis* devenant ici *usque ad poli centrum*. Pareille transformation suppose que le rédacteur ait connu l'hymne compostellane. Quant aux évangélisateurs, il est clair pour lui que le groupe vient avec cette fonction en Espagne et y restera au complet, contrairement à ce que propose la lettre papale.

Le roi de Galice devant lequel se présentent les disciples connaissait le nom du Christ, avant même qu'il ait pu être question d'une prédication en ce pays, ce qui est peut-être paradoxal. Il veut faire périr les disciples de saint Jacques, mais ceux-ci parviennent à s'enfuir avant d'avoir été faits prisonniers. Dans cette fuite, ils sont amenés à passer le fleuve Tambre et, chose curieuse, à s'engager sur un pont pour s'y cacher. Le récit étonne en précisant qu'ils se sont ravisés, ont fait demi-tour et en sont ressortis, ce qui leur a sauvé la vie. Cela résulte sans doute d'une mauvaise interprétation d'un passage précisant que les disciples avaient déjà passé le pont et l'avaient quitté lorsque les troupes royales survinrent et se noyèrent dans les flots. Mais il se pourrait aussi qu'une contamination assez malencontreuse se soit produite dans l'esprit du rédacteur entre le pont qui s'écroule après le passage des sept évangélisateurs et la caverne que recherchent les sept dormants d'Éphèse pour s'y cacher.

La mention des bœufs indomptables est sans doute empruntée, elle aussi, à l'hymne compostellane. Le passage qui évoque le lieu du sépulcre sous l'aspect d'un ancien temple antique où l'on adorait les idoles et destiné à être détruit par les disciples reflète l'état de l'église de Compostelle au XIe siècle. Lorsqu'elle eut été détruite par Almansour, le mausolée de l'apôtre se trouvait environné des ruines d'une construction qui permettait certainement de reconnaître sa parenté avec l'architecture païenne. C'était assez pour réactualiser le *topos* selon lequel les saints du christianisme venaient supplanter les dieux antiques et occuper leurs demeures, comme ce fut souvent le cas durant les premiers siècles de l'Église. Ce détail permet non seulement de dater la *Translation de Fleury* mais encore de suggérer qu'elle a bénéficié conjointement d'informations livresques tirées de diverses sources et d'une certaine connaissance concrète des lieux. Les deux mentions du fleuve Tambre et du port de Nicraria, qui correspond à l'actuel Negreira, présentes uniquement dans ce texte, vont dans le même sens.

Ce texte cherche à se démarquer du maniérisme et de l'obscurité propre à la littérature normande de ce temps en prétendant à la concision et la sobriété. Mais c'est aussi une manière de se rattacher à une diction volontairement accessible. Dans l'Antiquité, « à côté de la prose artistique, qui exigeait une grande dépense de temps, de force et d'érudition, il existait aussi une prose banale du récit objectif [...]. La prose artistique devient à partir du Ve siècle de plus en plus artificielle et finit par n'être plus intelligible que pour les savants. Celui qui comptait sur un large public et devait traiter un sujet de quelque ampleur ne pouvait se servir d'un pareil instrument, il lui fallait au contraire choisir un *sermo simplex*, voisin de la langue courante [...].

La prose « simple » (*sermo simplex*) reste évidemment le moyen normalement utilisé pour la correspondance, l'histoire, la chronique, les sciences, l'hagiographie[56].» Ce qui s'exprime ainsi dans une certaine volonté de style est, plus qu'un mode individuel d'élocution, l'appartenance à un certain niveau en même temps qu'à un certain genre de discours. Cette recherche de la simplicité n'implique pas que l'auteur y parvienne toujours. En effet, la manière dont il saisit au vol bien des occasions narratives pour y rattacher des extrapolations théologiques donne à son style un caractère à la fois un peu flou et surchargé, qui n'est pas un gage de simplicité.

18. La *Translation de Limoges/Gembloux*

Pour mieux restituer à ce texte le rythme qu'il a eu originellement, il paraît opportun d'en fournir le commentaire selon les huit subdivisions qu'il présente dans les manuscrits de Limoges/Gembloux et que le lecteur n'aura aucun mal à retrouver dans la version du *Livre de saint Jacques* qui en est dépourvue.

1. Ce texte est le seul récit de translation qui ne commence pas seulement au moment où saint Jacques a été décapité sur l'ordre d'Hérode mais remonte à sa prédication en Espagne, et même plus haut encore puisqu'il mentionne la Transfiguration du Christ en sa présence, insigne titre de gloire, qui appartient évidemment au palmarès du disciple. L'évocation initiale des grands moments de la vie de Jésus, sa passion, sa résurrection et son ascension n'a pas seulement pour but de situer saint Jacques sur l'arrière-plan chrétien par excellence ; elle prépare la mention de la Pentecôte qui prélude à l'activité évangélisatrice de saint Jacques en Espagne. Sans doute est-ce par suite d'une réflexion sur les dons de l'Esprit-Saint que saint Jacques est dit ici, et ici seulement « célèbre par son esprit ». Cette première lecture sur saint Jacques se trouve donc placée tout entière sous le signe de l'évangélisation.

2. Saint Jacques semble appelé à se rendre à Jérusalem pour y subir le martyre. Qu'advient-il des sept évangélisateurs ? La formule qui les concerne demeure très floue. Elle donne cependant à penser qu'ils l'y suivent. Les informations relatives à la passion de saint Jacques données ensuite évoquent de loin le récit du Pseudo-Abdias. Elles sont ici centrées sur une interprétation de l'action de l'apôtre qui rattache son éloquence suprême à la sainte colère qui l'anime, bien digne de sa caractérisation, non mentionnée ici, comme « fils du tonnerre ». C'est le déchaînement de cette violence mise au service du Verbe divin qui motive son supplice.

3. Les circonstances du départ de Jérusalem, de la translation maritime et de l'arrivée à bon port ne correspondent pas exactement à ce que rapportent les translations épistolaires placées sous le patronage du pape Léon. Ainsi alors que la troisième lettre évoque le respect des disciples, cette Translation, qui semble moins hiératique, mentionne leur colère. Elle garde la durée de sept jours, mais préfère le détail concret de l'arrivée à la rame au nom de Bisria, sans doute considéré comme un détail toponymique sans importance. Les dangers auxquels ont échappé les disciples sont rapportés d'une manière plus circonstanciée. Leur attitude n'est plus alors la tristesse qui est de mise dans les offices funèbres mais, au contraire, l'action de grâces qui convient pour remercier Dieu de la bonne traversée. La psychologie intervient donc ici de manière plus sensible qu'auparavant. Les disciples ne savent pas où ils doivent

---

56 CURTIUS (Ernst Robert), *La Littérature européenne et le Moyen Âge latin*, Paris, Presses universitaires de France, 1956, t. I, pp. 251-253.

déposer la dépouille mortelle du saint et ils se mettent en quête, non sans impatience, des informations dont ils ont besoin. On est donc très loin du transport par des moyens surnaturels. Ignorant le lieu de la sépulture, les disciples partent vers l'est, en s'arrêtant quasiment à mi-chemin, sans doute au *Castro Lupario* situé entre Padrón et Santiago, dont l'archéologie a retrouvé les traces. Chose curieuse et nouvelle, ce sont les disciples eux-mêmes qui demandent un temple païen pour y substituer le corps du martyr à l'idole locale. Ce n'est pas l'absurdité de cette revendication qui surprend ici, mais l'apparition du thème de l'idole païenne, évidemment appelée à être détruite, accompagnée du sanctuaire correspondant, destiné à être, lui, reconverti. Ce thème est évidemment plus réaliste que la construction de l'édifice par les disciples proposée par d'autres versions au mépris de toute plausibilité. La psychologie de la dame Louvière, qui intervient alors, n'est pas très homogène. Elle est d'abord – thème qui appartient en propre à cette Translation – uniquement valorisée pour son attachement à un chaste veuvage par fidélité posthume à son mari, ce qui prouve bien qu'elle est tout le contraire d'une louve, malgré son nom. Dans une deuxième temps, elle fait preuve d'une duplicité inattendue puisqu'elle envoie les disciples à leur perte, auprès du roi de *Dugium (Duyo)* – nom antique de la ville, qui subsiste dans les paroisses de Saint-Vincent et Saint-Martin de Duyo. Là encore, on croit pouvoir constater que la connaissance par les textes de la légende jacquaire s'enrichit d'une expérience du terrain.

4. La rencontre avec le roi se contente de développer avec quelque verbosité les circonstances empruntées à la légende des sept évangélisateurs, sans rien comporter de nouveau sinon la précision sur Canope, ville de Basse-Égypte, à l'embouchure occidentale du Nil, où Moïse est censé avoir traversé la mer Rouge tandis que se noyaient ses poursuivants. C'est une information érudite que l'auteur aura pu tirer d'un commentaire de la Bible.

5. Le retour auprès de la dame Louvière comporte la même imitation de thèmes connus. Mais le récit, en s'attardant, prend un caractère plus littéraire. Le récit hagiographique, qui ne se limite plus à des actes déterminés de toute éternité et rapportés dans leur nudité, évolue vers la nouvelle. Les personnages ne sont plus seulement animés de sentiments conventionnels, ils font des allées et venues qui répondent à des motivations concrètes et sont confrontés à des difficultés qui doivent être résolues par des moyens humains.

6. Le thème de la rencontre avec le démon est intéressant par les variantes qu'il apporte. Il n'est pas question ici de controverse théologique avec un symbole du paganisme ou de l'hérésie, mais d'un véritable dragon, comme on n'en rencontre plus que dans les parcs d'attractions. Celui-ci est vaincu par la seule ostension de la croix qui provoque chez lui une sorte d'implosion. Cela dit, il n'était pas le seul être malfaisant de la contrée, puisqu'une multitude de démons résidaient en ces lieux, véritables agents de séduction, qui avaient donné à la montagne, non point leur nom, mais celui qu'elle méritait parce que bon nombre de mortels s'y laissaient séduire. C'est bien la reprise de l'interprétation d'*Ilicinus* comme dérivé d'*illicium* qui figure dans l'hymne compostellane. Il en va de même à propos du démon lui-même, dont il est dit « *uentris rumpitur medio* », alors que la source indique « *per ventrem divisus rumpitur* ».

7. La rencontre avec les bœufs qui se font aussi dociles que des agneaux est développée plus qu'elle ne l'est ailleurs. Elle comporte aussi un motif qui ne figure pas dans d'autres textes : le retour du char à bœufs dans le palais de la dame Luparia. Celle-ci reconnaît les trois miracles accomplis par la présence de l'apôtre : la noyade

des poursuivants, la victoire sur le dragon et la domestication des taureaux indomptables. C'est bien une manière de souligner que cette succession correspond aussi à une triplicité rhétorique des faits extraordinaires. Un nouveau thème apparaît lors de la conversion de cette belle âme : elle fait don d'un « édicule » *(domuncula)* qui lui appartenait, terme identique à celui qu'emploie le récit de l'invention du tombeau. La destruction des temples et des idoles qui a un caractère topique ne correspond pas exactement à la demande des disciples, puisque ceux-ci voulaient substituer le saint aux dieux païens, c'est-à-dire reconvertir le volume architectural.

8. Après avoir donc fait table rase du paganisme, elle organise l'édification du sépulcre en pierre dans le sol, puis fait construire une vaste église qui draîne les foules. Trois disciples, appelés cette fois maîtres, sans doute parce que le titre de *magister* a fait son apparition chez les chanoines de Compostelle et se trouve attaché à une fonction enseignante, demeurent en adoration perpétuelle devant le tombeau.

18. La *Translation de Marchiennes*

Ce récit commence par évoquer divers aspects des connaissances que l'on possède, que l'on recherche ou que l'on peut trouver sur la translation de saint Jacques. Le premier se compose d'abord d'un résumé de la Passion selon le Pseudo-Abdias, enrichi des deux thèmes narratifs complémentaires qui lui font originairement défaut, la prédication en Espagne, antérieure au supplice à Jérusalem, et l'enlèvement de la dépouille mortelle destinée à revenir en Galice. Ces deux adjonctions, en amont et en aval de la passion proprement dite, étaient assez naturelles dès lors qu'avec le temps on avait développé cette double thématique. Mais elles attestent aussi qu'au XIIe siècle on ne sépare plus l'une de l'autre. Le texte souligne ensuite que l'on se pose beaucoup de questions à ce sujet et qu'il est bien difficile de trouver des réponses satisfaisantes. Enfin il rapporte que l'on a trouvé sur ce sujet une notice « de style concis et simple » qui répond à cette attente. La caractéristique attribuée au nouveau texte mérite d'être relevée, car elle reproduit ce que la *Translation de Fleury* prétendait déjà d'elle-même. Cela paraît une préoccupation esthétique éventuellement inopinée dans ce contexte, mais signifie que, selon la tripartition de l'*ars dictamini,* le texte trouvé relevait de la prose simple *(sermo simplex)* qui est le véhicule normal des lettres, de la chronique, de l'histoire, de la science et de l'hagiographie. Une innovation sensible intervient en outre, car c'est la première fois qu'un récit de translation se présente lui-même comme une rédaction de seconde main. C'est le contenu de l'hymne compostellane selon le pape Léon – qui, sans relever de la prose, répond aux critères stylistiques énoncés ci-dessus – que reprend cette Translation, en respectant le silence qu'elle garde sur les noms des disciples, mais non sans y ajouter plusieurs éléments de réflexion et d'observation.

En effet, le départ s'y trouve rattaché au récit de la passion, puisque ce sont les disciples convertis à Jérusalem qui ont pour tâche d'accompagner les cendres de l'apôtre jusqu'à sa dernière demeure. Sans que soient précisés d'autres détails, ni le nombre total des disciples, ni les circonstances préalables à leur embarquement, la navigation s'effectue avec une rapidité merveilleuse, puisque du jour au lendemain, après une nuit de sommeil, le convoi funèbre atteint son but. Ce qui est raconté sur le moment de l'arrivée s'oppose diamétralement aux données rapportées par l'hymne. Le corps n'est pas élevé, d'une manière ou d'une autre, dans les airs, mais s'enfonce au contraire dans la pierre. C'est là un détail intéressant, car emprunté à la légende de saint Michel, telle que la rapporte le *Memoriam*. À vrai dire, dans le cas de l'archange, ce miracle n'est pas dénué de fondement : celui-ci veut laisser dans la matière une trace tangible de son passage. Il apparaît pour saint Jacques quelque peu gratuit. Toutefois, comme dans le cas de saint Eliphius de Toul, décapité en présence de Julien l'Apostat, cette pierre prend surnaturellement la forme d'un cercueil pour accueillir la dépouille mortelle du saint. On n'a pas manqué de montrer à Padrón cette pierre. Le début du sermon *Veneranda dies* du *Livre de saint Jacques* (Livre I, chapitre XVII) semble un écho de cette croyance :

> « Deux pierres doivent être particulièrement vénérées par les pèlerins de saint Jacques : l'une sur laquelle le corps de l'apôtre a été déposé en son temps par ses disciples lors de la translation vers Iria, l'autre parce qu'ils y ont célébré, ce qui est plus grand, le sacrifice de l'Eucharistie. »

Une troisième pierre fut aussi montrée à Padrón, celle-là en forme de barque, que mentionne Boccace[57] lorsqu'il déclare que saint Jacques a traversé la mer d'Hespérie sur un marbre flottant. La pierre sur laquelle les disciples posèrent le corps de saint Jacques et qui prit d'elle-même la forme d'un cercueil n'est que la plus célèbre des curiosités lapidaires étymologiquement rattachées à la ville de Padrón (rocher, pierre) et propres à satisfaire le touriste qui sommeille en chaque pèlerin. Elle a été déposée devant la façade de l'église, reconstruite en 1134 par Diego Gelmirez, comme le rapporte l'*Historia compostellana,* (Livre III, chapitre 36). Cette pierre, dont on ne possède aucune trace auparavant, a probablement été trouvée au cours des travaux de déblaiement, sa forme particulière étant expliquée par l'empreinte de la sainte dépouille, conformément à ce qui était rapporté par la légende de saint Michel. L'insertion de cette donnée dans la légende de saint Jacques n'a sans doute pu se faire qu'après la déposition de cette pierre devant l'église où, selon les témoignages de divers pèlerins, elle se trouvait dans l'eau.

Une autre particularité de ce texte est qu'ici la dame Louve accueille le corps de l'Apôtre dans son propre palais reconverti en église. On est donc loin des aspects habituels de la translation. Le dragon et la montagne qui change de nom ont disparu. Ces données, parmi les premières à avoir été greffées sur la légende, sont aussi les premières à disparaître : la signification de l'ensemble s'en déplace d'autant : ce n'est plus dans un lieu reculé et infesté par une puissance maléfique que l'on confine le tombeau du saint, ce n'est plus un élément démoniaque qui est supplanté par une force sainte, mais une réalité profane qui devient religieuse ; la souveraine modèle non seulement s'efface devant le saint au point de lui céder sa place, mais elle comble son sanctuaire de bienfaits, devenant ainsi le modèle de bien des riches propriétaires.

20. La *Translation selon Jean Beleth*

Le texte de Jean Beleth se démarque initialement de la tendance généralement adulatrice de l'hagiographie en évoquant un échec quasi total de la prédication de saint Jacques vivant en Espagne. Puis il prend à la *Translation de Marchiennes* le motif de la pierre qui adopte la forme du corps déposé sur elle, mais le déplace : ce n'est plus lors de l'arrivée sur la terre ferme mais au moment de charger le corps sur

---

[57] *Filocopo*, éd. 1829, p. 11 : « *E sopra l'onde d'Esperia trasportare il fece a un natante marmo.* »

le char à bœufs que le miracle se produit. Resté en liaison avec Padrón aussi long-temps qu'il marquait le moment où le corps touchait la terre de Galice, le motif a perdu tout contact avec son origine et n'a plus maintenant qu'une fonction très prag-matique : fournir un véritable cercueil au saint quelques instants avant son inhumation. Les taureaux, présumés indomptables mais en réalité soumis, montrent maintenant un prodige encore plus grand puisqu'ils vont d'eux-mêmes là où ils doivent se rendre, guidés sans doute par la divine Providence qui avait amené l'esquif en Espagne et ne pouvait faire défaut au moment de toucher le but. Contrairement au précédent, ce texte ne se caractérise donc pas, d'une manière générale, par une atté-nuation du caractère miraculeux ou merveilleux : Il tend même à l'enrichir. S'il ne connaît pas le dragon et le mont des Yeuses, c'est qu'il est tributaire de la *Translation de Marchiennes* où ces éléments ne figurent pas. Enfin le 25 juillet, qui, on l'a vu plus haut, commémore habituellement le martyre du saint, devient la dédicace de la cathédrale.

21. L'invention du tombeau selon la Concordia

Le préambule de ce contrat est manifestement soucieux de donner un fondement spirituel et religieux à cet accord administratif et économique. Tout en reprenant le schéma tripartite de la société qui met au sommet le pouvoir politique (et implicite-ment militaire) du roi Alphonse et à la base la communauté villageoise (et paysanne) de Saint-Félix de Lovio, il divise en deux le niveau ecclésiastique médian, évoquant, d'une part, l'ermite Pélage, fondateur du monastère d'Antealtares et, d'autre part, l'évêque d'Iria, Théodemir. La mention conjointe de ces deux personnages revêt ici un sens diplomatique patent : il s'agit de montrer, au moyen d'une rétro-projection, la coopération exemplaire de l'évêque d'Iria, prédécesseur de celui de Compostelle, et de l'ermite Pélage, antécédent de l'abbé du monastère, pour présenter sous le jour le plus favorable l'accord scellé entre deux parties qui, dans le présent, ne s'entendaient guère.

Leurs représentants de jadis ont prétendument agi de concert pour jouer le jeu topique de la découverte du tombeau. Depuis le IVe siècle, les tombeaux des saints sont découverts selon un processus identique, initié par saint Ambroise. Le saint lui-même, ou un ange, apparaît en songe et révèle l'emplacement du tombeau :

« Une lampe allumée éclairait tous les dimanches la place sacrée ; l'hésitation n'était plus permise, il devait exister une crypte secrète, un tombeau caché. Les plus hardis se décidaient à se rendre compte de cette lueur. Ils étaient guidés par la lumière qu'ils voyaient briller sur les hauteurs et dans des lieux déserts remplis de ronces ou d'épines. C'était vraiment un prodige qui indi-quait la tombe d'un grand saint [58]. »

C'est donc sous l'impulsion du *topos* narratif et non par quelque souci de vérité historique que le récit de l'invention évoque le tombeau ignoré et envahi par la végé-tation. Par le truchement des deux prédécesseurs lointains, l'évêché de Compostelle et le monastère d'Antealtares se partagent donc provisoirement, à part égale, la gloire de l'événement qui est indifféremment appelé en latin *revelatio* ou *inventio*. Au

58 MARIGNAN (Albert), *Études sur la civilisation française*, Paris, Bouillon, 1899, t. II, p. 69.

monastère est allée la révélation, conformément à l'exigence hagiographique qui met sur le compte d'une intervention angélique la découverte subite d'une donnée ignorée jusqu'alors, tandis que l'invention elle-même devait échoir à l'évêché.

Les lumières apparaissent à une multitude de paroissiens de Saint-Félix de Lovio – bien modeste église à l'usage des ouvriers agricoles de la région, dédiée au martyr de Gérone et pourvue d'un nom d'origine suève, puisque *Lovio* correspond à l'allemand *Laub* (feuillage [59]) – pour leur montrer l'emplacement exact, comme si Pélage n'avait été averti que vaguement de la présence des ossements de saint Jacques. Cette information complémentaire est apportée par une sorte de prodige, non moins conventionnel que la révélation angélique, les feux follets [60]. Ce phénomène physique bien connu est intéressant ici par son caractère de signe miraculeux. Les légendes de fondation des églises chrétiennes relèvent souvent l'apparition dans la forêt (le lieu démoniaque par excellence) de lumières qui non seulement désignent l'endroit où l'édifice doit être construit, comme ce sera ici le cas, mais parfois même dessinent son plan [61].

Le cadre étant ainsi fixé, la découverte du tombeau de saint Jacques est racontée, comme parfois sa translation, au moyen d'emprunts à la légende de saint Michel du mont Gargano, qui rapporte ce qui suit :

> « Les citoyens déconcertés et stupéfaits de ce qui arrive [il n'osaient pas s'approcher de plus près], consultent leur évêque pour savoir ce qu'ils doivent faire [...]. Celui-ci indique un jeûne de trois jours [Plus tard, quand ils se rendent sur les lieux, ils constatent que] le sommet de la montagne est couvert en partie d'un bois de cornouillers [62]. »

Il n'est pas dit explicitement ici que l'ermite a confié le contenu de la révélation angélique à qui que ce soit, alors que, dans la légende de saint Michel, c'est l'évêque lui-même qui bénéficie de l'information. Sur le site de Compostelle, Théodemir décide d'en avoir le cœur net, non sans que soit précisé que les fidèles le poussent à s'en rendre compte par lui-même, comme si l'évêque ne jouait pas un rôle moteur dans l'invention du tombeau mais ne faisait que répondre à un désir du peuple chrétien.

Il ne peut que se rendre à l'évidence et reconnaître la sépulture de l'apôtre, formée, nous est-il dit, de pierres de marbre. La formule n'est pas très intéressante par

---

[59] LÓPEZ FERREIRO (A.), *op. cit.*, t. II, p. 9.

[60] « Le feu follet est une flamme errante et légère, produite par les émanations de gaz hydrogène phosphoré qui s'élèvent des endroits où des matières animales ou végétales se décomposent, tels que les cimetières, les voiries, les marais, et qui s'enflamment spontanément en se combinant avec l'oxygène de l'air. Ces lueurs vacillantes ont toujours frappé tristement l'esprit superstitieux des populations. L'imagination effrayée les a souvent regardées comme des âmes errantes au-dessus des ruines, et plus d'une fois elles ont terrifié et jeté à genoux, dans le silence de la nuit, ceux qui les voyaient glisser entre les tombes sinistres du cimetière. Il s'en dégage quelquefois subitement à l'ouverture des anciens sépulcres [...] » FLAMMARION (Camille), *L'Atmosphère et les grands phénomènes de la nature*, Paris, Hachette, 1911, p. 353. Ce n'est pas la même chose que les feux Saint-Elme, qui renvoient à Hélène, la sœur des Dioscures, mais les deux phénomènes ont été souvent confondus.

[61] GRIMM (Jacob Ludwig Carl), *op. cit.*, t. III, p. 37.

[62] *Memoriam, passim.*

son contenu, mais elle marque bien à la fois la survie des *arcis marmoricis*, que l'on peut effectivement comprendre comme des *cercueils de marbre*, et la méconnaissance de leur signification réelle. La fin du récit se fait alors expéditive. Aucun indice permettant l'identification n'est rapporté. Certes les anges avaient annoncé la présence du tombeau à Pélage, mais il n'existe aucune communication explicite entre Pélage et les paroissiens de Saint-Félix ni leur évêque. Conformément aux règlements de l'époque, l'évêque Théodemir rend directement compte au roi Alphonse le Chaste, sans passer par la voie hiérarchique, l'archevêque de Braga, qui n'avait pas à être consulté puisque les questions de cet ordre étaient du ressort exclusif de l'évêque.

22. L'invention du tombeau selon l'*Historia compostellana*

Le récit ajoute quelques détails pittoresques destinés à le rendre plus intéressant, mais qui ne sont peut-être pas dépourvus de fondement. En effet, l'archéologie enseigne que l'usage de la nécropole suève située à cet endroit s'est arrêté au début du VIIe siècle pour ne reprendre qu'au IXe siècle, lorsqu'on aura localisé le tombeau de saint Jacques. Au moment de la découverte présumée du tombeau, le lieu était donc désaffecté depuis deux siècles et, de ce fait, naturellement envahi par la végétation qui en dissimulait l'emplacement. Sa trace a subsisté dans une couche de terre de soixante centimètres d'épaisseur, qu'ont découverte les archéologues. Le texte précise en outre, confirmant les observations déjà faites, que l'évêque n'a pas trouvé seulement la tombe de l'apôtre, mais l'édicule qui la contenait. Enfin, il replace l'invention du corps de saint Jacques dans un contexte politique et ecclésiastique très vaste. La mention de l'Église occidentale au début du récit et celle de Charlemagne pour le conclure sont de nature à rappeler que l'invention du tombeau intervient sur l'arrière-plan du schisme qui coupa le christianisme oriental du catholicisme occidental. En outre, l'évocation des privilèges dont bénéficiera désormais l'église de Compostelle montre bien quels avantages politiques la découverte du tombeau pouvait entraîner. Enfin la différence de teneur religieuse est sensible dans les paroles introductives qui se correspondent en s'opposant. Alors que le premier récit mettait en définitive la découverte du tombeau sur le compte de « la clémence de la divine Providence », le deuxième texte l'attribue à « l'omnipotence de la divine majesté ». C'est évidemment encore le même Dieu, mais il n'agit plus par les mêmes attributs, sa puissance souveraine s'est substituée à sa grâce bienveillante. Entre les deux textes, il y a eu un changement d'évêque et donc d'inspiration des rédacteurs, Diego Gelmirez, homme de pouvoir et d'autorité, a succédé à Diego Pelaez.

La sépulture de l'évêque d'Iria auprès du tombeau ne signifie pas encore, les évêques étant normalement inhumés dans leur cathédrale, le transfert de l'évêché d'Iria à Compostelle, mais elle semble y préluder. Son successeur, Athaulf, fut sacré évêque en ce lieu. La sainteté particulière du tombeau aura pu autoriser quelque dérogation aux droits de la cathédrale d'Iria plutôt qu'un transfert en bonne et due forme, pour lequel le roi n'était sans doute pas seul compétent. Quant à une découverte du vivant de Charlemagne, donc avant 813, elle procède d'une volonté de vieillir la chose, tout en lui donnant un arrière-plan prestigieux ; mais elle n'est pas plus authentique que la présentation d'Alphonse le Chaste comme roi d'Espagne, alors qu'il régnait seulement sur la Castille et les Asturies.

L'évocation d'un instant privilégié par une sollicitation transcendante, un phénomène miraculeux et l'intervention des plus hauts dignitaires civils et ecclésiastiques font écran à tout le processus interprétatif qui, de proche en proche, a permis le passage de quelques observations relativement justes à des conclusions dont la prudence n'était pas le souci majeur. Heureusement le récit était là pour proposer une imagerie simple et persuasive alors même que les raisonnements mis en œuvre n'avaient pas toute la rigueur souhaitable.

Il est fort étonnant que le récit de la translation ne dise pas, à propos de l'évêque Théodemir, qu'il a demandé à être enseveli à côté de l'apôtre Jacques en raison de sa grande dévotion pour ce saint. La raison peut en être assez simple : une relation de l'enterrement de l'évêque à cet endroit pourrait justement être devenue la source du discours qui lui impute la découverte du tombeau. Si l'on a écrit dans quelque document qu'il fut le premier des évêques d'Iria à demander à être enseveli dans l'église Saint-Jacques, cela a pu se dire en latin : *primus episcopus Iriensis Theodemir sepulturam petivit Sancti Jacobi*. Cette phrase – conjecturale, il faut le souligner – peut signifier également que l'évêque d'Iria Théodemir fut le premier à se rendre sur le tombeau de saint Jacques, version qui fut seule retenue par la suite.

23. La passion des martyrs d'Agaune

Durant la persécution de Maximien, collègue de Dioclétien, une légion de renforts composée de Thébains fut envoyée d'Orient en Occident. Maximien ayant, d'Octodure où il stationnait, donné l'ordre à ses soldats de sévir contre les chrétiens, les Thébains, chrétiens eux-mêmes, refusèrent seuls de marcher contre leurs frères. L'empereur furieux ordonna la décimation des rebelles, puis réitéra son ordre de persécution des chrétiens ; nouveau refus des Thébains, nouvelle décimation. Voyant leur obstination – présentée dans le texte sous la forme d'une explication du refus des soldats transmise à l'empereur – celui-ci ne tente plus une nouvelle décimation mais ordonne le massacre de tous les survivants. On ne connaît que les noms des chefs, Maurice, la primicier, Exuper, *campidoctor*, et Candide, *senator militum*. Le vétéran Victor, chrétien lui aussi mais étranger à la légion, passe à l'occasion d'un voyage sur le lieu de la tuerie ; comme il refuse de partager les orgies des bourreaux, il est également exécuté. On dit aussi que les saints Ours et Victor, martyrisés à Soleure, appartenaient à la même légion. Les corps des martyrs sont « révélés » longtemps après leur passion par Théodore, évêque du lieu ; une basilique est construite, adossée au rocher. Les foules se rendent quotidiennement au tombeau, des miracles sont obtenus [63].

24. Charlemagne et Roland à Roncevaux

Toutes les versions de la *Vie de Charlemagne* d'Éginhard, qui rapportent sans préciser le lieu le désastre de Roncevaux, mentionnent deux morts dans ces circonstances ; l'une d'elles ajoute le nom de Roland, préfet de la marche de Bretagne : *Rotlandus prefectus Britannici limitis*. On n'a pas manqué de faire valoir que cette formule ne méritait pas d'être considérée comme reflétant une situation véritable, car la marche de Bretagne n'avait pas encore été créée en 778. En revanche, son préfet venait de mourir courageusement peu avant qu'Éginhard ne rédige sa biographie, et il paraît tout à fait pensable que ce fait ait incité quelque haut personnage de la cour impériale à noter, en marge de ce récit à la gloire des combattants pour la cause impé-

---

[63] THEURILLAT (Jean-Marie), « L'Abbaye de Saint-Maurice d'Agaune », *Vallesia*, Sion, 1954, pp. 11-12.

riale *rotulandus prefectus Britannici limitis*, c'est-à-dire, puisque le verbe *rotulare* signifie « inscrire sur une liste » il faut ajouter à la liste le préfet de la marche bretonne [64]. Lors d'une copie ultérieure de ce manuscrit, la note marginale sera intégrée au texte lui-même et aboutira à la formule que nous connaissons aujourd'hui.

Le toponyme de Roncevaux apparaît pour la première fois en relation avec Roland dans la *Note Émilienne* qui date, comme la *Chançun de Guillelme*, des années 1080 et tire son nom du fait qu'elle a été trouvée dans le monastère de San Emilian, à proximité du chemin qui va de Roncevaux à Saint-Jacques. Sans doute est-ce la chanson de geste mentionnée dans la *Chançun de Guillelme* qui a répandu l'idée de Roland mourant à la tête de l'arrière-garde carolingienne dans les environs de Roncevaux.

25. La copie de Hieronimus Münzer

Le médecin de Nuremberg présente sa copie de la manière suivante :

> « 16 décembre de l'année du salut 1494. Le pape Calixte qui aimait fort saint Jacques a écrit une œuvre volumineuse et diffuse, divisée en quatre livres, sur ses faits et gestes et la rédemption de la Galice par Charlemagne. Il a fait de même pour beaucoup de miracles. Quant à moi, alors que j'étais à Compostelle et que je logeais chez un certain chapelain nommé Jean Ramus, j'ai copié en peu de mots comme suit, les choses suivantes sur l'original qui lui appartenait, le 16 décembre 1494. »

Il revient sur ce thème, en fin de sa copie, pour déclarer :

> « J'ai copié cela sur l'œuvre grande et diffuse de Calixte, comme je l'ai noté ci-dessus en préambule. »

Le doute n'est donc pas permis. Münzer connaît l'existence d'un recueil en quatre livres attribué au pape Calixte qui contient les Translations et les Miracles de saint Jacques ainsi qu'un récit de Charlemagne en Espagne et en Galice. Il déclare que son modèle appartenait à son hôte, ce qui établit qu'il n'a pu copier chez celui-ci le *Codex Calixtinus* lui-même, qui comporte cinq livres et non quatre et qui, de plus, étant la propriété de la cathédrale, ne devait sans doute pas quitter son trésor ni donc se trouver chez Jean Ramus [65]. La comparaison des autres passages copiés par Münzer avec le texte du *Codex Calixtinus* a d'ailleurs établi qu'ils ne peuvent avoir été copiés sur celui-ci [66]. Münzer lui-même note, au moment où il ne croit pas pouvoir continuer son travail et pense se limiter à l'entrée d'Espagne : « Il y aurait bien des choses à écrire sur le combat et la mort de Roland, que je n'ai pas copiées pour faire plus bref. » Il les copie tout de même, avec une certaine hâte. Il donne à l'ensemble le titre *De apparicione Sancti Jacobi Karolo Magno*, premier chapitre selon le sommaire.

---

[64] GICQUEL (Bernard), « Le Mythe politique et littéraire de Roland. I. Les origines », *Campus stellae*, n° 1, Les chemins de Saint-Jacques et la culture européenne, Paris, Klincksieck, 1991, pp. 163-184.

[65] *Zeitschrift für romanische Philologie*, t. XXXVIII, p. 587.

[66] *Ibid.*, t. LIV, 1934, p. 98 : « Il paraît donc établi que l'original copié par Münzer était un autre exemplaire du *Livre de saint Jacques* que celui qui est conservé aujourd'hui à Compostelle. »

Son original était vraisemblablement contaminé par la seconde version du *Pseudo-Turpin*. En outre, dans le corps même du texte, certains mots ou groupes de mots exigibles pour le sens et attestés par la tradition ultérieure ont été omis [67].

26. La passion des saints Cyr et Julitte

Le port de Cize, dont le nom latin *Ciseria* a souvent perdu sa syllabe médiane, était susceptible de recevoir dans la personne de l'enfant saint Cyr une sorte de personnification éponyme. Comme sainte Foy révérée à Conques, propriétaire du lieu, et saint Vincent, diacre de la ville de Saragosse, inséparable de l'historiographie de Charlemagne, saint Cyr avait été victime de la persécution de Dioclétien. La relation des nouvelles institutions avec ce passé lointain est établie par le fait que l'abbaye augustinienne de Roncevaux fut fondée le 16 juin 1132, soit le jour même où l'on célèbre la fête des saints Cyr et Julitte [68]. Une passion apocryphe, reproduite dans le martyrologe de Florus à la date du 16 juin, propose Cyr et Julitte à la vénération des fidèles dans les termes suivants :

« Julitte, martyre du Christ, vivait du temps de l'empereur Dioclétien dans la cité d'Iconium. Mais à cause de la persécution qui y sévissait elle prit son fils Cyr [Cericus ou Quiricus], âgé de trois ans, et se rendit à Séleucie. Mais y trouvant la même persécution, elle passa à Tarse, où le proconsul Alexandre, homme cruel et sauvage, martyrisait les chrétiens. Elle y fut prise, séparée de son fils et torturée. Tenant cependant l'enfant sur ses genoux, le proconsul le caressait. Celui-ci toutefois ne lui prêtait aucune attention, mais tournait toujours ses yeux vers sa mère, invoquait d'une voix balbutiante le nom du Christ et s'efforçait de rejoindre sa mère. Alors pris de colère, cette bête furieuse le saisit par la jambe et le jeta du haut de l'estrade. Sa tête porta sur une pierre et il rendit l'esprit. Sa mère, quant à elle, subit de nombreux tourments et fut décapitée tandis qu'elle glorifiait le Seigneur. »

27. Le *Pèlerinage de Saint-Jacques*

Ce texte figure, tel qu'il est reproduit ici, dans les trois manuscrits de Ripoll, du Vatican/Borghèse et de Saragosse (copié par le manuscrit de Madrid). Il n'est pas connu avant l'époque assignable à leur archétype commun, soit entre 1157 et 1160. Il figure ici parce que, hormis le long développement sur les Navarrais, les informations qu'il contient renvoient à une rédaction vers l'année 1133. Le développement sur les Navarrais se compose de deux textes. Le premier, qui porte sur les Basques et les Gascons paraît être le plus récent. Il serait inspiré par le mécontentement de Compostelle à la suite du pèlerinage, en 1154, du roi de France Louis VII, dont les Navarrais

---

[67] Nous les rétablissons entre des crochets affectés du signe ++. En outre, pour faciliter l'orientation du lecteur, nous ajoutons au début de chaque paragraphe le numéro du chapitre correspondant dans la version finale du *Pseudo-Turpin* reproduite ici même.

[68] Le *Pseudo-Turpin*, rédigé ultérieurement à une époque où la pression militaire des envahisseurs musulmans se fera à nouveau plus inquiétante, rattachera à cette dévotion la prétendue embuscade pyrénéenne où Roland est censé avoir trouvé la mort en déclarant qu'elle avait eu lieu, elle aussi, un 16 juin.

étaient les alliés, et n'apparaît pas avant la deuxième version du *Livre des Miracles*. Le second, qui figure isolément dans la première version du *Livre des Miracles* et commence par une référence à Jules César, n'a pu être écrit, nous semble-t-il, qu'après la séparation de la Navarre et de l'Aragon en 1134. La disqualification de ces autochtones était bien faite pour dissuader les pèlerins d'emprunter le chemin qui traversait leur région. Elle a pu être ajoutée à une première version du texte qui cherchait seulement à promouvoir Roncevaux.

28. La sépulture de Roland à Blaye

L'évocation de la mort du héros à Roncevaux est enserrée entre deux mentions de sa sépulture à Blaye, comme il est normal puisque c'est de cette station du pèlerinage qu'il s'agit. Cette sépulture du preux fictif sur un chemin venant du nord est relativement symétrique d'une tombe d'un Roland authentique dans le cimetière des Alyscamps, donc sur le chemin qui vient de l'est et passe par Saint-Gilles du Gard.

« Nous connaissons un *Rotlandus* historique [...], champion de la lutte contre les Sarrasins de surcroît. Il s'agit de l'archevêque d'Arles qui, apprenant le débarquement de pirates païens dans un port de Camargue qui leur était familier, alla inconsidérément s'enfermer dans un fortin de terre hâtivement construit, pour défendre sa riche abbaye de Saint-Césaire. Plus de trois cents de ses hommes y périrent, et lui-même, capturé et emmené sur leurs bateaux pour être échangé contre une rançon, y mourut le 19 septembre 869 [...]. Son corps reposait au Moyen Âge dans la crypte et sous l'autel de l'ancienne église Saint-Honorat, aux Alyscamps[69]. »

L'église Saint-Romain de Blaye se prêtait à une telle attribution, car elle comportait, dans une crypte, trois tombes anciennes, entre autres celle du roi Charibert, dont Adhémar de Chabannes, qui écrit vers 1030, atteste l'existence[70]. Cependant, comme il reproduit, quant à l'expédition espagnole de Charlemagne, texte des annales de Lorsch, qui ne mentionne pas plus le preux que les autres annales carolingiennes, il ne parle pas de l'attribution de ce tombeau à Roland. Voilà qui montre bien qu'elle ne peut être que postérieure à ces années-là.

« La tombe de Blaye est plus ancienne que la plus ancienne des versions conservées de la *Chanson de Roland*. Du XIe au XIVe siècle, des milliers d'hommes l'ont vue et honorée. [Elle comptait] trois sarcophages de marbre, sans inscriptions ; celui du milieu passait pour être le tombeau de saint Romain, les deux autres pour être ceux de Roland et d'Olivier [...]. L'attribution de deux de ces sarcophages est à peu près constante : l'un d'eux appartient toujours à Roland, l'autre presque toujours à Olivier. Quant au troisième, il fut affecté, selon les époques à Turpin, à saint Romain, ou encore à Belle Aude[71]. »

[69] CHOCHEYRAS (Jacques), « Roland : du "saint" historique au héros "historique" », *Pris-Ma*, Poitiers, IX, 1993, note 18.

[70] « *Non post multum tempus rex Charibertus mortuus est Blavia castello et in basilica Sancti Romani sepultus* », in ADHÉMAR DE CHABANNES, *Chronicon,* n° 30, p. 32.

[71] BÉDIER (Joseph), *op. cit.*, t. III, p. 350.

L'attribution à Roland d'un tombeau de Blaye revient à greffer, sur une station par laquelle passaient traditionnellement les pèlerins de Saint-Jacques venus du nord ou de l'ouest de la France et de l'Europe, une attraction qui va permettre d'infléchir leur itinéraire au profit d'un passage par Roncevaux. À Blaye, les pèlerins s'embarquaient volontiers pour la Corogne, et il fallait les en dissuader, tout en les incitant à se rendre ensuite à Roncevaux pour voir de leurs propres yeux le perron fendu par les coups de Durendal. On s'est certainement attaché assez tôt à promouvoir cette station rolandienne, puisque l'*Historia ecclesiastica* de Hugues de Fleury, composée vers 1109, connaît déjà cette localisation qu'il tient vraisemblablement de la *Geste Francor,* rédigée, pensons-nous en 1108. En effet, après avoir reproduit la phrase d'Éginhard sur les trois notables tombés lors du passage des Pyrénées, il ajoute : « *E quibus Rollandus Blavia castello deportatus est ac sepultus* [72]. »

La qualité fondamentale et nouvelle de martyr impartie à Roland est mentionnée explicitement au début et à la fin du texte, encadrant ainsi une narration en trois temps qui comprend un commencement (la pierre fendue), un milieu (le cor fendu) et une fin (la mort par déshydratation sous les coups de l'ennemi). Trois fois aussi, il est précisé dans notre texte que ces données font l'objet d'un discours, ce qui est peut-être une manière de renvoyer à l'autorité discrétionnaire en matière de sainteté. Si ces choses sont dites par une parole qui n'est pas prononcée à légère, c'est qu'elles sont vraies.

Au sujet du premier point, le texte, qui relève ici la force du saint, mentionne plus bas, à propos de Roncevaux, l'église dans laquelle se trouve le rocher que Roland, ce héros surhumain, fendit d'un triple coup de son épée du haut jusqu'en bas, par le milieu. C'est donc une attraction qui mérite le déplacement. Dans sa nudité, elle apparaît ici comme une expression capricieuse de la force surhumaine du personnage – qui lui a valu de passer pour un géant –, tout comme dans la vie légendaire de Gautier d'Aquitaine à laquelle elle a vraisemblablement été empruntée.

> « Sur un chemin des Alpes proche de la Novalaise, on montrait, au début du onzième siècle, une borne de marbre brisée que l'on appelait *ferita Waltharii,* le coup de Gautier, car elle avait été tranchée par Gautier à la main forte, un jour qu'il rentrait joyeux, ayant chassé des pâturages de l'abbaye les chevaux du roi lombard [73]. »

Par analogie avec ce héros – dont les autres aventures, rapportées par le poème latin *Waltharius,* fourniront d'amples contributions ultérieures au cycle rolandien [74], la pierre fendue en bordure du chemin de Roncevaux aura été portée au crédit de Roland.

Le second motif déterminant de cette présentation de Roland est un autre objet fendu, le cor. Le modèle du héros sonneur de cor que suggérait le patronyme de Roger de Toéni *(tonitruus),* héros des campagnes espagnoles du XIe siècle, se trouvait

---

[72] MGH SS IX, 361 : « Parmi ceux-ci, Roland fut transporté et enseveli au château de Blaye. »

[73] DAVID (Pierre), *op. cit.,* 13/1949, p. 96. L'auteur poursuit fort judicieusement : « Pourquoi le souvenir de Roland et de la grande bataille était-il fixé à cette pierre fendue ? C'est là probablement le problème essentiel des origines de la *Chanson de Roland.* »

[74] TAVERNIER (Wilhelm), dans *Zeitschrift für französische Sprache und Literatur,* XLII, 1914, pp. 191-213.

ici relayé et spécifié par le cor fendu que l'on montrait à Saint-Sernin de Toulouse. Sans doute par suite d'une mauvaise lecture des trois jambages de *rn* en *ur*, la célèbre basilique est devenue Saint-Seurin de Bordeaux. Le malentendu, qui ne peut venir que d'une écriture française de ces noms, ne tirait guère à conséquence, puisque ce propos ne faisait que retirer aux augustins de Saint-Sernin pour attribuer aux augustins de Saint-Seurin. L'objet précieux restait donc dans la même famille spirituelle, en fait à Toulouse, où il se trouve toujours [75], et fictivement à Bordeaux. Tout comme la pierre fendue atteste un bras redoutable, la fente du cor prouve un souffle d'une force extraordinaire, c'est un témoignage merveilleux et quasi miraculeux.

Le troisième et dernier temps du récit est la mort du saint sous les coups et les flèches. Tandis que la flagellation et les coups de lance évoquent la passion du Christ, qui est l'archétype du martyre chrétien, Roland a ici pour modèles les saints militaires de l'Antiquité, saint Sébastien pour les flèches et saint Adrien pour les coups reçus. Ces deux caractéristiques du personnage visent à présenter Roncevaux comme destiné à supplanter les deux localités de Saint-Adrien et de Saint-Sébastien qui relèvent du diocèse de Bayonne, puisque le héros réunit les supplices typiques de ces martyrs.

29. De Jérusalem à Compostelle, sources des miracles

L'attribution à Guillaume de Messines des miracles advenus en Terre sainte ne soulève aucune difficulté. On a déclaré à son propos :

> « Étienne [de Chartres] eut pour successeur un prêtre flamand, Guillaume de Mécine ou Messines [76], prieur du Saint-Sépulcre, dont Guillaume de Tyr nous dit d'assez mauvaise humeur qu'il était *religieus home et de bone vie, moult loiaus*, mais *simples et pou lettres* [...]. Le nouveau patriarche revint à la politique d'entente avec la royauté, et le chroniqueur est obligé de reconnaître qu'il n'en fut que plus populaire : *Bien avoit la grâce du roi et des barons et de tout le peuple* [77]. »

En fait, Guillaume de Messines n'était pas prêtre séculier, mais originaire d'un monastère qui comportait à la fois des moniales bénédictines et des chanoines réguliers de saint Augustin. Il était donc chanoine régulier de cet ordre et, en tant que tel, rejoignit la communauté des hospitaliers de Jérusalem gérée par les augustins. Ensuite, la traduction française de l'*Histoire d'Eracles* de Guillaume de Tyr s'écarte du texte original. Le jugement prétendument critique porté sur le prélat n'émane pas d'une « mauvaise humeur » supposée de Guillaume de Tyr, mais découle simplement d'une mauvaise traduction du texte latin ou d'une mécompréhension du texte français. La formule *pou letréz* traduit en effet *modice litteratus*, ce qui ne signifie sans

---

[75] Cf. PENENT (Jean), « L'Olifant roman de Toulouse », *L'Olifant, Revue des amis du musée Paul-Dupuy de Toulouse*, n° 7, mars 1994, pp. 2-4. L'olifant serait arrivé à Toulouse vers 1080-1090, « époque d'intenses contacts avec le pouvoir normand en Italie du Sud, où se font jour par ailleurs des influences *byzantines* à Saint-Sernin ».

[76] « Dit encore Guillaume de Malines, patriarche de 1130 à 1145 » (REY, *Revue de l'Orient latin*, 1893, t. I, p. 18, note 2).

[77] GROUSSET (René), *Histoire des croisades et du royaume franc de Jérusalem*, Paris, Plon, 1934-1936, t. I, p. 657.

doute pas que le prélat ait été « peu lettré », mais au contraire « quelque peu lettré », en tout cas plus que d'autres dignitaires ecclésiastiques. Le *Livre de saint Jacques* (Livre I, ch. XXII) reproduit plusieurs poèmes qui le montrent taquinant, si l'on peut dire, la muse ecclésiastique et font de lui un auteur potentiel des miracles 7, 8, 9, 10, respectivement datés de 1101, 1102, 1103, 1104, en relation avec la Terre sainte et Jérusalem.

Selon le miracle 7, l'apôtre qui tire du fond de la mer un marin frison allant en pèlerinage à Jérusalem répond d'une manière assez étonnante à la question de savoir s'il est le dieu de la mer : « Je ne suis pas le dieu de la mer, mais le serviteur du dieu de la mer. » Les fêtes romaines de Neptune *(Neptunalia)* précédaient, en effet, seulement de quelques jours les fêtes de la Canicule *(Furrinalia)* auxquelles saint Jacques doit son jour anniversaire de juillet, tandis que « Ermold le Noir, mentionnant les idoles des Normands, déclare, qu'ils rendent un culte à Dieu le Père sous la forme de Neptune [78]. » L'origine nordique du nautonier pourrait expliquer aussi que l'apôtre désigne ici Dieu le Père selon la terminologie normande, c'est-à-dire danoise à l'origine. Mais d'une manière plus générale, le caractère largement maritime de la population galicienne justifie assez que le saint local vienne en aide aux naufragés. Le miracle 8 relatif à l'évêque tombé à la mer et repêché au fond de l'eau est très vraisemblablement inspiré de la mésaventure identique arrivée aux saints Côme et Damien. Le numéro 9 ne traite pas seulement d'une protection répétée advenue à un chevalier français mais renvoie à des circonstances économiques concrètes, puisque la tempête, suscitée peut-être par le fils du tonnerre pour punir le chevalier oublieux de sa promesse, est apaisée par la promesse de dons d'argent au profit de la construction de la cathédrale de Compostelle. Le miracle 10, qui rapporte qu'un pèlerin tombé à la mer est maintenu la tête hors de l'eau par l'apôtre trois jours durant, a vraisemblablement pour source un récit de Grégoire le Grand. Un enfant au service de Benoît tombe dans l'eau, Benoît y envoie le frère Maur :

« Chose étonnante et qui ne s'était pas vue depuis l'apôtre saint Pierre ! Après avoir demandé et reçu la bénédiction de son abbé, Maur courut exécuter son ordre et parvint jusqu'à l'endroit où l'eau avait entraîné l'enfant ; s'imaginant toujours marcher sur la terre, il le prit par les cheveux et le ramena rapidement au bord. À peine y fut-il arrivé que, regardant derrière lui, il s'aperçut qu'il venait de courir sur l'eau, ce qu'il n'aurait jamais pensé pouvoir faire. Il fut tout saisi du miracle accompli et retourna le raconter à l'abbé. Le vénérable Benoît ne l'attribua pas à ses mérites, mais bien à l'obéissance de son disciple. Maur, au contraire, soutenait qu'il n'avait fait qu'exécuter ses ordres, et qu'il n'était pour rien dans une chose qu'il avait faite sans y penser. L'enfant sauvé fut l'arbitre de ce touchant conflit d'humilité entre le maître et le disciple : "Moi, dit-il, quand j'ai été tiré de l'eau, j'ai aperçu au-dessus de ma tête le vêtement de peau du père abbé, et je voyais bien que c'était lui qui me tirait de l'eau [79]." »

Parmi les miracles italiens 11, 12 et 14, datés à la suite de 1105 à 1107, on trouve un miracle de guérison, par imposition de la crousille, c'est-à-dire de la coquille de

---

[78] GRIMM (Jacob Ludwig Carl), *op. cit.*, t. I, p. 101.

[79] GRÉGOIRE LE GRAND, *Dialogues de S. Grégoire le Grand*, trad. E. Cartier, Paris, Poussielgue frères, 1875, Livre II, chap. VII.

saint Jacques (miracle 12), encadré par deux miracles de libération (miracles 11 et 14) qui s'inscrivent dans une tradition antique largement prise en compte par les récits chrétiens. Déjà la légende d'Antiope rapportait : « Une nuit, les liens qui la retenaient captive tombèrent miraculeusement et elle parvint, sans être aperçue de personne, à la chaumière où habitaient ses enfants [80]. » Ovide connaît ce thème : « Aussitôt entraîné, le Tyrrhénien Acoetès est enfermé dans une solide prison. Mais, tandis que l'on prépare les cruels instruments de la mort à laquelle il est condamné, le fer et le feu, d'elles-mêmes, dit-on, les portes s'ouvrirent, et de ses bras tombèrent d'elles-mêmes, sans que nul les détachât, ses chaînes [81]. » Les chaînes qui se détachent et les portes qui s'ouvrent figurent aussi dans la légende de saint Matthieu, tandis que « la légende de saint Georges (XIe siècle) offre quatre histoires de sauvetage miraculeux de dévots de prison sarrasine, d'après des traditions grecques et syriaques et une fois romaine, lors des attaques sarrasines de Sicile et d'Italie : le personnage sauvé se retrouve soudainement dans son pays ou trouve un cheval qui le ramène chez lui dans les plus brefs délais. Saint Georges prit lui-même sur son cheval le jeune homme originaire de Paphlagonie (miracle 3) [82]. » La légende de saint Marc rapporte aussi que celui-ci libéra un prisonnier à Mantoue et le rendit invisible. Les miracles qui ont lieu sur la terre ferme sont donc nourris de rêveries soutenues par un désir de libération.

Les miracles suivants ne portent plus la mention aussi suivie des années auxquelles ils sont attribués. Le miracle 5, le plus célèbre des miracles de saint Jacques, qui traite du pendu dépendu, semble avoir été raconté originairement à propos de saint Cybard par Grégoire de Tours [83]. Le motif de l'objet caché dans la besace d'une personne à laquelle on veut nuire reprend un thème commun à la Bible où une coupe d'argent est cachée sur ordre de Joseph dans le sac de Benjamin [84], et à la vie d'Ésope :

« Le roi Crésus le chargea d'aller porter des offrandes au temple de Delphes. Irrité par les fraudes et la cupidité des prêtres d'Apollon, il leur adressa d'amers sarcasmes. Ceux-ci s'en vengèrent en cachant dans ses bagages une coupe d'or consacrée au dieu et en l'accusant de l'avoir dérobée. Les Delphiens condamnèrent le poète à être précipité du haut de la roche Hyampée [85]. »

Ce miracle du pendu dépendu survie du pendu a eu une assez longue carrière. Il a été rapporté, entre autres, à saint Gilles. Le miracle 2 est aussi un miracle bien connu de saint Gilles, qui évoque la cédule blanchie pendant la nuit pour signifier le pardon du péché qui y avait été inscrit et se rapporte originairement à Charles-Martel. Le miracle 3 de l'enfant ressuscité peut avoir la même provenance, étant donné que saint

---

[80] GRIMAL (Pierre), *Dictionnaire de la mythologie grecque et romaine*, 14e éd., Paris, Presses universitaires de France, 1999, p. 32.

[81] *Métamorphoses*, Livre III, vv. 696-70, trad. J. CHAMONARD, Paris, Garnier, s.d., p. 159.

[82] GÜNTER (H.), *Psychologie der Legende*, Fribourg, Herder, 1949, p. 118.

[83] SAINTYVES (Pierre), *En marge...*, *op. cit.*, pp. 644-661. Cf. GAIFFIER (B. de), « Un thème iconographique, le pendu miraculeusement sauvé », *Revue belge d'archéologie et d'histoire de l'art*, t. XIII, 1943, 2/3, pp. 123-148.

[84] Genèse, 44, 12.

[85] PHÈDRE, *Œuvres*, éd. trad. par A. BRENOT, Paris, Belles-Lettres, 1924, p. 101.

Gilles était invoqué pour remédier à la stérilité des couples [86] et qu'il aurait ressuscité un mort.

Le miracle du cou qui ne put être tranché par le bourreau – le numéro 20 – est un emprunt à l'hagiographie de sainte Cécile mais se trouve rapporté ici à Forcalquier. Les miracles 16 et 17, attribués à saint Anselme qui a séjourné dans la région rhodanienne, proviennent des *Dicta Anselmi*. Ils diffèrent nettement des autres récits. Le miracle 17 présente une identité remarquable avec un poème de Gaifier de Benevent, natif de Salerne et moine du mont Cassin, où il s'agit aussi d'un pèlerin de saint Jacques, mais son récit, raconté aussi par Guibert de Nogent, deviendra un miracle de la Vierge [87]. Ces miracles ne présentent plus la même homogénéité que les deux séries précédentes, ils tendent aussi à adopter la forme de récits brefs, comportant diverses péripéties, plutôt que celle d'anecdotes qui ne traitent que d'un événement ponctuel.

Le miracle 21 est imité du quatrième miracle de saint Martial, qui traite de la guérison d'un paysan des domaines du monastère de Saint-Martial atteint de paralysie au IXe siècle [88]. C'est aussi le miracle 6 de saint Léonard, accompli au profit d'un infirme qu'entretenait par charité Étienne II, abbé de Saint-Jacques de Liège. Le miracle 14 reprend le motif des chaînes apportées sur l'autel du saint libérateur : « Au mois de mars 1106, Bohémond était au tombeau de saint Léonard, où il disposait des chaînes d'argent en mémoire de sa délivrance [89]. » Le miracle 18 est, comme le miracle 21, démarqué de saint Martial. Il rapporte une histoire racontée aussi pour Secundus, Basile, sainte Geneviève, mais avec une variante parce que ce ne sont pas ici des portes de prison qui s'ouvrent. Les bénéficiaires veulent entrer pour prier, comme il est raconté dans la légende d'Adelgunde et Waltrude [90]. Le miracle des clés se produit parce que l'absence du portier empêche pour l'instant d'ouvrir normalement les portes [91]. Ou bien le saint lui-même, par exemple Launomarus [92], veut aller prier, ou bien il intervient pour lever l'obstacle.

Les miracles 1, 2, 3, 4, 5, 6 et 18, 19, 21, 22 concernent l'Espagne. Le miracle 1 peut avoir été inspiré par le miracle de saint Georges délivrant, après sa mort un adolescent emmené en captivité par les infidèles. Le miracle 4 raconte la translation miraculeuse par les soins de saint Jacques d'un pèlerin mort dans le village de Saint-Michel, au pied du port de Cize. Le moyen de cette translation est le cheval sur lequel est monté l'apôtre qui parcourt en une nuit les douze étapes jusqu'à Compostelle. À l'origine se trouve peut-être la double représentation selon laquelle « la civière mortuaire est appelée au Moyen Âge cheval Saint-Michel [93] », tandis que le cheval lui-même, nouveau Pégase, devient un double de l'oiseau, comme s'il participait de la nature ailée de l'archange. En outre, « le roi mythique Tyndare est un ancien dieu

[86] DAVID (Pierre), *op. cit.*, 11/1947, p. 162.

[87] KUNSTMANN (Pierre), *Vierge et merveille : les miracles de Notre-Dame narratifs au Moyen Âge*, UGE, Paris, 1981, pp. 38-45.

[88] Cf. BONAVENTURE (P.), t. II, p. 616 ; COLLIN, p. 260.

[89] Cf. ARBELLOT (abbé François), *Vie de saint Léonard, solitaire en Limousin. Ses miracles et son culte*, Paris, J. Lecoffre, 1875.

[90] AA SS Janvier II, 1039 A.

[91] WEINREICH (Otto Karl), *Genethliakon 5*, Stuttgart, Kohlhammer, 1929, pp. 430-431.

[92] AA SS Jan II 232 C.

[93] DURAND (Gilbert), *Les Structures anthropologiques de l'imaginaire*, Paris, Presses universitaires de France, 1963, p. 73.

chevalier et son nom se confond avec le vocable onomatopéique du tonnerre *tundere* [94] », ce qui pourrait être une raison lointaine de rattacher pareil récit à la personne du fils du tonnerre. Le miracle 6, qui se passe à Pampelune, est de provenance inconnue. La double métamorphose de saint Jacques en paysan et de l'ange en animal secourable ne paraît pas avoir de modèles directs dans d'autres légendes. Il est assez surprenant qu'un ange devienne un âne. L'essentiel est que saint Jacques donne à ses pèlerins le moyen de parvenir à leur but. La vocation auxiliatrice du saint à l'égard de ses fidèles se double d'une fonction punitive à l'égard des mauvais aubergistes que la justice divine a tôt fait de sanctionner par la peine capitale.

En 18, saint Jacques ouvre la porte de sa chapelle au comte Ponce de Saint-Gilles venu y faire ses dévotions. Ce pourrait être, estime-t-on [95], le comte Pons II, fils de Sanche, la fille du roi Ramire Ier d'Aragon. Le miracle 19, dans lequel saint Jacques apparaît à l'évêque Stéphane pour l'informer qu'il marche en tête des armées chrétiennes en lutte contre les Sarrasins et qu'il ouvrira les portes de la ville de Coïmbre assiégée depuis sept ans, « est une version développée du même thème traité dans l'*Historia silense* (vers 1120) et certainement postérieure ; c'est là un conte célèbre en Galice dans la première moitié du XIIe siècle [96] ». La version du moine de Silos qui n'indique pas la durée du siège de Coïmbre comporte sur le protagoniste du miracle des précisions qui ont été modifiées ici : il est grec mais pas évêque et vient d'un pèlerinage à Jérusalem. Il est démuni de tout, richesses comme esprit, à l'instar du modèle préconisé par le sermon sur la montagne. Le miracle 21 est celui d'un pèlerin bourguignon hébergé à Compostelle. Quant au miracle 22, rapporté expressément à Barcelone, il paraît destiné à clore le recueil en montrant tous les lieux du monde où peut avoir été le bénéficiaire. Saint Jacques y apparaît comme garantissant une assistance à l'échelle mondiale autant que locale. C'est la composante miraculeuse fondamentale de tous ces récits ; quand on en fait abstraction, cependant, on voit, montré avec un réalisme sans fard, le nombre et la gravité des dangers auxquels s'exposait quiconque s'aventurait en pèlerinage.

30. La composition du recueil des miracles

La suite des miracles 4, 5, 6, 7, 8, 9, 10, 11, 12, 14, aisément reconnaissable à l'intérieur de la disposition actuelle en dépit des adjonctions ultérieures, suggère l'existence d'une ordonnance initiale du recueil en trois parties symétriques, respectivement consacrées à l'Espagne (trois miracles), Jérusalem (quatre miracles) et l'Italie (trois miracles), groupement qui n'est pas sans évoquer les trois pèlerinages majeurs de la chrétienté : Jérusalem et Compostelle et, par synecdoque, Rome, dont on ne peut parler nommément car c'est le siège de l'antipape (il ne s'y produit, pour cette excellente raison, aucun miracle de saint Jacques). Quant aux dates, elles correspondent approximativement au début de la construction de la cathédrale de Compostelle, peu avant 1080, et à sa consécration en 1105. La distorsion entre les miracles d'Espagne, comptés en décennies, et les autres, qui deviennent annuels à partir de 1100, marque sans doute, après un démarrage assez lent, une accélération des grâces dispensées par l'apôtre consécutive à l'entrée dans le nouveau siècle.

---

[94] *Ibid.*, p. 74.

[95] MENACA (Marie de), *Histoire de saint Jacques et de ses miracles au Moyen Âge*, Nantes, Imprimerie de l'université de Nantes, 1987, pp. 391-392.

[96] DAVID (Pierre), *op. cit.*, 13/1949, pp. 59-60.

Cette première composition présentait sans doute l'inconvénient d'un contenu un peu mince. Avec ses dix miracles, saint Jacques y faisait assez piètre figure par comparaison avec saint Gilles dont la collection en comptait vingt-deux. Dans un deuxième temps, l'auteur aura donc cherché à étoffer son sujet en ajoutant de nouveaux miracles. Le miracle daté de 1108, qui viendrait chronologiquement s'inscrire à la suite du dernier miracle du recueil [97], est ajouté avant le miracle 4 de 1080. La première partie, espagnole, voit donc son effectif passer de trois à quatre miracles. Ces quatre miracles espagnols sont distingués de tous les autres par le fait qu'ils s'achèvent à la fois sur une considération morale et sur une citation du psaume 117 («C'est grâce au Seigneur que cela est arrivé, c'est chose merveilleuse à nos yeux») présentes séparément dans les autres miracles. La troisième partie, italienne, gagne le miracle 15 actuel, daté de 1110, et atteint de ce fait le même nombre que les deux précédentes. Les trois parties héritées du niveau précédent se trouvent désormais constituées de quatre miracles chacune. La grande innovation de ce second niveau d'élaboration, c'est qu'il ajoute maintenant une quatrième partie, de même volume que les trois précédentes, avec quatre miracles non datés, les actuels 16 et 17 puis 20 et 21, qui concernent la vallée du Rhône, terre d'Empire. Cette seconde mise en forme de la compilation aboutit donc à la création équilibrée d'un ensemble de seize miracles également répartis par quatre entre quatre pays.

La belle équité ainsi obtenue dans la répartition des miracles n'avait sans doute qu'un inconvénient : l'Espagne, dont l'importance pour le culte de saint Jacques était prépondérante, si elle figurait en tête de la distribution et se trouvait distinguée par le commentaire final de chaque miracle la concernant, n'occupait pas une place plus importante que les autres pays. L'auteur y remédiera aisément en ajoutant, au cours d'une troisième étape, deux nouveaux miracles à la première partie, les actuels numéros 1 et 2, et en insérant dans la dernière partie les miracles 18, 19 et 22. Cette mise en forme aboutit à un recueil dont les deux ailes collatérales du recueil, la première et la quatrième partie, consacrées d'une part à Compostelle et à l'Espagne, d'autre part à Compostelle et à l'Empire, comportent respectivement six miracles et encadrent deux parties de quatre miracles chacune, ceux de Jérusalem, dont le nombre n'a pas changé depuis le début, et ceux d'Italie, qui sont devenus quatre lors de l'étape précédente. Dans l'ultime étape de rédaction, l'auteur, qui a emprunté au fur et à mesure de son périple quelques miracles pour les grouper en ensembles de trois ou quatre miracles de même localisation et d'années successives, doublera les emprunts qu'il a déjà faits à ses sources. Aux miracles de saint Gilles qui lui ont fourni son miracle 5, il empruntera la matière de son miracle 2. Il fera de même pour les miracles de saint Léonard et de saint Martial.

31. Les modifications apportées aux textes d'Aimeric Picaud
Comme le dit très justement P. David :

> «La main des remanieurs n'a pas épargné le texte primitif. Elle a été parfois guidée par un scrupule théologique ; ainsi dans le miracle 2 (la cédule blanchie) on a ajouté que l'évêque Théodemir n'en donna pas moins l'absolution

---

[97] Vincent de Beauvais le place effectivement en douzième place. Cf. MENACA (Marie de), *op. cit.*, p. 299.

au pécheur repentant et lui imposa une pénitence ; il ne convenait pas de laisser croire que le péché pouvait être remis sans intervention sacerdotale. À la fin du miracle 3, le remanieur observe que si saint Martin et Notre Seigneur lui-même ont ressuscité des morts, c'était de leur vivant ; si donc saint Jacques exerce encore ce pouvoir, c'est que vraiment il vit. Aux miracles 5 et 6 s'ajoute une menace contre les mauvais hôtes, au miracle 8 le répons composé par l'évêque sauvé des eaux, au miracle 17 l'institution de la fête des miracles par saint Anselme. À la suite des bollandistes, les auteurs de l'*Histoire littéraire de la France* ont remarqué ces additions et ces commentaires interpolés [98].»

Plusieurs fois la formule finale traditionnelle empruntée au psaume 117 (23) et à l'Évangile (Mt 21, 42) qui exalte Dieu, auteur de ce miracle, ne se trouve pas comme dans la plupart des cas en position finale mais dans le corps du récit, ce qui laisse entendre que ce qui suit, moralisations souvent adventices, a été simplement ajouté. «Les adjonctions sont assez proches par leur contenu et par leur forme (l'exclamation *Que dire de plus ? [Quid plura ?]*) de celles qui seront pratiquées» sur le *Proto-Turpin* et «d'un style et d'un esprit qui rappellent les sermons pseudo-calixtins [99].» La critique des mauvais aubergistes dans le miracle 7 prélude au thème qui sera annoncé dans la lettre-préface du pape Calixte, puis développé dans le sermon *Veneranda dies*. La série des miracles vindicatoires a une teneur quasiment opposée à celle du recueil : ils montrent saint Jacques exerçant non une fonction d'assistance sans faille dans les circonstances adverses mais une action punitive. Cela montre bien que recueil s'oriente maintenant dans une autre direction. Tantôt placés à la suite des miracles dans le *Livre des Miracles*, tantôt rattachés au sermon *Vigiliae noctis sacratissimae* du *Livre de saint Jacques* (Livre I, chapitre II), ces miracles vindicatoires donnent à penser que c'est bien le rédacteur des autres composantes du recueil en gestation qui a effectué le remaniement des miracles.

32. Les trois Célébrations

«La liturgie hispanique connaît une seule fête de saint Jacques le Majeur fixée, depuis le VIIIe siècle au moins, au 30 décembre ; elle ne figure pas au *Liber orationum* de Tarragone, écrit vers 700. La fête de Jacques le frère du Seigneur est au calendrier hispanique le 27 décembre. L'usage de commémorer ces personnages évangéliques dans les jours qui suivent Noël remonte au moins au IVe siècle et semble d'origine orientale. Les textes liturgiques antérieurs à l'introduction du rite romain ne font aucune allusion à la translation des restes de l'apôtre en Galice. La fête du 25 juillet est propre au rite romain et déjà attestée par le Martyrologe hiéronymien ; mais les églises hispaniques l'ignorent avant l'introduction de la liturgie romaine. La fête du 30 décembre se maintint cependant, à Santiago du moins, et fut ensuite réintroduite dans les calendriers de la péninsule, à titre de fête propre de la Translation [100].»

---

[98] DAVID (Pierre), *op. cit.*, 11/1947, p. 175.

[99] *Ibid.*, p. 184.

[100] DAVID (Pierre), *op. cit.*, 13/1949, pp. 68-69.

L'introduction de la liturgie romaine dans les États d'Alphonse VI datant de 1080, la coexistence des deux fêtes ne remonte donc pas plus haut que la fin du XIe siècle, lorsque Compostelle accepta la fête du 25 juillet, sans vouloir pour autant renoncer à celle du 30 décembre. Pour justifier cette situation, on spécifia celle-ci comme étant la fête de la Translation et de l'Élection de Jacques, attribution qu'il n'est pas faux d'imputer à l'empereur Alphonse.

« Au cours du XIIe siècle, on chercha à distinguer chaque fête par un objet particulier ; celle de juillet commémorait le martyre de saint Jacques ; on admit que celle de décembre était l'anniversaire de son appel par Jésus sur les bords de la mer de Galilée et de la translation de son corps en Galice, de son *élection* et de sa *translation* [...], distinction tout artificielle, modelée sur le culte de saint Martin de Tours dont la mort était commémorée le 11 novembre, alors que l'on célébrait le 14 juillet l'anniversaire de son *élection* au siège de Tours et de la *translation* de son corps dans la nouvelle basilique construite en son honneur [101]. »

Quant à la fête des miracles, le 3 octobre, elle est attribuée à saint Anselme, qui invite à la célébrer dans l'un des miracles rapportés sous son nom. Elle est donc d'invention très récente au moment où se constitue le *Livre des Miracles*, et sa mention dans ce passage est à compter au nombre des efforts visant à la consolider.

33. Le faste liturgique condamné par saint Bernard

« On étale à dessein l'or de tous côtés afin qu'il se multiplie ; on le répand afin de l'augmenter. [...] Les yeux sont éblouis par des reliquaires recouverts d'or, et cette vue fait ouvrir les bourses. Plus les châsses resplendissent de beauté, et plus on croit leurs reliques sacrées. On court les baiser et on se sent porté à donner ; on admire ce qui frappe les yeux plutôt qu'on ne vénère les choses saintes. Dans les églises sont exposées non pas des couronnes, mais des roues incrustées de perles, et les lampes qui les entourent jettent une clarté moins vive que ces pierres précieuses. En guise de candélabres on voit s'élever un arbre d'un poids considérable, fabriqué avec un art merveilleux, qui étincelle moins par les cierges qui le surmontent que par les diamants qui le décorent [102]. »

34. Commentaire du *Pseudo-Turpin*

La scène initiale de l'apparition de saint Jacques à Charlemagne (chapitre I) se présente comme une amplification considérable des quelques lignes du *Proto-Turpin*. Elle reprend les informations sur les conquêtes du grand souverain et son désir de repos, sur le corps de l'apôtre qui repose en Galice et l'occupation de ce royaume par les Sarrasins, enfin l'appel à la libération du pays et la promesse d'assistance. Mais elle ajoute un ensemble d'informations tirées des textes qui attribuent à saint Jacques

---

[101] DAVID (Pierre), *op. cit.*, 10/1945, pp. 12-13.

[102] PIGNOT (J.-Henri), *Histoire de l'ordre de Cluny depuis la fondation de l'abbaye jusqu'à la mort de Pierre le Vénérable (909-1157)*, Autun, M. Dejussieu, 1868, t. III, p. 113.

la première prédication en Espagne, ainsi qu'une précision sur l'action de ses disciples après lui, que fournit seule la quatrième lettre du pape Léon. Ensuite, curieusement, les Galiciens sont censés être retournés au paganisme jusqu'au départ des infidèles, élément déjà présent dans la version Münzer à la suite du récit de la destruction des murs de Pampelune.

Les possessions territoriales de Charlemagne sont développées par rapport à ce qui en était rapporté précédemment puisque l'Angleterre et la Bretagne sont distinguées et que viennent s'ajouter la Bavière, la Lotharingie – qui n'existait pas du temps de Charlemagne, puisqu'elle porte le nom de son petit-fils –, la Bourgogne et des pays innombrables, « allant d'une mer à l'autre », ce qui n'implique sans doute qu'une idée très vaguement géographique. La formule est doublement biblique. D'une part, elle est tirée des Psaumes (71, 8) où il est dit du roi idéal *qu'il domine de la mer à la mer*, et de l'Ecclésiastique (44, 21), où la même désignation porte sur l'extension de la postérité d'Abraham. Le livre de la Genèse (17, 4-5), rapporte que Dieu transforme le nom d'Abram, qui signifie père élevé, en celui d'Abraham, qui signifie père d'une multitude. L'application de la typologie amène à concevoir ici saint Jacques à partir d'Abraham, à transposer sur lui ce qui est dit d'Abraham, selon un procédé que développe le sermon pseudo-calixtin *Solemnia sacra* du *Livre de saint Jacques* (Livre I, chapitre XIX).

« Les héritiers d'Abraham sont pourvus d'un héritage de la mer jusqu'à la mer, parce que partout les fidèles du Christ se multiplient par l'action de la grâce divine. Et de même qu'Abraham est tenu pour le père d'une multitude de nations, de même estime-t-on d'un commun accord que saint Jacques est le père plein de piété des divers peuples et nations qui viennent en Galice vénérer son tombeau. Et de même que la postérité d'Abraham est multipliée comme la poussière de la terre et élevée comme les étoiles, de même les pèlerins de saint Jacques s'accroissent-ils quotidiennement sur la terre et sont élevés avec lui dans la patrie céleste au-dessus des étoiles du ciel. »

Les pèlerins de l'Apôtre qui se rendent au tombeau de Galice sont donc vus à l'image du peuple d'Israël, leur décompte par millions relève plus de la mythologie biblique que de la statistique, tandis que leur pieuse narration des gloires du Seigneur, de sa puissance et des prodiges qu'il a opérés, vient du psaume 77 (4) par le biais du Bréviaire [103].

L'idée implicite d'un repos nocturne bien mérité fait transition vers la vision céleste du chemin d'étoiles, apport fondamental de cette nouvelle version, qui désigne par périphrase la Voie lactée. En dépit de l'assertion du texte, celle-ci ne se présente pas comme une gigantesque traînée lumineuse en ligne droite, mais comme une courbe *(orbis lacteus, circulus)* qui, à partir de la Frise, c'est-à-dire les Pays-Bas, passe entre l'Allemagne et l'Italie, entre la Gaule et l'Aquitaine, puis traverse la Gascogne, le Pays basque, la Navarre et va jusqu'en Galice. La tombe encore inconnue de saint Jacques est le point d'aboutissement du tracé céleste qui relie des établissements tenus par des chanoines réguliers de saint Augustin. La Voie lactée est chargée de tout un potentiel mythique dans diverses directions. L'Antiquité la considérait comme le chemin blanc du ciel [104], la route des âmes qui quittent le monde, voie ascendante qui

---

[103] *Feria quinta ad Matutinam in I. Nocturno.*

[104] SÉBILLOT (Paul), *Le Folklore de France*, Paris, Guilmoto, 1904-1907, t. I, p. 34.

va rejoindre au plus haut du ciel le séjour de Zeus. Elle se rapproche par là de l'échelle de Jacob de l'Ancien Testament. Pour l'islam, elle indiquait, dans certaines régions de l'Asie le chemin de La Mecque, comme ici celui du tombeau de saint Jacques. Dans ce dernier cas, une paronymie entre galakia, la Voie lactée, et Gallécia, la Galice, a pu jouer un rôle dans le rapprochement. Appliquée aux pèlerins, qui ont le sentiment d'accomplir la volonté divine « sur la terre comme au ciel » selon la formule de l'oraison dominicale, elle devient figuration céleste du chemin terrestre, voie de mortification pèlerine puisque le pèlerinage est une forme d'ascèse, et chemin de saint Jacques, nom qu'elle a porté souvent en France comme en Galice.

Dans l'invitation de saint Jacques, le rapprochement du tombeau et de la basilique ne concorde pas avec le thème de la sépulture inconnue. Deux fois, il est bien dit que le tombeau de saint Jacques n'a pas encore été découvert, ce qui est vrai pour le Charlemagne historique. Mais le Charlemagne de ce texte ne peut être invité à s'y rendre, visiter l'église et défendre le chemin qui y mène que s'il est une figuration d'un souverain plus tardif, en l'occurrence le roi Alphonse VI de Castille qui eut, en 1085, une vision stellaire en rapport avec la Voie lactée et qui consacra la dernière partie de sa vie à la réfection des routes et des ponts du chemin espagnol de saint Jacques. Au *Proto-Turpin* qui évoquait seulement la libération de la terre galicienne, le *Pseudo-Turpin* ajoute donc la thématique du pèlerinage.

Après une telle entrée en matière, il n'est que normal d'ajouter saint Jacques au *Proto-Turpin* lors de la destruction des murs de Pampelune (chapitre II), premier témoignage de l'aide qu'il apporte à l'empereur. Celui-ci prend toutefois, dès ce moment, une valeur allusive différente, par la mention de la prestance des chevaliers francs ou français qui l'accompagnent. Il est avéré, en effet, qu'« avec l'aide de chevaliers français, le Batailleur va occuper la plaine fertile de l'Èbre, en prenant Saragosse et Terragone en 1118, avant de s'emparer, en amont et sur les affluents du fleuve, de Tudela et Tarazona, en 1119, et de Catalayud en 1120 [105] ». L'image de Charles, élaborée par le premier chapitre du *Pseudo-Turpin* sur la base d'une similitude avec Alphonse VI de Galice, se charge donc, dès le deuxième chapitre, d'une allusion éventuelle à un second souverain espagnol, en l'occurrence le roi Alphonse Ier d'Aragon, dit le Batailleur.

Comme les deux chapitres précédents, l'énumération des villes conquises (chapitre III) repose sur une source première qui n'est autre que l'histoire biblique de Josué. Elle aussi comporte, en effet, outre l'invitation divine à entrer dans la terre d'Israël et la destruction de Jéricho, une énumération des cités (Josué 15, 20-62) qui fait référence à la ville précédemment détruite, Jéricho et Pampelune, et mentionne aussi une ville maudite demeurée déserte depuis lors. Sur ce schéma, la liste des conquêtes de Charles est composée d'après les chroniques espagnoles de l'époque qui spécifient les étapes de la Reconquête. Elles servent ici à concrétiser l'évocation quelque peu abstraite d'une domination sur toute l'Espagne qui figure à la fin du chapitre précédent. Rassemblant des noms de villes conquises sous Ferdinand Ier, Alphonse VI et Alphonse Ier, cette liste ne comporte aucune conquête qui renvoie expressément à Alphonse VII, empereur d'Espagne, sous le règne duquel se trouve le rédacteur. Mais ce souverain apparaît indirectement à la fin du chapitre dans l'évocation des trois empereurs du nom de Carolus, dont le second serait dit Martel. La

---

[105] ROUX (Julie), *Les Chemins de Saint-Jacques de Compostelle*, Vic en Bigorre, MSM, 1999, pp. 64-65.

formule aberrante s'explique aisément, par le parallèle avec les trois souverains espagnols qui portaient le même prénom – Alphonse VI de Castille, Alphonse Ier d'Aragon et Alphonse VII de Castille [106] –, le second portant le surnom de Batailleur qui correspond à celui de Martel. Ainsi l'image de Charlemagne se définirait-elle, d'une manière codée, comme étant à plusieurs facettes : la personnification carolingienne de la Reconquête et du pouvoir impérial sur toute l'Espagne irait se nourrir de traits empruntés aux souverains espagnols qui ont effectivement contribué à cette œuvre ou ambitionné cette dignité [107].

L'évocation de l'idole de Mahomet (chapitre IV) contient, dans son énoncé même, une contradiction puisque l'islam interdit toute représentation humaine. Cela tient peut-être au fait que ce passage amalgame plusieurs ordres de représentations. Le germe initial en a peut-être été fourni par la statue vue en rêve par Nabuchodonosor (Daniel 2, 31), qui « représente la puissance du monde considérée au point de vue de son opposition au royaume de Dieu [108] ». Mais il ne s'agit pas ici d'un rêve. Une statue d'Hercule a bel et bien existé à Cadix et demeure reconnaissable en dépit des inexactitudes, délibérées ou non, de la description qui en est faite [109]. Elle paraît, en effet, avoir été contaminée par l'idole – elle aussi une statue d'Hercule – qui était censée représenter le dieu tutélaire des Saxons. Les *Annales franques* rapportent plusieurs fois, à propos de l'année 772, que Charles vainquit un centre de la superstition païenne des Saxons, non loin de Heresburg en Westphalie, où ils vénéraient *Irmensûl* [110]. L'amalgame des Saxons et des Sarrasins, fréquent à l'époque [111], n'a

---

[106] Sa chronique signale bien (I, 50) un siège de Bayonne mais précise, à la différence du *Pseudo-Turpin*, qu'il ne put prendre la ville *(non potuit eam capere)*.

[107] Ce chapitre est entièrement ajouté non seulement au *Proto-Turpin*, mais aussi aux manuscrits BnF 5943B et 12710, qui contiennent une version historiographique améliorée de l'« Entrée d'Espagne » du *Proto-Turpin* ; cette version, bien que non encore pourvue de commentaires théologiques et moralisateurs. Cette version sera reprise dans la biographie certainement germanique destinée à défendre la canonisation de Charlemagne. Les noms des villes conquises ont donné lieu à de nombreuses tentatives d'identification de la part des éditeurs et commentateurs de ce texte, en particulier François Castets, Cyril Meredith-Jones et André de Mandach.

[108] *La Sainte Bible,* éd. CRAMPON, *op. cit.*, p. 1362, notes 37-38.

[109] « Le mot arabe *salam* signifie non pas *Dieu* mais *paix* [...]. La leçon devrait être Sanam Kadis – l'idole de Cadix, que l'on appelait aussi Menarat Kadis, Sanam Hirakl [...]. Il s'agit d'une construction médiévale que les chrétiens connaissaient sous le nom de Colonnes d'Hercule, située à l'entrée du port de Cadix [...]. Dans sa main droite, couverte de son manteau et étendue vers la terre, il avait un objet qu'on prenait ordinairement pour une clef, mais qui, en réalité, était un bâton ou peut-être la massue d'Hercule [...]. La colonne et sa statue furent démolies seulement en 1145. Il en résulte que la chronique de Turpin avait été compilée avant cette date. » MEREDITH-JONES (Cyril), *Historia Karoli Magni et Rotholandi ou Chronique du Pseudo-Turpin*, Paris, Droz, 1936, pp. 291-292.

[110] GRIMM (Jacob Ludwig Carl), *op. cit.*, t. I, pp. 96, 326.

[111] « N'est-il pas exact que le terme *Sarrasin* se rapportait à un païen en général au Moyen Âge ? Le Viking Gormont de *Gormond et Isembard* n'est-il pas appelé un chef de *Sarrasins* et même un *Arabe* ? Jean d'Outremeuse n'appelle-t-il pas *Sarrasins* les Allemands des abords de Mayence et de Vaucleir, ne pense-t-il pas que ceux-ci suivaient *la loy Mahom ?* » MANDACH (André de), *Chronique dite saintongeaise*, Tübingen, Niemeyer, 1970, p. 73.

rien de surprenant ici, d'autant que, dans l'embarras où est le rédacteur pour fournir des détails sur une expédition qui n'a pas eu lieu, il ne se montre pas nécessairement très difficile quant au choix de ses informations. La destruction de la statue de Cadix en 1145, loin d'établir, comme on l'a pensé, que ce texte avait été rédigé avant cette date, suggère au contraire qu'il lui est postérieur, car c'est peut-être justement la disparition de cet élément de décor qui a pu attirer l'attention sur lui, dans la mesure où elle pouvait être interprétée comme présageant la fin prochaine des royaumes ennemis du Dieu chrétien et parce qu'elle illustrait un thème cher à la pensée chrétienne, la destruction des idoles.

Le discours (chapitre V) sur les fondations pieuses de Charles est sans doute destiné à faire contraste avec le culte de l'idole imputé aux Sarrasins. Son contenu semble développé à partir de l'hommage posthume que rendit Pierre le Vénérable à Alphonse VI à la fin de son premier *Livre des Miracles* :

> « Ce roi fut un grand ami et un bienfaiteur de Cluny. Je tairai les œuvres pies sans nombre dont il dota notre abbaye, mais je dois dire que ce roi magnifique et glorieux s'était fait avec son royaume, par amour du Christ, le débiteur des pauvres du Christ [...]. Il bâtit deux abbayes en Espagne, autorisa d'autres fondateurs à en construire et contribua à leur érection. Il y établit des moines clunisiens, multipliant les libéralités en sorte qu'ils pussent servir Dieu selon leur règle. Il restaura la ferveur du monachisme, quasi morte en Espagne, et se ménagea par un tel zèle le royaume éternel après celui de la terre [112]. »

Le nom de Cluny ne figure pas ici, mais l'adjonction de l'église Saint-Jacques de la Boucherie, qui fut donnée en 1119 au prieuré clunisien de Saint-Martin des Champs, donne à penser que cette célèbre abbaye bourguignonne figure dans le non-dit de cette énumération. Étant donné que le prieur de Saint-Martin des Champs était un mentor et ami de Pierre de Poitiers, cette mention discrète peut fort bien lui être due. Saint-Jacques de Béziers est une collégiale d'augustins qui existait déjà en 900.

L'apparition du représentant des Sarrasins, Agoland ou Aigoland selon les versions, (chapitre VI), est immédiatement coupée par l'introduction d'un *exemplum* moralisateur (chapitre VII) relatif à l'obligation de s'acquitter des aumônes promises à un mort. Sans doute la mention aussi brève d'Aigoland a-t-elle pour fonction d'anticiper la partie guerrière, de former une sorte de crochet destiné à la rattacher à la première partie, à dominance religieuse, qui s'achève avec le chapitre suivant. Ici, la perspective punitive dans laquelle le rédacteur de ces lignes envisage les manquements à l'idéal qu'il prône trouve à s'exercer : peut-être a-t-il été inspiré par la lecture du traité sur l'aumône, *De eleemosyna*, de Pierre Damien, qui souligne dans son chapitre VII que les aumônes sont utiles aux défunts et fort mal vues des démons, peut-être l'a-t-il embelli grâce au récit de Walter Map sur un personnage saisi pendant la nuit par une légion de démons qui abandonnèrent son corps sur un rocher [113], toujours est-il que ce gros plan du chapitre VII sur un épisode somme toute secondaire a pour effet d'introduire dans le récit la perspective moralisatrice du châtiment des méchants, tout en montrant les troupes de Charles en prise directe avec les volontés du Très-Haut.

---

[112] ROUX (Julie), *op. cit.*, p. 75.

[113] *De Nugis Curialium*, Distinction II, cap. XXIX, éd. M. R. JAMES, 1914, p. 101. MEREDITH-JONES (Cyril), *op. cit.*, p. 295.

La première rencontre des troupes franques avec Aigoland a lieu sur les bords de la Ceia (chapitre VIII), honorée par la présence des corps des saints Facond et Primitif. Charles y fera construire non seulement une abbaye mais une très belle ville.

> « Les saints Facundus et Primitivus furent mis à la torture et décapités sur les rives de la Ceia pour avoir refusé d'obéir à l'ordre de l'empereur Aelius Aurelius Comodus, qui avait convoqué toute son armée pour assister à un sacrifice solennel. Le monastère, qui existait déjà en 883, fut à deux reprises livré aux flammes (883, 985). Par sa puissance et ses énormes richesses, il jouissait déjà au cours du XIe siècle du premier rang parmi les fondations espagnoles. Il suivait la règle clunisienne et reçut en 1083, du pape Grégoire VII, tous les privilèges de l'abbaye française [114]. »

La précision est doublement importante, car elle explique pourquoi un clunisien comme Pierre de Poitiers ne saurait manquer de s'y intéresser et fournit un témoignage supplémentaire de l'assimilation à laquelle procède ce texte entre le Charlemagne qu'il dépeint et le roi de Castille Alphonse VI :

> « Lors d'un entretien à Burgos, Alphonse VI (1079-1109) [...] demanda à l'abbé Hugues de Cluny d'envoyer quelques-uns de ses moines. Et ce fut ainsi que Robert et Marcellin arrivèrent de Bourgogne et que ce monastère devint le principal établissement clunisien du royaume de Castille, avec plus de cinquante abbayes affiliées, des possessions qui allaient de la côte Cantabrique à la sierra de Guadarrama et un *scriptorium* réputé [...]. Ce fut en 1085 que ce même roi fonda, autour du monastère, la ville qui allait s'appeler Sahagun, produit de la contraction de san Facundo, et fit construire le pont de Canto sur la rivière Cea sur la rive droite de laquelle s'étend le pré des Lances [115]. »

Cette légende des lances qui reverdissent est un emprunt à la Bible (Nombres 17, 20). Dieu y déclare expressément que le bâton de celui qu'il a élu reverdira, formule qui prend ici un sens prémonitoire relatif à la mort de son détenteur. L'évocation de la palme du martyre est une formule stéréotypée du *Martyrologe romain*, et dans le commentaire qui en est fait, la phrase selon laquelle seul en sera couronné qui aura combattu dans un combat légitime est empruntée à saint Paul (2 Timothée 2, 5). Elle est répétée dans le chapitre XII.

Après ces préliminaires qui montrent le rédacteur assez peu disposé à abandonner de sitôt la perspective hagiographique, arrive le combat avec Aigoland. Il est soigneusement composé autour de plusieurs thèmes : l'un des plus intéressants est la proposition faite par l'adversaire de Charles d'opposer des parties d'armées égales en nombre qui feraient office de champions destinés à éviter le carnage d'une mêlée générale. Ce trait reprend et développe un thème de la lutte de Charles contre les Saxons, le souhait de Widukind de se mesurer en combat singulier avec Charles. Dans la biographie de la descendante du héros saxon opposant de Charlemagne – la reine Mathilde, canonisée, épouse de Henri Ier –, écrite en 979 à Nordhausen, la lutte contre les Saxons est devenue une guerre de religion. Les deux princes se rencontrent à la tête de leurs armées et décident de remplacer le combat de leurs peuples par un

---

[114] MEREDITH-JONES (Cyril), *op. cit.*, p. 295.
[115] ROUX (Julie), *op. cit.*, pp. 277-278.

combat singulier des chefs, comme ici de leurs champions. Dieu donne la victoire à son fidèle serviteur Charles, Widukind se soumet, lui et les siens ; il adopte le christianisme et se fait baptiser par saint Boniface. À forces égales les chrétiens sont toujours vainqueurs. Ne voulant pas reconnaître sa défaite en cette joute égalitaire, parce que la divination lui a fait prévoir la victoire, Aigoland propose le combat général : nouvelle défaite. La conclusion du chapitre, qui transpose le combat réel contre les occupants musulmans de l'Espagne sur le plan théologique et moral de la lutte des bons contre le mal, est une première application, dans ce texte, de la perspective dite *tropologique*, qui dégage de toute situation concrète la leçon morale la plus généralement applicable. Ce thème, qui fait figure de digression dans un récit à dominance guerrière par son apparition tant soit peu marginale, encore que conclusive, forme la teneur principale des sermons sur saint Jacques attribués au pape Calixte, en cela très proche de cette version du *Pseudo-Turpin*.

Le début du chapitre IX renvoie à Alphonse VII. Celui-ci, après une entrevue avec le roi Zafadola, convoqua tous ses comtes et les nobles de son royaume et eut avec eux une entrevue secrète au cours de laquelle il leur fit part de son intention d'aller attaquer les Sarrasins sur leurs terres, pour tirer vengeance du roi Texuphin et des autres rois des Moabites, qui avaient fait des incursions dans la région de Tolède, avaient tué de nombreux chefs chrétiens, rasé le château du nom d'Acecha, et passé au fil de l'épée tous les chrétiens qu'ils y avaient trouvé [116]. Texuphin est le fils d'Ali qui est venu avec son père assiéger Tolède. C'est le grand adversaire d'Alphonse VII, cité une trentaine de fois à ce titre dans la *Chronique* de cet empereur. Les autres noms de rois sont ceux des adversaires d'Alphonse Ier lors de la bataille de Cutanda (17 juin 1120) [117]. Une fois de plus, l'image de Charlemagne apparaît comme résultant d'une synthèse de données relatives aux souverains espagnols.

Le *Pseudo-Turpin* ajoute à la liste des peuples rassemblés par Aigoland selon le *Proto-Turpin* les Moabites, qui figurent sous ce nom biblique les occupants de l'Espagne [118], et les Perses, et cède à son goût des énumérations. La transformation

---

[116] *Chronicon Aldefonsi imperatoris*, Tournai, Brepols, 1990, I, 33, pp. 165-166.

[117] *Die Chronik von Karl dem Grossen und Roland*, ediert, kommentiert und übersetzt von Hans-Wilhelm KLEIN, Munich, Fink, 1986, p. 145, note 1.

[118] « Il s'agit des Almoravides [*Morâbit*, avec le préfixe espagnol *Al-*; Al-Morabitoun, sorte de moines guerriers habitant un *ribat* ou couvent fortifié]. La ressemblance orthographique entre *Morabitae* et *Moabitae*, de l'histoire biblique, aura sans doute aidé à la conservation de cette forme préférée de leur nom. Ils appartenaient à un groupe de musulmans ascétiques, sujets d'une dynastie royale fondée par diverses sections de la tribu Canhâdja, dans la région du Sahara. Avant 1080, ils avaient complètement soumis l'Afrique du Nord et le Maghreb. En 1086, leur nouveau chef, Youssouf-ben-Tâschfin, passa avec ses hordes le détroit de Gibraltar [...] À partir de la victoire de Zallaqa (1086) remportée sur Alphonse VI, ils restèrent les maîtres incontestés de l'Espagne arabe. » MEREDITH-JONES (Cyril), *op. cit.*, p. 296. Les autres noms sont identifiés avec prudence par Cyril Meredith-Jones (*op. cit.*, p. 298 : Burrabellus est inconnu ; Avitus est une corruption du nom arabe Abbad ; Ospinus : inconnu ; Gfatimus : inconnu ; Ailis : Ali, sultan almoravide qui régna de 1106 à 1143 ; Aphinorhius : inconnu ; Maimon : probablement un des Beni-Maimoun, amiraux almoravides qui ravagèrent pendant toute cette période les côtes de la Méditerranée, de l'Espagne occidentale et de la Galice ; son nom se retrouve dans le miracle 7 et dans l'*Historia compositeur* ; Ibrahim : roi de Séville, frère du sultan Ali, gouverneur de Séville à partir de 1116).

de Gérone en Agen, qui sera suivie de la présence d'Aigoland près de Saintes au chapitre suivant, n'est sans doute pas naïve. La mention des deux évêchés suffragants de l'archevêché de Bordeaux souligne très concrètement que la menace islamique n'est pas arrêtée par la barrière des Pyrénées et que l'Aquitaine entière est concernée. Charles allant rassembler des troupes en France pour faire le siège d'Agen suggère que l'Aquitaine n'en fait pas partie. L'image de Charlemagne s'est donc sans doute enrichie ici du souvenir de l'incursion arabe arrêtée par Charles Martel, comme un peu plus bas, au chapitre XIV, la mort d'Aigoland dans la bataille rappellera celle d'Abder Rahman à Poitiers. L'anecdote qui montre Charles déguisé en messager pour se rendre auprès d'Aigoland rappelle celle qui est imputée par l'*Historia de preliis* à Alexandre le Grand qui se travestit en messager pour se rendre dans le camp de Darius. Quelques engins de siège apportent ici une couleur militaire [119], tandis que le départ ignominieux des troupes ennemies qui s'échappent par les latrines, comme si elles étaient elles-mêmes des immondices, contraste un peu lourdement avec l'entrée triomphale de Charles dans la ville.

Le chapitre suivant (chapitre X), dont le titre évoque les lances qui reverdissent à Saintes, est manifestement un doublon de l'épisode rapporté à propos de Saint-Facond/Sahagun, qui montre le rédacteur plus préoccupé d'insister sur une image symboliquement intéressante, car elle souligne la prédestination de tout ce qui se produit dans cette entreprise, que d'éviter une redondance préjudiciable au point de vue littéraire. C'est une idée-force de toute l'œuvre. Le motif de Charlemagne, dont le cheval est tué, qui combat à pied et abat de nombreux païens, comme il advient à un personnage de la *Chançun de Guillelme*, répète ce que l'auteur avait déjà rapporté à propos du combat à Saint-Facond/Sahagun, tandis que la fuite des Sarrasins vaincus qui traversent le fleuve et laissent plusieurs milliers de victimes est imitée, à quelques détails près, de la manière dont les adversaires quittent la ville d'Agen au chapitre précédent. Ce discours qui ne fait que reprendre des données déjà connues est assez peu explicable dans le cadre du récit. Il semblerait résulter d'une affection particulière du rédacteur pour la ville de Saintes, et peut-être d'excellentes relations avec son évêque. Celles-ci trouveraient à s'affirmer plus fortement encore dans la seconde version du *Livre des Miracles*, qui développera au-delà de toute attente la vie légendaire de saint Eutrope. Au chapitre suivant, Poitiers et Saintes sont par deux fois nommées côte à côte, comme si les deux villes étaient plus proches dans l'esprit du rédacteur que dans la réalité géographique.

Avant la présentation des soldats de son armée (chapitre XI), qui développe les indications sommaires du *Proto-Turpin*, Charles est présenté en libérateur des prisonniers et serviteurs de mauvais maîtres. Fonction caritative étonnante, création de liberté qui rappelle ce qui adviendra plus tard dans le récit, la création des Francs de Saint-Denis, et qui paraît issue d'une réflexion sur l'étymologie du mot « franc » et de ses dérivés. Puisque ces gens sont des Francs, il faut bien qu'ils aient été libérés, affranchis au préalable. La linguistique vient, ici, comme souvent, au secours de l'inspiration. L'armée franque est une armée de libération du joug sarrasin composée

---

[119] Les mangonneaux étaient des machines de guerre projetant de grosses pierres ou des dards. La truie était aussi une machine pour lancer des pierres, battre les murailles et se mettre à couvert en approchant des murs. Les moutons étaient des béliers au sens moderne du terme, machines à enfoncer les murailles des villes assiégées. Les chastels ou castels étaient des tours en bois qui servaient à faire le siège des villes.

de gens qui ont eux-mêmes été libérés. Mais sous la narration guerrière se dissimule l'idée de la libération qu'apporte le Christ par rapport au péché. Cette armée d'hommes libres est celle des combattants du Christ, les adversaires du mal, qui sont absous à bon droit par Turpin.

De même qu'au chapitre III les villes conquises avaient fait l'objet d'une énumération où l'on pouvait reconnaître un trait stylistique du rédacteur, de même les chevaliers francs apparaissent ici en beaucoup plus grand nombre que dans le *Proto-Turpin*. Leurs noms ont beau nous sembler quelque peu fantaisistes, ils ne sont pas inventés à plaisir, mais proviennent des chansons de geste françaises écrites pendant le quart de siècle qui sépare les deux rédactions turpiniennes. Ils se rattachent par là à la personnalité de Pierre de Poitiers, à qui Pierre le Vénérable reprochait son goût des fictions littéraires. On note, parmi ces chevaliers, la mention assez maladroite d'homonymes dont il ne sera plus question (l'autre Roland renvoie probablement à Rolando Bandinelli, devenu pape en 1159 sous le nom d'Alexandre III), mais ces adjonctions, qui ne figurent pas dans tous les manuscrits, relèvent sans doute d'une intervention correctrice tardive. Malgré la multiplication bien au-delà de la douzaine des combattants de Charles, le texte continue de les rapporter aux douze apôtres, en raison de l'identité de leur fonction, la propagation de la foi chrétienne. C'est à nouveau une manière d'inscrire l'expédition espagnole dans le registre de la guerre sainte.

La ville nommée Aquitaine est en réalité Dax, qui portait le nom latin d'*Aquis* en raison de ses eaux thermales : Grégoire de Tours estime qu'elle a donné son nom à l'Aquitaine. Le rapprochement qui est expressément opéré ici avec les villes qui délimitent la province d'Aquitaine peut être mis en relation avec l'appartenance provinciale de Pierre de Poitiers qui se définissait normalement comme Aquitain.

La confrontation militaire avec Aigoland a lieu d'abord dans les Landes, puis non loin de Pampelune qu'Aigoland a reconstruite ; elle se prolonge sur le plan théologique (chapitre XII) par une sorte de controverse scolastique entre deux raisonneurs séparés par le chemin de saint Jacques. Brièvement évoquée dans le *Proto-Turpin*, pour une raison de convenance chrétienne, car la tâche devait être d'abord de convertir les Sarrasins avant de chercher à les battre, la catéchisation de l'adversaire est ici développée dans des termes qui rappellent d'abord le décor du chapitre VIII. Charles, quand il s'adresse à Aigoland, reprend la formule qui se trouve dans l'apparition de saint Jacques du chapitre I pour évoquer, cette fois à la première personne, les domaines qu'il a conquis par la puissance invincible de Dieu et non plus de son propre bras, des contrées désormais soumises non plus à l'autorité *(imperium)* chrétienne, mais aux lois chrétiennes. Peut-être ces changements de termes sont-ils liés à une modification de la conception politique sous l'influence clunisienne [120].

L'idée même d'une sorte de tournoi à armes égales est dans le chapitre XII identique à ce qu'elle est dans le chapitre VIII. La victoire au combat n'a pas seulement une valeur militaire et politique, elle possède une signification théologique, le salut étant dû aux combattants du Christ. La formule selon laquelle la couronne du martyre est réservée à celui qui aura combattu légitimement est répétée à l'identique, ainsi que le commentaire moralisateur. Le chapitre XII est donc un doublon du chapitre VIII rédigé après que celui-ci eut été pourvu de son commentaire. La fin même, empruntée à saint Paul (2 Timothée 2, 5), est déjà citée au chapitre VIII. Le

---

[120] Cf. IOGNA-PRAT (Dominique), *Ordonner et exclure. Cluny et la société chrétienne face à l'hérésie, au judaïsme et à l'islam (1000-1150)*, Paris, Aubier, 1998.

passage où Charles est dit maîtriser la langue arabe pour l'avoir apprise à Tolède ne s'applique évidemment pas au Charlemagne historique, mais fait allusion au séjour dans cette cour du roi de Castille Alphonse VI, donnée à nouveau évoqué au chapitre XX. Faute d'avoir été vaincu par les arguments apologétiques de son contradicteur, Aigoland se rend au verdict des armes et accepte de recevoir le baptême. C'est à cette fin qu'il se rend chez Charles (chapitre XIII). Il y rencontre d'abord divers types d'ecclésiastiques. Bonne occasion d'expliquer la différence entre le clergé séculier, le clergé régulier et les chanoines réguliers qui font une sorte de synthèse de l'un et de l'autre. Ces trois catégories ne sont pas présentées sur un pied d'égalité. La première est décrite par sa fonction d'exposition de la loi, d'absolution des péchés et de bénédiction au nom du Seigneur. Les réguliers noirs, moines ou abbés, qui relèvent manifestement de Cluny, ont une fonction contemplative qui les situe plus haut que les précédents dans l'échelle de la sainteté. Enfin les chanoines réguliers, qui ont une double fonction, contemplative et liturgique, paraissent avoir un statut privilégié, qui les place encore au-dessus des moines. Puisque le vêtement blanc désigne le manteau de voyage de ceux d'entre eux qui sont affiliés aux augustins, il y a lieu de voir ici un hommage aux chanoines réguliers de saint Isidore qui étaient les chanoines de Compostelle. À vrai dire, l'éloge n'est peut-être pas sans ambiguïté. Depuis une dizaine d'années les chanoines de Compostelle étaient devenus des augustins à part entière, et ne portaient donc plus ce vêtement. La référence aux anciens chanoines de saint Isidore marque peut-être une certaine distance à l'égard de leur nouvel état. Les relations de Cluny et des augustins n'étaient pas toujours idylliques et il est concevable que les Cluniciens aient préféré voir à Compostelle des chanoines de saint Isidore, ceux-là mêmes qui étaient contemporains de l'extension de Cluny en Espagne. Kidnappé

Les circonstances dans lesquelles Aigoland refuse en fin de compte le baptême confirment que l'adversaire de Charlemagne dans le *Pseudo-Turpin* comporte des traits empruntés au héros saxon Widukind, qui fut l'adversaire de Charles sur un autre théâtre d'opérations et dont traite Pierre Damien dans son ouvrage sur l'aumône [121].

> « L'histoire de l'empereur et des pauvres qui accompagnaient ses armées
> avait déjà paru, avant l'époque de la chronique de Turpin, dans le *De eleemo-*
> *syna* de Pierre Damien, qui la plaça parmi les incidents des guerres saxonnes.
> Charles, qui avait perdu quinze batailles, réussit enfin à triompher et s'empare
> de la personne du roi des Saxons. Au cours d'un banquet, le roi, qui s'étonne
> de la manière dont on traite les gens pauvres, proteste et entre dans un argu-
> ment qui suit à peu près les mêmes lignes que celui de Turpin : *Godefroy le*
> *chef et marquis tout à fait illustre m'a rapporté qu'est contenu dans l'histoire*
> *de sa propre région comment l'empereur Charles fit la guerre en quinze*
> *combats avec le roi des Saxons qui était jusque-là retenu dans l'erreur du*
> *paganisme et les perdit tous. En trois combats successifs, il eut cependant le*
> *dessus, et, victorieux, le fit ensuite prisonnier.*
> *Un jour alors que Charles prenait comme d'ordinaire place à table sur une*
> *sorte de trône élevé, les pauvres qu'il nourrissait étaient placés à l'écart*
> *de manière infamante. Le roi, qui déjeunait à une table assez éloignée de*

---

[121] *De eleemosyna*, chapitre VII, MPL 145, col. 220. MEREDITH-JONES (Cyril), *op. cit.*, pp. 303-304. Pierre Damien est mort en 1072.

l'empereur, lui adressa par un messager les propos ci-après : "Alors que votre Christ racontait qu'il était reçu parmi les pauvres, avec quel front prétendez-vous que nos nuques lui soient soumises, lui que vous méprisez ainsi et à qui vous ne témoignez aucune révérence ?" Sur quoi l'empereur, affligé dans son cœur, rougit et eut très peur de voir sortir des lèvres d'un païen la parole de l'Évangile. Le Seigneur dit, en effet : "Ce que tu as fait au plus petit des miens, c'est à moi que tu l'as fait." (Mt 25, 40). Il se réjouit d'avoir été corrigé par un tel homme, qui, bien qu'il n'ait pas encore été initié aux principes de la foi en prêchait déjà le fruit, à savoir les œuvres de miséricorde.

« Le récit de Pierre Damien n'est pas reproduit à l'identique. Les treize pauvres mentionnés, alors que Charles dit un peu plus tard que ces pauvres doivent être nourris par référence aux douze apôtres, résultent vraisemblablement d'un emprunt à la légende du pape Grégoire – rapportée tous les ans par le bréviaire à l'occasion de sa fête – selon laquelle il nourrissait tous les jours, dans le palais du Latran, douze pauvres pèlerins auxquels se joignit un jour un ange, pour faire treize à la douzaine [122]. »

Décrivant les pauvres misérablement vêtus qui mangent à même le sol, sans table et sans nappe, l'auteur utilise, au lieu du terme adéquat, un mot qui désigne dans les missels et cérémonials des nappes d'autel. La conclusion de cette anecdote édifiante ne reprend pas la formule finale empruntée à Matthieu (15, 40) mais celles qui suivent immédiatement en (Matthieu 15, 41 ss). qui ont une teneur critique [123].

Le commentaire qui clôt ce chapitre XIII est enrichi d'une référence conclusive à l'Évangile (Matthieu 25, 42), qui figure dans le missel [124] et dans le *bréviaire,* rapprochée de deux passages combinés de l'Épître de saint Jacques (2, 17 et 2, 26).

À la différence toutefois de Widukind, Aigoland refuse le baptême et doit donc être vaincu par les armes, comme il advient au chapitre XIV, dans des circonstances très proches de celles qui ont été évoquées par le *Proto-Turpin,* sur les bords de l'Arga, rivière de Pampelune qui était aussi appelée la Rune. Mais le texte amplifie la source en formant cinq groupes de païens qui seront défaits l'un après l'autre. Après mention de l'action d'éclat d'Ernaut de Beaulande, la description du combat se fait un peu plus verbeuse, mais reproduit la teneur du modèle en ajoutant des détails, qui n'ont rien d'imaginaire, sur l'horreur du massacre. « La description que fait Orderic Vital de la prise d'Antioche, celle de la ville de Barbastre lorsqu'elle fut occupée par les Espagnols, sont riches en détails qui témoignent d'une cruauté et d'une brutalité inhumaines. Les vainqueurs marchaient littéralement dans le sang et l'accumulation des cadavres dans les rues fit éclater des épidémies très graves [125]. » Mêlant dans leur fuite commune le roi Ibrahim de Séville qui exista au XIIᵉ siècle et l'Al Mansour de Cordoue, qui vécut au Xᵉ siècle, le rédacteur ne manque pas de voir dans la victoire remportée sur l'adversaire de Charles un argument apologétique en faveur de la précellence du christianisme, non sans s'appuyer sur une double référence à l'Épître aux Hébreux (1, 4) de Paul et à un verset tiré de Marc (9, 23) qui se trouve aussi dans le missel [126].

---

[122] *Die Chronik von Karl dem Grossen und Roland, op. cit.,* p. 151.

[123] SMYSER (H. M.), *op. cit.,* p. 30, notes 2 et 3.

[124] *Feria II post Dominicam, in Quadragesima.*

[125] MEREDITH-JONES (Cyril), *op. cit.,* p. 304.

[126] *Feria IV quatuor temporum Septembris.*

La dernière phase du chapitre XV, qui se contente par ailleurs d'ajouter au motif emprunté à l'histoire de Josué un commentaire topique sur le fait que ces combattants militaires sont à l'image des disciples du Christ, donc de l'Église militante, montre bien à qui ce discours s'adresse : le public visé n'est pas celui des simples fidèles mais celui des religieux que l'on rappelle à leurs devoirs. Le chapitre suivant (chapitre XVI), qui semble confirmer une certaine teneur anti-navarraise du discours, en reprenant le nom d'un personnage ancien, celui de Fourré « qui s'insurgea en 845 en Provence contre l'empereur Lothaire [127] », est surtout l'occasion de rapporter un miracle parallèle à celui des lances qui refleurissent : il s'agit du miracle des croix apparaissant sur les habits des soldats qui doivent mourir. Le fait est rapporté par la *Chronique de Thietmar de Merseburg* (II, 35), un peu différemment puisque seuls les soldats qui se moquèrent du prodige moururent. Ici Charles tente simplement d'épargner ce sort aux soldats désignés. Occasion aussi de rappeler la prise du domaine de Montjardin et de toute la Navarre.

Le chapitre XVII fait apparaître pour la première fois Roland et ce, face à un adversaire qui a une longue tradition derrière lui : « descendant littéraire d'Achille et d'Hercule, [il] se retrouve aussi dans la légende celtique, où Ferragus paraît, avec sa taille extraordinaire, sous le nom de Ferroch, Ferragh ou Fearagh [...]. Développement topique, défis et vantardises, discussion théologique, onguent qui rend invulnérable, fatigue, pacte, acte de courtoisie, etc. [128] » sont autant d'ingrédients mis à la mode par les chansons de geste et qui ont fait le succès de ce texte, connu aussi en dehors du *Pseudo-Turpin* [129]. Envoyé par l'amiral de Babylone, c'est-à-dire le calife du Caire, le géant Ferragut [130], est non seulement une sorte de pendant à Roland par son origine étrangère, mais un descendant du Goliath de la Bible, dont il reprend exactement les paroles (1 Sam 17, 8) en réclamant un adversaire qui se mesure à lui dans un combat singulier. Son portrait, lui aussi, semble développé à partir des indications bibliques – *sa taille était de six coudées et un palme* [131]. Les premiers champions envoyés n'ont guère de succès mais Roland, avec son intrépidité, ne se laisse pas détourner. Le combat reproduit les épisodes topiques des récits du temps ne s'interrompant que pour donner à Roland l'occasion de manifester sa courtoisie et son respect de la trêve.

Après le repos commence un entretien de présentation au cours duquel Roland précise les points fondamentaux de la doctrine chrétienne, à commencer par le dogme de la Sainte Trinité, objet de discorde entre le christianisme et l'islam. « Ferragut, ayant avoué sa complète ignorance de la théologie chrétienne, entre aussitôt et sans transition dans une discussion assez détaillée de la nature de la Trinité, alors que, d'après sa propre confession, elle devait être tout à fait étrangère à ses connaissances.

---

[127] LALANDE DE CALAN (Ch.), *Personnages de l'épopée romane*, p. 104.

[128] MEREDITH-JONES (Cyril), *op. cit.*, p. 305.

[129] Comme l'indiquent les signes typographiques, la partie théologique de la discussion a fait l'objet d'un allongement considérable dans la deuxième version du *Pseudo-Turpin*.

[130] Le personnage Otinel, est connu par « l'Entrée d'Espagne » et présente des parallèles avec *Fierabras*. (MEREDITH-JONES [Cyril], *op. cit.*, p. 305.) Il pourrait donc avoir été inventé par la chanson de geste, puis emprunté par le *Pseudo-Turpin*.

[131] 1 Sam 17, 4. Autre référence vétéro-testamentaire : Élias et Élisée ressuscitent l'un et l'autre des morts (1 Reg 17, 20 ss ; 2 Reg 4, 34 ss).

On dirait que, par une espèce de greffe assez maladroitement opérée, le *Pseudo-Turpin* a introduit dans sa discussion une série de raisonnements qu'il a empruntés tout faits d'une source [132].» La triple définition de la Sainte Trinité, avant l'adjonction, est empruntée au *Symbole de saint Athanase*, tandis que la première phrase de l'adjonction est textuellement copiée sur le missel [133] et la seconde sur le bréviaire [134]. Ces emprunts ont donc non pas une mais plusieurs sources, surtout si l'on ajoute les *Étymologies* d'Isidore de Séville ou le *Physiologus* (pour les pouvoirs mystiques du lion), tous textes que les clercs d'alors pratiquaient couramment. Peut-être cette discussion sur la Trinité reflète-t-elle aussi le fait que le dogme de la Trinité avait donné lieu au concile de Reims en 1148. Quant à dire si elle prend position pour l'une ou l'autre des thèses en présence, celles de Gilbert de la Porrée et d'Abélard ou les conceptions orthodoxes, c'est une question que nous ne pouvons trancher dans l'état actuel de nos recherches.

Cette *disputatio* sur des points de doctrine greffe un contenu chrétien sur un idéal de combat dans les règles, en terrain découvert et dénué d'embûches, choisi par les adversaires d'un commun accord. Les Grecs estimaient, nous dit Polybe (XIII, 3), que seul le combat de près, au corps à corps, pouvait décider valablement d'un conflit. C'est, dans la loyauté de l'affrontement, le contraire même de l'embuscade de Roncevaux, quant à elle placée sous le signe de la perfidie. La lutte est fatalement inégale dans un récit comme celui-ci : si l'adversaire païen a au départ la supériorité matérielle, le combattant chrétien est détenteur d'une supériorité morale qui lui donne nécessairement la victoire.

Il n'est guère douteux que, dans la construction du *Pseudo-Turpin*, la discussion théologique de Roland et de Ferragut soit parallèle à celle de Charles et d'Aigoland. Dans les deux cas, il s'agit d'une catéchisation à caractère apologétique qui rappelle d'assez près le modèle fourni par l'un des romans les plus célèbres à l'époque, celui de *Barlaam et Josaphat*, dont la partie centrale est constituée par une discussion entre un tenant du paganisme et un défenseur du christianisme.

L'éloge de la ruse de Charles (chapitre XVIII) ne vient pas contredire la loyauté dans le combat ici prônée. Ce n'est qu'une réponse défensive aux moyens d'intimidation employés par l'adversaire, une marque de la sagesse supérieure que Dieu donne aux siens pour leur permettre de triompher de leurs adversaires. L'arrière-plan est ici partiellement historique. En 1133, Alphonse VII attaqua Cordoue. Après quoi, il leva le camp et s'engagea dans les environs par la droite et par la gauche de la cité ; il occupa toute cette terre, la pilla, la réduisit en cendres, fit un grand nombre de prisonniers et parvint au bord du Guadalquivir [135]. Mais la mort du roi Ibrahim de Séville intervint dans d'autres circonstances :

> « Le combat commencé, les Sarrasins firent grand bruit avec des cors d'airain et des tambours et de grands cris avec lesquels ils invoquaient Mahomet. Les chrétiens quant à eux s'adressèrent de tout leur cœur à Dieu et à la Vierge

---

[132] MEREDITH-JONES (Cyril), *op. cit.*, p. 307.

[133] *Praefatio ferialis de Sanctissima Trinitate.*

[134] *Pars hiemalis, Dominica in Quinquagesima ; I. Nocturno, 2. Lectio, Responsorium dum staret Abraham ad ilicem Mambre, vidit tres viros ascendentes per viam tres vidit et unum adoravit.*

[135] *Chronicon Adefonsi imperatoris*, Tournai, Brepols, 1990, t. I, 35, p. 166.

Marie et à saint Jacques pour qu'ils aient pitié d'eux et oublient les péchés de leurs rois, d'eux-mêmes et de leurs parents. Beaucoup de blessés tombèrent de part et d'autre. Enfin le commandement s'avisant que la partie de l'armée sous les ordres du roi de Séville était plus forte, ils s'y portèrent tous avec constance pour l'attaquer. Le roi de Séville tomba dans ce combat et mourut, tandis que de nombreux princes et chefs, ainsi que toutes les lignes de bataille des païens furent écrasés et mis en fuite. Le commandement les poursuivit jusqu'aux portes de Séville, s'empara de leurs dépouilles, prit du butin et revint dans son camp [136]. »

L'usage au cours d'une bataille de masques affreux et du tintamarre épouvantable des tambours et autres instruments est fréquent chez les musulmans. Il est attesté, avec panique correspondante du côté chrétien, par le récit de la première croisade que fait Guillaume de Tyr [137]. Il est aussi signalé dans la bataille de Zallaqa-Sarrolias-Zahact de 1086, sous Alphonse VI, roi de Castille [138]. Ce souverain appela aussi des Européens en Espagne pour repeupler le pays, mais rien n'indique que la répartition des contrées évoquées par le *Pseudo-Turpin* soit historique, ne serait-ce que parce que l'Andalousie était toujours sous occupation musulmane. Il n'empêche que cette notation suggère à bon droit que le peuple espagnol est issu de diverses ethnies. Quant au *carrocio*, élément de pittoresque et de dramatisation bien connu par l'emploi qu'en firent les Milanais contre Frédéric Barberousse à la bataille de Legnano en 1176, il n'est pas ici une innovation, mais semble plutôt emprunté au chroniqueur Bernold de Sankt-Blasien; celui-ci rapporte à propos justement du combat des troupes papales contre celles d'Henri IV en 1086 : « Ils firent avancer vers le lieu du combat une croix très haute dressée sur un char et entourée d'un drapeau rouge [139]. » La couleur du drapeau est la même, alors que l'on attendrait plutôt la couleur verte chez des combattants de l'islam.

À l'idée de la ruse de guerre s'ajoute donc celle de la bataille qui assure le succès définitif de l'entreprise guerrière : le roi peut ainsi se consacrer à l'établissement du pouvoir religieux. On voit réapparaître ici la formule « notre empereur » dans un contexte qui permet d'en apprécier la valeur, puisque le combat décrit se rapporte à l'empereur Alphonse VII. Charles ayant vaincu successivement tous ses ennemis, il est normal que cette conclusion intervienne sous les murs de Cordoue, centre du pouvoir islamique en Espagne représenté par le califat. Mais la chronologie du récit s'en trouve bouleversée : la fin de ce chapitre contredit en effet celle du chapitre XIV qui montre Charlemagne rentrant en Gaule, transition possible vers l'épisode de Roncevaux. Le chapitre XVIII semble l'installer – sinon lui personnellement, du

---

[136] *Ibid.*, t. II, 26, p. 207.

[137] *Ibid.*, t. III, 14, p. 131.

[138] MANDACH (André de), *Naissance et développement de la chanson de geste en Europe...*, 1 : *La Geste de Charlemagne et de Roland*, Paris, Genève, Droz, 1961, p. 41.

[139] SMYSER (H. M.), *op. cit.*, p. 35, n. 1, avec renvoi à MGH SS, V, 444 ss. « Le char à roulettes, que les savants connaissent le plus souvent sous les noms de « carrocio », « Fahnenwagen » fut inventé, dit-on, par Héribert, abbé de Milan, et employé pour la première fois contre Henri le Noir, en 1039. Il s'agissait d'un char sacré destiné à porter dans la bataille les bannières de la ville. Les historiens du XIIe siècle y font souvent allusion. » MEREDITH-JONES (Cyril), *op. cit.*, p. 308.

moins son pouvoir – de manière quasi définitive en Espagne où personne n'ose plus l'attaquer, circonstance elle aussi incompatible avec le récit de Roncevaux ; il viendrait clore une version indépendante de « l'Entrée d'Espagne » consacrée uniquement à Charlemagne, qui ne montre pas son armée subissant l'embuscade pyrénéenne et le présente lui-même d'une manière plus plausible comme l'antécédent de l'empereur d'Espagne Alphonse VII.

Le chapitre XIX, qui traite du concile de Charlemagne à Compostelle, mêle à l'évidence la falsification historique à des données historiquement attestées. Le texte du *Pseudo-Turpin* reprend celui du *Proto-Turpin*, mais l'enrichit substantiellement.

« Il existe une correspondance remarquable avec l'histoire réelle de l'archevêché de Compostelle. L'histoire de l'église montre comment, en réalité, jusqu'en l'an 1125 environ, l'évêque Diego Gelmirez, ayant cherché et obtenu la dignité d'archevêque, le titre de métropolitain et de légat, arriva enfin à menacer la suprématie du primat d'Espagne, Bernard de Tolède. Il rendait hommage à Rome seule, refusa de prononcer le serment d'obéissance à Bernard (1124) et, à son tour, il exigea de ses évêques qu'ils vinssent à Saint-Jacques lui prêter hommage. Les disputes s'envenimèrent à un tel point que Dona Urraca, Alphonse Ier, le pape lui-même, durent lui adresser des protestations.

« Le compilateur s'occupe ensuite du véritable emplacement du siège épiscopal. Alphonse II, en 829, avait transféré l'ancien évêché d'Iria à Compostelle, en joignant ensemble ces deux centres ; il ne changea pourtant en rien ni son titre, ni ses pouvoirs ecclésiastiques [...]. Il ne fit qu'ériger la nouvelle église en cathédrale jointe à celle d'Iria et administrée par un seul évêque portant le titre : *Episcopus Iriensis et Apostolicae Sedis*. En 860, Ordono Ier sollicita du pape la permission de transporter le siège même de l'évêché à Compostelle qui, grâce à ses fortifications plus solides, lui offrait un asile mieux défendu contre les attaques des pirates normands qui infestaient les côtes de la Galice. Il reçut l'autorisation de transférer définitivement les fonctions de l'évêché à Compostelle, mais le pape Nicolas Ier insista une deuxième fois pour que le titre restât toujours à Iria, que l'on dut doter d'un revenu suffisant à ses besoins [...]. Ce ne fut que deux siècles plus tard, en 1095, au concile de Clermont, que l'évêque Dalmace obtint pour son église l'abolition du titre d'évêque d'Iria en faveur de celui d'évêque de Compostelle : *Episcopus Compostellanus et Apostolicae Sedis* [...]. Le droit de porter le titre *Apostolica Sedes* avait déjà causé de sérieuses disputes entre les évêques de Compostelle et les papes. En 1049, Léon IX, croyant voir dans cet usage les commencements d'une injuste prétention aux privilèges détenus par le seul siège de Rome, excommunia solennellement l'évêque D. Cresconio, dans un concile de Reims [...]. Le titre fut par la suite repris et employé presque sans interruption jusqu'à la fin du XIe siècle [...].

« Quant au droit d'imposer une contribution, en s'acquittant de laquelle on devait recevoir le titre d'homme libre, Saint-Jacques avait l'habitude de cette sorte de privilège. En 1105, Raymond et Urraca lui accordèrent la concession la plus importante que le siège eût jamais reçue. Le diplôme affirma les droits de toute personne habitant la ville de Compostelle, à quelque classe sociale qu'elle appartînt, à être traitée en homme ou en femme libre, exempte de tout service, personnel ou en espèces, excepté pour ce qui était dû à l'évêque et au clergé de Saint-Jacques [...]. Ces hommes libres s'étaient habitués à se voir imposer des contributions, surtout à une époque où on avait constamment besoin d'argent pour la construction de la magnifique cathédrale qui allait être la plus somptueuse du monde occidental. De plus il y avait les *Votos*, payables en mesures de vin, de blé, etc., les impôts qu'on le vit prélever régulièrement après chaque victoire remportée par les chrétiens et à l'arrivée du roi et de la reine dans la ville de Saint-Jacques [...].

«Le dernier des privilèges énumérés dans ce chapitre, celui qui le faisait seul responsable du sacre des rois, de la consécration des évêques et du devoir de convoquer des conciles, répond visiblement aux ambitions d'un prélat qui, dans la réalité, lutta vigoureusement pour se les procurer [...]. Il n'y a dans ce chapitre aucune prétention qui ne soit fondée sur un événement ou une ambition historique. Son compilateur a voulu tout simplement attester l'ancienneté des droits que Compostelle n'avait en réalité reçus que très récemment, en les plaçant tous sous l'autorité du supposé fondateur de la première église [140].»

Même si Compostelle n'a pas reçu effectivement toutes ces prérogatives, la mention qui en est faite ici semble suggérer qu'elle peut ou même ne devrait pas cesser d'y prétendre. En effet, son premier archevêque, Diego Gelmirez, qui en a sans doute revendiqué et obtenu un certain nombre, est mort depuis plusieurs années, et le rappel de sa politique n'est peut-être pas dénué de toute arrière-pensée critique à l'égard de ses successeurs immédiats qui n'avaient pas nécessairement les mêmes ambitions ni surtout la même carrure politique. Quoi qu'il en soit, ces prétentions se fondent sur l'interprétation asturienne et galicienne de la répartition des trônes de Jacques et de Jean dans le monde selon Matthieu (20, 21). À nouveau, le texte du *Pseudo-Turpin* se situe donc à proximité immédiate de l'hymne acrostiche rapportée au roi Mauregat et du discours que tient à ce sujet, en se référant à elle, le sermon *Exultemus* [141].

Le portrait de Charlemagne du chapitre XX, qui ne figure pas dans certains textes de la première version, vient confirmer cet amalgame. Le début en est emprunté dans l'ensemble à celui que donne Éginhard (chapitre XXII) où il est dit :

«D'une large et robuste carrure, il était d'une taille élevée, sans rien d'excessif d'ailleurs, car il mesurait sept pieds de haut. Il avait le sommet de la tête arrondi, de grands yeux vifs, le nez un peu plus long que la moyenne, de beaux cheveux blancs, la physionomie gaie et ouverte. Aussi donnait-il, extérieurement, assis comme debout, une forte impression d'autorité et de dignité. On ne remarquait même pas que son cou était gras et trop court et son ventre trop saillant, tant étaient harmonieuses les proportions de son corps. Il avait la démarche assurée, une allure virile [...]. Il se montrait sobre de nourriture et de boisson, surtout de boisson [...]. Pour la nourriture, il lui était difficile de se limiter autant [XXIV].»

Le rédacteur du *Turpin* profite de la circonstance pour faire de Charlemagne une sorte de monstre à tête de Gorgone, puisque son regard était si pénétrant que

[140] MEREDITH-JONES (Cyril), *op. cit.*, pp. 309-313.
[141] Le texte comporte aussi une référence à l'Apocalypse (1, 20; 2, 1) qui appelle anges les évêques des sept églises du christianisme primitif.

quiconque le voyait était changé en pierre, tandis que son solide appétit tend à faire de lui une sorte d'ogre. La capacité à fendre un adversaire de la tête aux pieds d'un seul coup d'épée est un trait emprunté à l'historiographie antique, puisque Plutarque rapporte la même chose dans la vie de Pyrrhus. Cette marque indiscutable d'une force peu commune, qui sera aussi attribuée à Roland, n'est pas nouvelle dans le portrait de Charles. Elle figure déjà dans le *Voyage de Charlemagne à Jérusalem*[142]. Elle contribue à le situer par la force physique hors du commun des mortels, dont il se distingue aussi par des qualités morales non négligeables, la largesse qui est la caractéristique la plus vantée par les miroirs des princes, la sagesse qui est l'une des vertus cardinales, ainsi que l'éloquence, témoignage de culture, et la piété inséparable du monarque chrétien.

L'évocation de la couronne, du sceptre et de l'épée nue correspond exactement à ce qui est rapporté dans le texte sur les trois solennités à propos de la procession solennelle (Livre III, p. 519) :

> « L'admirable sceptre d'agent de l'empire d'Espagne que le vénérable roi tenait entre ses mains resplendissait de ses fleurs d'or, de ses divers ornements et de toutes les pierres précieuses qui y étaient serties. Le diadème d'or dont le roi très puissant était couronné en l'honneur de l'apôtre, était décoré de fleurs d'émeraude et de sculptures noires, de toutes sortes de pierres précieuses et de représentations éclatantes d'animaux terrestres et d'oiseaux. L'épée à double tranchant, qui était portée nue devant le roi était ornée de fleurs d'or, d'un arbre d'or portant des lettres d'une extrême blancheur et d'une croix d'argent. »

La profusion décorative des ornements a disparu ici, mais les trois symboles du pouvoir et la précision initiale relative à la couronne d'Espagne renvoient à une identité remarquable entre Charlemagne et Alphonse VII que décrit la procession de Compostelle.

Le cérémonial de veille militaire dans la chambre du monarque paraît emprunter quelque trait de couleur locale à Al Mansour dont on a dit : « Le khalife, dont on redoute la colère, a besoin de se savoir entouré de soldats. Il ne sent pas ses jours à l'abri de toute atteinte[143]. » Mais le nombre même de ces soldats, le symbolisme du carré, la veille alternée reposent sur des données chiffrées qui évoquent plutôt l'Apocalypse et, sous couvert de couleur orientale, c'est l'élu de Dieu qui apparaît. Il faut sans doute comprendre, d'après le texte, les cent vingt veilleurs comme le produit de dix par quatre et par trois. D'où d'abord un lit carré. « Le cercle et le carré symbolisent deux aspects fondamentaux de Dieu : l'unité et la manifestation divine. Le cercle exprime le céleste, le carré le terrestre, non pas en tant qu'opposé au céleste, mais en tant que créé [...]. Le quadrangulaire n'est pas autre chose que la perfection de la sphère sur un plan terrestre[144]. » « La combinaison du quatre du monde spatial et du trois du temps sacré mesurant la création-recréation donne le

[142] V. 459 ss. Cf. *Die Chronik von Karl dem Grossen und Roland, op. cit.*, p. 159.

[143] DIEHL (Charles) et MARÇAIS (Georges), *Histoire du Moyen Âge*, t. III : *Le Monde oriental de 395 à 1081*, Paris, Presses universitaires de France, pp. 351-352.

[144] DAVY (Marie-Madeleine), *Introduction à la symbolique romane (XIIe siècle)*, Paris, Flammarion, 1964, p. 190.

chiffre douze, qui est celui du monde achevé [145] », « un accomplissement du créé terrestre par assomption dans l'incréé divin [146]. » Le monstre sacré est donc en même temps représentant de Dieu sur la terre et bénéficiera du traitement de faveur qu'il mérite aussi par ses fondations pieuses (cf. chapitre V).

Les traits sur lesquels s'achève ce portrait semblent se rapporter à Alphonse VI, qui fut prisonnier à Tolède : il y combattit pour le roi auprès de qui il se trouvait, conquit des terres tant et si bien qu'Yahya ben Ismaïl, surnommé Maimoun, lui permit d'y établir des chrétiens. Certaines de ces indications correspondent, d'autres ne sont pas conformes à la légende ultérieure ; celle-ci connaît l'adversaire de Charles nommé Braimant ; Galafre toutefois n'est pas le nom de l'aimée de Charles (elle s'appelle Galiana/Galiène), mais celui de son père, lui-même roi de Tolède et fils de S. Nicolas [147]. Ces évocations légendaires approximatives sont mêlées d'abord au souvenir du couronnement effectif de Charlemagne à Rome, puis à celui de son pèlerinage fictif à Jérusalem, d'où il rapporte des reliques.

C'est donc le portrait composite d'un Charlemagne à dominante espagnole qui est fourni ici, rendu étrange par la réunion sur sa personne d'images et de significations aussi diverses qu'exaltées, qui semblent briser tous les cadres habituels de la représentation.

À partir du chapitre XXI, le *Pseudo-Turpin* trouve dans « la Sortie d'Espagne » du *Proto-Turpin* un récit des événements plus lié et littérairement plus satisfaisant que celui de « l'Entrée d'Espagne ». Il n'en éprouve pas moins le besoin de modifier un certain nombre de détails qui donnent au récit une tournure plus verbeuse, sans être pour autant purement formelles ou ornementales. Ainsi, dès le début, la mention des succès passés de Charles en Espagne est pourvue de l'adjonction qui donne tout son sens à l'entreprise, « pour la gloire de Dieu et de son apôtre saint Jacques », tandis que le séjour de Charles et de son armée à Pampelune, qui fut la première ville conquise à l'aller, souligne bien que la boucle est désormais bouclée.

On est loin cependant de la conception stylisée que propage Éginhard. Charles n'est pas ce souverain qui opère sans coup férir grâce à son seul ascendant moral, et fait de l'expédition d'Espagne une sorte de promenade martiale au cours de laquelle les peuples et les villes adverses viennent d'eux-mêmes offrir leur soumission ; il a été pourvu par saint Jacques d'un mandat céleste et doit accomplir les desseins divins envers et contre tout. La clé de la manière dont il est ici représenté réside sans doute dans la polysémie du mot latin *virtus* qui désigne non seulement la vertu individuelle, mais le courage viril et la haute moralité du souverain, en même temps que le pouvoir miraculeux qui s'exerce en sa faveur. Cependant, même si la victoire définitive ne peut échapper aux chrétiens, parce qu'ils combattent pour un Dieu infiniment supérieur aux idoles païennes et que leur lutte contre les Sarrasins illustre allégoriquement celle du Bien qui est appelé à triompher du Mal, le péché des hommes fait que ce cheminement vers le succès final est ponctué de défaites cruelles, comme le montre l'attitude des troupes franques envers les dons captieux de Ganelon. L'épisode n'est pas des plus logiques dans le *Proto-Turpin*. Si, dans un premier temps, les soldat

---

[145] J CHEVALIER (Jean) et GHEERBRANT (Alain), *Dictionnaire des symboles*, 1re éd., Paris, R. Laffont, 1982, p. 365.

[146] CHAMPEAUX (Gérard de) et STERCKX (dom Sébastien), *Introduction au monde des symboles*, Saint-Léger-Vauban, Zodiaque, 1966, p. 243.

[147] FLOREZ (Henrique), *op. cit.*, t. XIV, pp. 297-298.

n'acceptent que le vin et refusent les femmes, quelques lignes plus bas il est dit : mais puisque certains s'étaient enivrés et avaient forniqué avec les femmes païennes, ils trouvèrent la mort. Dans un troisième temps, on apprend que tous les guerriers chrétiens furent tués. Le récit va tenter d'éliminer ces inconséquences par un commentaire théologique et moralisateur, quelque peu embarrassé, ajouté en fin du chapitre. Mais le narrateur prépare déjà la chose en amont en introduisant une distinction intéressante entre les officiers qui ne s'intéressent qu'au vin et les soldats qui prennent les femmes. L'intempérance y prend deux formes socialement hiérarchisées mais passibles de la même sanction. Toutefois le récit prévient que la caste militaire n'est pas seulement visée et que l'observation vaut pour l'Église militante en général, qui a pour tâche de combattre le mal comme l'armée de Charlemagne a pour tâche de combattre les infidèles.

Le chapitre XXII introduit quelques détails narratifs : ils développent la rencontre de Roland avec le Sarrasin noir qui le conduit jusqu'à Marsire qu'il tue, le geste de Roland sonnant du cor pour rassembler ses hommes et surtout le combat de Roland et des cent preux qui l'accompagnent au milieu des troupes ennemies. L'occasion est bonne de dire Roland rempli de la force de Dieu, confiant dans la force du Seigneur, abattant son adversaire avec l'aide de Dieu. La mort des cent compagnons du preux est rapportée à l'identique, mais sa blessure par quatre coups de lance est complétée par celles que lui valent les jets de pierres et de javelots. Dans un décor déjà dressé par le *Proto-Turpin*, il va faire ses adieux à sa bonne épée qui, comme précédemment, s'appelle Durenda, ce qui signifie « coup puissant ». Le nom de Durenda viendrait [148], estime-t-on, d'une formule comme *durum inde ardet* (dure tandis qu'elle brûle), devenue « dur end'art », puis Durendal. Le nom de l'épée Dur-end-art correspondrait donc fort bien à l'image de l'épée flamboyante venue de l'Apocalypse et que l'on rencontre souvent au Moyen Âge. Ici les adieux de Roland à Durenda sont le point d'ancrage du développement poétique et pathétique, sous la forme d'un centon emprunté à Venance Fortunat, de ce qui n'était qu'esquissé dans le *Proto-Turpin*. Une scène brève mais importante est ajoutée, qui montre Roland cherchant à détruire son épée pour qu'elle ne tombe pas aux mains des Sarrasins, en vain car la pierre est fendue.

Sentant la mort venir, Roland (chapitre XXIII) sonne du cor, non pas pour rappeler Charlemagne, mais simplement afin de rassembler ceux de ses hommes qui auraient échappé au massacre, pour qu'ils le rejoignent et puissent assister à son trépas, récupèrent son épée et poursuivent ses adversaires. En une phrase, il est dit que l'olifant se rompt en même temps que les veines du sonneur. C'est là une situation qui n'a rien d'exceptionnel au Moyen Âge, mais qui présente ici un double ou triple avantage. Concrètement, Roland ne meurt pas tué par les Sarrasins, mais parce qu'il a soufflé dans son cor. Étant donné que le cor est dans la Bible le symbole du courage, la situation signifie que Roland est victime de son propre courage et non de la supériorité des ennemis. À un autre point de vue, cette péripétie permettra de promouvoir au rang de relique rolandienne le cor fendu conservé dans le trésor de la basilique Saint-Sernin de Toulouse. L'intensification du sacré marque ce passage : alors que, selon le *Proto-Turpin*, Charlemagne entend le son du cor en raison de sa puissance et par la volonté de Dieu, ce sont ici des anges qui transmettent les vibrations acoustiques à un roi qui se laisse influencer par les paroles mensongères de Ganelon.

---

[148] Cf. ROHLFS (Gerhard), « Ci conte de Durendal l'espee », *Mélanges Rita Lejeune*, vol. II, Gembloux, J. Duculot, 1969, pp. 859-869.

Sans doute le roi serait-il, de toute manière, arrivé trop tard, car Roland, souffrant de la soif, est à l'article de la mort. Baudouin le quitte après l'avoir béni, tandis que survient Thierry qui invite Roland à se confesser. Précaution inutile, car l'habitude de se confesser et de recevoir la communion avant la bataille était déjà bien établie lors de la première croisade. Roland, appelé ici martyr du Christ, s'était conformé à l'usage et il prononce son ultime prière, qui est un centon de formules pieuses empruntées à l'Ancien Testament, au Nouveau Testament, au missel et au bréviaire [149]. Sa prière est faite de quatre références bibliques. La première, adressée à Dieu qui a pitié de tous, vient du Livre de la Sagesse (11, 24), la seconde selon laquelle Dieu ne veut pas la mort du pécheur, vient d'Ézéchiel (33, 11) et figure souvent dans le missel et le bréviaire, tandis que la confiance dans le Dieu vivant figure dans Job (19, 25). Après quoi, l'âme de Roland, désigné une fois de plus comme un saint et martyr, rejoint celle des saints du paradis.

L'éloge funèbre qui constitue le chapitre XXIV présente la particularité formelle d'être, comme l'éloge de Durenda, un centon de vers empruntés à Venance Fortunat mais qui atteste, par son contenu, les limites du genre. Il serait vain, en effet, de croire que s'appliquent effectivement au personnage de Roland les éloges dithyrambiques qui lui sont prodigués. Rien de ce que l'on a pu apprendre du personnage jusqu'à présent ne permet de repérer à quels actes précis ces vers feraient allusion. Rien n'est d'ailleurs plus normal, puisque ces vers sont empruntés à des épitaphes qui concernent originairement d'autres personnages que lui. Mais, à partir du moment où il est entré dans la catégorie des saints et martyrs, il est censé cumuler toutes les qualités distinctives de son nouvel état. «Les mêmes épitaphes composées par Venance Fortunat sont utilisées au Livre I pour célébrer saint Jacques et dans le *Turpin* pour la *deploratio* de Roland ; selon toute apparence le rédacteur final qui a constitué *Liber sancti Jacobi* dans son état actuel est responsable de ces adaptations dans les deux cas [150].»

La venue de Charlemagne, que le *Pseudo-Turpin* rapporte au chapitre XXV en des termes très proches de son modèle, est modifiée en amont par l'introduction d'une vision de Turpin relative à la translation de Marsire en enfer et à celle de Roland au ciel, par les soins de saint Michel. Au moment même où Turpin rapporte cette vision à Charles apparaît Baudouin pour apporter des nouvelles fraîches de Roncevaux. Curieusement, Baudouin, dont on ne connaissait pas cette parenté avec le saint héros, est dit ici frère de Roland. Cela pourrait venir d'une faute de lecture. Certains manuscrits n'ont pas *frater Rotolandi* mais *super equum Rotolandi*, ce qui correspond à ce qui a été dit au chapitre XXIII de Baudouin monté sur le cheval de Roland. Un copiste aura pu confondre l'abréviation «sr» avec «fr» et lire *frater* au lieu

---

[149] *Quique miserenis omnium* (Sagesse 11, 24); se retrouve presque textuellement dans l'introït de la messe du mercredi des Cendres: «Tu as pitié de tous, seigneur, *Misereris omnium, Domine, et nihil odisti eorum quae fecisti, dissimulans peccata hominum propter poenitentiam et parcens illis»* (FISCHER [P. K.], *op. cit.*, p. 94). *Qui Ninivitis* (Jonas 3, 10; Jean, 8, 1-11; cf. Luc 7, 37 ss). *Petro lacrimanti* (Mathieu 26, 75; Marc 14, 72; Luc 22, 62). *Latroni confidenti* (Luc 23, 43). *Malle vitam peccatoris quam mortem* (Ézéchiel 33, 11). *Accepit propriis manibus pellem :* geste d'humilité et de confession; existe dans le bréviaire pour la fête de saint Grégoire. *Quare Eutychius... instante morte pellem manus suae tenebat multis praesentibus, dicens : Confiteor quia omnes in hac carne resurgemus* (FISCHER [P. K.], *op. cit.*, p. 95; cf. aussi Job 19, 25-27).

[150] DAVID (Pierre), *op. cit.*, 12/1948, p. 174.

de *super*[151]. L'explication est intéressante mais ne lève point toute inquiétude sur le sort du cheval.

Une fois informé de ce qui s'est passé, Charlemagne prononce une oraison funèbre en l'honneur de Roland qui, après des développements topiques de teneur religieuse, patriotique, et psychologique, aboutit une fois de plus à un centon de Venance Fortunat, tandis que l'on prend toutes les dispositions nécessaires à une veillée funèbre.

Le chapitre XXVI développe soigneusement les indications fournies par le *Proto-Turpin* en présentant, d'une part, une image particulièrement horrible du cadavre d'Olivier, puis, après avoir repris le thème biblique du soleil arrêté dans sa course (Josué 10, 12-13), un préliminaire indispensable à l'exécution de Ganelon par écartèlement, le duel juridique qui est censé établir sa culpabilité par la défaite de son chevalier. Le *Pseudo-Turpin* décrit la mort de Ganelon comme ayant lieu à Roncevaux même, alors que la plupart des autres versions, sans doute ultérieures, situent le lieu du châtiment à Aix-la-Chapelle.

Après que le chapitre XXVII déclare appliquées aux cadavres les techniques d'embaumement qui n'ont été connues qu'après la première croisade, le chapitre XXVIII évoque les sept évangélisateurs du midi de la France et les deux cimetières, tandis que le chapitre suivant s'intéresse aux sépultures des héros à Blaye, Belin et Arles. Ces mentions, qui reprennent et développent les données du *Proto-Turpin*, semblent faites dans la perspective d'une vénération ultérieure de ces sépultures par les pèlerins de saint Jacques. Toutefois, la description détaillée du chemin qui passe par Arles et les Alyscamps dans le dernier livre du *Livre de saint Jacques* « semble ignorer tout à fait qu'aucun de ces tombeaux ait renfermé les corps des héros carolingiens[152].» C'est une preuve indirecte que l'attribution de ces tombes aux héros carolingiens ne visait qu'à favoriser le passage par Roncevaux. Charles agit conformément à ce qui est rapporté dans le livre biblique des Maccabées (4, 36 ss).

La première version du *Pseudo-Turpin* ne précise aucun des privilèges que la chapitre XXX accorde à Saint-Denis, bien que ceux-ci soient déjà évoqués globalement dans le *Proto-Turpin*. Si les privilèges concordent partiellement avec ce que l'on sait du Charlemagne réel[153], ils renvoient aussi à ceux qu'obtint Compostelle, selon le chapitre XIX et en proposant une sorte de raccourci marquant le souci d'un certain équilibre. Le recours à un faux diplôme de Charlemagne en faveur de Saint-Denis, dont on ne sait s'il fut écrit avant ou après le *Pseudo-Turpin*, n'éclaire qu'assez peu le statut de ces revendications, en particulier la question de savoir si, en ce qui concerne l'abbaye royale, elles sont fictives ou réelles.

Bon nombre de manuscrits ne comportent pas le chapitre XXXI sur les sept arts libéraux. Dans certains, l'ordre que suivent les sept arts libéraux diffère. Il en existe apparemment une version première, qui est logique et restreinte, puis deux versions amplifiées. La dernière formule de la version amplifiée rompt avec la fiction d'un

---

[151] *Die Chronik von Karl dem Grossen und Roland*, *op. cit.*, p. 165. Cette faute de lecture aura logiquement engendré aussi le Baudouin, fils de Ganelon dans la *Chanson de Roland*, puisque Ganelon est le parâtre de Roland.

[152] MEREDITH-JONES (Cyril), *op. cit.*, p. 333.

[153] MGH III, *Scriptores*, p. 40, pour l'année 803 : *Carolus conventu habito in palatio Salz Saxones antiqua libertate donavit, eosque pro conservanda fide catholica ab omni solvit tributo, excepto quod illos omnes, divites ac pauperes, totius suae culturae ac nutriturae decimas Christo et sacerdotibus eius fideliter reddere iussit.*

Turpin rédacteur, en lui faisant dire : « Toi donc fidèle qui lis ce livre de Turpin. » Contraire à l'usage connu qui était de peindre des scènes d'histoire non des allégories, la place réservée au *cursus* scolaire du *trivium* et du *quadrivium* dans la description des peintures du palais d'Aix invite à conjecturer que ces passages doivent tenir lieu de signature pour les rédacteurs du *Pseudo-Turpin*. Si l'on en possède trois versions, c'est vraisemblablement que l'on doit rechercher trois interventions rédactionnelles successives de ce passage.

Cette évocation du savoir universitaire repose sur un certain nombre d'allusions savantes et de références qui allaient de soi pour les initiés d'alors mais sont aujourd'hui objet d'érudition. Les deux manuscrits sur l'orthographe dont il est question sont [154] Bède le Vénérable, *De orthographia*, et Alcuin, *De orthographia*. En matière musicale, les instruments évoqués sont ceux que l'on rencontre dans les Psaumes [155]. « Les Hébreux ont utilisé le psaltérion à dix cordes en raison du nombre de la loi du Décalogue » précise Isidore [156], qui fournit bien d'autres éléments d'information [157]. La citation du *Liber sacramentorum* qui demande à Dieu d'admettre les voix des chanteurs avec celles des anges est empruntée effectivement au *Sacramentaire* gélasien ancien [158], un sacramentaire étant dans la liturgie latine un livre où se trouvaient répertoriées les prières de la liturgie, qu'elles soient fixes ou changent selon les fêtes journalières. Le passage cité forme le vers final de diverses préfaces du missel : *cum quibus et nostras voces ut admitti jubeas, deprecamur* [159].

Après les splendeurs picturales du palais d'Aix, destinées à souligner les intérêts culturels de Charlemagne, mais qui révélaient plusieurs interventions rédactionnelles, sa mort (chapitre XXXII) est, elle aussi, marquée par la confluence de plusieurs représentations.

« Le chroniqueur s'est servi [...] de deux thèmes bien connus : celui de la vision céleste qui apparaît à un évêque lorsqu'il est à l'autel en train de célébrer la messe, et celui du saint qui vient arracher des mains d'une troupe de démons qui l'attendent le corps d'un saint récemment décédé. Ces récits d'origine généralement savante et plus ou moins monastique ont été répétés par les biographes d'un très grand nombre de saints régionaux [160]. »

---

[154] *Die Chronik von Karl dem Grossen und Roland, op. cit.*, p. 170.

[155] 32, 2 ; 91, 4 ; 150, 4 ; 97, 5. Mais aussi 56, 9 ; 70, 22 ; 80, 3 ; 143, 9 ; 146, 7 ; 149, 3.

[156] *Étymologies*, t. III, 22.

[157] *Nam geometria de terra et mensura nuincupata est. Terra enim ge vocatur, metra mensura* (Étym III, 8, 3). *Miliaria et leucas / Miliarium mille passibus terminatur* [...] *leuga finitur passibus mille quingentis* (Étym XV, 16, 2). *Astronomia : Isidore : Nam Astronomia caeli conversionem* [...]. *Motusque siderum continet. Astrologia vero partim naturalis, partim superstitiosa est* (Étym III, 17, 2). *Rimatio stellarum.* Chez Éginhard : *Discebat artem conputandi et intentione sagaci siderum cursum curiosissime rimabatur* (*Vita Caroli*, chapitre 25). *Liber sacratus :* livre de nécromancie magie noire ; Isidore avait donné l'explication exacte : « *nekros* signifie en grec *mort* et *manteia divination.* » À quoi fait allusion la suite : « mort de l'âme ». *Iob propheta : Ad nimium calorem transeat ab aquis nivium* (Job 24, 19) *Deus in adiutorium* (Ps 69). *Baratrum nimiae altitudinis nomen est, et dictum baratrum quasi vorago atra, scilicet a profunditate* (Étym XIV, 9, 5).

[158] *Liber sacramentorum Romanae Aecclesiae ordinis anni circuli*, Rome, Herder, 1981³, pp. 183-184, 1243.

[159] FISCHER [P. K.], *op. cit.*, p. 95.

[160] SAINTYVES (Pierre), *En marge..., op. cit.*, p. 38.

La première évocation qui rappelle la vision de Marsire et Roland emmenés l'un en enfer, l'autre au ciel (chapitre XXV), a un caractère hagiographique très marqué et mentionne une sorte d'apothéose de Charlemagne due à l'intervention de saint Jacques en l'honneur de qui il avait fait construire de nombreuses églises. L'évocation du pacte concret passé entre le souverain et son chroniqueur relève d'une autre invraisemblance puisqu'elle imagine Charles atteint d'une maladie chronique grave entre la fin supposée de son expédition espagnole en 778 et son décès en 814. Mais c'est le moyen de le montrer se souvenant généreusement chaque année des martyrs de Roncevaux. Quant aux présages avant-coureurs de sa mort, ils sont empruntés à la biographie d'Éginhard, chapitre XXXII, qui les tenait lui-même de la vie d'Auguste, chapitre LXXXXVII, et de Néron, chapitre XXXXVI chez Suétone.

Les trois derniers chapitres du texte font figure à nos yeux d'appendices au récit de Turpin, bien que les manuscrits ne les distinguent pas des chapitres qui les précèdent. Il n'est donc pas forcément judicieux d'introduire ici les principes d'un ordre logique que l'époque ne connaît pas, au lieu de reconnaître dans le *Pseudo-Turpin* un texte en expansion qui n'a pas vocation à conclure.

Le chapitre XXXIII montre, autant par sa phrase d'ouverture que par son sujet, que le siège de Nople ou Grenoble par Roland n'est à l'évidence pas à la bonne place et qu'il a dû être ajouté. Mais il ne manque dans aucun des manuscrits connus. Son rédacteur l'offre comme une espèce de pensée formée après coup, avouant franchement qu'il n'a rien à faire ni de l'Espagne, ni des guerres espagnoles, qu'il ne se conforme à aucun ordre chronologique, car il traite d'événements qui eurent lieu avant l'entrée de Charles en Espagne. Il se termine exactement de la même manière que les miracles de saint Jacques par une citation du psaume 117 (23).

> « La légende dont se sert le *Pseudo-Turpin* semble être une adaptation de la forme la plus ancienne, celle qui se trouve rapportée dans la *Karlamagnussaga* (I, 45-47) et qui est vraisemblablement le reflet d'une chanson de geste. Roland et Olivier, au retour d'Italie, ont quitté l'empereur pour aller assiéger dans sa ville de Nobles le roi Fourré, qui a peut-être donné son nom à l'adversaire de Charles dans le chapitre XVI. Le siège est interrompu par un ordre qui leur vient de la part de Charles, les priant de venir l'aider à construire sur le Rhin un pont qui lui permettra d'aller punir le roi des Saxons, Vitikind. Celui-ci avait pris la ville de Mutersborg et mutilé l'évêque. Roland et Olivier abandonnent le siège de Nobles, construisent le pont, triomphent de la résistance des Saxons et s'emparent de la ville de Trémogne par un stratagème qui ne diffère en rien de celui que Turpin évoque pour la prise de Gratianopolis [161]. »

C'est aussi l'occasion de faire apparaître les noms bibliques de Seon, Og et Basan, comme dans Nombres (21, 21 et 33) et Josué (13, 31) qui fournit une fois de plus le paradigme biblique d'après lequel est déclinée l'expédition de Charles en Espagne. Le texte en prose s'adresse d'une manière assez curieuse au lecteur en lui disant « toi qui lis ces vers », ce qui renvoie à une source versifiée, sans doute française, reproduite ici sans grand soin d'harmoniser les informations qu'elle rapporte avec le contenu du *Pseudo-Turpin*.

Ce qui justifie, sous l'angle religieux, la place ultime donnée à ce passage, c'est que Roland, tout comme saint Jacques à propos de Pampelune, implore l'aide de

---

[161] Cf. MEREDITH-JONES (Cyril), *op. cit.*, pp. 336-337.

Dieu pour la destruction des murs de la ville assiégée. Il manquait à l'image de Roland le critère incontournable de la sainteté, à savoir le miracle. C'est bien cela qui est rapporté ici. Le lien narratif et chronologique avec le reste de l'ouvrage est distendu à l'extrême, mais parce que le rédacteur ne parvient pas à concilier la logique des choses terrestres et celle des choses célestes. Roland ne pouvait logiquement être montré accomplissant un miracle avant d'être mort en martyr. Mais une fois qu'il avait atteint ce statut, celui-ci appelait un complément miraculeux. En l'absence de récits de miracles survenus à Blaye sur le tombeau de Roland, le rédacteur a préféré montrer le héros accomplissant pendant sa vie le miracle topique des cités qui s'écroulent. L'idée de l'inhumation de Turpin à Vienne du chapitre XXXIV est une manière détournée de renvoyer à une identité de Turpin avec le pape Calixte II, demeuré archevêque de Vienne après son élection au pontificat et qui aurait dû, à ce titre, être inhumé dans sa cathédrale s'il ne l'avait été à Rome.

« Il n'y a aucun manuscrit d'importance où l'Appendice A – Invention du tombeau de Turpin – fait défaut ; un assez grand nombre même en attribue déjà la composition au pape Calixte II. L'auteur de ce chapitre ne connaissait pas la situation topographique de la ville de Vienne. Il dit que le corps de Turpin, d'abord enterré à côté de Vienne, au-delà du Rhône, à savoir vers l'est, fut transporté en deçà du Rhône dans la ville. Il s'imagine donc que la ville était située sur la rive occidentale du Rhône. Nulle charte, nul diplôme des églises de Vienne (du moins nul de ceux qui ont été publiés), nulle tradition locale ne font aucune allusion ni à l'enterrement, ni à la translation de ces reliques. Le nom de Turpin n'y est jamais mentionné. Charlemagne, cependant, figure assez fréquemment dans les chartes de Saint-Maurice [162]. »

La lettre du Pseudo-Calixte s'arrête sur une paraphrase de Paul (2 Cor 1, 17) dans la première version du *Pseudo-Turpin*, mais continue dans la seconde version qui ajoute, au milieu de ce texte, les observations sur la signification des noms de Roland, Charles et Turpin. Le chapitre XXXV traite des malheurs de la ville et de l'église de Compostelle.

« Vers la fin du Xe siècle, en 997, Almanzor le Conquérant, excité peut-être par les vassaux rebelles de Bermudo, roi de Léon, peut-être par le simple désir de s'emparer du riche butin qui faisait de Compostelle la seule église capable en ces siècles de rivaliser avec Cordoue, partit avec une armée à la conquête de la Galice. Aidé par les seigneurs déloyaux à l'autorité du roi, il rasa et saccagea la ville de Tuy (*Chron. Tud.*, chapitre III) ainsi que toutes les villes et les monastères qu'il rencontra sur sa route. Au moins d'août, il arriva devant Compostelle. L'évêque d'Iria, San Pedro de Mezonzo, eut la prudence d'emporter en un lieu plus sûr les saintes reliques et le trésor de la cathédrale. Almanzor trouva donc la ville déserte ; les historiens arabes racontent qu'un seul vieillard y était resté, priant à genoux devant le tombeau du saint. Almanzor, touché par sa piété, aurait donné l'ordre de ne pas le déranger, pendant qu'autour de lui les soldats arabes livraient tout aux flammes et à la destruction. Le lendemain, dit un historien, il ne fut pas possible de reconnaître

---

[162] *Ibid.*, pp. 258-259, 337.

même l'endroit où la cathédrale avait été bâtie. Il y resta plusieurs jours « détruisant et incendiant les églises, les monastères, les palais ». La légende raconte différentes versions des désastres qui l'auraient frappé pendant son retour à Cordoue. Selon les uns, son cheval tomba mort au moment où son maître essayait de le faire boire dans le bénitier de l'église. L'*Historia compostellana* nous assure que la plupart des soldats moururent pendant le voyage (*Esp. Sagr.*, XX, 14). La *Chronique de Silos* dit qu'ils étaient tous frappés de mort et réduits à l'impotence, Almanzor aurait lui-même souffert des peines atroces [...]. Il emporta avec lui les portes et les cloches de la cathédrale pour servir de lampes à la mosquée de Cordoue, où il mourut quelques mois plus tard. C'est l'histoire de cette invasion, agrémentée de plusieurs incidents nouveaux, qui se retrouve ici [163]. »

Au passage, il dévaste l'église que le narrateur appelle Orniz, soit San Román de la Hornija (Valladolid), qui ne date que du XIe siècle [164].

L'appel à la croisade d'Espagne (chapitre XXXVI et le dernier texte du *Pseudo-Turpin*) repose sur les documents authentiques suivants :

« 2 avril, 1121-1124
« L'évêque Calixte, serviteur des serviteurs de Dieu, à tous les évêques, rois, comtes, princes et autres fidèles de Dieu, envoie son salut et sa bénédiction apostolique. La sollicitude pastorale de l'office qui nous a été confié par Dieu exige que nous veillions avec une vigilance et une circonspection sans faille sur le troupeau du Seigneur et que nous le fassions paître. Nous croyons que nul d'entre vous n'ignore de quelles calamités, de combien de morts de fils de Dieu l'Église des Espagnes est affligée continûment par l'oppression des païens. C'est pourquoi, Dieu, par légation duquel agissons, exhortant votre amour, nous vous rappelons et vous incitons, fils très chers, par les prières dont nous sommes capables, à ne pas vous lasser de faire effort pour la défense de vos frères et la libération des églises. À tous ceux qui militent avec constance dans cette expédition nous accordons, concédons bénignement par l'autorité apostolique et le pouvoir qui nous a été remis par Dieu, la même rémission des péchés qu'aux défenseurs de l'Église orientale. Quant à ceux qui ont apposé le signe de la croix sur leurs habits pour cette cause, s'ils n'ont pas accompli leur vœu, de cette fête de Pâques à la prochaine, nous les retranchons du sein de la sainte Église, jusqu'à ce qu'ils y aient satisfait. Cependant, ne pouvant nous-même rendre visite comme nous le désirerions à votre armée, nous avons pris soin de déléguer à notre très cher frère Oldegaire, archevêque de Tarragone, le soin d'être auprès d'elle, lui confiant nos attributions spécifiques en la matière, afin que par son conseil et son ordre soit remédié à ce qui appelle remède et que soit conforté, avec l'aide de Dieu, ce qui appelle renfort. Si des doutes surviennent dans cette armée, qu'ils soient écartés par son intervention. Nous le recommandons plus attentivement à votre amour, priant qu'il trouve en vous la charité qui nous pousse à vous l'adresser. Que le Seigneur tout-puissant, par les mérites de ses saints

---

[163] *Ibid.*, pp. 338-339.
[164] *Die Chronik von Karl dem Grossen und Roland, op. cit.*, p. 176.

apôtres Pierre et Paul, nous garde dans sa miséricorde et nous accorde de parvenir à une heureuse fin et à une victoire glorieuse sur les ennemis des chrétiens.

« Donné au Latran, le 4 des nones d'avril [165]. »

« Concile de Latran, 1123, XIe canon.

« De ceux qui prennent le chemin de Jérusalem ou d'Espagne

« À ceux qui vont à Jérusalem et ont apporté efficacement une aide pour défendre le peuple chrétien et combattre la tyrannie des infidèles, nous accordons la rémission de leurs péchés et prenons leurs maisons, leurs familles et tous leurs biens sous la protection de saint Pierre et de l'Église romaine, comme il a été statué par notre prédécesseur le pape Urbain. Que quiconque osera les distraire ou les enlever, tandis qu'ils sont absents, soit frappé du châtiment de l'excommunication. À ceux qui sont connus comme ayant apposé la croix sur leurs vêtements en signe de participation au voyage de Jérusalem ou d'Espagne, nous ordonnons par notre autorité apostolique d'accomplir ce chemin, de la Pâque de cette année jusqu'à celle de l'année prochaine. Sinon nous leur interdisons dès à présent l'entrée dans les églises et interdisons sur toutes leurs terres la célébration des sacrements divins en dehors des baptêmes des enfants et de la pénitence des mourants [166]. »

Un troisième document vient confirmer les deux précédents. Dans un concile de Compostelle, tenu le 18 janvier 1125, un mois après la mort du pape, Diego Gelmirez promit l'absolution à tous ceux qui accepteraient de faire la croisade en personne ou d'y prêter leur secours d'une manière plus indirecte :

« Ensuite, il prêcha de vive voix, loua et recommanda dans ce concile l'expédition contre les Maures pour réduire et confondre le paganisme, exalter et édifier le christianisme, et, à tous ceux qui participeraient à cette expédition après avoir fait pénitence, il accorda par l'autorité du Dieu omnipotent, le Père, le Fils et le Saint-Esprit, des saints apôtres Pierre, Paul, Jacques et de tous les saints, l'absolution plénière de tous leurs péchés. Il adressa même une charte de cette absolution plénière aux rois, aux comtes et aux autres Princes, ainsi qu'aux chevaliers et aux fantassins, afin qu'ils participent plus volontiers et plus dévotement à l'expédition ci-dessus pour se soumettre à Dieu et obtenir la rémission de leurs péchés [167]. »

---

[165] ROBERT (Ulysse), *Bullaire de Calixte II*, Paris, 1891, I, n° 454, p. 266 ; MPL CLXIII, col. 1305.

[166] MANSI (Gian Domenico), *Amplissima collectio conciliorum*, XXI, col. 284 ; LABBE, *Concilia*, XII, 1334-1335.

[167] FALQUE REY (Emma), éd., *Historia compostellana, op. cit.*, p. 427. Textes latins et commentaire des trois passages ci-dessus dans MEREDITH-JONES (Cyril), *op. cit.*, pp. 338-341.

35. Les *Reliques à révérer en pèlerinage*

Au nord des cimetières gascons, les grands chemins successeurs des grandes voies romaines, appelés comme il convient « *via* », c'est-à-dire « chemin principal, pour deux chars de front », sont désignés, suivant un usage qui surprend quelque peu, car les routes antiques portent en général le nom du lieu de destination, par un terme médian. Sont donc évoquées ici, dans l'ordre, les voies qui se trouvent de part et d'autres de Saint-Gilles, à savoir la voie Aurélienne et la voie Domitienne, la voie d'Aquitaine qui va de Narbonne à Bordeaux en passant par Toulouse, la voie des Helviens, qui allait du Rhône (rive droite) à la limite des Arécomiques de Nîmes par Le Teil, et qui passe par Le Puy, enfin la voie qui passe à Tours, traversant, comme le texte le signale, la Loire à Orléans et se poursuivant sur Bordeaux. Cette structure est celle de quelques grandes voies romaines de la Gaule qui dessinent une sorte de fer à cheval autour du Massif central. Seul Périgueux est mentionné indépendamment de toute voie romaine spécifique, mais la ville était un croisement important dans le sens est-ouest, comme nord-sud, et n'avait donc sans doute pas à être rattachée à un axe plutôt qu'à un autre.

Ce réseau routier est relié à l'ordre de la grâce par l'évocation de sanctuaires adjacents, plus ou moins proches, où il convient d'aller faire ses dévotions aux reliques des martyrs avant de rejoindre chacun des points clés de ces voies. Avant Le Puy, on trouve Conques, avant Saint-Gilles il y a Arles, avant Toulouse il y a Saint-Guilhem-le-Désert et Saint-Thibéry, et avant Tours il y a Orléans. Cette partie du dispositif présente donc un contrepoint tout à fait réfléchi d'indications spatiales relatives aux chemins antiques et d'esquisses hagiographiques chrétiennes, assorties de dates anniversaires empruntées aux martyrologes, comme si l'une des intentions du rédacteur avait été de transcrire dans le registre géographique le calendrier des saints à vénérer au sud de la Loire. Il ne faut toutefois pas se méprendre sur le sens exact de l'obligation qui est faite aux pèlerins. Elle ne porte pas sur le choix d'un itinéraire pour se rendre à Saint-Jacques. Seulement, lorsqu'on se rend à Saint-Jacques, par quelque itinéraire que ce soit, il ne convient pas de traiter par le mépris les sanctuaires situés à proximité du point de passage. L'intérêt porté au but final et à l'un des plus grands parmi les saints ne dispense pas de rendre les hommages qui leur sont dus aux saints et aux sanctuaires de moindre prestige que l'on rencontre en cours de route. Ce texte met donc aussi en garde contre une conception que l'on pourrait dire exclusive du voyage à Compostelle. C'est un éloge de l'arrêt, du détour et des sanctuaires amis où sont déposées des reliques de martyrs. Les églises dont la parenté architecturale avec la cathédrale de Compostelle est bien connue (Saint-Martin de Tours, à propos de laquelle le fait est même relevé, sans doute en inversant le rapport de filiation, de même Saint-Sernin de Toulouse et Sainte-Foy de Conques) paraissent jouir d'une faveur particulière. Mais on attendrait aussi à ce titre Saint-Martial de Limoges qui n'est point mentionné et n'apparaîtra pas davantage dans la version ultérieure. Peut-être parce que son abbé n'est autre que Pierre de Poitiers, responsable probable de la première version du *Livre des Miracles*.

36. La *Passion de saint Eutrope* et ses sources

« Un poème de Fortunat (*Carmina*, I, 13) nous apprend que vers le milieu du VIe s., la basilique suburbaine qui portait son nom *(Eutropitis aula)* tombait de vétusté. Cet édifice, que le poète considère comme la demeure du saint évêque *(cum qua templa tenet sanctus habitando quiete)*, ne peut être que la basilique funéraire où se trouvait son tombeau. Il fut réparé ou refait par les soins de l'évêque de Bordeaux, Léonce [...]. Le poème de Fortunat, composé à cette occasion (vers 567) donne à Eutrope le titre de premier évêque de Saintes *(urbis Sanctonicae primus fuit iste sacerdos)*, mais ne fait aucune allusion à son martyre.

« Grégoire de Tours a fait une place à Eutrope dans son livre en l'honneur des martyrs qui fut écrit vers 590 *(In gloria martyrum,* 55). À cette date, on disait *(fertur)* qu'il avait été envoyé en Gaule par S. Clément. Ce S. Clément ne peut être que le pape de ce nom qui vivait à la fin du Ier s. Grégoire de Tours nous révèle dans quelles circonstances on connut à Saintes qu'Eutrope avait été martyr. L'évêque Palladius avait organisé une fête pour la translation des reliques du saint dans la basilique qui venait d'être terminée. Après la cérémonie, deux dignitaires ecclésiastiques *(ex abbatibus)* se permirent de soulever le couvercle du sarcophage et crurent apercevoir la trace d'un coup de hache sur le crâne. Dans la nuit qui suivit, le saint leur apparut pour leur dire que cette blessure portait témoignage de son martyre [168]. »

L'étude des sources montre que, dans un premier temps, la fusion d'éléments empruntés aux deux textes apocryphes que sont, d'une part, la *Correspondance d'Abgar et de Jésus* et, d'autre part, les *Actes des saints Simon et Jude* a dû fournir le schéma initial d'un récit exotique de caractère orientaliste qui présentait en outre l'avantage inestimable de ramener la thématique à l'époque même de Jésus.

« La *Correspondance d'Abgar et de Jésus* [169] apporte au récit d'Eutrope un bon nombre de motifs. Abgar, ayant entendu parler des miracles opérés par le Christ, souhaite voir le Sauveur. Ici, c'est Eutrope, qui ayant été témoin des actions merveilleuses accomplies par le Christ, relate à son père ce qu'il a vu. Dans sa missive, Abgar écrit qu'il a eu connaissance des complots des Juifs contre le Christ et l'invite à venir dans son royaume. La *Passion de saint Eutrope* renferme une réflexion à peu près semblable. Après avoir entendu parler du Christ, Abgar souhaite vivement le voir ; de son côté Xerxès, après avoir écouté le récit de son fils, éprouve le même désir. Les envoyés d'Abgar se trouvent à Jérusalem durant les journées qui précèdent la Passion et assistent à l'entrée triomphale de Jésus. C'est à la même époque qu'Eutrope séjourne dans la cité sainte et ce sont les mêmes versets d'Évangile qui sont mentionnés de part et d'autre [170]. »

Dans les recensions grecques et latines de la légende du prince Abgar, l'apôtre envoyé à Jésus par le prince s'appelle « Abdai », soit, en traduction, Thaddée. Sans doute ce Thaddée devait-il être le même personnage que saint Jude dit Thaddée [171].

---

[168] GRIFFE (É.), art. « Eutrope », dans *Dictionnaire d'histoire et de géographie ecclésiastique*, Paris, Letouzey, 1960, t. V, col. 83.

[169] EUSÈBE DE CÉSARÉE, *op. cit.*, pp. 40-45.

[170] GAIFFIER (B. de), « Les Sources de la passion de saint Eutrope de Saintes dans le *Liber sancti Jacobi*», *Analecta Bollandiana*, 69/1951.

[171] MANDACH (André de), *Chronique dite saintongeaise, op. cit.*, pp. 65-66.

Les *Actes des saints Simon et Jude* [172] apportent au récit concernant Eutrope la localisation de l'histoire à Babylone, dont le roi est un Persan du nom de Xerxès (Xerses), qui possède une armée commandée par un certain Varadach. C'est là que se rendent les deux disciples de Jésus, non seulement pour y trouver deux adversaires en la personne des mages Zaroen et Arfaxat, mais pour y instituer Abdias, venu avec eux de Judée et lui-même témoin de ce qu'avait fait le Christ, évêque de Babylone. Après quoi, ils s'en vont évangéliser la Perse. Certaines versions du texte présentent dans un épilogue un certain Eutrope comme le disciple d'Abdias.

À proximité du poème que Venance Fortunat consacre à saint Eutrope se trouve celui qu'il rédige sur une église de la région bordelaise dédiée à saint Denis. C'est un lien possible avec la passion de saint Denis rédigée au IXe siècle.

« Peu après 835, Louis le Pieux chargea Hilduin, abbé de S. Denys, de composer une biographie aussi complète et documentée que possible du glorieux patron de l'abbaye royale, identifié pour la circonstance avec Denys l'Aréopagite [...]. Hilduin, qui venait de traduire en latin les écrits pseudo-dionysiens, s'empressa d'acquiescer et de composer sa fameuse *Passio sanctissimi Dionysii*, qui consacrera pour de nombreux siècles l'identité de l'Aréopagite, du Pseudo-Denys et du fondateur de l'Église de Paris [173]. »

Le rédacteur de la *Passion de saint Eutrope* a démarqué celle de saint Denis en introduisant Eutrope dans le sillage de Denis. D'autres écrits de Hilduin évoquent son origine grecque et son passage par Auxerre. Une caractéristique assez étrange d'Eutrope comme « beau » *(venustus)* s'explique par le fait qu'Hilduin signale comme descendant de la plus haute lignée des princes athéniens un jeune homme nommé Apollon. Puisque celui-ci se trouve à Athènes, son intérêt se porte naturellement vers la philosophie, matière dans laquelle il fait des études très brillantes. Mais, entendant la prédication de saint Paul, il est plus sollicité encore par la doctrine chrétienne et tourne le dos aux mensonges de l'idolâtrie.

La mention d'Athènes dans ce contexte est intéressante aussi pour une raison de pittoresque. Athènes, décrite au chapitre IV d'Hilduin, possède des remparts bien fortifiés, un approvisionnement en denrées de toutes sortes et des agréments multiples. Plus tard, au chapitre XX, c'est Paris qui est décrit, avec son air pur, son fleuve, ses vignobles, etc. L'image de Saintes que propose la *Passion d'Eutrope* repose donc sur une synthèse des qualités reconnues par Hilduin tant à Athènes qu'à Paris.

Le pape Clément qui envoie Denis en Gaule lui recommande de ne point craindre la multitude et la cruauté des populations barbares qu'il rencontrera, sachant pertinemment que plus un martyr est exposé à des tribulations, plus est éclatante sa récompense. Le récit ajoute, prêtant ainsi à un développement plus précis, que le pape donna à Denis plusieurs compagnons expérimentés, chargés comme lui d'être ministres de la parole évangélique. La *Passion de saint Eutrope* y fait écho.

La description même du martyre d'Eutrope et de ses conséquences immédiates vient de celle de Denis. C'est elle qui est responsable de l'apparition des bouchers et

---

[172] Ils figurent dans l'*Histoire du combat ecclésiastique* du Pseudo-Abdias. Il n'existe pas d'édition récente de ce texte. Nous avons utilisé celle de 1560.

[173] CAPPUYN (M.), art. « Denys », dans *Dictionnaire d'histoire et de géographie ecclésiastique,* Paris, Letouzey, 1960, t. XIV, col. 290.

de la dénudation du martyr (chapitre XXX). Même le personnage d'Eustelle résulte de la fusion des deux personnages féminins, Larcie et Catulle, qui viennent clore la légende de Denis. Larcie est comme Eustelle issue d'une très noble famille et se proclame chrétienne. Catulle se préoccupe de joindre au corps de Denis ceux de ses compagnons martyrs et de donner à leurs dépouilles non seulement les prières qui se doivent mais un mausolée élevé en ce lieu.

À partir de ces textes qui fournissent ici un élément nodal du récit, là un détail pittoresque ou curieux, le rédacteur a composé, non sans compétence rhétorique, un développement assez logique et convaincant, même s'il est fictif d'un bout à l'autre. C'est pourquoi, pendant les siècles qui séparent les textes de Venance Fortunat et Grégoire de Tours de la version qui figure dans les compilations relatives à saint Jacques, l'hagiographie de saint Eutrope ne paraît pas avoir bénéficié localement d'une tradition orale qui l'aurait développée à la manière des légendes populaires. Les sources écrites, bien qu'elles existent de manière indépendante, ne sont pas dénuées de tout rapport avec les derniers développements de la légende de saint Jacques. La *Correspondance d'Abgar et de Jésus* figure dans l'*Histoire apostolique* d'Eusèbe (Livre I, chapitre XIII), donc dans l'ouvrage qui rapporte (Livre II, chapitre IX) le martyre de saint Jacques reproduit dans le *Livre de saint Jacques* sous le nom de Petite Passion. Les *Actes apocryphes des saints Simon et Jude*, quant à eux, constituent le chapitre VI de l'*Histoire du combat apostolique* du Pseudo-Abdias, dont le chapitre IV est consacré au martyre de saint Jacques qui deviendra la Grande Passion du *Livre de saint Jacques*. Il y a donc une relation de contiguïté fort étroite entre ces deux sources de l'hagiographie eutropienne et celles de la grande compilation du *Livre de saint Jacques*.

C'est une relation de nature différente, mais non moins marquante, qui s'établit entre la légende de saint Denis et le discours sur saint Jacques. En effet, la version du martyre de l'apôtres rapportée par la Grande Passion est enrichie de la péripétie « post-finale » du martyre de saint Denys, qui le montre portant sa propre tête après sa décollation, ce qui le range dans la catégorie des saints dits justement pour cette raison céphalophores. Il y a donc une proximité certaine entre l'utilisation de la légende de saint Denys au profit de celle de saint Eutrope et la rédaction du Livre I du *Livre de saint Jacques*.

Quant à la légende d'Eutrope elle-même, le fait qu'elle soit inspirée de Venance Fortunat est bien fait pour la rapprocher de l'utilisation qui est faite du poète poitevin à la fois dans la première version du *Pseudo-Turpin*, qui le cite à deux reprises, et dans le Livre I du *Livre de saint Jacques* où il est nommé et cité quatre fois. L'auteur de ces textes est sans doute un familier du vieux poète, et vraisemblablement attaché à lui, comme Pierre de Poitiers pouvait l'être. Enfin il est un trait stylistique qui apparaît fréquemment dans le récit du *Pseudo-Turpin* – la formule *Quid plura?* qui signifie *Que dire encore?* – et qui se trouve deux fois dans la *Passion de saint Eutrope*. Il paraît donc concevable que celle-ci ait été l'œuvre du même rédacteur que les autres textes qui portent cette marque.

37. L'authentification du pape Innocent

Aimeric Picaud, dont le rôle est décisif dans la rédaction des Miracles, est donc nommé dans l'authentification du pape Innocent. Mais cette apparition s'accompagne d'une inexactitude moins négligeable qu'il semble puisqu'elle suggère que l'intéressé n'est plus là pour la corriger : Parthenay, où se trouve le prieuré de Sainte-Madeleine devient Parthenay-le-Vieux, où l'on ne connaît que Saint-Pierre, prieuré bénédictin de la Chaise-Dieu [174]. Comment a-t-on pu les confondre ? Sans doute le nom de Parthenay a-t-il appelé par contiguïté le souvenir des événements dramatiques dont le prieuré bénédictin de Saint-Pierre, passé sous obédience cistercienne, avait été le théâtre. En 1135, saint Bernard y avait rencontré le duc d'Aquitaine, Guillaume X, et l'avait objurgué de renoncer au parti de l'antipape Anaclet et de rétablir les évêques partisans du pape Innocent II qu'il avait destitués. Le duc s'était effondré à deux reprises, écumant comme s'il tombait du haut mal, et avait donné satisfaction à l'abbé de Cîteaux. C'est ce même Guillaume X qui meurt en 1137 à Compostelle, le vendredi saint, au pied de la statue de saint Jacques. Le souvenir de ces événements, plus spectaculaires que la translation et la rédaction des miracles, aura conduit un rédacteur sans doute cistercien, de Parthenay à Parthenay-le-Vieux. Il n'y a rien d'étonnant à voir apparaître le nom de Cîteaux en relation avec ce document, car l'ordre cistercien était fortement implanté à la cour d'Alphonse VII et y jouait le rôle décisif. Implicitement l'authentification pontificale du pape ami de saint Bernard et sa confirmation par quelques cardinaux dont un bon nombre sont, eux aussi, des amis de saint Bernard laissent supposer que la nouvelle rédaction du *Livre des Miracles* tient sans doute d'assez près aux moines blancs ; ils ont dû participer à la rédaction de la seconde version du *Pseudo-Turpin* à Aix-la-Chapelle, forts du soutien impérial germanique, et former la nouvelle compilation dans l'entourage royal galicien.

La rectification du toponyme de Parthenay doit s'accompagner d'une seconde, plus importante encore. Le nom de Vézelay qui accompagne celui de Sainte-Madeleine a incité généralement les commentateurs à comprendre *Oliverus de Yscani* comme une référence au prieuré d'Asquins, « de Asconio, prieuré, diocèse d'Autun, archiprêtré et arrond. Avallon, canton Vézelay, Yonne [175] ». Mais il est difficile de concevoir comment le *de Yscani* qui figure ici dans le texte latin pourrait avoir remplacé un *de Asconio* ou *de Esconio,* tandis que le rapprochement de Vézelay, haut lieu du culte de sainte Madeleine, et du prieuré de Parthenay dédié à sainte Madeleine va de soi. Il faut donc considérer que le membre de phrase « prieuré de Sainte-Madeleine de Vézelay » est peut-être mal placé dans l'authentification et ne se rapporte pas à cet Olivier mais à Aimeric Picaud, qui serait originaire du prieuré de Sainte-Madeleine, la sainte honorée à Vézelay, situé à Parthenay.

Le rédacteur ou le copiste aura donc eu tort de séparer ce que Dieu a uni, à savoir les époux Olivier et Gerberge « *qui etiam Oliverus de Yscani dicitur et Gerberga Flandrensis sotia eius* ». Leur identification n'est pas dépourvue de difficultés car il ne suffit pas d'éliminer le nom d'Asquins pour savoir comment ils s'appelaient en réalité. Les autres équivalents français qui ont été proposés, d'Escamps (qui renverrait plutôt à un lat. *Iscampus*), d'Isans, d'Iscanville (en rapprochant *Iscani* de *villa*), ou encore d'Iscan, ne sont guère plus probants, car inconnus. Il paraîtrait plus satisfaisant de considérer qu'il devrait s'agir du français « d'Eschien ». Toutefois, là encore, la patronymie ni la toponymie française ne sont d'aucun secours et invitent à chercher dans une autre direction. En effet, le qualificatif « flamand » accolé à dame Gerberge permet de conjecturer que la désignation des deux époux a été originairement « *Oliverus de Yscani et Gerberga Flandrensis sotia sua* ». Cette reconstitution aurait pour avantage d'appliquer l'adjectif *Flandrensis* au couple, donc de suggérer

---

[174] COTTINEAU (Laurent-Henri, dom), *op.cit.*, t. II, p. 2226.
[175] *Ibid.* t. I, p. 175.

qu'il faut faire précéder leur patronyme de la mention « les Flamands ». Leur nom de famille ne serait donc pas français mais germanique, ce qui expliquerait la formule « *qui dicitur* », souvent employée en latin pour introduire un mot de langue étrangère. Or l'on trouve en pays flamingant un lieu ancien nommé Ischa près de Mersch, en Luxembourg, et un autre appelé Isca en Brabant [176]. Ces localisations ne sont toutefois pas entièrement satisfaisantes car il leur manque encore une raison suffisante de faire apparaître une finale latine en «*ni*». Celle-ci est, en revanche, tout à fait justifiée par la phonétique historique de l'allemand si l'on admet qu'elle répond au patronyme Eysken(s) ou Eyschen, fréquent dans les pays de dialecte bas-allemand. Dès lors l'ensemble composite – caractéristique des régions de frontière linguistique – formé par le prénom français et le patronyme bas-allemand d'Olivier van Eyschen (ou Eysken) pourrait avoir été latinisé sous la forme « *Oliverus de Yscani* ». Il ne conviendrait pas alors de rapporter le « *etiam* » de la formule « *qui etiam Oliverus de Yscani dicitur* » au verbe « *dicitur* » mais au pronom « *qui* » et de comprendre celui-ci non comme un relatif mais comme un indéfini. Le membre de phrase désignerait alors comme donateurs à saint Jacques, après Aimeric Picaud, « celui aussi qui se nomme Olivier (van) Eyschen (Eysken) et sa femme Gerberge, tous deux flamands ». L'insertion d'Aimeric Picaud dans une phrase qui ne concernait vraisemblablement à l'origine que ces deux noms ne s'est pas faite sans difficulté, d'où un résultat moins clair qu'on souhaiterait. Cette obscurité a été ressentie par les copistes de certaines versions qui ont éventuellement remplacé « *qui... dicitur* » par « *quem* », ce qui ne change rien au sens, à moins que l'inverse ne se soit produit, un « *qui... dicitur* » venant se substituer à un « *quem* », qui pouvait aussi porter à confusion.

38. Les cardinaux signataires

Aymeric est un Bourguignon nommé par Calixte II cardinal-diacre de Sainte-Marie-Nouvelle et chancelier, en 1123, mort en 1141. Il entretenait de bonnes relations surtout avec Saint-Victor de Paris, Pierre le Vénérable, Bernard de Clairvaux et Diego Gelmirez. Un petit nombre de passages du dernier livre du *Livre de saint Jacques* figureront sous sa signature.

Gérard, cardinal-prêtre de Santa Croce, légat pontifical en Allemagne sous Calixte II et Honorius II. Il entretenait de bonnes relations avec Bernard de Clairvaux et fut élu pape en 1144 sous le nom de Lucius II [177].

Guy de Pise, Guido Pisanus, cardinal-diacre de saints Côme-et-Damien, de 1132 à 1149. Il a de bons rapports avec Bernard de Clairvaux. 1134 et 1137, il est légat pontifical en Espagne, où il entretient des relations cordiales avec Diego Gelmirez. Il fut promu cardinal en 1140 [178].

Yves de Saint-Victor, chanoine régulier de Saint-Victor à Paris, fut créé cardinal du titre de Saint-Laurent *in Damaso* par Honorius II. Il avait de bonnes relations avec Bernard de Clairvaux. Il mourut en 1154 [179].

---

[176] FÖRSTEMANN (Ernst), *Altdeutsches Namenbuch,* Nordhausen, F. Förstemann, 1856-1872, t. II, p. 927.

[177] *Ibid.*, t. XX, col. 713.

[178] *Ibid*, t. XXII, col. 1247.

[179] *Dictionnaire des cardinaux*, t. XXXI de la 3e Encycl théol de Migne, col. 1696.

Grégoire de Paparescis, Romain, fut créé diacre-cardinal du titre de Saint-Ange en 1134 par le pape Innocent II, son oncle [180].

Guy Lombard. Théoriquement, ce nom renvoie à Guy de Milan, fondateur légendaire de l'ordre des *Humiliati* [181], qui aurait reçu en 1134 de Bernard de Clairvaux les statuts de son œuvre, mais qui ne semble pas avoir été cardinal. Il existe cependant un Guy de Castello, originaire de Città di Castello, en Ombrie, cardinal-diacre de Santa Maria in Via Lata, de décembre 1127 à décembre 1133, puis cardinal-prêtre de Saint-Marc jusqu'à son élection comme successeur d'Innocent II, le 26 septembre 1143, sous le nom de Célestin II, et qui joua un grand rôle dans la Curie.

Grégoire d'Ihena a eu la malchance de voir son patronyme maltraité par le premier copiste, peut-être victime d'une distraction lorsque lui fut dicté ce nom. C'est vraisemblablement le cardinal-diacre des saints Serge-et-Bacchus, créé par Calixte II, qui s'appelait Gregorius Tarquinius. On le trouve mentionné à la fin d'une lettre de Innocent II à l'évêque Atton de Pistoia [182] : « Ego Gregorius diaconus cardinalis tituli sanctorum Sergii & Bacchi, 1133. » Juste après lui vient Guido « diaconus cardinalis sanctae Mariae in Via lata » ; il réapparaît col. 408 sous le nom de « Gregorius diaconus cardinalis SS. Sergii et Bacchi » en 1131 [183], pour l'année 1132 [184], pour 1134 et pour 1138 [185]. C'était un partisan d'Innocent II.

Albéric, cardinal-évêque d'Ostie. Né dans le Beauvaisis, il fut d'abord sous-prieur du monastère de Cluny, puis de celui de Saint-Martin des Champs. En 1130 ou 1131, Pierre le Vénérable le nomma abbé de Vézelay, malgré l'opposition des moines de cette abbaye, qui se prétendaient indépendants de Cluny. Le pape Innocent II donna gain de cause à Albéric et les religieux récalcitrants furent expulsés [186]. En 1135, Albéric assista au concile de Pise contre l'antipape Anaclet et fut du nombre des prélats, qui, au retour de cette assemblée, furent arrêtés et dévalisés par des brigands de Pontremoli. En 1136, Pierre le Vénérable s'opposa à la nomination d'Albéric à l'évêché de Langres. Quelque temps après, Innocent II le nommait cardinal-évêque d'Ostie et l'envoyait comme légat en Angleterre, pour établir la paix entre David Ier, roi d'Écosse et Étienne de Blois ; le 3 décembre 1138, il présidait un concile à Westminster. Le légat parvint à rétablir la paix et quitta l'Angleterre en compagnie de plusieurs évêques du pays pour se rendre au concile œcuménique de Latran. Il fut promu cardinal en 1138 et mourut en 1148 [187]. Un lien particulier existe entre lui et le recueil des miracles puisque le miracle dit « de Vézelay », qui vient s'ajouter au recueil picaudien, lui est attribué.

Trois des personnages mentionnés ici, à savoir le chancelier Aimeric, le cardinal Gérard et Guy de Castiello, s'il s'agit de lui, furent les champions d'Innocent II auprès de Roger de Sicile contre l'antipape Anaclet.

---

[180] *Ibid.*, col. 1052.

[181] *Dictionnaire d'histoire et de géographie ecclésiastique*, *op. cit.*, col. 1276.

[182] MANSI (Gian Domenico), *op. cit.*, t. XXI, col. 393.

[183] *Ibid.*, col. 410.

[184] *Ibid.*, col. 412.

[185] *Ibid.*, col. 413. *Dictionnaire d'histoire et de géographie ecclésiastique*, *op. cit.*, t. XXI, col. 1459.

[186] Cf. SAINT BERNARD, *Epist.*, I, XXVII ; MPL, t. CLXXXII, col. 306-307.

[187] *Dictionnaire d'histoire et de géographie ecclésiastique*, *op. cit.*, t. I, col. 1408.

39. La lettre d'Arnaud du Mont et le manuscrit de Ripoll

L'authentification par le pape Innocent, mentionnée aussi dans la lettre d'Arnaud du Mont, suscite déjà un doute. En effet, cette authentification ne figure pas dans les cinq livres du *Codex Calixtinus* dont Arnaud du Mont prétend fournir des extraits, mais dans leur appendice. Cette authentification papale n'est donc pas aussi bien intégrée au *Codex Calixtinus* qu'elle ne l'est à la seconde version du *Livre des Miracles*, où le copiste du Ripoll peut aussi bien avoir trouvé son modèle. Deux faits toutefois demeurent : cette authentification figure dans le *Codex Calixtinus* après le dernier livre, tandis qu'elle se trouve dans le manuscrit de Ripoll après le deuxième livre, celui des Miracles, comme dans certains manuscrits de la deuxième version. En cela, au moins, le manuscrit de Ripoll n'est pas une copie du *Codex Calixtinus*. Mais il correspond exactement sur ce point à ce qui se trouve dans deux autres manuscrits, celui du Vatican/Borghèse 202 et celui de Saragosse que l'on connaît par la copie du Madrid 13118. En outre, la version de cette authentification reproduite par le manuscrit de Ripoll apporte une modification intéressante par rapport au texte qui figure dans le *Codex Calixtinus* : la formule introduisant les noms d'Olivier van Eysken et de sa compagne, *« qui etiam dicitur »*, est remplacée par « quem ». Il existe donc deux raisons valables de considérer que l'authentification du manuscrit de Ripoll n'est pas copiée sur celle du *Codex Calixtinus*.

Cette non-conformité de la prétendue copie du *Codex Calixtinus* incite évidemment à poser de manière plus aiguë la question du crédit que l'on peut accorder à ses autres assertions, en particulier à l'affirmation centrale selon laquelle les livres II, III, IV de ce manuscrit ont été transcrits intégralement.

Le Livre II du *Codex Calixtinus* comporte vingt-deux miracles de saint Jacques. Le manuscrit de Ripoll ajoute six numéros, portant le total des miracles à vingt-huit. Le procédé, déjà étonnant de la part d'un copiste qui se définit en même temps comme un abréviateur, établit surtout, quelles que soient les similitudes entre les textes, que la version de Ripoll, du moins à cet endroit, ne peut pas avoir été copiée sur le *Codex Calixtinus*. Certes, les miracles ajoutés n'en sont pas totalement absents puisqu'ils figurent dans le sermon *Vigiliae noctis sacratissimae* (Livre I, chapitre II), mais il serait étonnant qu'un copiste qui se dit pressé par le temps soit allé les y prélever, se chargeant ainsi délibérément d'une tâche de remanieur peu faite pour accélérer sa prestation. En revanche, cette version du recueil des miracles en vingt-huit numéros correspond en tous points à celles du Vatican et de Saragosse. De plus, le manuscrit de Ripoll fait figurer, en plus du recueil des vingt-deux miracles, les miracles qui figurent dans le *Codex Calixtinus* au dernier chapitre du dernier livre.

Le Livre III du *Codex Calixtinus* est consacré aux récits de la translation et aux trois célébrations de saint Jacques. Le manuscrit de Ripoll reproduit intégralement les récits de translation et leur présentation, mais la triple célébration est tronquée. La somptueuse description de la procession solennelle, mentionnée expressément dans le sommaire de ce troisième livre, ne figure pas plus à la suite de l'exposé sur les trois fêtes que les quelques lignes relatives aux conques de saint Jacques. Ce n'est donc pas ici non plus une copie conforme. Une troisième fois, cependant, l'identité est parfaite entre le manuscrit de Ripoll et ceux du Vatican et de Saragosse.

Le *Codex Calixtinus* contient la version du *Pseudo-Turpin* qui figure aussi dans le manuscrit de Ripoll, et qui comprend la lettre au doyen Léoprand avec mention expresse de la chronique royale de Saint-Denis. Il n'en subsiste pas moins une différence fondamentale entre les deux textes : la version de Ripoll est rédigée en un latin correct, tandis que la version du *Codex Calixtinus* présente un latin très dégradé. Si l'on s'en tient au principe qui veut que la présence de fautes communes établisse la filiation des manuscrits, alors le texte de Ripoll ne saurait être une copie de celui du *Codex Calixtinus*. Et l'urgence avouée ne permet pas de supposer qu'il en soit une réfection. En outre, le manuscrit de Ripoll et celui du Vatican comportent une subdivision en chapitres de la partie du *Pseudo-Turpin* consacrée à l'embuscade de Roncevaux, qui n'existe pas dans le *Codex Calixtinus*. La seule hypothèse acceptable est donc que la version Ripoll et vaticane du *Pseudo-Turpin* ait été copiée sur un texte latin correct dans un autre manuscrit que le *Codex Calixtinus* [188].

Une première conclusion partielle se dégage quant à ces trois livres médians : l'activité de copiste d'Arnaud du Mont a porté sur un autre recueil que le *Codex Calixtinus*. Au demeurant, celui-ci n'est pas désigné au début de la lettre par son nom, affiché en première page, de *Jacobus*, mais par une périphrase inexacte qui parle de cinq livres de miracles de saint Jacques, alors que ceux-ci n'en font qu'un. Une certaine confusion paraît s'être produite ou avoir été délibérément entretenue par le copiste entre la compilation en cinq livres du *Codex Calixtinus*, source prétendue, et une autre source, par exemple l'archétype du manuscrit de Saragosse qui porte le titre : *Calixti II Papae de miraculis beati Jacobi Apostoli*.

Les deux autres parties du manuscrit de Ripoll ne se présentent pas exactement sous le même angle puisqu'elles se donnent pour des abrégés du premier et du dernier livre du manuscrit de Compostelle. À vrai dire leur statut est différent dans chaque cas. Les sermons du Livre I ne sont qu'au nombre de quatre dans le Ripoll, alors que le *Codex Calixtinus* en comporte dix-sept, ce qui impliquerait un choix drastique, tandis que l'« Itinéraire de saint Jacques » du Ripoll résulterait d'une opération de contraction pratiquée sur un texte suivi, le dernier livre, réduit à moins du quart de sa substance.

On a relevé jadis [189] que les cahiers dont se compose le manuscrit de Ripoll n'étaient pas numérotés dans l'ordre où ils se présentent aujourd'hui. La numérotation commence avec le recueil des miracles, se poursuit normalement jusqu'à la fin, puis continue avec le recueil des sermons qui se trouvent actuellement en tête. On en a déduit qu'Arnaud du Mont avait commencé par copier les Miracles et achevé son travail en sélectionnant quatre sermons parmi les vingt premiers chapitres du Livre I. Cette interprétation implique cependant qu'Arnaud du Mont ait changé de méthode au cours de son travail. Elle cesse en outre d'être recevable, si le manuscrit de Ripoll n'est pas une copie sélective du *Codex Calixtinus*. La succession des cahiers correspondrait alors beaucoup plus normalement à une ordonnance première du manuscrit de Ripoll, dans laquelle les homélies se trouveraient non en tête mais, comme dans les deux autres manuscrits du Vatican et de Saragosse, à la fin du recueil. Dans ces conditions, les trois manuscrits de Ripoll, du Vatican et de Saragosse renverraient à un archétype commun où les sermons se trouvaient en dernière position. Après avoir copié les composantes de son texte dans l'ordre de cette source, Arnaud du Mont en

---

[188] Le manuscrit de Saragosse comportait sans doute aussi une version du *Pseudo-Turpin*, mais celle-ci n'a pas été copiée par le manuscrit de Madrid, confectionné après que ce texte eut déjà été imprimé.

[189] HÄMEL (A.), *Überlieferung und Bedeutung des Liber Sancti Jacobi und des Pseudo-Turpin*, Sitzungsberichte der Bayerischen Akademie der Wissenschaften, Jahrgang 1950, Heft 2, München, 1950, p. 28. citant W. Muir Whitehill.

aura modifié la succession pour retrouver la disposition du *Codex Calixtinus* et pouvoir prétendre avec plus de véracité apparente qu'il l'a copié [190].

La partie du manuscrit de Ripoll relative au *Pèlerinage de Saint-Jacques,* présentée comme abrégée du dernier livre, rejoint par un autre biais ce qui a été dit plus haut à propos des livres II et III. Il manque au texte de Ripoll/Saragosse/Vatican une très large part de ce qui se trouve dans le *Codex Calixtinus,* en particulier dans les chapitres VII et VIII, qui figurent séparément dans bon nombre de manuscrits du *Livre des Miracles* seconde version. Il n'y a donc là encore aucune raison obvie de considérer que l'un ou l'autre de ces manuscrits, voire leur archétype, aura copié le *Codex Calixtinus,* en supprimant bien des développements que celui-ci possède en propre ou qui figurent aussi ailleurs. Si l'on s'en tient aux raisons que donne Arnaud du Mont, il paraîtrait cependant plus plausible qu'un copiste pressé ait reproduit une version brève plutôt qu'abrégé une version longue.

Ainsi les manuscrits de Ripoll, du Vatican et de Saragosse renverraient tous trois à un état des textes et de la compilation distinct du *Codex Calixtinus* et trop différent pour qu'on puisse considérer qu'il en est issu. Le manuscrit du Vatican, qui peut être daté pour des raisons paléographiques de la fin du XIVe siècle [191], donc de l'époque où ont été confectionnées aussi les copies intégrales du *Codex Calixtinus,* fournit sans doute l'image la plus exacte de ce qu'a pu être leur archétype commun, la compilation qui a été utilisée par Arnaud du Mont en 1172-1173 et qui se situe chronologiquement entre la seconde version du *Livre des Miracles,* identifiée par l'authentification du pape Innocent, et la rédaction finale du *Livre de saint Jacques.*

40. La lettre-préface du manuscrit d'Alcobaça

Après avoir emprunté tout le début jusqu'à la formule « Et que personne ne pense que j'aie écrit quoi que ce soit de mon propre chef », la lettre-préface continue ici en disant : « Je le tiens des livres authentiques des deux saints Testaments et des saints Docteurs Jérôme, Ambroise, Augustin, Grégoire, Bède, Maxime, Léon et autres auteurs catholiques. Les choses qui se trouvent dans le premier livre doivent être comprises comme leur ayant été empruntées. Les autres choses qui sont dans les livres historiques suivants, je les ai vues de mes propres yeux, ou je les ai trouvées dans des livres, ou je les ai apprises de relations fiables et faites miennes. »

Après avoir repris le développement qui commence par « Que personne ne méprise... jusqu'à ceux qui ne le comprennent point », il poursuit : « Mais il nous faut encore suggérer ce qui dans cela doit être lu à l'église. Tout ce qui figure dans les deux premiers livres jusqu'au signe semblable à celui-ci >P<, qui est celui du Christ, doit être chanté et lu dans les églises comme il est ordonné aux matines et pendant la messe. C'est en effet authentique et pourvu d'une grande autorité. Et tout ce qui figure après ce signe doit être lu dans les réfectoires pendant les repas. C'est aussi d'une grande autorité. Mais les choses qui figurent dans les deux premiers livres suffisent largement pour les lectures de matines. Et si tous les discours relatifs aux miracles de saint Jacques qui sont contenus dans ce manuscrit ne peuvent être lus à l'église, aux

---

[190] Il ne reste dans le manuscrit de Madrid que le titre de ces sermons, parce que, tout comme il a fait pour le *Pseudo-Turpin,* le copiste de Madrid, au XVIIIe siècle, s'est dispensé de reproduire à la main les sermons édités par le P. Mariana.

[191] STONES (Alison), *The Pilgrim's Guide..., op. cit.,* t. I, p. 121.

jours de fête, en raison de leur dimension, qu'ils soient lus au moins plus tard, quelque semaine suivante, dans le réfectoire, le jour qui fut celui de la célébration.»

41. Le sommaire du manuscrit d'Alcobaça

Les folios 107 v°-108 r° indiquent que les chapitres sont consacrés à : I. Sermon de Bède sur la vigile de saint Jacques ; II. Exposition du pape Calixte : *Vigiliae noctis sacratissime* ; III. *Modica passio sancti Jacobi* ; IV. *Celebratis sacratissime* ; V. Sermon du même pape Calixte *Spirituali iocunditate* ; VI. Exposition du même pape Calixte : *Adest nobis dilectissimi fratris* ; VII. Homélie de Bède : *Orbis conditor ac redemptor noster* ; VIII. *Magna passio sancti Jacobi Post ascensionis divina ad caelos* ; IX. Exposition de saint Jérôme : *Apostolica sollemnia veneranda* ; X. Exposition du même saint Jérôme : *Quare Petrus Jacobum* ; XI. Exposition du pape Calixte : *Praeclara sollemnia* ; XII. Exposition de saint Jérôme : *In presenti capitulo ostenditur* ; XIII. Homélie du pape Grégoire : *Orate natalem beati Jacobi apostoli* ; XIV. Sermon du bienheureux évêque Maxime : *Exultemus... dilectissimi ac congruis honoribus* ; XV. Exposition : *Sanctorum Hieronimi et Maximi, Sollemnitate hodierna* ; XVI. Sermon du pape Calixte : *Veneranda dies* ; XVII. Homélie du pape Grégoire : *Audistis fratres...* ; XVIII. Exposition du pape Calixte : *Sollemnia sacra...* ; XIX. Exposition des saints Jérôme, Augustin, Grégoire et Calixte : *Festivitate electionis et translationis*.

42. La composition du sermon *Veneranda dies*

La méthode de composition est ici identique à ce qu'elle est ailleurs. Parce que la fête de la Translation est en même temps et d'abord une fête de l'élection de saint Jacques par Jésus sur les bords du lac de Tibériade, celle-ci ne lui appartient pas en propre, Pierre et André ayant été choisis en même temps que les deux fils de Zébédée. L'occasion est donc propice pour reprendre au compte de saint Jacques certains développements qui ne le concernaient pas originairement, par exemple le second paragraphe de l'homélie de saint Grégoire le Grand, reproduite immédiatement après le sermon *Veneranda dies*, en chapitre XVIII du Livre I, et composée en réalité pour la fête de saint André.

La synthèse entre la teneur moralisatrice de ce sermon grégorien et les objectifs tant critiques que laudatifs que se propose son auteur s'accompagne naturellement d'une ornementation spécifique qui prend ici une forme particulièrement curieuse. En effet, l'éloge de la personnalité de saint Jacques s'inscrit un moment dans le cadre d'un développement allégorique greffé sur un texte de Dioscoride, lui-même censé illustrer la comparaison par le prophète Osée du juste à un lis. Il y a donc ici un emboîtement métaphorique, visant à l'exploration du juste qu'est saint Jacques et que doit être tout homme, à partir d'une comparaison prise au pied de la lettre, puis développée symboliquement d'une manière qui ne peut manquer de suggérer aux lecteurs d'aujourd'hui que «comparaison n'est pas raison». L'exploitation du thème jusque dans les détails relève sans doute d'une symbolique quelque peu rebutante pour un ornement ajouté. Mais elle montre bien que ce genre de textes se constitue selon le principe de l'association des idées : le paragraphe précédent traite du juste en général, cette notion appelle la citation d'Osée comparant le juste au lis, le lis appelle la citation de Dioscoride relative à ses propriétés médicales, la comparaison du lis avec saint Jacques, parce que comme lui il meurt en apparence tandis qu'il se régénère intérieurement, fait transition vers l'exploitation métaphorique de la comparaison, qui attache un sens moralisateur à chacune des propriétés retenues. Ces extrapolations allégoriques ou symboliques tourbillonnantes sont présentées dans le cadre d'un discours dont le style se veut rigoureux et rationnel : les interprétations les plus gratuites sont rapportées à leur base concrète par le biais de raisonnements de causalité (les « parce que ») dont la nécessité est loin d'apparaître aujourd'hui avec une évidence rationnelle imparable.

43. Les messes et les offices dans le Livre I du *Livre de saint Jacques*

Ce sont des centons de citations bibliques d'où émergent les hymnes attribuées à Guillaume, patriarche de Jérusalem, et l'argument attribué au pape Calixte sur la célébration des matines.

« [Les messes] sont enrichies de ces éléments paraliturgiques si développés dans les livres liturgiques français du Moyen Âge : proses ou séquences chantées avant l'Évangile ; *conductus* ou chant de cortège, exécutés avec refrain pendant que les ministres sacrés se rendent à l'autel ou à l'ambon ; paraphrases du *Benedicamus*, dont nous gardons un spécimen dans l'*O filii et filiae* de Pâques ; enfin messes farcies dans lesquelles le chœur intercale une phrase rimée ou rythmée entre chaque phrase des pièces chantées et des lectures. Notre recueil présente [...] en outre, sur une feuille intercalée, la messe des Miracles, du 3 octobre. Les folios 130-139 contiennent exclusivement des pièces paraliturgiques pour la messe ; elles sont attribuées à divers auteurs, les uns anciens, comme Venance Fortunat ou Fulbert de Chartres, d'autres contemporains, comme le cardinal Robert, chancelier de l'Église romaine, mort en 1146, ou le patriarche Guillaume. Une longue *messe farcie* est sous le nom de Fulbert de Chartres [192]. »

44. Le foliotage du *Codex Calixtinus*

Le *Codex Calixtinus* comporte aujourd'hui un foliotage difficilement lisible pour les 162 premiers feuillets parce qu'il est fait au crayon dur, mais parfaitement net du f° 163 (début du *Pseudo-Turpin*) à la fin (f° 224) parce qu'il a été renforcé au crayon plus gras. Ce foliotage tardif, qui paraît dater du XXe siècle, a été institué non seulement pour la commodité mais pour intégrer le *Pseudo-Turpin* à l'ensemble, lorsqu'une restauration récente l'a réinséré. Il contredit partiellement un foliotage plus ancien en chiffres romains, d'une écriture bistre à la plume, qui va du f° I au f° CLXII (162), dernier feuillet du troisième livre, n'existe pas pour le *Pseudo-Turpin*, mais reprend immédiatement après en CLXIII (au feuillet 192 de la numérotation en chiffres arabes), pour s'arrêter en CXCII (au feuillet 221). Ce foliotage en écriture du XVIIe siècle renvoie à la période où le *Pseudo-Turpin* a été séparé du reste. Il correspond exactement à la table des matières ajoutée, folio 4 v, de la même écriture bistre à la plume, au sommaire du Livre I et qui indique : *« Lib. II. f° CCI ; Lib. III. f° CLVI ; Lib. IIII. f° CLXIII. Ep[isto]la Innocentii f° CXCII. »* Il est appliqué à tous les livres mentionnés dans ce sommaire et ajouté à la table des

---

[192] DAVID (Pierre), *op. cit.*, 10/1945, pp. 16-17.

matières propre à chacun. Le *Pseudo-Turpin* possède son foliotage propre en chiffres romains de couleur bistre qui va de I à XXIX, soit les f°s 163 à 191 et un sommaire qui le comporte aussi.

45. La partie liturgique de l'appendice du *Codex Calixtinus*

« ATTON, ÉVÊQUE DE TROYES

Notre phalange applaudit joyeuse,
En ce jour où l'athlète
Du Christ se réjouit sans bornes
Jacques en gloire
Dans la curie des anges.

Hérode l'a décapité
Et par là le Christ
L'a couronné et enrichi
Dans la patrie céleste
Dans la curie des anges.

Son corps est enseveli
Et visité par beaucoup
Et par lui leur est donné
Le salut en Galice
Dans la curie des anges.

Célébrant donc sa fête,
Et chantant ses cantiques,
Nous rendons avec vénération
De douces louanges au Seigneur
Dans la curie des anges. »

« MAÎTRE ALBERT, DE PARIS

Que tous se réjouissent
Les citoyens des cieux
Ce jour.

Que les clercs avec des poèmes
Et de beaux chants célèbrent
Ce jour.

C'est un jour de louange,
Ennobli par la clarté divine,
Ce jour.

Parce que Jacques est monté
Dans le céleste palais,
Ce jour.

Vainqueur du glaive d'Hérode,
Il a reçu le prix de sa vie,
Ce jour.

Donc sans fin
Bénissons le Seigneur
Ce jour.

Rendons des grâces de louange
Au grand père de famille
Ce jour.

Disons à Dieu... »

« MAÎTRE GOSSELIN, ÉVÊQUE DE SOISSONS

Célébrons le jour festif d'actions de grâces,
Distingué par la lumière divine.

Ceci est le jour insigne de saint Jacques,
Illustré par ses dignes miracles.

Nous le prions, qu'il conduise aux cieux,
Ceux qui chantent au Christ ses cantiques.

Recevant la grâce des cieux,
Que le peuple fidèle bénisse
Le Seigneur. »

« MAÎTRE ALBÉRIC, ARCHEVÊQUE DE BOURGES

En l'honneur du Roi suprême
Qui contient toutes choses,
Jacques, nous célébrons
Joyeux tes fêtes.

Au bord de la mer de Galilée,
Tu as méprisé tes biens propres,
Suivant le Christ, tu as prêché
Ses commandements.

Tu as demandé, alors ignorant,
À trôner à côté du Christ,
Mais maintenant tu as un trône plus élevé
Dans le cortège des douze.

Tu as été le premier martyr
Des douze dans ta patrie.
Tu occupes dans la gloire
Le premier siège des douze.

Fais donc que nous soyons sans fin
Des habitants du ciel
Pour que notre esprit bénisse,
Le Roi des rois, le Seigneur. »

« MAÎTRE AIRARD, DE VÉZELAY

Joies annuelles,
Jacques, qui te sont dues,
Doivent t'être données.

Que résonnent les harmonies
Des doux instruments.

Que tes actes célestes
Qui durent éternellement
Soient répétés.

Que résonnent...

Que ces actes superbes
À travers les siècles
Soient remémorés

Que résonnent...

Que ces conseils si bienveillants,
Si bons, si précis,
Soient suivis.

Que résonnent...

Que ces convenances sacrées,
Fleuries et étincelantes,
Soient passionnément aimées.

Que résonnent... »

« ANCIEN ÉVÊQUE DE BÉNÉVENT

Saint Jacques, rends très célèbres au ciel,
Ceux qui célèbrent ta fête à nombreuses reprises.
Il invite le peuple à célébrer ses illustres triomphes
Rends très célèbres au ciel...
Chantons à Dieu des cantiques, en lui rapportant
Avec gratitude nos mérites,
Rends très célèbres au ciel...
Lui qui, source de splendeur, t'a donné de monter au ciel
Rends très célèbres au ciel [193]... »

« MAÎTRE GAUTIER, DE CHÂTEAU-RENARD, FIT CE CHANT

Qu'au roi de gloire éternelle
Soit un cantique de joie,
Qui a donné à Jacques aujourd'hui
Le triomphe de la victoire.

Jacques a orné l'Espagne
Et la Galice.
Il a fait de cette population impie
L'Église du Christ.

Cependant pour le Fils de Dieu,
Sous le règne d'Hérode,
Il souffrit le martyre.
Bénissons le Seigneur.

Car la folie d'Hérode
Furieux contre les remparts du Christ,
Poussé par son orgueil
Prit en haine ses apôtres.

Pour provoquer sa damnation,
Il décapita saint Jacques
Le disciple de Dieu qui enseignait
La vérité au peuple.

Ainsi il surmonta les mains impies
Et furieuses du roi,
Car il monta vers les trônes éthérés,
Rendons grâces à Dieu. »

---

[193] À rapprocher des vers du même auteur dans le Livre I, chapitre XXX.

« MAÎTRE JEAN LEGAL

Que notre voix résonne
Et entonne pour le Créateur
Les louanges de saint Jacques.

Que le clergé avec l'orgue,
Le peuple avec le tympanon
Chante pour le Rédempteur.

Du chant qui lui est dû,
Qu'il chante pour le Paraclet
Qui est le consolateur.

Disons tous en ce chant final
Des louanges
Pour le Seigneur. »

« MAÎTRE ATTON, ÉVÊQUE DE TROYES

R. *Tandis qu'il est...*
V. *De même que le son du tonnerre résonne dans le disque du monde, de même la prédication de saint Jacques fit entendre sa voix dans toute la terre. Gloire au Père au Fils et au Saint-Esprit.* »

« MÊME ATTON

R. *À ce Jacques...*
V. *Mon âme est triste jusqu'à la mort* (Mt 26, 38). *Gloire au Père au Fils et au Saint-Esprit.* »

« MÊME ATTON

R. *Jacques virginal...*
V. *Prie pour nous d'une prière continue. Gloire au Père nourricier, au Fils et au Souffle saint.* »

« MÊME ATTON

R. *Ô auxiliaire...*
V. *Toi qui soutiens les hommes en danger qui crient vers toi tant sur mer que sur terre, secours-nous maintenant et en danger de mort. Gloire à Dieu, l'excellent Père nourricier, à son Fils très haut et bienveillant et à l'Esprit-saint de tous deux.* »

« MÊME ATTON. PROSE

Donne-nous un port
Au jugement dernier.

Ainsi avec Dieu
Principe vigilant

Et avec son Fils
Qui est sans fin

Et avec le Paraclet
Qui procède de tous deux.

Chassés de l'abîme
Ignoble du Tartare

Adjoints au chœur
Très saint des anges.

Purgés du vice
Abreuvés de joie

Avec la récompense de la vie
Sous ta conduite

Entrons avec le pieux
Désir du paradis
Dans l'origine. »

« FULBERT, ÉVÊQUE DE CHARTRES

Roi immense, Père bienveillant,
eleison.
Sauveur, Dieu vainqueur de la mort,
eleison.
Qui finis tout d'une palme
eleison.
Christ, Fils du Père très haut,
eleison.
Qui es descendu des cieux
eleison.
Qui as racheté ta créature
eleison.
Consolateur, doux amour,
eleison.
Qui as illustré Jacques
eleison.
Épargne-nous par sa prière
eleison. »

« ATTON CI-DESSUS

R. *Hérode fit...*
V. *Il fit mourir Jacques, frère de Jean* (Ac 12, 1-2).»

« MAÎTRE GOSSELIN, ÉVÊQUE DE SOISSONS

Alléluia. Jésus appela Jacques et Jean son frère, et il leur imposa le nom de Boanergès (Mr 3, 13-17).»

« GAUTIER CI-DESSUS

Dieu créateur tout-puissant, géniteur de tout,
eleison.

Christ, forme, pouvoir et sagesse du Père,
eleison.

Souffle sacré, lien et amour de tous deux,
eleison.»

« GAUTIER CI-DESSUS

Bénissons le Seigneur.»

« MAÎTRE DROARD, DE TROYES

Bénissons le Seigneur.»

« MÊME DROARD

Bénissons le Seigneur.»

Les attributions de ces textes destinés, comme les autres, à être chantés ne sont pas très solides. Elles ne figurent que dans les marges du manuscrit et l'identification des auteurs n'apporte pas d'élément éclairant pour le *Livre de saint Jacques*.

BIBLIOGRAPHIE [1]

ALBERT (Maurice), *Le Culte de Castor et Pollux en Italie*, Paris, E. Thorin, 1883.

ALLARD (Paul), *Histoire des persécutions pendant les deux premiers siècles, d'après les documents archéologiques. Histoire des persécutions pendant la première moitié du IIIᵉ siècle (Septime Sévère, Maximin, Dèce), d'après les documents archéologiques*, Paris, V. Lecoffre, 1885-1886, 2 vol.

ALLIÈRES (Jacques), *Manuel pratique de basque*, Paris, A. et J. Picard, 1979.

ARBELLOT (abbé François), *Vie de saint Léonard, solitaire en Limousin. Ses miracles et son culte*, Paris, J. Lecoffre, 1863.

BARRAU-DIHIGO (Louis), *Recherches sur l'histoire politique du royaume asturien (718-910)*, Thèse pour le doctorat ès lettres présentée à la faculté des lettres de l'Université de Paris, Tours, impr. E. Arrault et Cie, 1921.

BARREIRO RIVAS (José Luis), *La función política de los caminos de peregrinación en la Europa medieval*, Madrid, Tecnos, 1997.

BAUDRILLARD (J.), *Dictionnaire d'histoire et de géographie ecclésiastique*, Paris, Letouzey et Ané, 1914.

BÉDIER (Joseph), *Les Légendes épiques. Recherches sur la formation des chansons de geste*, 3ᵉ éd., Paris, Libr. ancienne Édouard Champion, 1929.

BHL : *Bibliotheca hagiographica latina, antiquae et mediae aetatis / ediderunt Socii Bollandiani*, 1898-1899 ; réimpr. anastatique, Bruxelles, Société des bollandistes, 1992.

BOEHMER-WILL, *Regesten zur Geschichte der Mainzer Erzbischöfe*, t. II, Innsbruck, 1886.

CABROL (dom Fernand) et LECLERCQ (dom Henri), dir., *Dictionnaire d'archéologie chrétienne et de liturgie*, Paris, impr.-édit. Letouzey et Ané, 1914.

CHAMPEAUX (Gérard de) et STERCKX (dom Sébastien), *Introduction au monde des symboles*, Saint-Léger-Vauban, Zodiaque, 1966.

---

[1] Nous indiquons ici seulement les articles et ouvrages dont nous nous sommes servi. Les bibliographies de K. Herbers et A. Moisan permettront au lecteur de se reporter à tous les travaux dont les conclusions diffèrent des nôtres.

CHEVALIER (Jean) et GHEERBRANT (Alain), *Dictionnaire des symboles*, 1re éd., Paris, R. Laffont, 1969 ; éd. rev. et augm., 2002, coll. « Bouquins ».

CHOCHEYRAS (Jacques), *Saint Jacques à Compostelle*, Rennes, Ouest-France, 1985 ; nouv. éd., 1997, coll. « De mémoire d'homme, l'histoire ».

CHOCHEYRAS (Jacques), « Roland : du « saint » historique au héros « historique »», *Pris-Ma*, Poitiers, IX, 1993.

Chronicon Aldefonsi imperatoris, Tournai, Brepols, 1990.

Chronicon Novaliciense, 6e éd. Hanovre, Wattenbach, 1846.

CIROT (Georges), « Per devia Alavae », *Bulletin hispanique*, t. XXXVI, 1934.

CONSTABLE (G.), « The letter from Peter of St John to Hato of Troyes », *Appendix Studia Anselmiana*, 40, 1956.

COTTINEAU (Laurent-Henri, dom), *Répertoire topo-bibliographique des abbayes et prieurés*, Macon, Protat frères, 1939 ; nouv. éd., Tournai, Brepols, 1995.

CÜPPERS (Heinz) *et alii*, *La Civilisation romaine de la Moselle à la Sarre*, Mayence, Philipp von Zabern, 1983.

CURTIUS (Ernst Robert), *La Littérature européenne et le moyen âge latin*, Paris, Presses universitaires de France, 1956.

DAREMBERG (Charles) et SAGLIO (Edmond), *Dictionnaire des Antiquités grecques et romaines*, Paris, Hachette, 1877-1919, 10 vol. ; reprod. en facsim., Graz, Akademische Druck und Verlagsanstalt, 1969.

DAVID (Pierre), « Études sur le *Livre de Saint-Jacques* attribué au pape Calixte II », *Bulletin des études portugaises et de l'Institut français du Portugal*, 10/1945, 11/1947, 12/1948, 13/1949, 15/1951.

DAVY (Marie-Madeleine), *Introduction à la symbolique romane (XIIe siècle)*, Paris, Flammarion, 1964.

DESJARDINS (Gustave), *Cartulaire de l'abbaye de Conques en Rouergue*, Paris, A. Picard, 1879.

DIEHL (Charles) et MARÇAIS (Georges), *Histoire du Moyen Âge*, t. III : *Le Monde oriental de 395 à 1081*, Paris, Presses universitaires de France.

DU CANGE (Charles du Fresne, sieur), *Glossarium mediae et infimae latinitatis*, plusieurs éd. dont Paris, Librairie des sciences et des arts, 1937-1938, 10 vol.

DUCHESNE (Louis), « Saint Jacques en Galice », *Campus Stellae*, n°1, *Les Chemins de Saint-Jacques et la culture européenne*, Paris, Klincksieck, 1991, pp. 13-47.

DUPRÉ (Nicole), « De la "Calzada de los Romanos" au "Camino de Santiago" », *Caesarodunum*, t. XIX, 1984.

DURAND (Gilbert), *Les Structures anthropologiques de l'imaginaire*, Paris, Presses universitaires de France, 1963 ; 11e éd., Paris, Dunod, 1997.

EBERSOLT (Jacques), *Les Actes de saint Jacques et les actes d'Aquilas, publiés d'après deux manuscrits grecs de la Bibliothèque nationale*, Paris, E. Leroux, 1902.

ELIADE (Mircea), *Images et symboles, essai sur le symbolisme magico-religieux*, Paris, Gallimard, 1952.

EUSÈBE DE CÉSARÉE, *Histoire ecclésiastique*, Livres I-IV, trad. Gustave BARDY, 3e éd. rev. et corr., Paris, Cerf, 1986.

FALQUE REY (Emma), éd., *Historia Compostellana*, Tournai, Brepols, 1988.

FERRARI (Angel), «Artificios septenarios en la «Chronica Adefonsi Imperatoris» y Poema de Almeria», *Boletin de la Real Academia de la Historia*, t. CLIII, Madrid, 1963.

FERRARI (Angel), «El Cluniacense Pedro de Poitiers», *Boletin de la Real Academia de la Historia*, t. CLIII, Madrid, 1963.

FABRE (Augustin), *La Chanson de Roland dans la Chanson de sainte Foy*, Paris, H. Champion, Rodez, Éditions de la *Revue historique du Rouergue*, 1941, 2 vol.

FISCHER (Pius), *Die französische Übersetzung des Pseudo-Turpins nach dem Codex Gallicus 52*, Würzburg, 1932.

FITA (Fidel) et FERNANDEZ GUERRA Y ORBE (Aureliano), *Recuerdos de un viaje á Santiago de Galicia,* Madrid, impr. de Lezcano, 1880.

FLAMMARION (Camille), *L'Atmosphère et les grands phénomènes de la nature*, Paris, Hachette, 1911.

FLOREZ (Henrique), *España sagrada*, t. XIX, Madrid, 1792.

FÖRSTEMANN (Ernst), *Altdeutsches Namenbuch,* Nordhausen, F. Förstemann, 1856-1872, 2 vol.

FORCELLINI-DE VIT, *Onomasticon.*

GAIFFIER (Baudouin de), «Notes sur quelques documents relatifs à la translation de saint Jacques en Espagne», *Analecta Bollandiana*, 89/1971.

GAIFFIER (Baudouin de), «Les Sources de la passion de saint Eutrope de Saintes dans le *Liber sancti Jacobi*», *Analecta Bollandiana*, 69/1951.

GICQUEL (Bernard), «Le Mythe politique et littéraire de Roland. I. Les origines», *Campus stellae*, n° 1, Les chemins de Saint-Jacques et la culture européenne, Paris, Klincksieck, 1991.

GICQUEL (Bernard), «La Genèse européenne du *Pseudo-Turpin* et l'évolution du mythe rolandien», *Pèlerinages et croisades*, Paris, CTHS, 1995.

GRABAR (André), *Martyrium, recherches sur le culte des reliques et l'art chrétien antique*, Paris, Limoges, 1946, 2 vol.

GRÉGOIRE LE GRAND, *Dialogues de S. Grégoire le Grand*, trad. E. Cartier, Paris, Poussielgue frères, 1875.

GRIMAL (Pierre), *Dictionnaire de la mythologie grecque et romaine*, 14e éd., Paris, Presses universitaires de France, 1999.

GRIMM (Jacob Ludwig Carl), *Deutsche Mythologie*, 2. Ausgabe, Göttingen, Dieterich, 1844.

GROUSSET (René), *Histoire des croisades et du royaume franc de Jérusalem,* Paris, Plon, 1934-1936, 3 vol.

GÜNTER (Heinrich), *Psychologie der Legende,* Fribourg, Herder, 1949.

HERBERS (Klaus), *Der Jakobskult des 12. Jahrhunderts und der «Liber sancti Jacobi»* – *Studien über das Verhältnis zwischen Religion und Gesellschaft im hohen Mittelalter*, Wiesbaden, Franz Steiner Verlag, 1984.

HERBERS (Klaus), *Der Jacobsweg,* Tübingen, Günter Narr, 1991.

HERBERS (Klaus), et SANTOS NOIA (Manuel), *Liber Sancti Jacobi Codex Calixtinus*, Santiago, Xunta de Galicia, 1987-1998.

HERBERS (Klaus), HÄMEL (Adalbert), *Überlieferung und Bedeutung des Liber Sancti Jacobi und des Pseudo-Turpin*, Sitzungsberichte der Bayerischen Akademie der Wissenschaften, Jahrgang 1950, Heft 2, Munich, 1950.

HERRMAN-MASCARD (Nicole), *Les Reliques des saints. Formation coutumière d'un droit*, Paris, Klincksieck, 1975.

HIRSCH (Richard), *Studien zur Geschichte König Ludwigs VII. von Frankreich (1119-1160)*, Leipzig, G. Fock, 1892.

HUGLO (M.), *Les Pièces notées du* Codex Calixtinus, dans WILLIAMS (John) et STONES (Alison), eds, *The* Codex Calixtinus *and the Shrine of St James*, Tübingen, Narr, 1992 (Jacobus-Studien 3), pp. 105 111.

HYDACE, *Chronique*, éd. Alain TRANOY, Paris, Cerf, 1974.

JOURDAN (François), *La Tradition des sept dormants*, Paris, Maisonneuve et Larose, 2001.

KUNSTMANN (Pierre), *Vierge et merveille : les miracles de Notre-Dame narratifs au Moyen Âge*, Paris, UGE, 1981.

LALANDE DE CALAN (Charles), *Personnages de l'épopée romane*.

LECOINTRE-DUPONT (G.), « Notice sur Pierre de Poitiers, grand prieur de Cluni, abbé de Saint Martial de Limoges », *Mémoires de la Société des antiquaires de l'Ouest*, 1842-1843, t. IX, pp. 369-391.

LEPIE (Herta), « Karls-Legende in Gold gefasst, Die literarischen Quellen zu den Dachreliefs des Aachener Karlsschreins », *Kirchenzeitung für das Bistum Aachen*, Aix-la-Chapelle, 31 janvier 1988, 43e année, p. 22.

Liber Sacramentorum Romanae Aecclesiae ordinis anni circuli, Rome, Herder, 1981.

LÓPEZ FERREIRO (A.), *Historia de la santa Iglesia de Santiago de Compostela*, Saint-Jacques-de-Compostelle, 1898-1911, 11 vol.

MANDACH (André de), *Naissance et développement de la chanson de geste en Europe...*, 1 : *La Geste de Charlemagne et de Roland*, Paris, Genève, Droz, 1961.

MANDACH (André de), *Chronique dite saintongeaise*, Tübingen, Niemeyer, 1970, coll. « Beihcfte zur Zeitschrift für romanische Philologie, 120 ».

MANSELLI (R.), « Alberico cardinale vescovo d'Ostia e la sua attivita di legato pontificio », Archivio della Società romana di Storia patria, vol. LXXVIII, 1955, pp. 38-39.

MANSI (Gian Domenico), *Amplissima collectio conciliorum*.

MARIANA (Juan de), *Histoire générale d'Espagne*, trad. Joseph-Nicolas CHARENTON, Paris, Lemercier, 1725.

MARTIN (J.-F.-R.), *Cartulaire de saint Jean de Sorde*, Bayonne, Atlantica.

MENACA (Marie de), *Histoire de saint Jacques et de ses miracles au Moyen Âge*, Nantes, Imprimerie de l'université de Nantes, 1987.

MEREDITH-JONES (Cyril), *Historia Karoli Magni et Rotholandi ou Chronique du Pseudo-Turpin*, Paris, Droz, 1936 ; éd. fac-sim., Genève, Slatkine, 1972.

MICHEL (Francisque), *Histoire des races maudites de France et d'Espagne*, Bordeaux, 1843.

MIGNE (Jacques-Paul), *Dictionnaire universel de mythologie antique et moderne*, Paris, 1855 (3ᵉ Encyclopédie théologique, t. X).

MPL: MIGNE (Jacques-Paul), *Patrologie latine*.

MOISAN (André), *Le Livre de saint Jacques ou Codex Calixtinus*, Paris, Champion, 1992.

MONCEAUX (Paul), « Le Grand Temple du Puy-de-Dôme, le Mercure gaulois et l'histoire des Arvernes », *Revue historique*, t. XXXV, septembre-décembre 1887.

Monumenta Vizeliacensia, éd. R. B. C. HUYGENS, *Corpus Christianorum, Continuatio Mediaevalis*, XLII, Tunholti, Brepols, 1976.

ODON DE DEUIL, *De Ludovici VII. itinere libri VII.* MPL 185.

OVIDE, *Métamorphoses*, trad. CHAMONARD, Paris, Garnier, s.d.

PACAUT (Marcel), *Louis VII et son royaume*, Paris, SEVPEN, 1964.

PENENT (Jean), « L'Olifant roman de Toulouse », *L'olifant, Revue des amis du musée Paul Dupuy de Toulouse*, n° 7, mars 1994.

PÉRICARD-MÉA (Denise), *Compostelle et cultes de saint Jacques au Moyen Âge*, Paris, Presses universitaires de France, 2000.

PÉRICARD-MÉA (Denise), *Dans les pas de saint Jacques*, Paris, Tallandier, 2001.

PÉRICARD-MÉA (Denise), *Les Routes de Compostelle*, Paris, Gisserot, 2002.

PFANDL (Ludwig), « Eine unbekannte handschriftliche Version zum Pseudo-Turpin », *Zeitschrift für romanische Philologie*, 38, 1917, pp. 586-608.

PFANDL (Ludwig), « Itinerarium Hispanicum Hieronymi Monetarii », *Revue hispanique*, 48, 1920, pp. 1-180.

PHÈDRE, *Œuvres*, trad. H. BRENOT, Paris, Belles-Lettres, 1924.

PIGNOT (J.-Henri), *Histoire de l'ordre de Cluny depuis la fondation de l'abbaye jusqu'à la mort de Pierre le Vénérable (909-1157)*, Autun, M. Dejussieu, 1868.

PONCELET (Albert), *Catalogus codicum hagiographicum latinorum Bibliothecarum Romanarum*, Bruxelles, 1909.

RICAU (Osmin), *Histoire des Cagots, race maudite de Gascogne, Béarn, pays basque et Navarre franco-espagnols, Asturies et province de León*, Bordeaux, 1965.

ROBERT (André) et FEUILLET (André), *Introduction à la Bible*, Paris, Desclée, 1959.

ROBERT (Ulysse), *Bullaire de Calixte II*, Paris, 1891.

ROHLFS (Gerhard), « Ci conte de Durendal l'espee », *Mélanges Rita Lejeune*, vol. II, Gembloux, J. Duculot, 1969.

ROUX (Julie), *Les Chemins de Saint-Jacques de Compostelle*, Vic en Bigorre, MSM, 1999.

SAINTYVES (Pierre), *Saint Christophe successeur d'Anubis, d'Hermès et d'Héraclès*, Paris, Nourry, 1936.

SAINTYVES (Pierre), *En marge de la Légende dorée*, Paris, Robert Laffont, 1987.

SÉBILLOT (Paul), *Le Folklore de France*, Paris, Guilmoto, 1904-1907, 4 vol.

SÉNAC (Philippe), *La Frontière et les hommes : le peuplement musulman au nord de l'Èbre et les débuts de la reconquête aragonaise*, Paris, Maisonneuve et Larose, 2000.

SMYSER (H. M.), *The* Pseudo-Turpin, Cambridge, Massachusetts, 1937.

STONES (Alison), *The Pilgrim's Guide : a critical edition*, Londres, Harvey Miller, 1998.

TAVERNIER (Wilhelm), *Zeitschrift für französische Sprache und Literatur*, XLII, 1914.

THEURILLAT (Jean-Marie), « L'Abbaye de Saint-Maurice d'Agaune », *Vallesia*, Sion, 1954.

TRANOY (Alain), *La Galice romaine : recherches sur le nord-ouest de la péninsule Ibérique dans l'Antiquité*, Paris, De Boccard, 1981.

VIELLIARD (Jeanne), *Guide du pèlerin de Saint-Jacques de Compostelle*, Paris, Vrin, 1938.

WEINREICH (Otto Karl), *Genethliakon 5*, Stuttgart, Kohlhammer, 1929.

WILLIAMS (John) et STONES (Alison), eds, *The* Codex Calixtinus *and the shrine of St. James*, Tübingen, Narr, 1992.

Notes critiques

L'étude que l'abbé Louis Duchesne publia en 1900 dans les *Annales du Midi*[2] sous le titre : « Saint Jacques en Galice » jouissait encore il y a peu d'une faveur certaine. Ainsi dans sa thèse sur *Le Culte de saint Jacques au XIIe siècle et* le Liber sancti Jacobi[3], Klaus Herbers déclarait-il : « l'analyse de Duchesne ne semble jusqu'à présent ébranlée en aucun point par des études de détail récentes. » Il paraît toutefois opportun de séparer aujourd'hui les deux aspects de cet article : la prédication de saint Jacques en Espagne, les récits de translation. Autant la première partie souligne à juste titre, et de manière incontestable, qu'il n'existe pas, quant à la prédication de saint Jacques en Espagne et à la présence de son tombeau à Compostelle, de tradition qui mérite d'être prise au sérieux par des historiens d'aujourd'hui, autant la seconde partie est entachée, nous semble-t-il, de fautes de méthode et d'erreurs d'appréciation qui conduisent désormais à un rejet quasi total.

Ainsi, le fait de considérer la formule sur les *arcis marmoricis* comme découlant de l'*Achaia Marmarica* des catalogues apostoliques paraît être le meilleur moyen de ne pas l'apprécier selon les multiples significations

---

[2] Reproduite dans *Campus Stellae*, n° 1, *Les Chemins de Saint-Jacques et la culture européenne*, Paris, Klincksieck, 1991, pp. 13-47.

[3] *Der Jakobskult des XII. Jahrhunderts und der « Liber Sancti Jacobi »*, Wiesbaden, Franz Steiner Verlag, 1984, pp. 5-6.

locales qu'elle a revêtues successivement. Lorsque L. Duchesne conclut qu'on ne peut guère comprendre pourquoi le site de Compostelle a été considéré comme le lieu de sépulture de l'apôtre, il est manifeste que sa propre thèse est effectivement le principal obstacle à cette compréhension. C'est seulement si les *arcis marmoricis* et l'*Achaia Marmarica* ne découlent pas l'un de l'autre que leur rapprochement suggère la conclusion selon laquelle ils désignent le même lieu.

Il en va de même pour le jugement porté sur la première lettre du pape Léon. La critique de L. Duchesne, du bollandiste A. Poncelet et du chanoine P. David, ne l'a pas appréciée à sa juste valeur. Le premier déclare cette lettre « d'une barbarie effroyable et d'une absurdité qui passe toute expression. » Le deuxième ne fait que traduire ces mots en latin « *aeque barbara lingua et absonis commentis mirabilem* ». Le troisième en tire une conclusion génétique et herméneutique : « Ce texte barbare n'est vraiment intelligible que si on le considère comme le résumé de quelque récit plus développé de la translation de Saint Jacques[4]. » Ces jugements reflètent, à notre sens, le préjugé culturel qui a longtemps empêché de rendre justice à des arts dits primitifs ou à des formes archaïques. Que ce texte soit aux antipodes d'une diction tant soit peu raffinée est patent, mais ce n'est qu'une raison de plus pour chercher ailleurs ses mérites.

La situation n'est pas plus favorable, s'agissant de la chronologie des divers récits de translation. L. Duchesne déclare :

1. La première version de la lettre du pape Léon dépend du récit de translation qui figure dans le *Livre de saint Jacques* et du Pseudo-Jérôme : « La première rédaction de la lettre de saint Léon dépend de la *Translatio* et des Catalogues [...] »

2. La deuxième version de la lettre du pape Léon dépend des deux mêmes sources et leur ajoute le martyrologe d'Adon : « La deuxième dépend aussi d'Adon. »

3. L'ex-troisième version – aujourd'hui la quatrième – dépend de la translation et de la Passion selon Abdias : « Ses sources se reconnaissent aisément : la *Translatio* lui a fourni beaucoup ; de plus il a eu sous les yeux la *Passio s. Iacobi* qui figure dans le recueil du faux Abdias. »

4. La translation de Fleury a pour source la translation du *Livre de saint Jacques* : « Le P. Fita disserte longuement sur le *Codex Calixtinus* [...] mais il parle à peine de la Translation. Dans son appendice [...] il en réédite un remaniement oratoire, publié en 1605 dans la *Bibliotheca Floriensis* de Jean Dubois. »

5. La remarque d'Adhémar de Chabannes sur la prédication des sept évangélistes, disciples de saint Jacques, en Espagne est empruntée à la première lettre du pape Léon. « *Cod. Par.* 2036. C'est sans doute à ce manuscrit qu'Adhémar doit ses idées sur les rapports de saint Jacques avec

---

[4] *Bulletin des études portugaises*, t. XV, 1951, p. 185.

l'Espagne [...]. Suivant lui, l'Espagne n'a pas été évangélisée par saint Jacques, mais par ses *sept* disciples qui ont amené son corps en Galice. La lettre, en effet, n'en dit pas davantage. Si Adhémar avait connu la translation, il n'aurait pas nié la prédication de l'Apôtre. »

L'observation diligente des textes ne permet pas de souscrire à une seule de ces remarques. Comment se fait-il que quatre soient intitulés *Lettre du pape Léon* sans que trois de ceux-ci aient quelque rapport avec au moins un prédécesseur immédiat ? En outre, que la translation du *Livre de saint Jacques,* celle de Limoges/Gembloux, ait été la source de la première de ces lettres a été déjà contesté, à juste titre pensons-nous, par B. de Gaiffier. Cette observation vaut, à plus forte raison, pour les suivantes. Selon L. Duchesne, cette même translation de Limoges/Gembloux serait aussi la source de la translation de Fleury. On aimerait savoir sur quelles observations, non communiquées, repose pareille conclusion. Enfin, pour une raison de non-conformité des informations données sur l'évangélisation de l'Espagne, la première lettre du pape Léon ne peut pas être considérée comme la source des propos d'Adhémar qui n'ont d'équivalent que dans la translation de Fleury.

Il ne reste donc rien des propos de L. Duchesne sur les relations entre les divers récits de translation. En matière de chronologie pure et simple, on admettra seulement que les lettres du pape Léon se situent dans l'ordre où il les a placées, sous réserve que la troisième de son temps, celle qui figure dans le *Livre de saint Jacques,* devienne aujourd'hui la quatrième.

« Un seul fait subsiste, celui du culte galicien. Il [...] s'adresse à un tombeau des temps romains, que l'on crut alors être celui de saint Jacques. Pourquoi le crut-on ? Nous n'en savons rien. L'autorité ecclésiastique intervint ; on peut croire qu'elle ne se détermina à son estimation que sur des indices graves. Ces indices ne nous ayant pas été transmis, nous n'avons pas à les apprécier ; les connaîtrions-nous qu'ils échapperaient peut-être à notre compétence. »

Il y a derrière ce propos autre chose encore que l'opposition du savoir à la foi – le mot *croire* étant ici répété trois fois – à savoir une prudence toute diplomatique, car le pape Léon XIII avait reconnu le 1er novembre 1884 l'authenticité des reliques de saint Jacques[5]. Quant à croire que l'autorité ecclésiastique ne se détermina que sur des indices graves, malgré la réserve qu'introduisent les mots « *à son estimation* », c'est exactement ce que l'on ne peut plus faire aujourd'hui : « Il pouvait arriver que des évêques identifient des reliques de bonne foi, mais avec une grande légèreté [...]. Certains évêques faisaient sciemment de fausses identifications pour éviter par exemple de mécontenter un puissant personnage [...]. Plus souvent, il arrivait à des évêques d'attribuer témérairement des ossements non identifiés à tel ou

---

[5] Le texte de cette bulle pontificale est reproduit dans PÉRICARD-MÉA (Denise), *Les Routes de Compostelle,* Paris, Gisserot, 2002, pp. 109-118.

tel saint connu dans une intention très consciemment intéressée. En montrant combien ils jouissaient de la faveur divine, ils augmentaient leur puissance politique ; plus matériellement, toute nouvelle relique amenait un afflux de pèlerins et augmentait les revenus du diocèse [6]. »

Joseph Bédier, qui a inventé le titre *Livre de saint Jacques*, est aussi le premier à avoir assuré, à bon droit, que le représentant par excellence de ce recueil est le manuscrit conservé par la cathédrale de Compostelle, appelé *Codex Calixtinus*. Il déclare à ce propos : « C'est de lui que nous nous servirons pour analyser le *Livre de saint Jacques* [7]. » On attendrait que l'éminent médiéviste ait étudié ce manuscrit sur lequel il fonde son analyse. Ce n'est pas le cas, et il indique lui-même qu'il n'en connaît que ce qui a été publié ou partiellement copié. « M. V. Friedel a bien voulu nous communiquer une copie des quarante-trois premiers feuillets du *Codex Calixtinus*. Nous connaissons le reste, plus ou moins incomplètement, par les publications désignées dans les notes qui suivent. Nous avons aussi lu de près l'un des dérivés du *Codex Calixtinus*, le manuscrit 13775 du fonds latin de la Bibliothèque nationale. » Ainsi Bédier ne connaît-il du *Livre de saint Jacques*, outre les feuillets copiés par V. Friedel à Compostelle, que les extraits publiés par les *Acta Sanctorum*, Delisle, Fita et Robert. Le paradoxe épistémologique est manifeste : il déclare se servir, pour étudier ce texte, d'un manuscrit qu'il ne connaît pas.

Une seconde réserve tient à la lecture du manuscrit 13775. Pourquoi celui-ci plutôt qu'un autre ou plutôt plusieurs autres ? Le choix de ce volume est vraisemblablement lié au fait que P. Meyer en avait publié un extrait dans *Romania* t. XXXI, 1902 et Bédier estimait sans doute ne pouvoir faire moins que son prédécesseur. Mais le texte que propose ce manuscrit n'est pas unique en son genre. Au contraire, les inventaires des bibliothèques publiques françaises montrent que la Bibliothèque nationale en possède d'autres exemplaires, par exemple 3550, 13774, 14703 et les bibliothèques provinciales en ont aussi. Tout cela a toujours été aisément constatable au Département des manuscrits de la Bibliothèque nationale, par simple consultation des index, sous les rubriques Calixte II et saint Jacques.

Une troisième observation critique découle de la précédente. Bédier déclare que ce manuscrit est « l'un des dérivés du *Codex Calixtinus* ». Il ne fournit aucun argument en faveur de cette conclusion. Celle-ci ne pourrait être, au demeurant, que le résultat d'une étude comparative qui n'est pas faite et qui ne peut pas être faite puisque l'auteur ne connaît pas le *Codex Calixtinus* lui-même. Quoi qu'il en soit, l'impression tirée d'un seul manuscrit aboutit à

---

[6] HERRMAN-MASCARD (Nicole), *Les Reliques des saints. Formation coutumière d'un droit*, Paris, Klincksieck, 1975, pp. 108-110 *et passim*.

[7] BÉDIER (Joseph), *Les Légendes épiques. Recherches sur la formation des chansons de geste*, t. III, Paris, Champion, 1912, p. 76.

discréditer toute la tradition manuscrite relative à saint Jacques en la présentant comme un ensemble de sous-produits évidemment négligeables quand on les compare à la « précellence » du manuscrit de Compostelle.

Malgré quelque précaution oratoire (« semble-t-il ») et la référence à « tous les manuscrits étudiés jusqu'à ce jour » ce qui ne peut pas représenter grand chose puisque, comme il le dit lui-même, « l'étude du *Livre de saint Jacques* est à peine ébauchée aujourd'hui », Bédier conclut : « Il est très possible qu'il soit, comme l'ont supposé G. Paris, M. Becker et d'autres, le manuscrit archétype ; en tout cas, c'est à lui, semble-t-il, que remontent tous les manuscrits étudiés jusqu'à ce jour soit de la Chronique, soit du Livre des Miracles, etc. [8] »

Cependant le premier des présupposés méthodologiques qu'il faudrait apporter dans l'approche de ce problème est évidemment la connaissance même des manuscrits dont on parle et non seulement celle des fragments que d'autres ont édités. Ensuite il n'est pas possible de ne considérer en la matière qu'un seul manuscrit. Lorsqu'on sait qu'il en existe un certain nombre, il faut prendre en compte toute la tradition manuscrite française, c'est-à-dire envisager la question dans sa complexité maximale et chercher ensuite à réduire cette complexité en établissant un classement des manuscrits par familles. Enfin, pour établir la dépendance d'un manuscrit ou d'une famille de manuscrits par rapport à un archétype, on ne peut se contenter d'une affirmation, il faut proposer un certain nombre de critères qui n'ont pas été fournis.

Les études du chanoine Pierre David parues de 1945 à 1949 dans le *Bulletin des études portugaises et de l'Institut français au Portugal* ont été suscitées par la publication en 1944 de l'édition complète du *Codex Calixtinus* par l'archéologue américain Walter Muir Whitehill. Le grand mérite de Pierre David est de fournir sous la forme d'un résumé de cet ouvrage un ensemble de réflexions avisées sur la chronologie interne du *Livre de saint Jacques* et la composition des divers livres qui le composent. Il a, de plus, découvert et décrit le premier le manuscrit d'Alcobaça, « un des plus complets parmi ceux qui ne contiennent pas le texte intégral des cinq livres et l'un des plus importants pour l'histoire du texte et de ses révisions [9]. » Dès les premières pages, il prend nettement position contre les jugements fondés sur les seules éditions partielles du texte : « Ces études partielles ne donnaient pourtant du *Liber Calixtinus* qu'une idée incomplète ; les critiques qui ont voulu, sans recourir à l'original, analyser le recueil, en dégager l'idée et les intentions, n'ont pas échappé au risque de se faire une idée inexacte de l'importance relative des diverses parties ; ils n'ont pas assez remarqué que les quatre-cinquièmes du codex sont constitués par le corps et les supplé-

---

[8] *Ibid.*, p. 105.

[9] DAVID (Pierre), « Études sur le *Livre de Saint-Jacques* attribué au pape Calixte II », *Bulletin des études portugaises et de l'Institut français du Portugal*, 10/1945, pp. 30-31.

ments d'un recueil strictement liturgique, destiné à fournir des textes autorisés aux sanctuaires qui célèbrent les diverses fêtes de l'apôtre, et à éliminer de la tradition toute une catégorie de légendes plus ou moins fantastiques ou même saugrenues. Joseph Bédier n'a pas échappé à ce péril où tombent à leur tour ceux qui ne sont pas en garde contre les périls de son exposition ; on répète après lui que le recueil est un livre de propagande, « lancé par les organisateurs attitrés du pèlerinage », destiné à « être lu [...] partout où l'on espère recruter des zélateurs ». On exagère la part faite aux légendes carolingiennes, sans observer que dans le *Pseudo-Turpin* lui-même, la plus grande partie des traditions épiques qui sont résumées ignorent saint Jacques et Compostelle, autant que les ignore la *Chanson de Roland*[10]. »

La thèse générale de Pierre David est que tous les éléments qui entrent dans la composition du *Livre de saint Jacques* ont été rassemblés par un dernier rédacteur qui leur a donné une couleur et un esprit commun. Cependant le texte en est altéré par des incorrections et des étrangetés de style qui provoquèrent une révision portant sur l'ensemble. Les collections de textes jacquaires qui sont, conformément à la thèse de Bédier, toutes issues du *Codex Calixtinus* mais comportent un texte plus correct, émanent donc d'une version corrigée de celui-ci. Celle-ci présente cependant l'inconvénient majeur de ne pas être attestée en tant que telle.

Pierre David admet toutefois, ce qui ne cadre pas avec la théorie du *Livre de saint Jacques* comme source universelle, que les miracles ont pu circuler sans être pourvus du nom du pape Calixte, c'est-à-dire sous une forme qui peut ne pas avoir été empruntée telle quelle au *Codex Calixtinus*. En outre, il signale à propos du *Pseudo-Turpin* : « il sera parfois bien difficile de distinguer l'œuvre du premier rédacteur qui a rassemblé les épisodes en récit continu, celle du rédacteur final qui a fait entrer l'ouvrage dans le cadre pseudo-calixtin, et celle de divers remanieurs et commentateurs[11]. » Là encore, la présence du *Pseudo-Turpin* dans le *Codex Calixtinus* n'apparaît donc pas comme un préalable nécessaire à sa diffusion, puisqu'il peut avoir été connu après sa première rédaction. Les études de Pierre David sont sans doute l'une des contributions les plus fécondes apportées par le XXe siècle à la connaissance du *Livre de saint Jacques* et les nombreuses citations que nous en avons faites ont à nos yeux valeur d'hommage reconnaissant à cet éminent chercheur.

L'abbé André Moisan, qui a commencé comme le chanoine David par publier ses études dans des revues avant de les réunir en les remaniant dans *Le* Livre de saint Jacques *ou* Codex Calixtinus *de Compostelle*[12], a suivi comme son prédécesseur la voie de connaissance ouverte par l'édition Whitehill, qu'il utilise pour les livres I à III, tandis qu'il étudie le *Pseudo-*

---

[10] *Ibid.*, 10/1945, pp. 4-5.
[11] *Ibid.*, 12/1948, p. 87.
[12] Paris, Champion, 1992.

Turpin sur l'édition Hämel-de Mandach et le *Guide du pèlerin* dans l'édition de Jeanne Vielliard. Il précise que ses conceptions ont été développées « sur la base d'une lecture suivie et assidue du texte, soutenue par l'examen du microfilm, voie qui m'a paru indispensable et insuffisamment explorée jusqu'ici[13].» Sa recherche bénéficie aussi des travaux de A. Hämel, M. C. Diaz y Diaz et K. Herbers. Tout en faisant l'éloge de ses prédécesseurs, il formule une légère critique à leur égard en disant : « Ils ne se sont pas livrés suffisamment, m'a-t-il semblé, à l'analyse détaillée du texte même, pleine d'enseignements sur la genèse et l'histoire du *Liber sancti Jacobi* et de son témoin essentiel, le *Codex Calixtinus*[14].» Ce point crucial de la genèse et de l'histoire du *Livre de saint Jacques* est celui sur lequel il se sépare radicalement de P. David, qu'il cite souvent mais dont il pense beaucoup de mal : « La position de P. David, dans sa longue étude du *Bulletin des études portugaises*, est des plus enchevêtrées et très confuse : le *Codex* est proprement écharpé, avec une série de remaniements, interventions, datations [...] toujours supposés, ce qui rend la logique assez étrange et la discussion insaisissable[15].» La différence majeure entre les deux critiques tient cependant au fait que le premier « qui diminue en général la part d'Aimeric Picaud[16] » touche là à un point sensible de la thèse d'A. Moisan qui attribue à celui-ci la rédaction de l'ensemble du *Livre de saint Jacques* et indique dès ses premières pages qu'il a passé quelques années de « compagnonnage» avec lui. L'unité du *Livre de saint Jacques* ne viendrait pas d'un remanieur ou d'un compilateur intervenant en fin de parcours, « cette unité ne peut être que d'origine»[17]. Aimeric Picaud, dont le nom est rigoureusement absent du *Livre de saint Jacques* et n'apparaît que deux fois dans les folios ajoutés en Appendice au *Codex Calixtinus*, est en revanche mentionné cinquante fois dans l'ouvrage de l'abbé Moisan. Difficile de ne pas penser que le prêtre de Parthenay bénéficie là d'une surenchère qui dépasse de loin les informations que peut fournir le texte. Il est vrai que le mode de pensée qui est appliqué à ce texte lui-même rappelle étrangement ce que l'on appelait jadis la preuve cosmologique de l'existence de Dieu. Étant donné l'ordre admirable que l'on rencontre dans le monde comme dans le *Livre de saint Jacques*, l'un et l'autre supposent un auteur unique, génial au-delà de toute mesure, qui serait le créateur de l'ouvrage. Quand cette argumentation s'accompagne d'une dichotomie qui répète dans le registre littéraire l'opposition théologique du bien et du mal, les *Livres des Miracles* ne peuvent qu'avoir le tort manifeste de n'être pas conformes au *Livre de saint Jacques*. Ces copies fragmentaires sont autant de dégradations de l'original et participent d'une

---

[13] *Bulletin des études portugaises et de l'Institut français du Portugal*, 12/1948, pp. 46, n. 27.
[14] *Ibid.*, 12/1948, p. 47, n. 3.
[15] *Ibid.*, 12/1948, p. 49, n. 31.
[16] *Ibid.*, 12/1948, p. 76.
[17] *Ibid.*, 12/1948, p. 12.

sorte de lèse-majesté absurde et aberrante, comme le montre bien le commentaire [18] du manuscrit de Dijon, exemple de « ces recompositions et extraits faits à partir du texte original [...] et plus tard d'assemblages aussi variés que surprenants, dans des compilations disparates [19]. » L'érudition sans faille et la connaissance exhaustive de la bibliographie dont témoigne l'auteur sont mises ici au service d'une valorisation dithyrambique du *Livre de saint Jacques* et d'une disqualification constante des *Livres des Miracles*.

L'inconvénient majeur de cette conception est de réitérer à propos des textes qui concernent saint Jacques la thèse qu'Oswald Spengler dans *Le Déclin de l'Occident* énonçait à propos des Évangiles : « Les disputes, beaucoup trop scolastiques de nos savants sur un premier Marc, une source des Douze, etc. oublient ce qu'il y a de nouveau et de principal. *Marc est le premier « livre »* du Christianisme, il a un plan et forme une unité. Un livre semblable n'est jamais résultat naturel d'une évolution, mais œuvre d'un homme en particulier, et il signifie justement ici un tournant historique. Marc est proprement l'Évangile. Après lui commencent les Écritures de partis : Luc et Matthieu ; le ton narratif passe à celui de la légende et finit, par-delà l'Épître aux Hébreux et l'Évangile de Jean, dans le ton du roman, comme on le voit dans les épîtres de Pierre et de Jacques [20]. »

Les réflexions consignées dans le présent ouvrage sont parties d'une approche logique qui nous a toujours paru aussi incontournable qu'injustement négligée par nos prédécesseurs. C'est que le *Livre de saint Jacques* est, en tant que phénomène historique, nécessairement un *devenu* qui impose à quiconque cherche à le comprendre d'en expliquer le *devenir*. L'impossibilité dans laquelle s'est trouvée la recherche du XXe siècle d'établir la thèse – toujours répétée jamais argumentée – selon laquelle les diverses formules du *Livre des Miracles* n'étaient que des copies partielles du *Codex Calixtinus* nous a porté à supposer que cette thèse pouvait être fausse. Faute d'être en mesure de la discuter puisqu'elle n'apportait aucune preuve, il était nécessaire d'aborder le *Livre de saint Jacques* par le biais de l'hypothèse quasi unanimement rejetée jusqu'alors, à savoir comme l'aboutissement d'un processus de développement dont les versions du *Livre des Miracles* marquaient les étapes. Depuis le XIXe siècle les sciences religieuses pratiquent une approche de ce genre dans l'étude de l'Ancien et du Nouveau Testament et ce n'est pas une manière de les discréditer. À la différence de l'hypothèse créationniste qui suppose advenus miraculeusement et d'un seul coup les textes parvenus jusqu'à nous, l'hypothèse évolutionniste qu'a imposée la critique rationnelle suggère de comprendre ces textes comme on comprend

---

[18] *Ibid.*, 12/1948, pp. 99-100.

[19] *Ibid.*, 12/1948, p. 104.

[20] SPENGLER (Oswald), *Le Déclin de l'Occident,* Paris, Gallimard, 1948-1976, t. II, p. 206, n. 1 et 2.

toute chose en ce monde, à savoir par ses antécédents. C'est pourquoi, remontant aux premières assertions sur saint Jacques, celles de l'Évangile et des Actes des apôtres, nous avons cherché à établir comment la légende de saint Jacques s'est étoffée progressivement en empruntant à son environnement les matériaux susceptibles de la nourrir. Partant des formes les moins élaborées, il nous a semblé possible de montrer comment une suite cumulée d'innovations permettait d'expliquer les formes les plus complexes.

Il n'était pas très difficile de concrétiser ces étapes, car une fois passé le moment où l'on se demandait quelles rencontres de thèmes et de motifs avaient donné lieu aux textes isolés, les diverses versions du *Livre des miracles de saint Jacques* attestaient comment les regroupements de textes isolés avaient pu s'opérer. Le classement génétique des manuscrits du *Livre des Miracles* apparaissait alors comme susceptible de refléter l'évolution dont le *Livre de saint Jacques* devait être le terme. La consultation dans l'original, en photocopie ou en microfilm d'un nombre relativement élevé de manuscrits du *Liber miraculorum* ainsi que la prise en compte des informations fournies par le catalogue des manuscrits présents dans les bibliothèques françaises nous a permis d'esquisser le schéma d'un devenir textuel susceptible d'expliquer l'émergence, en fin de course, de la compilation la plus vaste, c'est-à-dire constituée par l'accumulation du plus grand nombre de composantes.

Ce faisant nous avons recherché dans les textes ce à quoi ils devaient leur existence, c'est-à-dire leurs sources. La prospection de celles-ci n'a pas abouti le plus souvent à la découverte d'un seul principe initial, mais, comme il fallait s'y attendre à des confluences qui ne se ramènent pas à des additions mais suscitent un effort intellectuel de synthèse. La perspective historique de critique du document qui recherche sa teneur de vérité ne trouvait pas là une limite, puisqu'il s'agissait évidemment de fictions, mais un tremplin qui soulevait la question de savoir pourquoi, en fonction de quelles réalités concrètes et de quels intérêts il avait semblé bon à tel moment donné de tenir justement ces propos.

Les interprétations que nous avons proposées en fonction de ce que nous avons cru voir appellent, cela va de soi, de plus amples recherches. La poursuite de ces investigations passe naturellement par une édition critique du *Livre des Miracles* dégagée du modèle appliqué communément aux textes antiques et qui fournirait pour la légende de saint Jacques une édition synoptique analogue à celle que l'érudition allemande a donnée du roman latin d'Alexandre le Grand[21]. Ce serait, nous semble-t-il, le moyen par excellence de mettre à l'épreuve les assertions que nous avons cru pouvoir énoncer, au terme d'une longue mais toujours insuffisante familiarité avec ce vaste sujet, et de remédier, si possible collectivement, aux fâcheuses lacunes et aux imperfections du travail individuel dont nous avons présenté ici le résultat.

---

[21] BERGMEISTER (Hermann-Josef), éd., *Die Historia de preliis Alexandri Magni (Der lateinische Alexander roman des Mittelalters)*, Meisenheim am Glan, Anton Hain, 1975.

Achevé d'imprimer en mai 2003
dans les ateliers de Normandie Roto Impression s.a.s.
61250 Lonrai

ISBN : 2-84734-029-7

N° d'édition : 2963 – N° d'impression : 03-1345

Dépôt légal : mai 2003

Imprimé en France